CANADIANA ROMANICA

publiés par
Hans-Josef Niederehe et Lothar Wolf

Volume 19

D1935651

Kristin Reinke

SPRACHNORM UND SPRACHQUALITÄT IM FRANKOPHONEN FERNSEHEN VON QUÉBEC

Untersuchung anhand phonologischer
und morphologischer Variablen

Max Niemeyer Verlag
Tübingen 2004

Gedruckt mit Hilfe der Geschwister Boehringer Ingelheim Stiftung für Geisteswissenschaften in Ingelheim am Rhein.

Bibliografische Information der Deutschen Bibliothek

Die Deutsche Bibliothek verzeichnet diese Publikation in der Deutschen Nationalbibliografie; detaillierte bibliografische Daten sind im Internet über *http://dnb.ddb.de* abrufbar.

ISBN 3-484-56019-3 ISSN 0933-2421

© Max Niemeyer Verlag GmbH, Tübingen 2004
http://www.niemeyer.de
Das Werk einschließlich aller seiner Teile ist urheberrechtlich geschützt. Jede Verwertung außerhalb der engen Grenzen des Urheberrechtsgesetzes ist ohne Zustimmung des Verlages unzulässig und strafbar. Das gilt insbesondere für Vervielfältigungen, Übersetzungen, Mikroverfilmungen und die Einspeicherung und Verarbeitung in elektronischen Systemen.
Printed in Germany.
Gedruckt auf alterungsbeständigem Papier
Satz: Dr. Gabriele Herbst, Mössingen
Druck: Laupp & Göbel GmbH, Nehren
Einband: Nädele Verlags- und Industriebuchbinderei, Nehren

Danksagung

An dieser Stelle möchte ich all jenen danken, die zum Gelingen dieser Arbeit beigetragen haben. Für die sehr gute Zusammenarbeit und wissenschaftliche Betreuung der Arbeit bedanke ich mich bei Herrn Prof. Dr. Thielemann und Herrn Prof. Dr. Klare von der Humboldt-Universität zu Berlin. Ich verdanke ihnen jede erdenkliche Fürsprache, hilfreiche Unterstützung und anregende Gespräche. Ich danke ihnen besonders für die sorgfältige Lektüre vorläufiger Versionen sowie die manchmal bohrenden, aber immer hilfreichen Nachfragen und Kommentare. Mein Dank gilt weiterhin all meinen kanadischen Beratern, die meine Arbeit sachkundig und richtungweisend begleitet haben. Ich danke dem «Centre interdisciplinaire de recherches sur les activités langagières» (CIRAL) der Université Laval (Québec) für die Aufnahme in ihre Forschungsgruppe. Das dadurch entstandene Zugehörigkeitsgefühl hat zweifellos dazu beigetragen, daß mir die Arbeit an der Dissertation viel Freude bereitet hat. Meinen Dank aussprechen möchte ich Prof. Dr. Denise Deshaies für den einfühlsamen und innovativen Gedankenaustausch sowie Prof. Dr. Pierre Martin und Prof. Dr. Luc Ostiguy, die die Methode und Durchführung des Transkriptionsprozesses überwachten. Zu Dank verpflichtet bin ich ebenfalls Eva Bessac vom «Service de consultation statistique» der Université Laval für ihre Ratschläge zur statistischen Auswertung der Ergebnisse. Nicht zuletzt sei meiner Familie und meinen Freunden gedankt, die die Mühen des Korrekturlesens auf sich genommen haben und mich im Alltag moralisch unterstützt haben.

Die Realisierung des Projektes wurde durch die finanzielle Unterstützung der Studienstiftung des deutschen Volkes, der Stiftung für Kanada-Studien sowie des *International Council for Canadian Studies* ermöglicht.

Kristin Reinke

Inhaltsverzeichnis

Vorbemerkungen

Die vorliegende Arbeit stellt eine Analyse der Sprachvariation im frankophonen Fernsehen der kanadischen Provinz Québec anhand von phonologischen und morphologischen Variablen dar. Die Notwendigkeit solcher Untersuchungen ergibt sich aus der komplizierten Sprachsituation Québecs, die Resultat der Koexistenz des Englischen und Französischen, der Konkurrenz zwischen dem Quebecer Französischen *(français québécois)* und dem Französischen Frankreichs *(français de France)* sowie der Konfrontation bisher nicht erschöpfend beschriebener Sprachniveaus innerhalb des *français québécois* ist. Obwohl diese Arbeit als Beitrag zu einem tieferen Verständnis des *français québécois*, der in Nordamerika dominierenden Varietät des Französischen, gedacht ist, ist sie nicht als Gesamtdarstellung zu verstehen. Vielmehr stellt sie den Versuch dar, sprachwissenschaftliche Reflexion für ein praktisches Problem nutzbar zu machen.

Bevor die Zielstellung der Arbeit eindeutig formuliert werden kann, wird in einem ersten Teil der Problemkomplex der Sprachqualität in Québec unter Berücksichtigung historischer Fakten dargestellt. Dies wird ausführlicher geschehen, da für den deutschen Kontext eine eingehende Kenntnis der Sprachsituation in Québec nicht unbedingt vorauszusetzen ist. Aus den Hauptmerkmalen der Debatte um die Sprachqualität wird das Anliegen der vorliegenden Untersuchung abgeleitet. Gleichzeitig wird ihre Dringlichkeit hervorgehoben und die Konzentration auf den Kommunikationsbereich des Fernsehens begründet. Im zweiten Teil wird eine adäquate konzeptuelle Grundlage zur Behandlung der Problematik geschaffen, indem sie in die Theorie der Soziolinguistik eingeordnet wird. Es werden Fragen der Sprachvariation und der Sprachnormproblematik diskutiert und die für die Methode der empirischen Untersuchung sowie die Analyse und Interpretation der Resultate notwendigen Begriffe und bezogenen Standpunkte erläutert. Auf der Grundlage dieser variationistischen und normtheoretischen Prämissen wird im dritten Teil eine Untersuchungsmethode entwickelt. Es wird die Erstellung, Beschaffenheit und Erschließung des Korpus erklärt, die Auswahl der sprachlichen Variablen sowie die Konzentration auf den Bereich der Aussprache begründet und die Art und Weise der Analyse der Daten erörtert. Im vierten Teil werden die Ergebnisse dargestellt und diskutiert, um die gestellten Fragen zu beantworten. Abschließend werden die wesentlichen Erkenntnisse der Arbeit zusammengefaßt und deren Konsequenzen für weiterführende Studien dargelegt.

1 Die Problematik der Sprachqualität und Sprachnorm in Québec

1.1 Allgemeine Merkmale der Debatte um die Sprachqualität

Das Thema der Sprachqualität in Québec ist schon seit Ende des 19. Jh. Gegenstand einer emotionsgeladenen Debatte. Dies belegen Meinungsäußerungen von Experten und Laien zu Sprachfragen in wissenschaftlichen und populärwissenschaftlichen Werken, Zeitungsartikeln, Interviews, Leserbriefen, Sprachchroniken sowie Disputen in Radio und Fernsehen. In den letzten Jahrzehnten haben vor allem die Medien die Diskussion stark angeregt, ohne sie im wesentlichen vorangebracht zu haben. In den vielfach polemischen Auseinandersetzungen zwischen sprachwissenschaftlichen Laien werden stets die gleichen Argumente hervorgebracht, mit denen zumeist versucht wird, die Verschlechterung der Sprachqualität in Québec nachzuweisen. Obwohl unklar bleibt, wie das Konzept der *qualité de la langue* zu definieren ist, scheint es zur Allgemeinbildung zu gehören, sich unter dem Begriff etwas vorstellen zu können. Dabei fällt eine Gemeinsamkeit im Gebrauch des Begriffes auf: Von Sprachqualität ist immer in bezug auf einen Maßstab, eine Norm, die Rede, die zur Rechtfertigung einer Einteilung der sprachlichen Phänomene nach «gut» und «schlecht» herangezogen wird. Die Problematik der Sprachqualität muß daher in engem Zusammenhang mit der Problematik der sprachlichen Norm betrachtet werden.

Die Begriffe «Norm» und «Sprachqualität» beinhalten eine präskriptive, auf Werturteilen begründete Haltung, die im Widerspruch zur deskriptiven Arbeitsweise der Wissenschaft steht, die sich durch ihre Methoden von traditionellen Grammatiken und Sprachchroniken absetzen und ihre Autonomie unterstreichen will (Culioli, 1995: 51). Dies mag erklären, warum sich die meisten Linguisten lange Zeit aus diesem Streit herausgehalten haben. In der Gegenwart zeichnet sich jedoch eine Öffnung der Linguistik für diese Problematik ab. Einerseits spielt dafür das Bewußtsein eine Rolle, daß eine Beschreibung von Sprache ohne die Berücksichtigung der Beziehung der Sprecher zu ihr unvollständig bleibt, andererseits übte die gesellschaftliche Realität einen hinreichenden Druck aus, um die Linguisten zur Stellungnahme zu bewegen:

> Mais dans une société comme le Québec, la question de la qualité de la langue est posée quotidiennement par tous les acteurs sociaux. Si les linguistes devaient se taire sur un sujet qui, pour le commun des mortels, relève de leur discipline, ce serait montrer qu'ils acceptent que les opinions, les jugements de valeur, les impressions et les préjugés de tout un chacun s'imposent dans la discussion et admettre implicitement qu'ils valent mieux que les opinions en principe éclairées des spécialistes. Il est donc légitime, dans les circonstances, d'essayer de montrer ce que peut apporter la linguistique à cette distinction, même si l'on doit admettre d'entrée de jeu que la question de la qualité de la langue relève plus de la sociologie (ou, à la rigueur, de la sociolinguistique) que de la linguistique proprement dite. (Maurais, 1999: 57)

Trotz des zunehmenden Interesses der Sprachwissenschaft für Fragen der Sprachqualität und Sprachnorm ist der unwissenschaftliche Diskurs in der breiten Öffentlichkeit weiterhin höchst erfolgreich. Dieser wird von Eindrücken, Werturteilen und Karikaturen der Sprache dominiert, die häufig durch Vergleiche von Ebenen entstehen, die eigentlich nicht vergleichbar sind. So werden Mündlichkeit und Schriftlichkeit an denselben Maßstäben gemessen, das *français québécois* wird verallgemeinernd mit dem *français de France* verglichen, oder es wird gar das *français québécois familier* dem *français de France standard* gegenübergestellt. Auf diese Weise wird letztendlich immer wieder geschlußfolgert, *les Québécois parlent mal:*

> Nous parlons mal, nous bafouillons trop souvent, mais admettons-le, et plutôt que de faire des entourloupettes sociolinguistiques, apprenons à nos enfants à lire, à écrire et à parler la langue française. (Dor, 1997: 168)

> Aussi longtemps en effet que les Québécois feront couramment des fautes inacceptables selon la norme internationale, [...], les usages qui leur sont propres passeront pour n'être que des emplois abusifs: des fautes parmi tant d'autres. (Lamonde, 1998: 213)

> Ponctuellement, on peut s'attarder à un aspect ou l'autre, mais le problème de la dégradation de la langue (et des langues) s'avère vaste et complexe. [...] Car j'incline à penser, en effet, que la dégradation de la langue – de toutes les langues, y incluant l'anglaise nonobstant sa prépotence partout audio-visible – constitue une forme de régression mentale de l'humanité toute entière, dont le 'mutisme' et l'inaction générale à cet égard se révèlent les armes les plus redoutables. (Gouin, 1998: 1)

Wenn in letzterem Zitat von der *dégradation* ***des*** *langues*[1] die Rede ist, dann verweist der Autor damit auf die allgemeine *crise des langues,* wie sie gegenwärtig in allen Teilen der Welt diskutiert wird, insbesondere in den Industrienationen, die sich den Luxus leisten können, über den Zustand der Sprache nachzudenken (vgl. Maurais, 1985). Diese Sprachkritik bzw. Sprachgebrauchskritik geht überall einher mit einer Kritik an den Methoden des Sprachunterrichts, am negativen Einfluß der Medien auf den Sprachgebrauch, insbesondere des Fernsehens, sowie an der Beeinflussung durch das Englische. Dabei wird immer wieder auf die nicht realisierte Konformität mit einem sprachlichen Modell, einer Idealnorm, angespielt. All diese universellen Elemente sind ebenfalls in der Debatte um die Sprachqualität in Québec präsent, die dadurch ihre Spezifität erhält, daß Uneinigkeit über die Beschaffenheit dieser Norm besteht (vgl. Kapitel 1.2.5).

1.2 Die Hauptaspekte der Debatte und ihre historische Genese

1.2.1 Die Auffassung von der ursprünglich «reinen» Sprache in *Nouvelle-France*

Ein Verständnis der Problematik der Sprachqualität in Québec ist kaum möglich ohne historische Bemerkungen, die erklären, wie die Sprachgeschichte den gegenwärtigen Zustand der Sprache sowie das Verhältnis der Quebecer zu ihr geprägt hat. Die historische Perspektive ist umso wichtiger, da die heute dominierenden negativen Einschätzungen der Sprache mit den Schlagwörtern *corruption, dégradation* und *dégénérescence* den Eindruck erwecken, eine ursprünglich «reine» Sprache sei auf amerikanischem Boden verdorben worden. In der Tat sind die Bemerkungen der wenigen Zeugen, zumeist französische Reisende, über die in der jungen französischen Kolonie *Nouvelle-France* (1608–1759) gesprochenen Sprache durchaus positiv:

---

[1] Hervorhebung von der Verfasserin.

J'ai observé [...] que les paysans canadiens parlent très bien le français. (Le Marquis de Montcalm, 1756 zitiert nach Brunot, 1967:VIII/1073)

On parle ici parfaitement bien sans mauvais accent. (Bacqueville de la Potherie, 1721 zitiert nach Brunot, 1967:VIII/1073)

Allerdings geben einige Linguisten (Martel und Cajolet-Laganière, 1995: 40; Maurais, 1999: 6) zu bedenken, daß diese Bewertungen übertrieben positiv sein könnten und daher rühren mögen, daß die sprachliche Vereinheitlichung auf dem Territorium des heutigen Québec weitaus früher als im Mutterland stattgefunden hat. Während in Frankreich die Konkurrenz zwischen den *patois* und dem Französischen noch lange Zeit die Sprachsituation bestimmte und die sprachliche Einheit weitgehend erst in der zweiten Hälfte des 19. Jh. erreicht wurde, war dieser Prozeß in *Nouvelle-France* schon vor 1700 abgeschlossen (Barbaud, 1984; Mougeon und Béniak, 1994).[2] Es ist durchaus denkbar, daß die positiven Urteile der französischen Reisenden über die in *Nouvelle-France* gesprochene Sprache Ausdruck ihrer Überraschung waren, hier keinen *patois,* sondern nur Französisch zu hören. Bollée (1990: 745) äußert außerdem die Vermutung, daß die Reisenden, die ihre Beobachtungen mitgeteilt haben, vorzugsweise mit Angehörigen höherer Gesellschaftsschichten in Kontakt gekommen sind und sich daher auf deren, am *français cultivé* der damaligen Zeit orientierte, Sprechweise bezogen haben. Diese positiven Bewertungen der in der *Nouvelle-France* gesprochenen Sprache haben wesentlich zur Abwertung des *français québécois* beigetragen, denn sie führten zu jener Auffassung, die den heutigen Sprachzustand als Korruption einer einst beispielhaften Sprache darstellt.

Eine auf solchen Argumenten basierende Abwertung wird problematisch, wenn man die These des *bon français* der *Nouvelle-France* anzweifelt. Die Spezialisten sind sich im allgemeinen einig über die Bedeutung des *français populaire* für die Entwicklung des *français québécois,* obwohl kein Konsens dahingehend besteht, wie die Ausgangsbasis der Evolution des *français québécois* ausgesehen haben mag. Eine weit verbreitete Meinung geht von einer Konfrontation der verschiedenen *patois* aus, die bald aufgrund von Verständigungsschwierigkeiten zugunsten der Sprache der herrschenden Klasse, des Französischen, aufgegeben wurden (Barbaud, 1984). Jüngste Arbeiten (Mougeon und Béniak, 1994) gelangen zu der Annahme, daß die Siedler schon vor ihrer Einschiffung in Richtung *Nouvelle-France* das Französische beherrscht haben müssen. Diese These stützt sich auf die Tatsache, daß die meisten Siedler aus städtischen Gebieten stammten, in denen die Verbreitung des Französischen schon relativ fortgeschritten und das Schulwesen verhältnismäßig gut entwickelt war (vgl. Pöll, 1998: 73). Auch die geographische Verbreitung sprachlicher Phänomene in Amerika untermauert diese These, denn das Französische in der Akadie und Québec, zwei politisch und geographisch voneinander abgegrenzten Kolonien, weist so viele Gemeinsamkeiten auf, die nur so zu erklären sind, daß die Ankömmlinge in beiden Kolonien eine gute Kenntnis des Französischen gehabt haben müssen. Doch selbst wenn die *patois* hier nicht autonom existiert haben, sind ihre Spuren in der Sprache nicht zu übersehen, zumal viele Siedler zweisprachig *patoisants-français* waren (Lavoie, 1995: 345). Trotz der Unstimmigkeiten in der Interpretationsweise historischer Dokumente ist man sich darüber einig, daß das

---

[2] Eine Untersuchung des Abbé Grégoire («Rapport sur la nécessité et les moyens d'anéantir les patois et d'universaliser l'usage de la langue française») zeigt, daß im Frankreich des ausgehenden 18. Jh. zahlreiche Franzosen über keine ausreichende Kenntnis der Nationalsprache verfügten, sondern nur ihr *patois* beherrschten. Diese Situation änderte sich erst mit der Einführung des Primarschulwesens unter Jules Ferry und der Bevölkerungsvermischung während der Kriege.

Französische im Vergleich zum Mutterland sehr früh die Sprache der gesamten Bevölkerung war und daß dieses Französisch keineswegs homogen war, sondern schon damals in Abhängigkeit von der sozialen Gruppenzugehörigkeit variierte (Wolf, 1991). Die Angehörigen der militärischen, politischen und religiösen Führungsschicht sprachen das *français cultivé* der französischen Elite, das mit dem im 17. Jh. einsetzenden Normalisierungsprozeß in Frankreich zum *bon usage* erhoben wurde. Weitaus verbreiteter war jedoch die Sprache der Durchschnittsbürger, das *français populaire* der damaligen Zeit, durchzogen von einigen dialektalen Zügen. Wenn Einschätzungen der Sprachqualität zumeist in bezug auf einen *bon usage* vorgenommen werden, wie er seit Vaugelas' *Remarques sur la langue françoise* (1647) in aller Munde ist, dann muß die Sprachqualität also schon während des *régime français* problematisch erscheinen.

1.2.2 Die Auswirkungen der englischen Eroberung

Nach der Eroberung der französischen Kolonie durch die Engländer im Jahre 1760 wurden die Beziehungen zu Frankreich über einen langen Zeitraum hinweg unterbrochen, und es kam zum engen Kontakt mit dem Englischen. Beide Ereignisse bestimmten grundlegend die weitere Entwicklung des *français québécois.*

Die englische Eroberung bedeutete einen tiefgreifenden gesellschaftlichen Umsturz. Die frankophone Elite wurde aus allen wirtschaftlichen, administrativen und politischen Führungspositionen verdrängt und verließ die neue britische Kolonie. Zurück blieb nur eine kleine Oberschicht von frankophonen Klerikern, die weiterhin ein am *bon usage* orientiertes Französisch pflegte. Die Mehrheit der Bevölkerung sprach ein *français populaire*, das nach der Eroberung zunehmend an Bedeutung gewann, da der Einfluß der kleinen klerikalen Oberschicht nicht so groß war, als daß sich ihre Sprache als Modell hätte durchsetzen können. Das Französische Kanadas entwickelte sich spontan, ohne explizite Norm, losgelöst vom Französischen Frankreichs, das seinerseits zu einer der am strengsten kodifizierten Sprachen der Welt wurde. Der über einen langen Zeitraum fehlende Sprachkontakt zu Frankreich erklärt viele spezifische Züge des *français québécois*, die es vom *français de France* unterscheiden.[3] Diese haben z. T. ihren Ursprung im *français populaire* des 17. Jh., so z. B. die zahlreichen sprachlichen Phänomene, die in Frankreich längst als veraltet gelten, die aber in Québec erhalten und vollkommen in das System des modernen *français québécois* integriert sind. Darüber hinaus ist das *français québécois* durch Neologismen gekennzeichnet, die entweder reine Innovationen oder Entlehnungen aus den amerindianischen Sprachen und dem Englischen sind.

Im Vergleich zum Englischen ist der amerindianische Einfluß als relativ gering einzuschätzen. Er beschränkt sich auf Wörter zur Bezeichnung von Erscheinungen der Flora und Fauna, die für Nordamerika typisch, in Frankreich aber unbekannt sind. Dies entspricht der in der Sprachgeschichte beobachteten Tendenz des Sprachkontaktes, derzufolge der Einfluß der Sprache der Eroberer, also der dominierenden Sprache, auf die dominierte Sprache bedeutender ist als umgekehrt. Dementsprechend hat die Beeinflussung durch das Englische das Gesicht des *français québécois* erheblich geprägt. Die sogenannte *anglicisation* ist eines der

[3] Nach einigen vereinzelten Berührungen mit dem *français de France* durch Reisende und literarische Werke kam es erst durch das Kino in den 30er Jahren des 20. Jh. wieder zu einem ständigen Kontakt mit der in Frankreich gesprochenen Varietät.

auffallendsten Merkmale der Sprachgeschichte des *français québécois,* an dem sich die Debatte um die Sprachqualität entzündet hat und durch das sich *français québécois* und *français de France* besonders voneinander unterscheiden. Allerdings wird die Bedeutung des Englischen häufig überbetont und ist zu einem beliebten Stereotyp geworden. In der Realität bezieht sich der englische Einfluß hauptsächlich auf die Lexik, wobei die Wahrnehmung durch die Sprecher vom Verwendungsbereich abhängt. So machen die Anglizismen des *français québécois* einen Teil des Wortschatzes aus, der besonders häufig verwendet wird. Andererseits werden Anglizismen, die in anderen Varietäten des Französischen durchaus geläufig sind, vermieden und durch französische Ausdrücke ersetzt (z. B. *magasiner, fin de semaine*). Da der lautliche Bereich, der Gegenstand der vorliegenden Untersuchung ist, von der Beeinflussung durch das Englische weitgehend unberührt geblieben ist (Gendron, 1967: 15), wird die Problematik des Sprachkontaktes nicht weiter diskutiert.

Wie schon erwähnt, wurden nach der Eroberung alle führenden Positionen in Verwaltung, Justiz, Handel und später in der Industrie von Engländern besetzt. Die frankophone Bevölkerung blieb zunächst in der Landwirtschaft tätig. Ihr Bildungsniveau war bis ins 20. Jh. hinein sehr niedrig, dem Französischunterricht wurde eine geringe Bedeutung beigemessen, eine Universitätsbildung in französischer Sprache war erst mit der Gründung der *Université Laval* im Jahre 1852 möglich. All dies blieb nicht ohne Auswirkungen auf die französische Sprache, deren Entwicklung sich selbst überlassen blieb. Mit der Anfang des 20. Jh. einsetzenden Urbanisierung verließ ein großer Teil der frankophonen Quebecer das Land, um in den Städten, v. a. in Montréal, die Schicht von Arbeitern zu bilden, die hauptsächlich von anglophonen Arbeitgebern beschäftigt wurden und damit ständig in Berührung mit dem Englischen kamen.

Der Einfluß des Englischen wird auf zwei Ebenen besonders deutlich. Zunächst erfährt das Französische aufgrund rein praktischer Probleme innersprachliche Veränderungen. Die Tatsache, daß das Englische die Sprache von Verwaltung, Justiz, Industrie, Technologie und Handel war und somit das Vokabular der Fachsprachen bestimmte, spielt dabei eine besondere Rolle. Das Französische wurde dadurch eine Sprache der Übersetzung, der v.a. die Funktion zukam, die Anordnungen der Vorgesetzten verständlich zu machen. Um dieses Ziel zu erreichen, mußten die Übersetzungen nicht unbedingt von hoher Qualität sein. Die Übersetzer waren oft unzureichend ausgebildet, mußten daher viel improvisieren und führten so zahlreiche Anglizismen ins *français québécois* ein, die sich dann in ganz Québec verbreiteten. Die Folge war nicht nur die *contamination* durch das Englische, sondern auch eine Verarmung des Französischen (vgl. CLF, 1984). Darüber hinaus ermöglichte die Einstellung der Quebecer zu ihrer Sprache, daß solche Veränderungen unbehindert Fuß fassen konnten. In den Städten entstand eine regelrechte Anglomanie bei der frankophonen Bevölkerung: Man versprach sich durch Zweisprachigkeit bessere Aufstiegschancen; die Kenntnis des Englischen wurde als Garant von Wohlstand und Glück angesehen. Es ist nicht verwunderlich, daß das Englische, das zwei Jahrhunderte lang als Sprache der obersten Gesellschaftsschicht und damit der bedeutendsten Bereiche der Gesellschaft einen überlegenen Status inne hatte, das Französische bedrohte und als die prestigereichere, dominierende Sprache beeinflußte (in puristischer Terminologie «ansteckte»).

1.2.3 Erste Manifestationen der Sorge um die Sprachqualität: Die Ansteckung durch das Englische

Anfang des 19. Jh. tauchen erstmals negative Einschätzungen des *français québécois* auf, die auf die Aspekte der sprachgeschichtlichen Entwicklung verweisen, die in den beiden vorhergehenden Abschnitten herausgearbeitet wurden: auf den Mythos einer einst «reinen» Sprache, auf den nunmehr archaischen und populären Charakter des *français québécois* sowie auf den hohen Anteil an Anglizismen als Zeichen einer «mangelhaften» Sprachqualität.

> Previous to the conquest of the country by the English, the inhabitants are said to have spoken as pure and correct French as in old France: since then they have adopted many anglicisms in their language, and have also several antiquated phrases, which may probably have arisen out of their intercourse with the new settlers. (John Lambert zitiert nach Wolf, 1987: 72)

Wenn sich in diesem Zitat ein Engländer über das *français québécois* äußert, dann ist dies nicht etwa ein Einzelfall. Nach einer langen Periode des *laisser aller* hinsichtlich der Entwicklung ihrer Sprache und einer regelrechten *inconscience linguistique* bedurfte es eines äußeren Anstoßes, damit das Sprachbewußtsein der Quebecer zum Erwachen kam (Gendron, 1986b:83). Dieser Impuls ging um die Jahrhundertwende (1800) von der anglophonen Bevölkerung aus, die das in Québec gesprochene Französisch als *patois* bezeichnete und stark zu kritisieren begann. Mit der Gegenüberstellung von *Parisian French* und *French Canadian Patois* verwiesen sie auf ein Element, das künftig aus der Auseinandersetzung um die Sprachqualität nicht mehr wegzudenken sein wird. Von nun an bestimmen negative Äußerungen wie «nous parlons mal», «nous commettons des fautes», «notre français est dégénéré», «il est rempli d'anglicismes qui corrompent la pureté de notre langue» (zitiert nach Martel und Cajolet-Laganière, 1995: 58) die Selbstwahrnehmung der frankophonen Quebecer, ein Phänomen, das auch als *culpabilité linguistique* (Gendron, 1986b:84) bezeichnet wird und eng mit der sogenannten *insécurité linguistique* zusammenhängt.[4] Die Ausbreitung dieser negativen Einstellung zur Sprache brachte die Quebecer Intellektuellen dazu, über die Besonderheiten des *français québécois* nachzudenken, und führte so zu den ersten wissenschaftlichen Studien, insbesondere im Rahmen der *Société du parler français au Canada*. Somit sind die Quebecer in gewissem Sinne den Angehörigen der englischen Sprachgemeinschaft zu Dank verpflichtet, da diese den Anstoß dazu lieferten.

In dieser Periode wurde hauptsächlich der Einfluß des Englischen für den angeblichen Verfall der Sprache verantwortlich gemacht und die *anglicisation* auf alle Sprachebenen bezogen, obwohl davon größtenteils die Lexik betroffen ist, phonetische sowie syntaktische Aspekte aber weitgehend unberührt geblieben sind. Die Sprachqualität wurde durch die Reinheit der Sprache bestimmt, d. h. die Abwesenheit von Entlehnungen aus dem Englischen, ein Aspekt, der auch in der gegenwärtigen Diskussion um die Sprachqualität präsent ist. Diese kategorische Verdammung hängt eng mit der ideologischen Dimension der Diskussion zusammen, denn noch heute wird der englische Einfluß nicht rein sprachlich gedeutet, sondern als eine Anpassung an den Eroberer interpretiert, was den sachlichen Umgang mit den Anglizismen erheblich erschwert. Hinzu kommt, daß die «Bedrohung» durch das Englische nicht nur eine innere, sondern auch eine äußere darstellt, da befürchtet wird, daß es das Französische gänzlich verdrängen könnte: «*La contamination de la langue apparaît comme la*

---

[4] Zu den ersten Sprachkritikern gehören der Polemist Arthur Buies, der Schriftsteller Louis Frechette und der Poet Oscar Dunn.

première phase de l'assimilation.»[5] (Laporte, 1995: 209). Da die französische Sprache zu einem Symbol der kollektiven Identität, der Treue zur Herkunft und der Zurückweisung der englischen Eroberer geworden war, gewann die politische Dimension der Sprachfrage an Bedeutung. Die Diskussion wurde daher lange Zeit von der Sorge um die Anglizismenbekämpfung und die Statusplanung dominiert.

1.2.4 Sprachqualität aus puristischer Perspektive

Während Québec vom «Mutterland» isoliert war, hatte sich Frankreich zu einem dominierenden Land in Europa und der Welt entwickelt und konnte seiner Sprache eine internationale Anerkennung als Diplomatensprache und als eine der großen Kultursprachen sichern. Das *français de France* hatte sich zu einer der am stärksten reglementierten und kodifizierten Sprachen mit ausgeprägter puristischer Tradition entwickelt, war um einen umfangreichen Fachwortschatz gewachsen und bekannt für Qualität, Präzision, Feinheit und Raffinesse. Kriterien wie *pureté* und *clarté,* eine Unterteilung des Wortschatzes in *mots bas* und *mots nobles*, die Verurteilung von Neologismen, Archaismen, Dialektalismen und Fremdwörtern, die Abwertungen bestimmter Wörter als *sales,* die Unterscheidung eines *bon* und eines *mauvais usage,* letztendlich eine auf dem aktuellen Sprachgebrauch einer Elite basierende Norm, all dies sind Konzepte, die seit Malherbe und Vaugelas jede Diskussion um die Sprache dominieren.[6] Die außerordentlich prestigereiche Norm des *français de France* bezieht sich auch heute noch auf den Sprachgebrauch kultivierter Kreise der Metropole Paris. Obgleich in jüngster Zeit häufig vom *français international* die Rede ist, erstreckt sich der Geltungsanspruch dieser Norm auch auf die gesamte Frankophonie; im Ausdruck *français international* sehen einige Autoren eher einen Euphemismus:

> Le 'français international' est préféré au 'français de France', puisqu'il ne fait pas référence à l'hégémonie linguistique de Paris; en réalité, tout le monde sait que ce français international n'est nul autre que la norme du français de Paris telle qu'elle est décrite dans les grammaires courantes (par exemple, celle de Grevisse-Goosse) et les dictionnaires français (par exemple, *Le Robert*). (Martel und Cajolet-Laganière, 1995: 68)

Die außerordentlich große Reichweite des Mythos von der unteilbaren Einheit der Sprache, der von der *Académie française* und dem stark zentralistischen französischen Staat genährt wird, wird nicht nur deutlich, wenn sich viele Franzosen als ausschließliche Eigentümer der französischen Sprache sehen, sondern auch, wenn die Frankophonen außerhalb Frankreichs die Pariser Norm – bewußt oder unbewußt – als Maßstab des eigenen Sprachgebrauchs betrachten.

Der zunehmend intensivere Kontakt zu Frankreich Anfang des 20. Jh. führte dazu, daß man sich in Québec des Unterschiedes zwischen *français québécois* und *français de France* bewußt wurde. Zahlreiche Intellektuelle sahen die Verständigung mit den anderen frankophonen Ländern gefährdet und brachten ihre Besorgnis zum Ausdruck, von der Frankophonie isoliert zu werden, deren Beistand man brauchte, um das Überleben des Französischen auf dem amerikanischen Kontinent zu sichern. Das *français de France* war aufgrund seiner internationalen Verbreitung und seines hohen Prestiges in den Augen vieler ein idealer Verbündeter im Widerstand gegen das Englische. Die Norm des *français de France* war bereits kodifi-

[5] Hervorhebung im Original.

[6] «C'est la façon de parler de la plus saine partie de la Cour, conformément à la façon d'écrire de la plus saine partie des Auteurs du temps...» (Vaugelas, 1647).

ziert und stand mit einem breiten Referenzapparat unmittelbar zur Verfügung. Fortan bezog sich der Diskurs über die Sprachqualität auf die Beziehung des *français québécois* zum *français de France*. Als Referenz galt die Norm des *français de France*, alle Abweichungen des *français québécois* von diesem Modell sollten unter dem Vorwand der Modernisierung getilgt werden. Sie wurden niederen Sprachregistern zugeschrieben und als «Verfallserscheinungen» der Sprache angesehen. Konsequenz dieses bis in die 60er Jahre dominierenden Purismus waren das Erscheinen korrektiver Handbücher und regelrechte Kampagnen des *bon parler*. Erbe der puristischen Bestrebungen ist letztendlich auch die 1961 gegründete erste *Office de la langue française,* deren Ziel es war, «de veiller à la correction et à l'enrichissement de la langue parlée et écrite au Québec.»[7]

Auch heute bilden die Puristen die wohl lautstärkste Gruppe in der Auseinandersetzung um die Sprachqualität in Québec. Ihre Argumentation ist von einer Verachtung der Sprache und ihrer Sprecher geprägt; sie stellen das *français québécois* häufig als eine unterentwickelte Sprache dar, deren Sprecher nicht in der Lage seien, kohärente Gedanken zu äußern (z. B. Dor, 1996 und 1997). Pauschale Umschreibungen des *français québécois* als *sabir, pidgin, créole, patois, langue déficiente et malade* zeigen, wie unsachlich argumentiert wird. Einzig gültiger Maßstab, an dem sprachliche Äußerungen zu messen seien, ist ihnen zufolge weiterhin das *français de France,* ein Modell also, das außerhalb der Realität der Provinz Québec liegt. Beschreibungen des *français québécois* erfolgen auf der Grundlage der Herausarbeitung seiner Besonderheiten im Vergleich zum *français de France.* Dabei wird einerseits der Eindruck erweckt, alle Franzosen sprächen auf die gleiche Art und Weise dasselbe «gute» Französisch, andererseits werden die Züge des umgangssprachlichen Niveaus des *français québécois* überbetont, wodurch die negative Wahrnehmung verstärkt wird. Sie beruht auf einer Nichtbeachtung des Evolutionsprozesses der Sprachen, für den das Erscheinen neuer *usages* und *acceptions* durchaus normal ist,[8] sowie auf einer Ignoranz der Existenz einer sprachlichen Variation in Abhängigkeit von diatopischen, diastratischen und diaphasischen Faktoren, deren Diskussion Gegenstand des Kapitels 2.2 sein wird. Die Berücksichtigung der Evolution des Französischen in Raum und Zeit verbietet es, die Unterschiede des *français québécois* vom *français de France* als *déformation* zu bezeichnen, sondern läßt sie als Spuren eines früheren Sprachzustandes und Konsequenz der sozio-historischen Bedingungen Québecs erscheinen.

1.2.5 Sprachqualität aus variationistischer Perspektive

In Reaktion auf den puristischen Diskurs bildete sich im Zuge der *Révolution tranquille,* der um 1960 einsetzenden Emanzipationsbewegung, eine entgegengesetzte Auffassung heraus. Ihre Vertreter proklamierten mit einem Hinweis auf die Freiheit des Ausdrucks ein bedingungsloses Lob volkssprachlicher Varietäten und traten zunächst sogar für eine Anerkennung des *joual* als Norm des *français québécois* ein. Der Begriff *joual*, abgeleitet von der *prononciation populaire* des Wortes *cheval*, ist seit der polemischen Schrift *Les insolences du frère*

---

7 Loi instituant le ministère des Affaires culturelles, 1961, art. 14, zitiert nach Loubier (1994: 21).

8 Man denke an die Entwicklung der romanischen Sprachen aus einer gemeinsamen Wurzel, dem Latein, oder an die Veränderungen, die auch das *français de France* in den letzten Jahrhunderten erfahren hat. Verwiesen sei an dieser Stelle auch auf die Funktion der 'Fehler' als Reparation von Schwächen im System; bevor sie sich durchsetzten, manifestieren sie sich sporadisch im *usage* (Frei, 1929).

Untel von Jean-Paul Desbiens (1960) in aller Munde. Es handelt sich dabei keineswegs um einen wissenschaftlichen Begriff, sondern um eine abwertende Bezeichnung, die niedere Sprachniveaus des *français québécois* im allgemeinen oder den Sprachgebrauch der untersten sozialen Schichten Montréals meint. Teilweise wird damit sogar undifferenziert das *français québécois parlé* in seiner Gesamtheit bezeichnet. Als Zeichen der kollektiven Identität wurde im *joual* ein Mittel der Abgrenzung sowohl gegenüber dem anglophonen als auch dem französischen Einfluß gesehen. Der Gedanke der radikalen Aufwertung des *joual* steht heute so nicht mehr zur Debatte, nicht zuletzt weil die Konzentration auf diese pejorativ konnotierte Varietät die Verständigung mit dem Rest der Frankophonie beeinträchtigen und eine Isolierung Québecs bedeuten würde. Die Besonderheiten des *joual* sind in der Tat so zahlreich, daß Theaterstücke und Filme, die sich dieser Varietät bedienten, ins «Französische» übersetzt oder mit Untertiteln versehen werden mußten. Die *querelle du joual* hat dennoch die Diskussion um die Sprachqualität vorangebracht, indem auf die Diskrepanz zwischen geltender Norm und tatsächlichem Sprachgebrauch verwiesen sowie die sprachliche Heterogenität auch innerhalb des *français québécois* ins Bewußtsein gerufen wurde. Damit fanden die Besonderheiten des *français québécois* erstmals eine gewisse Legitimation und wurden die verschiedenen koexistierenden Varianten aufgewertet.

In dieser Phase des gesellschaftlichen Umbruchs wurde erstmals die Forderung nach einer eigenen standardsprachlichen Norm des *français québécois* laut. Hatte sich diese bisher nicht herausbilden können, weil eine starke intellektuelle Elite als Träger dieser Norm fehlte bzw. die wenig gebildete Bevölkerung keinen Zugang zu einer solchen Standardsprache gehabt hätte, änderten sich diese Bedingungen nun rasch. Der Übergang von einer traditionellen, bevormundeten zu einer modernen, aufgeklärten Gesellschaft ging einher mit Reformen des Bildungs-, Gesundheits- und Sozialwesens. Zur selben Zeit wurden die Bemühungen um die französische Sprache intensiviert, eine Festigung ihres Status und eine Ausdehnung ihrer offiziellen Anwendungsgebiete durch die Sprachgesetzgebungen erreicht, ein Prozeß, der schließlich mit der Anerkennung des Französischen als offizielle Sprache durch die *Charte de la langue française* (Loi 101) im Jahre 1977 seinen größten Erfolg feiern konnte. Es bildete sich die Klasse eines selbstbewußten frankophonen Mittelstandes heraus, der in der Auseinandersetzung mit dem Modell des *français de France* – begünstigt durch die wieder engeren Beziehungen zu Frankreich – sowie des *joual* zu einem Französisch fand, das es gestattet, einerseits die sprachliche Autonomie Québecs zu bewahren und andererseits den Kontakt zur Frankophonie aufrechtzuerhalten. Allerdings muß betont werden, daß die Abweichungen zwischen den beiden Varietäten zu keinem Zeitpunkt der Sprachgeschichte wirklich so groß waren, daß man von der Herausbildung einer neuen Sprache sprechen könnte (Laporte, 1995: 208). Dieses neue Modell stellt sozusagen den goldenen Mittelweg zwischen dem Modell des *français de France* und dem archaischen, dialektalen *français québécois* dar, d. h., es handelt sich um ein Französisch, das weniger dialektal und *populaire* ist als früher, das aber ebenfalls typisch französische Merkmale ausschließt (Martel und Cajolet-Laganière, 1995 und 1996; Gendron, 1986a und 1986b). Dies betrifft v. a. den Bereich der Aussprache, deren phonetische Transformationen teilweise aus einer mehr oder weniger gelungenen Imitation des *français de France* hervorgegangen sind.

Der Gedanke, eine eigenständige Norm des *français québécois standard* zu definieren, ging nicht etwa von der Sprachwissenschaft aus, sondern von den Französischlehrern, die in den Beschlüssen des 10. Kongresses der *Association québécoise des professeurs et professeures de français* formulieren:

> Que la norme du français dans les écoles du Québec soit le français standard d'ici. Le français standard d'ici est la variété de français socialement valorisée que la majorité des Québécois francophones tendent à utiliser dans les situations de communication formelles. (AQPF, 1977: 11).

Den Erkenntnissen der Linguistik, und zwar der sich in den 60er Jahren des 20. Jh. etablierenden Soziolinguistik, ist allerdings zu verdanken, daß das *français standard d'ici* reale Chancen zu haben scheint (vgl. Kapitel 2). Die Konzentration auf den sozialen Aspekt der Sprache, die Erkenntnis von der Heterogenität der Sprache, eine neue Betrachtungsweise der Sprachnormproblematik, all dies führt zu einer neuen Dimension in der Auseinandersetzung mit der Sprachqualität. Die zahlreichen Arbeiten der Variationslinguistik haben nachgewiesen, daß das *français québécois* nicht mit einem umgangs- bzw. volkssprachlichen Register gleichzusetzten ist, wie es noch die Verfechter des *joual* taten, sondern wie das *français de France* über verschiedene Register, darunter ein hochsprachliches, verfügt. Sprachliche Leistungen dürften nun nicht mehr am *français de France* gemessen werden, sondern am *standard du français québécois*. Dies ist jedoch nicht unproblematisch, denn obwohl inzwischen ein Konsens dahingehend besteht, daß dieses Modell implizit im Sprachgebrauch vorhanden ist, ist man sich nicht über seine Beschaffenheit einig (vgl. Pöll, 1998: 70). Die Bemühungen um eine wissenschaftliche Beschreibung der *usages* des *français québécois* schreiten unverzüglich fort und haben insbesondere für den Bereich der Aussprache interessante Ergebnisse geliefert.

Wenn heute weiterhin die Berechtigung des Gebrauchs volkssprachlicher Varietäten verteidigt wird, dann zumeist mit dem Hinweis auf die Erkenntnis der Soziolinguistik, derzufolge die verschiedenen Varietäten einer Sprache unter sprachwissenschaftlichem Gesichtspunkt funktionell gleichwertig sind. Mit dieser Relativierung des Konzeptes des *bon usage* wurde die Existenz mehrerer Normen in Abhängigkeit von sozialen, situativen und geographischen Faktoren legitimiert. Dies bedeutet jedoch nicht, daß die Varietäten auch den gleichen sozialen Wert besitzen. Bestimmte «gehobene» Varietäten sind ein Macht- und Prestigekapital (Bourdieu, 1982) und erleichtern als solches den Zugang zu «besseren» gesellschaftlichen Positionen; den Wert ihrer Beherrschung zu mißachten wäre daher genauso irrtümlich wie die Verachtung der sprachlichen Variation durch die Puristen. Die Frage der Sprachqualität bleibt somit weiterhin aktuell, nur stellt sich das Problem auf andere Art und Weise und muß die Situationsangemessenheit sprachlicher Äußerungen berücksichtigen.

In aktuellen Klagen über die mangelhafte Sprachqualität in Québec wird vor allem ein exzessiver Gebrauch des *français familier* kritisiert, wobei häufig unklar bleibt, ob dies in bezug auf einen *standard québécois* oder den *standard français* geschieht. Trotz der Erkenntnisse der Soziolinguistik sind die Urteile nicht weniger pauschal und beruhen weiterhin auf dem Gedanken einer einzigen situationsübergreifenden Idealnorm. Nur selten wird die Frage präzis in bezug auf situationsangemessenes Sprechen gestellt. Es scheint, als habe es die Linguistik bisher nicht verstanden, den sprachwissenschaftlichen Laien ihr Wissen über die Sprache näherzubringen (vgl. Laforest, 1997: 134). Wenn auch viele Meinungen über die *détérioration du français* übertrieben scheinen, so zwingen die Vehemenz der Urteile und der Mangel an wissenschaftlichen Arbeiten dazu, sich mit diesem Thema auseinanderzusetzen.

1.2.6 Das problematische Verhältnis zur eigenen Sprache: Die sprachliche Unsicherheit

Die in Diskussionen um die Sprachqualität in Québec dominierenden negativen Einstellungen sind Zeichen eines generell problematischen Verhältnisses zur eigenen Sprache, wie es nicht nur in Québec zu beobachten ist. Dieses Phänomen, das als sprachliche Unsicherheit *(insécurité linguistique)* bezeichnet wird, ist in der Frankophonie, wo das außerordentlich hohe Prestige des *français de France* das Sprachbewußtsein ihrer Sprecher bestimmt, besonders stark verbreitet (Robillard und Beniamino, 1996). Da es sich bei dieser Erscheinung vornehmlich um subjektive Einschätzungen handelt, die nur aus metasprachlichen Äußerungen und bestimmten Verhaltensweisen ableitbar sind, kann man bisher kaum von einer fundierten theoretischen Grundlage sprechen.

Von sprachlicher Unsicherheit ist erstmalig in den Arbeiten Labovs (1976) zum schichtenspezifischen Sprachverhalten in New York die Rede. Für ihn handelt es sich dabei um eine quantifizierbare Größe *(indice d'insécurité linguistique)*, die die Abweichung zwischen der tatsächlichen sowie den Einschätzungen der eigenen sprachlichen Leistungen und der Vorstellungen mißt, die die Sprecher vom «guten Sprechen» haben. Seine Untersuchungen führen ihn zu der Schlußfolgerung, daß insbesondere die Angehörigen der mittleren Gesellschaftsschichten eine negative Einstellung zum eigenen Sprechen haben, da sie nach einer Annäherung an die prestigereiche Sprechweise der höheren Gesellschaftsschichten streben, was ihnen jedoch, wenn überhaupt, nur teilweise gelingt. Daher zeigt sich sprachliche Unsicherheit häufig in einem ausgeprägten Stilwechsel und der Tendenz zur Hyperkorrektion. Die Ursache der sprachlichen Unsicherheit wird also in einer ungleichen Beherrschung der prestigereichen Varietät in den verschiedenen sozialen Schichten gesehen.[9]

Neben dieser diastratischen Analyse des Phänomens wird das Konzept auch auf mehrsprachige Situationen bezogen, in denen eine Sprache oder diatopische Varietät einer Sprache als prestigereicher angesehen wird (Gueunier et al., 1978). In Québec interessiert vor allem diese Art der sprachlichen Unsicherheit, bei der sprachliche Leistungen an der Norm einer anderen Sprachgemeinschaft (*français de France*) gemessen werden, was die Existenz einer diastratisch bedingten sprachlichen Unsicherheit jedoch nicht ausschließt. Bei beiden Typen weicht der tatsächliche Sprachgebrauch von einem idealisierten Modell ab, allerdings sind bei der diatopisch bedingten sprachlichen Unsicherheit nicht nur bestimmte soziale Schichten davon betroffen, sondern die gesamte Sprachgemeinschaft. Wenn bestimmte Wörter des *français québécois* als archaisch abgewertet werden, dann bezieht sich diese Charakterisierung eigentlich auf die französische Perspektive, denn diese Wörter sind in Québec durchaus lebendig und in das moderne Sprachsystem integriert, werden aber in Frankreich nicht mehr gebraucht. Zahlreiche Studien zu den Einstellungen der Quebecer zu ihrem Französisch belegen die Allgegenwart des als prestigereicher angesehenen französischen Sprachmodells und die daraus resultierende sprachliche Unsicherheit (Lamberts et al., 1966; Laberge und Chiasson-Lavoie, 1971; D'Anglejan und Tucker, 1973; Méar-Crine und Leclerc, 1976; Lappin, 1981; Tremblay, 1990). Kennzeichnend dafür ist auch eine gewisse Ambivalenz: Die Abwertung der eigenen Varietät wird durch eine Aufwertung bestimmter ihrer Eigenschaften *(chaleur, complicité, affectivité, connivence)* ausgeglichen, die der dominanten Varietät abgesprochen werden (Gueunier et al., 1978).[10] Auch Houdebine (1994) verweist auf eine gewisse Wider-

---

[9] So auch bei Bourdieu (1982).

[10] Hierzu auch die Ergebnisse eines Fragebogens im Rahmen meiner Magisterarbeit (Reinke, 1997).

sprüchlichkeit der Einschätzungen der Sprache, die zwischen der Anerkennung einer Prestigenorm und dem Bewußtsein und der Akzeptanz funktioneller Normen schwanken, und erfaßt dies mit dem Begriff *imaginaire linguistique*. Dies wird in Québec besonders deutlich, wenn man sich inzwischen zwar größtenteils bewußt für eine Norm des *français québécois* ausspricht und auf keinen Fall *pointu* wie die Franzosen sprechen möchte, unbewußt aber weiterhin das *français de France* als Maßstab ansieht (Reinke, 1997: 102).

Auch in alltäglichen Situationen manifestiert sich sprachliche Unsicherheit: Ein Blick in die Tagespresse offenbart systematische Abwertungen des Sprachgebrauchs in Québec als Folge des puristischen Diskurses (Martel und Cajolet-Laganière, 1995). Mangelndes Vertrauen in das eigene Sprachgefühl äußert sich auch im hohen Konsum an prestigereichen Wörterbüchern sowie in zahlreichen Anfragen beim *service linguistique* des *Office de la langue française*, um sich von der Konformität mit einem idealisierten Modell zu überzeugen (Martel, 1990: 47). Für einen Ausländer ungewöhnlich erscheinen mögen auch die zahlreichen metasprachlichen Äußerungen über den Sprachgebrauch des Gesprächspartners, die in Québec Teil zahlreicher Konversationen sind und ihrerseits bezeugen, wie präsent die Sprachfrage im Bewußtsein der Quebecer ist.

In der heutigen Forschung wird das Konzept der sprachlichen Unsicherheit mehr qualitativ als quantitativ erfaßt, wobei die Erkenntnisse Labovs dennoch eine Rolle spielen. Gemeinsam ist allen Auseinandersetzungen mit der Problematik der enge Bezug zwischen sprachlicher Unsicherheit und Sprachnormproblematik:

> Il y a insécurité linguistique lorsque le locuteur a, d'une part, une image nette des variations légitimes, mais que d'autre part, il a conscience de ne pas s'y conformer en tous points. La sécurité linguistique est par contre assurée quand l'usager conforme naturellement ses énoncés à la norme (et aussi dans le cas où il ne le fait pas, mais sans qu'il n'ait une conscience nette de déroger à une règle). (Francard zitiert nach Bretegnier, 1996: 912)

Auch Klinkenberg (1993: 6) definiert sprachliche Unsicherheit als das Bewußtsein einer Diskrepanz zwischen dem eigenen Sprechen, das als mangelhaft wahrgenommen wird, und einer Norm, die nur unzureichend beherrscht wird. Bei der Suche nach einer Lösung des Problems muß daher bei der Sprachnorm angesetzt werden. Dies bedeutet, die «importierte» Norm, die nicht der sprachlichen und kulturellen Realität Québecs entspricht, durch ein eigenes Modell zu ersetzen. Es wurde bereits darauf hingewiesen, daß ein solches Modell implizit im Quebecer Sprachgebrauch existiert. Daß diese Norm noch nicht ausnahmslos anerkannt ist, hängt einerseits damit zusammen, daß sie noch nicht vollständig beschrieben ist, andererseits wird ihre Durchsetzung auch durch ideologische und politische Faktoren erschwert. So werden beispielsweise die Bemühungen um die eigenständige Norm als Gefahr für die Einheit Kanadas ausgelegt, da dadurch die kulturelle Identität Québecs gestärkt und die seit langem angestrebte Abspaltung begünstigt werden könnte. Obwohl inzwischen nachgewiesen ist, daß es keine wirklichen Kommunikationsstörungen zwischen Quebecern und anderen Frankophonen gibt, besteht weiterhin die Auffassung, die Einbindung Québecs in die Frankophonie sei durch eine eigene Norm bedroht.

Selbst wenn die Norm des *français québécois standard* mehr und mehr an Anerkennung gewinnt, so bleibt doch ein ungleiches Verhältnis zwischen den Varietäten innerhalb des *français québécois* bestehen, welches Ursache einer diastratisch bedingten sprachlichen Unsicherheit ist. Um der sprachlichen Unsicherheit auf beiden Ebenen zu begegnen, muß die Möglichkeit des Zugangs zur prestigereichen Varietät über Grammatiken und Wörterbücher sowie über den öffentlichen Sprachgebrauch in der Schule, in der Verwaltung, im Arbeitsmilieu und in den Medien sichergestellt werden. Daher ist die Diskussion der Sprachqualität in diesen Bereichen, denen als «principaux acteurs sociaux» (Maurais, 1999: 2) eine besondere Verantwortung zugeschrieben wird, besonders wichtig.

1.3 Die Debatte um die Sprachqualität im Quebecer Fernsehen

1.3.1 Aktuelle Tendenzen: Die Verantwortung des öffentlichen Sprachgebrauchs

Der Streit um die Sprachqualität ist seit langem von Wiederholungen geprägt und bringt wenig Neues hervor. Die jüngste Debatte wurde besonders heftig um die Werke von Georges Dor (1996 und 1997), Marty Laforest (1997) und Diane Lamonde (1998) geführt. Die Heftigkeit der Reaktionen zeigt, wie tief das Unbehagen gegenüber der eigenen Sprache weiterhin ist. Die Debatte wurde von den Medien als spektakulär präsentiert, was der Suche nach Konsens und Problemlösung nicht unbedingt dienlich war. Von den Moderatoren provoziert, arteten die Diskussionen häufig in persönliche Angriffe aus, wodurch jeglicher Dialog unmöglich wurde: «C'est là une caractéristique médiatique; en matière de langue, il est plus facile de faire la *nouvelle* avec une *mauvaise nouvelle* qu'avec une bonne!»[11] (Martel und Cajolet-Laganière, 1995: 32). Auch Laforest (1997: 133) hebt diese Lenkung der Debatte durch die Medien hervor. Sie berichtet von ihrer Mitarbeit an einer Zeitschrift über die Sprache in Québec, deren Redaktionskomitee einen Beitrag einer Linguistin einstimmig ablehnte:

> La linguiste ne raisonnait pas dans les termes habituels de menace pour le français, d'amélioration ou de régression de la langue. [...] C'était donc un texte qui «ne cadrait» pas. On voulait avec ce numéro du magazine soulever des débats, mais le genre de débat auquel nous sommes habitués sur la langue au Québec, toujours axé sur les dangers qui menacent la culture québécoise. (Laforest, 1997: 133)

Obwohl der Meinungsstreit weiterhin von Amateuren dominiert wird, offenbart eine genaue Analyse der Äußerungen, daß es durchaus Gemeinsamkeiten zwischen den verschiedenen Lagern gibt, die Anknüpfungspunkt für einen ergiebigeren Dialog sein könnten. Trotz mancher Widersprüchlichkeiten in den leidenschaftlichen Diskussionen zeichnet sich ein Konsens ab, dem öffentlichen Sprachgebrauch aufgrund seiner Vorbildrolle eine besondere Aufmerksamkeit zu schenken, insbesondere in den Bildungseinrichtungen und den Medien. Mit der Verlagerung der Debatte vom individuellen auf den öffentlichen Sprachgebrauch ist ein Ansatzpunkt gegeben, zu einer fruchtbareren Etappe der Behandlung des Problems überzugehen:

> [...] on doit avoir le courage de faire une évaluation réaliste de la situation; malheureusement, à ce sujet, il nous manque encore de données. Et il est nécessaire d'envisager des moyens concrets pour améliorer la situation. C'est ce que nous tenterons de faire dans le présent rapport, en proposant comme moyen la *responsabilisation des principaux acteurs sociaux* [...] (Maurais, 1999: 2)[12]

Der Mangel an wissenschaftlichen Auseinandersetzungen mit der Problematik mag neben dem schon erwähnten ambivalenten Verhältnis der Sprachwissenschaft zu Normfragen (siehe Abschnitt 1.1.) auch mit der offiziellen Haltung dazu zusammenhängen. Lange Zeit wurde

---

[11] Hervorhebung im Original.
[12] Hervorhebung im Original.

die Bedrohung durch das Englische und damit die Statusplanung als vordringlicher angesehen. Man konzentrierte sich daher auf den Bereich der Terminologie, d. h. auf die Bereitstellung von französischer Fachterminologie für die verschiedenen Sektoren der Wirtschaft und Verwaltung (Maillet, 2001). Der Gesetzgeber verlangt den Gebrauch des Französischen in allen öffentlichen Bereichen, ohne zu präzisieren, um welches Französisch es sich dabei zu handeln hat. Die Sprachqualität fällt in den Zuständigkeitsbereich des mit der *Charte de la langue française* gegründeten *Conseil de la langue française*, dessen Hauptaufgabe es außerdem ist, die Umsetzung der *Charte* zu überprüfen und neue Maßnahmen vorzuschlagen. Obwohl man bald erkannte, daß das Überleben der Sprache nicht nur durch Gesetze gesichert werden kann, sondern die Sprache auch durch ihre Qualität anziehend sein muß, blieb die Position des *Conseil* in dieser Frage lange Zeit zwiespältig. Man schien der Auffassung zu sein, eine Verbesserung des Status des Französischen zöge automatisch eine Verbesserung seiner Qualität nach sich. Selbst die Ergebnisse des *Colloque sur la qualité de la langue après la loi 101* (1980) brachten wenig Klarheit bezüglich der Position des *Conseil.* Einerseits forderte man «de désamorcer des attitudes d'intransigeance et de purisme qui ont parfois tendance à se manifester, lorsqu'il est question de qualité de la langue [...]», andererseits war man zurückhaltend hinsichtlich der Definition der Norm des *français québécois:*

> À notre avis, il serait non opportun pour le Conseil, dans la poursuite de sa tâche d'animation et de recherche, d'entrer dans une phase de légitimation et de définition d'une norme québécoise. Car pour y parvenir, il faudrait mettre en route tout un mécanisme de définition et de description de la norme, qui est à toutes fins pratiques irréaliste et peu conciliable avec la réalité des pratiques langagières actuelles. (CLF, 1980: 242)

Ein Umdenken zeichnete sich erst 1990 mit dem Erscheinen des Dokumentes *L'aménagement de la langue: pour une description du français québécois* ab, in dem die Notwendigkeit einer Beschreibung der «usages du français au Québec et leur hiérarchisation sociolinguistique» (CLF, 1990: 50) unterstrichen wurde. Von nun an intensivierten sich die offiziellen Bemühungen um die Sprachqualität, seinem Mandat gemäß besonders in der öffentlichen Kommunikation.

Obwohl es unseres Wissens keine Studien gibt, die eindeutig die Art und Weise der Beeinflussung des allgemeinen durch den öffentlichen Sprachgebrauch untersucht, wird dieser Einfluß immer wieder betont (z. B. Léon, 1994: 404). Man spricht dem offiziellen Sprachgebrauch die Funktion zu, die prestigereiche Varietät der Sprache, den *bon usage,* zu verbreiten, eine Rolle, die in Frankreich seit Vaugelas v. a. von der Literatur wahrgenommen wurde. Ein literarisches Modell kommt für Québec nicht in Frage, denn die Literatur ist durch die *auteurs joualisants* in Verruf geraten und genießt nicht denselben gesellschaftlichen Wert wie in Frankreich. Hinzu kommt, daß die Diskussion um die Sprachqualität und Sprachnorm in Québec vorrangig die gesprochene Sprache betrifft, für die die Literatur nur schwerlich als Maßstab herangezogen werden kann. Nicht zuletzt wird immer wieder auf ein Phänomen der modernen Gesellschaft hingewiesen: Der ständige, massive Kontakt aller Bevölkerungsschichten mit dem öffentlichen Sprachgebrauch, u. a. durch den enormen Fernsehkonsum, unterstützt seine Vorbildwirkung, während der Lektüre eine vergleichsweise geringe Bedeutung zukommt (Maurais, 1985: 71).

Die offizielle Haltung in Fragen der Sprachqualität beruht auf einer Unterscheidung zwischen *communication individualisée* und *communication institutionnalisée* (Corbeil, 1980: 78ff.). Diese Perspektive gesteht den Individuen vollständige Freiheit des privaten Sprachgebrauchs zu. Allerdings müssen sie die Konsequenzen einer Wahl, die der prestigereichen Norm der Gesellschaft widerspricht, tragen. Die Möglichkeit einer solchen Wahl muß durch den vorbildlichen Sprachgebrauch der Institutionen gegeben sein. Der Einfluß dieser wird oft mit Labovs Theorie vom Sprachwandel in Verbindung gebracht (Maurais, 1999: 69). Demnach ist es die Aufgabe der Institutionen, die prestigereiche Varietät der Sprache widerzuspiegeln, die mit dem individuellen Sprachgebrauch konkurrieren und so die Sprachvariation erhöhen soll (vgl. Abschnitt 2.2.1). Die Verbesserung der Sprachqualität, d. h. die Aufgabe unkorrekter Formen bzw. die bewußte Wahl der prestigereichen Varianten, wenn die Kommunikationssituation dies verlangt, kann nur über diese Etappe verwirklicht werden (Generalisierungsprozeß). Die Veränderung des Sprachverhaltens wird also langfristig durch die Erhöhung der Sprachvariation angestrebt und nicht direkt im Sinne der Strategie des *«dites ... ne dites pas»* der *campagnes correctives.*

Die Rolle des öffentlichen Sprachgebrauchs erschöpft sich nicht in seiner Funktion, der Bevölkerung als Richtlinie eines korrekten, sozial anerkannten Sprachgebrauchs zu dienen. Daneben spiegelt er ebenfalls die Sprachqualität der gesamten Sprachgemeinschaft wider (Corbeil, 1980: 105). An ihm werden die sprachlichen Leistungen der Gruppe gemessen, «elle renvoie une image positive ou négative de la performance linguistique de la collectivité; elle confère ou non à la langue utilisée par le groupe un statut de prestige, symbole d'unification» (Martel und Cajolet-Labagnière, 1995: 75).

Die besondere Verantwortung des öffentlichen Sprachgebrauchs läßt die Verlagerung des Streites um die Sprachqualität auf diesen Bereich als Schritt in die richtige Richtung erscheinen. Die Debatte konzentriert sich nun auf den Sprachgebrauch in den wichtigsten gesellschaftlichen Bereichen und Institutionen, der Verwaltung und Rechtssprechung, dem privatwirtschaftlichen Bereich, der Werbung und Beschilderung, der Schule und Ausbildung sowie der Medien. Besonders scharf wird dabei das Fernsehen kritisiert, das als Hauptveranwortlicher in Fragen der Sprachqualität angesehen wird.

1.3.2 Das Fernsehen: Inbegriff der Standardsprache und Spiegel der Gesellschaft

Immer wieder wird die Bedeutung der Medien für die Verbreitung des Standard unterstrichen, wobei man sich in erster Linie auf das Fernsehen bezieht und auf sein enormes Beeinflussungspotential hinweist:

> Si les quotidiens ne pénètrent pas nécessairement dans tous les foyers, la télévision pour sa part y occupe une place importante. On s'accorde habituellement à dire que la télévision jouit d'une influence non négligeable dans tous les domaines qu'elle touche d'une façon ou d'une autre. (Beauchamp und Bouchard, 1982: 162)

> On sait que l'avenir du français, notamment au Québec, se jouera largement en fonction de la place qu'occupera cette langue au cours des prochaines décennies dans les moyens modernes de communication [...] (Beauchamp und Bouchard, 1982: 3)

> La télévision est devenue ... le média de masse le plus puissant, touchant toutes les catégories de population ... (Bertrand, 1995: 178)

> Nous pensons que ce médium mérite une attention privilégiée par rapport aux autres médias. En effet, la télévision se retrouve au centre des mass médias «parce qu'elle est le médium le plus consommé» (Jean, 1985: 53).

Es muß betont werden, daß dieser außerordentliche Einfluß des Fernsehens auf den Sprachgebrauch bisher nicht konkret nachgewiesen wurde (Gueunier, 1985: 8). Einen Ansatzpunkt, diese Forschungslücke zu schließen, könnten die Theorien der Kommunikationswissenschaft darstellen, deren Hauptinteresse der Interaktion zwischen Medien und Zuschauern gilt (Allemand und Oullion, 2000), die jedoch ihrerseits die Sprache aus ihrer Analyse ausschließt. All diese Zitate zeigen, daß kaum nach den Gründen dieser Beeinflussung gefragt wird. Im allgemeinen beschränkt man sich darauf, auf die enorme Anzahl an gleichzeitig erreichbaren Adressaten und die enorme Zeit, die dieser Aktivität gewidmet wird, zu verweisen.[13] Sicher spielt dies eine wichtige Rolle, zumal damit der gesprochenen Sprache eine Geltung zurückgegeben wird, die lange Zeit die Schriftlichkeit innehatte. Zusätzlich bedarf es jedoch eines Identifikationsphänomens, durch das sich das Publikum unbewußt mit den Moderatoren und Figuren identifiziert und sich dadurch an deren Art des Denkens und letztendlich auch des Sprechens anpaßt. In diesem Punkt unterscheidet sich das Fernsehen von allen anderen gesellschaftlichen Bereichen der öffentlichen Kommunikation, mit denen die Sprecher zwar auch ständig in Berührung kommen, von denen sie sich aber kaum emotional angesprochen fühlen dürften. Belege zur Wirkung des Sprachgebrauchs des Fernsehens auf den allgemeinen Sprachgebrauch beziehen sich kaum auf die Struktur der Sprache, sondern vornehmlich auf oberflächliche Erscheinungen, wie z. B. die Bedeutung Radio-Canadas für die Entwicklung des Sportvokabulars (Dumas, 1984: 236). Wenn mit Sicherheit eigentlich nur der Vorbildcharakter des Sprachgebrauchs im Fernsehen festgestellt werden kann, dann ist dieser dennoch von solchem Gewicht, daß Dubuc (1990: 143) äußert: «Si on laisse le français des médias aller à vau-l'eau, ni l'école, ni les lexicographes ne pourront sauver l'intégrité de notre patrimoine linguistique.»

Befragungen der Quebecer haben ergeben, daß die Mehrzahl der Bevölkerung die Nachrichtensprecher Radio-Canadas als Vorbild eines beispielhaften Sprachgebrauchs nennt (D'Anglejan und Tucker, 1973; Lappin, 1982; Bouchard und Maurais, 1999; Villers, 2000); nur 4 % sehen das *français de France* als Modell an (Elkouri, 2000). Damit sei erneut auf die Existenz einer quebec-internen standardsprachlichen Norm verwiesen. Plourde (1985: 217) zufolge sind sich die Moderatoren und Journalisten ihrer Verantwortung in der Sprachfrage durchaus bewußt. Dies belegt auch die Geschichte des Senders, der sich zunächst als ein «instrument culturel capable de soutenir l'émancipation du peuple québécois» (Martel und Cajolet-Laganière, 1995: 88) definierte. Das kulturelle Mandat des Senders erstreckt sich auch auf die Sprache und wurde durch die Gründung des *Comité linguistique de Radio-Canada* (1960) unterstrichen, dessen Aufgabe die Überwachung der Sprachqualität ist. Radio-Canada arbeitete zunächst eine Norm heraus, die sich stark an das *français de France* anlehnte. Mit der Zeit fand man jedoch zu einem Modell Quebecer Färbung, wobei sich dieses – wie die Verantwortlichen selbst hervorheben (Dubuc, 1990) – nur auf informative Sendungen bezieht, deren Texte schriftlich vorbereitet und durchgesehen werden.

Verschiedene Autoren (z. B. Bell, 1983; Krech, 1997; Stock, 1997; Villers, 2000 und Remysen, 2002) haben darauf hingewiesen, daß die Sprache der Nachrichtensprecher in vielen Ländern als Inbegriff der Standardsprache angesehen wird. Dabei handelt es sich keineswegs um eine einseitige Wirkung, sondern es besteht eine Korrelation zwischen allgemeinem Sprachgebrauch und dem Sprachgebrauch in den Medien. Dies entspricht der kommunikationswissenschaftlichen Theorie, die von einer bilateralen Interaktion zwischen Medien und Gesellschaft ausgeht (Allemand und Oullion, 2000: 116). Auf der einen Seite bestimmen die

---

[13] Die meisten Studien, z.B. Trudel (1992), Martin (1995) und Raboy (2000), sprechen von etwa durchschnittlich 24 Stunden wöchentlich. Jean (1985: 225) und Trudel (1992) meinen sogar, daß das Fernsehen die Hauptfreizeitaktivität sei.

Medien ihren eigenen Standard, indem sie sich nach dem prestigereichen Sprachgebrauch der Gesellschaft richten und somit die Bewertungen der Sprache durch die Gesellschaft widerspiegeln. Auf der anderen Seite verbreiten sie den Standard und erhöhen ihrerseits sein Prestige, indem sie die so ausgewählten und kodifizierten Formen benutzen. Dabei sind sie zugleich konservativ und innovativ, da sie nicht nur reines Abbild der im Sprachgebrauch ihrer Adressaten fest etablierten Formen sind, sondern auch neue, sich in der Gesellschaft entwikkelnde Formen verbreiten (Martel und Cajolet-Laganière, 1995: 87).

Dieser Mimesischarakter der Medien beschränkt sich, wie schon angedeutet, durchaus nicht auf den prestigereichen Sprachgebrauch. Der Verbreitung des Standards durch die Medien sind Grenzen gesetzt, da man von ihnen außerdem erwartet, die gesellschaftliche Realität in ihrer Vielfalt glaubwürdig darzustellen. Dementsprechend wird das Bild der Medien von einer großen Vielfalt an Kommunikationssituationen bestimmt, die neben der sozial aufgewerteten Varietät auch andere diastratische, diaphasische und diatopische Varietäten respektieren müssen. Dies zwingt dazu, die Rolle der Medien für die Verbreitung des Standards zu relativieren und ein gewisses Maß an weniger prestigereichen Varietäten zu legitimieren:

> L'utilisation de la langue populaire à l'antenne est un autre problème qui retient l'attention du Comité. Ici Jean-Marie Laurence a établi une démarcation entre, d'une part, la langue officielle de Radio-Canada, langue des informations, des émissions culturelles et d'affaires publiques, de présentations des émissions et, d'autre part, la langue des productions dramatiques et variétés. Le respect de la vérité artistique et le reflet de la réalité imposaient une certaine ouverture à l'égard des manifestations de la langue populaire. (Dubuc, 1990: 137)

Wenn derselbe Autor etwas weiter äußert: «Nous restons conscients toutefois que certaines émissions vont dans des excès inutiles et qu'il serait souhaitable qu'on sache ne pas aller trop loin.» (Dubuc, 1990: 141), dann verweist er damit auf die problematische Forderung an den Sprachgebrauch der Medien, an der hochsprachlichen Norm orientiert und lebendig zugleich zu sein (Plourde, 1985: 218). Ein Blick auf die oft undifferenzierten Äußerungen, die im Diskurs um die Sprachqualität in den Medien dominieren, macht deutlich, wie sehr die Rolle der Medien als Spiegel der Gesellschaft hinter ihrer Bedeutung für die Verbreitung des Standards zurücktritt.

1.3.3 Kritiken des Sprachgebrauchs in den audiovisuellen Medien

Die unzähligen Diskussionen zur Sprachqualität im Fernsehen gestatten es, zwei Kriterien herauszuarbeiten, die zur Bewertung des Sprachgebrauchs herangezogen werden: die Wirksamkeit der Kommunikation und die Ausrichtung an einem *bon usage*. Die meisten Bemerkungen beziehen sich jedoch auf die Bedeutung der Medien für die Verbreitung der hochsprachlichen Norm und lassen fragwürdig erscheinen, ob sie dieser Aufgabe gerecht werden: «Bien qu'ils jouent un rôle crucial dans la définition de la langue de référence, les médias québécois font rarement preuve de leadership en matière linguistique.» (Raunet, 2001: 23). Die wenigen Rechtfertigungen des Sprachgebrauchs in den Medien (CLF, 1998: 36) verweisen auf die Bedingungen der Berufsausübung sowie auf ökonomische Faktoren (unzureichende Ausbildung, mehr und mehr Improvisation und Direktübertragungen, Anpassung an das Publikum, Wirtschaftlichkeit), die dazu führen, daß der Sprachqualität nicht die Beachtung zukommt, die sie verdient.

Die meisten negativen Kritiken beziehen sich auf die privaten Sender:

> Les médias privés sont strictement soumis aux impératifs de la cote d'écoute. [...] Le diffuseur choisit de parler la langue du public visé [...] Pour le rejoindre et le rassurer, il va de soi qu'il faille donner à la langue une coloration «prolétaire». (Archambault und Magnan, 2001: 8)

Zunehmend mehren sich jedoch auch Vorbehalte hinsichtlich der Sprachqualität der öffentlichen Sender:

> D'emblée, il faut admettre que la qualité du français à la télévision de Radio-Canada est en chute libre depuis quelque temps. [...] Mais le divertissement est une chose, et l'information en est une autre. Lorsque vient le temps d'être informé à la télévision d'État, on s'attend à ce que la langue communiquée présente le moins d'incorrections possible. Or ce n'est absolument pas le cas. À preuve, ces quelques perles, recueillies à tout hasard durant les dernières semaines, qui en disent long sur la piètre qualité du français à la SRC. (Gosselin, 1994)

Wie dieses Zitat zeigt, beziehen sich solche Einschätzungen durchaus auch auf den Bereich der Information, der *per definitionem* als Ort eines beispielhaften Sprachgebrauchs angesehen wird. Daneben betrifft eine große Zahl der kritischen Stimmen den Bereich der Unterhaltung sowie die Sprache in Serien, Teleromanen und Filmen: «[...] chez nos humoristes de scène, la bouche parle de l'abondance du cul et non du cœur.» (Dor, 1996: 34). Der überwiegende Anteil kritisiert jedoch pauschalisierend alles, was ausgestrahlt wird, ohne zu differenzieren:

> Avec les années, le fossé entre langue populaire et langue à l'antenne s'est considérablement rétréci. [...] Paradoxalement, si la langue de la population s'est sensiblement améliorée, celle des médias s'est quelque peu relâchée. (Bertrand, 1998: 19)

> Cette officialisation du mal parler français, la télévision et les artistes québécois [...] en sont aujourd'hui les principaux acteurs. (Courtemanche, 1997: 56)

> Ma grand-mère Marie Louise, qui n'avait qu'une 4e année d'école parlait mieux le français que ce charabia que la télévision nous sert trop souvent. (Payette, 1998: 2)

Die Debatte um die Sprachqualität im Kommunikationsbereich der Medien enthält alle Aspekte der allgemeinen Debatte (siehe Kapitel 1.2). Die Auseinandersetzung wird genauso emotionsgeladen geführt und weiterhin von denselben Schlagwörtern bestimmt, die den Diskurs von jeher dominiert haben:

> On est en droit de se demander si la langue de l'animateur de *L'heure JMP* est encore du français. [...] chaque semaine depuis deux ans, plus d'un million de personnes se nourissent goulûment de ce *charabia gélatineux* qui tient de moins en moins du français et qui ressemble de plus en plus à *une sorte de créole local.*[14] (Courtemanche, 1997: 57)

Man bemängelt den Einfluß des Englischen, eine vorgebliche Wortschatzarmut, die Präsenz von Archaismen sowie eine fehlerhafte Aussprache selbst im Bereich der Information:

> Outre les nombreuses fautes attribuables à l'influence de l'anglais, on ne compte plus les solécismes, archaïsmes, erreurs de prononciation et tics de langage qui émaillent bulletins de nouvelles, émissions d'informations et magazines d'affaires publiques. (Laganière, 1998: 16)

> À l'émission *À tout prix*, diffusée le lundi 31 janvier, Michel Viens et plusieurs de ses collaborateurs prononcent des tournures de phrases douteuses et des anglicismes grossiers. (Gosselin, 1994)

> Les informations sur la météo sont les plus déplorables du point de vue de la prononciation [...] et la diphtongaison est la règle [...] (Lysiane Gagnon zitiert nach Martel und Cajolet-Laganière, 1995: 28)

---

[14] Hervorhebung von der Verfasserin.

Auch die puristische Haltung mit ihrer Verachtung der Sprachvariation in Raum und Zeit ist weiterhin präsent. So wird der Sprachgebrauch im Quebecer Fernsehen teilweise am *français de France* gemessen und immer wieder ein «français accessible au reste de la francophonie» (Plourde, 1985: 220) gefordert. Die Angst vor einer Isolation von der Frankophonie wurde im Bereich des Fernsehens vor allem dadurch genährt, daß in Québec synchronisierte Filme von Frankreich abgelehnt wurden. Dabei ist es durchaus wahrscheinlich, daß das Argument der Unverständlichkeit als Vorwand diente und weitaus andere Ursachen eine Rolle spielten, z.B ökonomischer oder kultureller Art. Ferner ist die Auffassung von der *dégénération* einer früher «reineren» Sprache sogar im Bereich der Medien allgegenwärtig, wo die Sprachqualität in den 70er Jahren generell als besser eingeschätzt wird. Immer wieder wird die *dégradation de la langue* nicht nur auf den Bereich der Sprache bezogen, sondern sie drückt auch eine Geringschätzung der Sprecher aus: «S'il y a une dégradation de la langue, il y a une dégradation de l'idée...» (Jean-Jacques Stréliski zitiert nach Courtemanche, 1997: 59).

Letztendlich bezieht sich die Mehrheit der Vorwürfe auf einen übertriebenen Gebrauch «niederer» Sprachniveaus. Es bleibt unklar, ob solche Urteile auf einer Orientierung an der Norm des *français québécois standard* oder weiterhin am *français de France* beruhen und sogar das *français québécois* in seiner Gesamtheit als *familier* betrachten. Mit Gewißheit kann festgestellt werden, daß zumeist generell von der Sprache in den Medien oder im Fernsehen die Rede ist und kaum nach Sendungstypen oder Kommunikationssituationen differenziert wird:

> Je n'en peux plus de travailler à une radio qui se dégrade, dont le joual devient la langue officielle, comme dans tous les médias. La vulgarité se généralise, la langue se banalise. On a perdu l'esprit de la langue française. (Proulx zitiert nach Sylvain, 1996: 53)

> Les journalistes devraient éviter les tours familiers ou populaires, tout comme les tours recherchés ou littéraires. La tendance générale à la démocratisation de la langue pour se rapprocher des auditeurs n'en justifie pas le relâchement et l'appauvrissement. (Laganière, 1998: 17)

> La démocratisation des ondes passe inévitablement par la popularisation de la langue qu'on y diffuse. (Bellefeuille, 1998: 15)

> On constate, dans la presse électronique, un glissement fréquent du registre soutenu vers le registre familier. (Raunet, 2001: 21)

Unabhängig davon, welche Sprachaspekte im einzelnen getadelt werden, beziehen sich all diese Kritiken auf eine Idealnorm, die nur selten näher bestimmt wird. Aufgrund der Unsicherheit in der Normfrage und aufgrund des Fehlens wissenschaftlicher Untersuchungen zum Sprachgebrauch in den audiovisuellen Medien kommt man schließlich immer zu beunruhigenden Ergebnissen, die meist auf nur oberflächlichen Beobachtungen oder der Wiedergabe von Eindrücken beruhen. Es ist daher an der Zeit, eine wissenschaftliche Analyse des Sprachgebrauchs in den audiovisuellen Medien vorzunehmen:

> Nous avons déploré à quelques reprises, au fil des pages précédentes, l'absence de données objectives, précises et récurrentes sur la qualité de la langue au Québec; ces lacunes nous empêchent d'en mesurer l'évolution de façon neutre et scientifique. Les études actuelles sont éparses, souvent restrictives et, la plupart du temps, limitées aux écarts orthographiques, grammaticaux et lexicaux. Il est nécessaire, à notre avis, de compléter et de systématiser les études sur la langue, et notamment sur la qualité de la langue. [...] Nous croyons qu'il faut recueillir sur l'état de la qualité de la langue des données objectives sous forme de statistiques. (Martel und Cajolet-Laganière, 1995: 157)

1.3.4 Der Stand wissenschaftlicher Untersuchungen

Unseres Wissens hat sich bisher eine einzige wissenschaftliche Untersuchung (Rochette und Bédard, 1984) konkret mit der Sprache in den audiovisuellen Medien beschäftigt. In ihrer Studie analysieren Rochette und Bédard die Qualität der mündlichen Ausdrucksweise von 65 Montréaler Moderatoren aller Alters- und Geschlechtsgruppen der öffentlich-rechtlichen und staatlichen Fernseh- und Radiosender. Wenn die Ergebnisse zum Teil die pessimistischen Meinungsäußerungen zu diesem Thema zu bestätigen scheinen und einen relativ negativen Eindruck von der Sprachqualität in den audiovisuellen Medien erwecken, dann müssen diese Resultate im Zusammenhang mit der Methode der Untersuchung und der Auswahl der analysierten Parameter interpretiert werden.

Auffallend ist, daß die Autoren keine Unterscheidung nach verschiedenen Kommunikationssituationen oder Sendungstypen vorgenommen haben, sondern ausschließlich die Improvisation beachtet wurde. Obwohl sie im Vorwort darauf hinweisen, daß die Sprache im Fernsehen und Radio nicht mit einer einzigen Kommunikationssituation und einem einzigen Sprachniveau gleichzusetzen ist, blieb dies in der Untersuchung unbeachtet, und vorbereitete oder aufgezeichnete Sendungen wurden ausgeschlossen. Die Autoren weisen explizit auf diesen Mangel hin, wenn sie äußern:

> «Si on avait, par exemple, distingué pour l'analyse entre les différentes situations de communication, en mettant dans le corpus un continuum des situations allant du moins formel au plus formel, les résultats recueillis auraient permis d'apprécier l'étendue de la variation linguistique chez nos animateurs» (Rochette und Bédard, 1984: 73)

Dies bedeutet, daß die Ergebnisse ausschließlich für solche Situationen gelten, für die grundsätzlich eine spontanere Sprache charakteristisch ist. Damit ist die Möglichkeit, Schlüsse hinsichtlich der Norm des *français québécois standard* zu ziehen, von vornherein eingeschränkt. Anstelle der Kommunikationssituation wurde die Rolle der Moderatoren hervorgehoben, indem hier eine Unterscheidung der verschiedenen «Moderatorentypen» (z. B. «vedette», «disk-jockey», «animateur de ligens ouvertes», «personnalités» etc.) vorgenommen wurde.

Das relativ negative Bild von der Sprachqualität ist auch bedingt durch die Auswahl der analysierten sprachlichen Phänomene. Die Untersuchung gibt keinerlei Auskunft über Lexik und Syntax, sondern beschränkt sich auf phonetische Aspekte. Dies ist an sich nicht problematisch, da eine Beschränkung des Untersuchungsgegenstandes in der Wissenschaft durchaus legitim ist. Allerdings betreffen diese phonischen Elemente vor allem technische Aspekte des mündlichen Ausdrucks wie Sprechgeschwindigkeit, Plazierung und Länge der Pausen, Intonation, Betonung, Zögern etc. sowie die klare Artikulation der Konsonanten und Vokale. Dabei handelt es sich hauptsächlich um Kriterien der Klarheit und Verständlichkeit, die kaum objektiv bewertbar sind. Wenn die Autoren auf diese Weise einen Anteil an «Schwächen» von annähernd 50 % feststellen und sogar von einigen «cas de pathologie phonétique» (Rochette und Bédard, 1984: 75) sprechen, dann stellt sich mit Recht die Frage, ob nicht auch dieses Bild übertrieben pejorativ ist. Diese Prozentangabe bezieht sich in erster Linie auf die genannten technischen Fähigkeiten, aber auch auf typisch Quebecer Aussprachevarianten wie die Affrikation des «t» und «d» ($[t_s]$ und $[d_z]$ vor «i» und «u»), die Öffnung der Vokale «i», «u», «ou» sowie die Variation der Nasalvokale. Inzwischen haben soziolinguistische Studien nachgewiesen, daß diese Erscheinungen zwar das *français québécois* vom sogenannten *français international* unterscheiden, aber in Québec den höchsten Grad der Verallgemeinerung erreicht haben. Sie werden von allen Sprechern unabhängig von sozialen und situativen Kriterien verwendet, erfahren keinerlei negative Bewertung und dürfen somit nicht als Anzeichen einer minderen Sprachqualität gedeutet werden. Es ist durchaus möglich, daß eine andersartige Bestimmung der untersuchten Parameter weniger negative Resultate zur Folge gehabt hätte. Andererseits fehlt in der Studie eine Reihe phonischer Varianten, die den neusten deskriptiven Arbeiten zum *français québécois* zufolge negativ bewertet werden und dem *registre familier* zuzuordnen sind. Anscheinend besteht bei den Autoren selbst eine gewisse Unsicherheit, wie ihre Ergebnisse zu interpretieren sind. Obwohl sie vielfach einen negativen Eindruck vermitteln, relativieren sie diesen an anderer Stelle selbst: «En fait, c'est un français standard à coloration québécoise, habituellement épuré des excès de la langue populaire» (Rochette und Bédard, 1984: 75).

Aus den genannten Unzulänglichkeiten der Arbeit von Rochette und Bédard, die zum Teil aus dem Stand der Forschung der 80er Jahre des 20. Jh. erklärbar sind, aber eindeutige Schlußfolgerungen verhindern, ergibt sich die Notwendigkeit, sich erneut der Problematik des Sprachgebrauchs in den audiovisuellen Medien zu widmen[15]:

> Les opinions négatives sur la langue des médias semblent donc assez repandues. Il nous apparaît qu'il serait grand temps d'entreprendre des recherches pour déterminer de façon un peu plus objective l'ampleur du phénomène. Il serait utile de mettre à jour l'enquête de Claude Rochette de 1984 sur la phonétique des animateurs et présentateurs de la radio et de la télévision. (Maurais, 1999: 197)

1.4 Zielsetzung der vorliegenden Arbeit

Die Darstellung der Problematik der Sprachqualität und Sprachnorm in Québec hat eine Vielzahl an Aspekten und offenen Fragen erkennen lassen, die eine eingehende Auseinandersetzung mit dem Thema erforderlich machen. Die zahlreichen Dimensionen des Untersuchungsgegenstandes zwingen dabei zu seiner Begrenzung. Die Entscheidung, sich der Analyse des Sprachgebrauchs im Fernsehen zu widmen, wurde getroffen aufgrund der Heftigkeit, mit der die Diskussion in diesem Bereich geführt wird, und aufgrund seiner Bedeutung für die Verbreitung der standardsprachlichen Norm. Die Mehrzahl negativer Äußerungen über den Sprachgebrauch in Québec wurde als Manifestation der sogenannten sprachlichen Unsicherheit eingeschätzt, deren Ursache das Bewußtsein einer Abweichung des eigenen Sprachgebrauchs von einer idealisierten Norm ist. Diese Norm wurde lange Zeit aus Frankreich «importiert» und war so fern der Sprachrealität Québecs angesiedelt, daß ihr regulierender Einfluß kaum zum Tragen kam. Sprachliche Unsicherheit kann sich aber auch auf einen prestigereicheren Sprachgebrauch innerhalb der Gesellschaft beziehen, der nur unzureichend beherrscht wird. Obwohl inzwischen von einer eigenen Norm des *français québécois standard* die Rede ist, ist diese bisher weder vollständig beschrieben, noch allgemein anerkannt. Um die sprachliche Unsicherheit abzubauen, muß diese Norm verbreitet werden und dadurch der gesamten Bevölkerung der Zugang zu ihr möglich sein, wobei dem öffentlichen Sprachgebrauch, insbesondere den Medien, eine besondere Verantwortung zukommt. Allerdings wird immer wieder angezweifelt, daß das Quebecer Fernsehen dieser Rolle gerecht wird.

---

[15] Forderungen nach Untersuchungen zur Sprache in den audiovisuellen Medien auch in Villers (2000) und Archambault und Magnan (2001).

Da die meisten Kritiken der Sprachqualität kaum auf wissenschaftlichen Untersuchungen, sondern größtenteils auf oberflächlichen Eindrücken beruhen, ist es ein Ziel dieser Arbeit, ein objektives Bild des Sprachgebrauchs im Fernsehen zu entwerfen, um eine Basis für einen ernsthaften wissenschaftlichen Diskurs zu schaffen. Dadurch sollen einige Elemente identifiziert werden, die den negativen Wahrnehmungen des Sprachgebrauchs im Fernsehen zugrundeliegen könnten. Dieses Vorgehen ist um so wichtiger, da die Kenntnisse des *français québécois* noch mangelhaft sind:

> Le premier problème rencontré est celui de l'existence de lacunes importantes dans notre connaissance du phonétisme du français du Québec. Même s'il se manifeste depuis une trentaine d'années un intérêt soutenu des chercheurs pour l'étude de cette variété que l'on peut à juste titre considérer comme l'une des mieux décrites, on découvre avec stupéfaction en tentant de faire la synthèse des études produites [...] que l'attention s'est le plus souvent portée sur un nombre restreint de phénomènes privilégiés [...] (Dolbec, 1991: 97)

Indem sich dieser Beitrag zur Beschreibung des *français québécois* auf die diaphasische Variation der Sprache konzentriert, soll eine weitere Forschungslücke geschlossen werden, denn bisher haben sich variationistische Studien hauptsächlich auf die diastratische Variation beschränkt, als sei die Sprachvariation unidimensionell ausschließlich an den sozialen Status des Sprechers geknüpft (Dolbec, 1991: 100). Die Beobachtung des Sprachgebrauchs im Fernsehen ist außerdem Voraussetzung für immer wieder geforderte Studien, die sich konkret dem Einfluß der Medien auf die Sprachvariation widmen wollen, ohne sich auf eine Feststellung ihres Vorbildcharakters zu beschränken. Eine so angelegte empirische Untersuchung wird auch eventuelle Veränderungen im Sprachgebrauch erkennen lassen. Da das Fernsehen (wie auch die anderen Medien) nicht nur die hochsprachliche Form der Sprache verbreitet, sondern sich bei der Bestimmung ihres Standards gleichzeitig an dem prestigereichen Sprachgebrauch der Gesellschaft orientiert, können somit auch Rückschlüsse auf die Norm des *français québécois standard* gezogen werden, deren Beschreibung sich noch im Anfangsstadium befindet. Eine Kodifizierung, die ihrer Funktion gerecht werden will, den Sprachgebrauch auf der Ebene der Standardaussprache normierend zu regeln und die sprachliche Unsicherheit abzubauen, muß auf der Sprechrealität beruhen. Kodifizierung und Sprechrealität stehen damit in einem wechselseitigen Verhältnis zueinander, letztere muß Ausgangs- und Zielpunkt jeder Kodifizierung sein. Damit müssen Untersuchungen des Sprachgebrauchs einer Kodifizierung notwendigerweise vorausgehen (vgl. Krech, 1997: 93). In vorliegender Arbeit wird dies anhand einer Analyse informativer Sendungen Radio-Canadas geleistet, deren Sprachgebrauch von der Mehrheit der Bevölkerung als Modell akzeptiert wird. Hier wird die Standardsprache vorzugsweise angestrebt, verwirklicht und erwartet. Demnach müssen die sprachlichen Leistungen der anderen Sender und Sendungstypen dazu in Bezug gesetzt werden. Letztendlich kann somit die Frage beantwortet werden, ob und wie das frankophone Fernsehen Québecs seine Funktion erfüllt, das Modell des *français québécois standard* zu verbreiten und zugleich die gesellschaftliche und sprachliche Realität in ihrer Diversität widerzuspiegeln. Bevor erklärt werden kann, wie dieses Ziel konkret erreicht werden soll, muß der konzeptuelle Rahmen der Analyse abgesteckt werden, auf dessen Grundlage die Methode der Untersuchung entwickelt werden soll.

2 Konzeptueller Rahmen: soziolinguistische Grundlagen

Die Darstellung der Problematik der vorliegenden Arbeit erforderte bereits die Verwendung bestimmter Schlüsselbegriffe, die bisher weder ausreichend definiert, noch in einen übergreifenden theoretischen Kontext eingebettet wurden. So wurde als eine der Hauptursachen der vorgeblichen Krise des *français québécois* die Sprachvariation und der daraus resultierende Widerspruch zwischen der Existenz verschiedener *usages* und Normen und dem Bedürfnis nach Einheit und Stabilität erkannt. Das Anliegen des folgenden Kapitels ist es, die Problematik in eine sprachwissenschaftliche Theorie einzuordnen und die zu dieser Untersuchung notwendigen Hilfsmittel und Konzepte bereitzustellen. Die nachfolgenden Ausführungen sind weniger als wissenschaftstheoretische Grundsatzdiskussion zu verstehen, vielmehr sollen die theoretischen Positionen erläutert werden, die den Charakter der empirischen Untersuchung bestimmen und zur Lösung der in Kapitel 1 erläuterten aktuellen Probleme der Kommunikationspraxis in Québec herangezogen werden.

2.1 Der Bezug der Soziolinguistik zur linguistischen Tradition

Die vorliegende Untersuchung wird auf der Grundlage theoretischer Konzepte der Soziolinguistik durchgeführt werden. Die Soziolinguistik entwickelte sich in Auseinandersetzung mit dem Strukturalismus und der generativen Transformationsgrammatik und untersucht Sprache in ihrem sozialen Kontext, d. h., sie interessiert sich für die Wechselbeziehung von Sprache und Gesellschaft. Damit wird Sprache nicht mehr als homogenes Gebilde betrachtet, das am Modell des idealen Hörer – Sprecher und auf Grundlage der Intuition erschlossen werden kann, wie dies unter dem Einfluß von Strukturalismus und generativer Grammatik der Fall war (Saussure, 1916; Chomsky, 1965). Sprache wird vielmehr als heterogener Gegenstand angesehen, der in vorliegender Arbeit anhand eines Korpus realen Sprachgebrauchs, der Sprache im Fernsehen, untersucht werden soll.

Ausgangspunkt der theoretischen Überlegungen der Soziolinguistik ist die Annahme vom Sprechen als eine Form des sozialen Handelns (Mattheier, 1987: 1435). Grundlegend dafür ist der Gedanke, daß Sprache neben ihrer kommunikativen auch eine sozio-symbolische Funktion hat (Fasold, 1987: 1126): Wenn Menschen miteinander sprechen, dann übertragen sie nicht nur Informationen. Mit der Wahl bestimmter sprachlicher Mittel, dem *Wie* der Informationsvermittlung, verweisen sie beispielsweise auf ihre geographische Herkunft oder ihre soziale Gruppenzugehörigkeit. Sie definieren mittels Sprache die Beziehung zu ihrem Gegenüber und geben Auskunft über ihre Wahrnehmung der Kommunikationssituation. Hauptinteresse soziolinguistischer Untersuchungen ist demzufolge die sprachliche Verschiedenheit, die in solchen Definitionen bereits angelegt ist. In den Mittelpunkt rückt die Abhängigkeit von sprachlichen und sozialen Strukturen; sprachliche Differenzierungen werden in Verbindung mit den historischen und sozialen Bedingungen der sprachlichen Kommunikation untersucht. Gegenstand der Untersuchung ist damit weniger die Langue bzw. Kompetenz als vielmehr die von der Sprachwissenschaft lange vernachlässigte Parole bzw. Performanz[16], wodurch sich das wissenschaftliche Interesse von der bisher prioritär behandelten Theorienbildung auf die Datenanalyse verschiebt.

Wenn die Soziolinguistik von der traditionellen Linguistik abgegrenzt und ihre «Geburtsstunde» in den 60er Jahren des 20. Jh. fixiert wird, erweckt dies häufig den Eindruck eines klaren Bruches. Der soziale Aspekt der Sprache spielt jedoch nicht erst seit der «offiziellen» Entwicklung der Soziolinguistik eine Rolle, sondern wird deutlich von bestimmten Schulen der vorstrukturalistischen Epoche des sprachwissenschaftlichen Denkens und Forschens herausgearbeitet. Die soziolinguistischen Arbeiten knüpfen im allgemeinen an Grundkonzepte und Terminologien der traditionellen Linguistik an und setzten sich kritisch mit ihnen auseinander bzw. erweitern diese. Schon die Arbeiten der Dialektologie und Sprachgeographie des 19. Jh. versuchten, der Heterogenität der Sprache gerecht zu werden. Zwar wurde Sprachvariation hier nur auf geographische Räume bezogen, jedoch konnte die Soziolinguistik an einige ihrer Methoden anknüpfen, so die Art der Sprecher- und Korpusauswahl und die Befragung mit Hilfe von Fragebögen und Interviews. Auch Saussure (1916) erkannte den sozialen Charakter der Sprache, wenn er sagt: «la langue est une institution sociale» oder «La langue n'est complète dans aucun individu, elle n'existe parfaitement que dans la masse» (Saussure, 1972: 31). Allerdings bedeutete «sozial» für ihn eher «kollektiv», was seine Nachfolger veranlaßte, sich auf die Einheit der Sprache zu konzentrieren und nicht auf ihre Diversität und sie unabhängig vom aktuellen Sprachgebrauch zu untersuchen. Dennoch räumten einige seiner Schüler dem sozialen Aspekt der Sprache einen wichtigen Stellenwert ein. Man denke an Charles Bally (1909), Joseph Vendryes (1921), Antoine Meillet (1921) und Henri Frei (1929) und später Marcel Cohen (1956). Der «Begründer» der soziolinguistischen Schule der Variationslinguistik William Labov (1976: 259) sieht sich selbst an Meillets Vorstellungen vom Zusammenhang zwischen *changement linguistique* und *transformations sociales* anknüpfen.[17] Wichtige Impulse verdankt die Variationslinguistik darüber hinaus dem amerikanischen Strukturalismus Bloomfields, der schon in seinem Artikel «Literate and Illiterate Speech» von 1927 zeigt, daß das Englische gebildeterer und jenes weniger gebildeter Schichten im allgemeinen als «gut» oder «schlecht» bewertet wird, daß jedoch die wissenschaftliche Analyse dies nicht bestätigt. Auch der britische Kontextualismus und der Prager Strukturalismus zeigten durchaus Interesse für sprachsoziologische Fragen.

Die Charakterisierung des Forschungsgebietes der Soziolinguistik als Studium der Sprache im sozialen Kontext, der wechselseitigen Beziehung zwischen sprachlichen und sozialen Strukturen, der Sprache als Bestandteil der Kultur und Gesellschaft mag eine Homogenität dieser Disziplin vortäuschen, die in der Realität nicht gegeben ist. Im Hinblick auf ihren Gegenstandsbereich und seine methodische Erschließung ist die Soziolinguistik von verschiedenen Tendenzen geprägt, die den Zusammenhang von Sprache und Sozialstruktur unter

---

16 Die Begriffspaare Langue – Parole (Saussure, 1916) und Kompetenz – Performanz (Chomsky, 1965) sind zwar nicht als Synonyme aufzufassen, wie dies in der Literatur z. T. geschieht, doch ähnelt sich das ihnen zugrunde liegende Konzept. Folgende Kurzdefinitionen seien hier gegeben: Die Langue wird als überindividueller Anteil der Sprache verstanden, während die Parole das individuelle sprachliche Verhalten bezeichnet. Demgegenüber ist mit Kompetenz die Fähigkeit gemeint, grammatisch richtige Sätze zu bilden Die Performanz ist die Auswahl und Anwendung dieser Regeln, die aktuelle Sprachverwendung.

17 Einen sehr guten Überblick der Theorie Labovs gibt der in deutscher Sprache erschienene Aufsatz «Das Studium der Sprache im sozialen Kontext» in Klein und Wunderlich (1973).

unterschiedlichen Gesichtspunkten betrachten.[18] In vorliegender Arbeit kann keine Diskussion der verschiedenen Ansätze geleistet werden; vielmehr sollen die für die Lösung des gestellten Problems relevanten Erkenntnisse berücksichtigt werden. Unter dieser Voraussetzung kann die Überwindung der herkömmlichen Betrachtungsweise der Sprache als homogen und die Betonung außersprachlicher Faktoren für ein dynamisches Sprachsystem als folgenreichste Einsicht der Soziolinguistik eingeschätzt werden. Zahlreiche Untersuchungen zeigen: «il n'existe pas de société qui ne disposerait que d'une seule variété linguistique» und «il n'existe pas d'individu qui ne maîtriserait qu'une seule variété de langue» (Fishman, 1971: 43). Nunmehr wird die Parole zum vorrangigen Untersuchungsgegenstand erhoben, ohne daß jedoch die Langue aus dem Blickfeld verlorengeht. Ein solcher Beschreibungsansatz, demzufolge die Sprache zu einem gegebenen Zeitpunkt je nach regionalen, sozialen und situationsbedingten Faktoren variiert, darf keineswegs als Infragestellung der Systemhaftigkeit der Sprache mißverstanden werden. Im Gegenteil, es soll über die Parole zur Langue vorgedrungen und der systematische Charakter der sprachlichen Variation aufgedeckt sowie ihre Bedeutung für das Funktionieren des Systems geklärt werden. Schon die Tatsache, daß Muttersprachler im allgemeinen in der Lage sind, andere Sprecher aufgrund ihrer Sprechweise nach regionaler oder sozialer Herkunft einzuordnen, belegt, daß sie neben dem Sprachsystem auch über feste soziolinguistische Konnotationen verfügen, die einem außersprachlichen komplementären System angehören müssen.

Das Studium der sprachlichen Variation steht im Mittelpunkt des Forschungsinteresses der Soziolinguistik, so daß sie zum Zentralbegriff der Soziolinguistik geworden ist, nachdem einer ihrer Teilbereiche, die Variationslinguistik, benannt wurde. Die Auswahl der Varianten kann in vielen Fällen nicht allein aus dem Sprachsystem erklärt werden, sondern hängt von den sozialen Bedingungen und Normen ab. Daher stellen letztere einen weiteren Zentralbegriff der Soziolinguistik dar. Beide sind Schlüsselbegriffe der vorliegenden Untersuchung, die im folgenden näher erläutert werden sollen.

2.2 Die Sprachvariation

2.2.1 Die diachronische Variation

Die Tatsache, daß Sprache sich aus historischer Sicht mit der Zeit verändert, ist keine Erkenntnis der Soziolinguistik. Schon die Historisch-Vergleichende Sprachwissenschaft des 19. Jh. interessierte sich für diesen Aspekt der Sprache, der dann von der Sprachwissenschaft der ersten Hälfte des 20. Jh. mit ihrer synchronischen, rein deskriptiven Sprachbetrachtung vernachlässigt wurde. Erst mit der Entwicklung der Soziolinguistik in den 60er Jahren des 20. Jh. sind Probleme des Sprachwandels wieder stärker ins Forschungsinteresse gerückt.

Das Französische, dessen Reinheit man später verteidigte, hatte seine Wurzeln im sogenannten Vulgärlatein (Brunot, 1966), *vulgaire,* wie das *français québécois* von seinen Kritikern abgewertet wird (siehe Kapitel 1). Der Entwicklungsprozeß der romanischen Sprachen aus der gesprochenen Varietät des Lateinischen läßt Parallelen erkennen zu gegenwärtigen

[18] Vgl. hierzu Dittmar (1973: 290) und weitere in der Bibliographie aufgeführte Einführungen in die Soziolinguistik.

Entwicklungen der Varietäten.[19] Albrecht (1990: 96) veranschaulicht dies anhand des Nebeneinanders von *au* und *o* im Latein (z. B. *cauda – coda*); das *au* wurde ab einem bestimmten Zeitpunkt zugunsten der Nichtstandardvariante *o* aufgegeben. Es ist ein Verdienst Labovs und seiner Schüler, solche synchronen sozialen Variationen der Sprache als einen Hauptfaktor des Sprachwandels beschrieben zu haben. Sprachwandel wird somit als Variantenselektion aus einem vorher entstandenen Reservoir an Sprachvarianten aufgefaßt, wobei jedoch nicht alle Varianten davon betroffen sind (Mattheier, 1987: 1441).[20] Die Durchsetzung bestimmter Varianten erfolgt nicht notwendigerweise von der sozial höheren zur sozial niederen Schicht als Folge einer Anpassung an soziale Prestigeformen, sondern kann auch von Mittel- oder Unterschichten initiiert werden (Scheutz, 1987: 1610). Ist die Sprachvariation auch eine notwendige Voraussetzung des Sprachwandels, so ergibt sich dieser jedoch nicht zwangsläufig aus dieser Bedingung. Aus der Auffassung vom Sprechen als sozialem Handeln ergibt sich, daß dieser Prozeß von den gesellschaftlichen Bedingungen und dem damit verbundenen Kommunikationsbedarf abhängt. Ändern sich diese Bedingungen, so paßt sich die Sprache mit entsprechender Verzögerung daran an (vgl. Abschnitt 2.3.3.3). Kein Sprecher, der eine bestimmte Variante wählt, will dadurch die Sprache verändern; summieren sich jedoch ähnlich motivierte Sprechhandlungen, kann dies Veränderungen zur Folge haben; aus der generell zu beobachtenden Sprachvariation wird eine Sprachveränderung. Aus dem graduellen, progressiven Charakter dieses Prozesses ergibt sich, daß die chronologische Zerlegung der Sprachgeschichte nur schwerlich an sprachinternen Kriterien festzumachen ist, sondern vielmehr parallel zur politischen und literarischen Geschichtsschreibung erfolgt (Lodge, 1997: 37).

Sprachveränderungen sind an Unterschieden im Sprachgebrauch zwischen den Generationen direkt beobachtbar, wobei Frauen, die sich zwar bei stabilen sprachlichen Variablen generell konservativ verhalten, den Sprachwandelprozeß in Richtung neuer Normen häufig vorantreiben (Trudgill, 1974; Milroy, 1998). Über mehrere Generationen summieren sich die Veränderungen, so daß nach langen Perioden Etappen der sprachgeschichtlichen Entwicklung feststellbar sind. Die Veränderungen der Sprache über nur wenige Jahrhunderte hinweg sind so tiefgreifend, daß die meisten frankophonen Sprecher heute Schwierigkeiten haben, Texte aus dem 16. Jh. (z. B. Rabelais) zu lesen. Ein häufig zitiertes Beispiel zur Veranschaulichung des Sprachwandels des Französischen ist auch die Aussprache des «oi» in *roi* (aus Latein *rex/regis*). Über die Jahrhunderte sind hier verschiedene Aussprachetransformationen feststellbar: 11. Jh. «ré-i» – 12. Jh. «rô-i» – 13. Jh. «rô-é» – 16. Jh. «rwé» – 18. Jh. «rwɑ» (Leclerc, 1986: 348), wobei «rwé» in verschiedenen Varietäten des Französischen, so in Québec, noch nicht vollständig verdrängt wurde. Dieses Beispiel verweist erneut auf den engen Zusammenhang von diatopischer und diachronischer Variation: Viele Elemente, die der diatopischen Variation zugesprochen werden, sind eigentlich Überreste eines älteren Sprachzustandes, die in einer dominierenden Varietät außer Gebrauch gekommen sind. Dies gilt auch für die zahlreichen in Québec gebräuchlichen Archaismen wie *bavasser (médire), bébelle (jouet ou objet sans grande valeur), pogner (saisir, prendre, attraper),* die in Frankreich längst nicht mehr verwendet werden.

Die Geschichte zeigt, daß Veränderungen der Sprache immer wieder als Bedrohung der Kultur empfunden werden (Maurais, 1985). Sie zeigt aber auch, daß man heute vorschreibt,

---

[19] Eine exzellente Beschreibung der Sprachgeschichte des Französischen unter soziolinguistischem Gesichtspunkt liefert Lodge (1997).

[20] Die einzelnen Ursachen der Variabilität zu erläutern, würde den Rahmen dieser Arbeit sprengen. Mattheier (1987: 1440–1441) und Bußmann (1990: 721) fassen diese sehr übersichtlich zusammen.

was man gestern verhöhnte, und man heute verhöhnt, was man morgen vorschreiben wird (vgl. Abschnitt 2.3.3.3). Die diachrone aus der synchronen Variation zu erklären setzt voraus, die Merkmale und das Funktionieren der Variation auf synchroner Ebene zu erfassen; für das Verständnis der synchronen Variation kann hingegen ein Blick auf die Sprachgeschichte hilfreich sein.

2.2.2 Sprachinterne Kriterien der Sprachvariation

Hauptverdienst zahlreicher soziolinguistischer Untersuchungen ist der Nachweis, daß die Variation in der Sprache nicht vom Zufall bestimmt wird, sondern auch hier Regelmäßigkeiten und System erkennbar sind. Die Bedeutung außersprachlicher Faktoren für die sprachliche Variation scheint jedoch manchmal die Tatsache zu verdecken, daß nicht alle Phänomene und Sprachebenen im gleichen Maße davon betroffen sind und sogar die meisten Elemente der Sprachstruktur abstrakte Regeln ohne sozialen Wert darstellen. Trotz aller Variation in der Sprache dominiert Stabilität (zumindest unter synchronem Gesichtspunkt), die durch das Konzept der Langue erfaßt wird. Ein bedeutender Teil des Systems ist der Variation nicht ausgesetzt; folglich weisen die verschiedenen Varietäten einer Sprache einen nicht zu unterschätzenden Teil an Gemeinsamkeiten auf (Berruto, 1987).

Die Hervorhebung externer sozialer Einflüsse auf die Sprachvariation darf nicht dazu führen, die variierenden Phänomene ausschließlich durch soziale Faktoren erklären zu wollen und sprachinterne Faktoren unberücksichtigt zu lassen. Solche sprachinternen Faktoren erklären, warum ein bestimmtes Element wie z. B. [œ] variiert und ein anderes wie [b] nicht. Ein Blick auf das Sprachsystem ist unverzichtbar, um diese Variation zu verstehen: Es läßt erkennen, daß das System der Konsonanten seit dem 17. Jh. relativ stabil ist. Das Phonem /b/ stellt außerdem einen Eckpfeiler des phonologischen Systems dar und befindet sich beispielsweise in phonologischer Opposition zu /p/, /m/ und anderen Verschlußlauten; die Anzahl der Minimalpaare ist also groß. Ganz anders sieht die Situation des Phonems /œ/ aus: Das Vokalsystem befindet sich allgemein im Ungleichgewicht. Es handelt sich um eine *voyelle intermédiaire,* die einer wenig besetzten Serie angehört. Die phonologische Opposition zu [ø] dient der Unterscheidung nur weniger Minimalpaare und hat daher keine große Bedeutung. Die Aufrechterhaltung der Opposition [œ] – [ø] rentiert sich kaum, die Variation wird aufgrund dieser sprachinternen Charakteristika verständlicher.

Als innersprachliche Motivationen der Entstehung solcher Variationen können verschiedene Faktoren genannt werden. Bartsch und Vennemann (1982: 152) sowie Scheutz (1987: 1606) nennen in ihren Überlegungen zum Lautwandel folgende Hauptmotivationen (siehe auch Bußmann, 1990: 441):

1. die phonetische Motivation, die sich aus der psychophysischen Konstitution des Sprechens / Hörens ergibt
2. die phonologische Motivation, im System bestimmte Kontraste zu erhalten oder auszubauen
3. die analogische Motivation, bestimmte phonologische und morphologische Regularisierungen vorzunehmen.

Dabei ist die Tendenz zur Vereinfachung, zur Optimierung der Kommunikation mit minimalem Aufwand (Lodge, 1997: 34) und zur Korrektur von Schwächen des Systems (Frei, 1929: 19) wohl der grundlegendste Mechanismus. In Anlehnung an Frei kann somit auch die sprachliche Variation teilweise als eine solche «Reparaturtendenz» aufgefaßt werden, zumal

Merkmale des *familiers* nicht selten als Fehler angesehen werden, die in der Entwicklung der Sprache oft zur Regel geworden sind. Dabei kann der Anstoß sprachintern bedingter Variation auch von außen, z. B. durch den Einfluß einer fremden Sprache oder anderen Varietät gegeben sein, wobei dann häufig sprachexterne Motivationen eine Rolle spielen, z. B. die Anpassung an eine prestigereichere Varietät (vgl. Abschnitt 2.3.3) Ob solche Prozesse im konkreten Fall letztendlich zum Tragen kommen, hängt von weiteren sprachinternen Faktoren ab, hauptsächlich vom Akzent oder der Beeinflussung durch das jeweilige vorangehende oder folgende Element. Die wohl bekannteste Vereinfachungstendenz ist die der Assimilation, d. h. die Reduktion des artikulatorischen Aufwandes durch Angleichung benachbarter Laute, die durch ein hohes Sprechtempo und reduzierten Energieaufwand gefördert wird.

Die sprachintern motivierte Variation, der einzige Bereich, den der Strukturalismus als variabel anerkannte, ist jedoch immer im Zusammenhang mit dem Wirken außersprachlicher Faktoren zu sehen. Allerdings müssen, bevor diese untersucht werden können, bei jedem zu analysierenden Phänomen zunächst die sprachinternen Kriterien bestimmt werden, die eine Variation überhaupt zulassen.

2.2.3 Die diatopische Variation

Der für das Gemeinverständnis offensichtlichste und am längsten erforschte Typ der sprachlichen Variation ist die diatopische (geographische) Variation. Von einem Land zum anderen, einer Region zur anderen, sogar von einem Dorf zum anderen können Unterschiede in der Aussprache und Lexik bestehen, die oft allgemein unter dem Begriff «Akzent» zusammengefaßt werden. Zahlreiche geographische Varianten des Französischen sind durch das Zusammentreffen des Gemeinfranzösischen und der historischen Dialekte entstanden. Außerdem begünstigt räumliche Distanz im Zusammenwirken mit dem Faktor Zeit die Herausbildung sprachlicher Unterschiede: «La diversité géographique doit être traduite en diversité temporelle.» (Saussure, 1916: 271). Wie im Abschnitt 1.2 gezeigt wurde, hat nicht allein die geographische Trennung von Frankreich zur Entwicklung der sprachlichen Besonderheiten des *français québécois* geführt. Die ersten Siedler in *Nouvelle-France* sprachen zunächst dasselbe Französisch, das in Frankreich gebraucht wurde. Erst durch die räumliche Entfernung, die politische Isolierung sowie durch den Einfluß der Nachbarsprachen und der besonderen sozialen, ökonomischen und politischen Strukturen haben sich sprachliche Unterschiede über einen langen Zeitraum entwickelt.

Wenn die Angehörigen einer Sprachgemeinschaft den «Akzent» einer anderen als *patois* bezeichnen, dann belegt dieses Werturteil nicht nur, daß die geographisch bedingten Unterschiede deutlich wahrnehmbar sind, sondern drückt auch eine Verachtung einer dominierenden Gruppe gegenüber einem sprachlichen Verhalten aus, das nicht dem ihren entspricht. Die Stellung der diatopischen Varietäten des Französischen ist Resultat der historischen Entwicklung; die Bedeutung, die man der einheitlichen französischen Sprache beimißt, steht in engem Zusammenhang mit dem politischen Faktor der nationalen Einheit. Auch die verschiedenen Bezeichnungen geographischer Varietäten als *variétés dialectales, variétés régionales* oder *variétés nationales* (Martel und Cajolet-Laganière, 1996: 70) verweisen auf eine ideologische Dimension der Diskussion der Sprachvariation. Mit dem wachsenden Selbstbewußtsein der frankophonen Sprachgemeinschaften außerhalb Frankreichs werden diese in jüngster Zeit weniger als *français régionaux* als vielmehr als *français nationaux* bezeichnet.

Damit wird berücksichtigt, daß eine «Region» wie die Provinz Québec mit Hinblick auf die Semantik des Begriffes *région* nicht auf gleicher Ebene mit der Bretagne oder den Regionen Südfrankreichs gestellt werden kann (Pöll, 1998: 13):

> On ne peut assigner au Québec, à la Belgique wallonne ou au Sénégal le statut de région au même titre qu'à l'Ouest de la France. De par leur souveraineté nationale, ces unités géolinguistiques méritent la dénomination de pays tout autant que la France. Les particularités lexicales de ces pays par rapport au français de France ne sont donc pas des régionalismes. Ils ne constituent pas une variante régionale de la langue française mais une variante nationale. (Hausmann, 1986: 4)

Hausmann spricht hiermit Québec den Status einer Nation zu und unterstützt damit die Idee der *souveraineté nationale*. Allerdings entspricht dies eher dem Gefühl der Québecer, eine Nation zu bilden, als den politischen Tatsachen, denen zufolge Québec nicht offiziell als Nation anerkannt wird. Ohne hier die politischen Implikationen dieser Terminologie diskutieren zu wollen, kann festgestellt werden, daß sie eine Emanzipation dieser Varietäten von der «Muttervarietät» ausdrückt und die Rolle der Sprache als Symbol der Identität unterstreicht. Jedes *français national* ist als Gesamtheit aufzufassen, die zwar regionale Besonderheiten enthält, die aber nicht als Abweichungen vom *français de France* behandelt werden dürfen (siehe Kapitel 2.3). Eng damit verbunden ist die «Akzeptanz und Legitimität mehrerer Sprachnormen innerhalb ein und derselben Sprachgemeinschaft» (Pöll, 1998: 12). Diese Terminologie hat außerdem den Vorteil, die Unterscheidung spezifischer *français régionaux* innerhalb der verschiedenen *français nationaux* zu implizieren. In einer Epoche der internationalen Globalisierung und Kommunikation darf dies jedoch den Blick auf die anderen diatopischen Varietäten innerhalb der Frankophonie nicht versperren.

2.2.4 Die diastratische Variation

Mit der diastratischen Variation ist der Gebrauch unterschiedlicher sprachlicher Formen in Abhängigkeit von sozialen Faktoren gemeint. Als soziales Phänomen ist Sprache nicht nur ein Mittel der Informationsübertragung, sondern dient auch der Herstellung, Entfaltung und Beurteilung sozialer Beziehungen. Dementsprechend ist die sprachliche Variation auch Folge und Ausdruck der jeweiligen Sozialstruktur einer Gesellschaft. Die Zugehörigkeit zu einer bestimmten sozialen Schicht oder Gruppe (Berufsgruppen, Geschlecht, Alter, Zugehörigkeit zu einer ethnischen Gruppe etc.) drückt sich häufig in sprachlichen Unterschieden aus (Labov, 1976; Chambers und Trudgill, 1980), die für die Angehörigen einer Gruppe einen sozialen Wert besitzen und damit als Identitätssymbol der Abgrenzung nach außen sowie des Zusammenhaltes nach innen gelten (Schlieben-Lange, 1991: 96). Solche Gruppenunterschiede haben ihre eigenen Regeln und spezifischen Strukturen, schränken aber keineswegs die Funktionalität der Sprache ein (Muller, 1985: 183). Dabei unterscheiden sich die sozialen Gruppen bzw. die verschiedenen Soziolekte weniger durch eine ausschließliche Verwendung oder Nichtverwendung bestimmter sprachlicher Varianten als vielmehr durch ihre Frequenz und Verteilung. Die Arbeiten der Variationslinguistik haben gezeigt, daß sich Angehörige der Mittelschicht eher an der Standardsprache orientieren als Angehörige unterer sozialer Schichten, wobei sich diastratische Unterschiede auch im Gegensatz von Dialekt und Standardsprache ausdrücken können. So ist beispielsweise die Diphthongierung einerseits ein Merkmal des *français québécois*, andererseits ist sie innerhalb dieser geographischen Varietät des Französischen vorrangig für sozial benachteiligte Sprecher kennzeichnend, die ihrerseits auch zwischen Diphthongierung und Nicht-Diphthongierung alternieren, aber einen größeren Anteil an Diphthongierungen produzieren als Angehörige «höherer» sozialer Schichten.[21]

Während die sozialen Unterschiede der Sprache in der Vergangenheit recht eindeutig an der Gegenüberstellung von *français populaire* des einfachen Volkes und *français cultivé* des Hofes, der klassischen Autoren und später der Pariser Oberschicht festgemacht wurden, sind heute aufgrund veränderter Sozialstrukturen weitaus vielfältigere Faktoren zu beachten. Zunächst spielen je nach Erkenntnisinteressen die verschiedensten sozialen Kriterien eine Rolle. Die meisten Untersuchungen konzentrieren sich jedoch auf den Aspekt der sozialen Klassenzugehörigkeit, der in der Beobachtung der Sprachvariation tatsächlich als Faktor mit besonderem Gewicht einzuschätzen ist. Dieses klassische Kriterium wird in der neueren Forschung zunehmend als unzulänglich empfunden und durch den sogenannten *indice de participation au marché linguistique* ergänzt, der besser den Gegebenheiten der modernen Gesellschaft entsprechen soll. An die Vorstellung vom *marché linguistique* Bourdieus (1982) anknüpfend (siehe auch Kapitel 2.3.3.2), haben Sankoff und Laberge (1978), ausgehend von den Auswirkungen ökonomischer Aktivitäten auf das sprachliche Verhalten, eine Skala entwickelt, die die Einbindung in den *marché linguistique* ausdrückt. Damit wird gemessen, wie die spezifischen Tätigkeiten eines Sprechers die Beherrschung der *variété légitime,* also der *langue standard valorisée,* verlangen, d. h., welche Rolle die Sprache im Berufsleben spielt. Demnach wird z. B. einem Lehrer, einem Schauspieler, einer Rezeptionistin oder einer Gerichtssekretärin ein hoher *indice* zugesprochen, da aufgrund ihrer Tätigkeit der Beherrschung der Sprache eine besondere Bedeutung zukommt. Betrachtet man die Methode der Erstellung dieser Skala genauer, sind Zweifel durchaus berechtigt, ob dieser *indice* letztendlich das mißt, was er vorgibt zu messen. Sankoff und Laberge haben acht Soziolinguisten den beruflichen Werdegang oder, wo dies nicht möglich war, den der Eltern oder des Lebensgefährten nach dem damit verbundenen Grad der Beherrschung der *langue légitime* ordnen lassen und den Durchschnitt der Ergebnisse ermittelt. Nicht nur dieses intuitive Vorgehen muß fragwürdig erscheinen, sondern auch der Bezug auf Eltern und Lebensgefährten. Daher kann Encrevé (1982: 102) zugestimmt werden, der äußert:

> Cet indice, dont le vrai nom serait: «échelle de maîrise de la langue légitime estimée d'après les professions des sujets ou de leurs conjoints ou parents», est évidemment assez hétéroclite, puisque certains sujets sont référés à leurs marchés professionnels, d'autres à leurs marchés familiaux et, peut-être (ce n'est pas clair), aux marchés scolaires.

Zugunsten des *indice* muß gesagt werden, daß anschließende Untersuchungen die Intuition der Ersteller bestätigt haben. Sankoff und Laberge kommt der Verdienst zu, den Begriff des *marché linguistique* auf die soziolinguistische Analyse angewandt und der Soziolinguistik damit weitere Möglichkeiten eröffnet zu haben (siehe Kapitel 2.3.3.2). Zugleich ist mit diesem Konzept auf einen weiteren Typ der Sprachvariation verwiesen: die Anpassung an die Kommunikationssituation.

---

[21] Ausführlich zur Diphthongierung im Kapitel 3.3.3 und 4.2.

2.2.5 Die diaphasische Variation

Im Vergleich zu den anderen Dimensionen der Sprachvariation erscheint die diaphasische Variation als das Stiefkind der Soziolinguistik. Alle Autoren, die sich mit dem Einfluß der Kommunikationssituation auf die Sprachvariation auseinandergesetzt haben, sind sich darüber einig, daß jeder Sprecher unabhängig von seiner sozialen Gruppenzugehörigkeit seine Art und Weise des Sprechens der Kommunikationssituation anpaßt (z. B. Hymes, 1962; Blom und Gumperz, 1972; Halliday, McIntosh und Stevens, 1972; Labov, 1976; Chambers und Trudgill, 1980; Bell, 1984). Es wird heute beinahe als offensichtlich angesehen, daß man sich in einer lustigen Runde in einer Bar sprachlich anders verhält als in einem offiziellen Meeting oder gegenüber seinem Vorgesetzten nicht die gleiche Sprechweise benutzt wie gegenüber einem engen Freund. Indem ein Sprecher bewußt oder unbewußt die eine oder andere Varietät verwendet, liefert er wesentliche Informationen über sich selbst, seine Interpretation der Situation, die Wirkung, die er erreichen will, und die Beziehung, die zwischen ihm und seinem Gesprächspartner besteht bzw. die er zu ihm herstellen will. Dennoch bleibt das Konzept der Kommunikationssituation vage, denn eine Typologie der Kommunikationssituationen zu erstellen ist aufgrund der Komplexität der sich wechselseitig beeinflussenden Faktoren kaum möglich. Auch gehen viele Arbeiten kaum über diese allgemeinen Feststellungen hinaus oder kranken daran, daß Sprachregister und die sie beeinflussenden außersprachlichen Faktoren verwechselt werden. Man ist weit von einem Konsens entfernt, wie die verschiedenen Aspekte der diaphasischen Variation am besten darzustellen seien.

Der Mangel an Studien zur diaphasischen Variation mag damit zusammenhängen, daß solche Untersuchungen möglichst spontane, natürliche Stichproben erfordern, was aufgrund ethischer und moralischer Bedenken, die das Einverständnis der Personen voraussetzen, kaum zu erreichen sein dürfte. Schon allein die Präsenz von Interviewer und Mikrophon verhindert eine Kenntnis über die bei Abwesenheit des Interviewers wirklich gesprochene Sprache (Marcellesi, 1974: 140). Zahlreiche Techniken wurden entwickelt, um eine möglichst große Spontaneität zu erreichen, z. B. Beobachtung ohne Wissen der Testpersonen, aber folglich auch ohne Aufzeichnung und bei nur vager Kontrolle soziologischer Variablen; Themen, die eine emotionale Beteiligung der Personen provozieren und so die Sprache nebensächlich werden lassen; Aufnahme vor und nach dem offiziellen Interview; Gruppenmitglieder als Interviewer etc. Dennoch bleibt das Problem des Beobachterparadoxes (Labov, 1976: 94–126) ungelöst.

Wegweisend für die Untersuchung der diaphasischen Variation war Labovs Studie zur Aussprache des «r» in den drei New Yorker Kaufhäusern Saks, Macy's und Klein, in der er als einer der ersten die diaphasische Variation der Sprache veranschaulicht. Die drei Kaufhäuser unterscheiden sich hinsichtlich der Qualität und des Preises der angebotenen Ware und folglich hinsichtlich der sozialen «Kategorie» der Kunden. Obwohl die Angestellten alle derselben sozialen Schicht angehörten, stellt Labov deutliche Unterschiede in der Realisierung der Varianten fest und kommt zu dem Schluß, daß die Sprecher durch den Druck sozialer Normen ihre Sprechweise an die der Gesprächspartner anpassen. Der Erfolg der sprachlichen Interaktion hängt ab von der Anpassung an die Kommunikationssituation, ohne die die Kommunikationsintention nur schwerlich umgesetzt werden kann.

Obwohl die Bewertung des sozialen Status des Kommunikationspartners zweifellos ein wesentlicher Faktor ist, darf die diaphasische Variation nicht darauf reduziert werden. So führt beispielsweise Bell (1984) jegliche intrapersonale Variation auf diesen einen Faktor zurück. Zwar soll nicht bestritten werden, daß die soziale Variation Voraussetzung für das

Entstehen verschiedener Stile ist und «speakers design their style for their audience» (Bell, 1984: 159), doch sind soziale Distanz und sozialer Status nicht so stabile Attribute, wie es scheinen mag, sondern sind ebenfalls kontextabhängig:

> Two American strangers meeting on the streets of New York City would consider each other to be socially distant; the same two if they were to meet in a hotel in Singapore would be likely to consider one another socially close, as compared with the even stranger strangers around them. (Brown und Fraser, 1979: 53)

Zahlreiche Autoren haben versucht, dieses Beziehungsgeflecht verschiedener situativer Faktoren zu erfassen (z. B. Fishman et al., 1971; Blom und Gumperz, 1972; Brown und Fraser, 1979), indem sie außerdem den Einfluß des Kommunikationsortes, des Themas und der Kommunikationsabsicht unterstreichen. Halliday (1978) arbeitet weitere Faktoren heraus, z. B. den Typ der sozialen Handlung und die symbolische Organisation. Hymes (1972) prägt den Begriff der kommunikativen Kompetenz zur Erfassung der Situationsangemessenheit einer Äußerung. Allerdings bleiben alle Einteilungen und damit die Identifikation der Register weitgehend arbiträr und intuitiv. Keines dieser statischen, deterministisch ausgerichteten Modelle hat es bisher vermocht, den flexiblen Charakter der diaphasischen Variation zu beachten, in dem auch psychologische Faktoren, Konflikte, Widersprüche und Initiativen der Sprecher eine Rolle spielen.

Dennoch stellt die Einteilung in Register ein wichtiges Hilfsmittel dar, mit dem ein Teil der sprachlichen Variation erfaßt werden kann, obwohl «le désordre conceptuel» (Gadet, 1998: 68), das diesen Forschungsbereich beherrscht, auf den ersten Blick nur schwer Ansatzpunkte für eine angewandte Studie erkennen läßt. Die Mehrzahl der Arbeiten spricht von zwei verschiedenen Sprachregistern oder Sprachstilen[22], einem formellen und einem informellen Stil, die allerdings nicht so klar voneinander abzugrenzen sind, wie diese Zweiteilung suggeriert, sondern wie die diastratische Variation ein Kontinuum darstellen.[23] Diese Einteilung gewinnt an Bedeutung im Rahmen des von Ferguson (1959) entwickelten Konzeptes der *Diglossie*[24], welches ebenfalls auf einer Zweiteilung beruht und versucht, die Mechanismen zu erfassen, die die Wahl des einen oder anderen Registers steuern. Diglossie bezeichnet die funktionale Differenzierung zwischen einer (sozial) «niederen», prestigeärmeren Sprachvarietät (*Low-Variety)* und einer davon deutlich unterschiedenen «hohen», prestigereichen Varietät (*High-Variety*). Der Begriff bezieht sich häufig auf zweisprachige Situationen, die jedoch keine Notwendigkeit für das Bestehen funktional unterschiedlicher Varietäten sind (Gumperz, 1964 und Fishmann, 1967). Seine Brauchbarkeit entfaltet der Begriff, wenn es darum geht, die Befähigung der Sprecher zu beschreiben, gemäß dem jeweiligen Situationskontext auf unterschiedliche sprachliche Register zurückzugreifen. Die *High-Variety* ist jene streng normierte und kodifizierte Varietät, die sekundär durch die Schule vermittelt wird und in als formell empfundenen Sprechsituationen und der schriftlichen Kommunikation verwendet wird. Die *Low-Variety* wird im Rahmen der Primärsozialisation erworben und von denselben Sprechern in als privat empfundenen Situationen (im Alltag) gebraucht. Durch den

---

[22] Die Begriffe *niveaux de langue, registre, style, code, variété standard – variété non-standard ou familière* werden ebenfalls zur Bezeichnung der diaphasischen Variation verwendet, ohne daß sie genau definiert oder voneinander abgegrenzt werden. Häufig scheinen sie denselben Inhalt zu haben. Ausführlicher zu diesem Problem im Anschnitt 2.2.6 («Probleme der Markierung und Abgrenzung sprachlicher Varietäten»).

[23] Andere Vorschläge versuchen dies mit einer Dreiteilung zu berücksichtigen, lösen aber damit nicht das Problem der Abgrenzbarkeit.

[24] Einen guten Überblick zur Diglossie gibt Kremnitz (1987).

bewußten Einsatz der Varietäten können die Sprecher signalisieren, wie sie eine Situation empfinden (Mattheier, 1990: 7). Diese Definition der Diglossie verweist bereits auf das Gewicht sozialer Normen bzw. sozialen Druckes für die sprachliche Variation, deren Wirkungsmechanismen im Abschnitt 2.3 näher erläutert werden.

Labovs (1976) Unterscheidung zwischen informellen und formellen Kommunikationssituationen geht in ähnliche Richtung. Um den Formalitätsgrad einer Kommunikationssituation zu bestimmen, zieht Labov (1976) das Kriterium der Aufmerksamkeit heran, die ein Sprecher seiner eigenen Sprache widmet. Auf diese Weise unterscheidet er zwischen dem formellen und dem informellen *speech style (discours surveillé – discours familier)*. Demnach handelt es sich beim *style familier*, der Gegenstand zahlreicher Kritiken des Sprachgebrauchs im Quebecer Fernsehen ist, um die Varietät der Sprache, die informelle Kommunikationskontexte charakterisiert, in denen die Selbstkontrolle des Sprechers gegenüber seiner eigenen Sprache sehr gering ist, die also jeder Sprecher unabhängig von seiner sozialen Herkunft im täglichen Leben ohne besondere soziale «Überwachung» benutzt. Dem Begriff des *familier* wird meist der des *standard* gegenübergestellt, der die für formelle Kommunikationskontexte charakteristische Varietät beschreibt, die die Sprecher gebrauchen, wenn sie ihrer Sprache eine besondere Aufmerksamkeit schenken (offizielle Anlässe, Lektüre). Das Kriterium der Aufmerksamkeit wird der Analyse des Sprachgebrauchs im Quebecer Fernsehen zugrunde gelegt, da es indirekt zugleich den Einfluß von Faktoren wie Kommunikationsabsicht, Gesprächspartner oder Thema impliziert (siehe Kapitel 3.1.2): Zahlreiche der bereits genannten soziolinguistischen Arbeiten haben gezeigt, daß der Grad der Aufmerksamkeit vom sozialen Status der Gesprächspartner oder von der emotionalen Betroffenheit der Sprecher von den diskutierten Themen bzw. der «Seriösität» der Themen abhängt, wobei auch diese wiederum in einem engen Verhältnis zueinander stehen.

Für vorliegende Untersuchung besonders wichtig ist weiterhin die Erkenntnis der Variationslinguistik, daß *alle* sozialen Gruppen ihre Sprechweise *auf dieselbe Weise* mit der Kommunikationssituation verändern, in formellen Situationen dieselben Varianten vorziehen und sich lediglich hinsichtlich der Häufigkeit dieser Varianten voneinander unterscheiden (Labov, 1976; Chambers und Trudgill, 1980; Bell, 1984). So wird z. B. in Québec in formellen Situationen weit weniger diphthongiert als in informellen Kontexten. Dies betrifft auch Sprecher aus gesellschaftlichen Schichten, die normalerweise stark zur Diphthongierung neigen, wobei ein schneller Wechsel von einer Varietät zur anderen problemlos möglich ist. Die Auffassung, wonach Sprecher aus defavorisierten sozialen Milieus nicht fähig seien, ihre Sprache je nach Kommunikationssituation zu variieren, ist heute weitgehend widerlegt.[25] So belegen die Untersuchungen Lefebvres (1983: 293), daß die Sprecher einer vorgeblich sprachlich «ärmeren» Bevölkerungsschicht Montréals keineswegs Schwierigkeiten hatten, syntaktische Konstruktionen zu verstehen, die sie normalerweise kaum benutzen, und auch in der Lage sind, diese in Situationen sozialen Drucks zu produzieren. Ebenso wie die einzelnen sozialen Gruppen unterscheiden sich die verschiedenen Kommunikationssituationen weniger durch die Verwendung oder Nichtverwendung bestimmter sprachlicher Varianten als vielmehr durch ihre Frequenz und den Grad, das «Mehr oder Weniger», wobei zahlreiche Übergangsstufen und Überlagerungen möglich sind. Ein Element, das zwar normalerweise vorzugsweise in einem *discours familier* vorkommt, kann durchaus in eben solcher informellen Situation neben einem Element erscheinen, das eher als Merkmal eines *discours formel* gilt. Obwohl

---

[25] Muller (1985: 229) äußert dazu: «[…] les gens du peuple au sens strict du terme, ne sont pas aptes à utiliser des niveaux plus élevés que celui dont ils se servent habituellement […]»

die Auswahl der Varianten nicht kategorisch, sondern relativ ist, muß unterstrichen werden, daß die Tendenz besteht, eine Variante zusammen mit anderen Varianten zu gebrauchen, denen derselbe soziale Wert zugesprochen wird. Mattheier (1990: 5) bringt diese Tatsache auf den Punkt, wenn er sagt: «Die einzelnen Situationen sind variationslinguistisch dadurch voneinander abgehoben, daß ganze Serien von Variablen in jeweils situationsspezifischer Ausprägung implikativ einander zugeordnet sind.» Dies gilt für die diastratische Variation ebenso wie für die diasphasische; diese Konfigurationen des gemeinsamen Vorkommens bestimmter Varianten bilden die Soziolekte und Stile.

Da die Diskussion der Sprachvariation nicht auf einer einheitlichen Terminologie beruht, sollen im folgenden einige Probleme der Markierung und Abgrenzung sprachlicher Varietäten diskutiert werden.

2.2.6 Probleme der Markierung und Abgrenzung sprachlicher Varietäten

Es wurde bereits darauf hingewiesen, daß Beschreibungen von Sprachvariation im Rahmen der Variationslinguistik sich der unterschiedlichsten, z. T. wenig präzisen Beschreibungsbegriffe bedienen. Mit der schematischen Gliederung in eine diatopische (dialektale), eine diastratische (soziolektale) und eine diaphasische (stilistische) Dimension wurde ein Rahmen der Auseinandersetzung mit der Sprachvariation abgesteckt, der eine imaginäre Einheit schafft und nur schwer aufzusprengen ist. Das Präfix «dia-» erinnert dabei an die Saussurschen Dichotomien. In der Tat erscheint es, als wolle man mit dieser strikten Teilung Ordnung in ein kompliziertes Funktionsgefüge bringen und dem Vorwurf, man vernachlässige die Systemhaftigkeit der Sprache, entgegenwirken. Die Gepflogenheit, die Beschreibung der Sprachvariation mittels dieser Terminologie vorzunehmen, ist besonders in der deutschen Romanistik verbreitet und wurde von Coseriu (1969: 149) in Anlehnung an L. Flydal (1952: 248) eingeführt.

Eine solche Aufgliederung der Sprache ist eine Vereinfachung der Sprachrealität und suggeriert, daß es sich bei diesen Ebenen um klar voneinander abgrenzbare Bereiche handelt. Schon mehrfach wurde angesprochen, daß das Wirken der außersprachlichen Faktoren weitaus komplexer ist. So überschneiden sich diatopische-diaphasische Variationen, wenn z. B. eine regionale Varietät vorzugsweise im familiären Kontext, in formaler Situation jedoch die Standardsprache gebraucht wird. Die Tatsache, daß «obere» soziale Schichten in familiären Kontexten die *langue populaire,* d. h. die für «untere» soziale Schichten charakteristische Varietät, verwenden, kann als Überschneidung diastratisch-diaphasisch beschrieben werden. Um eine Überschneidung diatopisch-diastratisch handelt es sich demnach, wenn «untere» Schichten eher mit regionaler Färbung sprechen als «obere». Die einzelnen Varietäten sind folglich treffender als Kontinua aufzufassen, in denen zahlreiche Übergangsformen möglich sind. Diatopische, diastratische und diaphasische Variationen sind eng miteinander verknüpft, wobei Diatopisches auch als Diastratisches oder Diaphasisches in Erscheinung treten kann sowie Diastratisches als Diaphasisches, aber nicht umgekehrt. (Holtus und Radtke, 1990:XIV).[26] Vom Dialekt bis zur Standardsprache manifestiert sich die sprachliche Variation als Kontinuum ohne klare Schichten und Einschnitte (vgl. Lodge, 1997: 31). Trotz dieser sprachwissenschaftlichen Erkenntnis bleibt in den Augen der Sprecher die Vorstellung von klar getrennten Varietäten bestehen (Mattheier, 1990: 8) und rechtfertigt damit im gewissen

[26] Vgl. Abschnitt 2.2.7 zu Labovs Einteilung der soziolinguistischen Variable.

Sinne die Aufrechterhaltung der darauf basierenden terminologischen Differenzierungen. Wenn die einzelnen Sprecher verschiedene Varietäten einer Sprache gebrauchen bzw. zumindest eine passive Kenntnis solcher Varietäten haben oder relativ problemlos zwischen verschiedenen Sprachstilen wechseln können, bedeutet dies, daß nicht nur die Sprache an sich heterogen ist, sondern auch die Kompetenz des einzelnen Sprechers. Dieses Sprachwissen beruht auf sprachlichen Normen, die Gegenstand des Abschnitts 2.3 sind.

Im engeren Sinne sind die Begriffe zur Erfassung der diaphasischen (stilistischen) Variation ebenso wenig eindeutig definiert und reflektieren ihrerseits, wie problematisch eine klare Abgrenzung zwischen sozial und situativ bedingten Variationen ist. *Langue vulgaire, populaire, familière, courante, ordinaire, spontanée, standard, soutenue, soignée, littéraire* etc., all dies wird Oberbegriffen wie *niveaux de langue, registre* oder *style* zugeordnet, die die Variation in Abhängigkeit von der Kommunikationssituation beschreiben sollen, sich aber z. T. ebenso auf die diastratische Variation beziehen und wenig differenziert oder gar synonym verwendet werden. Keiner dieser Begriffe ist vollständig befriedigend, zumal die Anzahl der Definitionen nahezu der Anzahl ihrer Benutzer entspricht.[27] Daher sollen sie hier nicht einzeln in voller Breite erläutert werden, sondern ausschließlich einige markante Probleme ihrer Verwendung dargestellt werden.

Die Kombination *langue* + Adjektiv erweckt den Anschein, es handle sich um *sous-langues,* die man einander gegenüberstellen könnte. Obwohl in dieser Einteilung die Kontinuität der Sprachvariation und die Existenz eines neutralen Bereiches anklingt, ist sie wenig brauchbar, da nicht einzusehen ist, mittels welcher objektiven Kriterien die jeweiligen Zuordnungen erfolgen, und außerdem diastratische und diaphasische Variation vermengt werden. Häufig werden solche Probleme zwar angesprochen, was die Autoren nicht davon abhält, die Sprachvariation in eindeutige Schemata pressen zu wollen. Solche schematischen Einteilungen kranken häufig daran, daß die Belege zumeist aus dem Bereich der Lexik stammen, aber ebenso auf die anderen Sprachebenen übertragen werden (z. B. Muller, 1985). Auch die Bezeichnung *niveaux de langue* suggeriert voneinander abgrenzbare Bereiche und impliziert eine hierarchische Bewertung, die Laforest (1997: 43) mit den Stufen einer Leiter vergleicht: «La métaphore de l'escalier laisse entendre que le meilleur est en haut et le pire, en bas (comme toutes les images qui font appel à la verticalité: l'enfer est forcément en bas et le paradis, en haut).» Obwohl man sich generell der Unschärfe und Ambiguität dieses Begriffes bewußt zu sein scheint, ist seine Verwendung in der Fachliteratur weiterhin sehr frequent. Nicht viel anders sieht es mit dem wohl aus der Musik entlehnten Begriff des Registers aus. Auch er vermag dieses Problem nicht zu lösen und weckt ebenfalls das Mißverständnis, daß es sich um klar abgrenzbare Bereiche handelt, zwischen denen es keine Überlagerungen und Zwischenstufen gibt. Zudem liegt ihm keine homogene Definition zugrunde. Noch unklarer ist der Stilbegriff definiert, dessen Gebrauch aufgrund seiner Vieldeutigkeit besonders problematisch ist (Spillner, 1987: 276). Weitaus neutraler erscheint der Begriff der *Varietät*, der deshalb in vorliegender Arbeit bevorzugt werden soll. Dieser recht allgemeine, von Spezifizierungen und Konnotationen weitgehend unabhängige Begriff bezeichnet die verschiedenen Spielarten, in denen eine historisch-natürliche Sprache in Abhängigkeit von den schon diskutierten außersprachlichen (zeitlichen, geographischen, sozialen, situativen) Faktoren in Erscheinung tritt (Berruto, 1987: 263). Er evoziert eher die Vorstellung einer Kontinuität als diskret abgrenzbare Bereiche. Indem beispielsweise auch die Standardsprache als Varietät bezeichnet wird *(variété standard)*, beinhaltet der Begriff die Anerkennung anderer Varietäten im Sinne von

---

[27] Schmitt (1986: 148) führt eine noch umfangreichere Reihe weiterer Notationen an.

modulation oder *alternance* (Laforest, 1997: 45), ohne in der Bezeichnung eine Hierarchie zu etablieren. Warum in der Realität dennoch eine der Varietäten als Modell angesehen wird, wird im Abschnitt 2.3.3.2 ausführlich diskutiert. Letztendlich muß eine Definition des Begriffes Varietät die Markiertheit gegenüber diesem Modell dennoch beinhalten.

Ein Blick in die verschiedenen Wörterbücher spiegelt die Komplexität der sprachlichen Situation und die daraus resultierende Konfusion wider. Einerseits wird ein und dasselbe Wort häufig von einem Wörterbuch zum anderen verschieden markiert, andererseits ist die Überlagerung von diastratischer und diaphasischer Dimension besonders problematisch. Die Bezeichnung *populaire* verweist auf eine soziale Schicht, während *familier* auf eine Kommunikationssituation verweist, wobei *populaire* oft auch als Verstärkung von *familier* gebraucht wird (z. B. bei Guiraud, 1965: 6). Eigentlich müßte der Bezeichnung *populaire* ein Begriff gegenüberstehen, der ebenfalls auf soziale Kriterien verweist, z. B. *bourgeois* (Leclerc, 1986: 355). In der Tat ist die Grenze zwischen *populaire* und *familier* unscharf, wenn nicht sogar oft inexistent (siehe auch Kapitel 2.2.4 und 2.2.5). So können zahlreiche Züge des *français populaire* in informellen Situationen von Sprechern gebraucht werden, die nicht als *populaire* charakterisiert werden können; nur wenige seiner Elemente sind dem familiären Sprachgebrauch wirklich fremd. Angehörige der «Oberschicht» verwenden in informellen Situationen durchaus Formen des sogenannten *populaire* (ohne sich dessen z. T. bewußt zu sein), ebenso wie «einfache» Arbeiter in formellen Kommunikationssituationen, in denen das Sprachniveau kontrolliert wird, Formen des sogenannten *standard* benutzen. Schon Bauche (1928) sieht diesen Zusammenhang zwischen *français populaire* und *français familier* in seinem zuerst 1920 erschienenen Werk zum *français populaire*. Ausgehend von seinen empirischen Untersuchungen zum Englischen kommt später Labov (1976) in der Tat zu dem Ergebnis, daß es keine Varianten gibt, weder Prestigevarianten, noch «populäre» Varianten, die ausschließlich von einer sozialen Klasse verwendet werden. Dies läßt die Annahme zu, daß früher als diastratisch markierte Differenzierungen heute eher als diaphasisch zu interpretieren sind. Werden bestimmte Elemente dennoch als *populaire* bezeichnet, dann aufgrund sozialer Vorurteile, die diese Elemente stigmatisieren und mit dem Etikett *populaire* versehen. So könnte praktisch nahezu alles, was *familier* ist, auch als *populaire* bezeichnet werden, wenn sich der soziale Status des Sprechers dazu eignet (Gadet, 1992: 27). Die Verwendung des Begriffs *populaire* verweist eher auf eine Einstellung, als daß er Auskunft über das bezeichnete Phänomen gibt. In vorliegender Untersuchung soll der Begriff *populaire* daher vermieden werden.

Die Forderung nach einer Revision des Markierungssystems, um es zu vereinheitlichen, zu vereinfachen und dem gesellschaftlichen Kontext anzupassen, führte zu einer Reihe von Vorschlägen, die jedoch ihrerseits neue Probleme aufwerfen. So regen beispielsweise Cajolet-Laganières und Martel (1996: 189) für das Französische in Québec an, *familier* und *populaire* im *oral spontané* zu vereinheitlichen und zudem eine Unterscheidung zwischen *oral standard* und *standard écrit* vorzunehmen. Damit ist im Gegensatz zur traditionellen Praxis auch das standardsprachliche Register markiert, wobei zusätzlich eine Differenzierung zwischen Mündlichkeit und Schriftlichkeit vorgenommen wird. Dies erscheint gegenüber der Bezeichnung *littéraire* der Situation in Québec angemessener, da der Quebecer Literatur weniger gesellschaftliches Ansehen zukommt als der Literatur Frankreichs. Allerdings ergeben sich durch das Kriterium Mündlichkeit – Schriftlichkeit neue Probleme, denn auch die Abgrenzung *oral standard – standard écrit* ist nicht immer eindeutig. Alle Neuvorschläge, so auch jener Gadets (1996: 11), die eine Kreuzung diaphasisch-diastratisch vorschlägt, wonach dann beispielsweise *populaire soutenu* und *populaire familier* zu unterscheiden wären, zeigen, daß ein völlig überschneidungsfreies Markierungssystem kaum möglich sein dürfte. Vorschläge, den Begriff *familier* durch *français non-conventionnel* (Blanche-Benveniste, 1997: 54), *français ordinaire* oder *français non standard* (Gadet, 1996: 85) zu ersetzen, wären gute Alternativen. Um jedoch nicht zur Begriffsverwirrung beizutragen, soll in vorliegender Arbeit der traditionelle Begriff *familier* verwendet werden.

Wenn trotz aller Vagheit mit dem Begriff *familier* gearbeitet wird, dann auch deshalb, weil Anstoß zu vorliegender Untersuchung die zahlreichen Werturteile zur Sprachqualität im Fernsehen waren, die sich eben genau dieser Terminologie bedienen. Ziel der Arbeit ist es vor allem, ein praktisches Problem mit Hilfe der in der Problemstellung schon enthaltenen Konzepte und anhand einer deskriptiven Vorgehensweise zu lösen. Aufgrund der Tradition dieser Termini erscheint es im Rahmen dieser Arbeit wenig fruchtbar, eine neue Terminologie auszuarbeiten. Für unseren Untersuchungsgegenstand ist es wichtiger, die problematische Abgrenzung der Begriffe bewußt zu machen und die Tatsache zu unterstreichen, daß ein Element markiert ist (oder nicht) als die konkrete Bezeichnung eines Registers und die Zuordnung zu diesem.

Der Begriff *familier* soll hier ausgehend vom Formalitätsgrad der Situation und in Bezug zum sogenannten Standard verstanden werden, zu dem er in Opposition gesetzt werden kann. Im Labovschen Sinne wird damit berücksichtigt, daß jeder Sprecher unabhängig von seiner sozialen Herkunft in der Lage ist, seine Sprechweise der Kommunikationssituation anzupassen. Es handelt sich um die Varietät der zwanglosen Unterhaltung unter Gesprächspartnern, die sich auf die eine oder andere Weise nahe stehen. Dabei geht es in dieser Arbeit keineswegs um den Versuch einer Abgrenzung bzw. Einstufung einer gesamten Äußerung als *familier* oder *standard*. Vielmehr soll die Kontinuität zwischen *familier* und *standard* berücksichtigt werden und die Realisierung jeder einzelnen linguistischen Variablen in einem größeren Kontext analysiert werden.

In unserer Untersuchung geht es zwar um die Beschreibung der diaphasischen Variation, doch soll ihre enge Verbindung mit der diastratischen Variation nicht geleugnet werden, denn auch die diaphasische Variation ist letztendlich sozial determiniert, indem beispielsweise soziale Merkmale der Kommunikationspartner oder der Formalitätsgrad der Situation ausschlaggebend für die Wahl der Sprechweise sind. Eindeutige Merkmalszuweisungen müssen Abstraktionen bleiben, da auch die Sprache nicht eindeutig ist und die sie bedingenden außersprachlichen Faktoren eng miteinander verwoben sind. Auch bei den als *familier* zu identifizierenden Phänomenen handelt es sich um sprachliche Merkmale, die sozial markiert sind. Dieses komplizierte Verhältnis von sozialer und situativer Variation erfaßt Labov durch das Konzept der soziolinguistischen Variablen und die Unterscheidung von Indikatoren, Markern und Stereotypen.

2.2.7 Die Erfassung der Variation mittels der «soziolinguistischen Variablen»

Zur Beschreibung der sprachlichen Variation im Bereich der Aussprache, wie sie Gegenstand dieser Arbeit ist, eignet sich das Konzept der soziolinguistischen Variablen, das von Labov (1976: 324) anhand der Phonologie entwickelt wurde. Damit wird dargestellt, daß dieselbe Realität mittels verschiedener Formen (Varianten) ausgedrückt werden kann, wobei ihr Gebrauch von sozialen und situativen Faktoren bestimmt wird.

Eine *linguistische Variable* ist ein Sprachelement, das auf verschiedene Art und Weise realisiert werden kann, d. h. ein abstraktes Sprachelement, dem konkrete Realisierungen desselben Elements zugeordnet werden können (die *Varianten* der Variablen). Es besteht dabei zwischen den Elementen in betreffenden sprachlichen Umgebungen keine phonologische Opposition, die Sinnunterschiede durch die Entstehung von Minimalpaaren hervorrufen könnte, d. h., ein Vokal oder Konsonant kann zwei oder mehrere Varianten besitzen, die funktional äquivalent sind. So ist das Phonem /ε/ des Französischen wie in «mère» eine linguistische Variable, da es verschiedene Möglichkeiten seiner Realisierung gibt wie z. B. [e], [ε], [a^{i}], [a^{ε}]. Eine *soziologische Variable* betrifft den sozialen Charakter und manifestiert sich unter verschiedenen Formen, so soziale Klassenzugehörigkeit, Geschlecht, Alter, Kommunikationssituation usw. Demnach ist eine soziolinguistische Variable als sprachliche Variable zu verstehen, die in Korrelation mit einer oder mehreren soziologischen Variablen existiert. Der Gebrauch der einen oder anderen Variante hängt also von sozialen und situativen Faktoren ab. Zur Beschreibung der Variation wird die «An – oder Abwesenheit» eines Elementes erfaßt.

Eine linguistische Variable muß bestimmte Bedingungen erfüllen. Sie muß:
- relativ häufig vorkommen
- unabhängig von einer bewußten Kontrolle sein (keine bewußte Unterdrückung)
- integrierter Bestandteil einer übergreifenden Struktur und
- auf einer linearen Skala leicht quantifizierbar sein.

Die Definition der linguistischen Variablen beinhaltet eigentlich schon, daß ihre Anwendung sich v.a auf die Phonologie bezieht, denn die durchschnittliche Frequenz der phonologischen Varianten ist weitaus höher als jene aller anderen Elemente. Sie kommen in jeder Sprache in begrenzter Anzahl vor; in allen sprachlichen Systemen besitzen die Phoneme den höchsten Grad interner Struktur; die Variation ist hier weniger bewußt und weniger leicht kontrollierbar als in der Lexik oder Syntax. Die Anwendbarkeit des Konzeptes auf diese Bereiche wird in der Tat zunehmend angezweifelt, da das Kriterium der funktionalen Äquivalenz der Varianten einer Variable hier nur bedingt zutrifft (Sankoff, 1982 und Lavandera, 1982).[28]

Labov unterscheidet drei Typen soziolinguistischer Variablen: Indikatoren, Marker und Stereotype. Bei den *Indikatoren* handelt es sich um Variablen, deren Varianten in Abhängigkeit von sozialer Gruppenzugehörigkeit (sozio-ökonomischen Gruppen, Altersgruppen, Geschlechterzugehörigkeit etc.) vorkommen, aber von jedem Individuum unabhängig vom Kontext mehr oder weniger gebraucht werden, ohne je korrigiert zu werden. In der deutschen Literatur werden sie auch als «Lektanzeiger» (Albrecht, 1990: 60) bezeichnet. Die *Marker*

---

28 Beide Autoren weisen nach, daß hinsichtlich des Referenzbezuges äquivalente Formen im konkreten Kommunikationsakt durchaus unterschiedliche Funktionen erfüllen können. Sie schlagen daher für den Bereich der Syntax eine Erweiterung des Konzeptes der sprachlichen Variablen vor. Demnach müsse weniger der unmittelbare sprachliche Kontext der Varianten, also die Variable als isoliertes Element analysiert werden, als vielmehr «variable Strukturen». Dies ist um so bedeutsamer, da Lavandera (1982: 93) zeigt, daß Unterschiede zwischen sozialen Gruppen nicht nur «au niveau des formes» eine Rolle spielen, sondern ebenfalls «le message» betreffen, d. h., unterschiedliche soziale Gruppen bevorzugen verschiedene Arten und Weisen der Kommunikation. Blanche-Benveniste (1997: 57) nennt den Unterschied zwischen *futur simple* und *futur périphrastique* als Beleg für die eingeschränkte Gültigkeit des Konzeptes der sprachlichen Variable. Diese als Varianten einer Variablen zu begreifen würde bedeuten, beiden grammatischen Formen genau denselben Sinn bzw. dieselbe Funktion zuzuschreiben, weshalb sie in jedem Kontext austauschbar wären. Dies ist in einem Satz wie «une femme sera toujours une femme» beispielsweise nicht der Fall, in dem nur der futur simple die spezifische Form des Ausdrucks von allgemeinen Wahrheiten ist. Auch die Sätze «je vais avoir un enfant» – «j'aurai un enfant» unterscheiden sich in ihrer Bedeutung (Tatsache vs. Vorhaben).

(in anderer Terminologie auch «Kennzeichner» (Dittmar, 1973) oder «Stilmerkmale» (Albrecht, 1990) sind höher entwickelte und noch sensiblere soziolinguistische Variablen. Sie sind nicht nur nach den sozialen Gruppen verteilt, sondern weisen darüber hinaus auch stilistische Differenzierungen auf, d. h., sie variieren außerdem je nach der Aufmerksamkeit, die der Sprecher seiner Äußerung schenkt; sie sind also abhängig vom Kommunikationskontext. Es ist zu unterstreichen, daß die Indikatoren eine nur soziale Distribution und die Marker eine soziale sowie eine stilistische Differenzierung aufweisen, eine ausschließlich stilistische Differenzierung konnte jedoch nicht nachgewiesen werden. Die diaphasische Variation ist folglich ein Spiegel der diastratischen Variation. Aus diesem Grunde ist es angemessener, die sprachlichen Variablen unter Beachtung der Wechselwirkung zwischen sozialer und stilistischer Dimension zu beobachten, anstatt sich auf nur eine Dimension zu konzentrieren. Die *Stereotype* sind stark stigmatisierte Variablen, die von den Mitgliedern der Sprachgemeinschaft einheitlich als wirkliche Fehler oder affektiertes Sprechen bewertet werden; sie sind Bestandteil des sozialen Bewußtseins und spiegeln sprachliche Normen einer Gesellschaft wider.

2.2.8 Gesprochenes und geschriebenes Französisch aus diaphasischer Sicht

Die Feststellung, daß die Sprache nicht homogen, sondern Ort zahlreicher Variationen ist, muß neben den schon diskutierten Differenzierungen auch zur Unterscheidung zwischen gesprochener und geschriebener Sprache führen. Die Problematik «gesprochen – geschrieben» umfaßt zahlreiche sehr verschiedene Aspekte, die bei weitem nicht ausdiskutiert sind. Dazu gehören beispielsweise die sogenannte Prioritätsfrage, d. h. die Frage, ob die gesprochene Sprache der geschriebenen Sprache in phylogenetischer und ontogenetischer Hinsicht vorgeordnet ist oder nicht, die umstrittene Frage nach der Eigenständigkeit beider Systeme (oder beider Manifestationen des Systems) sowie die Frage nach den Merkmalsdeterminanten (Müller, 1990: 197). Hier sollen nur solche Punkte zur Sprache kommen, die in bezug auf das Ziel der vorliegenden Untersuchung von unmittelbarer Bedeutung sind und gestatten, die diaphasische Variation präziser zu erfassen.

Trotz verschiedener Forschungsansätze und theoretischer Modelle kann zunächst allgemein festgestellt werden, daß beide Bereiche auf allen Sprachebenen zahlreiche spezifische Merkmale besitzen, die sie voneinander unterscheiden. Da diese Unterschiede keine prinzipiellen Differenzierungen darstellen, sondern vorwiegend quantitativer Natur sind (Frequenz und Distribution), sich also auf den besonderen Gebrauch beziehen, den die gesprochene Sprache von den allgemeinen Sprachmitteln macht, kann von zwei Manifestationen desselben Systems ausgegangen werden (Moreau, 1977 und Scherer, 1981). Die Wahl je spezifischer Ausdrucksmittel wird durch die unterschiedlichen Produktions- und Rezeptionsbedingungen und die damit verbundene Verschiedenheit der Kommunikationssituationen von Mündlichkeit und Schriftlichkeit (Scherer, 1981 und Blanche-Benveniste, 1997) bewirkt. In der gesprochenen Sprache besteht ein direkter Kontakt zwischen Sender und Empfänger, weshalb die Dialogform dominiert. Im Normalfall werden die Äußerungen nach und nach konstruiert, ohne daß der gesprochene Text vorbereitet, revidiert oder korrigiert wird. Daraus resultieren Kennzeichen der gesprochenen Sprache wie Fehlstarts, Zögern, Wiederholungen, Korrekturen, Unterbrechungen, Unabgeschlossenheit, Füllwörter, Pausen, Gliederungssignale etc., die nicht als Fehler oder Merkmale eines niedrigeren Sprachniveaus eingeschätzt werden dürfen, sondern aus den Produktionsbedingungen erklärbar sind. Damit enthalten gesprochene Texte

Hinweise auf die Mechanismen der Textkonstruktion, da sie die Etappen der Produktion erkennen lassen, z. B. bei der Suche nach Wörtern. In der Mündlichkeit bedienen sich die Sprecher situativer sowie verbaler und paraverbaler Elemente (Mimik, Gestik, Intonation) zur Unterstützung, was eine Reduzierung der sprachlichen Mittel ermöglicht, ohne das Verständnis zu beeinträchtigen. Auch profitiert der Sprecher von einer weniger kritischen Einstellung des Rezipienten gegenüber der Form der Äußerung. Anders sieht es im Bereich der geschriebenen Sprache aus, deren Kommunikationskontext Zeit zum Nachdenken, zur bewußten Konstruktion der Äußerungen, zum Korrigieren und zum Neubeginn gibt. Da im Bereich des Geschriebenen weniger auf situative sowie para- und extralinguistische Mittel zurückgegriffen werden kann, muß dies durch einen verstärkten und präziseren Einsatz der Sprache ausgeglichen werden. Daher wird ein schriftlicher Text häufig mit dem Ergebnis einer Arbeit verglichen, deren Form vom Rezipienten weitaus kritischer betrachtet wird. Diese grundlegenden Unterschiede deuten bereits an, daß gesprochene und geschriebene Sprache nicht an den gleichen Maßstäben (Normen) gemessen werden dürfen.

Obwohl die bisherigen Bemerkungen zutreffend sind, werden damit doch bestimmte Fälle von Mündlichkeit und Schriftlichkeit nicht erfaßt. So entspricht ein Privatbrief – wenngleich geschrieben – kaum unserer Vorstellung von Schriftlichkeit oder eine festliche Rede – obgleich gesprochen – kaum unserer Vorstellung von Mündlichkeit. Diesen Widerspruch versucht Söll (1980: 17) zu lösen, indem er einerseits zwischen dem Medium der Realisierung (phonisch / graphisch) und andererseits der Konzeption (gesprochen / geschrieben) unterscheidet. Während die Ebene der Konzeption als Kontinuum extremer Ausprägungen aufzufassen ist, ist nur die phonische oder graphische Realisierung möglich. Daraus ergeben sich vier Kombinationsmöglichkeiten, wobei zweifellos eine Affinität zwischen «gesprochen + phonisch» sowie «geschrieben + graphisch» besteht. Dieses Modell erweitern Koch und Oesterreicher (1990), indem sie die außersprachlichen Faktoren der Kommunikation präziser herausarbeiten und so zu ihrem Nähe-Distanz-Kontinuum gelangen. Die Behandlung des Problems der gesprochenen Sprache als Varietätenproblem wird damit besonders deutlich.

Zur Charakterisierung von Äußerungen im Rahmen des konzeptionellen «gesprochen – geschrieben» – Kontinuums beziehen sich Koch und Oesterreicher (1990: 8) auf die Kommunikationsbedingungen. Diese decken sich größtenteils mit jenen Faktoren, die bereits in den vorangegangenen Abschnitten zur Bestimmung des Formalitätsgrades von Kommunikationssituationen herausgearbeitet wurden. Hier sind der Grad der Öffentlichkeit, der Grad der Vertrautheit der Gesprächspartner, der Grad der emotionalen Beteiligung, der Grad der Situations- und Handlungseinbindung, der Referenzbezug, der Grad der Kooperation, der Grad der Dialogizität, der Grad der Spontaneität sowie der Grad der Themenfixierung zu nennen. Diese Kommunikationsbedingungen erfassen die Autoren mit Hilfe der Begriffe kommunikative Nähe und kommunikative Distanz. Damit entsprechen die beiden Extrempole des «gesprochen – geschrieben» – Kontinuums maximaler kommunikativer Nähe und maximaler kommunikativer Distanz. Auf die verschiedenen Bedingungen reagieren die Sprecher mit bestimmten Versprachlichungsstrategien. Hier heben Koch und Oesterreicher v. a. den Planungsaufwand hervor, d. h., Distanzäußerungen ermöglichen im Gegensatz zu Näheäußerungen aufgrund ihrer Kommunikationsbedingungen einen höheren Planungsgrad. Dieses Kriterium entspricht dem Kriterium der Aufmerksamkeit, das unter Berufung auf Labov in den vorhergehenden Abschnitten zur Einteilung der Kommunikationssituationen auf einem Kontinuum von informellen bis formellen Situationen herausgearbeitet wurde. Daß das Nähe-Distanz-Modell auf diese Weise zu verstehen ist, belegen zahlreiche Stellen des Textes, der im übrigen nicht immer eindeutig ist. So wird kommunikative Nähe als begünstigender Faktor einer nachlässigen Artikulation aufgefaßt (Koch und Oesterreicher, 1990: 140) oder Distanzsprache mit Standardnorm gleichgesetzt (ebd. 1990: 140). Hier besteht die Gefahr, die Tradition fortzusetzen, demzufolge Gesprochenes aus der Perspektive der geschriebenen Sprache betrachtet wird. Dies sollte nicht dazu führen, die gesprochene Sprache pauschal mit dem *familier* gleichzusetzen, obwohl gewisse Affinitäten sicher nicht zu bestreiten sind, die sich aus genannten En- und Dekodierbedingungen ergeben. Die typische mündliche Äußerung ist eine normalerweise unvorbereitete Dialogsituation. Dennoch können mündliche Äußerungen vorbedacht sein, doch selbst ein vorbedachter gesprochener Text unterscheidet sich von einem vorbereiteten geschriebenen oder verlesenen Text, in dem die Aufmerksamkeit, die der Sprache geschenkt wird, prinzipiell größer ist. Das Kriterium der Aufmerksamkeit (Vorbereitungs- oder Planungsgrad) erweist sich als dominant und läßt auch das gesprochene Französisch selbst als eine diaphasisch (sowie diastratisch und diatopisch) vielfältige Varietät erscheinen.

Die genannten Autoren wollen ihre Unterscheidungen als vierte Varietätendimension «gesprochen – geschrieben» verstanden wissen, da es ihrer Meinung nach sprachliche Fakten gibt, die weder diatopisch noch diastratisch oder diaphasisch zu erfassen sind. Allerdings erweist sich die Differenzierung von Kode- und Registerunterschieden als problematisch. So behandelt Gadet (1996) Elemente wie z. B. die Segmentierung als *familier,* die für Koch und Oesterreicher (1990) als Merkmale der gesprochenen Sprache aufzufassen sind. Sicher gibt es Merkmale der gesprochenen Sprache, die durch die anderen Variationstypen kaum noch erfaßbar sind, so das fehlende *passé simple,* das auch in der gehobenen gesprochenen Sprache immer seltener zu finden ist (Söll, 1980: 34). Dennoch kann man kaum von einer eigenen Dimension des Gesprochenen in einer reinen Form sprechen, zumal einige Belege, die Söll liefert, durchaus anfechtbar erscheinen. So meint er, daß die volle Negation *ne ...pas* auch in der gehobenen Sprechsprache kaum präsent ist, ganz im Gegensatz zur «niederen» Schreibsprache. Hier ist nun die Frage, ob er mit «gehobener Sprechsprache» «gesprochen + phonisch», aber dennoch vorbedacht oder «gesprochen + graphisch» meint. Diese Unklarheit ergibt sich daraus, daß Söll (1985) wie auch Koch und Oesterreicher (1990) ihre eigene Unterscheidung zwischen Medium der Realisierung und Konzeption in der Diskussion z. T. zu verwischen scheinen. An anderer Stelle heben die genannten Autoren allerdings selbst hervor, daß von einer Mischung mit diastratischen, diaphasischen und diatopischen Variationen auszugehen ist. Koch und Oesterreicher (1990: 14) bemerken beispielsweise, daß die Dimension «gesprochen – geschrieben» alle drei anderen Dimensionen sekundär aufnehmen kann und sich diese in ihrer inneren Markiertheitsabstufung nach dem Nähe-Distanz-Kontinuum ausrichten.

Die Auffassung einer eigenständigen «vierten Dimension der Variation» stellt zweifellos einen interessanten weiter zu verfolgenden Ansatzpunkt dar. Diesem Standpunkt kann jedoch m.E. auf Grundlage der vorgelegten Untersuchungsergebnisse weder vorbehaltslos zugestimmt werden, noch kann er kategorisch abgelehnt werden. Hier sind weitere Untersuchungen notwendig. In bezug auf die sprachlichen Variablen, die Gegenstand der vorliegenden Untersuchung sind und bis auf wenige Ausnahmen nur in phonischer Realisierung möglich sind, ergeben sich daraus wenig Konsequenzen. Es erscheint in unserem Fall angemessen, das Nähe-Distanz-Kontinuum bzw. den Unterschied «gesprochen – geschrieben» hauptsächlich diaphasisch zu verstehen, zumal der Faktor der Aufmerksamkeit als dominierend eingeschätzt werden kann. Insofern bietet das Nähe-Distanz-Kontinuum einen nützlichen Interpretationsrahmen, indem eine Differenzierung vorgenommen wird, die bei der Diskussion der Ergebnisse beachtet werden muß, da es sich bei der im Fernsehen gesprochenen Sprache zumeist um die Kombination «geschrieben + phonisch» handelt. An Bedeutung gewinnt dieses Modell in Verbindung mit der Problematik der sprachlichen Norm.

2.3 Die Sprachnorm als soziale Norm

2.3.1 Die Vieldeutigkeit des Sprachnormbegriffs

Ein Blick auf die Fachliteratur enthüllt eine solche Fülle an verschiedenen Interpretationen des Konzeptes der Sprachnorm, daß allein die Sprachnormtheorie Gegenstand einer eigenständigen wissenschaftlichen Arbeit sein könnte. Zunächst ist dabei eine Unterteilung in systemlinguistische und gebrauchstheoretische Ansätze vorzunehmen. Für die Problematik der vorliegenden Untersuchung, die sich auf die aktuelle Sprachverwendung bezieht, spielen hauptsächlich letztere eine Rolle, die im Alltagshandeln faktisch vorfindbare Sprachnormen entdecken und beschreiben, z. T. auch legitimieren (Gloy, 1975: 63). Solche Ansätze bestimmen die Sprachnormdiskussion seit der Entwicklung der Soziolinguistik, die den linguistischen Normbegriff erweitert hat und Sprache unter dem Gesichtspunkt sozialer Normen betrachtet.

Im allgemeinsten Sinne sind soziale Normen Handlungsanweisungen, Aufforderungen, Übereinstimmungen und Gleichmäßigkeiten in einem bestimmten Bereich des Verhaltens. In der Praxis wurden zahlreiche Einteilungen von Sprachnormentypen vorgenommen, die sich teilweise überschneiden oder sich mittels verschiedener Begriffe auf dieselben Phänomene beziehen. Die dadurch entstandene terminologische Verwirrung – Wiegand (1986: 77) spricht von über 150 Begriffen zur Bezeichnung verschiedener Sprachnormkategorien – hat wenig zur Erhellung des Untersuchungsgegenstandes beigetragen. Allerdings können einige Merkmale herausgearbeitet werden, die die verschiedenen Definitionen teilen. Diese betreffen v. a. die Doppeldeutigkeit des Begriffes, die man durch die Bildung von Begriffspaaren wie explizite – implizite Norm, präskriptive – deskriptive Norm, normativ – normal, subjektive – objektive Norm, absolute – relative Norm, Idealnorm – Gebrauchsnorm, *normes manifestes – normes cachées,* Zielnormen (Sollensforderung) – Gebrauchs- bzw. Tätigkeitsnormen zu berücksichtigen versucht (Gloy, 1975 und 1987; Labov, 1976; Aléong, 1984; Deshaies, 1984; Leclerc, 1986; Settekorn, 1988; Baylon, 1996). Zwar fallen die Differenzierungen nur bedingt zusammen, doch wird damit im allgemeinen unterschieden zwischen Normen im engeren Sinne, die als Richtschnur und Bewertungsmaßstab dem korrekten Sprachgebrauch zugrunde liegen, sowie Normen im weiteren Sinne, die als statistische Regelmäßigkeiten, Mittelwerte oder Normalfälle im Sprachgebrauch feststellbar sind.

Gloy (1975: 61) vereint in seiner Definition der Sprachnormen die verschiedenen Aspekte:

> Unter «Sprachnormen» verstehe ich jene Teilmenge sozialer Normen [...], die durch Werturteile, Aufforderungen und (geäußerte) normative Erwartung den Umfang der zulässigen sprachlichen Mittel und – in Abhängigkeit von Faktoren der «Situation» sprachlichen Handelns – eine spezifische Auswahl dieser Mittel bestimmen, vorschreiben oder auch nur empfehlen. «Sprachnormen» sind also nicht etwa sprachlich fixierte Normen überhaupt, d. h. Normformulierungen, sondern soziale Normen, die – gleichgültig, ob formuliert

oder nicht formuliert – den Umfang, die Auswahl, den spezifischen Gebrauch von *Sprachmitteln* in irgendeiner Hinsicht als verbindlich festlegen.[29]

Damit sind Schlüsselbegriffe gegeben, die für das Verständnis der Problematik von Sprachqualität und Sprachnorm des *français québécois* fundamental sind und daher in den folgenden Ausführungen eine erhebliche Rolle spielen werden.

2.3.2 Normentyp 1: Von einem singularen Normbegriff zur Normenpluralität

Im Kapitel 2.2 wurde gezeigt, daß die Differenziertheit innerhalb einer Sprache nicht zufällig ist, sondern eng mit den sozialen Eigenschaften der Sprecher und den sozialen Bedingungen der Kommunikation verbunden ist. Schon allein die der Sprachvariation zugrundeliegenden Mechanismen wie Anpassung an die Kommunikationssituation oder Markierung von Gruppenzugehörigkeit mittels der Sprache implizieren einen Normbegriff, der zu komplex ist, als daß er in wenigen Sätzen umschrieben werden könnte.

Zunächst muß aufgrund der Erkenntnis, daß mehrere funktional gleichwertige Varietäten derselben Sprache existieren, der singulare, rein präskriptive Normbegriff durch einen pluralen Normbegriff abgelöst werden. Angesichts der lange Zeit dominierenden Systemlinguistik, deren Theorie auf der Annahme einer homogenen Sprachgemeinschaft bzw. eines idealen Sprecher-Hörers basierte, mag eine solche Vorstellung von einem Idealmodell, nach dem sich alle Sprecher unbedingt zu richten haben und das teilweise sogar mit dem Sprachsystem gleichgesetzt wird, kaum verwundern. Der durch die Gegenüberstellung von Kompetenz und Performanz evozierte Gegensatz beinhaltet die Vorstellung von der Abweichung der Performanz von der idealen Kompetenz. In solcher Perspektive ist die Performanz Unregelmäßigkeit und Fehler, Abweichung von der idealen Norm der Kompetenz (Stubbs, 1997: 154). Die Arbeiten der Soziolinguistik (Labov, 1973: 141) entkräften diesen Vorwurf der vorgeblichen Fehlerbehaftetheit der Performanz und belegen, daß sich die Anzahl wirklich agrammatischer und falsch geformter Sätze auf weniger als 2 % reduzieren läßt, wenn man einige Regeln wie die der Ellipse, Fehlstarts u.ä. anerkennt. Andere Fehler sind leicht zu identifizieren oder sind jene notwendigerweise systematischen «Fehler», die die Sprecher auf die eine oder andere Weise charakterisieren, d. h., es handelt sich nicht um Fehler, sondern um dialektale und soziolektale Züge. Aus soziolinguistischer Perspektive ist eine Betrachtungsweise der Sprachnorm, die kategorische Einteilungen sprachlicher Äußerungen in *bon – mauvais* oder *ce qu'il faut dire* und *ce qu'il ne faut pas dire* vornimmt, nicht länger haltbar, denn damit bezieht sich die sprachliche Norm auf nur eine sprachliche Varietät, während alle anderen Varietäten als Abweichungen abgewertet werden.

Wenn Sprache als soziales Phänomen und die Sprachnorm als soziale Norm analysiert werden, dann besitzt jede sprachliche Varietät eine eigene Norm.[30] Dies wird häufig mit einem Verweis auf andere symbolische Verhaltensweisen wie Gestik, Kleidung, Tischmanieren veranschaulicht, von denen die Integration in die Gesellschaft abhängt (Schröder, 1979: 393; Aléong, 1983: 257; Corbeil, 1983: 281; Baylon, 1990: 161 u. a.). In all diesen Bereichen bestimmen soziale Normen, wer sich in welcher Situation wie verhalten muß, um von ganz

---

[29] Hervorhebung im Original.

[30] Obwohl sich die Linguistik lange Zeit zurückhaltend gegenüber dem Problem der sprachlichen Norm verhielt, wird die Auffassung von einer Normenpluralität schon 1929 in den Thesen der Prager Schule vertreten.

bestimmten Personen akzeptiert zu werden. Damit wird auf ein Wertesystem verwiesen, das Inhalt und Form der sprachlichen Interaktion bestimmt. Die Existenz solcher Normen zeigt sich daran, daß Abweichungen von der in einer Gruppe geltenden Norm als unangemessen empfunden werden. Die Nichtbeachtung der entsprechenden Normen kann negative Sanktionen nach sich ziehen, z. B. die Ablehnung durch die betreffende Personengruppe:

> Puisqu'une des fonctions sociales du langage est de marquer et de présenter l'identité de l'individu et de son statut et rôle, la langue peut servir de moyen de souligner une distinction sociale et, inversement, une solidarité des uns par rapport aux autres. (Aléong, 1983: 258).

Damit sind Unterschiede zwischen mündlichem und schriftlichem Sprachgebrauch, zwischen der Konversation mit Freunden oder in einem öffentlichen Kontext sowie zwischen dem Sprachgebrauch in Frankreich und in Québec durchaus normal und akzeptabel:

> Concevoir ainsi la langue comme lieu de variation linguistique en fonction des groupes sociaux évite de poser l'existence dans une communauté d'une seule norme linguistique [...] chaque groupe partage une norme qui unit ses membres [...]. Définir également la langue orale comme lieu de variation linguistique en fonction des situations fait percevoir la norme linguistique à l'orale comme un produit d'une hiérarchisation portant sur l'adéquation d'une forme linguistique en fonction des situations de communication. Cette définition admet l'existence de plusieurs normes – ou normes d'usage – en fonction des circonstances. (Ostiguy und Tousignant, 1993: 21–22)

Solche *normes d'usage* sind nicht unbedingt explizit formuliert, sondern entsprechen den *usages concrets,* beruhen aber dennoch auf einem Wertesystem, das implizit im Bewußtsein der Sprecher existiert (Aléong, 1983: 261). Insofern setzen sie die Existenz sozialen Druckes voraus, der die Sprecher veranlaßt, ihren Sprachgebrauch anzupassen. Diese Normen werden auch bezeichnet als *normes implicites* oder *le normal* (Aléong, 1983: 261), als *normes objectives*[31] (Gueunier et al., 1983: 773 und Lafontaine, 1986: 16) oder als *normes de fonctionnement, normes de fréquence, normes statistiques, normes constitutives* (Moreau, 1997: 218) etc. Indem die Norm als statistisch erfaßbare Regelmäßigkeiten im Sinne eines mittleren Wertes aufgefaßt wird, spielt hier unter methodischem Gesichtspunkt die Anlehnung an naturwissenschaftliche Begriffe eine Rolle. Die Vorkommenshäufigkeit ist aus dieser Sicht das Kriterium, das über die Akzeptabilität sprachlicher Formen entscheidet. Allerdings können Sprachnormen im Gegensatz zu Naturgesetzen in ihrer Eigenschaft als soziale Normen durchbrochen werden; es handelt sich bei ihnen nicht um unumgehbare, sondern lediglich um konventionale Notwendigkeiten (Thomä, 1996: 639). Die Untersuchung dieser Normen bedeutet, eine Gruppe an Sprechern zu bestimmen und zu überprüfen, welche sprachlichen Formen sie in welcher Situation, in welcher Kombination und mit welchen Werten gebrauchen. Daher werden solche Normen auch als deskriptiv charakterisiert (Leclerc, 1986: 265 und Moreau, 1997: 218), wobei auch damit der methodische Aspekt ihrer Untersuchung, also die vorurteilslose Beschreibung sprachlicher Tatsachen, gemeint sein dürfte. Es handelt sich bei diesen Normen um die sogenannten Gebrauchsnormen (Gloy, 1975: 21), die kaum Gegenstand bewußter Reflexionen und Kodifizierungbemühungen sind und dennoch von jedermann befolgt werden. Anhand solcher Normen werden Hierarchisierungen und Bewertungen kommunikativen Verhaltens vorgenommen, wobei mittels der Sprache Gruppengrenzen

---

[31] Der Begriff *norme objective* wird auch in bezug auf die Grundregeln («le noyau dur») einer Sprache gebraucht (Deshaies, 1984: 281, Chantefort, 1979: 29, Corbeil, 1979: 47 u. a.). Wenn in vorliegender Arbeit der Aspekt situationsangemessenen oder gruppengebundenen Sprechens betont wird, dann wird gleichzeitig sprachliche Richtigkeit vorausgesetzt, wo das Sprachsystem keine Wahlmöglichkeit bietet, «ce qui fait, par exemple, que le français n'est pas l'anglais ou le wolof.» (Corbeil, 1979: 29).

abgesteckt werden können und die Kommunikationssituation über Angemessenheit oder Unangemessenheit sprachlicher Formen entscheidet.

Einige Aspekte dieser Normauffassung sind bereits bei Coseriu (1975) angelegt, der innerhalb des Strukturalismus den Normbegriff sozial zu interpretieren versucht.[32] Coseriu definiert die Norm ausgehend von einer Kritik der Saussureschen Dichotomie langue – parole, die er durch die Einführung der Norm als mittlere Abstraktionsebene aufbricht. Unter Norm versteht er jene Teilmenge der vom System zugelassenen Varianten, die im Sprachgebrauch tatsächlich realisiert werden: «Die Norm verwirklicht das System nur teilweise.» (Coseriu, 1975: 72). Ihm zufolge ist die Sprache nicht nur durch ein System, sondern auch durch «normale Realisierungskonstanten» charakterisiert, welche zwar nicht funktionell relevant, aber dennoch nicht völlig willkürlich sind und gruppenspezifischen Sprachgebrauch kennzeichnen (Coseriu, 1975: 62). Damit enthält dieses Normkonzept bereits die Annahme mehrerer Normen der diatopischen, diastratischen und diaphasischen Varietäten. Coseriu (1975: 88) ist sich zwar der Tatsache bewußt, daß Normen durchaus in Grammatiken manifest werden, doch grenzt er seine Vorstellung von der Norm scharf gegen den präskriptiven Normbegriff ab und spricht von einer objektiv in der Sprache selbst enthaltenen Norm. Allerdings geht er aufgrund seiner Erkenntnisinteressen nicht über die Betrachtung sprachlicher Fakten hinaus und bezieht weder die Sprecher noch die Realisierungsbedingungen in seine Überlegungen mit ein. Sprachliche Variationen betreffen seiner Ansicht nach die Ebene der Norm und nicht das Sprachsystem, womit er der modernen Auffassung eines dynamischen, heterogenen Sprachsystems widerspricht.

Eine weitere Dimension der sprachlichen Norm, die sich aus ihrem sozialen Charakter ergibt und eng mit der Situationsangemessenheit zusammenhängt, ist jene, die Leclerc (1986: 267) als *norme fonctionnelle* bezeichnet. Da mittels Sprache nicht nur Informationen übermittelt werden, sondern sie auch dazu dient zu überzeugen, zu schockieren, zu schmeicheln, zu verletzen etc., muß der Gebrauch verschiedener sprachlicher Formen im Zusammenhang mit der Kommunikationsintention des Sprechers gesehen werden, die sich nicht immer mit der Kommunikationssituation deckt. Die Gesprächspartner orientieren sich nicht nur an objektiven situativen Gegebenheiten, sondern etablieren selbst Kontexte, die anzeigen, wie ihre jeweilige Äußerung zu verstehen ist (z. B. Präzisierung der Beziehung zum Gesprächspartner). Diese Perspektive würde beispielweise den Gebrauch einer *variété familière* in formellen Kommunikationskontexten gestatten, wenn damit das vom Sprecher angestrebte Ziel der Kommunikation so wirksam wie möglich erreicht wird. Ein häufig zitiertes Beispiel ist der Ausruf Maurice Duplessis «Toé, tais-toé!» während einer Sitzung der gesetzgebenden Versammlung Québecs, also einer offiziellen Situation, in der man eher einen Satz wie «Auriez-vous l'obligeance de vous taire» erwartet hätte, wobei dieser zweifellos weniger wirksam gewesen wäre (Lefebvre, 1984: 291). Dies führt Leclerc (1986: 269) zu der Schlußfolgerung: «La meilleure norme est celle qui permet d'user de ce pouvoir de la langue avec la plus grande efficacité possible dans la communication.»

Obwohl solche «demokratischen» Definitionen der Sprachnorm(en) aus sprachwissenschaftlicher Perspektive eher der sprachlichen und gesellschaftlichen Realität entsprechen als die Auffassung von einer einzigen Norm, dürfen sie nicht dazu führen, die Existenz eines solchen Idealmodells zu leugnen. Dieses repräsentiert allerdings nicht *die* Norm schlechthin, sondern ist eine unter vielen Normen:

---

[32] Gute Erläuterungen dazu finden sich bei Lara (1983) und Mattheier (1987).

> [...] les débats sur la valeur relative des langues ne peuvent être tranchés sur le plan linguistique: les linguistes ont raison de dire que toutes les langues se valent linguistiquement; ils ont tort de croire qu'elles valent socialement. (Bourdieu, 1977: 22)

Die Sprecher bevorzugen in der Regel eine Varietät (*norme subjective*), die als *langue de référence* angesehen wird und als besonders prestigereiche Varietät, v. a. in formellen Kommunikationssituationen, sozial aufgewertet wird. Im folgenden wird gezeigt, wodurch dieses Modell gekennzeichnet ist, welche außersprachlichen Gründe die Bevorzugung einer Varietät bedingen und in welchem Verhältnis die verschiedenen Gebrauchsnormen und die eine Idealnorm zueinander stehen.

2.3.3 Normentyp 2: Die Vorstellung von einer Idealnorm und ihre Legitimierung

2.3.3.1 Allgemeine Merkmale dieses Modells

Norme explicite (Aléong, 1984), *norme prescriptive* (Leclerc, 1986), *norme absolue* (Baylon, 1996), *variété légitime* (Bourdieu, 1982), *langue standard* (Thèses, 1932), *langue officielle*, *langue nationale* (Martel und Cajolet-Laganière, 1996), *bon usage* (Settekorn, 1988) etc., all diese Umschreibungen beziehen sich auf jenes durch Werturteile definierte Ideal, das für viele die einzig gültige Norm ist. Diese Vorstellung beruht auf der Annahme eines einheitlichen, überlegenen Codes, dessen Qualitäten seit Malherbe und Vaugelas die *pureté*, *clarté*, *la logique et cohérence interne*, *l'esthétique* und *l'efficacité* sind.[33] Oft wird diese Norm mit dem System gleichgesetzt und verallgemeinernd als *LE français* bezeichnet (Rey, 1972: 17). Der Anspruch auf Allgemeingültigkeit drückt sich in verbreiteten Formulierungen der Art *on dit / on ne dit pas* aus. Diese Tendenz zur sprachlichen Vereinheitlichung betrachtet alle anderen sprachlichen Varietäten als Abweichungen und Fehler und schreibt verbindlich vor, was als korrekter Sprachgebrauch anzusehen ist. In bezug auf diese eine Varietät wird der Wert sprachlicher Varianten definiert und eine Hierarchisierung der Varietäten vorgenommen. Insbesondere in der deutschen Literatur taucht in diesem Zusammenhang häufig der Begriff des Substandards zur Bezeichnung aller Abweichungen vom anerkannten Standard (*français populaire*, *français familier*, *français régional* etc.) auf. Immer wieder zeigt sich, daß vergleichbare Phänomene in den Einzelphilologien zumeist mit anderen Terminologien behandelt werden. Letztendlich erweist sich die Konzeption als nur bedingt anwendbar, da sie zu viele und zu heterogene Phänomene aus dem Blickwinkel der dominanten Standardsprache bezeichnet.

---

[33] Die sprachnormative Tradition des Französischen geht auf diese beiden Autoren des 17. Jh. zurück, deren Werk bis in die Gegenwart die Auffassung vom *français standard* prägt. Da einschlägige Werke ausführlich Auskunft darüber geben, wird in vorliegender Arbeit darauf verzichtet, diese Aspekte erneut aufzugreifen. Eine gute Zusammenfassung der Geschichte der Normierung der französischen Sprache gibt Winkelmann (1990). Wenn im Abschnitt 1.1 von der *crise du français* die Rede war, dann muß angemerkt werden, daß diese Krise nicht nur das *français québécois* betrifft, sondern ebenso das *français de France*. Eine Hauptursache ist die normative Tätigkeit Vaugelas', die das klassische Französisch als vollkommen erscheinen ließ und zu dem Bestreben führte, diese Vollkommenheit zu bewahren. Die Prinzipien Vaugelas', wonach sich der *bon usage* an der gegenwärtig gesprochenen Sprache zu orientieren habe, wurden umgekehrt: Um jenen vorbildlichen Sprachgebrauch festzuschreiben, mußte man in der Folgezeit zwangsläufig die Vergangenheit und ihre schriftlichen Zeugnisse befragen. Die dadurch entstandene Kluft zwischen Schriftlichkeit und Mündlichkeit sowie zwischen Soll- und Gebrauchsnorm hat die Auffassung von der *crise du français* stark beeinflußt, die treffender als *crise du bon usage* bezeichnet wäre.

Wenn im Kapitel 2.3.2 von Normen im Plural die Rede war und die Existenzberechtigung einer einzigen Norm in Frage gestellt wurde, dann wurde dabei nicht beachtet, was die Mehrzahl der Sprecher als wirkliche Norm ansieht. Eine solche Idealnorm, an der sprachliche Leistungen gemessen werden, entspricht dabei ebenso der gesellschaftlichen Realität moderner städtischer Gesellschaften wie die Existenz mehrerer Gebrauchsnormen (Aléong, 1983: 269). Dabei wird eine der objektiven Normen als prestigereicher angesehen als andere und daher privilegiert. Auf diese Norm wird gewöhnlich Bezug genommen, wenn von Sprachqualität oder korrekter Sprechweise die Rede ist. Es besteht also ein komplexes Verhältnis zwischen Werturteilen über die Sprache, auch bezeichnet als subjektive Normen, und sogenannter präskriptiver Norm, die sich gegenseitig bedingen.

Der Versuch, die besonderen Eigenschaften dieses Idealmodells zu benennen, verweist auf die Schwierigkeit, sie von anderen Normen (den Gebrauchsnormen) abzugrenzen. Zwar hängt der vorschreibende Charakter eng mit ihrer Bindung an Sanktionen[34] zusammen, doch spielen solche auch im Bereich der Gebrauchsnormen eine Rolle (wenn es um die Anpassung an einen gruppenspezifischen Sprachgebrauch geht), obwohl sie dort schwerer faßbar sind. Insofern ist es problematisch, das präskriptive Element zu betonen, da auch Gebrauchsnormen eine gewisse Verbindlichkeit beinhalten.

Aléong (1983: 261) löst dieses Problem durch die Unterscheidung von expliziten und impliziten Normen und stützt sich dabei auf das Kriterium der Formuliertheit sprachlicher Normen. Demnach ist die explizite jene Norm, die Gegenstand einer Kodifizierungs- und Normalisierungstradition ist. Dieses Merkmal streicht auch Ammon (1986), der verschiedene Definitionsversuche diskutiert, als zentral heraus. Eine implizite Gebrauchsnorm wird demnach zum Gegenstand der Explizitmachung und Präskription. Damit ist einerseits auf die Berührungspunkte zwischen beiden Normentypen verwiesen, andererseits muß die Standardvarietät also auch Elemente enthalten, die (noch) nicht kodifiziert sind und dennoch von den Sprechern als richtig und vorbildlich bewertet werden (Mattheier, 1997b:9). Aléong (1983: 270) spricht von drei Hauptkomponenten jeder expliziten Norm. Erstens beruht sie auf der Annahme, daß es einen *bon usage* und einen *mauvais usage* gibt. Zweitens verweist sie auf einen *appareil de référence*, der Beispiele des *bon usage* enthält. Diese Rolle kann Sprechern zukommen, deren Sprache ein hohes Prestige besitzt, sowie öffentlichen Einrichtungen, Akademien oder staatlich eingesetzten Kommissionen. Weiterhin ist diese Norm kodifiziert in normativen Grammatiken, Wörterbüchern und korrektiven Werken. Drittens wird die explizite Norm zu jedem Zeitpunkt durch Medien, öffentliche Verwaltung, Schule und legislative Maßnahmen verbreitet. Um die Frage zu beantworten, warum eine sprachliche Varietät eine solche «Sonderbehandlung» erfährt, müssen v. a. soziale und ideologische Faktoren berücksichtigt werden.

2.3.3.2 Kriterien der Legitimierung dieser Norm und der Beitrag Bourdieus

Es wurde bereits darauf hingewiesen, daß es keine innersprachlichen Kriterien gibt, die es gestatten, sprachliche Formen nach «gut» und «schlecht» zu klassifizieren. Solche Kriterien könnten nur dann geltend gemacht werden, wenn durch die Verwendung einer sprachlichen Form gegen die Grundregeln der Sprache verstoßen bzw. die Verständigung gefährdet würde, nicht aber wenn es um die Variation zwischen funktionell gleichwertigen Formen geht. Ähn-

---

[34] Positive oder negative Reaktionen auf sprachliche Äußerungen (Küchler und Jäger, 1975: 125).

liches gilt für ästhetische und moralische Kriterien, die Werturteilen zugrunde liegen, die eine sprachliche Varietät als klar, rein, präzise, klangvoll usw. beschreiben oder eine andere zum Anlaß nehmen, um vom «désarroi moral collectif» (Leclerc, 1986: 368) zu sprechen. Solche Argumente zeugen von einer persönlichen Einstellung des Sprechers und sind zu subjektiv und arbiträr, um bei der Entscheidung für eine Norm eine Rolle zu spielen. Zahlreiche Studien haben außerdem gezeigt, daß solche Werturteile sich oft nicht auf die Sprache, sondern auf die Sprecher und ihren sozialen Status beziehen (D'Anglejan und Tucker, 1973; Laberge und Chiasson-Lavoie, 1971; Méar-Crine und Leclerc, 1976).

Die Notwendigkeit einer präskriptiven Norm wird häufig damit begründet, daß ohne sie die Verständigung innerhalb einer Sprachgemeinschaft nicht gewährleistet sei. Zwar können mit diesem Argument Sprachnormen im allgemeinen gerechtfertigt werden, nicht aber die Entscheidung für eine Norm. Prinzipiell könnte jede sprachliche Varietät dieser Aufgabe gerecht werden und somit zur Norm erhoben werden, zumal verschiedene Studien (Labov, 1971; Lefebvre, 1983 u. a.) gezeigt haben, daß die Unterschiede zwischen den Varietäten nicht so groß sind, daß sie zu Kommunikationsstörungen führen und selbst Sprecher «niederer» Varietäten eine passive und aktive Kenntnis standardsprachlicher Formen haben. Die Wahl einer Varietät muß auch aus dieser Perspektive als arbiträr eingeschätzt werden (Settekorn, 1988: 7). Obwohl Gloys Äußerung (1975: 81) «Wann ist denn jemals seitens der Linguistik überprüft worden, daß zwischen Sprechern Verständigung besteht [...]» übertrieben erscheint, ist sicher richtig, daß Kommunikationsstörungen häufig nicht auf die Sprache zurückzuführen sind, sondern durch Bewußtseinsunterschiede, unterschiedliches gesellschafts-politisches Engagement oder Interessen- und Urteilsdifferenzen zwischen den Dialogpartnern verursacht werden (Schröder, 1979: 416).

Das Verhältnis zwischen standardsprachlicher Norm und den Normen anderer Varietäten wurde ausführlich von den Linguisten der Prager Schule behandelt. Für sie ist prinzipiell jede sprachliche Varietät durch eine eigene Norm gekennzeichnet. Im Gegensatz zur neueren Forschung, für die eine eher normkritische Einstellung charakteristisch ist, entwickelten die Prager Linguisten jedoch eine positive Auffassung von der standardsprachlichen Norm. Mit der Betonung der kommunikativ-expressiven Funktion der Sprache meinen sie, ein objektives Kriterium gefunden zu haben, mit dem Eingriffe in den Prozeß der Normbildung zu rechtfertigen sind. Auf dieser Grundlage entwickeln sie ihr Konzept des wissenschaftlichen Interventionalismus[35] zur Etablierung, Stabilisierung und Entwicklung der standardsprachlichen Norm, dessen Grundprinzip die Beobachtung des aktuellen Sprachgebrauchs ist. Für sie unterscheidet sich die Norm der Standardvarietät von Normen anderer Varietäten nicht durch qualitative Merkmale, sondern quantitativ durch die Vielfalt ihrer Funktionen (Garvin, 1983: 146). So dient sie zum Ausdruck philosophischer, wissenschaftlicher, technischer, politischer und juristischer Sachverhalte, die normalerweise nicht mittels anderer Varietäten ausgedrückt werden. Die Frage nach den Gründen, die von den Pragern nicht beantwortet wird, läßt allerdings die alleinige Orientierung nach kommunikativ-expressiven Kriterien als unzureichend erscheinen und verweist auf den sozialen Aspekt der Sprache und auf die Tatsache, daß die standardsprachliche Norm nicht ausschließlich sprachliche Funktionen erfüllt. Wie das Fundament dieser Norm aussieht, wird besonders deutlich, wenn man Bourdieus (1982) Überlegungen zum *marché linguistique* näher beleuchtet.

---

[35] Dieser Interventionalismus wird deutlich von puristischen Eingriffen abgegrenzt, weil sie jeglicher empirischer Grundlage entbehren und der Sprachevolution entgegenwirken (Mathesius, 1983 / 1932: 810).

Bourdieu begreift Normen nicht nur als Regelmäßigkeiten im Sprachgebrauch mit bestimmten kommunikativen Funktionen, sondern fragt auch nach dem symbolischen Wert in einem bestimmten gesellschaftlichen Kontext. Er führt die Idealisierung einer sprachlichen Varietät zur Norm auf die Machtverhältnisse einer Gesellschaft zurück. Ausgehend von der These, daß Sprache nicht nur der Kommunikation dient, sondern durch sie auch soziale, kulturelle und ökonomische Machtverhältnisse widergespiegelt werden, setzt Bourdieu sprachliche Handlungen in Bezug zu ökonomischen Interaktionen und verweist auf Gemeinsamkeiten beider Austauschsysteme (*économie des échanges linguistiques*). Demzufolge wird der Wert eines sprachlichen Produktes vom Gesetz des Marktes bestimmt, der sich in weiten Teilen dem Bewußtsein der Sprecher entzieht, und spiegelt sich in Prestige und sozialer Anerkennung wider. Profit kann auf dem *marché linguistique* in Form eines «profit de distinction» (Bourdieu, 1982: 43) erzielt werden, womit ein Sprecher sich positiv von anderen abhebt. Für Bourdieu stellt jede Kommunikationssituation einen eigenen Markt dar, auf dem die Sprecher ihre «sprachlichen Produkte» anbieten. Zwischen den verschiedenen sprachlichen Märkten besteht eine Spannung, die vom «degré d'officialité de la situation» (Bourdieu, 1982: 79) und der sozialen Distanz zwischen Sender und Empfänger bestimmt wird. Je offizieller der Markt, um so stärker fordert er Produkte, die der *langue légitime,* also der Norm der Standardsprache, entsprechen. Wer den Anforderungen des Markes nicht genügt, muß mit Sanktionen rechnen.

Die Sonderstellung der *langue standard* oder *langue légitime* ist nicht auf eine innere Dynamik dieser Varietät zurückzuführen, sondern Folge historischer und sozialer Bedingungen, die ihre Kodifizierung und Durchsetzung begünstigt haben (vgl. auch Strasser, 1987). In der Regel wird die sprachliche Varietät der politisch und ökonomisch dominierenden Gruppe als Standardvarietät anerkannt und zum Instrument der Präskription: «Celle-ci n'est donc au départ qu'une variété sociale (ou régionale) dont la première chance a été d'être parlée et promue par un groupe devenu socialement dominant.» (Leclerc, 1986: 356). Schon in den ersten sprachnormativen Werken des Französischen (Vaugelas, 1647) wird diese Verbindung von *bon usage* und herrschender Klasse deutlich. Dieser Prozeß der «unification du marché linguistique» ist Bourdieu (1982: 27) zufolge eng verbunden mit einem politischen Einigungsprozeß: «C'est dans le processus de constitution de l'État que se créent les conditions de la constitution d'un marché linguistique unifié et dominé par la langue officielle [...].» Dabei tragen nicht nur sprachpolitische Maßnahmen zur Durchsetzung dieser Varietät bei, sondern spielen auch Faktoren eine Rolle, die das Verhalten der Sprecher unbewußt steuern, so z. B. die Aussicht auf soziale Anerkennung und wirtschaftlichen Erfolg. Die normgebende Instanz ist nicht immer konkret zu benennen, sondern verbirgt sich hinter einer allgemein anerkannten anonymen Autorität, weshalb Settekorn (1988: 8) feststellt: «Sprachnormen sind Teil des individuellen und kollektiven Sprachbewußtseins [...]». Diese unbewußten Steuerungsmechanismen erfaßt Bourdieu mit dem Begriff des *habitus,* mit dem er bestimmte Handlungs- und Denkmuster sowie Wahrnehmungs- und Bewertungsschemata meint, deren Erwerb automatisch und ohne äußeren Zwang mit der Sozialisation in einem bestimmten Milieu einhergeht (Bourdieu, 1982: 36). Das soziale Handeln der Menschen beruht demnach nicht auf einem Regelwissen, sondern auf «sozialisationsbedingten Dispositionen» (Gloy, 1997: 31). Letztendlich wird die *langue légitime* zur allgemein anerkannten Norm, an der alle sprachlichen Leistungen gemessen werden. Sie wird von der dominanten Gruppe einer Gesellschaft als einzig «legitime» Varietät in der öffentlichen Kommunikation, der Schule, den Medien, der öffentlichen Verwaltung, den sozio-ökonomischen Tätigkeiten vorgeschrieben und mittels Grammatiken, Wörterbüchern und korrektiven Werken kodifiziert. Leclerc

(1986:362) drückt dies sehr bildlich aus: «... la variété standardisée connaît une seconde chance, celle de subir un processus de codification, c'est-à-dire l'élaboration d'un appareil de référence des usages prescrits par le corps des spécialistes investis de l'autorité et de la légitimité en matière de langue.» Die Normfrage wird damit auch zu einem politischen Problem: Unter dem Vorwand der Sprachpflege wird die Sprache auch dazu benutzt, der führenden Schicht ihre Position in der Gesellschaft zu sichern: «[...] si le peuple veut le pouvoir, il doit commencer par conquérir la langue.» (Léon, 1980: 12).

Wenn Bourdieu von der Existenz zahlreicher *marchés* in Abhängigkeit vom Ort, von der sozialen Identität der Sprecher und vom Thema der sprachlichen Interaktion spricht, dann verweist auch er damit auf den pluralen Normbegriff wie er im Kapitel 2.3.2 erläutert wurde. Dies drückt Encrevé (1982: 101) sehr deutlich aus, indem er sagt:

> Il n'empêche qu'il ne faut pas oublier l'*autonomie relative* de marchés singuliers: il y a des marchés linguistiques mondiaux, nationaux, d'autres régionaux, locaux, familiaux, etc., et sur certains d'entre eux les lois de formation des prix peuvent aller jusqu'à être inversées par rapport aux «marchés dominants» (ceux où la langue légitime fait la loi): dans un village patoisant de l'ouest de la France, un locuteur de la seule langue légitime ne pourra pas se placer comme auditeur dans le champs des rapports entre paysans: son capital symbolique l'excluera de ce lieu et sa «supériorité» lui interdira de faire le moindre profit lié à la participation à la vie de la communauté paysanne.

Damit ist bereits auf die eingeschränkte Gültigkeit dieses Modells der *langue légitime* bzw. *standard* verwiesen, die im folgenden genauer erläutert werden soll.

2.3.3.3 Die eingeschränkte Gültigkeit dieses Modells

Der Anspruch auf Allgemeingültigkeit dieser Idealnorm kann auf synchroner und diachroner Ebene hinterfragt werden. Aus den bisherigen Ausführungen ergibt sich, daß die Existenz einer *variété standard* durchaus dem gesellschaftlichen System entspricht: Wer in bestimmten gesellschaftlichen Bereichen anerkannt werden will, muß seinen Sprachgebrauch anpassen. Somit ist ihre Kenntnis für die Integration in die Gesellschaft entscheidend, zumal nicht alle Mitglieder einer Sprachgemeinschaft gleichermaßen Zugang zu dieser Norm haben. Der besondere Status der Standardsprache beruht somit auch auf der Diskrepanz zwischen der Anerkennung einer Varietät als Norm und ihrer ungleichen Beherrschung, Faktoren, die im Abschnitt 1.2.6 als Ursache sprachlicher Unsicherheit herausgearbeitet wurden. Dennoch muß erneut betont werden, daß es sich dabei um *eine* unter vielen handelt, die im Unterschied zu anderen objektiven Normen von besonderem Prestige ist. Wenn diese Idealnorm als Kodifizierung einer impliziten Norm aufgefaßt wird, dann ergibt sich daraus auch, daß sie grundsätzlich der Sprachentwicklung nachhinkt, da sich erstere aufgrund der sozialen und kommunikativen Bedingungen dynamisch entwickelt, letztere an den Zeitpunkt ihrer Ausarbeitung gebunden ist und damit Veränderungen nur zögerlich und etappenweise erfaßt werden. Somit besteht eine Abweichung zwischen dem, was dieser Norm zufolge gesagt werden darf, und dem, was real gesagt wird und auch akzeptiert wird. Kommt es zur Anhäufung von Widersprüchen zwischen beiden und daraus folgenden Kommunikationskonflikten, wird die Kodifikation überarbeitet.

Eine andere Frage stellt sich in diesem Zusammenhang: Warum werden die prestigereichen Varianten, die die Sprecher als solche anerkennen und auch produzieren können und mit denen soziale Anerkennung verbunden ist, nicht durchgehend verwandt? Häufig wird dies mit Trägheit, Mangel an Interesse, Isolierung von der Prestigenorm oder der angeblichen

Einfachheit der von der Norm abweichenden Formen begründet. Dies mag in einigen Fällen nicht von der Hand zu weisen sein, doch verweist die Konkurrenz der verschiedenen Normentypen auf einen weiteren Aspekt, der beachtet werden muß. In diesem Zusammenhang ist häufig von *normes cachées* und *normes manifestes* die Rede (Labov, 1976: 250; Lodge, 1997: 303), womit die Tatsache erfaßt wird, daß die Varianten des *non-standard* bei vielen Sprechern ebenfalls ein gewisses «verhülltes» Prestige genießen. Dies ist besonders der Fall für Angehörige sozialer Schichten, die nicht auf einen sozialen Aufstieg hoffen. In ihren Augen ist die standardsprachliche Norm affektiert und wird als Verrat gegenüber Familie und Freunden gewertet, während die Gruppennorm die prestigereiche Variante ist, die es gestattet, die Gruppenzugehörigkeit zu unterstreichen. Ähnliches gilt für situationsgebundene Normen. Die dominante Prestigenorm übt also nicht für jedermann und in jeder Situation dieselbe Anziehungskraft aus.

Indem die standardsprachliche Norm an historische und gesellschaftliche Bedingungen geknüpft ist, unterliegt sie selbst ständigen Veränderungen: Die Gesellschaft ändert sich und mit ihr die Sprache und die Sprachnormen. Somit sind letztere immer auch an eine bestimmte historische Epoche gebunden. Die soziolinguistischen Untersuchungen der Labovschen Tradition haben nachgewiesen, daß der Sprachwandel schon beim Vergleich des Sprachverhaltens verschiedener Altersgruppen beobachtbar ist und von einer Veränderung der Einstellung zu den Varianten einer gegebenen sprachlichen Variablen begleitet wird. So kann eine zu einem bestimmten Zeitpunkt prestigebehaftete Variante im Laufe der Zeit ihr Prestige verlieren. Häufig zitiertes Beispiel ist der Wandel von [we] zu [wa] wie in *roi*, der schon an anderer Stelle erwähnt wurde. Während [we] zur Zeit Louis XIV. die beispielhafte Aussprache darstellte und [wa] als plebejisch verpönt wurde, sieht es im modernen Französisch genau umgekehrt aus. Seit der Französischen Revolution hat sich [wa] als «normale» Variante durchgesetzt, was auf den Übergang von der Monarchie zur Republik und die damit verbundene Veränderung der Machtverhältnisse in der Gesellschaft zurückzuführen ist. Ähnliches gilt für das *r roulé,* das bis ins 17. Jh. die Norm in Frankreich darstellte, im Verlauf jenes Jahrhunderts jedoch durch das *r grasseyé*, dem *usage de la cour,* ersetzt wurde (Baylon, 1996: 162). In Montréal vollzog sich dieser Wandel bedeutend später, erst in den 50er Jahren des 20. Jh. wich das *r roulé* dem *r grasseyé*. Aus diesem Grunde müssen wandlungsfeindliche Tendenzen, die Sprachwandel mit Sprachverfall gleichsetzen, in Frage gestellt werden. Sie entspringen einem falschen Normverständnis und versuchen, sprachlichen Formen den Status gesetzesähnlicher Sollsätze zu verleihen, entstehen aber auch aus der Angst vor gesellschaftlichen Veränderungen.[36]

2.3.4 Probleme der Definition des *français québécois standard*

Aus den bisherigen Ausführungen ergibt sich, daß alle Normen, auch die standardsprachliche, einen zeitlich, räumlich und situativ begrenzten Geltungsbereich haben. Demzufolge muß sich eine standardsprachliche Norm auf formelle Kommunikationssituationen in einer be-

---

[36] Chantefort (1979: 30) bemerkt dazu: «Le raisonnement est en effet cohérent: si la langue, support de la culture, change, c'est la culture même qui est remise en cause et risque d'être ruiné; l'objectif de l'activité normative est dont tout naturellement d'empêcher ou de contrôler très étroitement toute évolution et de ramener la langue à la loi. Il est clair que ce refus du temps historique recouvre en fait un refus du temps social, donc de l'évolution sociale.»

stimmten Sprachgemeinschaft zu einem bestimmten Zeitpunkt beziehen. Selbst sie kann in bestimmten Situationen unangemessen erscheinen und Sanktionen hervorrufen: «[...] il y a des cas où parler trop bien le français, c'est un peu le parler mal (Pohl, 1975: 23). Vieles, was in bezug auf diese Norm als Fehler angesehen wird, ist damit lediglich einer bestimmten Situation unangemessen, wobei eine solche, zunächst nur im Sprachgebrauch auftretende Abweichung in der Evolution der Sprache durchaus zur Norm werden kann (Frei, 1929). Diese Betrachtungsweise der Sprachnorm rechtfertigt es, den Sprachgebrauch nicht wie bisher an einer einzigen expliziten Norm zu messen, sondern ihn gegen die bestehenden Normen geltend zu machen, d. h., die verschiedenen Varietäten sollen anerkannt und erklärt werden und die Grenzen des Geltungsbereiches der standardsprachlichen Norm abgesteckt werden.

Das vielfach von den Quebecern eingeforderte Recht auf eine eigene standardsprachliche Norm erhält somit eine wissenschaftliche Grundlage. Wie eng diese Idee mit politischen und gesellschaftlichen Kräften zusammenhängt, zeigt sich auch daran, daß sie sich im Rahmen der Emanzipationsbewegung der *Révolution tranquille* entwickelt hat. Die Schwierigkeit besteht in Québec darin, eine bestehende explizite Norm (die Norm des *français de France*) durch ein anderes, noch näher zu definierendes Modell abzulösen, das bisher nur eine Realisierungskonstante im Sprachgebrauch darstellt. Die Frage, wie genau dieses Modell eines *français québécois standard* aussieht, wird auf verschiedene Weise beantwortet und reicht von demokratischen zu elitären Konzepten (Martel und Cajolet-Laganière, 1996: 112). Als erste hat die *Association québécoise des professeurs et professeures de français* (1977: 11) die Forderung nach einer eigenen standardsprachlichen Norm des *français québécois* erhoben. Sie zieht als Kriterium keine sozialen Faktoren heran, sondern definiert den Standard als den Sprachgebrauch der Mehrheit der frankophonen Quebecer in förmlichen Situationen. Auch Claude Simard (1990: 39) bezieht sich auf die Kommunikationssituation, wenn er vom *usage soigné dans les circonstances officielles* spricht. Andere bestimmen diese Norm anhand einer sozialen Schicht. So spricht Gendron (1986b:95) vom *parler de la nouvelle classe moyenne*. Auger (1988: 63) zieht den Kreis noch enger, wenn er das Bildungsniveau der Mittelschicht hinzufügt und von der *couche moyenne supérieure assez fortement scolarisée* spricht. Lefebvre (1983: 329) schlägt vor, beide Kriterien (Soziales und Situationelles) zu berücksichtigen und von der *classe moyenne supérieure et leur style formel* zu sprechen. Weitaus restriktiver ist der Vorschlag Maurais' (1986: 82), der die Norm an den *couches linguistiquement hégémoniques* festmacht, damit aber weniger eine herrschende Klasse meint, als vielmehr Sprachbehörden und Terminologiekommissionen. Am anderen Ende der Skala befindet sich die Definition des Standards anhand des Sprachgebrauchs einer Elite, vergleichbar mit dem französischen Modell des *bon usage*: «Pour nous, ce modèle du français québécois standard est le français tel qu'il est parlé et écrit par l'élite intellectuelle, politique, scientifique [...]» (Martel und Cajolet-Laganière, 1996: 95).

Im aktuellen gesellschaftlichen Kontext Québecs erscheint eine diaphasische Markierung des *français québécois standard* angemessener. Der Bezug auf eine soziale Schicht wäre problematisch, da die Unterschiede zwischen schichtenspezifischem Sprachgebrauch in der modernen demokratischen Gesellschaft abgeschwächt sind und zunehmend durch situative Register ausgefüllt werden (Prüßmann-Zemper, 1990; Cajolet-Laganière und Martel, 1996: 188 sowie Gadet, 1998: 62). Daher soll in vorliegender Untersuchung jene sprachliche Varietät als *français québécois standard* definiert werden, die die Mehrzahl der frankophonen Quebecer in formellen Kommunikationssituationen verwendet und als korrekt ansieht. Diese Definition impliziert einen indirekten Bezug zum Mittelstand, der in den westlichen demokratischen Gesellschaften zunehmend an Bedeutung gewinnt. Das Modell stützt sich auf die zwei Pole der objektiven und subjektiven (evaluativen) Norm: Einerseits kann nicht falsch sein, was im Sprachgebrauch generalisiert ist (Baylon, 1996: 170), andererseits ist in Anlehnung an Bourdieu (1982) die Übereinstimmung hinsichtlich des «Wertes» dieser Varietät für die Definition dieser Norm als Standard von besonderer Bedeutung. Damit wird berücksichtigt, daß der Sprachgebrauch auch die Manifestation gewisser normativer Orientierungen bezüglich prestigereichen Sprechens und somit Ausdruck der Gesellschaftsstruktur ist. Um allen Mitgliedern der Sprachgemeinschaft den Zugang zu ihr zu ermöglichen, soll diese implizite Norm zum Gegenstand der Kodifizierung und Explizitmachung und durch alle öffentlichen Institutionen verbreitet werden. Damit sei auf die Bedeutung des Fernsehens für die Verbreitung dieser Norm verwiesen. Zahlreiche Untersuchungen zur Einstellung der Quebecer zu ihrer Sprache haben gezeigt, daß insbesondere die Nachrichtensprecher Radio-Canadas als Beispiel einer vorbildlichen Sprechweise anerkannt werden: «[...] on parle d'un modèle local d'un français dit «correct», dont l'exemple le plus évocateur nous est fourni par les annonceurs de Radio-Canada;» (Lefebvre, 1984: 291).

Wenn mit «Sprachqualität» im allgemeinen der Respekt der standardsprachlichen Norm gemeint ist (Martel und Cajolet-Laganière, 1995: 12), dann muß diese Auffassung aufgrund der Überlegungen der vorangehenden Kapitel relativiert werden. Indem die dieser Norm zugrundeliegenden Wertvorstellungen identifiziert wurden, darf «Sprachqualität» nunmehr weder am *français de France*, noch ausschließlich am *français québécois standard* gemessen werden, sondern muß die Situationsangemessenheit der jeweils verwendeten sprachlichen Varietät berücksichtigen. Bevor geklärt werden kann, ob und wie das frankophone Fernsehen Québecs seine Funktion erfüllt, das Modell des *français québécois standard* zu verbreiten und dabei die sprachliche und gesellschaftliche Realität widerzuspiegeln, soll im folgenden Kapitel auf der Grundlage der variationistischen und normtheoretischen Prämissen eine Methode zur Untersuchung der Problematik entwickelt werden.

3 Methode der Untersuchung und ihre Durchführung

3.1 Erstellung des Korpus und seine Merkmale

3.1.1 Allgemeine Auswahlkriterien der Sendungen

Die vorliegende Untersuchung wurde auf der Grundlage von 38 Fernsehsendungen durchgeführt, die zwischen Februar 1999 und Februar 2000 auf den vier bedeutendsten frankophonen Sendern ausgestrahlt wurden. Dies sind die Sender, die per Antenne empfangen werden können: zwei öffentlich-rechtliche Sender, Radio-Canada und Télé-Québec, sowie zwei private Sender, TVA und Télévision Quatre Saisons. Diese Auswahl wurde zum Teil durch die Einschaltquoten *cotes d'écoute Nielsen* beeinflußt, die zwischen Januar und Februar 1999 in der Quebecer Tageszeitung *Le Soleil* veröffentlicht wurden. Da die Untersuchung nicht auf Sendungen mit hohen Einschaltquoten beschränkt werden, sondern ein breites Spektrum der Fernsehlandschaft widerspiegeln sollte, wurde zusätzlich nach dem Zufallsprinizip vorgegangen, bis ein Korpus erstellt war, das ein Kontinuum von weniger formellen bis zu sehr formellen Kommunikationssituationen repräsentiert. Dazu wurde außerdem der Rat von Mitarbeitern des *Centre d'études sur les médias* eingeholt sowie *Statistique Canada* konsultiert.

Das Fernsehen wird in dieser Untersuchung nicht als homogenes Gebilde aufgefaßt, wie dies nur zu oft geschieht, wenn von der minderen Qualität der Fernsehsprache die Rede ist. Vielmehr wurde der Heterogenität der Fernsehrealität Rechnung getragen, indem diese in kleinere Einheiten, die Sendungstypen, zerlegt wurde. Hier wurde eine Unterteilung in drei Sendungstypen vorgenommen, denen verschiedenene Kommunikationssituationen (formell – zunehmend informell – informell) zugeordnet werden können. Serien, Teleromane u.ä. wurden ausgeklammert, da diese als künstlerisches Produkt mit dem Ziel der Reproduktion einer bestimmten kulturellen und sprachlichen Realität geschaffen wurden. Kinder- und Jugendsendungen wurden ebenfalls als Bereich mit besonderen Eigenschaften von der Untersuchung ausgeklammert, denn sie werden häufig unter didaktischem Gesichtspunkt vorbereitet, beispielsweise auch um ein bestimmtes Vokabular zu vermitteln; außerdem sind Kinder- und Jugendsprache als eigene Soziolekte aufzufassen. Die ausgewählten Sendungen zeichnen sich durch einen gewissen Grad an realer Interaktion aus und spiegeln somit den aktuellen Sprachgebrauch in seiner Vielfalt wider. Entscheidendes Merkmal des so entstandenen Korpus ist, auch in Hinblick auf zukünftige Untersuchungen, daß es nicht unter experimentellen Bedingungen entstanden ist, sondern tatsächlich gesprochene Sprache in realen Kommunikationssituationen repräsentiert.

3.1.2 Typologie der Genres

Das Studium des Sprachgebrauchs im Fernsehen in Abhängigkeit von Sendungstypen ergibt sich aus den Erkenntnissen der Variationslinguistik, die das Vorurteil widerlegen, demzufolge die Sprache im Fernsehen mit einem einzigen Sprachniveau gleichzusetzen sei bzw.

sein müsse. Obwohl heute im allgemeinen anerkannt wird, daß die Sprache in Abhängigkeit von situativen und sozialen Faktoren variiert, scheint dies in bezug auf den spezifischen Kommunikationsbereich des Fernsehens weniger selbstverständlich zu sein. Die Forderung, das Fernsehen als Ort des öffentlichen Sprachgebrauchs müsse ausschließlich die Prestigeform der Sprache widerspiegeln, hält sich mit Beharrlichkeit. Werturteile bezüglich des Sprachgebrauchs im Fernsehen Québecs basieren nur allzu oft auf Verallgemeinerungen:

> Paradoxalement, si la langue de la population s'est sensiblement améliorée, celle des médias s'est quelque peu relâchée. Afin de se rapprocher de leurs auditoires et de briser une certaine image élitiste qui avait souvent été reprochée aux membres de leur profession, les animateurs et les chroniqueurs, à la radio et surtout à la télévision, ont progressivement adopté une attitude plus familière à l'antenne. Malencontreusement, ils ont par la même occasion ouvert la porte à un certain nombre d'abus de langage. (Bertrand, 1998: 18)

Ausdrücke wie *«langue des médias»* oder *«attitude plus familière à l'antenne»* verweisen auf eine ungerechtfertigte Generalisierung, die eine homogene Fernsehrealität suggeriert. Ein Blick auf die Programmgestaltung enthüllt jedoch eine Vielfalt an Sendungen, die sich durch Themen, Kommunikationsintentionen, Kommunikationspartner, Kommunikationsort, Adressaten etc. voneinander unterscheiden. Schon der dreifache Auftrag der Medien, «Information – Bildung – Unterhaltung»[37], beinhaltet eine Differenzierung nach verschiedenen Kommunikationsintentionen bzw. -funktionen. Aus diesem Grunde soll für die Analyse des Sprachgebrauchs im Fernsehen der Begriff der Kommunikationssituation angewandt werden, wie er in der Variationslinguistik gebraucht wird. Dabei stellen Nachrichtensendungen, die häufig als beispielhafte Umsetzung des *bon usage*, der Idealnorm, zitiert werden, nur einen Teil der Kommunikationskontexte dar und entsprechen sehr formellen Kommunikationssituationen. Daneben bietet das Fernsehen seinen Zuschauern zahlreiche Sendungen aus dem Unterhaltungsbereich, die als informell beschrieben werden können. Wie in der «realen» Kommunikation gelten auch hier verschiedene Normen. Daher ist eine Variation des Sprachgebrauchs in Abhängigkeit von den Kommunikationssituationen zu erwarten, die hier durch die Sendungstypen repräsentiert werden. Bei aller Parallelität mit der «realen» Kommunikation muß jedoch beachtet werden, daß die den spezifischen Bereich der Fernsehkommunikation beeinflussenden Faktoren nicht ausnahmslos die gleichen sind:

> ... si les médias présentent des particularités linguistiques, ce n'est pas par l'emploi exclusif de tel ou tel «niveau de langue» ; le langage des médias ne constitue pas non plus en lui-même un registre spécifique ; ce qui distingue les médias, c'est plutôt *leur tendance à jouer des situations de communication.* (Marchand, 1975: 110)[38]

> La situation de communication est *comme une scène de théâtre* ... (Charaudeau, 1997: 67)[39]

Auch wenn das Fernsehen der Gegenwart sich durch zunehmende Bemühungen um eine besondere Wirklichkeitsnähe und eine möglichst genaue Nachahmung der natürlichen Kommunikation auszeichnet (Martin und Proulx, 1995), bleiben die Sendungen geplant und konstruiert und können nur innerhalb bestimmter Grenzen wie natürliche Situationen funktionieren. Insbesondere der öffentliche Charakter der Kommunikation und die Produktionsbedingungen bedingen eine Verschiedenheit zwischen informeller und formeller Situation im Alltag und zwischen informeller und formeller Situation im Fernsehen, welche sich auch im

---

37 In Québec definiert als «information – éducation – divertissement».

38 Hervorhebungen von der Verfasserin.

39 Hervorhebungen von der Verfasserin.

Sprachgebrauch am Verhältnis *familier – standard* zeigen müßte. Wenn eine informelle Situation bei Labov (1976) als eine alltägliche Situation im vertrauten Umfeld ohne sozialen Druck (z. B. ein Abend unter Freunden) beschrieben wird, dann sind diese Kriterien auf die Fernsehrealität, wo sich alles im Rahmen des übergreifenden Kontextes der Produktion einer Fernsehsendung abspielt, nur eingeschränkt anwendbar. Daher darf die eine informelle Situation nicht mit der anderen auf die gleiche Ebene gestellt werden. Bedenkt man, daß die Mehrzahl der Sendungen vorgeplant sind und häufig auf der Grundlage einer schriftlichen Vorlage versprachlicht werden, liefern Söll (1980) sowie Koch und Oesterreicher (1990) mit ihrer Unterscheidung zwischen dem Medium der Realisierung (phonisch / graphisch) und andererseits der Konzeption (gesprochen / geschrieben) einen geeigneten Interpretationsrahmen dieser Tatsache auf sprachlicher Ebene (Siehe Kapitel 2.2.8). Dennoch sind innerhalb des Bereiches der Fernsehkommunikation Merkmale der Sendungen auszumachen, die eine Ordnung nach dem Formalitätsgrad gestatten, denn auch hier gilt: «Tout discours dépend des conditions spécifiques de la situation d'échanges dans laquelle il apparaît.» (Charaudeau, 1997: 67)

Ausgehend vom offiziellen Mandat der Medien, Information – Bildung – Unterhaltung, wurde in vorliegender Arbeit die dominierende Kommunikationsfunktion als Hauptkriterium zur Einschätzung des Formalitätsgrades einer Sendung herangezogen. Es gilt, die Hypothese zu überprüfen, der zufolge der Gebrauch der *variantes familières* und *variantes standard* durch das Verhältnis von Information und Unterhaltung bestimmt wird. Es geht also in vorliegender Studie nicht darum, generell das im Fernsehen verwendete Sprachniveau zu bestimmen, sondern zu identifizieren, in welchen Sendungen welche sprachliche Varietät vorherrscht. Da frühere soziolinguistische Studien den Kontinuumcharakter der Sprachvariation unterstrichen haben (siehe Kapitel 2.2), wurden nicht nur die beiden Pole formell – informell einander gegenübergestellt, sondern eine Dreiteilung in formell – zunehmend informell – informell vorgenommen, die auch umschrieben werden kann als *émissions informatives – émissions d'un intérêt général – émissions ludiques* (informative Sendungen – Sendungen von allgemeinem Interesse – unterhaltende Sendungen). Die Sendungen jeden Typs haben bestimmte gemeinsame Merkmale, die wertvolle Hinweise für die Unterscheidung nach Kommunikationssituationen liefern. Diese sind eng mit der Kommunikationsfunktion verbunden und betreffen in erster Linie die behandelten Themen und die geladenen Gesprächspartner, aber auch die Zielgruppe sowie den Grad an Interaktion mit dem Publikum. Außerdem spielt der Gebrauch einer schriftlichen Vorlage eine Rolle, die über den Planungsgrad (Aufmerksamkeitsgrad) der Äußerung entscheidet. Daneben wurde eine Evaluation verbaler Daten wie Zögern, Wiederholungen, Stottern, Selbstkorrektur, Unterbrechungen und gleichzeitiges Sprechen sowie paraverbaler Elemente wie Applaus, Lachen, Sprechgeschwindigkeit, Mimik und Gestik vorgenommen, die Auskunft über den Spontaneitätsgrad geben (Blanche-Bernveniste, 1997).

Diese Einteilung der Sendungen deckt sich mit der Gepflogenheit, die Sendungen nach der Funktion zu klassifizieren, die ihnen in der Programmgestaltung zugeschrieben wird. Daneben bietet die Fachliteratur unzählige verschiedene Unterscheidungen nach Sendungstypen (Desaulniers, 1982; Jean et al., 1985; Martin und Proulx, 1995; Prédal, 1995; Bourdon, 1998 etc.), was die Typologie der Genres als ein Konstrukt erscheinen läßt, das von den jeweiligen Erkenntnisinteressen bestimmt wird. Alle Einteilungen beruhen auf der Tatsache, daß eine gegebene Sendung mit anderen desselben Typs eine hohe Anzahl allgemeiner Merkmale teilt, die es dem Zuschauer gestatten, bestimmte Erwartungen gegenüber der Sendung zu hegen (Martin und Proulx, 1995: 133 sowie Jost, 1999: 19). Dieser Verweis auf die

Intertextualität betrifft nicht nur das Fernsehen, sondern ist Bestandteil der Definition des Genrebegriffs, wie er auch in der Literatur oder im Kino gebraucht wird, als eine Klasse von Texten, die bestimmten gemeinsamen Regeln bzw. Konventionen gehorchen und die durch ihre Zugehörigkeit zu solch einer Klasse zugleich auf die anderen, derselben Kategorie angehörigen Texte (hier Sendungen) verweisen. Für die vorliegende Problematik bedeutet dies, daß bestimmte Erwartungen hinsichtlich der Gemeinsamkeiten im Sprachgebrauch der in einer Gruppe zusammengefaßten Sendungen bestehen.

In der Forschung lassen sich fünf verschiedene Richtungen der Klassifizierung von Fernsehsendungen herausarbeiten. Diese Klassifizierungen erfolgen nach

- dem Format der Sendung
- dem Inhalt
- der Zielgruppe (Adressaten)
- dem Ursprung der Produktion
- der Funktion der Sendung in der Programmgestaltung.

Diese werden entweder unabhängig voneinander oder miteinander kombiniert verwendet. Eine solche Kombination soll auch in vorliegender Arbeit vorgenommen werden und kann folgendermaßen dargestellt werden:

Typ 1	Typ 2	Typ 3
formell	zunehmend informell	informell
↓	↓	↓
émissions informatives	*émissions d'un intérêt général*	*émissions ludiques*
↓	↓	↓
bulletins de nouvelles	*entretiens*	*talk-shows*
documentaires		*jeux*
magazines		

Während sich die Beschreibungen der Sendungen als *émissions informatives – émissions d'un intérêt général – émissions ludiques* auf eine Einteilung nach ihren Funktionen bezieht, beruhen die kleineren Einheiten *bulletins de nouvelles* (Nachrichten), *documentaires* (Dokumentationen), *magazines* (Magazine), *entretiens* (Gespräche), *talk-shows* (Talk-Shows) und *jeux* (Spiele) auf der Einteilung nach dem Format der Sendungen.

In Nachrichtensendungen werden auf hauptsächlich deskriptiver Art und Weise die alltäglichen Ereignisse behandelt, wobei sich dies auf die Gesamtheit des Tagesgeschehens oder auf besondere Bereiche, wie z. B. den Sport, beziehen kann. Dokumentationen sind ebenfalls von informativem Charakter und basieren auf für die Sendung aufgearbeiteten Dokumenten. Bei den Magazinen handelt es sich dagegen um periodische Sendungen zu einem oder mehreren Themen. Sie bestehen aus Darlegungen oder Gesprächen im Studio sowie aus Reportagen. Im Gegensatz zur Dokumentation haben Magazine meist einen engen Bezug zum aktuellen Geschehen und liefern konkrete, praktische Informationen. Die Dokumentation hingegen behandelt die Themen aus einer weiteren Perspektive, stellt eine größere Distanz zu den Ereignissen her und bemüht sich darum, ein globales Porträt einer Situation zu erstellen. All diese Sendungen zeichnen sich durch einen hohen Anteil monologischen Sprechens aus, wobei es sich zumeist um im Vorfeld verfaßte, verlesene Texte handelt. Es ist offensichtlich, daß eine solche Kommunikationssituation die Spontaneität der Rede auf ein Minimum reduziert und ein Maximum an Aufmerksamkeit bzw. Selbstkontrolle hinsichtlich des Sprachgebrauchs zuläßt. In Sendungen dieses Typs kann daher ein Minimum an *variantes familières* angenommen werden, wenn *langue familière* als die Varietät der Sprache definiert wird, die informelle Kommunikationskontexte charakterisiert, in denen die Selbstkontrolle des Sprechers gegenüber seiner eigenen Sprache sehr gering ist, die also jeder Sprecher unabhängig von seiner sozialen Herkunft im täglichen Leben ohne besondere soziale Überwachung benutzt. Die Entscheidung, diese Sendungen dem Typ maximaler Formalität zuzuordnen, wird außerdem gestützt durch ein äußerst seltenes Vorkommen der an anderer Stelle aufgeführten verbalen und paraverbalen Phänomene.

Im Unterschied zu den rein informativen Sendungstypen verlagert sich das Verhältnis von Information und Unterhaltung im *entretien* in Richtung Unterhaltung. Wie auch in der Talk-Show wird der Inhalt über den Austausch von zwei oder mehreren Personen vermittelt, wobei dies in der traditionellen Form eines Interviews geschehen kann oder in einer weniger strukturierten Konversation. Die Talk-Show unterscheidet sich vom *entretien* durch einen lockereren Tonfall und eine offenkundigere Absicht zur Zerstreuung, wodurch der Informationsgehalt weiter in den Hintergrund rückt und verstärkt Elemente des Variété einfließen. Sie kann auch als eine «aimable discussion de salon sans aspérités et profondeurs» beschrieben werden (Prédal, 1995: 156). Nicht zuletzt sind die bevorzugten Gesprächspartner der Talk-Shows Stars aus dem Milieu Kino, Musik, Fernsehen oder Personen, die im Mittelpunkt des öffentlichen Interesses (Boulevardpresse, Gerüchteküche) stehen. Ebenso wie die Talk-Show zielen Spielsendungen explizit auf die Zerstreuung der Zuschauer und des meist anwesenden Publikums, das häufig stark in den Sendungsverlauf miteinbezogen wird. Die Texte der Sendungen des Typs 2 und 3 sind wie die des Typs 1 schriftlich vorbereitet, jedoch werden sie hier nicht verlesen, sondern es wird viel Wert auf den Schein der Spontaneität gelegt. Während der Konversation ist die schriftliche Stütze zwar nicht vollständig abwesend (Stichpunkte, z. T. memorierte Texte, Einsatz des Teleprompters), dennoch ist der Anteil an frei gesprochenen Äußerungen höher als in den Sendungen des Typs 1; die Kommunikation wird durch die reale Interaktion und die sich daraus ergebene Improvisation – insbesondere in Sendungen des Typs 3 – weniger vorhersehbar. Eine solche Kommunikationssituation mindert die Aufmerksamkeit, die die Sprecher ihrer eigenen Rede schenken, und läßt somit ein vermehrtes Vorkommen der *variantes familières* erwarten. Der informelle Charakter einer Sendung wird ferner durch die zunehmende Präsenz der schon erwähnten verbalen und paraverbalen Daten unterstrichen.

Man mag einwenden, daß sich die hier jeweils zusammengefaßten Sendungen dennoch in einigen Punkten voneinander unterscheiden. Natürlich ist jede Einteilung in Genres zugleich eine Vereinfachung einer weitaus komplexeren Realität. So ist beispielsweise der Anteil an monologischem Sprechen oder verlesenen Texten in Dokumentationen höher, als dies in Magazinen oder Nachrichtensendungen der Fall ist, in denen Gespräche bzw. Intervieweinspielungen eine größere Rolle spielen. Im selben Maße, wie weitere Differenzierungen der Sendungen innerhalb eines Typs möglich wären, können auch Gemeinsamkeiten zwischen den Sendungen der drei Sendungtypen festgestellt werden. So wurde für das *entretien* und die Talk-Show der Austausch zwischen zwei oder mehreren Personen als Hauptmerkmal benannt. Dies schließt allerdings nicht aus, daß auch hier monologische Teile einfließen können; man denke nur an die monologischen Einleitungen oder an das Verlesen von Zuschauerbriefen. Dennoch überwiegen die Gemeinsamkeiten, die die Sendungen eines Typs von denen eines anderen unterscheiden, und rechtfertigen eine solche Gruppierung. Eine zu minutiöse Aufspaltung würde überdies die Erlangung statistisch signifikanter Ergebnisse erschweren. Letztendlich bewahrt jede Sendung immer eine gewisse Individualität, keine Typologie kann eine hundertprozentige Deckung erreichen, sondern muß die spezifischen Erkenntnisinteressen und deren Hauptmerkmale beachten.

3.1.3 Verteilung der Sendungen auf die Sendungstypen

Die ausgewählten Sendungen verteilen sich wie folgt auf die verschiedenen Sendungstypen:

Typ 1	Typ 2	Typ 3
Bulletins de nouvelles:	*Entretiens:*	*Talk-Shows:*
Nouvelles de Sport	Vins et Fromages	Le Plaisir croît avec l'usage
Le TVA	L'Arche de Noé	L'Écuyer
Le Grand Journal	Flash	Le Poing J (Julie Snyder)
Ce Soir	Au-delà des apparences	Le Poing J (Dan Bigras)
Le Téléjournal	Bla Bla Bla	Les 3 Mousquetaires
TVA midi	Sexe et confidences	*Jeux:*
Sports	Louise Deschâteles	Détecteur de mensonges
Documentaires:	Christiane Charrette en direct	Improvissimo
Découverte	Les Saisons de Clodine	*Variété-Charakter:*
Exploration	Salut, Bonjour!	La fin du monde
Aventures en Nord	Liza	
Magazines:	Taillefer et fille	
Le Point	Les Fils à Papa	
J.E. en direct	Claire Lamarche	
J.E.	La vraie vie	
Enjeux		
La Facture		

3.1.4 Der Sender als determinierender Faktor

Neben der Beobachtung des Gebrauchs bestimmter *variantes familières* in Abhängigkeit vom Sendungstyp muß eine eventuelle Beeinflussung der Ergebnisse durch den Sender überprüft werden. Dieser Schritt ist notwendig aufgrund der weit verbreiteten Hypothese, der zufolge die Sprecher Radio-Canadas (und im gewissen Maße auch Télé-Québecs) sich eines «besseren» Französisch bedienen.[40] Diese Ansicht stützt sich jedoch keineswegs auf Untersuchungen der Sprache, sondern hat vermutlich ihren Ursprung in einer Verallgemeinerung des Vorbildcharakters der Nachrichtensprecher Radio-Canadas. In der Tat wurde das Französische der Sprecher Radio-Canadas 1977 von der *Association québécoise des professeurs et professeures de français* offiziell als Modell der gesprochenen Sprache anerkannt und daraufhin in der Schule als Maßstab des korrekten Sprechens gelehrt. Radio-Canada und Télé-Québec sind die einzigen Sender der Quebecer Fernsehlandschaft, die sich um eine Sprachpolitik bemühen. Beide stellen konkrete Anforderungen an ihr Personal hinsichtlich eines korrekten Sprachgebrauchs und besitzen gut strukturierte Kontrollmechanismen. So verfügt Télé-Québec über ein eigenes *centre de documentation*. Die besondere Rolle Radio-Canadas hinsichtlich der Verbreitung eines normgerechten Sprechens wurde durch die Gründung des *Comité de linguistique* im Jahre 1960 unterstrichen, dessen Aufgabe die Überwachung des Sprachgebrauchs sowie die Ergreifung von Maßnahmen zur sprachlichen Ausbildung und Korrektur der Sprecher ist (Dubuc, 1990). Eine aktuelle Studie (Bouchard und Maurais, 1999) bestätigt, daß 71 % der frankophonen Quebecer auch heute die Ansager Radio-Canadas

[40] Leblanc und Ostiguy (1999: 5); Archambault und Magnan (2001: 8). In Diskussionen zu dieser Problematik an der *Université Laval* und der *Université de Québec à Trois-Rivières* wurde immer wieder auf diese «Tatsache» hingewiesen.

als Vorbild eines beispielhaften Sprachgebrauchs ansehen. Allerdings bezieht sich das sogenannte «Modell Radio-Canada» nur auf informative Sendungen, scheint aber von breiten Teilen der Bevölkerung generalisiert zu werden. Über Sendungen von unterhaltendem Charakter wird damit ebenso wenig ausgesagt wie über den Sprachgebrauch anderer Sender, zumal die Fernsehlandschaft zum Zeitpunkt der Etablierung dieses «Modells» eindeutig von Radio-Canada dominiert wurde.[41] Aus diesem Grunde muß überprüft werden, ob Unterschiede im Sprachgebrauch der einzelnen Sender tatsächlich nachweisbar sind.

Ein möglicher Zusammenhang zwischen dem Vorkommen bestimmter *variantes familières* und dem Sender erscheint außerdem plausibel aufgrund des Bestrebens der Sender, sich eine eigene Identität zu schaffen:

> Depuis l'avènement de la télévision, chaque station s'est appliquée, avec plus ou moins de succes, à se developper une identité, ... L'identité d'une station repose donc sur plusieurs éléments économiques, politiques et idéologiques qui influencent la production de ses émission et l'offre de sa programmation. (Martin und Proulx, 1995: 17)

Die Verschiedenheit der Sender der Quebecer Fernsehlandschaft hinsichtlich der ökonomischen Organisation sowie der Programmschwerpunkte, Zielgruppen und Präsentationsweisen läßt tatsächlich die Annahme zu, daß sich solche Differenzen auch im Sprachgebrauch manifestieren, mit dem ein Sender versucht, sich einen «house style» (Bell, 1984: 172) zu geben.[42]

So zeichnen sich die beiden öffentlich-rechtlichen Sender Radio-Canada und Télé-Québec, subventioniert von der kanadischen bzw. Quebecer Regierung, durch ein striktes kulturelles Mandat aus. Der Auftrag Radio-Canadas beinhaltet Aspekte wie Pflege, Bereicherung und Festigung der kulturellen, politischen, sozialen und ökonomischen Struktur Kanadas sowie die Förderung der «identité culturelle canadienne tout en reflétant la diversité des cultures.» (zitiert nach Cluzel, 1996: 39). Dies stellt besondere Anforderungen an die Programmgestaltung, die abwechslungsreich und ausgeglichen sein soll, die Interessen der Menschen aus verschiedenen Regionen und verschiedenen Altersgruppen zufriedenstellen muß sowie die nationale Einheit fördern soll. In bezug auf die Sprache bedeutet Kulturpflege auch Sprachpflege, die bei Radio-Canada von einem eigenen *service linguistique* wahrgenommen wird. Im Fall Télé-Québecs bezieht sich die kulturelle Mission auf die Provinz Québec; der Sender definiert sich darüber hinaus als *télévision éducative.* Ein kulturelles Mandat bedeutet, sich zum Teil nur an einen beschränkten Publikumskreis zu wenden, was im Zuge der zunehmenden Kommerzialisierung der Fernsehlandschaft ohne staatliche Unterstützung kaum realisierbar ist. Dies betrifft insbesondere Télé-Québec, der aufgrund seiner außerordentlichen Spezialisierung auf den Bereich der Bildung nur 1 % der Einschaltquoten zu verzeichnen hat (Jean et al., 1985: 115), wogegen Radio-Canada über einen langen Zeitraum seine dominierende Stellung in der Quebecer Fernsehlandschaft behaupten konnte.

Der größte Konkurrent Radio-Canadas hinsichtlich der Einschaltquoten und der Qualität der Programmgestaltung ist gegenwärtig TVA, lange Zeit einziger privater frankophoner Sender (Tremblay und Lacroix, 1995: 64). Als privater Sender, der sich hauptsächlich von

---

[41] Radio-Canada wurde 1952 als erster frankophoner Fernsehsender gegründet und konnte lange Zeit den Markt aufgrund umfangreicher staatlicher Subventionen dominieren. Sein heutiger größter Konkurrent TVA wurde als Télé-Métropole zwar schon in den 60er Jahren gegründet, konnte aber zunächst nur in beschränktem Maße übertragen. Auch Télé-Québec, gegründet in den 70er Jahren, spielte zu jenem Zeitpunkt nur eine untergeordnete Rolle; TQS wurde gar erst in den 80er Jahren ins Leben gerufen.

[42] Bell (1984: 149) findet solche «style differences» in seiner Untersuchung des Sprachgebrauchs in Nachrichtensendungen neuseeländischer Radiostationen (Bell, 1977).

den Einnahmen aus der Werbung finanziert, wird die gesamte Produktion vom Gesetz des Marktes bestimmt und unter dem Gesichtspunkt der größtmöglichen Rentabilität konzipiert (Raboy, 2000). Sein Ziel ist es, sich dem Geschmack und den Erwartungen des Publikums anzupassen, um ein Maximum an Zuschauern anzuziehen. Archambault und Magnan (2001: 8) schlußfolgern nach zahlreichen Interviews mit den Verantwortlichen innerhalb des Medienbetriebes zu Fragen der Sprachqualität:

> Le diffuseur choisit de parler la langue du public visé ... Le public est perçu comme une masse non scolarisée, à la recherche de nouvelles à sensation et de divertissement faciles. Il serait réfractaire à tout effort mental et ne manifesterait aucune exigence de qualité. Pour le rejoindre et le rassurer, il va de soi qu'il faille donner à la langue une coloration «prolétaire». Dans ce sens, toute préoccupation de qualité de langue serait susceptible de faire baisser la cote d'écoute alors qu'au contraire le «parler populaire» participerait à sa hausse.

Während Radio-Canada seinem Mandat gemäß die Bedürfnisse der Kanadier vom Atlantik bis zum Pazifik, von der Arktis bis zur Grenze zur USA beachten muß, beschränkt sich TVA auf das Quebecer Territorium und die Interessen der Quebecer Bevölkerung. Daher gibt man sich bei der Suche nach dem größtmöglichen Publikum sehr *québécois* (Jean, 1985: 114). Die Vermutung liegt nahe, daß sich dies auch im Sprachgebrauch ausdrücken mag, indem diatopischen, diastratischen und diaphasischen Varietäten mehr Raum gegeben wird als bei einem überregionalen Sender mit eindeutigem kulturellem oder gar edukativem Mandat. Bedenkt man, daß TVA hauptsächlich der Sender der «classes populaires, des personnes à faible revenu et faiblement scolarisées» (Jean et al., 1985: 120) ist, erscheint diese Annahme um so gerechtfertigter.[43]

Im Vergleich zu Radio-Canada besitzt TVA, dessen Arbeit nicht an der Erfüllung eines streng definierten kulturellen Mandats gemessen wird, eine weitaus größere Freiheit bei der Programmgestaltung, selbstverständlich im Rahmen derselben staatlichen Regelungen. Daher können Erfolgsrezepte für die Zusammenstellung der Programme genutzt werden, wobei man dem Bereich der Unterhaltung besondere Gewichtung zukommen läßt (Martin und Proulx, 1995: 96–99). Damit konnte sich der Sender lange Zeit ein treues Publikum sichern, bis er mit der Gründung des zweiten privaten frankophonen Senders Télévision Quatre Saisons (TQS) im Jahre 1986 einen direkten Konkurrenten bekam. Um im Wettbewerb mit TVA bestehen zu können und einen Teil seiner Zuschauer abzuwerben, versuchte man, sich eine besondere Identität zu geben: TQS versteht sich als «télévision au style jeune, dynamique, originale et axée sur le divertissement.» (Tremblay und Lacroix, 1991: 107). Allerdings schränkten finanzielle Probleme den Innovationsgehalt stark ein, so daß der Sender letztendlich an die von TVA erprobten Strategien anknüpfte und damit nur wenige Zuschauer erreichte. Die sich aus finanziellen Engpässen ergebene Notwendigkeit des kurzfristigen Erfolges führte zu einer Überbetonung der bekannten Erfolgsrezepte. Auf der Suche nach einer Marktlücke wurde nicht nur der Anteil an Unterhaltung (v. a. Sport, Variété und Film) erhöht, sondern es wird zum Teil bis an die Grenzen der Schicklichkeit gegangen, indem provokatorische Sendungen mit einem hohen Anteil an Gewalt, Katastrophen, kriminellen Affairen, Erotik und närrischen Grobheiten den Bildschim beherrschen: «...le potentiel innovateur du nouveau diffuseur a été perverti en imitation amplifiée ...» (Tremblay und Lacroix, 1991: 108). Dies ändert jedoch nichts daran, daß TQS auch weiterhin nur auf eine geringe Zuhörerschaft zählen kann.

---

[43] Demgegenüber wird TQc vorrangig von Menschen mit hohem Bildungsgrad und Angehörigen des Mittelstandes geschaut. Für Radio-Canada und TQS wurden bisher keine Unterschiede hinsichtlich der sozialen Zugehörigkeit nachgewiesen.

Die Untersuchung des Sprachgebrauchs in Abhängigkeit vom Sender soll auf der Basis einer Gegenüberstellung der beiden öffentlich-rechtlichen Sender (SRC und TQc) und der beiden privaten Sender (TVA und TQS) erfolgen. Diese Gruppierung ergibt sich aus den ähnlichen Rahmenbedingungen der jeweils zusammengefaßten Sender. Ihrem Mandat, der ökonomischen Organisation und der damit zusammenhängenden Programmgestaltung zufolge erscheint es gerechtfertigt, den übergreifenden Kommunikationskontext der beiden öffentlich-rechtlichen Sender als formeller anzusehen als den der privaten Sender. Wenn somit aufgrund der Kenntnis von der Variation der Sprache in Abhängigkeit vom Kommunikationskontext ein verstärkter Gebrauch des *français familier* durch die privaten Sender angenommen werden kann, dann ist jedoch innerhalb der beiden Senderkategorien die Variation in Abhängigkeit vom Sendungstyp ebenfalls zu berücksichtigen. So unterscheiden sich die Nachrichtensendungen der verschiedenen Sender zwar hinsichtlich der Themenschwerpunkte und Präsentationsweisen aufgrund der unterschiedlichen Zielgruppen voneinander, gehören aber dennoch dem gleichen Sendungstyp an: *Le Grand Journal* TQS' konzentriert sich beispielsweise auf lokale Geschehnisse, die auf betont lockere Art und Weise vorgetragen werden. Dagegen erweckt das *Téléjournal* Radio-Canadas den Anschein größerer Seriosität und stellt Ereignisse in den Mittelpunkt, die Kanada und das Weltgeschehens betreffen. Beide Sendungen sind aber informative Sendungen des Typs 1 (formell); der im Kapitel 3.1.2 formulierten Hypothese zufolge ist ein Unterschied hinsichtlich des Sprachgebrauchs gegenüber den Sendungen des Sendungstyps 2 und 3 anzunehmen, wobei der Vergleich innerhalb derselben Senderkategorie vorgenommen werden muß. Die Ergebnisse der vorliegenden Untersuchung werden nicht nur zeigen, ob eine Variation in Abhängigkeit vom Sendungstyp oder Sender besteht, sondern auch, welcher dieser Faktoren von größerem Gewicht ist.

3.1.5 Einteilung der Sendungen nach dem Sender

Ein Blick auf unseres Korpus läßt erkennen, daß die vier Sender nicht in gleichem Maße vertreten sind. Die 38 Sendungen verteilen sich folgendermaßen auf die Sender: Radio-Canada 15, TVA 13, TQS 7 und Télé-Québec 3. Wie zu erkennen ist, dominieren Radio-Canada und TVA, während TQc und TQS stark unterrepräsentiert sind. Damit reflektiert unser Korpus einerseits die allgemeine Dominanz von SRC und TVA in der Quebecer Fernsehlandschaft (Jean et al., 1985: 116), wodurch die Vernachlässigung von TQc und TQS im gewissen Sinne zu rechtfertigen wäre. Andererseits ist die geringe Präsenz dieser Sender auch praktisch begründet, denn ihre Programmgestaltung enthält nicht die breite Palette von Sendungstypen, die unserer Untersuchung zugundegelegt wurde und die für die beiden dominanten Sender SRC und TVA kennzeichnend ist. So wird das Programm Télé-Québecs aufgrund seines *mandat éducatif* von reinen Fortbildungssendungen und Kindersendungen mit starker pädagogischer Ausrichtung bestimmt. Dem Unterhaltungsbereich wird nur wenig Raum gegeben; Nachrichtensendungen gibt es auf TQc gar nicht. Durch diese starke Spezialisierung ist Télé-Québec im gewissen Sinne ein Fall für sich und bietet nur wenige Sendungen an, die vom Sendungstyp her mit denen der anderen Sender vergleichbar wären. Ähnliches gilt für TQS, dessen Programm vor allem auf der Unterhaltung beruht. Dabei nehmen Sendungen, die als künsterisches Produkt nur wenig oder gar keine «reale» Interaktion enthalten (Filme, Sketche, Kabarett) und deshalb in unserer Analyse nicht berücksichtigt werden, einen breiten Raum der Sendezeit ein.

Unter Berücksichtigung der Verteilung der Sendungen auf die Sender und Sendungstypen ergibt sich folgendes Bild unseres Korpus:

	öffentlich-rechtliche Sender	private Sender
Sendungstyp 1	Nouvelles de Sport (SRC) Ce soir (SRC) Le Téléjournal (SRC) Découverte (SRC) Le Point (SRC) Enjeux (SRC) La Facture (SRC) Exploration (TQc)	Le TVA (TVA) TVA midi (TVA) Sports (TVA) J.E. en direct (TVA) J.E. (TVA) Le Grand Journal (TQS) Aventures en Nord (TQS)
Sendungstyp 2	L'Arche de Noé (SRC) Au-delà des apparences (SRC) Christiane Charrette en direct (SRC) Liza (SRC) La vraie vie (SRC)	Vins et fromages (TVA) Bla Bla Bla (TVA) Les Saisons de Clodine (TVA) Salut, Bonjour! (TVA) Taillefer et fille (TVA) Claire Lamarche (TVA) Flash (TQS) Sexe et confidences (TQS) Louise Deschâteles (TQS) Les Fils à Papa (TQS)
Sendungstyp 3	L'Écuyer (SRC) Détecteur de mensonges (SRC) Les 3 Mousquetaires (SRC) Le Plaisir croît avec l'usage (TQc) Improvissimo (TQc)	Le Poing J (Julie Snyder) (TVA) Le Poing J (Dan Bigras) (TVA) La fin du monde (TQS)

Ein Blick auf die Programmgestaltung im Quebecer Fernsehen gestattet es, dieses Korpus von 38 Sendungen als relativ repräsentativ einzuschätzen, denn sie ist durch eine große Regelmäßigkeit der Sendungen gekennzeichnet, die sich im Tages- oder Wochenrhythmus wiederholen. Die Standardisierung des Angebotes erfolgt mit dem Ziel, möglichst viele Zuschauer zu erreichen und im Wettbewerb mit den anderen Sendern zu bestehen. Diese Art der Programmgestaltung wird auch als *modèle concurrentiel* bezeichnet (Chaniac und Bourdon, 1990: 148). Aus diesem Grunde kann ebenfalls eine Spezialisierung hinsichtlich der Ausstrahlung bestimmter Sendungstypen je nach der Sendezeit innerhalb der Tagesprogramme angenommen werden.

3.1.6 Der Einfluß der Sendezeit

Nachdem die zu untersuchenden Sendungen so ausgewählt wurden, daß sich eine relativ gleichmäßige Verteilung auf die drei Sendungstypen und die zwei Kategorien der Sender ergibt, wurden die Sendungen zusätzlich nach der Sendezeit geordnet. Die Annahme, daß der Gebrauch des *français familier* von der Sendezeit beeinflußt werden könnte, ergibt sich aus der Konzeption vom Publikum, die die Disponibilität der verschiedenen Bevölkerungsgruppen je nach Tageszeit berücksichtigt. Demnach wenden sich Sendungen außerhalb der Haupteinschaltzeit (vor allen Dingen das Vor-und Nachmittagsprogramm) an Hausfrauen, Rentner, Arbeitslose und Kinder, während zur Haupteinschaltzeit ein weitaus heterogenes Publikum angenommen wird (Jost, 1999: 59 und Bertrand, 1995: 179). Im Kapitel 2.2.5 wurde der Adressat als ein die Kommunikationssituation bestimmender Faktor herausgearbeitet.

Wenn der Sprachgebrauch in Abhängigkeit von der Kommunikationssituation variiert und die Sender danach streben, möglichst viele Zuschauer anzusprechen, dann kann eine Anpassung an diese Zielgruppe vermutet werden, die sich auch auf den Sprachgebrauch bezieht. Dieses Bestreben der Sender, ein größtmögliches Publikum anzuziehen, läßt die Vermutung zu, daß je nach der Tageszeit bestimmte Sendungstypen und somit das für sie charakteristische Sprachniveau in der Programmgestaltung dominieren (falls die Hypothese der Abhängigkeit des Gebrauchs bestimmter *variantes familières* vom Sendungstyp bestätigt wird), wodurch die Wahrnehmung und Bewertung des Sprachgebrauchs im Fernsehen durch die Zuschauer beeinflußt werden mag. Die Erfassung der Sendezeit kann somit hilfreich für die Diskussion der Resultate sein.

Der Faktor der Sendezeit wurde mittels einer Zweiteilung erfaßt; es wurde zwischen Sendungen der Haupteinschaltzeit und Sendungen außerhalb dieser unterschieden. Als Haupteinschaltzeit wurde das Abendprogramm von 18.00 bis 23.00 Uhr definiert. Es handelt sich um die Periode, «où la fraction la plus importante de public est installée devant la télévision pour la soirée.» (Chaniac und Bourdon, 1990: 146). In der Literatur besteht wenig Einheitlichkeit über die genaue Zeitspanne, die als Haupteinschaltzeit anzusehen ist. Die Periode 18.00–23.00 Uhr umfaßt dabei die maximale Unter – und Obergrenze der verschiedenen Definitionen (Tremblay und Lacroix, 1995: 152 sowie Martin und Proulx, 1995: 6) und erscheint aufgrund der Kenntnis der Lebensgewohnheiten der Quebecer als angemessen.

3.1.7 Charakterisierung der Sprecher

Insgesamt ergreifen 132 Sprecher in den 38 Sendungen das Wort, davon 51 feminine und 81 maskuline Personen.[44] Ein eventueller Zusammenhang zwischen dem Gebrauch bestimmter Varianten und der Geschlechtszugehörigkeit war nicht Gegenstand der Untersuchung. Gleiches gilt für eine Unterscheidung nach Altersgruppen und sozialen Schichten. Die Korrelation zwischen diesen Faktoren und dem Gebrauch bestimmter sprachlicher Varietäten wurde eingehend in zahlreichen soziolinguistischen Arbeiten untersucht.[45] Die Bestimmung des Alters unserer Sprecher kann außerdem nur schätzungsweise erfolgen. In einigen Fällen ist dies gar unmöglich, insbesondere in den Sendungen des Typs 1, für die ein hoher Anteil bildbegleitender Reportagen kennzeichnend ist, deren Sprecher nicht auf dem Bildschirm erscheinen. Wenn eine Einschätzung des Alters vorgenommen werden kann, dann bewegt es sich ungefähr zwischen 35 und 55 Jahren. Nach einer Differenzierung in zwei Altersgruppen (35–45 Jahre und 45–55 Jahre) ergibt sich eine relativ gleichmäßige Verteilung beider Gruppen auf die Sendungstypen 1 und 2; ebenso sind die Geschlechter relativ gleichmäßig auf diese Typen verteilt. Die Sprecher des Sendungstyps 3 bilden hingegen eine homogenere Gruppe: 12 der 14 Sprecher gehören der Altersgruppe 35–45 an und 12 von 14 Sprechern sind maskulin. Eine größere Heterogenität dieser Gruppe wäre wünschenswert gewesen, konnte aber aus zwei Gründen nicht erreicht werden: Zum einen werden die Sendungen des Typs 3 tatsächlich vorrangig von dieser Alters- und Geschlechtsgruppe moderiert, zum ande-

---

[44] Diese verteilen sich folgendermaßen auf die Sendungstypen: Typ 1 – 30 fem. / 56 mask.; Typ 2 – 19 fem. / 13 mask.; Typ 3 – 2 fem. / 12 mask.

[45] Deshaies-Lafontaine (1974), Santerre (1976), Sankoff und Vincent (1977), Santerre und Milo (1978), Ameringen und Cedergren (1981), Kemp et al. (1980), Ostiguy (1979), Paradis (1983), Dumas (1987), Ostiguy und Tousignant (1993).

ren ist dieser Typ im Vergleich zu den beiden anderen im vorliegenden Korpus leicht unterrepräsentiert. Zwar wurde eine größere Anzahl an Sendungen aufgezeichnet, doch konnten diese nicht für die Untersuchung aufbereitet werden, da die für diesen Sendungstyp charakteristischen verbalen und paraverbalen Daten (gleichzeitiges Sprechen, das Sprechen begleitendes Lachen, das Sprechen begleitender Applaus, extrem hohe Sprechgeschwindigkeit, zahlreiche Nebengeräusche) eine exakte Transkription unmöglich werden ließen.

Eine Differenzierung der Sprecher nach Merkmalen, die ihre geographische und soziale Herkunft betreffen, wurde ebenfalls nicht vorgenommen. Die geographische Herkunft zu bestimmen würde einerseits eine Kenntnis der nur schwer zugänglichen Biographien der Sprecher voraussetzen; andererseits erübrigt sich dieser Schritt, da es sich bei den untersuchten sprachlichen Variablen um solche handelt, die das gesamte *français québécois* charakterisieren. Zwar existieren auch innerhalb dieser *variété nationale* des Französischen regionalspezifische Unterschiede; diese waren jedoch nicht Gegenstand dieser Studie. Eine Vorauswertung des Korpus hat gezeigt, daß solche diatopischen Variationen hier äußerst selten sind, nicht zuletzt aufgrund der überregionalen Ausstrahlung und des sich auf Montréal und die Stadt Québec konzentrierenden Wirkungskreises der Sprecher (Tremblay und Lacroix, 1991).

Da das vorliegende Korpus nicht durch einen direkten Kontakt mit den Sprechern etabliert wurde, kann mit Sicherheit einzig ihre Zugehörigkeit zur Berufsgruppe der Fernsehmoderatoren und Journalisten und somit auch indirekt ein Bildungsgrad, der sie in die Lage versetzt, als solche tätig zu sein, bestimmt werden. Dies ist hier kein unterscheidendes, sondern ein die Sprecher einendes Merkmal, denn die geladenen Gäste bzw. Gesprächspartner wurden nicht in die Untersuchung einbezogen. Im Sinne von Bourdieus Idee vom *marché linguistique* bedeutet dies auf die Sprache übertragen, daß die Beherrschung der Sprache bzw. der *langue légitime* (Bourdieu, 1982: 64) für unsere Sprecher für die Ausübung ihres Berufes von gleicher Bedeutung ist. Eine Variation im Sprachgebrauch ist also weniger aus sozialen als vielmehr aus stilistischen Gründen zu erklären. Aufgrund der Unmöglichkeit, die Einbindung der Gesprächspartner in den *marché linguistique* nachzuprüfen, über die häufig wenig Informationen bekannt gegeben werden, bleiben diese in der Analyse unberücksichtigt, denn aufgrund der Überlagerung von diaphasischer und diastratischer Dimension der Sprache müßten verschiedene Sprechergruppen gegenübergestellt werden. Die Beschränkung der Untersuchung auf die Fernsehmoderatoren ist nicht zuletzt auch dadurch gerechtfertigt, daß sich negative Kritiken des Sprachgebrauchs im Fernsehen hauptsächlich auf diesen Personenkreis beziehen. Man mag einwenden, daß solche Urteile unbewußt auch durch die Gesamtheit dessen, was übertragen wird, geprägt werden, d. h., daß der Eindruck, den ein Zuschauer vom Sprachgebrauch in einer Sendung hat, von der Gesamtheit dessen abhängt, was ihm zu Ohren kommt, wobei den Moderatoren lediglich die Verantwortung für die «dégradation du français» (Courtemanche, 1997: 58) zugeschoben wird. Aus einer solchen Perspektive wäre die Beachtung der Gesprächspartner sinnvoll, kann jedoch hier aufgrund der eben erwähnten Probleme und des zeitlichen Rahmens dieser Studie nicht geleistet werden. Die Beschreibung des Sprachgebrauchs der genau definierbaren Gruppe der Fernsehsprecher erscheint besonders wichtig: Einerseits reflektieren sie den aktuellen Sprachzustand der Gesellschaft, andererseits stellen sie aufgrund ihrer Vorbildwirkung und damit verbundenen Beeinflussung der Sprachentwicklung einen idealen Ansatzpunkt zur Verbesserung des Sprachqualität dar (Maurais, 1999: III).

3.2 Datensammlung

3.2.1 Bearbeitungsgrundlage der Sendungen

Das ausgewählte Material wurde auf Video aufgezeichnet und zur späteren Bearbeitung auf Audiokassetten überspielt. Anhand der Videoaufzeichnungen wurden jene außersprachlichen Merkmale beobachtet, die zur Zuordnung der Sendungen zu den drei Sendungstypen herangezogen wurden, sowie individuelle Merkmale der Sendungen, die zwar keine Typologisierung gestatten, jedoch zur Interpretation der Resultate von Nutzen sein können. Der Zugang zum spachlichen Material erfolgte mittels der Audiokassetten, die die Verwendung eines Transkriptionsgerätes vom Typ *repeat corder* gestatten. Ein solches Gerät ermöglicht ein automatisches Wiederholen des Gehörten in kleinsten, genau festgelegten Einheiten und erleichtert somit das Hören wesentlich.

Da die Grenzen unseres Auffassungsvermögens und unsere Wahrnehmungsgewohnheiten es uns nicht gestatten, das mündlich Wahrgenommene adäquat zu bearbeiten, ist eine schriftliche Repräsentation unerläßlich. Aufgrund der Tatsache, daß die Schrift kein einfaches Instrument der Transposition des Mündlichen ist, ergeben sich zahlreiche Schwierigkeiten, die zu Kompromissen je nach Erkenntnisinteressen zwingen. Auf der Basis eines mündlichen Korpus arbeiten, bedeutet also, zunächst methodologische Probleme der Transkription zu klären, um den Zugang zum Material so effektiv wie möglich zu gestalten.

3.2.2 Die Wahl der Transkriptionsmethode

Jede Transkriptionsmethode hat ihre Mängel, so daß die Schriftlichkeit immer nur ein ungefähres Abbild der mündlichen Sprachrealität sein kann: Eine genaue Reproduktion des Originaltextes ist unmöglich. Die Wahl der einen oder anderen Methode muß auf einer Präanalyse des sprachlichen Materials beruhen, wird vom Ziel und Adressaten der Untersuchung bestimmt und führt oft zu einer Überbetonung einzelner Aspekte unter Vernachlässigung anderer. Damit beinhaltet die Entscheidung für eine Methode schon eine gewisse Interpretation. Je nach den Erkenntnisinteressen der Untersuchung liegt es im eigenen Ermessen, sich für eine Methode zu entscheiden, sie anzupassen bzw. verschiedene Methoden zu mischen. Dabei bewegt sich jede Transkription zwischen den beiden Polen der Treue zum mündlichen Text sowie der Lesbarkeit und läßt einen in der Realität sehr komplexen Bereich als relativ geordnet erscheinen (Maurer, 1999: 150).

Unter der Vielzahl, z. T. individuell angepaßter Transkriptionsmethoden werden die orthographische und die phonetische Transkription am häufigsten gebraucht. Die orthographische Transkription hat den Vorteil, den herkömmlichen Lesegewohnheiten zu entsprechen und dadurch die Herausarbeitung grammatischer und syntaktischer Phänomene zu erleichtern, dies aber auf Kosten der Genauigkeit der Wiedergabe der Mündlichkeit. In der Fachliteratur finden sich zahlreiche Vorschläge, die einen Kompromiß zwischen Lesbarkeit und Genauigkeit zu finden suchen, so beispielsweise die sogenannte *transcription orthographique aménagée* (Thibault und Vincent, 1988). Dabei handelt es sich um eine orthographische Transkription, die jedoch einige spezifische Züge der Mündlichkeit erkennen läßt, insbesondere die Auslassung von Lauten. Von Nachteil sind dabei die Schwierigkeiten der Kodierung und anschließenden Dekodierung sowie die Tatsache, daß bestimmte Formen als Abweichungen dargestellt werden und folglich ein negatives Werturteil implizieren.

Für die Transkription unseres Korpus wurde eine phonetische Transkription auf der Grundlage des *alphabet phonétique international* (API) angefertigt. Das API wurde Ende des 19. Jh. von den Fremdsprachenlehrern Paul Passy, Eduard Sievers und Henry Sweet entwikkelt (Léon, 1996: 20) und 1888 durch die *Association de phonétique internationale* offiziell eingeführt. Heute bedient sich die Mehrzahl der Wörterbücher und Abhandlungen zur Aussprache weltweit dieses Transkriptionssystems. Für diese Methode spricht neben dem Vorteil des starken Verbreitungs- und Vereinheitlichungsgrades vor allem die Tatsache, daß sie eine eindeutige Beziehung zwischen Mündlichkeit und Schriftlichkeit herstellt, indem ein Zeichen genau einen Laut repräsentiert. Damit eignet sie sich besonders gut für die Analyse der Sprachvariation auf der Ebene der Aussprache, denn sie ermöglicht eine eindeutige Wiedergabe der verschiedenen Varianten, was eine orthographische Transkription nur beschränkt zu leisten vermag. Allerdings erschweren einige Unbequemlichkeiten wie die Kodierung und Dekodierung der Zeichen, die schwierige Lesbarkeit sowie die Unangepaßtheit an die Computertastatur ihre Handhabbarkeit und erfordern eine eingehende Vertrautheit im Umgang mit dieser Methode.

Die Transkription darf keineswegs als mechanische Operation verstanden werden, die einer ausführenden Person anvertraut werden kann (Blanche-Benveniste und Jeanjean, 1986: 98). Sie erfordert nicht nur technische Fähigkeiten, eine praktische Beherrschung der betreffenden Sprache und ein geschultes Gehör, sondern darüber hinaus profunde theoretische Kenntnisse auf dem Gebiet der Phonologie und über die zu analysierenden Aspekte. Aus diesem Grunde ging dem eigentlichen Transkriptionsprozeß eine Übungsperiode im Rahmen des Seminars «Phonologie fonctionnelle» an der Université Laval / Québec im Wintersemester 1999 unter Anleitung von Herrn Prof. Pierre Martin voran.

Parallel zur phonetischen Transkription wurde dennoch eine orthographische Transkription angefertigt, um die Lesbarkeit und das schnelle Auffinden bestimmter Phänomene mittels der Suchfunktion des Programms Microsoft Word zu erleichtern. Deshalb berücksichtigt die orthographische Transkription nur in wenigen Fällen die Besonderheiten der Aussprache. Es erwies sich als leichter, bestimmte Elemente zunächst anhand der orthographischen Transkription zu identifizieren, bevor ihre lautlichen Besonderheiten betrachtet wurden (vgl. Blanche-Benveniste und Jeanjean, 1986: 124). Dies betrifft v. a. Fälle, bei denen die Variation bestimmter sprachlicher Variablen am Beispiel einiger Morpheme analysiert werden sollte. Außer bei Eigennamen wurde durchgehend die Kleinschreibung verwendet.

Abgesehen von dieser reinen Transposition des Mündlichen ins Schriftliche, wurde eine Notierung verbaler und paraverbaler Erscheinungen vorgenommen, die für die Bestimmung des Formalitätsgrades der Kommunikationssituation und die Zuordnung zu Sendungstypen notwendig ist. In Ermangelung objektiver Meßgeräte stellt die Darstellung solcher außersprachlicher Erscheinungen und situativer Daten besondere Anforderungen an die Kreativität des Transkriptors.

3.2.3 Transkriptionskonventionen

Um die Transkription so einheitlich wie möglich zu gestalten und sie auch dem späteren Gebrauch durch andere Personen zugänglich zu machen, wurde ein Transkriptionssystem erstellt, bevor mit dem langwierigen Prozeß der Transkription begonnen werden konnte. Die

Hauptfunktion jeder Transkription ist es, die mündliche Produktion so wiederzugeben, daß die Identifikation und Analyse der zu untersuchenden Formen und Strukturen erleichtert wird. Um dies zu erreichen, sollte das verwendete Transkriptionssystem Kriterien der Einheitlichkeit der Transkriptionskonventionen, der Homogenität der Präsentation des transkribierten Materials, der Einfachheit der Kodierung und der Gruppierung außersprachlicher Informationen so weit wie möglich respektieren.

Die Anwendung des API auf das *français québécois* erfolgt in Anlehnung an zahlreiche Studien zu dieser Varietät (z. B. Santerre und Milo, 1978; Tousignant, 1987; Ostiguy und Tousignant, 1993; Gagné et al.,1999), die sich in einigen Punkten von phonetischen Transkriptionen unterscheiden, wie sie für das Französische im allgemeinen üblich sind. Solche Unterschiede betreffen die spezifischen Merkmale des *français québécois.* So wird für das *français québécois* eine Differenzierung von offenem und geschlossenem «i», «u» und «ou» vorgenommen; es stehen sich [i] – [ɪ], [y] – [ʏ] sowie [u] – [ʊ] gegenüber. Die besondere Klangfarbe der Nasalvokale des *français québécois* wird unterstrichen durch die Transkription als [ã] und [ẽ] gegenüber [ɑ̃] und [ɛ̃] des *français parisien*, wo außerdem [œ̃] zunehmend mit [ɛ̃] zusammenfällt. Ein kleines [$_s$] oder [$_z$] nach «t» oder «d» vor «i» und «u» verdeutlicht die Quebecer Eigenart der Assibilierung in diesen sprachlichen Umgebungen. Für das Französische normalerweise wenig typisch ist der Laut [æ] (wie in den englischen Wörtern *cat, bat, bad*), der im vorliegenden Korpus als eine *variante familière* dennoch vorkommt. Die Tabelle des Anhangs 1 stellt die verwendeten Zeichen dar.

Das für die Notierung verbaler und paraverbaler Daten verwendete System wurde durch die Transkriptionskonventionen früherer Untersuchungen, v. a. des GARS, inspiriert (François, 1974; Leroy, 1985: 15; Blanche-Benveniste und Jeanjean, 1987: 179; Blanche-Benveniste, 1997: 34; Argod-Dutard, 1996: 80), aber modifiziert und an die Anforderungen unserer Untersuchung angepaßt. Die folgende Tabelle enthält die Erscheinungen, die im fortlaufenden Text vermerkt wurden und über die reine Transkription der sprachlichen Varianten hinausgehen. Dabei bezeichnet «string» ein Wort, das markiert werden soll.

Phänomen	Darstellung	Erläuterung
Satzzeichen	keine	
Pausen (Zögern)	/	kurz
	//	lang
Unterbrechung	///	
Selbstkorrektur	\	
unverständlich	xxx	für jede Silbe ein x
gleichzeitiges Sprechen	string	Unterstreichung der sich überschneidenden Wörter
Mehrfachtranskription	, string / string ,	bei Unentschiedenheit
Vokallänge	:	hinter betroffenem Vokal
Auslassung (fehlender Laut)	ɣ	z. B. [aʀbɣ] - arb(re)
Interjektionen	mittels API	z. B. [œ:] «euh», [ɛ̃] «hein»
Liaison	‿	
Transkriptionsproblem	[string]	Wahrnehmungsprobleme
Lachen	@ string @	lachend gesprochen
	@	kurzes Auflachen
	@@	längeres Lachen
Lautstärke	% string %	leise
	! string !	laut
Sprechgeschwindigkeit	» string »	schnell
	« string «	langsam
Wiederholungen / Stottern	_string _	z. B. [de ka _ kɑ:z] «des ca_ cases»

Obwohl das API eine der *chaîne parlée* entsprechende Darstellung ermöglicht, die anstatt der Wortgrenzen die Atempausen berücksichtigt, wurden in unserer Transkription die Wortgrenzen weitestgehend beibehalten. Diese Vereinfachung zugunsten der Lesbarkeit und Analysierbarkeit erscheint angebracht, zumal die Prosodie nicht Gegenstand unserer Untersuchung ist. Auch prosodische Merkmale wie Akzent und Intonation wurden nicht festgehalten, um die Transkription nicht unnötig zu belasten. Notiert wurden lediglich solche prosodischen Elemente, die eine klare Hinweisfunktion für die Einschätzung des Formalitätsgrades der Kommunikationssituation haben, z. B. die Sprechgeschwindigkeit. Diese ist indirekt bestimmbar durch die Erfassung von Sprechpausen, welche anstelle von Satzzeichen verwendet wurden, weil sie zugleich eine größere Annäherung an die Sprachrealität implizieren, denn es besteht kein direkter Bezug zwischen Satzzeichen und Phänomenen der Mündlichkeit, die eher syntaktische Grenzen als reelle Pausen ausdrücken.

Die Transkription der Sendungen erfolgte immer nach demselben Muster (siehe Anhang 2 – Transkriptionsauszug). In einer Kopfzeile erscheinen Sendungstitel, Sender, Sendungstyp, Datum der Aufnahme und Ausstrahlungszeit sowie Nummer der Video- und Audiokassette. Der Textteil ist in drei Spalten gegliedert. In einer nach links herausgestellten Linie wurden Informationen über den jeweiligen Sprecher festgehalten (so weit wie möglich soziale Situierung, z. B. Geschlecht, ungefähres Alter, Beziehung der Sprecher untereinander). Dabei wurden die Fernsehmoderatoren mit dem Buchstaben A und ihre Gesprächspartner mit GP gekennzeichnet und dann fortlaufend numeriert. Der eigentliche transkribierte Text befindet sich im Zentrum einer Seite, wobei eine orthographisch transkribierte Linie (kursiv gedruckt) auf eine phonetisch transkribierte folgt und diese «übersetzt». Die rechte Spalte enthält Bemerkungen zu allen bisher nicht erfaßten außersprachlichen Faktoren, die zur Einschätzung des Sendungstyps und der Kommunikationssituation herangezogen werden können. Hier finden sich Informationen zu den Charakteristika der Textsorten, zu den Themen einer Sendung, zum Ort der Kommunikation (Studio oder vor Ort), zur Interaktion mit dem Publikum, wenn ein solches anwesend ist (z. B. Applaus), zur räumlichen Situierung der Sprecher zueinander (Sitzen oder in Bewegung, Platzwechsel, gelockerte Runde oder vis-à-vis von nur zwei Gesprächspartern), zu Nebengeräuschen, zu Gestik und Mimik der Sprecher, zu Veränderung von Ton und Stimme und anderen Auffälligkeiten. Auch eine Beschreibung der Kleidung der Sprecher und der Anredeformen («tu» versus «vous») kann Hinweise darüber liefern, wie die Sprecher die Kommunikationssituation auffassen. Daneben enthält diese Spalte Bemerkungen zur Transkription selbst und zur Qualität der Aufzeichnung.

In bestimmten Abständen, zumeist beim Sprecherwechsel, wurde der Minutenstand notiert, um das spätere Auffinden einzelner Passagen zu erleichtern. Die Länge der bearbeiteten Auszüge ist in den meisten Fällen vergleichbar und beträgt 20 bis 30 Minuten. Dies entspricht annähernd der kürzesten Sendung, wenn man die Werbung, die Passagen, in denen sich die Gesprächspartner äußern, sowie nicht transkribierbare Teile (z. B. aufgrund zu vieler Nebengeräusche) abzieht. Die Länge der Auszüge wurde ungefähr aufeinander abgestimmt, um die für die statistische Auswertung notwendige Homogenität und Normalität der Stichproben zu sichern. Die effektive Anzahl der sprachlichen Variablen in einer Sendung bleibt davon relativ unberührt, wird sie doch auch durch Faktoren wie Sprechgeschwindigkeit und Thema beeinflußt und kann daher nicht im Vorfeld kontrolliert werden. Die Transkription schließt die Äußerungen der Gesprächspartner aus und beschränkt sich hier – soweit dies überhaupt möglich ist – auf eine Erfassung sozialer Daten und eine intuitive Einschätzung von Auffälligkeiten im Sprachgebrauch.

4.2.1.2 (oː) und (øː)

Die Beobachtung der möglichen Diphthongierungen läßt erkennen, daß zwei der sechs langen Vokale relativ häufig als *variantes familières* zu finden sind. Es zeigt sich, daß dasselbe Phänomen nicht gleichermaßen von der Variation betroffen sein muß und die Differenzierungen im Analyseprozeß ihren Sinn hatten. Zahlreiche Arbeiten zum *français québécois* behandeln alle Diphthonge gemeinsam (z. B. Lappin, 1982; Tremblay, 1990) und sprechen generell von einer starken Stigmatisierung. Sicher handelt es sich unter sprachhistorischen und allgemeinen phonetischen und phonologischen Gesichtspunkten prinzipiell um dieselbe Erscheinung. Dennoch konnten Santerre et al. (1985), ausgehend von einer Spektralanalyse, Unterschiede hinsichtlich artikulatorischer und akustischer Aspekte der Produktion und Rezeption der verschiedenen Diphthonge feststellen. Daraus schlußfolgern sie, daß die Diphthonge [o^{u}] und [ø^{y}] von der Mehrzahl der Quebecer kaum wahrgenommen werden. Ostiguy und Tousignant (1993: 95) meinen, daß diese Varianten daher kaum negative Reaktionen provozieren dürften, also neutral erscheinen. Die Tatsache, daß in unserem Korpus sogar im Sendungstyp 1 ein relativ hoher Anteil dieser Diphthonge realisiert wird, bestätigt dies. Auch Cedergren et al. (1981) beobachten eine zunehmende Generalisierung der Diphthongierung des /oː/. Die geringere Markiertheit im Vergleich zu den anderen Diphthongen drückt sich darüber hinaus im Verhältnis von schwachem und starkem Diphthongierungsgrad aus: Im Gegensatz zu den anderen Diphthongen dominiert in diesen beiden Fällen der starke Diphthongierungsgrad.

Obwohl unsere Ergebnisse einerseits Feststellungen früherer Untersuchungen bekräftigen, stehen sie andererseits den Resultaten anderer Studien entgegen. So ist Léon (1994: 398) der Meinung, daß «[...] *le français canadien est en train de réduire ou de perdre totalement ses diphtongues.»*[58] Deshaies-Lafontaines (1974) findet die größte Anzahl an Diphthongen für (ɛː) , ebenso wie Santerre und Milo (1978), bei denen (ɛː) an erster Stelle steht, gefolgt von (œːʀ) und (ɑː). Auch liegt die Anzahl an Diphthongen für (oː) und (øː) mit 18 % und 20 % in letzterem Korpus (informelle Situation) deutlich unter unseren Ergebnissen, und zwar in allen Sendungstypen mit der einzigen Ausnahme des (oː) im Sendungstyp 1. Folglich liegt die Vermutung nahe, daß die Diphthonge keineswegs im Begriff sind zu verschwinden, zumindest nicht bei diesen Beispielen, die eine nicht zu verachtende Anzahl an Diphthongierungen aufweisen. Vielmehr scheint es sich um eine jüngere Entwicklung der zunehmenden Verbreitung und Akzeptanz von [o^{u}] und [ø^{y}] zu handeln. Da sich bei den genannten Autoren die Tendenz abzeichnet, daß Frauen aus dem Mittelstand mehr als Männer diphthongieren, ist es durchaus möglich, daß wir es mit einer ähnlichen Entwicklung wie beim (ɑ#) zu tun haben.[59] Allerdings widerspricht dem die Tatsache, daß in den genannten Arbeiten jüngere Sprecher aus dem Mittelstand weniger diphthongieren als die ältere Generation. Endgültige Aussagen müssen aus den schon im vorangegangenen Kapitel genannten Gründen weiteren Untersuchungen vorbehalten bleiben.

Was die Unterschiede zwischen den Sendungstypen betrifft, sind diese hier weniger deutlich als beispielsweise bei der Variablen (ɑ#): Für (oː) wird die diphthongierte Variante im Typ 1 signifikant weniger verwendet als im Typ 2 und 3, der Unterschied zwischen 2 und 3 ist hingegen nicht signifikant; für (øː) ist keiner der Unterschiede signifikant, obwohl die reinen Prozentangaben dies vermuten lassen könnten. Allerdings muß dies nicht bedeuten, daß solche Unterschiede nicht bestehen, denn diese Variable kommt so extrem selten vor

---

[58] Hervorhebung im Original.

[59] Die möglichen Gründe seien hier nicht noch einmal wiederholt.

(Grundgesamtheit 82, in 10 Fällen ist sie gar nicht vorhanden), daß die damit verbundene große Variabilität im Gebrauch der Varianten keine statistisch signifikanten Resultate zuläßt. Daraus ergibt sich jedoch auch, daß das Gewicht dieser Variablen auf die Wahrnehmung der Sprachqualität durch die Sprecher relativ gering ist, da sie in der Gesamtmenge der Variablen kaum eine Rolle spielen. Dieser wenig markante Unterschied zwischen den Sendungstypen unterstützt die Auffassung Deshaies-Lafontaines (1974: 189):

> It seems as though the phenomenon of diphthongization is not so involved in differentiating styles of speech, and therefore has not risen to social consciouness, as much as variable (a)-l and archaic phonetic features. [...]

Dennoch ist nicht nur ein tendenziell leichter Unterschied zwischen den Sendungstypen zu erkennen, sondern es überwiegt in den meisten Fällen eindeutig die nichtdiphthongierte Variante, die die Sprecher folglich als die Prestigevariante ansehen.

4.2.1.3 Vereinfachung von Konsonantengruppen am Wortende

Es war zu erwarten, daß die Vereinfachung von Konsonantengruppen am Wortende zu jenen Variablen gehören würde, die im Vergleich zu anderen häufiger gebraucht werden. Da alle sozialen Gruppen die *variantes familières* in relativ hohem Maß verwenden (Kemp et al., 1980: 16), konnte davon ausgegangen werden, daß sie weniger stigmatisiert erscheinen. Auch Laberge und Chiasson-Lavoie (1971: 112) rechnen die Vereinfachung der Konsonantengruppen am Wortende «parmi les variables <u>faiblement perçues</u> [...] presque inconscientes, et ce probablement parce qu'elles sont utilisées et partagées par tous de façon constante; ...»[60].

Ein Vergleich unserer Ergebnisse mit denen früherer Untersuchungen führt zu folgenden Feststellungen: Eine Studie (Gervais et al., 2001) an drei Quebecer Universitäten zum Sprachverhalten zukünftiger Französischlehrer in formellen Kommunikationskontexten, die explizit darum gebeten wurden, ein *français soigné* zu verwenden, läßt ebenfalls die Vereinfachung von Konsonantengruppen am Wortende unter den am häufigsten *familier* verwendeten Variablen erscheinen. Mit einer Vorkommenshäufigkeit von 16,1 % entspricht dieses Ergebnis genau dem Anteil an *variantes familières* in unserem Sendungstyp 1 (15,5 %). Dies ist besonders interessant, da die Französischlehrer neben den Medien für die Sprachqualität einer Gesellschaft verantwortlich gemacht werden (siehe Kapitel 1.3). Die Tatsache, daß sich die Ergebnisse für beide Sprechergruppen gleichen, belegt, daß sie in ähnlicher Weise ihre Rolle als sprachnormierende Instanzen wahrnehmen.

Im Gegensatz dazu finden Kemp et al. (1980: 30) in ihrem informellen Korpus, das mit dem Sendungstyp 3 vergleichbar ist, mehr als 90 % *variantes familières* bei über 80 % der Sprecher. Ferner bestätigen auch sie ein paralleles Verhalten einiger Variablen, so der Vereinfachung der Konsonantengruppen am Wortende und der fakultativen *liaison*. Gegenüber Kemp et al. (1980) enthält unser Korpus sehr viel weniger *variantes familières* (60,7 % im Typ 3). Es kann hier nicht entschieden werden, ob dies ein Hinweis auf eine gegenwärtige Sprachveränderung sein könnte. Dies wäre im Vergleich zu den bisher diskutierten Variablen eine genau entgegengesetzte Tendenz zur zunehmenden Standardisierung, was eher unwahrscheinlich erscheint, da die Vereinfachung der Konsonantengruppen am Wortende weniger sozial markiert ist und daher weniger empfänglich für soziale Vorurteile und Stigmatisierun-

---

[60] Hervorhebung im Original.

gen sein müßte. Vielmehr ist anzunehmen, daß die Merkmale des Kommunikationskontextes im Fernsehen und das damit verbundene Bestreben der Sprecher nach einer korrekten Aussprache die Verwendung der *variantes familières* selbst in unterhaltenden Sendungen im Vergleich zu alltäglichen informellen Situationen hemmt. Auch die detailliertere Beobachtung der Variablen weist in diese Richtung: Hier liegen unsere Prozentangaben ebenfalls weit unter denen zahlreicher aktueller Studien. Während die Anzahl an Vereinfachungen in unserem Korpus selbst im Sendungstyp 3 nicht 65 % übersteigt, bewegen sich die Ergebnisse der bereits erwähnten Untersuchungen zum Sprachgebrauch von Schülern in formellen Kommunikationssituationen (Gagné et al., 1995 und 1999) zwischen 51 % (CC_V für *situation de mémorisation*) und 93 %. Abgesehen davon, können die Resultate früherer Untersuchungen bestätigt werden, denen zufolge Konsonantengruppen vor einem Konsonanten eher zur Vereinfachung neigen als vor einem Vokal. Auch zeichnet sich ab, daß sie vor einer Pause tendenziell eher erhalten bleiben als vor einem Konsonanten.

Der prozentuale Anteil der Vereinfachungen (alle möglichen Kontexte zusammengefaßt) in unserem Korpus ist vergleichbar mit den bereits dargestellten Ergebnissen der Variablen (ɑ#): Die Standardvariante überwiegt im Typ 1 und 2, während im Typ 3 die *variantes familières* leicht dominieren, wobei ihre Anzahl auch hier beachtlich ist. Die Unterschiede zwischen den Sendungstypen sind wie bei der Diphthongierung des (o:) und (ø:) signifikant zwischen Typ 1 und 2 sowie 1 und 3, aber nicht zwischen 2 und 3. Würde man aus den Sendungen des Typs 2 nur eine Sendung ausklammern, die für diese Variable einen Ausnahmefall darstellt und stark von allen anderen Sendungen desselben Typs abweicht, wäre auch dieser Unterschied signifikant. Der Gebrauch der *variantes familières* wird folglich eindeutig von der Kommunikationssituation bestimmt; der Erhalt der Konsonantengruppen am Wortende stellt weiterhin die in formellen Kontexten bevorzugte Variante dar und bewahrt ihren Status eines soziolinguistischen Markers.

4.2.1.4 (il) und (ils)

Im Kapitel 3.3.8 wurde die Hypothese formuliert, daß die Verwendung der Variante [i] auch in formellen Situationen mehr oder weniger «normal» sein dürfte, da sie unabhängig von der sozialen Gruppenzugehörigkeit der Sprecher stark verbreitet ist und damit kaum durch soziale Vorurteile bestimmt sein dürfte. Es überrascht daher nicht, daß sich (il) und (ils) unter den Variablen befinden, die im Vergleich zu anderen häufiger als *variantes familières* vorkommen. Wenn einige Autoren von einer Evolution in Richtung ausschließlicher Verwendung dieser Variante sprechen (Ostiguy, 1979 für das *français québécois*; Poplack und Walker, 1986 für das *français ontarien* sowie Ashby, 1988 für das *français de France*), dann konnte mit Recht in Frage gestellt werden, ob es sich überhaupt noch um einen soziolinguistischen Marker handelt.

Ein Blick auf die Ergebnisse läßt erkennen, daß dies durchaus der Fall zu sein scheint: Der Gebrauch der *variantes familières* variiert in Abhängigkeit von situativen Faktoren (Typ 1 < Typ 2 < Typ 3), wobei die Unterschiede zwischen den Sendungstypen 1 und 2 sowie 1 und 3 signifikant sind. Allerdings liegen nicht nur die Ergebnisse des Typs 2 und 3 recht nah beieinander, sondern die Abweichung zwischen diesen beiden Sendungstypen vom Typ 1 ist im Gegensatz zu anderen Variablen extrem groß. Außerdem weisen diese beiden Variablen die größte Anzahl an *variantes familières* auf: Im Typ 2 und 3 überwiegt eindeutig [i], nur im Typ 1 dominieren die Varianten mit erhaltenem «l». Die sehr hohe Anzahl der *variantes familières* im Typ 2 und 3 weist darauf hin, daß der soziale Wert der Variablen (il) und (ils) den Sprechern weniger bewußt bzw. generell stark reduziert zu sein scheint. Der Erhalt des «l» im Typ 1 zeugt dennoch vom Bemühen der Sprecher um einen korrekten Sprachgebrauch. Es ist denkbar, daß dies durch die Konzeption «geschrieben» (siehe Kapitel 2.2.8) begünstigt wird, da die schriftliche Vorlage in diesem Fall die normative Aussprache und die in der Schrift einzig mögliche Variante repräsentiert. Stichproben von ähnlich formellen Kontexten, aber in mündlicher Konzeption, müßten demnach eine bedeutend größere Anzahl an *variantes familières* enthalten. Die Tatsache, daß ihr Anteil im Typ 2 um mehr als das Dreifache angestiegen ist, kann auf diese Weise interpretiert werden, da hier spontan gesprochene Passagen zunehmen. Obwohl nicht vollständig zurückgewiesen werden kann, daß die Variable weiterhin als soziolinguistische Variable funktioniert, scheint ihre Rolle in der Unterscheidung der Stile eingeschränkt und kann ein Sprachwandel in Richtung [i] aufgrund dieser Beobachtungen nicht ausgeschlossen werden. Die Ergebnisse des Sendungstyps 1 lassen jedoch vermuten, daß die Variante [il] zumindest in der Schriftlichkeit eine gewisse Stabilität besitzt. Es hat den Anschein, als hätten wir es hier mit einer Entwicklung *familier* > «gesprochen» (Söll, 1980: 137) zu tun. Die Studie von Gagné et al. (1999) erhärtet diese Annahme. In ihrem Korpus taucht die Variante [i] zu 16 % für (il) und 23 % für (ils) in der Situation der *mémorisation* auf, die ebenfalls als «phonisch + geschrieben» (Koch und Oesterreicher, 1990) beschrieben werden kann. Der Unterschied zu formellen Situationen spontaner Äußerungen («phonisch + gesprochen») ist bemerkenswert und entspricht nahezu unseren Resultaten für den Sendungstyp 3: (il) 78 %, (ils) 82 % (ähnliche Ergebnisse in Gagné et al., 1995).

Im Vergleich zu anderen Arbeiten zum Sprachgebrauch in informellen Kommunikationssituationen kann festgestellt werden, daß im Sendungstyp 3 unseres Korpus der Gebrauch des *familier* für diese Variable dennoch geringer ist. Sankoff und Cedergren (1976: 1104) beobachten 89,0 % für (il) und 92,0 % für (ils); Poplack und Walker (1986) finden sogar 98 % und 99 %. Es scheint also doch ein leichtes Bewußtsein der Existenz einer prestigereicheren Variante zu bestehen, die in der Fernsehkommunikation ein etwas stärkeres Gewicht hat als in der Alltagskommunikation.

Da die Tilgung des «l» der Personalpronomen der dritten Person ebenfalls das *français de France* betrifft, wurden auch Arbeiten zum Sprachgebrauch in Frankreich konsultiert. Die Auszüge aus natürlichen Konversationen von Sprechern der gebildeten Mittelschicht von Paris, die Malécot (1975: 172) auf den Gebrauch von (il) und (ils) hin überprüft hat, enthalten einen Anteil an *variantes familières,* der nur wenig unter unseren Ergebnissen liegt (durchschnittlich ≈75 %). Ähnliches gilt für die Untersuchung von Laks (1980) zum Pariser Sprachgebrauch, der ebenfalls durchschnittlich 75 % findet. Die Resultate Ashbys (1988), der sein Korpus in Tours erstellt hat, wo der allgemeinen Meinung zufolge das «beste» Französisch gesprochen wird, stimmen hingegen nahezu mit unserem Sendungstyp 3 überein (≈ 80 %). Aufgrund des höheren Anteils an [i] bei jüngeren Sprechern geht er von einem Sprachwandel aus, wobei er meint, daß dieser Prozeß in Québec weiter fortgeschritten sei. Dies kann hier nicht bestätigt werden, denn die Ergebnisse der informellen Kontexte unseres Quebecer Korpus weichen nicht wesentlich von denen der französischen Korpora ab. Auch Thomas (1989b) erwähnt, daß für diese Variable der Gebrauch des *familier* der ontarischen und der französischen Elite vergleichbar ist. Wer den Mythos eines besseren Französisch in Frankreich propagiert (siehe Kapitel 1.2.4), müßte daher den Sprachgebrauch im Fernsehen zumindest für die Variablen (il) und (ils) als vorbildlich bewerten.

4.2.1.5 Fakultative *liaisons*

Auch die Präsenz der fakultativen *liaisons* in der Gruppe der häufig als *familier* realisierten Variablen erstaunt kaum, wenn man bedenkt, daß hier wie bei (il) und (ils) eine Tendenz zum Abbau gruppenspezifischer Unterschiede im Gebrauch der Varianten und damit von sozialen Werturteilen besteht (siehe Kapitel 3.3.9). Die *liaison* ist diejenige Variable, die im Sendungstyp 1 am häufigsten als *variante familière* realisiert wird, d. h., 33,2 % der möglichen fakultativen *liaisons* sind nicht vorhanden. Obwohl im Typ 2 und 3 mehr *variantes familières* zu finden sind, nimmt sie dort nicht diese Spitzenposition ein, die von (il) und (ils) besetzt wird. Die Unterschiede zwischen den Sendungstypen 1 und 2 sowie 1 und 3 sind signifikant, nicht aber jene zwischen 2 und 3. Ein solches Verhalten wurde bereits bei den Variablen (o:), der Vereinfachung von Konsonantengruppen am Wortende und den Personalpronomen (il) und (ils) beobachtet. Der relativ hohe Anteil der *variantes familières* im Typ 1 kann als Hinweis darauf verstanden werden, daß sie im Vergleich zu anderen Variablen akzeptabler erscheinen. Die relativ geringe stilspezifische Ausprägung der Variablen (fehlende Variation zwischen Typ 2 und 3, vergleichsweise geringere Abweichung letzterer vom Typ 1) zeigen möglicherweise ein Zurückgehen ihrer Funktion als soziolinguistische Variable an. Dennoch läßt das Vorhandensein einer nicht zu vernachlässigenden Anzahl an *liaisons facultatives* selbst im Typ 3 eine vollständige Sprachveränderung in absehbarer Zeit als unwahrscheinlich erscheinen. Vermutlich blockiert die Präsenz der Endkonsonanten in der Graphie diesen Prozeß. Dies und die fortbestehende leichte Differenz ihres Gebrauches zwischen den Kommunikationssituationen weisen darauf hin, daß sie in formellen Kontexten weiterhin als die korrektere Variante angesehen wird.

Es sei an dieser Stelle auf ein generelles mit der Gegenüberstellung verschiedener Arbeiten verbundenes Problem hingewiesen: Da jedes Korpus durch besondere Merkmale in der Auswahl der Sprecher und Variablen sowie der Methode der Datenerhebung und Auswertung gekennzeichnet ist, sind solche Vergleiche nicht immer unproblematisch. Für die *liaison* konnte kein Vergleich mit anderen Arbeiten zum *français québécois* erfolgen, da sie einerseits bisher kaum Forschungsgegenstand war und die wenigen existierenden Studien in der Auswahl der Kategorien der *liaison* und der Art und Weise ihrer Analyse einen solchen unangemessen erscheinen lassen. Es konnten indessen Studien zum *français de France* herangezogen werden, bei denen auf die «Vergleichbarkeit» geachtet wurde; dennoch müssen Schlußfolgerungen vorsichtig formuliert werden und durch weitere Arbeiten überprüft werden, da die konsultierten Studien z. T. einen beträchtlichen zeitlichen Abstand aufweisen und unsere Ergebnisse nur für die im Kapitel 3.3.9 herausgearbeiteten Beispiele gelten.

Wie beim (il) und (ils) weichen die Ergebnisse unserer Untersuchung nur unerheblich von denen der meisten französischen Korpora ab. So stellt Malécot (1975) für sein Pariser Korpus (natürliche Konversation gebildeter Mittelklassensprecher) fest, daß die fakultativen *liaisons* zu 46 % nicht realisiert werden (in unserem Korpus 50,4 % im Sendungtyp 2 und 55,3 % im Typ 3). Encrevé (1988), dessen Daten auf Reden französischer Politiker zwischen 1978 und 1981 beruhen, also den Sprachgebrauch von Sprechern eines hohen sozialen Status in sehr formellen Kommunikationskontexten repräsentieren, beobachtet, daß zahlreiche Sprecher weniger als 50 % der *liaisons* hervorbringen, wobei die Variabilität der Resultate für die einzelnen Sprecher sowie zwischen den Sprechern sehr groß ist (die niedrigste Rate liegt bei 18,8 %, die höchste Rate bei 66,7 %). Bei Lucci (1983: 245) liegt der Anteil an nichtrealisierten *liaisons* sogar deutlich über dem unseren. Für unsere Problematik besonders interessant ist die Arbeit von Ågren (1973), der französische Radiosendungen analysiert hat und dessen

Methode trotz anderer Forschungsinteressen mit der unseren einige Berührungspunkte aufweist. So unterteilt auch er nach dem Formalitätsgrad drei verschiedene Sendungstypen und kommt für die fakultative *liaison* zu ganz ähnlichen Ergebnissen, mit dem Unterschied, daß in seinem Korpus die stilistische Variation deutlicher hervortritt:

Typ	*variantes familières* in unserem Korpus	*variantes familières* bei Ågren (1973)
1	33,2 %	29,8 %
2	50,4 %	44,3 %
3	55,3 %	61,7 %

Die einzige Arbeit, die grundsätzlich andere Ergebnisse vorstellt, ist jene von Moisset (1998), die weniger als 9 % der möglichen fakultativen *liaisons* findet. Da diese Zahlen aus einer Analyse von nur zwei Sprechern stammen, können sie nicht als repräsentativ gelten. Die Autorin ist sich selbst dieser Schwäche bewußt und fügt hinzu, daß ihre Daten in extrem zwanglosen spontanen Konversationen erhoben wurden. Die Tatsache, daß es sich um junge Frauen aus dem gebildeten Pariser Mittelstand handelt, führt sie dennoch dazu, einen Sprachwandel anzunehmen.

Wenn auch die zulässigen Schlüsse aus der Gegenüberstellung all dieser Arbeiten mit unseren Ergebnissen beschränkt sind, so kann doch festgestellt werden, daß das *français québécois* keinen wesentlich höheren Gebrauch der *variantes familières* dieser Variablen zu machen scheint. Das *français québécois* ist zumindest in diesem Fall genauso *populaire et rurale* wie das *français de France,* dessen vorbildhafte Qualität immer wieder gelobt wird (siehe Kapitel 1.2.4).

4.2.1.6 Die Negationspartikel *ne*

Da die Verwendung der *variante familière,* also der Schwund der Negationspartikel *ne*, kaum noch von sozialen Merkmalen der Sprecher bestimmt wird (siehe Kapitel 3.3.11) und damit kaum darauf beruhende negative Bewertungen hervorrufen dürfte, war ein relativ hoher Anteil an *variantes familières* zu erwarten. Wie bei der Vereinfachung von Konsonantengruppen am Wortende, bei der Tilgung des «l» in (il) und (ils) sowie der Nichtrealisierung der fakultativen *liaisons*, nimmt der Gebrauch des *familier* vom Sendungstyp 1 zu 2 und 3 zu, wobei nur die Unterschiede zwischen 1 und 2 sowie 1 und 3 statistisch signifikant sind. Im Typ 1 überwiegt eindeutig die Standardvariante, der Abstand zum Typ 2, in dem mehr als dreimal so viele *variantes familières* gebraucht werden, ist beträchtlich, was zeigt, daß das *ne* weiterhin ein gewisses Prestige genießt und vom Formalitätsgrad der Kommunikationssituation abhängt. Da der Sendungstyp 1 hauptsächlich als «phonisch + geschrieben» zu charakterisieren ist, kann der Einfluß der schriftsprachlichen Norm hier durchaus eine Rolle spielen, da diese weniger tolerant hinsichtlich des Wegfalls des *ne* ist: «Beaucoup de gens n'omettent jamais *ne* quand ils écrivent, alors qu'ils le font souvent ou même presque toujours quand ils parlent.» (Pohl, 1975: 18). Dennoch ist der Anteil in informellen Sendungen nicht zu übersehen, weshalb das von einigen Autoren vorausgesagte vollständige Verschwinden des *ne* in absehbarer Zeit wenig wahrscheinlich ist.

Diese Prophezeiung erscheint durchaus nachvollziehbar, wenn man einen Blick auf die Ergebnisse von Sankoff und Vincent (1977) wirft, die einen nahezu gänzlichen Wegfall des *ne* in ihrem informellen Korpus beobachten (nur 1,5 % der möglichen *ne* sind erhalten), wobei jüngere Sprecher am meisten tilgen. Die Autoren geben selbst zu bedenken, daß der Prozeß des Sprachwandels vermutlich kurz vor seiner Vollendung aufgehalten wurde, und unterstreichen, daß den verbleibenden *ne* eine eindeutig stilistische Funktion zukommt. Allerdings ist ihre Argumentation wenig überzeugend, da sie ein informelles Korpus auswerten. Erst Lemieux (1985: 93) weist anhand der Untersuchung des Sprachgebrauchs von Kindern aus defavorisiertem Milieu nach, daß das *ne* trotz seiner geringen Vorkommenshäufigkeit eine stilistische Variable bleibt, da der Gebrauch der ein oder anderen Variante in Abhängigkeit von der Kommunikationssituation variiert. Auch unsere Ergebnisse belegen, daß die Variable weiterhin als soziolinguistischer Marker funktioniert: Die Variable variiert nicht nur in unserem Korpus in Abhängigkeit von situativen Faktoren, sondern auch der Anteil an *variantes familières* ist sehr viel niedriger als in anderen Studien.

Es mag sein, daß das Gewicht der präskriptiven Norm und der Schriftsprache den Prozeß des Sprachwandels gestoppt oder gar umgekehrt hat. Dafür spricht, daß in aktuelleren Arbeiten ebenfalls eine geringere Menge an *variantes familières* gefunden wurde als beispielsweise bei Sankoff und Vincent in den 70er Jahren. So finden Gagné et al. (1995) und (1999) sowie Gervais et al. (2001) in formellen Situationen zwischen 78 % und 90 % an Konstruktionen ohne *ne*. Unsere Resultate im Sendungstyp 1 liegen mit 20,2 % eindeutig weit darunter. Ein so großer Abstand kann nur durch die Spezifik der Kommunikationssituation im Fernsehen, die im Typ 1 der spontan gesprochenen Sprache nur wenig Raum läßt, und das Bemühen der Fernsehsprecher um einen korrekten Sprachgebrauch erklärt werden. Nur Gagné et al. (1999) finden in der *situation de mémorisation,* die wie der Sendungstyp 1 als «phonisch + geschrieben» zu charakterisieren ist, einen Anteil an *variantes familières*, der dem unseren am nächsten kommt (27 %). Dies unterstützt die bereits formulierte Vermutung, daß es sich bei dem hohen Anteil an Standardvarianten im Typ 1 um den Einfluß der schriftsprachlichen Norm handeln könnte.

Eine Gegenüberstellung unserer Ergebnisse mit denen einiger Studien zum *français de France* zeigt, daß der Wegfall des *ne* in den untersuchten Fernsehsendungen sogar unter dem in der Vorstellung vieler Quebecer positiv konnotierten *français de France* liegt.

Kontext	unser Korpus	Pohl (1975), Paris	Ashby (1981), Tours
formell	20,2 %	25,0–35,0 %	65 %
informell	78,8 %	69,0–86,2 %	84 %

Der Auffassung Ashbys (1981), daß der Sprachwandel in Québec weiter fortgeschritten sei, kann somit nicht zugestimmt werden; sie ist aber verständlich, da ihm nur die Daten von Sankoff und Vincent (1977) zur Verfügung standen. Obwohl eine solche Entwicklung nicht abgestritten werden soll, bewahrt das *ne* im *français québécois* wie im *français de France* den Status einer soziolinguistischen Variablen und wird in den ausgewählten Sendungen häufiger als in der Alltagskommunikation (sogar in Frankreich) verwendet. Es zeigt sich einmal mehr, daß auch das *français de France* nicht mit einem einzigen Sprachniveau gleichzusetzen ist, auf ähnliche Weise wie das *français québécois* von außersprachlichen Faktoren beeinflußt wird und sein so oft gerühmter Modellcharakter andere als rein sprachliche Gründe haben muß.

4.2.1.7 (*je* + verbe)

Die Ergebnisse der Verbindung (*je* + verbe) sind als wenig aussagekräftig zu bewerten und werden daher nicht eingehend diskutiert. Ein Grund dafür ist ihr geringes Vorkommen: Achtmal ist die Variable gar nicht präsent, im Typ 1 ist sie nur 18mal vorhanden. Dies hängt eng mit dem Sendungstyp und den behandelten Themen zusammen: In Nachrichten und Dokumentationen wird generell kaum in der ersten Person gesprochen. Damit verbunden ist die große Variabilität der Daten, die nicht der Normalverteilung entspricht. Die großen Vertrauensintervalle (siehe Anhang 5) belegen, daß die Variable unabhängig vom Sendungstyp einerseits sehr viel, andererseits aber auch sehr wenig als *variante familière* benutzt wird: Bei einem Vertrauensintervall von beispielsweise 20,4–103,4 für den Typ 1 ist offensichtlich, daß der Mittelwert keine Aussagekraft besitzt. Die große Variabilität mag dennoch andeuten, daß es sich hier um einen instabilen Bereich handelt, der sich in der Veränderung befindet.

4.2.2 Selten als *variantes familières* gebrauchte Variablen

Während die im vorangegangenen Kapitel diskutierten Variablen verhältnismäßig häufig als *variantes familières* gebraucht wurden, im Typ 3 sogar bis zu maximal 86,2 %, sollen nun diejenigen Variablen betrachtet werden, die nur wenig als *variantes familières* vorkommen. Dies sind (ɑ:$),(a:ʒ), die Varianten des Digraphen «oi» – mit Ausnahme von (wɑ#), das bereits im Abschnitt 4.2.1.1 erörtert wurde – sowie (ɛ#) und (-L). Die *variantes familières* dieser Variablen werden entweder gar nicht oder in sehr kleiner Anzahl verwendet und machen nur 2,6 % aller *variantes familières* aus.

4.2.2.1 (ɑ:$)

Der Vokal «a» im Wortinnern wie z. B. in *gagner* variiert prinzipiell auf ähnliche Weise wie das bereits besprochene «a» am Wortende, d. h., er besitzt drei Aussprachevarianten, [ɑ:], [a:] und [ɔ:], die im Gegensatz zum (ɑ#) gelängt sind. In der Fachliteratur werden beide häufig zusammen behandelt (Deshaies-Lafontaine, 1974). Unsere Ergebnisse zeigen jedoch, daß dieselbe Erscheinung auf außersprachliche Faktoren anders reagieren kann. Eine solche Beobachtung wurde bereits bei den Diphthongen gemacht. Dort wurde die größere Anzahl der Diphthonge [o^u] und [ø^y] aus Produktions- und Rezeptionsaspekten erklärt, die dazu führen, daß diese weniger als andere wahrgenommen werden und damit weniger negative Werturteile provozieren. Die seltene Verwendung des [ɔ] im Wortinnern mag mit der sprachlichen Umgebung zusammenhängen: Während sich (ɑ#) in offener Silbe und betonter Stellung befindet und ein kurzer Vokal ist, befindet sich (ɑ:$) im Wortinnern zwar auch in offener Silbe, aber in unbetonter Stellung und wird außerdem gedehnt. Es ist anzunehmen, daß die *variante familière* durch die Dehnung auffallender ist als das [ɔ] am Wortende und daher stärker stigmatisiert wird.

Es muß unterstrichen werden, daß die reinen Prozentangaben in diesem Fall wenig Aussagekraft haben. Grund dafür ist die geringe Grundgesamtheit der Daten und die damit verbundene große Variabilität der Ergebnisse. Ein Blick auf die Primärdaten sowie die graphische Darstellung zeigt, daß beispielsweise die Prozentangabe 30 % für den Typ 3 auf den hohen prozentualen Anteil an *variantes familières* in vier Fällen zurückzuführen ist, der durch die wenigen Daten bedingt ist. Es bedarf keiner tiefgreifenden mathematischen Kenntnisse, um einzusehen, daß die Realisierung der *variante familière* zu 100 % auf ein Total von 1 keinerlei Aussagekraft hat und das Gesamtergebnis verfälscht. Das große Vertrauensintervall von –3,4–63,4 weist darauf hin, ja zwingt dazu, sich bei der Auswertung der Daten nicht ausschließlich auf die reinen Durchschnittswerte zu verlassen, sondern auch den Informationsgehalt der Originaldaten zu berücksichtigen. Diese lassen erkennen, daß die *variante familière* im Sendungstyp 1 kein einziges Mal, im Typ 2 in 12 der 15 Sendungen und im Typ 3 in 4 der 8 Sendungen nie verwendet wird.

Die Tatsache, daß die *variante familière* dieser Variablen in den Fernsehsendungen eindeutig vermieden wird, und zwar auch in den informelleren Sendungen, die bei anderen Variablen eine stilistische Nuancierung erkennen ließen, belegt, daß sie negativ bewertet wird. Die wenigen Studien, die sich dazu äußern, sprechen von einer ausgeprägten sozialen und stilistischen Variation (Deshaies-Lafontaine, 1974; Dumas, 1987; Ostiguy und Tousignant, 1993) und ließen ein solches Resultat erwarten. Der soziale Wert dieser Variablen scheint einen solchen Bewußtseinsgrad angenommen zu haben, daß die *variante familière* unabhängig von der Kommunikationssituation gemieden wird. Lägen nicht die Ergebnisse anderer Untersuchungen (Gagné, et al., 1995 und 1999; Ostiguy und Gagné, 2001) bedeutend über den unsrigen, könnte man meinen, die Variable habe den Status eines sprachlichen Stereotyps erreicht. Zweifellos deuten unsere Resultate eine solche Entwicklung an, doch scheint es, als schränken vor allen Dingen die Besonderheiten der Fernsehkommunikation den Gebrauch des *familier* zusätzlich ein. Das Bemühen der Sprecher um eine hohe Sprachqualität äußert sich außerdem in der Realisierung einiger *a-antérieurs,* die sogar prozentual häufiger gebraucht werden als beim (ɑ#). Es wurde bereits darauf hingewiesen, daß diese für das *français de France* typische Variante Folge einer Hyperkorrektion als Symptom sprachlicher Unsicherheit zu bewerten ist: Die Sprecher sind sich des sozialen Wertes der Varianten bewußt und streben danach, sich korrekt auszudrücken, wodurch sie über das Ziel hinausschießen und ein *a-antérieur* hervorbringen. Dennoch dominieren die *a-postérieurs* eindeutig und sind als die Standardform des *français québécois* anzusehen.

4.2.2.2 (a:ʒ)

Diese Variable erscheint in nur einem einzigen Fall als *variante familière.* Die Sprecher vermeiden diese Variante, weil das Fernsehen einen überregionalen Charakter hat, diese Variante aber vorzugsweise in der Montréaler Region zu finden ist. Es scheint damit bestätigt, daß lokale Züge zu einer stärkeren Markierung neigen. Wenn die Variante in allen Sendungstypen fehlt, dann unterstreicht dies die mit ihrer Verwendung verbundenen Vorurteile und das Stilbewußtsein der Fernsehsprecher.

4.2.2.3 «oi» und (ɛ#)

Die Varianten des «oi» in den Positionen (wa#),(waC#), (wa$), (wɑ:C) und (wɑ:$) sowie des (ɛ#) am Wortende in offener Silbe in einem Zuge zu diskutieren, bietet sich an, da sie hinsichtlich ihrer sprachhistorischen Wurzeln und ihres Verhaltens in Abhängigkeit von außersprachlichen Faktoren zahlreiche Parallelen aufweisen. In den Kapiteln 3.3.4 und 3.3.5 wurde unter Berufung auf frühere Arbeiten erörtert, daß diese Variablen als sprachliche Stereotype zu definieren sind. Es wurde dargestellt, daß die *variantes familières* nahezu ausschließlich von Sprechern mit geringerem Bildungsgrad benutzt werden und aus dem Sprachgebrauch zahlreicher Sprecher selbst in informellen Kontexten vollständig verschwunden sind. Es wurde außerdem darauf hingewiesen, daß diese archaischen Merkmale von allen Sprechern mit Entschiedenheit abgewertet werden, unabhängig davon, ob sie zur Verwendung dieser Variante neigen oder nicht.

Es ist somit nicht verwunderlich, daß die Fernsehsprecher diese Varianten ablehnen. In unserem Korpus wurden die Variablen (waC#), (wa$) und (wɑ:$) nie als *variantes familières* gebraucht. Zwar kann bei den Variablen (wa#) und (wɑ:C) eine kleine Anzahl an *variantes familières* und eine leichte Tendenz der Zunahme an *variantes familières* mit abnehmendem Formalitätsgrad einer Sendung beobachtet werden, jedoch ist auch hier eine Realisierung von 0 % die Regel und sind die Unterschiede zwischen den Sendungstypen weit davon entfernt, das Signifikanzniveau zu erreichen. Nur bei der Variablen (ɛ#) erreicht der Gebrauch der *variantes familières* ein Niveau, daß signifikante Unterschiede zwischen den Sendungstypen erkennen läßt, was bei ihrem geringen Anteil kaum von Bedeutung ist, da er in jedem Fall extrem niedrig bleibt. Diese Resultate bestätigen jene von Deshaies-Lafontaines (1974: 140), die keinen einzigen Beleg der Varianten [we] und [wɛ] im Wortinneren bei gebildeteren Sprechern findet, aber beim (ɛ#) einen leichten Stilwechsel beobachtet. Es scheint, als sei die archaische Aussprache zumindest im Wortinneren so gut wie ausgestorben. Ähnliches gilt für die Variante [ɛ], die kein einziges Mal belegt ist. Es ist anzunehmen, daß die Entwicklung in den anderen Positionen einen ähnlichen Verlauf nimmt, zumal dies bereits Thomas (1986) und Gendron (1966) für (wa#) konstatieren konnten.

Es sei angemerkt, daß sich die Variable (wɑ:C) problemlos in die Gruppe der Stereotype einfügt, obwohl ihre *variantes familières* Diphthonge sind. Außerdem konnte in unserem Korpus eine nichtdiphthongierte Variante beobachtet werden, für die in der Sekundärliteratur keine Hinweise gefunden werden konnten. Es handelt sich um die Variante [wɔ:], vergleichbar mit den *variantes familières* der Variablen (a#) und (wɑ#). Tatsächlich kommt sie besonders häufig in Verbindung mit letzteren vor, z. B. *«on va voir»,* was die Vermutung nahelegt, daß ihr Auftreten v. a. durch die sprachliche Umgebung beeinflußt wird. Es ließe sich formulieren: Kommt (wɑ:C) in unmittelbarer Nähe von (a#) oder (wɑ#) vor und werden diese als *variantes familières* realisiert, so ist die Wahrscheinlichkeit groß, daß anstatt der Diphthongierung die Variante [wɔ:] gebraucht wird. Es ist auch möglich, daß diese Variante durch den Versuch zustande kommt, die negativ bewertete Diphthongierung zu vermeiden (Hyperkorrektion). So erklärt Picard (1974: 152) die Variante [wa^{ɔ}], denn die historisch belegte *variante familière* ist [wa^{ɛ}]; vom [wa^{ɔ}] zum [wɔ:] ist es dann nur noch ein kleiner Schritt. Ob diese Variante im Begriff ist, die Diphthongierung als *variante familière* zu verdrängen, bleibt nachzuweisen, jedoch deuten unsere Resultate eine solche Entwicklung an.

Eine ähnliche, ebenfalls nicht vordefinierte Variante wurde im Wortinneren beobachtet: In Wörtern wie *poignet, moitié, voyage* kann «oi» auch als [wɔ] ausgesprochen werden. Hinweise darauf konnten nachträglich bei Ouellette (1987) und Juneau (1972: 65/66) gefunden werden. Letzterer erklärt diese Form aus der Sprachgeschichte

> Dans le cas de *poignet* et de *poignée,* on sait que la prononciation moderne avec *wa* est née d'une mauvaise interprétation de la graphie *ign.* La voyelle *o* suivi de *ign* a été lue parfois *oi* […] Le parler québécois a donc conservé l'ancienne prononciation du français général qui est aussi, jusqu'à présent, celle de la presque totalité des patois français.

Es ist auch denkbar, daß die Variante [wɔ:] für (wɑ:C) in Analogie hierzu entstanden ist. Ein Vergleich mit aktuellen Studien läßt erkennen, daß die *variantes familières* dieser Variablen auch dort zu den am wenigsten *familier* realisierten Variablen gehören, in unserem Korpus aber noch kategorischer vermieden werden. Ostiguy und Gagné (2001) zählen beispielsweise in ihrer Untersuchung zum Sprachgebrauch von Lehramtsstudentinnen in formellen Kommunikationskontexten ≈5 % *variantes familières* der Variablen (wɑ:C) und (ɛ#). Es kann geschlußfolgert werden, daß der soziale Wert dieser Varianten so stark markiert ist, daß die Mehrzahl der Sprecher sie selbst in informellen Situationen nicht benutzt. Für die Fernsehsprecher unseres Korpus bedeutet dies, daß dem angeblichen *laisser aller* im Sprachgebrauch durchaus Grenzen gesetzt sind.

4.2.2.4 (-L)

Die Tilgung des «l» wurde bereits bei der Vereinfachung komplexer Konsonantengruppen und den Personalpronomen der 3. Person diskutiert, die beide häufig als *variantes familières* gebraucht werden. Im Gegensatz dazu schwindet das «l» der bestimmten Artikel und der Objektpronomen *la* und *les* weitaus seltener, wie schon frühere Untersuchungen gezeigt haben. Diese haben zwar die Abhängigkeit des Gebrauchs der ein oder anderen Variante von sozialen Merkmalen der Sprecher nachgewiesen, äußern sich aber nur wenig zur Wechselwirkung mit situativen Faktoren. Nur Tennant (1996: 125) belegt den Einfluß des Stils, fordert aber weitere Studien von Korpora, die «un plus grand éventail de styles» repräsentierten.

Die Ergebnisse unserer Untersuchung lassen erkennen, daß die Tilgung des «l» der Artikel und Objektpronomen *la* und *les* stark stigmatisiert wird: Für die Gesamtheit der Sendungen konnten nur 4,4 % der getilgten Varianten gefunden werden, wobei sie in genau der Hälfte der Sendungen nie vorkommen. Hauptsächlich schwindet das «l» in Verbindung von Präposition + Artikel, wobei davon *dans, sur* und *à* besonders häufig betroffen sind, also Präpositionen mit einer hohen Vorkommenshäufigkeit (vgl. Tennant, 1996). Dies unterstützt die These (vgl. Kapitel 3.3.7), daß die Tilgung des «l» der Artikel und Objektpronomen als Ausdehnung jenes Prozesses angesehen werden kann, der im Altfranzösischen zur Verschmelzung von Präposition + Artikel führte. Der Schwund des «l» in solchen Fällen ermöglicht außerdem die Vokalverschmelzung, eine weitere Tendenz der *langue familière.* Unterschiede zwischen dem Artikel *les* und dem Pronomen *les* sowie zwischen den Artikeln *la* und *les* hinsichtlich der Wahrscheinlichkeit des Schwundes des «l», von denen andere Studien berichten, konnten nicht festgestellt werden. Zwar verbietet die geringe Grundgesamtheit der Pronomen und die damit verbundene große Variabilität der Resultate jeglichen Vergleich der Prozentangaben und daraus abzuleitende Schlußfolgerungen, dennoch ist durchaus denkbar, daß dieses parallele Verhalten der Realität entspricht, zumal die von Sankoff und Cedergren (1976) gebotene Erklärung der Differenzen (größerer Informationsgehalt) durchaus fraglich erscheint. Die Autoren argumentieren, als schwinde der Artikel durch die Tilgung des «l» vollständig. Sie übersehen, daß der Plural nicht durch das «l», sondern durch das [e] markiert wird, der Artikel also dennoch vorhanden ist, wie auch beim *la.*

Trotz der geringen Anzahl an *variantes familières* kann die Annahme bestätigt werden, daß der Gebrauch der Varianten vom Formalitätsgrad der Kommunikationssituation beeinflußt wird: Im Sendungstyp 1 schwindet das «l» zu nur 1,4 %, im Typ 2 zu 3,3 % und im Typ 3 zu 12,2 %, wobei nur der Unterschied zwischen 1 und 3 statistisch signifikant ist. Diese Resultate können aufgrund der hohen Vorkommenshäufigkeit dieser Variablen als zuverlässig eingeschätzt werden und entsprechen nahezu denen von Tennant (1996: 125), der allerdings nur zwischen zwei Stilen unterscheidet und eine Anzahl an *variantes familières* von 1,8 % für die Lektüresituation sowie von 15,5 % für die Interviewsituation beobachtet. Tennant formuliert die Hypothese, daß es sich um keine wirklich stigmatisierte Variante handele, sondern vielmehr um die Beeinflussung durch die Orthographie, die in der Lektüresituation («phonisch + geschrieben») ein Segment wiedereinführe, daß im *code écrit* immer erhalten sei. Auf diese Weise wurde in vorliegender Arbeit im Abschnitt 4.2.1.4 das Verhalten der Variablen (il) und (ils) interpretiert. Im Gegensatz dazu erscheint eine solche Auslegung für die Artikel und Objektpronomen *la* und *les* wenig begründet. Einerseits ist ein Anteil von 15,5 % (oder 12,2 % in unserem Korpus) getilgter Formen im Vergleich zu über 80 % bei (il) und (ils) nicht sehr hoch; die Standardvariante ist also auch in der informellen Situation eindeutig die bevorzugte Variante. Andererseits würde eine solche Deutung ebenfalls einen markanten Unterschied zwischen Sendungstyp 1 und 2 voraussetzen, wie er bei (il) und (ils) gegeben ist, da im Typ 2 spontan gesprochene Passagen deutlich zunehmen. Dies ist jedoch nicht der Fall, die Ergebnisse für Typ 1 und 2 liegen sehr nah beieinander. Es scheint also nicht primär der Einfluß der Schriftlichkeit für die Variation verantwortlich zu sein; vielmehr ist die Variable als klassischer soziolinguistischer Marker aufzufassen, dessen Gebrauch in Abhängigkeit von sozialen und situativen Faktoren variiert. Daß der *variante familière* eine negative Konnotation anhaftet, wird durch ihren geringen Anteil selbst in informellen Situationen und die beinahe ausschließliche Verwendung der Standardvariante in formellen Kontexten belegt.

Die Interpretation Tennants würde außerdem einen Sprachwandel in Richtung zunehmender Verwendung der getilgten Formen implizieren. Auch Ostiguy (1979: 91) deutet an, daß die Vereinfachung zur allgemeinen Regel zu werden scheint. Allerdings haben andere Autoren (Sankoff und Cedergren, 1976; Poplack et Walker, 1986; Ashby, 1988) darauf hingewiesen, daß sich eine solche Entwicklung nicht abzeichnet, da die Frauen weiterhin die Standardvariante bevorzugen und auch keine Unterschiede zwischen den Generationen feststellbar sind. Auch unsere Ergebnisse lassen dies eher unwahrscheinlich erscheinen, denn der Gebrauch des *familier* liegt hier unter dem früherer Untersuchungen. So zählt Ostiguy (1979) insgesamt 41,6 % Varianten ohne «l», Sankoff und Cedergren (1976) sowie Poplack und Walker (1986) fanden einen Anteil an *variantes familières* von durchschnittlich 30–35 %.[61] Allerdings repräsentieren diese Korpora nur informelle Kommunikationssituationen. Wenn in unsererem Korpus selbst im Typ 3 weniger *variantes familières* vorkommen als in diesen Untersuchungen, dann spricht dies gegen einen Sprachwandel in diese Richtung. Der geringe Anteil an *variantes familières* könnte durch die Besonderheit der Kommunikationssituation im Fernsehen bedingt sein, die dazu führt, daß die Sprecher ihrer Sprache selbst in informellen Sendungen eine größere Aufmerksamkeit schenken als in informellen Alltagssituationen. Tatsächlich enthalten die aktuellen Korpora von Gagné et al. (1995) und (1999) sowie Ostiguy und Gagné (2001) im Vergleich zu dem unseren mehr *variantes familières*. Dennoch werden bei ihnen weniger *variantes familières* verwendet als in den Studien der 70er und 80er Jahre, ebenso wie bei Tennant (1996), dessen Resultate mit unseren übereinstimmen, was um so wahrscheinlicher erscheinen läßt, daß ein solcher Sprachwandel nicht stattfindet. Ob sogar von einem zunehmenden Gebrauch der Standardvarianten auszugehen ist, kann hier nicht geklärt werden. Dazu müßten Stichproben in vielfältigeren Kontexten erhoben werden. Dennoch scheint das im Kapitel 3.1.2 angeführte Zitat anfechtbar zu sein: «Paradoxalement, si la langue de la population s'est sensiblement améliorée, celle des médias s'est quelque peu relâchée.» (Bertrand, 1998: 18) Die negativen Bewertungen des Sprachge-

---

[61] Da in letzteren Arbeiten zwischen Artikel *la* und Artikel *les* sowie Pronomen *la* und Pronomen *les* unterschieden wird, habe ich diese zur besseren Vergleichbarkeit mit unseren Daten «zusammengefaßt». Die Angabe 30–35 % ist das Ergebnis dieser Umrechnung.

brauchs im Quebecer Fernsehen müssen um so mehr relativiert werden, als Ashby (1988) in seinen Interviews in der Stadt Tours, wo angeblich das beste Französisch gesprochen wird, ebenfalls 16 % Varianten ohne «l» bei den Objektpronomen findet.

4.2.3 Das «Mittelfeld»

Es ist das Schicksal der Unauffälligen, daß man gewöhnlich wenig Worte über sie verliert. So werden auch die in diesem Abschnitt zu besprechenden Variablen, die durch keine extremen Ausprägungen gekennzeichnet sind, in der Sekundärliteratur nur am Rande erwähnt. Es handelt sich hierbei um die Variablen (ɑː), (ɛː), (ɔːʀ), (œːʀ), die Vereinfachung von Konsonantengruppen im Wortinneren, die Vokalverschmelzung sowie die Personalpronomen (elle) und (elles). In unserem Korpus machen die *variantes familières* dieser Variablen 14,7 % aller *variantes familières* aus.

4.2.3.1 Weitere Diphthongierungen: (ɑː), (ɛː), (ɔːʀ), (œːʀ)

Im Vergleich zu den Diphthongen von (oː) und (øː) sind die *variantes familières* dieser langen Vokale seltener anzutreffen, jedoch nicht so selten wie die *variantes familières* der im Abschnitt 4.2.2 diskutierten Variablen. Da Arbeiten zur Spracheinstellung (Lappin, 1982; Trembay, 1990) herausgestellt haben, daß die Diphthongierung von der Mehrzahl der Quebecer negativ bewertet wird, war zu erwarten, daß sie eher vermieden werden würden. Dies ist durchaus der Fall, denn die nichtdiphthongierten Varianten dominieren eindeutig, sogar im Sendungstyp 3, wobei sich die Sprecher des stilistischen Wertes der Varianten bewußt sind und den Gebrauch des *familier* besonders in den Sendungen des Typs 1 stark einschränken.

Der von Deshaies-Lafontaines (1974) aus der selteneren Diphthongierung durch jüngere Sprecher abgeleitete Sprachwandel kann jedoch nicht bestätigt werden. Während eine solche Veränderung in Richtung Standardvariante bei den im Abschnitt 4.2.2 erläuterten Variablen durchaus denkbar ist, bewahren diese Diphthonge einen stabileren Status. Der Druck der präskriptiven Norm (*norme manifeste*) hat es nicht vermocht, diese Formen (*norme cachée*) zu verdrängen; wie im Fall des (ɑ#) bewahrt sie ihr Symbolcharakter für die Abgrenzung der Quebecer von anderen Französischsprechenden vor dem Aussterben (vgl. auch Kapitel 4.2.1.1). Die Diphthongierung ist tatsächlich eins der Merkmale, die an erster Stelle angeführt werden, wenn es darum geht, die Besonderheiten des *français québécois* zu beschreiben. Eine Gegenüberstellung mit der Studie von Santerre und Milo (1978) läßt ebenfalls keinen Rückgang dieser Diphthongierungen erkennen; ihre Ergebnisse bewegen sich etwa im selben Bereich wie die unseren. Von einer Tendenz zur Standardisierung kann höchstens in dem Sinne die Rede sein, daß der Grad der Diphthongierung bei diesen Vokalen im Vergleich zu früheren Studien abnimmt: Bei allen vier Vokalen werden die Diphthonge überwiegend mit einem schwachen Diphthongierungsgrad realisiert, während einige frühere Studien noch Beispiele für hauptsächlich starke Diphthongierungen anführen, so z. B. Thomas (1996: 43), der am [a^{o}] als den verbreitetsten Diphthong für (ɑː) angibt. Für jeden langen Vokal wird ein bestimmter Diphthong bevorzugt: [a^{ɔ}] für (ɑː), [a^{ε}] für (ɛː), [a^{ɔ}] oder [ɔ^{o}] für (ɔːʀ) und [a^{œ}] für (œːʀ). Diese relativ große Homogenität im Gebrauch der einzelnen Diphthongierungsvarianten in unserem Korpus unterstreicht die Regelmäßigkeit und Überregionalität dieser Erscheinung. Im Vergleich zu Deshaies-Lafontaines (1974) kann für diese Variablen eine weitere Veränderung bemerkt werden: Während sich bei ihr nur der «reading style» hinsichtlich der Frequenz der Diphthonge von anderen Kommunikationssituationen abhebt (sie unterscheidet ebenfalls zwischen drei Kontexten), besteht bei uns die Tendenz zur Differenzierung aller drei Stile. Es kann daher für diese vier Variablen nicht bestätigt werden, daß «... the phenomenon of diphthongization is not involved to an important degree in a process of stylistic variation.» (Deshaies-Lafontaine, 1974: 188). Diese deutlichere stilistische Variation ist als Ausdruck des zunehmenden Bewußtseins des sozialen Wertes der Diphthongierung zu interpretieren, zumindest bei den Fernsehsprechern.

Tatsächlich sind die Fernsehsprecher hier sensibler als der «Durchschnittsbürger», was ein Vergleich unserer Ergebnisse mit denen der aktuellen Untersuchungen von Gagné et al. (1995) und (1999) sowie Ostiguy und Gagné (2001) erkennen läßt, die eine wesentlich höhere Anzahl an Diphthongen beobachten (durchschnittlich zwischen 70 und 90 %). Damit ist nicht nur die These eines Sprachwandels in Richtung Standardvariante widerlegt, sondern es zeigt sich auch das Bemühen der Fernsehsprecher, ihrer Vorbildrolle in Fragen des Sprachgebrauchs gerecht zu werden.

4.2.3.2 Vereinfachung von Konsonantengruppen im Wortinnern und Vokalverschmelzung

Bisher haben sich kaum Arbeiten unter soziolinguistischem Gesichtspunkt mit der Vereinfachung von Konsonantengruppen im Wortinnern und der Vokalverschmelzung auseinandergesetzt. Im allgemeinen beschränkt man sich darauf, diese Phänomene als Merkmale eines *français familier* zu benennen, jedoch ohne Berufung auf Studien, die ihr Vorkommen in Korrelation mit sozialen und situativen Faktoren untersuchen (z. B. Gadet, 1996: 75). Daher kann an dieser Stelle nur festgestellt werden, daß auch hier den Standardvarianten der Vorzug gegeben wird und die Wahrscheinlichkeit des Vorkommens der jeweiligen Varianten von der Kommunikationssituation bestimmt wird: Während die *variante familière* im Sendungstyp 1 eindeutig gemieden wird, nimmt ihre Verwendung in den Typen 2 und 3 zu. Der zahlenmäßige Anteil an *variantes familières* beider Variablen stimmt in allen drei Sendungstypen nahezu überein. Ihr relativ seltener Gebrauch ist Hinweis darauf, daß sie negativ bewertet werden, jedoch nicht so kategorisch stigmatisiert sind wie beispielsweise die *variantes familières* des «oi». Für die Vokalverschmelzung liegt eine einzige Arbeit vor, die einen Vergleich ansatzweise zuläßt: Gagné et al. (1999) finden in ihrem Korpus in der *situation de mémorisation* (phonisch + geschrieben) 6 % und in spontan gesprochenen formellen Situationen (phonisch und gesprochen) 32 % fusionierte Formen. Diese Abweichung von unseren Resultaten bedeutet, daß auch hier die Fernsehsituation den Gebrauch des *familier* zusätzlich einschränkt.

4.2.3.3 (elle) und (elles)

Im Vergleich zu den Personalpronomen der dritten Person maskulin *il* und *ils* werden *elle* und *elles* in unserem Korpus deutlich weniger als *variantes familières* gebraucht. Dieser Unterschied muß ihre gemeinsame Behandlung in der Sekundärliteratur in Frage stellen. Zwar wird auch hier auf diese Tendenz hingewiesen, doch wird in der Diskussion häufig nicht differenziert. Nur Sankoff und Cedergren (1976: 1106) bemühen sich um eine Erklärung und meinen, daß die geringe Tilgung bei den femininen Personalpronomen durch den größeren Informationsgehalt (+feminin) bedingt ist. Allerdings muß zu bedenken gegeben werden, daß die Information «feminin» nicht durch das «l» übertragen wird (ähnlich wie beim Schwund des «l» der Artikel und Objektpronomen *la* und *les,* für die die Autoren ebenso argumentieren). Es kann zwar nicht verworfen werden, daß diese «Zusatzinformation» die Sprecher veranlaßt, der Realisierung dieser Variablen mehr Aufmerksamkeit zu schenken, doch ist dies reine Spekulation. Unsere Resultate lassen eine Hyperkorrektion als möglichen Grund vermuten, zumindest für *elle.*

Die Grundgesamtheit des Pronomens *elle* ist zwar relativ klein, aber die stilistische Variation ist dennoch sehr deutlich: Im Sendungstyp 3 werden signifikant mehr *variantes familières* verwendet als in den Typen 1 und 2, wobei die Variante [ɛ] gegenüber [a] / [al] tendenziell bevorzugt wird. Wahrscheinlich sind letztere stärker stigmatisiert, da sie durch die Veränderung des Vokals eher wahrgenommen werden als [ɛ], dessen Vokal erhalten bleibt. Diese Beobachtung ist von besonderem Interesse, da einige Arbeiten diese Variante gänzlich unterschlagen und sich nur zu [a] und [al] äußern (z. B. Ostiguy, 1979). Es ist durchaus möglich, daß die Existenz dieser als negativer wahrgenommenen Varianten einen Prozeß der Hyperkorrektion provoziert, durch den [ɛ] im Unterschied zu [i] der Pronomen *il* und *ils* seltener gebraucht wird. Ferner wird [a] gegenüber [al] tendenziell häufiger verwendet. Dies bestätigt zwar die Ergebnisse Ostiguys (1979), dennoch hätte man das Gegenteil erwarten können, da sich der Abstand zur Standardvariante durch den zusätzlichen Schwund des «l» vergrößert und die Variante damit auffälliger wird. Auch würde durch das «l» vor einem Vokal die Entstehung eines weiteren Merkmals des *familier,* der Vokalverschmelzung, verhindert werden, zumal das «l» insgesamt tatsächlich eher vor einem Konsonanten als vor einem Vokal schwindet.

Wie bei den meisten bisher besprochenen Variablen bestätigen unsere Resultate jene früherer Studien, was das Verhältnis der einzelnen Varianten und Variablen zueinander betrifft, heben sich von diesen aber durch einen geringeren Anteil an *variantes familières* ab. So fanden Ostiguy (1979), Sankoff und Cedergren (1976) sowie Poplack und Walker (1986) für *elle* in informellen Situationen zwischen 63 % und 95 % *variantes familières,* was eindeutig über unseren Ergebnissen liegt. Die Ergebnisse von Gagné et al. (1995) und (1999) sowie Ostiguy und Gagné (2001) bewegen sich im selben Bereich, obwohl sie aus formellen Stichproben stammen. Es zeigt sich, daß die Fernsehsprecher den Gebrauch des *familier* auch bei dieser Variablen stärker einschränken als andere Sprecher in formellen Alltagssituationen.

Leider kann die Pluralform *elles* hier nicht weiter diskutiert werden, da die Variable zu selten vorkommt (nur 19 Beispiele, im Sendungstyp 3 kein einziges Mal). Außerdem beruht die Prozentangabe für die *variantes familières* auf nur einer einzigen Sendung des Typs 2 und hat daher keinen Informationsgehalt. Die Tatsache, daß die *variantes familières* ausschließlich als [ɛ] bzw. [ɛz] und nie als [i] oder [iz] realisiert werden, mag die Auffassung widerlegen, derzufolge [i] die den Pronomen *il, ils* und *elles* zugrundeliegende Form sei (Ostiguy, 1979: 42). Aufgrund der wenigen Daten ist jedoch nicht auszuschließen, daß dieses Ergebnis zufällig zustandegekommen ist.

Wenn Sprachqualität als situationsangemessenes Sprechen definiert wird, dann müssen die kategorischen Abwertungen des Sprachgebrauchs im Quebecer Fernsehen aufgrund der in diesem Kapitel dargestellten Ergebnisse in Frage gestellt werden. Die möglichen Gründe dieser Abweichung zwischen der sprachwissenschaftlichen Beobachtung und der normalen

Wahrnehmung durch die Kommunikationspartner sollen im Mittelpunkt des folgenden Abschnittes stehen.

4.3 Die verzerrte Wahrnehmung des Sprachgebrauchs im Quebecer Fernsehen

Im vorangegangenen Kapitel wurden die negativen Urteile über den Sprachgebrauch im Quebecer Fernsehen bereits relativiert. Während unsere Ergebnisse die aus den Erkenntnissen der Variationslinguistik abgeleitete Hypothese der Abhängigkeit des Gebrauchs der *variantes familières* vom Sendungstyp bestätigen, kann der weit verbreiteten Meinung, es bestehe ein Unterschied zwischen öffentlich-rechtlichen und privaten Sendern, nicht zugestimmt werden. Eine Beeinflussung dieses Resultats durch den Faktor Sendungstyp kann ausgeschlossen werden, da diese gleichmäßig auf die Sender verteilt sind. Damit ist nachgewiesen, daß die negativen Wahrnehmungen auf anderen als rein sprachlichen Ursachen beruhen müssen. Es stellt sich zunächst die Frage, warum sich die Auffassung von einem «besseren» Französisch der Sprecher der öffentlich-rechtlichen Sender, die sich in einer geringeren Präsenz der *variantes familières* zeigen müßte, nicht bestätigt hat. Welches der im Kapitel 3.1.4 angesprochenen Argumente, die eine solche Hypothese zu untermauern schienen, wurde eventuell überschätzt? Welche anderen Faktoren können zur Erklärung herangezogen werden? Wodurch können die offenbar nicht objektiven Wahrnehmungen des Sprachgebrauchs im Quebecer Fernsehen zustande kommen?

4.3.1 Die Homogenität der Sender

Die im Kapitel 3.1.4 aufgestellte Hypothese einer «besseren» Sprachqualität der öffentlich-rechtlichen Sender stützte sich hauptsächlich auf Meinungsäußerungen der Zuschauer. Sie erschien nachvollziehbar aufgrund des traditionell kulturellen Mandates dieser Sender, des Strebens der einzelnen Sender nach einer eigenen Identität und der traditionellen Unterschiede zwischen öffentlich-rechtlichen und privaten Sendern hinsichtlich der ökonomischen Struktur, der Programmgestaltung und der Adressaten. Allerdings haben die Medien in den letzten Jahren eine derart explosionsartige Entwicklung erfahren, daß die Konsequenzen und Auswirkungen auf den Bereich des Fernsehens bisher kaum erfaßt wurden. Die jüngsten Veränderungen in der Medienlandschaft scheinen die allgemeine Meinung noch nicht erreicht zu haben und führen somit zu dem genannten Vorurteil. In der Realität haben diese Wandlungen dazu geführt, daß sich öffentlich-rechtliche und private Sender zunehmend gleichen.

Durch die neuen Technologien nimmt die privilegierte Stellung, die das Fernsehen lange Zeit genoss, ab und der Konkurrenzdruck zu. Das Fernsehen muß nicht nur den Wettbewerb mit den neuen Medien, z. B. dem Internet, bestehen[62], sondern die Fernsehlandschaft expandiert selbst in einer atemberaubenden Geschwindigkeit durch die Multiplikation der Sender, die Entwicklung zahlreicher spezialisierter Sender, die damit verbundene zunehmende Privatisierung, die Verbreitung von Kabel- und Satellitenfernsehen sowie die Mondialisierung, die in Kanada hauptsächlich die Konkurrenz mit dem amerikanischen Fernsehen bedeutet. Das

---

[62] «En outre, on a constaté chez tous les foyers connectés à Internet une baisse sensible de la consommation de télévision.» (Allemand und Oullion, 2000: 83).

Fernsehen wurde vom Prozeß der Industrialisierung erfaßt (Bellenger, 2000: 106), durch den es sich immer mehr von einem *service publique* zu einem Unternehmen entwickelt. Für die öffentlich-rechtlichen Sender wird diese ohnehin prekäre Situation zusätzlich durch beträchtliche Budgetkürzungen seitens der Regierung erschwert.[63]

Infolge dieser Veränderungen sind sowohl öffentlich-rechtliche als auch private Sender den Gesetzen des Marktes unterworfen, die die Sorge um Rentabilität diktieren. Ebenso wie die privaten Sender sind die öffentlich-rechtlichen Sender zunehmend von Teilhabern, unabhängigen Produzenten und den Einnahmen aus der Werbung abhängig. Unter diesen Bedingungen ist es für Radio-Canada unmöglich, seinem kulturellen Mandat gerecht zu werden: «Son mandat d'autrefois, qui était de satisfaire tous les publics, n'est plus réalisable actuellement ...» (Raboy, 2000: 242). Zwar existiert der *service linguistique* weiterhin, doch ist er durch die Budgetkürzungen besonders betroffen; der Kampf ums Überleben läßt die Sprachpflege zur Nebensächlichkeit werden.[64] Ausdruck dafür ist u. a. die Tatsache, daß weder die Sprachfrage noch der *service linguistique* in den kommunikationswissenschaftlichen Werken, die sich ausführlich mit der Quebecer Fernsehlandschaft beschäftigen, erwähnt werden. Die Ergebnisse jüngster Umfragen (Leblanc und Ostiguy, 2001) haben bestätigt, daß kein Sender über eine feststehende Sprachpolitik verfügt und niemand namentlich dafür verantwortlich ist: «la qualité du français, quant à elle, n'est réglementée que par la conscience de ceux qui s'en servent» (Bellefeuille, 1998: 14).

Den Gesetzen des Marktes folgend, ist es erstes Ziel aller Sender, möglichst große Einschaltquoten zu erzielen, denn nur unter dieser Voraussetzung können Investoren angezogen und die Preise für die Werbung in die Höhe getrieben werden. Kein Sender kann es sich unter diesen Bedingungen leisten, sich auf einen beschränkten Publikumskreis zu konzentrieren, wie noch Bell (1984) annimmt. Vielmehr muß es ihnen gelingen, eine maximale Anzahl an Menschen anzuziehen. Die Sender unterscheiden sich also nicht hinsichtlich der Adressaten, sondern wollen jeden ansprechen, d. h. eine anonyme Masse, die in ihrer Struktur der Gesamtbevölkerung entspricht (Prédal, 1995: 141). Entgegen bisheriger Annahmen haben neuere Studien (Allemand und Oullion, 2000: 123) außerdem gezeigt, daß «kultiviertere» Menschen und Menschen unterer sozialer Schichten keineswegs unterschiedliche Fernsehgewohnheiten haben. Sie stellen fest, daß sich die Zuschauer weniger nach der Wahl der Programme als vielmehr nach der Zeit, die sie vor dem Fernseher verbringen, unterscheiden: «Il n'y aurait, en fin de compte, que deux publics: ceux qui regardent beaucoup la télévision et ceux qui la regardent peu.» (Jost, 1999: 15).

Diese globalisierende Vorstellung vom Publikum hat zur Folge, daß es nicht darum geht, Sendungen zu konzipieren, die sich an einen spezifischen Adressaten wenden, sondern solche, die der Mehrzahl am wenigsten mißfallen. Ob öffentlich-rechtliche oder private Sender, alle streben nach maximalem Profit und wollen vor allem «plaire et séduire» (Balle, 2000: 113). Die Konsequenz ist einerseits eine Entwicklung von einem «télévision de contenu» zu einem «télévision de séduction» (Martin und Proulx, 1995), ein Kompromiß zwischen «culturel et populaire» (Allemand und Oullion, 2000) sowie eine Konzentration auf den Bereich der Unterhaltung. Andererseits sind die Risiken von Innovationsversuchen und des Strebens nach Mannigfaltigkeit zu groß, so daß sich eine Uniformierung der Fernsehland-

---

[63] Raboy (2000: 223) spricht von 425 Millionen Dollar an Einsparungen zwischen 1995–1999.

[64] Zur Zeit der Niederschrift dieses Abschnittes (Mai 2002) hat sich die Lage Radio-Canadas derart zugespitzt, daß sich seine Mitarbeiter in einen unbegrenzten Streik begeben haben. Die Presse berichtet täglich über die Entwickung des Konfliktes.

schaft abzeichnet: Überall dominieren dieselben Sendungstypen, Starmoderatoren und Werbespots. Hinzu kommt eine Mobilität des Personals von einem Sender zum anderen sowie ein Austausch der Sendungen zwischen den Fernsehstationen. Daß unser Korpus keine Unterschiede im Sprachgebrauch erkennen läßt, ist die logische Folge dieses Homogenisierungsprozesses. Dennoch mag es eine Erklärung für den Eindruck von einem «besseren» Französisch in den öffentlich-rechtlichen Sendern geben: Obwohl sich öffentlich-rechtliche und private Sender gleichen, existiert ein Unterschied hinsichtlich der Konsumgewohnheiten des Publikums. Jean et al. (1985: 200) stellen fest, daß die Zuschauer Radio-Canada für Sendungen vorziehen, die dem Sendungstyp 1 entsprechen, während sie für Talk-Shows, Variété-Sendungen und Filme eher die privaten Stationen einschalten. Die Zuschauer, die ihr Urteil nicht von soziolinguistischen Kategorien abhängig machen, sind dadurch geneigt, den Sendungstyp 1 Radio-Canadas mit dem Sendungstyp 3 der privaten Sender zu vergleichen, also Kategorien, die eigentlich nicht miteinander vergleichbar sind, was z. T. ihre kritische Haltung gegenüber letzteren erklärt.

4.3.2 Die Sprachkritik als Teil der allgemeinen Fernsehkritik

Im vorangegangenen Abschnitt wurde die Übereinstimmung der Ergebnisse für die Sender aufgrund objektiver Gegebenheiten verdeutlicht. Es wurde ebenfalls angedeutet, daß andere als rein sprachliche Tatsachen die subjektive Wahrnehmung des Sprachgebrauchs beeinflussen können. In den folgenden Abschnitten werden weitere Elemente diskutiert, die dem Kommunikationsbereich Fernsehen eigen sind und hier eine Rolle spielen mögen.

Im Kapitel 1.3.2 wurde bereits darauf hingewiesen, daß der enorme Einfluß des Fernsehens immer wieder hervorgehoben wird, aber bisher nicht konkret nachgewiesen wurde. Eine Gegenüberstellung der Kritik des Sprachgebrauchs mit allgemeinen Aussagen zum Phänomen Fernsehen läßt eine Fülle an Gemeinsamkeiten erkennen und verweist immer wieder auf die grenzenlose Macht, die man diesem Medium zuschreibt. Die Sprachkritik erweist sich als Bestandteil einer allgemeinen Kritik am Medium:

> Aucun média, avant la télévision, n'avait inspiré autant de craintes: là réside sans doute l'ultime explication de l'empilement des règles comme des tergiversations qui l'entourent. (Balle, 2000: 42)

> Ils [les journalistes] sont l'objet depuis quelques années d'une campagne de doute, voire de dénigrement. (Bellenger, 2000: 13)

> Dans les milieux où culture est synonyme d'arts classiques, il est de bon ton de dénigrer la télévision et d'affirmer que culture et télévision sont radicalement incompatibles. (Allemand und Oullion, 2000: 56)

> On accorde aux médias un rôle prépondérant sur la place publique, il est vrai que leur puissance fascine et inquiète. Les médias sont souvent considérés comme un espace privé de véritables lois, où les notions de responsabilité et de sanction n'ont pas la même valeur que dans le reste de la société [...]. (Allemand und Oullion, 2000: 99)

Viele Menschen sehen sich als Opfer der Medien, nehmen eine apokalyptische Haltung ein, denn sie haben den Eindruck, ihr Denken und Handeln werde manipuliert. Immer wieder wird auf die «Macht» der Medien verwiesen, auf « ... leurs capacités à persuader les gens, à les faire changer d'avis, à les faire agir autrement qu'ils le voudraient.» (Balle, 2000: 105). Ferner bemängelt man die Programmzusammenstellung, die nicht den Interessen der Mehrheit entspreche, man attackiert die Journalisten, die das Vulgäre und Triviale fördern und zu einer Entartung und Uniformierung der Kultur beitragen, man kritisiert die Vermarktung der

Medien und ihr Sensationsbedürfnis, man beanstandet den Inhalt einzelner Sendungen, man weist auf die Unglaubwürdigkeit der Moderatoren hin und interpretiert die Pressefreiheit als Tendenz zur Willkürlichkeit. Es erscheint folgerichtig, daß die allgemeine Meinung diese Reihe an Vorwürfen, die das Fernsehen als verdorbenes, antikulturelles Medium darstellen, ebenfalls auf den Sprachgebrauch ausweitet, der als ebenso regellos, entartet und vulgär wahrgenommen wird.

Hauptgrund dieser Dämonisierung ist wahrscheinlich die mangelnde Kenntnis des Mediums: Obwohl allgegenwärtig in unserem Leben, sind seine Geschichte und sein Funktionieren nicht in die schulischen Lehrpläne aufgenommen worden (Bellenger, 2000: 106). Aufgrund dieser Wissenslücke hat sich die öffentliche Meinung eine Vorstellung vom Medium konstruiert, die es als ein «empire diaboliquement puissant» (Bellenger, 2000: 106) erscheinen läßt. Sicher ist dieser Einfluß reell, man denke nur an den enormen Fernsehkonsum, aber nicht so simpel, unidirektional und deterministisch. Seit den Arbeiten von Elihu Katz und Paul Lazarsfeld (1955) wird die Auffassung von einem «viol des foules», wie sie noch Tchakhotine (1952) proklamiert, von der Kommunikationswissenschaft zunehmend widerlegt. Die Zuschauer werden von der neueren Forschung als aktive Interaktionspartner angesehen, die in der Lage sind, das Angebot auszunutzen, auszuwählen, zu konfrontieren und ihm zu widerstehen: «[...] la technique n'impose rien; elle propose et l'homme dispose, ou compose.» (Balle, 2000: 97). Das Beeinflussungspotential hängt demzufolge auch von den zuvor gebildeten Meinungen und Erwartungen ab. Nicht zuletzt wird die angebliche Macht paradoxerweise dadurch eingeschränkt, daß man um so mehr Mißtrauen entwickelt, je mehr man von der Allmächtigkeit überzeugt ist. Die vehemente Kritik am Sprachgebrauch im Quebecer Fernsehen ist sicher teilweise aus dieser Vorstellung von der Allmacht des Medium und als Teil der allgemeinen Fernsehkritik zu erklären.

4.3.3 Die Komplexität der wirksamen Faktoren

Aufgrund dieser Prädisposition zu einer kritischen Haltung ist anzunehmen, daß die Phänomene, die negative Bewertungen des Sprachgebrauchs im Fernsehen provozieren, nur schwer zu identifizieren und viel zu komplex sind, als daß ihnen eine Analyse einer beschränkten Anzahl sprachlicher Variablen gerecht werden könnte. Erschwerend wirkt, daß die Meinung der Zuschauer auf oberflächlichen Beobachtungen beruht, denn das Fernsehen hat sich zunehmend zu einem Zeitvertreib entwickelt, der von anderen Handlungen begleitet wird: Man bügelt die Wäsche, bereitet das Abendessen vor, trinkt ein Glas Wein mit Freunden, und nebenbei läuft der Fernseher. Dieser häufig nur oberflächliche Kontakt mit dem Medium und die folglich geringe Aufmerksamkeit seitens des Publikums (Prédal, 1995: 142; Jost, 1999: 47) führt zu einer voreiligen Meinungsbildung und mag eine Analogiebildung zur Folge haben: Von einer minderen inhaltlichen Qualität wird auf die sprachliche Form geschlossen; eine entspannte Atmosphäre oder Vortragsweise (Dekor, Kleidung, Duzen, moderne Effekte wie synkopische Musikrhythmen sogar in Nachrichtensendungen) wird auch auf die Sprache bezogen. Dies erscheint um so wahrscheinlicher, da sich die privaten Sender, deren Sprachgebrauch besonders heftig kritisiert wird, diesbezüglich im allgemeinen «lockerer» geben, die sprachwissenschaftliche Analyse aber keine Unterschiede zu den öffentlich-rechtlichen Sendern bestätigen konnte. Unsere Untersuchung gestattet es nicht, über eine reine Hypothesenbildung hinauszugegehen; ihre Überprüfung muß weiteren Studien vorbehalten bleiben.

Es ist verständlich, daß die Wahrnehmung der Laien nicht immer mit jener der Wissenschaftler konform geht. Im Bereich der Aussprache kann die Wahrnehmung eines Lautes wesentlich von seiner realen Beschaffenheit abweichen, weniger aufgrund von physischen Hörproblemen, sondern aufgrund der Tatsache, daß ihr immer ein geistiger Prozeß des Erkennens und der Interpretation zugrunde liegt (Léon, 1996: 41).[65] Ebenso wie die Wahrnehmung eines einzelnen Lautes von einer Vielzahl schwer kontrollierbarer Faktoren abhängt, so ist die globale Bewertung der Sprachqualität nicht ausschließlich auf ein Bündel sprachlicher Variablen zu reduzieren. Bereits die Entscheidung für eine begrenzte Anzahl an phonologischen und morphologischen Aspekten ist ein Kompromiß zugunsten der zügigen und linearen Durchführbarkeit der Untersuchung. Sprache als Form des sozialen Handelns, als Mittel zum Zweck der Informationsübertragung und der Herstellung von Beziehungen zu den Interaktionspartnern wird nicht nur an der Realisierung bestimmter sprachlicher Variablen gemessen. Der Durchschnittsbürger dürfte die Sprache eines Fernsehsprechers kaum mit Begriffen wie Öffnungsgrad oder Diphthongierung umschreiben. Vielmehr ist anzunehmen, daß die Beherrschung der Sprache im Bereich der Massenkommunikation nicht losgelöst vom generellen Kommunikationsgeschick der Moderatoren, ihrer Fähigkeit, eine Nachricht klar zu übermitteln und die Aufmerksamkeit der Zuschauer zu wecken, dem Einsatz paraverbaler Elemente wie Sprechgeschwindigkeit, Gestik und Mimik, ja sogar der Klangfarbe der Stimme[66] und der Persönlichkeit bewertet wird. Bemerkt sei, daß in unserem Korpus eine hohe Anzahl von allgemeinen Merkmalen der gesprochenen Sprache zu finden ist (Fehlstarts, Zögern, Wiederholungen, Selbstkorrekturen und –unterbrechungen, Füllwörter, Pausen, Gliederungssignale), die weder als Fehler noch als Merkmale eines *français familier* aufzufassen sind. Es scheint, als versuche man durch ihren bewußten Einsatz den Eindruck von Spontaneität und Natürlichkeit zu erwecken und die Tatsache zu verdrängen, daß die Sendungen künstliche Produkte und in hohem Maße vorbereitet sind bzw. häufig verlesen oder auswendig gesprochen werden. Es ist nicht auszuschließen, daß dies zu einer Abwertung der Sprache beiträgt, würde aber bedeuten, daß Gesprochenes aus der Perspektive der geschriebenen Sprache bewertet wird, eine fälschliche Annahme, die in der normativen Tradition des Französischen nur allzu verbreitet ist. Es ist auch denkbar, daß die Wahrnehmung der Zuschauer vom gesamten Sprachgebrauch im Fernsehen beeinflußt wird, und den Fernsehsprechern lediglich die Verantwortung zugeschoben wird. Zwar wurde die Beschränkung des Untersuchungsgegenstandes auf die Fernsehsprecher in den ersten Kapiteln der Arbeit hinreichend gerechtfertigt, indem auf die besondere Verantwortung der Fernsehsprecher für die Verbreitung eines vorbildlichen Sprachgebrauchs sowie die heftigen Kritiken diezbezüglich verwiesen wurde. Doch könnte eine Beachtung der Gesprächspartner ebenfalls aufschlußreich sein.

Wenn bisher betont wurde, daß die Sprecher des Sendungstyps 1 die Funktion des Fernsehens erfüllen, ein *français standard* zu verbreiten, dann stützte sich diese Schlußfolgerung auf die zu beobachtende diaphasische Variation von einem Sendungstyp zum anderen, auf den geringeren Anteil an *variantes familières* im Vergleich zu «täglichen» Kommunikationssituationen sowie auf den extrem niedrigen Anteil oder das gänzliche Fehlen sehr stark stigmatisierter Varianten. Indirekt bedeutet dies, daß ein Anteil von durchschnittlich 10 % *variantes familières* als unbedeutend angesehen wurde. Es muß jedoch darauf hingewiesen werden, daß der aktuelle Wissensstand keine Aussagen dazu zuläßt, welches die kritische

---

[65] Siehe auch Kapitel 3.2.5.

[66] Nicht umsonst ist der Stimmtest einer der Hauptbestandteile des Eignungstests zum Moderator.

Schwelle sein könnte, d. h., wieviel *familier* negative Reaktionen auszulösen vermag. Unabhängig vom effektiven Prozentsatz mag auch die Vorkommenshäufigkeit der einzelnen Variablen die Wahrnehmung beeinflussen. Es ist denkbar, daß eine häufig verwendete Variable selbst bei geringem Anteil an *variantes familières* auffällig genug ist, um in ihrer Summierung negative Urteile zu provozieren. Weiterführende Untersuchungen müssen verstärkt all diese Aspekte berücksichtigen.

4.3.4 Anteil und Verteilung der Sendungstypen in der Programmation

Es wurde bereits angedeutet, daß sich die Wahrnehmung der Zuschauer fern von wissenschaftlichen Kriterien entfaltet. Selbst wenn unsere Ergebnisse gezeigt haben, daß sich die Sprachvariation in Abhängigkeit von Sendungstypen nach soziolinguistischen Kriterien richtet und der Sendungstyp 1 durchaus ein *français standard* verbreitet, schließt dies nicht aus, daß das Publikum nicht doch vornehmlich mit einem *français familier* in Berührung kommt. In der bisherigen Analyse wurde die Fernsehrealität zerlegt, nun soll auf die Programmation in ihrer Einheit fokussiert werden und der Anteil sowie die Verteilung der Sendungstypen berücksichtigt werden.

Die Einteilung der Sendungen unseres Korpus nach der Sendezeit hat gezeigt, daß der Gebrauch des *français familier* nicht vom Sendezeitpunkt beeinflußt wird. Dies hängt mit der Verteilung der Sendungstypen zusammen: In der Haupteinschaltzeit dominiert der Sendungstyp 1, gefolgt vom Sendungstyp 3, während Typ 2 vorzugsweise außerhalb dieser Periode ausgestrahlt wird. Dadurch neutralisiert sich der Gebrauch des *familier,* denn Typ 1 ist durch den geringsten und Typ 3 durch den höchsten Anteil an *variantes familières* gekennzeichnet. Allerdings mag dies durch die Zusammenstellung des Korpus bedingt sein, die nach dem Zufallsprinzip erfolgte und bei der besonders Wert auf eine relativ gleichmäßige Verteilung der Sendungen nach Sendungstypen und Sendern gelegt wurde, nicht aber die reale zeitliche Verteilung der Sendungen in der Programmation berücksichtigt wurde. Daher soll nun ein Blick auf die Programmgestaltung geworfen werden. Dabei soll nicht nur der Sendezeitpunkt beachtet werden, sondern auch geklärt werden, welcher Sendungstyp in der Gesamtprogrammation dominiert und welcher die höchsten Einschaltquoten besitzt.

Zunächst kann festgestellt werden, daß während der Haupteinschaltzeit vorrangig Unterhaltungssendungen (Typ 3) und Filme gesendet werden (Tremblay und Lacroix, 1995: 181). Trudel (1992: 51) spricht von einem Anteil von 80 % an Unterhaltungssendungen, unabhängig davon, ob es sich um öffentlich-rechtliche oder private Sender handelt. Auch im Gesamtprogramm dominiert dieser Sendungstyp eindeutig (Martin und Proulx, 1995: 96). Tremblay und Harvey (1991: 59–60) zufolge ist der Anteil an Informationssendungen von 40 % im Jahre 1982 auf 29 % im Jahre 1989 gesunken, in der Haupteinschaltzeit sogar auf 22 %, wobei sich diese Tendenz gegenwärtig zu akzentuieren scheint. Grund dafür ist die bereits erwähnte Industrialisierung des Fernsehens und die damit einhergehende Konkurrenzsituation, die die Stationen dazu zwingt, ihre Aktivitäten von der Rentabilität abhängig zu machen. Tatsächlich ermöglichen Unterhaltungssendungen wie Talk-Shows und Spiele einen maximalen Profit, da ihre Produktion einen verhältnismäßig geringen Kostenaufwand erfordert (Raboy, 2000: 222) und sie unbestritten an der Spitze der Einschaltquoten stehen (Martin und Proulx, 1995: 75). Sie stellen folglich das Idealrezept dar, mit dem möglichst viele Zuschauer angezogen werden können, und sie sind eine der Überlebensstrategien, die die Uniformierung der Sender nach sich zieht.

Allerdings bedeutet dies nicht, daß das Fernsehen seine Informationsfunktion leugnet. Diese wird dennoch wahrgenommen, aber mittels einer veränderten Strategie: Neuerdings werden auch Informationen auf unterhaltende Art und Weise präsentiert, um dem Publikum zu gefallen, das sich nach einem langen Arbeitstag hauptsächlich entspannen will (Caron-Bouchard und Simard, 1985). Man spricht von einer Kreuzung der Genres (Martin und Proulx, 1995) oder auch von der Herausbildung eines neuen Sendungstyps, des «Infotainment» (Trudel, 1992: 84), der dem Wunsch der Zuschauer gerecht werden soll, Information und Unterhaltung miteinander zu verbinden. In der Regel nehmen die Sendungen des Typs 2 (*émissions d'intérêt général*) diese Aufgabe wahr und sind im Begriff, die traditionellen Informationssendungen zu verdrängen.

Dieser Blick auf die Programmgestaltung läßt erkennen, daß das Publikum letztendlich doch vorwiegend mit einem mehr oder minder familiären Sprachgebrauch in Berührung kommt, da der Sendungstyp 3 in der Haupteinschaltzeit, im Gesamtprogramm sowie in den Einschaltquoten dominiert und außerdem der Typ 2 mehr und mehr an die Stelle des Typs 1 tritt. Da der Sendungstyp 1 als der Bereich identifiziert wurde, der sich am Modell des *français québécois standard* orientiert, bedeutet dies, daß das Fernsehen tatsächlich zunehmend weniger seiner Funktion gerecht wird, diesen exemplarischen Sprachgebrauch zu verbreiten. Allerdings ist der Grund nicht in einem *laisser aller* der einzelnen Sprecher zu sehen: Wie die Diskussion der sprachlichen Variablen im Kapitel 4.2 gezeigt hat, variiert der Sprachgebrauch nach den Regeln der Situationsangemessenheit, wobei der Anteil an *variantes familières* sogar im Sendungstyp 3 weit unter dem in alltäglichen Interaktionen beobachteten Anteil liegt und einige sehr stark markierte Varianten gänzlich vermieden werden. Dies könnte als Kompromiß zwischen dem Bemühen um einen vorbildlichen Sprachgebrauch und der glaubwürdigen Darstellung der Realität interpretiert werden, eine Doppelfunktion, die von einem einzigen Sendungstyp, dem eher ein *français familier* entspricht, kaum zu erfüllen ist.

Die Verantwortung dafür, daß der Standard nur wenig präsent ist, liegt folglich vielmehr in den Händen der Programmgestalter, die formellen Kommunikationssituationen und damit der ihnen entsprechenden Varietät immer weniger Raum geben. Das Problem der Sprachqualität im Quebecer Fernsehen erscheint somit weniger als ein sprachliches Problem als vielmehr als ein durch die Merkmale des Mediums bedingtes Phänomen. Doch selbst diese Erklärung erweist sich als zu simpel, ist doch das Vorgehen der «Fernsehmacher» nicht willkürlich, sondern durch die gesellschaftlichen Gegebenheiten bestimmt, aufgrund derer das Publikum ein «leichtes» Programm bevorzugt, was durch die Einschaltquoten bestätigt wird. Während die rein sprachliche Analyse des Kapitels 4.2. dazu verleiten mochte, die heftige Kritik am Sprachgebrauch im Fernsehen zurückzuweisen, wird sie durch diese globale Betrachtungsweise verständlicher, muß jedoch weitaus nuancierter formuliert werden, als dies gewöhnlich der Fall ist. Lösungsansätze können aufgrund der Komplexität des Problems kaum von der Sprachwissenschaft ausgehen, die machtlos gegenüber der Programmgestaltung, den Konsumgewohnheiten des Publikums und den dahinterstehenden Gründen ist.

5 Schlußbemerkungen und Ausblick

In diesem abschließenden Kapitel sollen die Hauptargumente der Arbeit aufgegriffen, die wesentlichen Erkenntnisse zusammengefaßt und mögliche Ansatzpunkte für weiterführende Arbeiten aufgezeigt werden.

Ausgangspunkt der vorliegenden Untersuchung waren die negativen Einstellungen der frankophonen Quebecer zu ihrer Sprache und die scharfe Kritik an der angeblich mangelhaften Sprachqualität des *français québécois,* die den metasprachlichen Diskurs und das Sprachbewußtsein der Québecer seit langem dominieren. Die Sensibilität der Quebecer in Sprachfragen wurde als Symptom sprachlicher Unsicherheit identifiziert und dank der Darstellung einiger sprachhistorischer Aspekte nachvollziehbar. Es wurde gezeigt, daß die Abwertung der Sprache nicht rein sprachlich zu erklären ist, sondern eine Reihe anderer Gründe, hauptsächlich ideologischer, kultureller und gar wirtschaftlicher Art, eine Rolle spielen. Unter historischem Gesichtspunkt wurde hier die Eroberung der französischen Kolonie durch die Engländer und die damit einhergehende Isolierung vom Mutterland hervorgehoben, in deren Folge sich *français québécois* und *français de France* unabhängig voneinander entwikkelten. Die so zu begründenden archaischen und dialektalen Züge des *français québécois* sowie die zahlreichen Anglizismen führten zu der Auffassung von einer ursprünglich reinen Sprache, die in Nordamerika verdorben wurde. Allerdings wurde dieser Standpunkt aufgrund des dynamischen, heterogenen Charakters der Sprache, die mit den gesellschaftlichen Bedingungen variiert und evolviert, als unbegründet zurückgewiesen. Im engen Zusammenhang mit dieser Mißachtung der Sprachvariation steht die Orientierung an der Norm des *français de France,* die als Hauptursache der sprachlichen Unsicherheit herausgearbeitet wurde. Unter den damaligen Bedingungen erschien das *français de France* aufgrund seiner bereits kodifizierten, prestigereichen Norm und seiner internationalen Anerkennung als idealer Alliierter im Kampf um das Überleben des Französischen. Durch die Ausrichtung am *français de France* sollte ein vorbildlicher Sprachgebrauch erreicht werden, der es gestatten sollte, den Status des Französischen in Québec zu sichern und das Gefühl der sprachlichen Unsicherheit abzubauen. Leider wurde genau das Gegenteil erreicht. Das *français québécois* wurde am Modell des *français de France* bewertet, das sich jedoch nicht durchsetzen konnte, da es nicht der sprachlichen Realität Québecs entspricht und daher als unnatürlich und fremd empfunden wurde und wird. Zwangsläufig verstärkte dies das sprachliche Minderwertigkeitsgefühl, denn alle Abweichungen von diesem Maßstab wurden als Fehler angesehen.

Obwohl der Bezug auf das *français de France* im Diskurs um die Sprachqualität auch heute allgegenwärtig ist, fanden die frankophonen Quebecer im Zuge der *Révolution tranquille* zu einer politischen, ökonomischen und letztendlich auch sprachlichen Emanzipation. Von nun an gewann die Idee einer eigenen standardsprachlichen Norm zunehmend an Anerkennung. Nur ein solches Modell, das der sprachlichen und kulturellen Realität Québecs entspricht, kann dazu beitragen, die sprachliche Unsicherheit abzubauen. Dennoch bestehen die Vorbehalte gegenüber dem Sprachgebrauch fort, da diese Norm bisher nicht vollkommen beschrieben worden ist. Allerdings hat sich die Diskussion in den letzten Jahren auf den Bereich der öffentlichen Kommunikation verlagert, die als Hauptverantwortlicher in Fragen der Sprachqualität angesehen wird. Dabei ist v. a. das Fernsehen in den Mittelpunkt des

Interesses gerückt, denn man spricht ihm aufgrund seines Einfluß- und Identifikationspotentials die Funktion zu, die prestigereiche Varietät der Sprache zu verbreiten, an der sprachliche Leistungen gemessen werden (*bon usage),* und durch seine Vorbildwirkung eine Verbesserung der Sprachqualität im allgemeinen bewirken zu können. Zwar sieht die Mehrzahl der Bevölkerung in den Nachrichtensprechern Radio-Canadas das Vorbild für einen beispielhaften Sprachgebrauch, dennoch mehren sich heftige Vorwürfe, die von einer dürftigen Sprachqualität der Fernsehsprecher, v. a. der privaten Sender, sprechen. Im Kapitel 1.3.3 und 1.3.4 wurde deutlich, daß diese Kritiken wenig differenzieren, zumeist auf oberflächlichen Eindrücken beruhen und kaum wissenschaftliche Untersuchungen zu diesem Thema existieren.

Die Bedeutung der Sprachnormproblematik für die negativen Einstellungen der Quebecer zu ihrer Sprache erklärt die Notwendigkeit der vorliegenden Untersuchung. Ihr Hauptanliegen bestand darin, die Frage zu beantworten, ob und wie das frankophone Fernsehen Québecs seine Funktion erfüllt, das Modell des *français québécois standard* zu verbreiten und zugleich die gesellschaftliche und sprachliche Realität in ihrer Diversität widerzuspiegeln. Es sollten einige Elemente identifiziert werden, die den negativen Wahrnehmungen des Sprachgebrauchs der Fernsehsprecher zugrunde liegen könnten, sowie anhand informativer Sendungen Radio-Canadas Rückschlüsse auf die Norm des *français québécois standard* gezogen werden.

Die Methode der empirischen Untersuchung wurde ausgehend von den Erkenntnissen der Variationslinguistik entwickelt, deren Konzepte und Begriffe der weiteren Argumentation zugrunde gelegt wurden. Sprache wurde als eine Form des sozialen Handelns aufgefaßt und ihre Heterogenität aus den gesellschaftlichen Bedingungen erklärt. Es wurde erläutert, daß die sprachliche Verschiedenheit nicht die Funktionalität der Sprache beeinträchtigt, sondern einen durchaus systematischen Charakter hat und mittels außersprachlicher (regionaler, sozialer, situativer) Faktoren erklärbar ist. Daher wurde auch die traditionelle Definition der Sprachnorm als eine einzige präskriptive Norm in Frage gestellt. Wenn Sprache eine Form des sozialen Handelns ist, dann muß die Sprachnorm als soziale Norm definiert werden. Folglich muß von Norm**en** im Plural gesprochen werden, von impliziten Normen, die im realen Sprachverhalten zu beobachten sind und in Abhängigkeit von sozialen, situativen, geographischen und zeitlichen Faktoren existieren. Es wurde ebenfalls herausgearbeitet, daß die Varietäten trotz der Existenz solcher impliziter Normen nicht denselben sozialen Wert besitzen, sondern die Sprecher eine Varietät bevorzugen, die sie als besonders prestigereich aufwerten. Diese «gehobene» Varietät wurde als Macht- und Prestigekapital interpretiert, das den Zugang zu «besseren» gesellschaftlichen Positionen erleichtert. Diese Norm, auch *standard* genannt, wurde als die sprachliche Varietät definiert, die die Mehrzahl der Sprecher in formellen Kommunikationssituationen gebraucht und als korrekt einschätzt. Sie kann aber auch negative Reaktionen provozieren, wenn sie in informellen Kontexten gebraucht wird. Eine Normverletzung ist folglich nicht der Gebrauch einer *variante familière* an sich, sondern wenn dies in einem spezifischen Kontext erfolgt, in dem es die meisten Sprecher mißbilligen. Die Frage der Sprachqualität bleibt somit weiterhin aktuell, nur stellt sich das Problem auf andere Art und Weise, wobei die Situationsangemessenheit sprachlicher Äußerungen zu berücksichtigen ist. Die standardsprachliche Norm muß sich also auf formelle Kommunikationssituationen in einer bestimmten Sprachgemeinschaft zu einem bestimmten Zeitpunkt beziehen. Sprachliche Leistungen sind daher nicht am *français de France* zu messen, sondern am *français québécois standard,* wobei die Situationsangemessenheit zu beachten ist.

Aus der Übertragung der variationistischen Voraussetzungen auf die Fernsehrealität ergab sich die Analyse des Sprachgebrauchs im Fernsehen anhand einer Differenzierung nach Sendungstypen. Ausgangspunkt war die Tatsache, daß das Fernsehen verschiedene Kommunikationssituationen umfaßt, die durch die verschiedenen Sendungstypen repräsentiert werden und die kulturelle Realität der Gesellschaft in ihrer Diversität widerspiegeln sollen. Daher wurde angenommen, daß es auch Unterschiede im Sprachgebrauch gibt, der sich daran anpaßt und neben dem hochsprachlichen Niveau auch anderen sprachlichen Varietäten Raum gibt. Dies ist an sich nicht problematisch, die Frage ist nur, in welchem Maße und in welchem Sendungstyp welche sprachliche Varietät verwendet wird. Ausgehend vom offiziellen Mandat der Medien «Information – Bildung – Unterhaltung» wurde die dominierende Kommunikationsfunktion der Sendungen als Hauptkriterium der Einteilung herangezogen, die eine Ordnung nach ihrem Formalitätsgrad ermöglichte. Da frühere soziolinguistische Studien den Kontinuumcharakter der Sprachvariation unterstrichen haben, wurden nicht nur die beiden Pole formell – informell einander gegenübergestellt, sondern eine Dreiteilung in formell – zunehmend informell – informell vorgenommen. Es sollte die Hypothese überprüft werden, derzufolge der Gebrauch der *variantes familières* und *variantes standard* durch das Verhältnis von Information und Unterhaltung bestimmt wird. Demzufolge wurde vom Sendungstyp 1 zum Sendungstyp 2 und 3 mit einer zunehmenden Anzahl an *variantes familières* gerechnet. In Hinblick auf die spätere Interpretation der Daten wurde die Spezifik der Fernsehkommunikation unterstrichen, die einen Großteil der Sendungen als phonische Realisierung einer geschriebenen Konzeption erscheinen läßt.

Eine weitere Einteilung der Fernsehrealität in öffentlich-rechtliche und private Sender wurde aufgrund der weit verbreiteten Meinung eines «besseren» Französisch der Sprecher Radio-Canadas vorgenommen. Sie erschien nachvollziehbar aufgrund der unterschiedlichen ökonomischen Organisation der Sender und ihres Bemühens, eine eigene Identität zu entwikkeln. Daneben wurde auch die Sendezeit berücksichtigt. Da je nach Tageszeit verschiedene Bevölkerungsgruppen das Medium Fernsehen nutzen und der Adressat als ein die Kommunikationssituation bestimmender Faktor identifiziert wurde, wurden auch diesbezüglich Unterschiede im Sprachgebrauch angenommen.

Da das Modell des *français québécois standard* noch näher zu definieren ist, wurde die Bestimmung der zu untersuchenden sprachlichen Variablen anhand von aktuellen soziolinguistischen Arbeiten zum Sprachgebrauch in Québec und zu den Einstellungen der Quebecer zu ihrem Französisch vorgenommen. Aufgrund der Unmöglichkeit, alle Aspekte der Sprache in einer einzigen Untersuchung zu beachten, wurden nur phonologische und morphologische Gesichtspunkte beachtet. Diese Einschränkung gestattete eine möglichst große Objektivität und Rigorosität der Analyse dank einer begrenzten Anzahl von eindeutig identifizierbaren und interpretierbaren Merkmalen, die mit dem Konzept der soziolinguistischen Variablen erfaßt wurden. Damit wird dargestellt, daß dieselbe Realität mittels verschiedener Formen (Varianten) ausgedrückt werden kann. Als Standardvarianten wurden solche Elemente angesehen, die die Mehrzahl der Quebecer in formellen Kommunikationssituationen benutzen und in solchen Kontexten als Prestigevarianten positiv bewerten. Es wurde die objektive (implizite) sowie die subjektive Norm des *français québécois* berücksichtigt, also die Realisierungskonstante und der Konsens hinsichtlich des sozialen Wertes der Varianten. Bevor die einzelnen Varianten in Abhängigkeit von außersprachlichen Faktoren erfaßt werden konnten, wurden die innersprachlichen Bedingungen, die eine Variation überhaupt erst zulassen, herausgearbeitet.

Nachdem die Kriterien der empirischen Untersuchung definiert worden waren, sollten mit Hilfe der Varianzanalyse folgende Fragen beantwortet werden:

- Mit welcher Häufigkeit kommen die *variantes familières* in den Fernsehsendungen unseres Korpus vor?
- Bestehen signifikante Unterschiede hinsichtlich des Gebrauchs der *variantes familières* zwischen den Sendungstypen?
- Gibt es signifikante Unterschiede diesbezüglich zwischen den Sendern?
- Was kann über den Einfluß der Sendezeit ausgesagt werden?
- Welche Auswirkung haben die verschiedenen sprachlichen Variablen auf den Gebrauch des *français familier,* d. h., welche Variablen werden am häufigsten gebraucht und welche werden eher vermieden? Gibt es diesbezüglich Unterschiede zwischen den Sendungstypen?

Während die Hypothese bestätigt werden konnte, daß bei einem höheren Formalitätsgrad einer Sendung weniger *variantes familières* gebraucht werden, konnten keine Unterschiede zwischen den Sendern und kein Einfluß der Sendezeit festgestellt werden. Die Ergebnisse der quantitativen Analyse wurden anschließend mit denen früherer Untersuchungen verglichen, wobei für ihre Interpretation auf die Erkenntnisse des konzeptuellen Rahmens der Arbeit zurückgegriffen wurde. Als besonders aufschlußreich für die Beantwortung der Fragestellung erwies sich dabei die Beobachtung der einzelnen Variablen.

Die Diskussion der sprachlichen Variablen ließ erkennen, daß nicht alle Variablen mit derselben Wahrscheinlichkeit als *variantes familières* realisiert werden, sondern Unterschiede im Grad der «Familiarität» bestehen. Es wurde gezeigt, daß die in einer Gruppe zusammengefaßten Variablen einige gemeinsame Merkmale besitzen, die es gestatten, bestimmte Variablen in jeweils situationsspezifischen Ausprägungen einander zuzuordnen (Mattheier, 1990: 5). Damit kann beispielsweise von einer hohen Frequenz des [i] für *il/ils,* auf eine häufige Tilgung der Negationspartikel *ne* oder eine geringe Anzahl fakultativer *liaisons* geschlossen werden, ebenso wie ein seltener Gebrauch des [we] für «oi» einen ebenfalls seltenen Gebrauch der *variantes familières* des è am Wortende impliziert. In vielen Fällen wurde ein solches Verhalten, ausgehend von den schon vorhandenen Arbeiten, erwartet, in anderen Fällen konnten dank der Erkenntnisse der Variationslinguistik über den Zusammenhang von synchroner Sprachvariation und Sprachwandel neue Tendenzen abgeleitet werden. Aufgrund des mangelhaften Wissens über die diaphasische Variation des *français québécois* sind so manche Detailbeobachtungen der vorliegenden Arbeit ein wichtiger Beitrag zum besseren Verständnis dieser Varietät des Französischen und veranschaulichen außerdem die Abhängigkeit der diaphasischen von der diastratischen Variation.

Die Gruppe der häufig als *variantes familières* gebrauchten Variablen überraschte mit Ausnahme der Variablen (ɑ#) und (wɑ#) kaum. Schon frühere Arbeiten wiesen auf eine sich generalisierende Verwendung der *variantes familières,* abnehmende soziale Gruppenunterschiede in der Variation dieser Variablen und einen Rückgang der mit ihrer Verwendung verbundenen sozialen Werturteile hin. Obwohl diese Tendenz in dem Sinne bestätigt wurde, daß diese Variablen öfter als andere in ihrer familiären Form vorkommen, bewahren sie ihren Status als soziolinguistische Variablen, indem sie weiterhin stilunterscheidend wirken. Dabei ist der Unterschied zwischen dem Sendungstyp 1 gegenüber 2 und 3 sehr markant, während jener zwischen 2 und 3 nicht signifikant ist. Dies wurde als Abnahme ihrer Bedeutung für die stilistische Variation interpretiert. Dennoch erscheint das von einigen Autoren prophezeite Verschwinden der Standardvarianten in absehbarer Zukunft unwahrscheinlich, da sie im Sendungstyp 1 eindeutig dominieren und auch in den anderen Sendungstypen in einer nicht unbedeutenden Anzahl vorkommen. Das ist einerseits Beweis dafür, daß sie weiterhin als die prestigereicheren Varianten angesehen werden, andererseits drücken sie das Bemühen der

Fernsehsprecher um eine korrekte Aussprache aus. Außerdem scheint eine solche Entwicklung durch den Einfluß der Schriftlichkeit verhindert zu werden, denn es handelt sich um Varianten, die durch die Graphie oder die schriftsprachliche Norm gestützt werden. Tatsächlich sind die Sendungen des Typs 1 als «phonisch + geschrieben» zu charakterisieren. Von einer abgeschwächten stilistischen Variation kann daher nur bedingt die Rede sein: Die *variantes familières* dieser Variablen können durchaus in phonischer Realisierung gesprochener Konzeption als wenig markiert (neutral) angesehen werden, die entsprechenden Standardvarianten sind dann als sehr positiv konnotierte Standardvarianten (*valeur ajoutée*) zu verstehen. Diese *variantes familières* sind zwar zunehmend weniger negativ markiert, und ihr Erscheinen ist auch im formellen Stil durchaus normal, doch haben sie weiter eine stilistische Funktion, denn die entsprechenden Standardvarianten gestatten den Sprechern, sich positiv abzuheben, und gewinnen v. a. in extrem formellen Situationen (vgl. das Konzept der Distanzsprache) an Bedeutung. So erweckt in den meisten Fällen bereits die Realisierung einiger Standardvarianten der Personalpronomen *il*/*ils*, der fakultativen *liaisons* oder der Negationspartikel *ne* den Eindruck von sprachlicher Korrektheit und einer gewissen Formalität. Im Gegensatz dazu können nur wenige *variantes familières* der meisten langen Vokale (Diphthongierungen) negative Reaktionen auslösen. Eine Ausnahme bilden hier die Diphthonge [o^u] und [$ø^y$], die anscheinend kaum wahrgenommen werden und daher ebenfalls als neutral erscheinen.

Eine weitere Gemeinsamkeit der Variablen dieser Gruppe fällt auf: Zum größten Teil handelt es sich um Variablen, deren *variantes familières* nicht ausschließlich das *français québécois* kennzeichnen, sondern auch im informellen Stil anderer Varietäten des Französischen, einschließlich des *français de France,* stark verbreitet sind (Vereinfachung der Konsonantengruppen am Wortende, Tilgung des «l» in *il* und *ils,* fakultative *liaisons*, Tilgung der Negationspartikel *ne*). Es wurde gezeigt, daß die Verwendung dieser Varianten durch die Fernsehsprecher unseres Korpus nur unwesentlich von den Ergebnissen französischer Korpora abweicht. Dies bedeutet, daß die Beziehung bzw. der Abstand zum sogenannten *français international* trotz aller Autonomieansprüche des *français québécois* bei der Bewertung sprachlicher Formen eine Rolle spielt: Je weniger eine Form mit diesem kontrastiert, um so eher scheint sie in Québec akzeptiert zu werden. Da das *français de France* häufig als Idealmodell angesehen wird, müssen die negativen Werturteile zum Sprachgebrauch im Quebecer Fernsehen um so mehr hinterfragt werden, zumal diese Variablen mehr als 80 % aller *variantes familières* unseres Korpus darstellen.

Die These, daß der Bezug auf das *français de France* weiter präsent ist, wird auch dadurch bestärkt, daß Varianten, die als typische Merkmale des *français québécois* angesehen werden, kaum auftauchen (ɑ:$, ɑ:ʒ, «oi», ɛ#, -L), wobei sich für manche Variablen andeutet, daß sie im Aussterben begriffen sind. Dies erstaunt kaum, handelt es sich doch zum größten Teil um archaische Varianten, die durch eine ausgeprägte soziale Variation gekennzeichnet sind und deren Verwendung von der Mehrzahl der Sprecher als Zeichen einer schlechten Sprachqualität bewertet wird. Tatsächlich sind diese Varianten in einem Maße stigmatisiert, daß kaum eine stilistische Variation zu beobachten ist; sie werden in allen Sendungstypen gleichermaßen gemieden. Allerdings darf daraus keine allgemeine Anpassung an das *français de France* abgeleitet werden. Wenn die Quebecer Standardvarianten mit französischen Standardvarianten konkurrieren, überwiegen eindeutig erstere (z. B. [ɑ] versus [a]). Unsere Ergebnisse lassen ebenfalls einen Bereich erkennen, in dem einige für das *français québécois* charakteristische *variantes familières* relativ stabil sind. Dies betrifft v. a. die im «Mittelfeld» situierten Variablen, aber auch in der Gruppe der häufig als *familier* vorkommenden Variablen befinden sich einige typisch Quebecer Varianten ([ɔ] für ɑ#, [wɔ] für wɑ#, [o^u] für oː und [ø^y] für øː). Die von einigen Autoren vorhergesagte Verdrängung einiger dieser *variantes familières* kann nicht bestätigt werden; ihre Vorkommenswahrscheinlichkeit hängt ferner sogar deutlicher als bei anderen Variablen von der Kommunikationssituation ab. Dies wurde durch die Existenz von sogenannten *normes cachées* erklärt, deren Bedeutung für den Zusammenhalt und die Identität einer bestimmten Gruppe verhindert, daß sich eine präskriptive Norm (*norme manifeste*) vollständig durchsetzen kann. Durch die Verwendung einer gewissen Anzahl an *variantes familières* erscheint das Fernsehen nicht als künstliches Artefakt, sondern es wird die gesellschaftliche Realität auf lebendige Art und Weise widergespiegelt.

Die Ergebnisse unserer Untersuchung belegen weiterhin den Kontinuumcharakter der Sprachvariation: Einerseits ist der enge Zusammenhang mit der sozialen Variation deutlich zu erkennen, denn besonders stark davon betroffene Variablen werden äußerst selten als *variantes familières* realisiert. Variablen, bei denen solche Unterschiede zunehmend verwischen, scheinen hingegen weniger von sozialen Vorurteilen betroffen zu sein, weshalb ihre *variantes familières* mehr und mehr akzeptiert werden. Andererseits zeigt auch unser Korpus, daß alles eine Frage des Mehr oder Weniger ist: In keiner Sendung werden weder ausschließlich *variantes familières* noch Standardvarianten verwendet. Indessen hängt die Vorkommenshäufigkeit der Varianten eindeutig von der Kommunikationssituation ab, wobei die Standardvarianten zweifellos dominieren. Die Auffassung, derzufolge das *français québécois* eine Ansammlung von Abweichungen vom *français de France* ist, kann nicht länger aufrechterhalten werden, denn innerhalb des *français québécois* besteht ebenso wie innerhalb des *français de France* eine Sprachvariation in Abhängigkeit von situativen Faktoren, die darauf beruht, daß einige Varianten als prestigereicher bewertet werden als andere und somit das *français québécois standard* bilden.

Besonders interessant ist, daß unsere Resultate hinsichtlich der Ordnung der *variantes familières* nach ihrer Verwendungshäufigkeit mit denen anderer, ebenfalls aktueller Studien zur Sprachvariation in formellen Alltagssituationen übereinstimmen. Dies ist Beweis für die Stabilität der Sprachvariation im *français québécois*, unterstreicht den dynamischen Charakter des Sprachsystems und belegt, daß in der Sprachvariation eine gewisse Ordnung besteht. Allerdings betrifft dies nur das Verhältnis der Variablen zueinander, der Anteil an *variantes familières* in diesen Untersuchungen ist für jede Variable weitaus höher als in unserem Korpus. Folglich schränkt die Besonderheit der Kommunikationssituation im Fernsehen den Gebrauch des *familier* ein. Die Fernsehsprecher scheinen sich also ihrer Vorbildrolle in Fragen der Sprachqualität bewußt zu sein und zeigen eine gewisse stilistische Sensibilität. Sie passen ihre Sprechweise an die Kommunikationssituation an und vermeiden weitestgehend besonders stark markierte *variantes familières,* sogar im Sendungstyp 3. Es ist ein Irrtum anzunehmen, daß «[...] tous ces gens sentent inconsciemment qu'ils peuvent parler n'importe comment à la télévision.» (Courtemanche, 1997: 59) Obwohl sich eine wissenschaftliche Untersuchung jeglichen Werturteils enthalten sollte, gestatten unsere Ergebnisse, die kategorischen Abwertungen des Sprachgebrauchs im Quebecer Fernsehen in Frage zu stellen, unter der Voraussetzung, daß Sprachqualität als situationsangemessenes Sprechen definiert wird.

Daß die Wahrnehmung der Sprachqualität im Quebecer Fernsehen tatsächlich nicht den objektiven Gegebenheiten entspricht, beweist der nicht vorhandene Unterschied zwischen den Sendern, die sich hinsichtlich des Gebrauchs der *variantes familières* gleich verhalten. Diese Übereinstimmung der Ergebnisse für die beiden Senderkategorien wurde zwar aufgrund aktueller Entwicklungen der Fernsehlandschaft verständlich, doch blieb die Frage nach möglichen Gründen der negativen Wahrnehmungen des Sprachgebrauchs im Fernsehen zunächst unbeantwortet. Es liegt nahe, dieses Verhalten erneut mit der weiterhin latenten Präsenz des französischen Modells und der daraus resultierenden sprachlichen Unsicherheit zu begründen. Sicher kann dies nicht von der Hand gewiesen werden, denn auch die Diskussion der sprachlichen Variablen hat einen indirekten Bezug auf das *français de France* erkennen lassen. Damit sei auf einen Aspekt der sprachlichen Norm verwiesen, der im konzeptuellen Rahmen der Arbeit nur angedeutet wurde. Zwar wurde die Koexistenz von mehreren gruppenspezifischen Normen, einschließlich verschiedener standardsprachlicher Normen, derselben Sprache sowie die Existenz eines *français québécois standard* unterstrichen, doch wurde kaum deutlich, daß die Konkurrenz und Hierarchisierung der Normen nicht nur das Verhältnis zwischen solchen Gruppennormen und einer Standardnorm betreffen, sondern daß auch die Standardnormen miteinander konkurrieren. Dies wird mit der Gegenüberstellung exogene – endogene Norm (Hoinkes, 1997) oder Supra- und Infranorm (Martel und Cajolet-Laganière, 1996) erfaßt. In diesem Sinne bleibt die Norm des *français de France* (oder des *français international*) die exogene oder Supranorm, die auf der Ebene der Frankophonie als Maßstab gilt. Sie wird von den Sprechern als eine nicht heimische Ausprägung des Standards empfunden, der sie sich (bewußt oder unbewußt) aufgrund ihres Prestiges anzunähern bemüht sind, ohne sie meist wirklich zu verwenden. Das *français québécois standard* entspricht in dieser Betrachtungsweise der endogenen oder Infranorm, d. h., es handelt sich um einen empirisch nachvollziehbaren Gebrauch der Standardsprache in einem bestimmten Sprachgebiet durch Angehörige einer bestimmten Sprechergruppe in einer besonderen Sprechsituation, der sich jedoch ebenfalls deutlich vom Nicht-Standard abgrenzt. Diese Standardnorm erweist sich als toleranter und variantenreicher als der exogene Standard, was sich v. a. in der gesprochenen Sprache zeigt.

Wie jede wissenschaftliche Erkenntnis neue Fragen aufwirft, so verweisen die Ergebnisse unserer Untersuchung auf die Frage nach den Ursachen der negativen Wahrnehmung. Es war erkennbar, daß weit komplexere Faktoren als die in vorliegender Arbeit analysierten Variablen die Wahrnehmung der Sprachqualität beeinflussen müssen. Wenn ihre Identifikation auch späteren Arbeiten überlassen werden muß, so konnten doch einige Ansatzpunkte für weiterführende Untersuchungen angeboten werden. Zweifellos rechtfertigt der enge Zusammenhang zwischen Sprachqualität und Sprachnorm sowie die große Objektivität der Methode dieses Vorgehen, zumal durch die gleichzeitige Beschreibung der diaphasischen Variation des *français québécois* eine weitere Forschungslücke geschlossen wurde. Die Ergebnisse der vorliegenden Arbeit müssen jedoch durch Untersuchungen vervollständigt werden, die weitere Aspekte der Sprache beachten, so z. B. lexikalische und syntaktische Phänomene sowie pragmatische und diskursive Aspekte des mündlichen Ausdrucks, die ebenfalls bedeutende Bestandteile der sprachlichen Kompetenz sind, in der Fachliteratur aber kaum in Verbindung mit der Sprachqualität gesehen werden. Es muß ein umfassenderes Modell der Sprachqualität eines mündlichen Textes entwickelt werden, das sich nicht auf isolierte Variablen bezieht, sondern auch die Äußerung als Ganzes berücksichtigt und dabei die Organisation, Übertragung und Adaptation des Textes beachtet. Während das Forschungsinteresse in vorliegender Arbeit darauf gerichtet war, welche Sprachvarietät wo verwendet wird, muß in weiterführenden Untersuchungen hauptsächlich das Wie der Sprachverwendung im Mittelpunkt stehen. Gleiches gilt für die Sprachattitüdenforschung, die solche Gesichtspunkte bisher kaum beachtet hat. Hier sind klug konzipierte Tests notwendig, um die Interaktion der Faktoren zu verstehen, die die Wahrnehmungen der Sprachqualität steuern.

Die Berücksichtigung einiger Merkmale der audiovisuellen Kommunikation ließ erkennen, daß eine sprachwissenschaftliche Analyse nicht alle Elemente zu erfassen vermag, die

die Wahrnehmung der Sprachqualität durch die Zuschauer beeinflussen. So wurde die Kritik am Sprachgebrauch im Quebecer Fernsehen auch als Teil der allgemeinen Fernsehkritik erklärt, die weniger als sprachliches als vielmehr als gesellschaftliches Problem zu beurteilen ist. Ein Blick auf die Fernsehgewohnheiten und die Gesamtprogrammation führte letztendlich zu der Einsicht, daß die Wahrnehmung der Zuschauer nicht so irrtümlich ist, wie die rein sprachliche Analyse vermuten ließ. Obwohl das Vorkommen der standardsprachlichen Norm vollkommen den soziolinguistischen Prinzipien entspricht, scheinen die Zuschauer hauptsächlich mit einem familiären Sprachgebrauch in Berührung zu kommen. Als Ursache wurde allerdings nicht ein *laisser aller* der Sprecher erkannt, sondern die Programmgestaltung, die formellen Sendungstypen nur wenig Raum bietet, sowie die Konsumgewohnheiten des Publikums, das vorzugsweise Unterhaltungssendungen schaut. Aus dieser Sichtweise nimmt das Fernsehen tatsächlich nur begrenzt seine Rolle als Modell des sozial aufgewerteten Sprachgebrauchs wahr. Aus diesem Grunde kann nur ein interdisziplinärer Ansatz zur Lösung des Problems führen, denn nur so ist das Zusammenspiel der sprachlichen und außersprachlichen Faktoren erfaßbar, das im Rahmen dieser Arbeit nur angedeutet werden konnte.

Die Ergebnisse der vorliegenden Arbeit sollen dazu beitragen, das Gefühl der sprachlichen Unsicherheit der Quebecer abzubauen, indem gezeigt wurde, daß die negativen Urteile über den Sprachgebrauch im Fernsehen – zumindest für die untersuchten Variablen – kaum auf sprachlichen Tatsachen beruhen. Der Wert der Arbeit besteht darüber hinaus darin, die diaphasische Sprachvariation und die Existenz eines Standards innerhalb des *français québécois* belegt zu haben. Es ist an der Zeit, den Nicht-Linguisten Zugang zu den wissenschaftlichen Erkenntnissen über die Sprache zu verschaffen und den unwissenschaftlichen, jedoch überaus populären Diskurs, der von Vorurteilen und Emotionen bestimmt wird, zu beenden.

Abkürzungsverzeichnis

API	Alphabet phonétique international
AQPF	Association Québécoise des Professeurs et Professeures de Français
CLF	Conseil de la langue française
CRTC	Conseil de la Radiodiffusion et des Télécommunications Canadiennes
GARS	Groupe aixois de recherche en syntaxe
IIL	Indice d'insécurité linguistique
OLF	Office de la langue française
RQLTA	Revue québécoise de linguistique théorique et appliquée
SRC	Société Radio-Canada
TQc	Télé-Québec
TQS	Télévision Quatre Saisons

Literaturverzeichnis

Ågren, J. (1973): *Études sur quelques liaisons facultatives dans le français de conversation radiophonique. Fréquence et facteurs.* Acta Universalis Upsaliensis, 10.

Albrecht, Jörn (1990): «'Substandard' und 'Subnorm'. Die nicht-exemplarischen Ausprägungen der 'Historischen Sprache' aus varietätenlinguistischer Sicht» in: Holtus, Günter; Radtke, Edgar (1990a, Hrsg.): *Standard, Substandard und Varietätenlinguistuk. Sprachlicher Substandard. Bd. 3,* Max Niemeyer Verlag, Tübingen. S. 45–127.

Aléong, Stanley (1983): «Normes linguistiques, normes sociales, une perspective anthropologique» in: Bédard, Edith; Maurais, Jacques (1983, Hrsg.): *La norme linguistique.* CLF, S. 255–280.

Alleman, Laëtitia; Oullion, Jean-Michel (2000): *Les médias.* Les Guides de l'Étudiant, Paris.

Ameringen, Arie van; Cedergren, Henrietta (1981): «Observations sur la liaison en français de Montréal» in: Sankoff, David; Cedergren, Henrietta (1981, Hrsg.): *Variation omnibus.* Linguistic Research Inc., Edmonton. S. 141–149.

Ammon, Ulrich (1986): «Explikation der Begriffe Standardvarietät und Standardsprache auf normtheoretischer Grundlage» in: Holtus, Günter; Radtke, Edgar (1986, Hrsg.): *Sprachlicher Substandard.* Max Niemeyer Verlag, Tübingen.

Ammon, Ulrich; Dittmar, Norbert; Mattheier, Klaus J. (1987): *Soziolinguistik. Ein internationales Handbuch zur Wissenschaft von Sprache und Gesellschaft.* Handbücher zur Sprach- und Kommunikationswissenschaft. Bd. 3. Walter de Gruyter, Berlin, New York.

Ammon, Ulrich; Mattheier, Klaus J.; Nelde, Peter H. (1998, Hrsg.): *Variationslinguistik. Sociolinguistica. Internationales Jahrbuch für Europäische Soziolinguistik, 12.* Max Niemeyer Verlag, Tübingen.

Archambault, Arianne; Magnan, Myriam(1982): *La qualité de la langue dans les domaines de l'enseignement, de l'administration, des médias et de la publicité. Inventaire des préoccupations.* CLF, Notes et documents n° 15, Québec.

– (2001): *La qualité de la langue dans les domaines de l'enseignement, de l'administration, des médias et de la publicité. Inventaire des préoccupations.* Publications du Conseil, http://www.clf.gouv.qc.ca/PubC115/C115ch1a.html.

Argod-Dutard, Françoise (1996): *Éléments de phonétique appliquée.* Armand Colin, Paris.

Ashby, William (1981): «The loss of negative particle *ne* in french: a syntactic change in progress» in: *Language.* vol. 57, n°3, september, S. 674–687.

– (1984): «The Elision of /l/ in Modern French» in: *Romanitas: Studies in Romance Linguistics – Michigan Romance Studies.* n°4, 1984, S. 1–16.

– (1988): «Français du Canada/français de France: divergence et convergence.» *The French Review.* vol. 61, n°5, april, S. 693–702.

Association Québécoise des Professeurs et Professeures de Français (1977): «Le congrès du dixième anniversaire. Les résolutions de l'Assemblée générale» in: *Québec français.* n°28, décembre, S. 10–12.

Auger, Pierre (1988): «Identification linguistique des Québécois et dictionnaire général d'usage ou le comment du sentiment linguistique des Québécois en 1986» in: Lavoie, Thomas; Paradis, Claude (1988, Hrsg.): *Pour un dictionnaire du français québécois. Propositions et commentaires. Revue québécoise de linguistique théorique et appliquée 7,1,* Trois-Rivières.

Backhaus, Klaus; Erichson, Bernd; Plinke Wulff; Weiber, Rolf (2000): *Multivariate Analysemethoden. Eine anwendungsorientierte Einführung.* Springer, Berlin.

Baggioni, Daniel; Moreau, Marie-Louise; Robillard, Didier de (1997): «Communauté linguistique» in: Moreau, Marie-Louise (1997, Hrsg.): *Sociolinguistique. Les concepts de base.* Mardaga, Sprimont, S. 88–93.

Balle, Francis (1997): *Médias et sociétés. De Gutenberg à Internet. Presse, Édition, Cinéma, Radio, Télévision, Télécommunications, CD-Roms, Internet, Réseaux multimédias.* Montchrestien, Paris.

– (2000): *Les Médias.* Flammarion, Paris.

Bally, Charles (1951): *Traité de stylistique française.* Klincksieck, Paris. [zuerst 1909]

Barbaud, Philippe (1984): *Le choc des patois en Nouvelle-France, Essai sur l'histoire de la francisation au Canada.* Les Presses de l'Université du Québec, Sillery.
Bartsch, Renate; Vennemann, Theo (1982): *Grundzüge der Sprachtheorie. Eine linguistische Einführung.* Max Niemeyer Verlag, Tübingen.
Bartsch, Renate (1987): *Sprachnormen: Theorie und Praxis.* Max Niemeyer Verlag, Tübingen.
Bauche, Henri (1928): *Le langage populaire.* Payot, Paris.
Baylon, Christian (1996): *Sociolinguistique. Société, Langue et discours.* Nathan, Paris.
Beauchamp, Sylvie; Bouchard, Pierre (1982): *Le français et les médias. Les habitudes de Québecois.* CLF, Dossier n° 11, Québec.
Beauchemin, Normand (1977): «La diphtongaison en Estrie. Socio- ou géo-linguistique?» in: Walter, Henriette (1977, Hrsg.): *Phonologie et société.* Didier, Ottawa, S. 9–24.
Bell, Alain (1983): «Broadcast News as a Language Standard» in: *International Journal of the Sociology of Language.* n°4, Mouton, S. 29–42.
– (1984): «Language style as audience design» in: *Language in Society 13.* Cambridge University Press, S. 145–204.
Bellefeuille De, Johanne (1998): «Comme dans la vie» in: *Infolangue*, vol. 2, n° 2, S. 12–13.
Bellenger, Lionel (2000): *Du bon usage des médias. Vers une nécessaire remise en cause.* Éditions Stratégies, Issy-les-Moulineaux.
Bergeron, Henri (1984): «La télévision et le français: après 30 ans» in: Amyot, Michel (1984, Hrsg.): *Les activités socio-économiques et le français au Québec.* Actes du congrès Langue et Société au Québec, tome I, Editeur officiel du Québec. S. 231–233.
Berruto, Gaetano (1987): «Varietät» in: Ammon, Ulrich; Dittmar, Norbert; Mattheier, Klaus J. (1987, Hrsg.): *Soziolinguistik. Ein internationales Handbuch zur Wissenschaft von Sprache und Gesellschaft.* Handbücher zur Sprach- und Kommunikationswissenschaft. Bd. 3,1, Walter de Gruyter, Berlin, New York, S. 263–267.
Bertrand, Guy (1998): «Micro oblige» in: *Infolangue* (1998): *Les médias sans peur et sans reproches? Réflexions et critiques*, vol. 2, n°2. S. 18–19.
Blanchard, Louise et al. (1984, Hrsg.): *Douze essais sur l'avenir du français au Québec.* Editeur officiel du Québec, Québec.
Blanche-Benveniste, Claire; Jeanjean, Colette (1987): *Le français parlé: transcription et édition.* Didier Érudition, Paris.
Blanche-Benveniste, Claire (1997): *Approches de la langue parlée en français.* Ophrys, Paris.
Blom, Jan-Petter; Gumperz, John J. (1972): «Social meaning in linguistic structure: Code-switching in Norway» in: Gumperz, John J.; Hymes, Dell (1972, Hrsg.): *Directions in sociolinguistics.* Holt, Rinehart & Winston, New York, S. 407–437.
Bollée, Annegret (1987): «Créole français et français nord-américain» in: Niederehe, Hans-Josef; Wolf, Lothar (1987, Hrsg.): *Français du Canada – Français de France. Actes du Colloque de Trèves du 26 au 28 septembre 1985.* Max Niemeyer Verlag, Tübingen. S. 319–333.
– (1990): «Frankophonie IV. Regionale Varianten des Französischen außerhalb Europas. Kanada» in: Holtus, Günter (1990, Hrsg.): *Lexikon der romanistischen Linguistik. Bd. V,* Max Niemeyer Verlag, Tübingen. S. 740–753.
Bouchard, Pierre; Maurais, Jacques (1999): «La norme à l'école. L'opinion des Québécois» in: Ouellon, Conrad (1999, Hrsg.): *Terminogramme. La norme du français au Québec. Perspectives pédagogiques.* n° 91–92. Éditeur officiel du Québec, Québec. S. 91–116.
Bourdieu, Pierre (1977): «L'économie des échanges linguistiques» in: *Langue française 34,* S. 17–34.
– (1982): *Ce que parler veut dire.* Fayard, Paris.
Bourdon, Jérôme; Jost, François (1997): *Introduction aux médias.* Éditions Montchrestien, Paris.
– (1998, Hrsg.): *Penser la télévision.* Actes du colloque de Cerisy. Nathan, Paris.
Boyer, Henri (1996): *Éléments de sociolinguistique.* Dunod, Paris.
– (1996, Hrsg.): *Sociolinguistique: territoire et objets.* Delachaux et Niestlé S. A., Lausanne, Paris.
Bretegnier, Aude (1996): «L'insécurité linguistique: objet insécurisé? Essai de synthèse et perspectives» in: Robillard, Didier; Benliamino, Michel (1996, Hrsg.): *Le français dans l'espace francophone.* vol. 2, Champion, Paris, S. 903–923.
Brown, Penelope; Fraser, Colin (1979): «Speech as a marker of situation» in: Scherer, Klaus R.; Giles, Howard (1979, Hrsg.): *Social markers in speech.* Cambridge University Press, London, S. 33–62.

Brunelle, Anne; Tousignant, Claude (1981): «L'autocorrection chez un sujet montréalais: étude quantitative» in: Sankoff, David; Cedergren, Henrietta (1981, Hrsg.): *Variation Omnibus.* Edmonton, Linguistic Research Inc., S. 25–32.

Brunot, Ferdinand (1966): *Histoire de la langue française des origines à nos jours. Tome I. De l'époque latine à la Renaissance.* Colin, Paris.

– (1966): *Histoire de la langue française des origines à nos jours. Tome III. La formation de la langue classique: 1600–1660.* Colin, Paris.

– (1967): *Histoire de la langue française des origines à nos jours. Tome VIII. Le français hors de France au XVIIIe siècle.* 2ème–3ème partie. Colin, Paris.

Brunot, Ferdinand; Bruneau, Charles (1949): *Précis de la grammaire historique de la langue française.* Masson et Cie, Paris.

Bußmann, Hadumod (1990): *Lexikon der Sprachwissenschaft.* Alfred Kröner Verlag, Stuttgart.

Cajolet-Laganière, Hélène; Martel, Pierre: «Entre le complexe d'infériorité linguistique et le désir d'affirmation des Québécois et Québécoises» in: Francard, Michel (1993, Hrsg.): *L'insécurité linguistique dans les communautés francophones périphériques. Cahiers de l'Institut de Linguistique de Louvain* 19, 3–4, S. 169–185.

– (1996): «Les marques de niveaux de langue dans les dictionnaires. Synthèse et proposition» in: Lavoie, Thomas (1996, Hrsg.): *Français du Canada–français de France. Actes du quatrième colloque international de Chicoutimi.* Québec, du 21 au 24 septembre 1994, Max Niemeyer Verlag, Tübingen.

Calvet, Louis-Jean (1994): *Les voix de la ville. Introduction à la sociolinguistique.* Éditions Payot & Rivages, Paris.

Caron-Bouchard, Monique; Simard, Gisèle (1985): *Les goûts et les besoins des téléspectateurs: compte rendu des consultations de groupes de téléspectateurs.* Étude réalisée dans le cadre du rapport sur l'avenir de la télévision francophone. Gouvernement du Québec, Québec.

Cedergren, Henrietta J.; Clermont, Jean; Cote, Francine (1981): «Le facteur temps et deux diphtongues du français montréalais» in: Sankoff, David; Cedergren, Henrietta (1981, Hrsg.): *Variation omnibus.* Linguistic Research Inc., Edmonton. S. 169–176.

Chambers, Jack; Trudgill, Peter (1980): *Dialectology.* Cambridge, Cambridge University Press, (Cambridge Textbooks in Linguistics).

Chaniac, R.; Bourdon, Jérôme (1990): «L'Europe au Prime Time» in: *Médiaspouvoirs»* n°20, S. 146–152.

Charaudeau, Patrick (1997): *Le discours d'information médiatique. La construction du miroir social.* Nathan, Paris.

Charbonneau, Abbé René (1955): «Recherche d'une norme phonétique dans la région de Montréal» in: Société du parler français au Canada (1995, Hrsg.): *Études sur le parler français au Canada.* Les Presses de l'Université Laval, Québec.

Chiasson-Lavoie, Michele; Laberge, Suzanne (1971): «Attitudes face au français parlé à Montréal et dégrés de conscience de variables linguistiques» in: Darnell, Regna (1971, Hrsg.): *Linguistic Diversity.* Linguistic Research Inc., Edmonton, S. 89–126.

Chomsky, Noam (1965): *Aspects of the Theorie of Syntax.* M.I.T. Press, Cambridge, Mass.

Clas, André; Demers, Jeanne; Charbonneau, René (1968): *Phonétique appliquée.* Éditions Beauchemin, Montréal.

CLF (1980, Hrsg.): *Actes du colloque La qualité de la langue ... aprés la loi 101, Québec 30.9.79–3.10.79,* Éditeur officiel du Québec, Québec, S. 173–180.

– (1984, Hrsg.): *Actes du colloque Traduction et qualité de la langue.* CLF, Hull.

– (1990, Hrsg.): *L'aménagement de la langue: pour une description du français québécois. Rapport et avis au ministre responsable de l'application de la Charte de la langue française.* CLF, Québec.

– (1998): *Maîtriser la langue pour assurer son avenir.* Gouvernement du Québec, Québec.

– (2000, Hrsg.): *Le français au Québec. 400 ans d'histoire et de vie.* Les Publications du Québec, Québec.

Cluzel, Jean (1996): *Regards sur l'audiovisuel. Du modèle canadien à l'appel sud-africain.* L.G.D.J., Paris.

Cohen, Marcel (1956): *Pour une sociologie du langage.* Michel, Paris.

Conover, W.J. (1999): *Practical nonparametric statistics.* J. Wiley, New York.

Corbeil, Jean-Claude (1976): «Origine historique de la situation linguistique québécoise» in: *Langue Française 31,* S. 6–19.

– (1979): «Les choix linguistiques» in: *Actes du colloque La qualité de la langue ... aprés la loi 101, Québec 30.9.79–3.10.79,* Éditeur officiel du Québec, Québec, S. 46–52.

– (1980): *L'aménagement linguistique du Québec.* Guérin éditeur limitée, Montreal.
– (1990): «Comment orienter l'usage d'une langue» in: *La linguistica aplicada.* Cicle de conférencies, Universitat de Barcelona, S. 79–85.
– (1991): «Arrière-plan linguistique et sociolinguistique d'un dictionnaire du français québécois» in: RQLTA, vol. 10, n°3, Bibliothèque nationale du Québec, Trois-Rivières, S. 151–159.
Corbett, Noël (1990, Hrsg.): *Langue et Identité. Le français et les francophones d'Amérique du Nord.* Les Presses de l'Université Laval, Québec.
Coseriu, Eugenio (1969): *Einführung in die strukturelle Linguistik.* Tübingen.
– (1975): «System, Norm und Rede» in: Coseriu, Eugenio (1975): *Sprachtheorie und allgemeine Sprachwissenschaft. 5 Studien.* Fink Verlag, München, S. 11–101. [Original: «Systema, norma y habla» in: *Revista de la facultad de humanidades y ciencias de Montevideo.* Montevideo, 1952.]
Courtemanche, Gil (1997), «Parle mal, mal, mal» in: *L'Actualité,* 1 septembre 1997, S. 55–59.
Culioli, Antoine (1995): «Peut-on théoriser la notion de «qualité de la langue»?» in: Eloy, Jean-Michel (1995, Hrsg.): *La qualité de la langue? Le cas du français.* Champion, Paris.
D'Anglejan, Alison; Tucker, Richard (1973): «Sociolinguistic correlates of speech style in Québec» in: Shuy, Roger W.; Fasold, Ralph W. (1973, Hrsg.): *Language attitudes: current trends and prospects.* Georgetown University Press., Washington, S. 1–27.
Daoust-Blais, Denise (1976): «Étude de quelques constructions syntaxiques du parler français de Montréal: quantificateur et négation» in: Boudreault, Marcel (1976, Hrsg.): *Actes du XIIIe congrès international de linguistique et de philologie romanes.* Les Presses de l'Université Laval, Québec. S. 1119–1132.
Dauses, August (1973): *Études sur l'e instable dans le français familier.* Max Niemeyer Verlag, Tübingen.
De Jong, Daan (1993): «Sociophonological Aspects of Montreal French Liaison» in: Ashby, Willian J.; Mithun, Marianne; Perissinotto, Giorgio; Raposo, Eduardo (1993, Hrsg.): *Linguistic Perspectives on the Romance Languages.* Selected Papers from the 21st Linguistic Symposium on Romance Languages, Santa Barbara, California, 21–24 February 1991. John Benjamins Publishing Company, Amsterdam, Philadelphia.
Delattre, Pierre (1966): *Studies in French and Comparative Phonetics.* Mouton, Paris.
Desaulniers, Jean-Pierre (1982): *La télévision en vrac: essaie sur le triste spectacle.* A. Saint-Martin, Montréal.
[Desbiens, Jean-Paul] (1960): *Les insolences du frère Untel.* Les éditions de l'Homme, Montréal.
Deshaies-Lafontaine, Denise (1974): *A Socio-Phonetic Study of a Quebec French Community: Trois-Rivières.* Thesis Submitted for the Degree of Doctor of Philosophy, University of London.
Deshaies, Denise (1984): «Une norme, des normes ou pourquoi pas autre chose?» in: Amyot, Michel; Bibeau, Gilles (1984, Hrsg.): *Le statut culturel du français au Québec.* Actes du congrès Langue et Société au Québec, tome II, Editeur officiel du Québec, S. 281–290.
– (1991): «Contribution à l'analyse du français québécois: étude des pronoms personnels» in: RQLTA, vol. 10, n°3, Bibliothèque nationale du Québec, Trois-Rivières, S. 11–40.
Dillier, Anne-Marie (1980): «Subject NP Structure and Variable Constraints: The Case of NE Deletion» in: Shuy, Roger W.; Shnukal, Anna (1980, Hrsg.): *Language use and use of language.* Georgetown University Press, Washington.
Dittmar, Norbert (1973): *Soziolinguistik. Exemplarische und kritische Darstellung ihrer Theorie, Empirie und Anwendung.* Athenäum Fischer Taschenbuch Verlag. Frankfurt a.M.
– (1987): «Quantitative–qualitative Methoden» in: Ammon, Ulrich; Dittmar, Norbert; Mattheier, Klaus J. (1987, Hrsg.): *Soziolinguistik. Ein internationales Handbuch zur Wissenschaft von Sprache und Gesellschaft.* Handbücher zur Sprach- und Kommunikationswissenschaft. Bd. 3,2. Walter de Gruyter, Berlin, New York, S. 879–893.
Dittmar, Norbert; Schlieben-Lange, Brigitte (1982, Hrsg.): *Die Soziolinguistik in romanischsprachigen Ländern.* Gunter Narr Verlag, Tübingen.
Dolbec, Jean (1991): «Modélisation de la variation phonétique en français québécois» in: RQLTA, vol. 10, n°3, Bibliothèque nationale du Québec, Trois-Rivières, S. 85–107.
Dor, Georges (1996): *Anna braillé ène shot (Elle a beaucoup pleuré).* Outrement, Lanctôt Éditeur.
– (1997): *Ta mé tu là? (Ta mère est-elle là?).* Outrement, Lanctôt Éditeur.
Dubuc, Robert (1990): «Le Comité de linguistique de Radio-Canada» in: *Dix études portant sur l'aménagement de la langue au Québec,* Éditeur officiel du Québec, Québec, S. 131–153.
Dulong, Gaston; Bergeron, Gaston (1980): *Le parler populaire du Québec et de ses régions voisines (Atlas linguistique de l'Est du Canada).* Éditeur officiel, Québec.

Dumas, Denis (1972): *Le français populaire de Montréal: description phonologique.* Université de Montréal.
– (1974): «La fusion vocalique en français québécois» in: *Recherches linguistiques à Montréal,* n° 2, S. 23–50.
– (1974b): «Durée vocalique et diphtongaison en français québécois» in: *Cahier de linguistique 4. Le français de la région de Montréal. Aspects phonétique et phonologique.* Les Presses de l'Université du Québec, Montréal. S. 13–55.
– (1981): «Structure de la diphtongaison québécoise» in: *Revue canadienne de linguistique.* n° 26, S. 1–61.
– (1984): «Les fonctions linguistiques de la télévision» in: Amyot, Michel (1984, Hrsg.): *Les activités socio-économiques et le français au Québec.* Actes du congrès Langue et société au Québec, tome I, Editeur officiel du Québec. S. 234–238.
– (1986): «Le statut des «deux a» en français québécois» in: *Revue québécoise de linguistique théorique et appliquée.* vol. 5, n°4, S. 245–277.
– (1987): *Nos façons de parler. Les prononciations en français québécois.* Les Presses de l'Université Laval, Québec.
Dumont, Fernand (1989): «Le français, une langue en exil» in: *Le Français en tête. Actes du colloque sur l'apprentissage du français au Québec (Québec, 29–31 janvier 1988).* La Centrale, Sainte-Foy, S. 12–21.
Elkouri, Rima (2000): «Du français massacré au micro?» in: *La Presse.* 10 décembre 2000.
Encrevé, Pierre (1976): «Labov, linguistique, sociolinguistique» in: Labov (1976).
– (1982): «À propos du «marché linguistique» in: Schlieben-Lange, Brigitte (1982, Hrsg.): *Die Soziolinguistik in romanischsprachigen Ländern.* Gunter Narr Verlag, Tübingen.
– (1988): *La liaison avec ou sans enchaînement. Phonologie tridimensionnelle et usages du français.* Paris, Éditions du Seuil.
– (1995): «La 'qualité de la langue': une question de politique linguistique?» in: Eloy, Jean-Michel (1995, Hrsg.): *La qualité de la langue? Le cas du français.* Champion, Paris.
Fasold, Ralph W. (1987): «Phonetics/Phonology» in: Ammon, Ulrich; Dittmar, Norbert; Mattheier, Klaus J. (1987, Hrsg.): *Soziolinguistik. Ein internationales Handbuch zur Wissenschaft von Sprache und Gesellschaft.* Handbücher zur Sprach- und Kommunikationswissenschaft. Bd. 3. Walter de Gruyter, Berlin, New York.
Ferguson, Charles A. (1959): «Diglossia» in: *World 15.* S. 325–340.
Ferguson, George A. (1981): *Statistical Analysis in Psychology and Education.* Mc Graw-Hill Book Company.
Fishman, Joshua A. (1967): «Bilingualism with and without diglossia; diglossia with and without biligualism» in: *Journal of Social Issues 23: 2.* S. 29–38.
Fishman, Joshua (1971): *Sociolinguistique.* Nathan, Paris.
Flydal, L. (1952): «Remarques sur certains rapports entre le style et l'état de langue» in: *Norrsk Tidsskrift for Sprogvidenskap.* Bd. XVI, S. 241–258.
Fouché, Pierre (1966): *Phonétique historique de la langue française.* Klinsieck, Paris.
François, Denise (1974): *Français parlé. Analyse des unités phoniques et significatives d'un corpus recueilli dans la région parisienne.* SELAF, Paris.
Frei, Henri (1929): *Grammaire des fautes.* Slatkine, Genève.
Gadet, Françoise (1996): *Le français ordinaire.* Paris, Armand Colin.
– (1998): «Cette dimension de variation que l'on sait nommer» in: Ammon, Ulrich; Mattheier, Klaus J.; Nelde, Peter H. (1998, Hrsg.): *Variationslinguistik. Sociolinguistica. Internationales Jahrbuch für Europäische Soziolinguistik, 12.* Niemeyer Verlag, Tübingen. S. 55–71.
Gagné, Gilles (1975): «Quelques aspects 'socio-linguistiques' du français au Canada et au Québec» in: Valdman, Albert (1979, Hrsg.): *Le français hors de France.* Editions Honoré Champion, Paris, S. 33–59.
– (1983): «Norme et enseignement de la langue maternelle» in: Bédard, Edith; Maurais, Jacques (1983, Hrsg.): *La norme linguistique.* CLF, S. 463–509.
Gagné, Gilles; Ostiguy, Luc; Lazure, Roger (1995): «Les variables en relation avec l'utilisation du français oral soutenu en situation de communication formelle chez des élèves québécois du primaire et du secondaire» in: Fournier, Robert; Wittmann, Henri (1995, Hrsg.): *Le français des Amériques. (Revue québécoise de linguistique théorique et appliquée; 12),* S. 65–97, Presses Universitaires de Trois-Rivières, Trois-Rivières.
Gagné, Gilles; Ostiguy, Luc; Laurencelle, Louis; Lazure, Roger (1999): *Recherche didactique sur l'utilisation de variantes phoniques du français oral soutenu chez des élèves québécois.* Université de Montréal, Département de didactique.

Garvin, Paul L. (1983): *Le rôle des linguistes de l'École de Prague dans le développement de la norme linguistique tchèque.* In: Bédard, Edith; Maurais, Jacques (1983, Hrsg.): *La norme linguistique.* CLF, S. 141–152.
Gaatone, David (1971): *Étude descriptive du système de la négation en français contemporain.* Droz, Genève.
Gendron, Jean-Denis (1966): *Tendances phonétiques du français parlé au Canada.* Les Presses de l'Université Laval, Québec.
– (1967): «Le phonétisme du français canadien du Québec face à l'adstrat anglo-américain» in: Gendron, Jean-Denis; Straka, Georges (1967, Hrsg.): *Études de linguistique franco-canadienne.* Les Presses de l'Université Laval, Québec.
– (1986a): «Aperçu historique sur le développement de la conscience linguistique» in: *Québec Francais.* n°3, S. 82–89.
– (1986b): «Existe-t-il un usage lexical prédominant à l'heure actuelle au Québec?» in: *La lexicographie québécoise. Bilan et perspectives. Langue française au Québec.* 3e section, n° 8, Les Presses de l'Université Laval, Québec. S. 89–101.
Gervais, F.; Ostiguy, L.; Hopper, C. Lebrun, M.; Préfontaine, C. (2001): *Aspects du français oral des futurs enseignants: une étude exploratoire.* CLF, Québec.
Gillieron, Jules Louis; Edmont, Edmond (1906): *Atlas linguistique de la France.* Forni Editore, Bologna.
Gloy, Klaus (1975): *Sprachnormen I. Linguistische und soziologische Analysen.* Friedrich Frommann Verlag, Stuttgart.
– (1987): «Norm» in: Ammon, Ulrich; Dittmar, Norbert; Mattheier, Klaus J. (1987, Hrsg.): *Soziolinguistik. Ein internationales Handbuch zur Wissenschaft von Sprache und Gesellschaft.* Handbücher zur Sprach- und Kommunikationswissenschaft. Bd. 3. Walter de Gruyter, Berlin, New York.
– (1997): «Sprachnormen als 'Institutionen im Reich der Gedanken' und die Rolle des Individuums in Sprachnormierungsprozessen» in: Mattheier, Klaus J. (1997a, Hrsg.): *Norm und Variation.* Forum Angewandte Linguistik, Bd. 32. Peter Lang Verlag, Frankfurt a.M., Berlin.
Goebl, Hans (1997, Hrsg.): *Kontaktlinguistik.* Handbücher zur Sprach- und Kommunikationswissenschaft. Bd. 12. Walter de Gruyter, Berlin, New York.
Gosselin, Robert (1994): «Le français s'appauvrit à la SRC» in: *La Presse.* 9 février 1994.
Gougenheim, Georges (1951): *Grammaire de la langue française du seizième siècle.* Édition IAC, Lyon.
Gouin, Jean-Luc (1998): «Le délanguissement. Perdre ses mots, avoir tout faux. De la dégradation de la langue française» in: *Le Devoir.* 11.07.1998.
http:://www.vigile.net/pol./101jlg/delanguissement.html.
Gueunier, Nicole; Genouvrier, Émile; Khomsi, Abdelhamid (1978): *Les français devant la norme.* Champion, Paris.
– (1985): «La crise du français en France» in: Maurais, Jacques (1985, Hrsg.): *La crise des langues.* CLF, Le Robert, Paris.
Guiraud, Pierre (1965): *Le français populaire.* Presses universitaires de France, Paris.
Gumperz, J. J. (1964): «Linguistic and social interaction in two communities» in: *American Anthropologist 66,* S. 137–153.
Halliday, Michael Alexander Kirkwood; Mc Intosh, Angus; Strevens, P. (1972): «The Users and Uses of Language» in: Fishman, Joshua (1972, Hrsg.): *Readings in Sociology of Language.* La Haye, Mouton, S. 139–170.
Halliday, Michael Alexander Kirkwood (1978): *Language as a Social Semiotics.* University Park Press, London.
Hausmann, Franz-Joseph (1986): «Les dictionnaires du français hors de France» In: *La lexicographie québécoise. Bilan et perspectives. Langue française au Québéc.* 3e séction, n°8, Les Presses de l'Université Laval, Québec, S. 3–21.
Helbig, Gerhard (1986): *Entwicklung der Sprachwissenschaft seit 1970.* Opladen, Leipzig.
Hoinkes, Ulrich (1997): «Varietät und Standard im Sprachkontakt. Überlegungen zu einem neuen Konzept sprachlicher Standardisierung» in: Mattheier, Klaus J. (1997a, Hrsg.): *Norm und Variation.* Forum Angewandte Linguistik, Bd. 32. Peter Lang Verlag, Frankfurt a.M., Berlin.
Holder, Maurice A. (1972): «Le parler populaire franco-canadien: la prononciation de quelques Canadiens français de la région de Sudbury-North Bay» in: *Phonetica, 26.* S. 33–49.
Holtus, Günter; Radtke, Edgar (1990a, Hrsg.): *Standard, Substandard und Varietätenlinguistik. Sprachlicher Substandard. Bd. 3,* Max Niemeyer Verlag, Tübingen.

– (1990b, Hrsg.): «Standardbeschreibung in der Sprachwissenschaft: Aktuelle Skizzierung und offene Fragen» in: Holtus, Günter; Radtke, Edgar (1990a, Hrsg.): *Standard, Substandard und Varietätenlinguistik. Sprachlicher Substandard. Bd. 3,* Max Niemeyer Verlag, Tübingen. S. VII-XXI.

Holtus, Günter (1990c): «Die Soziolinguistik des Französischen» in: Holtus, Günter (1990c, Hrsg.): *Lexikon der romanistischen Linguistik. Bd. V,* Max Niemeyer Verlag, Tübingen. S. 230–237.

Houdebine, Anne-Marie (1977): «Français régional ou français standard? À propos du système des voyelles orales en français contemporain» in: Walter, Henriette (1977, Hrsg.): *Phonologie et société.* Didier, Ottawa, S. 35–64.

– (1994): «De l'imaginaire linguistique des locuteurs et de la dynamique linguistique» in: Francard, Michel (1994, Hrsg.): *Cahiers de l'institut de linguistique de Louvain-la-Neuve, L'insécurité linguistique dans les communautés francophones périphériques.* vol.1, S. 31–40.

Hymes, Dell (1972): «On Communicative Competence» in: Pride, J.B.; Holmes, J. (1972, Hrsg.): *Sociolinguistics.* Penguin, England, S. 269–293.

– (1974): *Foundations in sociolinguistics: An ethnographic approach.* University of Pennsylvania Press, Philadelphia.

Infolangue (1998): *Les médias sans peur et sans reproches? Réflexions et critiques*, vol. 2, n°2.

Jean, Bruno; Lafontaine, Danielle; Lévesque, Benoît (1985): *Consommation des mass médias, régions et classes sociales.* Université du Québec à Rimouski.

Jedlicka, Alois; Chloupek, Jan (1987): «Sprachnormierung und Kodifizierung» in: Ammon, Ulrich; Dittmar, Norbert; Mattheier, Klaus J. (1987, Hrsg.): *Soziolinguistik. Ein internationales Handbuch zur Wissenschaft von Sprache und Gesellschaft.* Handbücher zur Sprach- und Kommunikationswissenschaft. Bd. 3. Walter de Gruyter, Berlin, New York, S. 1650–1660.

Juneau, Marcel (1972): *Contribution à l'histoire de la prononciation française au Québec. Étude des graphies des documents d'archives.* Les Presses de l'Université Laval, Québec.

Jost, François (1999): *Introduction à la télévision.* Ellipses Édition, Paris.

– (2001): *La télévision du quotidien. Entre réalité et fiction.* De Boeck Université, Bruxelles.

Katz, Elihu; Lazarsfeld, Paul (1955): *Personal Influence: the Part Played by People in the Flow of Mass Communication.* The Free Press, New York.

Kemp, William; Pupier, Paul; Yaeger, Malcah (1980): «A linguistic and social description of final consonant cluster simplification in Montreal French» in: Shuy, Roger W.; Shnukal, Anna (1980, Hrsg.): *Language use and use of language.* Georgetown University Press, Washington, S. 12–40.

Kemp, William (1984): «Attitudes et politiques linguistiques: les bénéfices sociaux d'une évaluation plus favorable du français québécois» in: Amyot, Michel (1984, Hrsg.): *Le statut culturel du français au Québec.* Actes du Congrès langue et société au Québec, tome III, Editeur officiel du Québec, S. 51–63.

King, Ruth (1989): «Le franco-terre-neuvien: aperçu général» in: Mougeon, Raymond; Beniak, Édouard (1989, Hrsg.): *Le français canadien parlé hors Québec. Aperçu sociolinguistique.* Les Presses de l'Université Laval, Québec.

Klein, Hans-Wilhelm (1963): *Phonetik und Phonologie des heutigen Französisch.* Max Hueber Verlag, München.

Klein, Wolfgang; Wunderlich, Dieter (1973, Hrsg.): *Aspekte der Soziolinguistik.* Athenäum Fischer Taschenbuch Verlag, Frankfurt am Main.

Klinkenberg, Jean-Marie (1993): «Préface» in: Francard, Michel (1993, Hrsg.): *L'insécurité linguistique en communauté française de Belgique.* Collection «Français et Société» n° 6, Service de la langue française, Bruxelles, S. 5–7.

Koch, Peter; Oesterreicher, Wulf (1990): *Gesprochene Sprache in der Romania: Französisch, Italienisch, Spanisch.* Max Niemeyer Verlag, Tübingen.

Krech, Eva-Maria (1997): «Untersuchungen der Sprechrealität – Grundlage für die Kodifizierung von Aussprachenormen» in: Mattheier, Klaus J. (1997a, Hrsg.): *Norm und Variation.* Forum Angewandte Linguistik, Bd. 32. Peter Lang Verlag, Frankfurt a.M., Berlin. S. 93–104.

Kremnitz, Georg (1987): «Diglossie / Polyglossie» in: Ammon, Ulrich; Dittmar, Norbert; Mattheier, Klaus J. (1987, Hrsg.): *Soziolinguistik. Ein internationales Handbuch zur Wissenschaft von Sprache und Gesellschaft.* Handbücher zur Sprach- und Kommunikationswissenschaft. Bd. 3,1. Walter de Gruyter, Berlin, New York.

Küchler, Raimund; Jäger, Siegfried (1975): «Zur Sanktion von Sprachnormverstößen» in: Pretsch, Gunter; Gloy, Klaus (1976): *Sprachnormen II. Theoretische Begründungen – außerschulische Sprachnormenpraxis.* Friedrich Frommann Verlag, Stuttgart.

Laberge, Suzanne; Chiasson-Lavoie, Michele (1971): «Attitudes face au français parlé à Montréal et degrés de conscience de variables linguistiques» in: Darnell, Regna (1971, Hrsg.): *Linguistic Diversity.* Linguistic Research Inc., Edmonton, S. 89–126.

Labov, William (1973): «Das Studium der Sprache im sozialen Kontext» in: Klein, Wolfgang; Wunderlich, Dieter (1973, Hrsg.): *Aspekte der Soziolinguistik.* Athenäum Fischer Taschenbuch Verlag, Frankfurt am Main.

– (1976): *Sociolinguistique.* Minuit, Paris.

Lafontaine, Dominique (1986): *Le parti pris des mots. Normes et attitudes linguistiques.* Mardaga, Bruxelles.

Laforest, Marty (1997): *États d'âme, états de langue. Essai sur le français parlé au Québec.* Nuit blanche éditeur, Montréal.

Laganière, Manon (1998): «Les maux des infos» in: *Infolangue,* vol. 2, n° 2, S. 16–17.

Laks, B. (1980): *Différentiation linguistique et différentiation sociale: quelques problèmes de sociolinguistique française.* Thèse de 3ième cycle de linguistique, Université de Paris VIII – Vincennes.

Lambert, Wallace, E.; Frankel, H.; Tucker, Richard (1966): «Judging Personality throug Speech: A French-Canadien Example» in: *Journal of Communication.* n°16, S. 305–321.

Lamonde, Diane (1998): *Le maquignon et son joual, L'aménagement du français québécois.* Liber, Montréal.

Landreau, Georges (1926): *La Phonétique française au Conservatoire Lassalle.* Bibliothèque de l'action française, Montréal.

Laplante, Raymond (1984): «La langue de la radio» in: Amyot, Michel (1984, Hrsg.): *Les activités socio-économiques et le français au Québec.* Actes du congrès Langue et société au Québec, tome I, Editeur officiel du Québec. S. 160–163.

Laporte, Pierre-Etienne (1995): «Aspects historiques et politiques de la question de la qualité de la langue: le cas du français québécois» in: Eloy, Jean-Michel (1995, Hrsg.): *La qualité de la langue? Le cas du français.* Champion, Paris. S. 205–222.

Lappin, Kerry (1982): «Évaluation de la prononciation du français montréalais: étude sociolinguistique» in: *Revue québécoise de linguistique.* vol.11, n°2, Presses de l'Université du Québec, Sillery. S. 93–112.

Lara, Luis Fernando (1983): «Le concept de la norme dans la théorie d'Eugenio Coseriu» in: Bédard, Edith; Maurais, Jacques (1983, Hrsg.): *La norme linguistique.* CLF, S. 153–177.

Laramée, Alain (1989): *La communication mass-médiatique au Canada et au Québec. Un cadre socio-politique.* Télé-université, Sillery.

Laroussi, Foued; Babault, Sophie (2001, Hrsg.): *Variations et dynamismes du français. Une approche polynomique de l'espace francophone.* L'Harmattan, Paris.

Lavandera, Beatriz (1982): «Le principe de réinterprétation dans la théorie de la variation» in: Dittmar, Norbert; Schlieben-Lange, Brigitte (1982, Hrsg.): *Die Soziolinguistik in romanischsprachigen Ländern.* Gunter Narr Verlag, Tübingen.

Lavoie, Thomas (1995): «Le français québécois» in: Moulin, Jean (1995, Hrsg.): *Français de France et français du Canada. Les parlers de l'Ouest de la France, du Québec et de l'Acadie.* Centre d'études linguistiques Jacques Goudet, Série dialectologie 3, Lyon.

Leblanc, Benoît; Ostiguy, Luc (2001): «Les variations de la langue parlée dans les médias québécois francophones: le point de vue de décideurs.» in: Laroussi, Foued; Babault, Sophie (2001, Hrsg.): *Variations et dynamismes du français. Une approche polynomique de l'espace francophone.* L'Harmattan, Paris. S. 143–163.

Leblanc, Gérard (1980): «La langue des médias écrits et électroniques» in: *Actes du colloque La qualité de la langue ... aprés la loi 101, Québec 30.9.79–3.10.79,* Éditeur officiel du Québec, Québec, S. 173–180.

Leclerc, Jacques (1986): *Langue et société.* Mondia Editeurs, Laval.

Lefebvre, Claire (1982): *La syntaxe comparée du français standard et populaire, approches formelle et fonctionnelle.* Office de la langue française, Québec.

– (1983): «Les notions de style» in: Bédard, Edith; Maurais, Jacques (1983, Hrsg.): *La norme linguistique.* CLF, S. 305–333.

– (1984): «Une ou plusieurs normes» in: Amyot, Michel (1984, Hrsg.): *Le statut culturel du français au Québec.* Actes du Congrès langue et société au Québec, tome III, Editeur officiel du Québec, S. 291–295.

Lemieux, Monique (1985): «Pas rien» in: Lemieux, Monique; Cedergren, Henrietta J. (1985, Hrsg.): *Les tendances dynamiques du français parlé à Montréal.* Tome 2. Office de la langue française, Québec.

Léon, Pierre R. (1966): *La prononciation du français standard.* Paris, Didier.

– (1968): *Recherches sur la structure phonique du français canadien.* Montréal, Paris, Bruxelles, Didier.
– (1980): «Notes sur les études de phonétique au Canada et le discours francophone» in: Baudot, Alain; Jaubert, Jean-Claude; Sabourin, Ronald (1980, Hrsg.): *Identité culturelle et francophonie dans les Amériques (III).* Colloque tenu au Collège Glendon de l'Université York à Toronto du 2 au 5 juin 1976. Centre international de recherche sur le bilinguisme, Québec.
– (1994): «Recherches sur le phonétisme du franco-ontarien et sa mouvance» in: Poirier, Claude (1994, Hrsg.): *Langue, espace, société. Les variétés du français en Amérique du Nord.* Les Presses de l'Université Laval, Sainte-Foy.
– (1996): *Phonétisme et prononciation du français.* Nathan, Paris.
Leonhart, Rainer: *Statistik für Psychologinnen und Psychologen.* http://www.psychologie.uni-freiburg.de/signatures/leonhart/skript/node6.html.
Lochard, Guy; Boyer, Henri (1995): *Notre écran quotidien. Une radiographie du télévisuel.* Dunod, Paris.
Lodge, Anthony R. (1997): *Le français. Histoire d'un dialect devenu langue.* Librairie Arthème Fayard. [Original: Lodge, Anthony R. (1993): *French, from Dialect to Standard.* Routledge, London, New York.]
Loubier, Christiane (1994): *L'aménagement linguistique au Québec: enjeux et devenir.* Gouvernement du Québec, Québec.
Lübbert, Dorthe (1999): http://www.luebbert.net/uni/statist/statb/index.htm.
Lucci, Vincent (1983): *Étude phonétique du français contemporain à travers la variation situationnelle.* Publications de l'Université des Langues et Lettres de Grenoble.
Maillet, Normad (2001): *Norme du français à diffuser et instrumentation de la langue.* http://www.etatsgeneraux.gouv.qc.ca/jour-thema.asp.
Malécot, André; Richman, M. (1973): «Optional word-final consonants in French» in: *Phonetica 26.* S. 65–88.
Malécot, André (1975): «French Liaison as a Function of Grammatical, Phonetic and Paralinguistic Variables» in: *Phonetica,* 32, S. 161–179.
– (1976): «The Effect of Linguistic and Paralinguistic Variables on the Elision of the French Mute-e» in: *Phonetica 33.* S. 93–112.
– (1980): *Introduction à la phonétique française.* Mouton, La Hague.
Marchal, Alain (1990): «Éléments de phonétique québécoise» in: Corbett, Noël (1990, Hrsg.): *Langue et Identité. Le français et les francophones d'Amérique du Nord.* Les Presses de l'Université Laval, Québec. S. 251–261.
Marchand, Frank (1975): *Manuel de linguistique appliquée. La norme linguistique.* Tome 4. Delagrave, Paris.
Marcellesi, Jean-Baptiste; Gardin, Bernard (1974): *Introduction à la sociolinguistique.* Larousse, Paris.
Martel, Pierre (1990): «La constitution d'un fond de données linguistiques pour le Québec» in: CLF (1989): *Actes du colloque sur l'aménagement de la langue au Québec.* Mont Grabriel 7 et 8 décembre, Éditeur officiel, Québec, S. 45–59.
Martel, Pierre; Cajolet-Laganière, Hélène (1995): *La qualité de la langue au Québec.* Institut québécois de recherche sur la culture, Québec.
– (1996): *Le français québécois – Usages, standard et aménagement.* Les Presses de l'Université Laval, Québec.
Martin, Michèle; Proulx, Serge (1995): *Une télévision mise aux enchères. Programmations, programmes, publics.* Télé-université, Sainte-Foy.
Mathesius, Vilém (1983): «Sur la nécessité de stabilité d'une langue standard» in: Bédard, Edith; Maurais, Jacques (1983, Hrsg.): *La norme linguistique.* CLF, S. 809–813. [Original: Havranek, Bohuslav; Weingart, Milos (1932, Hrsg.): *Spisovna cestina a jazykova kultura.* Melantrich, Prag.]
Mattheier, Klaus J. (1987): «Das Verhältnis von sozialem und sprachlichem Wandel» in: Ammon, Ulrich; Dittmar, Norbert; Mattheier, Klaus J. (1987, Hrsg.): *Soziolinguistik. Ein internationales Handbuch zur Wissenschaft von Sprache und Gesellschaft.* Handbücher zur Sprach- und Kommunikationswissenschaft. Bd. 3. Walter de Gruyter, Berlin, New York.
– (1990): «Überlegungen zum Substandard im Zwischenbereich von Dialekt und Standardsprache» in: Holtus, Günter; Radtke, Edgar (1990a, Hrsg.): *Standard, Substandard und Varietätenlinguistik. Sprachlicher Substandard. Bd. 3,* Max Niemeyer Verlag, Tübingen, S. 1–15.
– (1997a, Hrsg.): *Norm und Variation.* Forum Angewandte Linguistik, Bd. 32. Peter Lang Verlag, Frankfurt a.M., Berlin.

– (1997b): «Norm und Variation. Einige Vorbemerkungen zum Thema» in: Mattheier, Klaus J. (1997a, Hrsg.): *Norm und Variation.* Forum Angewandte Linguistik, Bd. 32. Peter Lang Verlag, Frankfurt a.M., Berlin.

Maurais, Jacques (1985, Hrsg.): *La crise des langues.* CLF, Le Robert, Paris.

– (1996): «État de la recherche sur la description de la francophonie au Québec» in: Robillard, Didier de; Beniamino, Michel (1996, Hrsg.): *Le français dans l'espace francophone.* vol. 1, Champion, Paris, S. 79–99.

– (1999): *La qualité de la langue: un projet de société.* CLF, Québec.

Maurer, Bruno (1999): «Retour à Babel: Les systèmes de transcription» in: Calvet, Louis-Jean; Dumont, Pierre (1999, Hrsg.): *L'enquête sociolinguistique.* L'Harmattan, Paris.

Méar-Crine, Annie; Leclerc, Thérèse (1976): «Attitudes des adolescents Canadiens français vis-à-vis du joual et du français académique» in: *La sociolinguistique du Québec.* Les Presses de l'Université Québec, Montréal, S. 155–170.

Meillet, Antoine (1921): *Linguistique historique et linguistique générale.* Société de linguistique de Paris, Paris.

Meisenburg, Trudel; Selig, Maria (1998): *Phonetik und Phonologie des Französischen.* Ernst Klett Verlag, Stuttgart.

Milroy, James (1998): «Exploring Linguistic Variation to Explain Language Change» in: Ammon, Ulrich; Mattheier, Klaus J.; Nelde, Peter H. (1998, Hrsg.): *Variationslinguistik. Sociolinguistica. Internationales Jahrbuch für Europäische Soziolinguistik, 12.* Max Niemeyer Verlag, Tübingen. S. 39–52.

Minc, Alain (1993): *Le média-choc.* Paris, Grasset.

Moisset, Christine (1998): «The Dangerous Liaison of Two Parisian Women» in: Paradis, Claude; Vincent, Diane; Deshaies, Denise; Laforest, Marty (1998, Hrsg.): *Papers in sociolinguistics. NWAVE – 26 à l'Université Laval.* Éditions Nota bene, Québec.

Moreau, Marie-Louise (1977): «Français oral et français écrit» in: *Le français moderne 3,* S. 204–242.

– (1997, Hrsg.): *Sociolinguistique. Les concepts de base.* Mardaga, Sprimont.

Morin, Yves-Charles (1975): «Règles phonologiques à domaine indéterminé:chute du cheva en français» in: *Cahier de linguistique 4. Le français de la région de Montréal. Aspects phonétique et phonologique.* Les Presses de l'Université du Québec, Montréal. S. 69–88.

Mougeon, Raymond; Beniak, Édouard (1989, Hrsg.): *Le français canadien parlé hors Québec. Aperçu sociolinguistique.* Les Presses de l'Université Laval, Québec.

– (1994, Hrsg.): *Les origines du français québécois.* Les Presses de l'Université Laval, Sillery.

Moulin, Jean (1995, Hrsg.): *Français de France et français du Canada. Les parlers de l'Ouest de la France, du Québec et de l'Acadie.* Centre d'études linguistiques Jacques Goudet, Série dialectologie 3, Lyon.

Muller, Bodo (1985): *Le français d'aujourd'hui.* Klincksieck, Paris.

Müller, Bodo (1990): «Französisch: Gesprochene Sprache und geschriebene Sprache» in: Holtus, Günter (1990c, Hrsg.): *Lexikon der romanistischen Linguistik. Bd. V,* Max Niemeyer Verlag, Tübingen. S. 195–210.

Muller, Charles (1968): *Initiation à la statistique linguistique.* Larousse, Paris.

Nabrings, Kirsten (1981): *Sprachliche Varietäten.* Gunter Narr Verlag, Tübingen.

Nadasdi, Terry (2000): *Variation grammaticale et langue minoritaire. Le cas des pronoms clitiques en français ontarien.* Lincom Europa, München.

Noël, Danièle (1980): *Le français parlé: analyse des attitudes des adolescents de la ville de Québec selon les classes sociales.* Centre international de recherche sur le bilinguisme. Québec.

OLF (2001): *Terminogramme. Revue de recherche et d'information en aménagement linguistique et en terminologie.* n° 97–98, Printemps 2001, Les Publications du Québec, Québec.

Ostiguy, Luc (1979): *La chute de la consonne l dans les articles definis et les pronoms clitiques en français montréalais.* Mémoire de Maîtrise, Université de Montréal.

Ostiguy, Luc; Gagné, Gilles (1986): *Pour un contenu linguistique en oral au 2e cycle du primaire.* Université de Montréal, Faculté des sciences de l'éducation, P. P. M. F. primaire.

– (1987): «Proposition d'un contenu linguistique à l'oral pour l'école primaire: une expérience réalisée en classe de 4e année» in: *Revue québécoise de linguistique.* vol.16, n°2, S. 103–142.

Ostiguy, Luc (1988): *Le développement de l'habilité à utiliser le registre soutenu à l'oral en 4e année primaire.* Thèse de doctorat, Département de didactique, Montréal, Université de Montréal, 320 S.

Inhaltsverzeichnis

Einleitung

Als Herr Professor DÜWEL mich im Sommer 1979 zur Aufnahme der hier vorgelegten Untersuchungen anregte, die den naturwissenschaftlichen Fälschungsbeweis der „berühmt-berüchtigten“ Oldenburger Weser-Runenknochen zum Ziel hatten, war mir bewußt, daß der Weg interdisziplinärer Zusammenarbeit zu beschreiten sei. Daß sich dieser Weg zur Marathonstrecke ausweiten würde, habe ich damals ebensowenig geahnt wie, daß er mich zur Promotion führen sollte. Allen, die mich mit Rat und Tat begleiteten, danke ich von Herzen:

Dr. Dr. Günter WEGNER, Direktor der Urgeschichtsabteilung am Landesmuseum Hannover, für die großzügige Ausleihe des Untersuchungsmaterials und die zuverlässige organisatorische Betreuung durch ihn und seine ehemaligen Mitarbeiter am Staatlichen Museum für Naturkunde und Vorgeschichte Oldenburg;
Prof. Dr. Klaus DÜWEL, Seminar für Deutsche Philologie der Universität Göttingen, für die Korrekturlesung der Dissertation und die Bereitstellung eigenen Untersuchungsmaterials;
Prof. Dr. Wolfgang BONTE, Direktor des Rechtsmedizinischen Instituts Düsseldorf, der mit seinen ehemaligen Göttinger Mitarbeitern an vielen aufschlußreichen naturwissenschaftlichen Untersuchungen beteiligt war und den diesbezüglichen Abschnitt korrigierte;
Dr. Harald KIJEWSKI, Institut für Rechtsmedizin an der Universität Göttingen, für die Durchführung der Spektralanalyse und die Durchsicht des entsprechenden Kapitels;
Prof. Dr. Willy WÖLFLI und Mitarbeitern am Institut für Mittelenergiephysik der Eidgenössischen Technischen Hochschule Zürich für die AMS-^{14}C-Analyse;
Dr. Hans FORMANEK, Direktor am Isotopenlabor der Universität Göttingen, für die Kontrolle des ^{14}C-Kapitels;
Dr. Norbert GOEBEL, Radiologische Abteilung des Kanton-Spitals Zürich, für die Dokumentation der Röhrenknochen-Querschnittprofile im Computertomogramm.
Prof. Dr. Ando SEEBERG †, Chefarzt der Neurologischen Abteilung am Agnes-Karll Krankenhaus in Hannover-Laatzen, erstellte mit seinen Mitarbeiterinnen die computertomographischen Längsschnittprofile der Röhrenknochen;
Prof. Dr. Joachim BOESSNECK, Direktor des Instituts für Paläoanatomie, Domestikationsforschung und Geschichte der Tiermedizin an der Universität München, und
Prof. Dr. Angela VON DEN DRIESCH, ebenda, verdanke ich die zoologische Bestimmung der Runenknochen und zahlreicher anderer Vergleichsfunde.

Für ihre schriftlichen Gutachten danke ich herzlich:

Prof. Dr. Detlev ELLMERS, Direktor am Deutschen Schiffahrtsmuseum in Bremerhaven, zur Schiffsdarstellung auf Runenknochen 4990,
Prof. Dr. Eberhard GRÜGER, Botanische Anstalten der Universität Göttingen, zu den Pollenanalysen,
Dr. h. c. Hajo HAYEN, damals Kustos am Staatlichen Museum Oldenburg, zu den Bodenlagerungsbedingungen für Knochen,
Prof. Dr. Brunk MEYER, Leiter des Instituts für Bodenkunde an der Universität Göttingen, zur gleichen Problematik.

Drs. Thijs J. MAARLEVELD, Ministerie van Cultuur, Rijswijk, danke ich für die freundschaftliche Zusammenarbeit bei der gemeinsamen Aufklärung der Echtheitsfrage des Deventer-Komplexes,
Prof. Dr. L. P. LOUWE KOOIJMANS, Instituut voor Prehistorie Leiden, für die Ausleihe dieses Knochenensembles aus dem Rijksmuseum van Oudheden Leiden.

Für die Begutachtung der Feuersteingeräte des Ludwig AHRENS danke ich:

Prof. Dr. Gerhard BOSINSKI, Institut für Ur- und Frühgeschichte an der Universität Köln,
Drs. Dick STAPERT, Biologisch-Archaeologisch Instituut Groningen, und
Klaus GROTE M. A., Kreisarchäologe des Landkreises Göttingen.

Autopsien von Vergleichsmaterial wurden mir gewährt von:

Prof. Dr. Peter SCHMID, Direktor des Landesinstituts für historische Küstenforschung in Wilhelmshaven,
Dr. Wolf Haio ZIMMERMANN, ebenda, und
Hermann HAIDUCK, ebenda, der mir das Material von der Feddersen Wierde vorlegte,
Dr. Klaus BRANDT, ebenda, jetzt am Landesmuseum Schleswig, wie auch
Dr. Volker VOGEL, der mir die dortigen Runenknochen zugänglich machte.
Dr. Gerrit ELZINGA, Fries Museum Leeuwarden, sowie
G. I. W. DRAGT, Oudheidkamer Dokkum, die mir die Durchsicht des friesischen Terpenmaterials gestatteten.

Dr. Olaf HÖCKMANN, RGZM Mainz, danke ich für seine briefliche Stellungnahme zum Schiffsbild auf Runenknochen 4990,
Prof. Dr. Hans-Günther SCHLEGEL, Institut für Mikrobiologie der Universität Göttingen, für entsprechende Beobachtungen und
Dr. Uwe SCHNALL, Deutsches Schiffahrtsmuseum Bremerhaven, für seine Literaturhinweise ebenso wie
Prof. Dr. Hartmut DÖHL, Seminar für Klassische Archäologie der Universität Göttingen.

Die Schwierigkeiten der Altersbestimmung durch die ^{14}C-Methode erforderten eine intensive Diskussion, die ich dankenswerterweise mit

Prof. Dr. Mebus A. GEYH, Landesamt für Bodenforschung, Hannover,
Dr. Richard BURLEIGH, British Museum London,
Dr. Timothy A. J. JULL, College of Arts and Sciences, Department of Physics, University of Tucson/Arizona,
Prof. Dr. Gordon NEWKIRK Jr., Boulder/Colorado, und
Henry A. POLACH, University of Canberra, führen konnte.

Wertvolle Hinweise verdanke ich den Gesprächen mit

Dr. Hermann ENGSTER, ehemals Skandinavisches Seminar der Universität Göttingen,
Karin PULMER M. A., ebenda,
Dr. Ulrich SCHEUERMANN, Institut für Historische Landesforschung der Universität Göttingen,
Prof. emerit. Dr. Alfred HEUSS, Seminar für Alte Geschichte an der Universität Göttingen,
Prof. emerit. Dr. Reinhard WENSKUS, Seminar für Mittlere Geschichte der Universität Göttingen,
Prof. Dr. Matthias THIEL, Seminar für Mittlere und Neue Geschichte der Universität Göttingen,
Prof. Dr. Karl ARNDT, Seminar für Kunstgeschichte der Universität Göttingen,
Dr. h.c. Hans DRESCHER, Hamburg Harburg,
Heinz-Günter VOSGERAU, Restaurator am Staatlichen Museum Oldenburg,
Prof. emerit. Dr. Karl HAUCK, Historisches Seminar der Universität Münster,
Werner KRAMER, Oberkonservator am Landesmuseum Zürich,
Dr. Else EBEL, Institut für Germanistik der Universität Bochum,
Prof. Dr. Dieter STELLMACHER, Seminar für Deutsche Philologie der Universität Göttingen,
Prof. Dr. Ulrich WILLERDING, Botanische Anstalten der Universität Göttingen und
Prof. emerit. Dr. Gerhard CORDES †.

Dankbar erinnere ich mich der Sitzung vom 8. 10. 1983 mit

Dr. Günther SCHNUG,
Dr. Lothar KAUP und
Dr. Malte GRAMSE im Niedersächsischen Landeskriminalamt Hannover.

Margret und Horst JANZEN, Brake, danke ich für die Überlassung der Unterlagen zur Person des Ludwig AHRENS,
Prof. Dr. Norbert KAMP, Präsident der Georg-August Universität Göttingen für die freundliche Gewährung einer Reisekostenbeihilfe aus Mitteln der KLUCKOHN-STIFTUNG, der
STIFTUNG VOLKSWAGENWERK für die Förderung 1984, die Finanzierung der ^{14}C-Probenaufbereitung in Miami 1986 und den Druckkostenzuschuß zu diesem Buch und der
OLDENBURGISCHEN LANDSCHAFT für eine weitere finanzielle Förderung zum gleichen Zweck.

Herzlich danke ich auch den Angestellten der Göttinger Universitätsbibliothek für die Beschaffung der über 1500 Titel, die ich für die vorliegende Arbeit benötigte
und ganz besonders herzlich meiner Frau, die mir den Großteil dieser organisatorischen Wege und Arbeiten abnahm.

Schließlich danke ich Dr. Mamoun FANSA für die Redaktion,
Herrn Verleger Dieter ISENSEE und seinen Angestellten für die aufwendige und mühevolle Erstellung sowie
Direktor Dr. Karl Otto MEYER für die Herausgabe dieses Buches.

Braunschweig/Göttingen/Oldenburg
im Februar 1989.

1. Finder und Fundgeschichte im Spiegel der Museumsdokumente 1927/1928

Als Prof. Hugo VON BUTTEL-REEPEN, der zwischen 1924 und 1933 das Naturhistorische Museum der Stadt Oldenburg in Old. - heute: Staatliches Museum für Naturkunde und Vorgeschichte - leitete, auf Ludwig AHRENS aufmerksam wurde, war dieser offenbar bereits seit längerem als eine Art „Hobbyarchäologe" Fundzulieferer für Braker Privatsammler, wie den Apotheker Dr. SCHAFSTEIN.

Ahrens war seinerzeit Bademeister des Strandbades Harriersand, also auf der Weserinsel, deren Nordhälfte der Stadt Brake in etwa gegenüberliegt.

Im folgenden werden die Fundortangaben des AHRENS zu allen von ihm abgelieferten Stücken wörtlich aus dem Museumsjournal 1927/28 zitiert, wie sie VON BUTTEL-REEPEN getreulich eintrug, einschließlich seiner teilweise recht interessanten Randbemerkungen.

Insgesamt wird AHRENS' Name in 19 Tageseintragungen erwähnt. Zwischen dem Zeitpunkt seiner am 26. 7. 1927 erfolgten Ernennung zum Vertrauensmann - und daß er das Vertrauen des Museumsdirektors wirklich genoß, unterstreicht besonders der Text des eingefügten Briefes vom 29. 6. 1928 - und seinem eher unauffälligen Ausscheiden zu Ende des Sommers 1928 übergab oder übersandte er genau 111 Einzelstücke, ausnahmslos Streufunde.

Zu den sicher nicht immer vermerkten Notizen über die dafür gezahlten Finderlöhne muß bedacht werden, daß der Stundenlohn eines damaligen Handwerksgesellen bei maximal etwa einer Reichsmark lag.

Bei den außerdem noch erwähnten Personen Frl. M. HEGELER und Rektor SCHÜTTE handelte es sich bei ersterer um eine stundenweise beschäftigte Hilfskraft des Museums, bei letzterem um den verdienstvollen Heimatforscher, den späteren Dr. h. c. Heinrich SCHÜTTE, dessen Veröffentlichungen zur Frage der norddeutschen Küstensenkung auch heute noch von wissenschaftlicher Bedeutung sind.[1]

Quelle:
H. VON BUTTEL-REEPEN, Fundjournal 1927-1928

8. 7. 1927	*Randbemerkungen:*
Fahrt nach Brake mit Rektor Schütte. Bei Dr. Schafstein war der Bademeister Ludwig Ahrens, Brake, Kirchenstr. 6., der Finder zahlreicher sehr alter Knochen bzw. Knochenbruchstücke und Geweihteile die er auf dem Badestrand (Harriersand) gefunden. Viele der Stücke zeigen Bearbeitungsspuren oder sind ganz fertig gestellte Waffen bzw. Geräte . . . Fast alle Stücke sind vom Finder an Sanitätsrat Dr. Schafstein abgegeben . . . Die Harrier-Sand Funde sind vielleicht mesolithisch und vom höchsten vorgeschichtl. Wert . . .	*Div. Fundstücke vom Harrier Sand.* . . .

1) Eine Zusammenstellung von nicht weniger als 129 Veröffentlichungen bis einschl. 1933 findet sich bei K. LÜDERS 1934, 14-18, ein Nachruf bei W. HAARNAGEL 1940, 60-62.

26. 7. 1927 Zweite Fahrt nach Brake . . . . Nach dem Badestrand . . . . . . Dort neuer Bademeister: Korte, Brake, . ., da Ahrens entlassen. Zeigte in der Ahrens'schen dort noch stehenden Kiste u. a. mächtiges Knochenstück, durchgesägt, offenbar von einem Walfisch. Zu Ahrens in seine Wohnung: Will gesetzl. Weg beschreiten u. übergab mir 2 sehr wertvolle Funde, einen Knochendolch mit Eigentumsmarke, dem Buchstaben  ähnelnd, u. eine Geweihaxt. Ernannte ihn zum Vertrauensmann	Randbemerkungen: 4983 2 Stücke vom Harrier 4946 Sand Neg. 439 u. 378 386
29. 9. 1927 Fahrt nach Brake zum Vertrauensmann Ahrens, der während seines Urlaubs hier war und folgendes ablieferte: 1. einen sehr grossen Faustkeil (Feuerstein) 2. einen Knochendolch mit Eigentumsmarke etwa in dieser Form 	Am 1. Septbr. 4980 4 Stücke vom Harrier Neg. 433 Sand. 385
3. ein Knochenbeil mit Schaftloch (Schwarz)	4945 Neg: 378
4. eine Lanzenspitze? aus Knochen.	4984 Neg: 384
Ferner erhielt ich von ihm jetzt in Brake:	
1. ein Knochenbeil/-hacke mit Schaftloch nur an der Spitze leicht beschädigt (braun).	4944 6 Stücke vom Harrier S.
2. ein kleiner Knochendolch 4979 Neg: 433/34	1 „ bei Sandstede gef.
3. ein Netzschiff aus Knochen mit Loch. <u>Vielleicht rezent</u>	4978
4. ein Faustkeil (Feuerstein)	4938 Neg: 380/81
5. ein Bohrer	4939 Neg: 380/81
6. Feuersteinstück ohne besondere Bearbeitung. Pickel.	4941 Neg: 380+383
7. Ein ganz schwarzer Pferdezahn. Letzterer wurde ausgebaggert bei Sandstedt!!	4965
22. 10. 1927 Rektor Schütte überbringt von Ludw. Ahrens, Brake, 4989 einen Knochen mit Zeichnung eines Mannes ein Rind niederschlagend . . .	Hammelwarden 1 Stück vo~~m~~n ~~Harrier Sand~~ Vergüt. M. 25.- Neg: 370/71, 373/74
25. 10. 1927 Ahrens, Brake hier. Gibt nähere Angaben über den Knochen mit Zeichnung. Von ihm selbst gefunden am Ufer bei Hammelwarden dort wo die Häuser stromaufwärts aufhören. Es ist dort Baggermasse ans Ufer gebracht, um Uferhöhlungen (Abstürze) auszufüllen. Der Knochen steckte in einem Dargähnlichen Stück	
29. 10. 1927 Fahrt nach Brake. Vormittags. Funde von Ahrens abgeholt	Nur ein Feuerstein von Sandstede

Randbemerkungen:

9. 11. 1927
Ahrens, Brake überbringt 1 Urnenscherbe (grauer Ton) mit Fingereindrücken als Verzierung. Ferner
4987 1 Knochenbruchstück mit Runen u. einen verstein. Seeigel. Alles aus Sandstedt beim Ausspüler.

4973
Brake Funde
Sandstedt
Neg: 384
4973a

11. 11. 1927
Fahrt nach Brake zur Ab-
4988 holung des Runengriffes aus Knochen aus Sandstedt Gleich zurück. 1 Probe untersucht an der Geol. Landesanstalt in Berlin durch Dr. v. Bülow ergab Hinweis auf das Mesolithikum. s. Briefe von Wolff. Febr. 1928.

Neg: 358-60, 362/63, 387, 388
Stark mit Oel getränkt, da er in einer Bucht gelegen, wo sich bei gewisser Windrichtung, dass von den Dampfern ausgeworfene Oel sammelt. Dorthin geworfen durch einen Arbeiter, der annahm Badegäste hätten Zeichen u. Figuren eingeschnitten.
Durch Ahrens aufgefunden am 10. 11. 27
2 Proben beide aus dem Knochen = 4988a

15. 11. 1927
Fahrt nach Brake. Bei Ahrens diverse Fundstücke besichtigt, Feuersteine u. Knochen von Sandstedt . . . .
Die Tierknochen blieben in Brake . . .
um zusammen mit den bei Ahrens verbliebenen hierhergebracht zu werden . . . .

5005-12
4937 Neg: 380+382

23. 11. 1927
Fahrt nach Brake. Mit Ahrens zum Redakteur des Weserboten . . .

3. 12. 1927
Fahrt nach Brake um 11.33 zurück um 2.15. Ahrens übergibt mir, die am 1. Decbr. telefonisch gemeldeten Fundstücke.
4990 Knochengriff mit Runen;
auf der anderen Seite ein Schiff = M. 30.-
2 Pfeilspitzen je M. 5.-
2 Knochendolche je M. 5.-
11 Feuersteine mehr oder minder bearbeitet. Alles vorstehende aus Hammelwarden.
2 Feuersteine (schon etwa 2 od. 3 Wochen früher gefunden) aus Sandstedt - erster Aufspülungsplatz). Die Feuersteine zusammen für M. 10.-

Hammelwarden

Neg: 365-67, 416
4985/86 Neg: 384
4981/82 Neg: 385
4925-29 ausgemerzt, da nicht Manufact. 4940 kleines Beil. 4930 Pickel. 4932/33 Schlagsteine. 4943 Feuersteinknolle, Fälschung?
4935 (4936) ausgemerzt.), Klopfer

4940 = Neg: 380+382

20. 1. 1928
Fahrt nach Brake. 8.10-2.16.
Ahrens schickt die Knochen in einem Korb als Eilgut . . .
Hansen-Goos berichtete, dass sowohl oberhalb des Badestrandes als auch in Lemwerder Baggèrsand wieder von Schiffern abgefahren wird. Machte Ahrens hierauf aufmerksam!! Soll dort sofort nachforschen.

Nichts erhalten bis Juli 1928.

21. 1. 1928
Korb mit Knochen von Brake. Funde von Sandstede, Oberhammelwarden, Kirchhammelwarden durch Ahrens und meine Funde von Sandstede. (2 Aufspülungsplatz) vom Bagger aus der Mitte des Stromes. Unter den Knochen fand
5046 Frl. Hegeler ein Bruchstück mit einer Beileinritzung.
5043-5059 Tierknochen
5060 Menschenschädel (Stück)
5061 -5064 Urnenscherben

Randbemerkungen:

und einige Tonscherben 5024-26

5013-5042

Beilzeichnung.
Neg: 394

Funde aus Oberhammelwarden, durch Ahrens.

16. 2. 1928
Fahrt nach Brake wegen
4991 Uluhari Runenknochenfund. (M. 20.-)
Grösste Länge 15,6 cm.
Durchmesser des Loches 9 mm
„ „ über Loch gemessen 2,2 cm.
Höhe der ᚢ Rune = 1 cm

„ „ ᛁ „ = 7 mm

Grösster Durchm. (Breite am dicken Ende auf der Eigentumsmarkenseite = 4,2 cm.
Grösste Länge bis zur Mitte des halbdurchbrochenen Loches = 15 cm.
Länge der Inschrift Lu Hari = 4,9 cm
die der anderen Inschrift = 4 cm.

Runenknochen Hammelwarden Strandbadstrand dort wo spielende Kinder im Sande „gebuddelt“ hatten.

Neg: 375/76, 377, 414

7. 3. 1928
Fahrt nach Brake morgens 8.10-2.15.
Gleich mit Ahrens weiter nach Kirchhammelwarden am Ufer entlang über den angespülten Baggersand nach dem Badestrand von Hammelwarden. Ausdehnung beider Strandpartien etwa 1200 m. Sammelten 18 Feuersteine mit anscheinender Bearbeitung. 1 Urnenscherbe. Es wurde nur 1 Knochen gefunden (zerbrochen), ohne Bedeutung, daher nicht mitgenommen.

Funde bei Brake (Kirchhammelwarden u. Hammelwarden)

4994.5002-04
Von diesen Feuersteinen wurden nur 13 nummeriert, da die restlichen 5 anscheinend keiner Benutzung unterlagen.
Die Urnenscherbe s. Nr. 5004

19. Tagung des Nordwestdeutschen Verbandes für Altertumsforschung 9.-11. 4. 1928

Prof. Carl SCHUCHHARDT, der damalige Vorsitzende dieses Verbandes, hatte selbst Oldenburg als Tagungsort ins Auge gefaßt, weil in letzter Zeit eine ganze Anzahl offenbar sehr wertvoller prähistorischer Funde von dort bekannt geworden war.

Nach anfänglichem Widerstreben - wie aus der erhaltenen Korrespondenz ersichtlich - fand sich VON BUTTEL-REEPEN schließlich doch dazu bereit, die Ausrichtung zu übernehmen und einen Vortrag zu halten.

So erfuhren am Morgen des 10. 4. 1928 auch die Weser-Runenknochen ihre erste öffentliche Vorstellung im Rahmen eines - mit Lichtbildern illustrierten - Referates, welches Prof. VON BUTTEL-REEPEN unter dem Thema:

„Oldenburgische Funde aus dem Mesolithikum und aus jüngeren Kulturen“

im Schloß-Saal des Landesmuseums hielt.

Zuvor hatte er allerdings durchgesetzt, daß eine siebenköpfige Kommission - darunter einige der seinerzeit profiliertesten Prähistoriker - sich nach eingehender Autopsie protokollarisch zur Echtheit seiner wichtigsten Funde, der Runenknochen, äußerte *(s. Abb. 1):*

Protokoll

Die Unterzeichneten haben heute im Naturhistorischen Museum die unter Nr 4988 bis 4991 inventarisierten Knochenfunde aus der Weser ohne Anwendung optischer und chemischer Hilfsmittel und ohne Kenntnis der Fundumstände und der Person des Finders einer eingehenden Besichtigung unterzogen. Sie sind dabei zu der Überzeugung gekommen, dass aus der Technik der Stücke sich keine Anzeichen einer Fälschung erkennen lassen.

Oldenburg den 10 April 1928

C. Schuchhardt, R. Beltz, G. Schwantes,
K. Luthmer, Jacob-Friesen, Unverzagt,
Bersu

Die Formulierung dieses Protokolls mutet eher vorsichtig an, und auch der Vortrag fand nicht den Anklang, den VON BUTTEL-REEPEN sicherlich erhofft hatte: Eine ganze Anzahl besonders der jüngeren Forscher erübrigte für die kuriosen Fundgeschichten nur ironische Bemerkungen oder Gelächter, wie sich ein Teilnehmer, Dr. Alfred TODE, in einem Brief an Prof. Klaus DÜWEL vom 12. 11. 1974 erinnert.

Danach sahen in dem noch nach Öl riechenden Knochen 4988 z. B. einige den *„primitiven Versuch, einer Fälschung künstliche Patina beizubringen“,* und auch den anderen Runenknochen schenkten nur wenige - unter diesen aber immerhin SCHUCHHARDT selbst - wirklich Vertrauen. Dazu wird beigetragen haben, daß sämtliche Flintgeräte, die VON BUTTEL-REEPEN als *„Weser-Mesolithikum“* vorgestellt hatte, in der anschließenden Diskussion als *eindeutige Fälschungen* erkannt wurden *(s. u., Kapitel 3.4.1.).*

Ausgesprochen peinlich aber wurde die Situation für den Gastgeber dieser Tagung, als er von Dr. SCHWANTES direkt gefragt wurde, ob die Runenknochen etwa von demselben Finder stammten, wie die neuerdings angeschliffenen Feuersteine *(s. u., Brief VON BUTTEL-REEPENS an AHRENS vom 29. 6. 1928).* Das betroffene Schweigen VON BUTTEL-REEPENS, der allein wußte, daß *beide Fundkomplexe von AHRENS* kamen, wertete Prof. Gustav SCHWANTES später als *Indiz* dafür, *daß auch die Weserrunen Fälschungen seien.*[2]

2) G. SCHWANTES 1951, 121 f.

Protokoll

Die Unterzeichneten haben heute im Naturhistorischen Museum die unter Nr 4988 bis 4991 inventarisierten Knochenfunde aus der Weser ohne Anwendung optischer und chemischer Hilfsmittel und ohne Kenntnis der Fundumstände und der Person des Finders einer eingehenden Besichtigung unterzogen,Sie sind dabei zu der Uberzeugung gekommen, dass aus der Technik der Stücke sich keine Anzeichen einer Fälschung erkennen lassen.

Oldenburg den 10April 1928

Abb. 1:
„Echtheitsgutachten" (Museumsarchiv) Durchschlag.

Auch ein anderer Umstand wird sich kaum positiv auf die Einschätzung der Runenknochen ausgewirkt haben, nämlich der, daß VON BUTTEL-REEPEN in seinem Referat die „Jagddarstellungen“ der beiden Weserknochen *bewußt in einem Zusammenhang mit den sonstigen „mesolithischen“ Funden* vorstellte, ohne gleich darauf hinzuweisen, daß auf die Rückseite des einen dieser Knochen ein Runentext der älteren Runenreihe geritzt war.

Diese *bewußte Verschleierung* ihm bekannter Tatsachen ist dem - im Museumsarchiv erhaltenen - Vortragsmanuskript zweifelsfrei zu entnehmen. Der Grund für dieses Verhalten wird freilich nicht eindeutig rekonstruierbar sein.

Aus seiner Korrespondenz mit Herman WIRTH ist jedenfalls ersichtlich, daß er - zumindest vorübergehend - mit dem von diesem erst neulich an die Öffentlichkeit getragenen Gedankengut *(Atlantikertheorie etc.)* übereinstimmte.[3]

Auch wenn er über die Weserrunen - zunächst losgelöst aus ihrem Kontext mit den Bilddarstellungen - in Zusammenhang mit den Funden aus jüngeren Siedlungsperioden referierte, scheint er eine Zuweisung der Runen in das Mesolithikum anfangs nicht ganz ausgeschlossen zu haben.

Hierzu mag ihn wiederum das überraschende Ergebnis der *pollenanalytischen Bestimmung* des Inhaltes aus der Höhlung von Runenknochen 4988 verleitet haben, welches die Bodenprobe in das Mesolithikum datierte *(s. o., Vermerk im Journal unter dem 11. 11. 1927).*

Die Reaktion der Prähistoriker auf sein *„Weser-Mesolithikum“,* die - soweit dessen Repräsentation durch *überschliffene Flintknollen* von ihm postuliert wurde - in *offener Ablehnung* bestand, erschütterte den Glauben VON BUTTEL-REEPENS an die Echtheit dieser Stücke ebenso wenig wie sein Vertrauen gegenüber ihrem und der Runenknochen Finder, wie u. a. aus der Fortsetzung der Journal-Notizen hervorgeht:

Quelle: Fundjournal 1928

25. 4. 1928	*Randbemerkungen:*
Fahrt nach Brake . . . *In Brake Besprechung* *mit Ahrens, der mir zwei* *Schaber mit Schliff, gefunden* *beim Ausspüler in Rechten-* *fleth, übergab. Einer davon* *Rundschaber, der andere viel* *kleiner mit Abspliss in der* *Mitte.*	*zur Zeit in der Sendung an* *Bersu. s. Brief an ihn v. 28. 4. 28.* *Wiedererhalten v. B.R.* *5158 Neg: 408-410* *5157*

27. 6. 1928 ∗
Randbemerkungen:
Fahrt nach Brake . . .
Ahrens, Brake übergibt mir
folgende auf dem Harrier-Sande
gefundene Stücke:

3) H. WIRTH 1928.
∗) s. hierzu Abb. 2.

Randbemerkungen:

1 Feuerst. Schaber angeschliffen 5122 Neg: 423
1 „ Faustkeil Neg. 436/37. 5123
1. Hammer aus Knochen mit Schaftloch. In diesem noch das Holz des Schaftes. 5124 Neg: 428
1 Pferdeunterkiefer mit dazugehörigem Knochenbruchstück. 5125
1 Knochenbruchstück mit angeblicher Zeichnung? Schwarz 5126
5127 1 dto mit angeblicher Abb. eines Tieres, Konturen z.T. neuerdings nachgezogen oder neu gemacht. Fälschung.? Hellbraun.
2 Tonscherben (1 mit Henkel, 5128
1 mit Einstempelung). 5129
1 Spinnwirtel aus schwarzem sehr grob geschlämmtem Ton. Dieses letztere Stück stammt vom Ausspülungsplatze bei der Wilhelmsplate angrenzend dem Harrier-Sande 5130

Quelle: Archiv des Staatl. Museums Oldenburg:

29. Juni 1928.

Sehr geehrter Herr Ahrens!

Nach gründlicher Untersuchung ergibt sich, dass die eine Tierzeichnung auf dem hellbraunen Knochenstück gefälscht ist, d. h. eine Anzahl von vertieften Linien sind offenbar alt aber ein Teil ist entweder neuerdings frisch vertieft oder was natürlich nicht mehr mit Sicherheit zu entscheiden ist, neu hinzugefügt. Damit wird das Stück wertlos und das schlimmste ist, dass ich es von Ihnen bekommen habe. Und zwar aus folgendem Grunde. Als die Tagung der Prähistoriker hier war, frug mich ein Teilnehmer bei einem sehr wertvollen Stück, das ich persönlich für absolut echt halte und mit mir andere Beurteiler: „Sagen Sie einmal stammt das Stück von demselben Finder, der Ihnen auch die offenbar neuerdings angeschliffenen Feuersteine gegeben hat?“ Als ich dies bejahte, zuckte der Betreffende die Achseln und gab mir das echte Stück, das ihm dadurch nun auf einmal höchst zweifelhaft erschien, stillschweigend zurück. So scheue ich micht jetzt, Sie als den Finder auch der sicherlich echten Stücke zu nennen, um deren Wert nicht von vorneherein einem Zweifel auszusetzen. Wenn ich persönlich glaube, dass Sie selbst an diesen Fälschungen vollständig unschuldig sind, so bleibt die Sache für andere Beurteiler aber dieselbe und das ist sehr misslich. Also lehnen Sie alles nur irgendwie zweifelhafte stets rundweg ab. Hoffentlich gelingt Ihnen noch wieder ein Runenfund, das sollte mich sehr freuen. In etwa zwei Wochen komme ich wieder nach dort.

Mit freundlichen Grüssen
Ihr
(v. B.-R.)

Quelle: Fundjournal 1928 (Fortsetzung)

Randbemerkungen:

22. 9. 1928
Fahrt nach Brake. Von Ahrens eine Gefässscherbe 5154

13. 10. 1928
Fahrt nach Brake. 8.15-2.29. Herr Ahrens „Maschinist“ laut Braker Einwohnerbuch) wohnt jetzt in der D strasse. Ich traf ihn im Bahnhofshotel. Hatte nichts mehr gefunden.

- * -

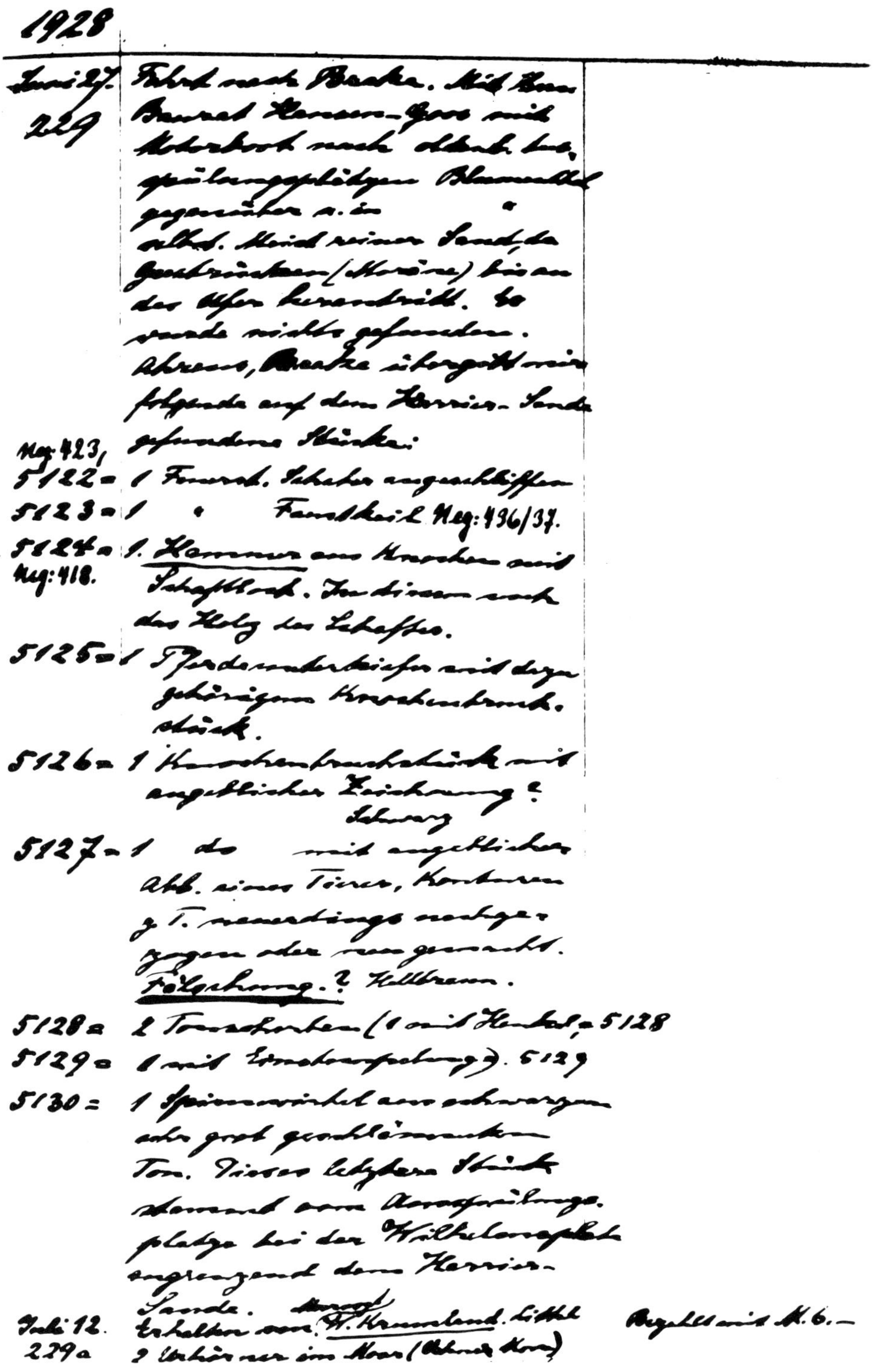
1928

Juni 27. Fahrt nach Bracke. Mit Herrn
229 Baurat Hansen-Jever mit
Motorboot nach oldenb. Aus-
spülungsplätzen Blumenthal
gegenüber u. im
altholst.(?) Meist reiner Sand, da
Geestrücken (Moräne) bis an
das Ufer herantritt. Es
wurde nichts gefunden.
Ahrens, Bracke übergibt mir
folgende auf dem Harrier-Sande
Reg: 423, gefundene Stücke:
5122 = 1 Feuerst. Schaber angeschliffen
5123 = 1 " Faustkeil Reg: 496/37.
5124 = 1. Hammer aus Knochen mit
Reg: 418. Schaftloch. An diesem noch
das Holz des Schaftes.
5125 = 1 Pferdeunterkiefer mit dazu-
gehörigem Knochenbruch-
stück.
5126 = 1 Knochenbruchstück mit
angeblicher Zeichnung ?
Schwarz
5127 = 1 do mit angeblicher
Abb. eines Tieres, Konturen
z. T. neuerdings nachge-
zogen oder neu gemacht.
Fälschung. ? Hellbraun.
5128 = 2 Tonscherben (1 mit Henkel, = 5128
5129 = 1 mit Einschnürung(?)). 5129
5130 = 1 Spinnwirtel aus schwarzem
oder grob geschlämmtem
Ton. Dieses letztere Stück
stammt vom Ausspülungs-
platze bei der Wilhelmsplate(?)
angrenzend dem Harrier-
Sande.
Juli 12. Erhalten von H. Kaumland(?) ... Bezahlt mit M. 6.–
229a 2 Urnen(?) ... im Moor (...)

Abb. 2:
‚Fälschung', Notiz am 27. 6. 1928 (Journal).

Alle handschriftlichen Eintragungen VON BUTTEL-REEPENS in das Museumsjournal, welche AHRENS und die von ihm angegebenen Fundsituationen erwähnen, wurden im vorstehenden maschinenschriftlich zusammengestellt, da sie unveröffentlicht sind. Die dort gegebenen Zeileneinteilungen wurden ebenso beibehalten, wie die Schreibeigenheiten des damaligen Museumsleiters; ferner wurden die von ihm selbst vorgenommenen Anmerkungen und Korrekturen vollständig berücksichtigt. Ziffernangaben beziehen sich entweder auf die Inventarnummern des Magazins oder auf die Negativnummern des dortigen Fotoarchivs.

Besser, als die vergleichsweise summarischen Angaben über die Fundumstände der aufgeführten Stücke in VON BUTTEL-REEPENS Publikation 1930 - auf welche das folgende Kapitel Bezug nimmt - zu zitieren, schien diese Wiedergabe dazu geeignet, die besondere Vertrauensstellung, die AHRENS bei VON BUTTEL-REEPEN innehatte, zu verdeutlichen.

Diese Position geriet selbst da nicht ins Wanken, als er einen Fund eigenhändig übergeben hatte, den VON BUTTEL-REEPEN selber für gefälscht erachtete.

Gleichwohl bedürfen die Angaben des Fundjournales, die so gewissenhaft niedergeschrieben wurden, eines resümierenden Kommentares.

8. 7. 1927: Die *erste Begegnung* zwischen VON BUTTEL-REEPEN und AHRENS bei SCHAFSTEIN kam allem Anschein nach *zufällig* zustande, als AHRENS gerade seinen Privatkunden aufsuchte. Es ist durchaus anzunehmen, daß für die vielen prähistorischen Funde bei Abgabe zumindest dann und wann ein Finderlohn gezahlt wurde.

Aus mehreren Briefen und Journaleinträgen VON BUTTEL-REEPENS dieser Zeit geht hervor, wie eindringlich der Privatsammler Dr. SCHAFSTEIN auf das *staatliche Vorkaufs- bzw. Eigentumsrecht über vorgeschichtliche Bodenfunde* hingewiesen wurde. Der Vorstellungsbesuch des Museumsdirektors mag einem ähnlichen Zwecke gedient haben. Eine Anzahl von Stücken dieser Sammlung wird dann auch in VON BUTTEL-REEPENS Buch 1930 *(s. u. folgendes Kapitel)* dokumentiert. Möglicherweise wurde auch AHRENS an diesem Tage nicht nur auf die hohe Wertschätzung seiner Harriersand-Funde durch einen Fachmann, sondern auch auf die Bestimmungen des Denkmalpflegegesetzes aufmerksam gemacht. Vermutlich wurde auch gleich ein Besuchstermin zwecks Begehung des Strandgeländes abgesprochen.

26. 7. 1927: AHRENS' Kündigung muß also innerhalb der vergangenen zweieinhalb Wochen erfolgt sein. Der Hinweis auf einen durchsägten Walknochen ist nicht unbedingt ein Indiz dafür, daß der ehemalige Bademeister selbst Knochen bearbeitete, da er sich auch auf ein Fundstück mit alten Werkzeugspuren beziehen kann. Daß VON BUTTEL-REEPEN sich direkt auf den Weg zu AHRENS' Wohnung macht, unterstützt die Annahme eines abgesprochenen Besuchstermines. Dort hat man sich zunächst offenbar über die Entlassungsgründe etc. unterhalten, die wohl nicht mehr in Erfahrung gebracht werden können. Die *Übergabe zweier „sehr wertvoller Funde"* wird die spontane *Ernennung zum Vertrauensmann* günstig beeinflußt haben. Der arbeitslos gewordene AHRENS, der an eine Klage vor dem Arbeitsgericht zu denken scheint, wird nun *ehrenamtlicher Mitarbeiter* des Staatlichen Museums in einer halboffiziellen Stellung, die bei entsprechenden Erfolgen auch *Aussichten auf finanzielle Honorare* eröffnet.

29. 9. 1927 *(Die Eintragung bezieht sich eigentlich auf den 1. 9. 1927, wie die Randnotiz zeigt.):* Das in ihn gesetzte Vertrauen rechtfertigt AHRENS mit der Ablieferung von 11 Funden, also 10 % der von ihm insgesamt eingebrachten Stücke. Hierunter befinden sich 4 Flintgeräte des *gefälschten „Wesermesolithikums",* weshalb verständlich wird, warum er diese *in der Abwesenheit des Museumsleiters übergibt:* So kann er getrost die Reaktion desselben abwarten.

22. 10. 1927: Es erhebt sich die Frage, warum AHRENS diesen Knochenartefakt mit der Darstellung einer Jagd- oder Opferszene nicht selbst überbringt, zumal er die Reaktion VON BUTTEL-REEPENS, der bereits durch gravierte Eigentumsmarken zu begeistern war, durchaus hätte einschätzen können. Als *Mittelsmann* wird kein geringerer als *der angesehene Forscher SCHÜTTE* erwählt, der als Fundort den *Harrier-Sand* angibt. Auch die Vergütung scheint von SCHÜTTE angenommen und an den Finder weitergeleitet worden zu sein, wobei unklar bleiben wird, ob diese freiwillig erfolgte oder eine diesbezügliche Erwartung des AHRENS in Oldenburg übermittelt wurde.

25. 10. 1927: Drei Tage nach Einlieferung des vorgenannten Fundes *korrigiert* AHRENS, der wohl ersucht worden war, im Museum vorstellig zu werden, *die Angabe des Fundortes („Hammelwarden" statt „Harrier Sand").*

29. 10. 1927: Die Randbemerkung „nur" spiegelt vielleicht ein wenig Enttäuschung, da VON BUTTEL-REEPEN ja ganz andere Sammelerfolge seines Vertrauensmannes gewohnt ist. Bedenkt man, daß seit der letzten Begegnung erst vier Tage vergangen sind, so erhält man einen ungefähren Eindruck seines *hohen Erwartungshorizontes gegenüber AHRENS.*

9. 11. 1927: Hier handelt es sich also - den Angaben zufolge - um reine *Baggerfunde.* Um die Schiffbarkeit der Weserfahrrinne zu verbessern, wurden auch 1927 und 1928 Baggerarbeiten durchgeführt, die eine große Anzahl prähistorischer Funde aller Perioden ans Licht brachten *(s. u., Publikation derselben durch VON BUTTEL-REEPEN 1930).*

Einige der Fundstücke wurden aus den 600-800 l fassenden Baggereimern - den sogenannten Schuten - direkt geborgen. Die meisten fanden sich aber an den z. T. mehr als 1 km entfernten Aufspülungsplätzen, wohin sie zusammen mit dem sie umgebenden Baggerschlamm, der mittels eines starken Wasserstrahles verflüssigt worden war, durch im Durchmesser 60-80 cm weite Eisenröhren gepreßt wurden *(H. VON BUTTEL-REEPEN 1930, 5).*

11. 11. 1927: Der angegebene *Arbeiter* wird nirgends namentlich benannt. Auch deutet nichts darauf hin, daß VON BUTTEL-REEPEN irgendwelche Anstrengungen unternommen hätte, diesen Mann ausfindig zu machen, um ihn etwa nach den „primären" Fundumständen zu befragen.

15. 11. 1927: Die acht Feuersteine 5005-12 waren im Museumsmagazin nicht auffindbar. Sie wurden vermutlich - wie andere, später als *Nichtartefakte* erkannte Flinte - ohne Vermerk im Journal ausgemerzt. Bei 4937 handelt es sich wieder um ein Exemplar des *gefälschten „Wesermesolithikums".*

23. 11. 1927: Der erwähnte Redakteur, A. LEHMANN, plante einen Artikel über Altertumsfunde, der aber nicht erschien. Von ihm stammen zwei Buchbesprechungen der Publikation VON BUTTEL-REEPENS *(A. LEHMANN 14. 1. 1930 [DER WESERBOTE Nr. 11] u. 17. 1. 1930 (JEVERSCHES WOCHENBLATT Nr. 14).*

3. 12. 1927: An diesem Tage ist ein *Finderlohn von insgesamt 60 ,- RM* verzeichnet. Die Flintgeräte 4930 und 4940 sind wiederum *„mesolithische" Fälschungen.* Bei 4933 ist offenbar ein faustkeilähnlicher Artefakt intendiert, der wie 4940 *Schliffspuren* zeigt. 4943 ist eine kleine Flintknolle, die an der Spitze gleich mehrere breite *Schliff-Facetten* aufweist. Wichtig ist, daß der *Vermerk „Fälschung?"* kurioserweise ohne jegliche weitere Konsequenz AHRENS gegenüber blieb. *(Zu 4943 s. Abb. 23).*

21. 1. 1928: Die *Axtgravur* auf OL 5046 wäre demnach der Aufmerksamkeit des AHRENS entgangen.

16. 2. 1928: Wie bei Runenknochen 4988 ist AHRENS, seinen Angaben nach, auch hier *nicht der Erstfinder.* Auf den Gedanken, daß die *Kinder* in dem dünn besiedelten Flecken, der noch heute aus nur einer Zeile vereinzelter Häuser besteht, leicht ausfindig zu machen gewesen wären, um sie nach der näheren Fundsituation zu befragen, kommt VON BUTTEL-REEPEN nicht. Mit Tourismus ist im Wintermonat Februar wohl nicht zu rechnen gewesen.

7. 3. 1928: Die *gemeinsame Geländebegehung* ist ein einziger *Mißerfolg.* Da von den dreizehn numerierten Flinten zehn im Museumsmagazin fehlen, kann man wohl schließen, daß auch sie *Nichtartefakte* waren, wie 4994, 5002 und 5003.

25. 4. 1928: Zwei *Fälschungen* von AHRENS *(vgl. Kap. 4.6.1.).*

27. 6. 1928: Feuerstein 5123 ist ein einfacher Flintbrocken ohne weiteren Befund. 5122 ist möglicherweise ein alter Abschlag, dessen Schneide beidseitig angeschliffen wurde. Der interessanteste Vermerk bezieht sich fraglos auf das Knochenfragment 5127 mit der *Gravur eines gehörnten Tieres.* Wenngleich VON BUTTEL-REEPEN selbige als *Fälschung* einstuft, zieht er AHRENS als deren Verfertiger nicht in Betracht, wie der Brief vom 29. 6. beweist. Bemerkenswert ist der unerschütterliche *Optimismus,* der am Schluß dieses Schreibens in der *Hoffnung auf einen neuen Runenfund* zum Ausdruck kommt.

22. 9. 1928: Der einzige Fund von AHRENS in fast zwei Monaten und gleichzeitig sein letzter ist eine bedeutungslose Scherbe. Hierzu muß man die Wirkung o. g. Briefes bedenken, die dieser auf AHRENS gehabt haben muß: Vielleicht hatte er erst durch dieses Schreiben erfahren, daß seine *Flintgeräte* auf der Tagung vor gut zwei Monaten zumindest von einem Teil der Fachleute als *Fälschungen* erkannt worden waren. Daß es sich bei den Stücken, die VON BUTTEL-REEPEN und andere Beurteiler für sicherlich echt - andere demnach für gefälscht - hielten, um seine Knochenfunde, speziell die *Runenknochen* handeln mußte, wird er wenigstens geahnt haben dürfen.

13. 10. 1928: Die letzte Eintragung zur Person des L. AHRENS ist etwas auffällig. VON BUTTEL-REEPENS Erkundigung im Einwohnerbuch wirkt durch den Hinweis auf die neue Adresse - AHRENS war zwischenzeitlich umgezogen - zunächst plausibel. Schwerer erklärlich bleibt aber wohl der Umstand, daß der neue Straßenname im Fundjournal nicht ausgeschrieben wird, dafür aber die Berufsbezeichnung, die VON BUTTEL-REEPEN anscheinend mit Verwunderung zur Kenntnis nahm.

Zusammenfassung

Ludwig AHRENS, der als der Finder der Weser-Runenknochen gilt, war ganz offensichtlich durch ein gewisses vorgeschichtliches Interesse zu einem Sammler eben solcher Gegenstände geworden. Als er in das Blickfeld VON BUTTEL-REEPENS geriet, hatte er bereits zumindest einen interessierten Privatsammler als Käufer gewonnen, Dr. SCHAFSTEIN. Seine recht steile Karriere als Vertrauensmann des Oldenburger Museums begann just zu einem Zeitpunkt, als ihm - dem gerade arbeitslos gewordenen - die Aussicht auf zumindest sporadische Fundhonorare verlockend erscheinen mußte.

Durch die, allem Anschein nach kostenlos erfolgte Abgabe zweier aufschlußreicher Artefakte des - wissenschaftlich aktuell diskutierten - Mesolithikums *(sc. nach Ansicht VON BUTTEL-REEPENS)* hatte er dessen Vertrauen spontan gewonnen. Die an ihn gestellten hohen Erfolgsansprüche rechtfertigte er auch zunächst durch Ablieferung einer ganzen Anzahl weiterer Funde.

Geradezu zum wichtigsten Vertrauensmann VON BUTTEL-REEPENS mußte AHRENS aber durch die Übereignung äußerst seltener und kostbarer Runendenkmäler avancieren, zumal seinem Fundgeschick auch noch ein unerhörtes Finderglück zur Seite zu stehen schien: Solche Sensationsfunde gelangen ihm ja in recht regelmäßigen, bereits auffällig kurzen Zeitabständen.

Die finanziellen Vergütungen, die AHRENS erhielt, können auch aus heutiger Sicht nicht als gering bezeichnet werden, wenn man bedenkt, daß eine Tätigkeit als Vertrauensmann heute wie damals eigentlich unentgeltlich, da ehrenamtlich ausgeübt zu werden pflegt(e); auch die weiteren Notizen des Oldenburger Fundjournals bestätigen weitgehend diese Regel, sofern sie andere Vertrauenspersonen betreffen.

Leider sind die Fundhonorare an AHRENS aber im Journal selbst nur selten vermerkt, nämlich lediglich unter drei Daten:

1) 22. 10. 1927: 25,- RM für 4989, runenloser Knochen mit Jagddarstellung,
2) 3. 12. 1927: 60,- RM, davon 30,- RM für Runenknochen 4990 m. dem Schiffsbild,
3) 16. 2. 1928: 20,- RM für 4991, den Runenknochen ohne Bilddarstellung.

Innerhalb von vier Monaten erhielt AHRENS demnach sicher 105,- RM *(≙ mindestens 1050,- DM)*, wobei einerseits der Kaufwert der damaligen Währung höher lag als der unserer heutigen, andererseits davon ausgegangen werden muß, daß der am 11. 11. 1927 nicht genannte Betrag für Runenknochen 4988 mit Jagdszene kaum niedriger als der für 4990 gewesen ist. Berücksichtigt man noch die zahlreichen anderen Funde ohne Eintragung des Entgeltes, wird eine weit höhere Dunkelziffer wahrscheinlich.

VON BUTTEL-REEPENS hohe Einschätzung des Finders AHRENS und seiner Funde wird deutlicher, wenn man vergleicht, was im entsprechenden Zeitraum anderen Personen als Gratifikation zukam. So geht aus dem Fundtagebuch hervor, daß beispielsweise der Finder der 28 versilberten Bronzefibeln gleichen Typs *(Almgren VII)* vom Oldenbroker Moor am 6. 1. 1930 - also in einer Zeit, in der bereits die Inflation eingesetzt hatte - ganze 21,- RM erhielt.

Das Ausscheiden des Ludwig AHRENS aus seiner Funktion als Vertrauensmann vollzieht sich bemerkenswert unauffällig, gleichsam wie eine Reaktion auf den persönlichen Brief des Museumsleiters. Anlaß zu diesem Schreiben aber war die gefälschte Gravur auf einem Knochenstück, deren Ursprung VON BUTTEL-REEPEN keineswegs auf den Mann seines Vertrauens zurückzuführen gedachte.

Was die AHRENS'schen Angaben über die Fundorte der Runenknochen betrifft, so mag verwundern, daß selbige sich auf etwa 10 km Luftlinie zwischen Sandstedt im Norden und Elsfleth im Süden erstreckt haben sollen *(s. Abb. 3)*, um so mehr, als eine typologische Zusammengehörigkeit der Funde alsbald vermutet worden war.

Die topographische Skizze berücksichtigt diese Fundortangaben *(schwarze Karos)*.

Bei 4987, dem Fragment mit den Schriftzeichen, ist unklar, welches der Spülfelder bei Sandstedt AHRENS meinte.

Für 5046 gibt es gleich drei mögliche Fundplätze, da dieses Knochenfragment mit der Axtdarstellung sich ja in dem Korb mit Sammelfunden von Sandstedt, Kirch- und Oberhammelwarden befand.

Nur 5127, das verdächtige Fragment mit dem Bild des *(gehörnten!)* Tieres, stammt nach AHRENS' Angabe von seinem ehemaligen Arbeitsplatz, dem Harriersand, von dem aber nach Auskunft SCHÜTTES bereits der runenlose Artefakt mit ‚Jagdszene' war *(s. die Eintragung vom 22. 10. 1927 im Fundjournal m. Korrektur)*. SCHÜTTE konnte diese Information aber nur von AHRENS selbst bekommen haben, weshalb merkwürdig ist, daß dieser später seine Meinung änderte. Bei der Seltenheit eines solchen Fundes wird man eine Erinnerungslücke nicht einfach in Betracht ziehen wollen. Auch der Umstand, daß AHRENS bei den Runenknochen 4988 und 4991 eigentlich erst der Zweitfinder nach einem Arbeiter und spielenden Kindern war, mutet ebenso unwahrscheinlich an, wie das Übersehen der Axtgravur 5046.

2. H. von Buttel-Reepens Veröffentlichung 1930

Prof. Hugo Berthold VON BUTTEL-REEPEN wurde am 12. 2. 1860 in Bremen geboren.[4]

Nach zwei Weltreisen auf Segelschiffen studierte er seit 1898 Naturwissenschaften, besonders Zoologie in Jena und Freiburg, wo er auch promovierte.

Sein Hauptinteresse galt der Bienenforschung, zu der er durch zahlreiche Abhandlungen beitrug; zwischen 1900 und 1922 verfaßte er nicht weniger als 38 Aufsätze zu diesem Thema. 1911/12 reiste er, von der Preußischen Akademie der Wissenschaften entsandt, zum Zwecke entomologischer Untersuchungen nach Ceylon, Java und Sumatra.[5]

Nach seiner Rückkehr wurde er zum Leiter des Oldenburger Kunstvereines und des dortigen Naturwissenschaftlichen Vereines gewählt.

1924, also bereits 64jährig, berief man ihn zum Direktor des Staatlichen Naturhistorischen Museums Oldenburg.[6]

4) G. KOSSINNA 1929, 180 gratulierte fälschlicherweise zum 70. Geburtstag am 12. 11. 1930.
5) MEYERS GR. KONVERSATIONSLEXIKON Bd. 2 1937, Sp. 329 f. nennt ihn ausschließlich als Bienenforscher.
6) KÜRSCHNERS DT. GELEHRTENKALENDER 1928/29[3], Sp. 302 weist auf seine Funktion auch als Denkmalpfleger für prähistorische Baudenkmäler und Funde hin.

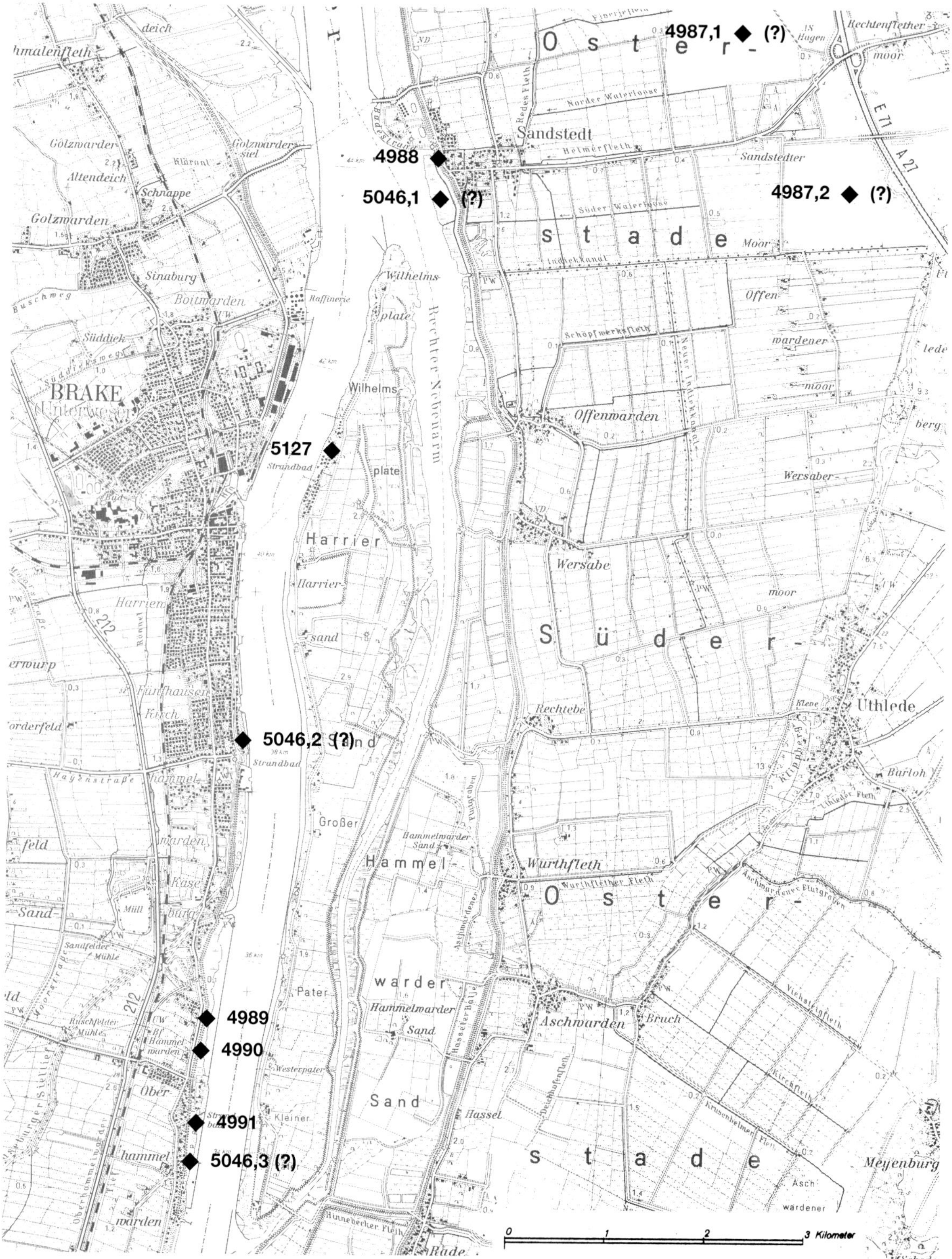

Abb.3:
Brake und Umgebung unter Berücksichtigung der im Museumsjournal nach den Angaben von Ludwig Ahrens verzeichneten Fundorte der Knochen OL 4987 (2 Möglichkeiten), 4988-4991, 5046 (3 Möglichkeiten) und 5127.

Kartengrundlage: Topographische Karte 1 : 50 000, L 2716 (1984). Vervielfältigt mit Erlaubnis des Herausgebers: Niedersächsisches Landesverwaltungsamt - Landesvermessung - B 5 - 653/88.

War sein 1911 in Jena erschienenes Buch *„Aus dem Werdegang der Menschheit"*, dessen englische Ausgabe *„Man and his Forerunners"* 1913 in London erfolgte, bereits ein erstes Resultat seiner archäologischen Neigung, so widmete VON BUTTEL-REEPEN sich nun fast ausschließlich diesem seinem neuen Fachgebiet. Von 1925 bis 1930 befaßte er sich in neun Publikationen mit vornehmlich prähistorischen Objekten.[7]

VON BUTTEL-REEPEN starb am 7. 11. 1933 in Oldenburg.[8] Die Ehe mit seiner um 13 Jahre jüngeren Frau, Carola Amalie Luise DREYER aus Bremervörde, welche ihn um 26 Jahre überlebte, blieb kinderlos.[9]

Abb. 4:
aus: K. MICHAELSEN 1934.

Prof. Dr. Hugo VON BUTTEL-REEPEN.

Die Erstpublikation der Weser-Runenknochen unternahm VON BUTTEL-REEPEN 1930 in seinem Buch:
Funde von Runen mit bildlichen Darstellungen und Funde aus älteren vorgeschichtlichen Kulturen.[10]

Nach einigen Erörterungen zur Chronologie und Fragen der Küstensenkung sowie nach dem Vorkommen des asiatischen Wasserbüffels *(Bubalus bubalus L.)* im vorzeitlichen Nordwest-Deutschland stellt VON BUTTEL-REEPEN zunächst den Großteil der AHRENS'schen Knochen-, Geweih- und Feuersteingeräte *(zu letzteren s. Kap. 3.4.1.)* als mesolithische Typen vor.

7) Vgl. auch J. FILIP Bd. 1 1966, 189.
8) nicht, wie bei K. MICHAELSEN 1933/34, 93-99 *(m. Bibliographie)* u. H. GUMMEL 1983, 407 f. am 8. 11.; richtig dagegen bei H. SCHÜTTE 1933, 16 *(Die Kunde Jg. 1 Nr. 7/8).*
9) Auskunft von Herrn W. HEEREN, Einwohnermeldeamt Oldenburg, am 17. 2. 1984.
10) Stalling Verlag Oldenburg i. O., 127 Textseiten, 22 Tafeln, 5 Textabbildungen. Vgl. hierzu Abb. 5.

Abb. 74

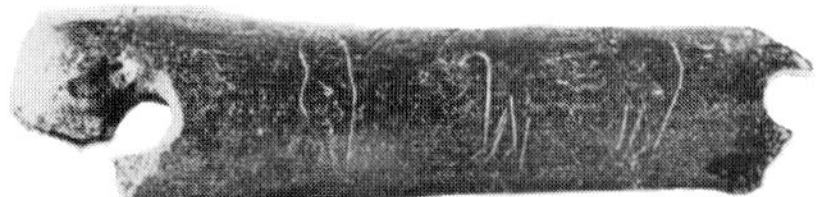

Abb. 74a

Abb. 75

Abb. 76

Abb. 76a

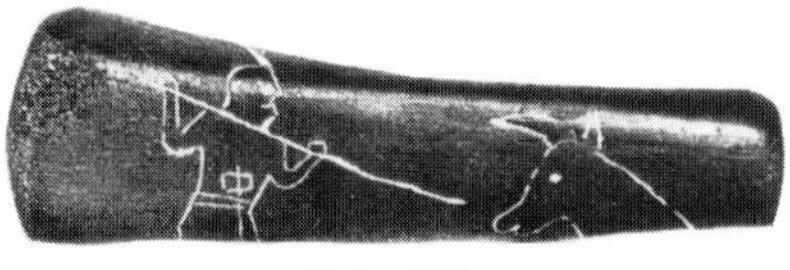

Abb. 76b

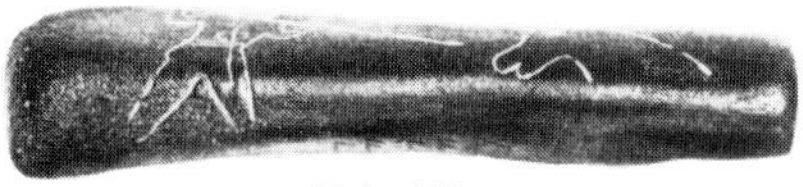

Abb. 76c

Abb. 76d

Abb. 77

Abb. 77a

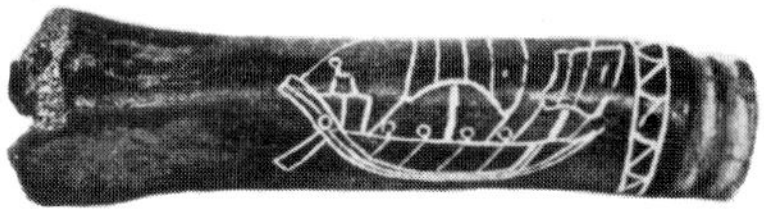

Abb. 77b

Abb. 77c

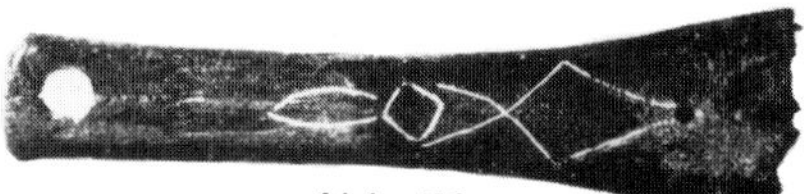

Abb. 78

Abb. 78a

Abb. 78b

Abb. 78c

Abb. 78d

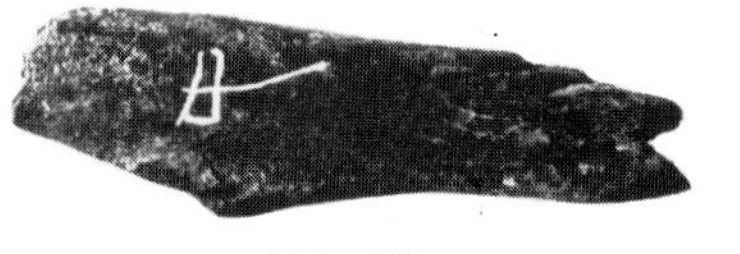

Abb. 79

Abb. 5:
aus: H. VON BUTTEL-REEPEN 1930, Taf. 17-20. Abb. 74 = 4989, 75 = 4987, 76 = 4988, 77 = 4990, 78 = 4991, 79 = 5046. Die Gravuren wurden zu Fotozwecken teilweise mit weißer Aquarellfarbe kontrastiert. 74-78 = M ca. 1: 3. 79 = M ca. 1: 2. Das fälschungsverdächtigte Fragment 5127 wurde natürlich nicht publiziert, aber auch nicht fotografiert.

Eine Präsentation weiterer Einzelfunde des Neolithikums, der Bronzezeit, der Römischen Kaiserzeit *(s. o. die 28 versilberten Bronzefibeln der RKZ aus Oldenbrok)* und der beginnenden Völkerwanderungszeit schließt sich an.

Hierauf folgt eine Darstellung von Runenfunden; neben den Runenknochen wird ein Netzsenker mit Runen - aus dem Magazin der prähistorischen Abteilung des Berliner Museums für Völkerkunde[11] - und zum Schluß ein Runenkalender des Jahres 1593 behandelt.

Für die Deutung des schwedischen Runenkalenders und die Interpretation des Runenknochentextes hatte VON BUTTEL-REEPEN den emeritierten Professor Emil SCHNIPPEL aus Berlin, einen anerkannten Spezialisten für Runenkalender, gewonnen.

VON BUTTEL-REEPEN selbst behandelt die Runenknochen in drei Abschnitten, von denen er den ersten ihrer Beschaffenheit und den Fundumständen, den zweiten ihren Zeichnungen und den letzten eigens der Echtheitsfrage widmet.

Nachfolgend werden seine Ausführungen, soweit sie nicht schon in den Aufzeichnungen des Fundjournals enthalten waren, zu jedem einzelnen Knochen zusammengestellt.

Fußnoten, Literaturhinweise und längere textliche Exkurse sind hierbei nicht berücksichtigt, Seitenzahlen in Klammern angegeben. Die zoologischen Bestimmungen verdankte VON BUTTEL-REEPEN fast ausnahmslos seinem Berliner Kollegen, dem Zoologie-Professor Max HILZHEIMER.

2.1. Interpretation der Bilddarstellungen

„Nr. 4987, Knochenbruchstück mit Runen

Länge 11,4 cm; größte Breite 3,1 cm. Länge der Y-Rune 1,8 cm.
Es handelt sich hier wohl um eine spielerische Betätigung.
Farbe dunkelbraun. *(74)*

Nr. 4989, Runenloser Knochen mit Jagdbild

Länge 15,3 cm; größte Dicke 4,3 cm. Die senkrecht laufende Durchbohrung hat einen Durchmesser von 1 cm, während die beiden horizontalen um ein Geringes kleiner sind. Ob sich eine zweite senkrechte Durchbohrung auch am anderen Ende des kurzen Knochens befand, bleibt zweifelhaft, da er offenbar durch große Gewalt oder Belastung abgebrochen ist (alter Bruch), die eine Durchbohrung dabei halbierend. Die Gebrauchsverwendung ist nicht ganz klar. Handhabe zum Tragen? Sehr merkwürdig ist, daß der Knochen an der erwähnten Bruchstelle ziemlich tief viereckig ausgehöhlt ist. Es erweckt den Anschein, als ob ein Stück Holz hineingesteckt wurde, um den abgebrochenen Teil zu ergänzen (?). *(73)*
Farbe dunkelgraubraun, Metatarsus vom Pferd (Hilzheimer det.). *(74)*

Die abgerollte in natürlicher Größe wiedergegebene Zeichnung (von Kunstmaler O. Naber) zeigt uns sofort den gewaltigen Unterschied mit den künstlerisch so hochstehenden Zeichnungen des diluvialen Menschen im Paläolithikum.
Immerhin sehen wir auch hier bei aller Steifheit und Primitivität eine sichere Linienführung, die nur an wenigen Stellen Verbesserungseinritzungen nötig macht. Ein anscheinend nackter Mann steht mit erhobener Axt vor einem Stier, um ihn niederzuschlagen. *(79)*
Opferhandlung? Ich glaube nicht. Daß es sich um einen Stier handelt, und zwar um einen wütenden, der zum Angriff vorgeht, sieht man an dem erhobenen Schwanz. Das tut nur der Stier in Wut. Die vielen außerordentlich feinen Schwanzlinien . . . deuten wohl auf eine starke Bewegung des Schwanzes hin.
Höchst interessant ist der Kopfschmuck des Mannes, der in einer Feder besteht . . . Es handelt sich hier also nicht um einen Hörnerschmuck. Bekannt sind die enganliegenden altgermanischen Kopfbedeckungen aus Wolle. Anzunehmen ist, daß die Feder darin oder an einer Lederbinde oder einer Lederkappe befestigt war. *(80)*
Die hinter dem Auge etwas geteilte niederziehende Linie ist entweder eine Andeutung der Haargrenze oder aber ein Hinweis auf die Kopfbedeckung, die man sich dann helmartig - also auch besonders den Hinterkopf bis zum Halse bedeckend - aufgesetzt zu denken hat. . . .

11) Vgl. H. VON BUTTEL-REEPEN 1930 *(Prähistorische Zeitschrift Bd. 21, H. 3/4, 266-269).*

Dieser Federschmuck, von dem sonst m. W. nirgendwo als altgermanische Sitte berichtet wird, könnte nun sehr wohl das Abzeichen eines Stammes, einer Sippe oder auch ein Häuptlingsabzeichen gewesen sein, da offenbar eine besondere Betonung darauf gelegt ist unter Vernachlässigung aller übrigen Trachtgegenstände. Ein vorgeschichtlicher Kopffederschmuck ist, soweit ich festzustellen vermag, nur von den quartären Felsmalereien Ostspaniens bekannt.
War der Mann auf unserem Fundstück unbekleidet? Ich glaube nicht. Die Germanen liefen im Anfang des 3. Jahrh. n. Chr. nicht nackend umher. Seit Jahrtausenden trug man damals schon sehr gute Gewänder. *(80)* . . .
Wir müssen diesen Germanen auch Hosen zusprechen, obgleich dieses Kleidungsstück auffällig spät allgemein beliebt wurde. . . .

Abb. 6:
Darstellung auf dem runenlosen Knochen
Nr. 4989 (nach H. VON BUTTEL-REEPEN 1930, 81 dort als ‚Negativ') M 1/1.

Es ist in unserer Abbildung eben alles auf die einfachste Linie gebracht, nicht einmal Andeutungen werden gegeben. Wie naiv-genial oder richtiger genial-naiv ist das Übergehen des Armes in den Schaft der Steinaxt, übrigens eine Zeichnungsweise, die schon in den skandinavischen Felsenbildern auftritt. Ist es tatsächlich eine Doppelaxt aus Stein? Mir ist bis jetzt keine solche mit geraden Schneiden in dieser Form bekannt geworden. . . . Ganz zentral scheint die Durchbohrung nicht zu sein, auch differieren jeweils die Schneidenbreiten; es handelt sich also nicht um symmetrische Hälften. Ob man aber überhaupt bei der Oberflächlichkeit und Primitivität der Zeichnungen allzugroßes Gewicht auf diese etwas abweichende Form legen darf? Ich glaube nicht. *(81 f.)* . . .
Sehr interessant ist, daß wir in der Darstellung des Stieres die weitaus älteste nordeuropäische Abbildung des Urs (Bos primigenius) zu erblicken haben, denn nur um einen solchen dürfte es sich handeln. Auch Hilzheimer ist durchaus dieser Ansicht, wie auch Schnippel. Wieder ist auch hier alles auf die einfachste Form eingestellt. Nur ein Horn wurde gezeichnet, wie auch nur *ein* Ohr. Das Ohr ist aufgerichtet, wie es bei erhöhter Aufmerksamkeit und in Erregung geschieht. *(82)*

Nr. 4988, Latam-Hari-Knochen mit Jagdbild

Länge 16,2 cm; größte Breite 5,3 cm; Breite an der Mündung des Dolchgriffes 3,3 cm. Farbe dunkelbraun. Glänzend. Oberes Ende des rechten Radius vom Pferd. (Hilzheimer det.) *(74)*
Länge der 1. Runenreihe = 7 cm, der 2. = 6,4 cm, der 3. = 3,8 cm.

Höhe der ᚲ und ᚢ Rune = 1 cm, also beide gleichhoch.
Auf diesem Knochen befindet sich neben den Runen ein weiteres Jagdbild. Durch diesen Fund wurde eine Datierung des „Runenlosen Knochens" ermöglicht und dieser daher hier eingereiht. *(75)* . . .
Neben den Runenreihen sehen wir eine Eigentums- und Zaubermarke von ganz besonderer Form. Als Marke mit magischer Bedeutung ergibt sie sich anscheinend durch das Sonnenradmotiv, das in gleicher Form übrigens vielseitig bekannt ist, und auch zu ganz profanen Dingen benutzt wurde, . . .
Zugleich erweist sich die Zeichnung als Eigentumsmarke durch die Einfügung der beiden Runen ᚺ, die durch einen Strich (?) getrennt sind. Wir dürfen vielleicht annehmen, daß es sich um eine Namensbezeichnung des Besitzers handelt, doch ist auch sehr wohl und mit vielleicht größerer Wahrscheinlichkeit eine andere symbolische Deutung möglich. *(82)*
Die ganze gefällige, raumgerechte Anordnung zeigt ein gewisses künstlerisches Empfinden, das sich auch in der Wiedergabe des Mannes ausspricht (s. besonders auch die in natürlicher Größe abgerollte Zeichnung . . .).

Abb. 7:
Bilddarstellung des Runenknochens Nr. 4988
(nach H. VON BUTTEL-REEPEN 1930, 83) M 1/1.

Gut ist hier die angespannte Bewegung in der Angriffsstellung zum Ausdruck gekommen, in erfreulichem Gegensatz zu dem ersten Jagdbild. Ich glaube daher nicht, daß derselbe Verfertiger in Frage kommt. Der ganze Stil ist ein anderer, wie das auch bei der Darstellung des Stieres sichtbar wird, in dem wir auch wieder den Ur, das „Einhorn" , trotz aller Verzeichnung, anzunehmen haben.
Auch hier sehen wir bei der Mannesgestalt eine eigentümliche Primitivität, durch die die Schultern mit der Lanze in eine gerade Linie gebracht worden sind. Es scheint so, als ob dieser Jäger einen Bart, eine sog. Gorillakrause (Backen- und Unterkinnbart) getragen hätte, doch kann man auch an andere Möglichkeiten denken, Befestigung der Kopfbedeckung usw. Was oben über die Kleidung des anderen Jägers gesagt worden ist, kommt m. E. auch hier zur Anwendung, nur daß hier noch ein Gürtel in die Erscheinung tritt, in dem ein geschäftetes Beil der besprochenen Art steckt. Die Annahme steinerner Äxte ist natürlich anfechtbar. *(82 f.)*

Nr. 4990, Runenknochen mit Schiffsbild

Länge 14,6 cm; größte Breite 4,4 cm; Breite an der Mündung des Dolchgriffes 3 cm. Farbe bräunlich mit gelblichen Flächen. Die Einritzung der Schiffszeichnung und des Zahnmotivs anscheinend mit einer ockerfarbigen Masse ausgefüllt. Länge der Runenzeile 5,7 cm. Höhe der ersten ᛟ -Rune 8 mm.
Fundort: aufgespülter Strand bei Hammelwarden. Tibia vom Rind.
Die beiden Rillen am Anfang des tief ausgehöhlten Knochens zeigen ebenfalls eine merkwürdig helle Färbung der erwähnten Art. Mit der Lupe erkennt man deutlich zahlreiche Einschnürungslinien in der gelblichen Knochensubstanz, wie sie hervorgerufen sein können durch sehr feste Umwicklung mit einer Tiersehne oder dergleichen, um dem Handgriff eine größere Widerstandsfähigkeit zu geben. Die Färbung innerhalb der Rillen ist etwas heller als in der Zahnleiste und Schiffszeichnung, für mich ein Beweis, daß die Umwicklung sich sehr lange erhalten haben muß und somit viel später der Verwitterungsfärbung bzw. der Einwirkung der Umgebungseinflüsse ausgesetzt wurde. Über die in der Schiffszeichnung auftretende Substanz findet sich Eingehendes in dem Abschnitt „Die Echtheitsfrage der Runen" *(75 f.)* . . .
Wieder ein wunderbares Stück von besonderer kulturhistorischer Bedeutung. Wir haben hiermit die bis jetzt weitaus älteste Darstellung eines germanischen Segelschiffes aus dem Anfang des 3. Jahrh. n. Chr., wenn wir das Alter der Runen zu Grunde legen. Ob diese Datierung allgemeine Anerkennung finden wird, muß die Zeit lehren. Selbst wenn diese Datierung aber auch um ein oder zwei Jahrhunderte jünger erfolgen sollte, bliebe die Bewertung des Schiffsbildes dennoch dieselbe. Die abgerollte in natürlicher Größe wiedergegebene Zeichnung . . . gibt den besten Überblick. *(83 f.)*

Abb. 8:
Schiffsbild des Runenknochens Nr. 4990
(nach H. VON BUTTEL-REEPEN 1930, 84) M 1/1.

Es ist eine flott hingesetzte Einritzung, die aber mit Geschick ausgeführt ist, mit sicherem Gefühl nur das Wesentliche in einfachster Linienführung betonend. Auffällig ist zuerst verschiedenes an dieser Darstellung, aber dieses Besondere steht nicht allein für sich, sondern findet Gleichartiges in der Antike.
Bevor ich hierauf näher eingehe, möchte ich den gemachten Einwurf, daß es sich bei dieser Abbildung um ein möglicherweise modernes Phantasieprodukt handeln könne (s. die unten erfolgenden Hinweise auf die Glozel-Psychose), kurz berühren. Die innere Unwahrscheinlichkeit einer solchen Auffassung ergibt sich nach meiner Ansicht besonders klar auf Grund der Einfühlung in diese Dinge durch den Vergleich der damaligen segeltechnischen Möglichkeiten mit den jetzigen technischen Verhältnissen, wie sie übrigens dem Verfasser auf seinen Segelschiffahrten um das Kap Horn und das Kap der guten Hoffnung usw. näher traten. *(84)* . . ."

Auf den folgenden vier Seiten gibt VON BUTTEL-REEPEN einen sehr umfassenden Überblick über den Forschungsstand der damaligen Schiffsarchäologie und Archäonautik. Er weist darauf hin, daß das Vorhandensein von Segeln das Schiff auf dem Runenknochen generell als ein *Handelsschiff* kennzeichnet, da die antiken Kriegsschiffe Ruderantrieb bevorzugten, Maste und Segel im Kampfgebrauch eher störten. *(85)*

Auch die *Schrägstellung des kleinen Vormastes* entgeht ihm nicht, deren *Tradition im Mittelmeerraum* er mit Beispielen belegt und auf deren Funktion als Lastkran er ver-

weist. Darüberhinaus wirkten diese kleinen Schrägmasten dem Aufluven der Schiffe bei starkem Seitenwind entgegen, verbesserten also die Steuerungsfähigkeit. *(86)*
Auf dem Heckaufsatz, den VON BUTTEL-REEPEN wiederum aus mediterranen Beispielen kennt, sieht er den *Steuermann (Kapitän) „anscheinend mit einer Mütze versehen". Merkwürdig findet er die Zeichnung des Steuerruders auf der Backbordseite, wo doch das runde Steuerloch (Klüse) steuerbords angegeben ist.*
Doppelkiel und Doppelsteven dienten zum Schutz des Schiffes beim Auflaufen auf den Strand.
Allgemein wird auch die Verkürzung des Schiffsrumpfes festgestellt, die zwar antiker Darstellungsweise eigen ist, nicht aber der Wirklichkeit entspricht (87 f.). Die wichtigste Entscheidung jedoch trifft VON BUTTEL-REEPEN mit der *Zuweisung des Schiffes auf dem Runenknochen an die Germanen.* Dabei muß er zugestehen, daß diese seine Annahme weder aus den historischen (*Tacitus*) noch aus den archäologischen Quellen Stützung erfährt. Auch hatte ihn Prof. Walther VOGEL, den er als *„ausgezeichneten Kenner der einschlägigen Verhältnisse"* einstuft *(84)*, brieflich mehrfach von der *römischen Herkunft* dieses Schiffes zu überzeugen versucht.[12]
Die *Kenntnis von Segeln bei den Germanen* schließt VON BUTTEL-REEPEN aus den Gelegenheiten zur Beobachtung, die sich aufgrund der römischen Meeres- und Küstenherrschaft bis zum 3. Jh. n. Chr. ergaben *(84)* einerseits, sowie aus dem Haupthöhepunkt des germanischen Seehandels in der Nordsee im 3. Jh. n. Chr. *(85)* andererseits. Diesen beherrschten im 1. und 2. Jh. *Chauken* und Friesen, im 3.-5. Jh. Franken und *Sachsen*, wobei Handel und Raub dicht beieinander lagen *(86)*. Mitte des 3. Jhs. überfielen so die Sachsen die Küsten Frankreichs wie früher schon Britannien.
VON BUTTEL-REEPEN resümiert *(88)*:
„Rückblickend darf man als sicher annehmen, daß wir in unserer Schiffsabbildung also kein Phantasieprodukt des Zeichners vor uns haben, sondern ein allerdings expressionistisch aufgefaßtes Bild eines der Schiffe, die damals auch die Weser befuhren, vielleicht eines Schiffes, das sogar in einer Urstromsiedelung der Weser beheimatet war. . . .
Zu erwähnen wäre noch die Zierleiste mit dem oben schon angeführten bekannten Zahnmotiv und die an einen Fisch erinnernde Eigentumsmarke, der aber auch wieder eine magische Bedeutung zukommen könnte, wie ja auch in erster Linie den Runen selbst vielfach eine Zauber- und Kraftwirkung zugeschrieben werden muß, . . .

Nr. 4991, Uluhari-Knochen

Länge ursprünglich . . . 15,7 cm; größte Breite 4,6 cm.
Länge der 1. Runenreihe = 6 cm, der 2. = 4,1 cm. Größe der ersten ᛞ-Rune = 9 mm. Metatarsus vom Rind. Farbe bräunlich.
Zum Glück hat sich in die ersten Runen „Ulu" eine etwas hellere Masse festgesetzt, wie das auch aus der ohne Verwendung von Farbe gemachten Photo . . . ersichtlich ist, sonst wäre es wohl kaum möglich gewesen, die beiden ersten Runen sicher zu lesen. . . .*(76)*
Hier wäre nur noch die Eigentums- oder Zaubermarke zu erwähnen, die aber der Ausführung nach den Eindruck macht, als sei sie mehr als bei den früheren in die Erscheinung tritt, zugleich eine spielerische Ausfüllung der leeren Knochenseite, doch kann man darüber verschiedener Meinung sein. *(88)*

Nr. 5046, Knochenbruchstück mit Doppelaxt-Zeichnung

Da diese ungewöhnliche Doppelaxtform durchaus harmoniert mit der auf dem Jagdbild des „Runenlosen Knochens", wie auch mit der des „Latam-Hari-Knochens", war dieser Fund und sein Entdeckungsvorgang von einiger Bedeutung. (76)"

Gesamtwertend bemerkt VON BUTTEL-REEPEN zu den Bilddarstellungen (78 f.):

„daß sie wohl zum ersten Male bildliche Kunde ganz besonderer Art aus der Morgendämmerung germanischer Geschichte geben. Wir haben ihnen aus dieser Zeit (2.-4. Jahrh. n. Chr.) in der Tat wohl kaum ähnliches, urgermanisches, anscheinend dem schlichten Leben entnommenes, also unstilisiertes, in Deutschland gefundes zur Seite zu setzen, das sich weder an klassische Vorlagen anlehnt noch in die gehobene Sphäre der Kulthandlung hinübergreift."

12) Dies ist der im Museumsarchiv erhaltenen Korrespondenz *(vom 12. 2., 6. 3., 22. 3. und 28. 11. 1930)* ebenso deutlich zu entnehmen, wie die Vergeblichkeit der Bemühungen VOGELS *(Antworten von* BUTTEL-REEPENS *vom 17. 2., 14. 3. und 5. 11. 1930)*. Auch T. E. KARSTEN, Helsingfors, stand in dieser Hinsicht erfolglos in Briefwechsel *(15. 10. 1930)* mit VON BUTTEL-REEPEN *(Antworten vom 19. 10., 22. 10. und 5. 11. 1930)*. Vgl. auch die Veröffentlichungen dieser von 1930, sowie die Buchbesprechung von F. BEHN 1931 und den Artikel von A. KÖSTER 1934.

2.2. Analysen zur Echtheitsfrage

Das Kapitel 3. *„Die Echtheitsfrage der Runen (88-92)“* beginnt VON BUTTEL-REEPEN mit einem Hinweis auf die augenblicklich herrschende *„Massenpsychose“* der beteiligten Fachkreise infolge der *Glozel-Affäre* (s. u. Kap. 3. 3.).
Das Oldenburger *„Echtheitsprotokoll“* vom 10. 4. 1928 (s. o.) mit den Unterschriften der Prähistoriker Carl SCHUCHHARDT, Robert BELTZ, Gustav SCHWANTES, Karl Hermann JACOB-FRIESEN, Wilhelm UNVERZAGT und Gerhard BERSU sowie des Kunsthistorikers Kurt LUTHMER folgt im Wortlaut.
Anschließend werden die Professoren aufgeführt, die sich für die Echtheit der Runenknochen ausgesprochen hatten, die Chemiker RATHGEN, BRITTNER und POPP, der Zoologe HILZHEIMER, der niederländische Archäologe VAN GIFFEN sowie der Runologe und Mitautor SCHNIPPEL.
Von den durchgeführten Untersuchungen war die *Pollenanalyse* des Inhaltes aus dem *Latam*-Knochen 4988 *(35)* wenig aufschlußreich. Dr. VON BÜLOW von der Preuß. Geologischen Landesanstalt in Berlin bestimmte diese Bodenprobe am 14. 2. 1928. Das Ergebnis teilte Prof. WOLFF am 20. 2. 1928 *(Brief im Museumsarchiv)* mit:

„Der Knocheninhalt ist ungewöhnlich pollenreich, Kiefer in ungeheurer Zahl, Hasel sehr zahlreich, Birken vereinzelt, vielleicht ein Eichenkorn.
Das Alter dürfte demnach prälitorina, also ancylus bis spät ancylus sein, jedenfalls wohl älter als älterer Hochmoortorf.“

v. Bülow

„Ich schliesse daraus, dass der Knochen, dessen Inhalt Sie zur Untersuchung geschickt haben, aus der mesolithischen Siedlung stammt. . . .“

W. Wolff

VON BUTTEL-REEPEN vermutete *(35)*:

„daß die Knochen allmählich in tiefere Lagen gesunken sind, nachdem sie einmal in das Flußbett geraten waren und sich bei den Dolchen die Griffhöhlung, als sich die Klinge vom Griff trennte, mit dieser mesolithischen Moorerde füllte.“

Die runenartigen Zeichen des Knochenfragmentes 4987 waren von BERSU im Juli 1928 einer - allerdings ergebnislosen - *Quarzlichtuntersuchung* unterzogen worden. Die Feststellung VON BUTTEL-REEPENS *(90)*:

„. . . doch erwies sich diese Art von Bestrahlung als nicht geeignet, etwaige Fälschungen aufzudecken“

ist aber zumindest in Hinsicht auf die mituntersuchten *Feuersteingeräte* des AHRENS zu *modifizieren* (s. u. Kap. 3.4.1.).

Aussagekräftig für die Echtheitsfrage der Runenknochen sind aber die Befunde der beiden *Chemoanalysen* besonders des *hypothetischen Verfüllungsmaterials aus den Gravuren* des Schiffsbildes von Runenknochen 4990 *(98 ff.)*:

Chemisches Laboratorium d. Staatl. Museen, Berlin C. 2, Lustgarten, Hinter d. Nationalgalerie — Berlin, den 30. Mai 1928

GUTACHTEN.

Das von mir in Gegenwart des Herrn Prof. Dr. von Buttel-Reepen am 22. V. 1928 von einem Knochenfund aus Zeichnungsvertiefungen entnommene Material hatte folgendes Untersuchungsergebnis.
Unter dem Mikroskop bei einer 400fachen Vergrößerung erschien die Substanz als gelbbraune, etwas durchscheinende, splitterförmige Masse. Bei dem Erhitzen auf einem Objektträgerglas trat schwache Graufärbung ein, die bei weiterem Erhitzen wieder verschwand. Gleichzeitig machte sich ein ganz geringer fett-brenzlicher Geruch bemerkbar. Dieses Verhalten deutet auf das Vorhandensein einer Spur organischer Substanz hin, die schon durch häufigeres Anfassen hineingekommen sein kann. Bei Behandlung mit verdünnter Salzsäure trat Kohlensäure-Entwicklung ein, und die bräunlichen Partien erhellten sich zu gelb. Es fand der Beginn einer Lösung statt. Gleichzeitig erkannte man deutlich, daß es sich durchweg um

Knochensplitter handelte an den jetzt sichtbaren Kanälen (ein Charakteristikum der Knochenstruktur). Bei Hinzugabe von wenig konzentrierter Salzsäure löste sich die Substanz vollkommen auf. Die in Knochen vorkommende Phosphorsäure wurde nachgewiesen. Die braune Färbung der Splitter ist durch Eisenverbindungen (Blaufärbung mit Ferrocyankalium) hervorgerufen, die vielleicht aus einer moorigen Lagerstätte stammen könnten. Irgendein organisches oder anorganisches Bindemittel wurde nicht gefunden. Die ursprüngliche Leimsubstanz scheint völlig verschwunden zu sein. Außer dieser braunen Knochenmasse sind geringe Spuren von Gips nachweisbar, die entweder aus der Lagerstätte des Fundes stammen oder durch Umsetzung dort vorhanden gewesener schwefelsaurer Salze mit der Knochensubstanz entstanden sind.

Dr. Brittner
Kustos u. Prof.

Versuchs- und Kontrollstation
der Landwirtschaftskammer Oldenburg.
Oldenburg, den 13. Juli 1928.

Herrn
Prof. Dr. v. Buttel-Reepen,
Oldenburg,
Staatl. Naturhistorisches Museum.

Die am 10. Juli 1928 gemeinsam ausgeführten Untersuchungen der Ausfüllungen in den Zeichnungen des Knochens mit der Schiffszeichnung hat folgendes ergeben:
Zunächst überzeugten wir uns, wie bei der Untersuchung sich frisches Knochenmehl verhält. Unter dem Mikroskop sind die Knochensplitter durchscheinend. Mit verdünnter Salzsäure lösen sie sich unter Gasentwicklung fast vollständig auf. Durch Behandlung mit einer konzentrierten Chloralhydratlösung werden die Lakunen deutlich sichtbar, und zwar schon bei 80facher Vergrößerung.
Sodann wurde ein Knochen von einem in der Weser ausgebaggerten Pferdeunterkiefer untersucht. Spuren davon wurden auf dem Objektträger unter dem Mikroskop mit 10prozentiger Salzsäure behandelt. Die Substanz löste sich unter Gasentwicklung vollständig auf. Bei Behandlung mit Chloralhydrat zeigten sich die Lakunen sehr deutlich. Nach Auflösung in konzentrierter Salzsäure, Verdünnung mit etwas destilliertem Wasser und Zusatz von Rhodanammoniumlösung trat Rotfärbung ein, wodurch ein Eisengehalt nachgewiesen wurde. Die unbehandelten Teile waren unter dem Mikroskop durchscheinend.
Weiter wurden Knochensplitter vom Runenknochen Nr. 4991 des Naturhistorischen Museums untersucht. Die Erscheinung war hier die gleiche wie bei dem Pferdeknochen. Die Splitter waren alle an den Rändern durchscheinend. Sie lösten sich in verdünnter Salzsäure unter Gasentwicklung auf, in starker Salzsäure ebenso. Mit Rhodanammonium wurde Eisen nachgewiesen. Nach Chloralhydratbehandlung traten die Lakunen sehr deutlich hervor.
Jetzt wurden aus der Füllungsmasse des Schiffsrunenknochens Nr. 4990 geringe Mengen entnommen, wobei sorgfältig darauf geachtet wurde, daß nichts von dem festeren Untergrund entfernt wurde, sondern nur die gelblichrötliche Masse, welche die Vertiefungen ausfüllte. Die Splitterchen waren unter dem Mikroskop an den Rändern durchscheinend. Sie lösten sich in verdünnter Salzsäure unter Gasentwicklung nicht vollständig auf, sondern es blieb ein schwammartiger Rückstand. Eine zweite Probe löste sich bei Behandlung mit konzentrierter Salzsäure und schwacher Erhitzung vollständig auf. Rhodanammonium zeigte Eisen an, jedoch war die hier auftretende Rotfärbung geringer als bei den beiden vorhergehenden Proben, weil im letzteren Falle nur sehr geringe Substanzmengen verwendet wurden. Nach der Behandlung der Splitter mit 10prozentiger Salzsäure auf dem Objektträger wurde dieser erwärmt, aber auch hierbei ging die Substanz nicht vollständig in Lösung. Nach dem Verdunsten der Flüssigkeit wurde der Rückstand mit einem Tropfen destilliertem Wasser aufgenommen und Molybdänlösung zugefügt. Der beim Erwärmen sich ausscheidende gelbe kristallinische Niederschlag zeigte die Anwesenheit von Phosphorsäure an.
Eine dritte Probe zeigte bei Behandlung mit Chloralhydrat deutlich die Lakunen.
Bei der Untersuchung entfiel dem Knocheninnern ein Stück bräunlichgrauer zusammenhängender Erdmasse, in welcher deutlich Körnchen von Vivianit eingebettet lagen. Die Untersuchung der Füllmasse aus den Vertiefungen hat also ergeben, daß es sich hier um Knochensubstanz handelt, die von Eisenverbindungen durchsetzt ist. Die Anwesenheit des Vivianits deutet darauf hin, daß das Eisen nachträglich in den Knochen eingedrungen ist, und daß die Füllmasse aus verwitterter Knochensubstanz besteht, die anfangs den ganzen Knochen umgeben hat. Durch die Bewegung im Sande wird sich die verwitterte Knochenmasse an den höher liegenden Knochenteilen abgerieben haben, so daß sie nur in den Vertiefungen oder an den tiefer liegenden Knochenteilen erhalten geblieben ist.

Dr. Popp.

Wie VON BUTTEL-REEPEN folgert *(90 f.), ist dieses Farbphänomen nach Ausweis der chemischen Untersuchungen also nicht, wie er zunächst annahm (vgl. 75), auf Manipulationen zum Zwecke einer Kontrastierung der Gravuren zurückzuführen, sondern:*

„das Produkt einer sehr seltsamen Verwitterung in Verbindung mit mechanischen Vorgängen“, also *natürlicher „Zersetzungsvorgänge höchst besonderer Art, die nicht künstlich gemacht sein können.“*

2.3. E. Schnippels Runenlesung

Am 28. 11. 1927, also etwa zwei Wochen nach dem Fund des *Latam*-Knochens 4988, schrieb VON BUTTEL-REEPEN zwei Runologen, Prof. Rudolf HENNING[13] in Heidelberg und Prof. Emil SCHNIPPEL in Berlin an, letzteren allerdings lediglich unter Mitteilung der mittleren Runenzeile dieses Knochens, beide aber ‚streng vertraulich‘.

Er selbst las den Text damals: *latam hari kunni re hagal*, die großen bogigen Zeichen dazwischen faßte er als *Trenner, möglicherweise aber auch als ein gänzlich verändertes o auf.*

SCHNIPPEL reagierte am 1. 12. wie HENNING am 4. 12. zunächst mit deutlicher Skepsis gegenüber der Echtheit dieser Runen.

Am 9. 12. hatte sich von VON BUTTEL-REEPEN für den Berliner Forscher entschieden.
Sein ausführliches Schreiben an ihn ist hauptsächlich um eine Zerstreuung der Echtheitszweifel u. a. durch Nachweis seiner eigenen wissenschaftlichen Reputation (MEYERS GROSSES KONVERSATIONSLEXIKON, KÜRSCHNERS DEUTSCHER GELEHRTENKALENDER usw.) bemüht. Auch erfolgt Nachricht des neu gefundenen Runentextes auf Schiffsknochen 4990: *lokom her. Ferner ist dem Brief zu entnehmen, daß VON BUTTEL-REEPEN eine sogar weit vorchristliche Datierung der Runen nicht ausschließt, da sie mit mesolithischem Baggermaterial vergesellschaftet waren.*

Am Folgetag erhält HENNING eine höfliche Absage, wiederum unter Nennung der Literatur, die den Oldenburger Museumsleiter als gründlichen und gewissenhaften Forscher bezeichnet *(s. o.).*

Am 11. 12. 1927 konstatiert SCHNIPPEL, daß er nach allen Darlegungen *„an der Echtheit der Funde . . . nicht mehr zu zweifeln wagt“.*

Am 11. 1. 1928 formuliert VON BUTTEL-REEPEN in einem Brief an SCHNIPPEL den Text eines Schreibens, das er an die eigene Adresse zurückzuerhalten wünscht, mit dem ausdrücklichen Gesuch des Runologen um eine Autopsie der Knochenfunde.
Dieser merkwürdig anmutende Vorgang hat - so der Brieftext - einen rein finanziellen Hintergedanken: Für eine geplante Reise nach Berlin benötigt VON BUTTEL-REEPEN eine dienstliche Begründung, um die Auslagen „nicht aus der eigenen Tasche bezahlen zu müssen“.

Die gewünschte Einladung an ihn datiert vom 13. 1. 1928.

„ Berlin Lichterfelde W 3
Manteuffelstr. 10
den 13. Jan. 1928

Hochgeehrter Herr Professor,
Bevor ich definitiv mit meinem Namen und öffentlich für die Echtheit der merkwürdigen Fundstücke eintrete, deren Abbildungen Sie so freundlich waren mir zuzusenden, möchte ich doch die dringende Bitte aussprechen, mir dieselben auch im Original vorlegen zu wollen. Nur deren genauere Besichtigung und Prüfung vermag die vielen Fragen zu beantworten, die sich insbesondere auch an die darauf befindlichen, wahrscheinlich sächsischen Runen anknüpfen.

Mit vorzüglicher Hochachtung
ergebenst
Prof. Dr. E. Schnippel.
(olim Oldenburgensis).“

13) R. HENNING 1889, Die deutschen Runendenkmäler. Straßburg.

Am 19. 2. erhält SCHNIPPEL dann Mitteilung über den Text des drei Tage zuvor gefundenen Runenknochens 4991: *ulu hari dede,* worauf sich bei ihm wieder leise Bedenken anzumelden scheinen *(Brief vom 26. 2.):*

„Rätselhaft ist mir nur immer, wie die Stücke in das Flußbett der Weser und vollends in so große Tiefe geraten sein mögen! Haben Sie dafür eine Erklärung?"

Der Inhalt dieser Knocheninschrift wird in der Publikation von 1930 als Nachtrag *(112 ff.)* behandelt.

An dieser Stelle ist erwähnenswert, daß die Kompetenz SCHNIPPELS von Kongreßteilnehmern der Oldenburger Tagung im April 1928 (s. o. Kap. 1.) ein wenig angezweifelt worden war, wie z. B. einem Brief des Ägyptologen Günther ROEDER vom 14. 4. 1928 zu entnehmen ist. Deshalb wandte sich VON BUTTEL-REEPEN bereits am 12. 4. an den namhaften Runologen Otto VON FRIESEN in Uppsala. Dieser erklärte sich mit Antwort vom 16. 4. aufgrund von Echtheitsbedenken aber nur zu einer Stellungnahme nach Autopsie bereit, welche Möglichkeit jedoch VON BUTTEL-REEPEN aus Sicherheitsgründen strikt ausschloß, da er Transportschäden fürchtete.

Unter dem Abschnitt *„Runenfunde und Runenkunde"* seines Buches *(65 ff.)* resümiert er zunächst den gegenwärtigen Stand der Runenforschung. Auch die Fälschung vom *Maria-Saaler Berg (Kärnten)* findet - noch unverdächtigt - Erwähnung *(66, s. u. dazu Kap. 3. 3.).*
Nach anschließender Diskussion der *Runenherkunftsfrage* aus der *griechischen* oder *lateinischen* Schrift entscheidet sich VON BUTTEL-REEPEN für ein *Vorhandensein der Runenzeichen vor diesen Alphabeten (69):*

„Hiernach müßte altererbter Stammes- und Volksbesitz vorliegen."

Persönlich erklärt er sich den Anschauungen des Mediziners und Vorgeschichtlers Georg WILKE am nächsten, die mit der Wahrscheinlichkeit einer Kontinuität der Überlieferung zwischen den runenartigen Zeichen des Neolithikums als Mittel zu Zauberzwecken und den Runen als Schriftzeichen rechnen *(71 f.).*

In seinem Kapitel *„Die Runen und die Zeichen" (77 ff.)* verweist VON BUTTEL-REEPEN auf die abweichende Schreibweise verschiedener Runen der Weserknochen, wie sie sich in der ihm bekannten Literatur nicht belegen läßt:

a) die *gleiche Größe* der ᚲ-Rune, welche gewöhnlich kleiner als die anderen Runen auftritt,
b) das *gleichzeitige Auftreten* der ᛉ-Rune, die im jüngeren Futhark für **k** stehen kann, *neben* diesem ᚲ das diese Bedeutung im älteren Futhark hat,
c) die *Gestalt* der Rune für **u** ᚢ, die sonst mit ᚢ oder ᚢ, ᚢ wiedergegeben wird,
d) die *unübliche* Form der *Trennungszeichen* ⁝, für die aber *„in Gebrauch und Form eine große Willkür herrscht".*

SCHNIPPEL, nach eigener Auskunft ein Schüler von KIRCHHOFF, MÜLLENHOFF und MOMMSEN, spricht sich zu Anfang seines Beitrages *„Sächsische Runen" (101 ff.)* für die Theorie der Ableitung der Runen von nur *einem ‚Erfinder'* aus, der - wohl eher durch die westlichen Römerkolonien als vom griechischen Schwarzmeergebiet beeinflußt *(106)* - recht verständnisvoll Zeichen abschrieb, wobei er *aus Rücksicht auf die ursprünglich organischen Schriftträger Holz und Knochen alle waagerechten Ritzungen vermeiden mußte, um eine Spaltung dieser Medien in ihrer Wachstums- und Maserungsrichtung zu umgehen (102 ff.).* Die Herleitung einzelner Runen aus ihnen morphologisch noch ähnlichen lateinischen Unzialen wird expliziert, die *‚angelsächsischen'* Runen der im Bereich Schleswigs beheimateten Angeln und der Sachsen, in deren Stammesverband bereits die Chauken, Angrivarier und Cherusker aufgegangen waren, verglichen *(107).*
Die Weserrunen werden dem *älteren Futhark* zugewiesen *(101)* und, den Fundverhältnissen und Wortformen entsprechend, als *sächsisch* eingestuft *(108).*

SCHNIPPEL bedauert *das Fehlen* einiger „besonders charakteristischer Runen" in den Weserknochen-Inschriften, wie neben dem der Rune 3 und der Folge 12 bis 16 ausgerechnet das der *w*- und der *Ing*-Rune *(102, s. dagegen den eig. Lesungsvorschlag in Kap. 5. 2.).*

Die Zeichen des Knochenfragmentes 4987 (vgl. Abb. 5, 13 c und 26) ᛚ, ᚨ, E, F und ᛉ betrachtet er als eine Mischung von Runen und lateinischen *Majuskeln (105).* Die Form der *u*-Rune ∩ *(auf Runenknochen OL 4988 u. 4991)* schätzt er als verhältnismäßig altertümlich ein, da sie ihrem römischen Vorbild näher steht, als die sonst tradierten Gestaltungen ᚢ und ᚢ *(103).* Das Zeichen ᛉ *(OL 4988)* ist ihm rätselhaft und bedeutet für seine Umsetzung ein *„schwer zu lösendes Problem" (104).*

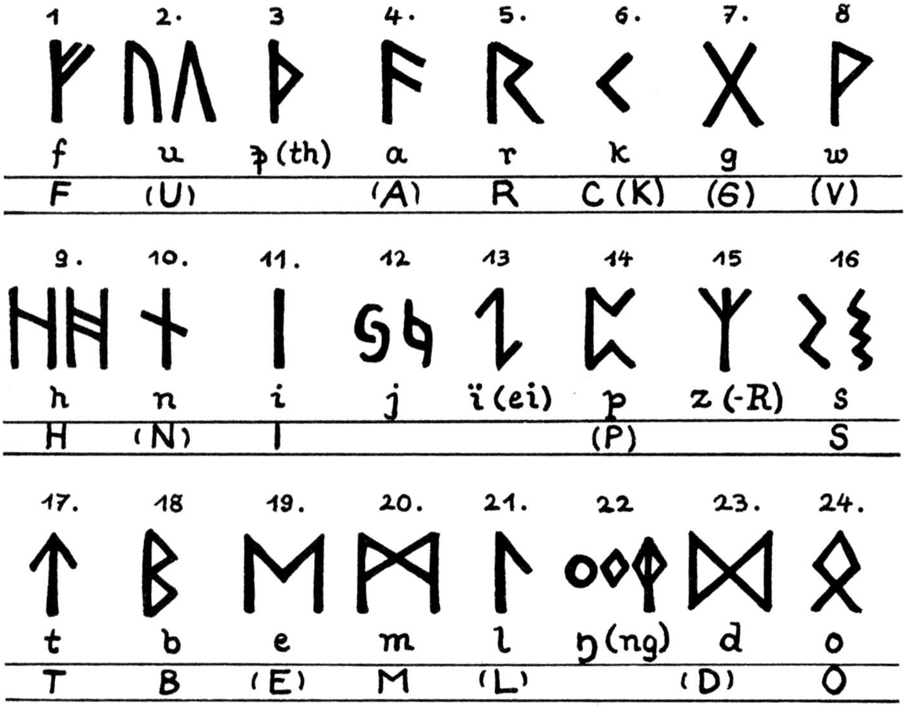

Abb. 9:
Die ältere „gemeingermanische" Runenreihe (Futhark).
Vgl. W. KRAUSE / H. JANKUHN RäF 1966, 2.
W. KRAUSE 1970, 15;
Legende:
Punktierte Ziffern: Runen, die auf den Weserknochen vorkommen.
Zwischen den Zeilen: Vergleich mit den lat. Vorbildern im Sinne SCHNIPPELS.

Unter weitestgehender Beibehaltung der Entzifferung VON BUTTEL-REEPENS liest und übersetzt SCHNIPPEL die einzelnen Inschriften:

4988 *(109)*:	*latam*	= ich lasse *(los, frei, zurück oder dergl.)*
	hari	= das Heer
	cunni	= das Geschlecht *(die Sippe, den Stamm o. ä.)*
	ye	= ?
	hagal	= Hagel *(d. h. „Verderben", ein Kriegsruf o. dgl.)*
4990 *(111)*:	*lokom*	= ich schaue *(sehe, (er-)spähe oder: locke?)*
	her	= hier *bzw.*: das Schwert
4991 *(114)*:	*ulu-*	
	hari	= Wulfhari (*Wolfhari*, *Wolfhar*, *ein Personenname, der so u. ä. seit dem 5. Jh. nicht zuletzt auf altsächs. Boden bekannt ist)*
(113):	*dede*	= machte, tat *(es, das Gerät und die Runen).*

Erklärungen:

latam: 1. Pers. Sing. Präs. der *-mi*-Konjugation zu *‚lassen‘* von as. *lâtan*, got. *lêtan*, ags. *letan*, wests. *lætan*, ahd. *lâzan*, mhd. *lâzen*, engl. *let (109).*

hari: nhd. *‚das Heer‘*, got. *harjis (st. m.)*, as. und ahd. *heri*, ags. *here*, an. *herr.* Als Bestandteil von Eigennamen sieht SCHNIPPEL dieses Wort in *„Chariovalda“* bei *Tacitus* und *„Chariomerus“* bei *Dio Cassius* belegt *(109).*

kunni: got. *kuni*, an. *kyn*, as. *cunni*, ags. *cynn*, engl. *kin*, ahd. *chunni*; vgl. lat. *genus*, griech. γένος *(109).*

hagal: nhd. *‚Hagel‘*, bildlich für *‚Unheil, Verderben‘*, ahd. *hagal*, ags. *hagal* und *hägl*, engl. *hail*, an. *hagl.* Das Wort stellt den Runennamen des 8. Zeichens im älteren Futhark dar und findet sich auch in der Inschrift des *Lanzenschaftes aus dem Kragehul-Moor* auf Fünen *(110)*, (vgl. dazu Kap. 5.2.5.4.).

locom: 1. Pers. Sing. Ind. Präs. der *-ôn*-Konjugation, zu *‚sehen‘*, vgl. westgerm. *lôcôn*, ags. *locjan*, engl. *look*, ahd. *luogên*, nhd. *lugen* oder zu *‚locken‘*, von as. *lokôn*, an. *lokka*, ahd. *lochôn.*

her: Das Adverb *‚hier‘*, got., an., as., ags. *hêr*, ahd. *hiar* oder, nach SCHNIPPEL wahrscheinlicher, *‚das Schwert‘* als gekürzte Form *(Apokope)* für das altgerm. *heru*, ags. *heoru*, got. *hairus*, an. *hiörr*, welches sich im Stammesnamen der *„Cherusci“* (zuerst bei *Caesar*) wiederfindet *(110).*

ulu hari: Zum ersten Bestandteil des von SCHNIPPEL als PN aufgefaßten Wortes stellt er got. *vulfs*, ags. *vulf*, as. *wulf*, afries. und ahd. *wolf*; der zweite Teil erklärt sich wie oben *(hari)*. Zu diesem Namen, ahd. *Wolfher (-i/-e)*, zieht SCHNIPPEL verschiedene Runendenkmäler heran, so den *Stein von Räfsal in Bohuslän (hAriþulf)*, den von *Istaby (hAriwulafa*, von ihm nicht erwähnt das ebenfalls darauf befindliche *hAeruwulafiR)* und fälschlich den Brakteaten II von Seeland (angebl. *hariulf*, in Wirklichkeit aber *hariuha) (109, 114).*

dede: 3. Pers. Sing. Ind. Praet. vom Verbalstamm *dô-*, as. *doan* oder *duan*, afries. *dua*, ags. *dôn*, engl. *do*, ahd. *tuon ‚tun, machen‘ (113).*

Die Verfertigung der Weserknochen und -runen schreibt SCHNIPPEL der *Werkstatt dieses Meisters Wulfhari* zu *(112-114).* In der Auffassung der Knochen als *Dolchgriffe* folgt SCHNIPPEL allgemein VON BUTTEL-REEPEN *(102, 108)*, modifiziert dessen Ansicht allerdings dahingehend, daß er auch eine Verwendung als Griffe für *„das kurze Sachsenschwert,* den *sahs“* für denkbar hält *(110 f.).*
Hinsichtlich der Runenformen werden *Übereinstimmungen mit dem Goldhorn von Gallehus* und dem Schwertscheidenbeschlag von Thorsberg, gemeint ist das Ortband, erkannt *(102).*
Die *Datierung* der Weserrunen wird an den *Anfang des 3. Jhs. n. Chr.* gesetzt *(111).*

3. Die Funde im öffentlichen Gespräch

3.1. Lesungsvorschläge anderer Runologen

3.1.1. S. Agrell 1930

Prof. Sigurd AGRELL in Lund gelangt zu einer von den Deutungen SCHNIPPELS beträchtlich abweichenden Erklärung der drei Runentexte.[14]
Die Inschrift von Knochen 4988 liest er *Boustrophedon (griech.* **βουστροφηδόν,** „wie der Ochse pflügt", also die erste Zeile von links nach rechts, die zweite umgekehrt und die dritte wieder rechtsläufig):

4988:	*latam hari*	Wir hindern ein Heer *(Abwehr).*
	ek iggus	Ich, *Ingus*, *(hindere)*
	hagal	*(den)* Hagel.
4990:	*losom her*	Wir * bringen hier Machtlosigkeit, *(* = die Numina der Zauberrunen).*
4991:	*ulu hari*	Hei *(o. ä. Ausruf)*, Krieger *(eigtl. ‚Heer, Kriegsschar')!*
	dede	Er machte, *(mit Ergänzung eines verschollenen oder als Ideogramm im Ornament versteckten Namens des Verfertigers).*

Erklärungen:

4988: Die Rune ᛉ wird von AGRELL als *k* verstanden, die doppelt gesetzte Rune ᛅ als eine Variante der in *hagal* auftretenden Normalform **X** für *g*. Die Doppelschreibung ‚*gg*' versteht er wie griech. *γγ*[15] als *ng* und erhält so den Namen des *Fruchtbarkeitsgottes Ing(us).*[16]

4988/4990: Infolge Lesung der **<**-Runen als *s* ergibt sich für 4990 eine finite Form des ‚denominativen Verbums' *losom*, nach AGRELL von einem femininen Substantiv **lōsō* ‚Machtlosigkeit' gebildet, das mit got. *lasiws* ‚schwach' im Ablautwechsel stand *(119).*

Die Sprache der Inschriften ist nach Ansicht AGRELLS „ostgermanisch, wahrscheinlich nordgotisch (vielleicht gepidisch)" *(119).*
Insgesamt interpretiert AGRELL die Inschrift der Runenknochen als *Gegenzauber gegen Heer und Hagel* und vergleicht *latam hari* mit *suma heri lezidun des ersten Merseburger Spruches.*
Mit den *Numina der Zauberrunen*, die AGRELL als Subjekte des Satzes auf Knochen 4990 versteht, sind die *magisch wirkenden Zahlenwerte* der Schriftzeichen gemeint. Nach *gematrischer* Auffassung ist jeder Rune ein solcher spezifischer Zahlwert zuzuordnen.
Auch die Weserrunen unterzieht AGRELL derartigen - allerdings schwer nachvollziehbaren - Zahlenspekulationen.[17]

Die „Darstellungen eines Mannes im Stierkampf" werden im Gegensatz zu VON BUTTEL-REEPEN 1930[18] als „Reflexe von Mithra-Bildern" erachtet:
„Der Stierkämpfer hat eine Zipfelmütze auf dem Kopfe (wie Mithra die phrygische Mütze), und die Darstellung des Stierkörpers zeigt, dass der Schwanz des Tieres sich teilt (ganz wie der sich in Ähren verwandelne Schwanz des mithrischen Stieres, den uns so viele spätrömische Monumente zeigen)." *(199).*

3.1.2. T.E. Karsten / (M. Hammarström) 1930

In einer ausführlichen Abhandlung von Prof. Torsten Evert KARSTEN 1930[19] erfährt SCHNIPPELS Interpretation der Weserrunen eine teilweise gewichtige philologische Modifikation sowie inhaltliche Vervollständigung.

14) S. AGRELL 1930, 118 f. *(142 f.).*
15) Den *Ursprung der Runen* sucht AGRELL im *griechischen Alphabet.*
16) Vgl. dazu den neuen Lesungsvorschlag im Kap. 5.2.
17) Zur Problematik gematrischer Interpretationen allgemein vgl. die Rezensionen von K. DÜWEL 1979, GGA 231, 224-249 zu W. HARTNER 1969 und besonders H. KLINGENBERG 1973.
18) H. VON BUTTEL-REEPEN 1930, 80, erste Fußnote.
19) T. E. KARSTEN 1930, Soc. Sci. Fennica III, H. 4, 1-40 m. Abb.

Offenbar unabhängig von AGRELL sieht auch KARSTEN, Helsingfors, den Text in einer *engen Beziehung zum ersten der Merseburger Zaubersprüche.* Die Bilddarstellungen auf den Weserknochen werden nun aber in einen direkten Zusammenhang mit der Runenlesung gebracht, dergestalt, daß der Fluchzauber auf Knochen 4988 sich gegen das auf Knochen 4990 abgebildete *feindliche Schiff* richtet, welches möglicherweise *pars pro toto* für ein ganzes Flottenkontingent steht. Dieser Feind wird auf 4988 durch den *Ur* symbolisiert, dem eine bärtige Gottheit entgegentritt, in welcher KARSTEN den Kriegsgott *Odin-Wodan* vermutet, den Speer *Gungnir* schleudernd *(31, 33).*

Daß *Odin* auch als der *Wilde Jäger (26,31),* in seiner Eigenschaft als Führer der Seelenschar damit deutlich als ein Totengott gekennzeichnet *(29),* auftritt, könne erklären, warum er bereits bei *Tacitus* als *Mercurius* glossiert und interpretiert wurde *(interpretatio Romana).* Auch diesen - den griechischen *Hermes* - verehrte man ja in vergleichbarer Funktion als ψυχοπομπός. Eine weitere funktionelle Übereinstimmung dieser beiden Götter *(Wodan-Odin* und *Hermes-Merkur)* läßt KARSTEN auch das ansonsten ungewöhnliche Attribut der *Feder* begreiflich finden, nämlich als außergermanischen Einfluß infolge des *Synkretismus der hellenistischen Zeit:* Wie der ägyptische *Thot als Erfinder der Hieroglyphen* mit einer auf dem Kopf emporstehenden *Feder* gekennzeichnet ist, zeigen zahlreiche griechisch-römische Bronzestatuetten ebenso *Hermes-Merkur* ἱερογραμματεύς, den heiligen Schreiber mit dieser Kopfzier.[20]

Da *Odin* im nordischen Mythos als *,Vater des Runenzaubers'* gilt, erklärt sich für KARSTEN ungezwungen auch sein Federschmuck auf den Weserknochen 4988 und 4989 *(33 f.).*

Im ersten Merseburger Spruch werden zunächst die *Idisi* geschildert, die KARSTEN als *„mythische Schlachtjungfrauen ähnlich den Walküren"* versteht *(10, 12, 14, 18, 26 f.).*
Diese können durch Zauber feindliche Heere aufhalten, Fesseln anlegen, aber auch lösen. Die letzte Zeile des Spruches gibt die eigentliche *Besprechungsformel* wieder, mit deren Hilfe man Gefangene sich solcher Bande entledigen und feindlicher Haft entrinnen lassen kann.

Nach KARSTENS Auffassung sind es eben diese Gefährtinnen *Odins,* welche die auf den Weserknochen geritzten Runenworte sprechen.
Hagal ist dabei das eigentliche Zauberwort, wodurch das feindliche Heer gehemmt werden soll:

4988	*latam hari*	Laßt uns das *(feindliche)* Heer aufhalten!
	cunni ze	Geistergeschlecht, siehe da!
	hagal	Hagel!
4990	*locom her*	Laßt uns hier *(an diesem Schiff)* aufpassen!
4991	*ulu hari*	Wulfhari
	dede	machte *(die Runen).*

Erklärungen:

latam:	1. Pers. Pl. Imper. im Sinne eines Adhortatives zu *,aufhalten, hemmen, hindern'*[21] für uspüngliches * *lattjam,* vgl. as. *lęttian,* ags. *lettan,* got. *latjan,* ahd. *lęzzen,* mhd. *letzen (10, 11).*
hari:	*,Heer, Kriegsvolk, Schar, Menge' (7, 11), (Formen siehe SCHNIPPEL).*
cunni:	*,Geschlecht, Sippe, Stamm u. ä.' (8, 12 ff.),* nach KARSTEN auf die *Idisi* bezogen, as. *kunni*; *(weitere Belege siehe SCHNIPPEL).*
zê:	Die ᛉ-Rune findet KARSTEN nur als Vorstufe der ᛘ-Rune (= (*15*)z) verständlich und stellt das so erhaltene Wort zur got. Interjektion *sai,* ahd. *sê, ,sieh'.*
hagal:	*,Hagel',* übertragen: *,Unheil, Verderben' (8, 15 f.),* as. *hagal*; neben den von SCHNIPPEL und KARSTEN gegebenen Formen auch ags. *hægel, hagol.*[22] Die Berechtigung der Bedeutungsübertragung veranschaulicht KARSTEN durch mehrere Beispiele.
locom:	1. Pers. Pl. Imper. im Sinne eines Adhortatives *(vgl. oben latam)* von *lōcōn, ,aufpassen, aufmerken, aus dem Versteck aufsehen, wahrnehmen, spähend schauen'* mhd. *luogen (17).*
her:	*,hier',* das as. Adv. *hēr (17),* an. *hér,* got., ags. *hēr.*
ulu hari:	*,Wulfhari' (Vulfhar, ahd. Wolfhere), (8 f., 17).*
dede:	*,machte',* Erklärung wie bei SCHNIPPEL *(9, 17).*

20) A. FURTWÄNGLER, Bonner Jb. 103, 5 ff., 107, 31 ff., 108/109, 242 ff., 114/115, 193 ff.; G. LOESCHKE ebda. 107, 48 f.; vgl. G. BAESECKE 1934, 415.

21) Merseburg 1: *(suma heri) lezidun* = *(einige)* hinderten *(Heere),* dort 3. Pers. Pl. Prät. *(10).*

22) F. HOLTHAUSEN 1921^2 *(Glossar)*; E. SIEVERS / K. BRUNNER 1965^3, 441 ff.; E. H. SEHRT 1966^2, 214, 249, 349.

Die von SCHNIPPEL erwogene Möglichkeit, *locom* mit *‚locken'* in Verbindung zu bringen, lehnt KARSTEN ebenso ab, wie die Runen *her* mit *‚das Schwert'* zu übersetzen, da dieses noch as. *heru* heißt *(8)*. Dagegen hält er SCHNIPPELS Lesungsvariante *„Ich (der Runenritzer) sehe (ihn, den Feind,) hier"* neben seiner eigenen Auffassung für denkbar.
In den Ritzungen von Knochenfragment 4987 sieht KARSTEN *„Probe-Runen" (5)*. Die ᛉ-Rune auf diesem Stück zeigt ihm einen Zusammenhang mit Runenknochen 4988 an, wie er diesen Artefakt wiederum aufgrund der ungewöhnlichen Form der *u*-Rune ᚢ mit Runenknochen 4991 verbunden sieht.
Die beiden Runenknochen *4988 und 4990* schließlich erweisen in seinen Augen ihre *Zusammengehörigkeit* durch ihre *stabreimenden Worte* und *Alliteration (9, 17, 19):*
4988: *latam hari* 4990: *locom her.*
Die beiden durch einen Strich getrennten *h*-Runen in der Zaubermarke von Knochen 4988 stehen nach KARSTEN für das magisch wirkende Runenwort *hagal*, das ja auch ihr Runenname ist *(6, 23)*.
Die Röhrenknochen unter diesen Funden scheinen ihm nicht als Griffe für Dolche, sondern eher für den *Sachs (auch: Sax)*, das germanische einschneidige Hiebschwert, Verwendung gefunden zu haben *(2, Anm. 1)*.
Die frühe Datierung von SCHNIPPEL und VON BUTTEL-REEPEN akzeptiert KARSTEN nicht. Überwiegend aus philologischen Erwägungen gibt er als *terminus ante quem 550/600 n. Chr. (18 f., 22)*, als *terminus post quem 350/400 n. Chr.* an.[23]

Das *Segelschiff* auf Knochen 4990 bezeichnet KARSTEN als einen wahrscheinlich von den Römern übernommenen Typus. Da die Römer im 6. Jh. n. Chr. nicht mehr als die durch dieses gekennzeichneten Feinde in Betracht kommen, bleiben „nur die Friesen und Dänen übrig" *(21)*, deren Gegner die Sachsen - denn der Text der Runen wird als *altsächsisch* eingestuft - waren.
Als mögliche historische Bezugspunkte nennt KARSTEN die um 525 in Richtung Niederrhein unternommene Heerfahrt des Dänenkönigs *Hugleik* und die, allerdings von verbündeten Sachsen und Dänen, um das Jahr 565 durchgeführte Fahrt gegen Friesland *(22)*.

Dr. Magnus HAMMARSTRÖM 1930[24] unterstützt KARSTENS Lesung und findet auch dessen Vermutung ansprechend, daß das Schiffsbild den Feind anzeigt, der durch den Runenspruch „verhext" werden soll *(7)*.
Entschieden legt er aber diesen *Feind* aufgrund stilistischer Vergleiche mit mediterranen Reliefs als *römisch* fest. Er erinnert an römische Strafexpeditionen, wie sie etwa *Marcus Carausius* Ende des 3. Jhdts. von Boulogne aus gegen die seetüchtigen Bewohner des Wesergebietes vornahm, die schon früh die Küsten Galliens und Britanniens mit Plünderungszügen heimsuchten.
AGRELLS *Bustrophedon-Lesung* und die daraus resultierenden *gematrischen Ableitungen* werden als willkürlich verworfen, da u. a. die Runen ᚲ und ᚾ der zweiten Zeile auf Runenknochen 4988 deutlich *Rechtsläufigkeit* anzeigen.
Zur Echtheitsfrage der Weserrunen - die übrigens KARSTEN bei gleicher Gelegenheit noch einmal mit Engagement positiv beantwortet *(11 f.)* - stellt HAMMARSTRÖM fest, daß die vorkommenden Runen eigentlich keinen Zweifel aufkommen lassen und auch das römische Schiff nur für die Echtheit zu sprechen scheint.
Andererseits aber bekennt er, daß ihm die Fundumstände verdächtig vorkommen:

„Die Entdeckung und Bergung von Baggerfunden ist . . . zumeist eine rein zufällige. Und jetzt wäre hier innerhalb kurzer Zeit, aber dennoch nicht gleichzeitig und am selben Orte eine ganze Reihe zusammengehöriger Gegenstände gefunden worden. Unter solchen Umständen kann die Doppelschreibung des *n* in *kunni* zum Belastungszeugen werden.
Wenn es sich herausstellen würde, dass die Wissenschaft das Opfer eines gescheiten Betrügers geworden ist, so wird meine Kritik von Agrells Lesungen der Weserinschriften dadurch zwar überflüssig, aber nicht weniger berechtigt."*(8)*

23) T. E. KARSTEN 1930, Soc. Sci. Fennica III, 5, 11.
24) M. HAMMARSTRÖM 1930, ebda. *(SSF)* III, 4, 38 u. 5, 2 favorisiert die Annahme des *Ursprunges der Runen aus lateinisch-norditalischen Alphabeten.*

3.1.3. F. Holthausen 1931

Prof. Ferdinand HOLTHAUSENS kurzer Beitrag in der GERMANISCH-ROMANISCHEN MONATSSCHRIFT 19, 304 f. behandelt neue deutsche Runenfunde, neben der Soester Fibel besonders auch die Oldenburger Knochen.
HOLTHAUSEN transkribiert:

4988	*latam hari*	Lassen wir das Heer,
	kunni we	das Geschlecht, das Weh,
	hagal	den Hagel!
4990	*lokom her*	Ich schaue hier. Oder:
		Schauen wir hier!
4991	*ulu hari*	Uluhari
	dede	tat/machte.

Erklärungen:

latam:	1. Pl. Imp. *(Adhortativus)* ≙ got. *lêtam*, aisl. *látum*, ahd. *lâzamês.*
we:	*‚Weh' (Substantiv)* ≙ *wê.*
	„Das ᛉ *ist . . . gewiß eine offene Form der w-Rune, wie sie Wulfila im gotischen Alphabet für w und y verwendet."*
lokom:	Entweder 1. Sg. Ind. ≙ *lôkom* vgl. as. *makôn* <**makôm* und ahd. *salbôm* oder: 1. Pl. Ind. respektive Imp. *(Adhortativ)* vgl. ahd. *salbômês* und got. * *salbôm* oder: 1. Pl. Opt. vgl. ahd. *salbôm*, got. *salbôma.*
ulu:	„Könnte es nicht verkürzte Schreibung für *wulþu* sein, vgl. *OwlþuþewaR* für *WolþuþewaR* auf der nordischen *Zwinge* (= Ortband) *von Thorsberg?" (20).*

Der Sinn dieser Texte, die HOLTHAUSEN als nicht zusammengehörig betrachtet, ist ihm „freilich so dunkel wie ein Spruch der Pythia."*(19).*

3.1.4. A. Lasch 1931 (1932)

Die aus philologischer Sicht gründlichste und zuverlässigste Bearbeitung des Textes der drei Weser-Runenknochen wird man Frau Prof. Agathe LASCH zuschreiben dürfen.[25] Auch scheint sie die einzige Autorin gewesen zu sein, die eine *Autopsie* der Knochen und deren Gravuren zur Grundlage für einen Lesungsvorschlag machte, soweit dies jedenfalls dem im Oldenburger Museumsarchiv erhaltenen Briefwechsel VON BUTTEL-REEPENS entnehmbar ist.
Zu Beginn ihrer Abhandlung resümiert LASCH die wichtigsten Stellungnahmen in den o. g. Aufsätzen, Buchbesprechungen und Rezensionen insbesondere hinsichtlich der Echtheitsfrage, zu der sie selbst sich wie folgt stellt *(176)*:

„Im ganzen aber darf man . . . sagen, daß die Formen als solche glatt in die germanische Sprachgeschichte eingehen, so daß ein Fälscher über sehr gründliche germanistische Kenntnisse verfügen müßte, der diese Inschriften - ich weise besonders auf *kunni* und *dede* - erdacht hätte, daß jedenfalls der sprachliche Teil nichts gegen die Echtheit der Stücke aussagt."

Da LASCH, anders als KARSTEN, in den beiden ᚺ-Runen im Ornament *(der ‚Zaubermarke')* von Knochen 4988 nicht zweimal *hagal*, sondern die alliterierenden zauberkräftigen Wörter *hari* und *hagal* sieht *(166, 171, 173)* und weil sie die doppelten Schlängellinien für *besondere Trennungsstriche* hält, ergibt sich für sie eine Lesung dieser fünf Worte *von oben nach unten.*

25) A. LASCH 1930/31, Jb. d. V. f. niederdt. Sprachforschg. 56/57, 163-179. *(1932).* Agathe LASCH, der diese Arbeit gewidmet ist, war die erste Professorin der 1919 gegründeten Hamburger Universität. Eine Schilderung ihres Lebens, das im Konzentrationslager Łódź endete, geben C. DE L' AIGLE, E. NÖRRENBERG und W. NIEKERKEN 1959, ebda., 82, 1-10 *(mit Bibliographie)* und R. PETERS / T. SODMANN 1979; weitere Nachrufe von C. BORCHLING, Lund / Kopenhagen 1946, M. JAATINEN, Helsinki 1947, G. KORLÉN, Paris 1947, M. RICHARDS JESSEN, Philadelphia 1947; Widmungen von L. BERTHOLD 1967 und E. ROOTH, Stockholm 1969.

4988 *latam* I Wir werden *(frei)* lassen, verlassen
kunni I das Geschlecht.
hari I Kriegsschar
je I und
hagal I Unglück
(sollen über das feindliche Heer kommen)!
4990 *lokom : her* Hier schaue, spähe ich
(d. h. hier bin ich auf der Wacht).
4991 *ulu : hari* __ : __
dede machte, stellte, setzte.

Erklärungen:

latam: 1. Pers. Pl. Opt. Präs. im Sinne eines Konjunktivfuturs *(173)*, vom st. Verb *latan*. Zwar müßte diese Form eigentlich auf *-aim* ausgehen, doch erscheint LASCH die Auslassung des *i* eher möglich, als die für KARSTENS Lesung vorauszusetzende Ellipse von *ti-i*, denn dessen Form hätte *lattiaim* lauten müssen.

kunni: Zur *ungewöhnlichen Doppelsetzung* der ᚾ-Rune fragt LASCH: „Haben wir hier das Wort, das den Fälscher verrät?“ *(174)*. Sie beantwortet selbst die Frage: „Die voras. Runenform *kunni* < *kunnia*m ist durchaus zu verstehen, sie ist vom As. aus zu erwarten, und sie dürfte im Gegenteil - wenn die Runen sonst anerkannt werden - für die Chronologie der Erscheinung *(Gemination älter als Schwund des nasalierten a)* im Westgermanischen wichtig sein. Der auslautende Vokal *a* ist in *kunni* wie in *hari* geschwunden, was für die zeitliche Bestimmung der Knochen wichtig ist.“ *(175)*.

hari: Von LASCH als Nominativ aufgefaßt *(174)*.

je: Die ᛉ-Rune erklärt LASCH als konsonantisches *j*, eine Modifizierung der Rune ᛃ oder ᛇ. Das Wort, as. *ge, gie, gi*, verbindet die beiden zauberkräftigen *hari* und *hagal*.
KARSTENS Übersetzung als anlautendes *z* < *s* hält LASCH im betonten Anlaut für unmöglich *(172 f.)*.

hagal: Wie *hari* nach LASCH ein Nominativ *(174)*.

lokom: 1. Pers. Sg. Präs. Ind. zu as. *luokoian*.
SCHNIPPEL *(1. Pers. Sg. Präs.)*,
AGRELL *(1. Pers. Pl. Präs.)* und
KARSTEN *(1.Pers. Pl. Imper.)*, die die Formen *latam* und *lokom* gleich behandeln, übersehen, daß *latam* ein starkes oder aber *jan*-Verb, *lokom* dagegen ein schwaches der 2. Klasse ist *(170)*.
KARSTENS Adhortativ von * *lokoian* wäre voras. mit * *lokoiaim* anzusetzen.
Derart beträchtliche runische Auslassungen *(iai)* hält LASCH aber für unwahrscheinlich *(170)*.

her: Hierin stimmt LASCH den anderen Autoren zu *(171)*.

ulu : hari *„Wulfhari“* ist für LASCH undenkbar, da man andernfalls eine Ellipse von *w* und *f(-w ulu f-)* annehmen müßte.
Der Endung nach könnte *ulu* entweder ein feminines Substantiv oder die 1. Pers. Sg. eines Verbums sein *(175)*.

dede: 3. Pers. Sg. Prät., *dergestalt für die Runenzeit einzig mögliche Form! (175)*.
Einen eigenen Lesungsvorschlag für den Text auf Runenknochen 4991 gibt LASCH nicht. Zur Kennzeichnung der Tätigkeit eines Runenmeisters würde sie aber ein anderes Verb erwarten, etwa eine Form von *writan* *(175, vgl. engl. write)*.

Das Schiffsbild spricht LASCH als einen ursprünglich den Römern abgesehenen, aber germanischen Typus an *(166 u. 168)*.
In der anderen Darstellung erkennt sie wie KARSTEN den göttlichen Jäger *Wodan*. Die Doppelaxt, sei es *Wodans Axt* oder *Donars Hammer,* läßt sich ihrer Ansicht nach kaum als in dieser Zeit gebräuchliche Waffe, dagegen problemlos als *göttliches Attribut* verstehen. Das Motiv der beiden Jagdszenen - *für welche sie aus stilistischen Gründen verschiedene Urheber annimmt* - sieht LASCH an die große Gruppe der *Brakteatendarstellungen* geknüpft. Auch dort wird nicht selten der *Kampf einer Gottheit gegen ein Untier* wiedergegeben, und auf einer Reihe von Beispielen trägt der Gott ein Kennzeichen des „Jägers“ auf Runenknochen 4988, den *doppelstrichigen Gürtel (166 ff.)*.
Insgesamt zeigen die Weserrunen nach der Beurteilung von LASCH einen kontinentalen Charakter, der mit der älteren skandinavischen Runenreihe übereinstimmt, dessen Sprachform dabei aber sicher von westgermanischer Herkunft zeugt.
Wichtiger für die Geschichte der Sachsen einerseits und den umstrittenen Begriff der *Ingwäonen* - den von *Tacitus* genannten Bewohnern der Nordseeküste - andererseits

ist für LASCH die klare Abgrenzbarkeit der *sächsisch-chaukischen Weserrunen* von den anglofriesischen Runentypen *(177 f.)*.
Die zeitliche Zuweisung ist nach dem Ermessen von LASCH *in das 6., frühestens in das 5. Jh. n. Chr. vorzunehmen, jedoch nicht über das 7. Jh. hinaus (171, 176 f.)*.

3.1.5. K. Schneider 1956 und 1969

Zweifellos stammt die eigenwilligste Lesung der Runentexte auf den Weserknochen von Karl SCHNEIDER 1956.[26] Seine gewagte Interpretation auch der Bilddarstellungen auf diesen Funden sucht Prof. SCHNEIDER 1969[27] zu untermauern:

4988	*latam*	*(Über-)*lassen wir
	hari	der Menge
	kunni	den Phallos!
	we	Weh *(dir,)*
	hagal	Hagal!
4990	*lokom*	Schauen wir
	her	hierher!
4991	*ulu*	Ulf hat *(dies)*
	hari	für die Menge
	dede	gemacht.

Erklärungen:[28]

4988 :	*latam:*	1. Pers. Pl. Imp. *(Adhortativus)* zu as. *lātan*.
	hari:	Formal Akk. Sg. eines m. *i̯a*-Stammes. SCHNEIDER, der das Wort als Dat. Sg. auffaßt, erwägt hier Verschreibung für *harie*.
	kunni:	Akk. Sg. eines n. *i̯a*-Stammes der Bedeutung *‚Geschlecht'* im Sinne von *‚Phallos'* als „das zum Zeugen gehörige" < urgerm. * *kuni̯an* < idg. **ĝni̯om:* **ĝen* „zeugen".
	we:	Interjektion der Bedeutung *‚weh'*: ahd., as. *wē*, ae. *wā*, an. *vei*, got. *wai*.
	hagal:	Vok. Sg., Name des „Urwesens".
4990 :	*lokom:*	1. Pers. Pl. Imp. *(Adhortativus s. o. latam)*, as. *lōkon* schw. 2 ‚erblicken' etc.
	her:	as., aisl., got. *hēr*, ahd. *hiar*.

SCHNEIDER sieht in den Bildern und Runen *Zeugnisse für einen sächsischen Stieropferkult.* Daß mit dem gehörnten Tierkopf auf Runenknochen 4988 ein Bulle angedeutet sei, folgert er aus der verwandten Skizze des runenlosen Knochens 4989: „Auf ihr erscheint der Bulle in vollständigen Umrissen, wutschnaubend und wild" *(534)*. Der Stier heiße *Hagal*, weil er dem von SCHNEIDER angenommenen *Urwesengott Hagal* geopfert werde.[29] Das Tier sei zunächst von dem Opferpriester mit der erst als *Axt*,[30] später als *Schlegel*[31] angesprochenen Waffe gereizt worden, die bei 4989 in die Hand, bei 4988 im Gürtel steckend gezeichnet wurde.
Die Runenknochen selbst werden als *Griffe von Stieropfer-Kultwerkzeugen* gedeutet, mit deren Hilfe der Priester das Tier tötete und zerlegte.[32] Eine besondere Bedeutung spricht SCHNEIDER dem *Stierphallus als Zauber- und Fruchtbarkeitsfetisch* zu, auf welchen er die den Opferpriestern in den Mund gelegten, an die Kultgemeinde gerichteten Runenworte bezieht.[33] Das *Zweimasterschiff* versteht SCHNEIDER als *Kultboot*, auf dessen Hochsitz im Frühjahr der Priester gesessen und den Phallos den Menschen und der Feldflur zur Linken und Rechten gezeigt habe.[34]

26) K. SCHNEIDER 1956, 532-536.
27) K. SCHNEIDER 1969, 12 f., 14 f., 24, 27 f., 39 f., 43 f., 49 f., Taf. II, 1 und 2.
28) K. SCHNEIDER 1956, 533 u. 535; der Text von Knochen 4991 wird von ihm grammatisch nicht näher erläutert.
29) K. SCHNEIDER 1956, 534 f.; 1969, 13; Belege sind SCHNEIDER schwäbisch-alemannisch *begil* und schweizerisch *hegel* für *„ Zuchtstier"*.
30) K. SCHNEIDER 1956, 534.
31) K. SCHNEIDER 1969, 12.
32) K. SCHNEIDER 1956, 536; 1969, 12 u. 14: Griffe von Dolchen oder Messern.
33) K. SCHNEIDER 1956, 535; 1969, 13, 27 f., 43.
34) K. SCHNEIDER 1956, 535; 1969, 14 denkt SCHNEIDER an Fastnachtsumzüge und -bräuche.

In den Marken von 4988 und 4990 sieht SCHNEIDER gar Zeichnungen des Stierphallos, teilweise mit in der Schnittfläche erkennbaren anatomischen Einzelheiten „(corpus cavernosum, radiäre Muskelstränge, praeputium und musculus retractor praeputii)“;[35] *(vgl. Abb. 5: 76 u. 77 sowie Abb. 27 u. 29 jeweils oben).*

Wolfgang LANGE 1957[36] rezensiert SCHNEIDERS 1956 vorgelegte Ergebnisse. In seiner subtil vorgebrachten, aber nichtsdestoweniger vernichtenden Kritik zeigt er sich scheinbar irritiert durch SCHNEIDERS „monomanisches Starren auf die mythischen Geschlechtsorgane“.

Den Runentext von Knochen 4991 faßt SCHNEIDER zunächst als Nennung des Opferers, eventuell aber auch des Herstellers der *kultischen Dolchgriffe*, *Ulf*,[37] auf.

1969 überträgt er diesen Namen aber mit *‚Eule'*, nach seiner Ansicht einem magischen Beinamen des Opferpriesters, verwandt mit ae. *ūle (fem.)*, as., ahd. *ūwila*. Könnte man dieser Deutung folgen, so ist man doch über SCHNEIDERS Vorstellungskraft zu diesem Priester verblüfft,

> „der das Blut im Kessel oder die zum Abkochen darin liegenden Fleischstücke mit eulenhaft stierem Blick betrachtete“ . . . und der „beim Kampf mit dem Stier oder nach vollzogener Stiertötung bei der Demonstration der Innereien oder des Phallos in ekstatischer Verzückung in eulenhafte uh! uh! uh!-Rufe ausbrach“.[38]

Aus runologischen, religions- und sprachgeschichtlichen Erwägungen datiert SCHNEIDER die Weserrunenknochen *etwa in die zweite Hälfte des 6. Jhdts.*[39].

35) K. SCHNEIDER 1956, 533 ff.; 1969, 13 u. 27 f.
36) W. LANGE 1957, GGA 211, 72-89, Zitat: 77.
Um die Phantasie SCHNEIDERS besser zu illustrieren, sei hier ein weiteres Beispiel aus SCHNEIDERS Aufsatz 1969, 32 ff., besonders 40 gegeben. Auf einem Achat-Runenring von Westengland, der sich im British Museum befindet, deutet er zwei Zeichen, (ᛗ und ᛦ) so:
1. ᛗ : ᚢ = Durchblick durch die Beine des Stieres von hinten, ᛉ = After (•) + Hodensack (V) + Penis (ᛁ).
2. ᛦ weist, falls Sturzrune von ᛘ, mit Bildwert auf den gestürzten Opferstier, oder aber ᛦ hat den Bildwert: Hoden (ᚢ) + Penis (ᛁ).“
37) K. SCHNEIDER 1956, 535.
38) K. SCHNEIDER 1969, 39.
39) K. SCHNEIDER 1969, 15.

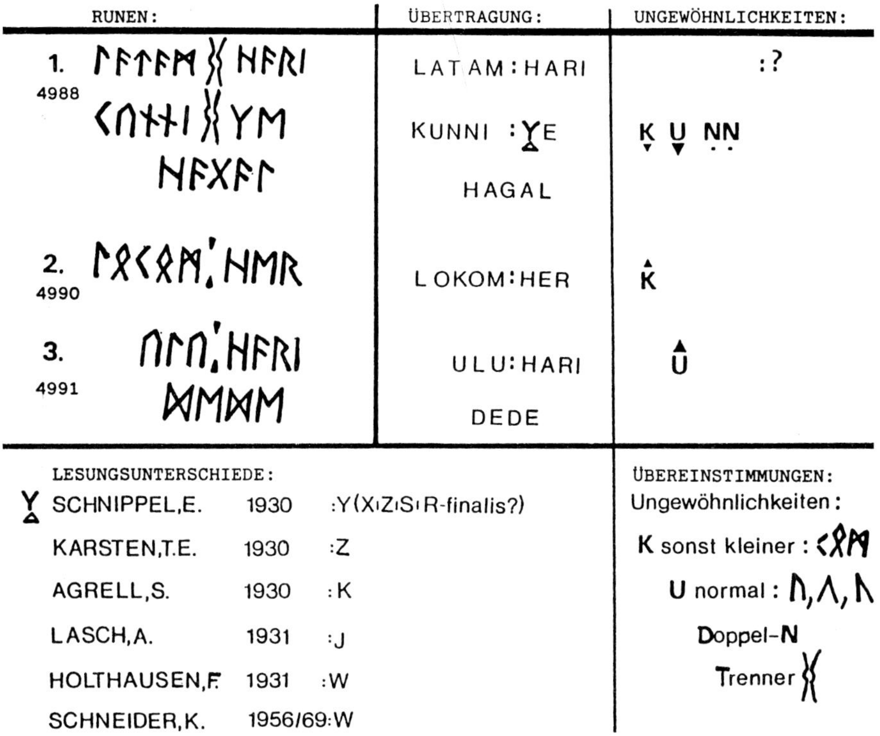

Abb. 10:
Zusammenstellung des Textes der drei Weser-Runenknochen, bezüglich seiner Übereinstimmungen, Ungewöhnlichkeiten, Übertragungsvorschläge und Lesungsunterschiede.

Gesamtschau der Lesungsvorschläge nach Verfassern:

latam:	Wir wollen/werden lassen	(LASCH, HOLTHAUSEN, SCHNEIDER)
hari:	Heer/Kriegsschar	(*alle, außer* SCHNEIDER)
kunni:	Geschlecht	(*alle, außer* SCHNEIDER)
we:	Weh	(HOLTHAUSEN, SCHNEIDER)
hagal:	Hagel/Verderben	(*alle, außer* SCHNEIDER)
lokom:	Ich erblicke/spähe	(LASCH, HOLTHAUSEN, SCHNIPPEL)
her:	hier	(*alle*)
ulu:	Eule	(SCHNEIDER 1969)
hari:	Heer	(*alle, s. o., meist als 2. PN-Teil)*
dede:	tat/machte	(*alle*).

3.2. Gesamtbibliographie

Um die rege Diskussion[40] über Echtheit oder Fälschung, Datierung und Funktionsbestimmung, Lesung und Interpretation der Weser-Runenknochen zu veranschaulichen, bot sich die Darstellungsform einer tabellarischen Auflistung in chronologischer Reihenfolge an. Natürlich kann diese keinen Anspruch auf Vollständigkeit erheben, denn manche Zitate, die hier wiedergegeben werden - so z. B. die Nr. 123/133 - sind tatsächlich literarische Zufallsfunde, im angegebenen Beispiel auch nicht gerade von wissenschaftlicher Seriosität.

Legende:

O	:	*O*riginalität wird verfochten oder vertreten
(O)	:	*O*riginalität wird vorausgesetzt
O/F	:	Echtheitsfrage ist angesprochen
O/F	:	Angedeutete Entscheidungstendenz: *O*riginal
O/*F*	:	Angedeutete Entscheidungstendenz: *F*älschung
(F)	:	*F*älschung erwogen, Beweis steht aber noch aus
F	:	*F*älschung als wahrscheinlich/gewiß bezeichnet
Schiff	:	
germ.	:	Knochen 4990 zeigt ein germanisches Schiff
röm.	:	Knochen 4990 zeigt ein römisches Schiff

Art(ikel):

B	:	Buch
A	:	Aufsatz, Rezension und dgl.
Z	:	Zeitungsartikel
M	:	Manuskript für ein Referat o. ä.

40) U. SCHNALL 1973, 83-85 stellt allein 35 Literaturtitel zusammen *(s. hier Nr. 141)*. Herrn Dr. Uwe SCHNALL, Deutsches Schiffahrtsmuseum Bremerhaven, danke ich für sein großes Interesse an diesen Untersuchungen und für seine Literaturhinweise.
Bemerkungen zu den nachfolgenden Tabellen:
1. Nr. 17 (≙ Nr. 18): Name aus Kürzel „J.O.P." erschlossen.
2. Autor bzw. genaueres Erscheinungsdatum nicht zu ermitteln bei:
a) BAYERISCHE BEAMTENZEITUNG Nr. 31 vom 13. 11. 1930, Titel unbekannt *(Mus. Archiv 21. 11.)*,
b) BUTJADINGER ZEITUNG, Juni 1928: „Mesolithische Runen" *(!)*; vgl. das Lit. Verz.,
c) NACHRICHTEN FÜR STADT UND LAND, Juni 1928 *(Text identisch mit b*: BUTJ. ZEITG.).
Für die statistische Auswertung bleiben diese Anmerkungen unwesentlich.

Nr.	Jahr	Name des Autors	O/F	Datierung	Funktion	Schiff	Bemerkungen	Art.
1	1927	H. MÜLLER-BRAUEL	*(O)*				4989: Steinbeil	A/Z
2	1928	H. VON BUTTEL-REEPEN	*O*	etwa 3. Jh.	Dolchgriffe	germ.	mesol. Zusammenhang	M
3	1928	R. BELTZ et al.	*O*				‚Echtheitsgutachten'	M
4	1928	H. VON BUTTEL-REEPEN	*(O)*		Röhrenknochen		Baggerfunde	A
5	1928	H. MÜLLER-BRAUEL	*O*	10. Jh. n. C.	Dolchgriffe	germ.	Feder, Axt, Wisent	Z/A
6	1928	G. ROEDER	*(O)*				BUTTEL-R. = Retter	Z/M
7	1928	G. RÜTHNING	*(O)*				„bedeutsame Funde"	Z/A
8	1929	H. SEGER	*F*		Messergriffe	germ.	Vgl. m. Glozel	A
9	1930	H. VON BUTTEL-REEPEN	*O*	Anfg. 3. Jh.	Dolchgriffe	germ.	1. Lesung E. SCHNIPPEL	B
10	1930	S. AGRELL	*(O)*	späte RKZ			2. Lesung	B
11	1930	H. GUMMEL	O/F				Hinw. auf Glozel	A
12	1930	M. HAMMARSTRÖM	O/F			röm.	Schiff gehört zum Text	A
13	1930	T. E. KARSTEN	*O*	350-600	Sachsgriffe	germ.	3. Lesung	A
14	1930	T. E. KARSTEN	*O*	350-600	Sachsgriffe	germ.	Feder: Thot-Merkur-Odin	A
15	1930	D. KOHL	*O*	Anfg. 3. Jh.		germ.	Hinweis: Glozel s. o.	A
16	1930	G. NECKEL	*(O)*	9. Jh. u. sp.	Dolchgriffe		Maria-Saal als Orig.	A
17	1930	J. O. PLASSMANN	*O*	Anfg. 3. Jh.	Dolchgriffe		„absolut unverdächtig"	A
18	1930	J. O. PLASSMANN	*(O)*		Dolchgriffe		gem. WIRTH: *Hag=al*	A
19	1930	H. SCHÜTTE	*(O)*			germ.	Zweifel widerlegt	A
20	1930	W. SCHULZ	*O/F*	Ancyluszeit	Dolchgriffe		„Atlantiker"-Feder	A
21	1930	T. SIEBS	*(F)*				Schulschrift, Feder, Axt	A
22	1930	W. VOGEL	*(O)*	etwa 3. Jh.	Dolchgriffe	röm.	röm. Handel belegt	A
23	1930	S. FEIST	*O*				Echtheit steht fest	Z
24	1930	R. VON HOFF	*(O)*	Anfg. 3. Jh.	Dolchgriffe	germ.	Urstiere	Z
25	1930	A. LEHMANN	*(O)*	3. Jh.	Dolchgriffe		ags. Runen ält. Form	Z
26	1930	A. LEHMANN	*(O)*	3. Jh.	Dolchgriffe		Artikeltext Nr. 26 ≙ 25	Z
27	1930	J. MENDEL	*(O)*	Litorina			folgt WIRTH (s. u.)	Z
28	1930	F. MÜLLER	*(O)*		Dolchgriffe		wertvolle Denkmäler	Z
29	1930	F. MÜLLER	*(O)*		Dolchgriffe		Artikeltext Nr. 29 ≙ 28	Z
30	1930	H. SCHÜTTE	*O*		Dolchgriffe	germ.	4988 u. 4989: Stiere	Z
31	1930	J. VON TRAUWITZ-HELLWIG	*(O)*	200-400	Dolchgriffe	germ.	Urstiere, Axt, Feder	Z
32	1931	S. AGRELL	*O*				Zushg. m. Mithraskult	B
33	1931	H. WIRTH	*(O)*				Rosette: Weltenrad 2 x H	B
34	1931	S. KADNER	*(O)*		Dolchgriffe		folgt WIRTH, Axt = Kreuz	B
35	1931	K. T. STRASSER	*(O)*	9. Jh.		germ.	Vgl. m. Häggeby	B
36	1931	F. BEHN	O/F	Anfg. 3. Jh.		röm.	Runen m. ags. verwandt	A
37	1931	H. HARDER / E. WEBER	*(O)*				‚*K*'s. Berliner „Runen"	A
38	1931	F. HOLTHAUSEN	*O*				4. Lesung	A
39	1931	W. KRAUSE	*(O)*		Dolchgriffe		pro KARSTEN, geg. AGRELL	A
40	1931	W. KRAUSE	*(O)*				Rez. HAMMARSTRÖM	A
41	1931	J. SASS	*O*	5./6. Jh.	Messergriffe	germ.	folgt LASCH (s. u.)	A
42	1931	K. REICHARDT	*(O)*	5./6. Jh.	Messergriffe	germ.	folgt LASCH (s. u.)	Z
43	1931	K. STUHL	*(O)*	Litorina	Dolchgriffe	germ.	*latam hari : Lathomar* PN	A/Z
44	1931	-win	*O*	5./6. Jh.	Messergriffe	germ.	folgt LASCH (s. u.)	Z
45	1932	G. KOSSINA	*O/F*	3. Jh. (?)	Werkzeuge	germ.	O wäre zu beweisen	B
46	1932	H. WIRTH	*(O)*				s. o. 1931 (2. Aufl.)	B
47	1932	W. KRAUSE	*O/F*				ungeklärtes Rätsel	A
48	1932	A. LASCH	*O*	5./6. Jh.	Dolchgriffe	germ.	5. Lesung	A
49	1932	E. SCHNIPPEL	*(O)*	3. Jh. n. Ch.	Schwertgriffe		m. „Siegrunen" darauf	A
50	1932	F. MOLL	*(O)*	Anfg. 3. Jh.		germ.	auch röm. Schiffsdetails	Z
51	1932	F. VON OPPELN-BRONIKOWSKI	*O*	Anfg. 3. Jh.	Dolchgriffe	germ.	folgt VON BUTTEL-REEPEN	Z
52	1932	H. VON BUTTEL-REEPEN	*O*	4.-6. Jh.	Dolchgriffe	germ.	contra STUHL Nr. 43	A/Z
53	1932	F. VON OPPELN-BRONIKOWSKI	*(O)*	späte RKZ	Dolchgriffe	röm.	vgl. dageg. Nr. 51	A/Z
54	1933	K. T. STRASSER	*(O)*				1930 gefundene Wildknochen	B
55	1933	H. WIRTH	*(O)*				s. o. 1931/1932 (3. Aufl.)	B
56	1933	O. VON FRIESEN	O/F				Untersuchung erforderl.	A
57	1933	K. MICHAELSEN	*(O)*			germ.	Vortrag v. 27. 7.	A
58	1933	K. REICHARDT	*O/F*				folgt LASCH	A
59	1933	H. SCHÜTTE	*(O)*			germ.	zu MICHAELSEN Nr. 57	A
60	1933	H. SCHÜTTE	*(O)*				(Nachruf v. BUTTEL-REEPEN)	A
61	1933	K. SCHULTE-KEMMINGHAUSEN	*O/F*				folgt LASCH	A
62	1934	C. SCHUCHHARDT	*(O)*	frühes MA			„nicht sicher gelesen"	B
63	1934	K. T. STRASSER	*(O)*				2. Auflage s. 1933	B
64	1934	G. BAESECKE	*(O)*	4./7. Jh.			Bilder: 4., Runen: 7. Jh.	A

Nr.	Jahr	Name des Autors	O/F	Datierung	Funktion	Schiff	Bemerkungen	Art.
65	1934	H. GÜNTERT	O			röm.	Schiff textzugehörig	A
66	1934	K. H. JACOB-FRIESEN	(O)			röm.	zu: KÖSTER, s. Nr. 67	A
67	1934	A. KÖSTER	(O)	3. Jh.	Dolchgriffe	röm.	Artemon mediterran	A
68	1934	K. MICHAELSEN	(O)				(Nachruf v. BUTTEL-REEPEN)	A
69	1934	H. F. REDELFS	(O)				„wertvolle Funde“	A
70	1934	H. SCHÜTTE/O. RINK	(O)			röm.	zu JACOB-FRIESEN Nr. 66	A
71	1934	J. BEHRENS	O		Dolchgriffe	germ.	Hinweis: Glozel-Affäre	Z
72	1935	H. ARNTZ	O				Hb: ingwäon., Maria-Saal	B
73	1935	H. ARNTZ	F				Autopsie: O fraglich	B
74	1935	C. SCHUCHHARDT	(O)				s. Nr. 62 (= 3. Auflage)	B
75	1935	K. T. STRASSER	(O)				3. Auflage von 1933	B
76	1935	H. WIRTH	(O)				4. Aufl.: ’31, ’32, ’33	B
77	1935	H. ARNTZ	O/F				PZ: O angezweifelt	A
78	1935	A.D. DIECKHOFF	(O)				zu AGRELL u. SCHNIPPEL	A
79	1935	H. HEMPEL	F				Maria-Saal = F, 1. Hinweis	A
80	1935	W. MATTHES	(O)	4./5. Jh.			Vgl. m. Brakteatendarst.	A
81	1936	H. ARNTZ	F				Maria-Saal gefälscht	B
82	1936	K. REICHARDT	O	5./6. Jh.	Messergriffe	röm.	Vgl. m. Gallehus	B
83	1936	H. WIRTH	(O)				(5. Aufl.), s. o. Nr. 76	B
84	1936	K. H. JACOB-FRIESEN	F				F wie Maria-Saal	A
85	1936	W. KRAUSE	F				F Maria-Saal (chem. Anal.)	A
86	1936	E. WEBER	O				„Gesamtbefund für O“	A
87	1936	W. WOLF	O/F				VON FRIESEN: F?	A
88	1937	H. ARNTZ	F				unter: „Fälschungen“	B
89	1937	O. HUTH	O/F				geg. JANSSEN Nr. 90	A
90	1937	H. L. JANSSEN	F				„unecht“ wie Maria-Saal	A
91	1937	W. KRAUSE	F				Weserrunen entbehrlich	A
92	1937	R. MEISSNER	O/F				*K* u. *NN* verdächtig	A
93	1938	H. ARNTZ	F				wären sonst ingwäon.	B
94	1938	H. ARNTZ	F				NECKEL-Fs: F	A
95	1938	J. M. N. KAPTEYN	F				„Indianerart“	A
96	1938	W. KRAUSE	F	Kn.: Ancylus		röm.	Vgl. m. Maria-Saal (Kunde)	A
97	1938	W. KRAUSE	F				Fs NECKEL	A
98	1938	F. VON DER LEYEN	(O)				bes. interess. Stücke	A
99	1938	K. REICHARDT	O				anscheinend keine F	A
100	1939	H. ARNTZ / H. ZEISS	F				F aus Schabernack	B
101	1939	C. SCHUCHHARDT	(O)				4. Aufl. s. zuletzt 1935	B
102	1939	S. SIERKE	F				„F steht für mich fest“	B
103	1939	H. ARNTZ (in: W. OTTO)	F				F-Verdacht überwiegt	A
104	1939	G. BAESECKE	O	max. 8. Jh.		röm.	Vgl. Gallehus, ingväonisch	A
105	1939	H. M. HEINRICHS	O/F				Überprüfung gewünscht	A
106	1939	R. MEISSNER	F				höchst verdächtig	A
107	1940	G. BAESECKE	O/F	6.-8. Jh.	Werkzeuggriffe	röm.	*Uluhari = Wilihari*	B
108	1940	L. SCHMIDT	F				„wohl unecht“	B
109	1940	W. KRAUSE	F				(GGA) ARNTZ zu Recht: F	A
110	1940	A. NORDÉN	O				hält die Funde für echt	A
111	1941	E. BEHRENS	O	Ancylus	Dolchgriffe	germ.	Vgl. m. Glozel als O!	B
112	1941	E. WEBER	O/F		Schwert-Dolchgr.		‚*k*‘/‚*nn*‘ röm. Einfluß?	B
113	1941	H. ARNTZ	F				*Ulu: Woluari/Ulfari*	A
114	1943	W. KRAUSE	(F)				1. Aufl. 1935: unerwähnt	B
115	1944	H. ARNTZ	O/F				2. Aufl. v. 1935 Hb.	B
116	1944	F. G. G. A. ASKEBERG	O/F				*(Diss.)*: „dubios“	B
117	1946	C. BORCHLING	O/F	5./6. Jh.			Nachruf LASCH	A
118	1947	M. JAATINEN	(O)	6. Jh.			Nachruf Lasch	A
119	1950	C. PESCHEK	F				folgt KRAUSE	B
120	1951	K. REICHARDT	O				2. Aufl. v. 1938	A
121	1951	G. SCHWANTES	F				‚Indianerbuch-Federn‘	A
122	1954	H. BEHRENS	F				*orientiert* an Häggeby	A
123	1955	K. SPIESBERGER	(O)				Runen aus „Atlantis“	B
124	1955	W. FOERSTE (in: W. STAMMLER)	O/F				Zweifel unbegründet	A
125	1956	K. SCHNEIDER	O		Dolchgriffe	germ.	6. Lesung *(Stieropfer)*	B
126	1957	W. FOERSTE (in: STAMMLER)	O/F				s. Nr. 124 (2. Aufl.)	A
127	1957	H. OTTO	(F)				Lit. zu ‚Fälschungen‘	A
128	1959	W. NIEKERKEN	(O)				Nachruf LASCH, Bibliogr.	A
129	1963	A. KÖSTER	(O)	3. Jh.	Dolchgriffe	röm.	2. Aufl. v. 1934; Artemon	A

Nr.	Jahr	Name des Autors	O/F	Datierung	Funktion	Schiff	Bemerkungen	Art.
130	1965	L. MUSSET	*F*				generell für F gehalten	B
131	1966	W. KRAUSE/(H. JANKUHN)	*F*				dringend verdächtig	B
132	1968	K. DÜWEL	*F*				unter: F; 2. Aufl. s. 1983	B
133	1968	K. SPIESBERGER	*(O)*				2. Aufl. v. 1955	B
134	1968	K. SCHNEIDER	*(O)*				Y-Rune ≙ „*w*“	A
135	1969	K. SCHNEIDER	*(O)*	2. H. 6.Jh.	Kultdolchgriffe	germ.	*ulu* = Eule; *Hagal* = Urwesen	A
136	1970	L. SCHMIDT	*F*				2. Aufl. v. 1940	B
137	1970	W. KRAUSE	*F*				Autopsie: Eindeutig F	A
138	1970	W.KROGMANN(in:L.E.SCHMITT)	*F*				trotz LASCHS Bemühungen	A
139	1971	H. BECKERS	*O*				F-Verdacht unhaltbar	A
140	1973	G. CORDES	*O/F*				bei O voraltsächsisch	B
141	1973	U. SCHNALL	O/F				35 Titel dazu genannt	B
142	1974	K. DÜWEL	*F*				Vortrag Landesm.	M
143	1975	K. DÜWEL	*F*				wahrscheinlich gefälscht	A
144	1975	K. DÜWEL	*F*				noch nicht entlarvte F	A
145	1975	A. KRAUSE	*(F)*				Bibliographie W. KRAUSE	A
146	1975	K. SCHNEIDER	*(O)*				Rez. KLINGENBERG	A
147	1976	L. MUSSET	*F*				2. Auflage von 1965	B
148	1977	S. OPITZ	*O/F*	6. Jh.			s. SCHNEIDER	B
149	1977	U.SCHEUERMANN(in:H.PATZE)	*F*				wohl endgültig: F	A
150	1978	K. DÜWEL	*F*				Verdachtsmomente	A
151	1978	G. STORMS	*(O)*		Kultdolchgriffe		SCHNEIDER unklar	A
152	1979	R. PETERS/T. SODMANN	*O/F*	6. Jh.			folgen LASCH	B
153	1979	K. SCHNEIDER	*O*				Rez. OPITZ 1977	A
154	1979	K. SCHNEIDER	*(O)*				Rez. E. ANTONSEN	A
155	1981	S.BERG/R.ROLLE/H.SEEMANN	O+F	4.-6. Jh.			Vorbericht, Autor: BONTE	B/A
156	1981	W. BONTE/P. PIEPER	O+F	4.-6. Jh.		röm.	O und F im Komplex	A
157	1981	K. DÜWEL	O/F		Messergriffe?		Hinw. auf Neuuntersuchung	A
158	1981	S. OPITZ	O/F				O nicht geklärt	A
159	1982	W. SANDERS	O/F				„gewichtige Einwände ./. 0“	B
160	1983	K. DÜWEL	O+F	4.-6. Jh.			folgt BONTE/PIEPER	B
161	1983	A. GRÜNDEL/H. ZIEGERT	O+F				folgt BONTE/PIEPER	A
162	1983	P. PIEPER/T. MAARLEVELD	O+F				O und F; F wie Deventer	A
163	1983	K. SCHNEIDER	*O*				O: akzeptiert, F: nicht	A
164	1984	U. HUNGER	O/F				nicht näher zu O/F	B
165	1984	R. BURLEIGH/(E. T. HALL)	*(O)*				14 C/AMS-Sympos. Zürich	A
166	1984	B. ODENSTEDT	*O*				Rez. DÜWEL 1983^{2}	A
167	1984	PIEPER	O+F	= Anliegen			Ausstellung Zürich	A
168	1985	P. DERKS	O/F				zu SCHNEIDER u. KRAUSE	A
169	1985	D. ELLMERS	*O*			röm.	Hinw. auf Diss. PIEPER	A
170	1985	R. PAGE	*O*				Bezug: ODENSTEDT 1984	A
171	1985	P. PIEPER	O+F				Ausstellung in Göttingen	M
172	1986	B. ODENSTEDT	*O*	300-500		röm.	3 x einstrichige *H*-Rune	A
173	1986	P. PIEPER	O+F				Anm. zu *n*-Gemination	A
174	1986	P. PIEPER/G. WEGNER	O+F			röm.	Ausstellung in Oldenburg	A
175	1987	N. ÅRHAMMAR	*(O)*				Fries. u. Sächs. im Untersch.	A
176	1987	W. LINDOW	O+F				Vortrag in Hamburg *(Komm.)*	A
177	1987	P. PIEPER	O+F				Vortrag in Hamburg	A
178	1988	P. PIEPER	O+F			röm.	Vortrag in Sigtuna	A

Die vorstehenden Tabellen lassen sich folgendermaßen auswerten:
Setzt man die Gesamtzahl der 178 Publikationen mit 100 % gleich, wird man feststellen, daß in den ersten 9 Jahren (1927-1935) nach Bekanntwerden der Funde mit rund 45 % fast ebenso viele Stellungnahmen erfolgten, wie in den darauf folgenden 52 Jahren von 1936 bis 1988.
Während hingegen im ersten Jahrzehnt nach dem Auftauchen der Knochen die Zahl der Zweifler mit nur etwa 10 % eher gering ist, gibt es im anschließenden halben Jahrhundert mit über 50 % beinahe genauso viele Skeptiker wie Echtheitsbefürworter. Hier sind die genauen Zahlen:

Auswertung:	178 hier aufgeführte Veröffentlichungen	= 100 %
1927-1935:	80 Stellungnahmen in 9 Jahren	= 45 %
	8 davon tendieren zu: Fälschung O/*F* bzw. *F*	(= 10 %)
	72 davon verhalten sich anders:	(= 90 %)
	(22 plädieren für: Originale *O*/F bzw. *O*	= 27,5 %)
	(46 gehen von Originalität aus *O*	= 57,5 %)
	(4 von den 72 stellen sich neutral O/F	= 5 %)
1936-1988:	98 Stellungnahmen in 52 Jahren	= 55 %
	40 davon tendieren zu: Fälschung O/*F* bzw. *F*	(= 42 %)
	58 davon verhalten sich anders:	(= 58 %)
	(15 plädieren für: Originale *O*	= 15 %)
	(15 gehen von Originalität aus *(O)*	= 15 %)
	(9 tendieren zu: Echtheit *O*/F	= 9 %)
	(7 von den 58 stellen sich neutral O/F	= 7 %)
	(12 urteilen: Beides liegt vor O+F	= 12 %)

Interessant ist auch das Verhältnis der Stellungnahmen zur Schiffsfrage, auf welche insgesamt in 46 Fällen eingegangen wird. 27 Autoren sehen in der Abbildung auf Runenknochen 4990 ein *germanisches Schiff (das sind 59 %),* nur 19 - also 41 % - ein *römisches;* unter den letztgenannten befinden sich allerdings vorwiegend Prähistoriker und vor allem Fachleute, wie die Archäonautiker Walther VOGEL, August KÖSTER und Detlev ELLMERS. Auf die - *zweifellos mediterrane* - Herkunft des vorliegenden Schiffstypus wird noch näher eingegangen *(Kap. 5.3.1.).*
Erklärlich erscheint die Ballung der Kommentare im Jahre 1930 als dem Zeitpunkt der schriftlichen Veröffentlichung der Runenfunde durch Professor VON BUTTEL-REEPEN.
Wie den Unterlagen des Oldenburger Museumsarchives mit den Briefen des STALLING-Verlages zu entnehmen ist, war die Auflage dieses Buches - immerhin 1000 Exemplare - bereits nach einem Jahr vergriffen. So groß war das öffentliche Interesse dieser Zeit an den aufsehenerregenden Runenfunden, daß es auch in den Folgejahren keineswegs kontinuierlich abklingen sollte. Bei einem statistischen Rückgang von jährlich ca. 30-40 % bis 1933 hat dies zwar noch den Anschein, doch bleibt die allgemeine Aufmerksamkeit noch zwischen 1933 und 1940 relativ stabil. Seit 1935/1936 wechseln jedoch deutlich die Vorzeichen: Mehr und mehr nimmt die Zahl der Forscher, die einen Fälschungsverdacht offen ausspricht, zu.
Damals hatte sich in wissenschaftlichen Kreisen offenbar herumgesprochen, daß die bisher „vornehmste" Parallele, der Runenknochen vom Maria-Saaler Berg in Kärnten, sicher gefälscht ist. Zwar war einerseits die Selbstanzeige des Fälschers bereits 1930 erfolgt und wurde andererseits erst 1936 die naturwissenschaftliche Bestätigung dieser Tatsache veröffentlicht *(siehe das folgende Kapitel),* doch waren Einge-

weihten ganz offensichtlich schon 1935 die Ergebnisse der Überprüfungsuntersuchungen bekannt. Das wird durch Nr. 79 der vorstehenden Tabelle *(Heinrich HEMPEL)* sehr deutlich. Denkbar ist hier die folgende Informationskette: Josef GANGL und Richard PITTIONI - als Untersucher von Maria-Saal- an HEMPEL und/oder Hans ZEISS, diese(r) an H. ARNTZ und/oder W. KRAUSE. *Jedenfalls werden nun erstmalig auch die Weserrunen massiv als Fälschungen eingestuft, immer in Analogie zur -lokal doch weit entfernten - „Parallele" von Maria-Saal.* Die Tendenz zu dieser Beurteilung nimmt in den Folgejahren merklich zu und scheint erst durch das Ansehen von Agathe LASCH, welches in etlichen Nachrufen Ausdruck findet, wiederum ins Wanken zu geraten.

3.3. Die Fälschungsaffären von Glozel und Maria-Saal. Mutmaßliche Einflüsse auf die Echtheitsbewertung der Weser-Runenknochen

Opfer einer Fälschung zu werden, dürfte ein Alptraum für jeden Archäologen sein, der um so schwerer drücken wird, je größer Verantwortung und wissenschaftliche Reputation des Betreffenden sind.

Es gibt unterschiedliche Ausprägungen der Fälschung: Kopien und Nachahmungen können bereits in betrügerischer Absicht entstehen, aber auch erst in der Hand des Kunst- oder Antiquitätenhändlers, wenn nicht gar erst durch den Käufer zu Fälschungen werden, etwa durch das nachträgliche Anbringen einer einschlägigen Signatur, Fabrikationsmarke o. ä.[41]
Im eigentlichen Sinne liegt dann eine *Verfälschung* vor, wie sie auch durch eine sekundäre Veränderung eines an sich originalen Gegenstandes erfolgen kann. Als direkte *Fälschungen* wird man Dinge bezeichnen müssen, die einer eigenständigen schöpferischen Leistung entspringen, obwohl sich auch hier der Fälscher überwiegend an bekannten Vorlagen orientieren wird, um nicht allzu schnell Verdacht zu erregen.
Nicht selten „findet" der Fälscher seine eigenen Objekte im Beisein des Wissenschaftlers, den er zu täuschen beabsichtigt, oder läßt sie von diesem auffinden, einerseits, weil er mit dem Gefühl der Finderfreude spekuliert, andererseits, um von der eigenen Person abzulenken. Das Erfolgserlebnis des Augenblicks beeinträchtigt bekanntlich die menschliche Kritikfähigkeit.[42]

Ein solcher Fall ereignete sich, etwa im gleichen Zeitraum, in dem die Weserknochen ans Licht kamen, im mittelfranzösischen Dorfe *Glozel.*[43]
Der 18jährige Schäfer Emile FRADIN wartete im März 1924 mit dem ersten dieser Funde auf.

Dr. A. MORLET, Arzt im nahegelegenen Vichy, pachtete daraufhin für eine beträchtliche Summe das Grabungsareal von der Familie FRADIN und sicherte sich gleichzeitig alle Vorkaufs-, Fotografier- und Veröffentlichungsrechte.
Hier war eine ganze, allerdings sehr merkwürdige Kultur fabriziert worden:

41) Vgl. E. PAUL 1962, 8 f.
42) A. RIETH 1958, 418-420 m. Abb. beschreibt ein denkwürdiges Beispiel für eine solche *Fund- und Fälschungsunterschiebung:*
Die Bisongravierung von La Genière, Dep. Ain, auf einem Kalksteinplättchen wurde von den Ausgräbern des Abris *in situ* gefunden, was diese von der Echtheit überzeugte. Auffällig waren aber die frappanten Übereinstimmungen dieser Darstellung mit dem Wandbild des über 300km entfernten Font de Gaume. *Metallstichelspuren und Fluoreszenz der unpatinierten Gravur* verrieten die Fälschung. Der recht fachkundige Fälscher hatte es offenbar nicht auf einen materiellen Gewinn abgesehen, denn er schmuggelte sein Werk unerkannt in den Boden.
43) Eine gute Übersicht über den Fall gibt S. SCHÜLLER, 1959, 20-24. Die anschaulichste Schilderung der wissenschaftlichen Kontroversen, dargestellt in Tagebuchform, findet sich bei A. RIETH 1967, 82-93 m. einigen Abbildungen. Vgl. auch A. RIETH in ‚DIE NEUE ZEITUNG' Nr. 307 vom 30. 12. 1952.
Weitere Literatur, in der Glozel als Fälschung behandelt wird: O. G. S. CRAWFORD 1927, 181-188; A. VAYSON DE PRADENNE 1927, 293-319 und 1930, 201-222; S. COLE 1955, 51-54.

In grabartigen, steingefaßten Gruben lagen Stein- und Knochenwerkzeuge, grobe Keramik, Eisenfragmente, Glassplitter und Kiesel, letztere z. T. mit eingravierten Tierdarstellungen - überwiegend von Rentieren -, daneben Tontäfelchen mit eingeritzten Schriftzeichen.
Ein Pastor aus Amsterdam verstand sie als *Kulturrelikte spätbronzezeitlicher Hebräer in punischer Sklaverei,* ein Spanier sah die Schrift als *urbaskisch* an, während ein pensionierter französischer Oberstleutnant in Glozel die *Reste eines phönikischen Handelsstützpunktes* sah. MORLET selbst glaubte, ebenso wie der französische Archäologe Salomon REINACH, die Glozelfunde seien *jungsteinzeitlich.*

Wissenschaftliche Analysen bewiesen, daß die Bearbeitung und Beritzung der Geräte mit modernen Metallwerkzeugen erfolgte, die Scherben sich über Nacht in Wasser auflösten, die Funde also fraglos gefälscht seien, doch gelang es nicht einmal vor Gericht, FRADIN einwandfrei als den Fälscher zu überführen *(Febr. 1928).*

Wie sehr offenbar VON BUTTEL-REEPEN befürchtete, daß die Glozel-Affäre Schatten auf die Weser-Runenknochen werfen könne, geht allein daraus hervor, daß er das Kapitel zur Echtheitsfrage der Runen mit dem Hinweis auf Glozel einleitet, weshalb

„zurzeit in den beteiligten Fachkreisen eine ‚Massenpsychose' herrscht", die „bei den durchtriebenen Fälschungen . . ., welche größtes Aufsehen erregten und zu scharfen Gegensätzen unter den Fachleuten führten, . . .begreiflich" ist.[44]

Auch aus dem im *Museumsarchiv* erhaltenen Briefwechsel mit Prähistorikern und Philologen in den Jahren 1928 bis 1932 geht VON BUTTEL-REEPENS Besorgnis unzweideutig hervor, da fast 30mal Glozel angesprochen wird, davon etwa 20mal von ihm selbst.[45]
So schreibt er am 23. 4. 1928 - also kurz nach seinem Oldenburger Vortrag - an den damaligen Schriftleiter der PRÄHISTORISCHEN ZEITSCHRIFT, Direktor Wilhelm UNVERZAGT, in Berlin:

„Das verflixte Glozel hat die Leute ganz kopfscheu gemacht und nun sehen sie Gespenster am hellen Tage".

Am 26. 4. 1928 wird Prof. P. POST vom Staatlichen Zeughaus Berlin versichert:

„Diese Runendenkmäler sind tatsächlich goldecht . . . Dennoch blieben Zweifler, denen Glozel noch immer allzustark in den Knochen steckt".

Vom gleichen Tag datiert ein Brief von Dr. Gerhard BERSU, damals am Archäologischen Institut des Deutschen Reiches, Römisch-Germanische-Kommission, Frankfurt, an VON BUTTEL-REEPEN, in dem um die Ausleihe einiger Knochen für eine Echtheitsuntersuchung unter der *Quarzlampe* gebeten wird. In diesem Schreiben prägt BERSU den Ausdruck *‚Glozel-Massenpsychose'*, angesichts welcher ihm jede sich bietende Möglichkeit einer Echtheitsbestätigung der „exzeptionellen Funde aus Oldenburg" ratsam erscheint.

Den Begriff *‚Massenpsychose'* übernimmt VON BUTTEL-REEPEN in der Folgezeit als *Terminus.*[46]
Unter dem Einfluß von Dr. Georg WILKE verändert sich aber seine Gesamteinschätzung der Glozelfunde:
Am 20. 1. 1930 werden SCHNIPPEL und UNVERZAGT darauf hingewiesen, daß WILKE als der einzige deutsche Forscher, der die Stücke einer Autopsie unterzogen habe, neuerdings entschieden für ihre Echtheit eintrete.

UNVERZAGT antwortet am 24. 1. 1930, daß er nach wie vor von der Fälschung überzeugt sei und ebenso gespannt auf WILKES Argumentation.

44) H. VON BUTTEL-REEPEN 1930, 88.
45) Die Korrespondenz ist nicht mehr ganz vollständig; auf entsprechende fehlende Briefe lassen aber die jeweilig erhaltenen Antwortschreiben schließen.
46) So in den Briefen vom 27. 4. 1928 an BERSU, 28. 4. an ROEDER, Roemer-Museum Hildesheim, 5. 5. an SCHUCHHARDT, Berlin, 11. 5. nochmals an ROEDER, 14. 5. an SCHNIPPEL, 28./30. 8. an Carl RADEMACHER, Dir. des Mus. f. Vor- u. Frühgeschichte Köln, 23. 2. 1929 an Hugo OBERMAIER, Madrid, 16. 11. an SCHWANTES, Kiel, 20. 1. 1930 an UNVERZAGT und 26. 10. 1930 an AGRELL in Lund.

Tags darauf wird ihm diese durch VON BUTTEL-REEPEN mitgeteilt:

Einige der Glozel-Scherben seien unzweifelhaft mit Wurzeln durchsetzt. Auch seien die z. T. auf der Keramik erhaltenen Fingerabdrücke nicht mit denen identisch, die die Lyoner Kriminalpolizei von der Fradin-Familie sichergestellt habe.[47] *Zwar lägen in Glozel auch einige eindeutige Fälschungen vor, doch seien die Fradins dafür ebensowenig verantwortlich, wie der Finder „seiner Runenknochen" in Verdacht kommen könne, die Stücke gefälscht zu haben.*

Am 19. 2. 1930 wird auch Prof. Sigmund FEIST, Berlin, unterrichtet, daß WILKE als der 2. Vorsitzende des Prähistorischen Verbandes die Glozelfunde als echt erachte, neben ihm FOAT vom British Museum und andere.[48]

In seiner Antwort vom 21. 2. 1930 räumt FEIST ein, daß möglicherweise ein Teil echt, der andere falsch sein könne.

Prof. Hans SEGER, Direktor des Breslauer Museums, berichtet - in Erwiderung eines im Archiv nicht mehr vorhandenen Briefes - am 18. 9. 1930, nicht nur er sei bei den Ausführungen WILKES *„aus dem Kopfschütteln nicht herausgekommen".*

In einem sechsseitigen Schreiben vom 11.- 18. 2. 1931 wird Prof. Theodor SIEBS, Breslau, davon in Kenntnis gesetzt, daß *„trotz der Glozel-Psychose"* der Kölner Prähistoriker Herbert KÜHN und Kurt TACKENBERG, Hannover, die Oldenburger Funde für echt hielten.

Am 18. 3. 1931 fragt VON BUTTEL-REEPEN bei WILKE in Rochlitz an, ob er die Echtheit von Glozel immer noch so beurteile; WILKES Veröffentlichungen hätten anscheinend noch keine durchschlagende Wirkung gehabt.

Ein undatiertes vertrauliches Schreiben von WILKE bejaht diese Frage.

Zuletzt am 10. 7. 1932 macht VON BUTTEL-REEPEN Georg WILKE auf die groß aufgemachte Nachricht in der Tagespresse der vergangenen Wochen aufmerksam, die Glozel-Affäre werde nun vor Gericht ausgetragen.

WILKE verweist in seiner Antwort vom 12. 7. 1932 auf gleich drei Prozesse, die in der Angelegenheit geführt wurden; ihren Ausgang sah er offenbar als Bestätigung seiner eigenen wissenschaftlichen Meinung:

1. *Erfolgreiche Beleidigungsklage von Morlet gegen die Soc. Préhist. Française, bestätigt durch das Appellationsgericht von Riom.*[49]
2. *Freispruch Fradins im Strafrechtsverfahren wegen Betruges in erster - und der Berufungsinstanz.*
3. *Verurteilung des Orientalisten am Louvre, Prof. M. DUSSAUD, zur Zahlung von einem Franc Geldstrafe an die Familie Fradin wegen der unbewiesenen Behauptung, diese habe die „Glozeliana" selbst produziert.*[50]

Nach der Veröffentlichung von 1930 hatte sich VON BUTTEL-REEPEN hinsichtlich der Echtheitsbewertung von Glozel also auf die andere, und zwar die falsche Seite geschlagen. Sein Irrtum wurde aber nie publik, konnte daher auch die Einschätzung der Weserrunen nicht negativ beeinflussen.
Daß selbige aber seit 1936/37 mehr und mehr in Mißkredit gerieten, ist sicherlich mit einer anderen Fälschungsaffäre in Zusammenhang zu bringen, der um den *Runenknochen vom Maria-Saaler Berg in Kärnten.*

Dieser als Pfriemen bezeichnete Rinderknochen *(s. Abb. 11)* wurde zwischen dem 7. und 12. Juli 1924 bei einer Ausgrabung des Österreichischen Ärchäologischen Institutes unter der Leitung von Rudolf EGGER gefunden.

47) Das entspricht den Tatsachen, vgl. S. SCHÜLLER 1959, 23: Auch gab es keine Übereinstimmung mit den Fingerabdrücken des Dr. MORLET.
Das einzige Täfelchen mit Wurzel erwies sich als eine in ein künstliches Bohrloch eingefädelte *Fälschung*; s. A. RIETH 1967, 91 u. die Abb. 47.

48) Diese Information stimmt ebenfalls, s. S. SCHÜLLER 1959, 23.

49) ‚MERCURE DE FRANCE' vom 15. 11. 1929 berichtet davon.

50) ‚LE MATIN' schildert dies am 24. 3. 1932.

Obwohl die vier mittleren der sechs auf ihm geritzten Runen - die beiden äußeren rechts und links sind symmetrisch - Rechtsläufigkeit anzeigen *(Z SFNK M)*, las sie der norwegische Runologe Carl J. S. MARSTRANDER 1928 in umgekehrter Richtung und erhielt unter Ergänzung entsprechender Vokale:
MiK NeFo SeZo = Mich besäte Nefo *(mit Runen).*
In diesem Röhrenknochen erblickte MARSTRANDER nunmehr einen *wichtigen Zeugen für seine Herkunftsthese der Runenschrift aus der Nachbarschaft norditalisch-etruskischer Alphabete.*[51]

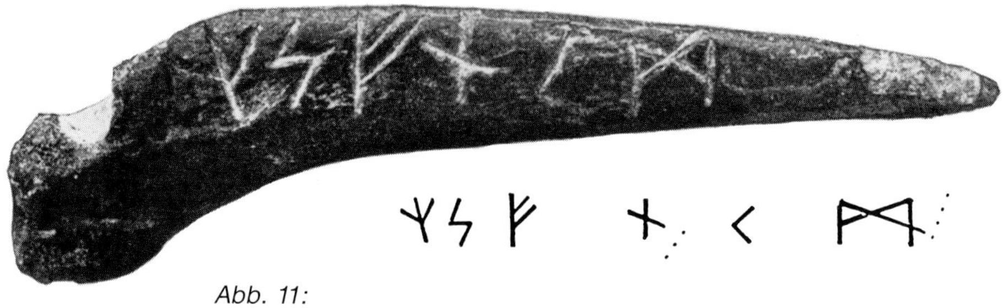

Abb. 11:
Der gefälschte Knochenpfriemen vom Maria-Saaler Berg, Kärnten. (Fotovorlage: Skandinavisches Seminar der Universität Göttingen).

In den folgenden Jahren, bis einschließlich 1936, wurden Lesung, Zuweisung und Datierung des Runenknochens eifrig diskutiert, der Fund selbst jedoch - bis auf die durch VON FRIESEN 1931, KRAUSE 1932/33 und WOLF 1936 mehr oder weniger laut geäußerten Bedenken - hinsichtlich seiner Echtheit nicht in Frage gestellt.[52]

Dabei war bereits im Frühjahr 1930 die *Selbstanzeige* eines an der Fälschung beteiligten Mitgliedes der Grabungsmannschaft von 1924 erfolgt:

Zl. 128-1930 Klagenfurt, am 9. März 1930.

„Es erscheint Merzinger Herwig, Miesstaler Straße 28, derz. arbeitslos, und legt ein Lichtbild der Abteilung des Alpenjägerregimentes No. II vor, die i. J. 1924 die Grabung am Maria Saaler Berg durchgeführt hat . . . .

Hiezu gibt Merzinger folgendes an:

Ich war bei den Ausgrabungen dabei, bei der Aufnahme des Bildes aber nicht anwesend. Da jetzt von dem bei der Grabung gefundenen Pfriemen so viel gesprochen wird, so bekenne ich, um weitere Irreführungen zu vermeiden und weil mir die Sache sehr peinlich ist, daß wir den Pfriemen gefälscht haben. Wir haben einen Knochen von Rindfleisch geröstet, um ihm ein altertümliches Aussehen zu geben . . . Die eingeschnittenen Zeichen sind durchwegs Runenzeichen und wurden wahllos eingeschnitten. Wir haben dann den Pfriemen vergraben. Die Runen sind vom ältesten altgermanischen Alphabet (Futhark).

Aufgenommen: Dr. M. Wutte m. p. Herwig Merzinger m. p.

Landesarchiv Klagenfurt "

Der Wiener Prähistoriker Richard PITTIONI[53] hatte im Sommer 1934 von diesem Geständnis erfahren und überprüfte seit Dezember 1935 makroskopisch den Wahrheitsgehalt der Aussage. Dabei unterstützte ihn der Chemiker Josef GANGL, der Knochen und Gravuren unter *filtriertem Ultraviolettlicht* betrachtete sowie den *Fettgehalt* des Knochens im Vergleich mit dem von tatsächlich etwa 2500-3000 Jahre alten und dem ganz frischer Knochen bestimmte. Das Ergebnis war eindeutig:

51) C. J. S. MARSTRANDER, NTS I, 1928, 90-93 m Abbildung.

52) O. VON FRIESEN 1928, C. MARSTRANDER, NTS III, 1929, 265 ff., P. KRETSCHMER 1929, 10-14, M. HAMMARSTRÖM 1929, S. FEIST 1929, Abb. S. 14, H. VON BUTTEL-REEPEN 1930, 66, *(!)* G. NECKEL 1930, 173, W. KRAUSE 1931 a u. b, O. VON FRIESEN 1931, 80 ff., W. KRAUSE 1932, 58, G. BAESECKE 1934, 413 ff., G. NECKEL 1934, H. GÜNTERT 1934, 66, H. ARNTZ 1935, 61 f., 151 *(Handbuch)*, K. REICHARDT 1936, W. WOLF 1936, 98. Vgl. G. KOSSINNA 1932, 20.

53) Das Protokoll ist nach R. PITTIONI 1937, 461 zitiert; D. BRENNECKE 1981, 112 f., der es an schwer zugänglicher Stelle wiedergibt *(MEMO ist eine nur in Hessen erschienene Pilotzeitschrift des READERS DIGEST, die nicht wieder erschien)*, korrigiert zu *„Hierzu"* . . .

Petrolätherextrakt *(in %)*, Schmelzpunkt *(in °C)*, Jodzahl, Verseifungszahl, Lichtbrechung *($^nD^{40}$)* und Glyzeringehalt *($C_3H_5O_3$)* des Pfriemens vom Maria-Saaler Berg zeigten sich *fast identisch mit den Werten rezenten Materials,* lediglich geringfügig beeinträchtigt durch den im Klagenfurter Protokoll erwähnten Röstungsprozeß. Völlig andere Werte ergaben dagegen die subfossilen Vergleichsknochen.[54]

	Pfriemen	Zuverläßlich etwa 3000 und 2500 Jahre alte Knochen		Frische Knochen
Petrolätherextrakt	5,3 %	0,01 %	0,01 %	5,5 %
Schmelzpunkt des Fettes	21,4 °	58,2 °	57,6 °	22,8 °
Jodzahl	63,6	6,5	8,3	68,3
Verseifungszahl	191,6	202,5	202,8	195,3
Lichtbrechung ($^nD^{40}$)	1,4623	—	—	1,4626
Glyzeringehalt als $C_3H_5O_3$ berechnet	5,5	1,9	2,1	5,6

Nach: GANGL 1937, 468: *Runenpfriemen von Maria-Saal*

Zwar wurden diese Untersuchungsergebnisse erst 1937 veröffentlicht, doch ist die sichere Einstufung des Runenknochens als Fälschung bei ARNTZ 1936 und KRAUSE 1936 - bei letzterem sogar unter Hinweis auf die Chemoanalyse - nur erklärlich, wenn man, wie im vorigen Kapitel anklang, den entsprechenden Kenntnisstand beider Autoren bereits für 1936 voraussetzt.[55]

Bezeichnenderweise vollziehen die zwei genannten Runologen nicht nur auf derselben Textseite, sondern auch in unmittelbarem Kontext mit der Fälschung[56] des Runenknochens vom Maria-Saaler Berg denselben *Analogieschluß*:

„Die Weser-(Runen-)knochen halte ich für unecht".

Daß die bei VON BUTTEL-REEPEN seit 1930 aufgetretene Unsicherheit hinsichtlich der Bewertung von Glozel bei Prähistorikern wie UNVERZAGT und SEGER Zweifel an dessen kritischem Urteilsvermögen erregte, ist durchaus möglich, wenn auch nicht nachzuweisen.

Als sicher kann aber gelten, daß der bei VON BUTTEL-REEPEN noch ohne Verdacht erwähnte Runenknochen aus Kärnten *(66)* die Echtheitseinschätzung der Weserrunen schwer belastete.

3.3.1. H. Wirth und seine Rolle in der Echtheitsbewertungsfrage

SEGER hatte VON BUTTEL-REEPENS Buch eingehend rezensiert. Besonders den Weserknochen stand er dabei hinsichtlich der Fundgeschichte, des Darstellungsstils, der „schulgerechten Schriftform" sowie bestimmter Bildeinzelheiten („modern anmutender Kajütenaufbau am Heck, Kapitänsmütze" u. dgl.) sehr skeptisch gegenüber:[57]

„Die Doppeläxte und der seltsame Federschmuck sind gleichfalls nicht dazu angetan, sie uns vertrauenswürdiger zu machen".

Dieser Beurteilung schloß sich SIEBS an.[58]

Auch Walther SCHULZ, Landesanstalt für Vorgeschichte, Provinzialmuseum Sachsen, Halle a. d. Saale, besprach das Buch, ohne Verdachtsmomente zu verhehlen:

„Die Feder am Kopfe beider Männer nach Art des Indianerschmuckes erregt Bedenken *(Atlantikertracht!)*".[59]

54) J. GANGL 1937, 466-469, im gleichen Band wie PITTIONI: NTS VIII, 460-466.
55) H. ARNTZ 1936, 7 und W. KRAUSE 1936, 147 *(Rez.: K. REICHARDT 1936).*
56) Als seltenes Beispiel für die Entdeckung einer Fälschung durch Selbstanzeige führt K. DÜWEL den Fall in seiner Runenkunde 1968, 114 f. *(1983², 114 f.)* auf, wie ebenso 1975, 11 in den *Informationen der Universität Göttingen.*
57) H. SEGER 1929, PZ 20, H. 3/4, 314-318.
58) T. SIEBS 1930, Mittlgn. d. Schles. Ges. 31, 377-379.
59) W. SCHULZ 1930, Mannus 31, 367 f; vgl. dazu oben den Text zu Anm. 3!

VON BUTTEL-REEPEN bedankte sich schriftlich am 17. 12. 1930 für die kritische Besprechung bei SCHULZ, welcher wiederum am 19. 12. seinen Verdacht konkretisierte:

Federn gehörten nach WIRTH 1928[60] *auch zur Kulttracht der Atlantiker, zu denen WIRTH besonders auch die Ingwäonen zähle.*[61] *Auch das ungewöhnliche Zeichen* ᚢ *spiele „bei Wirth als* ᚢ *eine bedeutende Rolle*[62], dasselbe gilt auch für das Zeichen Y. - Es würde also zunächst die Feststellung wesentlich sein, ob Wirth in der dortigen Gegend gewirkt hat.-"

Dazu äußert sich VON BUTTEL-REEPEN am 20. 12. 1930:

„Wirth war Ende 1927 (soviel ich mich erinnere) bei mir... Er graste damals alle grösseren Museen ab und machte auch hier phot. Aufnahmen... Über die Rune ᚢ *schrieb ich auf Seite 70 unten mit Hinweis auf Wirth... Die Kopffedern bei Wirth sind mir entgangen, würde sie aber auch nicht zitiert haben, da jegliche Beweise fehlen. Schade um diesen Mann!"*

Daß diese Einschätzung WIRTHS durch VON BUTTEL-REEPEN aber einerseits durchaus nicht die ursprüngliche, andererseits auch beträchtlichen Wandlungen unterworfen war, zeigt die Gesamtkorrespondenz im Museumsarchiv:

Am 17. 2. 1929 hatte VON BUTTEL-REEPEN das Buch WIRTHS von 1928: *„Der Aufgang der Menschheit"* als „gewaltiges Werk" bezeichnet und ihn zur Autopsie der Weserfunde nach Oldenburg eingeladen.

Im Antwortschreiben vom 22. 2. 1929 spricht WIRTH besonders auf die *„höchst archaische Form der Rune* ᚢ *" und den „Stiertöter mit Doppelaxt (!) und Feder (?)" an. Die Inschrift „Ulu hari", „Ulu der Hohe", weise „auf den Gottessohn, den vor-wintersonnenwendlichen hin."*

Die Datierung ins 3. Jhdt. erscheint WIRTH, der die Ableitung der Runen aus irgendwelchen mediterranen Schriftsystemen ablehnt, eher viel zu spät. Auch wenn die Funde aus nachchristlichen Kulturschichten stammten, könnten sie weitaus älter sein; so besäßen beispielsweise noch zeitgenössische Bauern neolithische Äxte zu Heil- und Zauberzwecken. Nachweislich ließen sich „sämtliche Runenzeichen in der Kontinuität der Überlieferung durch die älteren Kulturperioden bis zur Linearschrift des Magdalenien zurückverfolgen."

Nochmals am 5. 3. 1929 fragt WIRTH an, warum die Weserrunen nicht vorchristlich sein können, worauf er am 7. 3. erfährt,

daß *„unser bedeutendster Runologe Prof. v. Friesen in Uppsala... die Funde sogar als jünger wie Schnippel" ansehe und sie etwa in das 5. bis 6. Jhdt. nach Christus setze. „Das ist aber nach meiner unmassgeblichen Ansicht nicht richtig",* kommentiert VON BUTTEL-REEPEN.

Am 19. 6. 1929 erhält WIRTH die *Erlaubnis, die Zeichen - wenn er will - in seinen Atlas zu übernehmen.* Dies geschieht in *„Die Heilige Urschrift der Menschheit" 1931 ff.*[63]

Im Jahre 1930 deutet sich zum ersten Male eine gewisse Abstandnahme zu WIRTH an *(s. o.)*; kein einziger Briefwechsel ist im Museumsarchiv bekannt.

Dies ändert sich wiederum im Folgejahr, offenbar nachdem beide, VON BUTTEL-REEPEN und WIRTH, sich in ähnlicher Weise als Opfer ungerechter öffentlicher Kritik verstehen:

So beklagt WIRTH in einem Brief vom 26. 4. 1931

die nun auch gegen VON BUTTEL-REEPEN angezettelten „unverantwortlichen Machenschaften",

wie umgekehrt VON BUTTEL-REEPEN mit Antwort vom 11. 5. 1931

die „unsachlichen Angriffe" gegenüber WIRTHS „rastlosem Vorwärtsstreben" bedauert.

60) H. WIRTH 1928, 147.
61) H. WIRTH 1928, 174.
62) H. WIRTH 1928, 212 ff.
63) H. WIRTH 1932^{2}, 1933^{3}, 1935^{4}, 1936^{5}, Bd. I: Text, 773 u. Bd. II: Bilderatlas, Taf. 419 li. oben.

Am 14. 5. 1931 erfährt der WIRTH-Anhänger Siegfried KADNER brieflich energische Kritik seiner Interpretation einzelner Darstellungsgegenstände der Weserknochen.
In seinem Buch[64]

„Urheimat des Kulturmenschen“
habe er den Kopfschmuck deutlicher als Feder angesprochen, als VON BUTTEL-REEPEN dies für gut hält[65]*, vor allem aber in seinen Zeichnungen „wunschbildlich verändert“.* Auch die erwogene Deutung der Äxte als Kreuze lehnt VON BUTTEL-REEPEN ab.

KADNER wehrt sich am 22. 5. 1931:

Auch VON BUTTEL-REEPEN könne den indianischen Habitus der Jäger und die verblüffenden Übereinstimmungen mit den Belegen WIRTHS nicht bestreiten.

Daraufhin stellt VON BUTTEL-REEPEN am 24. 5. in seinem Schreiben an KADNER klar,

daß die Kritik an WIRTH zwar unsachlich sei, er selbst aber „auf anderen Wegen gehe als Wirth“.

Noch entschiedener läßt sich VON BUTTEL-REEPENS wiedergewonnene Distanz zu WIRTH aus der Mitteilung an Agathe LASCH am 8. 6. 1931 schließen,

er stehe den Darlegungen von WIRTH und KADNER, die in den federgeschmückten Germanen „Indianer“ bzw. „Atlantiker“ sehen, völlig fern.

Am 2. 11. 1931 endlich lobt er Prof. Paul HAMBRUCH, Völkerkunde-Museum Hamburg, für dessen

„treffliche kleine Schrift über die Irrtümer und Phantasien von Herman Wirth“; er prägt sogar den neuen Begriff einer „Wirth-Psychose“ und hat angeblich WIRTH und KADNER die Andersartigkeit seiner eigenen Auffassung mitgeteilt. „Na, helfen wird mir das doch nicht. Diese Herren gehen ihren Weg im Nebel weiter.“

Rückblickend läßt sich feststellen, daß VON BUTTEL-REEPEN in seiner Runenpublikation 1930, 70 zwar richtigerweise prognostizierte, daß Prof. Herman WIRTHS

„umfassendes Werk von 1928 allerdings manchen Anfechtungen begegnen wird“[66]*,*

sich aber selbst - vielleicht unbewußt - allzusehr von dessen Festlegungen beeinflussen ließ.
Besonders die Ansprache der ‚Jägerattribute‘ als Federn[67] und *Steinäxte* ließ spätere Rezensenten an einen direkten Zusammenhang zwischen der Lehre, wenn nicht gar der Person WIRTHS[68] und den Weserfunden denken, was das Vertrauen in die Echtheit dieser Stücke natürlich erschüttern mußte.
Wie der zuletzt angeführte Brief vom 2. 11. 1931 außerdem offenbart, teilte VON BUTTEL-REEPEN die Ansichten WIRTHS[69] zumindest in Bezug auf Alter und damit Herkunft der Runen allgemein, nämlich

„dass es schon vorchristliche Runen anscheinend gegeben haben muss, im Gegensatz zu der Schulmeinung.“

64) S. KADNER 1931, 62 f.
65) Seinen Unmut über KADNER äußerte VON BUTTEL-REEPEN auch in dem eben genannten Brief an WIRTH vom 11. 5. 1931.
66) Mit teilweise sehr harter Kritik begegneten ihm dann wirklich z. B.: B. VON RICHTHOFEN in einem offenen Brief in den KIELER NACHRICHTEN vom 7. 2. 1931, welchen WIRTH ebenso öffentlich am 5. 3. 1931 erwiderte, ferner: W. WÜST 1929, Zs. f. Missionskde. 44, 257-274, F. BORK / H. PLISCHKE / B. K. SCHULTZ / L. WOLFF in der 1932 von F. WIEGERS herausgegebenen Streitschrift, wie später:
H. HEMPEL 1935, GRM 23, 404, 407, 418, W. WEIDMÜLLER 1935, Schrift und Schreiben 6, 71-77, H. ARNTZ 1935, VIII, 69, 73 *(Handbuch)* und ders. 1936, IX *(Festschrift Herman Hirt)*, W. KRAUSE 1936, 3 *(Rez. ARNTZ, Handbuch)*, A. HEIERMEIER 1937, 74 *(Rez. ARNTZ, Handbuch)*, H. ARNTZ 1939/1942, 92-102 *(Runenberichte 1)*.
67) Noch G. SCHWANTES 1951 läßt dieser „Federschmuck“ an einen Fälscher denken, „der seine Vorstellung von den alten Germanen offenbar zum Teil aus Indianerbüchern geschöpft hat“; vgl. unten Kap. 3.4.1. Anm. 84.
68) Dem Schreiben VON BUTTEL-REEPENS an WIRTH vom 11. 5. 1931 *(vgl. Anm. 65)* ist auch zu entnehmen, daß WIRTH nicht *(s. o. an SCHULZ, 20. 12. 1930)* 1927, sondern bereits 1924 zu einem kurzen Museumsbesuch in Oldenburg war, so daß ein solcher Zusammenhang rein theoretisch denkbar erscheinen mochte.
69) WIRTHS Leben und Wirken, das schon früh im Zeichen nationalsozialistischer Ideologie stand, stellen umfassend die Dissertationen von M. H. KATER 1966 und U. HUNGER 1984 dar.

3. 4. Briefliche Stellungnahmen

Der bereits vermutete Zusammenhang zwischen Art und Weise der öffentlichen Erstvorstellung der Runenknochen und ihrer argwöhnischen Aufnahme im Fachpublikum wird durch einen Brief von SCHUCHHARDT belegt, in welchem dieser sich am 2. 5. 1928 bei VON BUTTEL-REEPEN für die Ausrichtung der 19. Tagung des Nordwestdeutschen Verbandes für Altertumsforschung bedankt *(s. o. Kap. 1.)*:

„Nordwestdeutscher Verband für Altertumsforschung.

Hannover, Berlin den 2. Mai 1928.

Sehr verehrter Herr Kollege!
Ich muß Ihnen im Namen des Verbandes noch einmal herzlich danken, daß Sie uns die prächtige Tagung in Oldenburg bereitet haben, die allen mit der Krone des Ganzen, dem Besuch der großen Steingräber ein unvergänglicher Genuß geworden ist.
Daß es für Ihre Baggerfunde einige Beklemmungen gab, hat mir ja leid getan. Aber schließlich lag darin auch ein Humor des Schicksals, das sich dafür rächen wollte, daß Sie sich ein Vergnügen daraus gemacht hatten uns alle zu mystifizieren. Hätten Sie nicht so streng geheim gehalten, daß die vermeintlich mesolithischen Zeichnungen sich auf denselben Stükken befänden wie die Runen, so hätte sich nicht die allgemeine Unsicherheit eingestellt, die sich bis zu dem Verdachte von Fälschungen verstieg.
Aber auch das wurde ja glücklich überwunden und ich kann nur hoffen, daß auch Ihnen unsere Tagung einen freundlichen Eindruck hinterlassen hat.

Mit den verbindlichsten Grüßen
Ihr aufrichtig ergebener
C. Schuchhardt
“

In seiner sehr ausführlichen Antwort vom 5. 5. 1928 erklärt VON BUTTEL-REEPEN, daß er die Bilddarstellungen in mesolithischem Zusammenhang zeigte und erst danach auf die Runeninschriften hinwies, um die

„harmlose Überraschung“ der Tagungsteilnehmer zu „erleben“.

Einen Durchschlag dieses Schreibens ließ er auch seinem Freund ROEDER zukommen, wie dessen Post vom 8. 5. entnehmbar ist. ROEDER reicht den Brief mit dem Vermerk zurück:

„Hoffentlich trifft er den alten Brummbär aber nicht in schlechter Laune an, denn Sie wissen, daß er dann unberechenbar ist und blindlings losschlägt. Im Ganzen habe ich Schuchhardt aber immer als einen Mann von weitem Gesichtspunkt kennen gelernt, der sich einer ruhigen und klaren Darlegung, wie Sie sie ausgeführt haben, nicht verschließt. . .“

Ansonsten stellt im Jahre 1928 lediglich der Prähistoriker Prof. Hugo OBERMAIER, Madrid, am 18. 11.

die vertrauliche Frage nach der Echtheit der Funde.

Die Korrespondenz der Jahre 1930 bis 1932 spiegelt dann die Diskussion um die Echtheitsproblematik der Weser-Runenfunde besonders deutlich wieder.

So empfindet FEIST am 13. 1. 1930 den

„Echtheitsbeweis ohne Kenntnis von Finder und Fundumständen nicht so einfach, wie bei Schnippel.“

Am 21. 2. wiederholt FEIST seine

„Unsicherheit in betreff der Echtheit der Runeninschriften“ und faßt zusammen, *„dass die sprachliche Gestalt der Runeninschriften mir Zweifel erweckt.“*

SEGER, durch VON BUTTEL-REEPEN um eine Rezension des Runenbuches gebeten, äußert noch am 22. 4. 1930, er habe

„den Eindruck einer bedeutenden Sache.“

Seine Besprechung *(s. o.)* fiel aber am kritischsten aus.

KARSTEN sieht die Weserrunen am 15. 10. nicht nur als echt, sondern auch als *zusammengehörig* an. In den Wortformen erkennt er ein

„gutes Uraltsächsisch, sogar mit Stabreim!“

Diese Information leitet VON BUTTEL-REEPEN am 26. 10. an SIEBS weiter.

Nochmals am 2./3. 11. 1930 plädiert KARSTEN entschieden für Echtheit. Sein Hauptgrund liegt in der
„zeitgemäßen altsächsischen Sprachform, die kein Fälscher hätte nachahmen können."

Am 12. 11. 1930 tritt auch AGRELL nochmals schriftlich
ausdrücklich für die Echtheit der Runen ein.

Am 29. 1. 1931 beschwert sich VON BUTTEL-REEPEN bei KARSTEN,

da dieser ihm durch die Veröffentlichung vertraulicher Hinweise in der zweiten Stellungnahme zu den Weserfunden großen Verdruß bereitet habe. Auch distanziert er sich von „solchen willkürlichen Annahmen" wie der AGRELL'schen Auffassung des Federkopfschmuckes auf den bildlichen Darstellungen „als die Zipfelmütze (Phrygische Mütze) des Mithra."

SIEBS erklärt am 3. 2. 1931
SCHNIPPELS Deutung als unmöglich, KARSTENS Auffassung als phantastisch.

WILKE, der laut Brief vom 16. 2. 1931
von der Echtheit der Weserknochen überzeugt ist, sieht eine gute Parallele zur Zeichnung der Tierkampfszene auf dem Häggeby-Stein.

In seinem langen Schreiben an SIEBS vom 11.-18. 2. 1931 *(s. o.)*
greift VON BUTTEL-REEPEN die kontroversen Meinungen von AGRELL und KARSTEN/HAMMARSTRÖM an. Zur Echtheitsfrage hebt er die Ergebnisse der chemischen Analysen hervor. Hinter der Zweifelsucht vermute VAN GIFFEN den Neid der Kollegen. Nach Autopsie hielten nun auch KÜHN und TACKENBERG die Stücke für echt.

Am 20. 7. erfährt SIEBS durch VON BUTTEL-REEPEN,

daß Agathe LASCH nach einer ausgiebigen Autopsie von der Originalität überzeugt sei und die Funde als „epochemachend" bezeichnete.

VAN GIFFEN in Groningen wird am 19. 12. gebeten,

eine kurze Besprechung des Runenbuches vorzunehmen, worin seine Ansicht über die Echtheit betont werde.

Am 24. 5. 1932 läßt ROEDER seinen Freund in Oldenburg seine Meinung zu SIEBS wissen:

„Daß Siebs . . . in seinem Alter . . . noch Unheil anrichtet, ist recht unfreundlich."

WILKE erhält schließlich in einem Brief vom 10. 7. 1932 die Mitteilung, daß VON BUTTEL-REEPEN

eine „Kritik der Kritiken" plane, in der „auch der hasserfüllte Kossinna (Gott habe ihn selig)" heranzitiert werde.

Dieser Plan kam nicht mehr zur Ausführung. Eine im Museumsarchiv erhaltene *Sammlung geflügelter Worte und Zitate zum Problem der Wahrheit,* auf verstreuten Zetteln festgehalten, belegt aber diese Absicht.

3.4.1. Die gefälschten Feuersteingeräte des L. Ahrens

In einer als Rundfrage an Prähistoriker, Ethnologen, Geologen, Mineralogen, Physiker und Chemiker gestalteten Abhandlung über prähistorische Fälschungen hat bereits Siegfried TÜRKEL 1927 *die Archäologie auf den für diese Fragestellung erforderlichen Weg interdisziplinärer Zusammenarbeit gewiesen.*
Die von den einzelnen Forschern erhaltenen - untereinander z. T. recht widersprüchlichen - Antworten beziehen sich insbesondere auf *Fragen der Fälschbarkeit von Alterungsspuren auf verschiedenen Materialien (Stein, Knochen, Metall etc.):*

Als Methoden für die Erzeugung einer künstlichen Patina auf Feuerstein werden neben zeitaufwendigem Witterungsaussatz die Bestreichung mit Öl bei anschließender Feuerröstung, das Einlegen in eine Mischung von Wasser, Leim und Ton sowie die einfache Beizung im Düngerhaufen erwähnt.[70]
Weitere Möglichkeiten nennen COOK[71] *(Sodium-Hydroxyd), CORNWALL*[72] *(Feuer in Verbindung mit alkalischer Asche), KEELEY*[73] *(Immersion in NaOH) und ROTTLÄNDER*[74] *(mittels einer Moorsuspension).*

Die natürlichen Ausprägungsformen der *Patina,* die häufig neben anderen Oberflächenerscheinungen zu beobachten sind[75], können sehr vielfältig sein. So gibt es eine bunte Palette von kalkigen Weiß- und Grautönen über ferruginöse *(eisenoxydbedingte)* Gelb-, Orange-, Rot- und Brauntöne bis hin zu tiefblauen und tiefschwarzen Farben *(für die vielleicht Kupfer- und Manganverbindungen verantwortlich zu machen sind).*[76]
Bei den angeblich mesolithischen Feuersteingeräten von AHRENS handelt es sich um *grauen nordischen Flint,* teilweise mit bräunlichem oder schwärzlichem Kolorit.
Die Stücke weisen überwiegend einen erheblichen Rindenbestand *(Cortex)* auf, ihre nicht-anthropogenen Altbruchflächen eine firnisartige Glanzpatina.[77]
Die „Geräte" sind an sich typische ‚Eolithen'[78], also natürliche Bildungen *(Geofakte),* die gut in der Hand liegen und dem Laien durchaus eine Funktion als Artefakt vortäuschen können.
Durch *künstliche Überschleifung* von Graten und Kanten sowie den gezielten Anschliff bestimmter Partien zu imaginären Arbeitsspitzen und -schneiden werden diese Oldenburger *Pseudoartefakte* aber zu *Fälschungen.*
Als solche erkannte sie offenbar am 14. 2. 1928 auch SCHWANTES, den VON BUTTEL-REEPEN - laut Notiz im Museumsjournal - in Hamburg besuchte und mit dem er
„die Braker Funde besprochen"
hatte. SCHWANTES, der gerade in jener Zeit nicht unwesentlich dazu beitrug, das Mesolithikum als eine eigens differenzierbare prähistorische Zeitphase herauszuarbeiten[79], wies VON BUTTEL-REEPEN nochmals gelegentlich der Oldenburger Tagung darauf hin, daß das derart vorgestellte *Wesermesolithikum gefälscht* sei *(s. o., Kap. 1.).*
Bei gleicher Gelegenheit dürfte BERSU dem Oldenburger Referenten und Gastgeber angeboten haben, Steingeräte und Knochengravuren einer *Echtheitsprüfung unter der Quarzlampe* zu unterziehen.

70) S. TÜRKEL 1927, 6. Zu Entstehung, Aufbau und Eigenschaften des Flintes s. W. SHEPHERD 1972, zur Flinttechnologie S. A. SEMENOV 1973[3] u. R. FEUSTEL 1973.
71) COOK in: A. J. H. GOODWIN 1960, 314.
72) CORNWALL ebda., 316.
73) L. H. KEELEY 1975, 50 *(Staringia 3).*
74) R. ROTTLÄNDER ebda., 56.
75) Frostbruch, Kantenabrundung, Grübchenbildung, Kratzer, Druckkegel und natürliche Retuschen durch Kryoturbation *(Bodenbewegungen infolge Eisdruckes)* sind hier beispielsweise als von der jeweiligen Silextextur abhängige Auswirkungen edaphischer *(bodenspezifischer organ. u. anorgan.)* und epidaphischer *(atmosphär. u. a.)* Einflüsse zu nennen; vgl. A. GOODWIN 1960, 307.
76) R. F. SCHMALZ 1960, 46; BLANC in: A. GOODWIN 1960, 317; V. J. HURST / A. R. KELLY 1961, 255 f.; L. ZOTZ 1965, 247 ff.; R. ROTTLÄNDER / M. THOMMA 1975 *(INW 6)*; D. STAPERT 1976, 102 ff. *(Brab. Heem 28)*; ders. 1976- 7-41 *(Palaeohistoria 18)*; ders. 1979, 141 *(Palaeohist. 21)*; ders. 1979, 159 ff. *(Arch. Kbl. 9, H. 2).*
77) Auch diese Patinaform wird in der o. g. Lit. aufgeführt; die morphologisch in etwa vergleichbare Windschliffpatina *(sog. Wüstenlack)* beschreiben C. G. ENGEL/R. P. SHARP 1958, 487 ff. u. E. L. DAVIS 1967, 345-353 *(mit Experimenten im Windkanal).*
78) Vgl. W. ADRIAN 1948, A. BOHMERS 1950, 45 f. u. D. STAPERT 1975, 239-252 *(Westerheem 24).*
79) G. SCHWANTES 1928.

In einem Schreiben an BERSU vom 22. 4. 1928 zählt VON BUTTEL-REEPEN *diesen ebenfalls zu den „Zweifelsüchtigen“ und verweist im gleichen Zusammenhang wieder einmal auf die ihm selbst eigene „bohrende Gründlichkeit“. Dieser Brief - als Durchschlag im Museumsarchiv erhalten - wird jedoch nicht abgeschickt, dafür tags darauf ein gemäßigterer mit dem Anerbieten, auf BERSUS Vorschlag zurückzukommen.*

Sicherheitshalber wird am 26. 4. 1928 auch Prof. POST, Berlin, gefragt,

ob er die Fundstücke möglichst bald mit den neuartigen „besonderen Lichtstrahlen“ untersuchen könne.

Vom gleichen Tag datiert der - wie eine Beruhigung wirkende - Hinweis BERSUS,

es sei noch unsicher, ob mit der Quarzlampe überhaupt Ergebnisse erzielbar wären; er selbst halte jedoch einen Versuch, allein schon wegen der Massenpsychose von Glozel, für empfehlenswert.

So gehen die AHRENS'schen Flinte sowie diverse Knochen, darunter das Fragment 4987 mit den *„Proberunen”*, am 27. 4. und 2. 5. nach Frankfurt; die eigentlichen Runenknochen hätte VON BUTTEL-REEPEN niemals dem Postweg anvertraut.

Schon nach anderthalb Monaten ungeduldig geworden, wünscht der Oldenburger Museumsdirektor die Rücksendung aller Funde. Der Untersuchungserfolg sei wohl nicht erwiesen; außerdem solle, wer wegen der Massenpsychose Echtheitszweifel hege, nach Oldenburg kommen.

Der Rückversand erfolgt am 14. 7., begleitet von BERSUS bedauernder Feststellung,

die Quarzlichtuntersuchung habe „leider nichts wesentliches für die Stücke ergeben. Lediglich an den Feuersteinen sind die nachträglichen Zutaten durch die Abschleifungen zu erkennen, wie auch spätere Verletzungen an den Stücken“.

Die Bedeutung dieser Aussage ist VON BUTTEL-REEPEN ganz offensichtlich nie bewußt geworden, da BERSU es unterließ, diesen Befund deutlicher zu formulieren, daß nämlich die *Fluoreszenz der Schliffstellen überdeutlich für Fälschung sprach.* Wahrscheinlich ging er von der Vermutung aus, daß der Oldenburger Forscher von der äußerst schnell nachlassenden Leuchtkraft rezent bearbeiteter Feuersteinflächen wisse[80] *(vgl. das Kap. 4.6.1.).*

VON BUTTEL-REEPEN *aber faßte - in Unkenntnis des neuen „Lichtstrahlenverfahrens” - die „nachträglichen Zutaten” als solche prähistorischer Zeit auf.*

In der Hoffnung auf eine Bestätigung seiner Datierungsvorstellungen dieser Flinte wandte er sich an den Kölner Museumsdirektor Dr. h.c. Carl RADEMACHER.
Nach ausgiebiger Schilderung des Sachverhaltes, wie dieser sich in seinen Augen darstellte

(Brief vom 28./30. 8. 1928: Mißkreditierung der Feuersteingeräte aufgrund der unerhörten Runenfunde und infolge der Glozelpsychose insbesondere durch die jüngeren Kollegen der erst werdenden Wissenschaft Prähistoria)

schickte er einige der Silices am 17. 9. RADEMACHER zu, darunter den

„flachen Faustkeil, Pickel oder Hauer 4937“ (s. Abb. 12: 16),

zu welchem er kommentierte:

„Sie werden an der Spitze einen Anschliff bemerken. Mit der Lupe sehen Sie, dass er keinen Glanz trägt, es fehlt die Patina des Alters.[81]
Hier liegt möglicherweise eine Fälschung vor!!
Das Stück zeigt aber sonst durch den Glanz die alte Bearbeitung.
Es ist möglich, dass dieses Stück einmal bei besonderer Haltung als Glätter und dann bei anderer Haltung zum Schneiden gedient hat.[82]
Diesen veränderten Haltungen entsprechen die alten Absplisse am Knauf. Ich halte das Stück für mesolithisch. Vielleicht Uebergang zum Neolithikum.“

80) Vgl. R. ROTTLÄNDER 1975, 108 *(Archaeometry 17).*

81) Eine Patinabildung *muß* keineswegs an Flintmaterial vorhanden sein;
R. E. ACKERMAN 1964, 386 f. erklärt eine *sekundäre Patinabeseitigung durch Flechtenbewuchs. Da deren rhizoide Hyphen die Steinminerale - selektiv nach deren Säuregehalt - als Nahrungsquelle benutzen können,* erscheint die Oberfläche auch von Silices durch diese mechanisch-chemische Aktivität bisweilen dergestalt verändert.

82) Mittlerweise existieren zu Gebrauchsspuren an Flint sehr spezielle und ausgezeichnete Arbeiten, von denen hier folgende exemplarisch genannt werden:
R. TRINGHAM et al. 1974, 171-196; G. H. ODELL 1975, 226-240; K. F. DIES 1981, 95-106; H. H. ANDERSEN et al. 1983, 468-474, P. VAUGHAN 1985, 309-329.

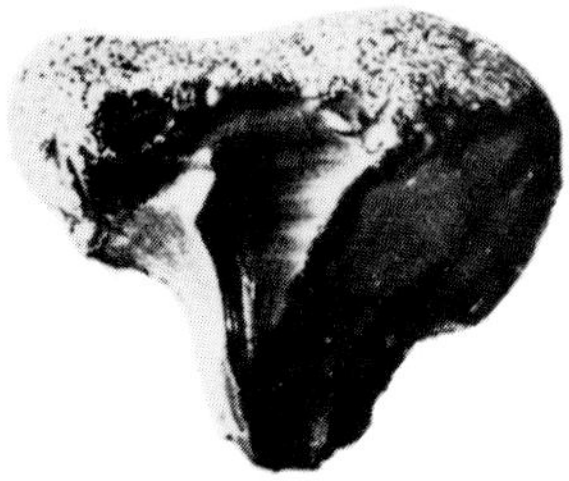

Abb. 13

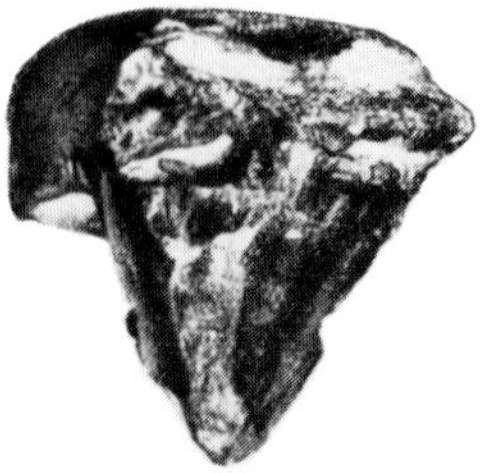

Abb. 14

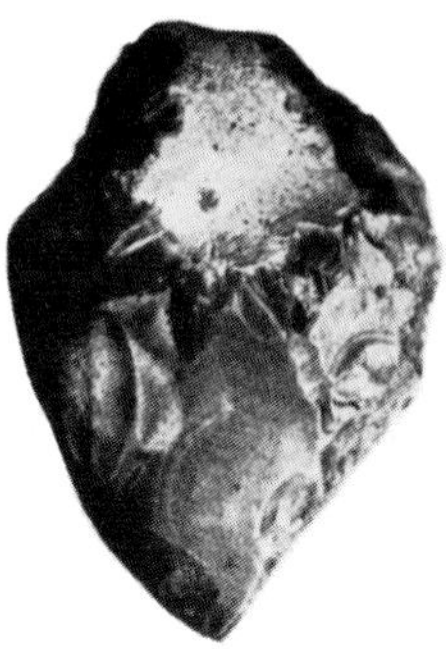

Abb. 15

Abb. 16

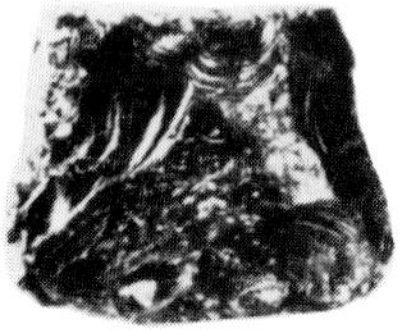

Abb. 17

Abb. 18

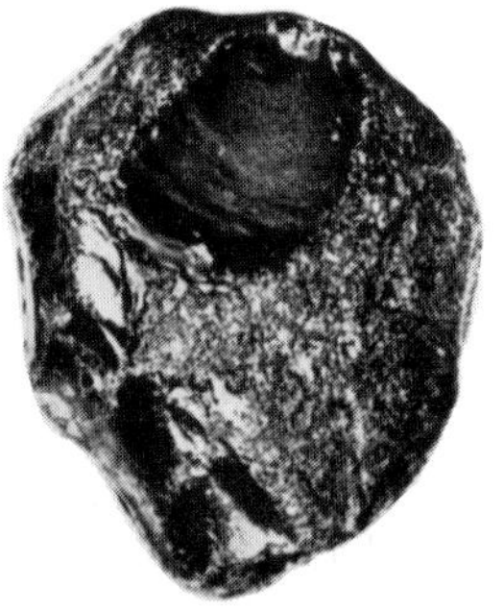

Abb. 20

Abb. 19

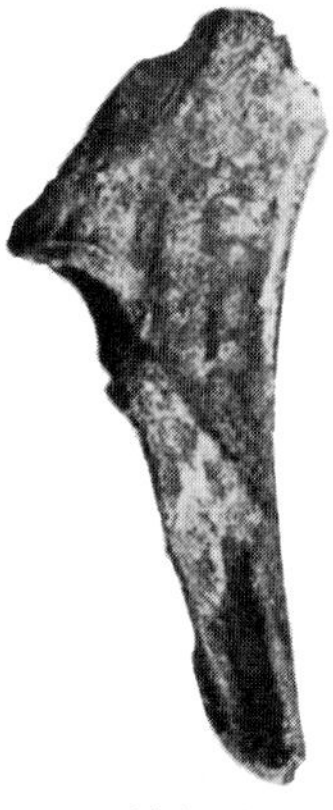

Abb. 21

Abb. 20a

Silexfunde
von AHRENS

M 4939 = 1: 3
sonst ca. 1: 2,5

Abb. 12;
aus: H. VON BUTTEL-REEPEN 1930, Tafeln 5 und 6, Text: S. 37 ff., angeblich mesolithische Flintartefakte. Abb. 13 = „Pickel“ 4938, 16 = „Pickel“ 4937, 17 = „Kleines Flintbeil“ 4940, 18 = „Bohrer“ 4939, 19 = „Pickel“ 4941, 20 = „Pickel/Schlagstein“ 5123. Die Gegenstände Abb. 14 = „Pickel“, 15 = „Pickel“, 21 = „Ellbogenknochendolch, mesolithisch“ stammen aus der Sammlung von Dr. SCHAFSTEIN, den AHRENS ja auch belieferte, vermutlich also ebenfalls von ihm. Der Verbleib dieser Stücke ist aber unbekannt.
Mit Ausnahme des Fundes 5123, der nicht artefakt ist, zeigen alle hier reproduzierten Feuersteingeräte einen mehr oder weniger ausgeprägten Anschliff an den „Arbeitskanten“ bzw. an den alten Bruchflächen auf, der immer die Patina stört und demnach als rezent bezeichnet werden muß. Mithin handelt es sich hier um Fälschungen.

Auch *„der grosse Pickel 4941" (s. Abb. 12: 19; vgl. Abb. 23a)* befindet sich dabei:

„Abschliff wie eben gesagt."

Interessant ist nun die Antwort RADEMACHERS vom 20. 9., die eine deutliche Skepsis anklingen läßt:

„4937. Es ist fast unmöglich, die Schleifung an der Spitze als alt zu betrachten. . .
4941. Pickel, Abschliff wiederum unerklärlich. . .

Ich . . . habe in Sylt auf dem Kliff von Wennigstedt zahlreiche Artefakte aufgelesen, aus demselben nordischen Feuerstein wie Ihre Stücke, . . .
Schleifspuren sind allerdings noch nicht vorgekommen. . .
Wegen der Anschliffe ist ein definitives Urteil von hier aus nicht gut möglich, besonders da Sie sagen, es seien noch mehrere Schaber mit Schleifspuren in Ihrer Sammlung. Falls die Schleifspuren echt, bzw. keinen Windschliff darstellen, müssen sie an das Ende des Mesolithikums gesetzt werden. Sonst wäre des Typen nach ein sehr frühes Campignyien anzunehmen. . .".

Beide Stücke gehen 1930 in die Publikation VON BUTTEL-REEPENS ein. Der begleitende Text auf Seite 37 gibt allerdings nicht, wie in anderen Fällen durchaus geschehen, die Meinung von RADEMACHER wieder.

Friedrich BEHN 1931[83] konstatiert in seiner Besprechung dieses Buches:

„Eine Reihe mesolithischer Fundstücke, darunter auch Werkstättenfunde, bietet schöne Ergänzungen zu Schwantes' tiefgründigen Mesolithforschungen."

Doch ist SCHWANTES 1951[84] selbst darüber ganz anderer Ansicht:

„Herr Professor von Buttel-Reepen besuchte mich, als ich noch Abteilungsvorsteher im Hamburger Völkerkundemuseum war, des öfteren, um mit mir vor allem sein „Wesermesolithikum" zu besprechen. Es handelte sich um Flintknollen, an denen Schliffflächen zu bemerken waren, die einzeln oder zu mehreren an diesen Knollen erschienen, und deswegen völlig rätselhaft waren, weil sie in keinem Falle ahnen ließen, zu welchem praktischen Gebrauch sie erzeugt wurden. Für Herrn von Buttel-Reepen aber waren sie ein Zeugnis für den Uebergang des Mesolithikums ins Neolithikum. Hier habe der Mesolithiker zuerst versucht, den Flint zu schleifen, erst später hätten sich diese wahllos und sinnlos über den Naturknollen verteilten Schliffflächen in sinnvoller Weise so gelagert, daß die Urformen des geschliffenen Steinbeiles daraus entstanden seien. Diese Flintknollen wurden von einem im Museum beschäftigten Mann, der von Herrn von Buttel-Reepen zum Absuchen der aus der Weser heraufkommenden Baggererde ausgesandt worden war, nach Hause gebracht. Es handelt sich also um eine Person, der möglicherweise auch gewisse Kapitel der Problematik unserer Wissenschaft durch ihren Umgang mit Forschern bekannt waren. Ich habe Herrn von Buttel-Reepen damals sofort erklärt, daß ich dieses angebliche Mesolithikum für plumpe Fälschungen einer Person hielte, die auf ihre Weise ihm eine Freude zu machen glaubte, da ihr die Sehnsucht des Leiters der Sammlung, auch einmal Beiträge für die damals sehr in Schwung gekommene Erforschung der mittleren Steinzeit zu liefern, bekannt war. Herr von Buttel-Reepen widersetzte sich zunächst meiner Erklärung aufs äußerste. Als jedoch bald darauf in Oldenburg der Nordwestdeutsche Verband für Altertumsforschung tagte, erklärte mir Herr von Buttel-Reepen, daß auch er die fraglichen Flintknollen für Fälschungen hielte. Bei späterer Gelegenheit fragte ich ihn einmal, ob etwa der Mann, der dieses „Mesolithikum" gefälscht habe, auch der Finder der Weserrunen sei. Auf diese Frage erhielt ich keine Antwort. Das betroffene Schweigen von Buttel-Reepens war mir daher und ist mir noch heute ein Indizium dafür, daß es sich um ein und dieselbe Person handelte und auch die Weserrunen Fälschungen sind."

SCHWANTES' Ausführungen zu den Weserrunen beginnen recht denkwürdig:

„Ich selber habe von Anfang an gemeint, daß es sich um eine Fälschung handele seitens eines Mannes, der seine Vorstellung von den alten Germanen offenbar zum Teil aus Indianerbüchern geschöpft hat - man beachte den Federschmuck! Ich möchte nun in aller Kürze mitteilen, was ich weiter zu diesem Punkte schon längst hätte sagen können, aber mit Rücksicht auf den verehrungswürdigen und hochverdienten Publizisten dieser Funde nicht bekanntgegeben habe. Eine Schädigung der Wissenschaft schien sich mir aus einem solchen Schweigen auch kaum zu ergeben, da die Ablehnung der Weserrunen inzwischen allgemein geworden war."

83) F. BEHN 1931, 60;
84) G. SCHWANTES 1951, 121 f.

Daß Flintfälschungen nicht gerade selten sind, da das Ausgangsmaterial wie in urgeschichtlicher Zeit, so noch heute dort, wo es natürlich vorkommt, relativ leicht zu beschaffen ist, zeigt A. VAYSON DE PRADENNE 1932. Edward SIMPSON erreichte als „Flint-Jack“ Meisterschaft und Berühmtheit.[85]

Ein anderes lehrreiches Beispiel gibt die jüngere Geschichte mit der Affäre VERMANING in den Niederlanden. Dort wurden zunächst als mittelpaläolithisch eingestufte[86] Flintgeräte von Dick STAPERT als Fälschungen entlarvt.[87] Wie im Falle AHRENS entstand in der Groninger Umgebung, was Wunschvorstellungen und Erwartungen der Wissenschaftler entsprechen mochte. Im direkten Vergleich sieht man den AHRENS'schen Artefakten allerdings den *Qualitätsrückstand eines halben Jahrhunderts* an; morphologisch und technologisch sind die niederländischen Geräte fraglos überzeugender geglückt. Gewisse Übereinstimmungen zeigen sich im partiellen Anschliff, doch wurde hier der Versuch unternommen, die neu bearbeiteten Flächen künstlich zu patinieren. Im krassen Unterschied zu natürlicher Patina war diese aber abwaschbar.

Das von AHRENS stammende *„Oldenburger Mesolithikum“* entsprang dagegen offenbar dem recht naiven Rezept: *Man nehme*

a) einen handlichen Flint, der in der Grundform an einen altsteinzeitlichen Artefakt erinnert *(natürliche „Faustkeile“ lassen sich zahlreich am Weserufer finden),*
b) verpasse ihm einen Anschliff an der Stelle, die man am ehesten für eine Arbeitsspitze oder -kante geeignet hält *(da man weiß, daß der Schliff an sich eine jungsteinzeitliche Erfindung ist)* und erhält
c) einen Zwischentyp, das berühmte *‚missing link‘*, das als mittelsteinzeitlich a) und b) verbindet *(denn woher sollte man auch wissen, daß diese Zeitphase in Wirklichkeit durch völlig andere Typen gekennzeichnet wird, die Mikrolithen).*

Natürlich müssen derart abenteuerliche Fälscherspekulationen vor den heutigen Möglichkeiten der Flintanalyse kapitulieren.

3.5. Ermittlungen durch W. Krause und K. Düwel

Am 12. 9. 1931 hatte VON BUTTEL-REEPEN Professor Wolfgang KRAUSE in Königsberg um eine Besprechung seines Buches von 1930 gebeten *(Brief im Museumsarchiv).*

Diese erfolgte zwar offenbar nie, wohl aber eine Rezension des Werkes von AGRELL, das noch im gleichen Jahr erschien und die Weser-Runen berücksichtigte.[88]

Aus dem schriftlichen Nachlaß von KRAUSE, den Herr Prof. DÜWEL mir für die Dauer dieser Untersuchungen auszugsweise zur Verfügung stellte, ist u. a. ein Brief des skandinavischen Philologen Arthur NORDÉN erhalten, in dem jener anfragt, warum KRAUSE in seinen „Beiträgen zur Runenforschung" von 1932/33 die Weserrunen offenbar mit Skepsis betrachtet (18. 8. 1935). NORDÉN selbst bekräftigt im gleichen Schreiben seine Ansicht von deren Echtheit.

1936 äußert KRAUSE, daß er die Runen insgesamt für unecht hält, 1937 stuft er sie als „der Fälschung dringend verdächtig“ ein, 1938 erscheint ihm ihre Echtheit „im höchsten Grade zweifelhaft“. Im gleichen Jahr widmet er dieser Frage einen eigenen Artikel und stellt sie vergleichsweise neben die nun offenkundige Fälschung von Maria-Saal. Auch in seinem Buch von 1943 fällt das *Echtheitsurteil negativ* aus.[89]

85) A. VAYSON DE PRADENNE 1932, 55 ff.;
86) J. D. VAN DER WAALS / H. T. WATERBOLK 1973, 35-120.
87) D. STAPERT 1975, 57-62 *(Star. 3)*, 1975, 69-75 *(Westerh. 24)*, 1975, 7 f. *(Palaeoh. 17)*, 1976, 61 f. *(Palaeoh. 18);* J. A. DALDRUP Gerichtsgutachten 14336/76/13 *(dt.).*
88) S. AGRELL 1930, s. o., Kap. 3.1.
W. KRAUSE 1931, 106-109 *(Rez. AGRELL 1930)*: das einstrichige *h* erscheint ihm dabei auf einem Runendenkmal des Festlandes auffällig.
89) W. KRAUSE 1932/33, 77, Anm. 2: „Das Rätsel der Weserrunen ist noch ungeklärt“.
W. KRAUSE 1936, 147 *(Rez. REICHARDT 1936).*
W. KRAUSE 1937, 429 *(RäF).*
W. KRAUSE 1938 a), 42 *(Festschrift Neckel).*
W. KRAUSE 1938 b) 28 f.: Zur Frage der Echtheit der Weserrunen.
W. KRAUSE 1943^2, 5 *(Was man in Runen ritzte. Halle a. d. Saale).*

Schließlich unterzieht er diese Weserrunenknochen am 1. 3. 1944 einer *Autopsie*, deren Ergebnis er Dr. FISSEN *(am 26. 4. 1949 auf dessen Anfrage vom 23. 4.)*[90] wie folgt bekannt gibt:

„Herrn Dr. Karl Fissen
Staatliches Museum für
Naturkunde und Vorgeschichte
Oldenburg *Göttingen, d. 26. 4. 49*
Ruederstrasse 5 *Nikolausberger Weg 15*

Sehr geehrter Herr Doktor!
In Beantwortung Ihres freundlichen Briefes vom 23. 4. teile ich Ihnen meinen Eindruck von den Weserrunen im folgenden mit und ermächtige Sie, von dem Inhalt dieser Mitteilung beliebigen Gebrauch zu machen.
Bevor ich die Weserknochen mit Runen und bildlichen Darstellungen selbst untersucht hatte, war ich auf Grund einer theoretisch-runologischen Ueberpruefung an Hand der vorhandenen Abbildungen fest von der Unechtheit der Ritzungen ueberzeugt. Die wichtigsten Gruende fuer diese Ueberzeugung habe ich in einem kleinen Aufsatz in der Zeitschrift „Die Kunde" vom Februar 1938 dargelegt. Ich hebe hier nochmals die Form der h= Rune mit nur einem Querstrich hervor, während wir auf dem gesamten hochdeutschen und anglo=friesischen Gebiet ausschliesslich die Form mit zwei Querstrichen kennen. Auch das in jenem Aufsatz, von dem ein Sonderdruck diesen Zeilen beiliegt, ueber uluhari Gesagte ist doch wohl beachtenswert. Schliesslich spricht auch die Schiffsdarstellung stark gegen die Echtheit.
Am 1. März 1944 hatte ich nun Gelegenheit, zusammen mit meiner Frau die genannten Weserknochen in Oldenburg im Original genau zu untersuchen. Es ist vielleicht das Richtigste, wenn ich Ihnen das Ergebnis dieser Untersuchung wortgetreu nach meinem Arbeitsprotokoll hier wiedergebe:
„4 Knochen wurden von uns am 1. März 1944 in Oldenburg untersucht im Beisein des stellvertretenen Leiters des Oldenburger Museums fuer Naturkunde und Vorgeschichte, Studienrat Siemers. Die Knochen selbst machten auf den Laien den Eindruck hohen Alters (starke Abschleifung der Oberfläche). Fuer die Echtheit der Runen spricht beim Augenschein vor allem der Umstand, dass auf dem schmalsten der drei Runenknochen, dem Uluhari=Knochen, die allmählich erfolgte Abschleifung der Oberfläche stärker auffällt als bei den uebrigen Knochen, offenbar weil dieser duennere Knochen von der ihn haltenden Hand fester umspannt wurde. Dadurch sind auch die Runen auf diesem Knochen flacher geworden. Es bleibt unverständlich, wie ein Fälscher diese Wirkung erzielt haben sollte, ja schon, dass er ueberhaupt diese Berechnung anstellte. Sämtliche Runen der 3 Knochen sind deutlich zu erkennen. . ."[91]
Zusammenfassend möchte ich meinen: Die Ritzungen der Weserknochen scheinen mir, bei Abwägung von allem Fuer und Wider, eine äusserst geschickte Fälschung zu sein. Fuer völlig ausgeschlossen möchte ich aber die Echtheit nicht halten. . .[92]
Mit verbindlichsten Empfehlungen
Ihr ergebenster
W. Krause
(Prof. Dr. Wolfg. Krause)".

In seiner Beurteilung der Echtheit der Weserrunen war KRAUSE offensichtlich - *beeinflußt durch die Ergebnisse der Autopsie* - vorsichtiger geworden. Der Inhalt seines Protokolles läßt hinsichtlich der Echtheitsfrage überhaupt *kein ‚Wider'* erkennen.

Diese Einschätzung ändert sich wieder in Richtung auf die Annahme von Fälschungen, nachdem ein Gerücht aufgekommen war, demzufolge ein runenkundiger Arbeiter, der im fraglichen Zeitraum an den Weserbaggerungen beteiligt gewesen sei, die Runen graviert habe.

90) K. FISSEN teilt in diesem Schreiben mit, *daß er als Mitherausgeber des Oldenburger Jahrbuches nach dem Urteil des ehem. „Echtheitsgutachters" Prof.* JACOB-FRIESEN *(s. o. IV. 1928), der jetzt doch die Fälschungsmeinung vertritt, eine endgültige Eliminierung dieser Funde aus der Fachliteratur wünscht. Er bittet KRAUSE* um eine diesbezügliche Stellungnahme.

91) Es erfolgt hier der Hinweis auf einen unpublizierten, KRAUSE mündlich mitgeteilten Lesungsvorschlag O. VON FRIESENS. Diese Passage findet sich im Kap. 5.2.1. zum eigenen Lesungsvorschlag.

92) An dieser Stelle wird ein vertraulicher Hinweis gegeben: TACKENBERG, Bonn, *halte sie für sicher unecht und habe Vermutungen zur Person des Fälschers.*

Hinzu tritt das Ergebnis einer *zweiten Autopsie* der Weser-Runenknochen im Juli/ August des Jahres 1959 in Göttingen, von dem KRAUSE in einem Schreiben *(5. 5. 1961)* dem Direktor des Staatlichen Museums Oldenburg, Dr. H. HARTUNG, berichtet.[93]

Ausschlaggebend für sein neuerliches Fälschungsurteil ist dabei das Zeichen Y *auf dem Knochenfragment 4987. Hierin erkennt KRAUSE „probationes pennae", also Ritzungsproben des Zweckes, „zunächst einmal zu versuchen, wie sich Zeichen verschiedener Art auf diesen Knochen anbringen liessen, bevor er (der Fälscher) die eigentlichen Runeninschriften einritzte." Dieses* Y *sieht KRAUSE in seiner Endform dann auf dem Latam-Knochen 4988 ausgeführt.*
Weiter weist er argumentativ auf die Unwahrscheinlichkeit der Annahme hin, daß „diese offenbar eng miteinander nach Form und Inhalt zusammengehörenden Knochen vor etwa 1300 Jahren in die Unter-Weser geworfen wurden", um „im Jahre 1927 von einem Bagger in der alten Gemeinschaft miteinander am Ufer der Weser wieder aufgefunden" werden zu können.

Bei Annahme der Unechtheit räumt er allerdings ein, „dass der „Fälscher" eine ausserordentlich genaue Kenntnis nicht nur der Runen (von einigen wenigen Ausnahmen abgesehen), sondern vor allem auch von den sprachwissenschaftlichen Möglichkeiten besessen haben muß".

In die zusammen mit dem Prähistoriker Herbert JANKUHN 1966 herausgegebene Neuauflage von *„Die Runeninschriften im älteren Futhark" (8)* wurden die Weserrunen wieder - als „der Unechtheit dringend verdächtig" - nicht aufgenommen.

In mühevollen Recherchen ging Prof. Klaus DÜWEL allen Fälschungshinweisen nach. Er sagt in seiner *Runenkunde 1968/1983*[2] (115):

„Ein merkwürdiger und bis heute noch nicht eindeutig als Fälschung erwiesener Runenfund stammt aus der Unterweser . . .".

Anläßlich des 25. Symposions der Arbeitsgemeinschaft für Sachsenforschung referierte DÜWEL am 21. 8. 1974 über:
„Die Weserrunen - echt oder gefälscht?" mit dem Ergebnis, daß letzteres wohl der Fall sein dürfe.

In Briefen an Prof. Otto-Friedrich GANDERT, welcher von 1946 bis 1951 Mitarbeiter im Oldenburger Museum war, sowie Prof. Kurt TACKENBERG, fragt er am 3. 9. 1974 an,
ob es sich bei der Person des Fälschers, den beide angeblich namhaft machen könnten, um Ludwig AHRENS handle, wie er selbst vermute.

TACKENBERG antwortet am 6.9. 1974,

daß seine zahlreichen Unterlagen zu diesem Fall über den Krieg verloren gingen,
während alle Bemühungen um Informationen bei GANDERT unbeantwortet bleiben.

Von Dr. Heino-Gerd STEFFENS, Kustos am Oldenburger Museum, erhält DÜWEL neben den Unterlagen, die auch mir zur Verfügung gestellt wurden *(Fundjournal, Briefwechsel u. dgl.),* einen für seine Fragestellung vielversprechend aussehenden Postkartentext. Die Karte beinhaltet offenbar eine Antwort von Kulturrat RATHS aus Brake, der seinerzeit die Baggerfunde beobachtete und in den Eintragungen VON BUTTEL-REEPENS häufiger erwähnt wird, an GANDERT:

"

28. 4. 1951
(Poststempel vom 30. 4. 1951)

Lieber Herr Dr. Gandert!
Der genannte Ludw. Ahrens ist vor ca. 10 Jahren verstorben. Seine Ww. u. sein Bruder leben noch hier. Über die B.=Funde u. alle Begleitumstände kann am Besten der hier, Mitteldeich 19 wohnende, noch im Dienst des Wasser= u. Schiffahrtsamtes Brake stehende Oberinspektor Döpken Auskunft geben. Sie können ihn gelegentl. des Ausflugs des Landesvereins hier

93) Unter Hinweis auf die 2. Autopsie pflichtet W. KRAUSE 1970 a), 92 in seiner Rezension L. MUSSET 1965, 76 „les ‚runes de la Weser' . . .sout . . . généralement tenues pour les falsifications" bei.

eingehend sprechen. Ferner kann Dr. Gustav Rogge in Bremerhaven Auskunft geben über einen holl. Bagger, der um 1927 von seiner Firma für die Weserbaggerungen gemietet war. Der Name V. ist den von mir befragten Stellen nicht bekannt.
Es wird am einfachsten sein, daß Prof. van Gi. ihn über seine etwaige Tätigkeit bei den Weserbaggerungen befragt. Nach der Besprechung mit Herrn O. Insp. Döppken werden Sie am zweckmäßigsten mit Herrn Dr. Gustav Rogge (Inhaber einer großen Holzhandlg. in Bremerhaven) Rücksprache pflegen. Weitere Quellen werden hier schwerlich zu finden sein.
Ich hoffe, daß wir uns bald sehen werden u. grüße Sie herzlichst u. bitte, mich Ihrer Frau Gemahlin zu empfehlen!

Ihr Raths. "

Mit *,Prof. van Gi'* ist zweifellos Albert Egges VAN GIFFEN, der Groninger Archäologe, gemeint, der ja die Weserknochen kannte und *(s. o., Kap. 2.2.)* für echt erachtete.

STEFFENS bestätigt mit Brief vom 19. 9. 1974,

daß auch ihm GANDERT seinerzeit gesagt habe, bei dem ,V'. handle es sich um einen Niederländer,

woraufhin DÜWEL - erneut erfolglos - bei GANDERT um Auskunft bittet:

KRAUSE hatte ihm 1969 selbst anvertraut, daß dieser Fälscher, ein holländischer Baggerführer im Besitz runologischer Bücher, schon in den 30er Jahren bekannt gewesen sei. Mit Rücksicht auf VON BUTTEL-REEPEN sei die Sache damals nicht veröffentlicht worden.

KRAUSES Informationen stammten aber von TACKENBERG, der sie seinerseits vermutlich ebenfalls von GANDERT bekommen haben dürfte.

Am 7. 10. 1974 bedauert Stadtinspektor PAGELS von der Stadtverwaltung Brake,

trotz aller Bemühungen keinerlei Einzelheiten über die Person des AHRENS und die Gründe seiner Entlassung als Strandbademeister des Harriersandes (s. o., Kap. 1.) in Erfahrung bringen zu können. Doch zieht, wie der gesamten Korrespondenz zu entnehmen ist, DÜWEL den AHRENS als Fälscher auch kaum noch in Betracht, da mittlerweile alle Hinweise auf den Niederländer V. deuten.

Aus einem weiteren Brief von DÜWEL an GANDERT *(7. 10. 1974)* geht hervor, daß GANDERT in einem in der vergangenen Woche mit DÜWEL geführten Telefonat

einen Runenknochen, der im Museum Leiden aufbewahrt wird, sowie dessen Finder mit dem Namens-Initial V. (hierzu s. u. das Kap. 4.1.3. sowie Abb. 35 u. 36) mit den Weserrunen in Verbindung gebracht hatte.

Dieses Stück mußte in der Tat als stark fälschungsverdächtig klassifiziert werden, da auf ihm *Runen* mit *Bilddarstellungen von deutlich bronzezeitlichem Habitus* vergesellschaftet sind. Auch war die Duplizität der Fundumstände durchaus auffällig, da es sich abermals um einen *Baggerfund* handeln sollte.[94]

Die bereits erwähnte Fa. J. C. ROGGE nannte am 25. 10. 1974 die an den Weserbaggerungen 1927/28 beteiligte holländische Firma V. H. A. HOFMAN in Haarlem. Am 3. 11. wurde Prof. W. A. VAN ES, Amersfoort, um Hilfe bei den Ermittlungen gebeten.

Unter demselben Thema wie beim Sachsensymposium in Cuxhaven hielt DÜWEL am 12. 11. 1974 einen Vortrag im Niedersächsischen Landesmuseum Hannover. Der gegenwärtige Stand seiner Recherchen mochte ihn hoffen lassen, daß die Baggerfirma den Fälscher *V.* in ihrer Mitarbeiterliste ausfindig machen würde.

Am selben Tag sandte Dr. Alfred TODE seinen Brief in Braunschweig ab, von dem weiter oben *(Kap. 1.)* die Rede war und der an die Zweifel besonders unter den jüngeren Prähistorikern auf der Oldenburger Tagung 1928 hinsichtlich der Echtheit der Weserrunen lebhaft erinnerte.

94) W. C. BRAAT 1948, 9-14 und dagegen T. J. MAARLEVELD / P. PIEPER 1983, 229-243.

VAN ES nannte DÜWEL am 22. 11. J. HARTOG, Utrecht, als einen der wenigen noch lebenden Baggerarbeiter aus der Fundzeit der Knochen; diesen nun fragte DÜWEL am 3. 12. 1974,

ob einer aus seiner Baggerschiffsmannschaft den Anfangsbuchstaben V. im Familiennamen geführt habe.

Der 92jährige Mann konnte sich zwar nicht mehr recht darauf besinnen, hielt es aber für nicht ausgeschlossen, daß es seinerzeit einen Mitarbeiter namens Jan VAN DER VLIES gegeben habe *(Karte der Angehörigen vom 19. 12. 1974).*

Die Fa. HOFMAN fand mit A. VLOT, T. VISSER, M. VLIG und W. DE VREEZE gleich vier Namen mit der in den Niederlanden sehr häufigen Initiale V., *die alle im fraglichen Zeitraum mit Baggerungsarbeiten zur Vertiefung der Weserfahrrinne in Zusammenhang zu bringen waren (Schreiben vom 23. 4. 1975).*

Jetzt galt es, *den Namen des Finders des in Deventer ausgebaggerten Runenknochens in Erfahrung zu bringen,* weshalb DÜWEL am 26. 4. Dr. W. BRAAT vom Reichsmuseum Leiden anschrieb. Dazu bot STEFFENS am 27. 5. Kontaktaufnahme mit dem ihm gut bekannten Stadtarchäologen von Deventer, H. LUBBERDING, an. Auch wird nochmals GANDERT am 28. 5. anvisiert und mit den Namen der fünf V.-Personen konfrontiert.

STEFFENS' Anfrage bei LUBBERDING vom 9. 6. verweist auf den in

Deventer gefundenen und in Leiden verwahrten Runenknochen sowie dessen Finder, C. A. VIESTER, als weiter denkbaren ‚V.-Mann'.

Zu diesem stellt am 16. 6. Dr. L. P. LOUWE KOOIJMANS, Rijksmuseum Leiden, fest,

daß er nie mit Baggerarbeiten beschäftigt war, sondern als eine Art freier Mitarbeiter im Museums-Außendienst; dem Deventer-Knochen gegenüber seien er selbst und seine Mitarbeiter außer BRAAT sehr mißtrauisch.

Seinen Besuch ‚vor Ort' in Deventer, Amersfoort, Leeuwarden und Groningen, besonders aber sein Gespräch mit LUBBERDING resümiert DÜWEL am 4. 10. 1975

mit der Feststellung, daß die von GANDERT angenommene Beziehung zwischen dem Deventer-Runenknochen und denen des Staatlichen Museums Oldenburg auszuschließen sei. Ferner konstatiert er eine offensichtliche Fälschungspsychose aus aktuellem Anlaß der augenblicklich in der Presse vielfach diskutierten Affäre um Tjerk VERMANING (vgl. Anm. 87 u. Kap. 4.6.1.).

Seine Veröffentlichungen von 1975[95] erwähnen die Weserrunen verständlicherweise als „wahrscheinlich gefälscht" bzw. unter Hinweis darauf, daß ihre Entlarvung als Fälschungen „bisher noch nicht gelungen" sei.

Demnach muß DÜWEL noch mit der Möglichkeit, den V.-Fälscher zu überführen, gerechnet haben, weswegen er am 4. 3. 1976 STEFFENS von TACKENBERGS Bereitschaftserklärung unterrichtet, GANDERT, Frau VAN GIFFEN und Prof. Willem GLASBERGEN, den Nachfolger VAN GIFFENS, um Erkundigungen anzugehen.

TACKENBERG selbst ist, wie er DÜWEL bei seinem Treffen am 3. 3. 1976 mitteilt, *von der Fälschung der Weser-Runenknochen überzeugt.* Seine Nachforschungen bei allen genannten Personen verlaufen allerdings ergebnislos, wie er DÜWEL am 14. 5. 1976 wissen läßt.

95) K. DÜWEL 1975 a, 148 Anm. 28 *(Frühmittelalterl. Studien 9)* und K. DÜWEL 1975 b, 12 *(Univ. Göttingen, Informationen Nr. 8, Nov.).*

In der Publikation von 1978[96] faßt DÜWEL noch einmal alle Fälschungsindizien anschaulich zusammen, doch führen ihn auch die ansonsten unternommenen Anstrengungen u. a. bei der Witwe von KRAUSE, bei VON BUTTEL-REEPENS Nachfolger Carl MICHAELSEN, bei Dr. H. BEHRENS, der aus Gründen kunstgeschichtlicher Betrachtung auf Fälschung schloß[97], beim Einwohnermeldeamt Brake *(um die Personalia des AHRENS)* etc. zu keinem weiteren Erfolg.

1981[98] kündigt er neue Ergebnisse laufender Recherchen an, welche er in privatem Gespräch mit mir Mitte 1979 dankenswerterweise in Gang brachte.

96) K. DÜWEL 1978, 224 f. *(in: Sachsen und Angelsachsen, Hg.* C. AHRENS. *Hamburg).*
97) H. BEHRENS 1954, 55-62 *(Jb. Oldenburg 54, H. 2).*
98) K. DÜWEL 1981, 155 *(in: Wörter und Sachen, Bd. 1).*

„Es gibt keine Disziplin,
die Geisteswissenschaften
und Naturwissenschaften
enger verbindet
als die Archäologie."

C. D. BLACKETT und K. WHEARE

4. Ergebnisse der neuen Untersuchungen

Optische Verfahren

4.1. Vorbetrachtung der Knochen und Gravuren

Eine erste nähere Betrachtung der Knochen und ihrer Gravuren am 12. 6. 1979, also am Tage ihres Erhaltes, zeigte an, daß die *Artefakte selbst lange gelagert und von höherem Alter* sein dürften.
Aufgrund der Prägung ihres Erscheinungsbildes durch *überwiegend dunkle Brauntöne erinnern sie* auf den ersten Blick *an Holz*, doch ist dieses Phänomen jedem Archäologen gut bekannt, nämlich als die Auswirkung *sekundärer Mineraldurchdringung* von Knochenmaterial im Prozeß der *Fossilisation* infolge bestimmter Bodenverhältnisse.
Bohrlöcher und Einschnürungsriefen sind, soweit vorhanden, an ihren Rändern bzw. Graten nicht scharfkantig, sondern ebenso wie an den offensichtlich alten Bruchstellen durch Gebrauch oder Alterung, möglicherweise auch durch beides, *abgerundet.*
Die *Gravurtiefen der Runenknochen* erweisen sich *auf den flachen bis konvexen*, also nach außen gewölbten Seiten *überall als seichter im Vergleich zu denen der gegenüberliegenden konkaven Flächen. Diese Erscheinung, die sich besonders deutlich bei Knochen 4990 mit dem Schiff und 4988 mit der ‚Jagd', auf dem das am weitesten exponierte „Hagal" kaum noch lesbar ist, beobachten läßt, wäre bei Originalen durchaus zu erwarten.*
Sowohl beim Gebrauch der Knochenartefakte als Waffen- oder Werkzeugschäftungen, als auch bei einem Transport zunächst auf oder in der obersten Flußbodenschicht - der den Fundortangaben gemäß durchaus hätte erfolgt sein dürfen - wären die auf den eingezogenen Knochenseiten befindlichen Runen und Bilddarstellungen dagegen relativ geschützt gewesen.
Dementsprechend erweisen sich wiederum die Gravuren des sogenannten Proberunenknochens 4987 als *flach*, da sie auf eine nach außen gewölbte Seite geritzt wurden.
Analog hierzu sind *auch die Runen auf dem* in seinem Durchmesser *schmalsten und daher zerbrechlichsten Knochen 4991 nahezu bis zur Unkenntlichkeit verwittert (s. zu beiden die Abb. 13).*

Auffälligerweise ist nun zwar die Jagddarstellung des runenlosen Knochens 4989 deutlich exponiert, aber dennoch tief profiliert. Diese Beobachtung erweckte in starkem Maße Verdacht.
Auch hinsichtlich ihrer technischen und stilistischen Merkmale weicht die vorgenannte Bilddarstellung von denen der Runenknochen ab:

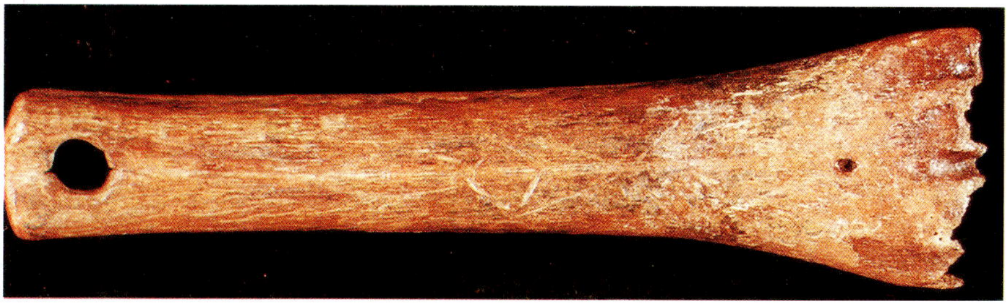

Abb. 13:
a) Runenknochen OL 4991 (Übersicht). M etwa 3: 4.

b) Runenknochen OL 4991 (Details): Makroskopische Übersicht der auf den beiden sich gegenüberliegenden Schmalseiten des Knochens befindlichen, stark verwitterten Runen (Fotomontage); von links nach rechts: ULU : HARI·DEDE. Das erste U ist zwar kaum noch erhalten, aber dennoch gesichert. M etwa 2: 1.

c) Knochenfragment OL 4987 mit runenartigen Zeichen (Übersicht). M etwa 3: 4;

von links nach rechts: 1. Seite (oben)

2. Seite (unten)

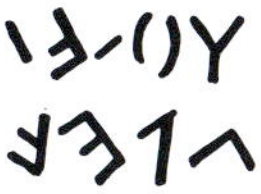

d) Knochenfragment OL 4987 mit runenartigen Zeichen (Detail): nur noch flach erhaltene Gravur, die an ihrem rechten Rand von einem schwarzen Mineralisationssaum begleitet wird (wahrscheinlich Mangan, vgl. dazu die Erläuterungen in Kapitel 4.2., besonders unter Abschnitt 4.2.2.). M etwa 7: 1.

* Allgemein wirkt die *Linienführung* mit ihren zahlreich sich überschneidenden Korrekturstrichen *sehr unsicher.* Schon SEGER hatte 1929 diese Zeichnung als *„äußerst primitiv und unbeholfen, durchaus in der Art von Kinderzeichnungen"* charakterisiert.[99]
* Der Jäger ist *ganz im Profil* dargestellt. Er trägt *keinen Gürtel.* Sein *rechter Oberarm,* dem die Hand fehlt, *durchschneidet den Kontur des Oberkörpers.*
* Der *Unterarm wird vom Umriß des Axtblattes durchkreuzt* und bildet so gleichsam ersatzweise die Schäftung.
* Bei Mensch und Tier sind die *Füße bzw. Hufe in völliger Übereinstimmung* geformt.
* Der *atypische,* weil *langhaarige Schweif des Urstieres* ist *unnatürlich* steil *aufgerichtet.*

Im direkten Vergleich dazu zeigt die thematisch doch verwandte Darstellung des *Runenknochens 4988 ein anderes Bild:*

Die *technisch fehlerlos* ausgeführte Szene gibt den Mann in der *Wechselperspektive* wieder[100], d. h. der Kopf und die Beine erscheinen im Profil, der Körper mit den Armen aber in Frontansicht.
Beide Hände sind hier ebenso angegeben wie die *Schäftung der Axt,* die in einem, durch zwei parallele Horizontalstriche gekennzeichneten *Gürtel* steckt.

Überhaupt könnte man den Eindruck gewinnen, daß die Abbildung auf dem runenlosen Knochen 4989 eine gedankliche Fortsetzung zu der des Runenknochens 4988 beinhalte, indem dem Jäger - unter Verzicht auf die Bewaffnung mit einer Lanze - die Axt aus dem Gürtel gezogen und unmittelbar durch den Unterarm gezeichnet wurde; hierdurch konnte auch der Gürtel, der im ersten Falle ja als Bildelement zur Verdeutlichung der Tragweise der Waffe sinnvoll erschienen sein mag, im zweiten Falle weggelassen werden.

Nun erhöbe sich für den Graveur die Frage, was mit dem zweiten Arm des Mannes zu tun sei. Haben beim Jäger des Runenknochens beide Arme die Funktion, die lange Lanze kräftig gegen das gehörnte Tier zu stoßen oder zu schleudern, so scheint die beidhändige Führung einer viel kleineren Axt in den Augen des Ritzers unglaubwürdig gewirkt zu haben. Deshalb wurde die Brust einfach im Profil dargestellt und der nicht waffenführende Arm - im Widerspruch zu den sonst vollzählig angegebenen Extremitäten von Mensch und Tier - fortgelassen.

Die genaue Verfolgung der Gravurverläufe mit Hilfe einer Lupe (AGFA-*Magnifier 8x)* ergab einen *weiteren wichtigen Unterschied zwischen den Linien der Runenknochen und denen des runenlosen Artefakts 4989:*

Trugen erstere allgemeine Verwitterungshinweise in Form einer gleichermaßen ausgeprägten Durchsetzung der Gravuren wie der Restoberfläche mit augenscheinlich alten Rissen und peripheren - wohl abbaubedingten - feinen Furchen, *so fehlten diese Alterungsmerkmale dem runenlosen Knochen 4989 ebenso, wie den* seit dem 1. 3. 1980 untersuchten *Fragmenten 5046 und 5127:*

5046 trägt inmitten seiner Oberfläche die isolierte Darstellung einer *langgestielten Axt,*

5127 die eines *gehörnten Tieres;*
beide sind runenlos (s. Abb. 16).

Bereits die erste genauere Betrachtung dieser Knochen ließ also Unterschiede hinsichtlich der Alterungsmerkmale in den Gravuren erkennen.

99) H. SEGER 1929 in der Prähistor. Zeitschr. Bd. 20, H. 3/4, 315 ff., hier: 316.
100) H. BEHRENS 1954, 58 zufolge *„ein Merkmal jeder frühen Kunst, die noch nicht mit der Anwendung perspektivischer Zeichenprinzipien vertraut ist".*

4.2. Auflichtmakroskopische Beobachtungen

Die erste dieser Untersuchungen wurde am 14. 6. 1979 im Institut für Rechtsmedizin der Universität Göttingen vorgenommen und hatte zum Ziel, die Ergebnisse der Vorbetrachtung unter Zuhilfenahme genauerer optischer Geräte zu überprüfen.

Hierzu wurde ein ZEISS-TESSOVAR mit max. 70facher Vergrößerung benutzt.
Die fotographische Dokumentation erfolgte mit einer Kamera des Typs ROLLEIFLEX SS 66 und ZEISS PLANAR-OBJEKTIV 1: 2,8; f= 80 mm in Retrostellung auf einer REPROVIT IIa - Anlage der Fa. LEITZ, bzw. einer LEICA M/Da auf derselben.
Seit dem 6. 6. 1984 stand - beschafft aus Mitteln der STIFTUNG VOLKSWAGENWERK - ein WILD-HEERBRUGG M-5A-Stereomikroskop mit MPS-15-Semiphotomat und MPS-11-Kamerakörper für Integralmessung zur Verfügung; auch die leihweise getesteten MPS 51 S/45 und MPS 05 bewährten sich. Der trinokulare Aufbau des Gerätes garantierte eine unverzerrte Dokumentation des zuvor im Binokular Gesehenen, die Doppelirisblende eine optimale Kontrolle der Schärfentiefe.
Zur Ausleuchtung der Gravuren wurden Spot-Streiflichter aus je nach Bedarf wechselnden Richtungen, überwiegend aber von schräg oben links, verwendet. Lichtquellen waren eine SCHOTT KL *(d. h. Kaltlicht)* 1500 und eine Halogenlampe 365 E der AMERICAN OPTICAL COMPANY, beide 150/200 W. Als Filmmaterial diente fast ausschließlich der AGFACHROME 50 L PROFESSIONAL 120 oder 135-36, 3100 K *(= Kunstlicht).*
Bei konstanter Blende 11 und serienmäßiger Ablichtung in 18, 21 und 24 DIN-Einstellung lieferte letztgenannte allgemein - trotz der Filmempfindlichkeit von 50 ASA *(≙ 18 DIN)* - die besten Ergebnisse unter dem Zeitwert des automatischen Belichtungsmessers.

Fotografiert wurden schwerpunktmäßig Partien *vergleichbarer Darstellungen*, z. B. von *‚Jäger‘* und *‚Stier‘* des runenlosen wie des runentragenden Knochens *(4989 u. 4988)*, sowie Details hieraus.
Am 15. und 16. 6. 1979 wurden die wichtigsten Ergebnisse der Stereo-Auflichtmakroskopie nach einer ausführlichen wie einträglichen Diskussion mit Herrn Prof. Dr. Wolfgang BONTE wie folgt protokolliert:

4.2.1. Usuren und Gravuren

Unter *Usuren* werden eigentlich Abnutzungsspuren, aber auch anders verursachte oberflächliche Gewebezerstörungen u. a. einer knöchernen Oberfläche verstanden.[101]
Die Usuren, die sich, durch allgemeine Alterungs- und Lagerungsprozesse bedingt, auf der Oberfläche aller untersuchten Knochen gebildet haben, zeigen die Form rinnen- oder muldenartiger Vertiefungen von unterschiedlich flacher bis kräftiger Ausprägung.
Bei den Untersuchungsobjekten 4987, 4988, 4990 u. 4991

durchziehen Usuren deutlich die Gravuren sowohl an ihren Kanten als auch in ihren Tiefen, und zwar im gleichen Verhältnis wie die Restoberfläche dieser Knochen; somit erweisen sie sich jünger als die Gravuren, da diese in gleichem Maße wie der gesamte Knochen von diesen Alterungsmerkmalen durchsetzt werden.
In Zonen, in denen die Ritzungen besonders exponiert sind, also auf konvexen Knochenpartien, treten die Linien der Usuren gar vor denen der Gravuren hervor.
Dort, wo die oberste Kompaktaschicht flächenweise fehlt und eine der unter ihr befindlichen Knochentafelschichten sichtbar werden läßt, wird der ausgebrochene Bereich so gut wie nie durch einen Gravurstrich begrenzt, der sonst als Ursache des Defektes hätte angesehen werden dürfen.
Darüber hinaus läßt sich in diesen Fällen feststellen, daß der Vorgang des Ausbrechens dieser Kompaktazonen lange zurückliegen muß, da nämlich die so zur neuen Oberfläche gewordenen, folgenden Tafelschichten ein ebenso dichtes Usurenbild aufweisen, wie die alte Außenfläche. Auch entsprechen die mineralisationsbedingten Farbtöne der Sekundäroberflächen denen der primären, woraus sich die Homogenität des Gesamteindruckes dieser Knochen erklären läßt (s. Abb. 14 a+b, 15 a+c, 17 a-d, 18 a-d, 39 a-c).

101) Vgl. S. BERG / W. SPECHT 1957/58, 209, 211; S. BERG 1964, 4, 1973, 168, 1976, 94; Zur Auflichtmikroskopie vgl. J. RIEDERER 1987, 26 f., zu altersbedingten Materialveränderungen dens. 1979, 187 sowie dens. 1981, 92, welcher feststellt, „der sichere Nachweis, daß eine Ritzzeichnung in einem prähistorischen Knochen original ist oder in jüngerer Zeit mit fälscherischer Absicht angebracht wurde, ist nicht möglich.“ Vgl. dazu H. SCHWABEDISSEN 1970, 175 ff. sowie zu den technischen Möglichkeiten gängiger Knochenuntersuchungen wieder RIEDERER 1987, 225-230.

Bei 4989 ergibt sich ein völlig gegensätzliches Bild.
Hierbei spricht der dunkle Braunton wie die ausgeprägte Usurierung des Knochens selber zunächst für eine ähnlich lange Lagerung wie bei den vorgenannten Stücken.

Ganz anders aber als bei diesen schneiden hier die Gravuren deutlich die Oberflächenusuren, wodurch sie sich als jünger erweisen, da sie die Alterungsspuren stören und nicht umgekehrt. Auch lassen sich in den Tiefen der Ritzungen keine Usuren feststellen.
Nicht selten werden zudem die Kompaktaschichten durch die Ritzlinien selber scharf in unterschiedlich hohe Zonen getrennt. Es entsteht somit der Eindruck, daß Kompaktafelder der obersten Schicht erst durch den Vorgang des Gravierens herausgebrochen wurden.
Infolgedessen bilden nun die Gravurstriche häufig besonders dort, wo sie winklig zueinander stoßen, die innere oder äußere Begrenzung zwischen zwei Knochenschichtenfolgen (s. Abb. 14c und 15b).
Die Gravuren selbst verlaufen relativ schmal, scharfkantig und spitz, ihre Kanten zeigen - von wenigen Randabsplissen eher druck- als alterungsbedingter Ursache einmal abgesehen - keinerlei Abrundungserscheinungen.
Zusammen mit dem Gesamteindruck einer sehr unsicheren Linienführung mit mehrfachen Fehlritzern spricht der Befund für die rezent erfolgte Gravierung eines alten Knochens, zumal die durch diesen Vorgang angeschnittenen unteren Kompaktaschichten aufgrund eines vergleichsweise geringen Stadiums der Mineralisation sichtlich hellere Farbtöne zeigen als der Rest der Oberfläche.

Entsprechende Beobachtungen ließen sich auch bei den seit dem 1. 3. 1980 makroskopierten Knochenfragmenten 5046 und 5127 treffen.
Der Axtstiel auf 5046 ist nur in dem Maße usuriert, wie die zweite Kompaktaschicht insgesamt, was die Ausbruchzone links neben der Darstellung selbst zeigt (s. Abb. 16a und d).

4.2.2. Sekundärmineralisation

Die Bedingungen für eine Dekomposition von Knochen sind - wie umgekehrt auch die für eine Konservation - vielfältig:
Als abiotische Faktoren sind hierzu besonders Bodenart und pH-Wert, sowie Auswirkungen mechanischen Druckes durch Witterungseinflüsse wie Feuchtigkeit und Temperaturextreme *(z. B. Eisbildung)* zu nennen.
Unter dem biotischen Aspekt wären die Aktivitätsmöglichkeiten der jeweils vorhandenen Mikroorganismen des Bodens zu berücksichtigen.
Von großer Wichtigkeit sind die Gegebenheiten des Liegemilieus auch hinsichtlich des Transportes dekompositiv oder eben konservativ wirkender Stoffe, wie auch die Durchlässigkeit *(Permeabilität)* der Knochen selbst für solcherart diffundierende Lösungen, die ihrerseits von der räumlich-strukturellen Differenzierung des betreffenden Knochengefüges abhängt.[102]
Allgemein läßt sich feststellen, daß die Dekompositionsneigung mit wachsendem Säuregehalt und bei Kalkarmut oder -absenz zunimmt, wie z. B. in Sandböden oder Hochmoortorfen.
Karbonatreiche bis neutrale Böden, besonders humide Gley- und eisenreiche Aueböden, wie auch Ton, Höhlen- und Geschiebelehm etc. konservieren dagegen im morphologischen Sinne gut. Überhaupt resultiert die jahrhunderte- bis jahrtausendelange Erhaltung mancher Knochen aus der Tatsache, daß während der Bodenlagerung keineswegs Substanzen nur abgebaut und eliminiert, sondern auch neue Materie eingebaut werden kann. Für solche Prozesse der Neu- oder Sekundärmineralisation ist ein Vorhandensein von austauschbarem Ca bzw. CO_3 entscheidend, daneben auch die Präsenz von imprägnativ wirksamen Mg-, Mn-, Fe- und Cu-Verbindungen, welche im Extremfall bis zur Versteinerung *(Petrifikation)* führen kann.[103]

102) W. SPECHT / S. BERG 1958, 55; B. HERRMANN / H. NEWESELY 1980, 179, 1982, 29.
103) S. BERG / W. SPECHT 1957/58, 221 ff., 1958, 44 ff.; S. BERG 1964, 9 ff., 1976, 94 ff.

Abb. 14

a) Runenknochen OL 4988 (Übersicht). M ca. 3: 4.

b) Runenknochen OL 4988, (Detail): Der Kontur des Axtblattes zeigt links längliche, rechts auch punktuelle Usuren; solche durchziehen die Gravurkanten und -tiefen auch des Axtstieles zahlreich. M etwa 9: 1.

c) Knochen OL 4989, Detail: ‚Arm-Axt‘: Die hier diagonal ziehenden Usuren werden von - durch die Schlagschatten als scharf ausgewiesenen - Gravurstrichen gestört. Wo diese winklig aufeinandertreffen, sind flächig durch sie begrenzte Ausbruchzonen der obersten Kompaktaschicht auffällig. M etwa 7: 1.

d) Knochen OL 4989, Gesamtübersicht der Bildgravur: Die Zeichnung tritt vor dem Rest der noch erhaltenen Ursprungsoberfläche sehr hell hervor. Die Überschneidungen von Axtblatt und Unterarm sowie Oberarm und Brust sind ebenso gut erkennbar wie die völlige Gleichgestaltung aller Füße. M etwa 3: 4.

a)

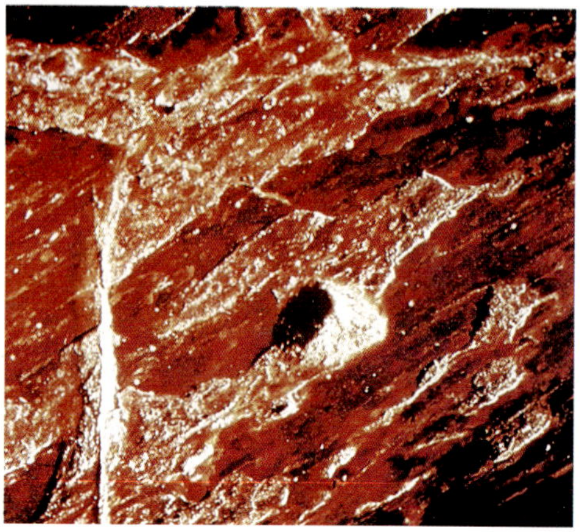

b)

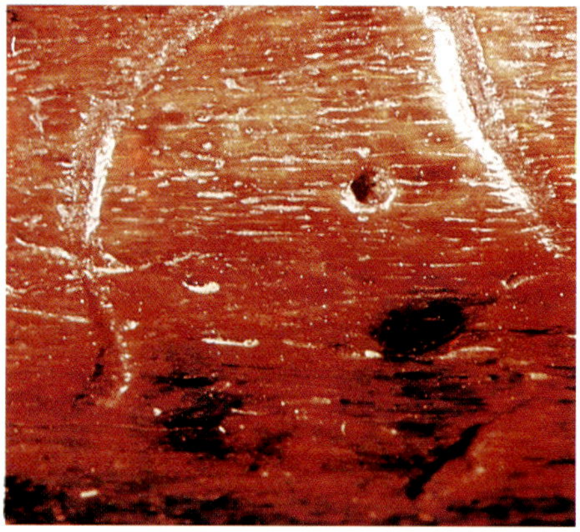

c)

d)

Abb. 15:

a) Runenknochen 4988, Detail: Da die Stirn des gehörnten Tieres auf eine nach außen gewölbte Knochenseite geritzt wurde, erscheinen die Gravurzüge gegenüber den viel deutlicheren Usurenlinien aufgrund allgemeiner Abbauprozesse verwischt. Die Ausbruchfläche oben ist nur wenig heller als die alte Oberfläche in der unteren Bildhälfte, demnach ähnlich alt. M etwa 6,5: 1.

b) Knochenartefakt 4989, Detail: Stirnbereich des Stieres. Neben Zwickelausbrüchen der äußeren Knochentafel im Horn-Ohr-Bereich treten solche auch im Umfeld des Auges auf. Die im Bild schräg verlaufenden Usuren werden von den Gravurzügen unterbrochen. Der Unterstrich des Hornes mißriet dem Graveur zu einer Fehlritzung. M etwa 6,5: 1.

c) Runenknochen 4988, Detail: Das Auge des Jägers oder Kriegers ist wahrscheinlich durch Vollbohrung, möglicherweise aber auch durch Hohlbohrung entstanden. Es zeigt einen kreisrunden Rand und eine im Lichtschnittprofil gleichmäßig zylindrische Tiefe (⌣). Die Hinterkopflinie durchqueren z. T. sehr ausgeprägte Usuren. M etwa 4,5: 1.

d) Knochenartefakt 4989, Detail: Das Stierauge der Fälschung wurde eingestochen bzw. ‚gepickt', entstand also durch die konzentrische Umdrehung einer abgeschrägten Klinge, wie der unregelmäßige Umriß und der in der Tiefe des Auges verbliebene, dreieckige Sockel verraten. M etwa 20: 1.

a)

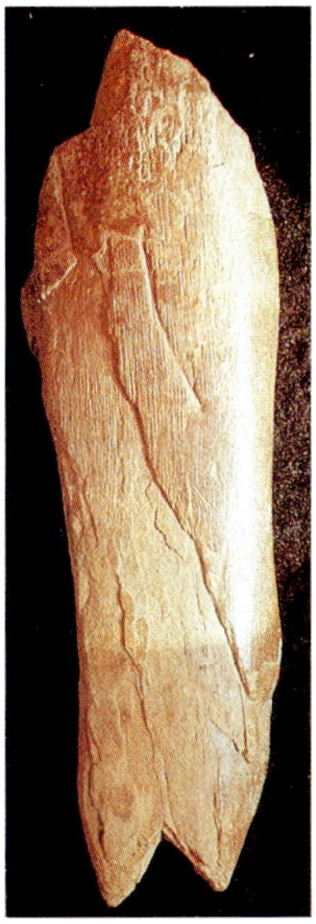

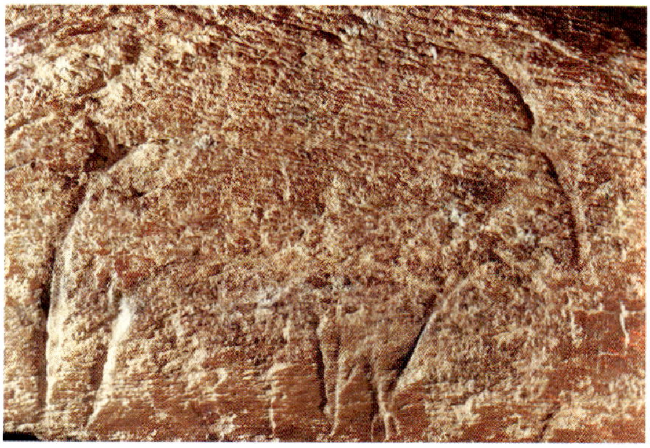

c)

d)

b)

Abb. 16:

a) Knochenfragment OL 5046 mit Axtgravur (Übersicht). M etwa 4: 5.

b) Knochenfragment OL 5127 mit Stiergravur (Übersicht). In der Übersicht wurde durch Schräglicht von links unten die Rückenlinie des Tieres verdeutlicht, die auf dem folgenden Bild unter Auflicht in der allgemeinen waagerechten Usurierungsrichtung verschwindet. M etwa 4: 5.

c) Detail: Stiergravur auf Knochen 5127. Gut erkennbar ist auch hier das Fehlen der - auf der Oberfläche zahlreich sichtbaren - Usuren in den Gravurtiefen. Diese Tatsache ist offenbar auch VON BUTTEL-REEPEN nicht entgangen, wie sein Brief vom 29. 6. 1928 an AHRENS vermuten läßt. Mit diesem Stück erlischt die Tätigkeit des AHRENS als Finder gravierter Knochen. M etwa 2: 1.

d) Detail: Axtgravur des Knochenfragmentes 5046. Die zur Usurenrichtung quer verlaufenden Gravurstriche des Axtblattes zeigen in ihren Tiefen keine Usuren. Der Axtstiel weist in seinem mittleren Bereich zwar eine Usurierung auf, doch entspricht diese lediglich der vergleichsweise schwachen Ausprägung der zweiten Kompaktastrate, wie sie jenseits der Bruchkante am linken Bildrand sichtbar ist. M etwa 3: 1.

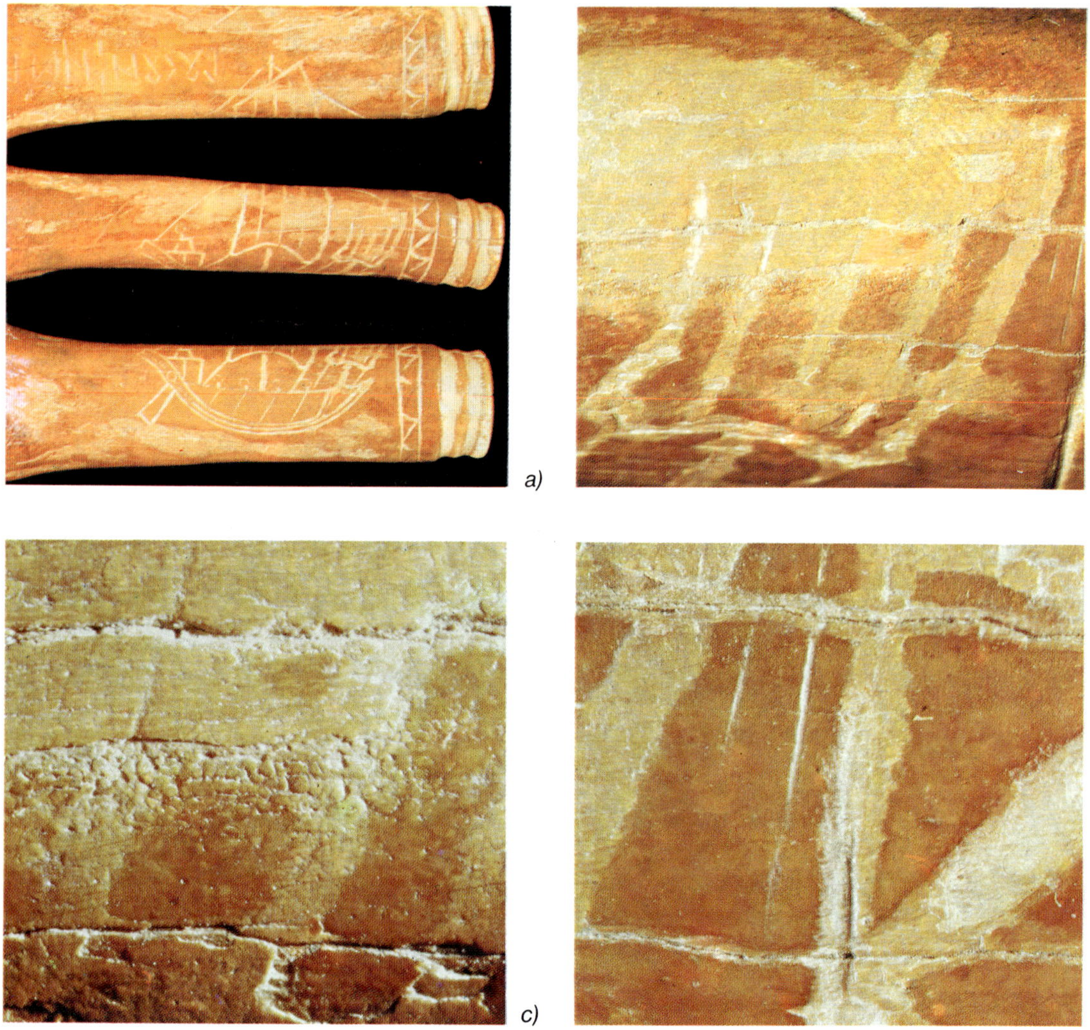

Abb. 17:

a) Runenknochen OL 4990: Übersicht der Gravuren; M etwa 1: 2

b) Detail: Vordersegel (Artemon) mit Rest der äußersten (gelben) und der darauf folgenden (rötlichen) Kompaktaschicht. M etwa 2: 1.

c) Detail aus a) und b):
Oberhalb des Bruchrandes in der Bildmitte erkennt man den rechten der beiden feinen ursprünglichen Gravurstriche. In der unteren Kompaktaschicht finden diese ihre sinngemäße Fortsetzung in einer wesentlich breiteren linearen Verfärbung, deren Gelbton dem der oberen Knochentafelschicht entspricht, sich aber vor dem rötlichen Hintergrund der freiliegenden zweiten Knochenstrate markant abhebt (= Sekundärmineralisation unterhalb der verlorengegangenen Originalgravur). M etwa 10: 1.

d) Detail aus a) und b):
Vor dem Artemonsegel, dessen vorderste Umrißlinie am linken oberen Bildrand sichtbar ist, befinden sich zwei feine, etwa parallele Gravurstriche, mit denen der Ritzer ursprünglich sein Bildfeld vorbegrenzte (s. auch Abb. 17b u. vgl. Abb. 38 und 39). Alle Linien, wie auch die des rechts anschließenden ‚Wolfszahndekors' werden von zwei waagerecht verlaufenden Rissen durchzogen. Diese beiden Defekte erweisen sich als lagerungsbedingt und alt, da sie beiderseits von schmalen Sekundärmineralisationszonen gesäumt sind, welche farblich denen der ‚Zeichnung' entsprechen. M etwa 10: 1.

a)

b)

c)

d)

Abb. 18:

a) Runenknochen OL 4988. Detail aus dem Runentext: Die Diagonalen der beiden N-Runen werden von je einem dunkelbraunen Schatten begleitet. Bei der rechten Rune verrät der Abstand zwischen ausgeführter Gravur und Schatten, daß der Graveur diese Diagonale bei der Endritzung korrigierte. Der Vorstrich ist nicht mehr als Eindruck in der Knochenoberfläche, sondern als Folgeerscheinung der Sekundärmineralisation ‚schattenhaft' erhalten. M etwa 7: 1.

b) Runenknochen 4988. Detail: Eine Vorritzung, die ansonsten vergangen ist, wurde in Form eines mineralisationsbedingten Schattens erst im Verlauf der Untersuchungen sichtbar. Die rätselhafte Rune Y war demnach zunächst als ᛉ konzipiert. M etwa 3,5: 1.

c) Runenknochen OL 4990. Detail aus dem Vorsegel: Die Farbverhältnisse sind aus bisher unerklärlichen Gründen im Laufe der Untersuchung in ihr Gegenteil umgeschlagen. Die auf Abb. 17 hellgelben Linien der zweiten Kompaktastrate sind nun - wie eigentlich erwartet und in Entsprechung zu Knochen 4988 s. o.: a) - dunkler als ihr Umfeld. Dasselbe gilt für das Dunkelbraun der obersten Kompaktainsel. M etwa 7: 1.

d) von oben nach unten:
Runenknochen 4990, LOKOM : HER,
Runenknochen 4991, ULU : HARI,
Runenknochen 4988, LATAM)(HARI.
Details der drei Inschriften: Besonders der direkte Vergleich von 2 x HARI und dem HER verdeutlicht eine gleichartige Dimensionierung der Runen bei gleichem Duktus. Neben anderen Argumenten wie z. B.: Überall einstrichiges H, gleichhohes K bei 4988 u. 4990, Sonderform des U bei 4988 u. 4991, Ähnlichkeiten als Artefakte, in den Lagerungsbedingungen und ^{14}C-Werten etc. spricht dies für eine ursprüngliche Zusammengehörigkeit und nur einen Verfertiger. M etwa 3: 4.

Die mineralische Durchsetzung bodengelagerten Knochenmaterials hat meist eine gleichzeitige Einfärbung desselben zur Folge, wobei Eisenverbindungen beispielsweise Gelb-, Rot- und Brauntöne verursachen können, Mangan sowie eine Huminsäure-Infiltration - allerdings voneinander unterscheidbare - Schwarztönungen bewirken etc. . .

Naturgemäß setzt dieser Verfärbungsprozeß stets an der äußersten Knochenfläche, also der, die dem einbettenden Medium direkt ausgesetzt ist, ein. Dasselbe gilt demzufolge auch für jede alte Bruchfläche sowie - bei alt eröffneten Röhrenknochen - für die Oberfläche der innersten Kompakta. Der Transport dieser färbend wirkenden Mineralien setzt sich durch die zugänglichen Hohlräume des Schwammgewebes *(Spongiosa)* und der Knochenkanälchen der Knochenzellenkörper *(Osteone)* fort, wobei sein Fluß im Verhältnis zur Länge der zurückgelegten Strecke abnimmt.

Messungen unter anderem der Fe-Konzentration im Bereich der *Havers'schen Kanäle* mit der Elektronenstrahlmikrosonde werden in der neueren Literatur bereits für die Einschätzung der Liegezeit von Knochen herangezogen;[104] wieweit solche Methoden absolut-chronologisch auswertbar werden könnten, bleibt jedoch zukünftiger Forschung vorbehalten.

Das Phänomen der gewöhnlich recht gleichmäßigen Verfärbung der Knochenperipherie läßt den Archäologen frische Brüche *(z. B. bei Grabungsartefakten)* oder auch - wie weiter oben beschrieben - jüngere Gravuren auf länger gelagerten Knochen erkennen, wann immer sich Bruchzonen oder Gravurtiefen durch hellere Farbtöne gegenüber denen der dunklen Altoberfläche als rezent ausweisen. In diesen Fällen hat die Bruchkante bzw. der Gravurgrund eben nicht den Anschluß an die unbeschadete Restoberfläche des Knochens im Sinne einer relativen Neuoberfläche gefunden, kann also nur später entstanden sein.

Darüber hinaus wäre bei einer alten Beschädigung der Knochenaußenfläche - wie sie ja auch jede Beritzung ist - zu erwarten, daß durch die Tätigkeit des Gravierens selbst neben der Oberflächenvergrößerung auch eine größere Anzahl von Osteonen angeschnitten wurde, was das Eindringen von Bodenmineralen begünstigen müßte. So waren die ursprünglichen Gravurstriche geradezu Wegbereiter für ein Phänomen der Sekundärmineralisation ihres direkten Umfeldes, wie es wohl nur auf eine jahrhundertelange Entstehung auf natürlichem Wege zurückgeführt werden kann, was der Runenknochen 4990 mit der Schiffsdarstellung eindrucksvoll zeigt.

VON BUTTEL-REEPEN hatte vermutet, daß die Linien durch den Runenmeister zum Zwecke einer Kontrastierung mit einer andersfarbigen Masse ausgefüllt worden waren.

Die beiden chemischen Analysen von BRITTNER und POPP ergaben dagegen lediglich einen erhöhten Eisengehalt der angeblichen Füllmasse, die ansonsten aber ausschließlich aus reiner Knochensubstanz bestand und keinerlei Spuren eines organischen oder anorganischen Bindemittels erkennen ließ.[105]

Abbildung 17b zeigt das Schlüsselbild für unsere Erklärung dieses Farbphänomens, das Vordersegel *(Artemon)* der Schiffsdarstellung.

Im oberen Bildbereich erscheint die äußere, nur noch inselartig erhaltene Kompaktaschicht ebenso hell gelblich, wie die Fortsetzung der „Zeichnung" selbst - die sich allerdings auf der zweiten Kompakta-Ebene befindet - vom dunkleren, rötlichen Restuntergrund der darunterliegenden Schicht abgehoben.

Auf der Vergrößerung darunter (Abb. 17c) sind noch zwei feine Gravurstriche der oberen Knochentafel erkennbar, welche sich unterhalb der Abbruchzone *(Bildmitte),* also in der darunter befindlichen Kompaktaschicht als breitere Verfärbung, wie bei einem Kohlepapier-Durchschlag etwa, sinngemäß fortsetzen. Aufgrund des feinstratigraphischen Befundes müssen aber diese schmalen, kaum noch wahrnehmbaren Vertiefungen die Relikte der ursprünglichen Beritzung sein, keineswegs ihre viel breiteren Fortsetzungen in der folgenden Knochenstrate, so sehr sie sich dem Erstbetrachter - wie seinerzeit VON BUTTEL-REEPEN auch - als solche aufdrängen. Eine befriedi-

104) H. KIJEWSKI 1982, 845-852; dennoch stellen unterschiedliche Bodenbedingungen wohl beträchtliche Variablen dar.

105) H. VON BUTTEL-REEPEN 1930, 75, 90 f., 98 ff. *(letztere S. mit den Chemoanalysen).*

gende Erklärung für diese täuschende Wirkung des Augenscheins läßt sich eben nur geben, wenn man bedenkt, daß durch den Ritzungsprozeß in alter Zeit *Prädilektionskanälchen* geschaffen wurden, durch welche eine verstärkte Einwanderung besonders bodentypischer Eisenminerale stattfand, die expansiv auf die tiefer gelegenen Kompaktaschichten übergriff.[106]
Ein ähnlicher Befund einer massiven Neumineralisation infolge der Begünstigung durch eine alte Verletzung der Knochenoberfläche wäre auch bei früh aufgetretenen Rissen zu erwarten und ist auch tatsächlich, nämlich am - dem Vorsegel anschließenden - Wolfszahnmuster *(Abb. 17d)* zu beobachten. Besonders der obere Riß wird beidseitig durch eine schmale Sekundärmineralisationszone gesäumt, die farblich jener der Vorsegel-„Zeichnung" entspricht.
Vermutlich ist dieser Riß vergleichsweise älter, als der unter ihm sichtbare, da dessen Mineralisationssaum erheblich schwächer ausgeprägt ist.
Bei Runenknochen 4988 äußert sich der Mineralisationseffekt in anderer Form (Abb. 18a). Die Schrägstriche der beiden *N*-Runen müssen ursprünglich andersartig vorgeritzt und bei der endgültigen Gravur korrigiert worden sein, was die beiden noch sichtbaren ‚Schatten' unterhalb anzeigen. Letztere sind ebenfalls durch Sekundärmineralisation erklärlich, fallen hier aber nicht hell, sondern dunkel aus.
Diese Tatsache erscheint umso interessanter, als auch die Farbverhältnisse des Runenknochens 4990 mit der Schiffsdarstellung sich im Laufe der Untersuchung in ihr Gegenteil verkehrten.
Wie Abbildung 18c zeigt, sind nunmehr alle Restpartien der äußersten Kompakta ebenso wie die sekundären Auswirkungen der Gravurstriche in der folgenden, zweiten Kompaktastrate als dunklere Verfärbungen im Verhältnis zu ihrem Untergrund wahrzunehmen, also eigentlich, wie zu erwarten wäre und nicht dazu angetan, sich - wie VON BUTTEL-REEPEN - um eine besondere Interpretation *(Füllmasse)* zu bemühen.
Ein plausibler Grund für den Farbumschlag selbst kann bisher nicht angegeben werden.
Eventuell war die zeitweise recht intensive Bestrahlung des Knochens durch Fotolampen ursächlich.
Eine zweite Möglichkeit, die diesen Effekt hervorgerufen haben könnte, wäre, daß ein leichtes Einreiben der Oberfläche mit dem handelsüblichen Glycerinöl BALLISTOL durch Herrn Oberpräparator M. HOLLMANN eine chemische Reaktion mit dem Präparationsmittel bewirkte, mit dem VON BUTTEL-REEPEN alle Knochen konservierte *(vermutlich eine Art Schellack).* Durch das Einreiben sollte verhindert werden, daß bei der Anfertigung von Gipsabdrücken im Februar 1980 am Institut für Rechtsmedizin der Universität Göttingen sich Silikon-Kautschuk in den Gravuren sowie den zahlreichen feinen Usuren festsetzen konnte.
Wesentlicher als Überlegungen zur Ursache für den farblichen Umschlag der sekundär mineralisierten Zonen sind aber wohl solche der Fälschbarkeit des Phänomens der Sekundärmineralisation in Gravuren überhaupt.
Der angenommene Fälscher hätte vor rund 50 Jahren rein technisch folgende Arbeitsgänge vollziehen müssen:

1. Beschaffung eines lange gelagerten und insgesamt bereits intensiv neu mineralisierten Knochens,
   (was problemlos - z. B. aus dem Weser-Baggergut - hätte erfolgen können).
2. Formgebung dieses Knochens als Artefakt,
   (welche ebenso einfach den damals vorhandenen Fachbüchern hätte entnommen werden können).
3. Spanförmiges Ausheben der Gravuren,
   (was beachtliches manuelles Geschick erfordert hätte, s. das Kap. 4.14. über die diesbezüglichen Experimente).

106) W. BONTE / P. PIEPER 1981, 65-77, hier bes. 75.
Vgl. auch in S. BERG / R. ROLLE / H. SEEMANN 1981, 131-133, hier bes. 133.

4. Homogenes Verfüllen der Gravuren mit stark eisenangereicherter Knochenpulvermasse, allerdings ohne Anwendung irgendwelcher Bindemittel, da solche in den Chemoanalysen sicherlich nachgewiesen worden wären,
(was bis heute nur etwa unter Anwendung von Überdruck vorstellbar wäre, dem aber der subfossile Knochen nicht hätte standhalten können, weshalb dieser Arbeitsgang bis heute als technisch undurchführbar angesehen werden muß).
5. Aufbringen einer ebenso stark eisendurchsetzten, dazu morphologisch passenden Kompaktalage auf dieser Zweitschicht, wiederum ohne Anwendung von Leim o. ä.,
(was aus dem unter 4. genannten Grund als ebenso unmöglich betrachtet werden muß).
6. Beritzen der nun obersten Kompaktaschicht in logischer Fortsetzung der in der unteren Strate vorhandenen Umrißverläufe,
(was wohl nicht unmöglich, aber immerhin schwer vorstellbar ist, wenn man bedenkt, daß bei der geringsten Unregelmäßigkeit in der Druckausübung des Ritzens die nur millimeterdünne, vorher aufgebrachte Altkompaktaschicht gleichzeitig zerstört worden wäre).
7. Eintiefung von - Usuren glaubhaft vortäuschenden - kleinsten Mulden und Grübchen auch durch die Gravurtiefen dieser Außenkompakta, wie in die Oberfläche beider Kompaktaschichten,
(was aus dem unter 6. genannten Grund als sehr schwierig bezeichnet werden muß).

Abgesehen von den bis heute technisch unvorstellbaren Arbeitsgängen 4. und 5. wäre der gesamte Arbeitsaufwand zu enorm, um noch in einem vernünftigen Verhältnis zur finanziellen Entschädigung dieses Fälschers zu stehen.
Die Makroskopie ließ somit Alterungsphänomene wie Usuren und Mineralisation in den Gravuren der Runenknochen, nicht aber in denen der runenlosen Knochen erkennen.
Die Altersindikatoren der Runenknochen-Gravuren selbst sind schwerlich *(Usuren)* oder überhaupt nicht fälschbar *(Sekundärmineralisation).*

4.3. Lichtschnittmikroskopie

Dieses Verfahren wurde zunächst in der Metallurgie, nämlich zur Prüfung technischer Oberflächen eingesetzt. Es ermöglicht die zahlenmäßige Erfassung der mikrogeometrischen Gestalt und Struktur hoch zu belastender Präzisions-Werkstücke in ihren verschiedenen Kenngrößen (Rauh- und Wellentiefe, Rillen- und Wellenabstand etc.). Daß diese empfindliche Meßtechnik auch zur *Qualifikation individueller Werkzeugspuren* geeignet ist, machte sich zuerst BONTE 1974 im Bereich der Kriminalistik zunutze, unter dessen Anleitung die erste Lichtschnittserie der Weserknochengravuren am 29. 6. 1979 im Institut für Rechtsmedizin der Universität Göttingen entstand.[107]

Das Lichtschnitt-Mikroskop erzeugt - ohne daß die zu prüfende Oberfläche berührt oder etwa der Prüfling zerstört werden müßte - einen Profilschnitt der jeweiligen Oberflächengestalt, welcher sich direkt im Lichtbild festhalten läßt.
Eine 6 Volt-5 Watt-Lampe im Zentriersockel des Gerätes, die von einem Netzanschlußgerät gespeist wird und deren Helligkeit regelbar ist, beleuchtet einen Lichtspalt, durch den dann ein nur etwa 1 mm langer, μm-feiner Lichtfaden auf die Oberfläche des zu untersuchenden Objektes projiziert wird.
Dieses Lichtband schmiegt sich nun dem Verlauf der Oberfläche an, bleibt ungebrochen, wenn dieser glatt ist und bricht sich bei vorhandenen Unebenheiten getreu nach deren Eigenart. Die so beleuchtete Stelle kann durch eine Optik betrachtet werden, die gegenständig zur Lichtquelle angeordnet ist, wodurch das Oberflächenprofil seitenverkehrt und auf dem Kopfe stehend im Okular erscheint.
Das Lichtband wird bis zu einer Profilhöhe von 100 μm scharf abgebildet; bei der 200fachen Vergrößerung und kleiner Aperturblende lassen sich noch Profilstrecken von etwa 400 μm messen.
Es wurde ein Lichtschnittmikroskop der Fa. ZEISS verwendet, das durch Kopplung mit einer IKON-Kamera für eine systematische Serien-Dokumentation einsetzbar ist; Filmmaterial lieferte bevorzugt der AGFA Dia Direct 135-36, 16 DIN/32 ASA.
Eine schematische Zeichnung des Lichtschnittverfahrens zeigt Abb. 19a.

107) W. BONTE: a) 1974, 144-155, b) 1974, 145-154.

Die Gravuren auf den Weserknochen lassen sich in zwei Gruppen einteilen:

Gruppe 1: U-förmige Profile, verursacht durch Gravuren mit abgerundeten Kanten und Tiefen, welche nicht technisch, sondern durch lange Bodenlagerung bedingt sind *(s. Abb. 19c, 20a: rechts, 20c).*

Gruppe 2: V-förmige Profile, verursacht durch Gravuren mit scharfen Kanten und spitzen Tiefen, die keine Anzeichen lagerungsbedingter Verwitterung erkennen lassen, somit rezenten Ursprungs sein dürften *(s. Abb. 19b, 20a: links, 20b).*

Zur Gruppe 1 gehören die drei eigentlichen Runenknochen OL 4988, 4990 und 4991 sowie das Fragment mit den runenähnlichen Zeichen OL 4987,

also genau die Knochen, deren Gravuren auch durch alterungsbedingte Usurengruppen durchzogen werden.

Zur Gruppe 2 zählen die beiden Knochenfragmente mit Axt - *(OL 5046)* und Stiergravur *(OL 5127)* sowie der runenlose Artefakt mit Jagdszene *(OL 4989),*

also die Stücke, deren Ritzungen nicht usuriert sind.

Die Ergebnisse der Lichtschnittmikroskopie bestätigen somit die aus anderen Gesichtspunkten vorgenommene Unterteilung des Weserknochen-Komplexes in zwei Gruppen. Hierbei erscheinen die Knochen als Gravurmedien stets offensichtlich lange gelagert, die Ritzungen der einen Gruppe aber als entsprechend gealtert, die der anderen nicht. Folglich handelt es sich bei den rezenten Bildritzungen der Gruppe 2 um Fälschungen, deren Darstellungsmotive offenbar der Zeichnung auf OL 4988 aus der Gruppe 1 der originalen Runenknochen angelehnt sind.

Der Einsatz eines Lichtschnittmikroskopes, der im Rahmen dieser Untersuchung erstmals auf archäologischem Gebiet erfolgte, hat sich nach Ausweis der Befunde bestens bewährt.
Genügte er im vorliegenden Falle zur qualitativen Beurteilung auffälliger Gravurunterschiede und zu deren Dokumentation, so könnte er in quantitativer Hinsicht bei anderen Fragestellungen wie z. B. zur Identifikation eines bestimmten Prägestocks im Bereich der Numismatik o. ä. vorgenommen werden.
Hinzuweisen ist dabei aber auf die Notwendigkeit einer regelmäßigen makroskopischen Kontrolle, um sicher zu gehen, daß auch tatsächlich der gewünschte Profilausschnitt beleuchtet wird.
Die hier gezeigten Abbildungsbeispiele repräsentieren natürlich lediglich eine Auswahl zigfach belegbarer Gravurenbefunde.

a)

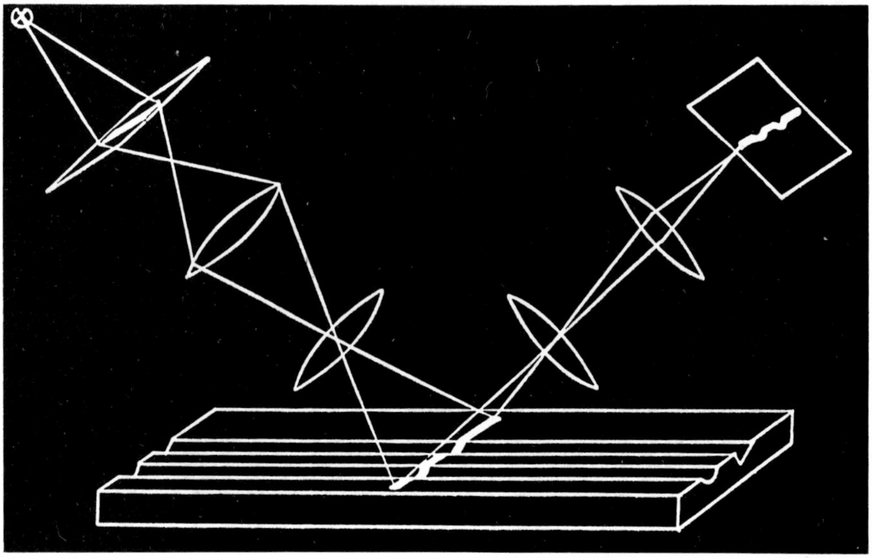

Abb. 19:

a) *Schematische Zeichnung des Verfahrens der Lichtschnittmikroskopie: Der von der Lichtquelle links oben ausgesandte feine Lichtfaden wird getreu dem Verlauf des Werkstückprofiles gebrochen und von der gegenständigen Optik rechts registriert.*

b)

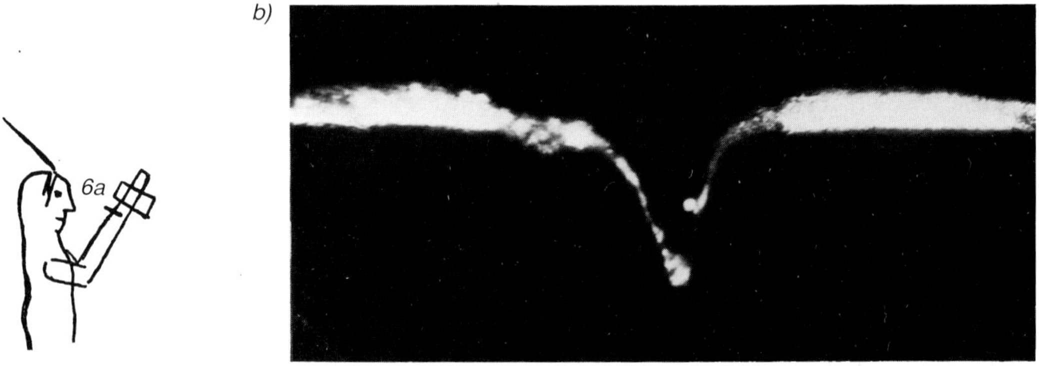

b) *Runenloser Knochen OL 4989. Profil der Gravur: Oberarm des Jägers, scharfkantig und spitz (= rezent).*

c)

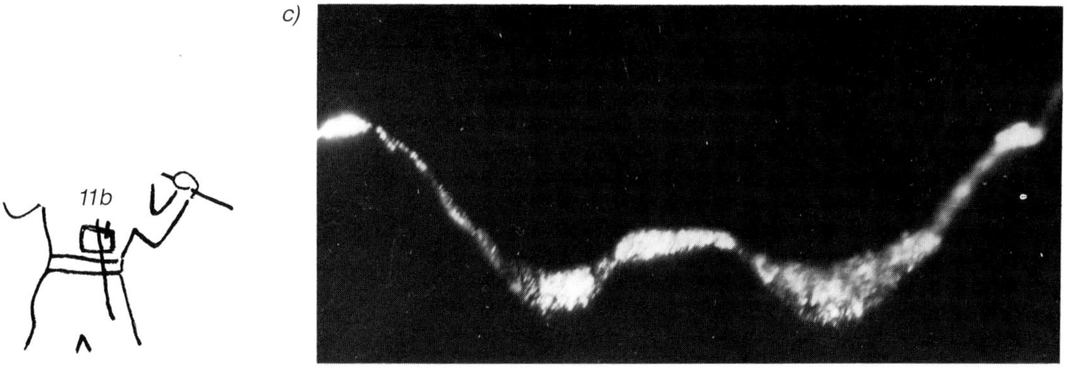

c) *Runenknochen OL 4988. Profil der Gravur: Axt des Jägers; beide Tiefen des Doppelstriches an dieser Stelle sind abgerundet, die Gravurkanten weich (= alt).*

a)

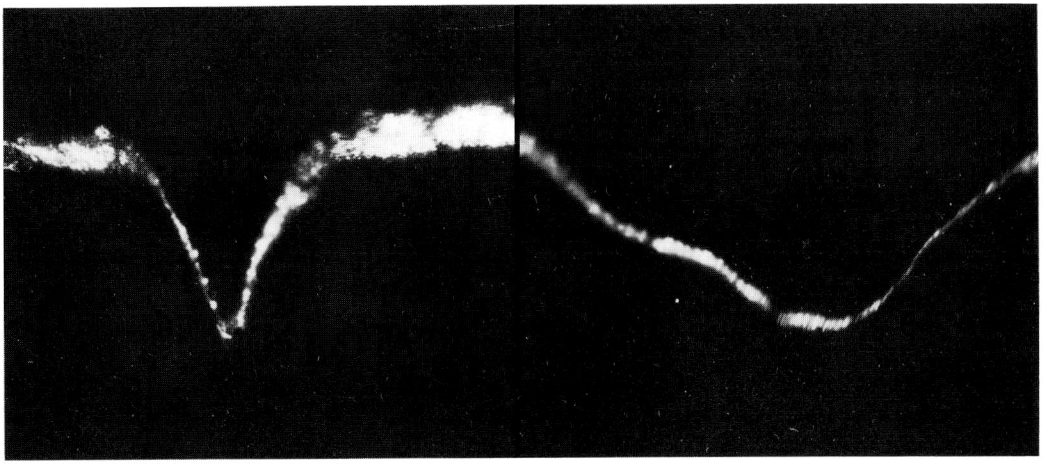

Abb. 20:

a) Fotomontage: Linke Hälfte OL 4989, runenloser Knochen, Gravurprofil: Oberarm des Jägers (= rezent). Rechte Hälfte OL 4988, Runenknochen, Gravurprofil: Axt des Jägers (= alt).

Alle Lichtschnitte ca. 165: 1 (gilt auch für Abb. 19!).

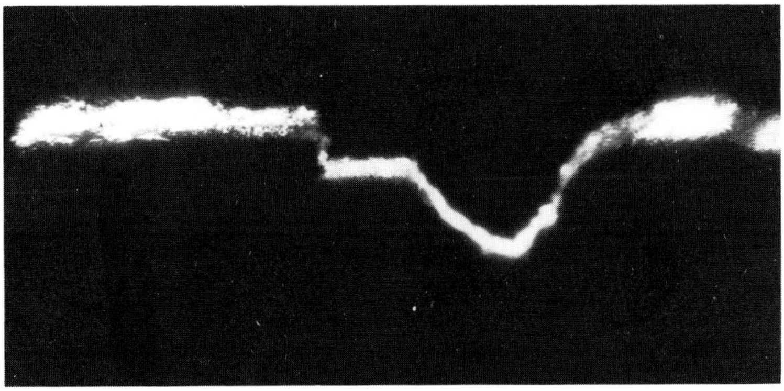

b) Runenloser Knochen OL 4989. Profil der Gravur: Axtblatt, spitz und mit scharfkantiger Stufe (= rezent).

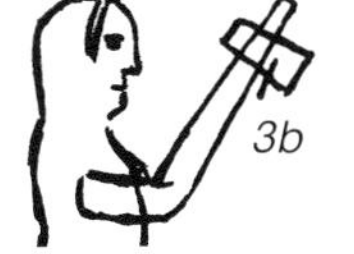

b)

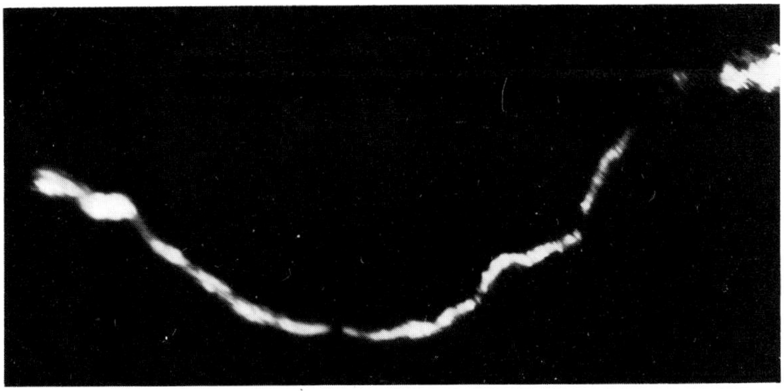

c) Runenknochen OL 4988. Profil der Gravur: Tierauge, abgerundet (= alt).

c)

4.4. Computertomographie

4.4.1. Radiologie

Deutliche Spuren einer sekundären Mineralisation und eine ausgeprägte Usurenbildung in den Gravuren der vier mit Schriftzeichen versehenen Knochen zeigten an, daß diese Gravuren denselben Lagerungs- und Alterungsbedingungen unterworfen waren, wie die Knochen insgesamt. Das Fehlen dieser Kennzeichen in den Ritzungstiefen der drei übrigen Knochen indizierte das Gegenteil.
Es stellte sich nun die Frage, ob eine Beritzung alter Knochen in alter Zeit auch eine in der Knochenstruktur andersartige Ausprägung erkennen lassen würde, als rezente Gravuren in gelagertem Knochenmaterial.
Da Röntgenbilder nicht selten Einzelheiten der Knochenstruktur sichtbar werden lassen, wurden im Frühjahr 1982 die Göttinger Radiologen Dr. F.-K. BAUM und Dr. H. KRTSCH in die laufende Untersuchung eingeschaltet.
Trotz mehrerer Röntgenserien unter unterschiedlichen Strahlungsdosen, Tiefen- und Kontrastschärfeeinstellungen erbrachten die Aufnahmen keine befriedigenden Ergebnisse. Bei den Röhrenknochen ist dies darauf zurückzuführen, daß stets die Einzelheiten der jeweils anvisierten Gravur in der umgebenden Knochentextur von den Strukturen der gegenüberliegenden Auflagefläche gestört wurden.
Eine kontrastierende Ausfüllung der Knochenhöhlungen war andererseits auch nicht möglich, ohne die Durchgängigkeit der Gammastrahlen zur zuunterst befindlichen Aufzeichnungsplatte aufzuheben oder wenigstens stark zu reduzieren. Dr. BAUM dachte an dieser Stelle jedoch an die Möglichkeit einer Dokumentation der Röhrenknochen im Längs- und Querschnitt mittels Computer-Tomographie *(die Abkürzung CT ist geläufig).* Diese konnte aber aus Zeitgründen nicht gleich dort durchgeführt werden.

4.4.2. Dokumentation der Längsschnitte

Die Anwendung der CT bot die *einzige existierende Methode, den Charakter der Knochenhöhlen im Längsschnitt darzustellen, ohne die Stücke wirklich schneiden zu müssen.* Aufschlüsse über die *innere Ausarbeitung der Knochen* erschienen aber wünschenswert, um nähere Informationen zur mutmaßlichen Funktion und Zweckbestimmung der als Dolchgriffe[108] angesprochenen Gegenstände zu erhalten *(s. u. das diesbzgl. Kapitel 5.4.).*
Am 25. 6. 1982 wurden im Agnes-Karll-Krankenhaus in Hannover-Laatzen durch den Chefarzt der Neurologischen Abteilung, Prof. Ando SEEBERG †, Computertomogramme aller Knochen erstellt, die nicht fragmentiert sind und ihren Artefaktcharakter bis heute bewahrt haben.

Die vier Knochen OL 4988-4991 wurden in geringen Abständen voneinander - auf speziellen Röntgenkissen gelagert - auf eine in jeder Richtung fahr- bzw. schwenkbare Patientenliege gelegt und automatisch in die Analysenröhre eines SIRETOM 2000 eingefahren.
Die radiologische Abtastung durch den Tomographen erfolgt gitterförmig: Die aus dem oberen Röhrenhalbrund punktuell ausgesandten Strahlen treffen im unteren Halbrund auf Reflektoren, welche sie - unter Berücksichtigung aller ermittelten Widerstände - auf Rezeptoren zurückwerfen, die wiederum im oberen Halbrund der Röhre installiert sind.[109]

Auf diese Weise konnte eine - in jeder gewünschten Phase fotografisch aufzeichenbare - Sichtbarmachung der Knochenwandungsstärken wie auch der dazwischen befindlichen Höhlen erfolgen.

Die eigentlichen drei Runenknochen OL 4988, 4990 und 4991 *zeigten alle eine fast vollständige Aushöhlung infolge einer recht gründlichen Beseitigung der Spongiosa.*

Der runenlose Knochen OL 4989 erwies sich dagegen als in wesentlich geringerem Maße ausgehöhlt (s. Abb. 21 a-d).

108) H. VON BUTTEL-REEPEN 1930, 74-75; darin auch E. SCHNIPPEL, 102, 108.
109) S. LANGE / T. GRUMME / W. MEESE 1977, 2-6 geben eine gute Übersicht der physikalischen und technischen Grundlagen; vgl. auch J. RIEDERER 1987, 32-35.

4.4.3. Dokumentation der Querschnitte

Seit Beginn der Untersuchungen stand fest, daß z. B. für die absolute Altersbestimmung der Knochen Mehlproben gewonnen werden mußten.
Herr Dr. Dr. Günter WEGNER, als Oberkustos des Staatlichen Museums Oldenburg für die Knochen verantwortlich, erklärte sich mit der Entnahme von Knochenmaterial aus den Knochenröhren respektive von den unberitzten Innenseiten der Fragmente einverstanden, sofern eine Verletzung der Gravuren auf den Außenseiten ausgeschlossen werden konnte.[110]
War die Wandungsstärke der Knochenfragmente unmittelbar überschaubar, so erschien es doch ratsam, die Röhrenknochen in Hinsicht auf mögliche Schwachstellen ihrer Wandungen zu überprüfen.
Zum einen konnte dadurch einem Zerbrechen der Knochen beim - für ein kontrolliertes Fräsen notwendigen - Einspannen in einen Schraubstock[111] Vorschub geleistet werden, zum anderen schien diese Maßnahme auch aus dokumentatorischen Gründen angebracht.
Besonders die Probengewinnung für die ^{14}C-Analyse 1984 ließ erwarten, daß durch das Fräsen die ursprüngliche Gestalt der Höhlungen verändert werden würde; diese konnte aber hinsichtlich der Frage nach dem Funktionscharakter der Artefakte durchaus bedeutsam sein. Als einzig geeignetes Verfahren für die Bestimmung der Kompaktastärken der Knochen in ihrem Gesamtverlauf empfahl sich wiederum die CT.
Am 14. 4. 1984 führte Dr. N. GOEBEL diese in der Radiologischen Abteilung des Kanton-Spitals-Zürich durch.

Zur Verfügung stand ein SOMATOM Log der Fa. SIEMENS, vom Typ 2. Die Knochen OL 4988-4991 wurden wiederum nebeneinander, diesmal auf einen größeren Stoß Kliniktücher gelegt. Auf der Übersicht (s. Abb. 22a) wurde programmiert, in welchen Abständen jeweils ein Querschnitt fotografiert werden sollte. Wir wählten 4 mm.
Mit einem Lichtpunkt wurden die Wandungsstärken exemplarisch und in abwechselnder Reihenfolge gemessen und auf der Floppy festgehalten.
Zunächst wurde eine Anfangslinie am Röhrenausgang von Runenknochen OL 4988 markiert, den der Computer bei -73 mm verzeichnete *(≙ P-73 in der Legende)*. Die Endlinie kam bei +75 mm zu liegen *(≙ Position 75 in der Legende)*.
Aus der Gesamtstrecke von 148 mm dividiert durch den gewünschten Schnittabstand von 4 mm ergaben sich nun 37 Schnittstellen der Wandungen.
Diese wurden nacheinander tomografiert, wobei folgende Einheiten konstant blieben *(vgl. die weitere Legende)*:
S: *(Stratification, also Schicht)* = 2,
T: *(Time, also Aufnahmezeit in Sekunden)* = 10,
V: *(Voltage, also Stromspannung)* = 125 *(V)*,
D: *(Dose, also Strahlungsintensität)* = 460 *(KV)*,
G: *(Ground Position, gemeint ist die Arbeitsposition der CT)* = O *(d. h. normal senkrecht)*.[112]

Neben der Grauwertskala am rechten Bildrand befindet sich - direkt links daneben - ein Maßstab, der für 5 cm steht. Die übrigen Abkürzungen, wie z. B. TS *(Temporary Storage, temporärer Speicher)*, beziehen sich auf Angaben klinikinterner, meist archivalischer Natur und können hier außer acht gelassen werden.

Die Messungen hatten zum Ergebnis, daß keiner der untersuchten Knochen im kompakten Röhrenbereich Wandungsdefekte oder -schwachstellen aufwies, natürlich abgesehen von den äußerlich bereits sichtbaren Riefen von OL 4990 sowie den Bohrungen und Bruchstellen bei OL 4989 und 4991. Die Wandungsstärke *(D in der Legende)* betrug regelhaft zwischen 6 und 9 mm und nahm erst bedenklich auf 5, dann 3 und bis auf weniger als 1 mm ab, je weiter sie sich den spongiden Gelenkenden näherte. Hieraus durfte gefolgert werden, daß die Röhrenknochen einem auch intensiveren Fräseprozeß zugunsten einer absoluten Datierung durch ^{14}C-Analyse *(s. u. Kap. 4.8.)*

110) Briefliche Mitteilungen von Prof. DÜWEL am 28. 7. 1979 u. am 15. 1. 1980 sowie telefonische Genehmigung der ^{14}C-Analyse durch Dr. WEGNER am 13. 1. 1984.
111) Natürlich wurden die Knochen nie direkt den Schraubzwingen ausgesetzt, sondern immer mit dicken Zellstofflagen gepuffert.
112) Die Legende entspricht den Angaben von Herrn Dr. GOEBEL, dem ich besonders dafür danke, daß er dieser Untersuchung Wochenendfreizeit opferte. Ebenso danke ich Herrn Dr. D. MAASS, Chirurg ebenfalls im KSZ, für seine freundliche Fürsprache.

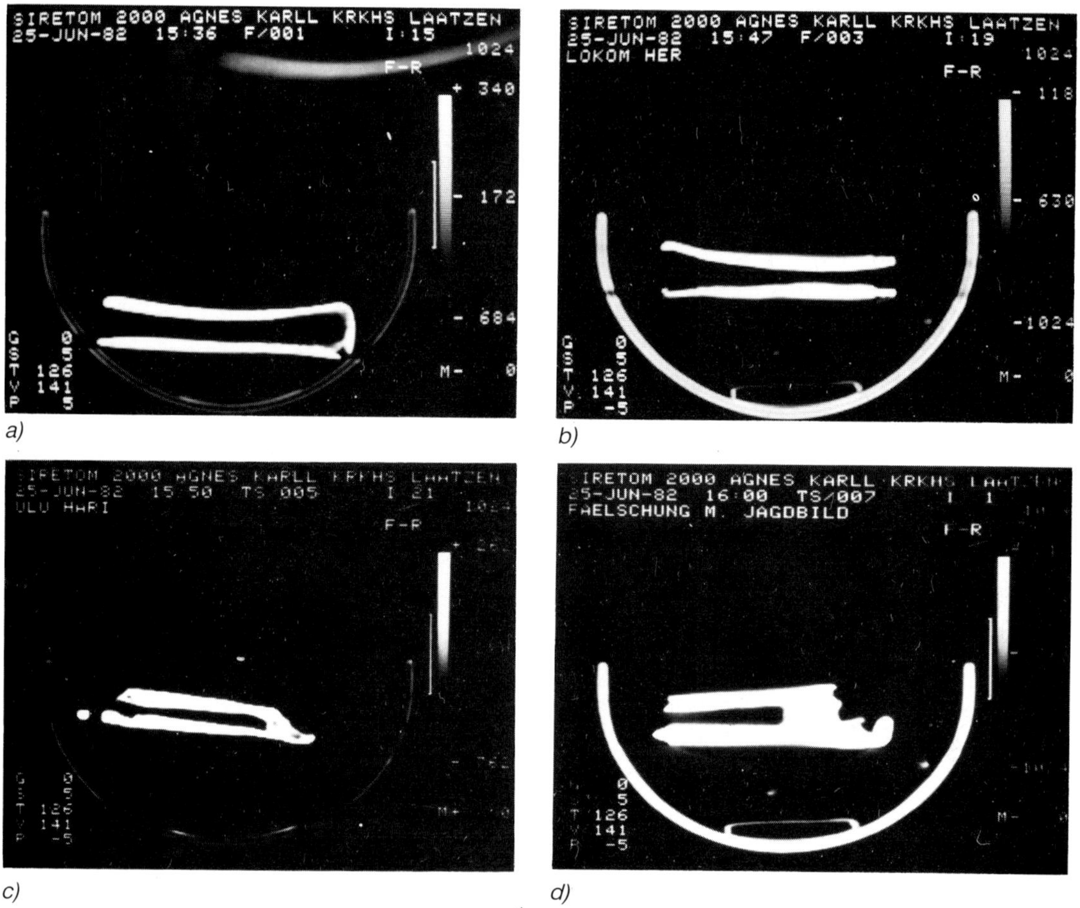

Abb. 21:

Längsschnitte der Röhrenknochen im Computer-Tomogramm, Höhlungsfrage.

*a) Runenknochen OL 4988 * LATAM: Ausgang der tief ausgearbeiteten Höhle: links; rechts unten ist eine Kompakta-Schwachstelle in der ansonsten ziemlich gleichmäßig-stabil erscheinenden Wandung zu registrieren, die mittlerweile auch tatsächlich leicht durchbrochen ist. Diese Gefahr zeichnete sich bereits auf den Fotos VON BUTTEL-REEPENS ab (vgl. Abb. 5), da die Kompakta auch damals schon perforiert, Spongiosa sichtbar war.*

*b) Runenknochen OL 4990 * LOKOM : HER: Ausgang der Knochenhöhlung, die bereits zu Beginn der neuen Untersuchungen auch am Gelenkende eröffnet war: rechts, dort, wo die Umschnürungsriefen eine Schwächung der Kompaktawand bewirken.*

*c) Runenknochen OL 4991 * ULU : HARI : Ausgang der fast bis zum Durchbruch ausgearbeiteten Höhlung: links; hier ist die senkrechte Durchbohrung deutlich durch die Trennung des Knochenkonturs auszumachen.*

d) Runenloser Knochen OL 4989 mit ‚Jagdszene': Ausgang der nur etwa bis zur Hälfte des erhaltenen Knochens spongiosafreien Höhle: links, wo auch die alten Bruchstellen im Profil zu erkennen sind. Am (auf der Abb. hier) rechten Knochenende bemerkt man die waagerechte und andeutungsweise auch die senkrechte Durchbohrung.

Alle Knochen wurden an ihrem maximalen Durchmesser dokumentiert. Bei den Abbildungen oben handelt es sich um POLAROID-Sofortbilder von der Floppy (≙ F oder TS in der Legende neben Datum und Uhrzeit-Angabe als Kriterium für die Speicherung). Sie wurden an Ort und Stelle abgerufen. Unten sind Fotografien von Röntgentafeln, welche auf AGFA-GEVAERT-Material aufgenommen wurden, wiedergegeben. Zur Legende siehe den folgenden Abschnitt 4.4.3. Der untere Halbkreis entspricht dem unteren Röhrenteil des CT. Alle M ca. 1: 4,5.

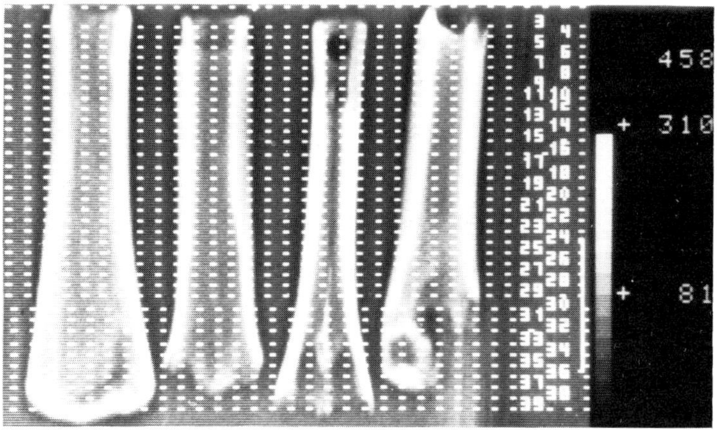

a)

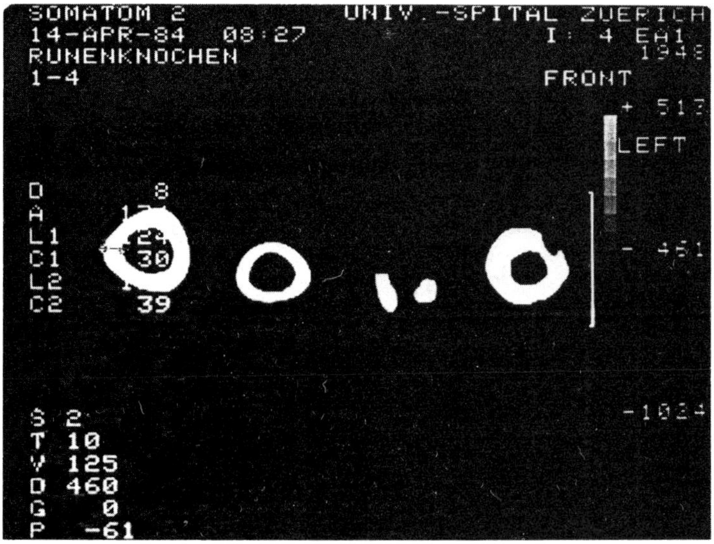

b)

c)

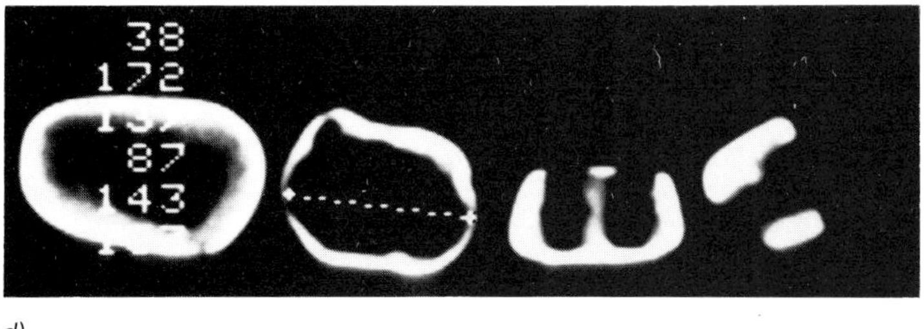

d)

Abb. 22:
Querschnitte der Röhrenknochen im Computer-Tomogramm, Stabilitätsfrage.

a) Übersicht der Schnitte; von links nach rechts: OL 4988 (Latam), OL 4990 (Lokom) mit Wickelriefen, OL 4991 (Ulu) mit Nietloch, OL 4989 (Fälschung) mit Bohrung.

Schnitt 1 bei P -73 (Anfang), Schnitt 39 bei P 75 (letzter Schnitt), Ende etwa bei P 85. M etwa 1: 3.

b) Querschnitte bei: Schnitt 4 (≙ P -61) Die Schnittstelle ist in der Legende oben rechts, zweite Zeile mit I: 4 angegeben und entspricht dem Nivellement unterhalb der Ziffer 4 in der obigen Übersicht a).

P -61 findet sich in der Legende ganz unten links. Gemessen wurde in dieser Position die Stärke der linken Wandung von OL 4988 (s. ...), deren Stärke bei D mit 8 mm angegeben ist. OL 4990 zeigt die Wandungsstärke in einer Wicklungsriefe, OL 4991 den Anfang des Nietloches, OL 4989 die Mündungsbruchstelle.M 1: 3.

c) Schnitt 15 bei P -21: OL 4989 : D = 9 mm. Alle Knochenwandungen sind an dieser Stelle recht stabil. M etwa 1: 2.

d) Schnitt 34 bei P 59: Hier wurde der Innendurchmesser von OL 4990 gemessen (38 mm). Alle Knochen befinden sich an dieser Position im schwachen Wandungsbereich der Spongiosa. Links neben der Grauwertskala (rechter Bildrand) ist der Maßstab angegeben (= 5 cm).

durchaus standhalten würden. Zu einem druckbedingten plötzlichen Auseinanderbrechen aufgrund innerer Anfälligkeiten schienen sie jedenfalls nicht veranlagt zu sein.

4.5. Anfärbung von Knochenmehl

Als orientierendes Verfahren zur relativen Altersbestimmung wird in der gerichtsmedizinischen Literatur[113] auch das Anfärben von Knochensubstanz mit *Nilblau* und *Indophenol* beschrieben.
Nach BERG und SPECHT 1957/58 kann die Färbbarkeit von Feilmehlproben als materialmäßig unaufwendige Methode für die Echtheitsprüfung angeblich prähistorischer Knochengegenstände aussagekräftig sein.[114]
Nilblausulfat färbt nämlich rezentes Material so gut wie gar nicht, prähistorisches dagegen sehr intensiv. Umgekehrt verhält es sich mit Indophenol.
Herr Prof. Dr. Wolfgang BONTE führte die Untersuchung am 20. 2. 1980 durch.

Zunächst wurden aus dem runenlosen Knochen mit ‚Jagdbild' OL 4989 und dem Runenknochen OL 4988 mit vergleichbarer Szene nur je etwa 0,1 g Innenkompaktamehl gefräst, dieses dann in je zwei Proben halbiert. Den Proben Nr. 1 *(4989)* und Nr. 2 *(4988)* wurde nun tropfenweise eine 2%ige Lösung von *Dichlorphenolindophenol* in 70%igem Alkohol zugeführt. Nach etwa 15 Minuten wurde die Lösung wieder abgesaugt.
Die Proben Nr. 3 *(4989)* und Nr. 4 *(4988)* wurden in gleicher Weise ca. 10 Minuten lang mit einer 2%igen wäßrigen Lösung von *Niblausulfat* gefärbt.
Nach der Trocknung wurden alle vier Proben unter dem Mikroskop betrachtet.

Im Vergleich mit den von NECKERMANN 1950 beschriebenen und von BERG und SPECHT 1957/58 überprüften und bestätigten Erfahrungen zeigte sich, daß es sich bei beiden Knochen um altes Material handelt:
Probe 1 *(4989) färbte sich nur in geringem Maße,*
Probe 2 *(4988) so gut wie überhaupt nicht. Da aber die*
Probe 3 *(4989) eine deutlich geringere Blaufärbung als*
Probe 4 *(4988) erkennen ließ,*
war eine relativ-chronologische Differenzierbarkeit zwischen dem Runenknochen OL 4988 als älter und dem runenlosen Knochen OL 4989 als jünger möglich, die zu bestätigen oder zu widerlegen allerdings den Verfahren der Aminosäurenbestimmung und der ^{14}C-Analyse (s. u. 4.7. und 4.8.) vorbehalten blieb.

4.6. Ultraviolett-Fluoreszenz

NECKERMANN 1950[115] überprüfte auch die Aussagekraft unterschiedlicher Fluoreszenz *(≙ Leuchtkraft)* von Knochen unter ultraviolettem Quarzlicht zu deren Altersbestimmung.
Da die Knochenoberfläche schon nach relativ kurzer Liegezeit nicht mehr fluoresziert, werden gewöhnlich frische Sägeschnitte oder Anschliffe vorgenommen.
Im vorliegenden Fall waren nur die zwei Runenknochen mit vollständigem runden Höhlungseingang OL 4988 und 4990 für einen leichten Anschliff geeignet, den Oberpräparator Michael HOLLMANN am 20. 2. 1980 im Göttinger Institut für Rechtsmedizin vorsichtig vornahm.

113) A. NECKERMANN 1950, 3-57, 65, S. BERG / W. SPECHT 1957/58, 209 f., 213-215, 221, 240 und W. SPECHT / S. BERG 1958, 44 f., 62; vgl. auch S. BERG 1973, 168.
114) S. BERG / W. SPECHT 1957/58, 215.
115) A. NECKERMANN 1950, 58-66; vgl. S. BERG / W. SPECHT 1957/58, 212 ff. und W. SPECHT / S. BERG 1958, 44, 61; vgl. auch H. HUNGER 1967, 97 *(mit der Abb. 35)* sowie J. RIEDERER 1987, 22 f.

Die recht starke Schellackschicht(?), mit der alle Oldenburger Knochen konserviert worden waren, wurde durch diese Maßnahme entfernt, um brauchbare Querschnitte an den Schäftungsrändern dieser beiden Artefakte zu gewinnen. Die UV-Untersuchung wurde zusammen mit Prof. BONTE noch am gleichen Tag durchgeführt.

Runenknochen OL 4988 *zeigte bei Wellenlänge 254 einen gleichmäßig violetten, bei Wellenlänge 336 einen gleichmäßig braunen Farbton.*

Runenknochen OL 4990 *reflektierte in seiner äußersten Randzone einen gelblichweißen Saum,*
zeigte aber bei Wellenlänge 254 eine in der Hauptsache ebenso gleichmäßig violette Farbe,
bei Wellenlänge 336 einen entsprechenden Braunton wie Runenknochen 4988.

Nach NECKERMANN kennzeichnet die Ausbildung einer gelben Randzone, je stärker und breiter diese ausgeprägt ist, eine desto längere Liegezeit; ein rotbrauner Farbton indiziert allgemein eine sehr lange Lagerungsdauer.
Auf der Tabelle 1 bei BERG und SPECHT 1957/58[116] ist keine der dortigen Farbangaben direkt mit den Oldenburger Knochenfarbtönen in Übereinstimmung zu bringen. Vergleichsweise ist hier die Fluoreszenz von Knochen mit einer
Liegezeit von 1400 Jahren als schwach graugelblich mit breiter brauner Außenzone, bei einer Liegezeit von 1900 Jahren als schwach und weißlich angegeben.

Am 1. 5. 1982 wurden die Gravuren aller sieben Knochen bei dem Fotografen Günter SPITZING in Hamburg nochmals unter ultraviolettem und infrarotem Licht betrachtet.[117]
Daß, wie von NECKERMANN *(s. o.)* festgestellt wurde, die Oberflächen im Verhältnis zur Liegezeit an Fluoreszensintensität einbüßen, *trifft auch für die Leuchtkraft ihrer Gravuren zu:*
Bei einem etwa zwei Monate zuvor gemachten Geländebegehungsfund, einem Knochen mit offenbar langer Lagerungsdauer, welcher zu Versuchszwecken von Herrn Prof. DÜWEL mit Runen beritzt worden war, hob sich die noch relativ frische Gravur im Vergleich zur Oberfläche überhaupt nicht mehr durch eine stärkere Fluoreszenz ab.
Bei einem anderen, ebenfalls lange gelagerten Stück, das erst zwei Wochen zuvor von mir graviert worden war, war kaum noch eine Leuchtkraft der Ritzungen erkennbar. Ein dritter Knochenfund mit mineralisationsbedingten Alterserscheinungen wurde an Ort und Stelle beritzt. Hier reflektierten die Gravuren sehr hell.
Durch Anwendung von UV/IR-Bestrahlung können rezente Gravuren fälscherischer Absicht mithin kurz nach ihrer Anbringung nachgewiesen werden, bei lange museumsgelagerten Knochen - bei den Oldenburger Stücken waren es immerhin über 50 Jahre - sind originale Gravuren nicht anhand ihrer Fluoreszenz von gefälschten unterscheidbar.

Entsprechend verhält es sich auch mit der Fluoreszenz von Feuersteinen:

Die patinastörenden Schliffflächen der gefälschten ‚mesolithischen' Artefakte von AHRENS verrieten sich nicht mehr durch ein helleres Leuchten im Verhältnis zur nicht manipulierten, patinierten Restoberfläche.[118] Dagegen reflektierten die frischen Bruchstellen von Abschlägen, die ich in Hamburg an selbst gesammeltem Flintmaterial vom Weserufer vornahm, sehr auffällig.

116) S. BERG / W. SPECHT 1957/58, 213, sonst dort 209 ff., 240; ferner: S. BERG 1964, 6 f., S. BERG 1973, 168, 1976, 76 f., 96 ff., S. BERG / R. ROLLE / H. SEEMANN 1981, 94.

117) G. SPITZING 1981² a) *(= IR/UV-Fotografie)* vgl. zur Thematik: 112 f., 138 ff., 148 ff. vgl. dens. 1981 b) *(= Farbdias)*, 104, 132, 162, 226 ff.
M. FACCHINI / D. PETTENER 1977, 66 *erwähnen die schnell nachlassende Fluoreszenz.*

118) Zur Patinabildung an Silices vgl. R. ROTTLÄNDER / M. THOMMA 1975, INW 6, Chemie 2.1 ff. und H. H. ANDERSEN / H. J. WHITLOW 1983, Nuclear Instruments and Methods 218, 468-474. K. F. DIES 1981, 95-106 zeigt aufschlußreiche Rasterelektronenmikroskop-Aufnahmen. D. STAPERT 1976, Palaeohistoria 18, 7-41 beschreibt verschiedene Patinaformen.

4.6.1. Makroskopie der Flintfälschungen des Ahrens

Am 1. 3. 1980 hatte ich im Magazin des Staatl. Museums in Oldenburg sämtliche 111 Funde des L. AHRENS zusammengesucht und - noch in Unkenntnis des diesbezüglichen Berichtes[119] - die Anschliffe der Feuersteine als Fälschungskriterien festgestellt.

Klaus GROTE M. A., Kreisdenkmalpfleger des Landkreises Göttingen, bestätigte mir als Silexexperte am 28. 3. 1980 nach Autopsie der Stücke die Richtigkeit dieser Ansicht. Er empfahl auch, Kontakt zu Drs. Dick STAPERT vom Biologisch-Archaeologisch-Instituut Groningen aufzunehmen, der unlängst die Fälschung angeblich früh- und mittelpaläolithischer Flintartefakte des T. VERMANING nachgewiesen hatte.[120]

Auch STAPERT stellte bereits nach kurzer Betrachtung am 9. 4. 1981 in Groningen die Fälschung der *Ahrensflinte* fest.

Dasselbe tat Prof. G. BOSINSKI vom Institut für Ur- und Frühgeschichte der Universität Köln am 16. 11. 1981 in Göttingen.
Die Schliffe dürften von einem rotierenden Schleifband stammen, wofür - und gegen eine manuelle Entstehung - die Gleichförmigkeit ihrer Richtung über längere Steinpartien spricht (vgl. Abb. 23). Manchmal sind gleich mehrere Schliff-Facetten entstanden, die sich deutlich ohne jeden Glanz von der starken Patinareflektion dazwischen befindlicher alter Bruchstellen abheben.
Diese Zonen wurden aufgrund ihrer tieferen Lage im Verhältnis zur angeschliffenen Oberfläche nicht vom für das Schleifen verwendeten Medium *(Fläche des Schleifbandes oder - unwahrscheinlicher - der Schleifscheibe)* erreicht. Zusammenfassend läßt sich feststellen, daß es sich bei den Feuersteinartefakten von AHRENS ausnahmslos um Fälschungen handelt, und zwar nicht etwa um rezent überschliffene Artefakte alten Datums *(also im Sinne einer* Ver*fälschung*), sondern um in fälscherischer Absicht manipulierte Nichtartefakte.

Versucht man nun, eine Erklärung dafür zu finden, daß VON BUTTEL-REEPEN seinerzeit auf derartig plumpe Gegenstände hereinfallen konnte, so läßt sich diese Tatsache folgendermaßen begründen:

1. war der damalige Direktor des Oldenburger Museums von Haus aus Zoologe und kein Prähistoriker *(wie übrigens auch der derzeitige Leiter des Museums, das ja ein naturkundlich und ur- und frühgeschichtliches Interesse schon in seiner Benennung verrät),*
2. war VON BUTTEL-REEPEN überdurchschnittlich an der Prä- und Protohistorie seines Lebensraumes interessiert, was seine Veröffentlichungen seit seinem Amtsantritt *(s. Kap. 2.)* thematisch eindeutig offenbaren, und fühlte sich aus seiner Lebens- und Forschungserfahrung heraus auch durchaus für die Beantwortung archäologischer Fragen kompetent, was dem Briefwechsel unschwer zu entnehmen ist *(vgl. Kap. 3.4.),*
3. war die Klassifikation einer eigenen mesolithischen Phase damals erst in ihren forschungsgeschichtlichen Kinderschuhen befindlich, also brandaktuell wie gleichermaßen unerforscht.

Die „mesolithischen" Silexartefakte des AHRENS sind daher als - allerdings klägliche - Versuche, diese neu erschlossene Zeitphase auch im Oldenburger Land nachzuweisen, zu verstehen.

119) G. SCHWANTES 1951, 121 f.
120) D. STAPERT 1975, 7 f. *(Palaeohist. 17)* und ders. 1975, 239-252 *(Westerheem 24)*,
GÖTTINGER TAGEBLATT 3. 2. 1977 „Wertlose Steine in Museen?",
HANNOV. ALLGEMEINE ZEITUNG vom 9. 2. 1977 „Haftstrafe für Archäologen?"

a)

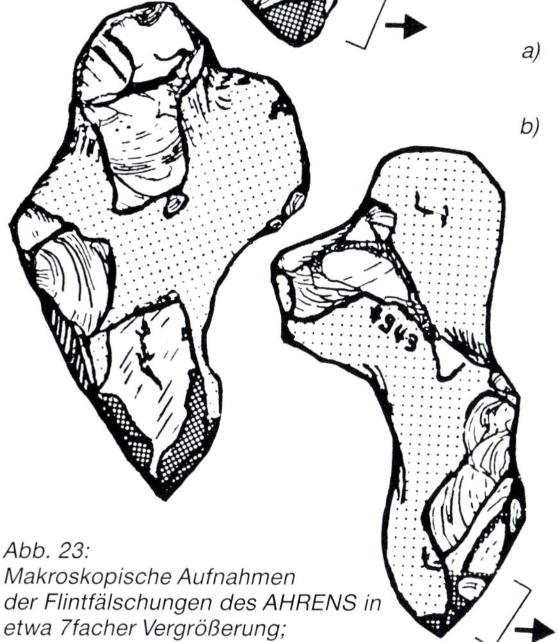

b)

Abb. 23:
Makroskopische Aufnahmen der Flintfälschungen des AHRENS in etwa 7facher Vergrößerung;
Skizzen; M etwa 4: 5.
LEGENDE: Punkte ≙ Rinde,
Raster ≙ Schliff-Fläche.

a) OL 4941 „Pickel“ vgl. Abb. 12: 19 (=Rückseite); Schliffrichtung: waagerecht.

b) OL 4943 „Feuersteinknolle, Fälschung?“ vgl.: Fundjournal vom 3. 12. 1927; (unveröffentlichtes Stück), Schliffrichtung: senkrecht.

In beiden Fällen - bei 4943 besonders deutlich am Glanz erkennbar - sind zwischen den Schliffstellen ungestörte Altbruchflächen mit Patina sichtbar, die aufgrund ihrer tieferen Lage nicht vom Schleifband o. ä. erreicht wurden.

4.7. Aminosäurenbestimmung

Die meisten Proteine des lebenden Organismus unterliegen nach dem Tode einem raschen Zerfall.
Das gegenüber solchen Zersetzungsprozessen widerstandsfähigste Protein ist das Kollagen des Knochens.
Während der Lagerung von Knochenmaterial kommt es zu einem stark retardierten, zeitabhängigen Kollagenabbau, der an einem allmählichen Verlust der gebundenen Aminosäuren zu erkennen ist.
Der Aminosäurebestand des Knochenkollagens kann daher zur Liegezeitbestimmung herangezogen werden.[121]
Am 11. 10. 1979, bei den nachgelieferten Knochenfragmenten OL 5046 und 5127 am 25. 4. 1981, wurden Mehlproben zu je 0,3 g aus den Innenhöhlen bzw. Fragmentrückseiten der Knochen gefräst.

Die Proben wurden zunächst mit 6 N HCl versetzt und in Ampullen versiegelt. Durch 24stündige Erhitzung auf 110 °C erfolgte die saure Hydrolyse. Danach wurden die Proben filtriert, über NaOH getrocknet und mit Extra-DURRUM-Puffer pH 2,2 aufgenommen.
Die Analysen wurden mit einem DURRUM 500 Hochdruck-Aminosäuren-Analysator BIOTRONIC am Max-Planck-Institut Göttingen durchgeführt.
Zur Identifizierung und Konzentrationsberechnung der einzelnen Aminosäuren wurden Eichstandards mitgeführt. Die Analysen erfolgten am 17. und 18. 12. 1979 sowie am 26. und 27. 5. 1981. Die Meßergebnisse sind in Tab. 1 wiedergegeben. Zum Vergleich wurden Knochen mit bekannten Liegezeiten analysiert. Die Korrelationsformeln sind in Tab. 2 dargestellt.
Ein Rechenbeispiel für die Zeitbestimmung der Weserknochen zeigt Tab. 3.
Tab. 4 enthält die Liegezeitschätzungen unter Berücksichtigung aller Meßergebnisse.

Tab. 1 Meßwerte der gebundenen Aminosäuren in den Weserknochen

Inv. Nr. OL	ALANIN	VALIN	PROLIN	LEUCIN	ASPARAGINSÄURE	PHENYLALANIN	GLYCIN	GLUTAMINSÄURE	THREONIN	METHIONIN	SERIN	ARGININ	LYSIN
5127	8555	3400	11800	3900	5328	2400		11460	2188	908	3028	10600	4490
4989	5535	1143	7344	1819	3770	1168	10934	5891	1252	353	2061	5186	2174
4990	4668	916	6267	1558	3191	1010	9950	5025	1092		1660	4456	1857
4988	4195	938	5426	1353	2936	902	9502	4690	994	365	1566	3749	1594
4991	4180	796	5505		2927	893	9460	4491	974		1449	3837	1649
5046	2226	650	2820	700	1840	550	5163	2435	536	250	690	2054	1016
4987	1988		2263	561	1732	394	5029	2602	530	291	781	1586	608

Angaben in μg nach H. MEYER, Inst. f. Rechtsmedizin d. Univ. Göttingen

Tab. 2 Berechnungsformeln einzelner Aminosäuren[122]

y Alanin	=	10 391,29 - 2489,62 x
y Arginin	=	9 842,5 - 2354,5 x
y Glutaminsäure	=	11 350,5 - 2677,53 x
y Glycin	=	9 288,37 - 2037,01 x
y Prolin	=	8 960,28 - 2057,6 x

Legende: y = Liegezeit in Jahren,
x = empirisch ermittelter, dekadischer Logarithmus der Konzentration einer jeweiligen Aminosäure in μg/g des analysierten Knochens *($\mu g \hat{=} 10^{-6}$)*.
Konstanter Bezugspunkt ist dabei der Standard von 10 ml DURRUM-Puffer. Bei Verwendung von 5 ml bedeutet dies Division des Computerwertes durch 2. Da die Weserknochen mit 5 ml analysiert wurden, sind die Wertangaben der Tab. 1 bereits halbiert.

121) W. BONTE / J. JOHANSSON / G. GARBE / S. BERG 1976, 163-174; M. A. GEYH 1980, 177-182. W. SPECHT / S. BERG 1958, 45; S. BERG 1964, 8 u. ders. 1976, 70 ff., 97.
122) Die Berechnungsformeln verdanke ich einer mündlichen Mitteilung von Herrn Prof. BONTE.

Tab. 3 Berechnung des absoluten Alters von Runenknochen OL 4988 am Beispiel der Aminosäure Alanin[123]

Computerwert:	8391	:	2	*(da 5ml, s. o.)*	= 4195,5 *(vgl. Tab. 1)*
(s. Formel)	log 4195,5	=	3,6228		
	3,6228	·	2489,62	*(s. Formel)*	= 9019,3953
(s. Formel)	10391,29	-	9019,3953		= 1371,895 *(Liegezeit)*
(Bezugsjahr)	1982	-	1372	*(aufgerundet)*	= 610 n. Chr.

Tab. 4 Absolute Daten der Weserknochen

	OL		Mittelwert	Grenzbereich
1.:	5127	=	1474 n. Chr. ± 109	*(1420-1530)*
2.:	4989	=	883 n. Chr. ± 94	*(830- 930)*
3.:	4990	=	734 n. Chr. ± 121	*(675- 795)*
4.:	4988	=	625 n. Chr. ± 130	*(560- 690)*
5.:	4991	=	621 n. Chr. ± 146	*(550- 690)*
6.:	5046	=	115 v. Chr. ± 169	*(200- 30)*
7.:	4987	=	117 v. Chr. ± 216	*(230- 10)*

Bei der Untersuchung zeigte sich, daß Knochenproben aus Böden mit konservierenden Eigenschaften auch hinsichtlich ihres Kollagenbestandes besser erhalten waren, als solche aus eher aggressiven Milieus.
Knochen aus dem vorzüglich imprägnierenden Feuchtboden der germanischen Siedlung auf der Feddersen-Wierde *(RKZ)*[124] waren schon vom äußeren Eindruck ausgesprochen hart und stabil. Die biochemischen Untersuchungen führten dementsprechend zu Liegezeitschätzungen, die um mehrere Jahrhunderte zu kurz gerieten.
Folglich können die hier berechneten Daten nicht als absolute Zeitangaben verstanden werden. Bei einer Knochengruppe einheitlicher Herkunft erhält man allerdings eine recht zuverlässige Aussage zur relativ-chronologischen Zeitabfolge.
Die grobmorphologischen Übereinstimmungen der Knochen des Weser-Komplexes hinsichtlich ihrer Gesamtstruktur, Neumineralisation und Oberflächen-Usurierung setzen vergleichbare Lagerungsbedingungen voraus.
Durch Freizeilen in der Tabelle abgesetzt, und in der folgenden Grafik *(Abb. 24)* durch die Wahl offener Symbole verdeutlicht *(nur die Fälschungen erhielten ausgefüllte Symbole)*, läßt sich die Gruppe der drei Runenknochen - *in keinem Fall von den Werten der anderen Knochen überschnitten* - auch tatsächlich als eigener Teilkomplex ausmachen:

Die jeweils höchsten Konzentrationen - die freien Stellen besagen, daß für diese Aminosäure kein Computerwert ausgeworfen wurde - zeigt stets das Knochenfragment 5127 mit der Axt.

Diesem folgt, mit nur einer Ausnahme *(Methionin)*, der runenlose Artefakt 4989 mit der ‚Jagdszene'.

Ein einheitliches Alter wird für die eigentlichen Runenknochen 4988, 4990 und 4991 angezeigt. Ihre Werte überschneiden sich auch im Bereich der mathematischen Abweichungsgrenzen.

Die höchsten Alter werden durch die geringsten Aminosäurengehalte für die beiden Knochenfragmente 5046 mit Stierbild und zuunterst für 4987 mit den runenartigen Zeichen belegt.

Sosehr an dieser Stelle auch hervorzuheben ist, daß Gravuren immer auf bereits über Jahrhunderte gelagertes Material geritzt sein können, keine Altersbestimmung des Mediums also über das Datum der Ritzungen konkretere Auskunft geben kann, ist aber die weitgehende Gleichzeitigkeit der Runenknochen bemerkenswert, gerade weil die Werte aller anderen in diesem Zusammenhang untersuchten Knochen derart deutlich abweichen.

123) Herzlich danke ich Marten KOHFAHL, damals am 1. Physikalischen Institut der Universität Göttingen, für die tatkräftige Mithilfe bei der Berechnung von mehreren hundert Daten in diesem Zusammenhang untersuchter Knochen.
124) Die Grabung ist gut publiziert: W. HAARNAGEL 1956, 1957, 1958, 1961, 1963, 1967, 1973, 1975.

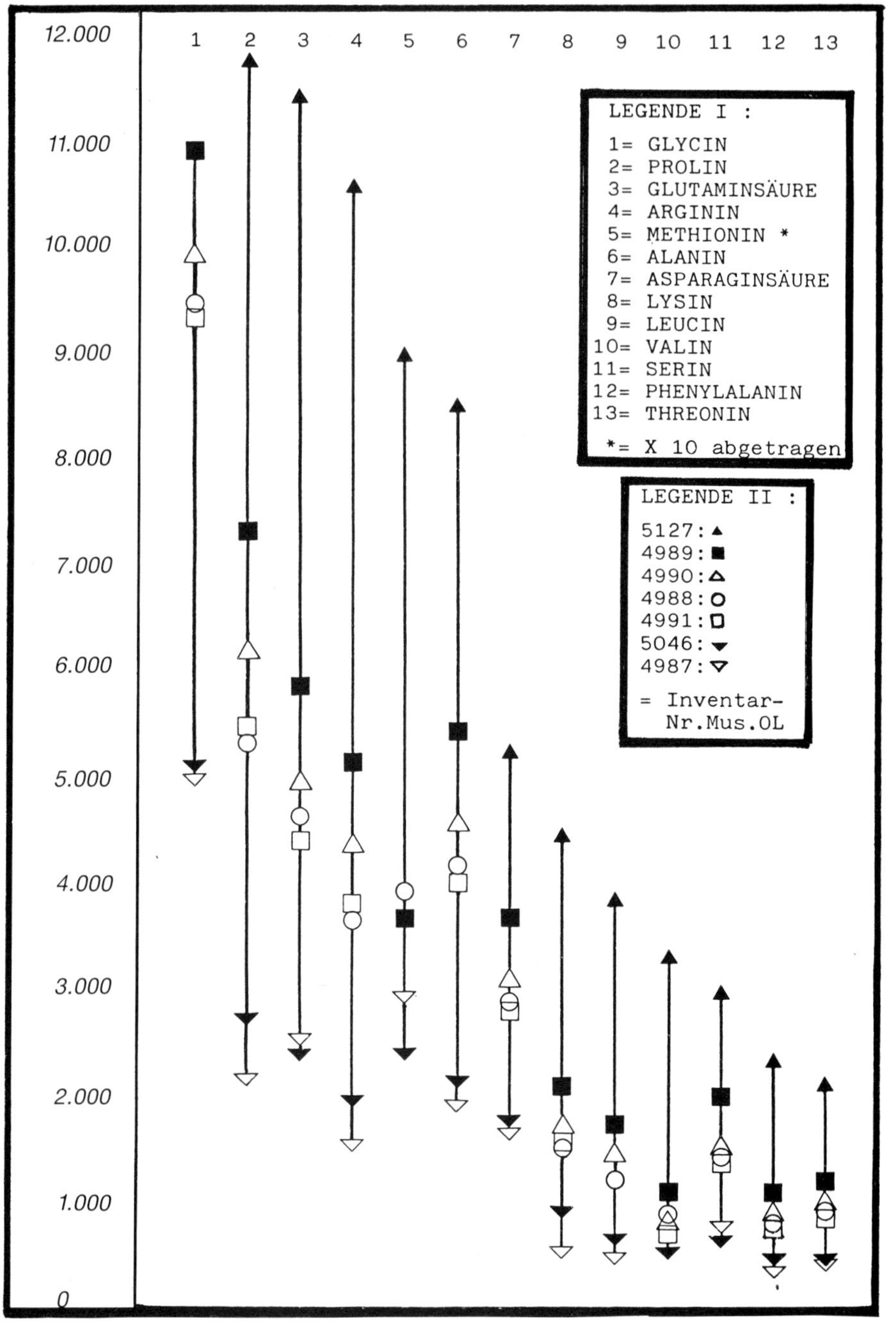

Abb. 24:
Bestimmung der gebundenen Aminosäuren der Weserknochen.
Wertangaben in µg nach H. Meyer, Inst. f. Rechtsmedizin d. Univ. Götttingen.

Kein Fälscher hatte vor gut einem halben Jahrhundert ahnen können, daß irgendwann einmal Methoden einer absoluten[125] Datierung der von ihm ausgesuchten Medien existieren würden. Zu seinen Lebzeiten konnte er beruhigt auch auf aus unserer Sicht unpassendes Material zurückgreifen, sofern dieses nur die Anzeichen einer längeren Lagerung trug, also alt aussah. So war es ihm auch möglich, unbemerkt und wahrscheinlich auch aus unterschiedlichen Beweggründen - von denen später die Rede sein wird *(s. u. 4.15.)* - einem Komplex durchaus echter und wichtiger Fundgegenstände die ein oder andere Fälschung beizusteuern. Doch war er dabei kurzsichtig genug zu übersehen, daß mit jeder zahlenmäßigen Komplettierung dieser Runenknochengruppe der Verdacht der Kritiker - bei der Einmaligkeit solcher Gegenstände, die ja stets auf ihn zurückgingen - wachsen müsse. Daß er aber in der Absicht handelte, den Runenknochenkomplex zu vergrößern, ist aufgrund der engen Anlehnung seiner Darstellungen an den Bildinhalt eines der auch ihm als echt gewissen Knochen, dem des *LATAM*-Knochens 4988, überdeutlich.

125) *‚Absolut'* ist hier - s. Text - *nicht im Sinne von ‚chronometrisch'* zu verstehen; *mit dieser Bestg. kann ein zeitlicher Richtwert, nicht aber ein histor. Datum ermittelt werden!* Vgl. W. SPECHT / S. BERG 1959, 81 ff., S. F. COOK 1960, 223-231-245; G. J. RACE et al. 1968, 157 ff. *Optimistischer*: C. LEE / J. L. BADA / E. PETERSON 1976, 183 ff., *vorsichtiger*: L. G. GÜRTLER et al. 1981, 137-150. Die von BADA, P. M. MASTERS, R. A. SCHROEDER et al. 1972, 1973, 1975, 1978 u. 1979 sowie von P. E. HARE u. A. A. HASSAN 1974 u. 1978 an Knochen durchgeführte *Aminosäuren-Razematmethode* kam hierbei bisher nicht zur Anwendung; vgl. S. J. FLEMING 1976, 193-200; ferner: R. PROTSCH 1978, 19 f., 26, wo besonders auf die *Anfälligkeit dieses Verfahrens gegenüber unbekannten Temperaturschwankungen, denen die zu datierenden Objekte oder Proben ausgesetzt waren,* hingewiesen wird. Vgl. ferner W. G. ARMSTRONG et al. 1983, 301-343, J. L. BADA et al. 1975, 160-173, dens. 1982, 30-46, 1985, 241-268, P. E. HARE 1980, 208-219, dens. et al. 1980 *(Ed.)* u. S. MATSU'URA & N. UETA 1980, 883-884 sowie J. RIEDERER 1987, 70.

4.8. Radiokohlenstoff-Datierung (*^{14}C*)

Aufgrund der im vorigen Kapitel beschriebenen Unsicherheiten bei der Heranziehung der Aminosäurenbestimmung zur absoluten Liegezeitschätzung von Knochen bestand das Interesse einer *Kalibration* der dort dargestellten Ergebnisse mittels eines gesicherten Datierungsverfahrens.
Die von Willard Frank LIBBY entwicktelte *Radiokarbon-Methode* wird man unter den Standardmethoden zur Altersbestimmung organischer Substanzen bedeutungsmäßig an die erste Stelle setzen dürfen.[126]

Durch kosmogene Strahlung werden in der oberen Erdatmosphäre[127] Neutronen produziert, die dort zahlreich vorhandene Stickstoffatome (^{14}N) durch Kernreaktionen in radioaktiven Kohlenstoff der gleichen Massenzahl (^{14}C) verwandeln.[128]
Dieses ^{14}C oxydiert sofort unter Vermischung mit dem atmosphärischen Kohlendioxyd (CO_2) und gelangt über die Assimilation der Pflanzen auch in die Nahrungskette von Menschen und Tieren, in deren Knochenapatit es schließlich eingelagert wird.[129] Da das Radioisotop ^{14}C aber instabil ist, beginnt der Gehalt an ^{14}C durch den Zerfall abzunehmen, sobald die Nahrungsaufnahme durch den Tod des Individuums beendet wird. Die Geschwindigkeit dieses radioaktiven Zerfalles erfolgt mit einer Halbwertszeit von im Mittel 5730 Jahren bei einer durch Meßungenauigkeit bedingten Abweichung von $\pm$ 40 Jahren[130]; in dieser Zeit ist die Strahlungsintensität des in den Knochen eingebauten ^{14}C um die Hälfte reduziert, in weiteren 5730 $\pm$ 40 Jahren wiederum um die Hälfte - somit auf ¼ der Ausgangsradioaktivität - etc.
Bei Voraussetzung einer konstanten Anfangskonzentration des ^{14}C in Atmosphäre und Biosphäre während längstens etwa der letzten 100 000 Jahre[131] konnte LIBBY[132] mit einer Datierungsreichweite von mindestens 40 000 Jahren auf der Skala dieses - von manchen mit „Radiokarbonuhr" o. ä. bezeichneten - Archäometers rechnen.[133]

Seitens der Prähistoriker begegnete man dem neuen Verfahren teilweise aber mit äußerster Vorsicht und Skepsis.[134] Ursache dafür waren u. a. utopische Daten, die in einigen Fällen die Meßwerte von Gegenständen aus Vergangenheit und Gegenwart in die Zukunft stellten. So erfuhr die junge Methode [135] in der Folgezeit nicht nur wesentliche technische Verbesserungen[136], sondern durchaus auch einige Modifikationen bezüglich oben genannter Prämissen in der LIBBY'schen Modellvorstellung.
Es wurden hinsichtlich der angenommen Konstanz der ^{14}C-Konzentration im atmosphärischen CO_2 festgestellt:

a) Herabsetzungen durch verstärkte Verbrennung fossilen Heizmaterials wie Holz, Kohle und Erdöl seit dem Anbruch des Zeitalters der ‚industriellen Revolution'; sog. SUESS-*Effekt*.[137]
b) Schwankungen infolge geomagnetisch bedingter Veränderungen der kosmischen Strahlungsintensität[138] oder anderer geophysikalischer bzw. klimatischer Ursachen; sog. DE VRIES-*Effekt*.[139]

126) Die Ausgangsuntersuchung zu dieser Methode wird von E. C. ANDERSON / W. F. LIBBY et al. 1947, 931-936 beschrieben.
127) Nach H. MANLIK 1954, 676 liegt das Maximum der Neutronenproduktion in etwa 17 km, nach H. SUESS 1956, 542 bei ca. 30 km Höhe.
128) H. GROSS 1957, 141 *(nach* LIBBY 1946); vgl. M. A. GEYH, 1971, 9 *(Clausthal)*.
129) H. SELLSTEDT et al. 1966, 572 geben die Bestandteile rezenter Knochen wie folgt an: ca. 80 % anorgan., Hydroxylapatit 3 $Ca_3 (P0_4)_2 \cdot Ca (OH_2)$ mit absorbiertem Karbonat; daneben Mg, Na, K, F in kleineren Mengen und ca. 20 % organ., Protein, darunter die 19 Aminosäuren des Kollagens.
130) W. F. LIBBY 1969, 8; die alte, ‚konventionelle' Halbwertszeit wird mit 5568 oder rund 5570 $\pm$ 45 Jahren angegeben ; vgl. M. A. GEYH 1980, 87.
131) M. A. GEYH 1980, 88.
132) W. F. LIBBY 1947, 936, wobei er ein solches radioaktives ‚Äquilibrium' jedenfalls für die letzten 10.000-15.000 Jahre voraussetzt, ebda. 931.
133) ‚Radiokarbonuhr': H. SUESS 1969, Bild der Wissenschaft Febr. '69,, 121-127;
‚Kohlenstoffuhr': G. NEUMANN 1954, 150.
134) Besonders V. MILOJČIĆ 1957, Germania 35, 102-110, ders. 1958, Germ. 36, 409-417, ders. 1961, Germ. 39, 434-452, dessen selbst konzediertem ‚Laienwissen' *(1958, 410)* H. SCHWABEDISSEN / K. O. MÜNNICH 1958, Germ. 36, 133-149 und H. T. WATERBOLK 1960, 15 ff. entgegentraten. Eine Aufzählung anderer Kritiker der ^{14}C-Methode geben E. H. WILLIS et al. 1960, 1.
135). . ., die LIBBY 1960 den *Nobelpreis für Chemie* einbrachte, . . . siehe E. H. WILLIS 1971, 46 in: D. BROTHWELL / E. HIGGS.
136) Die Messung der ß-Strahlung des ^{14}C an zu gasförmigen Kohlenstoffverbindungen reduzierten Proben im Proportionszählrohr verdrängte die der Geigerzählung nach der komplizierteren Reduktion des CO_2 zu elementarem Festkohlenstoff, siehe H. SUESS 1956, 540 und W. F. LIBBY 1969, 8.
137) H. SUESS 1955, 415-417; vgl. C. CROWE 1958, 470 f., H. DE VRIES 1958, 94, W. S. BROECKER / E. A. OLSON 1959, 117, H. MÜLLER-BECK / H. OESCHGER et al. 1959, 272, H. MÜLLER-BECK 1961, 421 ff., M. J. AITKEN 1974, 105 f., R. E. TAYLOR 1978, 53.
138) W. ELSASSER et al. 1956, Sp. 1226 f.
139) H. DE VRIES 1958, 100 f.; vgl. R. E. TAYLOR 1978, 44 f.

c) Erhöhungen durch die Atombombenversuche besonders zwischen 1952 und 1962; sog. Kernwaffen-Effekt.[140]

Die Anwendbarkeit der Radiokohlenstoffanalyse zur Datierung von Knochen wird in der Literatur unterschiedlich eingestuft. COOK und HEIZER 1953 rechnen sie zu den konventionellen Verfahren.[141]
GROSS 1952[142] und HERDMENGER 1957 [143] konstatieren dagegen eine schlechte Eignung von Knochen für die ^{14}C-Methode. PITTIONI 1957[144] stellt fest:
„So weiß man heute, daß Knochenmaterial, auch wenn es frisch aus der Erde kommt, für brauchbare Daten nicht geeignet ist."
TAMERS und PEARSON 1965[145] bemerken:
„Die meisten Laboratorien stimmen überein, daß Knochen nach Möglichkeit nicht für ^{14}C-Datierungen benutzt werden."
Diese Urteile gründen auf der häufig gemachten Erfahrung, daß das ^{14}C von Knochen sich durch postmortal eingewanderten, externen Radiokohlenstoff verunreinigt *(kontaminiert)* zeigte.

Kontaminationsmöglichkeiten:

Zu geringe Alter überwiegen unter den bei Knochenuntersuchungen ermittelten, unwahrscheinlichen Werten bei weitem. Sie resultieren aus einem zu hohen ^{14}C-Gehalt des Kalkes der Knochen, den MÜNNICH[146] auf die Atmungskohlensäure von Mikroorganismen und Pflanzenwurzeln im Boden zurückführte. MÜNNICH 1960 legte die Möglichkeit einer Altersverfälschung bei Knochen in nur diese Richtung[147] fest. TAMERS' und PEARSONS 1965 vorgelegte Untersuchungsergebnisse bestätigen, daß trotz Säurebehandlung und vollständiger Entfernung des anorganischen Karbonatanteiles mehr als die Hälfte des Materials unkorrekte Daten lieferte; immer aber waren es ‚zu junge' Werte.[148]

Zu hohe Alter, also Knochenalter, die nach archäologischem Ermessen weit höher als vermutet ausfielen, werden von TAMERS und PEARSON in o. g. Arbeit erwähnt. Als deren mögliche Ursache werden radiopassive, kalksteinderivierte Karbonate im Grundwasser erwogen.[149]
Ein Austausch zwischen stabilem Karbonat und gelöstem HCO_3 oder CO_3 sei aber bis dahin nicht beobachtet worden.
Bei der Isotopen-Datierung von Grundwasser bemerkte MÜNNICH 1968:[150] „Schon teilweiser Isotopenaustausch zwischen ^{14}C-haltigem Wasser und dem ^{14}C-freien Kalk kann also das ^{14}C aus dem Wasser praktisch ganz verschwinden lassen und ein sehr hohes Alter vortäuschen." Auch Wasserpflanzen aus hartem Wasser enthalten so von Anfang an weniger ^{14}C als normal und erscheinen daher bei Messungen um bis zu drei Jahrtausende zu alt.[151]
Für den umgekehrten Fall - zu junge ^{14}C-Daten bei Knochen - zog MÜNNICH 1957 eine Grundwasser-Kontamination der organischen Fraktion infolge einer Absorption von ^{14}C-aktivem CO_2 durch die Knochenproteine in Betracht.[152]

140) H. DE VRIES 1958, 95, W. S. BROECKER / E. A. OLSON 1959, 117, H. MÜLLER-BECK / H. OESCHGER et al. 1959, 273, M. J. AITKEN 1974, 106, R. E. TAYLOR 1978, 53 f., besonders H. WILLKOMM 1976, 130 ff. mit Tabellen.
Wie unbedenklich man z. T. der Problematik einer potentiellen Strahlungsbelastung der Umwelt in den 50er Jahren gegenüberstand, veranschaulicht der ernsthafte Vorschlag von H. R. CRANE 1951, 19 einer experimentellen H-Bomben-Explosion mit dem Zweck, danach weltweit den Anstieg des atmosphärischen ^{14}C-Gehaltes zu messen.
141) S. F. COOK / R. F. HEIZER 1953, 355 *(American Antiquity 18)* und
S. F. COOK / R. F. HEIZER 1953, 231-238 *(Southw. Journal of Anthropology 9).*
142) H. GROSS 1952, 68 *(E. u. G. 2)* schreibt: „Nicht verkohlte Knochen . . . lieferten oft unbefriedigende Ergebnisse."
143) J. HERDMENGER 1957, 235 *(F. u. F. 31)* gibt MÜNNICHS mdl. Mittlg. wieder, in urzeitlichen Knochen werde mitunter ein erhöhter ^{14}C-Gehalt vorgefunden.
144) R. PITTIONI 1957, 358, ebda.
145) M. A. TAMERS / F. J. PEARSON 1965, Sp. 1053; Dr. TAMERS, Miami, führte die Aufbereitung der letzten Probenserien aus den Oldenburger Knochen durch.
146) K. O. MÜNNICH 1957, 32 f. *(Nat. Wiss. 44)* u. ders. 1957, 194 *(Science 126).*
147) K. O. MÜNNICH 1960, 238 vgl. 243 *(Geol. Rundschau 49)*, übernommen von S. BERG 1964, 17.
148) M. A. TAMERS / F. J. PEARSON 1965, Sp. 1055; vgl. dagegen die hervorragenden Ergebnisse von H. SELLSTEDT et al. 1966, 572 ff. nach Anwendung desselben Verfahrens der Probenaufbereitung, der sog. Kollagen-^{14}C-Methode *(Messung nach Isolation des Kollagens).*
149) M. A. TAMERS / F. J. PEARSON 1965, Sp. 1053 f.; vgl. K. O. MÜNNICH 1957, 32 f. *(Nat. Wiss. 44)* zu praktisch ^{14}C-freiem CO_2 aus $CaCO_3$ *(Kalkstein).*
150) K. O. MÜNNICH 1968, 159 *(Nat. Wiss. 55).*
151) K. O. MÜNNICH 1958, 114-116 *(Verh. 4. Internat. Tagg. d. Quartärbotaniker).*
152) K. O. MÜNNICH 1957, 194 *(Science 126).*

Zu den hier wiedergegebenen Kontaminationsmöglichkeiten als Folgen spezifischer Lagerungsbedingungen im Auffindungsmilieu treten Fehlmessungen im ^{14}C-Labor[153] aufgrund präparationstechnischer, aufbereitungsbedingter oder apparativer Kontamination.[154]

Werden die jeweiligen Kontaminationsfaktoren auch z. T. als berechenbar, die ^{14}C-Daten somit als korrigierbar eingestuft[155], so erschien dies von vornherein für die Weserknochen problematisch, da zu ihren Fundumständen keinerlei glaubhafte Informationen vorlagen.
Darüber hinaus waren Schwierigkeiten aus der Präparation der Knochen vor über 50 Jahren mit einem im Museumsarchiv nirgends vermerkten Konservierungsmittel zu erwarten.[156]

Schließlich war bei den für eine ^{14}C-Analyse von Knochen als erforderlich angegebenen Probenmengen[157] von mindestens etwa 100 g bei den vorliegenden Knochengewichten zwischen etwa 20 bis etwa 155 g (s. die genauen Gewichte im Kap. 4.10.) natürlich nicht mehr zu denken. Dies umsomehr, als von vielen Autoren[158] die Notwendigkeit einer Messung von mindestens zwei Proben je Untersuchungsobjekt herausgehoben wird, um überhaupt Schlüsse zur Altersbestimmung vornehmen zu können.

Doch stieg die Hoffnung auf eine Radiokarbondatierung der Weser-Runenknochen wieder mit der Ankündigung von TAYLOR 1978[159], daß nämlich in der dritten Generation der ^{14}C-Forschung nun ein neues System in Entwicklung sei, welches mit geringsten Proben zwischen 1 und 100 mg auskomme und Datierungsmöglichkeiten bis zu 100 000 Jahren eröffne.

Dieses Verfahren, welches zum Zeitpunkt allerdings noch Kontaminationsprobleme zu überwinden habe, ermögliche durch den Einsatz von Hochenergie-Teilchenbeschleunigern nun die Direktmessung der in einer Probe vorhandenen ^{14}C-Atome im Unterschied zur herkömmlichen Registration ihres radioaktiven Zerfallsspiegels.

Nach Bestätigung dieser Tatsache durch GEYH 1980[160] wandte ich mich Anfang 1983 an das Niedersächsische Landesamt für Bodenforschung mit der Bitte um Beratung und Unterstützung.
Herr Professor Mebus A. GEYH erklärte sich bereit, eine ^{14}C-Datierung der Weserknochen nach der bevorstehenden Inbetriebnahme einer neuen Miniatur-Zählrohr-Anlage durchzuführen. Nachdem sich jedoch gegen Ende des Jahres eine Verzögerung aus technischen Gründen abzeichnete, empfahl er, bei Herrn Professor Willy WÖLFLI vom Institut für Mittelenergiephysik der Eidgenössischen Technischen Hochschule Zürich um Mitarbeit anzufragen. Dieser verfüge über eine der wenigen - weltweit seien es zur Zeit ca. 30[161] - Anlagen, die mit der erst vor wenigen Jahren entwikkelten[162] Teilchenbeschleuniger-Methode arbeiten.
Anfang 1984 erfolgte die Zusage aus Zürich sowie die Erlaubnis des Staatlichen Museums Oldenburg für eine weitere Probenentnahme von den unberitzten Knochenpartien. So gelangten die fünf Weserknochen 4987 bis 4991 am 14. 1. 1984 in die Schweiz; aufgrund ihres geringen Gewichtes wurden die Fragmente 5046 und 5127 zurückbehalten *(s. u. Kap. 4.10.).*

153) E. NEUSTUPNÝ 1970, 25 *(in:* I. U. OLSSON, *12. Nobel-Sympos. Uppsala).*
154) Dazu zuletzt R. GILLESPIE / R. E. M. HEDGES 1984, 294 ff.
155) H. T. WATERBOLK 1971, 13.
156) Auf mögliche *Kontaminationsfolgen durch Konservationsmittel* verweist bereits H. GROSS 1952, 68 ff. *(E. u. G. 2)*; vgl. M. A. GEYH 1971, 1.1 ff. *(INW 2)*, R. PROTSCH / R. BERGER 1973, 237 *(Science 179)*, H. SCHWABEDISSEN 1978, 114 *(Arch. Info. 4)*; R. GILLESPIE / R. E. M. HEDGES 1984, 294 ff. geben ein eindringliches Beispiel.
157) M. A. GEYH 1965, Kurzanleitung für ^{14}C-Proben: mind. 120 g für eine Routineprobe bei schlechter Verläßlichkeit; nach H. N. MICHAEL / E. K. RALPH 1971, 5 f.: 300 g; M. J. AITKEN 1961, 6.3: max. 1200 g *(ebso. i. d. Neuauflage 1974)*; M. A. GEYH 1980, 87: 100-500 g.
158) Bereits bei H. GROSS 1952, 68, 72: mind. zwei Proben *(E. u. G. 2)*; H. T. WATERBOLK 1960, 18: „*Ein* Alter ist *kein* Alter" *(Antiquity 34)*; H. WILLKOMM 1976, 27 empfiehlt die Teilung einer Probe; Zusammenfügung nur im Notfall, wenn das Material sonst nicht ausreicht. Auch nach R. E. TAYLOR 1978, 64 ist *ein* Probendatum allein nicht aussagefähig.
159) R. E. TAYLOR, 1978, 60.
160) M. A. GEYH 1980, 87, 37 f.; vgl. dazu J. RIEDERER 1987, 62 f.
161) A. E. LITHERLAND 1984, 101 stellt 28 Labors zusammen.
162) Vgl. D. E. NELSON et al. 1977, 507 f., C. L. BENNETT et al. 1977, 508 ff. u. 1978, 345 ff., R. A. MULLER et al. 1978, 347 f., H. E. GOVE et al. 1979, 1414 ff. u. 1980, 425 ff.

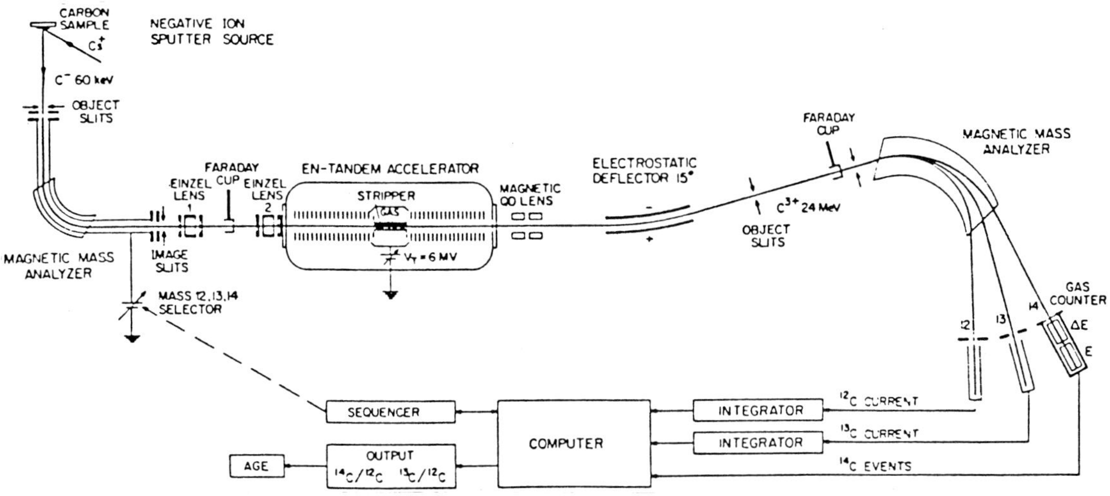

Abb. 25:
Layout der Anordnung der Zürcher AMS-Datierungsanlage als schematisches Diagramm (AMS = Accelerator Mass Spectrometry = Teilchenbeschleuniger-Massenspektrometrie) aus: W. WÖLFLI et al. 1983, (Fig. 1), Radiocarbon 25, No. 2.

Die sehr unerwarteten Ergebnisse der ^{14}C-Bestimmung der Weserknochen teilte mir Frau RIESEN, Physikalisches Institut der Universität Bern, die die Aufbereitung der Proben durchgeführt hatte, am 6. 4. 1984 in Zürich mit;[163] von Fragment 4987 hatte sie keine Mehlprobe gefräst, da sie die Zerstörung des Stückes an einer seiner drei alten Bruchstellen befürchtete.
Zunächst seien mit einer Zahnarztfräse Proben gewonnen worden, wobei der Eindruck einer völlig unterschiedlichen Konsistenz einiger Knochen im Verhältnis zueinander entstanden sei. 4988 und 4991 hätten sich so gegenüber 4990 als sehr weich gezeigt; auch habe sich die Farbe ihres Knochenmehles im Gegensatz zu der hellen, fast weißen des ‚Schiffsknochens' als schmutzig-dunkel erwiesen.
Daraufhin sei das Kollagen bis zu einer gel-artigen Substanz isoliert worden.[164]

Die Targets *(runde Kupferscheiben, die die ^{14}C-Proben tragen)* wurden im TANDEM VAN-DE-GRAAFF ACCELERATOR der ETH Zürich[165] analysiert und ergaben folgende, gegen die o. g. Effekte *(Suess-, de Vries- und Kernwaffeneffekt)* noch nicht aufgerechneten ‚Rohwerte':

Oldenburg	= Bern	= Zürich	: Liegezeit in Jahren	= absolutes Datum
Nr. 4989	4362	212	6090 ± 100	4140 v. Chr.
Nr. 4991	4365	216	4670 ± 80	2720 v. Chr.
Nr. 4988	4363	214	4330 ± 80	2380 v. Chr.
Nr. 4990	4364	215	1570 ± 70	380 n. Chr.

Bezugsjahr: 1950 *(bei Radiokarbondaten üblich).*

163) Frau Trudi RIESEN danke ich sehr herzlich für ihre zeitaufwendige Arbeit.
164) Von der Kollagen-Extraktionsmethode zur Vorbereitung der ^{14}C-Analyse war bereits weiter oben die Rede *(vgl. Anm. 148)*; vgl. ferner dazu R. PROTSCH 1978, 17 *(Arch. Info. 4)*, S. BERG et al. 1981, 97 und ferner W. G. MOOK 1984, 300 ff.
165) Plan und Beschreibung dieser Anlage (vgl. Abb. 25) finden sich bei M. SUTER et al. 1981, 1475 ff. und W. WÖLFLI et al. 1983, 745 ff.

Das für 4990 errechnete Mittelwerts-Datum entspricht erstaunlich genau der eigenen grobchronologischen Zuweisung, wie sie weiter unten ausgeführt und begründet wird. Auch klassifiziert es dieses Stück - wie bereits das Ergebnis der Aminosäurenbestimmung indizierte - den beiden anderen Runenknochen gegenüber als scheinbar jünger.
Diese, 4988 und 4991, zeigen - ebenfalls wie bei der Aminosäurenbestimmung - einen zeitlich vergleichbaren Wert, doch liegt hier der Abstand zu 4990 gleich bei rund 3000 Jahren.
Noch befremdlicher wird vielleicht anmuten, daß der runenlose Knochen 4989 mit der gefälschten ‚Jagdszene' zwar nach Ausweis seiner Aminosäuren-Konzentration deutlich jünger als die 3 Runenknochen, der ^{14}C-Bestimmung zufolge aber deutlich älter als diese sein soll.

Eine Erklärung für diese Befunde suchte Prof. WÖLFLI in einer *konservationsbedingten Kontamination*, da sämtliche Knochen ja 1927/28 in Oldenburg präpariert worden waren, nach seiner Vermutung mit einer Art Schellack.

Auf Empfehlung des zufällig anwesenden Prähistorikers Jakob BILL, Liechtenstein, wurde der Konservator des Landesmuseums Zürich, Herr Werner KRAMER, am gleichen Tag und nochmals am 16.4. 1984 zu Rate gezogen.

Herr KRAMER war bemüht, durch Anlösung der Präparationsschicht mit unterschiedlichen Chemikalien zu klären, womit die Weserknochen konserviert sind.
Die punktuell mit einem Wattetupfer vorsichtig aufgetragenen Stoffe bewirkten:

1. Sangaiol : sehr leichte Anmattung
2. Aceton : leichte Anmattung
3. Leichtbenzin : leichte Aufhellung des Fleckens
4. Methylenchlorid (Hauptbestandteil von Abbeizern) : deutlichere Aufhellung
5. HERBID (Abbeizer der Fa. HERBOL) : starke Aufhellung.

Die deutliche Aufhellung des Brauntones an der mit HERBID betupften Stelle ließ für einen Augenblick an eine künstliche Anfärbung des Knochens - zum Zwecke der Vortäuschung einer natürlichen Mineralisationsverfärbung - denken. Doch zeigte der selbst völlig farblos gebliebene weiße Wattetupfer, daß es sich bei der Aufhellung um die Folge einer, zunächst nicht näher ergründeten, chemischen Reaktion gehandelt haben muß. Hierzu sei bemerkt, daß ich nach meiner Rückkehr nach Göttingen dieses Experiment wiederholte. Da HERBID dort im Handel nicht erhältlich war, versuchte ich es mit einem ‚super Abbeizer' der Fa. FHG Münster. Interessanterweise ließen sich unpräparierte Knochen aus dem Oldenburger Museumsmagazin und von eigenen Flurbegehungen an der Weser farblich so gut wie gar nicht erhellen.
Die Bildung eines helleren Fleckchens auf Knochen 4988, die mit HERBID in wenigen Minuten hervorgerufen worden war (ca. 2'), brauchte mit dem nun verwendeten, auch Methylenchlorid enthaltenden Mittel, mehr als die doppelte Zeit (ca. 5').
Andere Knochenartefakte des Museums Oldenburg, die aus dem gleichen Fundzeitraum wie die Runenknochen stammen und wahrscheinlich auf dieselbe Art konserviert wurden, benötigten dazu ebenfalls mindestens 5 Minuten. Aus der Tatsache, daß die präparierten Stücke sich farblich aufhellen ließen, dürfte geschlossen werden können, daß das Präparationsmittel selbst einen chemischen Einfluß auf die Knochenoberflächen ausübte, welcher beim zweiten, umgekehrten Eingriffsversuch der Ablösung der Konservationschemikalien dafür sorgte, daß die bereits chemisch veränderte Knochenoberfläche nicht von einer zweiten Reaktion verschont blieb, die in eben dieser Aufhellung optisch sichtbar wurde.
Mögliche Kontaminationsfaktoren als Ursache der unverständlichen ^{14}C-Werte sah Herr KRAMER in Verunreinigungen durch Reste der Abdruckmasse, die Oberpräparator Michael HOLLMANN vom Institut für Rechtsmedizin Göttingen verwandte, als er Ende '79 Gipsabgüsse aller Knochen anfertigte (vgl. oben Kap. 4.2.2.). Dabei könne unbestimmbar altes Silicium als Grundstoff des Silikonkautschuks mitgemessen worden sein.
Auf die Entgegnung hin, die Abgüsse seien nur von den gravierten Außenflächen der Knochen erstellt, das Probenmaterial dagegen ausschließlich aus dem Inneren der Höhlungen gefräst worden, deutete Herr KRAMER auf eine andere Möglichkeit: Die Mitdatierung lagerungsbedingt eingewanderter Mineralien hohen Alters. Dazu verwies er auf die makroskopisch deutlich und recht zahlreich sichtbaren Quarzit- und Vivianitkristalle in den Spongiosaresten besonders der Fundstücke 4989 und 4991. Gerade diese Kristalle ließen auf eine längere Lagerung der betreffenden Knochen in einem Flußbett schließen (vgl. Kap. 4.9., 4.11., 4.12. und 5.5.).
Herrn KRAMER war es in der Kürze der Zeit nicht möglich, das Mittel näher zu bestimmen, mit dem die Oldenburger Knochen vor etwa 50 Jahren konserviert worden waren. Daß es sich dabei aber um einfachen Schellack handeln könne, hielt er nach den unternommenen Anlösungsversuchen für eher unwahrscheinlich.

Als Gast des III. International Symposium on AMS vom 10. bis 13. April 1984 erhielt ich freundlicherweise und überraschend die Gelegenheit, die Weser-Runenknochen in einer kleinen Vitrine zu zeigen, den bisherigen Forschungsstand in Bild, Text und Grafik zu demonstrieren und die ungewöhnlichen ^{14}C-Ergebnisse mit den ^{14}C-Forschern auf internationaler Ebene zu diskutieren.[166]
Der Ergebnisstand der bis dahin durchgeführten Untersuchungen wurde hinsichtlich der Qualifikation in die beiden Gruppen Originale und Fälschungen nachvollzogen und - trotz der merkwürdigen ^{14}C-Daten - allgemein akzeptiert.
Mit Mrs. ALLEN, Ashmolean Museum Oxford, Mr. BURLEIGH, British Museum London, Prof. WÖLFLI *(s. o.)* stimmten auch viele andere der Vermutung einer Kontamination der Proben zu.
Auch eine Beritzung bereits im subfossilen Zustand während der Röm. Kaiserzeit/Völkerwanderungszeit aufgefundener Knochen hielt neben Richard BURLEIGH[167] vor allem auch Prof. G. NEWKIRK, Colorado, für vorstellbar *(dagegen sprechen allerdings die im Kap. 4.14. geschilderten eigenen Erfahrungen).*
Henry POLACH, Universität Canberra, erwog eine Kontamination aufgrund ganz spezifischer Lagerungsbedingungen, wie sie mir selbst auch am wahrscheinlichsten vorkommt, entweder:
a) organischer Art, infolge spezieller Bodenverhältnisse oder
b) anorganischer Art, in Folge von hartem Grundwasser.
Die zweite Möglichkeit war dabei an sich von vornherein auszuschließen, da - Frau RIESENS Angaben gemäß - ja lediglich die organische Kollagenfraktion bestimmt worden war.

Eine Beobachtung, die hoffen ließ, daß der Datierungsfehler auf methodische Ursachen zurückgeführt werden könne, war, daß lediglich bei Knochen 4990 (Runenknochen mit Schiffsbild) ein diskutables Datum durch Gewinnung aus Kompaktamaterial erzielt worden war, das Knochenmehl der drei anderen Proben dagegen aus Spongiosabereichen gefräst wurde.

Für alle vorher an Knochenmehl durchgeführten naturwissenschaftlichen Analysen *(Spektralanalyse, Aminosäurenbestimmung, Anfärbung)* war ausschließlich Material aus der Kompakta, nicht aber der Spongiosa gewonnen worden. Bei der leichten und porösen Struktur des Knochen-Schwammgewebes war mit einer sekundären Störung durch mineralische Diffusionsprozesse eher gerechnet worden, als in den erheblich fester gefügten Knochenzellen der Kompakta.
Um diese theoretische Erwartung zu überprüfen, erwog ich den Forschungsansatz, einen ‚doppelten Blindversuch' zu unternehmen, dergestalt, daß von jedem der sieben Knochen je eine Probe aus dem Kompakta- und eine aus dem Spongiosabereich genommen werden sollte, insgesamt also 14 Proben.
Diese hätten dann den Instituten in Bern und Hannover als Mischproben ohne Mitteilung näherer Einzelheiten zugehen können, als Mischproben nicht im Sinne einer Vermischung der beiden Proben eines Knochens, sondern lediglich im Sinne ihrer Zusammenstellung, also etwa:
Nach Bern: 3 ‚unreine' Spongiosa- + 4 ‚reine' Kompaktaproben.
Nach Hannover: 4 ‚unreine' Spongiosa- + 3 ‚reine' Kompaktaproben.
Weil dieses methodisch sicher wünschenswerte Unternehmen, bei welchem jede Wertabweichung zwischen Kompakta- und Spongiosaprobe ein und desselben Knochens ebenso interessant gewesen wäre wie jede Übereinstimmung, an technischen Schwierigkeiten der Durchführung in Hannover scheiterte, wurde der Plan in einen ‚einfachen Blindversuch' umfunktioniert:
In Bern erklärte man sich bereit, die Aufbereitung aller 14 Proben ohne Kenntnis des Anordnungsschlüssels zu übernehmen.
Bereits in Zürich hatte ich die Zusage erhalten, daß die 14 Proben an der ETH analysiert würden.
Um die Knochen nicht erneut Transportrisiken auszusetzen, fräste ich die Mehlproben am 4. 9. 1984 im Meßraum des Botanischen Instituts der Universität Göttingen.[168]
Durch Nachwiegen auf einer Feinwaage war leicht zu ermitteln, wieviel Material Frau RIESEN in Bern gefräst hatte, nämlich ca. 3 g bei Nr. 4988, jeweils etwa 2 g von Nr. 4989 und Nr. 4991 *(bei diesen dreien aus der Spongiosa)*, dagegen nur ca. 1 g aus der Kompakta von Nr. 4990. Trotzdem hatte letzteres den glaubwürdigsten ^{14}C-Wert geliefert.

166) W. WÖLFLI et al. 1984, AMS '84, Postersession VI *(P. 2.06)*, Abstracts 60, Authors 92; für die Ermöglichung der Ausführung dieser Poster-Ausstellung habe ich Herrn Prof. WÖLFLI und seinen Mitarbeitern Fr. Maja HEINRICH-SIXT, Hansjakob HOFMANN u. Dr. Georges BONANI von Herzen zu danken.
167) R. BURLEIGH 1974, 69-87 *(Journ. of Arch. Sci. 1)* behandelt in dieser guten Übersicht auch die Beseitigung von Kontaminanten; ders. 1984, 205 *(Antiquity 58, No. 224)* erwähnt die Weser-Runenknochen in seinem Bericht über das AMS-Symposium in Zürich.
168) Herr Prof. E. GRÜGER war so freundlich, mir dies zu ermöglichen.

Nun wurden folgende Mehlproben gefräst:

Knochen Inv. Nr.	Gewicht in g	Kompakta-probe	Farbe der Reinprobe	Spongi-osaprobe	Farbe der unreinen Probe	Ergänzungs-material
OL 4987	47,64	1 g	hellbraun	0,6 g	mittelbraun	-
OL 4988	151,25	1 g	hellbraun	2,0 g	dunkelbraun	-
OL 4989	114,88	1 g	beige	2,0 g	schwärzl. braun	-
OL 4990	109,71	1 g	weißlich	0,6 g	gelblich	x
OL 4991	87,43	1 g	beige	2,0 g	rötl. braun	-
OL 5046	21,99	1 g	hellbraun	0,5 g	hellbraun	x
OL 5127	29,86	1 g	hellbraun	1,0 g	gräul. braun	-

Insgesamt wurde von jedem Knochen gerade so viel Mehl gefräst, wie es dessen Gesamtgewicht und -zustand eben zuließ. Da das bei den Knochen 4987, 4990 und 5046 nur sehr geringe Mengen waren, wurde als Ergänzungsmaterial für die beiden letztgenannten das, was noch an Knochensplitterchen vorhanden war, hinzugefügt.
In dem Begleitschreiben der Probesendung vom 5. 9. '84 wurde Frau RIESEN gebeten, die ‚Unreinproben' nach Möglichkeit nicht mit den Reinproben zu vermischen.
Das Probenmehl aus den Spongiosabereichen war nämlich in einigen Fällen mit Kompaktamaterial äußerer Bereiche komplettiert worden, welches auch Spuren des Präparationsmittels trug. Daher bestand Grund für die Hoffnung, auf diese Weise konkret den Kontaminanten ausfindig zu machen, der für jene hohen Alterswerte der ersten ^{14}C-Analyse verantwortlich zu machen war.

Daß diese Hoffnung nicht in Erfüllung ging, erfuhr ich von Herrn Prof. WÖLFLI fernmündlich am 20. 9. 1985. Dieser hatte inzwischen die Proben von Bern nach Zürich beordert und in Miami, Florida, aufbereiten lassen. *Tatsächlich waren nicht unerhebliche Schwankungen zwischen den Werten der ‚Rein-' und ‚Unreinproben' ein und desselben Knochens gemessen worden, doch wiesen diese Abweichungen offenbar keine einheitliche Richtung auf:*
So ergab die Unreinprobe des Runenknochens 4988 mit 2000 Jahren Liegezeit ein um 800 Jahre älteres Datum, als der Wert der Reinprobe mit 1200 Jahren Liegezeit anzeigte. Der Wert der Unreinprobe des runenlosen Knochens mit Jagdszene 4989 sprach dagegen mit 1500 Jahren Liegezeit für ein jüngeres Alter als der der Reinprobe mit 1800 Jahren.
Auch bestätigten sich leider die Befürchtungen, das Probenmaterial könne eventuell zu wenig Kollagen für eine ^{14}C-Messung enthalten, für Runenknochen 4990 und das Fragment 5046. Für den letzteren existierte also immer noch überhaupt kein ^{14}C-Wert, für den ersteren tröstlicherweise der sehr plausible Wert der ersten Messung: 380 ± 70 n. Chr.
Einen sehr gut vergleichbaren Wert ergaben nun die beiden Runenknochen 4988 und 4991 mit übereinstimmend: 380-500 n. Chr.
Bestätigt wurde auch die Zuweisung des Knochenfragments mit der gefälschten Darstellung des gehörnten Tieres durch die Aminosäurenbestimmung *(1474 ± 109 n. Chr.)* in das Mittelalter (*^{14}C: 1260 - 1340 n. Chr.*). Wie weiter oben (Kap. 1.) ausgeführt wurde, hielt bereits H. VON BUTTEL-REEPEN 1928 die Gravur dieses Fragmentes 5127 für gefälscht.
Nicht bestätigt wurde durch diese ^{14}C-Analyse das hohe Alter der Erstanalyse *(4140 ± 100 v. Chr.)* des runenlosen Artefakts 4989, nun auf 320 - 480 n. Chr. datiert. Dieses erheblich jüngere Datum steht aber immer noch in erheblicher Diskrepanz zum eindeutig jüngeren Wert der Aminosäurenbestimmung: 883 ± 94 n. Chr.
Eine noch größere Diskrepanz ergibt sich durch den Vergleich des Wertes der Aminosäurenbestimmung *(117 ± 216 v. Chr.)* des Fragmentes 4987 mit den runenhaften Zeichen mit dem der ^{14}C-Analyse 1985 *(1400-1500 n. Chr.)*.

Um diese widersprüchlichen Ergebnisse abzuklären, wurde am 2. 10. 1985 eine weitere Probensendung nach Zürich unternommen, darin:
1. *Eine hellbraune Mischprobe von 2 g des Fragmentes 4987,*
2. *eine rötlichbraune desselben Gewichtes von 5046,*
3. *eine beigefarbene Reinprobe von 4989 (= a : 2g),*
4. *eine schwärzlichbraune Unreinprobe desselben Knochens (= b : 2,5 g).*

Von den beiden erstgenannten waren die erforderlichen 2 g Knochenmehl zur Isolation von ca. 1 mg Kollagen nur noch als Mischproben gewinnbar, wohingegen die beiden Proben des runenlosen Knochens mit Jagddarstellung nach Möglichkeit wieder getrennt bestimmt werden sollten.

Die Ergebnisse der bisherigen naturwissenschaftlichen Altersbestimmungen:

Inv. Nr.	1. ^{14}C (1984)	2. ^{14}C (1985/1986)	Aminosäurenbestimmung zum Vergleich (1979/1981)
4987	———	1400-1500 n. Chr.	117 ± 216 v. Chr.
4988	*(2380 ± 80 v. Chr.)*	380- 500 n. Chr.	625 ±130 n. Chr.
4989	*(4140 ± 100 v.Chr.)*	320- 480 n. Chr.	883 ± 94 n. Chr.
4990	*(380 ± 70 n. Chr.)*	———	734 ± 121 n. Chr.
4991	*(2720 ± 80 v. Chr.)*	380- 500 n. Chr.	621 ± 146 n. Chr.
5046	———	———	115 ± 165 v. Chr.
5127	———	1260-1340 n. Chr.	1474 ± 109 n. Chr.

Am 14. 4. 1986 erhielt ich eine Aufstellung aller 18 in den USA aufbereiteten und in Zürich bestimmten Proben. Aus der letzten Serie hatte nur eine *(4989 a)* von vier Proben genügend Material für eine Datierung ergeben.

ETH EIDGENÖSSISCHE TECHNISCHE HOCHSCHULE ZÜRICH

Institut für Mittelenergiephysik
Dr. G. Bonani
HPK-Gebäude
Durchwahl-Nr. 01 / 377 2043
Telefonzentrale 01 / 377 44 11
Telex-Nr.

Postadresse:
Institut für Mittelenergiephysik
ETH-Hönggerberg
CH-8093 Zürich

Herrn
Pit P I E P E R
Am Kampe 14
D – 3407 Gleichen 4

Lab.Nr.	Inv.Nr.	Radiocarbon Age BP	$\delta^{13}C$ ‰	Radiocarbon Age $\delta^{13}C_{corr}$ BP
ETH-0349	4987	370 ± 70	- 18.9	470 ± 80
ETH-0356	4987.2	600 ± 80	- 26.7	570 ± 95
ETH-0375	4987	kein Strom !		
ETH-0350	4988	1'300 ± 90	- 32.5	1'180 ±110
ETH-0357	4988.2	1'980 ± 55	- 23.2	2'010 ± 65
ETH-0351	4989	1'720 ± 65	- 21.4	1'770 ± 70
ETH-0358	4989.2	1'420 ± 75	- 20.8	1'490 ± 85
ETH-0376	4989 a)	1'580 ± 235	-	-
			-	-
ETH-0377	4989 b)	kein Strom !		
ETH-0352	4990	kein Kollagen		
ETH-0359	4990.2	kein Kollagen		
ETH-0353	4991	kein Kollagen		
ETH-0360	4991.2	1'520 ± 75	- 20.3	1'590 ± 85
ETH-0354	5046	kein Kollagen		
ETH-0361	5046.2	kein Kollagen		
ETH-0378	5046	kein Strom !		
ETH-0355	5127	640 ± 70	- 18.3	750 ± 80
ETH-0362	5127.2	520 ± 70	- 18.4	630 ± 80

Zürich, 24.3.1986

Bei den Proben ETH-0349 bis 0355 handelt es sich um die sieben Reinproben, bei den Lab. Nrn. ETH-0356 bis 0362 um die sieben Unreinproben,
bei 0375 bis 0378 um die vier letzten Proben.
Immerhin waren 8 von insgesamt 18 Proben nicht bestimmbar.
Die Daten für Runenknochen 4988 verdeutlichen, daß der weiter oben angegebene Tabellenwert keiner direkten Messung, sondern mathematischer Berechnung entspricht. Die Schwankungen zwischen den Daten ein und desselben Knochens unterstreichen, daß diese nicht im historischen Sinne, sondern als chronologische Orientierungshilfen zu verstehen sind.

4.9. Emissions-Spektralanalyse

Ob die Knochen des Weser-Komplexes auch Kennzeichen unterschiedlicher Bodenlagerungsbedingungen aufweisen lassen würden oder nicht, galt es nun zu ermitteln. Hierbei konnte auf ein Verfahren zurückgegriffen werden, das in der archäologischen Forschung[169], besonders intensiv im Bereich der Metallurgie[170] und dort nicht selten bei Fälschungsuntersuchungen[171] eingesetzt wurde und wird, der Spektralanalyse.

Diese von BUNSEN und KIRCHHOFF[172] entwickelte Methode geht von der Beobachtung aus, daß stark erhitzte Körper Farben unterschiedlicher Wellenlänge *(Emissionsspektrum)* aussenden, die charakteristisch für ihre Zusammensetzung sind.
Die Erscheinung der thermischen Emission ist jedem beispielsweise vom Bengalischen Feuer bekannt, bei dem Alkalisalze zwecks Erzeugung von grünem und rotem Licht erhitzt werden. Die Existenz einer ganzen Anzahl der chemischen Elemente wurde erst mit der Spektralanalyse aufgespürt. Auch wissen wir erst seit der Anwendung dieser Methode Näheres über die chemische Struktur der einzelnen Sterne, nämlich durch spektrale Analyse des von diesen ausgesandten *(emittierten)* Lichtes.
Während die Wellenlängen der Linien charakteristisch für das emittierende Element sind, ist ihre Intensität ein Maß für die Mengen der im untersuchten Körper vorhandenen jeweiligen Elemente.
Am 15. 2. 1980 und aufgrund späterer Vervollständigung durch die Knochenfragmente 5046 und 5127 nochmals am 27. 2. 1982 wurden Knochenmehlproben von jeweils ca. 0,5 g mit Kohlenstoff vermischt in die Bohrungen von Graphitelektroden eingebracht. Die Graphitelektroden wurden in der Funkenstrecke eines Emissionsspektrographen der Fa. RSV auf Temperaturen von ca. 3000° C gebracht und dadurch zur Lichtemission angeregt. Das Licht wurde in einem 2,5 m Gitterspektrographen in EBERT-Aufstellung in seine einzelnen Farben *(Spektrallinien)* zerlegt und auf einer Fotoplatte registriert, auf welcher auch die im ultravioletten Bereich liegenden, für das menschliche Auge unsichtbaren Linien erfaßt werden.

Die erste Analyse, die Dr. Harald KIJEWSKI am Institut für Rechtsmedizin der Universität Göttingen durchführte, bezog sich ausschließlich auf die Knochen 4987-4991, also die drei Runenknochen, den sog. Proberunenknochen und den runenlosen Knochen mit der Jagddarstellung:

Alle fünf Knochen zeigten gegenüber den mitgeführten Vergleichsproben eine beträchtlich hohe Fe-Konzentration, wie sie bei langer Lagerung im Oldenburger Feuchtbodengebiet durchaus zu erwarten war; die sekundäre Mineralisation durch Fe hatte schließlich für die Braunverfärbung der Knochen gesorgt.
Im Unterschied zu den anderen vier Knochen, bei denen auch ein hoher Al-Gehalt festzustellen war, lag der des runenlosen Knochens mit ‚Jagdbild' aber äußerst niedrig. Dies wurde dahingehend gewertet, daß Knochen 4989 zumindest nicht denselben Lagerungsbedingungen ausgesetzt gewesen sein dürfte, wie die restlichen Knochen.

1982 wurden diese fünf Knochen in die zweite Spektralanalyse mit einbezogen, um die Ergebnisse der Erstuntersuchung zu überprüfen. Nunmehr stellte Dr. KIJEWSKI mir aber eine ganze Aufnahmeplatte zur Verfügung, die ich in allen zwölf Positionen wie folgt bestückte:

1. SZ-Lebenstedt 1, helles Knochenfragment, Streufund aus der Grabung 1977
2. SZ-Lebenstedt 2, dunkelbraunes Fragment, Streufund aus der Grabung 1977
3. OL 5046, Fragment mit gefälschter Axtdarstellung
4. OL 4987, Fragment mit runenartigen Zeichen
5. OL 4988, Runenknochen *LATAM* mit ‚Jagdszene'
6. OL 4991, Runenknochen *ULU*
7. OL 4990, Runenknochen *LOKOM* mit Schiffsbild
8. OL 4989, Artefakt mit gefälschter ‚Jagdszene'
9. OL 5127, Fragment mit gefälschtem Stierbild
10. OL 4980, Artefakt mit gefälschter Marke, von AHRENS
11. OL 4983, Artefakt mit originaler Marke, von AHRENS
12. Ogonki, Polen, *Leichenbrand* von einem Grabhügel der Lausitzer Kultur.

169) H. HÄRKE 1978, 165-276, mit einem sehr ausführlichen Literaturverzeichnis.
170) E. SANGMEISTER 1971, in INW 2, Metallurgie 2.1-2.8 mit Literatur.
171) J. DRIEHAUS 1973, in INW 3, Metallurgie 3.1-3.9; auch: H. OTTO 1957/58, 203 ff.
172) Vgl. J. THORWALD 1974[3], 37 f. *Zum Verfahren*: H. KAYSER 1900, W. GERLACH / E. SCHWEITZER 1930, L. S. ORNSTEIN / W. J. H. MOLL / H. C. BURGER 1932, H. LUNDEGARDH 1929 und 1934, H. BOMKE 1937, W. SEITH / K. RUTHARDT 1949, R. HERRMANN 1956, W. ROLLWAGEN 1958, R. A. SAWYER 1963, M. PINTA 1971, M. A. GEYH 1980. *Tabellen bei:* J. M. EDER / E. VALENTA 1924, W. GERLACH / E. RIEDL 1949[2], F. GÖSSLER 1942, um nur eine Auswahl des sehr umfangreichen Schrifttums aufzuführen; vgl. zuletzt J. RIEDERER 1987, 40 f.

Die Ergebnisse dieser Bestimmung wurden aus dokumentatorischen Gründen doppelt gesichert, einmal durch fotografische Belichtung der Glasplatte im Maßstab 1:1, zum anderen durch Speicherung auf einem Magnetband.[173] *Die Auswertung dieser zweiten Spektralanalyse kann wie folgt zusammengefaßt werden:.*
Die sichtlich schwache Ausprägung des Spektrums der Elementbanden des Runenknochens 4991 deutet nicht signifikante Unterschiede dieser Probe im Verhältnis zu den mitgeführten anderen an, sondern ist lediglich auf eine zu geringe Materialbestückung der betreffenden Graphitelektrode oder eine Spannungsschwankung des Gerätes zurückzuführen.
In der unten folgenden Tabelle, in der die einzig nennenswerten Unterschiede zusammengestellt sind, wird diese Position aufgrund einer Schätzung von Dr. KIJEWSKI mit jeweils ++ pro Element ergänzt.*

Probe	Mg Å 2852,13	Si Å 2881,59	Cu Å 3247,55 Å 3273,96	Al Å 3944,03 Å 3961,54	Mn Å 4034,49	Fe Å 4045,80
1	+++++	+++	+++	+	++++	+
2	++++++	++++	++++	+++	++++++	++
3	++++++	++	(+)	+	++++++	+++
4	++++++	+++++	++	++	++++++	++++
5	++++++	+++++	+	+++	++++++	+++
6*	++++++	+++++	++++	+++++	++++++	++++
7	+++++++	+++++	++	+++++	++++	+++
8	++++++	+++++	+	+++	+++++	+++
9	++++++	+++	+	++++	+++++	++
10	+++++++	+++++	++	++	++++++	++++++
11	+++++++	++++	+	+++	+++++++	+++++
12	+++++	+++++++	++(+)	++	+++	++

Å = Ångström-Einheit *(1 Å = 0,000 000 1 mm oder 1 Zehnmillionstel mm).*[174]

Auswertung:

Mg: Magnesium liegt überall in beträchtlichen Konzentrationen vor, in Relation zu 1, *(2)* und 12 am deutlichsten in den Weserknochen aus Oldenburg.

Si: Silicium ist in höchster Konzentration im polnischen Leichenbrand vertreten.

Cu: Kupfer fand sich verstärkt im paläolithischen Material von Salzgitter; möglicherweise erklärt dies die vorzügliche Erhaltung über den langen Zeitraum *(vgl. Kap. 4.2.2.).* Position 6 wurde hinsichtlich des Kupferwertes vielleicht zu hoch interpoliert.

Al: Die aus der Erstanalyse gezogenen Folgerungen hinsichtlich signifikanter Abweichungen zwischen dem Aluminium-Gehalt der Runenknochen von dem der Fälschungen bestätigten sich nicht und lassen sich daher auch als Anzeiger ursprünglich divergenter Lagerungsbedingungen nicht halten.[175]

Mn: Mangan wurde besonders reduziert im polnischen Leichenbrand vorgefunden.

Fe: Eisen wurde in den Salzgitter-Funden nur in relativ geringem Maße angetroffen, gefolgt von Ogonki/Polen. Dr. KIJEWSKI zufolge könnte die geringe Konzentration in der Fälschung OL 5127 die durch die Aminosäurenbestimmung angezeigte kurze Lagerung im Boden untermauern, muß dies aber nicht zwangsläufig tun.

Außer den - eigentlich erwarteten - Unterschieden zum Material aus Salzgitter und Ogonki präsentieren sich die Oldenburger Weserfunde im Lichte der Spektralanalyse also als ein relativ einheitlicher Komplex.
Somit lassen die Ergebnisse dieser Untersuchung die Vermutung zu, daß die Oldenburger Knochen tatsächlich samt und sonders Baggerfunde aus der Weser sein könnten, wie AHRENS seinerzeit angab und worauf weiter unten noch näher eingegangen wird. Ebenso gut könnte es sich bei einem Teil dieser Gruppe auch um Gegenstände handeln, die zwar nicht aus dem Flußbett selbst, aber immerhin aus dem unmittelbaren Bereich der Weser - etwa vom Weserufer bei Hammelwarden oder dem Harriersand, auf dem AHRENS ja beruflich tätig war - geborgen wurden. Bei den drei Runenknochen könnte folglich ein ehemals geschlossener Fundkomplex aus der Weser, von einer der Weserinseln o.ä. vorgelegen haben, den AHRENS aus gewinnträchtigen Berechnungen vereinzelte.

173) Auf freundliche Vermittlung von Prof. Wolfhard SCHLOSSER, Astronomisches Institut der Ruhr-Universität Bochum, las am 7. 11. 1983 Dipl. Phys. D. TEUBER im Astronom. Institut der Universität Münster die Linienbanden auf der Glasplatte im Lichtpunkt-Meßverfahren *(Scanning)* mit einem PARKIN ELMER PDS Microdensitometer.

174) Für die Auswertung der Glasplatten mit den Ergebnissen der Spektrographie benutzte Herr Dr. KIJEWSKI den ‚Atlas der Restlinien. Spektren von 30 chemischen Elementen' von A. GATTERER / J. JUNKES 1947, Laboratorio Astrofisico della Specola Vaticana, Rom, 2. Auflage.

175) Vgl. dazu W. BONTE / P. PIEPER 1981, 76 *(Archiv für Kriminologie 168, Heft 3 u. 4).*

Weitere Untersuchungen

4.10. Zoologische Bestimmung

Zwar war VON BUTTEL-REEPEN Zoologe, doch lediglich in der Bienenforschung galt er als Spezialist. In Zweifelsfällen bat er darum Prof. Max HILZHEIMER, Berlin, einen anerkannten Kollegen, um Unterstützung.
Da einerseits sämtliche der hier untersuchten Knochen*fragmente* noch nicht zoologisch bestimmt waren und andererseits die Zoologie mittlerweile nicht nur Aussagen zum Lebensalter, sondern auch zur Lebenszeit des betreffenden Individuums im historischen Sinne geben kann, erschien ein neuerlicher Ansatz in dieser Richtung wünschenswert.
Herr Prof. Joachim BOESSNECK und seine Mitarbeiter am Institut für Paläoanatomie, Domestikationsforschung und Geschichte der Tiermedizin, Universität München, fanden sich dankenswerterweise für diese Aufgabe bereit.

Die Zoologie bedient sich bei der Bestimmung von Tierknochen der morphologisch vergleichenden Methode. Sie kann die Art angeben, die Größe zur Lebenszeit rekonstruieren, nicht selten Aussagen zu Geschlecht und Sterbealter treffen und den Gesamtbefund grob in die zugehörige Zeitphase stellen.
Zur Festlegung des Schlachtalters geben beispielsweise die Verknöcherungszustände der Knochennähte wertvolle Hinweise. In schwierigen Fällen wird die Biometrie angewandt.

In drei ausführlichen Gutachten vom

a) 19. 5. 1980 *(über 24 Knochen- und Geweihgegenstände mit Bearbeitungsspuren, alle von AHRENS),*
b) 8. 7. 1980 *(zu den drei Runenknochen 4988, 4990, 4991)* und
c) 16. 7. 1980 *(zum runenlosen Artefakt 4989 m. ‚Jagdszene‘)*

wurden die vorgelegten Stücke nicht nur bestimmt, sondern nach ihren Proportionsmerkmalen auch in den jeweils wahrscheinlichen Lebenszeitraum datiert. Die Überprüfung der Analysen von HILZHEIMER und VON BUTTEL-REEPEN ergab teilweise interessante Ergänzungen und für 4988 eine Korrektur. Zoologische Ergebnisse und Datierungshinweise legten einen Vergleich mit den auf anderen Wegen gewonnenen Zeitbestimmungen nahe, sowie eine Schilderung der ansonsten an den Knochen beobachteten Einzelheiten. So bot sich die Gesamtdarstellung in Form eines ‚Steckbriefes‘ an.

Zoologie, allgemeine, einführende Literatur:

TERMINOLOGIE:	W. ELLENBERGER/H. BAUM 1977[18], Handbuch d. vgl. Anatomie d. Haustiere, bes. 6-193.
BESTIMMUNGEN:	E. SCHMID 1972, Knochenatlas f. Prähistoriker, Archäologen u. Quartärgeologen.
EINFÜHRUNG:	R. E. CHAPLIN 1977[3], The study of animal bones from archaeological sites.
ARCHÄOLOGIE:	J. BOESSNECK 1969, Archäol.-biolog. Zus.-arbeit i. d. Vor- u. Frühgeschichtsforschg.
DOMESTIKATION:	J. BOESSNECK 1983, Zur frühen Mensch-Tier-Symbiose *(in: H. MÜLLER-KARPE).*
SCHNITTSPUREN:	A. VON DEN DRIESCH/J. BOESSNECK 1975, . . .an neol. Tierknochen *(Germania 53, 1-23).*
BIOMETRIE:	E. MAY 1972, Möglichkeiten u. Aussagegrenzen . . . *(INW 3, 4, 1-4, 20).*

4987 *(Inventar-Nr. des Staatl. Museums Oldenburg)*

Bezeichnung: Knochenfragment mit runenartigen Zeichen

I. FUNDDATEN:
1. Finder: Ludwig AHRENS aus Brake
2. Datum der Meldung/Einlieferung: 9. 11. 1927
3. Fundortangabe: Aufspüler bei Sandstedt
4. Fundumstände: Baggerschlamm aus der Weser
5. Vergütung: nicht verzeichnet

II. BESCHAFFENHEIT UND ZEITSTELLUNG DES KNOCHENMATERIALS:
1. Maße: max. Länge: 11,4 cm, max. Breite: 3,1 cm
2. Gewichte: 1979: 48,94 g, 1985: 44,04 g
3. Farben: 2.5 YR 3/4 - 5 YR 3/3 *(dunkelrötl. braun)*, darunter 5 YR 4/4 *(rötl. braun)*, schwarze Flecken 5 YR 2/1*
4. Zoolog. Bestg.: Femur *(Oberschenkelknochen)* von kleinem Rind (BOESSNECK a)
5. Zoolog. Datierung: Eisenzeit oder Mittelalter
6. Aminos.-Datierung: 117 v. Chr. ± 216 *(vgl. Kap. 4.7.)*
7. ^{14}C*(AMS)*-Datierung: 1400-1500 n. Chr. *(1985)*

III. ANTHROPOGENE MANIPULATIONEN AN DEN KNOCHEN:
1. Bearbeitung außen: ausschließlich Schriftzeichen, die nur noch fragmentarisch erhalten sind
2. Bearbeitung innen: nicht erfolgt, geringe Spongiosareste bei Erhalt noch vorhanden
3. Bilddarstellungen: keine
4. Schriftzeichen: vermeiden - nach Art der Runen - jegliche Horizontalgravur
5. Marke: keine

IV. WEITERE BEMERKUNGEN:
1. Alterungsmerkmale: usurierte Gravuren, Sekundärmineralisation, seichte Lichtschnittprofile
2. Materialentnahmen: 3,6 g (^{14}*C*), 1 g *(Spektralanalyse)*, 0,3 g *(Aminosäurenbestimmung)*
3. Zeichnung: gibt schematisch die Usurenverläufe auf diesem alt gebrochenen Fragment an. Auch die wesentlichsten Rißlinien sind verzeichnet.
Deutlich gingen die Schriftzeichen, die ansonsten eher lateinischen Majuskeln *(Großbuchstaben)* ähneln, ursprünglich über das erhaltene Knochenfragment hinaus. KRAUSE 1937 und später vermutete in ihnen - besonders in der *Y*-Form, die sich mit der von Runenknochen 4988 vergleichen läßt - *„probationes pennae"*, also *‚Federübungen'* des Runenfälschers. Auch VON BUTTEL-REEPEN 1930 sah die Zeichen in einem Zusammenhang mit den Runenknochen, jedoch als Produkt „spielerischer Betätigung".

* Farbbestimmung wie im ff. nach MUNSELL 1954; interessant ist, daß die dunkelrotbraune Farbe der Oberfläche aufgrund einer reduzierten Mineralisationsintensität bereits in der nächst tieferen Kompaktaschicht deutlich heller ausgeprägt ist, der Ausbruch in dieser Zone also vergleichsweise jungen Datums sein dürfte. Die schwarzen Flecken werden konzentrierte Mangan-Infiltrationen anzeigen.

a)

b)

c)

d)

e)

Abb. 26:
Oldenburg, Staatl. Museum für Naturkunde und Vorgeschichte, Inv.-Nr. 4987;
Knochenfragment mit runenartigen Zeichen,
a) Übersicht, b) 1. Teilansicht, c) 2. Teilansicht, d) Inneres des Röhrenknochens,
e) Querschnitt;
M 1: 1.

4988 *(Inventar-Nr. des Staatl. Museums Oldenburg)*

Bezeichnung: *LATAM*-Runenknochen

I. FUNDDATEN:
1. Finder: Ludwig AHRENS aus Brake
2. Datum der Meldung/Einlieferung: 11. 11. 1927
3. Fundortangabe: Badestrand bei Sandstedt
4. Fundumstände: Arbeiter, der den Fund fortwarf; AHRENS als ‚Wiederfinder'
5. Vergütung: nicht verzeichnet

II. BESCHAFFENHEIT UND ZEITSTELLUNG DES KNOCHENMATERIALS:
1. Maße: *(16,2)* 16 cm x 5,3 cm; an der Mündung 3,3 cm
2. Gewichte: 1979: 155,75 g, 1985: 148,25 g
3. Farben: 5 YR 3/4, darunter 5 YR 4/8 *(gelbl. rot unter dunkelrötl. braun)*, schwarze Flecken 5 YR 2/1 u. 2/2*
4. Zoolog. Bestg.: Distales *(abstehendes)* Ende einer Tibia *(Schienbein)* vom Pferd (BOESSNECK b)**
5. Zoolog. Datierung: Eisenzeit od. Mittelalter
6. Aminos.-Datierung: 625 n. Chr. ±130
7. ^{14}C(*AMS*)-Datierung: 2380 v. Chr. ± 80 *(1984)*; 380-500 n. Chr. *(1985)*

III. ANTHROPOGENE MANIPULATIONEN AN DEN KNOCHEN:
1. Bearbeitung außen: Abarbeitung der Gelenkerhebungen, Absetzung proximal u. Beritzung
2. Bearbeitung innen: Aushöhlung rundlich *(vgl. CT, Kap. 4.4.2. u. 4.4.3.)*
3. Bilddarstellungen: Mann mit Lanze geg. gehörntes Tier vorgehend, ‚Eigentumsmarke'
4. Schriftzeichen: problemlos lesbar als Runen: *LATAM* x *HARI/KUNNI* x *xE/HAGAL*
5. Marke: darin zweimal die *H*-Rune? (*bedeutet vielleicht HAGAL als ‚Begriffsrune'*)

IV. WEITERE BEMERKUNGEN:
1. Alterungsmerkmale: usurierte u. mineralisierte Gravuren m. seichten Lichtschnittprofilen
2. Materialentnahmen: 6 g (^{14}*C*), 1,5 g *(Spektralanalyse, Aminosäurenbestimmung, Färben)*
3. Zeichnung: ist als ‚Negativ' ausgeführt, um einen plastischen Eindruck zu vermitteln. Betont sind die Usurenverläufe wiedergegeben, die die Ritzungen regelhaft durchziehen. Aus den ersten beiden Teilabbildungen von oben ist die Korrektur besonders der Diagonalen der zweiten *N*-Rune ersichtlich. Der schwarze Fleck am Gelenkrand *(links)* auf der folgenden Teilabbildung kennzeichnet eine Perforation an dieser Stelle. Der Mündungsbereich des Röhrenknochens *(rechts)* war ursprünglich stärker abgerundet. Er mußte für die UV-Untersuchung vorsichtig plangeschliffen werden *(bis max. 1 mm)*. Alle Mehlproben wurden aus dem Röhreninneren gefräst.

* Farbbestimmung nach den *Soil Color Charts* der MUNSELL COLOR COMPANY, Inc. Baltimore, Maryland 1954. Die gelbl. Rottöne der zweiten Kompaktaschicht, die auch 5 YR 5/4, 5/6, 5/8 umfassen, tendieren z. T. zu rötlichen Gelbtönen *(5 YR 6/6 u. 6/8)*.

** HILZHEIMER bestimmte den Knochen als das obere Ende des rechten Radius *(Speiche)* eines Pferdes.

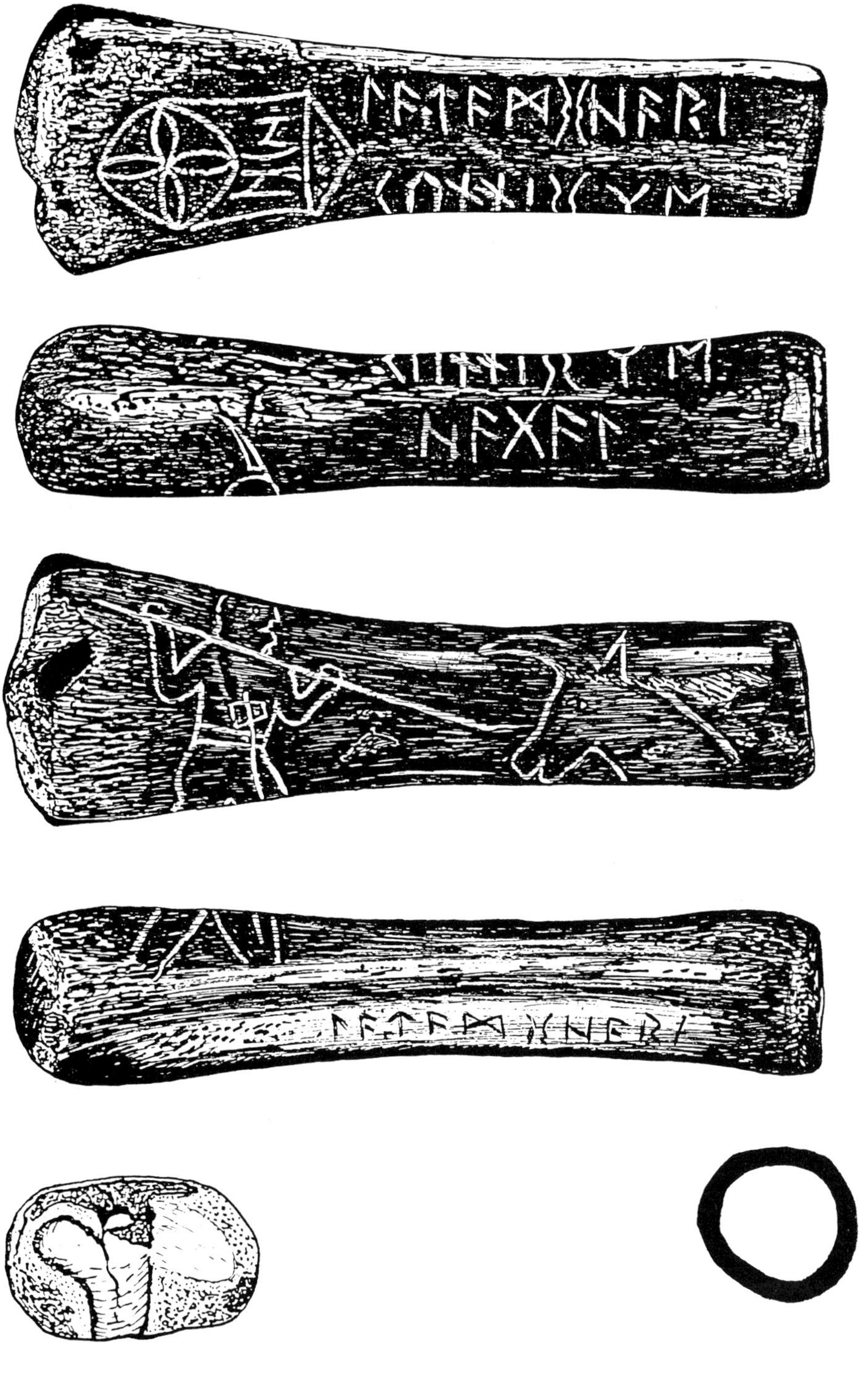

Abb. 27:
Oldenburg, Staatl. Museum für Naturkunde und Vorgeschichte, Inv.-Nr. 4988;
LATAM-Runenknochen,
4 Teilansichten, Gelenkende, Querschnitt;
M etwa 3: 4.

4989 *(Inventar-Nr. des Staatl. Museums Oldenburg)*

Bezeichnung: Knochenartefakt mit Bilddarstellung

I. FUNDDATEN:
1. Finder: Ludwig AHRENS aus Brake
2. Datum der Meldung/Einlieferung: 22. 10. 1927
3. Fundortangabe: Ufer von Hammelwarden
4. Fundumstände: steckte in einem Stück Darg *(Schilftorf)*
5. Vergütung: 25,- RM

II. BESCHAFFENHEIT UND ZEITSTELLUNG DES KNOCHENMATERIALS:
1. Maße: *(15,3)* 15 cm x *(4,3)* 4 cm; an der Mündung max. 3 cm breit
2. Gewichte: 1979: 118,65 g, 1985: 107,38 g
3. Farben: dunkelrötl. braun 5 YR 3/3, 3/4, 4/4, in der Folgeschicht 5/4, schwarze Zonen*
4. Zoolog. Bestg.: Metatarsus *(Mittelfußknochen)* von großem Pferd (BOESSNECK c)
5. Zoolog. Datierung: Röm. Kaiserzeit denkbar, eher aber Hochmittelalter
6. Aminos.-Datierung: 883 n. Chr. ± 94
7. ^{14}C*(AMS)*-Datierung: 4140 v. Chr. ± 100 *(1984)*; 320-480 n. Chr. *(1985)*

III. ANTHROPOGENE MANIPULATIONEN AN DEN KNOCHEN:
1. Bearbeitung außen: waagerechte *(∅ 1,2 mm)* u. senkrechte Bohrung *(∅ 1 mm)*, Gravur u. Glättspuren**
2. Bearbeitung innen: viereckige Aushöhlung, ∅ ca. 1,5 mm, etwa bis zur Hälfte *(vgl. CT)*
3. Bilddarstellungen: nackter *(?)* Mann bedroht einen Stier mit einer Axt *(vgl. Nr. 4988)*
4. Schriftzeichen: keine
5. Marke: keine

IV. WEITERE BEMERKUNGEN:
1. Alterungsmerkmale: Usuren u. Mineralisation des Knochens erfassen *nicht* die Gravuren, (v-Profile)
2. Materialentnahmen: 9,87 g *(^{14}C)*, 1,4 g *(Spektralanalyse, Aminosäurenbestimmung, Färben)*
3. Zeichnung: gibt die unsichere Gravurtechnik des Ritzers wieder. Man beachte die Fehlritzer, die von der ‚Feder' des Mannes, dem Horn und den Vorderhufen des Tieres nach unten führen *(damit allerdings die Ritzungsrichtung von oben nach unten erkennen lassen)*. Hinterkopf-Rückenlinie und Ober- und Unterarm des ‚Jägers' zeigen wie die Hals- und Bauchpartie des Stieres Korrekturlinien. Inhaltlich befremdet der unnatürliche Besenschweif des Tieres, der zudem steil aufgerichtet ist. Auch die Durchzeichnung des Axtblattes durch den Unterarm und dessen Überschneidungen mit dem Oberkörper wirken infantil und entbehren jeglicher Parallele in der frühen Kunst.

* Farben gem. MUNSELL 1954; die rötl. braunen Töne der Gravurtiefen *(5 YR 5/4)* heben sich ebenso deutlich von der dunklen Restoberfläche ab, wie die der Frässtellen und rezenten Spongiosadefekte. Die schwarzen *(2.5 YN 2)* Flecken auf der Oberfläche und an den Bohrungsrändern *(Mangan)* unterscheiden sich von den grauschwarzen *(2.5 YN 3)* alten Bruchzonen im Mündungsbereich *(Huminsäure-Infiltration, vgl. Kap. 4.12.)*.

** s. die vierte Teilzeichnung; entsprechende Bohrungen verursachten offenbar den alten Bruch; setzt man so ursprünglich zwei kreuzweise Durchbohrungen an beiden Enden voraus, mag man VON BUTTEL-REEPENS Auffassung *(Handhabe zum Tragen)* folgen, sofern es sich an der Bruchstelle nicht um Nietlöcher handelte.

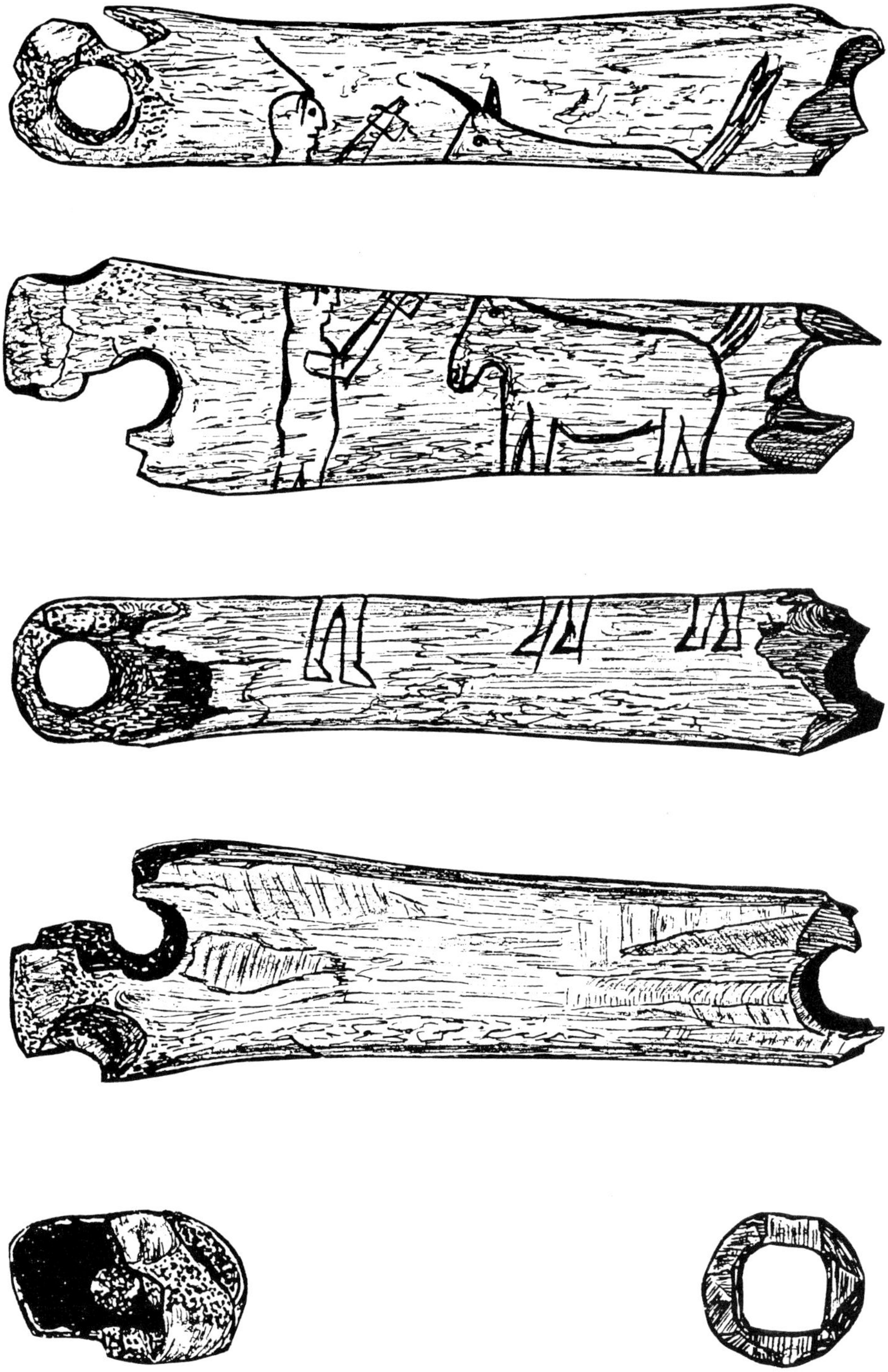

Abb. 28:
Oldenburg, Staatl. Museum für Naturkunde und Vorgeschichte, Inv.-Nr. 4989;
Knochenartefakt mit Bilddarstellung,
4 Teilansichten, Gelenkende, Mündung im Ø;
M etwa 3: 4.

4990 *(Inventar-Nr. des Staatl. Museums Oldenburg)*

Bezeichnung: *LOKOM*-Runenknochen

I. FUNDDATEN:
1. Finder: Ludwig AHRENS aus Brake
2. Datum der Meldung/Einlieferung: 1./3. 12. 1927
3. Fundortangabe: Hammelwarden
4. Fundumstände: an aufgespültem Strand
5. Vergütung: 30,- RM

II. BESCHAFFENHEIT UND ZEITSTELLUNG DES KNOCHENMATERIALS:
1. Maße: *(14,6)* 14,5 x *(4,4)* 4,3 cm; an der Mündung max. 3 cm breit
2. Gewichte: 1979: 112,2 g, 1985: 108,11 g
3. Farben: dunkelrötl. braun *(2.5 YR 3/4 -3/6)*, darunter gelb. rotbraun *(5 YR 4/4-4/6, 5/6-5/8, 6/2-6/4)**
4. Zoolog. Bestg.: Distales *(abstehendes)* Ende einer Tibia *(Schienbein)* vom Rind (BOESSNECK b)
5. Zoolog. Datierung: Eisenzeit od. Mittelalter
6. Aminos.-Datierung: 734 n. Chr. ± 121
7. ^{14}C *(AMS)*-Datierung: 380 n. Chr. ± 70 *(1984)*

III. ANTHROPOGENE MANIPULATIONEN AN DEN KNOCHEN:
1. Bearbeitung außen: Absetzung proximal, a. d. Mündung zwei Rillen u. Zickzackband, Glättung, Gravur
2. Bearbeitung innen: Aushöhlung rundlich *(vgl. CT, Kap. 4.4.2. u. 4.4.3.)*
3. Bilddarstellungen: Schiff mit großem Haupt- und kleinem Vorsegel *(schräg)*, Kajüte, Steuerruder, Besatzung
4. Schriftzeichen: Runen, ohne Schwierigkeiten lesbar als: *LOKOM: HER*
5. Marke: unbekannter Bedeutung

IV. WEITERE BEMERKUNGEN:
1. Alterungsmerkmale: Gravuren usuriert; besonders aber Mineralisation *(vgl. Kap. 4.2.2.)*; weiche Profile
2. Materialentnahmen: 2,79 g *(^{14}C)*, 1 g *(zwei Spektralanalysen)*, 0,3 g *(Aminosäurenbestimmung)*
3. Zeichnung: da die Runeninschrift im Verhältnis zum Schiffsbild auf dem Kopf steht, ist sie in der ersten Teilansicht einfacher lesbar wiedergegeben; auch die seltsame ‚Marke' ist hier vollständig sichtbar.
Nach einer Drehung des Knochens um die Längsachse wurden die drei folgenden Ansichten so gezeichnet, daß sie eine Abrollung des Schiffsbildes ergeben. Die dunkleren Zonen markieren die nur noch inselförmig erhaltene äußere Kompakta, die parallelen Schraffuren *(hinter der R-Rune und beim Winkelband in gleicher Höhe)* Glättungsspuren. Im Unterschied zur Abb. 27 wurden hier alle Gravuren als ‚Positive' *(schwarz, auf hellerem Untergrund)* abgebildet. In Wirklichkeit treten zwar die Konturen des Schiffes, nicht aber auch die der Runen farblich aus ihrem Hintergrund hervor. UV-Anschliff 1 mm.

* Farbangaben nach MUNSELL 1954; vor allem bei den Mündungsriefen und an der Anschliffstelle für die UV-Untersuchung *(vgl. Kap. 4.6.)* hat der Farbton der zweiten Kompaktaschicht eine leicht schmutzig wirkende, grünlich-graue Schattierung *(5 YR 6/2 „pinkish gray")*; ähnlich ist die Farbe der gefrästen Zone im Röhreninneren einschließlich der Spongiosa auch schwach rosa *(5 YR 8/4)*. Schwarze Flecken fehlen hier ganz. *(!)*

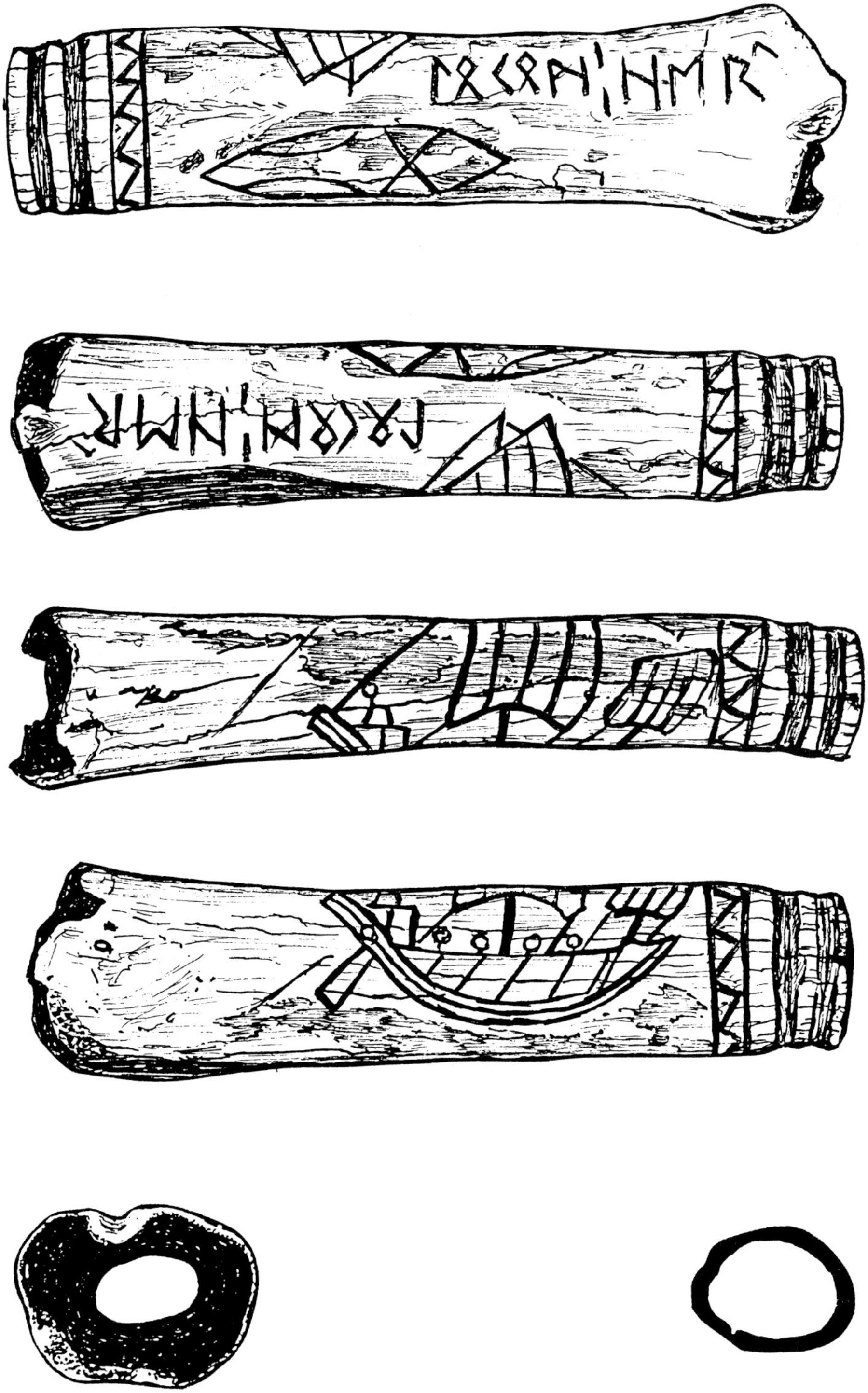

Abb. 29:
Oldenburg, Staatl. Museum für Naturkunde und Vorgeschichte, Inv.-Nr. 4990;
LOKOM-Runenknochen,
4 Teilansichten, Gelenkende, Querschnitt;
M etwa 3: 4.

4991 *(Inventar-Nr. des Staatl. Museums Oldenburg)*

Bezeichnung: *ULU*-Runenknochen

I. FUNDDATEN:
1. Finder: Ludwig AHRENS aus Brake
2. Datum der Meldung/Einlieferung: 16. 2. 1928
3. Fundortangabe: Strandbad Hammelwarden
4. Fundumstände: an „Buddelstelle" spielender Kinder; AHRENS *(erneut)* als ‚Wiederfinder'
5. Vergütung: 20,- RM

II. BESCHAFFENHEIT UND ZEITSTELLUNG DES KNOCHENMATERIALS:
1. Maße: *(15,7)* 15,4 cm x *(4,6)* 4,2 cm; Mündungsbreite noch 2,2 cm
2. Gewichte: 1979: 90,91 g, 1985: 84,43 g
3. Farben: dunkelrötl. braun *(5 YR 3/3-3/4)*, darunter rötl. braun *(5 YR 4/4)*, grauschwärzl. Bereiche*
4. Zoolog. Bestg.: Metatarsus *(Mittelfußknochen)* von schlankem, kleinwüchsigem Rind (BOESSNECK b)
5. Zoolog. Datierung: Eisenzeit od. Mittelalter
6. Aminos.-Datierung: 621 n. Chr. ± 146
7. ^{14}C*(AMS)*-Datierung: 2720 v. Chr. ± 80 *(1984)*; 380-500 n. Chr. *(1985)*

III. ANTHROPOGENE MANIPULATIONEN AN DEN KNOCHEN:
1. Bearbeitung außen: Absetzung proximal, an der Mündung Bohrung ∅ 9 mm; cranial Abschliff, s. 4. Teilabbildung
2. Bearbeitung innen: Aushöhlung rundlich *(vgl. CT, Kap.4.4.2. u. 4.4.3.)*
3. Bilddarstellungen: keine
4. Schriftzeichen: Runen, stark verwittert, aber lesbar als: *ULU : HARI (medial) DEDE (lateral)*
5. Marke: auf der caudalen Seite, aber ohne Alterungsmerkmale, demnach gefälscht *(!)*

IV. WEITERE BEMERKUNGEN:
1. Alterungsmerkmale: Gravuren - außer der‚Marke' - usuriert und z. T. *(bes. das 1. ‚U')* nur noch schwach
2. Materialentnahmen: 5,18 g (^{14}*C*), 1 g *(zwei Spektralanalysen)*, 0,3 g *(Aminosäurenbestimmung)*
3. Zeichnung: Teilabbildung oben zeigt die mediale, also der Körpermitte des Tieres ursprünglich zugewandte Seite. Links ist über dem ersten, kaum noch deutlichen ‚*U*' der alte Ausbruch der proximalen *(rumpfnahen)* Mündung erkennbar, welcher sicherlich durch die vermutlich durchgehende Bohrung begünstigt wurde.
Die zweite Teilabbildung von oben gibt die caudale *(dem Schwanz zugekehrte)* Ansicht des Knochens wieder, die dritte die laterale *(Außenseite)*, die vierte die craniale *(dem Kopf- im Verhältnis zu den anderen Knochenseiten - nähere)*. Der Mündungsquerschnitt in der Teilabbildung *unten links* ist also auf der Caudalseite liegend gezeichnet, die Bohrung mit Schraffuren angegeben. Hier und an der Teilung der Markhöhle in der rechten unteren Teilabbildung *(distales, also vom Rumpf abstehendes Gelenkende)* kann man sehen, daß der auch als ‚Kanonenbein' bezeichnete Knochen evolutionsgeschichtlich durch ein Zusammenwachsen des dritten und vierten Mittelfußknochens entstand.

* Farbangaben gemäß MUNSELL 1954; die durch Fräsen sichtbar gewordenen Spongiosastellen weisen helle Rotbrauntöne auf *(5 YR 6/4);* die caudal anzutreffenden Schwarztöne indizieren wiederum Mangan-Infiltration.

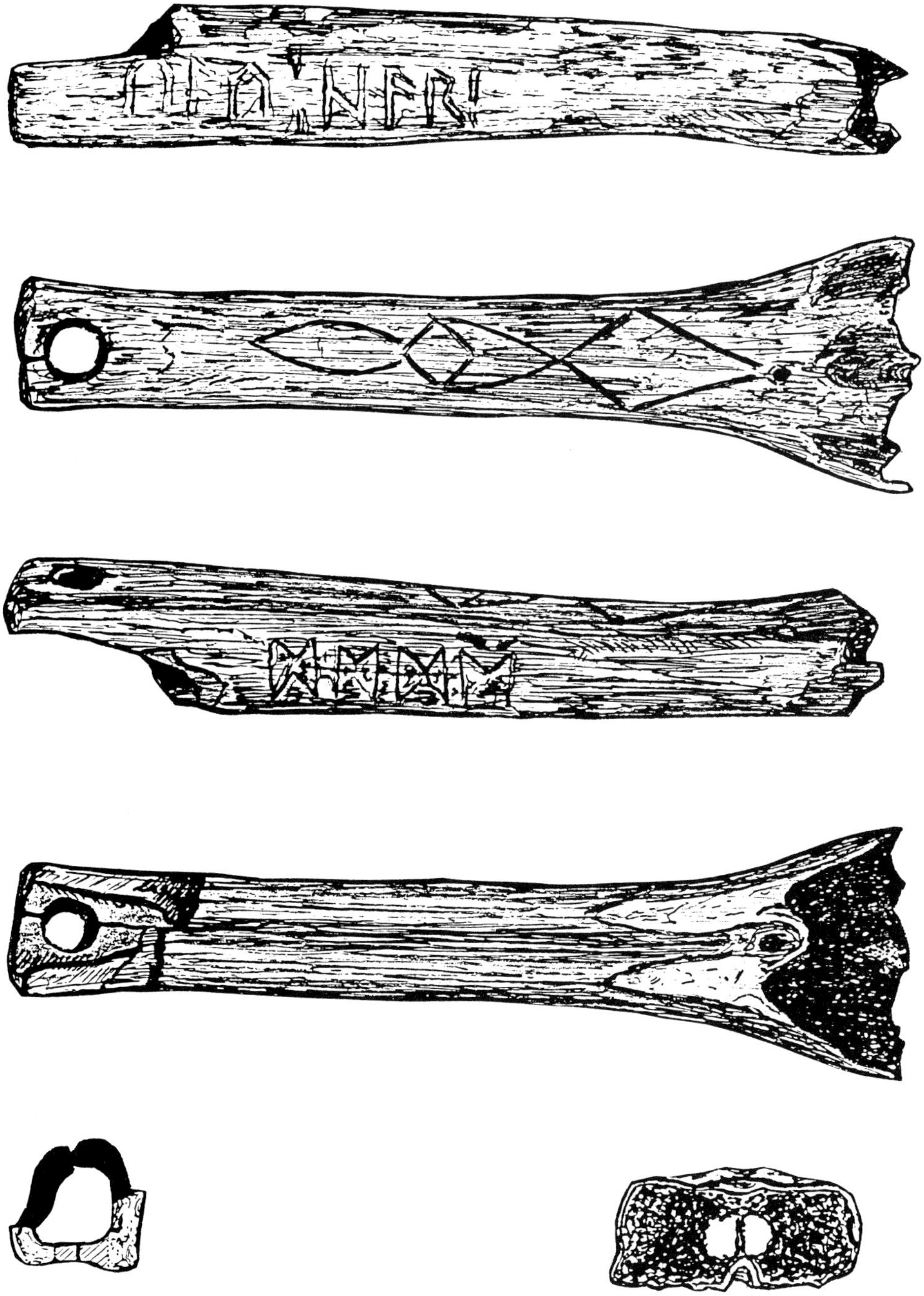

Abb. 30:
Oldenburg, Staatl. Museum für Naturkunde und Vorgeschichte, Inv.-Nr. 4991;
ULU-Runenknochen,
4 Teilansichten, Mündung im Ø, Gelenkende;
M etwa 3: 4.

5046 *(Inventar-Nr. des Staatl. Museums Oldenburg)*

Bezeichnung: Knochenfragment mit Axtdarstellung

I. FUNDDATEN:

1. Finder: Ludwig AHRENS aus Brake
2. Datum der Meldung/Einlieferung: 20./21. 1. 1928
3. Fundortangabe: Sandstedt, Oberhammelwarden oder Kirchhammelwarden
4. Fundumstände: Die Museumsangestellte Frl. HEGELER ‚entdeckt' die Gravur in der Sammelsendung
5. Vergütung: nicht verzeichnet

II. BESCHAFFENHEIT UND ZEITSTELLUNG DES KNOCHENMATERIALS:

1. Maße: 9 x 2,6 cm
2. Gewichte: 1979: 22,79 g, 1985: 18,17 g
3. Farben: dunkelrötl. braun *(5 YR 3/3-3/4)*, darunter rötl. braun *(5 YR 4/3-4/4)*, darunter 5 YR 5/3-5/4*
4. Zoolog. Bestg.: Fragment vom Radius *(Speiche)* eines kleinwüchsigen Rindes (BOESSNECK a)
5. Zoolog. Datierung: demnach Eisenzeit oder Mittelalter
6. Aminos.-Datierung: 115 v. Chr. ± 165
7. ^{14}C*(AMS)*-Datierung: nicht geglückt *(gem. ETH)*

III. ANTHROPOGENE MANIPULATIONEN AN DEN KNOCHEN:

1. Bearbeitung außen: lediglich Gravur
2. Bearbeitung innen: nicht feststellbar
3. Bilddarstellungen: Axt, vergleichbar der auf Runenknochen 4988, hier aber ohne Zusammenhang
4. Schriftzeichen: keine
5. Marke: keine

IV. WEITERE BEMERKUNGEN:

1. Alterungsmerkmale: Schichtweise nachlassende Usurenausprägung, keine in Horizontalgravuren
2. Materialentnahmen: 3,82 g *(^{14}C)*, 0,5 g *(Spektralanalyse)*, 0,3 g *(Aminosäurenbestimmung)*
3. Zeichnung: soll die stratenweise nachlassende Usuren-Intensität wiedergeben. Die Usuration der Gravurtiefen in der Längsachse des Knochenstückes entspricht sehr genau der allgemeinen Usurenausprägung in der zweiten Kompaktaschicht. Folglich ist diese Ritzung nicht durch eine Anbringung in alter Zeit entstanden *(denn dann wären die Tiefen der Gravur ja zur relativen Neuoberfläche geworden, also den gleichen Verwitterungsverhältnissen wie die unbeschadete Restoberfläche der äußersten Kompakta unterworfen gewesen).* Auch die nicht usurierten Horizontallinien der Gravur belegen, daß dieses Knochenfragment rezent - *somit in fälscherischer Absicht* - beritzt wurde. Dementsprechend sind die Gravurprofile auch im Lichtschnitt scharfkantig und spitz.

* Farbbestimmung nach MUNSELL 1954; die Frässtellen zeigen einen hellen Rötlichbraunton *(5 YR 6/4)*, der bis in ein rötliches Gelb *(5 YR 6/6)* übergeht. Auf der Innenseite befinden sich wieder schwärzliche *(Mangan-?)* Fleckchen.

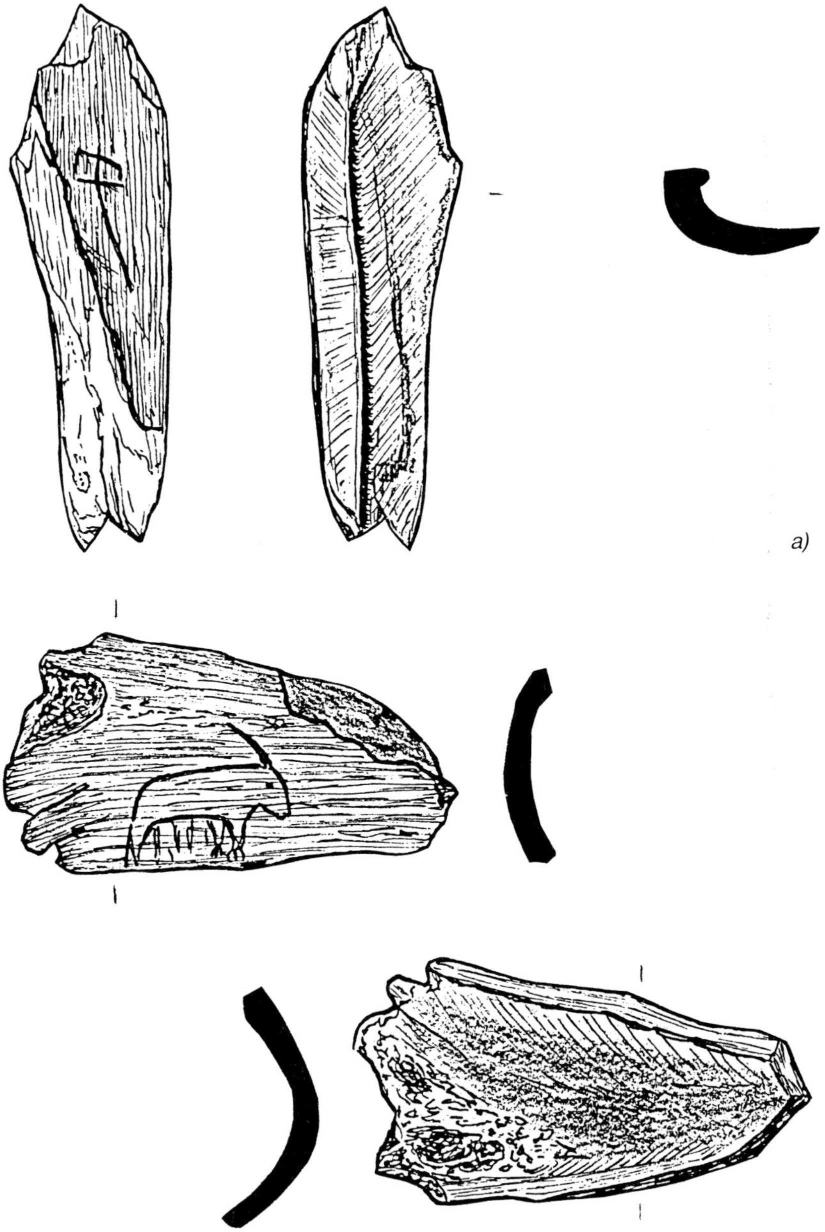

Abb. 31:

a) Oldenburg, Staatl. Museum für Naturkunde und Vorgeschichte, Inv. Nr. 5046; Knochenfragment mit Axtdarstellung,

b) Oldenburg, Staatl. Museum für Naturkunde und Vorgeschichte, Inv.-Nr. 5127; Knochenfragment mit Stierdarstellung,

Außenseite, Innenseite, Querschnitte;
M ca. 3: 4.

5127 *(Inventar-Nr. des Staatl. Museums Oldenburg)*

Bezeichnung: Knochenfragment mit Stierdarstellung

I. FUNDDATEN:

1. Finder: Ludwig AHRENS aus Brake
2. Datum der Meldung/Einlieferung: 27.6. 1928
3. Fundortangabe: Harrier-Sand
4. Fundumstände: keine weiteren Angaben; Fälschungsverdacht VON BUTTEL-REEPENS und Brief vom 29. 6. 1928
5. Vergütung: nicht verzeichnet, aber auch sicherlich nicht erfolgt

II. BESCHAFFENHEIT UND ZEITSTELLUNG DES KNOCHENMATERIALS:

1. Maße: 7,6 x 4 cm
2. Gewichte: 1979: 30,66 g, 1985: 27,86 g
3. Farben: rötl. braun *(5 YR 3/3-3/4 überwiegend allerdings 5/3-5/4)*, recht hell wirkend (Farben nach MUNSELL 1954)
4. Zoolog. Bestg.: Fragment vom Humerus *(Oberarmknochen)* eines kleinen Rindes (BOESSNECK a)
5. Zoolog. Datierung: demnach mittelalterlich
6. Aminos.-Datierung: 1474 n. Chr. ± 109
7. ^{14}C *(AMS)*-Datierung: 1260-1340 n. Chr. *(1985)*

III. ANTHROPOGENE MANIPULATIONEN AN DEN KNOCHEN:

1. Bearbeitung außen: lediglich Gravur
2. Bearbeitung innen: nicht feststellbar
3. Bilddarstellungen: Stier, vielleicht an den des runenlosen Artefaktes 4989 erinnernd,
4. Schriftzeichen: keine
5. Marke: keine

IV. WEITERE BEMERKUNGEN:

1. Alterungsmerkmale: Obere Kompakta usuriert, nicht aber die Gravur selbst, da *gefälscht*
2. Materialentnahmen: 2,0 g *(^{14}C)*, 0,5 g *(Spektralanalyse)*, 0,3 g *(Aminosäurenbestimmung)*
3. Zeichnung: wie bei den vorigen Zeichnungen geben die Außenstriche an, an welcher Stelle die Querschnitte dargestellt sind.

Ergebnisse:

Die zoologische Bestimmung der sieben, in diesem Zusammenhang untersuchten Weserknochen ergab, daß es sich bei allen um Haustierextremitäten handelt:

A) Überwiegend, bei den Knochen 4987, 4990, 4991, 5046 und 5127, ließ sich die Herkunft vom Hausrind *(Bos taurus L.)* bestimmen.
B) Lediglich die Knochen 4988 und 4989 stammen vom Hauspferd *(Equus caballus L.)*.

Daß Prof. BOESSNECKS Gutachten keine näheren Angaben zum Geschlecht und Lebensalter der Tiere enthalten, wird auf die in der Literatur häufiger angesprochene Schwierigkeit, derartige Schlüsse aus Einzelknochen zu ziehen, zurückzuführen sein.[176]

176) J. BOESSNECK 1956, 88 ff.; A. VON DEN DRIESCH / J. BOESSNECK 1974, 345 f.

Bemerkenswert sind die aus der Kleinwüchsigkeit der Tiere gefolgerten Zeitzuweisungen, die sich im wesentlichen mit den Ergebnissen der Aminosäurenbestimmung decken:

A) Für die Römische Kaiserzeit/Völkerwanderungszeit, also namentlich den für die Runenknochen in Betracht kommenden Zeitbereich, sind derartig geringe Größen adulter Tiere aus zahlreichen Ausgrabungen bekannt, für die Runenknochen somit geradezu zu erwarten[177] *(vgl. Abb. 32 u. die Größe der entsprechenden Knochen rezenter Rinder).*[178]

B) Die zoologische Datierung der mit gefälschten Gravuren versehenen Stücke 4989 *(Jagd)* und 5127 *(Stier)* in das Mittelalter, die ohne Kenntnis der bestätigenden Aminosäurenbestimmung vorgenommen wurde, läßt die - ohnehin aufgekommenen - Zweifel an der Richtigkeit der ersten ^{14}C-Analyse erstarken: Das neolithische ^{14}C-Datum dürfte bei Knochen 4989 auf eine Kontamination, eventuell den Hartwassereffekt infolge Muddenlagerung[179] zurückzuführen sein.

Unter zoologischem Aspekt ist auch die Klassifikation der Tiergravuren auf den Knochen von Interesse:

A) Offenbar analog zur Darstellung 4989 hatte VON BUTTEL-REEPEN in seiner Publikation von 1930 auch den gehörnten Tierkopf, der in Runenknochen 4988 geritzt ist, als den eines Stieres festgelegt. Im großen und ganzen folgten ihm die späteren Beurteiler hierin.

B) Wohl aufgrund des früh aufgetretenen Fälschungsverdachtes wurde das gehörnte Tier auf Knochenfragment 5127 nicht weiter determiniert.

C) Einigkeit unter den Zoologen scheint hinsichtlich der Bestimmung des Tieres auf dem runenlosen Knochenartefakt 4989 als Ur *(Bos primigenius BOJANUS)* zu bestehen.

So ist einem Brief VON BUTTEL-REEPENS an den Prähistoriker Herbert KÜHN, in welchem am 3. 4. 1928 nach der vermutlichen Zeitstellung des Bildes gefragt wird, zu entnehmen, *daß man es auch nach Meinung* HILZHEIMERS[180]

„in dem Wildrinde mit einem Ur (Auerochsenstier) zu tun“ habe.

Auch Prof. BOESSNECK vermerkt in seinem Gutachten vom 16. 7. 1980:

„Das dargestellte Rind sieht mit seinem hohen Widerrist tatsächlich einem Ur ähnlich. Der Ur ist Anfang des 17. Jhd. ausgestorben. Ein Fälscher aus der Neuzeit müßte die Eigenart des Wildrindes im Vergleich zum Hausrind gekannt haben, wenn er ein Tier so wie auf dem Knochen darstellt. Ich bin gespannt zu erfahren, ob dieses Stück als echt angesehen wird.“

Wie die optischen Untersuchungen (Kap. 4.1.-4.3.) gezeigt haben, ist die Ritzung der Jagdszene 4989 aber nicht nur in fälscherischer Absicht rezent entstanden, sondern auch in enger Anlehnung an das echte Bildnis auf Runenknochen 4988. Ob das gehörnte Tierhaupt von 4988 hingegen wirklich den Kopf eines Ures meint, oder ob hier möglicherweise eine Fehlinterpretation des Fälschers von Bild 4989 offenbar wird, findet nähere Erörterung im Kapitel 5.3.2.

177) S. BÖKÖNYI 1955 , 154-158; K.-H. HABERMEHL 1959/1960, 70-87, 102 ff.; R. EHRET 1964, 52-57; vgl. f. d. zeitl. Vorfolge K. G. FRANK 1962, 24 *(Manching)* und Nachfolge *(Haithabu)* G. NOBIS 1960, 73-79 *(Hauspferd)* sowie G. SIEWING 1960, 19-71 *(Rind)* in: W. HERRE et al.

178) Im röm. Einflußbereich gab es vorübergehend größere Zuchtformen, s. G. NOBIS 1955, 233, J. BOESSNECK 1958, 291, G. DÜRR 1961, 34, W. SCHWEIZER 1961, 24, M. BACHMANN 1962, 36, J. BOESSNECK 1964, 227, F. DANNHEIMER 1964, 37, W. WENDT 1969, 174-178 *(röm. Bonn)*, J. BOESSNECK / A. VON DEN DRIESCH et al. 1971, 13-59, J. BOESSNECK 1978, 264 in: B. HROUDA.

179) M. A. GEYH 1980, 92.

180) . . ., der diesbezüglich als Fachmann galt, vgl. seine Ausführungen im RL d. Vorgesch. von Max EBERT 1927/1928, 137-141 *(Rind)* und daneben 109-113 *(Pferd, ebda.)*; ferner zum Ur: J. BOESSNECK 1957, 55-69, ders. et al. 1963, 117-196 (H. R. STAMPFLI *zu Seeberg Burgäschisee-Süd, Schweiz)* u. W. LA BAUME 1958, 2-7 *(Urschädel Niedersachsens)*.

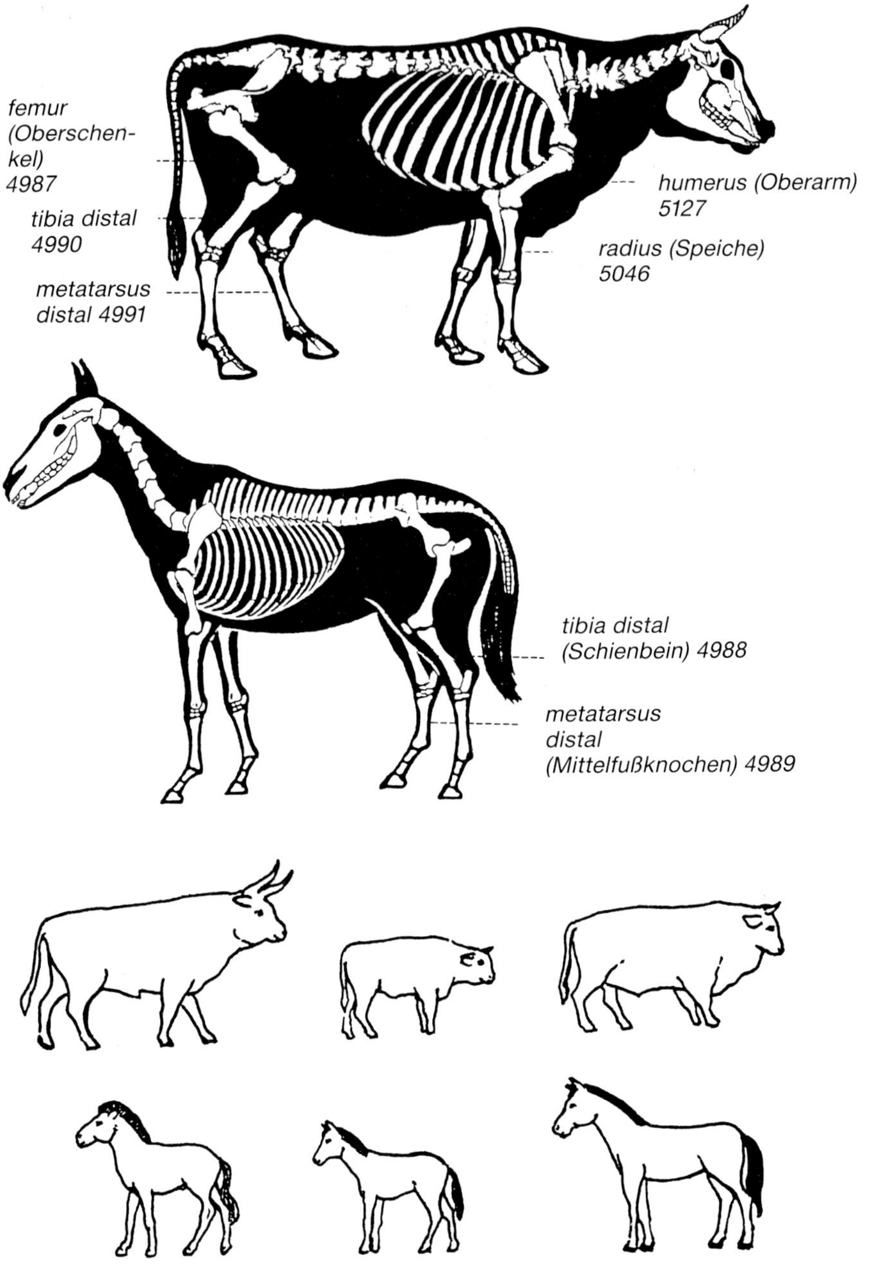

Abb. 32:
Anatomische Zuordnung der Oldenburger Knochen zum jeweiligen Skelettverband nach den zoolog. Bestimmungen;

HAUSRIND (Bos taurus LINNÉ) nach O. SCHMEIL 1960, 184. Aufl., Bd. 1, 20, Wildform (B. primigenius BOJANUS) / Germanische Form / Rezente Form,

HAUSPFERD (Equus caballus LINNÉ) nach H. LINDER 1970[17], 279, Wildform (E. prżewalskij POLJAKOV) / Germanische Form / Rezente Form, nach F. SCHLETTE 1977, 45.

4.11. Pollenanalyse

Daß die Tatsache eines spezifischen Pollenniederschlags in Bodenproben aufgrund der zu allen Zeiten unterschiedlichen Vegetationsbedingungen auch zu Datierungszwecken nutzbar gemacht werden kann, war in den Jahren, in denen VON BUTTEL-REEPEN die Weserfunde erhielt, eine noch relativ junge Erkenntnis.

Fossile Blütenstaubkörner aus tertiären Ablagerungen, wie in der Folgezeit auch aus inter- und postglazialen Torfen, waren zwar bereits fast ein Jahrhundert zuvor entdeckt, beschrieben und abgebildet worden, doch erarbeitete erst der schwedische Moorgeologe Lennart VON POST 1916 die Grundlagen der Palynologie als Wissenschaft. Er beobachtete, daß die Pollengemeinschaften von Torfproben eines Moores schichtungsweise unterschiedlich zusammengesetzt waren.[181]
Andererseits lieferten bestimmte Schichten benachbarter Moore in vergleichbaren Tiefen entsprechende Pollenspektren, was auf die Gleichaltrigkeit dieser Schichten schließen ließ. Letztlich spiegelte doch der Pollenbefund prozentual die charakteristischen Vegetationsverhältnisse einer bestimmten Zeitphase.
Die Pollenanalyse konnte bis heute als Datierungsverfahren verfeinert und verbessert werden *(z. B. durch Berücksichtigung der unterschiedlichen Intensität der Pollenproduktion verschiedener Pflanzen).* Auch liegen mittlerweile für die geographischen Einzelbereiche z. T. aufschlußreiche Untersuchungen vor.[182]

Verfahren:

Gewöhnlich werden Bohrproben gewonnen, aus denen - je nach der Beschaffenheit einer Probe - die Pollen auf chemischem Wege extrahiert und dann unter dem Mikroskop ausgezählt werden. Die Ergebnisse dokumentiert man tabellarisch und in Form von Pollendiagrammen.[183]

VON BUTTEL-REEPEN ließ den Inhalt des Runenknochens 4988 pollenanalytisch bestimmen *(vgl. Kap. 2.2. oben und S. 35 der Publikation von 1930)* und war sicherlich über die Zuweisung der Probe in das Mesolithikum überrascht. Die Ursache suchte er in einem Absinken des Knochens in tiefere Lagen des Flußbettes oder aber darin, daß hier

> *„besondere jüngere mehr lokale Vegetationsverhältnisse wirksam gewesen sind".*

Ein bereits mesolithisches Vorkommen von Runen scheint er aber anfangs - wahrscheinlich aufgrund der *(er-)*schlagenden Belege, welche Herman WIRTH zu liefern scheinbar imstande war - nicht ausgeschlossen zu haben *(vgl. Kap. 1. Anm. 3 und Kap. 3.3.1. weiter oben)*[184].
Die im Museumsarchiv erhaltene Korrespondenz bezüglich dieser Pollenanalyse offenbart auf der anderen Seite einige verfahrenstechnische Unklarheiten:
Auf die Mitteilung von Prof. WOLFF, seinerzeit Abteilungsdirektor an der Preuß. Geologischen Landesanstalt Berlin, der Knochen *(Runenknochen 4988)* müsse aus der Ancylus- bis Spätancyluszeit stammen, reagiert VON BUTTEL-REEPEN einen Tag nach Erhalt der Nachricht *(vom 20. 2. 1928)* mit dem Ausdruck „großer Ueberraschung":

21. Febr. 1928

„Mein verehrtester Herr Direktor!

Ihr Schreiben vom gestrigen Tage bringt mir eine große Ueberraschung. Der Knochen ist zweifellos nachchristlich - etwa zweites Jahrhundert n. Chr. -. Ihnen sind die Gründe dafür ja bekannt, doch war es Ihnen entfallen, dass der bewusste Knochen zu der besonderen Kategorie gehörte, über die ich um Discretion gebeten hatte. Die Sache ist nur so zu erklären, dass der Knochen (Dolchgriff) nachdem die Klinge herausgefallen bezw. sonstwie zerstört war, in jene tieferen Schichten geriet, die tatsächlich schon als mesolithisch auf Grund der sehr altertümlichen Feuersteinfunde angesehen wurden, und sich dabei nachträglich mit der mesolithischen Erde füllte. Insofern ist der Befund des Herrn Dr. v. Bülow von grösstem Interesse, da dadurch das hohe Alter dieser Schichten festgestellt wurde, was mir für die anderen Funde sehr willkommen ist.

181) Zur Geschichte des Verfahrens: V. KNÉBLOVÁ 1969, Sp. 1066-1068 *(in:* J. FILIP), H. J. EGGERS 1974², 116 ff. *(Einführung)* u. F. OVERBECK 1975 *(Moorkunde).*

182) Für Nordwestdeutschland: F. OVERBECK / H. SCHMITZ 1931, I; F. FIRBAS 1952, Bd. 1, 144-173 und F. OVERBECK 1975, 49 ff. *(vgl. die vorige Anmerkung).*

183) Leitfäden, Handbücher etc.: H. J. BEUG 1961, G. W. DIMBLEBY 1963, 56 ff. *(in:* E. PYDDOKE), G. ERDTMAN 1969, K. FAEGRI / J. IVERSEN 1975 ³, H. STRAKA 1975, H. J. B. BIRKS / H. H. BIRKS 1980, ferner W. PUNT /G. C. S. CLARKE 1976 *(Bd. 1)*, 1980 *(Bd. 2)*, 1981 *(Bd. 3)* und 1984 *(Bd. 4).*

184) H. WIRTH 1928 *(1934²)*, Der Aufgang der Menschheit, Jena.

Nach dem Aussehen ist nun aber diese Erde typischer Schlick und es entsteht nun die Frage, wie konnte sich in der Ancylus Zeit Schlick bilden. Die Marschen sind doch erst eine Bildung der Post-Litorina Zeit. Können Sie dafür einen Dreh finden? Lassen Sie sich doch bitte den grauen Schlick vorlegen. Ich hoffe, dass Herr v. B. das Material aufbewahrt hat, da ich nichts mehr davon besitze und sehr dankbar wäre, wenn ich in einer kleinen Tüte den Rest wieder zurückbekommen könnte. Auf jeden Fall ist der Befund, wie gesagt, von grossem Interesse. Zusammen mit den mesolithischen Funden fanden sich sehr zahlreiche Haselnüsse, wie ich Ihnen hier wohl sagte, die meisten Nüsse mit Spuren von Vivianit.
Mit herzlichem Danke für die Bearbeitung des Materials und den besten Grüssen

Ihr (v. B.-R.)"

Prof. WOLFF entgegnet in einem Schreiben, das den Eingangsvermerk VON BUTTEL-REEPENS vom 28. 2. '28 trägt,

daß tatsächlich zwei „verschiedene Pröbchen" in Berlin zurückgelassen worden seien, dessen eines (Moorerde-Krümel, nicht Schlick!) aber durch VON BÜLOW zweifelsfrei richtig als mesolithisch datiert worden sei.
Bei der zweiten Probe, die er VON BÜLOW nun erst vorgelegt habe, gehe es wirklich um Kleikrümel aus dem Knochendolch, um dessen Geheimhaltung VON BUTTEL-REEPEN unbesorgt sein könne. Hierbei ließen die Pollen aus dem Klei zwar „keine genaue Altersbestimmung zu, aber man sieht doch, wie der nächste Baumbestand zusammengesetzt war":

„Obwohl von dem Schlick von Brake 3 Proben von versch. Korngrößen untersucht wurden, fanden sich - wie vorauszusehen - nur wenige und schlecht erhaltene Pollen (Pinus 5, Eiche 2, Hasel, Birke, Erle je 1; vielleicht Fichte 1), die keinen sicheren Schluß zulassen.
Da Buche nicht gefunden wurde, kann das Alter nur angegeben werden: Atlantikum (litorina) oder jünger.

28. 2. 28 v. Bülow, "

Die Antwort VON BUTTEL-REEPENS, welche unerklärlicherweise aber auf denselben Tag datiert, an dem WOLFF die Rücksendung der Proben ankündigt *(merkwürdig, weil der Erhalt derselben noch für den 28. 2. d. J. bestätigt wird)*, enthüllt,

„dass nach Entfernung des vorderen Schlickpfropfens aus der Mündung des Runenknochens, der tiefere Inhalt dunkler (mooriger) wurde", derselbe somit mit „absoluter Bestimmtheit" von Knochen 4988 stammen müsse.
Die Schlickprobe sei hingegen aus dem - wahrscheinlich weitaus älteren - Knochendolch mit dem Zeichen „H" (gemeint ist OL 4983, vgl. Kap. 1. sowie Abb. 33b). Wieder sei ein Beweis, „wie vorsichtig Baggerfunde beurteilt werden müssen" gegeben, was der Adressat aus langer Erfahrung besser wisse.

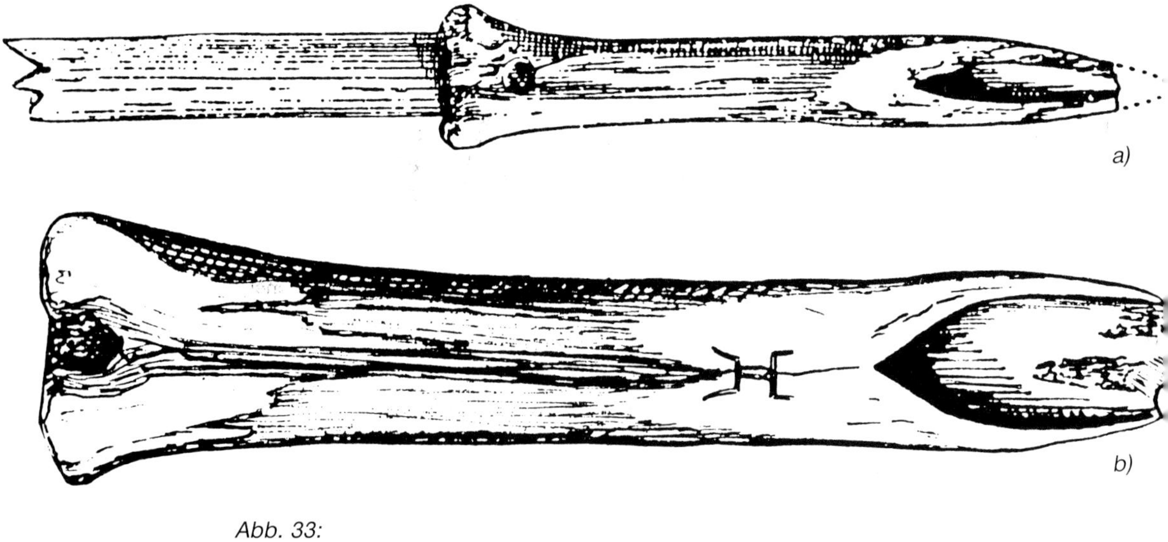

a)

b)

Abb. 33:

a) British Museum London: ‚Pfeilspitze', M 1: 1 gem. VON BUTTEL-REEPEN 1930, 49; Abb. nach ROES 1963, siehe Anm. 185.

b) Staatl. Museum Oldenburg: Lanzenspitze OL 4983 mit stilisierter menschlicher Figur, M 1: 1, Fundort: Harrier Sand, Finder: L. AHRENS (26. 7. 1927, „vom Aufspülungsplatz").

In seiner Entgegnung vom 1. 3. überläßt WOLFF aber das endgültige Urteil dazu VON BUTTEL-REEPEN:

Als einziger Maßstab für eine Altersbestimmung seien Pollenanalysen nicht tauglich, sondern nur in Verbindung mit dem Charakter der Fundstücke.

Somit erwies sich die Pollenanalyse, das für die Baggerfunde damals praktisch einzig in Frage kommende Datierungsverfahren, keineswegs als dienlich:
Knochen 4983, ein gelb- bis dunkelbrauner Metatarsus vom Torfrind *(nach der Bestimmung HILZHEIMERS)*, wurde auf Seite 49 der Publikation von 1930 als neolithische Lanzenspitze beschrieben und auf der Tafel 14, Abb. 57 wiedergegeben.
Obwohl VON BUTTEL-REEPEN im gleichen Zusammenhang an ein „nach Form und Anschliff . . . durchaus ähnliches Stück", eine als Pfeilspitze angesprochene Parallele aus der frühen Eisenzeit, erinnert[185], folgt er doch offensichtlich der frühstmöglichen Zeitzuweisung nach den Angaben der Pollenanalytiker. Die Expertise VON BÜLOWS hätte dagegen einer eisenzeitlichen Datierung nicht widersprochen.

Runenknochen 4988 hatte gar einen typisch mesolithischen Polleninhalt, der -neben der Möglichkeit einer natürlichen Einwanderung durch Absinken in tiefere Schichten oder baggerungsbedingten Uferversturz - auch an eine sekundäre Einbringung in fälscherischer Absicht denken lassen konnte.

Die letztere Überlegung begründete als neuen Untersuchungsansatz:

1) Eine Überprüfung der Ergebnise der Pollenanalyse von 1928.
2) Eine vergleichende Pollenanalyse des Inhaltes eines anderen Röhrenknochen-Baggerfundes desselben Fundzeitraumes; ein solcher fand sich in einem Rindermetatarsus, det. HILZHEIMER, schwarzbraun, OL-Magazin, Inv. Nr. 4971.
3) Eine vergleichende Pollenanalyse des Bodeninhaltes eines rezent ausgebaggerten Röhrenknochens vom Harriersand, auf dem AHRENS damals berufstätig war und auf dessen Spülfeldern heute noch fossile Knochen zu finden und fossile Bodenproben zu gewinnen sind.
4) Eine Gewinnung vergleichender Datierungen der Knochen selbst als Lieferanten der Bodenproben für die Pollenanalysen. Hierbei kamen zunächst die Methoden der physikalisch-chemischen Altersbestimmung, daneben aber besonders auch die der - einfacheren und damit kostengünstigeren - zoologischen Klassifikation in Betracht.

Zu 1) Nach freundlicher Vermittlung durch Herrn Professor Ulrich WILLERDING fand sich Herr Professor Eberhard GRÜGER von der Abteilung für Palynologie der Universität Göttingen bereit, die Pollenanalysen durchzuführen.
Am 3. 6. 1981 teilte er schriftlich mit, daß das Alter der Füllung des Runenknochens 4988 bei 8000 Jahren liege.

Zu 2) Die Analyse der Bodenprobe aus Knochen 4971 wird von Herrn Prof. GRÜGER weiter unten dargestellt.

Zu 3) Der tiefbraune Röhrenknochen Hs 84/21 wurde zusammen mit einer Reihe anderer subfossiler Knochen während einer Geländebegehung aus dem Eis eines Spülfeldes auf dem Harriersand präpariert. Das Baggerschiff ankerte an diesem Tag, dem 19. 2. 1984, vor dem Strand.
Die Ergebnisse der Pollenanalyse sind Prof. GRÜGERS Expertise zu entnehmen.

Zu 4) Die zoologische Bestimmung von OL 4971 korrigierte Frau Prof. Angela VON DEN DRIESCH, Inst. für Paläoanatomie, Domestikationsforschung und Geschichte der Tiermedizin an der Universität München. Auch ist ihr die Determination von Knochen Hs 84/21 zu verdanken.[186]

185) Hier als Abb. 33a wiedergegeben nach A. ROES 1963, 35 *(fig. 11)*. Haarlem.
186) Insgesamt wurden mir am 9. 10. 1984 die Bestimmungen von nicht weniger als 61 Knochen aus dem Oldenburger Museumsmagazin und aus eigenen Sammlungsbeständen *(Harriersand u. a.)* mitgeteilt, wofür ich Frau Prof. VON DEN DRIESCH sehr verbunden bin.

E. GRÜGER

Pollenanalytische Untersuchungen

1. Zu den Pollenspektren 1 und 2 *(OL 4988)*

Der Inhalt des Runenknochens 4988 besteht aus optisch gut voneinander unterscheidbaren hellgrauen und dunkelgrauen Bröckchen *(0,01 bis 0,1 ml)* eines sandigen Schluffes:

* Zwei getrennt aufbereitete Proben des hellen Materials erwiesen sich als praktisch pollenfrei.
* Der dunkelgraue, humose Schluff enthält dagegen in beiden Proben *(1 und 2)* reichlich Pollen:
Aufgrund der hohen Anteile von Kiefern-, Hasel- und Birkenpollen sowie der niedrigen Eichen- und Ulmenwerte und des Fehlens von Erlen- und Buchenpollen *(Fagus)*, können diese Proben nur der Frühen Wärmezeit *(= Boreal, V nach FIRBAS, etwa 6800-5500 v. Chr.)* zugeordnet werden.
Zu dieser Zeit breiteten sich die anspruchsvolleren Laubbaumarten aus. Sie verdrängten die Kiefern und Birken, die in der Vor-Wärmzeit *(=Präboreal)* allein die Wälder gebildet hatten.

Die durch VON BUTTEL-REEPEN 1930 publizierten Ergebnisse VON BÜLOWS können somit als gesichert gelten.

2. Zu den Pollenspektren 3 und 4 *(OL 4971 und Hs 84/21)*

Weitere Proben stammten aus dem Rinderknochen OL 4971 *(Spektrum 3)* sowie aus der Röhre eines größeren Tierknochens, den Herr PIEPER aus einem Spülfeld des Harrier Sandes bei Brake unlängst geborgen hatte *(Spektrum 4)*:

* Da Erle hier reichlich vertreten ist, Buchenpollen aber gänzlich fehlen, können beide Proben sowohl aus der Mittleren Wärmezeit *(=Atlantikum, VI und VII nach FIRBAS, etwa 5500-3000 v. Chr.)* als auch aus dem älteren Abschnitt der Späten Wärmezeit *(= Subboreal, VIII nach FIRBAS, ab etwa 3000 v. Chr.) sein.*

Trotz gewisser prozentualer Verschiebungen liegen diese beiden Spektren ähnlich eng zusammen wie die von 1 und 2.

Pollenspektrum	1 OL 4988 a	2 OL 4988 b	3 OL 4971	4 Hs 84/21
<u>Gehölze:</u>				
Pinus (Kiefer)	40,3	19,5	17,0	13,0
Corylus (Hasel)	28,8	48,5	4,0	8,4
Betula (Birke)	10,1	21,5	9,0	6,9
Salix (Weide)	1,6	-	1,0	3,1
Quercus (Eiche)	0,8	1,0	26,0	17,8
Ulmus (Ulme)	0,7	1,5	1,0	0,8
Tilia (Linde)	-	-	1,0	0,8
Picea (Fichte)	-	0,5	-	0,8
Alnus (Erle)	-	-	21,0	16,0
<u>Gräser und krautige Arten:</u>				
Gramineae (Süßgräser)	11,8	2,5	2,0	12,2
Cyperaceae (Sauergräser)	2,2	-	6,0	9,2
Filipendula (Mädesüß)	1,1	0,5	-	-
Calluna (Besenheide)	0,9	1,5	2,0	-
<u>Varia:</u>	1,7	3,0	10,0	9,0
Bezugssumme:	760	200	100	131

Prof. Dr. Eberhard Grüger
Abteilung für Palynologie der Univ. Göttingen
Untere Karspüle 2, 3400 Göttingen

Göttingen, den 2. 10. 1984

Prof. GRÜGERS Angaben zur Zeitstellung des Polleninhaltes der untersuchten Knochen seien auf der schematischen Darstellung noch einmal nachvollziehbar:

Zeit:	*(FIRBAS)*	POSTGLAZIAL:	OSTSEE:	WALDZEIT:	*POLLENANALYSE:*
2000					
1500	*X*	*SUB-*	*Mya-Meer*	*Forste*	
1000	———	*ATLANTIKUM*	———	....	
500		*(Nach-*		*Buchen-*	
0	*IX*	*Wärmezeit)*		*Tannen-*	
				Zeit	
500	———	———	*Limnaea-Meer*	*Tanne*	
1000		*SUB-BOREAL*		*Buche*	
1500	*VIII*	*(Späte Wärmezeit)*		*Linde* *Ulme*	
2000			———	*Eiche*	
2500	———	———			*OL 4971, Hs 84/21*
3000	*VII*			*erstes*	
3500		*ATLANTIKUM*	*Litorina-Meer*	*Getreide*	
4000	———	*(Mittlere*		*Buche*	
4500		*(Wärmezeit)*		*Linde*	
5000	*VI*		———	*Ulme* *Eiche*	
5500	———	———			
		BOREAL	*Ancylus-See*	*Hasel-*	
6000	*V*	*(Frühe Wärmezeit)*		*Kiefern-*	*Runenknochen*
6500				*Zeit*	*OL 4988 a + b*
	———	———	———		
7000		*PRÄBOREAL*		*Ulme*	
			Yoldia-Meer	*Eiche* *Hasel*	
7500	*IV*	*(Vor-*		*Birken-*	
8000 v.Chr.		*Wärmezeit)*		*Kiefern-* *Zeit*	

Die zoologische Bestimmung auch des Knochens 4971 aus dem Oldenburger Museumsmagazin und des Knochens 84/21 vom Harriersand ergab wiederum keine Altersschätzung, die mit der Pollenanalyse ihrer Inhalte in Einklang zu bringen war:

4971: VON BUTTEL-REEPENS Angabe „Metatarsus (Mittelfußknochen), Rind" wurde von Frau Prof. VON DEN DRIESCH in *„Metacarpus* (Mittelhandknochen) - *corpus eines kleinen Rindes"* korrigiert, mit dem Vermerk: *„proximal* (also der Körpermitte zu) *von einem Hund zernagt."*

Hs 84/21: wurde als *„distales* (also von der Körpermitte abstehendes) *Humerus*-(Oberarm-) *Stück eines kleinen Pferdes"* bestimmt, *mit „fünf feinen Schnittspuren auf der Medialseite* (d. h. dem Rumpf zugekehrten Seite)".

Da die Größenverhältnisse beider Knochen die zugehörig zu rekonstruierenden Tiere vom zoologischen Standpunkt aus in die ‚Keltenzeit' versetzten, folglich in die vorrömische Eisenzeit, der Befund der Pollenanalyse dagegen für das Neolithikum sprach, war die mögliche Annahme eines natürlichen Versturzes als Ursache für den mesolithischen Inhalt des Runenknochens 4988 eigentlich unterstrichen worden.
Andererseits konnte der Gesamtbefund ebensogut dahingehend interpretiert werden, daß eine manuelle Verfüllung sehr alten Bodenmaterials in Knochen anderer zeitlicher Provenienz heute noch im gleichen Maße möglich ist, wie bereits vor 50 Jahren, sofern einem die Aufspülungsplätze der Flußbagger zugänglich sind. Die folgenden Gedankengänge dürften aufzeigen, daß das Einfüllungsmaterial von Runenknochen 4988 nicht auf natürlichem Wege in die Knochenröhre geriet, sondern absichtlich dort eingebracht wurde:

1.) Der runenlose Artefakt 4989 mit der gefälschten Jagddarstellung war, wie gesehen, von AHRENS durch Dr. SCHÜTTE übergeben worden, wohl um den Kurswert der Originale zu ermitteln *(22. 10. 1927, s. Kap. 1. der Forschungsgeschichte)*. Als Vorlage für die recht naiv nachempfundene Bildszene dieses - nur hinsichtlich seiner Bohrungen echten - Artefaktes muß AHRENS der Runenknochen 4988 gedient haben. Wahrscheinlich war also nicht nur dieser Fund, sondern auch Runenknochen 4990 wie Runenknochen 4991 bereits in seinem Besitz, da beide doch offenbar in ein und denselben Kontext mit 4988 gehören *(vgl. Kap. 5.1.2. sowie Abb. 18d)*.
Geschickt im Hintergrund abwartend konnte AHRENS so mit der wertlosen Fälschung 4989 ausloten, wieviel Geld aus dem Verkauf der Originale zu erhoffen war, ohne dafür auch nur eines von ihnen endgültig aushändigen zu müssen.
2.) Am 25. 10. nach den näheren Fundumständen befragt, aus denen VON BUTTEL-REEPEN sich nicht zuletzt einen Datierungshinweis versprochen hatte, da er die Gravur zunächst nicht zeitlich einstufen konnte *(s. o.)*, machte AHRENS nun bemerkenswerterweise eine Angabe, die sich zu der Meldung SCHÜTTES über 4989 widersprüchlich verhielt *(vgl. die Korrektur „Harrier Sand" zu „Hammelwarden" nach Streichung im Fundtagebuch)*.
Von dem den Knochen angeblich umgebenden Dargstück war 4989 offenbar völlig gesäubert, ansonsten VON BUTTEL-REEPEN ganz sicher eine - ihn selbst datierungsmäßig orientierende - Pollenanalyse veranlaßt hätte.
3.) Bei dieser Gelegenheit wird AHRENS wohl erstmalig erfahren haben, welcher Wert dem archäologischen Gegenständen ursprünglich zuweilen anhaftenden Einbettungsmaterial überhaupt als Datierungshilfe beizumessen war. Daß zu diesem Zeitpunkt Runenknochen 4988 schon im gereinigten Zustand bei ihm verwahrt wurde, ist eine wohl kaum zu gewagte Annahme, konnte doch ein Laienarchäologe vor gut einem halben Jahrhundert von den Datierungsqualitäten der damals noch jungen Pollenanalyse schwerlich wissen. Noch heute pflegen Hobbysammler wohl, einen Fund zunächst gründlich zu reinigen, wenn dieser in seinem Innern materielle Schätze, wie etwa Goldmünzen, erhoffen läßt.
Eine Beseitigung des ursprünglichen Inhaltes an Bodenmaterial ist somit für alle drei Runenknochen vorauszusetzen, gleichgültig, ob sie AHRENS als Erstfinder unternahm oder ein ungenannter Finder ‚dritter Hand' diese vollzog.
4.) Da aber Runenknochen 4988 trotzdem der erste Fund bleibt, aus dessen Inhalt VON BUTTEL-REEPEN eine Pollenanalyse gewinnen läßt, ist anzunehmen, daß AHRENS selbst das Material für diese Bestimmung in die Knochenhöhle verfüllte, um dem Wunsch VON BUTTEL-REEPENS wenigstens nach einem Datierungsansatz zu entsprechen.
AHRENS konnte davon ausgehen, daß die Bodenproben, die ihm als offiziellem Aufseher über die Baggerungsarbeiten und Aufspülungsplätze leicht zugänglich waren, eine zumindest ‚alte' Datierung ergeben würden.
5.) In diesem Zusammenhang nicht unerheblich scheint ein Eindruck, den Herr Prof. GRÜGER bei der Aufbereitung der Proben aus Runenknochen 4988 gewann:
Die Sedimentlagen, welche er aus den Erdkrümeln für die Pollenanalyse extrahierte, waren in der mikroskopischen Betrachtung zu feinen Platten zusammengedrückt, eine Deformation also, wie sie bei einer manuellen Verfüllung von Bodenmaterial keineswegs überraschen würde.

Zusammenfassend läßt sich feststellen, daß das Material der Pollenanalyse VON BÜLOWS 1928 *(s. Kap. 2.2. der Forschungsgeschichte)* - wahrscheinlich in fälscherischer Absicht - in die Markhöhle des Runenknochens 4988 gestopft wurde.
Dieser Verdacht wird durch die im folgenden Kapitel geschilderten Beobachtungen aus dem Bereich der Bodenkunde erhärtet.

4.12. Aspekte der Bodenkunde und Mikrobiologie

Mehrfach - in den Jahren 1979, 1981 und 1985 - wurde Herr Professor Brunk MEYER, Leiter der bodenkundlichen Abteilung am Institut für Bodenwissenschaften der Universität Göttingen, konsultiert. Mit ihm wurde die Aussagekraft der durch VON BUTTEL-REEPEN 1928 veranlaßten Pollenanalyse *(vgl. das vorstehende Kapitel)* diskutiert und die in den Chemo-Gutachten angeklungene Meinung, die Weserknochen könnten aus einer längeren Moorlagerung stammen *(vgl. Kap. 2.2. der Forschungsgeschichte)*, besprochen. Nach den AHRENS'schen Angaben wären die Knochen dagegen letztlich als Baggerfunde zu betrachten, die dann entweder aus dem rezenten Schlick des Flußlaufes oder älteren Schlicksedimenten, welche bei der Vertiefung der Fahrrinne angeschnitten wurden, stammen könnten.
So stellte sich die Frage, ob eine Flußboden-Mineralisation grundsätzlich von einer solchen in Moorböden unterscheidbar sei und welche Art Einbettung für die Knochen als die wahrscheinlichere gelten dürfe.

Zur Frage der ursprünglichen Einbettung der Weserknochen

Eine Konservierung von $CaCO_3$, welches neben dem Hydroxylapatit $Ca_3(PO_4)_3OH$ den Hauptbestandteil der anorganischen Knochensubstanz ausmacht, wäre bei einer Einbettung in marine oder brackische Schlicke durchaus zu erwarten.
Bei einer Lagerung in Hochmoorböden wäre demgegenüber mit einer Auflösung des $CaCO_3$ durch die auf Knochenmaterial aggressiv wirkenden Huminsäuren zu rechnen gewesen. Ein solches Bodenmilieu hätte also zumindest zu einer ‚Auslaugung', somit zu Strukturveränderungen der Knochen geführt, deren Folge sicherlich ein deutlicher Stabilitäts- und Gewichtsverlust, wenn nicht gar eine gänzliche Auflösung der Knochen gewesen wäre.
Mithin kann die 1930 publizierte Vermutung der Chemiker vom Standpunkt der Bodenkunde aus nicht unterstützt werden: Auf keinen Fall waren die Runenknochen ursprünglich in einem Hochmoor deponiert.
Dies schließt nicht aus, daß die Knochen mit Torf in Kontakt gekommen sein können, der in mehr oder weniger dicken Schichten von cm bis zu mehreren dm Stärke zwischen die einzelnen Schlicksedimente geschaltet, in seinen chemischen Eigenschaften aber nicht mit Moortorfen zu vergleichen ist.
Die vorliegenden geologisch-bodenkundlichen Karten des Fundraumes zeigen, daß unter geringmächtigen jungholozänen *(Subatlantikum)* Sand- und Schlickdecken im Ufer- und Insel-Bereich ca. 1 bis 2 m starke, durch Torflagen unterbrochene graue Brackmarschsedimente des älteren Jungholozäns *(Subatlantikum)* anstehen, unter denen dann mittelholozäne *(Atlantikum)* Marschsedimente folgen, die ebenfalls zum Talrand hin in zunehmendem Maße von Torflagen untergliedert werden.[187]
Unter Ausleuchtung der Knochenröhren mit Hilfe einer Schwanenhals-Kaltlichtlampe wurden die geringen Bodenreste, welche in den Spongiosakammern hafteten, unter dem Stereomikroskop untersucht.
Es zeigte sich, daß allen Röhrenknochen das gleiche Material eingelagert war, welches bei den drei Knochenfragmenten bereits äußerlich und mit bloßem Auge zu erkennen war, nämlich feiner grauer Schlick.
Dieser ist aber mit der dunkel-humosen Erdprobe aus Runenknochen 4988, deren Pollenanalyse die überraschende Zuweisung in die Ancyluszeit ergeben hatte, keineswegs identisch.
Da jedoch der graue Schlick tiefer in die inneren Spongiosazellen eingedrungen war, muß er das ursprünglichere Einbettungsmaterial gewesen sein, welches im Falle des Knochens 4988 - bis auf die geringen noch vorhandenen Spuren - ausgewaschen wurde, bevor das Material der Pollenanalyse auf natürlichem oder künstlichem Wege hineingeriet.
Interessant erscheint auch die Beobachtung, daß sich die tiefschwarzen fleckigen Verfärbungen auf der Oberfläche der Runenknochen 4988 und 4991 und dem Fragment mit den ‚Pseudorunen' mikroskopisch von der großflächigen grauschwarzen Einfärbung der alten Bruchstelle des runenlosen Knochens 4989 unterscheiden.
Im ersten Fall erwies sich die Fleckung als aus Braunstein (MnO_2) bestehend. Braunstein stellt in Gleyböden - d. h. unter Grundwassereinfluß stehenden Böden wie im Falle der Marschensedimente - eines der Ausfällungsprodukte bei Zutritt von Luftsauerstoff dar.
Im letztgenannten Fall, in dem zunächst an Verkohlung gedacht wurde, kann mit Huminsäureinfiltrationen gerechnet werden, die in vergleichsweise tiefere Straten der Knochenkompakta gelangten.

187) A. SCHNEEBERG 1958, Geologisch-bodenkundliche Karte der niedersächsischen Marschen Blatt Oberhammelwarden, 1: 5000, 34/64 Rechts, 59/04 Hoch. Hannover.
H. D. LANG 1962, Bodenkundlich-geologische Karte der Marschengebiete Blatt 2617 Hagen, 1: 25.000, Hannover.

Die konservierende Eigenschaft von Mangan ist bekannt *(vgl. Kap. 4.2.2.)*. Eine erhöhte Mn-Konzentration gegenüber rezentem Material wurde für die Weserknochen auch durch die Ergebnisse der Emissionsspektralanalyse bestätigt *(vgl. Kap. 4.9.)*.
Die Huminsäureinfiltration von Knochen 4989 zeigt an, daß dieses Stück einem sauren Bodenmilieu dekompositiven Charakters unterworfen gewesen sein muß, deutet also auf abweichende Lagerungsbedingungen. Da eine längere Einbettung in pH-saurem Boden aber letztlich zur Zerstörung des Knochens geführt hätte, dürfte er nur relativ kurzfristig einer derart aggressiven Umgebung ausgesetzt gewesen sein. Möglicherweise sollten auf diese Art Alterungsmerkmale in den Gravuren hervorgerufen werden. Für solche Zwecke geeigneter Boden steht im Braker Bereich überall an.

Prof. Dr. Brunk Meyer
Inst. f. Bodenwissenschaften der Univ. Göttingen, Abt. Bodenkunde
Von Siebold-Straße 4, 3400 Göttingen

Erwähnt sei noch eine weitere mikroskopische Beobachtung, die zwar augenblicklich keinerlei Schlüsse hinsichtlich der Echtheitsbewertung bietet, für den Fall weiterer Beobachtungen desselben Phänomens, gegebenenfalls auch für eine Auswertung zuständiger Stellen aber dennoch hier festgehalten wird:
Nahe der Runengruppe auf Knochen 4990 waren bandförmige, wabenartig verflochtene, dunkelbraune Linien, pünktchenförmig bis annähernd quadratisch (bei geringer Vergrößerungsstufe des einsetzbaren Gerätes) auszumachen, deren Bedeutung unklar genannt werden mußte.
Prof. Hans-Günther SCHLEGEL vom Institut für Mikrobiologie der Univ. Göttingen sprach sie am 13. 2. '80 als Ätzungsspuren alter Wurzeln oder aber rhizomorpher Pilze an, welche sich bei Feuchtigkeit überall und schnell bilden können, etwa auch bei Lagerung in einem Museumsmagazin unter entsprechenden Bedingungen.

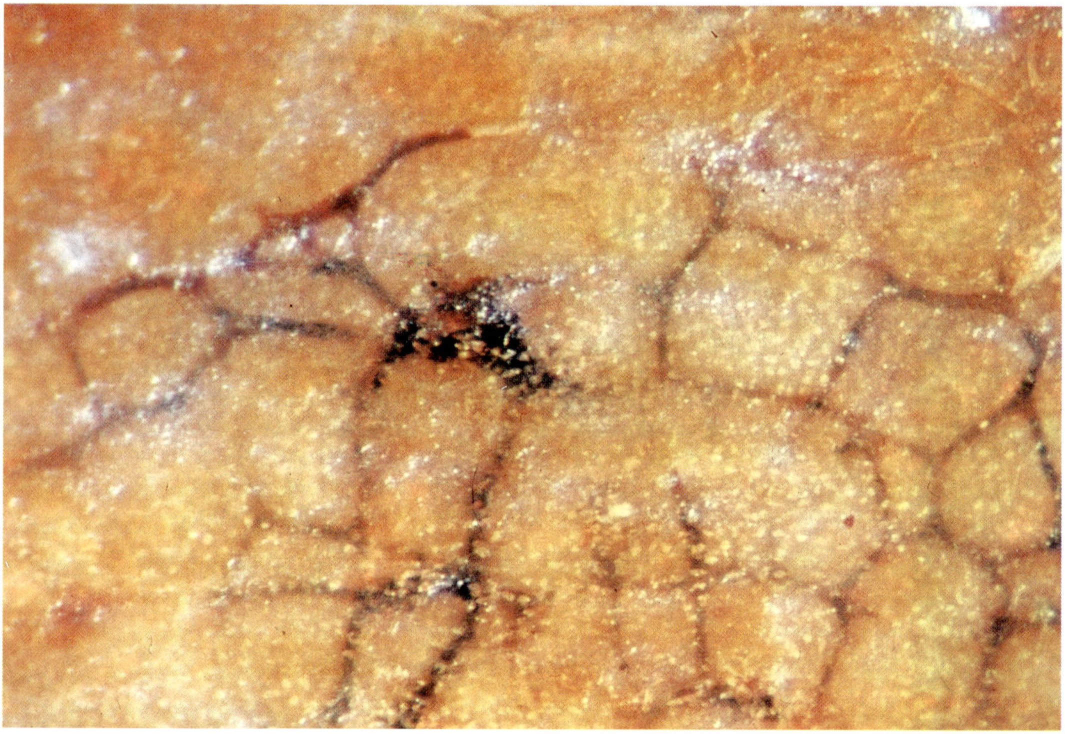

Abb. 34:
Mikrobiologische Beobachtung rhizomorpher (= wurzelgestaltiger) Pilze neben der Runengruppe auf Knochen OL 4990; M ca. 55: 1.

4.13. Vergleichende Untersuchungen

Da das Verfahren der Lichtschnittmikroskopie im archäologischen Bereich als Dokumentations- und Qualifikationsverfahren erstmalig zur Anwendung kam, ergab sich von selbst die Notwendigkeit einer Überprüfung der auf diesem Wege gewonnenen Ergebnisse anhand anderen Materials.
Anfang bis Mitte Juli 1982 erfolgte die Untersuchung der Gravuren eines magdalénienzeitlichen Geweihstückes aus der Grotte Placard, Frankreich, welches Herr Prof. Dr. G. BOSINSKI vom Institut für Vorgeschichte der Universität Köln zur Verfügung stellte.

Auch in diesem Fall konnte eine fortgeschrittene Usurierung der alten Ritzungen festgestellt und dokumentiert werden. Da das Ausgangsmaterial für die Beritzung hier aber nicht Knochen, sondern Geweih war, verliefen die Usuren nicht wie bei den Weserknochen in einer mehr oder weniger einheitlichen Ausrichtung, sondern sehr diffus. Dieser Fund erwies sich daher als geeignetes Objekt für eine Abgrenzung der Möglichkeiten der Lichtschnittmethode: Die Notwendigkeit einer auflichtmakroskopischen Kontrolle der lichtmikroskopisch geschnittenen Bereiche wurde deutlich, da ansonsten - aufgrund der hohen Vergrößerungsfaktoren *(200 x oder 400 x)* - Gravuren mit Usuren verwechselt werden konnten, was leicht zu einer Fehlinterpretation des Gesamtbefundes hätte führen können.
Im Profilschnitt scharfkantige und spitzige Risse in der oberen Knochentafel, bei 400facher Vergrößerung bisweilen auch bestimmte Usurengruppen, sind nämlich imstande, dem flüchtigen Betrachter den Eindruck einer gefälschten Gravur vorzutäuschen.

Als nur bedingt besser geeignet erwies sich ein graviertes Knochenfragment etwa derselben Zeitstellung aus der Magdalénienschicht des Fundplatzes Andernach mit der Bezeichnung GR 20, Pl 90 183, ebenfalls eine Leihgabe von Herrn Prof. BOSINSKI.

Die methodischen Grenzen wurden hier in genau gegensätzlicher Richtung deutlich: Das Fundstück ist so ausgezeichnet konserviert, daß eine Usurenbildung auf der Oberfläche und in den Gravuren nur andeutungsweise vorhanden ist. Entsprechend unverrollte Profile weisen die Gravuren selbst auf.[188]

Da die beiden vorgenannten Stücke noch unpubliziert sind, wird auf eine fotografische oder zeichnerische Wiedergabe verzichtet. Ein Befund, wie der gravierte Knochen der späten Altsteinzeit ihn zeigte, war an beritzten Knochen der römischen Kaiserzeit aus der Grabung Feddersen-Wierde[189] sowie an den mittelalterlichen Runenknochen aus Schleswig[190] festzustellen: Das Knochenmaterial ist dort ebenfalls derart gut durch die natürlichen Lagerungsbedingungen konserviert worden, daß die Manipulationen darauf wie eben erst angefertigt aussehen. Eine Echtheitsprüfung von Gravuren in solcherart ausgeprägt mineralisiertem Knochenmaterial wäre mit optischen Hilfsmitteln allein wahrscheinlich nicht zu bewerkstelligen. *Im Nachhinein erwies sich somit der Umstand, daß das Oldenburger Material im Fälschungsfall die Alterungsmerkmale der Gravuren ebenso deutlich vermissen läßt, wie die Originale sie zeigen, als äußerst glücklich.*
An dieser Stelle ist anzumerken, daß der Einsatz des Lichtschnittmikroskopes natürlich nach Möglichkeit an noch nicht chemisch präparierten Knochen vorzunehmen ist. Bei den Weserfunden war das zwar leider nicht möglich, da diese vermutlich gleich nach dem Ankauf konserviert wurden; doch beeinträchtigt diese Behandlung aufgrund ihrer vorauszusetzenden Gleichartigkeit offenbar nicht die Unterscheidbarkeit zwischen echten und gefälschten Gravurprofilen.

188) Der Andernacher Knochen stand mir von Anfang April 1984 bis Ende Juni 1985 zur Verfügung. Herrn Professor Gerhard BOSINSKI danke ich für die Bereitstellung beider Exemplare zur optischen Untersuchung.
189) Anmerkung 124 enthält summarisch eine Auflistung der reichen Literatur. Prof. Dr. Peter SCHMID ermöglichte mir am 25. 2. 1983 eine Durchsicht des im Landesinstitut für Marschen- und Wurtenforschung Wilhelmshaven bewahrten Grabungsmaterials. Optisches Hilfsgerät wurde dabei allerdings nicht eingesetzt.
190) Mit Herrn Dr. Volker VOGELS Unterstützung konnte ich die Stücke im Schleswig-Holsteinischen Landesmuseum und im Stadtmuseum Schleswig am 20. 8. 1983 unter die Lupe nehmen. Zur Lesung s. E. MOLTKE 1976, a *(Schleswig)* und b *(Kopenhagen, 382-386)*; vgl. dazu die Feststellung von Prof. Josef RIEDERER, Berlin, 1981, s. Anm. 101.

Am 11. 3. 1982 erhielt ich die Nachricht, daß in den Niederlanden die Knochen des sogenannten Deventer-Komplexes einer Echtheitsprüfung unterzogen werden.[191] Die Spannung über diese Meldung war verständlicherweise groß, handelte es sich doch um jene mutmaßlich gefälschten Bild- und Runengravuren, deren Hersteller - angeblich ein Baggerführer V. - auch für die Fälschung der Oldenburger Runenknochen verantwortlich gemacht worden war *(s. Kap. 3.5. der Forschungsgeschichte).*[192]

Am 13. 4. lernte ich in Leiden den Unterwasserarchäologen Thijs J. MAARLEVELD kennen, der mit dieser Fälschungsuntersuchung beauftragt worden war. Am 16. 4. erhielt ich sämtliche Stücke von Herrn Prof. Dr. L.P. LOUWE KOOIJMANS, Rijksmuseum van Oudheden, zu technologischen Untersuchungszwecken mit nach Göttingen. Selbige waren am 7. 7. abgeschlossen und wurden zum Jahresende 1983 veröffentlicht.[193]

MAARLEVELD beweist, daß die Ritzungen, die das Museum in den Nachkriegsjahren zwischen 1946 und 1948 aus der Hand des Laienarchäologen C. A. VIESTER erhielt[194], Fälschungen sind, die offenbar in der Zeit nach der nationalsozialistischen Besetzung der Niederlande 1943 entstanden. Besonders der Rind-Unterkiefer mit Darstellungen im Stil der skandinavischen Bronzezeit neben vier Runen ohne Sinnzusammenhang *(z/R, h, spätes k,g)* wird dem „Ahnenerbe"-Postulat bereits vorgeschichtlicher Protorunen als ideologisch erwünschtem ‚Beweis' für eine autochthone Entstehung der Runenschrift im germanischen Norden gerecht.[195] Das Monatsblatt ‚HAMER', archäologisch-volkskundliches Propagandaorgan der ‚VOLKSCHE-', später ‚GERMAANSCHE WERKGEMEENSCHAP' lieferte nachweislich die Abbildungsvorlagen *(z. T. sogar auf benachbarten Seiten)* für die meisten Darstellungselemente auf den Leidener Knochen.

Die eigenen Untersuchungsansätze, die wiederum das Ziel einer Überprüfung der Zuverlässigkeit aller an den Weserknochen getroffenen Beobachtungen hatten, führten auf gänzlich anderen Wegen doch zum gleichen Ergebnis:
Diese Knochen und ihre Gravuren waren morphologisch sehr gut mit den Weserfunden vergleichbar, jedoch ausschließlich mit den dort als Fälschungen qualifizierten Stücken.

1)* Auch die Knochen des Deventer-Komplexes weisen Braunverfärbungen der gesamten Oberfläche auf *(am wenigsten ‚De Waag')*, die durch eine beträchtliche Lagerungsdauer im Feuchtbodengebiet der niederländischen Geest erklärt werden können. Hier wie im Braker Bereich ist dafür letztlich die natürliche Durchsetzung mit bodengebundenen Eisenmineralen als ursächlich zu bezeichnen.
2)* *Die Tiefen aller Gravuren, die im Makroskop deutlich hellere Farben zeigen als der Rest der (unbeschadeten) Kompakta, bezeugen ein rezentes Alter der Ritzungen (Abb. 35b).*
3)* *Usuren durchziehen zwar die Oberfläche der Knochen, nicht aber die Gravurtiefen (Abb. 35 b und c).*
4)* *Im Bereich von Gravurzwickeln sowie im Umkreis des Kopfes des menschlichen Abbildes sind flächige Ausbrüche der obersten Kompaktastrate zu verzeichnen (Abb. 35c und Abb. 36a).* Diese entstehen beim Versuch, gelagertes Knochenmaterial zu beritzen.
5)* *Die Lichtschnittprofile aller Gravuren sind scharfkantig und spitz,* was angesichts des ansonsten fortgeschrittenen Dekompositionsgrades der Gravurträger nicht von alten Ritzungen zu erwarten wäre *(Abb. 36 b).*

Darüber hinaus wurden folgende andere Beobachtungen gemacht:

6)* Die drei ersten Runen des Rinderkiefers wurden sicher in einer anderen Technik ausgeführt, als die nachfolgende *G*-Rune. Entspricht die letztgenannte den übrigen *(Bild-)*Gravuren desselben Stückes, so sind erstere weitaus schärfer profiliert und - kenntlich an den zahlreichen Fehlstrichen - ‚nervöser' im Duktus. *Möglicherweise wurden sie nicht nur mit einem anderen Werkzeug, sondern auch zu einer anderen Zeit und von einer anderen Person angebracht (Abb. 36a).*

191) Herrn Dr. Dr. Günter WEGNER, damals Oldenburg, danke ich sehr herzlich für die Weitergabe dieser wertvollen Information von Herrn Dr. Wolf Haio ZIMMERMANN, Inst. f. Marschen- und Wurtenforschung Wilhelmshaven, dem ich ebenso dankbar bin.
192) Erstveröffentlichung von W. C. BRAAT 1948, OMRO 29, 9-14.
193) T. J. MAARLEVELD / E. P. PIEPER 1983, OMRO 64, 229-243.
194) . . . das Rippenfragment mit dem ‚Lebensbaum' (Abb. 35 a, unten rechts) gelangte indes in das Deventer Museum ‚DE WAAG' . . .
195) Vgl. dazu die gründliche Arbeit von U. HUNGER 1984; Rez.: K. M. NIELSEN 1986, 143-153.

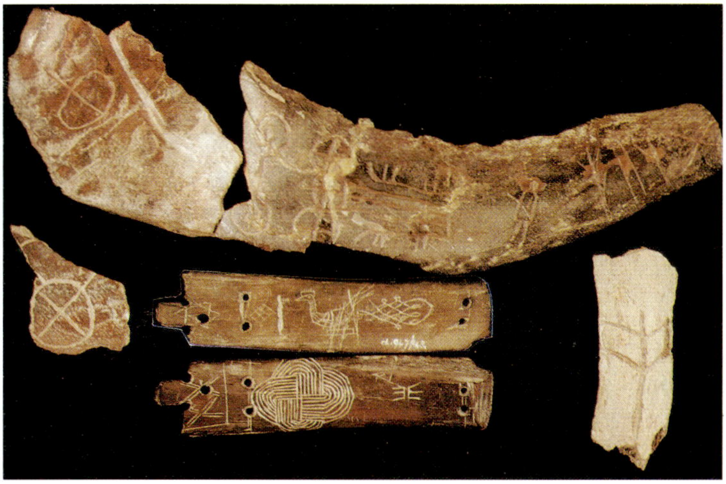

a)

b)

c)

Abb. 35:
a) Übersicht des gefälschten ‚Deventer-Komplexes' oben: Unterkiefer, Rind, „bronzezeitliche" Bilder und „Runen"; unten, Mitte, (Fotomontage): Nur der Pulsschützer ist beidseitig graviert; links unten: Wohl zum Unterkiefer gehörig; rechts unten: Im Deventer-Museum ‚De Waag', die anderen im Museum Leiden. M ca. 1: 1,75.

b) Unterkiefer-Ausschnitt, oberes Pferd: Helle, nicht usurierte Gravurtiefen im Gegensatz zur dunkelbraun mineralisierten und von zahlreichen Usuren durchzogenen Oberfläche. M ca. 2,5: 1.

c) Unterkiefer-Ausschnitt: Der Befund entspricht dem unter b) erläuterten; den Kontur des Kopfes begleitet nimbusartig ein großflächiger Ausbruch der oberen Knochenkompakta. M ca. 2,5: 1.

a)

Abb. 36:
a) Unterkiefer, ‚Runen': Zwickelausbrüche um die drei ersten Runen kennzeichnen neben hellen Gravurtiefen mit fehlender Usuration die Fälschung. Die vierte Rune ist - wie die Bilddarstellungen - in einer „glaubwürdigeren" Technik geritzt. M 2: 1. Waren hier zwei Fälscher zu verschiedenen Zeiten tätig?

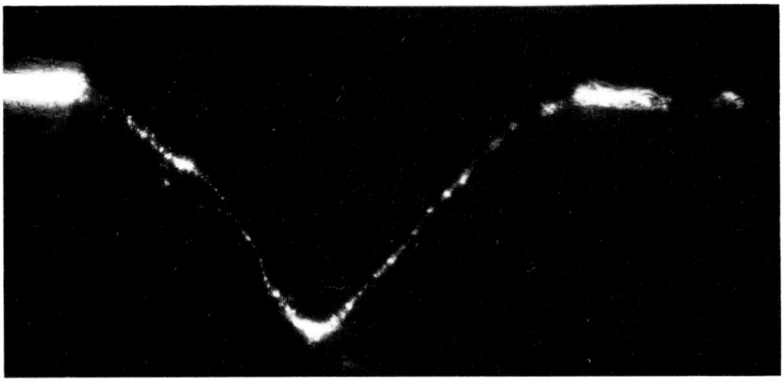

b)

b) Lichtschnitt-Profil des 2. Stabes der 2. Rune (H), kurz unterhalb der Einmündung der Diagonalen: Die Gravur ist scharfkantig und spitz, bei Berücksichtigung des Gesamtbefundes ein Hinweis mehr für rezente Beritzung gelagerten Knochenmaterials. M 200: 1.

c)

c) Pulsschützer, Detail: Die Vorzeichnung eines anderen Vogels (Pfau?), als der, welcher schließlich ausgeführt wurde (Hahn), ist nur noch als schwache Dunkelverfärbung erkennbar. M 4: 1.

7)* Beide Seiten des Pulsschützers *(auf der Übersicht Abb. 35 unten, Mitte, beide Ansichten)* lassen Gruppen regelmäßiger, feiner und paralleler *Schraffuren* erkennen, *wie sie beim Einspannen in eine Schraubzwinge mit geriffelten Backenflächen entstehen.* Ein solcher Vorgang wird nötig gewesen sein, um eine möglichst exakte Gravur des Flechtbandkreuzes erreichen zu können. Der Artefakt als solcher, auch in seiner Funktion als Pulsschützer für einen Bogner läßt keine Anzeichen für eine Fälschung erkennen: Seine Enden sind alt abgearbeitet, usuriert und von Mineralisationssäumen flankiert, ebenso wie die Ränder der sanduhrförmigen Bohrlöcher. Auch der Glanz auf der dunkleren, konkaven Seite mag durch Gebrauchspolitur erklärt werden können. *Die figürlichen Ritzungen sind aber aus den gleichen Gründen als gefälscht zu betrachten, wie die der anderen Deventer-Knochen.*

8)* Interessant ist noch die Tatsache, daß die Gravur des Hahnes sich in der nur eben noch erkennbaren Vorzeichnung als *ursprünglich anders konzipierte Vogelgestalt* ausnimmt: Unterhalb des gravierten Kopfes führen offenbar hohe Stirnfedern in den Schnabel, dessen Endritzung genau dem Entwurf der Skizze entspricht. Rechts davon ist noch schwach ein kreisrundes Auge - wie schließlich auch ausgeführt - zu sehen. Rechts hinter dem Vogelkasten zeigen Linien an, daß der Stoß des Tieres zunächst nach unten geschwungen war. Ein Teil der Rückenlinie ist noch im Mittelbereich der Gravur auszumachen, direkt links von der Partie mit den ansatzweise usurierten, flachen *(und verhältnismäßig alten)* Kratzern *(Abb. 36c). Vielleicht hatte der Fälscher eigentlich geplant, einen Pfau zu ritzen und war sich dann nicht schlüssig, ob der in der Karolingerzeit (Flechtbandmotiv) in unseren Breiten bereits bekannt war.*

Bei Voraussetzung ähnlicher Lagerungsbedingungen wäre demnach - insgesamt gesehen - das an den Weserknochen erarbeitete Potential von Echtheits - respektive Fälschungskriterien zur Qualifikation von Knochengravuren durchaus übertragbar.

4.14. Experimentelle Ansätze

Um detaillierte Angaben zur Technologie von Knochengravuren machen zu können, sind experimentelle Erfahrungen Voraussetzung. Derartige Beobachtungen sind aber bisher anscheinend nirgends beschrieben.[196] Die hier vorgestellten, teilweise noch nicht ganz abgeschlossenen Experimente verfolgten vier Fragestellungen:

1. Welche Erfahrungen lassen sich bei der Herstellung von Artefakten aus frischem Knochenmaterial und bei ihrer anschließenden Gravur sammeln und beschreiben?
   (= Allgemeine Aspekte zur Ritzungstechnologie an Knochen).
2. Lassen sich bei der Bearbeitung und Beritzung subfossilen Knochenmaterials davon abweichende Beobachtungen treffen?
   (= Erster Fälschungsaspekt).
3. Gibt es Möglichkeiten irgendwelcher chemo-physikalischen Manipulationen an rezentem Knochenmaterial, die ein subfossiles Alter desselben glaubwürdig vortäuschen können?
   (= Zweiter Fälschungsaspekt).
4. Inwieweit können Alterungsmerkmale wie Usuren, sekundäre Mineralisation etc. in rezent beritztem, subfossilem Knochenmaterial künstlich hervorgerufen werden?
   (= Dritter Fälschungsaspekt).

196) E. EBEL behandelt in ihrer phil. Diss. Göttingen 1963 die Terminologie der Runentechnik; A. LIESTØL 1973 rekonstruiert Schnitt- und Ritztechniken an Holzstäben. Das dort angegebene Halten des Mediums in der freien Linken erscheint mir aber wenig plausibel: Wer immer etwas schreiben will, sucht in der Regel eine feste Unterlage.

Material:

Zu 1. und 3.: *Hierzu wurden am 25. 10. 1983 die beiden Metacarpen eines Rindes und die beiden Metatarsen eines anderen vom Schlachthof Göttingen besorgt. Daneben wurden andere brauchbare Küchenabfälle gesammelt. Der für die ungeübte Hand sehr zeitaufwendige und teilweise unangenehme Prozeß der Knochensäuberung (Entfernen des Felles, der Muskeln und Sehnen mit dem Jagdmesser und mehrfache Auskochvorgänge) dürfte im Altertum einen Bruchteil des Zeitaufwandes erfordert haben: statt 1-2 Stunden für Säuberung und Zerteilung des einzelnen Knochens sind hier wohl Zeiträume von maximal 1/2 h anzunehmen.*

Zu 2. und 4.: *Subfossiles Knochenmaterial stand in ausreichendem Maße aus dem Oldenburger Museumsmagazin (Baggerfunde, z. T. von AHRENS) zur Verfügung. Dazu kam das Fundgut aus den beiden Flurbegehungen auf dem Harriersand bei Brake vom Februar 1983 und 1984.*

Ergebnisse:

Zu 1.: Die Beritzung der frischen, getrockneten Knochen erwies sich aufgrund der Sprödigkeit des Materials als schwierig. Sie erforderte ein beachtliches Maß an manueller Kraft und gleichzeitigem Geschick, ersteres, um überhaupt deutliche Gravuren zu erzeugen, das zweite, um die Klinge rechtzeitig genug abzuheben, ohne einerseits Fehlgravuren zu verursachen und andererseits, um eine Selbstverletzung zu umgehen, da die kontrollierteste Gravurmöglichkeit offenbar dann besteht, wenn man von oben nach unten *(d. h.: zum Körper hin)* ritzt. Nach vorübergehendem Wiedereinweichen der Knochen ließen sich diese zwar leichter beritzen, doch waren auch in diesem Zustand Zwickelausbrüche und Fehlritzer kaum zu vermeiden. Das beste Vorankommen war durch *Tremolierstich* - durch ruckartige, leicht schwankende Druckbewegungen der Faust verursachte, regelmäßige Stiche - gewährleistet. *Sehr schwierig sind - besonders von links unten nach rechts oben - lange Diagonalen, sowie halbrunde und runde Gravuren auszuführen.* Ritzt man bei Verwendung einer vorn abgeschrägten oder v-förmigen Klinge die geplante Gravur leicht vor *(und zwar mit der Spitze),* so wird man durch Schaffung eines Leitkanals am ehesten Fehlgravuren, Zwickelausbrüche etc. ausschließen.

Zu 2.: Die Zerteilung des subfossilen Knochenmaterials wurde dadurch entscheidend vereinfacht, daß die bei den frischen Knochen eingesetzte Holzsäge *(sog. Fuchsschwanz)* durch eine elektrisch betriebene Diamant-Trennscheibe ersetzt wurde. Auch die Gravuren waren mit einem Zahnarztbohrer wesentlich genauer und schneller auszuführen, als mit den vorher benutzten Stahlmessern aus einem Linol-Schnitt-Besteck. Unerwünschte Werkzeugspuren wurden zunächst mit einer Eisenfeile und Schleifsand-Papier, später einfacher mit Hilfe einer schnelldrehenden Politurbürste *(1400/2800 Umdrehungen pro Minute)*, Bimssand und Wasser beseitigt. Auch ließen sich zu tief geratene Gravuren mit einem Sandstrahlgebläse kaschieren, indem allzu scharfe Gravurkanten zu sanften Umbrüchen abgestrahlt wurden.[197]

Aus einem Dutzend alter Knochen entstanden auf diese Weise über vierzig Artefakte: Lanzen-, Speer- und Pfeilspitzen, Dolche, Nadeln, Harpunen, Nadelbüchschen und Amulette verschiedenster Art und von ansehnlicher Qualität. Die zum Teil mm-feinen Kleinstgeräte wurden aus den abfallenden Spänen gefertigt, so daß das Ausgangsmaterial vollständige Verwertung fand.

Der subfossile Werkstoff erwies sich insgesamt als mindestens ebenso gut für eine Bearbeitung geeignet, wie der rezente. Die Anfertigung eines solchen Gerätes beanspruchte am ersten Tag der Experimente einen Zeitaufwand von einer halben bis zu zwei Stunden, am vierten und letzten Tag nur noch zwischen etwa fünf und zwanzig Minuten.

197) Herr Dr. med. dent. Gerd BUSSE machte mir am 4. 10. 1985 die Benutzung seines Zahntechnikerlabors in Emstal bei Kassel möglich. Ihm, seiner Familie und seinen Zahntechnikern ist an dieser Stelle für die freundliche Aufnahme, das sachliche Interesse und die fachliche Beratung herzlich zu danken. Die Gravuren, die hier mit einem Bohrer RECO *(12.000/6.000 U/min)* vorgenommen wurden, waren präziser als mit dem Stahlmesser-Besteck durchführbar. Auf Empfehlung von Dr. BUSSE unterstützte mich auch Herr G. ANSELM von der Firma HAMMER DENTAL am 9. 10. durch Rat und Materialproben.

Zu 3.: Zwar wird der versierte Fälscher versuchen, ein für seine Zwecke taugliches, also lange gelagertes, wenn nicht gar zeitlich passendes Material zu verarbeiten[198], doch hat der Runenknochen vom Maria-Saaler Berg *(s. Kap. 3.3. der Forschungsgeschichte)* gezeigt, daß man in einer Zeit, die noch ohne naturwissenschaftliche Datierungsmethoden auskommen mußte, auch mit den einfachsten Mitteln frischem Ausgangsmaterial zu einem subfossilen Gesamteindruck verhelfen konnte, so daß ein Grabungsulk derart peinliche Ausmaße annahm.

Die Verkohlung eines Knochens kann durch Auskochen binnen einer Stunde erfolgen, wenn man dem Kochwasser nur einen Eßlöffel eines herkömmlichen Waschmittels zufügt. Vorher angebrachte Gravuren erhalten während des Schrumpfungsvorganges der gesamten Knochenoberfläche - in unserem Fall eines Wildschwein-Schulterblattes - ein zweifellos ‚altes Aussehen'. In diesem Zustand würde ein solcher Knochen, leicht und bruchfreudig, aber kaum ein Jahr oder gar Jahrzehnt an Bodenlagerung überstehen.

In der Literatur zur Fälschungsproblematik ist nicht selten ein einfaches Mittel genannt, das im Lack rezenter Violinen und im Firnis neuer „altmeisterlicher" Ölgemälde jenen warmen, dunklen Braunton erzeugen kann, den auf natürlichem Wege nur die Zeit bewirkt:

Der Extrakt aus den grünen Fruchtschalen der Walnuß.[199] Tatsächlich nehmen auch frische Knochen nach geringer Kochzeit diesen Braunton an, doch ist derselbe nur opak und dadurch mit den Ausprägungsphänomenen einer natürlichen Sekundärmineralisation, die eine ganz andere Tiefenwirkung zeigt, nicht oder nur für das ungeübte Auge zu verwechseln.

Zu 4.: Am 21. 10. 1985 wurde mir am Institut für Anorganische Chemie der Universität Göttingen ein Laborplatz zur Verfügung gestellt. Unterstützt durch die bereitwillige Mithilfe an der Thematik interessierter Chemiker[200] war ich seitdem bemüht, durch Anwendung herkömmlicher Chemikalien wie z. B. Salz-, Essig-, Ameisen- und Salpetersäure etc. in verschiedenen Konzentrationen und bei unterschiedlichen Temperaturen Alterungsmerkmale an rezentem und subfossilem Knochenmaterial künstlich hervorzurufen. Derartige Phänomene, wie die bei den Runenknochen beobachteten Usurenbildungen und Mineralisationserscheinungen waren dabei bislang nicht auf chemischem Wege zu reproduzieren, doch ist der experimentelle Ansatz *a priori* auch äußerst schwierig, da Fälscher bekanntlich gern auf probate ‚Hausmittel' wie Kaffeesud, Tabakextrakte, Lakritzensaft u. ä. zurückgreifen. Aussagekräftige Ergebnisse wären demnach erst durch großangelegte Reihenversuche zu erwarten.

Zusammenfassung:

Bei entsprechender sekundärer mineralischer ‚Aushärtung' erweist sich subfossiles Knochenmaterial für eine rezente Bearbeitung als ebenso gut geeignet, wie frische Knochen. Wann immer sich Gelegenheit dazu bietet, wird ein Fälscher auf derartiges gelagertes Material zurückgreifen. Zumeist fehlt aber dem Fälscher das ‚mikroskopische Denken', weshalb er die von ihm vorgenommenen Manipulationen mit einfachen und oberflächlichen Kaschierungsmaßnahmen zu überdecken versucht. Überschliff, das Einbringen von Schmutz, Schuhcreme oder mit Eisenoxyd angereichertem Wachs kommen hierbei in Frage. Die natürlichen Alterungsmerkmale, die in den Gravuren der Runenknochen zu finden sind, konnten bisher auf mechanischem oder chemischen Wege nicht imitiert werden.

198) A. VAYSON DE PRADENNE 1932 gibt in seinen Kapiteln VI, IX und XI eindrucksvolle Beispiele gefälschter Knochenwerkzeuge und -gravuren, die zunächst als Relikte eigens ausgeprägter Kulturstufen eines Knochenzeitalters angesehen wurden.

199) Bereits von P. EUDEL 1885, 164 ff. und H. GROSS 1901, 32 erwähnt; die Geheimrezepturen der altmeisterlichen Violinenfirnisse beschäftigt wieder die neuere Forschung: P. A. TOVE / D. SIGURD / S. PETERSSON 1980, in: Nuclear Instruments and Methods 168, 441-446.

200) Den Herren Prof. H. ROESKY, Dr. G. BEER, M. ROCHOLL, J. SUNDERMEYER und K.-H. KOCH danke ich.

4.15. Recherchen zu L. Ahrens

Im Verlauf seiner Nachforschungen in den 70er Jahren hatte Herr Prof. DÜWEL zweimal vergeblich versucht, nähere Informationen über Ludwig AHRENS, den wahrscheinlichen Finder der Weser-Runenknochen, einzuholen. Beim Einwohnermeldeamt der Stadt Brake vermutete man, daß die betreffenden Unterlagen sämtlich durch die Kriegswirren verlorengegangen seien.

Am 24. 2. 1983 konnte ich in Brake erstens aufklären, daß die Personalien lediglich in einem falschen alphabetischen Zusammenhang auf der Mikrofolie abgelichtet worden waren und zweitens feststellen, daß als einziger direkter Nachkomme des AHRENS seine Tochter Margret, geboren am 9. 11. 1933, in Brake lebt.[201]

Ihren Gatten, Herrn Kreisamtmann Horst JANZEN, traf ich in seinem Büro des Braker Ordnungsamtes an. Ich berichtete ihm von der recht zwielichtigen Rolle, die sein ihm unbekannt gebliebener Schwiegervater als Vertrauensmann des Oldenburger Museums gespielt hatte, da er nicht nur fand, sondern auch fälschte.[202]

Gegen alle anfänglichen Befürchtungen nahm mich die Familie JANZEN nun sehr gastfreundlich auf, zeigte ein sehr lebhaftes Interesse an meinen Untersuchungsergebnissen und bemühte sich eifrig und nach Kräften, meine vielen Fragen anhand der im Familienarchiv erhaltenen Unterlagen zu beantworten.

Das allmählich entstehende Gesamtbild von Ludwig AHRENS lehrte mich, die vorherige, präjudizierende Auffassung vom „bösen Fälscher" beträchtlich zu revidieren:

Der Lebenslauf des L. AHRENS

Hermann Ludwig AHRENS wurde am 23. 11. 1884 als Sohn des Gastwirtes Friedrich August AHRENS und dessen Ehefrau Marie-Luise, geborene VON REEKEN, in Atens, einem Stadtteil von Nordenham, geboren.

Seine Eltern führten das größte Hotel in Brake, das der Sohn Ludwig einmal übernehmen sollte. Doch hatte dieser andere Pläne und verschaffte sich heimlich eine Lehrstelle als Maschinenschlosser, wo er den Umgang mit Drehbank, Hobelbank und Bohrmaschine lernte und das zur vollsten Zufriedenheit seines Lehrherren.[203]

Eine zweite Lehre bei einer Firma, die Motoren baute, folgte in den Jahren 1902 bis 1904.[204]

Am 6. 4. 1904 trat AHRENS als Freiwilliger in den Dienst der kaiserlichen Marine, wo er in der 2. Kompanie der II. Torpedo-Division bis zu seiner Entlassung am 27. 11. 1919 - genau 15 Jahre und 266 Tage - blieb.

Das militärische Operationsgebiet seiner Einheit lag im I. Weltkrieg in der Nordsee und Ostsee. Mehrmals geriet AHRENS in akut lebensbedrohliche Situationen:

Dreimal trieb er nach Minenexplosionen längere Zeit schiffbrüchig im Meer, was ein Herzasthma zur Folge hatte.

Von den 44 Beurteilungen in seinem Dienstbuch fielen 34 ‚sehr gut' und 10 ‚gut' aus. Öfters wird seine Geschicklichkeit und sein Einfallsreichtum besonders in Notsituationen lobend hervorgehoben, wenn es galt, nach Treffern und bei dadurch bedingten Maschinenausfällen durch improvisierte Maßnahmen selbständig Abhilfe zu schaffen.

In dem langen Zeitraum verzeichnet das Dienstbuch nur 13 Bestrafungen, davon viermal wegen Unpünktlichkeit, zweimal wegen Trunkenheit, ansonsten wegen Nichtbefolgung von Anordnungen Vorgesetzter, wie des Schiffsarztes, oder wegen ‚unmilitärischen Verhaltens'. So findet sich unter dem 12. 2. 1914 die Eintragung:

„3 Tage gelinden Arrest wegen ungebührlichen Benehmens einem Deckoffizier gegenüber. Hat einem Deckoffiz. eine gänzlich unvorschriftsmäßige Ehrenbezeugung erwiesen."[205]

Auf der Beförderungsskala erreichte AHRENS den Grad eines Obermaschinistenmaates. An militärischen Auszeichnungen erhielt er das EK II (1916), das FRIEDRICH AUGUST KREUZ DES GROSSHERZOGTUMS OLDENBURG (1916) und das EK I (1918). Sein Entlassungsformular trägt den Vermerk:

„Für die Beamtenlaufbahn als tauglich erachtet."

201) Frau G. OLTMANNS und Fräulein D. SPRUSS vom Einwohnermeldeamt Brake danke ich für mir freundlich ermöglichte Einsichtnahme in die Personaldatei.

202) Für ihre bereitwillige Unterstützung und die Erlaubnis zur Veröffentlichung der Einzelheiten über L. AHRENS bin ich Frau und Herrn JANZEN überaus dankbar.

203) Zeugnis der Firma Ad. WÖLTJEN, Brake, vom 9. 4. 1901.

204) Auch die Firma TOM MÖHLEN & SEEBECK, Geestemünde, bescheinigte AHRENS ihre Zufriedenheit mit dessen Fortschritten und Führung.

205) AHRENS hatte diesem Offizier ‚einen Vogel gezeigt'.

Nach seiner Entlassung aus dem aktiven Kriegsdienst, doch bereits vor seinem endgültigen Ausscheiden aus dem Marinedienst war AHRENS im April 1919 bei der DEUTSCHEN KROMHOUT-MOTOREN-FABRIK AG in Brake als Schlosser eingestellt worden. Aufgrund vorzüglicher Leistungen wurde er dort schon im Mai 1920 als Montageleiter in das Angestelltenverhältnis übernommen. Hier unterlag ihm die Leitung des Motoren-Prüfstandes, die Kontrolle auswärtiger Montagen und zeitweilig auch die Vertretung des Betriebsingenieurs.
Im Alter von 37 Jahren, am 9. 7. 1921, heiratete Ludwig AHRENS die Johanna Adele VOSTEEN, geboren am 17. 8. 1896 in Delmenhorst.
Langsam begann nun die dramatische Inflationsentwicklung, die sich in den monatlichen Bezügen, welche AHRENS als Kriegsteilnehmer nach dem Reichsversorgungsgesetz zustanden, deutlich spiegelt:

1. 4. 1920 - 31. 12. 1920	137,90 Mark,
1. 1. 1921 - 30. 9. 1922	374,30 Mark,
1. 10. 1922 - 31. 12. 1922	748,60 Mark,
1. 1. 1923 - 31. 1. 1923	12 400,00 Mark,
1. 2. 1923 - 30. 6. 1923	28 000,00 Mark,
1. 7. 1923 - 30. 11. 1923	30 000 000,00 Mark.

Nach dem letzten Bescheid vom 12. 12. 1923 erhielt AHRENS eine Anweisung über insgesamt 3 146 608 000 000,00 Mark.
Freilich hatten solche Beträge einen fast nur noch symbolischen Wert, bis 1924 die Reichsmark als neue Währung eingeführt wurde.
Am 8. 1. 1927 trifft AHRENS dann ein Schicksalsschlag, dessen schwerwiegende Bedeutung gerade in der heutigen Zeit wieder leicht nachvollziehbar wird:
„Infolge Personalabbaus“ erreicht ihn die Ankündigung seines „Austritts“ aus dem Beschäftigungsverhältnis zum 31. 3. 1927. Ansonsten ist das Schreiben voll des Lobes über den Gekündigten, bescheinigt ihm außerordentliche Fachkenntnisse, unbedingte Zuverlässigkeit, Gewissenhaftigkeit, Fleiß, gutes Organisationstalent, eine tadellose Führung und die volle Zufriedenheit der Firma.
Nun aber gerät AHRENS in eine verzweifelte wirtschaftliche Notlage, da der Bezug seiner kleinen Dienstaltersrente aus der Militärzeit ihm gleichzeitig jeglichen Anspruch auf eine Arbeitslosenunterstützung zunichte macht. So muß er alle ihm sich bietenden Verdienstmöglichkeiten zwangsläufig annehmen, weshalb er als ehemals leitender Angestellter eine Tätigkeit als Bademeister auf dem 1926 eröffneten Harrier-Sand *(Strandbad)* akzeptiert *(s. Abb. 37b)*.
Nach der Kündigung auch dieser Anstellung im Juli 1927 *(vgl. Kap. 1. der Forschungsgeschichte)* wird er die Möglichkeit, als Vertrauensmann des Oldenburger Museums wenigstens hin und wieder Fundhonorare zu beziehen, begrüßt haben.
Als solcher war er vom 26. 7. 1927 bis zum 13. 10. 1928 nachweislich tätig. Wann genau seine Betätigung als Amateur-Sammler prähistorischer Gegenstände einsetzt, ist nicht sicher rekonstruierbar. Sie könnte aber sehr wohl einerseits mit der Muße zusammenhängen, die AHRENS als Bademeister wider Willen plötzlich hatte, wie andererseits mit der Gelegenheit, die Aufspülungsfelder regelmäßig abzugehen.[206]
Der erste Kunde für die Abnahme solcher Fundstücke war wohl der Braker Apotheker und Sanitätsrat Dr. SCHAFSTEIN. Bei diesem machte dann Prof. VON BUTTEL-REEPEN als Direktor des Staatlichen Museums Oldenburg die Bekanntschaft AHRENS'. Da SCHAFSTEINS Sammlung verschollen ist, läßt sich über die Qualität ihrer Einzelobjekte wenig sagen. Daß sich hierunter aber bereits die ersten Fälschungen des AHRENS befunden haben dürften, läßt sich aus den Abbildungen 14 und 15 bei VON BUTTEL-REEPEN 1930 vermuten: Die beiden „Pickel" dieser Kollektion tragen deutlich das Gepräge des von AHRENS kreierten „Weser-Mesolithikums“ *(vgl. Kap. 1. und Kap. 3.4.1. der Forschungsgeschichte sowie Kap. 4.6.1. der neuen Untersuchungen).*
Aus der Zeit nach der Funktion des AHRENS als Museums-Vertrauensmann existiert an datierten Unterlagen nur noch eine Bewerbung um den Posten eines Zeichenlehrers bei der Gemeinde Hammelwarden, die am 27. 1. 1931 negativ beschieden wurde.

206) Ein heimatkundliches Interesse bezeugt eine Karte des Locksfleth, der ursprünglichen Weserverbindung zum Jadebusen, die AHRENS am 3. 3. 1927 zeichnete.

a)

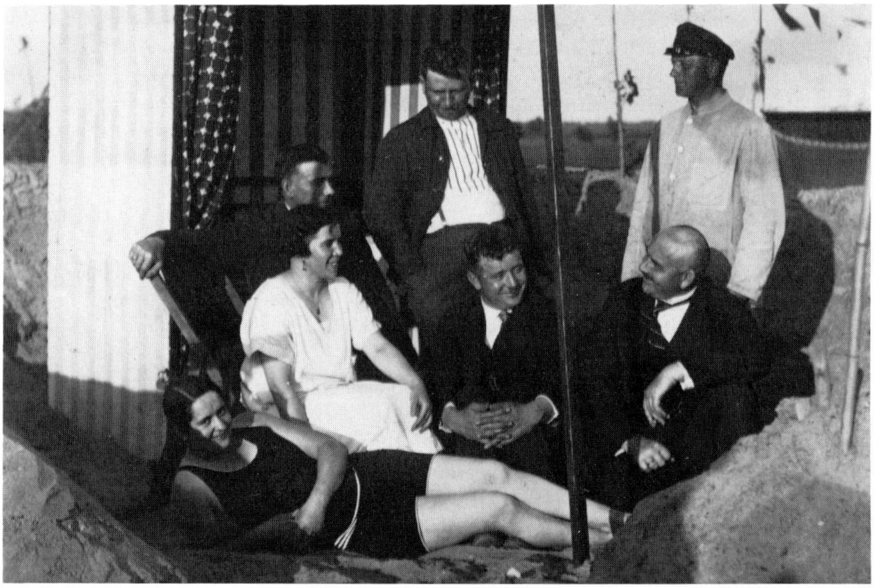

b)

c)

Abb. 37:
Fotografien aus dem Familienbesitz von H. u. M. JANZEN, Brake:

a) Familienbild von L. AHRENS und seiner Frau Johanna, bald nach der Hochzeit 1921.
b) L. AHRENS - rechts oben, mit Kappe, - als Bademeister des Strandbades Harriersand 1927.
c) Ludwig AHRENS kurz vor seinem Tode 1941.

Das Persönlichkeitsbild des L. AHRENS

Eine Gesamtbetrachtung aller noch vorhandenen Unterlagen zu dieser Person umreißt das Bild eines, nach Ausweis der Zeugnisse talentierten und aufgeschlossenen, einsatzbereiten und verantwortungsbewußten jungen Mannes, der eigenwillig seinen Lebensweg zu finden versucht. Hierfür ist er bereit, die vielversprechenden Zukunftsperspektiven, die ihn bei Übernahme des elterlichen Hotels erwartet hätten, auszuschlagen.[207]

Sein Engagement für die Marine wird durch höchste Auszeichnungen, das für seinen späteren Betrieb zunächst durch eine leitende Stellung belohnt.

Doch wurden beide dieser vielleicht wichtigsten Lebensabschnitte des AHRENS durch Enttäuschungen beendet, die ihr Träger durchaus als ein undankbares Schicksal empfunden haben dürfte:

1. Trotz der andauernden Herzbeschwerden, die er selbst auf eine mehrfache Unterkühlung durch Schiffbruchfolgen zurückführte, wurde AHRENS nicht als Kriegsinvalide anerkannt. Entsprechend niedrig waren die Bezüge, die ihm aus seiner langen und gefahrvollen Dienstzeit zustanden.
2. Aufgrund der allgemeinen wirtschaftlichen Rezession sah sich seine Firma, bei der er es zu hoher Anerkennung gebracht hatte, schließlich doch zu seiner Entlassung gezwungen.

In der so entstandenen finanziellen Not, in deren Verlauf AHRENS von Gelegenheitseinkünften schuldlos abhängig wurde, geriet er auf den Abweg zu fälschen. Die möglichen Folgen, die seine gefälschten Flint- und Knochenartefakte dabei auch für die Einschätzung der echten Runenknochen und die Reputation VON BUTTEL-REEPENS haben könnten, scheint er offensichtlich nicht bedacht zu haben.

Die praktischen Voraussetzungen zum Fälschen einfacher Gegenstände hatte AHRENS schon in seinen weitgehend technisch ausgerichteten Lehrzeiten erworben. Zeitlebens blieb er ein begeisterter Bastler von ansehnlichem Geschick:

Im Besitz der Familie JANZEN befindet sich noch ein hornförmiges Lampengestell, das er aus einer in viele feine Scheibchen zersägten Kegelkugel fertigte.

Auch ein noch funktionierendes Barometer in Holzfassung von ihm ist erhalten. Nicht mehr vorhanden ist dagegen ein selbstgebauter Seismograph, der nach dem Prinzip eines freischwingenden Pendels mit Aufzeichnungsvorrichtung auf einer Holzplatte montiert war: Frau JANZEN erinnerte sich, daß diese Apparatur einmal Ausschläge notierte, welche ihr Vater damals aufgeregt als sichtbare Hinweise für ein schweres Erdbeben irgendwo in der Welt verstand. Die anfänglich recht spöttische Reaktion der Nachbarn, die sich über die Erregung des AHRENS verwunderten, sei dann am nächsten Morgen verstummt, als die Zeitungen tatsächlich eine Erdbebenkatastrophe in der Türkei meldeten. Nach eigener Angabe war Frau JANZEN zu der Zeit etwa fünf Jahre alt gewesen.

AHRENS' letztes Bleistiftmanuskript ist „Ein Beitrag zur Erdbebenforschung".

AHRENS' regen geistigen Interessen entsprangen mehrere - leider undatierte und nie veröffentlichte - Kurzgeschichten.

Die Heimatdichterin und Schriftstellerin Alma ROGGE, mit der AHRENS in Briefkontakt stand, las die Korrekturen insbesondere seiner in Plattdeutsch geschriebenen Anekdoten, wie zum Beispiel:

„Schinkeneten bi Hinnerk Suhr",

„Wer pumpt de Bünt leddig?" und

„Sick sülpst bedrögen makt ok mal Spass".

Ein besonderes Interesse im Zusammenhang mit den Runenknochen verdient aber sein Aufsatz:

„Jägerleben in vorgeschichtlicher Zeit. Nach vorgeschichtlichen Studien".

Auf acht Schreibmaschinenseiten beschreibt AHRENS hier den alltäglichen Überlebenskampf eines steinzeitlichen Jägers, der durch den Zufallsfund eines auf natürliche Weise durchlochten Feuersteines die Überlegenheit langgeschäfteter Steinwaffen gegenüber Faustkeilen und Holzknüppeln entdecken kann.

Den Jäger benennt AHRENS ‚Hauhôs', ein Name, der mit dem der germanischen Chauken,[208] welche an der Nordseeküste seßhaft waren, zusammenhängt.

207) Das Hotel wurde später verkauft und existiert noch heute.

208) Vgl. z. B. G. NEUMANN 1981, zu: „Chauken" in Hoops Reallexikon der Germanischen Altertumskunde Bd. 4, 393.

Viele Einzelheiten dieser Geschichte lassen erkennen, daß AHRENS hierin einerseits versuchte, die Bilddarstellung des Runenknochens 4988 eigenständig zu verarbeiten (Bewaffnung und Barttracht des Jägers, Erwähnung des Urs als Wildtier, Bezug auf das rauhe Klima Nordwestdeutschlands mit Erwähnung des Hagels), sowie andererseits, eine aktuelle archäologische Fragestellung *(Signifikanz des Mesolithikums)* auf seine Art plausibel zu lösen: Die technologische Errungenschaft des Steinschliffes und der Steinbohrung - ansonsten ein Charakteristikum der Jungsteinzeit - findet hier ihre ersten theoretischen Wurzeln als Zufallsentdeckung der Altsteinzeit. So ergibt sich für AHRENS offenbar eine durch und durch „synthetische" Mittelsteinzeit, wie sie anschaulicher kaum besser hätte gespiegelt werden können, als durch seine eigenen Flintfälschungen *(vgl. Kap. 3.4.1. der Forschungsgeschichte).* Überhaupt sind in diese Abhandlung anscheinend viele Einzelinformationen eingeflossen, die AHRENS seinen Gesprächen mit VON BUTTEL-REEPEN verdanken dürfte und die er allzu unbefangen miteinander verband: Die Physiognomie des riesigen, bärtigen Jägers *Hauhôs* beispielsweise wird als *„gorillaähnlich"* beschrieben und erinnert sehr an VON BUTTEL-REEPENS Bezeichnung der Barttracht des Mannes auf Runenknochen 4988 als „Gorillakrause" *(vgl. Kap. 2.1. der Forschungsgeschichte).*

Als weitere charakterliche Eigenschaft des AHRENS, die ihm bei der erfolgreichen Veräußerung seiner Fälschungen noch hilfreich zur Seite stand, muß auch seine gewitzte, bisweilen respektlos anmutende Art genannt werden, die er bereits in seiner Militärzeit zuweilen nicht unterdrücken konnte *(s. o.).* Ihr erstes Opfer wurde wohl Sanitätsrat Dr. SCHAFSTEIN, dann, als Vermittler der Fälschung 4989, der respektable Rektor und spätere Dr. h. c. Heinrich SCHÜTTE. Prof. VON BUTTEL-REEPEN wurde gar mit so ziemlich allen erdenklichen Fälschungsvarianten konfrontiert:

1. Die *Schenkung von Fälschungen* zu Beginn der Karriere des AHRENS als Museums-Vertrauensmann sicherte ihm erste Sympathien des Museumsdirektors.
2. Weitere *Schenkungen und* einzelne *Verkäufe* gefälschter „mesolithischer" Flint- und Knochenartefakte dürften VON BUTTEL-REEPENS Vertrauen in AHRENS bestärkt haben.
3. Die *Vorschiebung der Fälschung 4989* - unter Nutznießung SCHÜTTES als Mittelsmann - diente fraglos der ‚Marktwertfindung' der Originale in AHRENS' Besitz.
4. Der Verkauf der Runenknochen erfolgte dann unter *Fundvereinzelung* und *Angabe gefälschter Fundgeschichten.*
5. Der ansonsten echte Runenknochen 4991 wurde durch *Applikation* einer ‚Eigentumsmarke' nachträglich *verfälscht.*
6. Die *Fundunterschiebung* der Fälschung 5046 sollte von der Ausschließlichkeit des AHRENS'schen Finderglückes ablenken *(was auch gelang, da Frl. HEGELER die Gravur „entdeckte").*
7. Der *Supplementierungsversuch* des Originalkomplexes nach Veräußerung aller echten Runenknochen scheiterte dagegen. Nachdem Fälschung 5127 in Verdacht geraten war, erlosch auch die Tätigkeit des AHRENS als Vertrauensmann.

Als Voraussetzungen für eine erfolgreiche Betätigung als Fälscher verfügte AHRENS über ein ausgeprägtes archäologisch-heimatkundliches Interesse, einen überdurchschnittlichen Informationsfluß infolge seiner Vertrauensstellung und über eine gute handwerkliche Begabung und Ausbildung.
An Fälschungsmotiven können für AHRENS in Betracht kommen:

a) Die wirtschaftliche Notlage, die ihn erfinderisch machte.
b) Das Rachemotiv, es der Gesellschaft, die ihn in diese Zwangslage geraten ließ, auf diesem Wege heimzuzahlen.
c) Die Schadenfreude, selbst einen anerkannten Forscher unerkannt hinter's Licht führen zu können.
d) Die Eitelkeit, in der Fachliteratur genannt zu werden.

Ludwig AHRENS starb am 16. 2. 1941. Wann immer er zu seiner Zeit als Vertrauensmann des Oldenburger Museums befragt wurde, äußerte er, er habe für viele seiner Funde ein zu hohes, für einige aber sicher ein zu geringes Honorar erhalten.

Zusammenfassung

Ziel der 1979 begonnenen Untersuchungen war es, die aufgrund ihrer obskuren Fundgeschichte als Fälschungen eingestuften Oldenburger Runenknochen mit naturwissenschaftlichen Nachweismethoden zu überführen. Die Untersuchungen gestalteten sich weitaus schwieriger als erwartet. Ihr Ziel wurde nicht erreicht:

1. Qualifikation der Gravuren mit optischen Hilfsmitteln

Bereits bei der ersten Betrachtung der Funde, unter nur gelegentlicher Zuhilfenahme einer einfachen Lupe, fielen beträchtliche qualitative Unterschiede zwischen den einzelnen Gravuren auf:
Die der Runenknochen 4988, 4990 und 4991 und des Knochenfragmentes mit den runenartigen Zeichen 4987 machen hinsichtlich ihrer Linienführung einen sehr sicheren Eindruck.
Die Ritzungen des Fragmentes mit dem Axtbild 5046, besonders aber die des Bruchstückes mit der Tierdarstellung 5127 sowie des Artefaktes 4989 mit der Jagdszene verraten dagegen einen äußerst unsicheren Duktus mit zahlreichen Fehlstrichen, Überschneidungen und Korrekturversuchen.

a) *Die *auflichtmakroskopischen Beobachtungen* zeigten in den Gravuren der ersten Gruppe zudem deutliche Alterungsspuren wie durchlaufende Usuren und Verfärbungsphänomene, die auf langwierige Mineralisationsprozesse schließen lassen.
Solche Altersmerkmale, die übrigens in dieser Ausprägung nicht oder nur teilweise - und dann lediglich unter immensem Aufwand - fälschbar sein dürften, fehlen in den Ritzungen der zweiten Gruppe völlig.
b) *Das in der archäologischen Forschung erstmalig angewandte Qualifikations- und Dokumentationsverfahren der *Lichtschnitt-Mikroskopie* unterstrich die Berechtigung einer Scheidung dieser Gravuren in zwei unterschiedliche Kategorien:
Die Profile der „Runengruppe" sind flach und an den Gravurkanten abgerundet *(U-Typ)*. Dies weist auf Dekompositionserscheinungen und/oder mechanischen Kantenabrieb durch längeren Flußtransport hin.
Die Profile der „runenlosen Gruppe" sind dagegen tief, spitz und scharfkantig *(V-Typ)*, demnach ganz so, wie man es von rezenten Gravuren gewohnt ist.

2. Dokumentation der Röhrenknochen durch Radiographie

Die *Computertomographie* diente einerseits der Messung der Wandungsstärken im *Querschnitt*, um der Bruchgefahr eines dieser Knochen bei Entnahme unerläßlicher Mehlproben wirkungsvoll vorbeugen zu können.
Andererseits zeigte die CT derselben Funde im *Längsschnitt,* daß die innere Ausarbeitung der drei Runenknochen-Markhöhlen - rund im Querschnitt und bis in die Gelenkbereiche der jeweils erhaltenen Enden durchgehend - offenbar zu anderen Funktionszwecken erfolgte, als die viereckige und nicht sehr tiefe Aushöhlung des runenlosen Artefaktes 4989. Bei letzterer ist wohl eher an den alten Versuch einer Zusammenfügung zweier Bruchhälften mithilfe eines verdrehungssicheren Dübels zu denken.

3. Datierungshinweise chemo-physikalischer Art

a) *Die *Anfärbbarkeit von Knochenmehl* gilt als ein probates forensisches *Orientierungsverfahren zur Alterseinschätzung.* Aufgrund des ähnlichen Darstellungsmotives der Tierjagd- oder Opferszene wurde Runenknochen 4988 mit dem runenlosen Knochen 4989 auf diesem Wege verglichen. Da die Proben des letzteren gegenüber denen des ersteren durch Indophenol besser, durch Nilblau aber schlechter färbbar waren, konnte 4989 demnach nur deutlich jünger sein als 4988.
b) *Für eine *UV-Fluoreszenzuntersuchung* eigneten sich nur die beiden erhaltenen Röhrenmündungen der Runenknochen 4988 und 4990. Beider Ergebnisse sprechen für eine in etwa gleichartig lange Bodenlagerungszeit, am ehesten zwischen ca. 1400 und 1900 Jahren.
c) *Die *Bestimmung des* noch in den Knochen vorhandenen *Gehaltes an gebundenen Aminosäuren* lieferte erste konkrete und darüber hinaus auch einigermaßen plausible *Daten.* Dabei bildeten die drei eigentlichen Runenknochen eine von anderen Werten ungestörte Gruppe im ‚chronologischen Mittelfeld', wohingegen das Fragment 4987 mit den runenartigen Zeichen ebensosehr zu alt schien, um diesem Komplex zugerechnet werden zu können, wie das Fragment 5046 mit der gefälschten Axtdarstellung. Die höchsten Aminosäure-Konzentrationen bei den Fälschungen 4989 und 5127 wiesen dagegen auf das niedrigste Lagerungsalter.
Ist diese Methode auch als absolutchronologisches Datierungsverfahren bisher nicht allgemein anerkannt, so mag sie doch bei Funden gleichartiger oder zumindest vergleichbarer Provenienz *wichtige relativchronologische Hinweise* geben.

Im vorliegenden Fall waren die Daten der Runenknochen *(6.-8. Jh. n. Chr.)*, wie möglicherweise auch die der anderen Funde, insgesamt anscheinend zu jung ausgefallen. Dies hätte mit den überdurchschnittlich günstigen Erhaltungsbedingungen des Feuchtbodengebietes erklärt werden können. Sicherheit in der Bewertung dieser Daten war aber nicht gegeben, da größere Versuchsreihen zur Klärung solcher Fragen leider immer noch ausstehen. So wurde beim untersten Wert der statistischen Grenzabweichungen der Runenknochen *(400-900 n. Chr.)* ihr tatsächliches Alter vermutet.

d) *Von einer ^{14}*C-Analyse* wurde zunächst wegen der schlechten Bestimmbarkeit von Knochen und der erheblichen Materialerfordernis Abstand genommen. Seitdem die neue Methode der *Teilchenbeschleunigungs-Massenspektrographie* einen geringen Materialaufwand an Proben garantiert, war wieder an eine derartige Datierungsmöglichkeit zu denken.

   Die Erstbestimmung 1984 ergab für Runenknochen 4990 ein sehr wahrscheinliches *(380 ± 70 n. Chr.)*, für die anderen aber ein Datum, das sie gleich um mehrere Jahrtausende zu alt scheinen ließ, als es der zoologische Befund erwarten lassen konnte. Dagegen lagen die Werte in der zweiten Analyse *(1985)* für die Runenknochen 4991 und 4988 direkt oder im rechnerischen Mittelwert mit jeweils 380-500 n. Chr. in einem 4990 entsprechenden Zeitbereich. Fragment 5127 mit dem gefälschten Tierbild stammt sicher aus dem Mittelalter, 5046 erlaubt keine, 4989 und 4987 keine endgültige Aussage zur Datierung, da ^{14}C- und Aminosäurenbestimmung widersprüchliche Ergebnisse zeigen.

4. Herkunftshinweise aus weiteren Analysen

Ein ebenso sicheres wie wichtiges Ergebnis dieser Untersuchungen liegt in der Erkenntnis, daß die Fundortangaben auch der echten Stücke von AHRENS ge- oder verfälscht sind. So galt es, allen möglichen Hinweisen auf die tatsächliche Herkunft insbesondere der Runenknochen nachzugehen.

a) *Seitens der *Zoologie* wurde bestätigt, daß es sich bei allen hier näher vorgestellten Knochen mit echten oder falschen Gravuren ausnahmslos um Extremitätenteile des Hausrindes und des Hauspferdes handelt. Beide dienten den Germanen auch bekanntlich als bevorzugte Opfertiere, was im Zusammenhang mit den Runengravuren Beachtung verdienen wird.

b) *Aus der *Emissionsspektralanalyse* wurden Aufschlüsse über die mineralische Beschaffenheit und damit gegebenenfalls über divergierende Anzeichen andersartiger Lagerungsbedingungen im Boden erhofft.

   Da sich signifikante Unterschiede aber nur zu mitgeführten Vergleichsproben gänzlich anderer Provenienz ergaben, die Spektren des Oldenburger Materials dagegen nahezu identisch sind, ist nicht auszuschließen, daß die Weser-Runenknochen ihren Namen nicht zu Unrecht tragen:

   Weitere Knochen, die AHRENS als Werkmaterial für Artefaktfälschungen benutzte und die er höchstwahrscheinlich aus dem Aushub der Weserbaggerungen gewann, zeigen die gleiche chemische Konsistenz. Auch wenn die Runenknochen aus anderen Erdbewegungsarbeiten nahe der Weser stammen sollten, könnte man beruhigt an ihrer alten Bezeichnung festhalten.

c) *Die *Pollenanalyse* der Probe *aus Runenknochen 4988* bestätigte deren Zuweisung in das Mesolithikum. Der Vergleich mit den Inhalten zweier anderer Röhrenknochen aus dem Weser-Baggermaterial unterstrich zwar die Möglichkeit einer sekundären Verfüllung durch Böschungsversturz o. ä., unter Berücksichtigung der archivierten Fundgeschichte aber in höherem Maße die einer *bewußten, nachträglichen Verfüllung in fälscherischer Absicht.*

d) **Bodenkundliche Beobachtungen* bestärkten die Gründe für die Annahme, daß das mesolithische Verfüllungsmaterial wahrscheinlich als fälscherische Zutat des AHRENS in die Röhre des Runenknochens 4988 gelangte:

   In den innersten Spongiosakammern fanden sich bei diesem wie bei den anderen beiden Runenknochen kleine Reste eines völlig andersartigen, untereinander aber identischen Bodenmaterials, welches als das ursprüngliche angesehen werden muß.

5. Überprüfung der Zuverlässigkeit der Methodik

Ein fälschungsverdächtiger Parallelbefund von Ritzungen auf subfossilen Knochen aus den Niederlanden, welcher sogar schon in direkten Zusammenhang mit den Oldenburger Funden gebracht worden war, ermöglichte eine Überprüfung der hier eingesetzten Hauptuntersuchungsmethoden durch einen Vergleich der Ergebnisse:

Besonders die auflichtmakroskopischen und lichtschnittmikroskopischen Beobachtungen halfen, den gesamten sogenannten *Deventer-Komplex* als *Fälschung* zu entlarven.

6. Experimentelle Untersuchungen

Frisches und subfossiles Knochenmaterial wurde zu Artefakten verarbeitet und anschließend graviert, um technologische Erfahrungen zu gewinnen. Hauptanliegen aber war hier, zu ergründen, inwieweit die in den Gravuren der Runenknochen vorgefundenen Altersmerkmale auf chemischem oder physikalisch-mechanischem Wege fälschbar sind:
Bisher konnten weder Usurenbildungen noch Erscheinungen, die wenigstens ungefähr denen einer natürlichen Sekundärmineralisation entsprechen, künstlich hervorgerufen werden.

7. Recherchen zur Person des L. AHRENS

Äußerst glückliche Umstände ermöglichten es, nähere Einzelheiten über den mutmaßlichen Finder der Runenknochen und Fälscher des „Wesermesolithikums" in Erfahrung zu bringen. AHRENS war ein phantasiebegabter, archäologisch und heimatkundlich interessierter und handwerklich talentierter Mann, der durch wirtschaftliche Notlagen, in die er unverschuldet geriet, gezwungen war, aus seiner vorübergehenden Stellung als Vertrauensmann des Oldenburger Museums größtmögliches Kapital zu schlagen. Nachdem er sich zunächst durch Schenkungen von Fälschungen über die fachliche Kompetenz des damaligen Museumsdirektors und Professors der Botanik, H. VON BUTTEL-REEPEN, orientiert und dessen Vertrauen gewonnen hatte, versicherte er sich geschickt der Großzügigkeit seines Vorgesetzten durch Verkauf der Fälschung 4989. *Die Veräußerung der echten Runenknochen erfolgte dann unter einer gewinnträchtigeren Vereinzelung der ursprünglich wohl im Zusammenhang geborgenen Stücke, natürlicherweise unter Angabe gefälschter Fundgeschichten.* Zwischendurch verschenkte und verkaufte er seine - bei von VON BUTTEL-REEPEN aufgrund aktueller Forschungsinteressen hoch im Kurs stehenden - *„Weser-Mesolithica".* Nach Erschöpfung der Originale und berechtigter Verdächtigung seiner Fälschung 5127 zog sich AHRENS aus seiner mißbrauchten Vertrauensposition sehr bald zurück.

Diskussion und Schluß

Solange vom naturwissenschaftlichen Standpunkt aus auch nur mit der theoretischen Möglichkeit der „perfekten Fälschung" im Sinne eines unnachweisbaren Verbrechens gerechnet werden muß, solange wird und kann es andererseits nie den Beweis einer Echtheit geben. Fälschungsbeweise sind dagegen unter Umständen in kürzester Zeit beizubringen:
Im vorliegenden Fall war die Überführung der gefälschten Knochengravuren sehr einfach: Die rezente Beritzung subfossilen Knochenmaterials äußerte sich in Auswirkungen, wie dem Fehlen jeglicher Lagerungshinweise, typischen Kompaktadefekten etc., die heute noch beliebig reproduzierbar sind. Ebenso steht es mit den patinastörenden Überschliffen der Flintfälschungen.

Die Andersartigkeit derselben Untersuchungen hinsichtlich ihrer Befunde, wie sie im Vorhandensein deutlicher und wenigstens zum Teil wohl unfälschbarer Alterungskennzeichen bei den Runenknochen zweifellos zum Ausdruck kommt, spricht nicht für, sondern eher gegen Fälschung.

5. Versuch einer neuen Interpretation

5.1. Neues zur Gravurtechnik

5.1.1. Vorkonzeption der Ritzungen

Wenigstens teilweise hat der Graveur der Runenknochen 4988, 4990 und 4991[209] seine Runentexte und Bilddarstellungen in Umrissen vorgezeichnet. Die Spuren dieser Platzbegrenzungsmaßnahmen, besonders deutlich und häufig auf Knochen 4990 erhalten, zeugen noch heute davon, daß er die Raumaufteilung nach einer recht sicheren Vorstellung vom Aussehen der Endgestaltung, sozusagen als freien Entwurf am Objekt vornahm:

* Zwei der schwachen Vorstriche sind zwischen dem Vorsegel und dem Wolfszahndekor, der im Zusammenhang mit der Schiffsdarstellung vielleicht eher als ein Wellenband[210] bezeichnet werden könnte, erkennbar *(s. Abb. 17b + a)*.
* Ein weiterer verläuft parallel zum hintersten Tau,
* ein nächster schräg versetzt zum Steuerruder *(Abb. 39a)*.
* Die ehemalige Heckbegrenzung findet sich außen links.
* Zwei ursprüngliche Versuche der Plazierung des hinteren Hauptsegeltaues sind wohl die feinen, den Heckaufbau diagonal durchquerenden Parallelen.

Die Punktlinien der Textskizze geben die genannten Vorzeichnungen sowie gleichermaßen ausgeprägte Spuren von Konturüberschneidungen etc. wieder:

Abb. 38:
Vorzeichnungsspuren des Schiffsbildes auf Runenknochen 4990, M 1: 1.

Vermutlich legte der Graveur noch weitere Orientierungslinien, die später beibehalten und so durch die eigentliche Gravur „überdeckt" wurden, wie etwa die der beiden Masten oder der Reling; dies würde erklären, weshalb der linke Ansatz der Langhorizontalen *(Reling)* den mit drei parallelen, bogigen Linien dargestellten Doppelkiel bis zum oberen Ausgangspunkt des Steuerruders schneidet *(vgl. Abb. 38)*.

Aber auch rechts oberhalb der letzten Rune ‚*R*' desselben Knochens sind derartige Vorstriche noch sichtbar, welche hier den charakteristischen Winkel des oberen Teiles eben dieser ‚*R*'-Rune vorwegnehmen *(Abb. 39b)*.

209) Die Annahme, daß es sich um nur eine Person handelte, wird im Folgenden begründet.

210) Vgl. *(o. Verf. &. o. Jg.)*, Antiquitäten, Lieferung 1, Lektion 1, der Studiengemeinschaft Darmstadt, S. 2, dort so oder als ‚laufender Hund' bezeichnet.

Der Gesamtbefund ist wohl so erklärbar:
Als nach Skizzierung der Grundlinien räumliche Überschneidungen zwischen Runentext und Schiffsbild absehbar waren, rückte der Ritzer in der endgültigen Ausführung beide unter Verkleinerung voneinander ab. Die verbleibenden Freiräume füllte er mit dem Wellenband und der Marke aus.
Spuren weiterer Vorritzungen sind lediglich im Runentext des Knochens 4988 erhalten, zeigen dort jedoch eine völlig andere Ausprägung:

Auch die Diagonalen der doppelten ‚*N*‘-Rune wurden ganz offensichtlich vorgezeichnet. Die von der zweiten ‚*N*‘-Rune winklig nach unten abstehende, schattenhafte Verfärbung verdeutlicht dabei, daß in der Endritzung der Diagonalen schräg oberhalb davon eine Korrekturmaßnahme vorliegt *(s. Abb. 18a, Beitext und vgl. Kap. 4.2.2. allgemein).*

Eine Vorritzung von größerer Bedeutung für die Lesung dieses Textes wurde erst durch einen Zufall wieder sichtbar:

Die ungewöhnliche Form der Rune Y bereitete aufgrund der Unsicherheit ihrer richtigen Transkription beträchtliche Leseschwierigkeiten. SCHNIPPEL 1930 erwog hier unter anderem eine denkbare Version der *z*/*R*-Rune. KARSTEN 1930 entschied sich für eine frühe Form der *z*-Rune ᛉ.
Die Anfertigung von Gipsabgüssen erforderte eine imprägnierende Vorbehandlung der ohnehin alt präparierten Knochenoberflächen, um zäh haftende Einlagerungen des Silikonkautschuks in den Gravuren und Usuren möglichst zu vermeiden. Hierzu wurde nun das handelsübliche, reine Glycerinöl BALLISTOL[211] verwendet, da es die chemische Gesamtbeschaffenheit der Knochenaußenflächen nicht oder nur in nachvollziehbarer Art und Weise zu beeinflussen versprach.
Nach dessen Anwendung trat nun ein ähnlicher „Schatteneffekt“, wie er bei den zwei ‚*N*‘-Runen zu beobachten war, auf.
So stellte sich heraus, daß der Hauptstab der Y-Rune zunächst nach oben hin durchgezogen war, den Zwischenraum der beiden von ihm aufstrebenden Zweige also ursprünglich in der Mitte teilte (Ẏ : Abb. 18b). Das Fortlassen der Verlängerung des Hauptstabes in der Endfassung spricht mithin für die zu vermutende Absicht des ‚Runenmeisters‘, eine Verwechslung der von ihm gemeinten, aber offenbar nicht erinnerten Rune mit der *z*/*R* *(-finalis)*-Form auszuschließen. Die Konsequenzen für den neuen Lesungsvorschlag werden weiter unten behandelt.

Ein leichtes Einreiben der Oberfläche des Runenknochens 4990 mit demselben Öl und zum gleichen Zweck bewirkte außerdem das vorübergehende „Wiedererscheinen“ eines anfänglich geplanten, weiteren Mitgliedes der Schiffsbesatzung zwischen Mast und Hintertau des kleinen Vorsegels, auf dessen Ritzung schließlich doch verzichtet wurde *(vgl. obige Abb. 38).*

Dieselben Vorritzungsvorgänge der Runenknochen 4988 und 4990 liegen, wie gesehen, in sehr unterschiedlichen Ausprägungen ihrer Spuren vor:
Bei 4988, dessen Einzelheiten *(Runen, Bild und Marke)* sich in der Gestalt usurierter Gravuren zeigen, sind diese konzeptionellen Vorstriche ausschließlich als mineralisationsbedingte „Schatten“ erkennbar.
Bei 4990, dessen Details *(Bild, Marke und Wellenband)* mit Ausnahme der Runen als gravurbedingte, farbliche Sekundärmineralisationserscheinungen vor Augen treten, sind die meisten Vorstriche nur noch in Form seichter Kanälchen erhalten.[212]
Anzunehmen ist, daß die *leichten Vorstriche* auf 4990 den Zustand der Sekundärmineralisation, in dem sich die *Darstellungen* dieses Knochens überwiegend befinden, bereits *überschritten* haben, indem die - auch in ihnen vorauszusetzenden - mineralischen Inkrustationen offensichtlich schon abgerieben bzw. ausgewaschen sind. Der Dekompositionsstatus der wahrscheinlich viel deutlicher geritzten *Runen* desselben Stückes entspricht dagegen noch dem der Gravuren auf Runenknochen 4988 *(und, von der ersten U-Rune abgesehen, auch dem der Runen von OL 4991).*

211) Die Empfehlung dieses Imprägnationsmittels wird Herrn Dr. med. E. RÜDELL, Institut für Rechtsmedizin der Universität Göttingen, verdankt.
212) Deshalb wird sie auch VON BUTTEL-REEPEN seinerzeit übersehen haben.

5.1.2. Runenduktus und Bearbeitungstechniken

Da die Gravuren heute fast ausschließlich in durch Lagerungseinflüsse mehr oder minder stark veränderter Form vorliegen, lassen sich zu diesen beiden Aspekten nur noch vorbehaltliche Aussagen machen:[213]
Sofern in den gegenwärtig vorzufindenden Gravurdimensionen der Höhen, Breiten und Tiefen Sekundärauswirkungen faßbar sein sollten, die wenigstens in etwa mit dem Gepräge der Ausgangsritzungen parallelisierbar sind, ließen diese folgende Schlüsse zu:

a) Die feststellbaren Überschneidungen in Ritzungstiefen, wie besonders denen des Runenknochens 4988, sprechen dafür, daß zuerst die Hauptstäbe, dann erst die Zweige und Diagonalverbindungen graviert wurden.
b) Daß die Reihenfolge der Zweige aber keinerlei verbindlicher Regel folgte, belegen die Langschenkel der beiden ‚*O*'-Runen des Runenknochens 4990. Die von rechts oben nach links unten führende Langdiagonale der ersten ‚*O*'-Rune schneidet die von links oben nach rechts unten ziehende ebenso deutlich, wie es sich umgekehrt mit den langen Schenkeln der zweiten ‚*O*'-Rune verhält *(Abb. 39c)*.
c) Die Tatsache, daß die meisten der Hauptstäbe an ihrem oberen Ansatz, einige aber an ihrem unteren Ende am tiefsten sind, wird wohl nicht dadurch zu erklären sein, daß die Gravur meist von oben nach unten, manchmal aber auch umgekehrt vorgenommen wurde. Die eigenen Experimente lehrten, wieviel schwieriger letztere, also vom Körper weg, kontrolliert auszuführen sind als erstere *(Kap. 4.14. zu 1.)*. Eher ist anzunehmen, daß der Knochen selbst während des Gravurvorganges hin und wieder gewendet wurde.

Immer noch unter Voraussetzung der Akzeptanz o. g. Prämisse ließe sich zu den Bearbeitungstechniken das Folgende sagen:

d) Die Mehrzahl der einzelnen Runenkomponenten zeigt jeweils ein breites und tiefes sowie ein spitzes und flaches Ende. Ob das eine oder das andere nun Anfang oder Schluß der Ritzung eines auch für Spantechnik geeigneten Instrumentes signalisiert oder nur als Sekundärauswirkung unterschiedlicher Druckintensitäten verstanden werden darf, ist nicht sicher zu klären. Im erstangenommenen Fall wäre ein Werkzeug mit spitzer, leicht abgeschrägter Klinge- etwa ein Messer oder aber ein Gerät mit v- bzw u-förmiger Klinge im Durchschnitt - zu rekonstruieren. Mit den beiden letztgenannten wurden bei den eigenen Experimenten die vergleichsweise besten Ergebnisse erzielt.
e) Der gleichmäßige Durchmesser der Matrosenköpfe sowie des Kreises in der Kielritzung des Runenknochens 4990 von genau 2 mm weist auf die Verwendung eines Hohlbohrers hin. Die eigenen Versuche ergaben die Unmöglichkeit der Gravur derartig exakter Rundungen mittels ritzender Instrumente. Solch ein Bohrer mag aus organischen *(Vogelknochen, Holunderstiel o. ä.)* oder metallischem Material gefertigt gewesen sein.
Der Halbbogen innerhalb des oberen Halbkreises, welcher zusammen mit der anderen Hälfte die Kontur des Steuermannkopfes bildet, dürfte nichts anderes als der erste Ansatz dieser Hohlbohrung sein. VON BUTTEL-REEPENS Interpretation 1930 als „Kapitänsmütze" überzeugt nicht *(vgl. Abb. 38)*.
f) Das Auge des „Jägers" auf Runenknochen 4988 scheint dagegen im Vollbohrungsverfahren, also unter Vermeidung eines im Zentrum verbleibenden Bohrungskernes, entstanden zu sein. Eventuell wurde es aber auch in Hohlbohrung produziert, wobei dann jedoch eine sehr regelmäßige Verwitterung des stehengebliebenen Bohrkernes vorauszusetzen wäre. Vollbohrungen sind einfach mit Hilfe eines Zweiges und unter weiterer Zuhilfenahme von Sand und Wasser durchzuführen *(s. Abb. 15c)*.
Das Auge des Urstieres der Fälschung 4989 wurde demgegenüber durch das Ansetzen eines spitzen Gerätes und unter anschließender konzentrischer Drehung desselben verursacht.[214] So blieb ein typischerweise unverwitterter Sockel in der Tiefe dieses ausgestochenen Grundes stehen *(Abb. 15d)*.

Entschieden wird aber die Beobachtung vertreten werden müssen, daß die drei Runenknochen 4988, 4990 und 4991 des Staatlichen Museums Oldenburg ganz offensichtlich ein und demselben Komplex zugehören und zumindest ihr Runentext von ein und derselben Hand geritzt wurde:

* Die vergleichbaren Runen:

4990 : *(LOKOM)* : *HER*
4991 : *(ULU)* : *HARI*
4988 : *(LATAM)* : *HARI*

lassen diesbezüglich keinen Zweifel aufkommen, da ihre Proportionierung, ihr Duktus und ihre inhaltlichen Besonderheiten neben anderen Einzelheiten dies beweisen *(Abb. 18d)*:

213) Aus diesem Grunde wurde auch die Lichtschnittmikroskopie lediglich als Qualifikationsverfahren und nicht als quantitative Messungsmethode der heute sichtbaren Gravurverhältnisse eingesetzt *(vgl. Kap. 4.3.)*.
214) Vgl. H.-G. VOSGERAU 1984, 187-190 zu beiden zuvor beschriebenen Bohrtechniken.

a)

Abb. 39:
a) Runenknochen 4990. Detail: Vorritzung des Schiffs - Steuerruders, dessen unteres Ende am rechten Bildrand zu sehen ist, dort deutlich den Status sekundärer Mineralisation bezeugend. M ca. 7,5: 1.

b)

b) Runenknochen 4990. Detail: Vorritzung des oberen Teiles der Rune ‚R' mit dem charakteristischen Winkel der dann nach links unten abgerückten Rune. M ca. 7,5: 1. Hier, wie auf dem unteren Bild dieser Abb. sind außerdem Usurierungen festzustellen, worauf im Text nicht eigens hingewiesen wird.

c)

c) Runenknochen 4990. Detail: Die Gravuren wurden nicht in festgelegter Weise ausgeführt, wie die Langdiagonalen der beiden ‚O'-Runen zeigen: Während die rechte abwärtsführende der ersten ‚O' Rune die linke schneidet, verhält es sich mit der zweiten genau umgekehrt. M 7,5: 1.

* Die *H*-Rune, noch einmal in ‚*HAGAL*' und in der Marke des Runenknochens 4988 zu finden, zeigt überall die einstrichige Form der Diagonalen.
* 4988 ‚*KUNNI*' und 4990 ‚*LOKOM*' verbindet das gleichhohe *K*,
* 4988 ‚*KUNNI*' und 4991 ‚*ULU*' die Sonderform der *U*-Rune.
* Für eine Zusammengehörigkeit spricht weiterhin die Gleichartigkeit der Bearbeitung als Knochenartefakte,
* der spektralanalytisch angezeigten Lagerungsbedingungen und
* der in der Aminosäurenbestimmung und ^{14}C-Analyse gewonnenen Alterswerte der Knochen als Gravurmedien.

Gleichzeitig wird durch derartig massive Übereinstimmungen wahrscheinlich, daß diese drei Knochen noch als intakter Fundzusammenhang in den Besitz des AHRENS gelangten. Ihr Verkauf nach Vereinzelung bedingte notwendigerweise eine Verfälschung der Fundgeschichte, wie sie bereits durch das chronologische Verhältnis der Auslieferung der Fälschung 4989 vor der des Originales 4988 gesichert ist; die Bilddarstellung 4988 diente der auf 4989 als Vorlage, wie ebenso den gefälschten Gravuren 5046 und 5127.

5.2. Lesungsvorschlag

Von der Prämisse eines inhaltlichen Zusammenhanges der drei Runentexte 4988, 4990 und 4991 ausgehend, ergab sich nun die Überlegung, daß die beiden -Zeichen auf Knochen 4988 nicht - oder nicht nur - als einfache Trenner fungiert haben können, da solche ja in der gewöhnlicheren Form auf 4990 und 4991 vorhanden sind.

Daß sie aber bisher als Trennzeichen aufgefaßt wurden *(vgl. die Lesungsvorschläge in Kap. 2.3. u. 3.1.1. bis 3.1.5. der Forschungsgeschichte)*, ist sicherlich darauf zurückzuführen, daß sie wie solche die beiden ersten Runenzeilen des Knochens 4988 nach oben und unten sprengen.

Vom typologischen Standpunkt aus boten sich nun zwei verschiedene Wege, um der tatsächlichen Bedeutung dieses ungewöhnlichen Zeichens möglicherweise näher zu kommen:

A) *Auflösung des Zeichens in seine Grundbestandteile*

Versteht man die zeilensprengenden Schenkel wirklich als Trenner, so wären sie kunstvoll mit den gegenständig angeordneten, nur leicht versetzten kleinen Halbbögen in ihrer Mitte verbunden, also kalligraphisch zu zusammengezogen.

Gegenständige, allerdings langgestreckte Halbbögen sind aus nicht wenigen Runeninschriften bekannt und werden gewöhnlich als Formen der *j*-Rune angesprochen, was ebenso für ihre winkligen Versionen gilt.[215]

Abgesehen davon, daß durch ein probeweises Einsetzen von *j* für den Text des Knochens 4988 kein Fortschritt im Sinne einer weiteren Klärung gewonnen werden konnte, verbot sich eine Gleichsetzung von mit *j* aus typologischer Sicht von selbst, da die beiden Halbkreise eben keine langgestreckten Bögen, sondern eher die Bestandteile eines halbierten kleinen Kreises sind.

Als älteste Form der *Ing*-Rune wird nun ein solcher kleiner Vollkreis betrachtet[216], vermutlich den Jahreszyklus symbolisierend, dem der namengebende *Gott Ing (urgerm. * Ing-*

215) Man vergleiche hierzu die bei W. KRAUSE / H. JANKUHN 1966 zu findenden Formen, wie z. B. *(Nrn. 20, 24, 32, 53, 64 etc.)*, *(Nr. 81)*, *(Nr. 85)*, *(Nr. 65)*, *(Nr. 73)*, *(Nrn. 31, 43, 61) und* *(Nr. 5)*.
Hinzu kommen folgende Neufunde, die alle auch die Form der -Rune zeigen: Zwei Lanzenspitzen von Illerup ådal *(1980)* und eine gleichen Typs *(Vennolum)* von Vimose, deren identische Inschrift erst 1984 entdeckt wurde, sowie eine silberne Schildfessel, im März 1983 ebenfalls in Illerup geborgen.
Marie STOKLUND, Kopenhagen, die über diese Funde auf dem 2. Internationalen Runologen-Symosium 1985 in Sigtuna berichtete, hat sich eingehend mit den Lesungsmöglichkeiten dieser Inschriften befaßt; s. M. STOKLUND 1985, 5-24 und 1986, 75-89.
Vgl. dazu ferner J. ILKJÆR / J. LØNSTRUP 1982 a, 49-65 *(Kuml 1981)*, 1982 b, 18-27 *(Skalk 2)* und 1983, 95-116 *(Germania 61)* sowie N. Å. NIELSEN 1984, 3 ff., K.-E. WESTERGAARD 1984, 5-17 und M. BARNES 1986, 59-76.

216) W. KRAUSE 1970, 43 u. Fig. 1; vgl. W. JUNGANDREAS 1943, 175 *(Rez. KRAUSE 1937 RäF)*, H. ARNTZ 1944 a *(Anglia NF 60/61)*. 244 ff. und 1944^2 b *(Handbuch)*, 184 ff., 240, G. ALEXANDER 1975, 1-11, bes. 9; vgl. dagegen die Anm. 374 weiter unten.

waz) Fruchtbarkeit verlieh.[217] Diese Ursprungsform sah Wolfgang KRAUSE 1966[218] auf den norwegischen Runensteinen von Opedal und Årstad vertreten, wenn auch nicht ihren Idealzustand erreichend.[219]

B) *Vergleich mit der dem Zeichen* ᛝ *ähnlichsten Rune*

Die Suche nach der überlieferten Runenform, welche der des angeblichen Trennzeichens auf Knochen 4988 am ehesten entspricht, endete ebenfalls bei der 22., der *Ing*-Rune, diesmal in der erweiterten angelsächsischen Runenreihe.
Auf dem Kurzschwert aus der Themse zeigt sie die Form[220] ᛝ, auf dem Kreuz von Ruthwell mit ᛝ eine geradere Ausprägung.[221] Auch ihre Form ᛝ in der sog. *Alkuin*-Handschrift[222] und ihre kompliziertere Gestalt ᛝ im angelsächsischen Runengedicht[223] oder ähnlich in den anderen frühmittelalterlichen Handschriften[224] läßt sich am besten als Weiterentwicklung des Zeichens auf OL 4988 verstehen. Im Verhältnis zwischen der älteren skandinavischen Form des kleinen Kreises und der jüngeren angelsächsischen Form der *Ing*-Rune wird man das auf dem Runenknochen 4988 zweimal und genau übereinander geritzte Zeichen geradezu als *‚missing link‘* betrachten dürfen.
Die typologische Entwicklungsreihe wäre dann etwa wie folgt rekonstruierbar[225]:

Skandinavien → *(entfällt i. d. jg. Reihen)*

Grundform 

Altsachsen → England *(erweiterte jg. Reihe)*

Nach Einsetzen der *Ing*-Rune anstelle des unbefriedigend als Trenner erklärten Zeichens ergab sich nun für die erste Zeile des Runenknochens 4988 überraschend ein weiterer Personenname, dessen zweites Kompositionsglied zudem mit dem des PN *Uluhari* auf Runenknochen 4991 übereinstimmt:
4988: *LATAM : ING : HARI* = Lassen wir (,)*Inghari* (,).

In der zweiten Zeile desselben Knochens bereitete nun noch die merkwürdige Y -Rune Schwierigkeiten.

217) Auch die *j*-Rune, die nach KRAUSE 1970, 43 im Urnordischen **jara* „gutes Jahr“ hieß, wäre als Sinnbild des - hier zweigeteilten - Jahres aufzufassen. Bereits G. VAN LANGENHOVE 1938, 12-14 vermutete eine formale Verwandtschaft zwischen *j* und *Ing*-Rune. Auf selbige dürfte zurückzuführen sein, daß die Festlegung der in Anm. 215 gezeigten Formen als *j*-Runen nur allmählich die frühere Auffassung als *Ing*-Runen verdrängte; vgl. z. B. S. BUGGE 1892, 1-33; E. SIEVERS 1896, 258: ᛜ ≙ lat. *ng*; S. FEIST 1919, 246, Anm. 1: ᛜ / ᛜ ≙ meist ŋ, zuweilen auch *j*; A. JÓHANNESSON 1923, 90:26, 106:57, 120:83 etc.; anders C. J. S. MARSTRANDER 1929, 25-157, bes. 142 in NTS III: fast ausschließlich *j*; dagegen wieder H. GÜNTERT 1934, 86 *(Oberdt. Zs. f. Volkskde. 8)*; W. JUNGANDREAS 1938, 300 *(Rez. ARNTZ 1935, Handbuch): Unterscheidung zwischen j und ng schwierig, meist aber j.*
218) W. KRAUSE / H. JANKUHN 1966, Nr. 76 u. 58.
219) Andere Formen der *Ing*-Rune zeugen offenbar von dem Bemühen um eine Vereinfachung der Kreisrune durch Umgestaltung in ein gleichseitiges Viereck respektive von dem Bestreben nach einem Zeilenausgleich durch Verlängerung der Rune mittels eines Stabes zur sog. Laterne. Wieder beziehen sich die Nummern der hier gegebenen Beispiele auf W. KRAUSE / H. JANKUHN 1966: ◻ *(Nr. 1)*, ◇ *(Nr. 2 a und b)*, ᛝ *(Nr. 4 a und b)*, ? *(Nr. 23)*, ? *(Nr. 7)*, ? *(Nrn. 3, 45, 89, 167)*, ? *(Nr. 39 Anm.)*.
Hierzu stellt G. ALEXANDER 1975, 9 - wohl zu Recht - die Form ? *(Nr. 44, von KRAUSE ohne Angabe eines zwingenden Grundes als Rune in Frage gestellt)*.
Interessanterweise zeigen die in Anm. 215 erwähnten Neufunde - die drei Lanzenspitzen ? und die beiden silbernen Schildfesseln ? und ? - Runentypen, die zunächst wie ŋ - Formen erscheinen, aber keine *Ing*-Runen meinen, wie aus dem Kontext klar hervorgeht. Hier handelt es sich vielmehr um symmetrifizierte Varianten der *w*- *(sonst* þ *oder* ? *bzw.* þ *oder* ? *)* und der *th*-Rune *(sonst* þ *oder* ? *)*. Für derartige Runen habe ich in einem anderen Zusammenhang die Bezeichnung ‚Spiegelrunen‘ vorgeschlagen; vgl. P. PIEPER 1986 (NAuFN 17), sowie ferner R. PAGE 1985, 46 *(s. Anm. 398)* und inzwischen B. BRUGGINK 1987, 218 f. und O. GRØNVIK 1987, 13, 139 u. 143. Eine kritische Durchsicht der Inschriften mit *Ing*-Runen bietet M. BARNES 1986, 59-76, der feststellt, daß ** Ingwaz* phonemisch *ing* bzw. *ng*, phonetisch [*i*ŋ*g*] bzw. [ŋ*g*] entspricht.
220) W. KRAUSE 1970, Fig. 2, K. DÜWEL 1983², Abb. 9, W. KRAUSE / H. JANKUHN 1966, 11.
221) B. DICKINS / A. S. C. ROSS 1934, 1967⁴, 5 und Frontispiz SE, 4. u. 16. Reihe rechts.
222) W. KRAUSE 1970, Fig. 3, vgl. K. DÜWEL 1983², 106 *(Nat. Bibl. Wien MS 795 fol. 20ʳ)*.
223) Abb. schon bei L. F. A. WIMMER 1887, 85 *(i. d. Übersetzung v.* F. HOLTHAUSEN), vgl. W. KRAUSE 1970, Fig. 4 *(Codex Cotton Otho B 10)*, auch bei R. DEROLEZ 1954, Pl. II; K. DÜWEL 1983², 105 zum Schicksal des Runengedichtes d. 10. Jhs.
224) Alle Beispiele aus R. DEROLEZ 1954, *Runica Manuscripta*:
a) Codex Cotton Galba A 2 ᛝ
b) Codex Cotton Domitian A 9 fol. 2ᵛ, ᛝ
c) Oxford, St. John's College MS 17 ᛝ
d) Brüssel, Kgl. Bibl. MS 9311-9319 fol. 3ᵛ ᛝ
225) Der Herleitung der *Ing*-Rune aus lat. *G* durch G. ALEXANDER 1975, 10 f. vermögen wir also nicht zu folgen; wahrscheinlicher ist uns eine eigene Entwicklung. Zur Runentypologie vgl. allg. die Arbeit von B. ODENSTEDT 1985, 1-15.

Gemäß der im vorigen Kapitel geschilderten Beobachtung, daß diese Rune in der Vorritzung als ᛉ konzipiert war, das Fortlassen der Verlängerung des Hauptstabes in der Endgravur also deutlich signalisierte, daß der Runenmeister die *z/(R)*-Rune offenbar nicht meinte[226], blieb wiederum der typologische Weg der Suche nach der diesem Zeichen morphologisch und in den Grundbestandteilen ähnlichsten Runenform.
Hier boten sich lediglich die *th*-Rune ᚦ (ᚦ) und die *w*-Rune ᚹ (ᚹ) an[227]. Während die Einsetzung der ersteren keinen weiteren Neuimpuls hinsichtlich der Lesungsmöglichkeiten brachte, ergab die Transkription durch *W* erstaunliche Aspekte:
4988: *KUNNI* : *ING* : *WE* = Geschlecht (des) *Ingwe*.

Unter Einbeziehung der dritten Runenzeile dieses Knochens:
4988: *HAGAL* = Hagel *(im übertragenen Sinne: Verderben)*[228], war die Inschrift dieses Knochens nun insgesamt so zu verstehen, daß jemand mit dem Namen *Inghari* - dessen Abstammung von *Ingwe* offensichtlich der ausdrücklichen Erwähnung für wert gehalten wurde - gegen einen nicht näher genannten Feind nichts Gutes im Schilde führte.

Im nachfolgenden Kapitel wird belegt, daß es sich bei diesem - im Runentext des Knochens 4988 nicht weiter gekennzeichneten - Feind um einen römischen handeln muß.

Die Runenzeile des Knochens 4990, in der Umschrift:
4990: *LOKOM : HER* = Ich luge *(schaue / erspähe / beobachte)*
hier *(-hin/her)*,
bisher getreu dem Zeitpunkt des Bekanntwerdens als Folgetext zu 4988 gelesen - was natürlich alles andere als logisch ist - scheint in Wirklichkeit am Beginn dieses Runenzaubers *(s. u.)* zu stehen, als Objekt nämlich ein röm. Schiff *(pars pro toto evtl. einen röm. Hafen oder eine röm. Flotte)* meinend.

4991: *ULU : HARI DEDE* = *Uluhari* tat / machte / erließ o. ä. ist nicht einfach zu verstehen. Agathe LASCH folgend *(s. o.)* kann man die Namensform keineswegs zu ‚Wolfhari' o. ä. stellen. Auch sind ihre Bedenken gegenüber *DEDE* als Kennzeichnung der Tätigkeit des Runenmeisters wohl gerechtfertigt.[229] Wieder scheint es zwei gleichermaßen plausible Erklärungsmöglichkeiten zu geben, wobei diesmal aber keine Entscheidung getroffen werden kann, da inhaltliche Kriterien hierzu fehlen. So kann *DEDE* den *ULUHARI* als Veranlasser wie auch als Verwirklicher des Schadenzaubers *(4988 s. u.)* gegen Römer *(4990)* nennen.[230] Das 1. Kompositionsglied des PN *ULUHARI* - auf das 2. Kompositionsglied *HARI* = Krieger wird noch näher einzugehen sein - könnte ebenfalls auf zwei vielleicht ebenbürtigen Wegen entschlüsselt werden, wobei das zweite *U* jeweils als Fugenvokal aufgefaßt werden dürfte:

226) Somit lag T. E. KARSTEN mit seiner Lesung 1930 *(s. Kap. 3.1.2.)* nicht richtig. Auch die Erklärung als *j* durch A. LASCH 1931 *(1932)* erschien mir nicht einleuchtend *(s. Kap. 3.1.4.)*; S. AGRELL 1930 *(Kap. 3. 1.1.)* ist schon deshalb abzulehnen, weil die *k*-Rune in *KUNNI* desselben Knochens und in *LOKOM* des Runenknochens 4990 in der gewöhnlicheren Form - wenn auch mit Zeilenhöhenausgleich - vertreten ist.

227) Auch diese beiden Zeichen bestehen ja aus denselben Komponenten, wie die fragliche Y-Rune, nämlich einem vertikalen Stamm sowie einem v-förmigen Winkel. Im Kap. 3.1.3. wurde ausgeführt, daß F. HOLTHAUSEN 1931 die vorliegende Rune - in Erinnerung an Wulfilas got. Alphabet *(und m. E. auch zutreffend)* - als ‚*w*' bestimmte.Vgl. dazu H. ARNTZ 1944[2], 119, 172, 202, 217, 256, bes. aber 107 ff. mit got. Beispielen für das ‚*w*': Ψ, Ψ , bes. ᛉ .

228) Vgl. den Lanzenschaft von Kragehul, auf dem sich *HAGAL* in entsprechender Bedeutung zu finden scheint: W. KRAUSE / H. JANKUHN 1966, Nr. 27; *(s. u. Kap. 5.2.5.4.)*.

229) Else EBEL 1963 hat die Terminologie der Runentechnik umfassend behandelt. Die Tätigkeit des Runenmeisters wird gewöhnlich mit Formen wie „wirkte, setzte, ritzte, schrieb, färbte" etc. beschrieben.
Die mit *DEDE* direkt vergleichbare Pluralform *DEDUN* = ᛞᛖᛞᚢᚾ auf der Bronzekapsel von Schretzheim wird von W. KRAUSE / H. JANKUHN 1966, Nr. 157 im Zusammenhang mit den 3 dort genannten PN zu „machten *(den Segen)*" ergänzt; vgl. unten Kap. 5.2.5.7. mit Anm. 470. Zur sprachlichen Form *DEDE* vgl. schon E. SIEVERS 1896, 250, W. WILMANNS 1911[3], § 34, A. LASCH 1914, 246, E. H. SEHRT 1917, 409-411 und E. SIEVERS 1951[2] *(1965[3])*, 427 f. in der Neubearbeitung von K. BRUNNER, Hg.: W. BRAUNE.

230) Das bei F. HOLTHAUSEN 1934, 75 gegebene Wortfeld beinhaltet weitere interessante Möglichkeiten der Übersetzung, wie z. B. „*veranlassen, zeigen, beobachten (!)*" etc.

1.) *Ul* - „*Eule*", vgl. an. *ugla*, ahd. *ûwila*, mnd. *ûle*, ags. *û(w)le*, engl. *owl*, nl. *uil* sowie den Namen ‚*Euler*'.[231]
2.) *Ul*- „*Ull/Ullr*", eine weitere german. Gottheit[232] vgl. *Ing(-hari)* auf Runenknochen 4988.

5.2.1. Nachträgliche Bestätigungen des Lesungsansatzes

Nach der ersten öffentlichen Vorstellung dieses Lesungsvorschlages im November 1979[233] stellte mir Herr Prof. DÜWEL die Arbeitsakte, die er im Verlauf von 10 Jahren intensiver Nachforschungen über die Weserrunen angelegt hatte, freundlicherweise zur freien Verfügung.
Hierin fand sich eine Zettelnotiz vom 1. 3. 1944, auf der Wolfgang KRAUSE die Ergebnisse seiner Autopsie der Knochen des Museums Oldenburg fixiert hatte *(vgl. Kap. 3.5. der Forschungsgeschichte, Brief an Dr. FISSEN vom 26. 4. 1949).*
KRAUSE konzediert hier - entgegen seiner bereits mehrfach publizierten Fälschungsthese -, keine Fälschungsanzeichen festgestellt haben zu können. Auch hält er hier fest, daß ihm im September 1931 Otto VON FRIESEN folgenden - nie veröffentlichten - Lesungsvorschlag des Textes 4988 mitgeteilt habe:

latam Inghari / kunni ng?e / hagan
„Lassen wir Inghari, dem König, den Zuchtstier!".

Da VON FRIESEN die Inschriften lediglich aus der Literatur kannte[234], in welcher der gehörnte Tierkopf als der eines Stieres bezeichnet wird - worauf weiter unten einzugehen ist -, erscheint sein Irrtum, *HAGAL* als *HAGAN (Stier)* zu lesen, verständlich. Daß er ebenfalls ᛝ als *Ing*-Rune auffaßte, stützt die hier vorgeschlagene Lesung.

Im Frühjahr 1981 erhielt ich den die Weserrunen betreffenden *Briefwechsel* VON BUTTEL-REEPENS aus dem Oldenburger Museumsarchiv. Diesem war zu entnehmen, daß für die Lesung des bis dahin einzig bekannt gewordenen Textes 4988 am 28. 11. '27 zunächst der Heidelberger Runologe Prof. Rudolf HENNING gewonnen werden sollte. Der reagierte am 4. 12. zwar mit Echtheitsbedenken, aber doch mit einer Zusage, sofern seine Zweifel beseitigt werden könnten. Am 10. 12. ließ VON BUTTEL-REEPEN jedoch HENNING wissen, daß er sich aus Gründen „der Kostenersparnis" für den Berliner Runologen SCHNIPPEL entschieden habe, nicht ohne vorher versucht zu haben, alle Bedenken mit dem Hinweis auf die eigene wissenschaftliche Reputation zu zerstreuen.

Wichtig ist nun HENNINGS Hinweis, daß die ihm mitgeteilten Formen, die VON BUTTEL-REEPEN mit *LATAM : HARI, KUNNI : RE, HAGAL* übersetzte, nur dann einen Sinn ergäben, wenn in der letzten Zeile nicht ᛉᛖ, sondern ᚹᛖ *(also WE!)* geritzt worden sei. Demzufolge muß also auch HENNING die Lesung *INGHARI* und *INGWE* - die er nie veröffentlichte

231) Vgl. zur Etymologie F. KLUGE 1913^{3}, 75, A. LASCH 1914, 156, F. HOLTHAUSEN 1934, 375 f., F. KLUGE 1957, 177; daß K. SCHNEIDER 1969 bereits diese Lösung vorschlug *(vgl. Kap. 3.1.5. d. Forschungsgesch.)*, war mir zu dem Zeitpunkt noch unbekannt, vgl. auch K. SCHNEIDER 1983, 475 *(Rez.* DÜWEL *1983^{2})*; zu theriophoren PN s. G. MÜLLER 1970, 74 f., 206, welcher *UHA* auf Darum III und *HARIUHA (Heer-Uhu)* auf Seeland 57 sowie den altbayr. PN *Uvo* vergleicht, ferner: K. DÜWEL 1984, 328-330 *(FMA 18)*. Der PN *ULIARIS* ist hier direkt anzuschließen: W. MARTENS 1884^{2}, 41 f., 60, 136-139, 183, M. SCHÖNFELD 1965^{2}, 265 und E.FÖRSTEMANN 1966, 1476.

232) E. WESSÉN 1929/1930, 101, 105, 109 ff. stellt anhand einer Untersuchung schwedischer ON wie *Ulltuna, Ulleråker, Ullevi* etc. fest, daß der *Gott Ull*, daneben die Göttin *Njord* [≙ *Nerthus bei Tacitus und gilt als Mutter Ingwe-Freyrs (!)] als von den ingwäonischen* Stämmen um Schleswig übernommene Gottheiten besonders der *Ynglinger* um Uppsala eine besondere Verehrung genossen haben müsse. Zur Etymologie s. F. R. SCHRÖDER 1941, 80 ff. und W. MOHR 1943, 543-547; vgl. ferner K. HELM 1946, 14, 63, 70.
N. Å NIELSEN 1969, 105-107, 115, 120 f., 125 schließt aufgrund seiner Interpretation der Inschrift des Sparlösa-Steines, daß es sich bei den Göttern *Ullr* und *(Ingwe-)Freyr* um eine Personalunion handelt; inwieweit - bei Akzeptanz dieser Schlüsse - solche Ergebnisse auf die Weserinschriften übertragen werden können, scheint fraglich, wenn man die relativ späte Datierung des Steintextes um 800 n. Chr. berücksichtigt.

233) Gelegentlich des Seminars „Archäologie und Gerichtsmedizin", das von Frau Prof. R. ROLLE und Herrn Prof. S. BERG im WS 1979/80 an der Universität Göttingen veranstaltet wurde.

234) Während der Oldenburger Tagung am 9. -11. 4. 1928 war SCHNIPPELS Kompetenz als Runologe in Zweifel gezogen worden, weshalb VON BUTTEL-REEPEN am 12. 4. Otto VON FRIESEN um eine runologische Bearbeitung der Wesertexte bat *(vgl. Kap. 1. der Forschungsgeschichte)*. Am 16. 4. 1928 antwortete VON FRIESEN, *daß er Echtheitszweifel hege, nach deren Ausräumung aber eine Datierung in das 5./6., nicht das 2. Jh. oder gar früher in Betracht käme.* Am 6. 3. 1929 wird er zu einer Autopsie der Funde geladen, die er jedoch - laut Schreiben vom 30. 3. - nicht vornehmen kann, weswegen er um Zusendung der Stücke bittet. Eine solche wird aber gemäß Mitteilung vom 2. 4. aus Sicherheitsgründen *(Transportrisiken des Postverkehrs)* verwehrt.

- vor Augen gehabt haben, ansonsten bliebe diese seine so gezielte Rückfrage völlig unverständlich.

Der nächste notwendige Schritt bestand in einer Überprüfung des tradierten Namengutes auf eine irgendwo erhaltene Überlieferung des neu erschlossenen PN * *Inghari*. Auch diese Überprüfung fiel im Februar 1982 dank der Unterstützung durch Herrn Dr. phil. Ulrich SCHEUERMANN von der Arbeitsstelle Niedersächsisches Wörterbuch am Institut für Historische Landesforschung der Univ. Göttingen unerwartet erfolgreich aus:

Inchar findet sich für das Jahr 627 n. Chr.,
Inguheri um 817 n. Chr. belegt.[235]

Zu solchen Zusammensetzungen von PN *(= Personen-Namen)*[236] und ON *(= Orts-Namen)*[237] mit Komponenten *ING* und *HARI* verweist FÖRSTEMANN allgemein auf den germanischen Stammheros *Ingvio*, an. *Yngvi*, ags. *Ing* usw. und auf die *Ingviones, Ingvaeones.*[238]
Inc-hari liegt KAUFMANN zufolge auch wohl dem Volksnamen der *Incri-ōnes* zugrunde.[239]
In diesem Zusammenhang stellt DE VRIES[240] die m. PN *Yngvarr, Ingvarr* (* *InguhariR*), aschw. *Inguar*, adä. *Ingwar*, › ae. *Ingware, Hinguar*, › air. *Hingar*.
I(ng)var der „Weitfahrende" war vermutlich ein *Ynglinger (vgl. dazu das folgende Kapitel)*, der historisch gut bezeugt ist. Von seinem Heerzug bis in die Gebiete um das Kaspische Meer berichten die etwa 30 Gedenksteine seiner Gefolgsleute, die hauptsächlich im Mälarsee-Umkreis errichtet wurden. Wahrscheinlich fiel er im Jahre 1041 n. Chr.[241]

5.2.2. *Ingwe, Inguaeones, Ingunar-Freyr, Ynglinge*

Mit dem in diesem Titel schlagwortartig angesprochenen Problemkreis haben sich unter verschiedenen Aspekten, nie jedoch im Zusammenhang mit den sog. Weserinschriften, besonders intensiv Philologen beschäftigt.[242]
Daß diese Texte aber als *ingwäonisch* anzusprechen sind, erkannte bereits - freilich ohne die „Worttrenner" als *Ing*-Runen verstanden zu haben - Helmut ARNTZ.[243]

Tacitus lokalisiert das Siedlungsgebiet der in seiner *Germania c. 2* genannten *Ingaevones* näher durch die Angabe[244] *proximi Oceano*, bezeichnet sie also als Bewohner der Nordseeküstenbereiche.
Plinius d. Ä. weiß in seiner *Naturalis historia 4,96* von den *Inguaeones* zu berichten, daß sie *prima in Germania* seien und daß zu ihrer *gens* die Stämme der *Cimbern, Teutonen* und *Chauken* zählen *(4,99, hier nun steht Ingyaeones)*.[245]
Ob die im Reisebericht des Seefahrers und Geographen *Pytheas von Massilia* genannten *Guiones* schon im 4. vorchristlichen Jahrhundert von der Anwesenheit der *Inguiones* zeugen, im Fragment 11a der Schrift Περὶ Ὠκεανοῦ so nur noch als verderbte Form erhalten, bleibt zweifelhaft.[246]

235) E. FÖRSTEMANN 1966^6 I, *(959-967)*, 962: Neben *Inc-har* ca. 100 Zusammensetzungen von PN mit *Ing-*, darunter z. B. *Inguiomeres (nach Tac.: Onkel der Arminius)*; ein anderer gleichen Namens war Sohn *Chlodwigs*. Zur Form *inc* vgl. A. LASCH 1914, 184.

236) E. FÖRSTEMANN 1966^6 I, z. B. *Ingo, Inga, Ingobald, Ingoberga, Ingohard, Ingalhar, -mar. . .*

237) E. FÖRSTEMANN 1913 II, 1583 f. vgl. bes. *Ingiherisheim, Ingereslove, Ingheradinghusan.*

238) Vgl. W. SCHLAUG 1962 *(altsächs. PN vor 1000)* u. M. SCHÖNFELD 1965^2, 147.

239) H. KAUFMANN 1968, 216 *(Sp. 959 ff.)*; *Inc-har* ist auch westfränk. im 7. Jhdt. belegt.

240) J. DE VRIES 1962, 678 f., und 286; vgl. FÖRSTEMANN 1966^6 I, 962 (*unter Inguheri*).

241) W. KRAUSE 1944, 233, 250 *(Ing)* bezeichnet *Yngvarr* von *Ivarr* als nur durch grammat. Wechsel unterschieden. J. FILIP 1966 I, 531 beziffert die sog. *Ingvar*-Steine so. H. J. EGGERS 1974^2, 185 *(vgl. dort Abb. 19)*: „. . . vielleicht ein . . . *Ynglinger*" . . . Vgl.: N. R. BROCMAN 1762, F. BRAUN 1910, O. VON FRIESEN 1910, E. J. OLSON 1912, G. NECKEL 1928, S. B. F. JANSSON 1962, M. LARSSON 1983, alle zu „*Ingvar* Weitfahrer!". Zu ‚*Yngvarr Vidfǫrli*' vgl. ferner E. A. MELNIKOVA 1981, 169-173, bes. 169 u. 172.

242) Karl August ECKHARDT 1939: Ingwi und die Ingweonen in der Überlieferung des Nordens. Weimar; *(falsch zitiert als „K. A. August 1940. Bonn" bei* J. FILIP *1966 I, 531: INGVO)*.
Franz Rolf SCHRÖDER 1941: Ingunar-Freyr. Tübingen.
Wolfgang KRAUSE 1944: Ing. Göttingen *(Nachr. d. Akad. d. Wiss., Phil.-histor. Kl., 229-255)*.
Hans KUHN *(1956)* 1969: Das Problem der Ingwäonen. Kl. Schriften I, 300-306. Berlin. *(Grins)*.
Walter BAETKE 1964: Yngvi und die Ynglinger. Leipzig *(Sitzgs.-ber. d. Akad. d. Wiss. 109, 1-182)*.
Gerhard ALEXANDER 1975: Die Herkunft der Ing-Rune. Wiesbaden *(ZfdA 104, H. 1, 1-11)*.
Ottar GRØNVIK 1985: Über den Lautwert der Ing-Runen. *(Idg. Forschgn. 90, 168-195)*.

243) H. ARNTZ 1935 *(Handbuch)*, 150: „Worttrenner", 207: „Endlich halte ich . . . auch die . . . Runenfunde aus der Unterweser für *ingwäonisch*"; insgesamt steht ARNTZ den Stücken aber hier schwankend gegenüber, glaubt 149: „an die Echtheit", meldet ebda. Anm. 1 und 183: „aber wieder Zweifel" an. Entschiedener äußert sich H. ARNTZ 1938 *(Runenschrift)*, 86: „Die Unterweserfunde von Oldenburg, die man den Altsachsen und damit auch den *Ingwäonen* zurechnen müßte, scheinen gefälscht."

244) Norbert WAGNER 1982: Arminius und die *Ingaevones*. Heidelberg; zit. 291 und 300.

245) R. MUCH / H. JANKUHN 1967^3, 53.

246) Nach J. SCHNETZ 1936, 91 wurde dies zuerst von DETLEFSEN 1885 vermutet; zu *Pytheas* vgl. ‚Der KLEINE PAULY', Lexikon der Antike, Bd. 4, 1972, Sp. 1272-1274. München..

Die *plinianischen Inguaeones* jedenfalls, deren korrektere Schreibweise man im Vergleich zu den *taciteischen Ingaevones* annimmt, sind von einem der drei im selben Zusammenhang von *Tacitus* erwähnten Söhne des Urvaters *Mannus* abzuleiten, welcher selbst von dem erdentsprossenen Gott *Tuisto* abstammt.[247]

Der Name dieses von den *Ingweonen* verehrten Gottes ist mit urgerm. * *Inguz* oder **Ingwaz* anzusetzen und lautet anord. *Yngvi*, got. *Enguz*, ags. *Ing*, cheruskisch * *Ingwio-*, worauf der Name *Inguiomerus* des Oheims von *Arminius*, wie ihn die *taciteischen Annales I, 60, 68* verzeichnen, schließen läßt.[248]

Folgt man den Lesungsmöglichkeiten von MARSTRANDER[249] für die Runeninschrift des Goldrings von Pietroassa[250], so ergäbe deren zweite mit *Gutani Ingwa hailag* zu „Der Goten *Inguo (= Dativ)* Heiligtum" eine bemerkenswerte Parallele zu der Form *„Ingwe (= Nom.?)"* auf OL 4988. Es wird vermutet, daß der Ring zu einem Tempelschatz gehörte, den der Westgotenfürst *Athanarich* 376 oder 380 auf der Flucht vor den einfallenden Hunnen vergrub. Dieses Beispiel für eine *Ing*-Rune bleibt aber unsicher.
Ingui erscheint aber als ‚Urgroßvater' des historischen Königs *Ida (547-560)* in der anglisch[251]-nordhumbrischen Königsliste von Bernicia.[252]
Im angelsächsischen Nationalepos *Beowulf*[253], das in einer Handschrift des 10. Jahrhunderts erhalten ist, welche ihrerseits aber auf ein Original zurückgeht, das im 7. Jh. entstand und noch weiter zurückreicht, wird der zu Lejre bei Roskilde auf Seeland ansässige Dänenkönig *Hrodgar* in den Versen 1045 und 1320 als *frea Ingwina* also „Herr der Freunde *Ings*" genannt.
Auch das bereits erwähnte altenglische Runengedicht[254] *(s. o. mit Anm. 223)* des 10. Jhs. nennt die Dänen in direktem Zusammenhang mit der *Ing*-Rune und dem mit ihr verbundenen, offenbar göttlichen Helden:

„Ing ward zuerst bei den Ostdänen
Unter den Menschen gesehn, bis er über die Wellen
Ostwärts fuhr; sein Wagen folgte ihm.
Also nannten die Heardinge diesen Helden."

Zu Recht erinnert René DEROLEZ, dessen Übersetzung hier übernommen wurde, im Zusammenhang mit dem *Ing* nachfolgenden Wagen an den bei *Tacitus* überlieferten *Nerthuskult* der *Ingwäonen*. Schließlich deckt sich die altgermanische Form **Nerþuz*, an. *Njǫrðr*, mit dem Namen des Vaters von Ing, *Njörd*.[255]

Als die eifrigsten *Ing*-Verehrer sieht man allgemein jedoch die schwedischen *Ynglinger* an, deren Könige in Uppsala residierten.[256] Sie leiteten ihre Herkunft von *Yngvi-Freyr* ab, der sicherlich mit dem *Fricco Adams von Bremen*[257] gleichzusetzen ist und der aufgrund seiner Kennzeichnung *cum ingenti priapo*[258] als *Fruchtbarkeitsgott* anzusehen ist, wenngleich dieser kultische Aspekt vielleicht zu Ungunsten anderer erwägenswerter Funktionen allzusehr in den Vordergrund wissenschaftlicher Interpretation geraten zu sein scheint. Die beiden anderen im Heiligtum zu Uppsala verehrten Götter, *Odin* und *Thor*, verfügten über je eine Zauberwaffe, die die Eigenschaft ihrer Träger auch als Kriegsgötter hervorhebt: *Odin* über den Speer *Gungnir*, der nie sein Ziel verfehlte, *Thor* über den Hammer *Mjöllnir*, der durch beliebige Verkleinerung vor Feinden versteckbar, auch bei heftigstem Gebrauch unzerstörbar und gleichzeitig unverlierbar war, da er immer zu seinem Besitzer zurückkehrte.[259]

247) Vgl. N. WAGNER 1982, 301 zur bevorzugten Schreibung und M. FUHRMANN 1980, 4-7 *(Germania)*.
248) R. MUCH / H. JANKUHN 1967³, 53 nach W. KRAUSE 1944, 232; vgl. auch die Anm. 235 weiter oben.
249) C. J. S. MARSTRANDER 1929, 63 f. in NTS *(got. runeminnesmerker)*; *‚Gutani owi hailag'* = 1.
250) W. KRAUSE / H. JANKUHN 1966, Nr. 41 schließt eine *Ing*-Rune aus und übersetzt *0* als „Erbe".
251) Der Name der *Angeln* steht gem. H. ARNTZ 1944, 227 im Ablautverhältnis zu *Ing-*.
252) K. A. ECKHARDT 1939, 60; E. HACKENBERG 1918, 109 ff.; A. SAVAGE 1984³, 13.
253) R. DEROLEZ 1963, 145; R. MUCH / H. JANKUHN 1967³, 53; H. J. EGGERS 1974², 188; *Übersetzungen:* E. VON SCHAUBERT 1963¹⁸ *(Bd.1: Text)*, 1961¹⁷ *(Bd. 2: Kommentar)*, H. KOZIOL 1979.
254) Zit.: R. DEROLEZ 1963, 144; vgl. R. PAGE 1973, 83 f., R. MUCH / H. JANKUHN 1967³, 55.
255) *Gott der Schiffahrt u. Herrscher über Wind und Wetter gem.* R. DEROLEZ 1963, 141; vgl. E. POLOMÉ 1980, 151-164, bes. 161.
256) J. FILIP 1969 II, Sp. 1652.
257) Der Domscholaster starb ca. 1018, s. N. WAGNER 1980, 202-208.
258) Vgl. die *phallische* Bronzestatuette des Gottes von Rällinge, Schweden bei W. HANSEN 1981, 61 und W. HOLMQVIST 1975, 219 *(in: Kelten und Germanen,* H. J. EGGERS *u. a. Hg.)*.
259) H. GERING 1892, 366 zu *Lokis* Zwergenwette, *Skáldskaparmál*, *(Entstehung dieser Waffen)*.

Gleichwohl diente derselbe Hammer auch zur Weihung von Scheiterhaufen[260] wie anscheinend als Fruchtbarkeitsfetisch, der in den Schoß der Braut gelegt wurde, während man eine Eheschließung vollzog.[261]

Freyr besaß nun gleich drei solcher „Geheimwaffen", die nicht recht in das Bild ausschließlich eines Wetter-, Wachstums-, Fruchtbarkeits- und Friedensgottes passen:[262] *Gullinbursti*, sein *Eber*, konnte - schneller als irgendein Pferd - bei Tag und Nacht durch Luft und Wasser rennen; *Skiđblađnir*, sein Schiff, welches als „Faltboot in Perfektion" sogar auf Taschenformat gebracht werden konnte, hatte immer günstigen Fahrwind und sein nicht näher, aber häufiger genanntes *Schwert* focht in berufener Hand von selbst.[263]

Trotzdem wird DEROLEZ[264] nicht fehlgehen, wenn er den von *Saxo Grammaticus* in den *Gesta Danorum (zw. 1190 u. 1216)* genannten König *Frotho III.*, welcher zur Zeit des Kaisers Augustus in Frieden und Wohlstand regiert haben soll, mit dem *Freyr* gleichsetzt.

Snorri Sturluson, der im 13. Jh. in seiner ‚Geschichte der norwegischen Könige' auch die Angaben des *Tjodolf von Hvin* aus dessen *Ynglingatal (Ende 9. Jh.)* konserviert hat, bietet wohl die reichhaltigste Quelle für eine standesgemäße Einschätzung der *Ynglinger.*[265]

Wie schon *T(h)jodolf (Str. 7)* den *Ynglingerkönig Dyggvi* als „Allwalter des Volkes *Yngvis*" und der Skalde *Eyvind (Hákonarmál Str. 1)* König *Hakons des Guten* Sippe als *Yngva ǽtt* bezeichnet, so werden auch andere Könige wie z. B. *Harald Schönhaar, Olaf der Heilige, Magnus der Gute* und *Knut der Große* bei den Skalden schlechterdings ‚*Yngvi*' genannt. Von *Snorri* erfahren wir weiteres über die Mehrschichtigkeit dieses Beinamens *(Ynglinga Saga)*:

Kap. 10 *„Frey hieß mit anderem Namen Yngvi.*
Der Name Yngvi wurde lange Zeit hindurch in seinem Geschlecht als Rangbezeichnung verwendet, und seine Sippengenossen wurden seither Ynglinge genannt."

Kap. 17 *„Yngvi aber oder Yngvin wurde jeder dieser Sippengenossen durch alle Zeiten genannt, Ynglinge aber alle zusammen."*

Kap. 21 *zufolge führte einer der beiden Söhne des Uppsala-Königs Alrek den Eigennamen Yngvi.*

„Yngvi" war somit ein Göttername, der auf eine sich göttlicher Abstammung rühmende Sippe überging und dort als Rangbezeichnung wie auch als königlicher Eigenname gebraucht werden konnte.[266]

Nicht nur, daß die *schwedischen und norwegischen Könige* sich *„Ynglinge"* nannten und die *Dänen* als *„Ing-Freunde"* bei den *Angelsachsen* galten[267], sondern auch, daß in der *fränkischen* Völkertafel der *Generatio Regum*[268] *„Ingueo"* als *Spitzenahn der sächsischen, wandalischen, thüringischen und bayrischen Königsgeschlechter* genannt wird, verdient besondere Beachtung.

260) G. NECKEL / F. NIEDNER 1966, 106 zur Beisetzung *Baldrs*, zu welcher übrigens *Freyr* in seinem von ‚*Gullinbursti*' *(dem goldborstigen Eber)* gezogenen *Wagen* erscheint; *Gylfag*. 49.

261) *Þrymskvida (Hamarsheimt)* 30, s. F. GENZMER 1981, 61 und vgl. F. H. HAMKENS 1953, 46 sowie E. MAROLD 1974, 210 m. Anm. 60; freilich ist dies das jüngste Lied der Edda.

262) *Gylfaginning* 24, s. die Übersetzung von G. NECKEL / F. NIEDNER 1966, 73 und vgl. 141 f.

263) G. NECKEL / F. NIEDNER 1966, 83 f. und 111 (*Gylfaginning 37 und 51*); F. GENZMER 1981, 70 (*Skírnismál* 8 und 9), 80 (*Lokasenna* 42) sowie 32 (*Vǫlospá* 45).

264) R. L. M. DEROLEZ 1963, 143; vgl. A. NOREEN 1920, 1, der die bei *Saxo* auftretende Form *„Ungvinus"* - welcher als ein *„rex Gothensium"* bezeichnet wird - als latinisiertes ‚*Yngvi*' auffaßt; vgl. ferner P. HERRMANN 1901, 347 *(u. zu Anm. 232, s. o. „Ollerus" ≙ Ull, 87).*

265) H. J. EGGERS' 1974², 190 „kleine Geschichtsfälschung" der norwegischen Königsgenealogie ist keineswegs archäologisch erwiesen, sondern ein Trugschluß. Auch wenn die Bootsgräber in Schweden *(Vendel, Valsgärde und Ulltuna)* eher an die Schiffsbestattungen von Sutton Hoo, Oseberg und Gokstad erinnern, als an die Brandbestattungen der Könige von Alt-Uppsala, so können doch alle ‚*Ynglinge*' gewesen sein, nicht aber alle *‚Könige'*.

266) Zum Vorstehenden s. W KRAUSE 1944, 236 ff.; 238 hält er eine Entwicklungsreihe, etwa: *Ing → Njörd → Frey (≙ Ynvi als „der Ingwione schlechthin")* für wahrscheinlich, 242 auch die Anlehnung *„an einen bestimmten König Yngvin"* für denkbar.
KRAUSES Überlegungen zur Etymologie, auf die aber hier nicht näher eingegangen werden soll, sind bemerkenswert *(250-254)*; *Ingi = „Mann"* außerdem schon bei F. HOLTHAUSEN 1934, 188; die Gleichsetzung von ‚Ingwäonen' und ‚Germanen' *(= „Brüller")*, die J. SCHNETZ 1935 und 1936 vornimmt, wird von S. GUTENBRUNNER 1942 wohl zu Recht kritisiert.

267) So schon bei O. SCHADE 1882² I, 445; zu **winiz = ‚Freund'* vgl. W. KRAUSE 1944, 240; zuvor: K. A. ECKHARDT 1939, 79; ich selbst wurde durch das 2. Kompositionsglied von *„ING-WE"* auf OL 4988 spontan an *Odins Bruder We* erinnert *(vgl.* F. NIEDNER *1965 u.* W. HANSEN *1981, 21).*

268) Um 800 od. früher: ‚*Ing(u)o*' für zunächst verderbtes ‚*Nigueo*' gem. A. NOREEN 1920, 3.

5.2.3. Zur Etymologie des Titels *‚König‘*

Bereits 1873 stellte HILDEBRAND diese Belegreihe auf: asächs. *kuning* → *kunig* und ags. *cyning* → *cynig* und *cyng*, engl. *king* als *-ing*-Ableitungen zum „Mutterwort“ ahd. *chunni*,[269] asächs. *cunni*, ags. *cynn*, got. *kuni* = *‚Geschlecht‘*, „der könig also als das haupt des geschlechts, der familie, des stamms“.[270]
Als Grundbedeutung von dän. *konge*, ält. dän. *koning, konung*, schwed. *konung, kung*, anord. *konungr* geben FALK und TORP 1910 „sohn eines vornehmen mannes“.[271]
ANDERSEN 1930/31[272] belegt die adän. Formen *kun(n)ing* und *kun(n)ung* um 1300.
Wie die Vorigen schließt auch VON KIENLE 1939[273] als Lehnworte finn. *kuningas*, lit. *kùningas*, aslaw. *kŭnędzĭ* hier an: „Diese Weise der Benennung bezeichnet den Fürsten als denjenigen, der das Volk verkörpert“, d. h. als „Führer und Ältester der Sippe nicht: Abkömmling aus edler Sippe“.
SCHRÖDER 1941[274] betont mit HEUSLER 1940[275] das Aufkommen des Titels im Zusammenhang mit dem Gedanken der *Erblichkeit* des Königtums.
Den Anspruch auf eine *göttliche Abkunft* unterstreicht[276] JAN DE VRIES 1956 und 1962, während KLUGE 1957[277] wieder „Herrscher aus vornehmem Geschlecht“ anbietet.
Mit der Bemerkung, Angehöriger einer Sippe sei schließlich jedermann, erfaßt KAHL 1960 treffend die Unzufriedenheit zurücklassende, aber dennoch allgemeine Auffassung des *-ing* als patronymisches Suffix oder aber als Suffix der Zugehörigkeit. Er versucht einen neuen etymologischen Ansatz, indem er den König als den der *Gesamtheit des Geheimwissens und der Zauberkunst „Kundigen“* versteht.[278]
In der Tat beinhaltet bereits die Erklärung „Angehöriger eines ‚vornehmen‘ Geschlechtes“ durch das Attribut ‚vornehm‘ eine gewisse Konjektur, die auf die tatsächlichen Merkmale der Königsmacht zurückgeführt werden dürfte. Die Bestandteile *kunni* -, „Geschlecht, Stamm, Sippe u. dgl.“ und *-ing*, in der Auffassung eines Suffixes, würden ja nur besagen, daß der König Abkömmling einer Familie ist, was - abgesehen von der Tautologie - schwerlich als ernsthaftes Etymon für den Königstitel in Frage kommt.
Doch wodurch zeichnet sich der König wirklich aus?
Da ist zuerst die bereits angesprochene göttliche Abstammung[279] zu nennen, eine Vorstellung, die sich in der Bezeichnung „von Gottes Gnaden“ - wenn auch in abgeschwächter Form - bis in christliche Zeiten hin gehalten hat.
Die *stirps regia* war bei den Germanen von derart großer Bedeutung, daß die Cherusker den letzten Sproß aus könglichem Geblüt eigens aus Rom, die Heruler aus dem fernen Skandinavien kommen ließen.[280]
Aufgrund seiner letztlich göttlichen Herleitung verfügt der König über übernatürliche Kräfte. So kann er, wie einzelne Beispiele zeigen, die Sprache der Vögel verstehen, Kriegsgefangene durch Magie befreien, die stürmische See beruhigen etc., ist im Sinne KAHLS[281] also ein des Zaubers „Kundiger“.
Auch kann er durch Handauflegen heilen, gelegentlich Feuer speien und entgeht

269) Zur *n*-Gemination, deren Ursache das *j* in germ. **kunja-* ist, vgl. A. WALDE 1900, 146 f., W. WILMANNS 1909, § 161, J. SCHATZ 1927, § 316, A. LASCH 1932, 174 Anm. 1, I. DAL 1937, 243-252, sowie allg. zur Laut-, Formen- u. Wortbildungslehre H. KRAHE / (W. MEID) 1942/1967.
270) R. HILDEBRAND 1873, Sp. 1691-1701 (J. GRIMM / W. GRIMM: *Dt. Wörterbuch V unter ‚König‘*).
271) H. S. FALK / A. TORP 1910, 563; vgl. dazu N. O. HEINERTZ 1935/1936, 145-162.
272) H. ANDERSEN 1930/1931, 102 fand diese Formen um 1300/1325 für Stockholm gesichert.
273) R. VON KIENLE 1939, 268 f. ist die damalige ideologische Linie deutlich anzumerken.
274) F. R. SCHRÖDER 1941, bes. 29, 33 ff. und 34 m. Anm. 1, 37 *(Kg.= „Nachkomme d. Erzeugergottes“)*.
275) A. HEUSLER 1940, 21; auf diesen und den folgenden Gedanken komme ich noch zurück.
276) J. DE VRIES 1956, 294 ff. und 1962, 326 *(Kg.= „Mann von göttlicher Abkunft“)*.
277) F. KLUGE 1957, 391 *(= 17. Auflage; die 1. und 2. erschien schon 1883, die 19. anno 1963)*.
278) H.-D. KAHL 1960, 200; 225 ff. gibt er aber zu, daß eine philologische Sicherung dieser Thesen, *‚kuningas‘* zu *„(er)kennen“* zu stellen, noch aussteht.
279) R. WENSKUS 1961, 311-314 stellt fest, daß der *König aufgrund seiner Abstammung als Repräsentant eines Gottes* gilt, was auch seine kultische Funktion erklärlich werden läßt; vgl. R. MEISSNER 1921, 137, K. HAUCK 1954, 9-66, C. J. BLEEKER 1956, 196 f., R. DEROLEZ 1963, 143, K. HALD 1963, 108 f., L. EJERFELDT 1971, 112-175, K. HAUCK 1985, 181 u. obige Anm. 274 ff.
280) *Tac. Ann.* 11, 16 und *Prokop* B. G. 2, 15; s. W. SCHLESINGER 1956, 136 m. Anm. 153 f.
281) H.-D. KAHL 1960, 210 ff. und bes. O. HÖFLER 1956, 75-104 m. Belegen f. diese Fähigkeiten.

nicht selten durch Entrückung dem Todesschicksal gewöhnlicher Sterblicher, wie HÖFLERS Beispiele zeigen.[282]

Dank seiner übermenschlichen Beziehungen garantiert der König außerdem Ernte- und Kriegsglück. Um letzteres zu gewährleisten, wurde beispielsweise der erst zweijährige *Ingi (!)*, in die Falten von *Thjostolf Alasons* Mantel gehüllt, unter dem Banner in die Schlacht vorangetragen, die sein Recht auf Norwegen entscheiden sollte.[283] Ein Kind aus dem Königsgeschlecht konnte nämlich mehr ausrichten, als eine Schar von mutigen und tüchtigen Kriegern.

Versagte aber der König als Garant von Fruchtbarkeit und Heil, so sahen es seine Gefolgsleute nur als recht und billig an, den, dem sie ansonsten treu bis in den Tod verpflichtet waren, seinen göttlichen Ahnen zu opfern.[284]

Wichtig zu erwähnen ist noch, daß - ganz entsprechend zur Selbstauffassung der *Ynglinge* - der Titel **kuningaz* sich nicht nur auf den König selbst, sondern auch auf dessen Brüder und Söhne bezog.[285] Von etlichen Germanenstämmen ist sogar das Doppelkönigtum, also die Herrschaft zweier königlicher Brüder, überliefert, was für die beiden Namen OL 4988: **Inghari* und OL 4991: *Uluhari* von Interesse sein dürfte.[286]

Eingedenk der unveröffentlichten Lesung O. VON FRIESENS *(s. o.)* der zweiten Zeile von OL 4988: *KUNNING x E* wage ich eine neue Etymologie des Titels *König* dergestalt, daß ich *kunni* wie bisher als „*(aus dem)* Geschlecht *(des)*", *ing* aber nicht als Suffix, sondern als aufschlußreicheres 2. Kompositionsglied, das den Namen des göttlichen Ahnen *Ing* nennt, fasse.

Bei Annahme dieser Etymologie werden die oben aufgeführten, übernatürlichen Qualitäten des Königs leicht verständlich.

Wohlgemerkt, ich schließe mich weder der Lesung VON FRIESENS an, noch nehme ich an, daß der Titel ‚*König*' als Bezeichnung des auf Runenknochen 4988 genannten *‚*Inghari*' anzusehen ist. Dennoch vermute ich, daß die Konstellation der zweiten Zeile dieses Textes den *Schlüssel zum Etymon dieses Titels* enthält. Wer anders hätte einen größeren Anspruch auf die später erbliche Königswürde, als der, der von sich behaupten darf, aus dem *KUNNI ING*, dem Geschlecht des *ING-(WE)* zu stammen, des *namengebenden Gottes der Ingweonen und Ynglinge?*

Für diesen Zusammenhang spricht m. E. auch die Tatsache, daß *INGI/YNGVI* allein von den Skalden häufig als *‚Heiti'* für *„König/Fürst"* gebraucht wird.[287]

Die unter runologischem Aspekt vielleicht bedeutsamste Parallele enthält die Inschrift des Ruthwell-Kreuzes.[288]

Die dort auftretende Schreibung *CYNING* für *„König"* bezeugt - berücksichtigt man den Niederschlag des entwickelteren Lautstandes in der erweiterten ags. Runenreihe - ansonsten eine OL 4988 direkt anzuschließende Form:

Runenknochen OL 4988:

kun n i Ing(w e)

Ruthwell, Steinkreuz:

k y n i ing c

Während beispielsweise in der Inschrift des südnorwegischen Runensteines von Rei-

282) O. HÖFLER 1956, 85 ff.: *Theoderich (Dietrich von Bern), Barbarossa, Artus, Karl d. Gr.* etc. . . .

283) Zit. n. V. GRÖNBECH 1937 I, 133 f.; auch bei H.-D. KAHL 1960, 232.

284) So geschehen mit dem *Ynglinger Domaldi* s. F. NIEDNER 1965, 41 *(Heimskringla)*.

285) H.-D. KAHL 1960, 232; 238: Auch sehr kleine Fürsten nannten sich *„Könige"*.

286) R. VON KIENLE 1939, 263 ff. gibt viele literarische Belege aus der Antike für *jeweils zwei Könige* bei Cimbern und Teutonen, Sueben, Hermunduren, Brukterern, Semnonen, Friesen, Quaden, Wandalen, Burgunden, Goten, Alemannen, Langobarden etc.; vgl. die ags. ‚*Hengist* und *Horsa*', *„Hengst und Pferd"*, deren Namen aber mythologisch o. ä., nicht als PN verstanden werden: E. A. PHILIPPSON 1929, 174; G. MÜLLER 1970, 157; K. HAUCK 1981, 244.

287) S. EGILSSON / F. JÓNSSON 1931^{2}, 319 *(Neudruck 1966)*; F. HOLTHAUSEN 1948, 143; J. DE VRIES 1962, 286. W. BAETKE 1964, 162, der in seiner Quellenkritik sehr weit geht, bleibt eben deswegen ein solcher Zusammenhang „unverständlich"; Rez.: H. BECK 1965, 746-750 und W. LANGE 1965, 423 f.; zu BAETKE vgl. ferner R. DEROLEZ 1963, 46.
Auch W. KRAUSE 1944, 237 und 241, der den Gebrauch von ‚*Yngvi*' = „der *Ingwione*" als *Fürstentitel* akzeptiert, nicht aber „ohne Zusatz" im direkten Zusammenhang mit dem *Gott* sieht, scheint hierin Opfer seiner eigenen Schlußfolgerungen geworden zu sein.

288) B. DICKINS / A. S. C. ROSS 1934, 1967^{4}, 5 u. Frontispiz, vgl. Anm. 221.

stad[289] die *Ing*-Rune ‚*I*‘+‚*N*‘+‚*G*‘ „umschrieben" wird, wie später auch der Name *Ingvar (s. Anm. 241)* mit ‚*Ikuar*‘ u. ä., begegnet sie auf dem Ruthwell-Kreuz in derselben Gestalt, wie sie auch sonst für den angelsächsischen Bereich *(s. Anm. 220-224)* typisch ist.[290] Daß diese Form als typologische Weiterentwicklung des sog. Trenners auf OL 4988 betrachtet werden kann, ist *(Anm. 225)* ausführlicher dargestellt worden.

Als Vergleich wird man auch KRAUSES zweite Lesungsmöglichkeit der silbervergoldeten Runenfibel von Aquincum[291] bei Budapest heranziehen können. Den Bestandteil *k ŋ ia* dieser Inschrift stellt KRAUSE zur Verkürzung engl. *king* aus ags. *cyning*, übersetzt das so gewonnene *KINGIA (= Kurzform für KUNNINGIA)* aber mit *„der enge Freund"*. Ist es nicht denkbar, daß es *„der König"* ist, der dem, der die kostbare Spange als Geschenk erhält, Gutes wünscht?

Doch zurück zur Etymologie des Königstitels.

Zunächst stieß die „Aufwertung" des so geläufigen *-ing* -Suffixes zu *„Ing (der Gott)"* auf ein beträchtliches inneres Widerstreben. Dieses legte sich aber nach Kenntnisnahme der Ausführungen FÖRSTEMANNS über das Alter des *-ing* als das[292] „allgemein deutsche patronymische suffix", welches in PN frühestens auf das 4. Jh. n. Chr. weist.

Weitere Überlegungen machten die Annahme, daß das Suffix *-ing* ausgerechnet in einer Zeit „vom Himmel fiel", in der die Vorstellung von einer Gottheit *Ing* - mit der dieses Suffix dann sprachlich zusammengefallen wäre - noch sehr lebendig gewesen sein muß, unwahrscheinlich. Plausibler erschien hingegen die Vorstellung, daß die Grundbedeutung, der Göttername *Ing*, im Zuge der zunehmenden Christianisierung nach und nach zur relativen Bedeutungslosigkeit eines Suffixes herabsank.

Dazu würde passen, daß *Wulfilas* Buchstabe *Enguz*, got. * *iggus* für *„Christus"* sowie für das Zahlzeichen 600 steht.[293]

Ein eigenes ŋ -Zeichen benötigte *Wulfila* nicht mehr, da er hierfür die griechische Auffassung des „Doppel-Gamma" (γγ) übernahm, weshalb **Χ**, im Griechischen für den Lautwert *ch* gebraucht, für das *Nomen sacrum* **Χριστός** stehend, hinsichtlich seines Buchstabennamens aber an die alte heidnische *Ing*-Rune erinnert. Daß dieser Umstand, wie ARNTZ meint[294], „für die Weitherzigkeit *WULFILAS*" spricht, mag jedoch bestritten werden. Näher liegt vielleicht die Erklärung, daß die alte Heilsgottheit *Ing(us)* direkt durch den neuen Gott *Christus* ersetzt werden sollte.

Ähnlich läßt sich die Bezeichnung *Ings* als *„heroe"* im ags. Runengedicht verstehen, ließ es doch christliche Weltanschauung nicht mehr zu, *Ing* als Gott darzustellen. So wurde er zum Helden ‚degradiert‘.

Natürlich kann die Frage nach Herkunft und Alter[295] des *-ing* als Suffix in diesem Zusammenhang nicht beantwortet, sondern lediglich gestellt und an die Namensforschung weitergeleitet werden. Für denkbar halte ich, daß *Ing* zunächst - gemäß den Gesetzen der germanischen PN-Bildung[296] - als erstes oder zweites Kompositionsglied in Personennamen[297] Gebrauch fand, von dort auf Stammesgruppen[298] und weiter auf die von diesen bewohnten Orte[299] und Gegenden[300] überging.[301]

289) W. KRAUSE / H. JANKUHN 1966, Nr. 74: 2. H. 5. Jh., *IUþINGAR*‘: hier findet sich in ‚*UNNAM*‘ auch die einzige runische Gemination des Konsonanten *N (vgl. Ol 4988 ‚KUNNI‘)*; vgl. auch R. PAGE 1962, 897-907 und K. DÜWEL 1975, 148 m. Anm. 28 *(Svarteborg)* zur Gemination.

290) R. PAGE 1973, 47 stellt das Vorkommen dieser Rune ausschließlich in England fest.

291) W. KRAUSE / H. JANKUHN 1966, Nr. 7; die *Ing*-Rune hat hier die *Laternenform (vgl. Anm. 219).*

292) E. FÖRSTEMANN 1966 I, 956 (ff.); vgl. aber dazu J. KOUSGÅRD SØRENSEN 1984, 52-67 und bes. 209-212 *(Rez.:* T. ANDERSSON 1983, 140 f.).

293) E. WESSÉN 1924, 46; H. ARNTZ 1935, 43 u. 1944[2], 226 *(Hb.)*; H. ROSENFELD 1961, 33.

294) H. ARNTZ 1944[2], 226 *(Handbuch).*

295) Nach H. JANKUHN 1955, 75 reichen ON auf *-ing* noch in die Eisenzeit zurück; vgl. ebda. H. RAMM 1955, 67-22: „hochaltertümlich"; ferner A. BACH 1954 II, § 462 ff.

296) G. T. FLOM 1917, 7-17; R. VON KIENLE 1939, 78; R. WENSKUS 1976, 43-48, Anm. 426 u. Register.

297) E. FÖRSTEMANN 1966 gibt ca. 100 Beispiele für PN mit *Ing-*, über 200 auf *-ing (Sp. 956-967).*

298) A. SALOMON 1965, 44, 69, 82 etc. nennt die Geschlechter der *Harringa* und *Harlinger* im direkten Umfeld der Oldenburger Knochen als *Häuptlingssippen (vgl. 4988: Inghari !)*, z. B. *Uffo Harlingi (45), Sibo Harringa (82)* und den *Häuptling Ewe Ynghensone (86).*

299) G. LOHSE 1939, der die ON im östl. Friesland zwischen Weser und Ems untersucht, stellt *(52)* fest, daß die auf *-ingi* zu den ältesten gehören und über Sippennamen aus PN gebildet sind, wie z. B. *Heringhausen* vom PN *Hering (79)*; vgl. dazu den Hofnamen *‚Häringe‘* in Södermanland bei C. J. S. MARSTRANDER 1929, 25 ff. in NTS III *(got. runeminnesmerker)*. Gut untersucht ist der ags. Bereich, s. die Arbeiten von H. ALEXANDER 1911 und 1912, R. E. A. ZACHRISSON 1915 und 1924, E. EKWALL 1923, der die *-ingas* -Namen als für das *früheste ags. Invasionsstratum in England* kennzeichnend ansieht *(119)* und S. KARLSTRÖM 1923, bes. 33 *(Harlington)* und 51 *(Herlingaham)*. H. EHMER 1937, der die sächs. Siedlungen auf dem französ. *„litus Saxonicum"* behandelt, hebt das *höhere Alter* der *-ing* -ON gegenüber den *-ingtun* -ON, den späteren *-ington* -ON deutlich hervor.

300) Vgl. die o.g. *„Geschichte des Harlingerlandes"*, von A. SALOMON 1965 bearbeitet.

301) Auch *Schwertnamen* auf *-ing* waren beliebt, vgl. *‚Mæringr‘* und *‚Ylfingr‘* bei H. FALK 1914, 56 u. 64 sowie die Namen *‚Hrunting‘* und *‚Nägling‘* der Waffe *Beowulfs (GENZMER 1978, 81).*

In den Ortsnamen auf *-ingheim*, *-ingstedt* und in England *-ingtun* zu *-ington* liegt bereits ein jüngeres Stratum vor, in welchem die ursprüngliche Bedeutung möglicherweise schon zugunsten einer Auffassung des *-ing* als possessives Suffix verwischt war.[302]

Die letzte Schicht bilden die im Mittelalter beliebten ON-Bildungen auf *-ingen*[303], nunmehr als eine reine, allgemein patronymische Suffixstrate.

Das hier angenommene bedeutungsmäßige Absinken des *-ing* mag im Zuge des Prozesses dadurch begünstigt worden sein, daß es[304]

a) auch für Berg- *(-ing)* und Flußnamen *(-inga)* gebraucht,

b) teilweise im Sinne von „Wiese" *(ing, vgl. Anger)* verwandt,

c) mit dem keltischen Suffix *-inc/-incum* verwechselt wurde.

Vergleichbar ist in diesem Zusammenhang vielleicht die Geschichte des Suffixes *-ar/-er*, enthalten etwa in den PN *Gunnar, Gunter, Günter, Walter, Werner* etc. Welcher Nicht-Namenforscher würde hier auf Anhieb vermuten, daß dieses Suffix auf *-hari*, *-heri*, also *„Kriegsmann"* zurückgeht, also genau auf den 2. Bestandteil der auf OL 4988 und 4991 genannten Namen? Freilich erinnern hieran noch die älteren Schreibweisen *Gunther, Günther, Walther, Wernher.*

5.2.4. *Harier, Einherier* und *Odins ,Wütendes Heer'*

Zum besseren Verständnis der Bedeutung beider auf den Runenknochen 4988 und 4991 genannten Personennamen, **Inghari* und *Uluhari*, soll hier näher auf das beiden PN gemeinsame Kompositionsglied *-hari* eingegangen werden.

Sind auch die Wortformen problemlos erklärbar und weiter oben *(Kap. 2.3. und 3.1.1. bis 3.1.5.)* hinreichend belegt, so können diese Ausführungen vielleicht in Hinblick auf die weiter unten folgende Gesamtinterpretation von Nutzen sein.

Im Kapitel 43 seiner *,Germania'* nennt *Tacitus* die *Harii*. Von diesen weiß er zu berichten:[305]

„Im übrigen sind die Harier den soeben genannten Stämmen an Kräften überlegen. Ohnehin von schrecklichem Aussehen, kommen sie der angeborenen Wildheit durch Kunst und Ausnutzung der Zeit zu Hilfe. Schwarz sind die Schilde, gefärbt die Leiber; dunkle Nächte wählen sie zum Kampf, und schon das Grauenvolle und Schattenhafte ihres Totenheeres jagt Schrecken ein:
Kein Feind hält dem ungewohnten und gleichsam höllischen Anblick stand. Denn in jeder Schlacht erliegen ja zuerst die Augen."

Es ist strittig geblieben, ob *Tacitus* zu Recht oder nur infolge eines Mißverständnisses die *Harier* als eine eigene Stammesgruppe in seiner Aufzählung erwähnt.[306] Erwogen wurde auch die Möglichkeit, daß es sich bei ihnen um eine stammesspezifische[307] Kaste von Elitekriegern handelte, die in der Art eines kultischen Geheimbundes zusammengeschlossen war.[308]

Sprachlich an die Seite der *Harier* können die *Einherier*[309] gestellt werden, Odins Heer von ihm geweihten, im Kampfe gefallenen Kriegern, mit welchem er beim letzten großen Streit *(Ragnarök)* erbitterten Widerstand leistet.

Zwar ist das vordere Kompositionsglied des Namens der *Einherjar, Einherjer* oder *Einherier* noch unklar[310], doch läßt sich der zweite Namensbestandteil direkt zum

302) Vgl. z. B. H. EHMER 1937, 46; H. JANKUHN 1955, 82 und H. RAMM 1955, 69 *(ebda.)*.

303) W. KASPERS 1935, E. CHRISTMANN 1936, B. BOESCH 1958: R. E. FISCHER / G. SCHLIMPERT 1976², 282 f.

304) Schon E. FÖRSTEMANN 1913, der ca. 700 ON-Beispiele mit *-ing*-Zusammensetzungen auflistet, ist diese Problematik zu entnehmen.

305) Hier ist die Übersetzung von M. FUHRMANN 1980, 58 ff. *(Reclam)* wiedergegeben.

306) *Tacitus* rechnet sie zu den Lugiern, den südlichen Nachbarn der Gutonen.

307) M. FUHRMANN 1980, 90 vergleicht die Chatten, worauf noch einzugehen ist: *„Die ein Totenheer darstellenden Harier waren möglicherweise eine Einrichtung nach Art der chattischen Kriegerbünde".*

308) Vgl. L. WENIGER 1906, L. WEISER 1927, E. BOEHLICH 1929 u. besonders O.HÖFLER 1934.

309) *Gylfaginning* 38-41; s. G. NECKEL / F. NIEDNER 1966, 84-87. Vgl. die vorige Anm. *(alle Verf.)*.

310) F. R. SCHRÖDER 1929, 83 versucht eine Deutung im Sinne eines sog. Dvandvakompositums: „Jemand, der ein einziger ist und zugleich eine Menge *(Heer)* darstellt."
Dieser Versuch vermag vielleicht nicht recht zu befriedigen; vgl. L. ELMEVIK 1986, 75-84. Bei E. FÖRSTEMANN 1966², 39 ist der PN *Einhard (Historiker Karls d. Gr.)* zu *Agin-* gestellt: *Aginard, Eginhard* und „wohl hierher" *Enginhard.*
Sollte als Ausgangsform auch hier *,Ingen-'*, im Ablautverhältnis *,Engin-'*, vorauszusetzen sein? Vgl. aber H. KAUFMANN 1968, 23, 34 f. zu *Agin-*, *Ang-*, *Angil-* u. *Angin-*.

Odinsheiti Herjan(n)[311] stellen. Durch diesen Beinamen wird Odins Rolle als Führer des Totenheeres deutlich. BOEHLICH[312] nimmt an, daß auch *Yngvi-Freyr* ein entsprechendes Heer in den Endkampf der ‚Götterdämmerung' *(Ragnarök, s. o.)* führt.
Wie die *Harier* zeichnen sich auch die *Einherier* durch eine permanente Kampfbereitschaft aus. Ihr Tagesablauf besteht in ernster Waffenübung, wonach gut gegessen und eifrig gezecht wird.[313] Ihre Zahl wird beim *Ragnarök* 432 000 betragen.[314] Wichtig ist, daß diese *Einherier* gottgeweiht sind. Wer nicht auf dem Schlachtfeld, sondern „den Strohtod" im Bett stirbt, kann nach *Snorris* Angabe durch Zeichnung mit dem Speer in diese Kriegerschaft der Unterwelt aufgenommen werden.[315]
Es ist wohl diese Unerschrockenheit vor Verwundung und Tod, welche einerseits das Selbstverständnis des germanischen Kriegers bestimmte und andererseits insbesondere die römischen Feinde das Fürchten lehrte.
Den römischen Legionären, die weniger aus innerer Überzeugung, als des materiellen und sozialen *(Status-)*Gewinnes wegen zu Felde zogen, machten sicherlich körperliche Überlegenheit der Germanen und daraus resultierende Berechnungen ohnehin sehr schwer zu schaffen, wie *Caesars* Heeresansprache im Kap. 39 des I. Buches des ‚Gallischen Krieges' offenbart. Kurz vor der militärischen Auseinandersetzung mit dem Suebenkönig *Ariovist* hatten Gallier und Kaufleute eine Art Panikstimmung im Lager von Besançon verbreitet:

„Diese konnten nicht genug die gewaltige Körpergröße der Germanen sowie ihre unglaubliche Tapferkeit und Übung in den Waffen rühmen. Bei ihren häufigen Zusammenstößen mit ihnen, so sagten sie, hätten sie nicht einmal ihren wilden, feurigen Blick ertragen können." [316]

Vor der hier anklingenden inneren Einstellung der germanischen Gegner werden die Römer aber noch mehr Respekt gehabt haben, gaben doch Begriffe wie *‚Gefolgschaftstreue bis in den Tod'*[317] für sie relativ wenig her. Auch, daß die Herausforderung eines Feindes und das Verkraften von Wunden dem Germanen ungleich mehr galt, als beispielsweise die Feldbestellung, entsprach nicht römischer Denkweise.[318] Schließlich waren auch die Aussichten eines Söldners im Falle einer Gefangennahme außerordentlich finster:

* Er konnte bestenfalls gegen einen ausgesuchten Einzelkämpfer des betreffenden Stammes zu Orakelzwecken antreten.[319]
** Er mußte darauf gefaßt sein, seine Kehle zu Orakelzwecken durchgeschnitten zu bekommen.[320]
*** Ansonsten mußte er davon ausgehen, als Menschenopfer zu Ehren einer germanischen Kriegsgottheit zu enden.[321]

Schon vor Beginn einer Schlacht wurde das gegnerische Heer dem bei dem betreffenden Stamm verehrten Kriegsgott als Opfer versprochen.

Von einem solchen Gelübde der Kimbern vor der Schlacht von Arausio 105 v. Chr. berichtet *Orosius* V, 16, 1-7.[322] Ähnlich gelobten die Hermunduren und die Chatten sich vor dem Kampf um die Salzquellen im Jahre 58 n. Chr. gegenseitig *„Marti ac Mercurio"*, wie den *tacit. Annalen* XIII, 57 zu entnehmen ist.[323]

311) *Gylfaginning* 20, *Grimnismál* 46; vgl. H. FALK 1924, 16 *(Odensheite Nr. 66).*
312) E. BOEHLICH 1929, 67 Anm. 4 stellt dieses *„lichte Heer"* in Gegensatz etwa zum *schwarzen Heer der Harier* (*‚feralis exercitus'* ≙ *„Totenheer" bei Tacitus).*
Freyr unterliegt beim Ragnarök übrigens dem Surt(u)r nur, weil er nicht über sein bereits erwähntes Wunderschwert verfügt, das er - zur Brautwerbung der Riesin *Gerd* - an seinen Diener *Skirnir* verliehen hat. Ein solch unverantwortlicher Umgang mit einer Zauberwaffe, der ihm von *Loki* in *Lokasenna* 42 unverblümt vorgeworfen wird, mag dazu geführt haben, *daß Ingwi-Freyr als Schwertgott nicht zur Geltung kam und die Waffe selbst nie namentlich genannt wurde.*
313) Vgl. *Gylfaginning* 20, 36, 38-41 sowie *Vafthrúdhnismál* 41. E. BOEHLICH 1929, 56 sieht in den *Einheriern* „eine späte, ritterlich-heroische Verklärung" der *Harier.*
314) *Grimnismál* 23; aus den 540 Toren *Walhalls* strömen je 800 *Einherjar.*
315) O. HÖFLER 1934, 238; R. DEROLEZ 1963, 104 zum *Opfer des Ynglingerkönigs Wikar.*
316) Hier ist die Übersetzung von C. WOYTE 1977, 30 *(Reclam)* wiedergegeben.
317) *„Doch für das ganze Leben lädt Schmach und Schande auf sich, wer seinen Herrn überlebend aus der Schlacht zurückkehrt." Tac., Germania* 14, hier nach M. FUHRMANN 1980, 23.
318) Ibidem; *„vulnera mereri"* bezeichnet solche *Wunden* gar als *Verdienst.*
319) Ibidem 10; was für andere Stämme gilt, ist wohl auch auf röm. Gefangene übertragbar.
320) Nach *Strabo* VII, 294 *weissagten die kimbrischen Priesterinnen aus dem Blut und den Eingeweiden der Opfer, die sie über einem riesigen Kessel getötet hatten.*
321) Vgl. die zahlreichen Beispiele bei H. ROSENFELD 1961, 30-34 und E. MOGK 1909.
322) Vgl H. ROSENFELD 1961, 31 und 33 (W.-D. VON BARLOEWEN = *Hg.*).
323) H. ROSENFELD 1961, 31 und 35; vgl. ebenso O. HÖFLER 1934, 238.

Viel später ist freilich der altnordische Sagenbericht über den Kampf zwischen dem Schwedenkönig *Eirik* und *Styrbjǫrn Sviakappi,* bei dem ersterer dem *Odin*, letzterer dem *Thor* opfert. *Odin gibt dem Eirik einen Rohrstengel, den er mit dem Ruf „Odin hat euch alle!“ über das gegnerische Heer schleudern soll, womit er den Sieg erringt.*[324]

Natürlich werfen die schriftlichen Quellen nur gelegentliche Streiflichter auf solch kriegerisches Brauchtum bei den Germanen. Auch ist die *interpretatio Romana* derart schwankend, daß es vielleicht unmöglich ist, die wirklich gemeinte germanische Gottheit mit Sicherheit festzulegen. Wichtig für den Zusammenhang aber ist die Feststellung, daß die Germanen ihre Gefangenen offenbar in erster Linie als dem jeweiligen Kriegsgott zustehende Beute betrachteten. Einem germanischem Stamm in der Schlacht zu unterliegen, war für den Verlierer also zunächst ein einem Todesurteil gleichkommendes Schicksal. Das wird nicht nur durch die Aussagen des *Tacitus* über die Cherusker *(Annales I, 61)* und des *Jordanes* über die Goten *(V, 41)*, sondern auch durch die großen Mooropferfunde von Nydam, Thorsberg, Vimose, Kragehul, Illerup etc. bekräftigt, denn auch die erbeuteten Pferde und Waffen fielen aufgrund solcher Gelöbnisse nach dem Sieg der entsprechenden Gottheit zu.[325]

Neben diesen Aspekt der Weihung eines Feindes an den Totengott, durch welche die Gottheit günstig gestimmt werden soll und durch die letztlich nichts anderes, als eine Verfluchung des Feindes bezweckt wird, tritt der Aspekt der individuellen Selbstweihe.

Eine solche wird von *Tacitus (Germania 31)* im Zusammenhang mit einem *Haargelübde* von den Kriegern der Chatten überliefert, allerdings nicht ohne den Hinweis, daß dieser Brauch auch bei den anderen germanischen Stämmen vorkomme:

„Mit dem Eintritt in das Mannesalter lassen sie Haupthaar und Bart wachsen, und erst, wenn sie einen Feind erschlagen haben, beseitigen sie diesen der Tapferkeit geweihten und verpfändeten Zustand ihres Gesichtes.“[326]

Aufgrund eines ähnlichen Gelöbnisses schnitt auch der Bataverführer *Civilis* 70 n. Chr. erst nach einem Sieg über die röm. Legionen sein Haar, das er bis dahin wachsen ließ. König *Harald Schönhaar* blieb so lange ungekämmt, bis er seinen Schwur, die Alleinherrschaft über Norwegen zu erringen, in die Tat umgesetzt hatte.[327]

Von den *Heardingas* haben wir bereits vernommen, daß sie im altenglischen Runenlied im Zusammenhang mit der Rune und der Wesenheit *Ing* genannt werden. Ihr altnordischer Name ist *Haddingjar, Dio Cassius* spricht von den Ἄστιγγοι , *Cassiodorus* von den *Hastingi*.[328] Der Name bedeutet: *„die (Ingi) mit den langen Haaren“*.[329] Ihr Fortleben als *Hazdinge, Hasdinge, Harlunge, Herelingas* etc. scheint ebenso erwähnenswert, wie das bei diesem vandalischen Stamm ausgeübte *brüderliche Doppelkönigtum* (Ῥᾶος *und* Ῥάπτος [330]) und der *Freitod ihres Königs ‚Hadingus‘ durch Erhängen vor den Augen seines Volkes.*[331]

Den - archäologisch belegten - sog. *Suebenknoten* beschreibt *Tacitus* auch als soziales Unterscheidungsmerkmal zwischen Freien und Unfreien.[332]

Auch die andere Form der Kopfbehaarung, der *Bart*, konnte namengebend für einen germanischen Stamm werden, wie das Beispiel der Langobarden zeigt, die sich früher *Winniler* nannten. *Paulus Diaconus* berichtet in der *Historia Langobardorum* um 800, daß diese vor einem Kampf gegen die Vandalen auf den Rat *Freyas*, der Schwester *Yngvi-Freyrs* und Gattin *Odins*, hin ihre Frauen das offene Haar so ins Gesicht ziehen ließen, daß Odin sie für langbärtige Krieger hielt.

324) O. HÖFLER 1934, 238; vgl. dazu K. DÜWEL 1972, 134-141 *(Runenscheibe von Liebenau).*
325) Zu den antiken Schriftquellen vgl. wieder H. ROSENFELD 1961, 34 und 33; Illerup wurde in runologischem Zusammenhang bereits erwähnt *(vgl. Anm. 215 und 219)*; auf die Phänomene der Mooropferplätze und der Menschenopfer gehe ich noch näher ein.
326) Zit. nach M. FUHRMANN 1980, 44 f. *(Germania-Kommentar)*; J. DE VRIES 1956, 297 nennt ein histor. Beispiel *in welchem gleich 6000 Sachsen ein ähnl. Haargelübde leisten.*
327) Beide Fälle sind L. WEISER 1927, 35 entnommen *(Civilis* und *Harald ‚Schönhaar‘).*
328) So bei R. DEROLEZ 1963, 145; vgl. z. B. O. HÖFLER 1956, 82 und schon E. WESSÉN 1924, 38.
329) Vgl. vorige Anm. sowie M. NINCK 1935, 194 Anm. 2 und Å. KABELL 1973, 1-15.
330) ≙ *„Rahe und Balken“* gem. E. WESSÉN 1924, 38; vgl. bereits A. NOREEN 1920, 8 etc.
331) *Alle Hängeopfer sind Odinsopfer*, wie O. HÖFLER 1934, 203 auch hier wohl zu Recht bemerkt.
332) *Tacitus, Germania* 38, hier nach M. FUHRMANN 1980, 52 ff.; vgl. L. WENIGER 1906, 205 und den *Moorfund von Osterby,* beschrieben von K. KERSTEN u. K. SCHLABOW 1949 *(Offa 8).*

Odin gab den Winnilern nicht nur den neuen Namen *,Langobarden'*, sondern - dem Vorschlag Freyas folgend - auch den Sieg.[333]

Wallendes Haar und langer Bart waren auch das Kennzeichen der merowingischen Könige.[334]

KABELL[335] betont den alt bekannten Zusammenhang zwischen Haarlänge und Kampfkraft und erinnert an die *„Wolfspelze"* und *„Berserker"* des Nordens, jene in Ekstase übermenschlich starken und unverwundbaren Kämpen, mit denen sich die Elitekrieger der Langobarden, die „Hundsköpfe" *(Cynocephali)* wohl direkt vergleichen lassen. Diese wie jene ernährten sich von rohem Fleisch und tranken Blut, eine Vorstellung, die bereits WEISER[336] auch die *„Werwölfe"* hier anzuschließen veranlaßte. WEISER und HÖFLER, die in derartigen Kriegerformationen letztlich kultische Geheimbünde sehen, sind freilich aufgrund der Unbeweisbarkeit dieser Annahme mehr oder weniger heftig angegriffen worden.[337]

Relikte dieses Männerbundwesens wollte HÖFLER nicht nur in den karnevalistischen *Schembartläufern* des hochmittelalterlichen Nürnberg[338], den *Perchten*, schweizerischen *Butzen*[339] etc., sondern auch in gewissen Gepflogenheiten der heutigen Studentenverbindungen erkennen.[340]

Der Kritik von DEROLEZ[341], HÖFLER habe aus seinem ungleichartigen Material zu viel herauslesen wollen, namentlich was die Kontinuität des Phänomens betreffe, wird man also im Kern zustimmen müssen. Besonders die Gleichsetzungen der *Harier* mit den *Einherjern*, selbiger mit den *Berserkern* etc.[342] sind weitaus problematischer, als es eine bloße Einreihung in einen - zumindest in den Grundzügen doch ähnlichen - Zusammenhang gewesen wäre. Scheint außerdem eine monokausale Erklärung solcher Kriegerstände aus dem Geheimbundgedanken zu wenig Raum für Erklärungen anderer Art, wie z. B. als Deutung für Naturerscheinungen, zu lassen - was in besonderem Umfang für das im Sagengut vielerorts anzutreffende *„Wilde Heer"* oder *„Wütende Heer"* gelten dürfte-,[343] so wird dieses Quellenmaterial christlicher Zeit aber wohl zu Recht mit dem vorgenannten Stoff heidnischen Gepräges verknüpft. Schließlich ist es, mehr oder minder deutlich, fast immer *Wodan-Odin*, der als Schicksals-, Kampf- und Totengott oder als Sturmdämon im Hintergrund solcher Vorstellungen steht.[344]

Das aufzuzeigen und ein wenig zu illustrieren war die Absicht dieses Kapitels, verbunden mit dem Zweck, eine erste Assoziationsbasis zwischen dem neuen Lesungsvorschlag und den Bilddarstellungen der Runenknochen zu ermöglichen.

333) Vgl. G. BAESECKE 1940, 315 ff. und T. FRINGS 1942, 153 f.

334) R. BUCHNER 1956, 144; vgl. auch den *Haarschwur* von *Chararichs* Sohn gegen *Chlodwich*.

335) Å. KABELL 1973, 5 u. 11; vgl. dazu L. WEISER 1927, 37 u. 43 ff. sowie O. HÖFLER 1934, 57, 67 u. 170 f.; Darstellungen bei K. HAUCK 1981. *(Berserker ≙ „Bärenhäuter"!)*.

336) L. WEISER 1927, 37 u. 43 ff.; ebenso O. HÖFLER 1934, 27 ff., 197 u. 217.

337) Vgl. z. B. W. KROGMANN 1935, H. KUHN 1935, F. VON DER LEYEN 1935 und F. RANKE 1940 mit einem Gesamtbild des seinerzeitlich gültigen Rezensionsstandes zu HÖFLERS Arbeit.

338) O. HÖFLER 1934, 56 f. u. Abb. 2, sowie 68 ff.: *Hans Sachs* über das *„Wütende Heer"*.

339) O. HÖFLER 1934, 87 f., 251, 260, 287, 305 f. u. 319; auch schon bei L. WEISER 1927, 55 f.

340) O. HÖFLER 1934, 34, 60 Anm. 219, 158, 234 Anm. 215, 268, 314 Anm. 127 a.

341) R. DEROLEZ 1963, 102; er stößt sich besonders an HÖFLERS Verallgemeinerungen.

342) L. WEISER 1927, 48 ff. u. 82 tut dies bedenkenloser als O. HÖFLER 1934, 226.

343) Norddt. Sagen: A. KUHN/W. SCHWARTZ 1848, 275 u. a.; L. STRACKERJAN 1867, § 247, 561 u. 570; H. LÜBBING 1968, 7; vgl. H. PLISCHKE 1914, 55 f. u. allg. K. MEISEN 1935 u. E. MUDRAK 1937. Frankreich: Die *„Herlechini familia"* ist dort seit dem 11. Jh. belegt *(vgl. „Harlekin")*; England: Die *„Herlethingi familia" (12. Jh.)* dürfte dieser entsprechen; vgl. O. DRIESEN 1904; M. RÜHLEMANN 1912 u. H. M. FLASDIECK 1942 einschl. Literaturübersicht.

344) Vgl. dazu die Arbeiten von M. NINCK 1935 und M. KORTEN 1951 (auch *Teufelsnamen*).

5.2.5. Epigraphische Parallelen

5.2.5.1. *ING*

Abgesehen von etwa 30 *INGVAR*-Steinen aus der jüngeren Runenzeit *(vgl. Anm. 241)* scheint auch im älteren Futhark *ŋ* meist als Komponente eines Personennamens aufzutreten:[345]

KJ 81, Stenstad, um 450, *igijon* zum f PN **I(ng)ijo*, = *Ingia*;
KJ 76, Opedal, Anfg. 5 Jh., *ŋguboro*, f PN *Inguboro* (VON FRIESEN);
KJ 45, Køng, 5./6. Jh., xx*ŋ*o, f PN-Teil *(kaum: südgerm. m PN-Teil)*;
KJ 44, Frøyhov, Ende 2.-3. Jh., *ŋa*, m PN *Ing(w)a(r)*;[346]
KJ 23, Vimose-Scheidenbeschlag, 3.-4. Jh., *awŋs*, m PN *Awings*;
KJ 167, Szabadbattyán, 1. V. 5. Jh., *marŋ*, m PN *Maring (langobard.)*;
KJ 89, Tanem, um 500, *mairlŋu*, f PN zum m PN *Merling (ahd.)*;
KJ 74, Reistad, 2. H. 5. Jh., *iupingaR*, m PN (vgl. die alem. *Iuthungi*);
KJ 7, Aquincum, um 530, *kŋia*;[347]
KJ 39, Anm., Slemminge, o. Dat., *witrŋ* = ‚Kundgabe';
KRAUSE 1969, Leţcani, 4. Jh., *raŋo*, f PN *Raŋ(n)o*.

Unsicher bleiben in diesem Zusammenhang:
KJ 41, Pietroassa, um 380, *ŋwi*?[348] und
KJ 58, Årstad, Mitte 6. Jh., *uŋwinaR*, m PN *YngwinaR*.[349]

Beispiele aus jüngeren Inschriften sind:
VON FRIESEN 1918/19, T. 6, Abb. 25, Lund, *ikimaR*, m PN *Ingimar*,
WIMMER 1887, 239, Maeshowe, *Ærlingr*, m PN *Erlingr* und
BUGGE 1871, 197 f. und 1892, 7, Münze des *Beornwulf*, Kg. v. Mercia 821-823, lat. *MONN* + *ŋ*-Rune.

Bereits in anderem Zusammenhang wurde auf *kyningc* in der Inschrift des Steinkreuzes von Ruthwell eingegangen.[350] Auch die oben erwähnten *Ingvar*-Denkmäler[351] finden hier ebensowenig nähere Behandlung wie andere Beispiele der jüngeren Runenreihen für PN-Zusammensetzungen mit *Ing*-.[352]

Wichtiger erscheint in Hinblick auf die hier vorgeschlagene Lesung des Textes OL 4988, insbesondere wegen der Beispiellosigkeit der beiden als *Ing*-Runen aufgefaßten Zeichen (*aus*), eine neuerliche Beschäftigung mit dem Problem der *Ing*-Runen überhaupt.[353] Die Identifizierung von *Ing*-Formen, respektive deren Absetzung von *j*-Typen, hat der älteren Runenforschung erhebliche Schwierigkeiten bereitet. Die Forschungsgeschichte läßt sich in drei wesentliche Phasen gliedern:

1. Die Blütezeiten der *Ing*-Lesungen;
2. Die Phase des Umschwunges;
3. Die Phase des Niederganges.

Zu 1. *Die Blütezeit der Ing-Lesungen von den Anfängen der älteren Forschung bis etwa zur Wende zum 20. Jahrhundert*

S. BUGGE 1866/1867, 211-252 u. 312-363; L. WIMMER 1867, 1-64, bes. 25, 33-36; L. WIMMER 1868, 53-75, bes. 68; S. BUGGE 1868/1869, 163-204 und 1871, 171-226; K. GISLASON 1871, 353-372; L. WIMMER 1874 *(dt. übers. von F. HOLTHAUSEN)*; O. RYGH/S. BUGGE 1878, 59-72, bes. 69-71; F. BURG 1885 *(s. Register)*; R. HENNING 1889.

In der hier beispielsweise genannten Literatur wird eine ganze Reihe von Runendenkmälern zu den inschriftlichen Belegen mit *ING* gezählt, die dann später *(s. u.)* zugunsten von *J*-Lesungen aufgegeben wurden. Zu nennen sind:

345) KJ Nr. bezeichnet die einzelnen Belege bei W. KRAUSE / H. JANKUHN 1966.
346) G. ALEXANDER 1975, vgl. dazu die Anm. 219 weiter oben.
347) Gemäß der Auflösung *‚kunningia'* bei KRAUSE kann man den zweiten Wortbestandteil durchaus als m PN verstehen und mit OL 4988 *‚kunni ingwe'* vergleichen, s. Anm. 291.
348) Vgl. Anm. 249 u. 250: Sollte MARSTRANDER im Recht sein, bietet sich auch hier eine bemerkenswerte Parallele zu *‚ingwe'* auf Runenknochen OL 4988.
349) Die von ihm 1944, 241 *(NGAW)* vorgeschlagene Deutung aus *Ingwi(a)-winiz* = an. *Yngvin* (≙ *Saxos ‚Ungvinus'*) bezeichnet KRAUSE 1966 aber als „weniger wahrscheinlich". Die Präsenz einer *Ing*-Rune wurde von Frau Prof. Gerd HØST-HEYERDAHL, Oslo, die den Stein in Zusammenarbeit mit Archäologen, Mineralogen und Steinmetzen einer Nachuntersuchung unterzog, beim Runologensymposium in Sigtuna am 10. 9. 1985 aber entschieden bestritten.
350) Vgl. den Text zu Anm. 288 weiter oben.
351) Vgl. die in Anm. 241 gegebenen Literaturbeispiele.
352) O. VON FRIESEN 1920, 54 f. etwa faßt *ikultka* auf dem Runenstein von Rök als *iku(a)lt(i)ka*, den PN *Ingvald* auf.
353) Siehe dazu die obigen Anm. 215 und 219.

KJ 31, Øvre Stabu, 2. H. 2. Jh., *RAUNINGA*;
KJ 20, Thorsberg-Ortband, um 200, *NIWANGEMARIR*;
KJ 24, Vimose-Schnalle, um 200, *WINGA*;
KJ 32, Dahmsdorf-Müncheberg, um 250, *RANINGA*;
KJ 26, Vimose-Kamm, 3. Jh., *HARINGA*;
KJ 25, Vimose-Hobel, 3. Jh. *(?)*, *GISAIONG* u. *TALINGO*;
KJ 43, Gallehus, um 400, *HOLTINGAR*;
KJ 61, Kalleby *(Tanum)*, um 400, *THRAWINGA(N)*;
KJ 72, Tune, um 400, *ARBINGA, SINGOSTER, ARBINGANO, THUINGOR;*
KJ 91, Tørvika A, 1. H. 5. Jh., *WARINGAR*;
KJ 85, Skåäng, um 500, *HARINGA(N)*;
KJ 105, Skodborg, 5./6. Jh., *AUINGA (3x)*;
KJ 100, Krogsta*(d)*, um 550 *(?)*, *MWSTUINGI (o. ä.)*;
KJ 7, Fonnås, Mitte/2. H. 6. Jh., *INGUR* bzw. *INGA*;
KJ 96, Stentoften, um 650, *GAFING*.
KJ 81, Stenstad, um 450, oben als erstes der *Ing*-Beispiele aufgeführt, muß hier nochmals erwähnt werden, da die Inschrift in der älteren Auffassung *IG (ich) INGON (Inga's Stein)* aufgelöst wurde.

Versahen auch die frühen Autoren die eine oder andere ihrer Lesungen selbst mit einem Fragezeichen[354], so scheinen sie insgesamt keine größeren Bedenken gegen die Transkription oben angeführter Zeichen mit *NG* gehegt zu haben. Das ist keineswegs verwunderlich, wenn man bedenkt, daß sich in einer ansehnlichen Anzahl der Fälle direkte Vergleichsmöglichkeiten mit Personen-, Stammes-, Orts- und sogar Waffennamen ergaben, die historisch überliefert sind.

So läßt sich *HAR(I)NGA (Vimose-Kamm)* wie *HARINGA (Skåäng)* zum PN *Herinc*[355] und in der Umkehrung seiner Kompositionsglieder zu *Inguheri*[356] stellen, dessen Vorform **Inghari* sich nach der hier vorgeschlagenen Lesung auf Runenknochen OL 4988 befindet.
Ähnlich ließe sich *INGEMARIR*[357] *(Thorsberg-Ortband)*, von BUGGE vielleicht vorschnell fallen gelassen *(s. Anm. 354)*, in seiner Umkehrungsform *MARING (Szabadbattyán, s. die Ing-Beispiele)* wiederfinden. Auch diese silberne Gürtelschnalle, seit 1927 im Ungarischen Nationalmuseum, gehörte unmittelbar in das Umfeld der Bewaffnung mit dem Schwert; jemand, der sein Schwert anlegte, ‚gürtete' sich. Dieser Zusammenhang erscheint um so bedeutungsvoller, als *„Mæringr"* als der Name eines Schwertes überliefert ist, das König *Ólafr helgi* dem *Bjǫrn Hítdœlakappi* schenkte.[358] Aber auch als Stammesname tritt *„Mæringr"* in Erscheinung. So wird der Gotenkönig *Theoderich,* wohl niemand anderer als *Dietrich von Bern,* in der vieldiskutierten Inschrift des Runensteines von Rök als *Maeringerfürst* bezeichnet.[359]
RANINGA (Dahmsdorf-Müncheberg) hätte als Speername im PN *Raning*[360], *WARINGAR*

354) So scheint S. BUGGE 1868/1869, 200 und 1871, 197 seinem Vorschlag *GAF(I)NG* recht zweifelnd gegenüberzustehen.
Derselbe Autor, S. BUGGE 1868/1869, 183 Anm. 1, wagt bei der Inschrift des Thorsberger Ortbandes - nach seinen eigenen Worten - nicht, an eine Lesung *NIWA INGMARIR* zu denken. F. BURG 1885, 27 begrüßt diesen Schritt BUGGES der Verwerfung eines noch gar nicht laut geäußerten Vorschlags. Ein solcher erschiene ihm *zu kühn, da Ing- im Anlaut eines PN sonst nie bezeugt sei und von -uio-* wie in *‚Inguiomerus' keine Spur mehr vorhanden.* Gegen den ersten Grund für diese Skepsis stehen mittlerweie nicht nur einige der o. g. Denkmäler und - neben OL 4988 - auch die 92 Hauptformen mit *Ing-* bei E. FÖRSTEMANN 1966², 956-967. Gegen den zweiten Ablehnungsgrund ließe sich anführen, daß diese lat. Schreibweise wahrscheinlich nicht auf so direktem Wege auf german. Verhältnisse übertragbar sein dürfte.
Auch *STUINGI (Krogsta)* und *WARINGAR (Tørvika) versieht BURG (s. Register)* mit einem, *WINGA (Vimose-Schnalle)* gleich mit drei Fragezeichen. Da ihm die Ergebnisse späterer Forschungen anhand einer breiteren Materialbasis natürlich vorenthalten sein mußten, konnte er nicht zu einem Ansatz gelangen, der diesen Inschriftteil mit *WI INGA*, also etwa *‚Ing geweiht'* löst. W. KRAUSE 1966, 24 (*RäF, zus. m.* H. JANKUHN) bemerkt, daß die ŋ - Rune *„häufig den silbischen Lautwert ing " habe.*
355) E. FÖRSTEMANN 1966², Sp. 957. Zu vergleichen ist der Familienname *‚Hering'* der ON *Heringen* im Thüringer Becken und *‚Häringe' (Södermanland)*, welchen C. MARSTRANDER 1929, 25 ff. *(got. runeminnesmerker)* in ähnlichem Zusammenhang heranzieht. Vgl. Anm. 299.
356) E. FÖRSTEMANN 1966², Sp. 962; vgl. dort auch den westfränk. PN *Inc-har (7. Jh.)* und die von H. KAUFMANN 1968, 216 vorausgesetzte Form **Inc-hari*. Zur *Umkehrung der Bestandteile zweigliedriger PN* vgl. etwa *‚Haribald / Baldheri, Harilant / Lanthari, Hariwald / Waldhar'* ebda. Vgl. Anm. 235 ff.
357) Bei dem vierten Zeichen handelt es sich wohl um eine *Binderune:* *E*+ *M*.
358) H. FALK 1914, 56; so auch bei K.DÜWEL 1981, 149.*(Runeninschriften auf Waffen)*.
359) S. BUGGE 1905, 148; vgl. O. HÖFLER 1952; 1956, 86; 1963; 1966, 229-254; 1975, 92-110.
360) E. FÖRSTEMANN 1966², Sp. 957; eine interessante Parallele bei K. DÜWEL 1981, 162, auf der wikingerzeitl. Speerspitze von Svenskens, Gotland: *„Rani besitzt . . ."*.

(Tørvika A) im PN *Warinc*[361] eine Entsprechung. In der Inschrift des Tørvika-Steines sah WIMMER[362] den Stammesnamen *„véringr"* vertreten.
Schließt man *HOLTINGAR*[363] auf dem goldenen Runenhorn von Gallehus an die letzten Gedankengänge an, so erhält man die Information, daß der Runenmeister *Hlewagast (iR)* nicht - wie sich heute durchgesetzt zu haben scheint[364] - *‚Holtes Sohn'*, sondern vielmehr ein *‚Holsteiner'* war. Ob das nun im Sinne NIELSENS *(Sippen- oder Stammesname, abgeleitet aber von einem PN * Holt[e])* oder aber im Sinne von ARNTZ[365], der mehr an eine ON-Ableitung zu denken scheint, besser nachvollziehbar ist, mag dahingestellt bleiben und ist im Hinblick auf die weiter oben dargestellten Vermutungen zu Herkunft und Bedeutungswandel des *-ing* - Suffixes *(Anm. 295 ff.)* eigentlich unerheblich, da ohnehin ursprünglich voneinander abhängig zu denken.

Zu 2. *Die Phase des Umschwunges von den ŋ- zu den j-Lesungen Ende 19./Anfang 20. Jh. bis etwa zu den 30er Jahren*

S. BUGGE 1891-1903, bes. 30 ff. und 1892, 1-33; T. VON GRIENBERGER 1897, 101-136 und 1900; S. BUGGE 1905, bes. 145-152, 288 ff.; M. OLSEN 1905-1924, bes. 605-640; O. VON FRIESEN 1918/19; O. VON FRIESEN 1920, Xf. und 1924, bes. 12, 29; C. MARSTRANDER 1929, 25-148, 158-192, 218-235; O. VON FRIESEN 1933, bes. 41.

Anhand vorstehender Literaturbeispiele soll diese allmähliche Entwicklung dargestellt werden, an deren Ausgangspunkt Sophus BUGGES neue Lesung der Runeninschrift auf dem Stein von Tune steht. In seiner Besprechung von 1892 des zwei Jahre zuvor gefundenen Opedal-Steines *(s. o. die Ing-Beispiele)* hatte BUGGE eine ganze Anzahl anderer *Ing*-Lesungen verglichen. Nun, in seinem großen Werk *‚Norges indskrifter med de ældre runer'*, welches zwischen 1891 und 1903 in Einzelheften erschien, rüttelt er am Gebäude der *Ing*-Lesungen, indem er ŋ durch *j* ersetzt. VON GRIENBERGER nimmt diesen Gedanken auf und überträgt ihn 1897 auf sieben weitere Runendenkmäler: Dahmsdorf, Vi-Kamm, Skåäng, Vi-Spange *(gemeint ist allerdings die Gürtelschnalle)*, Tørvika A, Stenstad und das Thorsberger Ortband. Bezüglich Tune, Skåäng und Thorsberg bekräftigt er 1900, 289 seine Entscheidung. BUGGE 1905 liest dagegen Gallehus weiterhin *HOLTINGAR*, Skåäng *HARINGA*, und *TALINGO* sowie *GISA JONG* auf dem Vimose-Hobel. Zu *TALINGO* stellt er den ON *Talings* oder auch *Talingur* in Rute, Gotland. Ferner vergleicht er den ON *Tallington*, Lincolnshire, den er auf einen Volksnamen **Tælingas* zurückführt. Die Inschrift des 1901 gefundenen Ortbandes von Vimose *MAKI AI ALA MARIHA* übersetzt er: *„Das Schwert besitzt Alla, der Mæring"*. Die *Ing*-Lesung des Skodborg-Brakteaten jedoch gibt BUGGE zugunsten von 3x *AUJA* auf.[366]
Magnus OLSEN bedenkt im 2. Band von *‚Norges indskrifter med de ældre runer' 1905-1924 die jüngst gefundene Inschrift des Nordhuglen-Steines mit fünf Deutungen, von denen die beiden ersten mit Ing operieren. Man kann hier an eine Auflösung GUDI INGA* (Ing-Priester) oder an einen PN *GUDINGA* denken; ŋ /*j* = ᛃ .[367]
Otto VON FRIESEN nennt in seinem Artikel *‚Runenschrift'*, Hoops IV, 1918/1919 für Gallehus beide Möglichkeiten, *HOLTIJAR* und *HOLTINGAR*. VON GRIENBERGERS Absetzung des *j* von ŋ hält er für nicht bewiesen, aber doch für wahrscheinlich. Bereits 1920, im Vorwort seiner Abhandlung über den Rök-Stein, hat er sich für *HOLTIJAR* entschieden, wie ebenso für *NI WAJEMARIR* auf dem Thorsberger Ortband und für *THRAWIJAN* auf dem Runenstein von Tanum. Auf dem Stein von Rö liest VON FRIESEN 1924 *SWABAHARJAR* und *STAINAWARIJAR* (ᛃ *und* ◇) und legt Formen, wie ◇, ◇, ‹›, ‹›, ᛃ, ◇, ᛃ, ᛃ, ᛃ, ᛃ, ᛃ, ᛃ, + etc. tabellarisch als *j*-Runen fest.
In gleich dreien seiner fünf Aufsätze der dritten Ausgabe der *‚Norsk Tidsskrift for Sprogvidenskap'* beschäftigt sich der Norweger Carl MARSTRANDER unter anderem auch mit der neuartigen Lösung von *‚Ing*-Problemen' durch Ersatz mittels *j*. Ein eigenes Kapitel seines

361) E. FÖRSTEMANN 1966², Sp. 958; die später gefundenen Denkmäler von Rö *(1919, = KJ 73)* und Nøvling *(kurz vor 1966, = KJ 13 A)* enthalten dieselbe Form *WARINGAR*.
362) L. WIMMER 1874, 166 f.
363) So zuletzt von N. Å. NIELSEN 1984, 3 transkribiert, übersetzt: *‚Holtes ætling'*.
364) Vgl. K. DÜWEL 1979, 224 *(Rez.* W. HARTNER *1969)*.
365) H. ARNTZ 1936, 8 *(Die Runen)*: *„ein Holsteiner!"*; ders. 1938, 86 *(Die Runenschrift)* stellt das transkribierte *‚holtijaz'* zu *Holtsati, Holt-sæte, „Holstein"*.
366) Ähnlich erwägt A. NOREEN 1903³, 336 für die Lesung des Brakteaten Darum I *(≙ KJ 104, Darum V)* mit dem Zeichen ᛃ gar nicht erst eine Lesung *NIU INGIL ALU*, sondern lediglich *NIUJIL(A) ALU*, *„Nýle (PN), Gedeihen!"*. Entsprechend übersetzt er auf S. 340 das *NIUWILA* des Brakteaten von Næsbjærg. Liest man auf dem Thorsberger Ortband tatsächlich *NIWA INGEMARIR*, so wäre das *NIWA* zu den PN zu stellen, die E. FÖRSTEMANN 1966², Sp. 1160-1163 unter *‚NIVJA'* mit der Bedeutung *„Neu-/Jung-"* zusammenbringt, wie z. B. *Niwo*. NOREEN freilich übersetzt diesen Textteil: „Der nicht tadelhafte" (*NI WAJEMARIR*, S. 345). Bis auf dieses Beispiel, Tune und Tørvika, bei denen er ŋ durch *j* ersetzt, bleibt NOREEN aber überwiegend *(in 12 Fällen)* bei den alten *Ing*-Lesungen, z. B. *„Dem Þrefinge . . ."* für Tanum. Vgl. dagegen den noch auf dieser Seite folgenden Text (O. VON FRIESEN 1920). A. HEUSLER 1913, 9 f. bleibt noch bei *HOLTINGAR (Gallehus)*, ebenso wie R. E. A. ZACHRISSON 1915, 353, welcher auch bei Skåäng von *HARINGA* ausgeht. Beide Formen finden sich ebenfalls bei A. JÓHANNESSON 1923, 90 u. 106, der auch die Kamminschrift von Vimose mit *HARINGA (8 u. 120)* wiedergibt und den Text der Fibel von Fonnås mit: *„Ingelskálkr, Sohn des ‚Ochsenkopfes', der von Ingesarv, besitzt die gute Nadel."*
367) Vgl. den PN *Goding* bei FÖRSTEMANN 1966², Sp. 957.

Leitartikels *„De gotiske runeminnesmerker“ (25-157, darin 141-146)* verdeutlicht MARSTRANDERS Anschluß an den Ansatz BUGGES, die Fortschritte VON GRIENBERGERS und die letzten Ergebnisse VON FRIESENS. Sicher konstatiert er auf Seite 142, die ᛃ - und *j*-Runen seien typologisch ganz verschieden, lediglich die Runologen, nicht etwa die Runenmeister hätten die Verwirrung hinsichtlich dieser beiden Zeichen geschaffen. Doch läßt ein gewisser inhaltlicher Widerspruch leicht erkennen, wie sehr MARSTRANDER selbst noch mit den angeblich überholten *‚Ing*-Vorstellungen’ behaftet gewesen sein muß:
Stellt er in der Anmerkung 1 seiner Seite 142 noch dar, daß das Zeichen ᛜ der Opedal-Inschrift als das einzige sichere Zeugnis für *ŋ* anzusehen sei, so besteht er ausgerechnet bei den äußerst unsicheren Zeichen ▯ auf dem Lanzenblatt von Kowel *(≙ KJ 33)* und ◇ auf dem Goldring von Pietroassa *(s. o. unter den unklaren Ing-Beispielen)* auf einer - im zweiten Fall zumindest denkbaren - *ING*-Lesung.[368]
Auch in der Besprechung des Opedal-Textes *(ebda. 158-196)* werden mit dem für diese Inschrift angenommenen PN *BIRGING* nicht nur die Umkehrung *Ingubirgu,* sondern *(173 f.)* auch mehrere andere PN ähnlicher Prägung verglichen, die sofort an die alten *Ing*-Lesungen oben genannter Runendenkmäler erinnern (*Hering (Skåäng u. Vi-Kamm)*; *Goding (Nordhuglen)*; *Waring (Rö, Nøvling, Tørvika A etc.).*
Schließlich erinnert MARSTRANDER in seinem Aufsatz *„Germanische Waffennamen aus römischer Zeit“* 1929 *(ebda., 218-235)* in der Anmerkung Seite 231 an seine alte Auffassung der Ortband-Inschrift von Vimose: „Dem Asen weiht *Alli* dies Schwert *Mæring*“ *(vgl. oben BUGGE 1905),* welche er jedoch an der „unmöglichen *ŋ*-Lesung“ scheitern sieht. Zum Thorsberger Ortband stellt er *(S. 224)* fest, daß die Inschrift *NI WAJE MARIR*, „Möge Mǽrr *(= Schwertname)* nicht schonen!“ gelesen werden muß. Gleichwohl sind zuvor *(S. 219 f.)* von ihm mehrere Beispiele für Schwertnamen auf *-ing(r)* herangezogen worden, wie beispielsweise *‚Lýsingr‘ (zum Glanz der Klinge)*, *‚Gelmingr‘ (zum Klang der Klinge)* und *Unferds* Schwert *‚Hrunting‘* im *Beowulf.*[369]
In *‚Nordisk Kultur. 6. Runorna‘* 1933 wiederholt O. VON FRIESEN auf Seite 41, Figur 38 seine Zusammenstellung von *j*-Formen: ᛃ, ᛃ, ‹›, ᛃ, ᛃ, ᛃ, ᛃ, ᛃ, +, ✱, ᛃ, womit ein Schlußstrich unter das Kapitel der alten ᛃ - und der neuen *j*-Typen gezogen zu sein scheint.

Zu 3. *Die Blütezeit der j-Lesungen etwa seit den 30er Jahren bis zur Gegenwart*

S. FEIST 1929, 6 und 21 f.; W. KRAUSE 1932, 74 f.; H. ARNTZ 1935 *(Handbuch)*, 186, *(vgl. 133)*; H. ARNTZ 1935 *(Dt. Runendenkmäler)*, 125; H. HEMPEL 1935, 410, 417, *(vgl. 403)*; W. KRAUSE 1935, 7; H. ARNTZ 1936 *(Die Runen)*, 6; W. KRAUSE 1936 *(framea)*, 586 ff. und 1937 *(RäF)*, 425 f., 502 ff.; H. ARNTZ 1938 *(Die Runenschrift)*, 41, 86; W. KRAUSE 1938 *(Runen)*, 9 f., 16, 19 u. *(NECKEL*)*, 49; H. ARNTZ / H. ZEISS 1939, 13 f.; W. KRAUSE 1943^2 *(s. 1935)*; H. ARNTZ 1944^2 *(s. 1935, Hb.)*, 200 f.; W. KRAUSE 1944 *(Ing)*, 231-234 und 1962 *(Aquincum)*, 440; ders. m. H. JANKUHN 1966, s. Register; K. DÜWEL 1968 *(Runenkunde)*, 5; W. KRAUSE 1970 *(Runen)*, 15, 40, 43, 53, 72, 75, 87 und 1971, § 63; K. DÜWEL 1978 *(Runeninschriften)*, 211; W. LAUR 1981, 19; K. DÜWEL 1983^2 *(s. 1968)*, 20, 23, 31.

Eine Zusammenstellung von Beispielen allein des deutschen runologischen Schrifttums, wie sie oben erfolgte, zeigt wohl schlagend den Siegeszug der *j*-Rune auf:[370] In allen dort genannten Fällen wurde die Klassifikation der ᛃ und *j*-Runen nach VON FRIESENS Muster übernommen.[371]

Zur Rune ᛃ auf der Speerspitze von Dahmsdorf-Müncheberg notiert Helmut ARNTZ 1939:

„Dieses Zeichen ist früher stets als *ng* gelesen worden. . . . Aber seit den Untersuchungen von v. Grienberger, v. Friesen und Marstrander wissen wir, daß wir nur dort ein Recht haben, *ŋ* zu lesen, wo das Zeichen aus geschlossenen Linien besteht: ▯, ◇, ⊠, ᛜ. Damit entfällt die Lesung *ŋ* bei weitaus den meisten Inschriften.“[372]

Ein wenig Bedauern über den gründlichen Schrumpfungsprozeß der ehedem ansehnlichen Denkmälerliste mit runischen *Ing*-Beispielen scheint in den Worten Wolfgang KRAUSES 1944 mitzuschwingen:

368) Kowel: *IK HARINGS* ist gem. z. B. W. KRAUSE 1936, 586 *(framea) „völlig abzulehnen“*, wofür sich die Auffassung ▯ = *d* und die Lesung *‚Tilarids‘*, *„Zielreiter“* - vgl. den ags. PN *Tilred* - als Waffenname durchgesetzt zu haben scheint; s. K. DÜWEL 1981, 144 f. Einen Wiederbelebungsversuch der Deutung MARSTRANDERS unternimmt K.-E. WESTERGAARD 1981, 1-309; dieser wird aber zumindest von J. E. KNIRK 1984, 397 f. abgelehnt.
Pietroassa: Neben *GUTANI O WI HAILAG*, *„Der Goten heiliger Erbbesitz“* zieht MARSTRANDER *GUTANI INGWA HAILAG*, *„Dem Inguo der Goten Heiligtum“* in Erwägung. Berücksichtigt man den Umstand, daß die fragliche *O/Ing*- Rune genau in ihrer Mitte durch einen jüngeren Bruch gestört ist, sowie die sehr gewissenhafte Dokumentation der unterschiedlichen Beschreibungen und Zeichnungen der Stelle vor dem Bruch, die MARSTRANDER vornimmt, so mag man seine sorgfältigen Überlegungen auch angesichts der mittlerweile vorherrschenden Meinungen - die durchaus ablehnend sind - nicht gleich verwerfen wollen. Zu berichten bleibt, daß MARSTRANDER die 1927 entdeckte Inschrift auf dem Kårstad-Stein in einem Nachwort behandelt, in welchem neben der Lesung *BAIJIR* etc. die Möglichkeiten, etwa *BAI(I)NGIR* und *ALINGA MARKIR* zu lesen, überhaupt nicht erst verzeichnet sind.
369) Gemäß H. FALK 1914, 57 etc. *(Altnordische Waffenkunde)*.
370) Ernsthafte Gegenwehr ist dabei nicht festzustellen; vgl. dazu H. GÜNTERT 1934, 86.
371) Vgl. die *j*-Reihen bei H. ARNTZ 1935 *(1944^2, Handb.)*, 186; 1936, 6; 1939, 13; W. KRAUSE 1935 *(1943^2)*, 7; 1938, 10; 1966, 2 sowie K. DÜWEL 1968 *(1983^2)*, 5.
372) H. ARNTZ / H. ZEISS 1939, 14; VON FRIESENS *‚ranja‘*, *„Anrenner, Durchbohrer“* wird unterstützt.

„Diese Rune ist leider nur verhältnismäßig selten bezeugt, seit wir durch v. Grienbergers und v. Friesens Untersuchungen gelernt haben, scharf zwischen der *Ing-* und der *Jahrrune* zu unterscheiden."[373]

Tatsächlich blieben von den rund 30 Runendenkmälern, die früher mit *Ing*-Lesungen aufgelöst wurden, nur die zu Anfang dieses Kapitels aufgelisteten etwa 10 Beispiele der älteren Runenreihe bestehen. Während des II. Internationalen Runologensymposiums 1985 in Sigtuna wurde weitergehend geäußert, daß die *Ing*-Rune sich in keinem einzigen Runendenkmal sicher verifizieren lasse. Erfreut wurde zudem aufgenommen, daß ein weiteres *Ing*-Beispiel - in diesem Falle offenbar zu Recht - eliminiert werden konnte *(vgl. Anm. 349)*. Dieser Trend scheint sich fortzusetzen.[374]

Gedanken zur Typologie der *Ing-* und der *j*-Rune

Wie weiter oben dargelegt wurde, ersetzte man viele der alten *Ing*-Lesungen, ausgehend von BUGGES Auffassung der Inschrift des Runensteines von Tune, nach und nach durch *j*-Lösungen. Wichtig für die typologische Klassifizierung dieser beiden umstrittenen Runenformen war der direkte Vergleich der in den Runenreihen und Futhark-Fragmenten erhaltenen Zeichen für *j* und *ŋ*.
Wirklich zeigt der Runenstein von Kylver, Gotland, der in das zweite Viertel des 5. Jahrhunderts datiert wird *(KJ 1)*, für die *ŋ* -Rune ein geschlossenes Symbol ᛜ, für die *j*-Rune ein merkwürdiges, aber offenes Zeichen: ᛃ.
Die Brakteaten von Vadstena und Motala *(KJ 2)*, nur allgemein in das 5./6. Jahrhundert datiert, haben dagegen zwei geschlossene Symbole für die beiden Runen, ◇ für *ŋ* sowie ᛄ für *j*. Die den Grumpan-Brakteaten betreffende Sachlage *(KJ 3)* ist nicht einfach bzw. sicher zu entscheiden, wenn man einer Ergänzung der *ŋ* -Rune ᛉ zu ᛘ auch durchaus folgen können mag; die *j*-Rune hat hier das Aussehen ᛃ.
Die Entschlüsselung der Runen auf den Brakteaten Lindkær und Over-Hornbæk III *(KJ 4)* scheint mir nicht so klar, wie in diesem Falle behauptet wird, doch sei hier die Meinung, daß das Zeichen ᛝ, das formal mit der Sturzrune für *o* = ᛟ zusammenfallen würde, eine *ŋ*-Variante beinhaltet, wiedergegeben.
KJ 5 *(Breza, Bosnien)* läßt für die *j*-Rune ᛄ, KJ 6 *(Charnay)* ein genaues Spiegelbild der *j*-Rune ᛃ auf dem Lanzenschaft von Kragehul *(KJ 27)*, nämlich ᛄ erkennen. Haben vorgenannte Beispiele keine *ŋ*-Rune aufzuweisen, so wird man dem Runenritzer der Fibel von Aquincum *(KJ 7)*, um 530 n. Chr., im Sinne der heute geltenden Qualifikationsmerkmale hinsichtlich der *j*/*ŋ*-Differenzierung eine mangelhafte Sorgfalt vorwerfen müssen, wirkt doch seine *j*-Rune ◇-lediglich an einem der Kreuzungspunkte offen gelassen - insgesamt geschlossener, als seine gleich an allen vier Berührungspunkten zum Hauptstab nicht anschließende *ŋ*-Rune ᛜ.
Obwohl die Fibel von Beuchte *(KJ 8)* mit ᛃ nun wieder ein geschlossenes, aus zwei gegenständigen ‚Haken' bestehendes Symbol aufweist, wird dies - im Zuge der allgemeinen Durchsetzung der „*j*-Phase" - ohne Zweifel in die Gruppe der „*j*-Denkmäler" eingereiht, womit nichts gegen die Berechtigung dieses Vorgehens gesagt werden soll.
Schließlich ist das Kurzschwert aus der Themse zu nennen, dessen *ŋ*-Rune die charakteristische angelsächsische Form ᛝ aufweist, die *j*-Rune hingegen einen einfachen Kreuztypus: +.
Versucht man, mit Hilfe der durch ihre Position in den jeweiligen Runenreihen bedeutungsmäßig sicheren *j*-Runen und unter Einbeziehung der diesen Formen entsprechenden Beispiele aus anderen Runeninschriften, eine typologische Serie aufzustellen, so stellt man fest, daß ein Symbol für das zweigeteilte Jahr schwerlich Ausgangsüberlegung für die Grundkonzeption dieses Zeichens gewesen sein kann:
Völlig unklar, jedoch auch singulär, bleibt dabei die Gestalt der *j*-Rune auf der Steinplatte von Kylver (KJ 1, ᛃ)[375]. Es ist dies gleichzeitig der einzige Fall der in dieser Aufstellung als klare *j*-Typen anerkannten Formen, in welchem die volle Höhe der Ru-

373) W. KRAUSE 1944, 243 *(Ing)*; auch er übernimmt *‚ran(n)ja'* für Dahmsdorf, so 1970, 43 *(Runen)*.
374) M. STOKLUND 1986, 88 f. bezweifelt ᛜ auf KJ 23 *(Vimose-Scheidenbeschlag)* und Leţcani, Rumänien, s. o. die *Ing*-Beispiele, da ihr die Stabvariante dieser Rune nach ihren Ergebnissen zu den neuen Illerup-Funden „überhaupt verdächtig " erscheint *(vgl. Anm.* 219; vgl. auch M. BARNES 1986, 59-76).
375) Vgl. R. W. V. ELLIOTT 1963², Pl. II, K. DÜWEL 1983², Abb. 2; dagegen H. ARNTZ 1935, 186: ᛄ *(Hb)*.

nenzeile deutlich unterschritten wird, will man nicht den Hauptstamm der unmittelbar vorwegstehenden *i*-Rune und den der folgenden *p*-Rune im Sinne einer *Stabrune* in dieses Zeichen mit einbezogen sehen.[376]

Mehrere typologische Anschlüsse ermöglicht die *j*-Rune auf der Halbsäule von Breza *(KJ 5)*.

Deren erster führt zur Rune *j* auf dem Stein von Krogsta, , bei welcher die beiden hakenförmigen Gestaltungselemente lediglich - offenbar zwecks Vermeidung einer räumlichen Überschneidung im mittleren Bereich - auseinandersortiert zu sein scheinen *(KJ 100)*.

Zieht man die beiden diagonal verlaufenden Äste in einem weiteren Schritt raumdekkend zusammen, so erhält man die Gestalt der *j*-Rune auf den Fibeln von Bezenye A *(KJ 166)*: und Charnay *(KJ 6, ebenso)*. Deren genaue Umkehrung, nämlich findet sich auch auf dem Lanzenschaft von Kragehul *(KJ 27)* und auf dem Istaby-Stein *(KJ 98)*.

Wählt man eine andere Form des Zusammenschlusses der Einzelelemente auf Breza / Krogsta , dergestalt, daß die beiden halben Vertikalen zu einem Stamm gefügt werden, zu , so hat man eine Form vor sich, deren Umkehrung im *Abecedarium Nordmannicum* als *‚ar'* bezeichnet wird und der alten *j*-Rune entspricht: .

Die Kreuzform auf dem Scramasax aus der Themse, die auch auf dem Brakteaten Seeland II *(KJ 127)* in der Bedeutung *‚j'* steht, symmetrifiziert die Gestalt dieser Rune durch Begradigung der Äste.

Die gleiche Wirkung, hier allerdings durch Beifügung eines Kompensations-Astes, wird mit den *‚Sternrunen'* der ebenfalls jüngeren Steininschriften von Stentoften *(KJ 96)* und Eggjum *(KJ 101)* erzielt: .[377]

In einer räumlich anderen Auffassung läßt sich an das *j* = vom Typus Breza eine Form schließen, bei welcher die beiden diagonal verlaufenden, kurzen Äste durch Anschluß an den gegenüberliegenden Stamm im Mittelbereich ein kleines Parallelogramm entstehen lassen. Das ganze Symbol, das nun dem heute gebräuchlichen Paragraphenzeichen ‚§' ähnelt, , , ist nicht selten besonders auf Brakteaten anzutreffen, wie dem von Grumpan *(KJ 3,* *)*, Darum V *(KJ 104,* *)* und dreimal auf dem von Skodborg *(KJ 105,* *)*; ferner auf der Fibel von Beuchte *(KJ 8,* *)* und, neben der o. g. Schriftrune *j* in der Sternform , als Begriffsrune für *j (in der Bedeutung von „gutes Jahr")* auf dem Stein von Stentoften *(KJ 96)*.

Skodborg *(KJ 105)* hat aber gleichzeitig auch einmal die Umkehrung dieser Form, , was ebenso für Vadstena und Motala *(KJ 2,* *)* und die Fibel von Fonnås (KJ 7) gilt: .

Mit der *j*-Rune der Inschrift des Stenstad-Steines *(KJ 81)* - bei STEPHENS[378] , bei BUGGE[379] gezeichnet - liegt augenscheinlich eine Zwischenform vor, die sich, ausgehend von der Umkehrung der *j*-Rune auf Breza, , ebenso gut mit einer Form wie mit der einfacheren Zickzackgestalt vergleichen läßt.

In der Gesamtschau ergeben sich die folgenden, im typologischen Sinne ähnlichen Formen der *j*-Rune, deren Verwandtschaft nicht bestritten, sondern an dieser Stelle unterstrichen wird: , , , , , , , , , , ; etc.

Entschieden bestritten wird dagegen der, bisher als sicher geltende, typologische Zusammenhang dieser Formen mit Zeichen, wie z. B.: , , , , , , u. ä.

Die phänotypischen Gestaltungselemente der j-Rune(n) sind allem Anschein nach zwei (vertikale) Halbstämme, die zusammen mit je einem von ihnen ausgehenden, kurzen Ast ein Zeichen voller Zeilenhöhe bilden. Typologische Varianten zu diesem Grundschema entstanden durch Zusammenziehung der Einzelelemente sowie durch Ausgleichsmaßnahmen im Sinne einer um Symmetrie bemühten Auffassung.

376) Dieser Eindruck wird durch Abb. 2 bei H. ARNTZ 1938 *(Runenschrift)* geweckt: .

377) Zur *‚Sternrune'* vgl. H. HARDER 1932, 227-229 und bes. U. SCHWAB 1973, 1-141; Rez.: H.-J. GRAF 1974, 98 f. und U. SCHNALL 1974, 358-361.

378) G. STEPHENS 1884, 52 *(Handbook)*.

379) S. BUGGE 1891-1903, 176 *(NIæR I)*.

Die symbolische Bedeutung dieses Zeichens ist unklar. Eine Vorstellung vom zweigeteilten Jahr, wie sie ausgehend von gegenständigen Halbbögen und ähnlichen Formen, deren Zusammenhang mit der *j*-Rune hier in Frage gestellt wird, gewonnen worden ist, kann auf die Typen der oben aufgestellten Reihe sicherer *j*-Runen nicht übertragen werden, von den semasiologischen Schwierigkeiten einmal abgesehen.[380]

Zwei Halbkreise bzw. Winkel, geschlossen oder offen, dazu in aller Regel deutlich kleiner, als die betreffende Zeilenhöhe es zuließe, dürften dagegen m. E. als die prinzipiellen Merkmale der ŋ -Rune angesehen werden.

Auch hier ist die Bedeutung des Symbols keineswegs sicher. Will man dabei tatsächlich an den Jahreskreis denken, kann das abstrakte geometrische Zeichen natürlich nicht ursprünglich sein, sondern lediglich Derivat einer zunächst gegenständlichen Vorstellung. Die Kugel wird man hier ausscheiden dürfen und um so eher an die Auffassung der Sonne - weniger wahrscheinlich des veränderlichen Mondes - als kreisförmige Scheibe denken. Nicht auszuschließen ist auch der Ring, der besonders in kreisrunder Form ohne erkennbaren Anfangs- und Endpunkt ein gewiß sehr altes Symbol für dauerhafte Verbundenheit ist und darüber hinaus ein überliefertes Würdezeichen germanischer Priester, bei welchem Eide geschworen wurden.[381] Folglich waren Ringe nicht einfach nur geschätzte Schmuckstücke, sondern auch wirksame Amulette[382] und sogar Gegenstände ausgesprochen sakralen Charakters.

Geschlossenheit oder Offenheit von ansonsten gleichartigen Runenformen als Kriterium für eine Klassifikation als j- oder Ing-Runen anzusehen, wie es bisher geschah, muß als unhaltbar abgelehnt werden, da es sich hierbei keineswegs um typologische, sondern um rein technologische Qualitäten handelt, die in der Entwicklungsgeschichte eines Runentypus eine einflußreiche Rolle gespielt haben mögen, für die Grundvorstellung eines solchen Symbols aber höchstwahrscheinlich ohne jede Bedeutung waren.

Belege für unvollständige Ansätze bzw. Anschlüsse von Runenästen an Stämmen sind ebenso sehr zahlreich, wie Überschneidungen derselben. Auf Einzelbeispiele kann deshalb verzichtet werden.

Daß eine Qualifikation in verschiedene Runengruppen aufgrund dieser und ähnlicher Merkmale für eine Typologie gänzlich ungeeignet ist, dürfte jedem sofort klar werden, der seine eigene Schreibschrift und die anderer Zeitgenossen mit den klassischen Ausgangsformen des lateinischen Alphabets vergleicht. In weit stärkerem Maße, als es für die leichtgängige Papierschrift gilt, welche neben zeit- und raumbedingten Schrifttypen immerhin sehr individuelle Schreibweisen zuläßt, ist mit eigentümlichen Abweichungen beim Ritzen, Meißeln usw. zu rechnen, da dort ein beträchtlich größerer Aufwand an Kraft und Geschicklichkeit erforderlich ist, allein aufgrund der höheren Widerspenstigkeit der Inschriftenträger *(Holz, Knochen, Metall, Stein u. a.). Je nach dem Temperament des Runenmeisters wurden Überschneidungen von Linien in Kauf genommen oder aber durch vorzeitigen Abbruch der Gravur vermieden, sobald die bis dahin ausgeführten Bestandteile des angestrebten Zeichens den Grundtypus des im Hintergrund stehenden Symbols deutlich genug erkennen ließen.*

Die eigenhändig vollzogenen Gravur-Experimente an allen genannten Materialien *(zu Knochen vgl. Kap. 4.14.)* lassen das Fazit zu, daß insbesondere bei der Ritzung von Kreisen, Rauten und Quadraten ein wenigstens zweiteiliger Ansatz jedem Versuch vorzuziehen ist, dasselbe Symbol in nur einem Ansatz zu ritzen. Der Ehrgeiz, genau diese Zeichen aus einem einzigen Ansatz ‚schaffen' zu können, wurde durch weitgehende Unkenntlichkeit der beabsichtigten Gestalt ebenso rasch wie erschöpfend gedämpft.

Beachtenswert sind einige - zunächst verwirrend erscheinende - Verwechslungsmöglichkeiten bestimmter Formen der *j*- wie auch der *Ing*-Rune, die sich durch formalen Zusammenfall mit anderen Zeichen ergeben. In Wirklichkeit aber sind diese Formen örtlich und zeitlich voneinander getrennt, so daß kein Runenmeister ernsthafte Schwierigkeiten gehabt hätte, sie zu unterscheiden. Vergleiche zu:

380) Die zwei Teile wären dann ja wohl Sommer und Winter. Nach F. KLUGE 1957[17], 329, „*Jahr*": germ. **jēra*, anord. *ār*, got. *jēr*, asächs. *jār*, *gēr*. etc. bedeutet ags. *gēar* auch „*Frühling*". Daß diese Nebenbedeutung alt ist, sieht KLUGE durch das verwandte aslaw. *jarŭ* „*Frühling*" gestützt. Folglich müßte man mit einer frühen german. Vorstellung vom viergeteilten Jahr rechnen. Zur vierten Jahreszeit s. ebda. 304, „*Herbst*", engl. *harvest* „*Ernte*" etc.

381) T. CAPELLE 1968, 228-232 *(Pietroassa)* zu *Odins Ringeid (Hávamál* 110), *Draupnir* etc.; vgl. P. PAULSEN 1966 *(Rez.:* W. LANGE *1968, 333-347)* u. dagegen Å. KABELL 1975, 30-40.

382) Ein Dutzend solcher Ringe aus verschiedenem Material zeigt G. STEPHENS 1884 *(Handbook)*.

ᛋ = *j* (Kragehul-Lanze u. Istaby, s. o.)[383] : ᛋ = *s* (Alcuin-Hs ≙ Cod. Salisburg. W. KRAUSE 1970, Fig. 3);
(ᛊ auf Kragehul = *s*)
ᚾ = *j* (Abecedarium Nordmannicum, s. o.): ᚾ = *n* (Schretzheim, vgl. Anm. 229 weiter oben);
(ᚾ im ABC Nordm. = *n*);
+ = *j* (Themse-Sax u. Seeland II, s. o.) : + = *h* (Rök, s. K. DÜWEL 1983[2], 52: ᛏ dort = *m*);
ᛡ = *j* (Stentoften u. Eggjum, s. o.): : ᛡ = *h* (ABC Nordm.,Gorlev-Futhark etc., vgl. W. KRAUSE 1970, 21, 24 u. K. DÜWEL 1983[2], 51);
: ᛡ = *g* (Westeremden A, anglofries., W. KRAUSE 1970, 91);
: ᛡ = *w* (Cod. Cotton Otho B 10, W. KRAUSE 1970, 19);
ᛘ = *j* (Cod. Cott. Otho B 10, s. o.) : ᛘ = *ŋ* (Aquincum, s. o. mit Anm. 347);
: ᛘ = *th* (Illerup, beide silb. Schildfesseln, vgl. oben Anm. 219 und s. u.);
ᛘ = *j* (Alcuin Hs. s. o.) : ᛘ = *ŋ* (Szabadbattyán, s. o. die *Ing*-Beispiele);
: ᛘ = *w* (Illerup, Schildfesseln s. o. und Lanzenspitzen, auch die von Vimose: ᛘ, s. u.);
: ᛘ = *m* (Gørlev s. o.).

In allen aufgeführten Fällen sind die einzelnen Typen insbesondere der jüngeren Runenzeugnisse charakteristischerweise zwar nicht selten deckungsgleich mit Zeichen anderer Bedeutung - dann aber auch anderer Zeitstellung und lokaler Provenienz -, jedoch eigentlich nie Neuschöpfungen im Sinne völlig vorbildloser oder zumindest unvergleichbarer Prototypen.
Im Gegenteil läßt sich die *s*-Form ᛋ direkt mit der gewöhnlicheren Gestalt ᛊ, die *g*-Form ᛡ ebenso mit ᚷ, die *h*-Form + oder ᛡ mit ᚺ oder ᚻ, die *w*-Form ᛡ mit ᛉ *(OL 4988)* oder ᛘ, ᚹ, die *m*-Form ᛘ mit ᛘ, ᛉ, ᛗ, in Zusammenhang bringen, sofern man den allgemeinen Möglichkeiten der Runengestaltung, wie z. B. Umkehrung, Zusammenziehung, Spiegelung usw. Rechnung trägt.
Für die Beispiele *s* und *g* ist eine direkte Verwandtschaft noch problemlos ersichtlich. Die beiden Stämme der *h*-Rune wurden zu einem zusammengezogen, durch den die kennzeichnende*(n)* Diagonale*(n)* geführt wurde*(n)*. Die *w*-Rune ᚹ wurde zunächst zu ᛘ gespiegelt, die kurzen Äste des so erhaltenen, geschlossenen Symbols in der Form ᛡ einfach nach außen gekehrt. Ausgehend von der *w*-Rune auf OL 4988, besonders aber von den *wulfilanischen* Formen ᛘ und ᛉ *(vgl. Anm. 227)*, eröffnet sich ein zweiter Weg zur selben Form über die Spiegelung der aufwärtsstrebenden Äste nach unten. Zwei Wege führen auch zur Form ᛘ der *m*-Rune, der erste über eine Teilung der Ausgangsform ᛗ zu ᚹ ᛩ und Zusammenziehung beider Stämme unter Beibehaltung der Astkomponenten, der zweite wiederum über eine Spiegelung der jüngeren Form ᛉ oder ᛘ zu ᛘ oder ᛘ und schließlich ᛘ bzw. ᛘ; gespiegelt wäre dann lediglich der obere Teil der Ausgangsform, der mit den Ästen, also die „Krone“.
In ähnlicher Art versuchte man früher, die *Ing*-Rune typologisch zu erklären. WIMMER[384] sah die Formen ᛜ, ᚲᚲ und ᛜ aus zwei gegenständigen *k*-Runen ᚲ gebildet. Aus einer engeren Zusammenziehung mit Überschneidung beider Elemente könnte man ebenso die angelsächsische Form ᛝ herleiten.
VON FRIESEN[385], der wie BUGGE das griech. „Doppelgamma“ (γγ) als unzweifelhaftes Vorbild der ŋ-Rune betrachtete, vermutete die Entstehung von ags. ᛝ aus skand. ᛜ durch Herausziehen der Seiten zum Zwecke der Angleichung an die Normalhöhe der Runenzeile. Doch könnte man diese Form auch aus zwei übereinander gestellten *g*-Runen ᚷ über ᚷ zu ᛝ verstehen.[386]
Einen ganz anderen typologischen Weg lehrt dagegen die *Ing*-Rune ᛝ auf OL 4988, dergestalt, daß die Grundform des kleinen Kreises bzw. der kleinen Raute nach - *im ingwäonischen Bereich verständlicher* - Absetzung mittels zweier Trenner ⁚ᛜ⁚ und anschließender kalligraphischer Zusammenziehung ᛝ die Vorform der angelsächsischen Rune ᛝ/ᛝ ergab.

383) Ab dem 7. Jh. ist der Lautwert der alten *j*-Rune allerdings der eines oralen *a*, gewöhnlich mit *A* transkribiert *(vgl. dazu etwa das Verhältnis zwischen ‚Jahr‘ und ‚ar‘)*.
Das betrifft die Rune ᛋ auf KJ 98, Istaby, die Rune ᛡ auf KJ 96, Stentoften, KJ 101, Eggjum, ferner KJ 18, 40, 59, 68, 94, 95, 97, 102 sowie ᚾ auf KJ 80, Rävsal und weitere, in den Anmerkungen bei KRAUSE genannte Beispiele. KJ 67, Noleby, ᛡ hat noch den Lautwert *j* (6. Jh.).
384) L. F. A. WIMMER 1874, 115.
385) O. VON FRIESEN 1918/1919, 9, 12, 26; vgl. ebda. 13 u. 17 zur ŋ/*j*-Problematik.
386) Vgl. W. KRAUSE 1931, 16 *(Rez.* HAMMARSTRÖM, *AfdA 50)* u. H. HEMPEL 1935, 412 u. bes. 418. Ebenso: W.JUNGANDREAS 1943, 175 *(Rez.* KRAUSE *1937, RäF)*. Anders: T. VON GRIENBERGER 1897, 117 f. (aus lat. *Q*) und G. ALEXANDER 1975, 1-11 *(* ᛘ = ŋ *aus lat. G:* lo *bzw.* ol *zu* ᛘ *)*.

Nach dieser Auffassung bilden die beiden als Trenner mißverstandenen Zeichen auf dem Oldenburger Runenknochen 4988 ein echtes ‚missing link' zwischen der nordischen und der späteren angelsächsischen Form der Ing-Rune.
Auch wenn die beiden kleinen Halbkreise sich hierbei *nicht zu einem geschlossenen Vollkreis vereinen* und zudem *leicht gegeneinander versetzt* geritzt wurden, handelt es sich ganz offensichtlich nicht um *j*-Runen. Entgegen seiner weiter oben dargestellten Klassifikation von *j*-Typen *(VON FRIESEN 1924)* gelangte Otto VON FRIESEN 1931 *(s. o. Anm. 234)* zum gleichen Ergebnis. *Hätte er dies publiziert, wäre die eigene Festlegung, nur geschlossene Formen als Ing-Runen anerkennen zu können, unweigerlich ins Wanken geraten.*
Solange unklar bleibt, welche symbolische Grundvorstellung sich tatsächlich hinter den zweifelsfreien *j*-Runen *(s. o)* verbirgt, wird an der Möglichkeit, daß gegenständige Halbbögen und Winkel, geschlossen oder offen, versetzt oder nicht, *Ing*-Runen meinen können, festzuhalten sein.[387] Es erscheint ratsam, die typologisch bedenkliche Absetzung der *j*- von der ŋ -Rune einer neuen Untersuchung zu unterziehen. Vielleicht bietet das in diesem Jahrhundert hinzugekommene Runenmaterial aus Neufunden die Chance einer zutreffenderen lokalen und chronologischen Differenzierung, als das Spektrum des Altmaterials der Vergangenheit es zuließ. *Bei der Durchsicht dessen nach o. g. Halbkreisen und Winkeln fällt auf, daß bei einer rigorosen Auffassung dieser Zeichen als j-Runen in sehr vielen Fällen Personen-, Stammes-, Orts- oder Waffennamen ausgeschlossen werden, die sich bei einer Transkription nach den Regeln der älteren -ing- Auffassung in den epigraphischen Quellen der späteren, historischen Zeit mühelos wiederfinden ließen.* Solche Namen wären aber durchaus grundsätzlich für Runeninschriften allgemein zu erwarten.[388]
Selbstverständlich sollen nun nicht alle *j*-Lesungen in Frage gestellt werden, da sie in den Fällen, in denen wirklich Zeichen auftreten, die nach der weiter oben versuchten Typologie als *j*-Runen zu verstehen sind, auch tatsächlich einen besseren Sinn ergeben, als mit einer *-ing-* Auflösung. Die versuchsweise Transkription mit *-ing* in den anderen, den typologisch als nicht der *j*-Reihe zugehörig angesehenen Beispielen ergibt jedoch in derart vielen Fällen sogar *überlieferte Namenformen,* daß jeder Zufall auszuschließen sein dürfte.[389] Andersherum müßte man sich auch fragen, wo eigentlich sonst die Namensvorgänger der doch sehr zahlreichen *Ing-* und *-ing*-Formen abgeblieben sind, die z. B. FÖRSTEMANN verzeichnet.[390]

Zu scharf erscheint auch die Absetzung besonders von *Waffennamen* als *„magisch-poetische Bezeichnungen"*[391], welche in gewisser Weise als Vorläufer der *Heiti* und *Kenningar* betrachtet werden[392], gegenüber Personennamen. Das Konstruktionsprinzip beider kann völlig identisch gewesen sein, wie das Speerblatt von Kowel, KJ 33, mit der Inschrift *‚tilarids'*, *„Zielreiter"*, anzeigt, welcher der ags. Personenname *‚Tilred'* genau entspricht. Ähnliche Kampfqualitäten, die in PN wie *‚Bernhard, Eberhard, Wolfhard'* u. v. a. m. zum Ausdruck kommen, würden, sofern sie als Waffennamen in Erscheinung träten, kaum verwundern. Nicht ganz auszuschließen ist wohl auch die Möglichkeit, daß ein Krieger etwa seine Lieblingswaffe mit seinem eigenen Namen signieren läßt, nicht allein, um seinen Besitzanspruch dadurch kundzutun, sondern, weil er sich aus diesem Wort selbst vielleicht im magischen Sinne Kampfvorteile erhofft.

387) N. Å. NIELSEN 1984, 3 scheint bezüglich der Lesung des Runentextes auf dem Goldhorn von Gallehus ähnlich zu denken. *‚HoltingaR'* - also ◇ = ŋ ! - übersetzt er *„Holtes ætling"*.

388) BUGGES Lesung der Tune-Inschrift *(s. o.)*, mit der er ungewollt die Lawine der *j*-Lesungen überhaupt ins Rollen brachte, führte gar zu komplizierten Spekulationen über soziologisch-geschlechtsspezifische Erbverhältnisse *(KJ 72)*. Auch die jüngste ausführliche Arbeit von O. GRØNVIK 1981 zu dieser Inschrift enthält zwar so aufschlußreiche Informationen, wie daß ein *‚arving'* eine *erbberechtigte Person* sei *(81: an. erfingi, 165: arvingen z. Vgl.)*, weicht jedoch im Text von den *j*-Lesungen keinesfalls ab. Es ist m. E. aber für diese Inschriftengattung völlig untypisch, die Nennung „dreier Töchter" anzunehmen, die im Folgetext dann namentlich unerwähnt bleiben.

389) Vgl. die bei E. FÖRSTEMANN 1966², Sp. 956 ff. aufgelisteteten PN mit den Entsprechungen in W. KRAUSE / H. JANKUHN 1966, wie: *Aling*, KJ 53; *Braiding*, KJ 54; *Goding*, KJ 65; *Herinc*, KJ 26, 73, 85; *Ingemar*, KJ 20, evtl. 22 u. vgl. 24; *Raning*, KJ 32 u. vgl. 31; *Warinc*, KJ 13A, 73, 91; vgl. ferner im Text oben: *Arving* u. a., KJ 72; *Holting*, KJ 43; *Taling*, KJ 25, weiter: *Thrawing*, KJ 61 und *Thirfing*, KJ 64, worauf noch eingegangen wird, etc.

390) E. FÖRSTEMANN 1966², Sp. 956-970 hat beinahe 100 Hauptformen mit *Ing-* als erstem Kompositionsglied und mehr als 200 PN auf *-ing*.

391) W. KRAUSE 1936, 586 f. *(framea)*; vgl. K. DÜWEL 1981, 143.

392) Vgl. K. DÜWEL 1981, 147 *(Runenwaffen, ebso., wie Anm. 391)* u. R. MEISSNER 1984 *(Kenningar)*.

Daß hierfür allerdings literarische Beispiele zu fehlen scheinen, spricht wohl eher für den Tatbestand einer Personifikation der Waffe selbst, womit einem Sachbesitz dieser Art folgerichtig auch die Vorstellung eines gewissen Eigenlebens zugestanden werden muß. So ist es durchaus verständlich, daß beispielsweise eine ganze Reihe von Schwertnamen nicht nur besondere Merkmale wie Glanz, Klang oder sonstige Eigenschaften näher bezeichnen, sondern auch mit Personen- oder Stammesnamen identisch sein kann.[393]

In diesem Zusammenhang sollten auch die neuen Runenfunde von Illerup und Vimose noch einmal Gegenstand einer genaueren Betrachtung sein.

SF 1, die bronzene Schildfessel, trägt mit der Aufschrift[394] *swarta*, *„der Schwarze"*, einen geläufigen PN oder Beinamen.

SF 3, eine silberne Schildfessel, enthält in der Inschrift[395] *laguþewa*, welche etwa *„Diener des Wassers"* zu übersetzen wäre, einen Personen- oder Beinamen, dessen zweites Kompositionsglied eine Anzahl interessanter Vergleiche zuläßt.

SF 2, eine andere Schildfessel aus Silber, deren Runentext[396] *niþijo tawide*, *„Niþijo (= PN) machte"* gelesen wird, könnte m. E. gemäß den obigen Ausführungen vielleicht besser mit *niþingo tawide*, *„Neiding (= PN) machte"* übersetzt werden, *da dieser Name nicht nur für Personen und Waffen, sondern sogar als feststehende Umschreibung für einen besonders rücksichtslosen und daher gefährlichen Krieger gebraucht wurde, dem später das Attribut der Ehrlosigkeit zufiel.*

1 IMZ, 2 INL und die Lanzenspitze des gleichen Typs von Vimose beinhalten nach derselben Auffassung kaum einen unbelegten PN *„Wagnijo"*, sondern eher die Form **„Wagningo"* eines PN, der zumindest indirekte Parallelen *(s. u.)* bietet.[397]

Für die fragliche *j*-Rune, die zweifellos im Brennpunkt des hier gegebenen, neuen Lesungsversuches steht, wird eine *ing*- Transkription deshalb erwogen, weil das Zeichen aus zwei gegenständigen Halbbögen  besteht, deren Zugehörigkeit zur Reihe der *j*-Typen weiter oben bestritten wurde.

Auch ein weiterer typologischer Gedankengang könnte eher für als gegen eine *ing*-Lesung in den Fällen Illerup SF 2, 1 IMZ, 2 INL und Vimose-Speerblatt sprechen:

Die linksläufigen Inschriften SF 2,  *„„niþijo tawide"* *(n. STOKLUND)* und

SF 3,  , *„laguþewa"*, zum Runennamen

**laguz*, ags. *lagu*- und westnord. *lǫgr*, *„Wasser, See etc."* zu stellen, zeigen beide eine *gespiegelte Form:*  = *þ (th)* und  = *w* für die gewöhnlichen Runen  oder  = *þ* und  oder  = *w*.[398]

Eine Variante dieser Spiegelrune *w*, lediglich mit abgerundeten Ecken, liegt in der Form  der ebenfalls linksläufigen Inschriften auf den drei genannten Lanzen- oder Speerspitzen, 1 IMZ, 2 INL und Vimose,  , *„wagnijo"* *(n. STOKLUND)* vor. Da die durch Spiegelung entstandene Gestalt der mittelständigen und obenständigen „Laterne" ansonsten die *Ing*-Rune bezeichnet *(s. o., z. B. KJ 7, 45, 167, 89 u. a)*, die hier aber mit Sicherheit nicht gemeint ist, darf man sich fragen, wie ein Runenmeister, der bei Waffen der dänischen Moorfunde, auf die er PN oder WN *(= Waffen-Namen)* auf *-ing(o)* ritzen oder stempeln wollte, dies überhaupt anders hätte tun können, als mittels einer kreisförmigen *Ing*-Rune oder aber in der hier vorliegenden Art zweier versetzter Halbkreise.

Für eine Lesung **‚Niþingo* bzw. **‚Wagningo'* sprechen m. E. auch inhaltliche Gründe, daß sich nämlich, genau wie in den anderen unklaren *j/ŋ* -Beispielen *(s. Anm. 389)*, gute Namensentsprechungen auf *-ing* zahlreich finden lassen, auf *-(i)j(o)* aber nicht.

393) H. FALK 1914, bes. 47-65 entnehmbar ist eine gute Belegquote für all' diese Fälle, für die VN *(Volksnamen)* z. B.: *flæmingr, helsingr, skilfingr, ylfingr* neben *langbarđr, vendill*.

394) Vgl. E. FÖRSTEMANN 1966², Sp. 1378 f. *(SVARTA, Surtr etc.)*, K. DÜWEL 1981, 139 *(WN; zu ‚Halfdan Svarti', Sohn Harald Haarschöns)*, N. Å. NIELSEN 1984, 3 (≙ *„Sorte"*), *n. Haupt- u. Barthaar*; s. auch I. SANNESS-JOHNSEN 1986; vgl. m. E. auch die *schwarzen Schilde* der *Harier* in der *tac. Germania (s. o.)*.

395) Zu *‚þewaR'*, *„Diener"* vgl. KJ 20 *(s. o.)* u. 55 *(Trøndelag)*, ansonsten bei O. HÖFLER 1934, 266 *(dort Anm. 358)* auch *Ingen-, Angel-* u. *Ongenthéow*, ags. *Ecgthéow, Ungvinus* u. die Lit. dort.

396) M. STOKLUND 1985, 5-24 und 1986, 75-89; N. Å. NIELSEN 1984, 4.

397) *‚Wagnijo'* entsprechend *Niþijo* bei M. STOKLUND u. N. Å. NIELSEN, vgl. die vorige Anm.

398) Der Begriff *„Spiegelrunen"* wurde bereits vor Bekanntwerden der Neufunde aus Illerup für solche Erscheinungsformen vorgeschlagen. Ausgangsüberlegung hierfür war eine gestempelte Runeninschrift auf drei Urnen des ags. Gräberfeldes von Spong Hill, Norfolk, worin keineswegs bedeutungslose „Pseudorunen", sondern die recht geläufige Runenformel *alu* (sonst  oder ) gesehen wurde; vgl. Anm. 219. Ray PAGE 1985, 46 bezieht sich auf mein Aufsatzmanuskript vom 18. 10. 1983, welches über die Ausgräberin, Frau Dr. C. HILLS an ihn weitergeleitet wurde und worauf ich am 21. 11. eine abweisende Antwort erhielt. In Sigtuna äußerte sich Dr. PAGE, Cambridge, aber von dieser Idee überzeugt. Vgl. dazu den Aufsatz von P. PIEPER 1986, 181-200 sowie O. GRØNVIK 1987, 13, 139, 143 und B. BRUGGINK 1987, 218 f.

Dabei wird man an STOKLUNDS wie auch NIELSENS Auffassung des jeweils ersten Kompositionsgliedes festhalten dürfen:[399]

Niþ = *„Neid, Mißgunst"* aber auch *„feindliche Gesinnung, Zorn, Haß, Kampfgrimm, Angriff, Streit, Krieg"* und dergleichen, anord., ags. *nīd*, as., afries. *nīth*, got. *neiþ*, ahd. *nīd, nīdh, nīth*, mhd. *nīt (d)*, mnl. *nijt (d)*, nnl. *nijd*, etc.

Wagn = *„Wagen"*, anord., schwed. *vagn*, dän. *vogn*, as., ahd. *wagan*, ags. *wægn*, afries. *wein*, vgl. engl. *wain*, ist stammverwandt auch mit *„Weg"* und *„Woge"*, was N. Å. NIELSEN zu seinem Vorschlag eines hier vorliegenden, magisch-poetischen Lanzennamens *„die Laufende oder Fahrende"* bewogen haben wird.[400]

Gleichgültig, ob man nun von einer Endung *-ijo* oder, wie hier vorgeschlagen wird, *-ingo* des zu erwartenden WN oder PN ausgeht, kann man STOKLUND auch darin folgen, daß auf *-o* auslautende Namen nicht - wie bisher angenommen - zwangsläufig feminin oder aber west- bzw. südgermanisch sein müssen, sondern auch im nordgermanischen Bereich vielleicht mit männlichen PN auf *-o* zu rechnen ist.[401]
Hinsichtlich der Klassifikation der beiden gegenständigen Halbbögen entweder, wie bis jetzt, als *j*-Rune oder aber, wie hier, als *Ing*-Rune, dürfen m. E. die bei einer *-ing(o)*-Lesung sich bietenden, in nicht unbeträchtlichem Maße überlieferten historischen Namensbelege[402] nicht übersehen werden, zumal die Auflösungen mit *-ijo* beispiellos bleiben.
Zwar läßt sich für **Wagningo* kein direkter PN-Beleg[403] nennen, doch läßt sich der PN *Wagi(n)gaR*[404] auf dem Stein von Rosseland, den KRAUSE als Beinamen *„der stürmisch Dahinfahrende"* auffaßt, gut vergleichen. KAUFMANN erwähnt in diesem Zusammenhang den ON *Wageningen (Gelderland)*.[405]
Eindringlicher noch dürften die zahlreichen Namensbelege für die hier vorgeschlagene Lesung **Niþingo* sprechen: FÖRSTEMANN[406] verzeichnet den PN *Nithing, Niding, Niedung* etc., SCHLAUG[407] *Nithing(us)* als mehrfach belegt. Als Schwertname ist *Niđingr* überliefert.[408] Es ist offensichtlich, daß diese Namen nicht ursprünglich mit dem negativen Beigeschmack des „ehrlosen" Neidings behaftet gewesen sein können, welcher später gleichbedeutend mit „Verräter, Zauberer, Feigling"[409] wurde. Entsprechend schrieb man Waffen *Neidingstaten* zu.[410]

Die hier erkennbare Abwertung ist keine Einzelerscheinung. Auch die *Berserker*, jene bärbeißigen, ekstatischen Elitekrieger, deren Gefolgschaft sich Könige wie *Adils, Frotho, Hrolf Kraki* und *Harald Schönhaar* rühmten, erfuhren einen ähnlichen sozialen Niedergang. Kampflose Zeiten schwächten ihre Funktionsmöglichkeiten bis zur Bedeutungslosigkeit, sodaß sie zu Plünderungen im eigenen Land gezwungen waren. Daher erachtete man sie in dieser Verfallszeit nicht nur als unerwünscht, sondern versuchte mit allen Mitteln, sie abzuschieben.[411]

399) M. STOKLUND 1985, 5-24 und 1986, 75-89; N. Å. NIELSEN 1984; die nun folgenden Belege zu *niþ* und *wagn* sind F. KLUGE 1957, 506 „Neid" *(vgl. dort auch „Neidhammel")* u. 832 „Wagen" entnommen; „wagen" im Sinne von „kühn unternehmen" kommt hier als viel zu junge Ableitung von der „Waage" *(ebda.)* offenbar nicht in Betracht. Vgl. E. FÖRSTEMANN 1966², 1157 ff. *„NITHA"*.

400) N. Å. NIELSEN 1984, 4. H. KAUFMANN 1968, 372 *(ff.)* kritisiert zu Recht das unnötige Formengewirr der Belege bei E. FÖRSTEMANN 1966², 1487 ff., welcher *WAC-*, *WAG-*, *WAH-* unzweckmäßigerweise unter einem Dach vereinigt. Unsicher scheint auch das zu Sp. 1521 ff. *WAN*-Gesagte, wobei FÖRSTEMANN an die *Wanen* der Mythologie, die wenigstens z. T. *(s. o. Nerthus und Ing)* ausgesprochene *Wagengottheiten* waren, nicht denken mag; vgl. aber Anm. 403, s. u.

401) Vgl. z. B. KJ 9 *„hariso" (Himlingøje I)*, 42 *„leþro" (Strårup)*, 49 *„aluko" (Førde)* etc. gem. Nils LID 1952, zit. nach O. GRØNVIK 1981, 66 u. M. STOKLUND.

402) Da diese Problematik im Rahmen der hier vorgelegten Arbeit aber nur hinsichtlich der Lesung der *Oldenburger Runentexte*, namentlich der als Trenner angesehenen, m. E. aber tatsächlichen *Ing*-Runen von Belang ist, soll dabei nicht weiter in die Breite gegangen werden.

403) Zur Form vgl. *Waningo, Waningus* u. a. unter *Waning*, von E. FÖRSTEMANN 1966², 1523 allerdings zu *WAN*, ahd. *wân*, „Hoffnung, Erwartung" gestellt, *(ob zu Recht?)*; vgl. o. Anm. 400. Sollte der ebenfalls hier aufgeführte PN *Wanheri/Wenaharius* aber zu *Weinheri* (*vgl. Wainbold*)) gehören, wäre er mit H. KAUFMANN 1968, 376 zu *Wāg- (an/in)* zu stellen, s. *Wēnaswald*.

404) KJ 69: Die *Grapheme -ag/-ig* können als *‚-ang/-ing‘* verstanden werden; vgl. KJ 76 *‚Wage‘*.

405) H. KAUFMANN 1968, 376.

406) E. FÖRSTEMANN 1966², 1157 ff., neben anderen Zusammensetzungen, wie *Nidhere, Nidhart* etc.

407) W. SCHLAUG 1955, 130.

408) H. FALK 1914, 57, daneben gibt es auch *‚Nidhǫggr‘*; vgl. C. MARSTRANDER 1929, 234 *(WN)*.

409) Vgl. z. B. O. HÖFLER 1934, 226-232; V. GRØNBECH 1937, I, 260-269; O. BØ 1969, 146 u. v. a. m.

410) L. JACOBSEN 1935, 59 und H. KUHN 1978, 257.

411) L. WEISER 1927, 44 ff., 56 ff., 66 und 78 f.; H. KUHN 1968, 218-227 sowie 1971, 429 ff.

Parallel dazu mag man an den sozialen Abstieg des mittelalterlichen Rittertums zum Raubritterunwesen oder aber an die Bedeutungswandlung des Wortes ‚fechten' im 16. Jh. zu „betelnd wandern"[412] denken.

Im runischen Zusammenhang weitaus interessanter ist aber hier die Lesung der Inschrift des Steines von Barmen in Westnorwegen, KJ 64. Unter dem Einfluß der vorherrschenden Meinung zur Typologie transkribiert KRAUSE[413] die beiden gegenständigen, abgerundeten Winkel mit ‚*j*' und gelangt zum PN ‚*þirbijaR*', welchen er 1937 mit *„Therbs Sohn"* übersetzt, 1966, in Anlehnung an MARSTRANDER, *„der Schlaffmacher"*.

Nun findet sich aber bei KLUGE[414] unter *‚derb'*, also dem gleichen Wort, an das auch KRAUSE zunächst dachte, anord. *þjarfr*, ags. *þeorf*, *„ungesäuert"*, afries. *therf*, *„heftig"*, welches im übertragenen Gebrauch erst zu anord. *þjarfr*, *„niedrig, gemein"* aber auch *djarfr*, *„kühn"*, afries., mnd. *derve*, *„derb, geradezu"* usw. wurde. Dazu ist der Begriff anord. *þirfingr*, *„niedrige Person"* angegeben, wozu bei *ŋ*-Lesung der Barmener Runen die Form ‚*þirbingaR*' überraschend gut passen würde.

Hinsichtlich der Bedeutung gibt es auch in diesem Fall keine Schwierigkeiten, wie o. g. Beispiele zeigen. Wie aus einem haßerfüllten Krieger, der - ganz zum Nutzen seines Auftragsgebers - ohne zu fragen tötet, unter Umständen ein unheimlich wirkender *Neiding* werden kann, so kann ein ungehobelter *(„ungesäuerter")*, draufgängerischer Jungkrieger schnell als Rohling *(Derbling)* erscheinen.

Zusammenfassend läßt sich feststellen:

Ausgehend von der hier vorgeschlagenen Lesung des Textes auf Runenknochen OL 4988 wurde eine Diskussion der alten *ŋ/j* Problematik für notwendig angesehen. Als deren Ergebnis werden einige der seit geraumer Zeit gültigen typologischen Zuordnungen in die Reihe der *j*-Runen aus technologischen Überlegungsgründen in Zweifel gezogen. Auch vom semantischen Gesichtspunkt her würden in eben diesen Fällen *-ing*-Lösungen durchaus keinen unwahrscheinlicheren Sinn ergeben, sondern im Gegenteil eine ganze Anzahl überlieferter Namensformen.

Wie weiter oben ausgeführt wurde, wird hier weiter vermutet, daß zwischen den mit ‚*Ing-*' beginnenden und den auf ‚*-ing*' endenden Namen ein ursprünglich sinnverwandter Zusammenhang bestanden haben könnte.[415] Gerade der breite Gebrauch von ‚*ŋ*', besonders als Zweitkomponente in Personen-, Völker-, Orts- und Waffennamen dürfte die bedeutungsmäßige Abschwächung zum Suffix begünstigt haben.[416]

Skeptisch, nämlich als „gelehrte Konstruktion" wird der Begriff des ‚magisch-poetischen Waffennamens' *(s. o.)* betrachtet, da - wie gesehen *(Tilarids zum PN Tilred, Nidingr zum PN Niding etc.)* - grundsätzlich Personennamen keinem anderen Bildungsschema unterlagen. Umgekehrt ist ja auch nirgends von ‚magisch-poetischen Personennamen' die Rede. Solcherart künstliche Begriffe scheinen m. E. auch wenig dazu angetan, bei ansonsten durchaus wünschenswerten Trennungsversuchen, die Namen von Gegenständen, Herstellern, Besitzern, Schenkern, Empfängern oder Runenmeistern zu ermitteln, hilfreich zu sein. Dieses Problem wird uns *(s. u.)* noch ein wenig beschäftigen.

412) F. KLUGE 1957, 187 f., Handwerker übertrugen diesen Begriff von ihren Fechtspielen auf ihren Wanderbettel. Das wäre allerdings kaum ohne die vorhergehende Einschätzung der bezahlten Stadtfechter als „unehrlich geltende Leute" vor dem 15. Jh. denkbar gewesen. Andererseits benötigte man diese nicht nur im Bedarfsfall der Verteidigung einer Stadt, sondern auch in besonderem Maße zur Vorbereitung der damals üblichen gerichtlichen Zweikämpfe, wie H. HUHLE 1981^2, 12 f. zeigt, am häufigsten im 13. Jh. Demselben Werk ist neben der Entwicklung des später äußerst angesehenen Fechtmeisterberufes auch die des studentischen Waffentragens und Fechtens an den deutschen Hochschulen zu entnehmen.

413) W. KRAUSE 1937, 472 ff. *(RäF)* zu germ. *þerba-*, *derba-* *„starr"*, bzw. *„derb"*. Der Unzufriedenheit über diese Lösung, die bei W. KRAUSE / H. JANKUHN 1966, 145 anklingt, kann man sich nur anschließen: *„Bei dieser Deutung ist allerdings die Verwendung nur des Patronymikons ohne Nennung des eigenen Namens auffällig."*

414) F. KLUGE 1957, 127 . . .

415) Vergleichbar etwa ‚*Hari-/Heri-*, ‚*-hari/-heri/-here*' und - als Suffix- ‚*-ar/-er*', s. o.

416) Hierbei sollte man an die allg. Namensentwicklung überhaupt denken:
Aus eingliedrigen, dann zweigliedrigen PN wurden zunächst begriffsartige Kennzeichnungen, die auf Sippen, Stämme, Völker, Orte, Landschaften, Gaue sowie Gegenstände, bes. Waffen übergehen konnten. Die Reihenfolge konnte genauso gut anders herum verlaufen, also in Form einer Benennung von Stämmen nach typischen Waffen (z. B. *‚Sachsen'* nach dem *‚Sax'*). Andere Qualitäten, wie Herkunft, Tätigkeit, körperliche u. charakterliche Eigenheiten etc. führten über Beinamen zu den sog. Hausnamen. Der nächste Schritt bestand in der Belegung einer Person mit mehreren Vornamen. Heute wächst - gesetzlich ermöglicht - die Zahl der Doppel-Familiennamen ständig. Im Hintergrund dieser historischen Erscheinung steht doch wohl der Anspruch, den Namensträger deutlich und unverwechselbar aus der Masse des ihn umgebenden Namensumfeldes hervortreten zu lassen *(Individualität)*.

5.2.5.2. *HARI*

Der PN *Harigast* der Inschrift des Helmes B von Negau dürfte, trotz der Schwierigkeiten hinsichtlich einer exakten Datierung, zumindest als einer der frühesten epigraphischen Belege für eine Zusammensetzung mit *Hari-* gelten können. CALLIES und DÜWEL[417] zählen in diesem Zusammenhang eine ganze Reihe von überlieferten Namen germanischer Fürsten auf, wie zum Beispiel:

Ariovistus	*(1. Jh. v. Chr., Suebenkönig),*
Chariovalda	*(1. Jh. n. Chr., Bataverführer),*
Chariomerus	*(3. Jh. n. Chr., Cheruskerkönig),*
Ariogaisus	*(3. Jh. n. Chr., Quadenkönig),*
Carioviscus	*(um 300 n. Chr., Germanenführer),*
Hariobaudes	*(4. Jh. n. Chr., Alamannenkönig),*
Charietto	*(4. Jh. n. Chr., comes utriusque Germaniae),*
Charibertus	*(6. Jh.n. Chr., Frankenkönig).*

PHILIPPSON[418] erinnert an die weiblichen germanischen Gottheiten *Hariasa* und *Harimella*, in denen er Walküren vermutet.

Auch runeninschriftlich sind *Hari*-PN oft bezeugt:[419]

KJ	26	*harja (harŋa ?)*; Vimose-Kamm, 3. Jh. n. Chr.,
KJ	85	*harijan (hariŋan ?)*; Skåång, um 500,
KJ	73	*swabaharjaR (swaba harŋgaR ?)*; Rö, um 400,
KJ	9	*hariso*; Himlingøje I - Bronzefibel, 4. Jh. n. Chr.,
KJ	101	*hArisą*; Eggja/Eggjum - Steinplatte, um 700,
KJ	147	*haribrig*; Weimar A - Bügelfibel, 1. H. 6. Jh. n. Chr.,
KJ	98	*hAriwulafa, hÆruwulafiR;* Istaby, um 625,
KJ	96	*hAriwolAfR*; Stentoften, um 650,
KJ	80	*hAriwulfs*; Rävsal, Mitte 8. Jh. n. Chr.,
KJ	127	*hariuha*; Seeland II - Brakteat, 5.-6. Jh. n. Chr.

Als Neufund ist ein Kupferbeschlag aus Watchfield, Oxfordshire, mit der Namensform *hariboki* zu nennen.[420]

Zahlreich sind auch die literarischen und urkundlichen Belege für *hari/heri/here* als erstes oder zweites Kompositionsglied in PN und davon abgeleiteten ON.[421]

Im *Beowulf* erscheinen die PN *Herebeald, Heremôd, Hereríc,* sowie *Älfhere, Äschere* und *Ôhthere.*[422]

Beda Venerabilis erwähnt in seiner Kirchengeschichte des englischen Volkes neben *Heriricus (s. o. Hereric)*, einem Neffen von König *Edwin*, und neben *Sighere von Essex* noch *Herefrid* und mehrere Angehörige des englischen Klerus, wie zum Beispiel *Herebald (Abt von Tynemouth), Hereberct (Einsiedler auf einer Insel im Derwentwater), Hereburg (Äbtissin von Wetadun)* und *Hereswith (Nonne in Chelles).*[423]

Eine Vielzahl altsächsischer PN vor dem Jahre 1000[424], des 11. und 12. Jahrhunderts[425] und insbesondere des Umfeldes des sächsischen Stammesadels[426] ließe sich anführen, um zu verdeutlichen, wie beliebt dieser Namenstypus gewesen sein muß.

Anstelle dessen soll hier auf einen anderen, zunächst vermuteten Zusammenhang kurz eingegangen werden, den zwischen den beiden erschlossenen PN **Inghari* (OL 4988) und **Uluhari* (OL 4991) und dem Namen der Weserinsel *„Harrier Sand"*. Auf dessen 1926 eröffnetem Badestrand war, wie im Kapitel 1. der Forschungsgeschichte beschrieben wurde, Ludwig AHRENS, der mutmaßliche Finder der Runenknochen, 1927 als Bademeister tätig.

Die Spülfelder des Harriersandes, die seit 1913 Baggergut[427] aus der Weser aufnahmen, wel-

417) H. CALLIES / K. DÜWEL 1968, 57-68; hierin auch die wichtigste Literatur zu Negau.

418) E. A. PHILIPPSON 1929, 167.

419) KJ= W. KRAUSE / H. JANKUHN 1966 *(RäF)*; bei den Namen *Hathuwolf (KJ 95, Gummarp)*, (96), (98), *Hariwolf (96 u. 98)* und *Heruwolf (98)* auf den Blekinger Steinen denkt KRAUSE - hier Seite 204 wie schon 1938, 24 *(Runen)* - an eine mögliche Verwandtschaft. Wenn auch A. JÓHANNESSON 1938, 4 diese *„Königsreihe"* ablehnt, halte ich diese *„Stammtafel"* für denkbar.

420) R. PAGE 1985, 42; C. SCULL / B. ODENSTEDT / R. PAGE 1986, 105-138 gemäß: 1. H. 6. Jh.

421) E. FÖRSTEMANN 1913, 1247 ff.: *Haringen, Hariesheim, Heristorpe, Heresfeld* etc., s. Anm. 237.

422) F. GENZMER 1978 *(Reclam)*, 75, 37, 69, 79, 47, 74 u. a.; vgl. Anm. 453 weiter unten.

423) G. SPITZBART 1982, 567 *(Register)*.

424) W. SCHLAUG 1962, 105 ff., z. B. *‚Heri-bald, -bern, -bert, -braht, -burg, -dag, -geld, -ger‘* usw. . . .

425) W. SCHLAUG 1955, 41, 152 ff. etc. In seinem *altdeutschen Namenbuch* führt E. FÖRSTEMANN 1966², 760 ff. unter *HARJA* 121 Hauptformen zu *(C)har-* etc. und 372 zu *-hari* etc. auf.

426) R. WENSKUS 1976, 47, 55, 341, 376, 382, 384, 498, 501, 508, 511.

427) A. ECKHARDT *(Hg.)* 1981, 406 f.; das Ziel der Vertiefung auf 7 m war 1924 erreicht.

ches zwecks Vertiefung der Fahrrinne des Flusses damals wie heute zutage gefördert wird, könnten durchaus Fundplatz auch der Weser-Runenknochen gewesen sein, wenngleich diese Frage wahrscheinlich nicht mehr genau zu klären sein wird.
Zunächst also könnte man denken, daß die Ortsbezeichnung *„Harriersand“* tatsächlich direkt mit den beiden *-hari* - PN der genannten Runenknochen zu vergleichen ist.[428]
Eine Kontrolle der älteren überlieferten Flurnamen bedingt dagegen zwar einen gewissen spontanen Abstand zu diesem Gedanken, führt jedoch gleichermaßen zu einem ganz anderen, kaum weniger interessanten Bedeutungszusammenhang:[429]

In der Gründungsurkunde des um 1131 gestifteten Benediktinerklosters St. Paul vor Bremen ist für das Jahr 1139 der Name
„Horegan“ und *„Uthoregan“ (= ‚Harrien‘ u. ‚Ut-Harrien)* erwähnt,
1150/1170 vermutlich erstmals dokumentiert.
1200 ca. findet sich die Bezeichnung *„Haregen“*.
1315 ff. treffen sich die Bremer und die Rüstringer zu regelmäßigen *(auch Streit-)* Gesprächen auf dem *„Haregerhorne“*.
1334, am 26. 4., wird eben dies *„Hargerhorne“* genannt.
1384, am 25. und 30. Mai, läßt sich der Gemeindename *‚Brake‘* in *„brake to Harghen(n)“* zuerst nachweisen.
Gegen Ende des 14. Jhs. erfahren wir den Namen *„Lutken Herghen“* für das, was die nach Westen driftende Weser nach allmählicher Fortspülung von *‚Ut-Harrien‘* übrig ließ.
1589 sind sowohl *„Hargen“* als auch der *„Harger Sand“* in einer kartographischen Darstellung *‚Abris des Weser Strombs‘* aufgenommen.
1590 bereits gilt *„Utharrige“* als nun in der Weser befindlich.

Nun stellt Ernst FÖRSTEMANN[430] identische Formen, wie *‚Horegan, Haregen, Horgene, Harge‘* etc. zu *HOR*, *„Sumpfboden“*, was zu der Angabe der von mir befragten, heutigen Bewohner des Harrier Sandes, die Insel sei aufgrund der morastigen Verhältnisse erst seit dem letzten Jahrhundert zögernd besiedelt worden, vorzüglich paßt.[431]
Edward SCHRÖDER[432] sieht dagegen in ahd. *harug*, ags. *hearg*, nord. *hǫrgr* in Ortsnamen einen deutlichen Bezug zu *alten heidnischen Kultstätten,* die gewöhnlich mit *ara, capitolium, fanum, lucus, nemus* u. ä. glossiert werden.[433]
Die drei Beispiele
Harrendorf bei Bramstedt, in den Stader Annalen 1112 *‚Horigthorp‘*,
Harrien, Hof im Kr. Halle mit den seit dem 12. Jh. wechselnden Formen *‚Horegen‘*, *‚Horchan‘* und *‚Hargen‘*, sowie
(Groß- u. Klein-)Harrie, nordwestlich von Neumünster, 1155 als nordalbingische *villa quae dicitur Horgine* bezeichnet, zeigen eine gleichmäßige Entwicklung des *Horg-* zu *Harr/ie* und eine gute Entsprechung zu den zum Harrier Sand überlieferten Formen, die SCHRÖDER offenbar entgangen sind.
Da sich nun noch die Frage ergibt, welcher germanischen Gottheit das Heiligtum geweiht gewesen sein könnte, das in den Flurbezeichnungen *‚Harrien‘*, *‚Ut-Harrien‘*, *‚Harrier Sand‘* u. dgl. erhalten zu sein scheint, überrascht die Angabe OLSENS[434], *Frøi's* Privatheiligtümer hätten sich *„i horgene“* befunden, nicht wenig. Wie weiter oben, im Kapitel 5.2.2., näher ausgeführt wurde, ist dieser Gott *Frøi* oder *Freyr* aber mit *Ing(we)* identisch, welcher in der Inschrift des Runenknochens 4988 nach unserer Auffassung sogar namentlich genannt wird.

428) Vgl. *Harriehausen*, Kr. Osterrode *(sic!)* aus: *Heringgahusun*, bei E. FÖRSTEMANN 1913, 1254.
429) Zu den hier folgenden Daten u. Namen vgl. G. RÜTHNING *(Hg.)* 1926 *(OUB II)* 19, 38, 270, 319, 482, H. GOENS 1929, 9 Anm. 13, A. SALOMON 1965, 21 Anm. 95 ff. und A. ECKHARDT *(Hg.)* 1981, 13, 24, 27 f., 32, 35 sowie die Zeittafel auf Seite 396 f. hierin.
430) E. FÖRSTEMANN 1913, 1422 zu *‚Horga‘* u. ff.; jedoch erwägt er hier, *„Grossharrie*, Kr. Bordesholm vielleicht zu *Harah“* zu stellen. Vgl. J. H. GALLÉE 1910², 310 u. 314 und E. H. SEHRT 1925 *(1966²)*, 270: *horu*, an. *horr*, ahd. *horo*, ags. *horu, horh-*, afries. *hore „Schmutz, Kot“*.
431) Gem. A. ECKHARDT *(Hg.)* 1981, 130 hatte der *Harrier*sand am 3. 12. 1855 nur 7 Bewohner.
432) E. SCHRÖDER 1944², 243-249; vgl. H. WESCHE 1932, 1-45 und 1957, 20 f., 32 ff., B. DICKINS 1934, 148-160, bes. 151 f. und 154, J. MEIER 1950, 41-53, W. LAUR 1954, 113 f., A. ROSTVIK 1967 u. R. SCHMIDT-WIEGAND 1967, 34 f.
433) SCHRÖDER u. die anderen Autoren *(s. vorige Anm.)* m. zahlreichen Belegen.
434) M.OLSEN 1926, 254 *(engl. Übersetzung 1928, 1-349, bes. 263-297).*

5.2.5.3. *KUNNI*

Auch die mit diesem Wort gebildeten Namen sind zahlreich.[435] Die Runeninschrift des Brakteaten KJ 136 von Tjurkö beinhaltet mit *‚kunimudiu‘* nach Auffassung KRAUSES den Namen des Beschenkten, *„Kunimund“*.[436]

Beda nennt neben *Cyniberct*, einem Bischof von Lindsey und einem Abt von Redbridge, *Cynewulf*, Bischof von Lindisfarne, dem Priester *Cynibill* und dem Arzt *Cynifrid*, die Könige *Cynigisl/Cynegisl (Kg. d. Westsachsen 611-643)* und *Cyniuulf/Cynewulf (Kg. d. Westsachsen 757-786)*; ferner *Cynuise/Cynewise*, Königin der Mercier, Gattin von Kg. *Penda*, u. *Cyniburga/Cyneburh*, Tochter *Pendas*, Gattin von Kg. *Alhfrith.*[437]

In Hinblick auf die Inschriftenfolge *KUNNI ING(WE)* des Weserknochens OL 4988 und die im Kapitel 5.2.3. angestellten Überlegungen zum Königstitel verdienen - neben der bereits behandelten Inschrift des Ruthwell-Kreuzes - folgende epigraphische Belege aber größere Beachtung:

1. Eine Triens-Münze des 680 usurpierten Langobardenkönigs *Cunincpert* mit der Aufschrift *DN CVN-INCPER (= Dominus Noster CUNINCPERtus)*[438],
2. Der ON *Incuneningum* bei *Beda*, in welchem SPITZBART *CUNNINGHAM (Ayrshire)* in Schottland vermutet[439],
3. Der ON *Cunningtune (Cambridgeshire)*, den KARLSTRÖM *„king's village“* übersetzt.[440]

5.2.5.4. *HAGAL*

Zu diesem letzten Wort der Inschrift des Runenknochens OL 4988 gibt es einen sicheren[441] runischen Beleg, auf den näher einzugehen ist, nämlich *HAGALA* auf dem Lanzenschaft aus dem Moor von Kragehul, KJ 27.

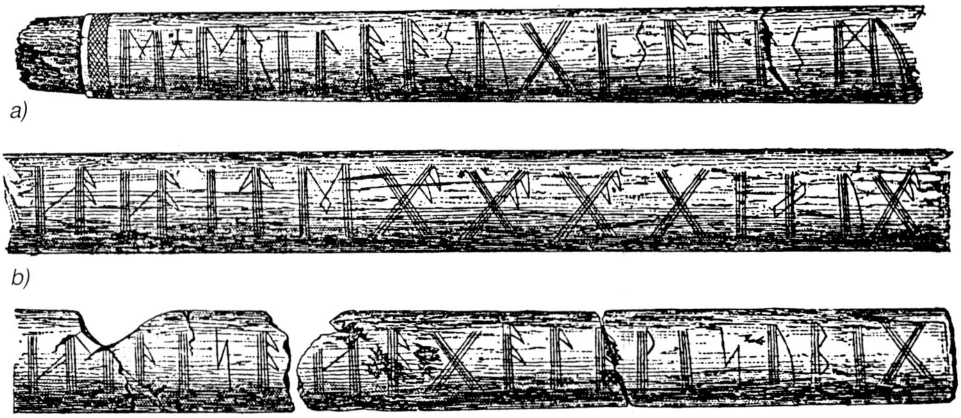

a)

b)

c)

Abb. 40:
Lanzenschaft aus Eschenholz von Kragehul, 52,2 cm lang, 1877 gefunden;
aus: G. STEPHENS 1884, 90 (Handbook), vgl. L. F. A. WIMMER 1887, 124, H. ARNTZ 1938, T. VII (Runenschrift), W. KRAUSE / H. JANKUHN 1966, Abb. 5.

435) Die bei E. FÖRSTEMANN 1966², 378 ff. zu *CUNI* aufgelisteten 49 Hauptformen werden durch H. KAUFMANN 1968, 86 f. allerdings reduziert, da einige *HUNI* zuzurechnen sein werden.

436) Vgl. schon E. SIEVERS 1887, 486 u. 489 und die neue Brakteatenedition in 3 Bänden von K. HAUCK / (M. AXBOE / U. CLAVADETSCHER / K. DÜWEL / L. VON PADBERG u. a.) 1985, Nr. 184 *(Tjurkö I)*; ferner G. T. FLOM 1917, 13, A. LASCH 1932, 174 Anm. 3 sowie G. SPITZBART 1982, 561 *(Reg.)*.

437) G. SPITZBART 1982, 561; vgl. A. CAMPBELL 1959, 380 ff. und W. A. CHANEY 1970 *(Index)*. Beowulfs Gautenkönig *Hædkyn* - F. GENZMER 1978, 76 - bewahrt das Wort im 2. PN-Glied. Zum Verhältnis von ahd. *Chuni(hari)* zu ags. *Cyn(here)* etc. s. O. VON FRIESEN 1920, 80.

438) A. SUHLE 1955 *(1964²)*, 9, Abb. 2 u. J. M. PIZARRO 1978/79, 152; vgl. G. T. FLOM 1917, 14.

439) G. SPITZBART 1982, 561 u. bes. 569 *(Register)*.

440) S. KARLSTRÖM 1923 *(≙ 1927)*, 80. Sinngemäß hier anzufügen ist, daß nach H. KUHN 1971, 446 der im Text o. g. Kg. *Cynewulf* von Wessex vom Edeling *Cynehad* erschlagen wurde, wobei alle seine Gefolgsleute, die *‚cyninges þegnas‘ (Königsdegen)* lieber den Treuetod starben, als dem Angebot des Usurpators entgegenzukommen.

441) *HAG ALU* auf dem Brakteaten von Ølst, KJ 123, wird mit W. KRAUSE / H. JANKUHN 1966 als Träger der Zauberformel *alu* aufgefaßt; vgl. obige Anm. 398 und P. PIEPER 1986 *(NAuFN)*. KRAUSES Erwägung einer Haplographie *hag(ala) alu* im Sinne der *kombinierten Schutz-(alu) und Abwehrformel gegen Hagel, jähes Verderben, Zauber* mag man zustimmen.

Die in das beginnende 6. Jh. datierte Inschrift lautet in Transkription und sinngemäß gegliedert:

ek erilaR asugisalas muha haite ga ga ga ginu ga helija hagala wiju bi g.

KRAUSE übersetzt dies:

„Ich *Eril (= Runenmagiker)* heiße *Ásgisls* Gefolgsmann *(oder: Sohn Muha).* Ich gebe Glück *(oder: Gabe-Ase) (dreimal),* magisch wirkendes *(Zeichen) ga.*-Helmvernichtenden *(?)* Hagel *(= Verderben)* weihe ich an den Speer".[442]

Zum besseren Verständnis dieser Übersetzung bedarf es einiger Erklärungen:

Ek ErilaR, „Ich , Eril" als die *Selbstbezeichnung des Runenmeisters* ist so häufig verbürgt, daß man mit einer Art Berufsbezeichnung konfrontiert zu sein glauben könnte.[443]

Asugisalas als einen PN aufzufassen, erscheint angesichts anderer, ähnlicher Namenbildungen verständlich.[444] Wörtlich liegt hier aber ein Kompositum aus *„Ase"* und *„Pfeil"*, langobardisch *gīsil* vor, was m. E. den Ausgangspunkt für eine ganz andere Interpretation dieser Inschrift bedingen kann.

Muha als den feindlichen *(Heer-)*Haufen in Betracht zu ziehen ist Wolfgang LANGES[445] Verdienst ebenso, wie das folgende Wort *haite* nicht im Sinne von *„heiße ich / nenne ich mich"*, sondern von *„heiße / gelobe / nenne / weihe ich"* zu verstehen.

Hinsichtlich der insgesamt viermal in dieser Inschrift vertretenen Binderune ᚷ ist KRAUSE mit seinen eigenen Waffen zu schlagen. *„Gibu auja"* als *„ich gebe Glück"* ist zugunsten einer Auffassung als *Begriffsrunen „gebu ansiu"*, also *„Gabe an den Asen (Odin)"* wohl aufzugeben.[446]

Ginu ᚷ, *„magisch-wirksames ga"* zu verstehen, leitet seine Berechtigung von der Beobachtung anderer, kaum mißdeutbarer Runeninschriften her.[447]

Helija als Fragment eines ursprünglichen *he(lma-tā)lija* ansehen zu wollen *(„helm-vernichtend")*, erscheint mir jedoch durch nichts gerechtfertigt.

Wiju bi g, von KRAUSE als *„geweiht[448] an den Ger" (= g (aiRa)*, anord. *geirr*, gelesen und ergänzt, kann man vielleicht akzeptieren.

LANGES *Vorschlag läßt an die tradierte Praxis einer Kampferöffnung durch einen magischen Speerwurf denken.*[449]

Die Inschrift des hölzernen Speerschaftes - *Lanzen werden im allgemeinen als reine Stoßwaffen aufgefaßt* - von Kragehul beinhaltet demnach eine *Weihe-Fluchformel,* in welcher der Gegner dem Gott, von dem man sich Sieg erhofft, als Opfer versprochen wird, was einer Verfluchung des Feindes gleichkommt.

Der inhaltliche Bezug zu der Vorstellung, daß mit diesem Fund ein archäologischer Beweis für die Existenz solcher Todesspeere[450] gegeben ist, wird dichter, wenn man den Namen ‚*Asugisalas*' nicht wie bisher als PN, sondern als *Waffenname* begreift. Die Übersetzung lautet *(s. o.) „des Asenpfeiles".*[451]

Die Textabbildung wird deutlich genug sein, um zu zeigen, daß die beträchtliche Auslassung zwischen *he* und *lija*, mit der KRAUSE rechnet, unbegründet ist. Im Gegenteil passen die eingezeichneten Bruchkanten an dieser Stelle bei allen vorgefundenen Illustrationen offenbar so genau zusammen, daß für KRAUSES umfangreiche Ergänzung einfach kein Raum ist.

Nimmt man die Inschrift hier so, wie sie erhalten ist, bedeutet dies durchaus kein De-

442) W. KRAUSE / H. JANKUHN 1966, Nr. 27, 67 *(64-68)*; vgl. z. B. C. J. S. MARSTRANDER 1929, 90 Anm. 1 *(got. runem.)* und O. NORDLAND 1951, 108; zu ᚷᚷᚷ vgl. ᚷᚷᚷ der Inschrift des Undley-Brakteaten bei B.ODENSTEDT 1983, 1-24.

443) KJ 16, 29, 70 und 128; die Version *„ek irilaR"* liegt bei KJ 56, 69 und 71 vor.

444) M. GYSSELING 1980, 14 f. ‚*Adugisal*' auf Westeremden A; vgl. KRAUSES Beispiele.

445) W. LANGE 1956/57, 98 f.; K. DÜWEL 1981, 141 Anm. 90 hält LANGES Vorschlag für erwägenswert.

446) Wie die vorstehende Anm.; auf der letzten Seite seines Aufsatzes *(Runeninschriften auf Waffen)* scheint DÜWEL die Auffassung LANGES vorzuziehen. KRAUSE, der 1936 *(FuF 12)* und 1938 die Runen als Begriffszeichen besonders hervorhob, wobei er Ivar LINDQUIST 1923 folgte, läßt hier Konsequenz vermissen; vgl. H. JANKUHN 1971, 75 (*Nachruf auf Wolfgang* KRAUSE*)*.

447) Vgl. *ginoronoR* und *ginArunAR* in den Fluchformeln der Inschriften KJ 96 *(Stentoften)* und KJ 97 *(Björketorp)*, dazu den wichtigen Aufsatz von J. DE VRIES 1930/1931, 41-66.

448) Vgl. *wija* auf der Schnalle von Vimose, KJ 24, sofern man dort von der Richtigkeit der *j*-Lesung ausgeht.

449) E. A. PHILIPPSON 1929, 148 ff., bes. 117 u. 161 (*Fluchformeln, Tyrs u. Odins Namen enthaltend*); O. HÖFLER 1934, 227 u. 238 Anm. 250; F. VON DER LEYEN 1938, 261; K. HAUCK 1958, 5 ff.; O. HÖFLER 1937, 15 ff. sowie 1938, 10-19 zu *Odins Speer* und den *Königsinsignien.*

450) H. KUHN 1978, 247-258 *„Der Todesspeer"*; vgl. K. HAUCK 1970, Abb. 72, der auf dem Stenkyrka-Fragment einen solchen dargestellt sieht, L. BUISSON 1976, 84 Anm. 96 und s. o. Anm. 324 sowie Abb. 50b.

451) *Eine Anspielung auf Odins Gungnir*, s. o. Anm. 259, *kann hierbei wohl vorliegen.* Noch D. HÜPPER-DRÖGE 1983, 167 übernimmt *„Asgisls Gefolgsmann"*. Die Erwartungshaltung „magisch-poetischer Speerbezeichnungen", s. o. den Text nach Anm. 416, mag diesen Weg hier versperrt haben.

fizit bezüglich der Möglichkeit einer sinnvollen Lesung. Faßt man *hel(l)ija* als *„höllisch“*[452] auf, ergibt sich:

„Ich, Eril(aR), des *Asenpfeiles* (Speeres) *Heerhaufen* (d. h. über den dieser fliegt) *(ver-)heiße ich (als) 3x* (aus. mag. Gründen) *‚Gabe an den Asen‘* (= wahrsch. Odin); *zaubermächtige ga-* (= Asengaben-) *Kräfte, höllischen* (= *hel*-gleichen) *Hagel* (= Verderben) *weihe/binde ich an diese Gabe* (kaum: diesen Ger)*!“*

5.2.5.5. *LOKOM : HER*

Die Inschrift des Runenknochens OL 4990, die ohne Einbeziehung der Abbildung des - wie noch erläutert wird - römischen Schiffes als Satzobjekt keinen rechten Sinn ergeben will, gleichgültig, ob man „ich“ oder „wir sehe*(n)*, erblicke*(n)*, luge*(n)*, spähe*(n)*“ u. ä. „hier*(hin)*“ übersetzt, hat eine bemerkenswerte Parallele aufzuweisen, die bisher aber offenbar noch nicht aufgefallen ist.
Beowulf berichtet König *Hrothgar,* dem Gebieter über die Dänen *(Schildunge)*, von seinen Erfolgen *(XXIV 1652-1654)*:[453]

„Hwaet, wē þē þās sǣlāc, sunu Healfdenes,
lēod Scyldinga, lustum brōhton,
tīres tō tācne, þē þū hēr tō lōcast.“

„Fürwahr, die Seebeute, Sohn Healfdenes,
Führer der Schildunge, freudig wir brachten,
Kampfruhmes Zeichen, auf die du hier blickst.“

Vergleichbar ist möglicherweise ferner die Runeninschrift des knöchernen Schwertgriffes *(!)* von Raskwerd:[454]
ek umæ dk loka, die BUMA *„Ich Umæ*[455] *beritze dich (dik)*“ übersetzt. DÜWEL[456] erscheint *‚loka‘* in dieser Bedeutung aber zu Recht nicht überzeugend. Terminologisch würde afries. **loka „eingraben, ritzen“* einen „unerwarteten Zuwachs bedeuten“, wie DÜWEL es ausdrückt.[457] Obwohl unklar bleibt, ob *‚Umæ‘* hier den Namen der Waffe oder aber den ihres Trägers meint, wage ich folgende Deutung:

„Ich, das Schwert *(des ?) Uma(e),* passe auf dich auf / beobachte dich“, womit der Träger - im schützenden Sinne - aber ebenso auch jeder potentielle Gegner - im Sinne einer Drohung - als der gedachte Empfänger dieser Nachricht in Frage käme.

5.2.5.6. *ULU : HARI*

Weiter oben - vgl. die Anmerkungen 231 und 232 - wurde ausgeführt, daß der in der Inschrift des Runenknochens OL 4991 auftretende Personenname entweder als *„Eulenkrieger“* oder aber als *„Ull(s)krieger“* übersetzt werden könnte.
Aufgrund der folgenden Überlegungen glaube ich, dem zweiten der weiter oben angebotenen Lösungswege eine größere Wahrscheinlichkeit zusprechen zu dürfen, als dem ersten, obwohl auch hier keine Sicherheit beansprucht werden kann.
Nicht nur *Ing(we Freyr)* ist nämlich ein Kriegsgott[458], sondern auch *Ull(r)*, welcher bevorzugt vor Zweikämpfen anzurufen war.[459] Eide schwor man bei *Freys Eber* und *Ulls Ring.*[460] Darüber hinaus schützte *Ull,* welcher *„Schild-Ase“* und *„Bogengott“* ge-

452) F. KLUGE 1957, 314 *„Hölle“*, anord. *hel*, got. *halja*, asächs. *hellja* etc.; die *Vorstellung von der Unterwelt ist danach nicht erst christlich, sondern dahin übernommen. Die Unterweltsgöttin Hel teilte sich überdies die Gefallenen mit Odin*, wie H. KUHN 1978, 247 ausführt.
453) Text nach E. VON SCHAUBERT 1963 *(18. Auflage)* I, 60; vgl. H. KOZIOL 1979, 52 zur Übersetzg.
454) von W. J. BUMA 1966, 85 ff. recht dürftig publiziert, da ohne Abb., Datierung etc.
455) Als PN reichlich belegt; vgl. KJ 28 *‚uma‘*, eventuell= *„Schaft“*, dann hier wohl *‚pars pro toto‘* für die ganze Waffe, also als Schwertname aufzufassen.
456) K. DÜWEL / W.-D. TEMPEL 1970 *(1968)*, 379, 381 u. 389 Anm. 75.
457) In E. EBELS gründlicher Arbeit 1963 nicht verzeichnet. Auch DÜWELS Hinweis auf die *Beispiellosigkeit eines solchen Inschriftentyps, in welchem der Runenmeister seine Runeninschrift in der 2. Person anredete*, ist stichhaltig; vgl. E. PLOSS 1958, 25-46.
458) Zu *Frey* als *Anführer des Kriegsvolkes der Götter*, zur *Kenning ‚Freys Spiel‘* für *„Kampf, Krieg“* etc. s. H. BECK 1968, 1-16 *(Fs.* HÖFLER; *Rez.:* W. HEMPEL *1969, 708 f.)*, H. KUHN 1978, 275 ff., F. SCHLETTE 1977, 182 (*Frey = Schwertgott!*) und vgl. obige Anm. 262 u. 312.
459) A HEUSLER 1940, 16; R. DEROLEZ 1963, 162; O. BØ 1969 , 143; (*Snorri, Gylfaginning* 31).
460) H. BECK 1965, 181 in seiner umfassenden Arbeit über das *german. Ebersignum*; vgl. unten Anm. 489, 523 u. 700 hierzu, sowie weiter oben Anm. 249 u. bes. 381 zu *Eidringen* etc.

nannt wurde, den Jäger und galt als geschicktester Schnee- und Schlittschuhläufer.[461]

Frey(r) und *Ull(r)* werden als *Götterpaar* [462], ihre Kulte als *zusammengehörig* angesehen.[463] Sogar eine Identität dieser beiden Gottheiten ist angenommen worden.[464] Betrachtet man o. g. Zusammenhänge als gegeben, so wird unter diesem Aspekt die Annahme einer ursprünglichen Verwandtschaft zumindest der Texte OL 4988 **(Inghari)* und OL 4991 *(Uluhari)* bestärkt.

Akzeptiert man selbige Gedankengänge bis hierhin, so wird an dieser Stelle vielleicht doch die Frage auftreten, warum die Namensform auf Knochen 4991 nicht ‚*Ul(l)hari*' - in Entsprechung zu *‚*Inghari*' auf Knochen 4988 - sondern eben ‚*Uluhari*' lautet. Dazu kann aber ins Feld geführt werden, daß wir einerseits nicht wissen, unter welchem Namen dieser Gott bei welchen Stämmen verehrt wurde, von der Schwierigkeit einer exakten ethnischen Zuweisung der Knocheninschriften einmal ganz abgesehen. Andererseits scheint die Möglichkeit, in der zweiten *u*-Rune einen Kompositions-Fugenvokal annehmen zu dürfen, nicht abwegig, wenn man bedenkt, daß es auch zur Namensform *‚Inghari' eine vergleichbare Bildung ‚*Inguheri*' gibt.[465]

Ferdinand HOLTHAUSEN war der erste, der den PN ‚*Ulu : hari*'[466] mit ‚*(O) wlþu* I *þewaR*', „*Ull(s)-diener*" auf dem Thorsberger Ortband verglich.[467] Zu letzterem PN könnte man m. E. eine Entsprechung in *Uli* I *theus*'" zu ersterem eine solche im PN ‚*Uli* I *aris*' vermuten, wenn auch FÖRSTEMANN beide Formen zu *UL- (Eule)* stellt.[468] Für diese Vermutung dürfte sprechen, daß ‚*Uli* I *gisalus*', ein weiterer PN, den FÖRSTEMANN in diesem Zusammenhang aufführt, nach dieser Berechnung nicht etwa „Eulenpfeil" o. ä., sondern - in durchaus direkterer Beziehung zum Bogengott s. o. - „*Ull(s)*pfeil" bedeuten würde.

Auch an die Ausführungen zur Inschrift des Kragehuler Speerschaftes weiter oben, welche m. E. als Waffenname „*Asenpfeil*" zu verstehen ist, wird an dieser Stelle erinnert.

5.2.5.7. *DEDE*

Zu dieser Form, 1. oder 3. Pers. Sg. Präteritum *„ich/er tat, gab, machte, bewirkte, veranlaßte, führte aus"* etc., gibt es eine ganze Reihe von Anknüpfungspunkten in Runeninschriften. Als gesicherte Beispiele sind hier zu nennen:

dedun, = 3. Pers. Pl. Prät. auf KJ 157, der Bronzekapsel von Schretzheim,[469] sowie auch
deda, = 3. Pers. Sg. Prät. auf der Kammschale von Oostum;

ded(a) auf dem Kamm von Hoogebeintum ist wahrscheinlich,
(d)eda auf dem Kamm von Amay möglicherweise anzuschließen.[470]

461) R. DEROLEZ 1963, 162. Dr. Hans DRESCHER, Hamburg-Harburg, dem ich am 2. 5. 1982 meine Ergebnisse vorlegte, fühlte sich bei Autopsie des Knochens 4991 aufgrund der Bohrung und Glättung der Dorsalseite spontan an einen *Schlittknochen (!)* erinnert, obwohl ich damals noch von der „Eulenheer"-Lesung ausging. Zu Schlittknochen u. ä. vergleiche O. HERMAN 1902, bes. 218 *(Ull)* und H.-J. BARTHEL 1969 m. weiterführender Literatur.

462) F. R. SCHRÖDER 1941, 83, da sie die *einzigen* sind, die in *Grímnismál* 5 *(Edda) in einer Strophe zusammen* genannt werden, die anderen Götter dagegen in Einzelstrophen. S. GUTENBRUNNER 1949, 32 sieht sie als *Dioskuren* in den *beiden gehörnten Figuren des Runenhornes von Gallehus* dargestellt, worauf noch einzugehen sein wird; vgl. Abb. 46a.

463) Gemäß N. LID 1933, 119 Anm. 2 schon durch M. OLSEN 1926 und 1929.

464) N. Å. NIELSEN 1969, 105 f., 115, 120 f., 125 zufolge zuerst von E. BRATE 1914.

465) E. FÖRSTEMANN 1966², 962.

466) F. HOLTHAUSEN 1931, 20, s. o. Kap. 3.1.3.

467) M STOKLUND 1985, 5-24 und 1986, 75-89 nennt die zum zweiten Kompositionsglied *þewaR*, *„Diener, Gefolgsmann"* bekannten Beispiele, neben dem Ortband von Thorsberg, KJ 20, die Inschrift von *(KJ 55)* Valsfjord ‚*ek hagustaldaR þewaR godagas*' (= „Ich, der *Hagestolz* - d. i. junger Krieger-, der *Gefolgsmann* des *Gōdag*") und natürlich den Neufund der sog. Schildfessel 3 von Illerup-Å mit der Runeninschrift *laguþewa*, was wörtlich etwa mit *„Diener des Wassers"* zu übersetzen wäre.

468) E. FÖRSTEMANN 1966², 1476; bereits W. MARTENS 1884², 11, 41, 136 ff., 183 nennt *drei Prominente des Altertums namens* ‚*Uliaris*', wobei zu bedenken ist, daß das Griechische, in dem diese germ. Namen überliefert sind, kein *„h"* kennt. Vgl. M. SCHÖNFELD 1965², 245 und 265 sowie H. KAUFMANN 1968, 366 f.

469) Vergleiche die obige Anmerkung 229.

470) Zu den drei letzten *(fries.)* Beispielen: K. DÜWEL / W.-D. TEMPEL 1970, 363 ff., 367 f., 370 f. und 387 Anm. 54; M. GYSSELING 1980, 13 f. versteht ‚*Eda*' als PN *(Amay)*.

Nicht so sicher, wenn auch nicht undenkbar, ist dagegen, ob *d(ed)a* auf KJ 142, der Bügelfibel von Bad Ems[471], und *s(egun) d(eda)* auf der Gürtelschnalle von Szabadbattyán, KJ 167, die hier in Klammer angegebenen Ergänzungen zu Recht erfuhren.

Noch nicht erwogen wurde eine ganz andere Möglichkeit, nämlich ‚*Dede*' als einen weiteren Personennamen aufzufassen. Tatsächlich findet sich unter den von FÖRSTEMANN zu *DADI*, an. *dâd*, got. *dêds*, ahd., mhd. *tât*, „*Tat, Werk*" gestellten PN neben ‚*Dedi, Deddi, Deti, Detti, Teti, Tetti, Tette*' unter ‚*Dado, Daddo, Dato, Datto, Dedo, Deddo, Deto, Detto, Teto, Tetto*' u. v. a. m. auch die Form ‚*Dede*'.[472] Den nahe verwandten Namen ‚*Dado*' trägt die Inschrift der *S*-Fibel von Weingarten II, KJ 164. Ein Langobardenkönig des 6. Jhs. und ein Bischof von Beauvais hießen ebenso.[473] Auch wenn man der Interpretation von *dede* als Verb gegenüber dem PN den Vorzug gibt, ist letztere Möglichkeit immerhin nicht mit Sicherheit auszuschließen.

Zusammenfassung des neuen Lesungsversuches

In der Schlüsselposition zum weiteren Verständnis des auf Runenknochen 4988 enthaltenen Schadenzaubers dürften sich Text und Bild des Knochens OL 4990 befinden, da der gemeinte Feind hier näher bezeichnet wird.[474]

Die Inschrift des Runenknochens 4991 könnte gewissermaßen den Abschluß der als im Kontext erhaltenen und als magischen Inhalts verstandenen Handlung bilden.

Die eingeklammerte Interpunktion s. u. soll verdeutlichen, daß hier durchaus keine Festlegung hinsichtlich der grammatischen Zuordnung erfolgen kann.

1.) *OL 4990: LOKOM: HER (ein röm. Handelsschiff als Objekt)*
„*Ich schaue/spähe/beobachte*" etc. „*hier(hin/her)*".
(Verb: 1. Pers. Sg. Präs. Ind. Akt. + lokativ. Adverb).

2.) *OL 4988: LATAM: ING: HARI* I *KUNNI: ING: WE* I *HAGAL*
„*Laßt (uns) (,) *Inghari (,) I Geschlecht (des) *Ingwe (,) (zum) Hagel (= Verderben)!" (los).*
(Verb: 1. Pers. Pl. Konj. Präs. Akt. + PN Nom. = Subjekt oder Akk. = Objekt[475] + Apposition + Objekt).

3.) *OL 4991: ULU: HARI* I *DEDE*
„*Uluhari tat*".
(PN Nom. = Subjekt + 1./3. Pers. Sg. Prät.).[476]

5.2.6. Majestätsplural oder Ellipse?

Die grammatische Unempfindlichkeit der PN-Form *‚*Inghari*' bedingt gewisse Verständnisschwierigkeiten des Gesamttextes dieses Runenknochens OL 4988, die bei OL 4990 und 4991 nicht auftreten.

471) H. ARNTZ / H. ZEISS 1939, 199 f. *(= 12.)*; Szabadbattyán= 32. ebd.; vgl. DÜWELS Anm. 29 (1970).

472) E. FÖRSTEMANN 1966², 386-390, bes. 387; ähnlich: W. SCHLAUG 1955, 184 u. ders. 1962, 71, jedoch mit Vorbehalten. Anders: H. KAUFMANN 1968, 88 f.; vgl. R. WENSKUS 1976, 134 u. a.

473) Letzterer auch als ‚*Dodo*' geführt, wozu dann die Runeninschrift des Eibenstäbchens von Britsum eine Entsprechung böte *(Dud(o)/Dodo* gem. M. GYSSELING 1980, 8).

474) Im Kapitel 5.3.1. weiter unten wird deutlich, daß der *militärische Gegner, gegen den dieser Fluch gerichtet ist,* im weitesten Sinne als *römisch* zu bezeichnen ist.

475) Herr Dr. Ulrich SCHEUERMANN vom Institut für Historische Landesforschung, Arbeitsstelle Niedersächsisches Wörterbuch der Universität Göttingen, dessen erster Beratung im Februar 1982 ich mehrere wertvolle Hinweise verdanke, bezeichnete die PN-Endungen auf *-hari* als *typisch altsächsisch, bezüglich des gemeinten Kasus aber als leider ebenso unempfindlich.* Im Sinne dieser Mehrdeutigkeit hinsichtlich der Lesung sind die hier in Klammern gesetzten Kommata etc. zu verstehen.
Die Überprüfung aller hier angegebenen grammatischen Formen nahm Herr Prof. emerit. G. CORDES † ebenda am 3. 3. 1982 vor. Wie seine Lehrerin A. LASCH - vgl. Kap. 3.1.4. mit der dortigen Anmerkung 25 - begreift auch er die Verbform ‚*latam*' als einen Adhortativ.

476) Die soeben dargestellte Möglichkeit, in ‚*dede*' einen weiteren PN zu sehen, sei auch jetzt nicht außer acht gelassen, zumal PN dieser oder ähnlicher Form gerade im Oldenburgischen sehr häufig sind, wie die von Gustav RÜTHNING herausgegebenen Urkundenbücher zeigen.

Eine Auffassung dieses Namens als *Dativobjekt*, zu lesen:

„Wir wollen *(los-)*lassen Hagel (Verderben) dem **Inghari* *(aus dem bzw. und dem)* Geschlecht **Ingwe*",

wäre theoretisch nicht auszuschließen, wenn man etwa daran denkt, daß Könige, denen das Glück versagt blieb, ihrem Volke Fruchtbarkeit des Jahres und Wohlstand zu geben, nicht selten geopfert wurden.[477] Die besondere Gestaltung der beiden *Ing*-Runen, auf die weiter oben näher eingegangen worden ist, scheint aber eher gegen eine solche Deutung zu sprechen.

Naheliegender wäre eine Auffassung des Namens als *Akkusativobjekt*, wenn man nicht ‚*Hagal*' als ein solches begreifen will.[478] Doch könnte man den Text auch so auflösen:

„Wir wollen lassen *(senden, ausschicken)* den **Inghari* *(aus dem)* Geschlecht **Ingwe!* Verderben *(über den Feind)*!".

Bei *genitivischer* Auffassung des Namens könnte es heißen:

„Wir, *(die Mannen)* des **Inghari*, **Ingwes* Geschlecht, wollen Hagel senden!".

Dieser Versuch will jedoch nicht recht befriedigen, da der graphisch doch gewissermaßen betonte Name in eine zu große Abhängigkeit von einem ansonsten anonym bleibenden Kollektiv geriete.

Ein anderer Versuch, nämlich den Namen im Sinne eines *Vokatives* zu verstehen, scheint diesen in die Ferne einer kultisch verehrten Gottheit zu rücken und schafft somit eine wenig plausible Distanz zum Namen *Uluhari:*

„Wir, *(oh)* **Inghari* *(aus dem)* Geschlecht des **Ingwe*, wollen Verderben aussenden!".

Die zunächst sich aufdrängende Lösung, *‚*Inghari*' als *Nominativ* und damit als *Subjekt* des Satzes zu verstehen, scheitert scheinbar an Agathe LASCHS grammatischer Bestimmung von ‚*latam*' als Verb in *Pluralform*, an der kaum gezweifelt werden kann.[479] Übersetzt man nun:

„Wir, **Inghari*, Geschlecht **Ingwe*, wollen lassen Hagel!" o. ä.,

müßte man konsequenterweise folgern, daß in der Inschrift des Runenknochens OL 4988 der *allererste Gebrauch* des ‚*pluralis maiestatis*' *im germanischen Bereich* vorliegt.[480] Daß zu dieser überraschenden Möglichkeit zwei Spezialisten befragt wurden, ist einleuchtende Notwendigkeit.

Daß hingegen dabei offenbar wurde, daß es zur Geschichte und Entwicklung des Majestätsplurals anscheinend keine einzige Untersuchung gibt, mag befremden.

Herr Prof. emerit. Alfred HEUSS faßt zusammen, was wir über den Gebrauch dieser überaus interessanten Erscheinung einer urkundlichen Selbstdarstellung von Einzelpersonen in der Mehrzahl überhaupt wissen:[481]

„Danach ist der ‚pluralis maiestatis' nicht vor der Spätantike - also etwa 300 n. Chr. - bekannt, dann aber ganz geläufig. Der formale Grund für das Auftreten dieser Kanzleiformulierung liegt höchstwahrscheinlich in einer tatsächlichen Pluralität der Herrscher während der Tetrarchie Diokletians.[482] *Nach bisheriger Kenntnis waren die Langobarden die ersten Germanen, die den im röm. Urkundenstil des Rechtsgebrauches im 4. und 5. Jh. heimisch gewordenen Majestätsplural übernahmen, vermutlich aus Gründen neuer politischer Umstände."*

So beginnt eine Urkunde aus dem Jahre 752 n. Chr.:[483]

477) Vgl. oben Anm. 284 und etwa W. KRAUSE 1936, 19 *(Sinnbilder und Runen)*.

478) Vgl. oben Kap. 5.2.5.4. *HAGAL*, zum Speerschaft von Kragehul, wo das Akkusativobjekt allerdings ‚*hagala*' lautet.

479) Vgl. Kap. 3.1.4. der Forschungsgeschichte.

480) Langobardische Königs- und Herzogsurkunden würden folgen, s. A. CHROUST 1888, 19, 72, 109, 111, 124 Anm. 1, 137, 168 *(4 x)*, 169 *(3 x)*, 176; interessant ist, daß die hier als typisch für diese Urkunden herausgestellten Bestandteile *(S. 36)* bei den Weserknochen ähnlich gegeben sein könnten: 1. Königl. Befehl (4988: *latam . . . hagal*, 4990: *lokom her*); 2. Nenng. d. Diktierenden (4988: *Inghari*); 3. Schreiber (4991: *Uluhari/Dede*).
Dieser Typus wird bei den skandinavischen Bautasteinen eigentlich in ähnlicher Form beibehalten: 1. Zum Gedächtnis von NN, 2. *(ließen)* NN, NN *(Verwandte, Freunde etc.) (errichten)*, 3. *(den Stein, den bearbeitete)* NN; vgl. auch Anm. 388.

481) A. HEUSS, Brief vom 14. 3. 1982 an den Verfasser.

482) Vgl. P. CLASSEN 1977, 74 f.; *Diokletian*, unter dessen Herrschaft die grausamste Christenverfolgung stattfand, war von 284 bis 305 römischer Kaiser und starb 313 n. Chr.

483) Zitiert nach H. WOLFRAM 1967, 201 f.; vgl. hierin auch 125 Anm. 71, 162, 194 ff.

„Nos gloriosissima domna Scauniperga et domnus vir gloriosissimus Liutprand summi duces gentis Langobardorum".

Claudius VON SCHWERIN[484] gibt an, daß der germanische König im 6. Jahrhundert zur Majestät geworden sei, daß die 495 *in England einfallenden Sachsenführer* schon 519 als *‚Könige'* erwähnt werden, und daß bei den Merowingern bereits im 6. Jh. ein festes Königserbrecht galt. Dieses verfiel aber wieder im 7. Jahrhundert und der merowingische König wurde Organ des Hausmeiers. Der letzte Merowingerkönig sagte vom *‚maior domus':*
„. . . qui nobis in solium regni instituit . . .".

Auch bei den Franken wurde der Majestätsplural gebraucht. Im Jahre 937 heißt es von *Hugo Magnus dem Älteren:*[485]
„Nos igitur in Dei nomine Hugo scilicet clementia omnipotentis Dei Francorum dux".

Nun berichten die Quellen zwar ausgerechnet von einem Königtum bei den festländischen Sachsen nichts und sagt *Beda* in seiner Kirchengeschichte sogar ausdrücklich das Gegenteil, doch meint SCHLESINGER wohl zu Recht, daß ein solches zur Zeit der Auswanderung nach England durchaus bestanden haben kann.[486] Auch wird man nicht ausschließen müssen, daß die Germanen, die in römischen Diensten standen, bei ihrer Rückkehr neben einer Fülle anderer Erfahrungen und Kenntnisse auch die des Majestätsplurals mitgebracht haben können. Doch mag die Tatsache, daß diese Ausdrucksform des römischen Kanzleistils sich lediglich in der Runeninschrift OL 4988 wiederfinden ließe - viele nordische Runentexte beginnen dagegen mit *‚ek'*, *„ich"*- die Auffassung eines hier vorliegenden *‚pluralis maiestatis'* vielleicht als nicht gerechtfertigt erscheinen lassen.

Dem Gespräch mit Herrn Prof. emerit. Reinhard WENSKUS, das ich am 16. 3. 1982 in Göttingen führen konnte, verdanke ich den Anstoß zu einer anderen Möglichkeit der Lösung des Problems ‚PN + Verb in der Pluralform' auf Runenknochen OL 4988. Professor WENSKUS erwog hierbei eine *elliptische Schreibung,* also die textliche Auslassung eines dem Inschriftenritzer als selbstverständlich bekannten Gedankens oder Vorganges. Die Pluralität der Verbform sah er dabei als potentiellen Hinweis auf die Gesamtheit des germanischen Stammes, der beabsichtigt, kriegerisch in Aktion zu treten, und zu diesem Zwecke **Inghari* und *dessen göttliche Abkunft* nennt.

**Inghari* wäre demnach als Repräsentant der Allgemeinheit und gleichzeitig als Siegesgarant aufzufassen, da er ja über besondere, übermenschliche Beziehungen - als Abkömmling der Sippe des **Ingwe-* in der Gunst der Götter stehen muß.

Geht man vom Aspekt der Möglichkeit einer Ellipse aus, so dürfte man die Pluralform des Verbums, die in einem scheinbaren Widerspruch zu dem PN **Inghari* steht - sofern man hier einen Stammesnamen überhaupt mit Sicherheit ausschließen kann -, auch auf einem profaneren Wege erklären können.
Wie oben dargelegt wurde, scheint der *‚pluralis maiestatis'* anfangs eine wirkliche Pluralität von gleichzeitigen Herrschern bezeichnet zu haben und wurde dann bis zu *Konstantin dem Großen* auch für Alleinherrscher beibehalten. Die o. g. *langobardische* Urkunde *Scaunipergas* und *Liutprands*, bei der die Pluralform zu erwarten ist, hat allerdings in der von WOLFRAM 1967 *(s. Register)* aufgeführten Beneventer Urkunde vom Juli 715 einen interessanten Vorgänger:
„Nos domnus vir gloriosissimus N. summus dux Langobardorum".
Liegt in dieser Formulierung ein echter Majestätsplural vor, so könnte man die Ellipse auf OL 4988 ähnlich wie die spätere langobardische Urkunde von 752 verstehen, also als „echten" Plural, wenn man den PN *Uluhari (OL 4991)* direkt einbezieht. Eventuell erklären also die PN **Ing-* und *Uluhari* diese Verbform.

484) C. VON SCHWERIN 1915/1916, 71 f. zum Stichwort *‚König'* in J. HOOPS Reallexikon.
485) Zitiert nach H. WOLFRAM 1973, 171, *(= Intitulatio II; 1967 = Intitulatio I, s. o.)*.
486) W. SCHLESINGER 1956, 114; vgl. W. LAMMERS 1967, 302 Anm. 154, *(LAMMERS auch Hg.)*.

Diese beiden formal verwandt erscheinenden Namen mögen die zweier germanischer Heerführer gewesen sein, vergleichbar etwa mit *Hengist* und *Horsa*[487], *Raos* und *Raptos*[488] oder *Ibor* und *Agio*[489], um nur einige zu nennen. Vielleicht wird in diesem Namenpaar außerdem ein Verwandtschaftsverhältnis zwischen Brüdern, Cousins, Vater und Sohn, Onkel und Neffe o. ä. greifbar[490], bedenkt man die allgemeinen Gesetze der germanischen Namengebung, nach denen die ersten oder zweiten Kompositionsglieder häufig alliterierend gebildet sind.[491]

Schließlich wäre die Pluralform des Verbums ‚*latam*' auch aus dem Umstand zu erklären, daß auf Runenknochen OL 4988 selbst zwei Namen erwähnt sind, neben *‚*Ingbari*' nämlich der Name des Gottes *‚*Ingwe*', auf dessen Abkunft sich ersterer beruft[492]; eine Einbeziehung des göttlichen Vorfahren bei Erlaß des Fluches in dieser Weise hätte dazu dienlich scheinen können, der magischen Wirksamkeit des Spruches größeren Nachdruck zu verleihen.

Freilich stehen alle diese Lösungs- und Lesungsmöglichkeiten ziemlich gleichberechtigt nebeneinander, so daß der ursächliche Hintergrund der Abfassung eines Runentextes einmal mehr im Dunkel der Geschichte zu bleiben scheint.

487) „Hengst" und „Pferd"; vgl. obige Anm. 286. S. GUTENBRUNNER 1949, 55 nennt sie *sächsisch*; vgl. hierzu A. BECKER 1973, bes. 49, 52 f., 60 f., 72, 82, 98, 108, 122, 211 Anm. 303.

488) „Rahe" und „Balken"; vgl. obige Anm. 330, wandalische *Hasdinge*.

489) *„Eber"* und „Ecke" n. H. BECK 1965, 72 ff., ein Paar, das aus der winnilisch-langobardischen Überlieferung durch *Paulus Diaconus* bekannt ist. Vergleicht man jedoch die beiden vorigen Anmerkungen, will die Übersetzung ‚*Agio*= *Ecke*' nicht recht einleuchten. Dagegen scheint die wesentlich engere Verknüpfung zwischen den Namen der beiden anderen Paare auf ein *ingwäonisches Umfeld* zu weisen, vergegenwärtigt man sich:
a), daß *Pferde* neben *Odin* besonders *Ing* geweiht waren; vgl. z. B. F. SCHLETTE 1977, 184,
b), daß neben direkten etymologischen Anknüpfungspunkten (vgl. die Anm. 254f. und 328-331) die *Hasdinge/Heardingas* und *Ing* in sicherem Zusammenhang genannt werden und
c), daß der *Eber* als das heilige Tier *Ings* schlechthin gilt; vgl. z. B. H. BECK 1965 (s. Anm. 460).

Rechnet man bei dem PN *Agio* mit *Graphem Ag-* für *Ang- (vgl. Anm. 404 sowie Anm. 352: Ik-* für *Ing-*), so könnte dieser PN **Angio* im *Ablautverhältnis* zu *Ing* stehen. Das dergestalt rekonstruierte Bruderpaar *Ibor* und **Ingio* würde dann in die Reihe der o.g. *alliterierenden* PN: ‚*Raos* u. *Raptos*', ‚*Hengist* u. *Horsa*' sowie ‚*Ambris* u. *Assis*' gehören.

490) R. VON KIENLE 1939, 263 f., 271 ff. nennt etliche Beispiele vor allem von *Bruderkönigen, die gleichzeitig dasselbe Heer befehligten;* vgl. K. HAUCK 1981, 253.

491) Vgl. G. SCHRAMM 1957; R. VON KIENLE 1939, 78 stellt dazu allgemein ff. Regeln auf:
1. PN staben mit denen anderer lebender Gesippen; eine weitere Möglichkeit ist
2. PN-Bildg. durch Variation, a) bei Zweiteiligkeit des Vaternamens Veränderg. des einen unter Beibehaltg. des anderen Bestandteiles, b) bei Einteiligkeit des Vaternamens Zufügung eines neuen Namenselementes;
3. PN-Übernahme von verstorbenen Angehörigen durch Neugeborene, dann unverändert.

492) Vgl. dazu die Anm. 276 und 279 ff. weiter oben hinsichtl. der kgl. Funktion im Kult.

5.3. Ikonologie und Ikonographie

5.3.1. Das Schiff auf Runenknochen 4990

Wie im Kapitel 2. 1. der Forschungsgeschichte, besonders siehe Anm. 12 bereits ausgeführt wurde, war VON BUTTEL-REEPEN schon vor der ersten Veröffentlichung der Runenfunde vom seinerzeit führenden Archäonautiker, Prof. Walther VOGEL, darauf aufmerksam gemacht worden,

daß Schiffe des Typs, den die Abbildung 41 hier zeigt, mit Sicherheit als römisch anzusprechen seien.

Ein Segelschiff wie das auf Runenknochen OL 4990 dargestellte sei im germanischen bis hin zum mittelalterlich - nördlichen Bereich weder aus archäologischen Bergungen, noch von den zahlreich vorliegenden Bilddarbietungen auf Münzen, Siegeln und anderen Dokumenten - wie beispielsweise dem Teppich von Bayeux - bekannt.

Abb. 41:
Schiff OL 4990, Skizze der Abb. auf diesem Runenknochen; M 1: 1.

In seinen *„Studien zur Geschichte des antiken Seewesens"* widmete August KÖSTER, ein anderer namhafter Kenner der Materie, diesem Schiffsbild ein eigenes Kapitel, wobei er hervorhob,

daß der germanische Künstler, der hier zweifellos ein römisches Handelsschiff gemeint habe, mit der fremden Takelage nicht sehr vertraut gewesen sein kann: So habe er z. B. das Stack nicht zum Bug, sondern zum Top des Vormastes gezeichnet und die Segel - perspektivisch falsch - hinter, statt vor dem Mastbaum angegeben.[493]

Zuvor hatte bereits KARSTEN[494] diesen Schiffstypus als in Abhängigkeit von römischen stehenden begriffen und die Darstellung selbst als Objekt in den Runentext miteinbeziehen wollen, wenngleich die Römer als direkte Gegner des Stammes, dem die Inschrift auch immer zuzuschreiben war, aufgrund KARSTENS später Datierung ins 6. Jh. auszuscheiden schienen.

Die Aufnahme neuer Untersuchungen forderte das Einholen aktueller Stellungnahmen zu diesen speziellen Fragen.

493) A. KÖSTER 1934 *(1963²)*, 135-149 *(= Kap. VIII)*, bes. 136 und 145.
494) T. E. KARSTEN 1930, 20-22.

In einem Brief vom 22. 3. 1982 stimmte Herr Dr. Olaf HÖCKMANN, zuständiger Archäonautiker am Römisch-Germanischen Zentralmuseum Mainz, darin zu, daß

„*die Takelung mit Artemonsegel sehr mediterran aussieht, ebenso auch die Andeutung des Threnus (Rast für das Steuerruder)*".

Er empfahl aber eine weitere Konsultation der Experten des Dt. Schiffahrtsmuseums in Bremerhaven, dessen leitender Direktor nach Autopsie der Funde am 23. 2. 1983 freundlicherweise ein Gutachten verfaßte, welchem zum besseren Verständnis der nautischen Fachsprache hier eine erläuternde Übersichtsskizze (Abb. 42) vorangestellt wird:

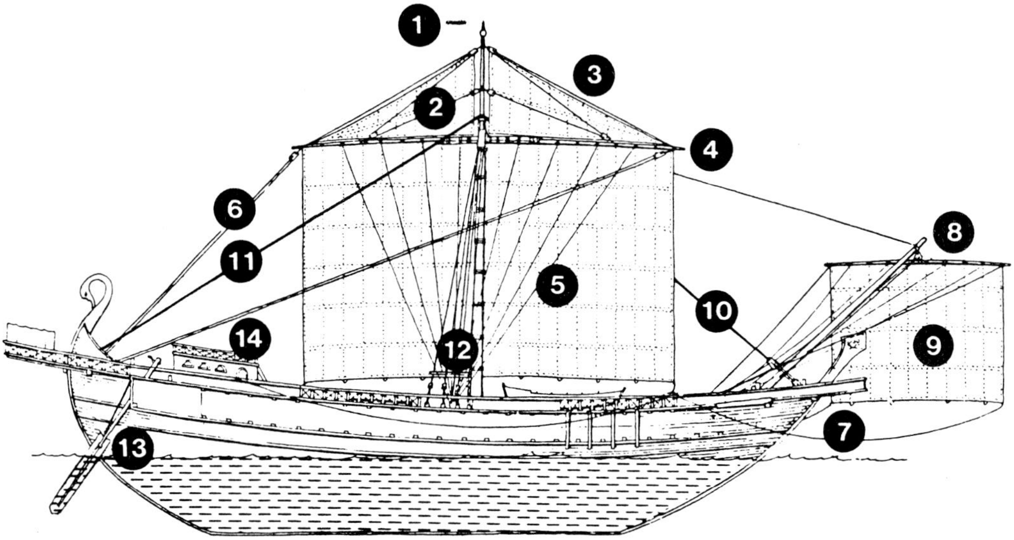

Abb. 42:
Modell eines röm. Handelsschiffes (nach B. LANDSTRÖM 1961, 51, Abb. 110).

1. Topp;
2. Toppsegel;
3. Toppnanten;
4. Rah (-nock = Ende der Rah).

Laufendes Gut (bewegliches Tauwerk zum Steuern etc.):
5. Geitaue (bzw. Gordings) am Rahsegel;
6. Brasse(n);
7. Scho(o)t(en);
8. Fall(en), Tau(e) zum Heißen (Hochziehen) u. Fieren (Herunterlassen), hier des
9. Artemon (artemen, kl. Vorsegel an einem Spierenmast als Steuerhilfe).

Stehendes Gut (festes Tauwerk zum Absteifen des Hauptmastes):
10. Vorstag;
11. Backstag;
12. Want(en), seitlich befestigte Taue.
13. Steuerruder (eins je Seite);
14. Poopdeck (mit Kajüten darunter).

Glossar nach H.D.L. VIERECK 1975, 274-281; vgl. die Expertise von D. ELLMERS.

D. ELLMERS

Das Schiff auf einem der Runenknochen aus der Unterweser

Die zusammen mit den sog. Weserrunen in Knochen geritzte Schiffsdarstellung gibt in sehr grober und vielfach fehlerhafter Zeichnung ein römisches Handelsschiff mediterraner Prägung wieder. Für eine genauere Ansprache des Typs reichen die erkennbaren Merkmale nicht aus. Immerhin gehört das Fahrzeug weder zu den kleinsten Typen mit nur einem Segel, noch zu den sehr großen, die oberhalb des Hauptsegels noch dreieckige Toppsegel führten.

Die Wiedergabe eines germanischen Schiffes ist nach dem heutigen Stand der Kenntnis mit großer Sicherheit ausgeschlossen, weil germanische Schiffe nicht zusätzlich zum Hauptsegel an einem schräg gestellten Mast im Vorschiff ein Vorsegel *(„artemen")* führten. An beiden Segeln sind die Schoten *(= unten angreifende Taue zum Regieren der Segel)* prinzipiell richtig dargestellt, während die zu einem solchen Schiffstyp gehörigen Brassen, Topnanten und Fallen fehlen *(sie fehlen übrigens auch öfter auf römischen Darstellungen).* Die drei Linien auf den Segeln können nicht einzelne Segelbahnen bedeuten, da diese waagerecht verliefen. Es könnten die Geitaue sein, mit deren Hilfe man die Segel zur Rah aufgeien *(sozusagen „hochkrempeln")* konnte. Die Rahen sind gar nicht herausgearbeitet und die Segel stehen zumindest für unser an perspektivische Zeichnungen gewöhntes Auge auf der falschen *(nämlich der Rück-)*Seite der Masten. Der Hauptmast ist durch ein Backstag nach achtern gegen den Winddruck gesichert.

Das Vorstag läuft vom Hauptmast zum Topp des Vormastes; das ist falsch, weil es dem Hauptmast nicht den nötigen Halt geben würde. Das Vorstag hat seinen unteren Ansatzpunkt im Vorschiff.

Die den Rumpf wiedergebenden Linien enthalten nur wenige schiffbauliche Informationen. Insbesondere hat die gabelförmige Zeichnung der Bugkonstruktion keine genauen Entsprechungen bei den erhaltenen römischen Schiffsdarstellungen. Immerhin ist ein Rammsporn mit Sicherheit auszuschließen, so daß wir keinen Anhaltspunkt für ein Kriegsschiff haben. Der Oberkante der Bordwand fehlt jener leichte, aber deutliche Sprung, der römische Handelsschiffe auszeichnet. Dafür sind aber die wenigen Männer an den Riemen, die auch bei Handelsschiffen mittlerer bis geringer Größe beim Manövrieren, beim Landen und in schwierigen Gewässern eingesetzt wurden, durchaus korrekt dargestellt *(die Männer sitzen ein wenig hinter den Handgriffen der Riemen).* Das ist besonders deshalb zu betonen, weil die Germanen selber erst in der zweiten Hälfte des 4. Jahrhunderts von der alten Paddel - zur Rojetechnik übergegangen sind. Auch das kleine Poopdeck als Standort des Steuermanns ist im Prinzip richtig, wenn auch in den Relationen zu hoch dargestellt. Dafür ist dann aber der zugegebenermaßen kompliziert gebaute Ruderapparat mit seinen beiden Seitenrudern weitestgehend verunglückt.

Ob der kleine Kreis oberhalb des Ruderblattes den *Threnus (Querbalken zur Befestigung des Ruders)* wiedergeben soll, ist sehr fraglich, aber nicht auszuschließen.

Wer immer die Zeichnung geritzt hat, wußte im großen und ganzen wie römische Schiffe aussehen, hat aber viele Details nicht verstanden und demzufolge unrichtig wiedergegeben.

Prof. Dr. Detlev Ellmers
Stiftung Deutsches Schiffahrtsmuseum
Van-Ronzelen-Straße
2850 Bremerhaven-M.

Bremerhaven, den 15. 3. 1984

Nach dem sicheren Urteil der Fachleute kann an der Tatsache, daß das auf Runenknochen OL 4990 abgebildete Schiff römisch ist, nicht gezweifelt werden. Die diesem Kapitel beigefügten Illustrationen sollen dazu beitragen, auch den Nichtfachmann von der Richtigkeit dieses - für das Verständnis des Gesamtzusammenhanges wichtigen - Umstandes zu überzeugen. Da außerdem im Schiffsbild OL 4990 der *bisher einzigartig gebliebene Versuch eines germanischen Graveurs, ein römisches Schiff darzustellen,* vorliegt, ist ein direkter Vergleich mit den Schiffsdarstellungen in der römischen Kunst interessant. Das gilt in besonderem Maße für die in der Expertise von Herrn Prof. ELLMERS angesprochenen Auslassungen, Fehler und Unklarheiten.

Zunächst ist dabei festzustellen, daß die Mannschaft im Verhältnis zur Dimensionierung des Schiffes nicht maßstabsgerecht, sondern übertrieben groß wiedergegeben wird *(vgl. OL 4990 mit Abb. 43b, c und d, 44a und c sowie 45b).*[495]

Die Takelung ist auch in den römischen Beispielen nicht in allen Einzelheiten korrekt bzw. vollständig; dagegen findet sich eine direkte Verbindung des Vorstags vom Topp des Hauptmastes zum Topp des Vormastes nicht ausschließlich auf OL 4990, sondern auch in der San Calisto-Katakombe [496] (Abb. 43 f.). Sie ist demnach möglicherweise nicht fälschlich dort angegeben, sondern war vielleicht als zusätzliche Unterstützung des *Artemen* wirklich vorhanden.[497]

Das *Artemon* selbst, als wahrscheinlich wichtigster Indikator röm. Provenienz auf OL 4990 in charakteristischer Neigung über den Vordersteven gezeigt, findet sich auf allen 6 Darstellungen der Abb. 43 sowie auf Abb. 44a und b. Es diente der besseren Steuerfähigkeit der Schiffe, insbesondere bei Seitenwind. Auf der Abb. 44c sieht man das größere Focksegel, welches in diesem Falle fast so groß wie das Hauptsegel ist.[498]

Erwähnenswert dürfte auch sein, daß der Artemonmast noch eine andere Funktion haben konnte, nämlich die eines Ladekranes, wie die Abb. 44a verdeutlicht.[499]

Auch sind bei den römischen Parallelen zu OL 4990 beide Steuerruder zwar gelegentlich *(Abb. 43a, e, f) vollzählig abgebildet, meistens aber - vermutlich aus Gründen einer perspektivisch verständlichen Vereinfachung - findet sich nur eins von ihnen (Abb. 43b, c, d, 44a, b, c und 45b sowie c, dort geheißt).*

Heckaufbauten, die mit OL 4990 vergleichbar sind, kann man auf den Abb. 43b und d sowie 44a und b erkennen; hierbei fragt sich allerdings, ob die Überhöhung dieses ‚Poopdecks' auf OL 4990 nicht vielleicht auch einen Kampfturm anzeigen könnte, wie er für Kriegsgaleeren - vgl. Abb. 45a und d3 - nicht selten nachgewiesen ist.[500]

Unklar bleibt, ob der kleine Kreis in der Gestaltung des Hecks auf OL 4990 überhaupt funktionell - etwa als Threnus- oder aber als ein charakteristisches Ornament aufzufassen ist, welches in ähnlicher Ausprägung vor allem bei Galeeren lange beliebt war *(Abb. 43e, 45a, b und besonders c).*

Die für ein Handelsschiff bemerkenswert gleichmäßige Rojerbesatzung und Remen-Ausstattung auf OL 4990 hat unter den hier wiedergegebenen römischen Beispielen nur zwei Entsprechungen (Abb. 43d und e). Doch ist bei dem mit Amphoren beladenen Schiff ebenso wie bei dem des Odysseus auch die Gestaltung des Schiffskörpers nicht die bauchige, wannenförmige eines typischen Handelsschiffes, sondern eher die langgestreckte einer Galeere, vergleicht man die beiden Abbildungen 45a und b mit den Abb. 43a *(rechts)*, b, c, f sowie 44a und b. Hinzu kommt, daß die Ge-

495) H. G. FRENZ 1984³, 88 zufolge ist das ein ganz allgemeines und typisches Kriterium.

496) Gut vergleichbar mit der Darstellung OL 4990 ist dort auch die bauchige, halbrunde Auffassung des Schiffsrumpfes.

497) Vgl. die Rekonstruktionen z. B. von R. & R. C. ANDERSON 1926, Pl. II; L. CASSON 1959, Pl. 14; B. LANDSTRÖM 1961, Abb. 110 (s. o. *Abb. 42*; hier liegt offenbar dieselbe Auffassung vor).

498) Nach R. EBERENZ 1975, 163 ff. bedeutet *‚artimó'* in den ibero-romanischen Sprachen später „ein großes Segel für den Großmast mit 41 Bahnen".
Andere gute Bildbeispiele z. B. bei J. HAUSEN 1979, Frontispiz *(Odysseus-Mosaik im Nat. Mus. Tunis s. o. Abb. 43 d)*, M. WITTEYER 1984³, Abb. 21 *(Mosaik aus Hippo Regius, Nordafrika)* etc.

499) Zu Artemen auf Handelsschiffen vgl. H. D. L. VIERECK 1975, Skizze 113, 131, 135, 139, 140, 143, 144 und Bild 60, zu solchen auf Kriegsschiffen ebda. die Skizzen 1 und 71.

500) Diese Türme waren aus Holz, aber so angemalt, als bestünden sie aus massivem Stein; gem. B. LANDSTRÖM 1961, 45.

Abb. 43:

Zum Schiffsbild auf OL 4990:

a)

a) Mosaik im Foro delle Corporazioni, Ostia, um 200 n. Chr.; zwei Frachtschiffe an der Einfahrt zum Hafen Roms. Links ein Dreimaster, rechts ein Frachter mit Standard-Takelung, dem typischen kleinen Artemonsegel in charakteristischer Vorneigung als Steuerungshilfe.
Aus: L. CASSON 1971, Abb. 145.

b)

b) Sarkophag des 3. Jhs. n. Chr. in der Ny-Carlsberg Glyptothek, Kopenhagen; rechts und links zeigen die Schiffe vor Ostias Eingang ein ‚Artemen'.
Aus: L. CASSON 1971, Abb. 147.

c)

c) Relief von Portus bei Rom, jetzt im Museo Torlonia; hier befindet sich das Deckshaus im Vorschiff.
Aus: L. CASSON 1971, Abb. 149; hier ins 3. Jh. n. Chr. datiert. B. LANDSTRÖM 1961, 51 Abb. 107 (Zeichnung) gibt dagegen das 2. vorchristliche Jahrhundert an.

d) *Odysseus-Mosaik im Nat. Mus. du Bardo, Tunis;*
Odysseus, der dem verführerischen Gesang der Sirenen lauscht und von seinen Gefährten an den Mastbaum gefesselt wurde, damit er sich nicht in die Fluten stürze. Vgl. zu OL 4990 Rah- u. Artemonsegel, gegliederte, „rahmenartige“ Bug- u. Heck-Konstruktion, Ruderreihe u. Steuerruder sowie Heckaufbau; vgl. Frontispiz bei J. HAUSEN 1979.
(Vorlage: Postkarte des o. g. Mus.).

d)

e) *Handelsschiff, mit Amphoren beladen; Mosaik des 2./3. Jhs.;*
neben Bug- (und Heck-)-„Rahmen“, Ruderreihe u. Steuerrudern sowie (gerefftem) Artemonsegel ist das runde Gestaltungselement am Heck von besonderem Interesse, da evtl. auch bei OL 4990 gemeint.
Aus: L. CASSON 1971, 140.

e)

f) *Wandmalerei aus der Catacombe di San Calisto, Rom;*
gut vergleichbar mit der Darstellung OL 4990 ist hier die halbrund gestaltete, bauchige Auffassung des Schiffsrumpfes. Ganz wie bei OL 4990 sind auch hier Vor- u. Hauptmast-Topp miteinander vertäut.
Aus: M. VOCINO 1942[2], 50; die dort angegebene Datierung (III secolo av. Cr.) scheint fragwürdig (s. Fundort).

f)

a)

b)

c)

Abb. 44:

a) Relief im Museo Torlonia, Ostia, Rom;
Nutzung des Artemonmastes als Kran beim Löschen der Ladung im Hafen.
Aus: H. BALMER 1905, 196. Vgl.: B. LANDSTRÖM 1961, 48 Abb. 103 (3. Jh. v. Chr.) und dagegen: L. CASSON 1971, Abb. 144 (etwa 200 n. Chr.).

b) Sarkophag von Sidon, jetzt im Nationalmuseum Beirut, 2. Jh. n. Chr.;
wie bei den vorigen Abbildungen ist auch hier nicht jede Einzelheit der Takelage wiedergegeben. Dennoch sind die wichtigsten Kennzeichen wie Artemon, Kajütenaufbau, großes Rahsegel, Steuerruder etc. ganz in Entsprechung zum Schiffsbild auf Runenknochen OL 4990 vorhanden.
Aus: B. LANDSTRÖM 1961, 50 Abb. 106; vgl.: L. CASSON 1971, Abb. 156.

c) Kleines Bronzerelief, Münzkabinett Paris,
röm. Frachter (!) mit Rammbug (!) und Focksegel (= größer als Artemon, fast so groß wie das Rahsegel);
aus: B. LANDSTRÖM 1961, 50; Abb. 105.

a)

b)

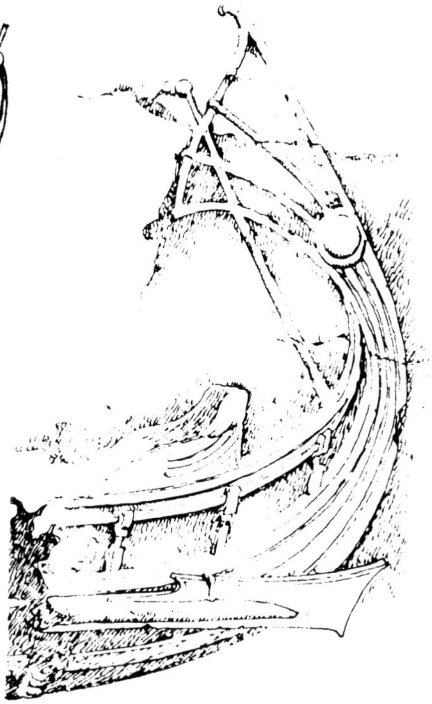

c)

d1)

d2)

d3)

d4)

Abb. 45:

*a) Relief röm. Galeeren in Madrid (insges. sieben),
alle mit einem turmartigen Heckaufbau, der durch bes. Anstrich den Eindruck eines Steinbollwerkes vortäuschen sollte
(aus: B. LANDSTRÖM 1961, 81 S. 38).*

*b) Relief, röm. Trireme des 1. Jhs. vor bis 1. Jhs. n. Chr. darstellend
(nach L. CASSON 1971, Abb. 129), vgl. (aus:) B. LANDSTRÖM 1961, 38 Abb. 81.*

*c) Felsrelief von Lindos auf Rhodos,
das runde Gestaltungselement am Heck ist von Interesse, da bei OL 4990 evtl. gemeint;
aus: B. LANDSTRÖM 1961, 86. (S. 39).*

*d) Prora-Profile auf röm. Münzen;
aus: M. VOCINO 1942[2], 46.*

stalt der *Prora*, des Vorschiffes, bei Abb. 43d und e keinen runden Bug wie bei den meisten Frachtern zeigt, sondern weitaus stärker an die Kriegsschiffe Abb. 45a, b und d 1-4 erinnert. Der zugehörige Rammsporn, den auch die Handelsschiffe *(!)* auf den Abb. 43a links und 44c haben, ist auf Abb. 43e wohl nur deshalb schwach erkennbar, weil er sich unter der Wasserlinie befindet; bei Abb. 43d ist er deutlich.
Liegt eine ähnliche Auffassung im Schiffsbild des Runenknochens OL 4990 vor oder erscheint sie zumindest nicht völlig undenkbar zu sein, möchte ich daher die gabelförmige Bugkonstruktion als möglichen Hinweis auf eine *Prorá-Konstruktion mit Rammbug* nicht unbedingt ausschließen, da sie ansonsten einerseits gänzlich unerklärlich bliebe und andererseits m. E. tatsächlich einer solchen nicht unähnlich sieht; vgl. Abb. 45d 1-4, besonders d1.
Möglicherweise ist die Frage, ob auf OL 4990 ein Handels- oder aber ein Kriegsschiff gemeint ist, bereits falsch gestellt. [501] Vielleicht war es dem Ritzer der Darstellung einzig und allein wichtig, den Feind, auf den die Fluchformel auf OL 4988 abzielt, unzweifelhaft als römisch zu kennzeichnen. Dabei dürfte es ihm kaum darauf angekommen sein, einen bestimmten, wirklich existierenden Schiffstypus abzubilden. Es genügte vollständig, die ihm geläufigen, unzweideutigen römischen Merkmale summarisch darzustellen, was ihm nach Ausweis der anderthalb Jahrtausende später lebenden archäonautischen Gutachter zweifellos gelungen ist.
Lohnenswerter auch, als etwa die Frage aufzuwerfen, ob das Schiff nun der germanischen oder der britannischen Flotte[502] zuzurechnen sei, scheint zum einen die Feststellung, *daß der angekündigte kriegerische Akt sich offensichtlich auf ein nautisches Unternehmen bezog,* zum anderen die Fragestellung, ob die einzelne röm. Schiffsdarstellung wörtlich, oder aber symbolisch *(‚pars pro toto' für ein Flottenkontingent)* bzw. als *‚topos'* *(für ein überseeisches Ziel, z. B. eine oder mehrere Hafenstädte)* zu verstehen ist. Hierbei muß man sich vor Augen halten, daß der von den Sprachformen her als *voraltsächsisch* klassifizierte Runenkontext mit *‚lokom her'* *(s. o. Kap. 5.2.5.5.) Beute in Aussicht zu stellen scheint,* daß *‚Saxones'* für die Römer gleichbedeutend mit *„Piraten"* war[503] und daß zur Abwehr dieser Gefahr eigens ein aufwendiger Küstenschutz, der *‚litus Saxonicum'* organisiert werden mußte.[504]
Die Kenntnis charakteristischer Merkmale römischer Schiffe darf bei den Germanen der ausgehenden röm. Kaiserzeit und zu Beginn der Völkerwanderungszeit an sich überhaupt nicht verwundern. Schon während der Heerfahrten des *Tiberius* um 5 n. Chr. und des *Germanicus* ca. 16 n. Chr. um die Nordseeküste wurden die Anlieger der betroffenen Küstenstriche solcher, typologisch auf jahrhundertelange Sicht relativ unempfindlicher Schiffsformen ansichtig.[505]
Zudem brachten etliche der in römischen Diensten stehenden Germanen genaue Kunde sicherlich wichtiger, exakt beobachteter nautischer Einzelheiten mit.[506]
Die Beutesicht eines germanischen Graveurs mag außerdem eine so spitzfindige Trennung zwischen Handels- und Kriegsfahrzeugen als nicht realistisch empfunden haben, wurden doch die beuteträchtigen Häfen stets militärisch gesichert, die Handelsschiffe nicht nur in dem überlieferten Fall, als Kaiser *Julian* im Frühling 359 eine röm. Getreideflotte von 600 Schiffen rheinaufwärts begleitete, eskortiert.[507]
Hinzu kommt noch, daß Schiffe, wie z. B. das vom Typ des *Neumagener Rheinbootes* mit geladenen Weinfässern nicht nur zu friedlichen Handelszwecken dienten, sondern auch zu kriegerischen Aktionen verwendbar waren, da offenbar etliche von ihnen beispielsweise über einen Rammsporn verfügten *(vgl. Abb. 43a links, d, e und 44c).*[508] *Zur Bekämpfung der sächsischen Seeräuberplage sollen sogar als Frachter*

501) R. ERBACH 1937, 15 sieht den strategischen Hauptvorteil der Galeeren in ihrer Windunabhängigkeit.
502) R. GROSSE 1920, 71 ff. gibt interessante Einzelheiten zu beiden Flotten.
503) D. ELLMERS 1978, 499 *(Sachsen und Angelsachsen,* C. AHRENS *Hg.).*
504) Siehe dazu die Arbeit von S. JOHNSON 1976; vgl. auch die vorige Anm. sowie D. E. JOHNSTON 1977.
505) Diese Konstanz der Grundtypen betont B. LANDSTRÖM 1961, 49 f.
506) Zu Germanen, insbesondere Sachsen in röm. Diensten vgl. T. MOMMSEN 1889, 231 ff., bes. 257, 274 ff., R. GROSSE 1920, 87 und den Aufsatz von W. ENSSLIN 1941, 5-25. Einflüsse aus dem röm.-militärischen Wortschatz behandelt H. KUHN 1972, 13-53, die Übernahme röm. Sachgüter J. PÄTZOLD / H. SCHÖNBERGER 1955, 115-123, F. LAUX 1978, 51-57 *(*C. AHRENS *Hg.),* G. WEGNER 1980, 52, K. RADDATZ 1981, bes. 127 ff.; vgl. allg. die Diss. von H. CALLIES 1963.
507) G. RUPPRECHT 1984^3, 164; vgl. R. GROSSE 1920, 71.
508) H. G. FRENZ 1984^3, 90 und die Abb. 11 auf der Seite 89 sind hier zu vergleichen.

getarnte Kriegsschiffe eingesetzt worden sein.[509] Text und Bild auf OL 4990 sind also sicher nicht im Sinne einer lexikalisch anmutenden Angabe „ich sehe hier ein röm. Handelsschiff" zu verstehen, sondern eher in folgender Weise: „Ich luge / spähe / habe vor Augen / stelle in Aussicht: Seebeute".

5.3.2. Die Tierkampf- oder Opferszene auf Runenknochen 4988

Es wird auf Anhieb schwierig, wenn nicht gar aussichtslos erscheinen, die Bildaussage des Runenknochens OL 4988 interpretieren zu wollen. Dieses zu unternehmen, soll und muß Aufgabe von Fachleuten bleiben, die über einen weiteren Informationshorizont hinsichtlich ikonologischer Fragen verfügen als der Autor dieses Buches, der bekennen muß, auf diesem Spezialgebiet nicht zuhause zu sein. Gleichwohl wird nun hier versucht, neue Ansatzmöglichkeiten des Vergleiches in die Diskussion zu bringen, die VON BUTTEL-REEPEN seinerzeit durch einige - weitgehend unglückliche - Anläufe entfachte.
Erfolglos war sein Unternehmen, im Schiffsbild des Runenknochens 4990 den ersten Nachweis eines germanischen Zweimasters glaubhaft zu machen und das - wie gesehen - zu Recht.[510] Ein weiterer Fehlschlag war letztlich auch seine Interpretation der spitzen Kopfzier des als Jäger verstandenen Mannes nicht nur auf der Fälschung OL 4989, sondern auch auf ihrem Vorbild, der echten Gravur des Runenknochens OL 4988 als *Feder.*[511] Zwar übernahm auch KARSTEN diese Deutung und vertiefte sie in nicht unverständiger Manier[512], doch nahm sie besonders SCHWANTES unter anderem zum Anlaß für sein Fälschungsurteil, wodurch sich in methodisch sicher bemerkenswerter Art und Weise ein bis in die Gegenwart wirkender *‚circulus vitiosus'* schloß.[513]

Neues Licht auf das Verständnis dieses länglich gebogenen Kopfschmuckes dürfte dagegen ein Vergleich mit den beiden *Gehörnten* auf dem ersten Blechring des *goldenen Runenhornes von Gallehus, Mögeltondern,* werfen, das *um 400 n. Chr.* datiert wird.[514] Daß auf OL 4988 nur *ein Horn* zu sehen ist, wäre durch die *Profilansicht* des Kopfes erklärlich, wohingegen die *Frontansicht* der beiden *‚cornuti'* auf Gallehus die Wiedergabe *zweier Hörner* fast erwarten läßt *(vgl. Abb. 46a und b).*
Hörner als göttliche Attribute und ihre Bedeutung als religiöse Symbole in den verschiedenen Zeiten und Kulturen sind zahlreich bekannt und Gegenstand mancher Untersuchung gewesen.[515] An die ikonologische Interpretation germanischer Bilddarstellungen hat sich vor allem Karl HAUCK gewagt.[516] Im Bildnis des einen Gehörnten auf dem Runenhorn von Gallehus *(Abb. 46a, Mitte)* erkannte Axel OLRIK den Kriegsgott *Odin* mit seinem Speer *Gungnir* und dem Zauberring *Draupnir.*[517]
Eric Graf OXENSTIERNA[518] bemerkte zuerst, daß die rechte Augenhöhle des *Speertänzers von Torslunda (Abb. 47a)* leer ist, worin er eine Anspielung auf den *einäugigen Wodan-Odin* erblicken konnte.[519]

509) Nach G. A. ROST 1968, 91.
510) Tatsächlich ist es ein *röm. Schiff*, s. das vorige Kap.; ein typisch german. Ruderschiff dieser Zeit ist auf Abb. 46 e zu sehen. Auch denke man an das bekannte Nydamboot.
511) Vgl. Kap. 2.1. der Forschungsgeschichte.
512) Vgl. Kap. 3.1.2. der Forschungsgeschichte m. Anm. 20; abwegiger S. AGRELL 1930, s. o. Kap. 3.1.1.
513) Vgl. die Anmerkungen 2, 67 und 84 der Forschungsgeschichte; G. SCHWANTES 1951, 121 f.
514) Der von W. HARTNER 1969 u. 1972 angenommene Bezug zu einer *Sonnenfinsternis am 16. 4. 413* wäre bei Akzeptanz, welche ich nicht beurteilen kann, geradezu sensationell zu nennen.
515) Vgl. z. B. die Arbeiten von F. T. ELWORTHY 1900, bes. 31 ff. und I. SCHEFTELOWITZ 1912, bes. 464 f. zu *Hörnerhelmen* unter anderem auch *bei angelsächsischen Kriegern.*
516) Zu seinen zahlreichen, anregenden Aufsätzen vgl. hinten das Literaturverzeichnis.
517) A. OLRIK 1918, 1-34 vergleicht bereits andere germanische Denkmäler wie *Torslunda* und Beispiele aus dem keltischen Bereich, wie z. B. den berühmten *Silberkessel von Gundestrup.* Zur Herkunftsfrage der beiden Goldhörner von Gallehus und ihrer Interpretation siehe: G. GJESSING 1934, 275-277; M. B. MACKEPRANG 1936, 71-96; E. MOLTKE 1936, 97-104; O. HÖFLER 1938, 11 und 19 Anm. 1; F. ALTHEIM / E. TRAUTMANN 1942, 369-382; F. ALTHEIM 1948, 298 ff.; E. OXENSTIERNA 1953, 19-23 und dens. 1956; K. HAUCK 1957, 360 Anm. 31 u. dessen weit. Arb.; K. HOREDT 1984, 258-260 sieht schwer nachvollziehbare „Beziehungen zwischen den Bilderschriften der Osterinsel" und dem runenlosen Gallehus-Horn A.
518) E. OXENSTIERNA 1956, 150 und vgl. 37; eine m. E. immer noch schlagende Beobachtung.
519) Vgl. N. SJÖBERG 1905, 323-325; K. HAUCK 1954, Taf. II, 1957, 354 Anm. 12, 1980, 484, 1981, 199 Fig. 12, 1982, 330 Fig. 10; H. BECK 1968, 237-250 u. R. BRUCE-MITFORD ebda., 233-236.

Abb. 46

a) Der oberste Blechring des Goldhornes mit Runen von Gallehus, Mögeltondern, zeigt zwei Gehörnte in Frontansicht, die allgemein für Götterdarstellungen gehalten werden. (Aus: A N O 1857, Tab. XV).

b) Berücksichtigt man die Darstellung des ‚Jägers' auf dem Runenknochen OL 4988 in der Wechselperspektive, so könnte die Profilansicht des Kopfes erklären, warum hier nur ein Horn angegeben ist, nämlich aufgrund einer perspektivischen Auffassung.

c) Abgesehen von den zahlreich sich überschneidenden Fehlstrichen ist die perspektivische Sicht der gefälschten Bildgravur OL 4989 als kindlich-naiv zu bezeichnen. Der gehörnte Urstier ist dabei Resultat eines Mißverständnisses der Originalvorlage OL 4988.

d) Der Bildstein von Häggeby, Uppland, gewöhnlich als Hengsthetze interpretiert, zeigt bemerkenswerte Übereinstimmungen mit OL 4988, wie Wechselperspektive, doppelstrichigen Gürtel, Bewaffnung mit Axt/Hammer. Die Tiere sind am ehesten als gehörnte ‚Pferde' anzusprechen.
Aus: F. SCHLETTE 1977, 215 (nur das zweite, das untere Pferdeauge des linken Tieres ist hier ergänzt).

e) Die Rückseite des Häggeby-Steines stellt ein typisches bemanntes Ruderschiff der Germanen etwa zur Zeit der Runenknochen dar (vgl. das Kap. 5.3.1. zu OL 4990 mit dem röm. Schiff).

a)

b)

c)

d)

Abb. 47:

a) *Preßblechmodel aus Bronze, Torslunda,*
aus: K. HAUCK 1981, 199 Fig. 12.

b) *Bronzefigur aus Ekhammar, Kungsängen bei Stockholm, M 1: 1;*
nach: K. HAUCK 1981, 233 Fig. 40 und H. DRESCHER/K. HAUCK 1982, 249 Fig. 6
aus einem Frauengrab.

c) *Helm-Preßblech aus Sutton Hoo, England,*
aus: K. HAUCK 1957, Taf. II Fig. 5.

d) *Gürtelschnalle, Finglesham,*
aus: K. HAUCK 1970, 424 Fig. 63 b).

Die *Zweiheit* der *,cornuti'* auf *Gallehus* und auf dem *Preßblech des Königshelmes von Sutton Hoo (Abb. 47c)* mag dagegen in diesen Fällen eher an die Darstellung eines *Zwillings-Götterpaares* denken lassen.[520] Folgt man HAUCKS Auffassung, daß diese *nordischen Dioskuren* darüber hinaus in *vollfiguriger Pferdegestalt* wie in *Pferde-Abbreviaturen* und verschiedenen *Eberversionen* faßbar sind[521], so wird man sie mit GUTENBRUNNER und anderen vielleicht vorsichtig als *Ing(we)* und *Ull(r)* ansprechen wollen.[522]

Die enge Beziehung zwischen *Ebersignum* und *Ingwe-Freyr* einerseits[523] sowie andererseits zwischen *Pferden* und diesem Gott[524] kann man dabei als gesichert gelten lassen. Erkennt man weiterhin die Überlegungen von M. OLSEN, N. LID, F. R. SCHRÖDER, S. GUTENBRUNNER und N. Å. Nielsen an[525], so könnte man in der Tat zu der Auffassung gelangen, daß es sich bei den *Zwillingsgöttern im überirdischen Gefolge des Wodan-,Mars'*[526] um *Ing* und *Ull* handelt.[527]

Gerade die gleichartige Ausstattung des Einäugigen auf dem bronzenen Preßblechmodel von Torslunda und der ,Dioskuren' auf dem Helm - Preßblech von Sutton Hoo erschwert eine ikonologische Festlegung: Allen gemein ist ein *Helm* oder eine Kappe *mit Hörneraufsätzen,* die in Vogelkopf-Protomen enden, ein breiter *Leibgurt*, ein *Schwert* und ein Paar von *Speeren*; im Mittelgrund zwischen den ,Zwillingen' steht ein drittes Speerpaar über Kreuz. Aufgrund der Darstellung der Figuren im sog. *Knielauf-Typus* versteht HAUCK alle drei als Waffentänzer.[528] Ob nun die Einäugigkeit des Gehörnten von Torslunda - neben der abweichenden Tracht der beiden *,cornuti'* von Sutton Hoo der einzige wirklich signifikante Unterschied - ausreicht, um ihn als *Odin* zu klassifizieren, kann von hier aus nicht beurteilt werden. Vielleicht ist es nur einer der ,Dioskuren', vielleicht überhaupt kein Gott, sondern ein einäugiger Krieger aus der heroischen Überlieferung.[529]

Daß OXENSTIERNAS Odin-These immerhin berechtigt aufgestellt wurde, wenn sie nicht gar die größte Wahrscheinlichkeit für sich beanspruchen darf, dürfte außer Zweifel stehen.

Die vergoldete bronzene Gürtelschnalle vom kentischen Gräberfeld *Finglesham*[530] zeigt einen ähnlichen Waffentänzer *(Abb. 47d und vgl. 47b, Ekhammar).* Er führt kein Schwert, ist aber ansonsten ähnlich ausgerüstet, wie der Torslunda-Mann und die Sutton Hoo-Zwillinge. Neben dem Hörnerhelm trägt er zwei Speere sowie einen Gürtel, auf welchem detailliert wiedergegeben ist, worauf die Darstellung selbst sich befindet: eine Gürtelschnalle.

Begegnen uns vergleichbare Attribute, nämlich Speer bzw. Lanze, Gürtel und Hornschmuck auch im Bildnis des Mannes auf Runenknochen OL 4988 wieder, so tritt hier jedoch eine Waffe hinzu, die im Gürtel dieses ,Jägers' steckt und die Hugo VON BUTTEL-REEPEN 1930 als *Steinaxt* ansprach *(Abb. 46b).*

Diese Interpretation nahmen die Prähistoriker Hans SEGER und Walther SCHULZ neben dem *ungewöhnlichen „germanischen Schiff" und dem beispiellosen „Federschmuck"* zum Anlaß für ihre sehr skeptischen Rezensionen hinsichtlich der Echtheit der Runenknochen überhaupt.[531] Agathe LASCH räumte dagegen ein, daß nicht un-

520) K. HAUCK 1982, 331 ff.; vgl. H. VIERCK 1972/1973, 20-49 und R. L. S. BRUCE-MITFORD 1975.

521) K. HAUCK 1982, 333 ff. mit weiteren Beispielen Gehörnter *(Valsgärde-Helme 7 und 8).*

522) Vgl. obige Anm. 458 ff., bes. 460-464 und 489, auch zu *,Hengist/Horsa'* u. *,Ibor/Agio'*.

523) Vgl. obige Anm. 460, ferner J. WERNER 1949, 248-257, 1963, 379 ff., 1966, 13, 25, 35; E. KRÜGER 1953, 117 f.; H. JANKUHN 1971, 77 (AUBIN & ZORN); F. SCHLETTE 1977, 230 ff. etc.

524) O. HÖFLER 1934, 271; R. DEROLEZ 1963, 148 f.; F. SCHLETTE 1977, 184 u. v. a. m.

525) Siehe die obigen Anmerkungen 462-464.

526) So benannt v. K. HAUCK 1982, 331; Gleichsetzungen wie *„Wodan - Odin, der Mars des Nordens"* erscheinen mir allerdings unpassend, da Odin das Kriegsmonopol nicht eigen ist, wie etwa Mars; *auch Thor, Ing und Ull sind - wie weiter oben ausgeführt wurde - Kriegsgötter (Anm. 259 ff. und 458 ff.).*

527) Dann wären *,Inghari u. Uluhari'* ein *echtes Paar* wie *,Hengist u. Horsa'* und *,Ibor u. Agio'*. Die beiden letzten PN übersetzt K. HAUCK 1982, 349 *„Eber"* und *„Wildes Tier"; (vgl. Anm. 489).*

528) K. HAUCK 1954, 43, 1958, 12, 1981, 208 und 1982, 330 u. 343.

529) Zu dieser Meinung tendiert K. HAUCK 1958, 16 ff. und denkt dabei an *Hagens* Aussehen.

530) S. CHADWICK HAWKES / H. R. ELLIS DAVIDSON / C. HAWKES 1965, 17-32; K. HAUCK 1970, 424.

531) H. SEGER 1929, 315-318; W. SCHULZ 1930, 367 f.; K. REICHARDT 1936, 59-61 griff dagegen zu Recht nur die Interpretation an und erkannte bereits *Hörnerschmuck* u. *röm. Schiff.*

a)

b)

c)

Abb. 48:

a) Brakteat von Åsum, Südschonen, KJ 131,
aus: K. HAUCK (Hrsg.) 1985 I/3, Nr. 11 u. Taf. 11b.

b) Brakteat Schonen V, KJ 106; die perspektivische Sicht nur eines Hornes ≙ OL 4988.
Aus: W. KRAUSE 1937, 469 Abb. 40.

c) Gotländischer Grabstein, 5. Jh., mit Pferden, das linke deutlich gehörnt, und Kriegern mit Speer und Rundschild; zentrale Rosette wie OL 4988;
aus: H. J. EGGERS 1975, 82 Fig. 15c.

bedingt *Wodans Axt*, sondern eventuell *Donars Hammer* gemeint sei.[532] Daß es tatsächlich Waffen oder Werkzeuge gab, deren Befund auf eine *Verwendung als Kultgerät* schließen läßt, macht der *Holzhammer aus dem Moorfund von Oberdorla*[533] deutlich *(Abb. 49)*, dessen Maße sich recht „wahrheitsgetreu" in die Proportionen des ergänzt gedachten Umrisses des ‚Jägers' auf OL 4988 projizieren ließen.

Abb. 49:
Holzhammer od. -keule, Oberdorla, Thüringen, Länge = 64 cm;
nach einem Foto von: J. HERRMANN (Hrsg.) 1978^2, Bd. I, Taf. 55a).

Ähnlich bewaffnet sind offenbar die beiden menschlichen Figuren des *Häggeby-Steines (Abb. 46d)*. Nicht nur SEGER, sondern auch Hermann BEHRENS schienen in diesem Denkmal die vermeintliche Vorlage der von ihnen als Fälschung verdächtigten Darstellung OL 4988 zu vermuten.

Dabei stellte BEHRENS durchaus *qualitative Unterschiede* zwischen den Bilddarstellungen OL 4988 *(Abb. 46b)* und OL 4989 *(Abb. 46c)* fest, die er als *„teils echten, teils unechten Charakters"* klassifizierte.[534] Die *Wechselperspektive*, also die kombinierte Vorder- und Seitenansicht, in welcher der ‚Jäger' des Runenknochens 4988 gezeichnet ist, erkennt er als *„ein Merkmal jeder frühen Kunst, die noch nicht mit der Anwendung perspektivischer Zeichenprinzipien vertraut ist"* und folglich als eins der *„urtümlichen Merkmale für prähistorisches Alter"*. Auch die beiden ‚Jäger' des Häggebysteines *(Abb. 46d)* zeigen diese typische Art perspektivischer Auffassung, indem die *Köpfe im (Doppel-)Profil*, die *Oberkörper mit beiden Armen in Frontalstellung* und die *Beine abermals im Profil* wiedergegeben sind. *Die erhobenen Arme entsprechen sich recht genau, ebenso wie die durch eine Doppellinie angegebenen Gürtel.*[535]

Bezeichnenderweise fehlen alle diese Merkmale der gefälschten Gravur des ‚Jägers' auf dem runenlosen Artefakt 4989, welcher im Profil, mit nur einem Arm, ohne Gürtel und mit einer kindlich anmutenden Durchzeichnung des Axtblattes durch den Unterarm dargestellt ist.[536]

532) A. LASCH 1931/1932; siehe das Kap. 3.1.4. der Forschungsgeschichte.

533) Diesen freundlichen Hinweis verdanke ich Dr. Achim ROST und Susanne WILBERS-ROST, Osnabrück. Vgl. dazu den *Holzhammer von Thorsbjerg* bei C. ENGELHARDT 1863, Pl. 16 Fig. 5 *(44 cm lang und 16 cm breit)* und das *Holzhammerfragment von Nydam*, C. ENGELHARDT 1865, T. XV, 16.; *zu den schlechten Erkenntnismöglichkeiten von Holzwaffen in Vorgeschichtsfunden* s. T. CAPELLE 1982, 265-288.

534) H. BEHRENS 1954, 55-62; da die Weserknochen auch hier als geschlossener Komplex angesehen werden, lautet das Urteil dieses Verfassers - *trotz der getroffenen, bemerkenswerten Differenzierungen* - insgesamt: *Geschickte Fälschungen eines Intellektuellen.*

535) Derartige *Zweistrichgürtel* sind in der Ikonographie der Brakteatendenkmäler nicht selten *(vgl. auch die Abb. 47 a-d)*. In den Schriftquellen taucht der *magische Macht- u. Kraftgürtel* als *Attribut Thors* auf, s. H. BECK 1965, 53, W. HANSEN 1981, 51 u. 84. O. HÖFLER 1934, 198 Anm. 91 vermutet Zusammenhänge bis zur Schwertleite im Mittelalter.

536) Vgl. oben Kap. 4.1. Anm. 99 und 100. Herrn Prof. Dr. H. BEHRENS, dem ich im Sommer 1983 meine Untersuchungen vorstellen durfte und der meine Überlegungen mit Karte vom 12. 12. '83 ausdrücklich akzeptierte, danke ich sehr herzlich für seine Aufgeschlossenheit.

Besonders aufschlußreich für die ikonologische Interpretation des Runenknochens 4988 könnten die beiden auf dem Häggebyer Stein abgebildeten Tiere sein. Diese sind zwar formal aufgrund der Kopf- und Rumpfgestaltung, des Besenschweifes und der angedeuteten Mähne zweifellos als *Pferde* zu verstehen, doch wollen einige Einzelheiten, wie die *klauenartigen Hufe,* die *unnatürlich langen und aufgerollten Zungen*, sowie die *lunar- oder hörnerartigen Kopfaufsätze* dazu nicht passen.[537]
Ganz entsprechend wurde schon früh wahrgenommen, daß der *langförmige Schädel des auf Runenknochen 4988 angedeuteten Tieres kaum der eines Stieres sein kann, obwohl er offensichtlich gehörnt ist.*[538] Aufgrund letztgenannter Tatsache faßte ihn der Fälscher des runenlosen Knochens OL 4989 zwar offenbar als einen solchen auf und ergänzte ihn aus dieser Sicht als einen Urstier, doch wird dies als Fehlinterpretation nicht nur anhand des *Åsum-Brakteaten*[539] und der diesem zur Seite zu stellenden Parallelen *(Abb. 48a, b und c)*, sondern auch aus der zweifelsfreien Determination seitens der Zoologie einleuchtend:
OL 4988 ist der einzige Pferdeknochen des Weser-Runenkomplexes, die beiden anderen (4990 & 4991) stammen vom Rind.
Das scheint um so bedeutsamer, als ein direkter Zusammenhang zwischen Pferd und Zauber, insbesondere Schadenszauber rekonstruiert werden kann. So erinnert KRAUSE an die *Neidstange,* eine Haselstange, in welche Runen eingeritzt und auf die ein Pferdehaupt gesteckt wurde, das gegen das Feindesland wies.
Egil Skalagrímsson führte diesen Fluchzauber wider König *Erik Blutaxt* aus, mit den Worten:

„*Ich wende diesen Schimpf gegen die Landwichte, die dieses Land bewohnen, so daß sie alle in die Irre fahren, keiner finde noch fahe sein Heim, bis sie König Eirik und Gunnhild aus dem Lande treiben*".[540]

Der eigentliche Schimpf *(nið, s. o. zu Illerup Anm. 399)* beruhte dabei in der Vorstellung, daß der für den Zauber wesentliche Hengst „Feinde weibisch machen und bespringen" könne.[541] An gleicher Stelle erwähnt KRAUSE die *Pferdeköpfe auf den vier Eckpflöcken* des Holmgangsteppichs, die in der *Kormáks saga* Kap. 10 genannt sind.[542] Beim *Holmgang,* einer Art rituellen juristischen Zweikampfes auf einer ausgesuchten Insel, von der eine Flucht unmöglich war, wurde das Kampffeld „umhaselt". Wie bei der Neidstange spielten Pferdehaupt und Hasel auch in diesem Kampfbrauchtum eine wichtige Rolle.
Was den Feinden schaden sollte, diente offenbar gleichermaßen zum Schutze dessen, der den Zauber veranlaßte, ausübte oder dauernd bei sich trug, wie etwa einen Brakteaten als Amulett.[543]
Für das Verständnis der Weser-Runenknochen ist sicher aufschlußreich, daß der eigentliche Fluchzauber dieses Inschriftenkomplexes im Schlüsselwort *HAGAL* des *Pferdeknochens OL 4988* enthalten ist.

537) Zu Häggeby s.: E. WESSÉN / S. B. F. JANSSON 1949-1951, II Pl. 31 *(Abb.)*; E. OXENSTIERNA 1956, Abb. 61 *(u. Begleittext)*; M. B. MACKEPRANG 1952, 217; F. SCHLETTE 1977, 215 und dessen Interpretation der Szene als *sakraler Hengstkampf (245).*

538) K. REICHARDT 1936, 59 ff. sah hierin einen *Elchskopf*, in der Fälschung OL 4989 hingegen einen *Stier.* Herr Prof. emerit. Klaus RADDATZ, dessen geschätzten Rat ich zuletzt am 1. 3. 1983 zu diesen Untersuchungen einholte, fühlte sich an einen *Hundekopf*, andere an den eines *Esels*, eines *Gamsbockes* u. dgl. erinnert. Bis zu meinem Gespräch mit Herrn Prof. emerit. Karl HAUCK am 4. 6. 1982 in Münster ging ich - *genau wie der Fälscher von 4989* - bei 4988 von einem Stierschädel aus, wie es VON BUTTEL-REEPEN und viele andere auch taten.

539) Der *Pferdecharakter* tritt hier fast noch deutlicher als bei Häggeby hervor, da die *Hufe* naturalistisch wiedergegeben sind, ebenso ein Ohr, und weil die „Schlangenzunge" - HAUCK 1970, 404, 409 spricht in ähnlichem Zusammenhang von einer ‚Atem-Chiffre' - entfällt. Beachtenswert sind hier die kugelförmigen Abschlüsse der Hörner und die breiten und verzierten *Gurte* um Leib und Hals. Das darunter abgebildete Exemplar Schonen V *(KJ 106)* besitzt nicht nur *Zehen*, sondern auch - *in OL 4988 entsprechender perspektivischer Sicht - nur ein Horn.* Von den bei M. B. MACKEPRANG 1952, Pl. 6-15, 20, 21 und 24 abgebildeten, rund 230 Brakteaten mit Pferden zeigen mehr als 130 solche Hörner, überwiegend mit Kugeln. Auch gibt es *Pferdchen-Fibeln* in entsprechender Auffassung, s. K. HAUCK 1970, 411.

540) W. KRAUSE 1932, 67 *(Beiträge zur Runenforschg.)*; lesenswert sind hierzu ganz allgemein die Seiten 56-71. Vgl. auch die Pferdebilder auf den Runensteinen von *Eggja (KJ 101)* und *Roes (KJ 102)* wie auch die Ausführungen von L. JACOBSEN 1931, 104 u. 108, W. KRAUSE 1935/1943[2], 47 ff. und W. KRAUSE/H. JANKUHN 1966, 228, besonders 235 f.

541) W. KRAUSE 1932, 68 *(Beiträge)*; O. HÖFLER 1934, 271 und Å. KABELL 1973, 14 zufolge *stellte man sich Odin selbst gelegentlich in Pferdegestalt vor. Auch an Odins achtbeiniges Roß Sleipnir ist in diesem Zusammenhang vielleicht zu denken.*

542) W. KRAUSE 1932, 67 *(Beiträge)*; vgl. z. B. L. ETTMÜLLER 1870/1972[2], 336 f.

543) Die Brakteaten von Åsum und Schonen V *(Abb. 48 a und b)* gehören zu denjenigen des *C-Typus*, deren *Runeninschrift* außerdem das Wort *„Pferd" (eh(w)e/u) beinhaltet.* Zur Diskussion über die Herstellung von Goldbrakteaten s. M. AXBOE / B. ARRHENIUS 1982.

In welcher Beziehung zu diesem Runentext steht nun die antithetische Gruppierung des gehörnten Tierhauptes einerseits und des gehörnten, lanzen- oder speerbewehrten[544] Gottes *(?)*, der außerdem mit einer ,Hammeraxt' gegürtet[545] ist, andererseits?

Zunächst einmal tritt die Schwierigkeit auf, die angenommene gehörnte Gottheit mit Bestimmtheit festzulegen.[546] Hammer und Gürtel scheinen für Thor, Speer oder Lanze dagegen eher für Odin zu sprechen. Zu bedenken ist aber auch, daß die Runeninschrift dieses Knochens den Namen des Gottes *Ingwe* nennt, weswegen hier ebenso mit dessen Abbild zu rechnen sein könnte. *Interessanterweise wurden gerade diese drei Götter, Odin, Thor und (Ingwe-)Freyr in Alt-Uppsala, der Residenz der Ynglinge, besonders verehrt.*

Möglicherweise stattete der Graveur der Bilddarstellung auf Runenknochen OL 4988 den von ihm gemeinten Gott bewußt mit einem unschlagbaren Waffenensemble, wie dem zielsicheren Speer Gungnir, dem gewaltigen Hammer Mjöllnir, mit Machtgurt und Hörnerhelm aus. Daß die germanischen Götter zeitweilig ihre Zauberwaffen verliehen oder ihrer beraubt wurden, zeigt o. g. Beispiel von Freyrs Schwert und die *Thryms*-Sage mit der Heimholung von Thors Hammer. Vielleicht wollte der Bildritzer aber auch durch diese gezielten Andeutungen auf Odin und Thor als die beiden Haupt-Kriegsgötter und die Nennung Ingwes im Text auf die Göttertrias, von der man sich magischen Beistand erhoffen konnte, anspielen.[547]

Doch wie ist in diesem Zusammenhang nun die Funktion des gehörnten Tieres zu verstehen, welchem der Gott mit gesenktem Speer entgegentritt? Ausgehend vom zweiten der Merseburger Zaubersprüche konnte HAUCK in mehreren Arbeiten einen ikonologischen Niederschlag auf den Darstellungstypus zahlreicher *C-Brakteaten* glaubhaft machen. Hierbei faßt er die Mehrzahl der gehörnten Pferde als Balders gestürztes Fohlen auf, dem der große Schamane Odin mit seinem magisch wirksamen Atem Heilung und Rettung bringt.[548] Für die Darstellung OL 4988 kommt diese Art der Interpretation aber sicher nicht in Betracht, sondern weitaus wahrscheinlicher der Bildtypus der - ebenfalls geläufigen - *Untierbekämpfung.*[549]
Wollte man dagegen an der Gleichsetzung des Darstellungstypus vom gehörnten Pferd mit Balders Fohlen festhalten, so könnte man von der Vorstellung ausgehen, daß das Tier, dessen Schienbein zum Runenartefakten OL 4988 verarbeitet wurde - etwa anläßlich einer Kultfeier - mit einem Hörnerpaar und vielleicht weiterem Schmuck versehen wurde, um im Verlauf des zeremoniellen Fortganges schließlich geschlachtet zu werden.[550]
Eine besondere Wertschätzung des Pferdes geht nicht nur aus dem Brauchtum der Pferdebestattungen[551], der Pferdeopfer[552] und damit in Zusammenhang stehender Opferrelikte[553], sondern auch aus dem christlichen Verbot des Genusses von Pferdefleisch[554] und der Rolle, die dieses im Überlieferungsgut der Sagen und Märchen spielt[555], recht eindeutig hervor.

544) In vielen Königsgenealogien ist *Odin* als Ahn genannt. Von seinem *Speer* leiten O. HÖFLER 1937, 14 ff. und 1938, 16 sowie R. BUCHNER 1956, 146 die spätere *Reichsinsignie* als *Kennzeichen des erblichen Königtums* ab.

545) Der Hammer *Mjöllnir* ist *Thors* Waffe, vgl. oben zur Anm. 259. Auch von Thors *Stärkegürtel* ist in der *Edda* die Rede, vgl. W. HANSEN 1981, 51 u. 84.

546) M. P. MALMER 1963, 215-221 sieht diese Problematik zu Recht auch für die Brakteaten-Ikonographie gegeben. Er erwägt *Odin, Thor, Ull, Njörd* u. a. als die gemeinten Götter.

547) Vgl. oben Anm. 312 und W. HANSEN 1981, 99-109 *(Skirnisför* und *Hamarsheimt/Thrymsvidha).*

548) K. HAUCK 1970, 267, 317, 342, 403; vgl. M. ELIADE 1954, 112 und O. HÖFLER 1956, 102.

549) Bereits bei E. NÖBBE 1930/31, 48-83; vgl. H. BECK 1968, 239 und 243; K. HAUCK 1982, 324 f.

550) K. HAUCK 1970, 447 stimmt dem Gedanken zu, „daß die Tötung Baldrs ursprünglich als kultische Tötung Höhepunkt eines Festes war." K. HAUCK 1971, 141 zufolge kann dies als „Analogie(n) zur Opfer-Tötung Balders beim Schießspiel auf der Götterversammlung verstanden werden." Ähnlich rechnet E. Graf OXENSTIERNA 1956, 148 nach der *Hengsthetze*, die er auf dem Häggeby-Stein abgebildet sieht, *mit einer anschließenden Tötung der Tiere und dem Verzehr ihres Fleisches;* vgl. oben Abb. 46 d, sowie F. SCHLETTE 1977, 215.

551) Archäologische Beispiele hierfür geben z. B. A. STIEREN 1930, 172; E. GROHNE 1940, 70; A. GENRICH 1959, 20-36; D. ZOLLER 1965, 40; A. GENRICH 1967, 478; F. NIQUET 1970, 6.; K. WEIDEMANN 1970, 413 und M. MÜLLER-WILLE 1970/1971, 119-248 sowie K. BÖHNER 1949, 146-196, E. GROHNE 1953 und B. SCHMIDT 1961 in ihren Arbeiten zur Genüge.

552) Allgemein dazu: W. KOPPERS 1929, 1073-1089 u. ders. 1936, 285-298; M. ELIADE 1975, 183 ff.; zum *tacit. Bericht* über den *Opferhain nach der Varusschlacht*: E. L. ROCHHOLZ 1856, Bd. II, Kap. VI, 25 und O. HÖFLER 1934, 143-152; zu den *Opfern von Lejre und Uppsala*: U. JAHN 1884, 66-69; W. SCHULZ 1932, 166 f. und N. WAGNER 1980, 202-208; vgl. R. HINDRINGER 1932, 37 (*Umritt und Opfer für Freyr*). Einzelbefunde bei J. HERRMANN *(Hg.)* 1976, Taf. 54 b *(Oberdorla*, s. o. Abb. 49); H. JANKUHN 1967, 117-147 *(Moore)* u. dems. 1977, 229 *(Angeln).*

553) Nachgeburt-Opfer s. G. NEUNER 1934, 249 f.; K. WEHRHAN 1936, 55 ff.; H. LÜBBING 1968, 8.

554) E. A. PHILIPPSON 1929, 193 ff.; H. JANKUHN 1967, 131 und A. GENRICH 1970, 481 *(kult. Mahl).*

555) E. L. ROCHHOLZ 1856, Bd. I, Kap. III; F. SIEBER 1926, 168; O. HÖFLER 1934, 143-152 u. v. a. m.

Im Hinblick auf Runenknochen OL 4990, auf dem der zu bekämpfende Gegner durch die Abbildung eines römischen Schiffes klar eingegrenzt wird, dürften HAUCKS Hinweise auf das Vorbild des *‚equus cornutus‘* einerseits[556] sowie auf die Tatsache, daß im Schicksal *Balders* schon seit dem späteren 4. Jahrhundert *„eine gentile Analogie zu Christus“*[557] gesehen wurde, von beträchtlichem Wert sein.
Möglicherweise ließe sich also an den Grundzügen der Interpretation festhalten, die KARSTEN 1930 vornahm, welcher im *Bild des gehörnten Tieres 4988 gleichsam eine Allegorie für das auf 4990 dargestellte Feindschiff* sah.[558]
Daß der Bildritzer dieser Knochen dabei auf das römische Münzvorbild des *‚equus cornutus‘* für die späteren gehörnten Brakteatenpferde[559] und darüber hinaus vielleicht auch auf das Christentum, das sich erst viel später - nämlich unter *Karl dem Großen* - durchsetzen sollte, angespielt haben mag, ist dabei nicht auszuschließen.[560]
Hinzu kommt, daß in der germanischen Vorstellung Schiff und Pferd begrifflich keineswegs so weit auseinanderlagen, wie das heute der Fall ist, denn häufig umschreibt die Skaldik Schiffe als *„Meeresrosse“* oder *„Segelrosse“*.[561]
Sogar für einen *topologischen Zusammenhang* zwischen Schiffsbildern und Tierkampf- bzw. Pferdedarstellungen scheint es nicht wenige Hinweise zu geben, von den beiden Bildern der Oldenburger Runenknochen und denen des Häggeby-Steines *(Abb. 7 und 8 sowie 46d und e)* einmal abgesehen:
Die Abbildungen 50a und b sollen zunächst den wichtigen Übergang der germanischen Antriebstechnik vom Paddeln zum Rudern in der zweiten Hälfte des 4. Jahrhunderts illustrieren.[562] Die Auffassung des Schiffsrumpfes und der Rojer auf dem *Stenkyrka-Stein* entspricht im wesentlichen der von Häggeby. Anders ist hier der Deckaufbau, bemerkenswert aber besonders der *Speer, der über den Steuermann rechts fliegt.*
Diese Waffe versteht HAUCK mit guten Gründen als *Todesspeer*[563], der dem, über den er fliegt, das nahe Ende anzeigt.[564]
Auf den beiden gotländischen Bildsteinen, die auf den Abbildungen 50c und 48c zu sehen sind, begegnet uns ein nunmehr bekanntes Bildrepertoire:
Neben den für diese Grabsteine typischen Wirbel-Rosetten *(die zentrale in Abb. 48c entspricht genau der in der Marke von OL 4988, s. Abb. 27!)* ist im ersten Fall ein Ruderschiff der gleichen Art zu erkennen, wie das oberhalb davon wiedergegebene Stenkyrka-Schiff. HAUCK bezeichnet es daher vermutlich treffend als „Schiff der Jenseitsreise“.[565]

Als einen ebenso *„festen Bestandteil der Todessymbolik“*[566] sieht HAUCK die *„dioskurischen Pferde“* an, die nicht nur im zweiten Falle, auf dem *Grabstein von Vallstenarum, Ksp. Vallstena,* abgebildet sind.[567] Die beiden Krieger erheben ihre Waffen, Rundschild und Speer.

556) K. HAUCK 1970, 412 ff.; vgl. H. M. HUBBEL 1928, 186 zum *röm. ‚Oktoberpferd-Opfer‘.*
557) K. HAUCK 1970, 187.
558) T. E. KARSTEN 1930, 1-40; siehe das Kap. 3.1.2.
559) K. HAUCK 1970, 412 f. greift in diesem Zusammenhang auf die interessanten Erkenntnisse von A. ALFÖLDI 1959, 169-179 zurück. Nach diesen ist die *Übernahme der germanischen Hörnerzeichen auf den Schilden in die röm. Armee* auf die Dankbarkeit *Konstantins d. Gr.* für die kampfentscheidende Rolle zurückzuführen, die die *hörnerbehelmten teutonischen Verbände in der Schlacht an der milvischen Brücke am 28. 10. des Jahres 312* spielten.
560) Anhand frühchristlicher Denkmäler wies F. SPRATER 1948, 4-9 die *sichere Existenz von Christen in Speyer bereits im 4. Jh. nach.* Auch im Norden wird man früh Kunde über die neue Religion gehabt haben. Zu *Karls Sachsenkriegen* s. M. LAST 1978, 111-116 (C. AHRENS).
561) L. ETTMÜLLER 1972^2, 427; H. GÜNTERT 1934, 55; F. GENZMER 1963, 219; R. MEISSNER 1984, 208 ff.
562) Zur Expertise von Herrn Prof. ELLMERS vgl. auch dessen Schriften 1975, 79-90; ferner: 1972, bes. 26; 1976, bes. 18 ff.; 1978, 495-509. Weitere Aufsätze dieses Verfassers zu schiffstechnischen und -archäologischen Themen entnehme man dem Lit.-Verzeichnis hinten.
563) Vgl. oben die Anm. 449 f. zu *Kragehul*, den *Fluchspeer* bei K. HAUCK 1957, 377, die *„Speerweihe“* bei H. DÖRRIES 1970, 273 f. (s. LAMMERS), den Speer als *„Opferungswaffe“* bei K. HAUCK 1980, 582 und in *„Odins Untierkampf“* ebda. 486; ibid. 608 vermutet HAUCK einen ähnlichen Zusammenhang zwischen *Baldr* und *Freyr*, wie er für *Hengist* u. *Horsa* besteht.
564) K. HAUCK 1970, 186, hier bezogen auf *Baldr und die Flugverwandlung des Mistelzweiges.*
565) K. HAUCK 1980, 544 u. 541 Fig. 58; ein entsprechendes Schiff befindet sich auf dem Bildstein von *Sanda*, ebda. 546 Fig. 63 und bei K. HAUCK 1958, 18 *(m. Abb. weiter hinten).*
566) K. HAUCK 1980, 541 u. die Taf. XXVI 57 a und XXVII 57 b im Vergleich *(Vallstenarum).*
567) Vgl. ibid. die Fig. 59 *(Garda)*, 60 *(Ire 7)*, 61 *(Väskinde 5)* und 62 *(Lasarve II).*

a)

Abb. 50:
a) Gepaddeltes angelsächsisches Kriegsschiff, 1. H. 4. Jh.; röm. Keramikfragment aus Trier (Landesmuseum Trier);
aus: D. ELLMERS 1978, 500 Abb. 5.

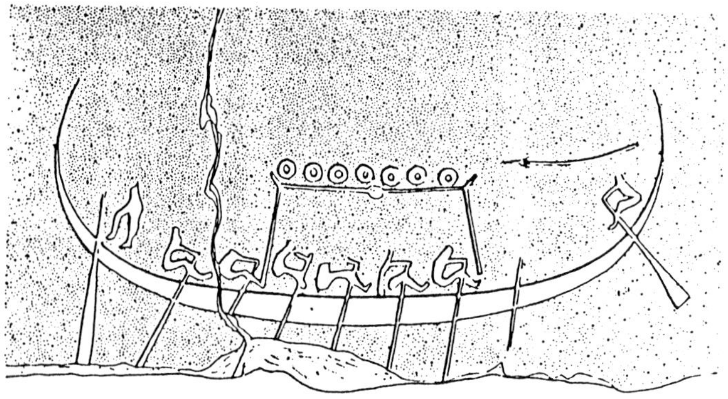

b)

b) Gerudertes Kriegsschiff auf einem Grabstein des 5./6. Jh. von Stenkyrka, Gotland. Beachte den Speer über dem Heck;
aus: D. ELLMERS 1978, 502 Abb. 7a.

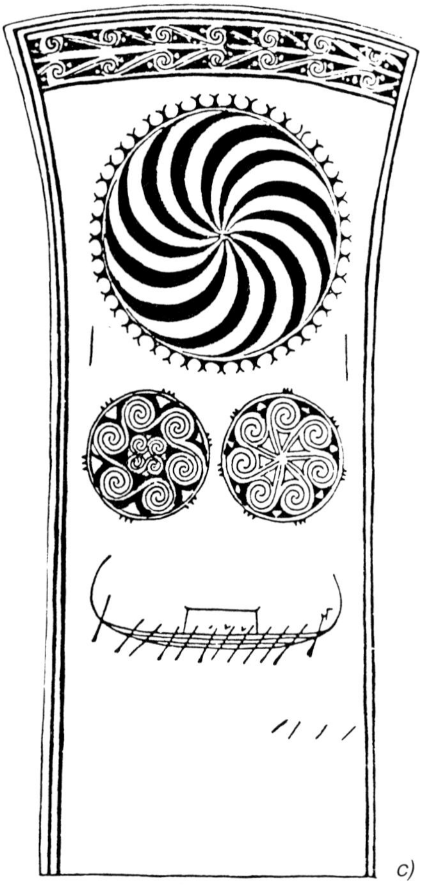

c)

c) Gotländischer Grabstein, 5. Jh., mit ähnlichem Schiff wie auf b);
aus: H. J. EGGERS 1975, 82 Fig. 15d.

d) Bildstein von Alskog, Gotland, 8./9. Jh.; unten ein Schiff, oben der Tote auf Sleipnir nach Walhall reitend; Hörner werden gereicht;
aus: W. HOLMQVIST 1975, 218 Fig. 19.

d)

Der - ebenfalls gotländische, aber beträchtlich spätere - *Bildstein von Alskog-Tjängvide,* Abb. 50 d, schließlich dürfte dahingegen, zwar wiederum Schiff und Pferd zeigend, aber dennoch in einem durchaus abweichenden Kontext zu entschlüsseln sein.[568] Detlev ELLMERS versteht auch hier in ansprechender Weise das Schiff als Transportmittel ins Jenseits. Wie in vielen anderen Beispielen dieser Zeit ist aber das Pferd aufgrund seiner acht Beine deutlich als Odins *Sleipnir* ausgewiesen, mit welchem der Verstorbene von der Landungsstelle abgeholt wird, um in Walhall durch einen Willkommenstrunk - den eine Walküre ihm in zwei Trinkhörnern reicht - freundlich begrüßt zu werden.[569]

Fassen wir alle vorstehenden Einzelüberlegungen zusammen, so müssen wir eingestehen, daß es uns - wie zu Anfang des Kapitels befürchtet - nicht gelungen ist, das, was der Graveur der Tierkampf - oder Opferszene an Vorstellungen mit seiner Bilddarstellung verband, einwandfrei oder zumindest befriedigend zu verstehen und zu erklären.
Die Schwierigkeiten beginnen mit den Grenzen einer sicheren Identifikation des Mannes mit Hörnern/Hörnerhelm, dessen Hauptwaffe, der gegen das Tier geschwungene Speer oder die gegen das Tier gerichtete Lanze, zunächst an Wodan - Odin denken läßt. Auch der mit zwei parallelen Strichen angegebene Gürtel, durchaus kein einfaches Kleidungszubehör, sondern als Macht- und Stärkesymbol eher im Sinne eines Details der Waffentracht bzw. als Autoritätskennzeichen zu verstehen, widerspricht nicht den Odin zuerkannten Attributen.[570] Ebenso würde der Bart - sofern man die etwas vorstehende, runde Kinngestaltung des ‚Jägers' mit VON BUTTEL-REEPEN überhaupt als einen solchen ansprechen will - nicht schlecht ins Bild des „graubärtigen, wilden Jägers" passen.[571] Hinsichtlich der Waffe im Gürtel dieses Mannes können wir jedoch keine Beziehung zu Odin entdecken und uns auch nicht mit Agathe LASCHS Kompromiß „Wodans Axt / Thors Hammer" zufrieden geben.[572] Noch größere Ungewißheit bringt der Umstand mit sich, daß das *Tier auf diesem Runenknochen OL 4988, welcher selbst von einem Pferd stammt, gehörnt* ist. Bei dem Porträt eines gehörnten Tieres, von dem nur Kopf und Hals wiedergegeben sind, wird hierzulande fast jeder *(wie etwa AHRENS bei seiner Fälschung OL 4989, VON BUTTEL-REEPEN und die meisten seiner Rezensenten und Kritiker)* stillschweigend von der Darstellung eines Boviden, sei es ein Auerochse oder ein Hausrind, ausgehen.

Abb. 51:
Ur oder Auerochse
(aus: O. SCHMEIL 1960, Bd. I, 19, Tierkunde, 184. Auflage)

568) Vgl. H. DRESCHER / K. HAUCK 1982, Fig. 31 *(Ardre VIII)* und 32 *(Sparlösa)* zu *Walhalla.*
569) D. ELLMERS 1973, 52-57, in: Schiff und Zeit 1, Herford.
570) Siehe oben den Text zu Anm. 357 u. vgl. O. HÖFLER 1934, 72 Anm. 256 u. K. HAUCK 1970, 189 mit Beispielen, sowie dens. 1980, 531 ff.
571) Vgl. H. VON UNWERTH 1911, 122 f., K. HAUCK 1954, 47 u. 53, sowie dens. 1980, 519, 540 u. bes. 590, *wonach der bartlose Odin älter ist als der bärtige.* Mündlich gab Herr Prof. HAUCK an, daß *Odins Bart erst seit der zweiten Hälfte des 5. Jhs. ikonographisch bekannt bzw. belegt* sei.
572) A. LASCH 1932, 166: *„Wodans Axt oder Donars Hammer oder ein uns unbekanntes Zeichen".*

Schaut man den Tierkopf auf Runenknochen 4988 aber genauer an, wird man zugeben müssen, daß die Langschädeligkeit eher gegen einen Ur oder Stier spricht. Auch würde nicht einleuchten, warum für die beabsichtigte Darstellung eines Auerochsen oder Rindes nicht einer der beiden Rinderknochen *(OL 4990 u. OL 4991)*, sondern ausgerechnet der einzige Pferdeknochen dieser Gruppe ausgewählt worden wäre. Deckt man das Horn des Tieres auf der Abbildung 27 u. a. einmal probeweise mit dem Finger zu, zögert man kaum, das Tierhaupt eher als das eines Pferdes anzusehen, keinesfalls aber als den gedrungenen, keilförmigen Schädel eines Stieres *(s. die Abb. 51)*.[573]
Der Runenmeister, der die Inschrift mit dem Fluchzauber verfaßte, dürfte gewußt haben, daß er sie auf einem Pferdeknochen ritzte. Vielleicht war er gar Zeuge der vermutlich kultischen Tötung des Tieres und der Kuh bzw. der Rinder, von der oder von denen die Knochen 4990 und 4991 stammen. Daher kann in seiner Vorstellung die Angabe eines gehörnten Tierkopfes auf Pferdeknochen 4988 für das Erreichen seines Zweckes völlig ausgereicht haben. Daß dieser Zweck, ein vernichtender Runenzauber, nicht nur im vorliegenden Fall mit einem Pferdebild zusammen auftritt, haben wir an den Beispielen der Runensteine von *Eggja* und *Roes* gesehen.[574] Herbert JANKUHN unterstreicht die besondere Bedeutung von Pferdeschädel, -extremitäten und -schweif im kaiserzeitlichen Opferkult der Germanen und auch an archäologischen Belegen hierfür mangelt es nicht.[575]
Vielleicht steht im Hintergrund dieses Opferbrauches der Glaube an eine mögliche Wiederbelebung des geschlachteten und von der Kultgemeinde verzehrten Tieres durch göttliche Macht, sofern dieser die kennzeichnenden - und vom kulinarischen Standpunkt aus betrachtet ohnehin wenig ergiebigen - Körperteile wie Haupt, Fell, Gliedmaßen und Schwanz vorbehalten und geweiht werden.[576] Bedeutsamer für die Einschätzung des Funktionscharakters der drei Runenknochen ist die einfache Feststellung, daß sie *ausnahmslos untere, hintere Extremitätenknochen von Haustieren* sind, welche - wie bisher nur am Rande erwähnt wurde - zu den bevorzugten Opfertieren gehören.[577]
Für die Gesamtbeurteilung des Bildes 4988 erscheint bemerkenswert, daß auch bei einer Bestimmung des Tierkopfes als Pferdehaupt nicht erklärt würde, wie der diesem gegenübergestellte Gehörnte *(?)* festzulegen ist. Eine besondere Beziehung zu Pferden haben fraglos *Odin*[578], auf den die Mehrzahl der vorzufindenden Attribute deutet, und *Ingwe-Freyr*[579], auf welchen nach unserem Verständnis der Runentext unmißverständlich weist. Allgemein ist auch die Beantwortung der zweifellos wichtigen Frage offen, ob wir bei solchen und ähnlichen Darstellungen *(Gallehus, Häggeby, Torslunda, Ekhammar, Sutton Hoo, Finglesham, Vendel etc.)* vom Bildnis eines *Gottes* auszugehen haben oder etwa von Abbildungen, die Priester, Könige, Krieger etc., also *Menschen* zeigen.
Beide Möglichkeiten erscheinen nach wie vor denkbar, weshalb auch im Falle der Interpretation der Bildgravur 4988 Zurückhaltung am Platze sein dürfte. Die eigene Aussage hierzu beschränkt sich daher wie folgt:

573) Auch das *‚Carmen de conversione Saxonum‘*, eine frühkaroling. Hofdichtung des Jahres 777, welches ein *altsächsisches Stieropfer* belegt, kann diese Einwände nicht entkräften; vgl. dazu K. HAUCK 1954, 204 f. und dens. 1985. A. OLRIK berichtet von einem *Kalbsopfer im Oldenburgischen,* s. O. HÖFLER 1934, 121 f.; nach E. L. ROCHHOLZ 1856, II Kap. VI, 17 *stellte man sich Flußgötter zuweilen stiergestaltig vor und opferte dem Freyr auch Stiere;* vgl. dazu K. RADDATZ 1953, 27 f., G. BEHM-BLANCKE 1976, Taf. 50 b (*in:* J. HERRMANN), H. JANKUHN 1977, 229 und F. SCHLETTE 1977, 48: *Pferd und Rind sind bevorzugte Opfertiere der Germanen.*

574) Nochmals sei hier auch an die *Neidstange* erinnert; *vgl. oben Anm. 540,* F. NIEDNER 1923, 163-170, H. GÜNTERT 1934, 70, H. ARNTZ 1936, 14 f. *(Die Runen)*, K. REICHARDT 1938/1951^2, 457 etc.

575) H. JANKUHN 1967, 124; vgl. E. L. ROCHHOLZ 1856, I Kap. III, E. GROHNE 1953, 269, B. SCHMIDT 1961, 85 f., S. PIGGOTT 1962, 110-118 und Fig. 2, 1, B. SCHMIDT 1970, Taf. 110, 6-8, M. MÜLLER-WILLE 1972, 181 und G. BEHM-BLANCKE 1976, Taf. 54 b (in: J. HERRMANN).

576) Vgl. E. A. PHILIPPSON 1929, 195, E. MAROLD 1974, 208, M. ELIADE 1975, 161 ff., 187, 207 sowie K. HAUCK 1980, 596 und 599. Unwillkürlich denkt man hier an *Gylfaginning* 44 in der *Edda*, die *Wiedererweckung der Böcke Thors.*
Im Brauchtum der jahreszeitlichen feststehenden Umzüge unter Vermummung könnten sich Reminiszenzen erhalten haben. Man denke hier an - besonders im angelsächsischen Bereich sehr lange lebendig gebliebene - Traditionen, wie das *‚Hobby Horse‘ einen auf einem langen Ast gepfählten Pferdekopf* und vergleiche unseren Begriff *„Steckenpferd“*; vgl. auch die *‚Morris-Dancers‘* etc. bei: E. A. PHILIPPSON 1929, 91 ff., R. WOLFRAM 1932, 360 ff., 367 und O. HÖFLER 1934, 149 ff. *Die Morristänzer tragen Tierhäute, Hörner und Geweihe.*

577) Vgl. M. MÜLLER-WILLE 1972, Abb. 46, 1 mit der Abb. 32 in der vorliegenden Arbeit.

578) Hierzu gibt es so zahlreiche Belege - man denke nur an dessen *Geisterhengst Sleipnir*-, daß nur wenige Literaturangaben ausreichen, wie z. B.: O. HÖFLER 1934, 271, E. GROHNE 1953, 270 *(Wodan-Odin bei den Sachsen)* und Å. KABELL 1973, 14.

579) Dieser Gott besaß *heilige Pferde* in eigenen Hainen. Sie wurden dort zu *Wahrsagezwecken* gehalten; s. F. WIDLAK 1900, 20 f., R. HINDRINGER 1932, 7, F. SCHLETTE 1977, 184 und K. HAUCK 1980, 596 ff. J. DE VRIES 1933, 203 *rechnet mit einer Usurpation der ursprünglicheren, einheimisch-ingwäonischen Vanenreligion durch Odin*; vgl. H. BECK 1965, 47.

1) Könnte der *(wahrscheinlich)* gehörnte Mann als *menschlich* verstanden werden, so wäre die gesamte Szene eventuell als *Tieropferung* aufzufassen.
2) Handelt es sich aber um einen *Gott,* scheidet diese Erklärung sofort aus, da kein Fall bekannt ist, in welchem eine Gottheit sich selbst Opfer darbringt. Folglich muß es sich dann um eine mythologisch hinreichend bekannte Szene handeln, sehr gut möglich wäre hier der Gedanke an eine des verbreiteten Typus der *Untierbekämpfung.*[580]

Von Interesse bleibt auch der hier bereits ausgeführte Gedanke an eine gewisse Analogie zwischen Schiffsbild *(4990)* und gehörntem Pferdeschädel *(4988).* Hierzu ist nachzutragen, daß *Ingwe-Freyr* nicht nur als *Pferdegott,* sondern in besonderem Maße auch als ein *Gott der Schiffahrt* angesehen wird.[581]
Letztlich bleibt darauf aufmerksam zu machen, daß es etliche Querverbindungen zwischen germanischen Mythenbildern und evtl. keltischen Vorbildern zu diesen heranzuziehen gäbe.[582]
Freilich ist der nur als denkbar erwogene Zusammenhang zwischen der Schiffsdarstellung auf Runenknochen OL 4990 und der germanischen Vorstellung vom Totenschiff nicht nur als ‚nicht zwingend', sondern schlechterdings als ‚unbeweisbar' zu bezeichnen. Mit Detlev ELLMERS[583] kann man hier auch an weitaus einfacher zu belegende Vorgänge und Verhältnisse, wie etwa den Niederschlag römischer Handelsinteressen im Spiegel römischen Importgutes an der Unterweser denken.
Sofern man sich jedoch der hier verfochtenen These einer ursprünglichen Zusammengehörigkeit der drei Oldenburger Runenknochen anschließen oder der Argumentation sogar Beweiskraft zumessen kann, ist der Schadenszauber des Runenknochens 4988 unbedingt für das Verständnis des gesamten Kontextes zu berücksichtigen. Danach stünde das Schiffsbild 4990 keineswegs als Symbol für friedliche Handelsbeziehungen zwischen Römern und denjenigen Germanen, denen die Urheberschaft der Runenknochen zuzuordnen ist, sondern klar als sog. Feindersatz, auf welchen „Hagel", also letztlich „Verderben, Vernichtung" herabbeschworen wird.

580) H. BECK 1968, 239 und 243 spricht im Zusammenhang mit der Darstellung einer der Stanzen von Torslunda von einem *„zoologisch nicht definierbaren Untier"*; auch gibt er eine Reihe an Beispielen solcher sagenhaften *„Untierkämpfe", darunter den zwischen Beowulf und Grendel.* Am Rande erwähnt, da methodisch interessant, seien die spektralanalytischen Untersuchungen dieser Platten, die R. L. S. BRUCE-MITFORD ebda., 233-236 beschreibt.
Zum Motiv der Untierbezwingung vgl. die Arbeiten von K. HAUCK 1980, 486 und 1982, 324 f. *Dieses Motiv fand - als St. Georgs oder St. Michaels Drachenkampf umgedeutet - später Aufnahme in die christliche Ikonographie. Dazu paßt, daß viele „Michelsberge" auf ältere „Wodensberge" u. ä. zurückgehen (auch: ‚Godesberg');* vgl. E. A. PHILIPPSON 1929, 155, A. SUHLE 1955, 9 ff., K. HAUCK 1958, 25 Anm. 58, W. D. VON BARLOEWEN 1961, 36 und H. und M. SCHMIDT 1981, 149.

581) F. VON DER LEYEN 1938, 49 *(Die Götter der Germanen)* u. ders. 1938, 94 *(Dt. Rundschau 255)*; vgl. R. DEROLEZ 1963, 141 und 150, W. KRAUSE / H. JANKUHN 1966, 120 u. L. BUISSON 1976, 84 Anm. 96. Alle denken dabei an *Freyrs Schiff ‚Skíðblaðnir'* und an seinen Vater *Njörd,* welcher in *‚Nóatun' (= Schiffsumhegung)* wohnte und als *Schirmherr der Schiffahrt* galt.

582) Man denke an den *Hörnerhelm aus der Themse* bei Waterloo-Bridge, die *Pferdemaske mit Hörneraufsätzen von Torrs* und den *Silberkessel von Gundestrup* mit den Darstellungen gehörnter *„Untiere"* und von Kriegern *(Göttern ?) mit Hörnerhelmen.* Vgl. dazu: A. OLRIK 1918, Taf. 6, I. FINLAY 1951, Pl. XV, H. NORLING-CHRISTENSEN 1960, 247-252, J. FILIP 1961 *(dt.)* und 1977 *(engl.)*, 92, 150 f., 170, 176 u. Taf. 24 f., O. KLINDT-JENSEN 1961, J. V. S. MEGAW 1970, Abb. 209 und 294, I. FINLAY 1973, Pl. 21, 39 und 42, J. BRAILSFORD 1975, 32 und J.-J. HATT 1980^2, 68-75; ferner: E. OXENSTIERNA 1956, 160, E. A. PHILIPPSON 1929, 87 sowie F. SCHLETTE 1977, 233, letztere zu *kelt. Wassertrollen in Pferde- und Stiergestalt.*

583) D. ELLMERS 1985, 71 ff.; diese wichtige Arbeit wurde mir durch die Freundlichkeit des Verfassers zugänglich; bes. interessant ist der Hinweis auf den Fund eines „alten römerzeitlichen (?) Kriegsschiffes in der Weser bei Hammelwarden 1896" *(62 u. 66)*, auf die Überreste eines Floßes der RKZ aus Mentzhausen, Kr. Brake *(77)* und eines röm. Münzschatzes aus Brake (89 Anm. 58).

5.4. Überlegungen zur Funktion der Knochen als Artefakte

„Nicht klar können kultische und magische Funktion[584] *der Inschriften getrennt werden“,* stellt Klaus DÜWEL[585] allgemein zur Bedeutung der Runentexte aus älterer Zeit fest, welche nur selten rein profane Mitteilungen enthielten und in erster Linie *„der Kommunikation mit übermenschlichen Wesen“* dienten. Diesen Satz wird man uneingeschränkt für die Weserrunen stehen lassen dürfen, deren Namensnennungen **Ingwe, *Inghari* und *Uluhari* nach unserem Verständnis in den kultischen Bereich weisen, deren Zauberwort *Hagal* zusätzlich eine magische Absicht anzeigt. Im Sinne einer *„Zitation eines übermenschlichen Wesens“* wird man auch die Bilddarstellung des gehörnten und gegürteten Speerkämpfers in der Untiertötungs-Chiffre verstehen können. Dabei bleibt ungewiß, ob hier *Odin* - auf den die Mehrzahl der Attribute zu deuten scheint -, der im Text genannte **Ingwe,* oder eine andere Gottheit, wie etwa *Ull, Thor* oder *Njörd*[586] gemeint ist. Religionsgeschichtlich wenig wahrscheinlich wäre die Annahme einer *‚Personalunion‘* aus mehreren dieser Götter *(Synkretismus).* Aus Text OL 4988 geht hervor, daß die Inschrift dieses Textes insgesamt als ein Schadenzauber, als Verfluchung eines bestimmten Feindes, zu verstehen ist.[587] Vordergründig handelt es sich natürlich zunächst nicht um einen Kampf-, sondern um einen *Wetterzauber.* Die Vorstellung, daß durch Runenzauber ein Unwetter sowohl hervorgerufen als auch beschwichtigt werden kann, war offenbar recht geläufig.[588] Dabei ist es besonders der *König,* von dem das Wetterheil allgemein abhängig gedacht wird, welcher Runenmacht lernte, um beispielsweise die See einschläfern zu können.
In der *Rígsþula* ist dies vom *Konr ungr*[589] ausgesagt. Dazu gesellt sich das Beispiel aus *Álvur kongur,* der 22. Strophe der färöischen Ballade *(Fassung C):*

„Jarl Justin nahm einen Runenstab, wirft ihn hinaus auf die See,
nichts vermochten böse Taten (= nichts vermochte das durch Zauberei hervorgerufene Unwetter auf See),
das beruhigte sich wie am Sandstrand.“[590]

Einen solchen runischen Wetterzauber beinhaltet auch das Eibenhölzchen von Westeremden *(B),* Friesland, aus der zweiten Hälfte des 8. Jahrhunderts:

„Gegen das hohe Land stellte sich Hamlet.
Vor seinen Eiben hat das Unwetter sich ducken müssen.
Vor (diesem) Eibenstäbchen ducke sich die Flut.“[591]

Auch an Odin selbst, den Vater des Runenzaubers, ist zu denken, der ein von den Finnen magisch hervorgerufenes Unwetter durch Gegenzauber in Form von Sturmwind und Gegennebel vertrieb.[592]
Diese göttliche Macht Odins ging auf seinen irdischen Repräsentanten, den König, über.[593]
Nach der Christianisierung bleibt der Wetterzauber den Hexen vorbehalten.[594]

584) Vgl.: M. OLSEN 1917, S. FEIST 1919, S. SIERKE 1939, W. KRAUSE 1970, § 34 ff., K. M. NIELSEN 1985.
585) K. DÜWEL 1975, 9 f.; erst nach etwa 500 n. Chr. nehmen profane Angaben zu *(PN d. Besitzers etc.).*
586) Vgl. M. P. MALMER 1963, 215-221 und obige Anm. 546.
587) Nochmals sei an *hagala* auf dem *Weihespeer von Kragehul* s. o. erinnert, dessen Name *„Asenpfeil“* und dreimalige Widmung *ga (= gebu ansiu)* auf den *Asen Odin* zu beziehen sein dürfte. Die letzte Rune dieser Inschrift *(g)* ist vermutlich als Bestimmungsrune *„Gabe“* aufzufassen, an welche der *„mächtige Zauber“,* der *„höllische Hagel“* weihend gebunden wird, was einer Verfluchung des Feindes gleichkommt.
588) U. SCHNALL 1975, 16 f. mit eindrucksvollen Beispielen ist zu vergleichen.
589) U. SCHNALL 1975, 17 Anm. 11 zu *‚Konr ungr‘* vergleiche OL 4988 *‚kunni Ingwe‘* und zum Ablautverhältnis *-ingl-ung* zuletzt P. DERKS 1985, 26 f., dazu oben Kap. 5.2.3. u. 5.2.5.3.
590) U. SCHNALL 1975, 17, dessen Übersetzung hier übernommen wurde.
591) U. SCHNALL 1975, 16 mit Anm. 9 *(dort Lit.);* am 14. 4. 1982 durfte ich dieses Runendenkmal neben anderen im Fries Museum Leeuwarden makroskopieren. Fälschungsanzeichen konnte ich dabei nicht feststellen. Herrn Dr. G. ELZINGA danke ich für die Erlaubnis zur Autopsie.
592) M. NINCK 1935, 27; H. GÜNTERT 1934, 71 faßt *hagall* sogar als einen *Decknamen Wodans* auf, was K. HELM 1946, 39 Anm. 96 für unbewiesen hält.
593) Vgl. z. B.: O. HÖFLER 1937, 16 und dens. 1938, 10 ff., K. HAUCK 1954, 9-66, O. HÖFLER 1956, 75-104 sowie J. DE VRIES 1956, 259 ff., um nur einige zu nennen.
594) H. LÜBBING 1968, 242 f.: *Gewitterhexe im Oldenburgischen;* nach J. C. BAROJA 1967, 111 wurde noch im 14. Jh. Catherine DELORT in Toulouse vorgeworfen, *Hagel* auf die Felder ihrer Feinde fallen gelassen zu haben. Vgl. das Schimpfwort *Janhagel* bei F. KLUGE 1957, 330.

Die mit den früheren Autoren angenommene Bedeutungsübertragung von *hagal*, *„Hagel"* auf *„Vernichtung, Verderben"* ist problemlos nachzuvollziehen, wenn man die geläufige Umschreibung *„Odins Wetter"* für *„Kampf"* berücksichtigt.[595]

Besitzen wir auch eine nicht unansehnliche Anzahl archäologischer, runischer und anderer epigraphischer Zeugnisse, volkskundlicher Relikte und ethnographischer Parallelen zu kultischen und magischen Praktiken, so ist für den Einzelfall doch mit JANKUHN[596] festzustellen, daß ein wesentlicher Rest solcher Handlungen, wie er im gesprochenen oder gesungenen Wort, in Tanz, Mimik und Gestik vermutlich von Bedeutung gewesen ist, für immer verloren bleiben muß.

Von grundsätzlicher Bedeutung aber ist der Schluß von HÄLSIG, daß bei den Germanen unzweifelhaft die Vorstellung herrschte, *„durch die Zauberkraft des gesprochenen und geschriebenen Wortes und Zeichens an sich schon auf die Natur der Dinge einwirken zu können. Zauberspruch und Zauberzeichen wurden also auch bei den Germanen zum eigenen Heile und zum Schaden anderer angewendet."*[597]

Einen Bildzauber, wie er möglicherweise in der Darstellung des römischen Schiffes auf Runenknochen 4990 zu sehen ist, rekonstruiert PHILIPPSON dergestalt, daß man dazu ein Abbild der zu verwünschenden Person o. ä. herstellen und dieses dann magisch durchbohren oder mit dem ‚bösen Blick' anstarren mußte.[598]

Nach GÜNTERT *werden in einer Fluchformel die Namen der drei - uns als Trias von Alt-Uppsala und Lejre wohlbekannten - Götter Odin, Thor und Freyr (= Ingwe) genannt.*[599]

Zusammenfassend läßt sich feststellen, daß *hagal* auf Knochen 4988 als Schlüsselwort einer magisch zu verstehenden Inschrift deutbar ist. Texte und Bildgravuren des Gesamtkomplexes der Oldenburger Runenknochen widersprechen einer solchen Auffassung nicht. Da der heidnische Zauber aufgrund mythologischer Vorbilder sehr stark an bestimmte Götter gebunden ist, erscheint eine klare Trennung zwischen Kult und Magie schier unmöglich.

Abgesehen von den Überlegungen zu mehr inhaltlichen Funktionen der Knochenritzungen sind nun solche zur praktischen Verwendung anzustellen, die möglicherweise den Charakter der Runenknochen als Artefakte erhellen helfen.
Zuvor sei allerdings noch berichtet, daß SIERKE bei seinem Versuch, bestimmte Arten des Runenzaubers an bestimmte Werkstoffe gebunden zu sehen, für „Knochen und Bein" insbesondere „Liebeszauber" vormerkte[600], was mit etlichen Überlieferungen nicht gerade gut in Einklang zu bringen ist.[601]
Weitaus interessanter ist in diesem Zusammenhang jedoch wohl die Nachricht des Saxo Grammaticus, nach welcher ein gewisser Ollerus (= Ullr!), zeitweilig ein ernsthafter Konkurrent des Heidengottes Othin - der, sogar erfolgreich, Odins Namen erhielt -
„Runenknochen als schnelle Schiffe gebrauchen konnte".[602]

595) H. BECK 1968, 248.
596) H. JANKUHN 1967, 118; nach M. BRIE 1906, 1 f. wurden die germanischen Zaubersprüche in feierlicher Weise gesungen, gemurmelt oder rezitiert.
597) F. HÄLSIG 1910, 109.
598) E. A. PHILIPPSON 1929, 222; vgl. ebda. 215, wonach *doppelgehörnte Helme gegen den ‚bösen Blick'* schützen, was dem Gehörnten auf OL 4988 im Untierkampf fraglos zugute käme.
599) H. GÜNTERT 1934, 56; *Skírnismál* 33 der *Edda*.
600) S. SIERKE 1939, 123; ebda., 98 Anm. 72 findet sich die notwendige geistige Vorarbeit für die Aufrechterhaltung dieses kühnen Schlusses:
„Die Unechtheit der Weserknochen steht für mich trotz des umfangreichen, im allgemeinen zustimmenden Schrifttums *(zuletzt* W. KRAUSE, *Die Kunde 6, 1938, S. 28 f., ablehnend)* fest." Gleich der nachfolgende Satz mutet wie eine Begründung dieses ‚Fernurteiles' an: „Zu der Fälschung des Knochens vom Maria-Saaler-Berg sind nunmehr . . . die abschließenden Feststellungen gemacht worden." Vgl. Kap. 3.2. f. der Forschungsgeschichte.
601) Vgl. z. B. die einfache Feststellung von L. ETTMÜLLER 1870/1972[2], 356, daß *„ein Knochen - vom rechten Mann geworfen - töten kann"*; ferner O. HÖFLER 1934, 143 ff., mit zahlreichen Belegen für *‚Flug-Fluchknochen', also (vor allem Pferde-) Knochen, die denjenigen, denen sie zugeworfen werden, nicht selten tödlichen Schaden verheißen.*
602) Hier aufgeführt nach P. HERRMANN 1901, 105; vgl. auch dessen Erläuterungen 1922.

Die erste Beobachtung, die sich nun zu den Weser-Runenknochen treffen läßt, ist die, daß einer davon *(OL 4991)* eine runde Bohrung, ein anderer *(OL 4990)* zwei parallele Riefen und der dritte *(OL 4988)* nichts dergleichen aufzuweisen hat, was auf die Art und Weise des vermutlich in seiner Höhlung ursprünglich befindlichen Gegenstandes auch nur irgend einen Hinweis zuließe. Geht man bei 4991 davon aus, daß das, was sich in der Knochenröhre befand, durch einen Niet mit dem Knochen selbst zusammengehalten wurde, wird man für 4990 VON BUTTEL-REEPEN folgen, der mit einer Befestigung durch Sehnen o. ä. in Wickeltechnik rechnete. Eine dritte Fixierungsart wäre dann bei 4988 anzunehmen; dessen Inhalt wäre demnach entweder eingesteckt oder eventuell zusätzlich von außen verkeilt worden.
Nun ist VON BUTTEL-REEPENS Interpretation der drei Runenknochen als Dolchgriffe zwar allgemein übernommen worden[603], aber nichtsdestoweniger zu überprüfen.
Die Suche nach vergleichbaren Dolch-, Messer- oder auch Schwertgriffen aus den für die Inschriften in Frage kommenden Zeitbereichen der RKZ und VWZ gestaltet sich aufgrund der allgemein nicht sehr günstigen Erhaltungschancen für Knochen recht schwierig.[604] Gleichwohl lassen sich doch einige Parallelen finden[605], von denen die eindrucksvollsten in der Abbildung 52 wiedergegeben sind.
Die Nummern 1-9 bezeichnen: runde (1-5), rechteckige (6-8), und achteckige (9) zumeist Knochenartefakte, die als Messergriffe angesprochen werden. Nummer 1 besitzt an einem seiner Enden parallele Wicklungsriefen, genau wie Runenknochen OL 4990; einem entsprechenden Zweck dürfte die breite, bahnförmige Vertiefung des Holzgriffes (5) aus der Wikingersiedlung Wollin gedient haben. Im Knochengriff Nr. 10 liegt einer der wenigen Terpenfunde vor, in welchem das Werkzeug - in diesem Fall eine Ahle - noch vollständig erhalten ist. Um die Reste römischer Schwerter handelt es sich bei den beiden Dreiwulst-Griffen aus Knochen (11) und Elfenbein (12).
Eigentlich nicht in diese Reihe gehört die Nr. 13, da dieser Knochen nicht zu einer Schäftung, sondern als Schlittknochen oder Kufe benutzt wurde. Weiter oben wurde bereits kurz erwähnt, daß die Art der Bearbeitung des Runenknochens 4991 an eine solche Verwendung denken läßt.[606] Nicht nur die Tatsache, daß hier ein Rinder-*Metatarsus* verarbeitet wurde - die beiden anderen Runenknochen sind *Tibien* -, sondern auch die *einseitige Glättung* und die *breite Durchbohrung,* für ein Nietloch unpraktisch groß, können für eine solche Interpretation geltend gemacht werden.

Anna ROES jedenfalls, deren Arbeit über Knochen- und Geweihartefakte aus den friesischen Terpenhügeln die meisten Vorlagen der Abbildung 52 entnommen sind, stellt diese drei Kennzeichen für Schlittknochen heraus:[607]

1.) Metatarsen oder Metacarpen von Rind oder Pferd als Ausgangsmaterial;
2.) Abflachung einer Seite als Gleitfläche und gewöhnlich auch Entfernung des Gelenkendes an der Spitze;
3.) Runde Durchbohrungen, in der Regel an beiden Enden, zur Aufnahme von Schnüren als Bindung.

Zum letzten Punkt weist ROES ausdrücklich darauf hin, daß auch nur *eine Bohrung* vorhanden sein kann, und es gibt sogar etliche Beispiele für gänzlich fehlende Bohrungen.[608] Will man OL 4991 tatsächlich als Schlitt- oder Kufenknochen ansprechen, was hier lediglich als Möglichkeit in Erwägung gezogen werden soll, so wäre dieser aber sicher nicht in ausgiebigem Gebrauch gewesen, da es nicht zur Ausbildung einer *ausgeprägten* Gleitfläche gekommen ist. Gegen eine Auffassung als Schlittkno-

603) Vgl. Kap. 3.2. der Forschungsgeschichte, die Gesamtbibliographie.
604) Vgl. K. RADDATZ 1955, 66 und dens. 1967, 9 ff. zum Gebrauch beinerner Hilze.
605) *RKZ*: K. ZIMMER-LINNFELD 1960, 474. und O. RÖHRER-ERTL 1971, 474.; *VWZ*: G. MILDENBERGER 1959, Abb. 27; *WZ*: W. J. RAUDONIKAS 1936, Fig. 49; ferner: F. GENZMER 1944, Abb. 71.
606) Vgl. oben Kap. 5.2.5.6. *ULU: HARI*, bes. Anm. 461, den Hinweis von Dr. Hans DRESCHER.
607) A. ROES 1963, 57 ff.; leider sind die Objekte zoologisch nicht bestimmt, ohne Maßstab abgebildet und nicht näher datiert. Die Besiedlung der Terpen reicht von der Latène- bis in die Karolingerzeit. Abb. 52, 5 ist aus C. SCHUCHHARDT 1938^3, Taf. 79, 326. Dort wird Wollin mit ‚Vineta' gleichgesetzt; vgl. dageg. J. FILIP 1969, II, 1591. Abb. 52, 8 zeigt einen Schwert- oder Dolchgriff aus Knochen, der sich (Inv. Nr. P. 177) im Museum Emden befindet. Er ist abgebildet und beschrieben in P. ZYLMANN 1933, 177 Nr. 29, 118 Abb. 163, 183 („Warfenzeit") sowie im (maschinenschriftl.) Katalog von W. SCHWARZ 1978, 2609/1: 5-0-1.
608) Auf den Schlittknochen wie auf den Holzschlitten mit Knochenkufen - Rudolf VIRCHOW besaß als Kind noch einen solchen (!), s. ROES - trieb man sich mit Stangen voran.

Abb. 52:

Funktion: 1-9 Messergriffe; 10 Ahle; 11 und 12 röm. Dreiwulst-Schwertgriffe; 13 Schlitt- od. Keitelknochen;
Material: 1-4, 6-11 und 13 aus Knochen; 5 aus Holz; 12 aus Elfenbein;
Fundorte: 1-4, 6 und 7, 9-13 aus friesischen Terpen; 5 aus Wollin; 8 aus der Warft Emden;
Verbleib: 1, 2, 7 im Museum Groningen; 6 im BAI Groningen; 3, 4, 9-13 im Fries. Museum Leeuwarden; 5 im Museum Stettin; 8 im Museum Emden;
Quellen: 1-4, 6, 7, 9-13 aus A. ROES 1963, Pl. XLVIII, LVIII u. LX; 5 aus C. SCHUCHHARDT 1938[3], Taf. 79, 326; 8 Foto von Werner KUHLMANN, Ostfries. Landesmus. Emden, vgl. Anm. 607.

chen dürfte die eher bescheidene Länge dieses Runenknochens sprechen. Auch wenn man die erhaltenen 15,7 cm um einen oder zwei Zentimeter ergänzt, liegt man insgesamt noch immer unterhalb des Minimums der von ROES angegebenen Maße *(zwischen 20 und 33 cm).*

Angesichts des Runentextes mit dem in ihm enthaltenen Vernichtungszauber fiele die Vorstellung etwa eines Kinderschlittschuhes in diesem Zusammenhang aber sehr schwer. Andererseits dürfte nichts gegen die Annahme sprechen, daß sich in der Art der Bearbeitung des Runenknochens 4991 durchaus eine Anspielung auf den Wintergott Ull(r) verbergen könnte, welcher als der schnellste Schlittschuhläufer der nordischen Götterwelt bekannt ist, da (s. o.) der PN Ulu: hari dieser Knocheninschrift womöglich in direkten Bezug zu eben dieser Gottheit gebracht werden kann.

Doch kehren wir zurück zu Waffengriffen aus Knochen. Halten wir nach solchen mit Runeninschriften Ausschau, so müssen wir feststellen, daß die Ausbeute nicht sehr ergiebig ist. Ein Tierknochen vom Alt-Lübecker Burgwall ist zu erwähnen, zumal er als Fragment eines Messergriffes angesehen wird; für weitere Vergleiche kommt er aber nicht in Frage, da seine Inschrift in hochmittelalterlichen, punktierten dänischen Runen geritzt ist.[609]
Zwei beinerne Schwertgriffe aus den Niederlanden sind bekannt, beide mit friesischen Runeninschriften, deren bisherige Lesungen aber kaum befriedigen können und deren Datierung darüber hinaus unklar zu sein scheint. Es sind dies die Funde von *Westeremden (C)*[610] und *Raskwerd.*[611]

Fassen wir das Ergebnis unserer Suche nach Parallelen hinsichtlich des Artefaktcharakters der drei Oldenburger Runenknochen vorläufig zusammen, so läßt sich nur festhalten, daß es zwar einige wenige Funde von Messerschäften gibt, die gewisse Anklänge zeigen - wie etwa die Nummern 1 und 2 der Abbildung 52 und der Holzgriff 5 -, keinesfalls aber kann man die Weserknochen mit irgendwelchen gängigen Handhaben der bekannten Waffen- und Werkzeugtypen der RKZ/VWZ in Verbindung bringen. Das wird umso deutlicher, je mehr man sich die Unterschiede zu diesen vergegenwärtigt:

Die Weserknochen sind nicht, wie die abgebildeten Vergleichsfunde, zu runden, rechteckigen oder facettierten Griffen geglättet, sondern morphologisch beinahe in ihrem Ursprungszustand belassen worden. Ihrem Verfertiger kam es offenbar hauptsächlich auf die Runen und bildlichen Darstellungen an. Darüber hinaus ist die Markhöhle aller drei Runenknochen nur einseitig eröffnet worden und nicht, wie gewöhnlich, an beiden Seiten.

Der Kompakta- und Spongiosabefund aller drei Runenknochen bei Übernahme der Funde zur Untersuchung - das Schwammgewebe mußte als Probenmaterial für die Aminosäurenbestimmung und die ^{14}C-Analyse weitgehend geopfert werden - ließ einwandfrei den Schluß zu, daß bei jedem dieser Stücke jeweils ein Gelenkende nicht durchbrochen worden war, und zwar jeweils das *distale.* Freilich zeigt das dort einzig intakt gebliebene Exemplar OL 4988 - die beiden anderen sind an dieser Stelle alt abgebrochen - eine Begradigung durch Abarbeitung der Gelenkhöcker des *medialen* und *lateralen Malleolus* sowie der *Cochlea,* doch keine Perforation zur Knochenhöhle hin.
Dieser Befund ist deshalb wichtig, weil er außer Frage stellt, daß nie etwa eine Griffangel durch den Knochen geführt war, die an ihrem Endpunkt hätte vernietet werden können. Das aber wäre für ein Werkzeug oder gar eine Waffe, die für eine dauerhafte Verwendung und Belastung hergestellt zu denken ist, eine unabdingbare Voraussetzung, wie auch die Beispiele der Abb. 52 unterstreichen.

609) W. LAUR 1965, 258-260; H.-J. EGGERS 1968, 9; W. KRAUSE 1970, 121; W. LAUR 1981^3, 53.
610) J. M. N. KAPTEYN 1934, 308-312; vgl. P. C. J. A. BOELES 1954, 24 u. K. DÜWEL 1981, 130 Anm. 10.
611) W. J. BUMA 1966, 85-90; vgl. K. DÜWEL/W.-D. TEMPEL 1970, 379, 381, 389 Anm. 75 und K. DÜWEL 1981, 130 Anm. 10 *(Runen auf Waffen, s. die vorige Anm.).* Allgemein ist auf die Bibliographie der Runeninschriften hinzuweisen, die Uwe SCHNALL 1973 erstellt hat. In den übersichtlichen Registern finden sich alle drei der auf dieser Seite zum Vergleich herangezogenen Funde; dazu ist die wichtigste Literatur jeweils angegeben. Zur Lesung der Inschrift von Raskwerd vgl. oben Kap. 5.2.5.5. und die Anm. 454-457.

Als Werkzeuggriffe waren alle drei Runenknochen also wenig geeignet, als Waffengriffe waren sie mangels Stabilität völlig kampfuntauglich. Folglich handelt es sich hier kaum um Gebrauchsgegenstände des eher alltäglichen Bedarfs, sondern wohl um solche, die entweder für einen ganz bestimmten, vielleicht sogar einmaligen Zweck gedacht waren oder aber für einen mehrfachen, dann jedoch ausschließlich in symbolischer Funktion *(etwa als Würdezeichen o. ä.)*. Gegen letztgenannte Annahme - dann müßte man die Knochen als Zubehör von Insignien oder selbst als solche verstehen - scheint von vornherein der aktuelle Bezug zu sprechen, auf den die drei Inschriften offenbar ausgerichtet sind. Behält man während der Verfolgung der anderen Möglichkeit VON BUTTEL-REEPENS Interpretation als Dolchgriffe im Auge, wird man diese Auffassung nur dann aufrecht erhalten wollen, wenn man die Gewißheit hat, daß diese Dolche oder Messer sich gegen keinen benennbaren Widerstand *(etwa im Kampf)* sondern nur gegen wehrlose Opfer richten konnten *(,die selbst zuvor entwaffnet wurden)*.
Auf Tieropfer wurde weiter oben bereits eingegangen. Doch berichten viele antike Quellen auch von Menschenopfern bei den Germanen.[612] Diese Berichte werden durch nicht wenige archäologische Befunde hinsichtlich ihres Wahrheitsgehaltes deutlich gestützt.[613]

Eine eigene archäologische Fundgruppe bilden dabei die gut 200 Moorleichen aus Skandinavien, Norddeutschland und den Niederlanden. Sie gehören, soweit sie sicher datiert sind, nicht nur überwiegend der römischen Eisenzeit an, sondern zeigen als auffälligste Gemeinsamkeit meist die Spuren eines gewaltsamen Todes.[614] Ist auch im Einzelfall nicht sicher entscheidbar, ob es sich dabei um kriminelle *(Mord)*, rechtliche *(Straftötung)* oder kultische *(Opfer)* Vorgänge handelt, wird man davon ausgehen können, daß letztere zumindest darunter befindlich sind. Die auf Gerb- und Huminsäuren zurückzuführende, ausgezeichnete Konservierung namentlich der Haut, läßt als Todesursachen neben dem am Schädelbefund nachweisbaren Erschlagen[615] typische Hautdefekte erkennen, die auf Erdrosseln[616] und Erstechen[617] schließen lassen.
Nicht eben selten liegt sogar eine *Kombination zweier Tötungsarten*[618] vor, wobei die ‚doppelte Todesursache' des etwa sechsmonatigen Kindes aus der Wurt Hessens[619] sehr an die rituelle Tötung eines Mädchens erinnert, das ihrem vornehmen rusischen Herrn freiwillig in den Tod folgte. Nach dem Bericht des Arabers *Ahmad Ibn Fadlān* aus dem Jahre 922 wurde

612) Vgl. dazu H. BECK 1970, 240-258 *(in: Heiligtümer u. Opferplätze, Hg.:* H. JANKUHN). Grundlegend sind noch immer die Arbeiten von E. MOGK 1909, 603-643 und 1912, 422-434; in letztgenannter werden die Menschenopfer nach ihrer Zweckbestimmung eingeteilt in: 1. Kriegs- und Sieges-, 2. Ernte- und Mißwachs-, 3. Seeunternehmungs- und 4. Bauopfer. *Überbetont erscheint die Zuweisung solcher Opfer an Odin;* ähnlich: W. VON UNWERTH 1911, 80-98. Bereits H. SCHÜCK 1904, 302, *verweist dagegen auch auf Ingwe-Freyr als Adressaten;* H. DÖRRIES 1970, 274 gemäß *löst Wodan seine Vorgänger Freyr, Ziu und Donar ab.*

613) Treffend dazu das Vorwort von W. LANGE 1967[3], 20 in R. MUCHS Erläuterungen der *Germania: „Auch das vom Tabu außerwissenschaftlicher Ideologien verzerrte Problem der Menschenopfer bei den Germanen erfuhr durch archaeologische Beobachtungen eine neue Beleuchtung".* Hier ist auf die zahlreichen Aufsätze von Herbert JANKUHN besonders hinzuweisen, der auch an MUCHS Kommentar zur *Germania* des *Tacitus* mitarbeitete: H. JANKUHN 1958, 243-257, 1966, bes. 421, 1967, 117-147, 1977, bes. 230 f.; vgl. ferner die Beiträge von U. E. HAGBERG, K. RADDATZ, K. DÜWEL, H. BECK, K. HAUCK u. a. in H. JANKUHN 1970 *(Hg.)*.

614) Nach G. BIBBY 1974, bes 10 ff.; diese Formulierung ist allerdings stark vereinfacht; vgl. P. V. GLOB 1956, 99-113 und 131-164 sowie A. DIECK 1951, 48-52 u. dessen Buch 1965.

615) Vgl. z. B. die *zertrümmerten Schädel* der beiden Frauen von *Borremose*, bei G. BIBBY 1974, 10 und das *zerschlagene Gesicht* der Moorleiche von *Rendswühren*, bei A. DIECK 1951, 2.

616) Die Männer von *Tollund* und *Borremose* werden von GLOB und BIBBY als Erhängte bezeichnet, wobei der Hängetod schwer vom Erstickungstod durch Erdrosseln zu trennen ist; vgl. auch Anm. 331.

617) Vgl. J. MARTIN 1924, 240-259, H. HAYEN 1964, 19-42 und S. BERG et al. 1981, 10-16 zum Kind aus dem *Kayhausener* Moor, wie es scheint, dem Opfer eines Mordfalles in der RKZ; vgl. zu dieser und den anderen Moorleichen im Oldenburger Museum am Damm H. HAYEN 1987, bes. 27-35.

618) Der knapp 40jährige *Grauballe*-Mann zeigt z. B. eine *Schlagspur* von einem stumpfen Gegenstand - *etwa einer Keule, eines Hammers oder eines Axtrückens* - an der rechten Schläfe, dazu eine von Ohr zu Ohr klaffende *Halswunde*, deren Präzision sicher auf eine Fremdtäterschaft deutet, nach P. V. GLOB 1956, 111-113 und G. BIBBY 1974, 5 f., 10. Ähnlich dürfte der 50-60 Jahre alte Mann von *Osterby* bei Eckernförde ums Leben gekommen sein, dessen postmortal abgetrenntes Haupt die *Schlageinwirkung* eines stumpfen Gegenstandes und dessen 2. Halswirbel *Schnittspuren* aufweist, nach K. KERSTEN / K. SCHLABOW 1949, 1-7; vgl. oben die Anm. 332 zum Suebenknoten dieses Mannes. Die von A. CLOSS 1936, 575 gestellte Frage, ob die Menschenopfer durch Schlinge, Axt oder Speer getötet wurden, erweist sich demnach als falsch gestellt.

619) Von der *Erdrosselung* einerseits zeugt ein Wirbelknick am unteren Hals des Skelettes sowie die dort erhaltene Wollschnur, von einem *Stich in die Herzgegend* andererseits die Fraktur der Rippen 7-9. K. SCHLABOW 1953, 42 f., der den Fund beschreibt, faßt ihn aufgrund seiner Lage unter dem Herd des Hauses aus dem 6.-7. Jh. als Hausopfer auf, wogegen H. JANKUHN *(in* R. MUCH 1967[3], 175) Zweifel anmeldet.

die junge Braut in der Schilderung der „Totenhochzeit an der Wolga“[620] *gleichzeitig erdrosselt und erstochen.*
Zu Sinn und Zweck dieser Menschenopfer macht *Tacitus* in seiner *Germania* durchaus nähere Angaben zum Verständnis, bringt er sie doch mit bestimmten Tagen, also kultischer Vorschrift *(Kap. 9)*, gewissen Rechtsbrechern wie Verrätern, Überläufern, Feiglingen, Kriegsscheuen und den schwer zu bestimmenden *‚corpore infames‘ (die Palette der Deutungen reicht von „Selbstverstümmlern“ bis hin zu „Homosexuellen“, Kap. 12)* sowie feierlichen Versammlungen *(Kap. 39)* und dem *ingvaeonischen* Fruchtbarkeitskult der *Nerthus (Kap. 40)* zusammen.
Für uns bedeutsamer ist aber zweifellos das Brauchtum, das die Germanen pflegten, wenn sie Kriegsabsichten im Schilde führten, da eine solche Absicht ja dem Text des Runenknochens 4988 direkt zu entnehmen ist, wobei 4990 uns sogar den Gegner näher vor Augen führen dürfte.
Hierzu berichtet *Tacitus, Germania* 10, von Orakeln durch das Auswerfen und Ausdeuten gekennzeichneter Zweige, von Vorzeichen, die dem Wiehern und Schnauben heilig gehaltener Schimmel sowie dem Flug und den Stimmen von Vögeln entnommen werden. Den Ausgang schwerer Kriege aber suchten die Germanen auf eine andere Art zu erkunden:

„Sie bringen auf irgendeine Weise einen Angehörigen des Stammes, mit dem sie Krieg führen, in ihre Gewalt und lassen ihn mit einem ausgewählten Manne des eigenen Volkes, jeden in den Waffen seiner Heimat, kämpfen. Der Sieg des einen oder anderen gilt als Vorentscheidung.“[621]

Es wäre interessant gewesen, wenn *Tacitus* uns auch überliefert hätte, was mit dem Kriegsgefangenen im Falle eines Sieges geschah, jedenfalls hatte er in diesem Kampforakel, das in gewisser Weise an das mittelalterliche *Ordal*, das Gottesurteil, erinnert, eine reelle Chance, zu überleben.[622] Keine Überlebenschance hatten dagegen - nach dem Zeugnis von *Strabo* VII 294 - die Gefangenen der Kimbern:

„Ihre (der Kimbern) Weiber, die mit den Männern zu Felde zogen, wurden von Priesterinnen begleitet, die die Gabe der Weissagung besaßen, Frauen mit grauem Haar in weißen Gewändern, die ihr Oberkleid aus spanischer Leinwand auf der Schulter mit Spangen befestigt hatten, einen ehernen Gürtel trugen und barfuß gingen.
Diese gingen den Kriegsgefangenen durch das Lager mit dem Schwert entgegen, bekränzten sie und führten sie dann zu einem ehernen Mischkessel, der etwa 20 Eimer faßte. Sie hatten hierzu eine Trittleiter; diese erstiegen sie und, über den Kessel gebeugt, schnitten sie jedem Gefangenen, der zu ihnen emporgehoben wurde, die Kehle durch.
Aus dem Blut, das in den Mischkessel strömte, pflegten sie zu weissagen. Andere schlitzten den Gefangenen den Leib auf und weissagten aus ihren Eingeweiden . . .“.[623]

Nach einer verlorenen Schlacht erging es den Besiegten schlecht, wie auch die folgenden Beispiele zeigen und wie es auch die archäologischen Funde von Thorsberg, Nydam, Kragehul, Vimose, Ejsbøl, Illerup[624] u. a., diese zumindest hinsichtlich der erbeuteten Waffen und Gerätschaften, eindringlich bezeugen.
So erzählt *Orosius* V, 16, 1-7 von den vereinigten Kimbern, Teutonen, Tigurinern und Ambronen, die im Jahre 105 v. Chr. 80000 Römer mit 40000 Troßknechten und Marketendern schlugen, *daß sie die gesamte, riesige Beute des Lagers vernichtet hätten. Gewänder seien zerrissen und in den Schmutz getreten, Gold und Silber in den Fluß geworfen, Panzer zerhauen, Pferdeschmuck beseitigt, Pferde ertränkt worden. Angeblich habe es nur zehn Überlebende des Massakers gegeben.*[625]

Die Geringschätzung auch des eigenen Lebens eben derselben Kimbern und Teutonen, welche *Plutarch* uns überliefert hat, belehrt uns, mit der Anwendung unserer gegenwärtigen Vorstellungen und Maßstäbe auf antike Verhältnisse vorsichtiger umzugehen. Nach diesem Bericht erhängten sich die Unterlegenen der letzten und entscheidenden Schlacht *(30. 7. 101 v. Chr.)* bei Vercellae in Ermangelung von Bäumen an den Hörnern und Beinen ihrer Rinder; die Frauen benutzten dazu die Wagendeichseln.[626] Stellt man sich vor Augen, daß auch in die-

620) Unter diesem Titel eingehend dargestellt von Renate ROLLE in S. BERG / R. ROLLE / H. SEEMANN 1981, 133-143; sicherlich bemerkenswert auch das dort geschilderte sexuelle Brauchtum der Rus in diesem engen Zusammenhang mit dem Totenkult.
621) Übersetzung von M. FUHRMANN 1980, 16-19 *(Reclam)*.
622) O. HÖFLER 1934, 155 bezeichnet diesen Orakelkampf als *‚imitative Siegesmagie‘*, ein Terminus, der zu sehr vom positiven Ausgang für den fragestellenden Stamm ausgehen dürfte; der Begriff *‚imitative Kampfesmagie‘* wäre als neutraler vorzuziehen.
623) Zitiert nach W. CAPELLE 1937, 47; vgl. J. DE VRIES 1956, I, 408 ff. Vergleiche auch die Anm. 320 weiter oben.
624) C. ENGELHARDT 1863: *Thorsbjerg*; ders. 1865: *Nydam*; ders. 1867: *Kragehul*; ders. 1869: *Vimose*; M. ØRSNES 1963, 232-247: *Ejsbøl*; zu *Illerup Ådal* die Veröffentlichungen der Ausgräber J. ILKJÆR und J. LØNSTRUP s. o. Anm. 215.
625) Wiedergegeben nach W. CAPELLE 1937, 30.
626) Gemäß J. DE VRIES 1956, I, 408 ff.; Jan DE VRIES schließt hier zahlreiche andere Vergleiche an, auf die näher einzugehen hier nicht der Raum ist, die aber wenigstens z. T. stichwortartig aufgeführt werden sollen; vgl. dazu die Anm. 321 ff. weiter oben:
1. Opfertodweihe der Feinde durch die Hermunduren nach *Tac. Annalen* 13-57;
2. Opfergelöbnis des Gotenführers *Radagais* noch 405, Römer betreffend *(Orosius* VII, 37).
3. Erstlingsopfer got. Frauen und Kinder an den Fluß Po zu Anfang des 6. Jhs. durch die bereits seit 539 christlichen Franken (*Prokop* II, 25, 9).
4. Verbot der Menschenopfer an Donar auf der Synode von Liftinae *(Hennegau)* 743.

sem überlieferten Fall die Weihung der Feinde vor Beginn der Schlacht zum Ritual des Kriegsopfers gehörte, so mag man die unerbittliche Konsequenz der Selbstopferung nach der Niederlage dennoch als folgerichtig anerkennen wollen.
Schlimm erging es auch, den *tacitäischen Annalen* I, 61 zufolge, den Überlebenden der Varusschlacht 9 n. Chr.:
Die vornehmsten römischen Gefangenen wurden von den Cheruskern unter Martern geopfert und ihre Köpfe an die Baumstämme eines Opferhaines geheftet. Die höheren Offiziere brachte man auf den Altären dar und zahlreiche andere Römer wurden aufgehängt oder auf andere Weise getötet.[627]

In einem der Göttin *Tamfana* geweihten Heiligtum machten im Jahre 14 n. Chr. Einheiten des *Germanicus* die dort zu einem Opferfest versammelten Marsen in einem fürchterlichen Blutbad nieder, *wofür im Jahre 28 dann 900 Römer in einem heiligen Hain der Göttin Baduhenna von Friesen gemetzelt wurden.*[628]

Daß auch Germanen, die in römischen Diensten standen, von der vernichtenden Rache ihrer germanischen Stammesverwandten nicht verschont blieben, macht die anthropologisch-medizinische Untersuchung menschlicher Skelette aus dem Lagergraben der röm. Erdbefestigung bei Heldenbergen im Main-Kinzig-Kreis überaus deutlich. Michael SCHULTZ wies nach, daß fünf - nach den Indices germanische - Söldner im 3. Jh. von alamannischen Kriegern nach Entwaffnung brutal zusammengehauen wurden.[629]

An die Menschenopfer, die aus Alt-Uppsala und Lethra/Lejre von Adam von Bremen und Thietmar von Merseburg berichtet werden, ist hier ebenso zu denken[630]*, wie an den von Sidonius Apollinaris überlieferten Brauch der Sachsen, jeden 10. ihrer Kriegsgefangenen vor der Rückfahrt qualvoll zu töten*[631]*, und an die wikingische Gepflogenheit des Blutaar-Ritzens.*[632]
Wird man sich nun vorstellen können, daß Kriegsgefangene unmittelbar nach einer von ihnen verlorenen Schlacht - gleichsam in Fortsetzung des vorhergegangenen Kampfgeschehens - mit denselben Waffen niedergehauen wurden, mit denen die Sieger auch deren Stammesgenossen zuvor getötet hatten, so mag man bei einer Opferung von Gefangenen zu Orakelzwecken an die Verwendung eigener, ‚sakralmagischer' Geräte denken wollen. Das Schwert, mit dem die kimbrischen Priesterinnen ihre Opfer empfingen, ist nicht näher beschrieben. Auch ist der Stelle nicht zu entnehmen, ob es mit dem Tatwerkzeug identisch ist, mit dem der für die Opfer tödliche Wahrsagevorgang durchgeführt wurde, doch wird man nicht annehmen wollen, daß profane Küchenmesser zu solchem Zwecke dienten. Das wäre jedenfalls mit den eigens zu gleichen Absichten gehaltenen Pferden und geschnitzten Zweigen schwer zu vereinbaren.

Kommen wir also zur weiter oben geschilderten Beobachtung zurück, daß die drei Runenknochen aufgrund ihrer geringen Ausarbeitung als Schäfte für Waffen oder Werkzeuge des profanen, alltäglichen Bedarfes nicht taugen, so ergeben sich bei der Annahme, daß es sich aber doch um Griffe handeln dürfte, eigentlich nur noch die Möglichkeiten einer kultischen, magischen oder symbolischen Verwendung. Die Grenzen zwischen diesen drei Bereichen sind zwar wiederum fließend, doch möchte ich sie im speziell vorliegenden Fall mit einem a) direkten, b) indirekten oder c) übertragenen Gebrauch gleichsetzen.

a) Als *Kultwerkzeuge oder -waffen* könnte man die Runenknochen *direkt* mit den oben dargestellten Gepflogenheiten der Germanen, zu bestimmten Anlässen Tiere und auch Menschen zu opfern, zusammenbringen. Denkt man an den Befund von Osterby *(s. o. Anm. 618)* u. a., so mag man sogar mit regelrechten Werkzeuggruppen rechnen wollen, die für eine Opfertötung zur Verfügung gestanden haben mögen, etwa einer *Keule oder* einem *Hammer* zur Betäubung des Opfers - die ggf. bereits letal verlief -, *Dolch oder Messer* zur Blut- und Eingeweideschau, *Axt* oder *Schwert* zur Tötung oder zur postmortalen Dekapitation.[633]
b) Als Griffe *magischer Waffen oder Werkzeuge*, welche *indirekt*, also nicht gegen einzelne Gegner, sondern unter Verwünschungen über das feindliche Heer geworfen *(vgl. die Weihespeere, wie den von Kragehul s. o. Kap. 5.2.5.4.)* oder gegen das Feindesland gerichtet wurden *(wie etwa die Neidstangen s. o. zu Anm. 540)*, könnte man sich die Runenkno-

627) J. O. PLASSMANN 1934, 110-113, J. DE VRIES 1956, I, 408 ff., H. ROSENFELD 1961, 34.
628) H. KRAHE 1934, 282-287, nach *Tacitus, Annales* I, 51 und IV, 73.
629) G. LANGE / M. SCHULTZ 1982, 7-34. Sogar die Richtung der Schwerthiebe ist erkennbar.
630) U. JAHN 1884, 66-69, W. SCHULZ 1932, 166 f., R. MUCH 1967[3], 434, N. WAGNER 1980, 202-208.
631) E. MOGK 1909, 619 und H. EHMER 1937, 6. Mithin handelt es sich hier um *Seeopfer.*
632) E. MOGK 1909, 609 und W. VON UNWERTH 1911, 80-98. MOGK sieht die Lunge, die bei diesem Zeremoniell dem lebenden Opfer vom Rücken her ausgerissen wird, als Seelensitz an.
633) J. MARTIN 1924 *(1925)*, 253 kritisiert die Gedanken von J. MESTORF 1900 zu Spuren mehrerer Tötungsarten an ein und demselben Opfer *(Erleichterung der Qualen)*, ohne selbst mit Alternativen aufzuwarten; er sieht in diesen Befunden eher Mordfälle. K. HAUCK 1980, 589 f., der am Gürtel des Gottes auf dem Brakteaten v. Kopenhagen *(Abb. 70)* einen Opferdolch bzw. ein Opfermesser erkennt, nimmt diese als Vollzugswaffen, nach vorherigem Einkreisen des Opfers mit dem Schwerte, an.
Zur Bedeutung von Axt, Hammer und besonders Keule vgl. H. FALK 1914, 117 u. 122 f., zu letzterer auch E. MOGK 1909, 614; vgl. ferner obige Anm. 532 f. und Abb. 49.

chen ebenfalls vorstellen. Auch der Runentext spricht für eine solche Verwendung, namentlich der des Knochens OL 4988.[634]

c) An *Waffen- oder Geräteschäfte symbolischer,* also *übertragener* Bedeutung wird man denken können, wenn man das *hölzerne Botenschwertchen von Arum*[635] berücksichtigt. Dessen Runeninschrift *‚edæ : boda'*, *„Ede, dem Boten (gehörig)"* läßt in dem 24 cm langen Eibenschwertchen, das um 600 datiert wird, ein Legitimationskennzeichen seines Trägers vermuten.

Nun läßt sich die Inschrift OL 4988, wie weiter oben näher begründet wurde, wenn als Botschaft, dann nur als eine sehr kriegerische verstehen. Obwohl ich aufgrund der Bilddarstellung desselben Knochens und nicht zuletzt auch aufgrund meines Lesungsvorschlags sehr zu der alten Auffassung eines Schadenzaubers, also letztlich einer Mitteilung an eine Kriegsgottheit mit dem Ersuchen um magischen Beistand tendiere, möchte ich doch einen m. E. wertvollen Hinweis wiedergeben und ausführen, welchen ich Herrn Dr. H. ENGSTER verdanke.[636] Danach könnte den Weser-Runen-Knochen eine durchaus profane Funktion zuzuerkennen sein, die nicht der Aussage der Inschriften widerspräche, sondern im Gegenteil sehr gut damit in Einklang zu bringen wäre:

Nach manchen schriftlichen Quellen war es im Falle einer Kriegsbedrohung oder - absicht üblich, das Heeresaufgebot mit Hilfe einer bestimmten und fixierten Nachricht zu bestellen, dem sog. *Kriegspfeil.*[637]

Dieser *herǫr* o. ä., also *‚Heerpfeil'* genannte Gegenstand, im Küstenverlauf aus Eisen, in den Fjorden dagegen aus Holz gefertigt, wurde ansonsten nur ausgeschickt, wenn ein Totschlag geschehen war, weswegen ein *Thing* oder *Ding*, somit eine Ratsversammlung einberufen werden mußte.[638]

Es wurde hart geahndet, wenn man diesen Pfeil, der von einem Hofe zum andern befördert werden mußte, nicht weiterleitete oder als kampftüchtiger Mann daheim blieb.[639]

Der Brauch, mit Hilfe eines symbolischen Gegenstandes zu wichtigen Versammlungen aufzurufen, indem jeder Eingeweihte verpflichtet war, so schnell wie möglich für die Weiterleitung des Botschaftsträgers zu sorgen, hat sich offenbar lange erhalten. So berichtet TILLING 1771:

„Wan die Aelterleute auf den Schütting citiret werden, wird ihnen von dem Boten ein so genanntes B r i c k e n *mit ihrem Wapen ins Haus gebracht, welches sie wieder mit nach dem Hause Schütting nehmen, zum Zeichen, daß sie gefordert, und also berechtigt sind, in der Versammlung der Aelterleute zu erscheinen."*[640]

634) So „spät" und „ganz verschwommen", wie C. E. FELL 1980, 37 (*in:* D. M. WILSON) die Quellen zur Speerwurfweihe bezeichnet, sind sie wohl doch nicht, siehe z. B.: H. DÖRRIES 1970, 274 mit Anm. 20 (*in:* W. LAMMERS) und K. DÜWEL 1981, bes. 166 f. sowie die Ausführungen weiter oben. Natürlich sind die Weserknochen nicht mit Speeren in Verbindung zu bringen, doch erwähnt E. MAROLD 1974, 209 Anm. 60 den *Rechtsbrauch des Hammerwurfes* als eine Art Orakel, um strittigen Besitz festzustellen.
Auch mit Neidstangen sind die Oldenburger Stücke nicht direkt in Verbindung zu bringen; daß allerdings 4988 an Stelle eines Pferdehauptes auf einem Holzstab gesteckt haben könnte, erscheint zumindest vorstellbar, da es sich - wie erwähnt - auch hier um einen Pferdeknochen handelt. Das würde erklären, warum sich keine metallischen Rückstände in den Knochenröhren finden ließen, wie sonst häufig in tatsächlichen Griffen. Freilich könnten diese Klingen o. ä. Inhalte vor Niederlegung entfernt worden sein.

635) Behandelt z. B. schon bei T. VON GRIENBERGER 1900, 299, im Gegensatz zu dessen Zweifeln aber tatsächlich friesisch; vgl. die Arbeiten von P. C. J. A. BOELES 1927/1951²/1954³, 4., 1941, 119 ff. und 1954, 26 ff., W. J. BUMA 1957, 23 ff., R. L. M. DEROLEZ 1963, 214 Abb. 8 sowie K. DÜWEL 1968/1983², 48 f. und 1981, 130 Anm. 10. Auch dieses Stück des Fries Museum Leeuwarden durfte ich genau studieren, vgl. obige Anm. 591.

636) Im Februar 1982 erfuhr ich freundliche Beratung am Skandinavischen Seminar der Universität Göttingen durch Herrn Dr. Hermann ENGSTER und Frau Karin PULMER M. A.

637) H. FALK 1914, 102 führt *Saxo* 153 und weitere Quellen dazu auf; vgl. L. ETTMÜLLER 1870/1972², 171 und 399 sowie H. GÜNTERT 1934, 57.

638) In der *Vita Lebuini (antiqua)* wird vom *jährlichen Treffen der Sachsen in Marklô* a. d. Weser *(nicht lokalisiert)* berichtet, auf dem sie unter Führung ihrer Gaufürsten *(per pagos satrapas)* Gesetze erneuerten, wichtige Rechtsurteile fanden und beschlossen, was sie während des Jahres an Kriegs- und Friedensunternehmungen durchführen wollten; s. K. HAUCK 1964, 737 f. und 1980, 553. Nach *Widukinds* Zeugnis erließen die *drei principes*, die sich die militär. Führung des Sachsenstammes teilten, jeweils in ihrem Bezirk das Aufgebot; s. J. BAUERMANN 1947, 61. Hier ist daran zu erinnern, daß *DEDE* neben *ULUHARI* und *INGHARI* als dritter PN aufgefaßt werden könnte, doch stellt sich die Frage, ob sich diese Verhältnisse auf die Zeit der Weserrunen übertragen lassen.

639) F. JÓNSSON *(Hg.)* 1924, 9 und K. SCHIER 1978, 15 f. *zur Egils Saga, in der König Audbjörn gegen Harald den ‚Heerpfeil aufschneiden'* läßt; vgl. dazu R. MUCH 1935, 46 f.

640) E. TILLING 1771/1975²V, 5. *BRIKKE*, richtiger *BRIKKEN* *(neu:* H. T. WENNER); vgl. dazu: G. L. MAURER 1856, 88 f. und 336 f. zum *Holting* etc., dessen Aufgebot mdl. von Nachbar zu Nachbar verbreitet werden mußte; *dort steckten die Männer ihre Messer in die Erde*, so: S. Graf VON PFEIL 1968, 306. Zu rechtl. Messerbräuchen s. E. Frh. VON KÜNSSBERG 1941. Vgl. dazu obige Anm. 634. Nach E. MOGK 1909, 603 liegen die Wurzeln solcher Bräuche nicht selten in älteren und strengeren Kulthandlungen *(z. B. Hagel- u. Johannisfeuer)*. Zu *‚Ladung'* u. *‚Aufgebot'* s. R. MERINGER 1904, 111-117 u. vgl. R. MUCH 1935, bes. 46 f.

In diesem Fall wurden also mehrere, individuell auf ihre Empfänger zugeschnittene Nachrichtenträger verteilt, welche diesen gleichzeitig als Legitimationsausweise dienten.

Die von Anfang an als schwierig eingestufte Frage nach der Funktion der Oldenburger Runenknochen konnte nicht beantwortet werden. Vergeblich wurde versucht, auf dem Wege einer Funktionstrennung zwischen Runen- und Bildgehalt einerseits und Artefaktcharakter andererseits weiterzukommen. Als Teilergebnisse wurden aber bisher immerhin zwei Erkenntnisse gewonnen, daß nämlich:

a) *das Runenwort hagal - ähnlich wie hagala auf dem Speerschaft von Kragehul - einen Schadenzauber anzeigen dürfte, der sich gegen einen röm. Feind zur See richtete,*
b) *die bisher vorherrschende Einschätzung der Knochen als profane Dolchgriffe o. ä. unhaltbar ist.*

Auf germanisches Kriegsbrauchtum wurde näher eingegangen, da die Funde als Teile ritueller Waffen oder Geräte im Opfer- oder Orakelzusammenhang eine uns dunkel bleibende Rolle gespielt haben könnten. Sie als Nachrichtenmedien zu verstehen scheitert wohl daran, daß die Kenntnis der Runen im Altertum „Geheimwissen", also nur wenigen vorbehalten war.

5.5. Vermutungen zur ursprünglichen Lagerung

Nach den - *wie wir sahen, in Einzelheiten sicher verfälschten* - Angaben des L. AHRENS stammen die Runenknochen ausnahmslos, als ‚natürliches Anschwemmungsgut' oder aber als ‚künstliches Baggermaterial' aus der Weser. Dem gegenüber äußerten die Chemiker, die VON BUTTEL-REEPEN seinerzeit konsultierte, daß Zustand und Farbe der Knochen auf eine Moorlagerung hindeuten könnten. Es war darum naheliegend, den besten Kenner dieser Verhältnisse, den Moorarchäologen Dr. Hajo HAYEN um ein Gutachten zu bitten. Seiner Expertise seien noch kurz einige Überlegungen vorangestellt, die aus den Teilergebnissen des vorigen Kapitels resultieren.
Dort war nicht festzulegen, ob die drei Artefakte etwa als „Objekte" oder „Medien" eher ‚kultischer' oder ‚magischer' Verwendung anzusehen sind; *mit Bestimmtheit wurde allerdings eine profane Zweckverwendung ausgeschlossen.*
Danach ist denkbar, daß die Runenknochen als Griffe Bestandteile sakraler Geräte waren, die vielleicht bei Opfervorgängen, möglicherweise gar bei Menschenopfern eingesetzt wurden. Auch wenn dieser Gedanke auf den ersten Blick befremden mag, oder besser gerade deswegen, ist an dieser Stelle auf ihn zurückzukommen.[641] Die literarischen Zeugnisse für diesen Brauch sind so zahlreich wie eindeutig.[642]

Akzeptiert man aber den Gedanken, daß weder Inhalt der Runentexte, noch der Bilddarstellungen, noch Art und Weise der Bearbeitung für eine Benutzung der Oldenburger Knochen im germanischen Alltagsgebrauch spricht, so bleibt einem eigentlich kaum eine andere Perspektive, als im Bereich der kultischen und/oder magischen Vorstellungen eine Erklärung zu suchen. Dabei wüßten wir aus den archäologischen Befunden allein wenig, fast gar nichts, könnten wir uns nicht auf eine ganze Anzahl historischer Quellen stützen. Natürlich ist hierbei kritische Vorsicht geboten, doch wäre es sicherlich Hyperkritik, die literarischen Belege für „barbarische" Opfer-, Orakel- und Zauberpraktiken in Bausch und Bogen dem Erfindungsgeist römischer oder christlicher Autoren zuschreiben zu wollen. Aus diesen Gründen wird hier eine Funktion der Runenknochen als wichtige Bestandteile ritueller Waffen oder Opfergeräte ernstlich erwogen. Ob es sich dabei um Griffe für Schlagwaffen, wie Keule, Ham-

641) H. JANKUHN *(in* R. MUCH *1967³)*, 173 nennt das Problem der Menschenopfer bei den Germanen „lange Zeit hindurch emotional belastet"; vgl. ebda. W. LANGE, 20 *(s. obige Anm. 613).*
642) *Vier von fünf Berichten über Fahrten frühchristlicher Missionare zu großen Versammlungen in heidnischen Heiligtümern erwähnen Menschenopfer;* s. K. HAUCK 1980, 550 ff. Zur Glaubwürdigkeit solcher ‚hagiographischen' Quellen vgl. K. HAUCK 1964, 744.
Daß selbst getaufte Germanen sich nicht scheuten, Sklaven als Material für solche Opfer zu verkaufen, prangerte *Bonifatius* in seiner Nachricht an *Papst Gregor III.* an, s. J. DE VRIES 1956, 408 ff.; vgl. hier ferner die Opfer der eigenen Kinder auf Gotland *(Guta saga)*, Menschen als Seeopfer bei den Nordgermanen *(Dudo von St. Quentin)*, Opferung von Verbrechern noch um 1000 *(Kristni saga)* u. vgl. vorgenannte Beispiele in Anm. 626. Vgl. weiterhin E. MOGK 1909, 610 und 639 zur Verbrennung von Kriegsgefangenen zusammen mit den eigenen Gefallenen bei den schwedischen Normannen *(Leo Diaconus)* und zur jährlichen Opferung von 12 Christen durch die Schwaben bei Hungersnot.

mer und Axt[643] oder Hieb- und Stichwaffen wie Dolch, Messer, Sachs oder Schwert[644] handelte, oder um ein Ensemble aus einigen dieser Waffen, muß auf weitere Sicht offenbleiben. Auch an die zweite Möglichkeit, daß nämlich die Knochen *nicht zwingend als Griffe ,Medien'* gewesen sein müssen, die für die Aufnahme von Klingen o. ä. bestimmt waren, sondern *vielleicht selbst die zauberkräftigen ,Objekte'*, die, ähnlich den Pferdeschädeln der *Neidstangen,* Holzstäben - eventuell sogar einer einzigen, dreiarmigen Astgabel - aufgesteckt gewesen sein möchten, ist durchaus zu denken.[645]
In beiden Fällen aber wird der vitale Zauberglaube - und wir halten an unserer Auffassung eines Schadenzaubers ausdrücklich fest - eine *Tabuierung* der Stücke nach Durchführung des kultischen und/oder magischen Zeremoniells für erforderlich gehalten haben.[646]

643) A. CLOSS 1936, 650 f. hält die Steinaxt für den Vorgänger des Thorshammers; vgl. Anm. 532 und den Text zu Anm. 531 weiter oben zur Axt des ,Jägers' auf OL 4988.

644) F. SCHLETTE 1977, 180 ff: *(Ingwe-) Freyr als Schwertgott;* vgl. obige Anm. 263 u. 312.

645) Nach Dr. H. DRESCHER *(mdl.)*, waren wohl auch die Schleswiger Runenhölzer aus magischen Gründen in den Boden gesteckt worden; vgl. dazu O. HÖFLER 1934, 123.

646) Prof. Matthias THIEL, Seminar f. Mittl. u. Neue Gesch. d. Univ. Göttingen, äußerte am 29. 3. '82 mdl., daß so ein Zauber durch Verbrennen oder Versenkung in einem See, Brunnen, Fluß o. ä. tabuiert werden mußte, andernfalls er seinem Verfertiger *(!)* selbst hätte schädlich werden können; ebenso: O. HÖFLER 1934, 193 u. F. SCHLETTE 1977, 190; vgl. E. A. PHILIPPSON 1929, 190: *Zauberfurcht so groß wie Zauberglaube.*

H. HAYEN

Zur Erhaltungsform organischer Stoffe in Torfen und tonigen Ablagerungen der Marsch

Die Klärung der Frage nach den einbettenden Medien der Knochen erfordert die Kenntnis der Erhaltungsformen.

In Mooren.

Die Erhaltungsform, in der man organische Reste in Mooren findet, hängt ab
1. von der Art und Weise, wie sie eingebettet wurden,
2. von der Zusammensetzung der sie umgebenden Torfe.

Eine schnelle Einbettung mit Abschluß von der Luft läßt den Erhaltungszustand der Ausgangsform ähnlicher sein, als wenn Fäulnis und andere Zersetzungsvorgänge vorweggehen können *(Fäulnis, Trocknung, Verwitterung, Tierfraß u. a. m.).*

Hochmoor.

Die zum Teil sauren Wirkstoffe der Hochmoortorfe *(Sphagnumtorfe verschiedener Zersetzungsgrade)* lösen Kalke auf, bauen Muskelgewebe ab, konservieren alle keratinhaltigen Massen *(Horn, Hufschalen, Haare)*, geben Bindegeweben und Häuten eine wie gegerbt aussehende Beschaffenheit. Hornscheiden großer Rinder werden gewöhnlich in ihrem Wuchsgefüge gelockert, sodaß sie nach der Bergung beim Trocknen häufig schichtweise von ihrer Basis her aufblättern.
Knochen werden völlig entkalkt und erleiden einen hohen Gewichtsverlust. Erhalten bleibt eine naß noch biegsame Masse in der ursprünglichen Form und Größe der Stücke. Nach Trocknung ist sie fest, unbiegsam und geschrumpft, schwarz gefärbt und nimmt kein Wasser wieder auf. An Stücken, die seit urgeschichtlicher Zeit im Hochmoortorf liegen, tritt an der Luft eine deutliche Braun-Schwarz-Färbung ein. Auch Horn wird leichter und macht einen ausgelaugten Eindruck. Man findet an den vielfach entdeckten Hornscheiden von Wisent und Ur niemals größere Skelettreste oder gar Schädel. Reste des knöchernen Hornzapfens sind, geschützt durch ihre Lage in den Hornscheiden, erhalten geblieben. Ihre Substanz ist jedoch getrocknet leicht wie Papier und zumeist stark durchlöchert. Wenn sie trocknet, schrumpft sie stark und verliert ihr Form.

Niedermoor.

Niedermoortorfe *(Schilftorf, Seggentorf, Bruchwaldtorf . . .)* reagieren alkalisch. In ihnen bleiben gewöhnlich nur die Knochen erhalten, die übrige Körpersubstanz wird abgebaut. Skeletteile behalten ihre Festigkeit, ihre Form und das Gewicht. Sie erscheinen hart, in Brüchen scharfkantig. Ihr Äußeres färbt sich nach Luftzutritt dunkelbraun bis schwarz.Diese Farbe ist in Torfen, die durch die Art ihrer Ablagerung durchlüftet werden oder zeitweise auch trocken liegen, schon bei der Bergung vorhanden. Keratinhaltige Stoffe, auch Hornscheiden, werden aufgelöst.

Marschböden.

Im Klei der Marsch *(= tonige Marschsedimente)* bleiben Knochen ähnlich wie in Niedermoortorfen erhalten. Man findet vollständige Skelette, die nur die Schäden aufweisen, mit denen sie zur Einbettung gekommen sind. Knochen, Zähne, Schädel, Geweihe bleiben erhalten, Hornscheiden nur in Ausnahmefällen. Man sollte zwischen zwei Arten der Einbettung unterscheiden:

1. Einbettung im Überflutungsbereich durch die Schlickablagerung. Ihre Schnelligkeit ist von der Menge des fallenden Sedimentes abhängig. Neben vollkommen erhaltenen Resten gibt es solche, die im oberen Bereich durch Fäulnis oder Strömungsschliff verändert sind.
2. Einbettung in den schon festen Klei, in einer alt wieder geschlossenen Grube oder einer ähnlichen Erscheinung, möglicherweise im Siedlungsbereich.
3. Einbettung in einem Wurtenhügel durch Verbringung in aufgeschichteten Stapelmist, der mit Klei abgedichtet wurde.

Knochen aus diesen Ablagerungen sind gewöhnlich kleigrau gefärbt *(Ausnahme Fall 3: braun)* und so hart, daß sie beim Klopfen klingen.

Dr. h. c. Hajo Hayen, Moorarchäologe,
Staatliches Museum für Naturkunde
und Vorgeschichte
Damm 40-44
2900 Oldenburg
Oldenburg, den 12. 1. 1984

Nach Ausweis dieser Expertise käme also eine Lagerung der Oldenburger Runenknochen in einem Hochmoor-Milieu, das unweigerlich zumindest zu einer radikalen Gewichtsabnahme, wenn nicht gar zu einer nahezu vollständigen Zerstörung der Stücke geführt hätte, keinesfalls in Betracht. Das deckt sich überzeugend mit der Aussage des anderen befragten, unabhängigen Gutachters, Herrn Prof. Brunk MEYER *(vgl. Kap. 4.12.)*, stellt jedoch auch keineswegs ein ‚Novum' in der Geschichte der archäologischen, anthropologischen, rechtsmedizinischen und sonstigen Beobachtungen dar *(vgl. Kap. 4.2.2.)*. Es sieht so aus, als könnte man eine Niedermoor- oder Marschbodenlagerung, oder eine Kombination zwischen beiden annehmen, und auch hier gibt es eine augenfällige Übereinstimmung zwischen den Aussagen der beiden befragten Experten. Berücksichtigt man dazu noch die Ergebnisse der Emissionsspektralanalyse *(Kap. 4.9.)*, daß alle drei Knochen - ebenso wie die zu Vergleichszwecken mitbestimmten Bagger-Knochenfunde - chemisch eine Art *„Weser-Spektrum"* anzuzeigen scheinen, ergibt sich ein erster Anhaltspunkt für eine tatsächliche Herkunft auch der Runenknochen aus dem Flußbett oder dem näheren Uferbereich der Unterweser. Ebenfalls dafür spricht die Beobachtung von recht häufigen Quarzit- und besonders Vivianitkristallen in den Spongiosakammern der Knochen, die Herr Werner KRAMER, Konservator am Landesmuseum Zürich, bestätigte *(vgl. Kap. 4.8., den Text vor Anm. 166)*. Auch die einheitliche Sedimentation des feinen, grauen Schlickes in das Knochen-Schwammgewebe paßt durchaus in das Bild von Flußfunden. Letztlich gab ich die mir lieb gewordene Möglichkeit, mit Moorfunden rechnen zu können, vollends auf, als mir Herr Dr. HAYEN einerseits die Unterschiedlichkeit wirklicher Moorknochen an Beispielen demonstrierte und ich andererseits bei meinen beiden Ufer- und Spülfeldbegehungen auf dem Harriersand eine Menge angeschwemmter und vor allem ausgebaggerter Knochen fand, die sich hervorragend mit den *Ahrensfunden* - Originalen und Fälschungen - vergleichen lassen:

Die - wie berichtet - mittlerweile experimentell zu Äxten, Harpunen-, Lanzen- und Pfeilspitzen, Griffen und Amuletten verarbeiteten Tierknochen *(ein Menschenknochen war auch darunter)* stammen überwiegend von eisenzeitlichen Haustieren und zeigen neben nicht seltenen menschlichen Absetzungsspuren vor allem Mineralisationsprozesse *(hellbraune bis hin zu tiefschwarzen Tönungen)*, Usurenbildungen in unterschiedlichen Ausprägungen und morphologisch den Runenknochen wie den zahlreich im Oldenburger Museumsmagazin aufbewahrten Baggerfunden aus den 20er Jahren ähnliche, natürliche Erhaltungsstadien, so daß die Möglichkeit einer Provenienz der Runenknochen aus der Weser nach wie vor sicher besteht.

Folglich ist von hier aus keine Veranlassung gegeben, die Berechtigung einer Bezeichnung der Funde als „Weser-Runen-Knochen" o. ä., wie sie sich im Schrifttum mittlerweile offenbar durchgesetzt hat, in Zweifel zu ziehen.
Das Geheimnis, woher die Runenknochen nun wirklich stammen, hat Ludwig AHRENS mit ins Grab genommen, denn auch seine Tochter wußte dazu bei aller Hilfsbereitschaft und beim besten Willen leider keine Angaben zu machen.

Merkwürdig erscheint mir, daß die Karriere des Finders und Fälschers L. AHRENS mit derselben Fundortangabe beginnt[647] und endet[648], *dem Harriersand*, also seinem - siehe oben heute noch fundträchtigen - vorübergehenden Arbeitsplatz.[649] Dazu stimmt die nachträglich vorgenommene Korrektur des angeblichen Fundortes des - wie gesehen gefälschten und offensichtlich als ‚Marktwert-Ermittler' gedachten und vorgeschobenen runenlosen Artefaktes 4989, dessen Bildgravur der des echten Runenknochens 4988 ja nur schlecht nachempfunden ist, von „Harrier Sand" zu „Hammelwarden" am 22. Oktober 1927 nachdenklich. Dies insbesondere, als erwogen wurde, die beiden neu erschlossenen Personennamen auf den Runenknochen 4991: *ULU : HARI* und vor allem 4988: **ING: HARI* in eine eventuelle Beziehung zum Ortsnamen *Harrien* und der Flurbezeichnung *Harrier*-Sand zu setzen.[650] Möglicherweise indiziert diese - ansonsten eigentlich unverständliche - Korrektur des in so kurzer Zeit verwechselten ‚Fundortes', der aufgrund jener Besonderheit bei Echtheit sicher im Gedächtnis des ‚Finders' haften geblieben wäre, die Absicht eines Mannes, der von seinen wirklichen Fundgebieten aus Motiven wie Konkurrenzneid o. ä. ablenken wollte; das aber bleibt Spekulation.

Doch bleiben noch Überlegungen anzustellen, *wie* und *warum* die drei Runenknochen entweder in Nähe des Weserufers[651] vergraben oder, was wahrscheinlicher ist, in die Weser versenkt wurden.

Die erste Frage, *wie* die Funde in den Fluß kamen, mag auf den ersten Blick überraschen, zumal festgestellt wurde, daß die *Fundgeschichte* als *sicher gefälscht* anzusehen ist. Doch betrachten wir noch einmal die auffälligsten *Gemeinsamkeiten* der drei Runenknochen OL 4988, 4990 und 4991:

1. Alle drei Knochen stammen von Haustier-Extremitäten *(zoolog. Gutachten)* und zeigen:
2. Gleichartige äußere wie innere Bearbeitung als Artefakte *(Ausnahmen nur hinsichtlich der Befestigungsarten, welche rituell begründet sein könnten).*
3. Die Inschriften verbindet dieselbe Sprache und das PN-Paar *Inghari (4988)* und *Uluhari (4991)*; die Sprache ist nach A. LASCH als ‚Voraltsächsisch' zu bezeichnen.
4. Duktus und Dimensionierung der Runen sind einheitlich (vgl. Abb. 18d: *hari, her, hari*).
5. Die Schrift zeigt dieselben Abweichungen von der Runennorm *(Höhe der k-Rune ᚲ bei 4988 und 4990; Sonderform der u-Rune ᚢ bei 4988 und 4991).*

647) Vgl. das Kap. 1. der Forschungsgeschichte zum 8. 7. 1927 im Fundjournal.

648) Vgl. ebda. den Vermerk zum 27. 6. 1928; die Einträge zum 22. 9. und 13. 10. sind unwichtig.

649) Zumindest nach den frühsten erhaltenen Karten handelt es sich beim Harriersand um eine typische Bifurkationsinsel, also eine beidseitig umflossene Flußinsel. Inwieweit der östliche Weserarm hier bereits in der RKZ/VWZ verlandet gewesen sein könnte, ergo als Flußenge ‚lenitischen' Strömungen, die also langsam flossen, Gelegenheit zur Sedimentation schluffiger Sande in den Runenknochen bot, bleibt weiteren Forschungen vorbehalten. Zur Terminologie vgl. R. KINZELBACH 1984[3], 36..

650) Trotz der in den obigen Anm. 428-434 wieder aufgetauchten Bedenken gegen die Möglichkeit derartiger sprachlicher Zusammenhänge muß hier wohl H. WESCHE 1957, 10. u. 16. genannt werden, der solche Überlegungen deutlich unterstreicht:
Harringen → Harrien (Kr. Nienburg) → Harrienstedt; Harringstedt → Harrienstedt.

651) K. H. BRANDT 1969, 81-93 weist darauf hin, daß der heutige Weserverlauf weitgehend künstlich ist, nämlich die Folge mittelalterlicher Eindeichungen und der Weserkorrektion, die zu Ende des vergangenen Jahrhunderts durchgeführt wurde. Der vorher breitere Fluß besaß viele Nebenarme und pendelte bei seinen häufigen Wechseln des Bettes z. T. auf einer Breite von 10 km. Zu Recht folgert BRANDT daraus, daß somit viele der ‚Landfunde' aus dem Wesergebiet *eigentlich Flußfunde* seien.
Daß jedoch „Abrollspuren meist überbewertet werden", dürfte durch die hier vorgelegten Ergebnisse der Lichtschnittmikroskopie *(Kap. 4.3)* widerlegt sein, selbst wenn der Hinweis auf unversehrte Molluskengehäuse sogar in pleistozänen Moränen wieder stimmt. Eine so allgemein formulierte Aussage läßt sich nicht halten, da im Einzelfall viele unterschiedliche Faktoren zu berücksichtigen sind, wie z. B.:
a) Beschaffenheit und Resistenz des Gegenstandes selber,
b) Geschwindigkeit der Einbettung bzw. Transportdauer im oder auf dem Flußboden,
c) Art des umgebenden Bodenmaterials *(Kies, Sand, Schluff, Torf)*, Säurewert, Klima etc. Richtig ist wohl, daß besonders kleine und widerstandsfähige Objekte die besten Chancen haben, den rüden Baggerungsprozeß heil zu überstehen, der ja die Beförderung des gehobenen Materials auf die Spülfelder unter großem Wasserdruck und durch teilweise lange Rohre mit einschließt.

6. Die naturwissenschaftlichen Altersbestimmungen der drei Knochen sprechen für den gleichen zeitlichen Entstehungshorizont *(s. Aminosäurenbestimmung und ^{14}C-Analyse).*
7. Das eingeschwemmte Bodenmaterial indiziert dieselben Lagerungsbedingungen.
8. Die Alterungsmerkmale der Gravuren *(Sekundärmineralisation, Usurierung etc.)* sind identisch.

Hieraus dürfte wohl der Schluß erlaubt sein, *daß die drei Runenknochen ursprünglich zusammengehören und vermutlich gemeinsam in die Weser geworfen wurden.* AHRENS' Angaben, 4990 und 4991 zu verschiedenen Zeiten und an unterschiedlichen Stellen bei Hammelwarden, 4988 aber bei Sandstedt gefunden zu haben, ist auch hier kein Vertrauen zu schenken: Erstens wissen wir - aus dem Verhältnis zwischen der Fälschung 4989 zum Original 4988 - sicher, daß AHRENS Fundgeschichte*(n)* verfälschte, zweitens spricht jede Wahrscheinlichkeit gegen eine Wiederauffindung von vor 1 500 Jahren zusammengehörigen Textfragmenten an verschiedenen Orten, zu verschiedenen Zeiten und dazu durch ein und denselben Finder.[652] Abgesehen davon erscheinen die von AHRENS geschilderten ‚Histörchen' über angebliche, nie aber näher zu ermittelnde ‚*Vor*finder', wie den unverständigen Baggerarbeiter *(4988)* oder die spielerisch im Sand buddelnden Kinder *(4991)* schlichtweg unglaubwürdig (s. o.).

In Wirklichkeit dürfte AHRENS die drei Runenknochen noch in ihrem ursprünglichen Verband vorgefunden (vielleicht mit Schnüren, Sehnen o. ä. umwickelt, in Tuch, Fell oder Leder gehüllt, einer dreiarmigen Astgabel aufgesteckt oder wie auch immer) oder selbst von einer anderen Person erhalten haben, von der wir freilich nie mehr erfahren werden.

Letztlich ist auf die Frage zurückzukommen, *warum* die Knochen in die Weser geworfen wurden. Dazu ist an den Anfang dieses Kapitels zu erinnern, wo noch einmal deutlich herausgestellt wurde, weshalb die Funde keinesfalls irgendeinem profanen, alltäglichen Gebrauch zuzuordnen sind.

Seitdem Klaus RADDATZ mit der Deutung von *La Tène* als *Flußopfer* einen beachtlichen Neuimpuls interpretatorischer Möglichkeiten für die Archäologie gegeben hat[653], indem er die parallelen Erscheinungen der *nordischen Mooropfer*[654] anzuknüpfen verstand, hat die Forschung diesen Gedanken wiederholt aufgegriffen und ausgebaut.

Zwar geht Gerhard MILDENBERGER in seinen Bemerkungen zu den Waffen aus Baggerfunden im Raume zwischen Elbe und Weichsel über die „Zufallstheorie" gelegentlicher Verluste an Verkehrswegen und Flußübergängen etc. nicht hinaus[655], doch untersucht Wolf-Haio ZIMMERMANN urgeschichtliche *Opferfunde* aus Flüssen, Mooren, Quellen und Brunnen Südwest-Deutschlands[656], Jürgen DRIEHAUS solche aus dem Mittel- und Niederrhein[657]. Die umfassendste Arbeit über vor- und frühgeschichtliche Flußfunde ist Walter TORBRÜGGE[658], die letzte, zusammenfassende über Flußopfer und Flußverehrung in vorgeschichtlicher Zeit, Johannes MARINGER zu verdanken.[659]

Als *Flußopferfunde* im weitesten Sinne kann man auch die drei *Weser-Runenknochen* auffassen. Angesichts ihres Bild- und Textgehaltes sind sie schwerlich anders, denn als ein *Unwetterfluch* im *konkreteren* Sinne, der sich gegen einen römischen Feind, den man zu Wasser bekämpfen will, richtet, im *abstrakteren* Sinne als ein *Schadenzauber* zu verstehen. Dabei könnte man vermuten, daß die Medien des Fluchzaubers in die Weser versenkt werden mußten, nachdem das - wie auch immer geartete, mit

652) Vgl. W. TORBRÜGGE 1960, 17 zum einen zur Unwahrscheinlichkeit, bei Baggerarbeiten - wie hier im bayerischen Inn - überhaupt Kleinfunde zu machen, zum anderen zum enormen Anteil aufmerksamer Einzelsammler an der Gesamtausbeute solcher Kleinfunde.

653) K. RADDATZ 1953, 24-28; der für eine ganze Kulturepoche namengebende Befund aus einem alten Bett des „Kuhflusses" der Zihl wurde zuvor nur mit weitaus weniger einleuchtenden, profanen Einrichtungen *(Zollstation, Armeedepot, Magazin etc.)* in Verbindung gebracht.

654) Namentlich vergleicht RADDATZ den Fund von *Hjortspring* auf Alsen, der etwas jünger *(LTZ II)* als La Tène *(ab LTZ I)* ist, doch ist hier ebenso an die späteren „Opfermoore" der RKZ zu denken, die bekanntlich zu Zeiten der wiederholt vollzogenen Opferniederlegungen offene Seen waren, die erst nach und nach vermoorten. Namen wie *Nydam, Thorsberg, Kragehul, Vimose, Illerup* u. a. wurden in diesem Zusammenhang weiter oben bereits des öfteren genannt, vgl. nur die Anm. 215, 325 und 624.

655) G. MILDENBERGER 1959, 89-97; dazu kritisch: J. MARINGER 1974, 309-318, bes. 310.

656) W.-H. ZIMMERMANN 1970, 53-92; vgl. dens. 1969, 123-130 und 1977, 459-466.

657) J. DRIEHAUS 1970, 40-54 merkt zu Recht die *Unmöglichkeit, den* Opfercharakter zu *beweisen*, an.

658) W. TORBRÜGGE 1972, 1-146 erwähnt *praktisch unbrauchbare Waffen reiner Opferfunktion.*

659) J. MARINGER 1974 *(wie Anm. 655)* geht in die Bereiche Alt-Europas u. des Vord. Orients; G. WEGNER 1976 stellt die vorgeschichtl. Flußfunde aus dem Main u. dem Rhein bei Mainz zusammen.

(vielleicht sogar Menschen-) Opfern oder auch nicht verbunden vorzustellende - magische Zeremoniell vollzogen war, um durch *Tabuierung* unliebsame Rückwirkungen des Zaubers gegen seinen Veranlasser unmöglich zu machen[660]. Ebenso gut denkbar wäre es, daß der symbolische Wurf des Zaubers in den Fluß selbst zum aktiven Bannritual gehörte, den wir von der Speerwurfweihe her in ähnlicher Form kennen.[661]

5.6. Archäologischer Hintergrund und historische Bedeutung

Vom archäologischen Standpunkt aus betrachtet, bedeutet jede unsachgemäße Bergung vor- und frühgeschichtlicher Denkmäler ohne gesicherte Beobachtung und Dokumentation des stratigraphischen Befundes eine erhebliche Wertminderung der Fundobjekte selber. Aus diesem Grunde sind beispielsweise Hobbysammler, die mit modernsten Metalldetektoren auf Schatzsuche gehen und den Boden dort, wo das Gerät ihnen Beute signalisiert, rigoros aufzuwühlen pflegen, bei den Fachleuten verpönt. Schlimmer noch ist es, wenn Laien fahrlässig oder gar vorsätzlich falsche Fundortangaben machen und so den Fachmann täuschen, wie es etwa Ludwig AHRENS mit seinem vertrauensseligen Vorgesetzten, Prof. VON BUTTEL-REEPEN tat, wie hier nachgewiesen wurde.

Tröstlich ist im vorliegenden Falle nur, daß es sich bei den drei Runenknochen tatsächlich um Flußfunde aus der Weser zu handeln scheint, die auch bei Verläßlichkeit der Fundgeschichte lediglich als Streufunde zu kategorisieren wären. Da das anfänglich große runologische Interesse an den Inschriften sich - von einzelnen Ausnahmen abgesehen - deshalb nicht hielt, weil der archäologische Stellenwert der Funde bezweifelt und immer mehr in Abrede gestellt wurde, konnte nicht anders verfahren werden, als der *Qualifikationsfrage: Original oder Fälschung* auf kriminologisch-naturwissenschaftlichen Wegen nachzugehen. *Nach der überraschenden Antwort, daß sich nämlich im Unterschied zu den runenlosen Knochen dieses Komplexes kein einziges Fälschungsindiz für die Runenknochen ergibt, konnten und mußten letztere wieder Gegenstand geisteswissenschaftlicher Überlegungen werden.*
Hierbei erwiesen sich - aufgrund der Sonderstellung, die den Knochen als Runenmedien unbestreitbar zukommt - erwartungsgemäß archäologische Anknüpfungsmöglichkeiten als weitaus begrenzter denn runologische und epigraphische, also rein philologische. Das bedeutet nicht, daß den Stücken wegen ihres als Streufunden beschränkten archäologischen Stellenwertes zwangsläufig auch jeglicher historische Quellenwert aberkannt werden müßte. Vielmehr sind zur geschichtlichen Einordnung und Bewertung der Runenknochen in gleichem Maße historische Daten und archäologische Belege als Hilfsmittel einzuholen.

Wieder haben wir aber, das sei vorweggenommen, ein recht schwieriges Kapitel vor uns, welches mehr dem Ziel gelten kann, durch archäologisch untermauerte, historische Fakten *Streiflichter* auf den geschichtlichen Hintergrund der Weser-Runenknochen zu werfen, als *Erklärungen* hinsichtlich ihrer Einstufung *(= Aussage)* und Zuordnung *(= Chronologie)* vorzunehmen. Hierbei stellen wir Fragen nach:

1. den friedlichen bzw. kriegerischen Beziehungen der Veranlasser der Gravuren zu den römischen „Nachbarn“;
2. Herkunft, Lebensweise, politischem Verhalten, Glaubensvorstellungen etc. der für die Knochengravuren Verantwortlichen im Spiegel der literarischen und archäologischen Niederschläge.

Dazu mag es auch gelingen, die Forschungsgeschichte im Oldenburger Bereich ein wenig zu beleuchten, soweit diese Forschung sich mit den vorstehenden Fragestellungen auseinandersetzte.

660) Dazu würde die sog. *kultische Unbrauchbarmachung durch Verbiegen und Zerbrechen in den nordischen Waffenopferfunden* passen; E. VON KÜNSSBERG 1941, 1-98 legt den oft bewußt abgebrochenen Klingen mittelalterlicher Urkundsmesser denselben Sinn bei.

661) Man denke an den Kragehul-Speer, andere *rituelle Speereinwürfe*, s. W. TORBRÜGGE 1972, 118, Anm. 698 und vgl. obige Anm. 589 ff. zum *Wetterzauber*. Zur fast völligen Zerstörung neuer röm. Flotten durch Unwetter vgl. H. D. VIERECK 1975, 227 und 231.

Schon vor anderthalb Jahrhunderten interessierte man sich unter den heimatkundlich ausgerichteten Forschern beispielsweise für die römischen Importe im Oldenburgischen.[662] Reichhaltig ist das Spektrum der römischen bzw. provinzialrömischen Produkte, die - im Einzelfall nicht entscheidbar - als Handelsware auf friedlichem oder als Beutegut auf kriegerischem Wege in das freie Germanien gelangten:
Aus Siedlungen, Gräberfeldern, nicht selten auch Flüssen[663] oder Mooren kommen Einzelfunde und ganze Horte ans Licht, Keramikgefäße *(besonders charakteristisch ist neben der Drehscheiben- die Terrasigillata- und Terranigra-Ware)* sowie Bronze- und Messinggeschirr *(‚Hemmoorer' Eimer, Kasserollen - teilweise mit Münzen gefüllt -, Kessel, Becken, Siebkellen)*[664], bisweilen als Urnen, also zur Aufnahme von Leichenbrand, der „Asche" verstorbener Familienangehöriger, verwendet.
Daneben findet sich Schmuck aus Metall oder Glas *(Arm- und Fingerringe, Perlen, natürlich auch Glasbecher wie in Helle),* Trachtzubehör *(Fibeln und kerbschnittverzierte Gürtelgarnituren in Form von Schnallen und Beschlägen)*[665] und solcher militärischer Bedeutung, also Waffen u. ä. *(Helme, Rüstungsteile, Lanzen, Speer- und Pilumspitzen, Schwerter, Dolche und deren Scheiden, Feldzeichen und sogar ein Brückenpfostenschuh aus Metall; ferner Trensen und Sporen der Kavallerie).*[666] Münzen, nicht so sehr als gängige Zahlungsmittel im heutigen Sinne, sondern vielmehr als metallische Rohstofflieferanten, sind hier ebenso zu erwähnen[667], wie Silber- und Bleibarren, römische Tonlampen, Basalt-Mahlsteine aus der Eifel und interessante *‚Varia'*, wie z. B. Glöckchen, Griffel, Schlüssel und Stempel.
Unter den - mittlerweile in mehreren hervorragenden Arbeiten zusammengefaßten[668] - römischen Importen verdienen sicherlich die eine besondere Beachtung, die als Bronzestatuetten so ziemlich die komplette mediterrane Vorstellungswelt des Götterhimmels *(Zeus/Jupiter, Ares/Mars, Hermes/Merkur, Artemis/Diana, Aphrodite/Venus, Eros/Amor, Athena/Minerva als Nike/Victoria, Dionysos/Bacchus, Demeter/Ceres u. a.)* darstellen. Doch auch fernere Gottheiten, wie *Attis* und *Mithras* aus Kleinasien, *Isis*[669] und *Osiris* aus Ägypten lassen sich bei den Germanen wiederfinden.
Dazu kann nicht *mehr* angemerkt werden, als daß damit kein Beweis für eine eventuelle Verehrung dieser fremdländischen Gottheiten auf freiem germanischem Boden erbracht ist. Eher ist bei einer so auffälligen Konzentration, wie sie der Weihefund von *Marren*[670] zeigt - zweimal *Mars,* ein *Lar* und *Victoria* neben anderen Gegenständen - mit Peter LA BAUME an

662) Namentlich Pastor OLDENBURG in Wildeshausen; vgl. G. W. A. OLDENBURG / J. P. E. GREVERUS 1837², 31 und 41, Taf. II, 1 und 16, Taf. III. Seine Privatsammlung und die von Generalmajor W. G. F. WARDENBURG - zu diesem vgl. G. WEGNER 1981, 123-140 und 307 f. - bildeten den Grundstock besonders der Sammlung des späteren Staatlichen Museums. Oberkammerherr F. K. VON ALTEN, von 1862 bis 1894 Vorstand der zunächst großherzoglichen Sammlungen, trug wesentlich zur Altertumsforschung im Oldenburger Bereich bei, s. F. K. VON ALTEN 1878, 12-22, Taf. III-X; 1879, 5-24; 1888, 2-47 und Tafeln. Er gründete 1875 den „Oldenburger Landesverein für Altertumskunde" und konnte am 13. Dezember 1880 das Museum am Damm eröffnen *(Grundsteinlegung 1877).*
Prof. H. VON BUTTEL-REEPEN, nach C. F. WIEPKEN 1879-1895 und Dr. J. MARTIN 1895-1924 *(vgl. Anm. 617 und 633)*, von 1924 bis 1933 als der dritte Direktor in der Geschichte dieses Museums tätig, befaßte sich 1926, 170-185, Taf. 3-4 und 1927, 281-290, Taf. 1 mit röm. Import. Anzuschließen sind hier die Arbeiten des ehemaligen Oberkustos Dr. H.-G. STEFFENS 1971, 54-58; 1973, 69-71; 1974, 142 und 164; 1980, Abb. 34 f., 38-41 sowie die Schriften von Dr. Dr. G. WEGNER 1979, 11-16; 1980, 52 f.; 1981, 322-325; 1985, 129-141.

663) Vgl. R. STUPPERICH 1980, Nrn: 33 a, e, h, 51, 54, 138 *(Weser)*; 44, 117, 128, 157 a, 178 *(Lippe)*; 71, 232 *(Ruhr)*; alles sind Baggerfunde, *z. T. wohl ‚Flußopfer'* s. o.

664) A. LISSAUER 1897, *(176-180), (450-452)*; ders. 1905, 595; H. WILLERS 1901, 40 f., 47 f., 63; ders. 1907, 55; A. PLETTKE 1921, 4, 20, 74, 80 f., 85; A. RIEGL 1927², 359; G. SCHWANTES 1930, 316-318; E. GROHNE 1931, 75 ff.; J. WERNER 1936 a, 259; ders. 1936 b, 409; K. EXNER 1938, 47-53, Taf. 21, 1 und 21, 2; K. WEIDEMANN 1965, 84; K. RADDATZ 1976, 1-68.

665) G. BEHRENS 1930, 287 und Taf. 29 B; H. BULLINGER 1969, Taf. 22 u. 23, Abb. 11, 2; ders. 1970, 61-68; H. W. BÖHME 1977, 17-28; zu *Fibeln*: O. ALMGREN 1923², 210, Fig. 190 und 191.

666) Zu den *Waffenfunden* vgl. E. GROHNE 1931, 71-75 und O. HARCK 1977, 154 u. 158.

667) *Münzfunde*: F. HAHN / F. CREUZER 1855, 41-53 *(Lengerich)*; S. BOLIN 1926, 35 f. *(Zusammenstellung !)*; A. LÜDERS 1955, 85 f.; V. ZEDELIUS 1980, 489-514 u. ders. 1982, 315-355.

668) H. J. EGGERS 1951, 121 f.; J. PÄTZOLD / H. SCHÖNBERGER 1955, 115-123 *(in mehreren Fällen aber leider mit irreführender Zitation)*; P. LA BAUME 1971, 129-188 mit Abbildungen; R. STUPPERICH 1980 *(s. das dortige Register, bes. zu den beiden Oldenburger Museen)*; R. STUPPERICH 1984, 26-29 und 62-67; G. WEGNER 1985, 127-141 *(z. T. Farbabbildungen).*

669) Vgl. die Statuette der *Isis mit dem Horusknaben* aus dem pfälzischen Godramstein, also in der *‚Germania Romana'*, bei F. SPRATER 1930, 66, Abb. 98 *(im ff. auch zu Mars, Merkur und Mithras)*; vgl. dens. 1947², 3 ff. *(Jupiterstatue, Apollo, Herkules etc.).* Zu *frühchristlichen* Denkmälern vgl. F. SPRATER 1948, 1-9.
Auf düsteren Wegen - ausgehend von einer angeblichen Hieroglyphe auf einem Grabstein von 1610 und Pseudorunen an der mittelalterlichen Stiepeler Dorfkirche - rekonstruiert aber z. B. H. WINTER 1983, 1-16 einen „Isis-Kult in Stiepel" *(= Ortsteil von Bochum).* Seine kulturhistorischen Schlüsse dürften entschieden zu weit gehen, auch wenn WINTER sich auf die Nachricht des *Tacitus, Germania 9.*, stützen kann, *ein Teil der Sueben habe auch der Isis geopfert.* Einmal mehr wird hier ‚interpretatio Romana' vorliegen, vielleicht einhergehend mit einer ‚volksetymologischen' Verknüpfung dieses Namens etwa mit den nordischen *Disen (Natur- u. Fruchtbarkeitsgöttinnen, auch Geburtshelferinnen !)* oder den *‚Idisi'* des 1. Merseburger Zauberspruches *(Kampfhelferinnen).*

670) Dazu: E. HÜBNER 1876, 66-69 u. Taf. III; C. FREDRICH 1912, 6 f.; E. KRÜGER 1929, 103 Anm. 10; H. OTTENJANN 1969, 69-103 *(Neufund des Lar)*; P. LA BAUME 1971, 143-145; R. STUPPERICH 1980, 77 f. und 1984, 27 f., 66; G. WEGNER 1981, 322-325 und 1985, 129, 134 f.

eine germanische Umdeutung römischer Gottheiten zu denken. Für eine solche *„interpretatio Germanica"* könnte auch sprechen, daß beispielsweise von den ägyptischen Göttern nur die anthropomorphen, nicht aber die theriomorphen im freien Germanien wiederzuentdecken sind, obwohl diese in ihrer Heimat überwiegen.[671]
So sehr nun dabei einleuchtet, daß die Germanen aufgrund einer andersartigen Umgebung der Fauna mit einem ibisköpfigen *Thot,* dem Krokodilgott *Sobek* oder der löwenköpfigen Kriegsgöttin *Sahmet* wenig anzufangen gewußt hätten, kann dies nicht der Grund für die offenbar unterlassene Rezeption dieser tiergestaltigen Götter gewesen sein, da andererseits so wichtige Gottheiten wie *Amun (Widder), Horus (Falke), Serapis (Stier), Anubis (Schakal, also immerhin Hunden ähnlich), Bastet (Katze)* etc. diesbezüglich auf keine Hindernisse gestoßen wären. Wahrscheinlich entsprach den Germanen die Vorstellung tierhäuptiger Götter allgemein zu wenig, um auf einfachem Wege übernommen oder wenigstens umgedeutet werden zu können.

Doch wollen wir uns hier mit den Gegebenheiten für die Möglichkeiten einer germanischen Akzeption fremdländischer Religionsvorstellungen ebenso wenig aufhalten, wie mit der Frage nach der Umlaufzeit, also der Dauer des Gebrauches römischer Importgüter[672], - die für chronologische Fragen natürlich eine bedeutende Rolle spielt - oder etwa mit der Frage nach der Funktion der römischen Flotteneinheiten hinsichtlich der Übermittlung dieser Einfuhrwaren.[673]
Bezüglich der die Runenknochen betreffenden Fragestellung bleibt lediglich festzuhalten, daß in der gesamten Zeit der römischen Präsenz am Rhein, also während der Dauer der RKZ vom 1. bis zum 5. Jh. n. Chr., mehr oder weniger lebhafte Kontakte zwischen Römern und Germanen nachweisbar sind, die - je nach politischer „Großwetterlage" - freundschaftlicher, meist aber feindseliger Natur waren.[674]
Versuchen wir nun, uns vorsichtig an die Beantwortung der Frage nach der Urheberschaft der Runentexte auf den Oldenburger Weserknochen heranzutasten, so können wir als erstes feststellen, daß diese unzweifelhaft Germanen zuzuschreiben ist. Ohne auf die etymologische Problematik des Namens „Germanen" näher einzugehen, dürfte es sich hierbei aber keineswegs um eine Selbstbezeichnung, sondern um eine Fremdbenennung handeln, die wahrscheinlich von einem einzelnen rechtsrheinischen Stamm auf die Gesamtheit der römischen Nachbarn im Osten - also jenseits des Limes - überging.[675]
Der zweite Schritt in Richtung auf eine Antwort zu unserer Frage wird nun der sein, eine nähere ethnische Zuweisung anzustreben, nach Möglichkeit also das Spektrum der germanischen Stammesverbände[676] auf diejenigen einzuengen, die als Urheber der Weser-Runentexte denkbar sind.[677]

Für die beiden ersten nachchristlichen Jahrhunderte kämen dafür insbesondere die *Chauken*[678], in der Folgezeit als sehr wahrscheinlich die *Sachsen*[679] in Betracht. Die Geschicke

671) Vgl. dazu die Arbeit von G. GRIMM 1969, bes. 16 f. *(ISIDI-Altare zur Anm. 669 s. o.)*

672) Vgl. hierzu G. EKHOLM 1936, 61-72 und besonders dessen 1974 zusammengefaßte Aufsätze; G. KÖRNER 1957, 108-118; P. REINECKE 1958, 246-252; H. J. EGGERS 1955, 196-244 u. dens. 1960, 2-13. Berechtigter Widerspruch zu letzterem s. W. JANSSEN 1972, 1-116, bes. 70.

673) C. G. STARR 1960^{2}, 142 ff.; D. KIENAST 1966, 134 ff.; H. D. L. VIERECK 1975, 226-236; G. RUPPRECHT 1984^{3}, 161-165; vgl. G. LUZZATO 1961 zu *germ. Einflüssen auf Rom.*

674) H. W. BÖHME 1976, 205 *(ff.)*; vgl. H. AUBIN 1971, 39-53; H. BENGTSON / V. MILOJČIĆ 1978^{6}, Karte 45a und Erläuterungen I., 1976^{4}, Sp. 111-113; H. GRÜNERT *(Hg.)* 1976^{2}, 10 f., 123-130; J. HERRMANN (Hg.) 1975; F. KOEPP 1926^{3}, 3 ff.; U. KAHRSTEDT 1934, 1-20. Zu Kelten u. Germanen vgl. H. J. EGGERS 1975, 85 und 209 *(Holle).*
Vgl. auch allg. den Katalog ‚RÖMER AM RHEIN' 1967^{2}. Köln.

675) J. HERRMANN *(Hg.)* 1976 I, darin R. SEYER, 55-63 mit einer guten Übersicht über das diesbezügliche Schrifttum; vgl. allg. zu den Germanen dens. Hg. 1983 II, zum Namen „Germanen" ferner G. MILDENBERGER 1972, 12 und F. SCHLETTE 1977, 15 *(wie im Text hier).*

676) Dazu schon L. SCHMIDT 1909, 1-245; 1913, 1-111; 1934^{2}, 1-647; 1970^{2}, 1-451; vgl.: K. T. STRASSER 1928, 1-216; 1931, 1-188; 1931, 1-188; 1933, 1-187. F. SCHLETTE 1971, 24 Anm. 6 hält Begriffe wie „Völker, Stammesbund od. -verband, Völkerschaft" o. ä. für unzutreffend, kann aber auch keine besseren Alternativen anbieten, wie er im Titel bereits zeigt.

677) Dies soll freilich mit jener gebotenen Zurückhaltung geschehen, die R. VON USLAR 1938, 173 in solchem Zusammenhang fordert, vgl. dens. 1952, 36; s. auch dess. Arbeiten 1934, 27-36; 1965, 138-148 *(zu* R. WENSKUS *1961, zu Recht mit Anerkennung)* und 1977, 121-147. Vgl. dazu die method. Kontroverse v. J. WERNER, 246 ff. und K.-H. OTTO, 339 ff. in FuF 1954.

678) Im 1. Jh. n. Chr. kämen auch die an der mittleren Weser bis zur mittleren Hunte ansässigen *Angrivarier,* später Reste dieses Stammes in Frage, mit deren friedl. Einbeziehung in den chauk. Machtbereich gerechnet wird; s. A. GENRICH / A. FALK 1976^{3} 49 f. u. zu ihrer Verbreitung G. WEGNER 1985, 127. Ihr Name ist in der sächs. Gaubezeichnung *‚Engern'* noch heute erhalten; s. W. FOERSTE 1969, 63.

679) Nach A. GENRICH 1972, 76 gibt es Anzeichen dafür, daß die an der westl. Niederelbe beheimatete Restbevölkerung der *Langobarden* einen Bestandteil des sächs. Stammesbundes bildete; vgl. W. WEGEWITZ 1937 allg. und dens. 1960, 30 speziell.

dieser beiden Stammesverbände scheinen eng miteinander verknüpft zu sein, rechnet die moderne Geschichtsforschung doch nicht nur mit einer friedlichen Aufnahme der Chauken in den jüngeren sächsischen Stammesbund, sondern sogar mit der Möglichkeit der sächsischen Stammesbildung auf chaukischem Boden. Das Problem der Trennung von Chauken und Sachsen, respektive ihrer Zuordnung, ist einerseits für die Urheberfrage der Runentexte auf den Oldenburger Weserknochen von Interesse, andererseits aber kaum besser, als an der Forschungsgeschichte darzustellen. Die grundlegenden Beobachtungen dazu, die am Material norddeutscher Ausgrabungen von Siedlungen und Gräberfeldern gewonnen wurden, seien daher stichpunktartig an dieser Stelle umrissen und - gegen Ende des Kapitels - durch eine Auflistung der entsprechenden historischen Fakten aus der schriftlichen Überlieferung ergänzt. Auf die Notwendigkeit einer quellenkritischen Grundhaltung gegenüber den Schriftbelegen, die ja überwiegend aus dem feindlichen römischen Lager stammen, wird hier nur allgemein verwiesen. Auch erhebt die folgende Zusammenstellung des archäologischen Quellenmaterials nicht den Anspruch auf Vollständigkeit, da diese zum Verständnis der Weserrunen kaum beitragen könnte. Vielmehr möchte diese - nach dem Informationsstand des Bearbeiters verfertigte - Übersicht lediglich denen Anhaltspunkte bieten, die das ‚archäologische Umfeld' der hier näher besprochenen Knochenartefakte eindringlicher untersuchen wollen.
Wie bereits erwähnt, bezeichnete Agathe LASCH die Sprache der Runeninschriften auf den Weserknochen als *‚voraltsächsisch'*. Auch der PN *Uluhari (OL 4991)* und der neu erschlossene zweite PN* *Inghari (OL 4988)* legt dieser Deutung offenbar keine Schwierigkeiten in den Weg. Skandinavischer Herkunft scheinen diese beiden Männernamen jedenfalls nicht zu sein, da solche für gewöhnlich auf *-R* auslauten *(so z. B. ‚hAriwolAfR', KJ 96: Stentoften; ‚hlewagastiR', KJ 43: Gallehus; ‚wiwaR', KJ 72: Tune).* Andererseits sind die mit *‚-hari'* gebildeten PN aber auch keineswegs ausschließlich bei den Sachsen gebräuchlich, wie der Name des Langobardenkönigs *Rothari* - welcher im Jahre 643 die Gesetze seines Stammes in einem Edikt schriftlich zusammenfaßte - beweist.[680]
Freilich muß man die Runenknochen nicht zwangsläufig einem Stammesverband zuschreiben, welcher selbst im Unterwesergebiet ansässig war. Ein solcher kann sich dort durchaus auch nur auf der „Durchreise" - wie die Texte nahelegen, mit kriegerischem Ziel - aufgehalten haben. Doch würde es in diesem Zusammenhang sicher zu weit führen, lang und breit auf die Geschichte aller in Frage kommenden Stämme und ihre Wanderbewegungen eingehen zu wollen. *Deshalb werden wir hier nur die wahrscheinlichsten Urheber der Oldenburger Runentexte im Auge behalten, nämlich die Sachsen.*
Wie diese nach Hadeln kamen - also die Geschichte ihrer Einwanderung in den norddeutschen Bereich - schildert in sagenhaften, teilweise sogar märchenhaften Zügen der Bericht des *Widukind von Corvey* im 10. Jahrhundert.[681]
Vor allem in den 30er Jahren dieses Jahrhunderts wurden der Frage nach dem Ursprung der Sachsen, ihrer *Zugehörigkeit zum ingwäonischen Kultverband* und ihrem Verhältnis etwa zu den *Chauken* und *Cheruskern* zahlreiche Arbeiten gewidmet.[682] Das Spektrum der insbesondere zum Chauken - Sachsen - Problem vertretenen Meinungen reicht dabei von WALLERS Eroberungstheorie bis hin zu TACKENBERGS Gleichsetzungsthese. Als chaukische Siedlungen klassifizierte Karl WALLER beispielsweise *Oxstedt* und *Gudendorf.*[683] Mit *Mahlstedt* im Oldenburgischen , *Gristede* im Ammerland, *Bremen-Mahndorf* und besonders der *Feddersen Wierde* und *Flögeln* kennen wir gut untersuchte sächsische Siedlungen.[684]
Allen hier genannten Siedlungen ist eine Kontinuität von mindestens dem ersten nachchristlichen bis zum Ende 5. / Anfang des 6. Jahrhunderts gemeinsam. Wo immer sich als chaukisch angesprochene Keramik des 1. und 2. Jahrhunderts findet, wird diese etwa ab dem 4. Jahrhundert durch als sächsisch eingestufte Formen übergangslos abgelöst. Da sich nirgends Zerstörungsschichten oder andere Merkmale kriegerischer Ereignisse nachweisen

680) Vgl. in der Stammtafel dieses Königs *(636-652)*, der ein Harude war, auch die Namen *Walthari (540-546)*, *Authari (584-590)* und einen weiteren *Rothari*, der in der sehr übersichtlichen Arbeit von H. B. WOOLF 1939, 223-226 als *„Kin to Liutprand (712-744)"* bezeichnet wird.

681) Der sächsische Mönch begünstigt gegenüber einer Ableitung seines Volkes von Dänen und Nordmannen die legendäre griechische *(!)* Genealogie aus den versprengten Resten des mazedonischen Heeres *Alexanders d. Gr.*, welche seit dem 12. Jh. durch den Einfluß der Kreuzzüge bei den Chronisten bes. beliebt wurde; vgl. die quellenkritischen Arbeiten von H. STRUNK 1910, 19-35, S. VON PFEIL 1968, 297-311 und dazu K. HAUCK 1970, 36.

682) E. SCHRÖDER 1933, 5-28; K. TACKENBERG 1934, 21-43; U. KAHRSTEDT 1934, 1-20 u. 1935, 84 f.; P. ZYLMANN 1935, 74-83; S. GUTENBRUNNER 1935, 193-202; H. GUMMEL 1936, 82-102 u. H. SCHROLLER *(ebd.)*, 139-162; K. WALLER 1937, 521-535; F. TISCHLER 1939, 307-322.

683) K. WALLER 1931, 145-169 u. 1936 *(a)*, 118-123 sowie *(b)*, 384-391; vgl. dens. 1960, 13-28 und die den Chauken gewidmete Dissertation von J. ERDNISS 1939, 1-66.

684) G. WEGNER 1981, 43-63 *(Mahlstedt)*; D. ZOLLER 1961, 1964, 1969, 1971, 1972, 1975 *(Gristede)*; K.-H. BRANDT 1965, 383-395 u. 1969, 55-76 *(Mahndorf)*; W. HAARNAGEL 1976, 51-73 u. ders. als Hg. der Bde. I-III, 1967 / 1979 / 1981 / und vgl. obige Anm. 124 *(Feddersen Wierde)*; P. SCHMID 1976, 110-118, ders. u. W. H. ZIMMERMANN 1976, 2-77 *(Flögeln)*; vgl. P. SCHMID 1977, 29-41 *(Fedd. Wierde u. Flögeln)*, ferner W. HAARNAGEL 1976, 1-22.

lassen, nimmt man heute allgemein eine friedliche Überlagerung bzw. Ablösung der „chaukischen Kultur" durch die „sächsische" an.[685]
Naturgemäß gehören zu solchen Siedlungen auch entsprechende Gräberfelder. In Flögeln und Mahndorf werden diese in unmittelbarer Nachbarschaft zu den Ansiedlungen vorgefunden und untersucht. Von den etwa 50 bekannten sächsischen Urnenfriedhöfen - auf denen häufig auch Körpergräber anzutreffen sind, die aber zahlenmäßig gegenüber den Brandbestattungen deutlich in der Minderheit sind - seien namentlich die von *Westerwanna* und *Issendorf* wegen ihrer Größe *(jeweils über 3000 Bestattungen), Liebenau* wegen des vorbildlichen Publikationsstandes, sowie *Hemmoor* und *Helle* erwähnt, da sie namengebend für bestimmte römische Importtypen wurden *(Hemmoorer Eimer und Gläser vom Typ Helle).*[686]
Bereits der älteren Periode der römischen Kaiserzeit sind bestimmte Gräber - meist Körperbestattungen - zuzuordnen, die durch ihre besonders reichen Beigaben römischer Provenienz auffallen. Um der deutlich wahrnehmbaren sozialen Differenzierung von den sonst üblichen, weitaus ärmlicher ausgestatteten Brandgräbern gerecht zu werden, bezeichnet man sie nach einem charakteristischen Fundort *(heute Lubieszewo, Polen)* als *„Fürstengräber" der Lübsow-Gruppe.*[687]

Auch in der jüngeren RKZ lassen sich Kriegergräber nachweisen, die unabhängig von der jeweiligen Bestattungssitte - GENRICH wies in *Liebenau* eindeutig nach, daß Brandgräber nun teilweise reicher mit Beigaben bedacht wurden als Körpergräber - an *„Adelsschichten"* denken lassen.[688]
Da auch hier in bemerkenswerter Häufung neben Waffen und Reitzubehör insbesondere kerbschnittverzierte Gürtelschnallen und -beschläge, also *Bestandteile römischer Militärtracht,* zu Tage treten, wird zu Recht ein Zusammenhang mit den historisch sicher verbürgten *Söldnerdiensten einzelner Germanenfürsten und ihrer Stammesabteilungen im römischen Heer* angenommen.[689] Daß es Germanen in dieser Zeit möglich war, selbst in die höchsten römischen Militärämter aufzusteigen, belegt eindrucksvoll das Beispiel des Wandalen *Stilicho,* den Kaiser *Theodosius* im Jahre 394 zum Oberbefehlshaber im Westen ernannte.

Nun ist die Frage zu stellen, wie es um die archäologischen Einzelnachweise für die Richtigkeit der antiken Nachrichten über speziell sächsische Krieger in römischen Diensten bestellt ist. Aufgrund seiner Untersuchungen an Kriegergräbern aus der

685) Diesbezügliche Ergebnisse aus *Archsum* und *Melenknop* auf Sylt sind aus den angekündigten Veröffentlichungen zu erwarten; vgl. bisher G. KOSSACK / O. HARCK / J. REICHSTEIN 1975, 261-427 u. dies. 1980, Bd. I, 1-195. Zu *Archsum, der Feddersen Wierde, Flögeln, Gristede* etc. geben G. KOSSACK / K.-E. BEHRE / P. SCHMID *(Hg.)* 1984, Bd. I, 435 ff. eine weitaus vollständigere Übersicht der Literatur, als sie hier geboten wird.
Zu den naturräumlichen Siedlungsbedingungen, zur Siedlungsgeschichte und Siedlungsarchäologie als Methode sei auf folgende Arbeiten verwiesen: H. SCHÜTTE 1933, 121-159; H. SCHROLLER 1933, 160-187; H. GOENS 1929, 5-96; A. SALOMON 1965, 1-122; P. SCHMID 1969, 105-200; H. JANKUHN 1969, bes. 116-187; ders. 1971, 56-82; ders. 1955, 73-84; ders. 1978, 7-10; ders. 1979, 19-43; H. JANKUHN / K. SCHIETZEL / H. REICHSTEIN *(Hg.)* 1984, Bd. II, 1-453 und J.-B. HAVERSATH 1984.

686) Zu „chaukischen Gräberfeldern" s. K. WALLER 1933, 40-59, K. MICHAELSEN 1936, 123-128 u. dens. 1940, 178-211; zu „sächs. Friedhöfen" dann: H. MÜLLER-BRAUEL 1926, 131-159 *(Perlberg u. a.),* H. VON BUTTEL-REEPEN 1926, 170-185 u. 1927, 281-290 *(Helle),* sowie D. ZOLLER 1966, 143-145 *(Nachgrabung Helle)*; ferner: F. TISCHLER 1937 u. 1954 *(Fuhlsbüttel)*; K. WALLER 1938 u. H. W. BÖHME 1976, 79-84 *(Cuxhaven-Galgenberg)*; A. GENRICH 1939, 332-340 *(Brinkum)*; F. PLETTKE 1940 *(Dingen)*; E. GROHNE 1940, 66-71 u. 1953 *(Mahndorf)*; K. WALLER 1957 *(Altenwalde)*; dens. 1959 *(Hemmoor, Quelkhorn u. a.)*; D. SCHÜNEMANN 1971, 209-222 *(Quelkhorn)*; H. W. BÖHME 1976, 95-99 *(Hemmoor)*; K. ZIMMER-LINNFELD 1960, O. RÖHRER-ERTL 1971, I. VON QUILLFELDT / P. ROGGENBUCK 1985 und H. W. BÖHME 1976, 92-97 *(Westerwanna)*; K. WALLER 1961 *(Wehden)*; A. GENRICH 1961, 9-54, 1963 u. 1982, 23-30 *(Dörverden)*; dens. 1953, 56-65, 1960, 60-65, 1969, 3-24, 1972 u. *(zus. m.* A. FALK) 1976[3], sowie E. COSACK 1982 u. H.-J. HÄSSLER 1983 und 1985 *(Liebenau)*; W. JANSSEN 1972 u. W.-D. TEMPEL 1976, 156-164 *(Issendorf)*; F. ROEDER 1933, 1-40 u. H.-J. HÄSSLER 1980, 107-150 *(Oldendorf)* sowie W.-D. TEMPEL 1983, 315-322 *(Barchel).* Die Zusammenstellung verdeutlicht wohl das immense Material.

687) H. J. EGGERS 1949/1950, 58-111; vgl. C. REDLICH 1977, 325-342 zu den *Marwedeler* Fürstengräbern. Man könnte sich vorstellen, daß die so aufwendig Bestatteten zu Lebzeiten Führer der „religiös betonten Kriegerbünde" waren, die R. HACHMANN 1956, 15 in verschiedenen reichen Waffengräber-Gruppen repräsentiert sieht.

688) J. WERNER 1958, 372-413, bes. 399 weist die Gräber von Helle *„einer gehobenen Schicht von Häuptlingen"* zu; vgl. A. GENRICH 1969, 193-201, H. W. BÖHME 1974, bes. zu *Liebenau* und zum *sächs. Stammesadel* allg. R. WENSKUS 1976.

689) Von einer nicht ganz freiwilligen Rekrutierung von Sachsen für das römische Heer berichtet für das Jahr 370 *Ammian* XXVIII, s. A. GENRICH 1959, 23 und Anm. 8. Auch erwähnt GENRICH hier eine *‚Ala prima Saxonum‘*, also eine sächs. Kampfeinheit im röm. Heer, die in der *‚Notitia dignitatum‘*, dem Behördenbuch Roms in der Spätantike, genannt wird; vgl. H. W. BÖHME 1976, 205, A. GENRICH 1969, 199 u. A. GENRICH / A. FALK 1976[3], 20, 39 f. sowie P. SCHMID 1976, 174 f. zur Anwerbung *sächs. Söldner* zum Schutz der englischen Küste (!).
Freilich geht es nicht an, in allen röm. Nachlassenschaften solcher Gräber Beweise für germanische Dienstleistungen in röm. Interessen erblicken zu wollen, wie der Folgetext veranschaulichen soll. Zumindest für die Sachsen als kontinentalgermanischen Stamm dürfte gelten, daß die Beziehungen zum Imperium während des 3.-5. Jhs. überwiegend feindseliger und kriegerischer Natur waren, wie H. W. BÖHME 1976, 205 richtig bemerkt.

ersten Hälfte des 5. Jahrhunderts zwischen Schelde und Weser stellte Joachim WERNER[690] fest, daß der „spätrömische Firnis keine Stammeseigentümlichkeiten durchscheinen" lasse.

Besonders, wenn ein germanischer Söldner - das Wort leitet sich übrigens vom röm. *Solidus* ab - im römisch kontrollierten Gebiet zu Tode kam, wird eine ethnische Zuordnung des Bestatteten im Sinne einer Stammeszuweisung desselben demnach schwierig sein.[691] Auf Anhieb leichter scheint ein solches Unterfangen, wenn man o. g. römische Grabbeigaben in sächsischen Gräbern der *Germania libera* mit H. W. BÖHME als „Zeugnis für sächsische Söldner in römischem Militärdienst, die anschließend in ihre Heimat zurückkehrten" auffaßt.[692] Die Vorstellung, daß solchermaßen heimgekehrte „Fremdenlegionäre" nach ihrem Ableben mit ihren römischen Habseligkeiten bedacht wurden, ist zwar verbreitet, aber vielleicht nicht in dem Maße naheliegend, wie es zunächst den Anschein hat. Möglicherweise wurden die Heimkehrer tatsächlich hie und da mit offenen Armen in ihren alten Stammesverband wiederaufgenommen. Man muß sich aber wohl auch vergegenwärtigen, daß diese Soldaten sich niemand anderem in den Dienst stellten als dem größten Feind des freien Germaniens, weshalb eine Rückkehr und Reintegration keineswegs immer so problemlos gewesen sein dürfte, wie z. B. GENRICH es sich offenbar vorstellt: Immerhin wird es unvermeidbar gewesen sein, daß sich Angehörige desselben Stammes auf entgegengesetzten Seiten bekämpften; man denke nur an das prominente Beispiel der Brüder *Arminius* und *Flavus (Tac. ann. 2, 9-10).*
Als weiterhin durchaus vernünftige Erklärungen für das Vorhandensein römischen Zubehörs auch der militärischen „Tracht" wird man folglich an anderen Auffassungen festhalten dürfen, wie z. B. an einem gewissen Modeverhalten der Germanen, zu dessen Befriedigung der Importstrom über die Weser, die Elbe und weitere germanische Flüsse wesentlich beigetragen haben wird.[693] Auch das ein oder andere Beutestück dürfte sich unter diesen, mit dem Hilfsbegriff „Import" belegten röm. Sachgütern befinden. Nicht zu vergessen sind außerdem die Bestechungsgaben, welche der röm. Staat gemäß etlichen schriftlichen Berichten aufwandte, um die unruhigen und gleichermaßen gefürchteten germanischen Nachbarn gelegentlich zu beschwichtigen.[694]

Wir haben bisher die tastenden Schritte der Forschung auf dem Weg einer versuchsweisen Annäherung an das Problem der Sachsenfrage verfolgt, beleuchtet durch diverse Streiflichter aus der Nachbarschaft römischer Geschichtsschreibung. Als Fazit können wir festhalten, daß der Sachsenstamm sich höchstwahrscheinlich auf friedlichem Wege im norddeutschen Bereich konsolidierte, seine Kontakte mit dem röm. Imperium meist nicht gerade freundlicher Art waren und so etwas, wie eine sächsische Führungselite durchaus angenommen werden darf. Da wir all' diese Überlegungen ausschließlich unter dem Aspekt vornehmen, dem historischen Hintergrund der Weser-Runenknochen nach Kräften etwas Farbe zu verleihen, sei an dieser Stelle nicht verschwiegen, daß sich auf einer *silbernen Scheibe von Liebenau,* die als Bestandteil des Schwertgehänges eines sächs. Kriegers angesehen wird, eine kurze Mitteilung in Runen befindet, die GENRICH als „bislang älteste Runeninschrift aus Norddeutschland" bezeichnet.[695]

690) J. WERNER 1958, 372-413, hier: 399; WERNER konstatiert eine erstaunlich einheitliche Ausstattung der Kriegergräber von Helle, Mainz, Kostheim, Nimwegen-NL, Dorchester-GB, Tournai u. Vieuxville-F.

691) Widersprüchliche ethn. Zuweisungen ein und derselben Gräberfelder demonstriert W. NOWOTHNIG 1964, 84; ähnliche Vorsicht läßt P. SCHMID 1965, bes. 34 f. walten *(Keramik des 1.-3. Jhs.).*

692) H. W. BÖHME 1976, 81; ebenso: A. GENRICH 1981, 30; vgl. G. WEGNER 1985, 130. Aus röm. Fibeln in den Frauengräbern von Liebenau zieht A. GENRICH / (A. FALK) 1976[3], 39 f. sogar den Schluß, daß die betreffenden sächs. Damen ihre Männer in den röm. Kriegsdienst begleiteten. Vgl. dagegen zum ff. den Text zu Anm. 629.

693) P. SCHMID 1976, 35 f., G. KOSSACK / K.-E. BEHRE / P. SCHMID *(Hg.)* 1984, 338 m. bes. Betonung.

694) Vgl. nur A. GENRICH 1965, 119 f. u. Anm. 69 zum Bericht des *Dio Cassius* 77, 13,3 über *Caracalla (211-217),* welcher den an der Elbe sitzenden Stämmen, die *mit der Absicht, dadurch Gold zu erhalten,* Gesandte ausschickten, um Krieg anzudrohen oder Freundschaft anzubieten - „echte Dukaten schenkte, seinen Truppen dagegen falsches Geld gab".

695) A. GENRICH / A. FALK 1976[3], 20; vgl. D. BOHNSACK/W. SCHÖTTLER 1965, 233-255 u. K. DÜWEL 1972, 134-141. K. DÜWEL 1983[2], 127 f. liest hier unter verständlichen Vorbehalten *raxẕwi =ra(u)zwī(h)*, der „Rohr *(= Speer)* Geweihte" und verbindet damit vorsichtig eine *Wodansweihe* des PN-Trägers. Unter Hinweis auf o.g. Ausführungen zur wodanistischen Speerweihe etc. pflichten wir dieser Deutung ausdrücklich zu. Interessant erscheint noch der Gedanke von B. SALIN 1935[2], 148, der in Anlehnung an O. VON FRIESEN *im Raume Hannover eine Art Kulturmittelpunkt - auch der Runenschrift-* vermutete, was durch den sensationellen Magazinfund der *Meldorfer Rollenkappenfibel* bestätigt werden könnte; s. K. DÜWEL / M. GEBÜHR 1981, 159-174, ferner B. ODENSTEDT 1983, 153-161, dens. 1983, 24-36 sowie E. H. ANTONSEN 1986, 337. Nicht ganz auszuschließen ist hier aber, daß die Tremolierstich-Figuration auf dem Nadelhalter aus rein dekorativer Absicht entstand.

Obwohl wir uns nun seit den weiter oben skizzierten Anfängen der Sachsenforschung mittlerweile durch eine große Anzahl in vielen Punkten klärender Arbeiten bereichert sehen dürfen[696], sind einige andere Fragen doch leider ungelöst, wie das hier nur am Rande erwähnte Beispiel der Runeninschrift von Liebenau zeigt. Es sind dies in erster Linie Fragen nach so wichtigen Angelegenheiten wie Religion und Kult, zu denen wir die römische „Sekundärliteratur" nur unter quellenkritischen Vorbehalten heranziehen, die weitaus späteren bodenständigen Schriften nicht unbedenklich übertragen und aus der Archäologie nur in Ausnahmefällen sichere Informationen erwarten können.

Da sich aber einerseits diese Situation nicht grundsätzlich ändern wird, und andererseits nichts gegen die Voraussetzung einer gewissen Konstanz der germanischen Vorstellungswelt in dieser Hinsicht spricht, gibt es für die Forschung nur die beiden Alternativen entweder fundierter Spekulationen oder eines völligen Verzichtes bereits auf diesbezügliche Fragestellungen. Wählt man den letzteren Weg, so stellt sich für den Historiker wie für alle Wissenschaftler der benachbarten Hilfsdisziplinen eine neue Frage, nämlich die, ob man sich soweit beschränken muß, kann oder darf, den Sinn der eigenen Forschungstätigkeit auf die Erfassung und Interpretation ausschließlich der materiellen Hinterlassenschaften bestimmter ‚Kulturen' einzuengen. Wer aber - wohl zu Recht - dagegen einwendet, daß diese nur einen einzigen, dabei sicher nicht den wichtigsten Bestandteil der Geschichte jener Menschen ausmachten, deren Lebensumstände man wieder in das Licht der Gegenwart holen will, der wird den Begriff „Spekulation" nicht mehr leichtfertig als abfällige Wertung gegenüber anderen Deutungsmöglichkeiten gebrauchen, sondern einen eigenen legalen Weg sich öffnen sehen, wo ansonsten kein Ausweg greifbar ist.
In diesem Sinne spekulativ ist beispielsweise, wenn GENRICH angesichts der norddeutschen *Kriegerfriedhöfe* - also bei Gräberfeldern, auf denen ausschließlich Männer, mit Waffenbeigaben reichlich ausgerüstet, bestattet wurden - an die Gräberplätze von Männerbünden denkt, die mit dem *Odinskult* in Verbindung stehen.[697] In anderem Zusammenhang, nämlich mit der Sitte der *Pferdebestattungen,* vermutet Ernst GROHNE eine Beziehung ebenfalls zum *Wodan/Odin-Kult.*[698] Freilich wäre hier mit gleicher Berechtigung auch an *Ingwe-Freyr* zu erinnern.[699] Albert GENRICH erklärt den Fund einer *Schweinebestattung* unter dem Herd der ‚Versammlungshalle' auf der Feddersen Wierde und die Beigabe eines - am brennenden Scheiterhaufen zerschlagenen - Gefäßes in *Ebergestalt,* welches in einer auffälligen Frauenbestattung des Liebenauer Friedhofes angetroffen wurde, mit der Verehrung eben dieses Gottes *(Ingwe-)Freyr.*[700]
Ob man aber solche oder ähnliche Deutungsversuche vornimmt oder lieber unterläßt, ist letzten Endes eine Frage der persönlichen Einstellung. Jeder der o. g. Forscher, und es wurde hier eine kleine, willkürliche Auswahl getroffen, ist sich unmißverständlich im Klaren darüber, daß der von ihm angebotene Anknüpfungsfaden aus dem Stoff rein hypothetischer Überlegung besteht und keinesfalls als Aussage interpretiert werden darf, welcher selbst Quellenwert beizumessen ist. Ausnahmen hierzu sind mir in der Fachliteratur so gut wie nie begegnet.

696) Siehe z. B. F. TISCHLER 1956, 21-215; M. LINTZEL 1961 I, 1-487; W. LAMMERS (Hg.) 1967 u. dens. *(Hg.)* 1970; A. GENRICH 1965, 107-129; 1970, 66-112; 1976, 103-146; 1981, 1-92; vgl. die von H.-J. HÄSSLER herausgegebenen *„Studien zur Sachsenforschung" (seit 1977= Bd. I),* die hervorragenden Aufsätze in dem von C. AHRENS 1978 hg. Katalog „SACHSEN UND ANGELSACHSEN" und die Abhandlungen von C. E. FELL, 15-45, H. AMENT, 47-70 u. C. HILLS, 71-93 in dem von D. M. WILSON 1980 hg. Buch. In allen genannten Arbeiten finden sich die Essenzen der neueren Sachsenforschung, angefangen bei der Stammesbildung, und bei der Christianisierung - somit bei der definitiven Eingliederung in das kontinentalgermanische Reichssystem endend. *Bis dahin ist es allerdings kaum angebracht - obwohl mehrfach geschehen -, die Sachsen als West- oder gar Südgermanen zu bezeichnen;* vgl. dazu W. LAUR 1953, 50.

697) A. GENRICH 1972, 106 m. Anm. 14 schließt sich hierin unter Vorbehalt der Meinung von W. WEGEWITZ und G. SCHWANTES *(s. dort)* an; solche Gräberfelder sind etwa Körchow, Kothendorf, Hamfelde und Harsefeld. Natürlich „starren" nicht alle Gräber von Waffen.

698) E. GROHNE 1953, 269 f. mit dem interessanten Beispiel eines *Pferdeopfers anläßlich einer „königlichen Amtseinführung"* aus der *Hervarar saga* und mit anderen Schriftbelegen zum *Pferdefleischverzehr, christlichen Verboten etc.*; zu Odin und Pferden vgl. obige Anm. 578, zu Pferdegräbern Anm. 551, dazu ergänzend: B. SCHMIDT 1961, 82-86 u. 1970, Taf. 109 f., 141; A. GENRICH 1961, 15 ff., 1969, 200 f. und 1976[3], 26 *(zus. m.* A. FALK); K.-H. BRANDT 1965, 383-395; W. NOWOTHNIG 1969, 202-211 und H. W. BÖHME 1976, 84.

699) Vgl. obige Anm. 579; ferner Anm. 566 zu *dioskurischen Pferdedarstellungen*, des weiteren Anm. 521 ff. zu *dioskurischen Pferde- und Eberpaaren* wie außerdem die Anm. 462 ff. und 522 zur *hypothetischen Gleichsetzung der Dioskuren mit dem Götterpaar Ingwe / Freyr und Ullr, welche möglicherweise als die Namenspaten für * Inghari (OL 4988) und Ulu:hari (OL 4991) auf den Weser-Runenknochen anzusehen sind.*

700) A. GENRICH 1970, 91-100; vgl. dazu W. HAARNAGEL 1963, 300, der das bestattete Schwein als Bauopfer wahrscheinlich machen möchte. GENRICH verweist ferner auf die *Eberdeckel* der Urnen von *Issendorf* u. *Altenesch*, weitere *Ebergefäße* aus Thüringen u. die *Eberfibeln*; zu *Ingwes Eber (-signum)* vgl. auch obige Anm. 460, 489, 521 u. bes. 523; auch: P. FOOTE 1984, 81.

Die andere Fraktion der Wissenschaftler dagegen scheint auch ein anderes Selbstverständnis zu repräsentieren, eines, das sich peinlich genau am Begriff „Wissenschaft" orientiert. Diese Gruppe trennt einerseits zwar ähnlich deutlich, wie in den meisten Fällen die andere auch, das, was wir wissen, von dem, was wir glauben, in möglichem Zusammenhang mit einem Befund sehen zu können, scheut jedoch früher vor letztbezüglichen Annahmen zurück. Wieder sei hier ein - völlig willkürliches und zufälliges - Beispiel gegeben. So schreibt Christine FELL der Benennung Odins als ‚Herrn des Speeres' bei den Dichtern der Wikinger einerseits *(schriftlich evidente)* Gewißheit, andererseits aber *(hinsichtlich der Übertragbarkeit auf frühere Verhältnisse)* einen offenbar nur unsicheren Quellenwert zu, wenn sie betont, dennoch sei:

„schwerlich mit Bestimmtheit zu sagen, daß beispielsweise das Motiv auf einer Spange aus Finglesham in Kent aus dem 7. Jahrhundert - ein Mann, der bis auf einen gehörnten Helm und einen Gürtel nackt ist und einen Speer trägt - unbedingt Wodan oder einen seiner Gefolgsmänner darstellt."[701]

Aufgrund dieser wohlbedachten Formulierung, die offensichtlich nur gegen Fachkollegen zielt, die „unbedingt" aus Bodenfunden „mit Bestimmtheit" auf die Existenz eines Wodankultes schließen wollen, dürfte auf der anderen Seite schwerlich etwas gegen diese Feststellung vorzubringen sein. Ich bekenne aber an dieser Stelle freimütig, daß auch ich gegenüber einer solchen Skepsis vor der Möglichkeit, mit jahrhundertelangen Traditionen rechnen zu können, eher den Standpunkt einnehme, in religiösen und kultischen Grundvorstellungen und Gebräuchen sogar von einer relativen Beständigkeit, die - unter Veränderung lediglich äußerer Formen - sogar ein Jahrtausend überdauert haben mag, ausgehen zu dürfen. Dabei denke man nur an die Geschichte und Konstanz der heutigen Weltreligionen.[702]

Auch wenn zwischen den römischen „Sekundärquellen" und den germanischen „Primärzeugnissen" eine zeitliche Lücke von teilweise mehreren hundert Jahren klafft, gibt es m. E. keinen stichhaltigen Grund, die Verehrung eines Gottes *Ingwe* oder einen *Wodan*-Kult für die schriftarme heidnische Zeit in Frage zu stellen. Daß die beiden vorgenannten Gottheiten, *Odin* und *Ingwe-Freyr*, gerade auch bei den Sachsen eine bedeutende Rolle gespielt haben dürften, kann man wohl einerseits daraus schließen, daß die *Altsachsen* - wie Runenknochen OL 4988 zeigt, nicht zu Unrecht - dem *ingwäonischen Kultverband* zugerechnet werden[703], wie andererseits aus der *Herleitung der angelsächsischen Könige von Odin.*[704]

Hierzu ist anzumerken, daß die Regelhaftigkeit, mit welcher *Woden/Odin* in den Stammtafeln der ags. Königshäuser erscheint, wohingegen *Ingwe* nur selten auftritt, offenbar für die verbreitete Lehrmeinung verantwortlich zu machen ist, Woden sei als Stammvater des ags. Königtums überhaupt anzusehen. Die Argumentation für die Herausbildung eines wodanistischen Königtums auf der Grundlage der Gefolgschaftstreue gegenüber insbesondere Wodan verpflichteten Heerkönigen ist spätestens durch die Arbeit von Jan DE VRIES[705] so gut begründet worden, daß an diesem Fundament auch von hier aus nicht gerüttelt werden soll. Vielmehr soll hier zu bedenken gegeben werden, daß *Ingui/Inguec* nicht nur in eben diesen ags. Quellen zumindest sporadisch auftritt[706], *sondern diese Genealogien auch fast nie bei Woden enden.*

In den Namenreihen der Könige von Northumbria *(Deira und Bernicia)*, Mercia, Lind-

701) C. E. FELL 1980, 36; vgl. dazu obige Abb. 47 d und die Anm. 530. FELL fährt fort: *„Auch die Hirschfigur auf dem ‚Szepter' . . . im angelsächsischen Königsgrab in Sutton Hoo ist kein sicherer Beweis für einen Wodankult. Die bärtigen Gesichter an den Seiten dieses steinernen Stabes wurden für Abbildungen Thunors gehalten. Zweifellos aber gab es auch andere Bärte, Hirsche oder Speere als die von Göttern, auch im heidnischen angelsächsischen England."*

702) . . . und an die damit - im Zeitalter der Raumfahrt *(!)* - verbundenen Liturgien, Praktiken etc. (Heilighaltung von Kühen, Verehrung eines Meteoriten, Reliquienanbetung, Ablässe usw. und Kultutensilien, wie Räucherwerk, Weihwasser, Opfergefäße, Statuen u. Klanginstrumente).

703) Ausdrücklich als *Ingwäonen* werden die *Sachsen* z. B. bei A. PLETTKE 1921, E. SCHRÖDER 1933, 8, H. SCHROLLER 1936, 162 und 1940, 102-156 *(in:* H. REINERTH, *Hg. I)* bezeichnet. W. LAUR 1953, 51 meldet bezgl. der sprachl. Gleichsetzung *„anglofriesisch= ingwäonisch"* deutlich Bedenken an.

704) W. SCHULZ 1932, 162, K. SISAM 1953, 289, K. HAUCK 1954, 14, O. HÖFLER 1956, 76 ff., J. DE VRIES 1956, 295 f., 1957², 95 ff., W. SCHLESINGER 1956, 136 ff., K. HALD 1963, 109, L. EJERFELDT 1971, 165-170, A. GENRICH / A. FALK 1976³, 41, C. FELL 1980, 36 *(in:* WILSON, *Hg.)*, A. SAVAGE 1984³, 13 und K. HAUCK 1985, 181; vgl. auch oben Kap. 5.2.3. m. Anmerkungen.

705) J. DE VRIES 1959, 5-10 *(≙ 1967, 332-342, in:* LAMMERS, *Hg.)*. K. HAUCK 1954, 9-66, O. HÖFLER 1956, 75-104, J. DE VRIES 1956, 289-309, W. SCHLESINGER 1956, 105-141, etc.

706) *Ingui* in *Northumbria* 547, s. A. SAVAGE 1984³, 13; *Inguec* in der *‚Historia Brittonum'*, s. K. SISAM 1953, 302 Anm. 2. Vgl. auch die *Königsnamen Ingild, Ingibrand* etc. ebda.

sey, Kent und East Anglia ist ein gewisser *Frealaf* als *Wodens Vater* angegeben.[707] SISAMS Vermutung, dieser ansonsten unbekannt bleibende *Frealaf „may be a hero or divinity“*[708], ist allein schon deshalb beizupflichten, da ein gewöhnlicher Sterblicher als Erzeuger des wohl bedeutendsten Gottes der Angelsachsen kaum in Betracht kommt. Ist es angesichts des ersten Bestandteiles dieses Namens, *Frea-*, zu verwegen, anzunehmen, daß in dieser Form die Erinnerung an den Gott *Ingwe-Frey(r)*, *Fricco, Frø, Fro* verborgen ist? In diesen Zusammenhang würde passen, daß - wie im Kap. 5.2.2. näher ausgeführt wurde - *Ingwe-Freyr* auch sonst als Königsahn häufig bezeugt ist. Eingedenk der im Kapitel 5.2.3. geäußerten Gedanken zur Etymologie des Königstitels wird begreiflich, daß die soeben aufgeworfene Frage von dieser Stelle aus nicht näher erörtert werden kann, da die Gefahr eines Zirkelschlusses zu nahe liegt.
Das Material der angelsächsischen Königslisten ist aber geeignet, eine weitere Frage erneut zu stellen, nämlich die nach der Identität des Sachsengott *Saxnot(h)/Seaxnet*, welchem neben *Thunaer (Donar/Thor)* und *Uuoden (Wodan/Odin)* abzuschwören, das altsächsische Taufgelöbnis aus dem 9. Jahrhundert verlangt.[709] Kenneth SISAM weist darauf hin, daß die Historiker diese Gottheit in der westsächsischen Königsreihe[710] vermissen. Vielleicht ist der Gott aber unter anderem Namen, etwa als *Frealaf (s. o.)* in der Genealogie des Königs *Ine* von Wessex und als *Freawine* in der Stammtafel des *Æethelwulf* erhalten?

Die für unsere Überlegungen wichtige Textstelle des o. g. Taufgelöbnisses im Codex pal. 577 der Vatikanischen Bibliothek lautet:

„ec forsacho allum diaboles uuercum and uuordum,
Thunaer ende Uuoden ende Saxnote
ende allum them unholdum the hira genotas sint.“[711]

Jan DE VRIES[712] bemerkt dazu mit Recht, daß der an dritter Stelle stehende Gott den beiden anderen genannten Göttern, Donar und Wodan, mindestens ebenbürtig gewesen sein müsse, und von einem unbedeutenden Lokalgott gar nicht die Rede sein könne. Die anschließende Folgerung von DE VRIES ist dann so energisch formuliert, daß man unwillkürlich zögert, ihr zu widersprechen:

„Da kann man aber nur an *Tîwaz* denken, als den einzigen Gott, der diese Rangstelle haben konnte.“

Hier wird man DE VRIES nicht den Vorwurf ersparen können, eine Hypothese nicht als solche gekennzeichnet zu haben. Auch ist die Methode, mittels welcher DE VRIES zu seiner Gleichsetzung von *Saxnot* mit *Tiwaz/Tyr* gelangt, als nicht einwandfrei abzulehnen, basiert sie doch auf einer inhaltlich durch nichts zu rechtfertigenden Prämisse:

„*Thunaer ende Uuodan ende Saxnôte.* Das waren also die bedeutendsten Gottheiten, und wir stellen dabei fest, daß die Fruchtbarkeitsgötter, wie im Norden *Njord* und *Freyr*, ganz fehlen.“[713]

Einleuchtend ist dagegen wiederum die Annahme, daß *Saxnot*, dessen Name eigentlich *„Schwertgenosse“* bedeutet, der *Stammgott der* - ebenfalls nach dieser Waffe benannten - *Sachsen*[714] war.

707) K. SISAM 1953, 287-348, hier bes. 289 ff. *(MS Vespasian B VI, ff., 104-9)*, 309 (*Historia Brittonum*: *Frelab*), 311 *(Chronik des Kgs. Ida 547: Freoþelaf)*; vgl. ebda. 294 ff. (*MS Kk. 3. 18: Freawine, Wessex)*, 306 (≙ *Saxo Grammaticus: Frowinus*). Vgl. ferner obige Anm. 264 zur entsprechenden Namensbildung *Ungvinus* zu *Ingwe / Yngvi (Ablautverhältnis!)* ebenfalls bei *Saxo* und dazu den Heldenkatalog V. 112-30 im *Widsith*: *frödne und gódne fæder Unwénes*, hier nach G. BAESECKE 1936, 167 sowie ebda. 165: *Frocho* in der *Ahnentafel des Haruden Rothari, Kgs. der Langobarden.*
708) K. SISAM 1953, 308 und vgl. dort 289 sowie 326.
709) E. VON STEINMEYER 1963², 20; vgl. A. GENRICH 1981, 3 f. u. bereits W. WACKERNAGEL 1880², 11-14.
710) Für *Essex* ist *Seaxnet (B. M. Addit. 23211)* - s. K. SISAM 1953, 327 - überliefert, während uns die älteste Stammtafel der Sachsen, die aus *Sussex* nicht verfügbar ist.
711) E. VON STEINMEYER 1963³, 20; s. auch Anm. 709.
712) J. DE VRIES 1957², 18 im Bd. II seiner ‚Altgerman. Religionsgeschichte‘.
713) J. DE VRIES *(1959)*/1967, 343-360, hier: 359 f. *(in: LAMMERS, Hg.)*; vgl. dens. ebda. 332-342, bes.: 340 f., ebso.: N. WAGNER 1960, 233 u. K. HAUCK 1970, 72 (*beide nach* DE VRIES).
714) J. DE VRIES *(1959)*/1967, 340 *(wie vorige Anm.)*; zum *Sachs (= Kurzschwert)*, an. *sax*, ags. *seax*, ahd. *sahs* und seinem Zusammenhang mit den *Sachsen* vgl. ferner M. SCHÖNFELD 1911/1965², 199 sowie z. B. A. GENRICH 1981, 3 in seinem Katalog ‚DIE ALTSACHSEN‘.

Weiter oben habe ich an mehreren Stellen darzulegen versucht, daß ich die Tatsache, daß nach den uns zur Verfügung stehenden Quellen *ausschließlich Ingwe-Freyr* unter den Göttern ein *Zauberschwert* zu besitzen scheint, als Hinweis dafür verstehe, daß *Ingwe-Freyr* in der Erinnerung der Germanen noch lange als alte *Schwertgottheit* lebendig geblieben ist.[715] Als Begründung für den durchaus verwunderlichen Umstand, daß uns der Name dieser magischen Waffe nirgends mitgeteilt wird, möchte ich die leichtsinnige Ausleihe des liebesblinden *Freyr* vermuten, die bekanntlich zur Folge hat, daß das Schwert seinem Besitzer in entscheidenden Augenblicken nicht zur Verfügung steht und folglich trotz seiner hervorragenden Eigenschaften nie zum Einsatz kommen kann.[716]

Schließlich wird dem Gott eben diese Unbedachtsamkeit sogar zum Verhängnis.[717]

Weder begründet noch folgerichtig scheinen mir dagegen die Ausführungen von Jan DE VRIES zu sein:

„Der Verlust des Schwertes hängt wohl damit zusammen, daß Freyr als Wanengott nie mit einem Schwert ausgestattet war und es erst bekam, nachdem er als Mitglied der Asenwelt ihres kriegerischen Charakters teilhaft geworden war."[718]

Für einen Ausschluß der Möglichkeit,Saxnot mit Ingwe-Freyr gleichsetzen zu können, sehe ich im Gegensatz zu DE VRIES a priori überhaupt keine Veranlassung.[719]

Rechnet man hingegen mit dem Namen ‚Saxnot' als Hypostase für ‚Ingwe-Freyr', so erhält man für die o. g. altsächsische Abschwörungsformel die Namen jener drei Götter, die nach dem Zeugnis Adams von Bremen 4, 27 auch im Haupttempel zu Uppsala dargestellt und verehrt wurden, nämlich Þórr (Thor), Óðinn (Wodan) und Freyr (Fricco).

Die Umschau nach möglichen Anknüpfungspunkten der beiden für Runenknochen OL 4988 erschlossenen Namensformen **Inghari* und **Ingwe,* welche zwischen den römischen Nachrichten über die *Ingwäonen,* den schwedischen *Ynglinger*-Königen und der *Ing*-Strophe des altenglischen Runenliedes beträchtliche Lücken aufwies, mag sich in Zukunft vielleicht einträglicher gestalten. Bedingung dafür wird aber sein, daß die beiden oben gestellten Fragen nach der hier *gemutmaßten Identität* der beiden göttlichen Ahnen *Frealaf/Freawine*[720] und *Seaxneat/Saxnot*[721] mit *Ingwe/Yngvi-Freyr* einer ernsthaften Prüfung unterzogen werden, welche durchzuführen den Rahmen der vorliegenden Arbeit bei weitem sprengen würde.

Bedenkt man die Herkunft der Eroberer Britanniens, der Angeln, Sachsen und Jüten aus dem Nordseeküstenbereich, also unzweifelhaft dem *ingwäonischen Kerngebiet,* so wird man sich kaum recht vorstellen können, daß das sang- und klanglose Verschwinden des Eponyms der *Ingwäonen,* des Gottes *Ingwe,* historischer Wirklichkeit entspricht. Dies umso weniger, als die Kontakte zum skandinavischen Raum, in welchem die *ingwäonische Tradition* durchaus weiterlebt, nach der stoßweisen „englischen Landnahme" keineswegs abreißen. Dazu denke man einerseits an die o. g. *Ynglinge* und den im ags. *Beowulf* als *‚frea Ingwina'*, *„Herrn der Ingfreunde"*, bezeichneten Dänenkönig *Hrodgar*[722] wie andererseits an die archäologischen Erkenntnisse zum *Königsgrab von Sutton Hoo.*[723]

Vielmehr scheint die tatsächliche Ursache der mangelhaften Repräsentanz[724] des *Ingwe-Freyr* in bemerkenswerter Weise mit gewissen Überbetonungen der Bedeutung anderer Götter seitens mancher Forscher zusammenzuhängen.[725]

715) Vgl. dazu obige Anm. 263, 312, 458 u. 644 sowie F. SCHLETTE 1977, 182 (*Freyr= Schwertgott*).

716) Den Riesen *Beli* mußte *Freyr* deshalb m. d. Faust bzw. einem Hirschhorn töten *(SnE41 etc.).*

717) *Surtr erschlägt Freyr i. d. Ragnarǫk (Vsp 53 u. vgl. Ls42 u. SnE72)*, s. J. DE VRIES 1957², 181 f.

718) J. DE VRIES 1957², 182 im 2. Bd. der ‚Altgerman. Religionsgeschichte', s. d. vorige Anm.

719) Vgl. J. DE VRIES 1957², 18 Anm. 1: „GRIMM, *Kl. Schr. V, 30 hat den Gott mit dem sahs als Freyr erklärt."*

720) Nachzutragen ist hier das *Fröblod (Frøblót)*, das von *Thietmar v. Merseburg*, 1, 17 beschriebene *Freys-Opfer von Lederun/Lejre;* vgl. *Saxo* 1, 8, 12, s. R. MUCH/H. JANKUHN 1967, 453.

721) MUCHS später aufgegebener Gedanke einer Übersetzung des Namens mit *„Not der Sachsen"* - vgl. J. DE VRIES 1957², 18 Anm. 4 u. MUCH s. vorige Anm., 176 - könnte als *„Sachs-Not" (s. Freyrs Schwertleihe)* zutreffen.

722) Vgl. weiter oben den Text zu Anm. 253 die Anm. selbst u. die Anm. 453 zur Literatur.

723) R. L. S. BRUCE-MITFORD 1975/I, 1978/II, 1983/III 1+2; bes.: J. L. N. O' LOUGHLIN 1964, 1-19 u. H. VIERCK 1972, 20-49 zu den *dynast. Beziehungen zw. Alt- Uppsala u. Sutton Hoo.*

724) C. E. FELL 1980 *(s. WILSON, Hg.), erwähnt Ing nicht, Frey kaum;* rez. v. K.HAUCK 1981, 207.

725) Vgl. z. B. DE VRIES s. o. zu *Tyr*, 1956, 296 zur „besseren Eignung" *Odins als Kgs.-Ahn* etc.

Auf eine weitere Fragestellung ist hier kurz zurückzukommen, nämlich auf die der Existenz eines Königtums bei den Altsachsen. Das scheint auf der einen Seite schon mit Rückblick auf die im Kapitel 5.2.3. angestellten Überlegungen - welche ja letztendlich durch den unpublizierten Lesungsvorschlag Otto VON FRIESENS zu den Weserrunen bedingt sind - sowie auf der anderen Seite aufgrund der diesbezüglich ausdrücklich verneinenden Aussage unseres Gewährsmannes *Beda (Hist. eccl. V, 10)* unumgänglich zu sein.

Ein Urteil, wie das des Grafen Sigurd VON PFEIL, nur WENSKUS glaube an sächsische Könige[726], ist viel zu lapidar, um der weitaus differenzierteren Aussage des Betroffenen gerecht werden zu können, für den ich hier folgende Lanzen breche:

1. PFEIL irrt in dieser Annahme, WENSKUS stünde mit der seinigen völlig allein.[727]
2. Selbst, wenn PFEILS Angabe zu 1. richtig wäre, bedeutete dies nicht zwangsläufig auch die Unrichtigkeit der Annahme des „Verurteilten“, da, vom Standpunkt der Logik aus betrachtet, selbst eine einmalig gegenüber einer Vielzahl konträrer Meinungen vertretene Ansicht a priori keine geringere Berechtigung besäße, als ihr „Gegengewicht“.
3. PFEIL ist aufgrund der Kürze seiner Bemerkung zu WENSKUS genötigt zu verschweigen, daß dieser lediglich die Stringenz der Übertragbarkeit sächsischer Verhältnisse des 8. Jahrhunderts auf frühere Zeiten in Frage stellt und
4. WENSKUS durchaus Beispiele für ein *nur vorübergehendes Verschwinden des Königtums* auch bei alten sächs. Nachbarn *(Langobarden und Friesen)* zu nennen weiß.
5. Es ist schlechterdings unmöglich, um Begriffe zu streiten, deren Definition mangels klarer Vorstellungen - s. o. allein zur *Etymologie des Königstitels* - bisher aussteht.

Wie im Kapitel 5.2.3. eingehend dargestellt wurde, schloß man bisher aus dem Bestandteil *cunni* etc. dieses Titels überwiegend darauf, daß ganz bestimmte Abstammungsverhältnisse - *und daraus ableitbare Erbansprüche* - von Anfang an mit der Königswürde eng verknüpft waren.[728]

Da man den Wortabschluß *-ing* bislang ausschließlich als ein einfaches Suffix verstand, mußte man sich mit einer durchaus unbefriedigenden Etymologie abfinden, nach der hier ein rechtlicher Begriff vorläge *(der ein Erbverhältnis kennzeichnete)*, welcher semasiologisch nicht einmal spezifisch für einen König wäre. Der Titel würde nämlich einzig und allein besagen, daß der König einem Geschlecht entstammt, was für jeden anderen aber auch zutrifft.[729]

Nach meinem weiter oben begründeten Vorschlag ist dieser Mißstand aber gründlich behoben, wenn man dieses *-ing* nicht als Suffix, sondern als Bestimmungswort ansieht, das den *göttlichen Ahn Ing* nennt.[730]

Findet diese Hypothese Untermauerung und Zustimmung, so könnte man den Begriff des *wodanistischen Königtums*[731] nicht ohne Grund zum Begriff *‚ingwäonisch-wodanistisches Königtum‘* o. ä. erweitern, denn zum einen sind uns mit den Ynglingern Schwedens, dem Dänenkönig Hrodgar etc. solche Könige bekannt, zum anderen ist der *Königstitel selbst zuerst im ingwäonischen Bereich nachweisbar* und aller Wahrscheinlichkeit nach auch dort entstanden.

726) S. VON PFEIL 1968, 309 zu R. WENSKUS 1961, 547, der deutlich von einer *Hypothese* spricht.

727) Siehe z. B. W. SCHLESINGER 1956, 114 und J. DE VRIES 1959, 359; vgl. dazu auch W. LAMMERS 1967, 302 Anm. 154; vgl. hier 310 Anm. 186 *(Vita Lebuini ant. u. Widukind wie Beda!)*. DE VRIES schließt, *„daß diese Sachsen von Königen geführt wurden und nicht von Herzögen.“* SCHLESINGER: *„Diejenigen Sachsen dagegen, die im 5. Jh. nach England auswanderten, scheinen von Anfang an eine Vielzahl von Königen gehabt zu haben.“* Vgl. S. 115: *„. . . wird man sich indes hüten müssen, in dem königlosen Zustand gleichsam den Urzustand erkennen zu wollen.“*

728) Vgl. dazu obige Anm. 274 f. *(*A. HEUSLER 1940 *u.* F. R. SCHRÖDER 1941) sowie zur Bedeutung der *stirps regia* die Anm. 280.

729) Die Königs*würde* wäre damit noch nicht begründet. Zur Unzufriedenheit über diese Etymologie vgl. obige Anm. 278 (H.-D. KAHL 1960) sowie W. SCHLESINGER 1956, 108, welcher äußert, daß z. B. ahd. *heri vielleicht eher zur Grundlage einer Königsbezeichnung getaugt hätte.* Vgl. damit die beiden PN **Inghari* und *Uluhari* auf den Runenknochen OL 4988 und 4991.

730) Zur *göttl. Abkunft des Königs* vgl. oben Anm. 276, zum daraus folgenden *Sakralcharakter* seines Amtes die Anm. 279, die Aufsätze von O. HÖFLER 1937, 1938, 1-26, 1956, 75-104 u. die in Anm. 359 genannten Abhandlungen zu Rök. K. HAUCK 1950, 187-240 prägt den Ausdruck *„Geblütsheiligkeit“*, welchen W. SCHLESINGER 1956, 132 Anm. 134, 136 übernimmt.

731) Vgl. z. B. K. HAUCK 1954, 9-66; die weiter oben bereits angesprochene *(Über-?)* Betonung dieses Aspektes dürfte darauf zurückzuführen sein, daß sich in den ags. Königslisten *Woden* eindeutiger und regelhafter identifizieren läßt, als *Ing(ui)*. Das könnte sich ändern, wenn die hier geäußerten Vermutungen zu *Frealaf/Freawine* u. *Saxnot* Anerkennung fänden, indem diese Namen in die folgende Reihe aufgenommen würden:
*Ing / Inguo / Ingui / Ingwe / Yngvi-(Freyr) / Ungvinus / frea Ingwine / *Seaxneat /*
*Frey / Fricco / Frøi / Frô / (Yngvi-)Freyr / Frowinus / *Freawine / *Frealaf.*
(Diese Zusammenstellung ist völlig willkürlich, nicht systematisch geordnet!)

Nach VON SCHWERIN werden die in England eingefallenen Sachsenführer schon im Jahre 519 als Könige erwähnt.[732]
Dabei wird angenommen, daß sich teilweise recht bunt gemischte Gefolgschaften - die aber nichtsdestoweniger ihren Führern treueidisch bis zum Tod verpflichtet waren[733] - Heerkönigen *(duces)* anschlossen, welche nach erfolgreichen Eroberungsfeldzügen Könige *(reges)* werden konnten, die *erbliche Dynastien stifteten.*[734] Das scheint eine plausible Erklärung zu sein, insbesondere, wenn man an die vielen Kleinkönigreiche in England bald nach der angelsächsischen Landnahme, oder aber an die 20 Seekönige denkt, die der bereits o. g. Runenstein von *Rök* nennt. Zuweilen begegnen uns als Führer solcher Landnahme-Expeditionen auch sog. *Doppelkönige,* die in den Quellen dann als Brüder oder sogar als Zwillingsbrüder bezeichnet werden. Diese sieht man als *irdische Stellvertreter der Dioskuren,* der göttlichen Zwillinge an, die *Tacitus* in seiner *Germania* als *alci* bzw. *alces* kennt. Von *Ibor* und *Agio, Raos* und *Raptos* sowie *Hengest* und *Horsa* war bereits die Rede.[735] Auf die beiden letztgenannten wird gleich noch zurückzukommen sein. Zu ergänzen sind hier noch die Wandalenführer *Ambris* und *Assis.*[736] Daß als fünftes Paar möglicherweise * *Inghari* und *Uluhari* anzuschließen sind, wurde bereits weiter oben vermutend geäußert. Nun also zurück zu *Hengest* und *Horsa,* welche von *Æthelweard* „Abkömmlinge von Wodan, einem König der Barbaren“ genannt werden.[737] Edward SCHRÖDER mochte den beiden PN gar keine germanische Herkunft zuerkennen, da sie wenig rühmlich mit *„(beschnittenes)* Pferd“ und *„(weibliches) Roß“* zu übersetzen seien.[738]

„Die Zweifel E. Schröders an PN und Historizität hat sich die Forschung nicht zu eigen gemacht, auch wenn es sich wohl um kultische Übernahmen handelt“,

konstatiert hierzu Paul DERKS mit dem Hinweis, „daß der Hengst der Frühe das *fruchtbare* Tier war“.[739] Nun, wenn wir beide Namen der britannischen Eroberer nach einhelliger - weil wohl fundierter Meinung der Forschung[740] *keinesfalls als reale PN, sondern lediglich als kultische Decknamen* verstehen dürfen, so müssen hinter diesen aber ganz sicher Personen stecken, die mit anderen, „alltäglichen“ Namen bedacht wurden, als sie zur Welt kamen; auch hierin scheint sich die Namensforschung zu Recht einig zu sein. Reinhard WENSKUS hat auch hierzu einen faszinierenden Anschlußweg parat[741], der aber erst von GENRICH in einen direkten Zusammenhang mit den o. g. Pferdebezeichnungen *‚Hengist‘* und *‚Horsa‘* gebracht wird[742], nämlich den Hinweis auf das im altenglischen Merkgedicht *Widsith* häufig genannte Volk der *Myrgingas,* der *„Stutensöhne“.* In eben diesen vermutet WENSKUS den Namen des - von ihm *hypothetisch angenommenen - altsächsischen Königsgeschlechtes.*

Sofern, was auf Anhieb wohl nicht eindeutig zu beurteilen ist:

a) *Hengist (Hengst)* und *Horsa (Stute) tatsächlich Kultnamen irdischer Repräsentanten der Dioskuren sind*[743],
b) diejenigen Forscher im Recht sind, welche die germanischen Götter *Ingwe-Freyr* und *Ullr* als *Dioskuren ansehen*[744],
c) *Ing : hari und Ulu : hari auf den Runenknochen OL 4988 u. 4991 als „Ing-Krieger“ und „Ull-Krieger“ und als PN zweier altsächsischer Heerkönige richtig gedeutet sind, könnte man*
d) *die Träger der Kultnamen a) in den PN c) sehen.*

732) C. VON SCHWERIN 1915/1916, 71 f. *(in:* J. HOOPS, *Hg., R. L.);* s. o. Anm. 484.
733) Die Bedeutung dieses *Gefolgschaftswesens* für das german. Heerkönigtum arbeitete J. DE VRIES 1957^2, 95 ff. u. 1967/*(1959)*, bes. 336 f. mit überzeugenden Argumenten heraus, s. *Tacitus' comitatus (German. 13)*, die *dän. Sage von Harald Kampfzahn, ferner Beowulf, Heliand* etc.; vgl. W. SCHLESINGER 1956, 105-141, z. B. 133, sowie die obigen Anm. 440 u. 317 (*Tac. Germ.* 14).
734) Vgl. z. B. W. SCHLESINGER 1956, 105-141, bes. 118, 121, 137 u. J. DE VRIES 1956, 290 *(Saec.).*
735) Siehe z. B. obige Anm. 286 u. bes. Anm. 487 ff. Sollten auch **Nidingo* u. **Wagningo (Illerup, s. o. Text zu Anm. 396 ff.)* in diese Reihe gehören?
736) N. WAGNER 1960, 230, auch zu ob. Anm. 339 *(die beiden wurden näml. v. Ibor u. Agio getäuscht).*
737) C. E. FELL 1980, 36 *(in:* WILSON, *Hg.; Rez.:* K. HAUCK *1981, 207 in: NAWGö).*
738) E. SCHRÖDER 1940, 69-72.
739) P. DERKS 1985, 58.
740) Vgl. obige Anm. 286 u. 487: E. A. PHILIPPSON 1929, S. GUTENBRUNNER 1949, J. DE VRIES 1953, 128 u. *(1959)* / 1967, 354 (s. LAMMERS), G. MÜLLER 1970, K. HAUCK 1970, 52 Anm. 85 u. 1981.
741) R. WENSKUS 1961, 547 f.
742) A. GENRICH 1969, 193-201.
743) . . . oft in *Pferde-Abbreviaturen* dargestellt, vgl. ob. Anm. 521, 566, 699 *(*K. HAUCK *1980 u. 1982).*
744) Vgl. ob. Anm. 462 ff., 522, 527, 699: E. BRATE 1914, M. OLSEN 1915, 98 ff., 1926, 1929, N. LID 1933, F. R. SCHRÖDER 1941, S. GUTENBRUNNER 1949, N. Å. NIELSEN 1969; *skeptisch dazu*: J. DE VRIES 1957^2, II, 254.

Diese - zweifellos überraschende - Gleichsetzungsmöglichkeit, deren Bedeutung im Falle fundierter Untermauerung wohl kaum besonders betont werden müßte, kann bislang nur als rein hypothetische Erwägung gelten, da es zum Gleichungsfaktor b), der Identifikation von Ingwe-Freyr und Ullr mit den göttlichen Zwillingen, durchaus völlig andere Überlegungen gibt.[745] *Wie zu Ende dieses Kapitels noch näher erläutert werden wird, steht aber immerhin die wahrscheinlichste Zeitzuweisung der Weser-Runenknochen o. g. Gleichsetzungsgedanken keineswegs entgegen.*

Da die Texte der Runenknochen *(s. o.)* ziemlich sicher auf einen ganz bestimmten kriegerischen Zusammenhang hinzudeuten scheinen, werden nun die Initiativen sächsischer Expansionspolitik kurz umrissen und anhand der nachfolgenden Zeittafeln verdeutlicht.
Wie die Schriftquellen belegen, war das Augenmerk der Altsachsen schon früh und in besonderem Maße auf das römisch besetzte Britannien gerichtet.[746] Offenbar erst in zweiter Linie hatte man es auf die gallische Nordküste abgesehen, deren befestigte Häfen aber ohnehin auf der Route zur britischen Insel lagen. Weil man aufgrund der eigenen nautischen Gegebenheiten gehalten war, küstengebunden zu operieren[747], dürften diese gallischen Hafenstädte des *litus Saxonicum*[748] als willkommene Gelegenheiten genutzt worden sein, durch Überfälle einerseits den Proviant aufzufrischen wie andererseits, Beute zu machen.
Diese Heerfahrten der Sachsen, die allgemein als eine Vorwegnahme der späteren Wikingerzüge bezeichnet werden, brachten ihnen den Ruf gefürchteter Seeräuber ein. Wie weiter oben erwähnt, war den Römern *‚Saxones'* gleichbedeutend mit *„Piraten"*, weshalb schwierig zu beurteilen ist, ob es tatsächlich in allen Fällen Sachsen waren, denen die zahlreichen Plünderungen von der See her angelastet wurden.
Nach dem Abzug der letzten römischen Truppen von der britischen Insel im Jahre 407 erfolgte dort die schubweise Invasion im Verbund mit anglischen und jütischen Stammeseinheiten. Die auf diese Eroberungszüge zurückzuführende Besiedlungsausdünnung im Mutterland wurde archäologisch zuerst für die Landschaft Angeln bestätigt, die dem neu vereinnahmten Britannien den Namen England *(Anglia)* gab. Natürlich fand in den alten Stammesgebieten nirgends eine totale Entvölkerung statt, doch wurde die relative Siedlungsleere, von der noch *Beda* zu berichten wußte, auch pollenanalytisch[749] nachgewiesen. Nicht nur die beispielhafte Erforschung Angelns, sondern auch die damit verbundene methodische Weiterentwicklung der Siedlungsarchäologie ist besonders Herbert JANKUHN zu verdanken.[750]
Vergleichbare Untersuchungsergebnisse liegen seit jüngerer Zeit auch für das altsächsische Siedlungsgebiet vor.[751]
Den Weg der Sachsen in England zu verfolgen, würde hier zu weit führen.[752] Ein Wiedererstarken dieses Stammes im „Mutterland" ist der *Unterwerfung des Boruktuariergaues um 694* einerseits, sowie dem *Widerstand gegen Karls Missionsfeldzüge* andererseits vorauszusetzen.[753]

745) N. WAGNER 1960, 241 faßt diese Alternativen übersichtlich zusammen; ders. ebda. 233 vermutet für die PN der Träger der *sakralen Benennungen ‚Hengist'* und *‚Horsa'*:
„einst Namen, die sich mit den *vokalisch anlautenden* ihrer Nachfahren deckten." *Für Inghari und Uluhari würde dies zutreffen.* Gegen WAGNERS Vermutung würde *nur scheinbar* sprechen, daß *Beda ‚Wihtgils, Witta, Wehta, Woden'* als *Vorfahren von Hengist und Horsa* nennt: vgl. *Uuoden = Woden* im as. Taufgelöbnis *(s. o.)* da *w* = *„double - u"*.

746) Das röm. Schiff auf Runenknochen OL 4990 kann also *(s. o.)* durchaus signalisieren, daß die auf OL 4988 angekündigte militär. Aktion gegen diese oder eine andere röm. Provinz gerichtet werden soll. Zu dieser Unternehmung gehört offenbar der runische Fluchzauber.

747) D. ELLMERS 1975, 85 ff., 1976, 18 ff., 1977/78, 102, 1978, 499 ff. *(in:* AHRENS, *Hg.).*

748) S. JOHNSON 1976 bietet instruktive Karten zur Entwicklung und Geschichte dieser röm. ‚Forts'; vgl. dens. 1978, 61-69 *(in:* AHRENS*)* sowie D. E. JOHNSTON 1977.

749) H. JANKUHN / R. SCHÜTRUMPF 1952, 28-45, R. SCHÜTRUMPF 1953, 33-36.

750) H. JANKUHN 1950, 54-132; 1952, 14-24; 1954, 37-57; 1955, 73-84; 1964, 251-416; 1976, 145-184; 1977; 1978, 7-10; 1979, 19-43; 1984 (Hg. zus. m. K. SCHIETZEL/H. REICHSTEIN); S. GUTENBRUNNER / H. JANKUHN / W. LAUR 1952, bes. 9-58; vgl. T. CAPELLE 1971, 10 ff. sowie A. GENRICH 1954 und 1967.

751) K.-E. BEHRE 1976 u. vgl. P. SCHMID 1976, 101-119 sowie dens. 1977, 29-41, bes. 40 f.

752) Siehe dazu z. B. N. ÅBERG 1926, 1-219, R. H. HODGKIN 1952[3] Bd. I+II, F. M. STENTON 1971[3], 1-765; vgl. S. CHADWICK-HAWKES 1964, 155-203, C. TAYLOR 1978, 387-393 *(in:* AHRENS, *Hg.).* Zum ags. See-Fernverkehr im 6. Jh. s. H. VIERCK 1970 u. vgl. P. SCHMID 1976, 30-45, bes. 35 f.

753) *Beda, Hist. eccl. V, 11* berichtet üb. die *Boruktuarier*; vgl. P. DERKS 1984, 1-78 u. 1985, 162.

Zeittafel I.: Die CHAUKEN

*(Alle Angaben nach W. LAMMERS 1967, 295-299 m. Abb. 4; zum Namen vgl. M. SCHÖNFELD 1965², 131 f. *Chauchi)*

um Chr. Geb.	*Ingwäon.* Chauci siedeln an der Nordseeküste *(Ems bis Elbe) (TACITUS, Germania 35; PTOLEMÄUS, Geographia II, 11; STRABO, Geographica VII, 1, 3; PLINIUS, Historia naturalis IV, 13, IV, 99, XVI, 1 f.; Historiae Augustae, Vita Didii Juliani I, 6)*
12 v. Chr.	Vorstoß der Flotte des DRUSUS in chaukisches Gebiet *(CASSIUS DIO, Historia Romana 54, 32)*
5 n. Chr.	Klientelvertrag der Chauken mit TIBERIUS *(VELLEIUS PATERCULUS, Historiae Romanae II, 106)*
14 n. Chr.	Römische Garnison im Chaukenland *(TACITUS, Annales I, 38)*
15 n. Chr.	Chaukische Hilfstruppen unter GERMANICUS *(TACITUS, Annales I, 60)*
16 n. Chr.	Sieg mit den Römern über ARMINIUS bei Idistaviso a. d. Weser *(TACITUS, Annales II, 17). Angeblich aber chaukische Fluchthilfe für ARMINIUS und INGUIOMERUS.*
28 n. Chr.	Unabhängigkeit von Rom wohl nach dem Friesenaufstand
41 n. Chr.	Niederlage am Niederrhein gegen P. GABRINIUS SECUNDUS *(SUETONIUS, De vita Caesarum, Claud. 24)*
47 n. Chr.	CORBULO wehrt Chaukenüberfall a. d. gallischen Küste ab *(TACITUS, Annales XI, 18 ff.)*
58 n. Chr.	Chauken verdrängen Ampsivarier von der unteren Ems *(TACITUS, Annales XIII, 55 ff.)*
69/70 n. Chr.	Chaukische Beteiligung am Bataveraufstand des CIVILIS *(TACITUS, Historiae IV, 79, V, 19)*
um 100 n. Chr.	Eindringen in die Angrivariergebiete weseraufwärts *(TACITUS, Germania 33 entnehmbar).* Nach Vertreibung der Brukterer durch die Angrivarier von der Lippe.
um 100 n. Chr.	Weserregion bis zur Chattengrenze nun in chaukischer Hand *(TACITUS, Germania 35 entnehmbar)*
um 170 n. Chr.	DIDIUS JULIANUS verhindert chauk. Vordringen i. d. *Belgica (PLINIUS, Historiae Augustae, Vita Didii Juliani I, 6)*

Seitdem keine sicheren historischen Nachrichten mehr über die Chauken!

Mitte 4. Jahrhundert n. Chr. ‚*Haci*', auf der TABULA PEUTINGERIANA Nachbarn der Chamaven u. Franken im Niederrheingebiet, identisch mit „*Chauci*"? M. LINTZEL vermutet Ursprung der Franken in den Chauken;

etwa 4. Jahrhundert n. Chr. ‚*Cauci*' auf der Karte des Geographen JULIUS HONORIUS nur *(viel ältere)* Erinnerung?

Um 400 n. Chr. Dichter CLAUDIAN in ‚*De consulatu Stilichonis*' u. ‚*In Eutropium*' nennt *Cauci* zuletzt.

Zeittafel II.: Die SACHSEN (A)

(Angaben nach W. LAMMERS 1967, 282-289 m. Abb. 3; zum Namen vgl. M. SCHÖNFELD 1965², 199 f. ,Saxones')

um 150 n. Chr.	Erstnennung der Saxones als östl. Nachbarn der Chauken *(PTOLEMÄUS, Geographia II, 11, 7)*
275-287 n. Chr.	Die britannische Flotte im Einsatz gegen sächs. Piraten *(gem. H.D.L. VIERECK 1975, 231)*
um 285 n. Chr.	Sachsen scheinen Salier aus der Ijsselgegend abzudrängen *(ZOSIMUS III, 6, 3, gem. zu folgern)*
286 n. Chr.	Sachsen und Franken plündern die nordgallische Küste *(EUTROPIUS, Breviarium ab urbe condita IX, 21; OROSIUS VII, 25, 3)*
284-305 n. Chr.	Bildung der *,ala Saxonum'* wohl durch DIOKLETIAN *(Notitia dignitatum, hier nach H. W. BÖHME 1976, 205; vgl. auch obige Anm. 689)*
um 290 n. Chr.	CARAUSIUS begegnet i. A. d. MAGNENTIUS Sachsen m. Maßnahmen *(hier nach H. W. BÖHME 1976, 205; CARAUSIUS starb im Jahre 293)*
um 297 n. Chr.	Einrichtung des *,litus Saxonicum'* zur Küstenabwehr *(... a. d. nordgall. u. südostbrit. Gestaden; lt. Vermutung v. LAMMERS, s. o.)*
um 350 n. Chr.	Sächs. Hilfstruppen für MAGNENTIUS gegen CONSTANTIUS *(JULIAN, orationes I u. III, ed. BIDEZ S. 51 u. 124; vgl. EUTROPIUS X, 12 n. F. HAHN 1855)*
358 n. Chr.	Sächs. „Kouaden“ verdrängen Salier von der Bataverinsel *(ZOSIMUS III, 6, 3; vgl. AMMIANUS MARCELLINUS, Res gestae XVII, 8)*
um 360 n. Chr.	Plünderungszüge der Sachsen gegen Britannien *(AMMIANUS MARCELLINUS, Res gestae XXVI, 4, 5 u. vgl. XXVII, 8, 5 u. XXVIII, 2, 12)*
368 n. Chr.	Comes THEODOSIUS schlägt Sachsenflotte in Nordgallien *(PACATUS, Panegyrici II, 5; THEODOSIUS wird hier ,Saxonicus' genannt)*
370 n. Chr.	Sachsen und Franken bekämpfen Römer auf Bataverinsel *(hier nach H. W. BÖHME 1976, 206)*
um 370 n. Chr.	Wohl in Flandern gerät eine sächs. Truppe in röm. Hinterhalt *(AMMIANUS MARCELLINUS XXVIII, 5 u. XXX, 7, 7; OROSIUS VII, 32 spricht v. VALENTINIANS Sieg)*
388 n. Chr.	Sächsische Raubfahrten an der gallischen Küste gemeldet *(AMBROSIUS, ep. 40, 23)*
Ende 4. Jh.	Sächs. Seefahrer gelangen bis zu den Orkneyinseln *(gem. CLAUDIANS Preisgedicht auf des HONORIUS 4. Konsulat, MG Auct. ant. 10)*

407 n. Chr.	Abzug der letzten röm. Truppen aus Britannien *(hier nach J. FILIP 1969, Sp. 1185)*
ab 407	Sächs. Expeditionen nach Britannien von Unterweser u. -elbe *(vgl. J. FILIP 1969, Sp. 1185)*
429 n. Chr.	„Halleluja-Schlacht"; brit. Abwehr von Sachsen und Pikten *(. . . bei Verulam, heute St. Albans; s. Vita GERMANI episcopi Autissiodorensis, MG SS rer. Merow. VII)*
451 n. Chr.	Sachsen kämpfen unter AËTIUS gegen die Hunnen *(JORDANES, Getica 191)*
456 n. Chr.	Angriff der Sachsen auf die Aremorica *(SIDONIUS APOLLINARIS, carm. VII, 369 u. vgl. 390)*
um 460 n. Chr.	Von Loire-Inseln aus letzte röm.-gall. Stellungen angegriffen *(GREGOR von Tours II, 18, 19)*
475 n. Chr.	Abweisung sächs. Piraten bei der Gironde durch Westgoten *(SIDONIUS APOLLINARIS, ep. VIII, 6, 13, VIII, 3, 3, VIII, 9, 21 ff.; vgl. VENANTIUS FORTUNATUS, carm. III, 4)*
ab 449 n. Chr.	Sächs. Invasion in Britannien, sicher schubweise, *(vgl. BEDA I, 15, V, 24)*
um 495 n. Chr.	Sachsen, Angeln u. Jüten haben sicher Fuß in England gefaßt *(vgl. C. VON SCHWERIN 1915/16, 71 f., in HOOPS, R. L.)*
519 n. Chr.	Erste Erwähnung sächsischer Könige in England *(vgl. C. VON SCHWERIN 1915/16, 71 f. in HOOPS, R. L.)*
531 n. Chr.	Angeblich Beteiligung an der Zerstörung d. Thüringerreiches *(RUDOLF, Translatio s. Alexandri, MG SS II; WIDUKIND I, c. 9-14 u. Annal. Quedlinburg., MG SS III)*
um 550 n. Chr.	Kämpfe tributpflichtiger Sachsen mit den Franken *(GREGOR v. Tours IV, 10 u. 14; VENANTIUS FORTUNATUS, carm. VI, 1, 74; MARII episc. Avent. chron.)*
um 550 n. Chr.	CHLOTHAR u. Sohn CHILPERICH schlagen Angriff d. Sachsen ab *(VENANTIUS FORTUNATUS, carm. IX, 1, 73 ff.)*
um 565 n. Chr.	Fränk. dux LUPUS feiert Sieg über Sachsen und Dänen *(VENANTIUS FORTUNATUS, carm. VII, 7, 50 ff.)*
567/568-573	Italienzug v. 20 000 Sachsen unter Langobardenkg. ALBOIN *(GREGOR v. Tours IV, 42, V, 15; FREDEGAR III, 68; PAULUS DIACONUS II, 5 ff.; WIDUKIND I, 14)*
um 700 n. Chr.	Eroberung des Boruktuariergebietes a. d. mittleren Lippe *(BEDA V, 11; vgl. Kosmograph v. Ravenna IV, 17)*

Zur Zeitstellung der Weser-Runenknochen

Es mag vielleicht verwundern, daß der - für das Gesamtverständnis höchst wichtigen - Frage nach der Zeitstellung der Oldenburger Weser-Runenknochen hier kein eigenes Kapitel gewidmet wird. Im wesentlichen liegt das daran, daß von naturwissenschaftlicher Seite aus keine *sichere* zeitliche Zuordnung dieser Funde geliefert werden konnte.

Die Bestimmung der gebundenen Aminosäuren in den Knochen, welche als materialschonendes, unaufwendiges und kostengünstiges Orientierungsverfahren durchgeführt wurde, ließ von vornherein keine absolut-chronologisch verläßlichen Daten erhoffen. Die Alterszuweisungen in den Zeitraum des 5. bis 9. nachchristlichen Jahrhunderts, darin schwerpunktmäßig in das 7.-8. Jahrhundert, scheinen insgesamt gesehen zu jung ausgefallen zu sein. Wie mitgeführte Eichproben zeigten, repräsentieren Knochen, die überdurchschnittlich guten Konservierungsbedingungen ausgesetzt waren, anscheinend „zu hohe“ Werte, aus denen dann „zu junge“ Daten resultieren; Grund dafür dürfte sein, daß die bestehenden Umrechnungsformeln am Material von Knochen gewonnen wurden, die z. T. wesentlich ungünstigeren Lagerungsbedingungen unterworfen waren, als beispielsweise die Weserknochen.

Um den Ergebnissen der AMS-^{14}C-Analyse - die Rede ist ohnehin nur von den glaubwürdigen - Beweiskraft zumessen zu können, müßten erst weitere Kontrollmaßnahmen erfolgen. Da die Weserknochen selbst - bei einigen handelt es sich ja lediglich um Fragmente - gegenwärtig kaum weitere Materialentnahmen zulassen, bleibt abzuwarten, ob die Zukunft des AMS-^{14}C-Verfahrens uns Möglichkeiten einer noch größeren Probengenügsamkeit bei sogar erhöhter Genauigkeit beschert. Zu den Runenknochen liegen uns im einzelnen die folgenden Daten vor:

OL 4988	A :	2460 v. Chr. - 2300 v. Chr.	*(Fehlmessung!)*
	B :	560 n. Chr. - 740 n. Chr.	*(Reinprobe ^{14}C)*
	B1:	660 n. Chr. - 880 n. Chr.	*(dto. Kontrolle ^{13}C)*
	C :	85 v. Chr. - 25 n. Chr.	*(Unreinprobe ^{14}C)*
	C1:	125 v. Chr. - 5 n. Chr.	*(dto. Kontrolle ^{13}C)*
OL 4990	A :	310 n. Chr. - 450 n. Chr.	*(einzige Messung)*
OL 4991	A :	2800 v. Chr. - 2460 v. Chr.	*(Fehlmessung!)*
	B :	355 n. Chr. - 505 n. Chr.	*(Unreinprobe ^{14}C)*
	B1:	275 n. Chr. - 445 n. Chr.	*(dto. Kontrolle ^{13}C)*

Dazu wurden mir aus Bern und Zürich die folgenden Mittelwertberechnungen mündlich mitgeteilt, denen diejenigen aus der Aminosäurenbestimmung gegenübergestellt sind; *(in Klammern dahinter die Ergebnisse meiner eigenen, rein mathematisch ermittelten Berechnungen):*

OL	AMS-^{14}C	Aminosäuren	^{14}C-Mittelwerte *(P. P.)*
4988	380-500 n. Chr.	500-760 n. Chr.	*(355-410 n. Chr.)*
4990	350-450 n. Chr.	610-850 n. Chr.	*(310-450 n. Chr., s. o.)*
4991	380-500 n. Chr.	480-760 n. Chr.	*(390-470 n. Chr.)*

In graphischer Umsetzung sind die von Frau RIESEN *(Bern)* und Herrn Prof. WÖLFLI *(Zürich)* angegebenen Mittelwerte, über deren Rechenweg sich von hier aus nichts aussagen läßt, folgendermaßen darzustellen:[754]

(Inv. Nr. OL: AMS-^{14}C-Datum; ——— : Aminosäuren-Dat.)

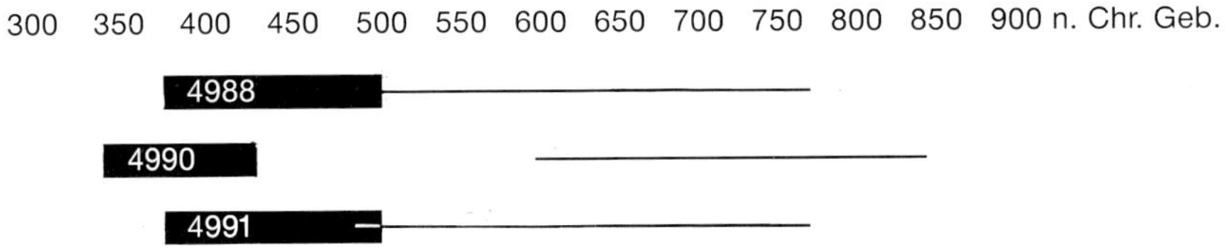

754) Vgl. H. STEUER / W.-D. TEMPEL 1968, 21-28 zur hier gewählten graph. Darstellungsweise.

Die Kontaminationsquellen, welche zu o. g. Fehlmessungen führten, näher zu bestimmen, war im vorliegenden Fall leider nicht möglich.[755]

Nachdem hier die naturwissenschaftlichen Ergebnisse zur Altersstellung der Runenknochen dargelegt und die diesbezüglichen Vorbehalte gekennzeichnet worden sind, soll uns nun die philologische Einschätzung der Funde in der Vergangenheit beschäftigen. Hierzu wurden hauptsächlich drei Meinungen vertreten:

1. VON BUTTEL-REEPEN nahm die „archaisch anmutende" Form der *u*-Rune ᚢ zum Anlaß für eine sehr frühe Datierung der Knochen in das 2. bzw. frühe 3. Jahrhundert n. Chr.
2. KARSTEN *(s. o.: 350/400 - 550/600, wahrsch.: 6. Jahrhundert n. Chr.)*, LASCH *(s. o.: 5./* ***6.****/7. Jahrhundert)* und VON FRIESEN *(5./6. Jahrhundert, gem. Brief vom 16. 4. 1928 an VON BUTTEL-REEPEN)* gingen für ihren Zeitansatz von den Wort- und Sprachformen aus.
3. Der entwickelte Typ, den das für einheimisch gehaltene Schiff auf OL 4990 zeigt, bedingte offenbar den sehr späten Ansatz von JACOB-FRIESEN und MÜLLER-BRAUEL ins frühe Mittelalter, welchem NECKEL folgt *(9./10. Jahrhundert)*.[756]

Zu 1.: Diese frühe Datierung fand in wissenschaftlichen Kreisen keinen Widerhall, weil sie zu wenig begründet ist; wie wir weiter oben hörten, schloß VON BUTTEL-REEPEN zeitweise selbst eine mesolithische Datierung der Runenknochen nicht aus!

Zu 3.: Da die Annahme einer „prachtvollen Kogge" (MÜLLER-BRAUEL) jeder Berechtigung entbehrt *(s. o.)* und es sich zudem hier eindeutig um *Runen der älteren Reihe* handelt, ist diese späte Zeitzuweisung abzulehnen.

Zu 2.: Auf diese zeitlichen Vorstellungen der Philologen ist im folgenden näher einzugehen.

Daß der unterste Datierungsansatz, mit dem VON FRIESEN und LASCH für die Runenknochen rechnen *(5. Jahrhundert)*, nicht zu niedrig gegriffen ist, dürfte anhand der Angabe DÜWELS erhärtet werden können:

„In den Inschriften des 2.-4. Jahrhunderts, die jedoch vielfach nur aus einem Wort bestehen, gibt es *noch keine durch besondere Zeichen markierte Worttrennung.*"[757]

Alle drei Oldenburger Runenknochen enthalten aber solche Trennzeichen, OL 4990 und 4991 in der sehr gebräuchlichen Form ⁏ sowie OL 4988 in der kalligraphischen Sonderform ᛝ, welche nach unserem Verständnis die als *Ing*-rune verteidigte Version ᛜ beinhaltet *(weil einschließt, s. o.)*.

Daß das 6. und 7. Jahrhundert, das erstere ziehen KARSTEN, LASCH und VON FRIESEN in Betracht, während das letztere nur noch von LASCH erwogen wird, mit nur sehr geringer Wahrscheinlichkeit für den zeitlichen Hintergrund der Weserknochen in Frage kommen, ist aus historischen Gegebenheiten zu folgern: Zwar ist das Schiffsbild auf Runenknochen OL 4990 zeitlich nicht genauer definierbar, doch handelt es sich immerhin mit Sicherheit um ein *römisches Schiff*, was zumindest LASCH und VON FRIESEN nicht wußten. KARSTEN dagegen berücksichtigte *(s. o.)* diese Tatsache bereits und gelangte dadurch auch zu einer vergleichsweise älteren Datierung. Für das 6. und besonders das 7. Jahrhundert scheint ja ein sächsischer Überfall zur See auf röm. Angriffsziele *(s. Zeittafel II.)* wenig akzeptabel zu sein.

In diesen Zusammenhang einer Argumentation für ausschließlich das 5. Jahrhundert paßt der *(s. o.) ‚missing-link-Status'* der neu erschlossenen *Ing*-Rune OL 4988 ᛝ, indem hier angenommen wird, daß die nordische *ŋ*- Rune ᛜ zwecks besonderer Auszeichnung ihrer *ingwäonischen* Bedeutung zwischen zwei Trenner ⁏ᛜ⁏ gestellt wurde und so zum Prototyp der für den angelsächsischen Bereich signifikanten *ŋ*-rune ᛝ wurde.

755) Zur Frage der Zuverlässigkeit der ^{14}C-Altersbestimmung an Knochen vgl. bes. M. A. GEYH / E. GUHLICH 1970, 9-16. Die STIFTUNG VOLKSWAGENWERK finanzierte die Aufbereitung der 2. Probenreihe in Miami, USA *(Dr. TAMERS)*. Die Mitarbeit der Physikal. Institute in Zürich u. Bern an diesem Projekt erfolgte dankenswerterweise ohne Kostenberechnung.

756) H. MÜLLER-BRAUEL 1928, 233 f. berichtet über die *Oldenburger Tagung des Nordwestdeutschen Altertumsverbandes im April 1928.* Von ihm erfahren wir einerseits über die Erklärung des Herrn „Direktor Jakob Friesen" *(gemeint ist Karl Hermann* JACOB-FRIESEN*)* zur Zeiteinschätzung der Weserknochen, wie andererseits über die Reaktion des Fachpublikums auf die „Faustkeile" *(aus der vermutlich* AHRENS'schen *Produktion, s. o.)*: Dem Bericht nach hielt man diese Stücke allgemein lediglich für Nicht-Artefakte und keineswegs für Fälschungen. Wie den obigen Anm. 2 und 84 zu entnehmen ist *(s. den Text dazu)*, hegte anscheinend nur SCHWANTES Verdacht. Interessant ist auch MÜLLER-BRAUELS Hinweis auf die Fachsitzung am Vortag, in der *„einstimmig die zweifelsfreie Echtheit" des gesamten Weserknochen-Komplexes „anerkannt" wurde,* zu dessen Erwerb dem Oldenburger Museum schließlich Glück gewünscht wird. Vgl. G. NECKEL 1930, 174 f., welcher hinsichtlich seiner Datierungsvorstellungen auf MÜLLER-„BREUEL" verweist.

757) K. DÜWEL 1983^2, 9.

Im Zusammenhang mit der Schiffsdarstellung OL 4990 ist an den Hinweis von Herrn Prof. D. ELLMERS - s. o. dessen Expertise - zu erinnern, *daß die Germanen erst ab der 2. H. d. 4. Jhs. von der Paddel - zur Rojetechnik übergingen.* Dieses Schiffsbild, das die *römischen Rojer* in korrekter Rudererstellung zeigt[758], steht typologisch der Darstellungsweise des ebenso halbmondförmig-bauchigen, *germanischen Ruderschiffes auf dem Häggeby-Stein* am nächsten *(5. Jh.; vgl. Abb. 46e).* Auf den beiden gotländischen Bildsteinen des 5./6. Jahrhunderts *(Stenkyrka, Abb. 50b)* und des 5. Jahrhunderts *(Abb. 50c)* ist der Schiffsrumpf dagegen eher länglich und flach und zeigt erst an Bug und Heck einen hohen, rundlichen Aufschwung.

Vergleichen wir nun die Bilddarstellung des Runenknochens OL 4988 *(Abb. 46b)* mit dem oberen Ring des goldenen Runenhornes von Gallehus *(Anfang 5. Jahrhundert; vgl. Abb. 46a)* und der Tierkampfszene auf dem Häggeby-Stein *(5. Jh.; vgl. Abb. 46d),* so stellen wir fest, daß Häggeby nicht nur inhaltlich, sondern auch stilistisch OL 4988 näher steht als Gallehus, wenn man davon absieht, daß den Häggebyer ‚Jägern' jegliche Kopfzier fehlt. Die Szene dieses wohl bedeutsamsten obersten Ringes des Goldhornes - nur auf diesem sind Gehörnte, vermutlich Götter, zu sehen - zeigt die anthropomorphen Figuren in Frontansicht und daher ohne direkten Bezug zu den sie umgebenden Tieren. Ob die beiden *cornuti* tatsächlich ungegürtet waren oder nicht, läßt sich mit letzter Sicherheit kaum mehr feststellen, da wir aufgrund des endgültigen Verlustes der Originale *(Horn A und B)* auf die recht unterschiedlichen Zeichnungen angewiesen sind, die vor Diebstahl und Einschmelzung der Hörner angefertigt wurden.[759] Daß beide Schwertträger links einen auffälligen Gürtel tragen, der jeweils zu einer verzierten Öse der Tragevorrichtung des Hornes ausgearbeitet wurde, könnte dafür sprechen, daß auch die gehörnten ‚Götter' gegürtet waren. Zwischen Gallehus und OL 4988 lassen sich zwei inhaltliche Berührungspunkte nennen:

1. Die auffällige Kopfzier des Hörnerpaares; nach unserer Auffassung ist der ‚Jäger' auf OL 4988 lediglich aus perspektivischen Gründen mit nur einem Horn versehen, in der Frontansicht wäre ein zweites zu ergänzen.
2. Speer/Lanze als Detail des Bewaffnungsensembles.

Zu beiden aufgeführten Punkten ist festzustellen, daß diesbezüglich zwischen Gallehus und Häggeby keinerlei Berührung besteht. Mehrere Vergleichsmomente gibt es zwischen Häggeby und OL 4988:

1. Die gehörnten ‚Pferde' *(s. obige Ausführungen).*
2. Die Bedrohung dieser Tiere durch erhobene Waffen.
3. Die Zeichnung der ‚Götter' in der Wechselperspektive.
4. Die Gleichartigkeit der Beingestaltung und -stellung.
5. Axt/Hammer als Detail des Bewaffnungsensembles.
6. Gürtung, durch zwei waagerechte Parallelen angegeben.

Wie erwähnt, könnte in der Wahl der Bildmotive - Tierkampf einerseits und Schiff andererseits - eine weitere, topische Anschlußmöglichkeit vorliegen, etwa in der Form:

a) Erklärung eines feindlichen Schiffes zum „Totenschiff" durch Runenzauber und/oder magische Speerwurfweihe *(vgl. Häggeby-Schiffseite, OL 4990 u. Stenkyrka etc., s. o.)*;
b) Symbolisierung des Feindes durch Darstellung als gehörntes „Opfertier", welches - bei Pferden ggf. nach ritueller ‚Hengsthetze' - letztlich getötet wird *(vgl. Häggeby-„Hengstkampf", OL 4988, den gotländ. Grabstein Abb. 48c).*[760]

758) Siehe die Abb. 41 zu Anfang des Kap. 5.3.1. u. vgl. dageg. die *röm.* Darstellung des *gepaddelten ags. Kriegsschiffes* aus der 1. H. d. 4. Jhs. auf Abb. 50 a.

759) Ole WORM ließ das runenlose Horn im Fundjahr 1639 in einem Kupferstich dokumentieren, was jedoch nicht zu seiner Zufriedenheit gelang. Vom 1734 gefundenen Runenhorn besitzen wir die Stiche von KRYSING, PAULLI und FRITZSCH 1734, sowie von FROST 1736. Gleichwohl ist der Stich von FRITZSCH eine Kopie des erst 1736 veröffentlichten Kupferstiches von FROST. In KRYSINGS Version scheint der *speerbewehrte Gehörnte* auch *gegürtet* zu sein. Vgl. G. GJESSING 1934, 257 ff. u. bes. E. Graf OXENSTIERNA 1956 zur Kritik der verschiedenen Stiche u. zur abenteuerlichen Geschichte der Hörner.

760) Vgl. zu letztgenanntem Grabstein auch den etwa gleichaltrigen von *Martebo*, siehe W. KRAUSE / H. JANKUHN 1966, Nr. 99 Anm. mit Taf. 48, hier insbesondere zum Stil der beiden Reiter. Zu den sehr undeutlich gewordenen Runen dieser Steinplatte ist nachzutragen, daß hier neben *Belland (KJ 83, s. o.)* und OL 4988 u. 4990 der einzig bekannte Fall vorliegt, in dem die *k*-Rune die *volle Zeilenhöhe* erreicht.
Einen auffälligen, da vertikal gegliederten, *doppelstrichigen Gürtel* trägt der Reiter auf dem Runenstein von *Möjbro (um 450; KJ 99 m. Taf. 47),* der vom Typus her den Martebo-Reitern vergleichbar ist. Mit einem *doppelstrichigen Gürtel* ist auch der Mann auf dem Runenstein von *Krogsta (K J 100 m. Taf. 48)* versehen, dessen Seitstellung der Beine, welche dem späteren *‚Knielauftypus'* der Gehörnten von Torslunda und Sutton Hoo *(s. o. und vgl. unten)* vorausgehen dürfte, Häggeby und OL 4988 sehr ähnelt. KRAUSES Datierung „um 550" ist möglicherweise etwas ‚zu jung' ausgefallen.

Nun ist zu berücksichtigen, daß von den Motiven OL 4988 und Häggeby, respektive deren Details, sich folgende auch auf den anderen Reifen der beiden Goldhörner wiederfinden lassen:

a) Anthropomorphe Figuren mit Gürteln,
b) solche mit Äxten,
c) solche, die Tiere bedrohen, und
d) ein Tier mit halbmondförmigem Horn.

Damit bleiben zwischen Häggeby und OL 4988 mit der Wechselperspektive und der damit vielleicht verbundenen, charakteristischen Gestaltung der Beine nur noch zwei direkt parallelisierbare Einzelheiten übrig. Das sind ebensoviele Berührungspunkte, wie sie zwischen Gallehus und OL 4988 *(Speer und Hörner der ‚Götter‘)* bestehen.

Die Häggeby-‚Pferde‘ stehen ihrerseits typologisch den ‚Pferden‘ der C-Brakteaten sehr nahe *(vgl. hier z. B. Abb. 48a, Åsum, sowie 48b, Schonen V).* Das gilt insgesamt für die dynamisch geschwungenen Körperformen, wie auch für einzelne Kennzeichen, z. B. die klauenförmigen Hufe, die sich bei zahlreichen Brakteatentieren nachweisen lassen.
Weiter entfernt vom Beginn der Brakteatenzeit, welche etwa von 450-580 n. Chr. reicht, scheint dagegen das ‚Pferd‘[761] auf Weserknochen 4988 zu sein. Auch wenn hier nur das Tierhaupt mit Hörnerschmuck und Halsansatz graviert wurde, ergeben sich anscheinend doch hinreichende Kriterien für die Untermauerung eines wahrscheinlichen Datierungsansatzes:

a) Der ‚Pferdekopf‘ OL 4988 ist nicht als ein geschlossenes Oval vom Hals des Tieres abgegrenzt, wie bei Häggeby, Åsum und Schonen V, sondern der gesamte Umriß in einer durchgehenden, nicht weiter aufgeteilten Konturlinie gezeichnet, wie bei den Gallehus-Tieren auch.
b) Dem Halsansatz fehlt der bogige Ausschwung nach hinten; vgl. die Beispiele unter a).

Für die Diskussion der Feindatierung der Weser-Runenknochen geben die Gehörnten von Torslunda, Ekhammar, Sutton Hoo und Finglesham *(Abb. 47 a-d)* auf den ersten Blick wenig her, da sie allesamt ins 7. Jahrhundert anzusetzen sind. Es kann aber konstatiert werden, daß ihr Kopfschmuck regelhaft ∪-förmig auslädt, um dann in gegenständigen Spitzen zu enden, ganz wie bei den Häggeby- und den Brakteaten-‚Pferden‘, wenn auch nicht *(wie dort)* ohne besonderen Abschluß oder in Form von Kugeln, sondern in Vogelkopfprotomen. Der Graveur des Runenknochens OL 4988 differenzierte dagegen zwischen der Darstellung der Hörner bei Gott/Mensch und Tier, indem er erstere von der Stirn nach hinten, letztere jedoch nach vorn gebogen ritzte. Folglich muß man sich für die Frontansicht das Hörnerpaar des „Anthropoiden“ ∿-förmig nach außen gerichtet *(wie bei Gallehus),* das des Tieres hingegen ∪-förmig nach innen gerichtet vorstellen *(s. Häggeby).* Alles in allem erscheint daher ein vorsichtiger Versuch, die Oldenburger Runenknochen zeitlich näher zu bestimmen, denkbar, nachdem die ersten Jahrhunderte *(1.-4. n. Chr.)* und das *6. und die ff.* aus o. g. Gründen *ausgeschlossen* wurden: *5. Jh. n. Chr., wahrscheinlich 1. Hälfte,* wegen der augenscheinlichen Zwischenstellung zwischen Gallehus einerseits und Häggeby und dem Brakteatenhorizont andererseits. Wie erwähnt, widerspricht diesem vorläufigen Zeitansatz bisher kein anderes Ergebnis *(z. B.* ^{14}*C). Allgemein wird man die Entstehungszeit dieser Funde an den Ausgang der RKZ und den Beginn der VWZ setzen dürfen, doch sollte diese Angabe lediglich als Anstoß für eine hoffentlich recht breit angelegte - fachliche Diskussion verstanden werden.*

761) Vgl. dazu o. g. Gründe für diese Determination, wenngleich nicht bestritten wird, daß auch dem Rind als Opfertier eine gewichtige Rolle zukam, s. A. PAULY / G. WISSOWA 1929, Reihe 2, Halbbd. 6, Sp. 2512 ff.; zur Zeitstellung der Brakteaten s. W. KRAUSE / H. JANKUHN 1966, 237 f. etc. und vgl. K. HAUCK 1969, 27 ff. *(FMASt. 3).*

6. Ausblick

Zum Schluß soll kurz dargestellt werden, welche Neuigkeiten die Zukunft möglicherweise zu den hier vorgelegten Ergebnissen einer siebenjährigen Untersuchung erwarten oder erhoffen läßt.

Das umfangreiche Quellenmaterial zur Fund- und Forschungsgeschichte der Weser-Runenknochen, das zu Beginn dieser Arbeit präsentiert wurde, dürfte voraussichtlich keine wesentlichen Erweiterungen erfahren. Nicht ganz auszuschließen ist, wie eigentlich immer, der sogenannte „unerwartete Glücksfall", der darin bestehen könnte, daß sich ein Zeitgenosse des Ludwig AHRENS näherer Angaben des mutmaßlichen Finders dieser Stücke zu den damaligen Fundumständen erinnert; vielleicht existieren sogar irgendwo bisher unbeachtete Notizen zu diesem Fall.

Einige naturwissenschaftliche Untersuchungen sind geplant, andere bereits vorbereitet, deren Eignung als Qualifikations- oder als Dokumentationsverfahren unter dem Gesichtspunkt der vorliegenden Fragestellung noch nicht beurteilt werden kann. Zu nennen sind hier:

1. *Die kombinierte Rasterelektronenmikroskop/Mikrosonden-Analyse, mittels derer in die osteologischen Mikrodimensionen rezenter und subfossiler Knochen eingedrungen werden soll, um lagerungsbedingte Veränderungen (z. B. Usurenbildung und Mineralisation) zu erforschen.*[762]
2. *Die makroskopische und lichtschnittmikroskopische Untersuchung von bearbeitetem Knochenmaterial, das ähnliche oder gleichartige, lagerungsbedingte Veränderungen (s. Kap. 4.) aufweist wie die Runenknochen; hierzu kommt beispielsweise womöglich ein Teil der in der Abb. 52 gezeigten Artefakte in Betracht.*
3. *Die chemo-physikalischen Experimente zur Frage der Fälschbarkeit von Alterungsmerkmalen in Knochengravuren sollen nach Möglichkeit weitergeführt* werden.[763]
4. *Die Darstellbarkeit des Unterschiedes zwischen rezent und alt beritzten, subfossilen Knochen mittels moderner optischer Verfahren - wie z. B. durch Äquidensiten, Höhenlinien, Falschfarben*[764] *und Holographie - soll weiterhin erprobt werden.*

Abzuwarten ist die Reaktion seitens der Philologie auf die hier unterbreiteten Vorschläge und die daran geknüpften, teilweise recht weitreichenden Hypothesen, z. B.:

a) Den hier vorgelegten Transkriptions- und Lesungsansatz,
b) die damit verbundenen Gedanken zur Typologie der *η*-Rune,
c) den Versuch einer neuen Etymologie des Königstitels,
d) die Lesungsvorschläge zu Illerup, Kragehul, Raskwerd etc.,
e) die Vermutungen zur Geschichte des *-ing* - Suffixes,
f) die Überlegungen zu *„Hengist* und *Horsa"*, den *Dioskuren* etc.

Die - sicherlich notwendige - Prüfung der in dieser Arbeit vorgelegten, oft rein hypothetischen Gedankengänge überschreitet jedoch entschieden Kompetenz und Möglichkeiten des Verfassers, der sich diese wichtigen Prüfungen seiner Ideen von zuständiger Seite aus erhofft.

Manchem Kritiker wird vielleicht die Unbekümmertheit, mit welcher hier beispielsweise der Versuch einer neuen Etymologie des Königstitels gewagt wurde, verwegen vorkommen - das insbesondere angesichts der seit Forschergenerationen offen gebliebenen Unklarheiten -, doch beansprucht dieser Denkanstoß, der ja nicht von

762) Die dazu notwendige Anfertigung von Dünnschliffen ordnete Herr Dr. Alfred SCHNEIDER vom Inst. f. Geologie der Univ. Göttingen im September 1985 an; die eigentliche Untersuchung steht noch aus. Vgl. zu den Aussagemöglichkeiten F.-G. MAIER 1974/1975, 185 f., A. WILLGALLIS / F.-F. HELMDACH 1975, 172-183 und bes. H. KIJEWSKI *(1982)/* 1984, 845-852 sowie J. RIEDERER 1987: 30 f. und 47.

763) Daneben werden die Fortschritte auf dem Gebiet naturwissenschaftlicher Datierungsbestrebungen an Knochenmaterial im Auge behalten, siehe z. B. C. A. BAUD 1960, 246-264 *(in : HEIZER & COOK Hg.),* F. GIEGENGACK / R. D. HAYNES 1972, 1 f., M. J. AITKEN 1974, 5.6.2. ff., F.-G. MAIER 1974/75, 141 ff., P. EISENBARTH / P. HILLE 1977, 203-211 und vgl. J. YPEY 1986, 578-583 zur Methodik der Aufklärung eines aktuellen Fälschungsfalles *(Fibeln, angeblich Baggerfunde aus dem Rhein von 1927)* sowie allg. J. RIEDERER 1987.

764) Vgl. zum Beispiel G. KOSSACK / O. HARCK / J. REICHSTEIN *(Hg.)* 1980, 189 Abb. 78 *(Archsum 1)*; die unterschiedlichen Mineralisationsbefunde zwischen den Oldenburger Originalen und Fälschungen *(vgl. Abb. 14 u. 15)* bewirken unterschiedliche Grauwertkontraste im Schwarzweißbild, die sich mittels solcher Verfahren noch verdeutlichen lassen. Die Vorbereitungen hierzu - IR-Aufnahmen auf einem KODAK High Speed 2481 mit IR- und Blaufilter- wurden schon am 15. 9. 1983 von Herrn Prof. W. SCHLOSSER und Herrn W. HÜNECKE im Astronom. Inst. d. Univ. Bochum getroffen. Zu anderen photograph. Darstellungsverfahren vgl. O. LACMANN 1950 u. W. TETZLAFF 1978.

einem spezialisierten Philologen, sondern von einem durchaus „fachfremden“ Prähistoriker gegeben wird, nicht mehr und nicht weniger, als einer angemessenen Diskussion gewürdigt zu werden. Auf heimischerem Boden glaubt sich der seit längerem mit runologischen Problemen beschäftigte Verfasser bei seinem Transkriptions- und Lesungsansatz der Weserrunentexte, wie ebenfalls bei seinem Angriff auf die seit etwa einem halben Jahrhundert erhärteten Normen der Runentypologie zu befinden. Bezüglich der Klassifikation von *Ing-* und *j*-Runenversionen scheinen sich hierbei Festlegungen allmählich durchgesetzt zu haben, die ein typologisch geschulter, aber ansonsten unvoreingenommener Betrachter als unbegründet zurückweisen muß. Zum besseren Verständnis der Situation des Bearbeiters des Falles „Weser-Runenknochen“ sei nochmals darauf hingewiesen, daß eine nicht geringe Anzahl direkter und indirekter Untermauerungen und Bestärkungen dem Verfasser erst im Verlaufe der Niederschrift der vorliegenden Arbeit bekannt wurden, *(vgl. Kap. 5.2.1.).* So wurde z. B. auch die zunächst rein theoretisch erwogene Möglichkeit, den PN *Ulu : hari (auf OL 4991)* zur nordischen Gottheit *Ull(r)* zu stellen, durch die sehr gründliche Argumentation von Magnus OLSEN[765], welcher *Ull(r)* als göttlichen Zwillingsbruder des *(für Runenknochen OL 4988 neu erschlossenen) *Ing : we (-Freyr)* ansieht, im Nachhinein vielleicht nicht unbedeutend gestützt. *Ing(we)* und *Ull(r)* sieht OLSEN als die von *Tacitus* beschriebenen *alcis*[766] an, die besonders bei den weiter oben in der vorliegenden Arbeit erwähnten, *lugischen*[767] *Hazdingen* verehrt wurden und das in Heiligtümern, deren Bezeichnung[768] sich ausgerechnet in den Flurnamen der mutmaßlichen Fundorte der Runenknochen *(Harrien, Harriersand)*, namentlich in deren alten Überlieferungen, zu spiegeln scheinen. Es ist wohl allzu natürlich, zu einer Überspannung des Bogens der Gedankenverbindungen desto mehr zu neigen, je unverhoffter einem solcher Flankenschutz gewährt wird. Möglicherweise sind die Kombinationen, die zu *Hengist*[769] und *Horsa* führen, tatsächlich überzogen, doch sind sie immerhin keineswegs aus der Luft gegriffen, sondern - über ernstzunehmende literarische Brücken, wie aufgezeigt wurde - bei Akzeptanz der *Dioskuren* als *Pferde* nachvollziehbar. Nebenbei wurde belegt, daß *keine der drei Oldenburger Runeninschriften vom Typus her beispiellos ist:*

1. OL 4991 *(Typus: PN mit einer Form von „tun, machen“ etc.)* besitzt Parallelen in o. g. friesischen Inschriften und in KJ 157, Schretzheim *(NN deda, -NN dedun);*
2. OL 4988 konnte hinsichtlich des Hagelzaubers *(der im übertragenen Sinne Verderben der Verfluchten bewirken sollte)* mit KJ 27, dem Speerschaft von Kragehul verglichen werden;
3. OL 4990 ist insgesamt *(„lokom : her“ + röm. Schiff)* direkt an die Seite von *„her . . . lokast“ + Seebeute* in einem der *Beowulf*-Verse zu stellen.

Erstaunlich ist, daß der Gott *Ing(we)*, mit dessen Bedeutung für *England* aufgrund der *ingwäonischen Tradition* von Angeln und Sachsen eigentlich zu rechnen ist, in der englischen Forschung eher unpopulär zu sein scheint[770], obschon er als Heros in der *Ing*-Strophe des altenglischen Runenliedes beschrieben und als *Ingui* - sowie m. E. auch als *Frealaf, Freawine*, eventuell auch als *Saxnot* - in den angelsächsischen Königsgenealogien vertreten ist. Das dürfte nicht nur auf die sehr einseitige Betonung eines wodanistischen Königtums, welches besonders auch für England angenommen[771] wird, zurückzuführen sein. Auch in der englischen Ortsnamen-Forschung werden die keineswegs selten mit dem Element *Ing-* gebildeten ON höchstens mit

765) M. OLSEN 1915.

766) M. OLSEN 1915, bes. Kap. 23 f.; zur damit in Zusammenhang gebrachten Runenformel *alu* vgl. P. PIEPER 1986, 181-200. OLSENS Gedanke, *„Byggvir“ (Alvíssmál 32) - bygg= Gerste, also das Braugetreide schlechthin* - mit *Ingwe-Freyr* gleichzusetzen, war mir leider zum Zeitpunkt der Herausgabe o. g. Aufsatzes noch nicht bekannt *(zu: alu= Bier)*; vgl. O. GRØNVIK 1987 *(Reg.)*.

767) M. OLSEN 1915, bes. 278 zu *Ljúg-, Lýgi* (-), *Lygum, Løgum* etc., auch zu *Raos & Raptos*.

768) *Horg(en), hǫrg-* etc.; vgl. obige Anm. 428 ff. Zunächst könnte man versucht sein, *Harrien* zu *-hari* zu stellen, zumal der Flurname *„Streit*sand“ für die Ostseite des Hammelwardener Ufers überliefert ist, s. H. GOENS 1929, 63.

769) J. DE VRIES 1953, 125-143 *setzt den Hengist des Finnsburg-Stückes mit dem Eroberer Britanniens gleich, den auch die Königslisten nennen;* ebso.: K. SISAM 1953, 326. *Daß Hengist als dänischer Gefolgsmann selbst kein Jüte gewesen sein muß, bemerkt* DE VRIES zu Recht.

770) Vgl. nochmals C. E. FELL 1980, 15-45, bes. 37 f. *zu Freyr ; Ing bleibt dagegen unerwähnt.*

771) Siehe z. B. K. HAUCK 1954, 9-66 und dens. zuletzt 1985, 181 zum „Spitzenahnen“ Woden.

Personennamen, wie *Inga* u. ä. in Verbindung gebracht; an den Gott *Ing* wird anscheinend überhaupt nicht erst gedacht. Während Eilert EKWALL den ON *Tysoe* als dem *Gott Tīw* geweihten Gebirgsausläufer erklärt, leitet er den entsprechenden ON *Ingoe* nur zögernd von einem PN *Inga* ab. Ähnlich ist bei EKWALL zwar des öfteren von der Götting *Frīg*, nie aber von ihrem Bruder *Freyr* die Rede.[772]

Der Verfasser sieht dieses weitgehend praktizierte Ausklammern der Gottheit *Ingwe-Freyr* aus dem angelsächsischen Kulturbereich als unbegründet an und stellt darüber hinaus die Frage nach der Geschichte des *-ing*-Suffixes, dessen vermutlich erst spätere Bedeutung als Zugehörigkeits-, Abstammungssuffix u. dgl. bereits Gegenstand zahlreicher Abhandlungen *(s. o.)* gewesen ist. Auffälligerweise wird dieses *-ing*-Suffix mit Formen belegt, die entweder aus dem „altingwäonischen" *(etwa Norddeutschland und Südskandinavien)* oder dem „neuingwäonischen" Bereich *(nördliche Niederlande, England und Nordfrankreich)* stammen.[773] Daß diese regionalen Einteilungen vorerst sehr grob sind, wird besonders deutlich, wenn man bedenkt, welchen der verschiedenen germanischen Stämme zumindest eine *ingwäonische Wurzel* zugesprochen wird. Edward SCHRÖDER[774] bezeichnet nicht nur die *Sachsen* - einschließlich der in ihnen aufgegangenen *Chauken* und *Cherusker*-, sondern auch die *Besiedler Englands,* also *Angeln, Sachsen* und *Jüten*, wie ferner die *Friesen, Warnen und Thüringer* als Ingwäonen. Siegfried GUTENBRUNNER schließt gegenüber SCHRÖDER auch die *Angrivarier* nicht aus.[775] Nach Georg BAESECKE[776] wird *Inguo* auch als Stammvater der *Langobarden, Burgunder* und *Bayern* genannt. Ernst SCHWARZ erinnert im Zusammenhang mit ON auf *-ing (i/a/um)* daran, daß die *Alemannen* als ein Teilstamm der *Sweben* einst an der norddeutschen Elbe ansässig waren.[777] Schließlich gehen nach Martin LINTZEL[778] selbst die *Franken* auf chaukische, und damit *ing*wäonische Stammesteile zurück.

Die Frage des Verfassers läßt sich hinsichtlich der Geschichte des *-ing*-Suffixes dahingehend konkretisieren, ob dieses nicht vielleicht zuerst ein Wortbildungselement gewesen sein könnte, das Zugehörigkeit zum *ingwäonischen Kultverband* ausdrückte.[779]
Eine klärende Antwort ist hier sicher nur durch eine intensive Beschäftigung mit dieser Fragestellung seitens der Ortsnamenforschung zu erwarten. Möglicherweise ist das bisherige, beziehungslose Nebeneinanderbestehen der PN und ON, die mit den Elementen *Ing-/-ing* gebildet sind, keineswegs so zufällig, wie es sich in den Niederschlägen der gegenwärtigen Namensforschung darstellt, sondern ebenso eng zusammengehörig, wie die PN/ON auf *Hari-/-hari,* an deren identischer Bedeutung niemand zweifelt. Sollte sich die *Hypothese eines ingwäonischen Namenselementes -ing* unterstützen oder gar bis zur Beweiskraft verdichten lassen, so könnten andererseits aus den Zusammensetzungen von Ortsnamen mit *-ing- (z. B. -inga, -ingi, -ingum, -ingen, -ingheim, -ing(a)ham, -ingsted(t), -ingtun/-ington etc.)* wertvolle Hin-

772) E. EKWALL 1960[4], 494 *(Tysoe)*, 263 ff. (*Ingoe, Ingon, Ingham etc., bes. 265*), 186 *(Fraisthorpe)*, 187 (*Franche= „Frēa's ashtree"; Fratton= 982 Frodin(c)gtun; Freefolk= „Frīg's people", vgl. Freethorpe* u. *Fretherne*), 188 (*Fridaythorpe zu Frīg; Fring zu Frēa, „einer Kurzform von PN wie Frēalāf", vgl. Friston* u. *Frodingham*), 189 (*vgl. Frodsham, Frostenden, Frowlesworth, Froyle, Fryerning= 1539 Fryer Inge, sowie Fryrup* etc.). Aufgrund der etymolog. Verwandtschaft des PN-Elementes *Ing-* mit griech. *‚énkhos'= „Lanze"* vermutet EKWALL eine Grundbedeutung *„Spitze, Hügel".* Daß der ON *Ingoe dann tautologisch* etwa *„spitze Spitze"* oder *„hügeliger Hügel" (hoe)* zu übersetzen wäre, scheint dabei weder ihn, noch A. H. SMITH 1956, 282 zu stören. Zum *-ing* -Suffix in engl. ON vgl. Anm. 299 weiter oben, sowie J. K. WALLENBERG 1931, 3, 28, 234, 344; zur Übernahme des Elementes *Ing-/-ing* in amerikan. ON vgl. G. R. STEWART 1970, 204 und 220.

773) Vgl. E. SCHWARZ 1953, 222-230, bes. 223 sowie W. LAUR 1953, 50-73, bes. 60.

774) E. SCHRÖDER *(1933)*/1967, *(5-28)*/207-231.

775) S. GUTENBRUNNER 1935, 193-202, hier: 194.

776) G. BAESECKE 1936, 161-181, bes. 170 *(gem. Widsith; auch Thüringer u. Franken dazu).*

777) E. SCHWARZ 1953, 222-230, hier: 223; ders. ebda. 224 f. stellt fest, daß das *-ing-Suffix in Norddeutschland länger lebensfähig blieb, als in Süddeutschland.* Vgl. dens. ebda. 225 zu H. EHMER 1937, 1-58 (*ags. Gründungen an der französischen Kanalküste zwischen Calais und Boulogne, kenntlich an den -ingtūn-ON*); rez.: T. FRINGS 1939, 81 f.

778) M. LINTZEL 1961, 11 *(Ausgewählte Schriften I).*

779) Auch der Umstand, daß R. VON USLAR 1965, 142 in seiner Besprechung der Arbeit von R. WENSKUS 1961 besonders hervorhebt, daß die *Ingaevonen nach den Quellen nicht Kultverbände, sondern Abstammungsgemeinschaften* seien, mag angesichts des wahrscheinlich späteren Charakters des *-ing*-Suffixes beide Eigenschaften eher verbinden als trennen.

weise zu den Ausdehnungsbestrebungen und Wanderungsbewegungen bestimmter ingwäonischer Stämme gewonnen werden. Freilich müßten diese, wie ebenfalls die Lokalisation mutmaßlicher germanischer Kultplätze mit dem ON-Element *-horg(en)/ -harrie(n)* etc. durch archäologische Untersuchungen erst einmal bestätigt werden.[780]

Die Oldenburger Runenknochen, die - wie gesehen - möglicherweise tatsächlich aus der Weser stammen[781], könnten auch die Frage nach dem *wirklichen Standort des sächsischen Allthings in Marklo an der Unterweser*[782] neu entfachen.

780) Zur unterschiedlichen Verteilung der engl. ON auf *-ingas* und *-ingaham*, die auf chonologische Ereignisse zurückführbar sein dürfte, siehe z. B. A. H. SMITH 1956, Beilage 4.

781) Zu ursprünglich zusammengehörigen Flußfunden vgl. K. RADDATZ 1955, 35-44.

782) Vgl. E. SCHRÖDER 1933, 10 *(≙ 1967, 207-231)*, A. GENRICH 1961, 9-54 mit dem Hinweis auf die *erst jüngst vorgenommene Umtaufe von „Lohe" zu „Marklohe"*, die - entgegen R. DRÖGEREIT 1977, 57 Anm. 35 - natürlich nichts zur Berechtigung der Festlegung dieses Ortes mit dem altsächs. Versammlungsplatz aussagt. Daß so ein Thing wegen der guten Bedingungen für Verkehr, Tiertränke u. Fischfang an großen Gewässern abgehalten wurde, wird man S. GUTENBRUNNER 1935, 198 glauben können.

Zusammenfassung

„Wir sind am Ende. Mein Aufsatz enthält mehr Anregungen als Lösungen. Über große Strecken bin ich . . . nur mit Sorgen gewandert. Der Grund und Boden war mir vielerorts notwendigerweise unvertraut. Aber ich habe das heimische Gelände nicht aus Mutwillen verlassen. Es war der Zwang der Dinge, der mich hinausgeführt hat. Wer nun das Verfehlte auszumerzen, das Schiefe zurechtzurücken hat, bedenke bei dieser ärgerlichen Arbeit, daß etwas gewagt werden mußte."

Jost TRIER 1940/1941, 130 f.

Die vorliegende Arbeit hat höchstwahrscheinlich mehr Fragen aufgeworfen als geklärt, doch war dies nach den ersten naturwissenschaftlichen Beobachtungen kaum mehr anders zu erwarten.
Der Ausgangspunkt der hier vorgestellten Untersuchungen, die Weser-Runenknochen beweiskräftig als Fälschungen zu entlarven, wurde eigentlich glatt verfehlt.

Nachdem im ersten Teil das Quellenmaterial zur Fund- und Forschungsgeschichte dargestellt und der Verdacht eines Zusammenhanges zwischen dem Fälschungsurteil einerseits und der Selbstanzeige zu Maria-Saal andererseits hervorgehoben wurde, erfolgte im zweiten Teil die Beschreibung des naturwissenschaftlichen „Pilotprojektes".

Alle Einzelbeobachtungen führten dabei zu dem Ergebnis, daß die drei runenlosen Knochen OL 4989, 5046 und 5127 im bereits lagerungsveränderten, subfossilen Zustand mit rezenten Gravuren versehen wurden und demnach als Fälschungen anzusehen sind. Dafür sprechen die scharfkantigen, spitzen Ritzungsprofile, welche - im Gegensatz zur nicht bearbeiteten Restoberfläche - in ihren Tiefen nicht nur einen *(bei Echtheit zu erwartenden)* mineralisationsbedingten Veränderungsstatus, sondern auch Usuren als Alterungsmerkmale gänzlich vermissen lassen. Als charakteristische Fälschungskennzeichen sind dagegen Ausbrüche der obersten Kompaktaschicht besonders in „Gravurzwickeln" feststellbar. Die auch stilistisch ohne Sachverstand ausgeführten Bilddarstellungen dieser Knochen spielten, wie anhand der Übergabedaten aufgezeigt wurde, hinsichtlich der Veräußerungsgeschichte der Runenknochen eine nicht unbedeutende Rolle, anfangs als „Marktwertertaster" *(OL 4989),* dann als „Ablenkungsmanöver" von dem bis dahin verdachterregenden, einzigartigen Fundglück nur einer Person *(OL 5046)* und schließlich als Supplement zur Gruppe der Weser-Runenknochen *(OL 5127),* welche mittlerweile „ausverkauft" waren. Typischerweise sind die Bildmotive dieser Fälschungen an den Originalvorlagen der Runenknochen orientiert, dabei aber teilweise mißverstanden *(4989)* und/oder derartig vereinzelt worden, daß schon die Tatsache der sehr unwahrscheinlichen Zufälligkeit einer Erhaltung solcherart konservierter Darstellungselemente inmitten natürlich erhaltener Knochenfragmente *(5046 und 5127)* gegen die Echtheit spricht. Das Material, auf dem diese gefälschten Gravuren angebracht wurden, ist nach Ausweis der modernen Datierungsmethoden überdies auch aus chronologischer Sicht zumeist ungeeignet, um an einen ursprünglichen Zusammenhang mit den Runenknochen denken zu lassen; das zu berechnen, hätte vor einem halben Jahrhundert nicht nur einen sehr weitsichtigen, sondern einen geradezu prophetischen Fälscher verlangt. Ludwig AHRENS war jedenfalls zwar gewieft, aber sicherlich bezüglich der naturwissenschaftlichen Datierungsmöglichkeiten seiner Zukunft *(und unserer Gegenwart)* keineswegs vorausdenkend oder gar „hellsichtig".

Ganz anders fiel die genaue Betrachtung der zweiten Gruppe des Weserknochen-Komplexes aus. Hierzu gehören interessanterweise alle vier Knochen, die entweder Runentexte, oder wenigstens runenartige Zeichen tragen. Auf das letztgenannte Stück *(OL 4987)* soll und kann aufgrund der bislang als unklar anzusehenden Altersstellung des Knochenfragmentes selber nicht näher eingegangen werden. Hier ist wesentlich, ob es sich um eine vorchristliche *(Aminosäurenbestimmung)* oder aber erst mittelalterliche Inschrift handelt *(AMS ^{14}C).* Materialsparende Datierungsmethoden werden hierbei im Auge behalten, in der Hoffnung, das genaue Alter des Gravurmediums dereinst ermitteln zu können.
Doch galt die Aufmerksamkeit, wie der Arbeitstitel zeigt, im wesentlichen den *drei eigentlichen Runenknochen* aus dem Staatlichen Museum für Naturkunde und Vorgeschichte in Oldenburg.

Die drei Weser-Runenknochen *(OL 4988, 4990 und 4991)* wurden in der vorliegenden Arbeit teilweise mit dem Hilfsbegriff „Originale" belegt, da die Profile ihrer Gravuren ein wannenförmig ausgewaschenes, flaches, abgeriebenes Schnittbild - infolge Verwitterung - aufzeigen. Die Gravurtiefen dieser Knochen sind durch Alterungsprozesse *(Usurenbildung und Sekundärmineralisation)* genau so verändert, wie es sich einerseits erwarten läßt und es andererseits am Vergleich mit dem lagerungsbedingten Erhaltungsstatus der unbeschädigten Restoberfläche abzulesen ist. Die Sekundärmineralisation hat außerdem Phänomene morphologischer Art in Gang gesetzt, die bis zum gegenwärtigen Zeitpunkt als *„künstlich nicht reproduzierbar"* also *„unfälschbar"* auch von den Experten des Landeskriminalamtes - (*Dr. G. SCHNUG, Dr. L. KAUP u. Dr. M. GRAMSE am 8. 10. 1983*) - erachtet werden.

Der alte philologisch-archäologische Streit scheint sich dahingehend aufzulösen, daß die Archäologen mit der Vermutung, die Fundgeschichte der Weser-Runenknochen schaue verdächtig aus, durchaus im gleichen Umfang Recht behalten, wie die Philologen mit ihrer Feststellung, die Sprache der Oldenburger Runenknochen sei zu „glatt", um von einem *(genialen)* Fälscher erdacht zu sein, welcher dann einerseits zwar imstande gewesen wäre, die Wissenschaft hinter's Licht zu führen, andererseits aber zu bescheiden, um selbst in das Licht derselben zu treten.

Eines der grundlegenden Ergebnisse der vorliegenden Arbeit dürfte die Sicherheit der Erkenntnis sein, Fälschungen gegebenenfalls leicht und schnell nachweisen, Echtheit aber nie zwingend beweisen zu können, solange umgekehrt nicht die Modellvorstellung von der zumindest theoretischen Möglichkeit einer perfekten Fälschung widerlegt ist.

Wichtig sind auch die Hinweise, die für eine ursprüngliche Zusammengehörigkeit der drei Runenknochen sprechen, die demnach auch im Verband aufgefunden worden sein müssen, um dann - wahrscheinlich aus finanziellen Berechnungen - vereinzelt verkauft zu werden. Daß die *Fundgeschichte sicher gefälscht* ist, ergibt sich aus der Reihenfolge des Verkaufes der Fälschung OL 4989 *vor* Runenknochen OL 4988, der aber zweifellos als Vorlage der gefälschten „Jagdszene" diente. Aus diesen Gründen ist die Möglichkeit, daß die drei Runenknochen nicht nur einen zusammengehörigen, sondern sogar einen vollständigen Kontext beinhalten, nicht *(mehr)* auszuschließen. Findet die hier vorgeschlagene Runenlesung und -deutung Zustimmung, so haben wir in den Oldenburger Texten die - soweit ich sehe - *erste sichere germanische Bestätigung der antiken Quellen über die Ingwäonen vor uns.*

Ist ferner die Ableitung der beiden genannten PN von den Götternamen *Ing(we)* und *Ull(r)* richtig, erfährt die Gleichsetzungshypothese vieler Forscher, welche in eben diesen beiden Göttern die germanischen „Dioskuren"[783] sehen, eine nicht unbeträchtliche Stärkung. Wenn überdies die Annahme einer *bildlichen Wiedergabe dieser göttlichen Zwillingsbrüder durch Pferdeabbreviaturen* begründet ist, so lassen sich **Inghari (OL 4988)* und *Uluhari (OL 4991) als die Träger der kultischen Decknamen ‚Hengist und Horsa'* vermuten, wobei offen bleibt, welcher von beiden *„Hengst"* und welcher *„Stute"* genannt wurde. Magnus OLSENS Vorstellungen über einen engen Zusammenhang der beiden Gottheiten mit dem Vegetationskult erscheinen plausibel. Frappant ist ferner, daß die alten Flurbezeichnungen für *Harrien* und den *Harriersand* - letzterer wurde als möglicherweise tatsächlicher Fundort der Runenknochen in Betracht gezogen - nach OLSEN auf *offene Verehrungsstätten der germanischen Dioskuren schließen lassen.* Die verblüffenden, hier ausgeführten, potentiellen Zusammenhänge, die ohne entschiedene Kritikbereitschaft leicht zu euphorischen Kurzschlüssen neigen lassen könnten, sollen ausschließlich dazu dienen, denkbare historische Gegebenheiten hypothetisch aufzuzeigen. Angesichts der vielen unbewiesenen Prämissen ist uns klar, daß wir uns mittlerweile längst auf philologischem Glatteis befinden. In diesem Sinne ist auch die *Offerte zur Etymologie des Königstitels* und gleichermaßen die *Frage nach der Geschichte des -ing-Suffixes* zu verstehen. Sicherer ist, daß *OL 4988* einen *Unwetterzauber* trägt, welcher allgemeiner als *Vernichtungsfluch* verstanden werden kann und gemäß *OL 4990 gegen röm. Feinde* gerichtet ist. Ob dabei ursprünglich an einen der zahlreich überlieferten Beutezüge oder eher an das angelsächsische Invasionsunternehmen gedacht wurde, kann hier nicht zweifelsfrei beantwortet werden.

783) Zu den *Dioskuren* vgl. zuletzt H. ROSENFELD & K. HAUCK 1985, 482-494 *(im Reallexikon der Germanischen Altertumskunde;* H. BECK / H. JANKUHN / K. RANKE / R. WENSKUS= *Hg.;* J. HOOPS= *Begründer).*

Abkürzungsverzeichnisse

I. Zeitstufen

Paläol.	= Paläolithikum
Mesol.	= Mesolithikum
Neol.	= Neolithikum
BZ	= Bronzezeit
EZ	= Eisenzeit
RKZ	= Römische Kaiserzeit
VWZ	= Völkerwanderungszeit
VZ	= Vendelzeit
MwZ	= Merowingerzeit
WZ	= Wikingerzeit
KaZ	= Karolingerzeit
FMA	= Frühmittelalter
MA	= Mittelalter

II. Etymologie und Grammatik

*	= erschlossene Form
<	= entstanden aus
>	= geworden zu
f	= Femininum
m	= Masculinum
n	= Neutrum
st./sw. V.	= starkes/schwaches Verbum
ON	= Ortsname(n)
PN	= Personenname(n)
VN	= Volksname / Völkernamen
WN	= Waffenname(n)

III. Sprachstufen und -terminologie

idg.	= indogermanisch
urgerm.	= urgermanisch
altgerm.	= altgermanisch
an(ord).	= altnordisch
as(ächs).	= altsächsisch
ags.	= angelsächsisch
afries.	= altfriesisch
aslaw.	= altslawisch
adän.	= altdänisch
ae.	= altenglisch
aschwed.	= altschwedisch
aisl.	= altisländisch
alem.	= alemannisch
got.	= gotisch
langob.	= langobardisch
westgerm.	= westgermanisch
wests.	= westsächsisch
ahd.	= althochdeutsch
mhd.	= mittelhochdeutsch
nhd.	= neuhochdeutsch
nnd.	= neuniederdeutsch
nnl.	= neuniederländisch
dän.	= dänisch
dt.	= deutsch
engl.	= englisch
finn.	= finnisch
frz.	= französisch
griech.	= griechisch
lat.	= lateinisch
lett.	= lettisch
lit.	= litauisch
norw.	= norwegisch
poln.	= polnisch
schwed.	= schwedisch

IV. Zeitschriften u. ä.

AA	: Archaeologia Austriaca
AfdA/AfA	: Anzeiger für deutsches Altertum und deutsche Literatur
AMNwd	: Archäologische Mitteilungen aus Nordwestdeutschland
ANF	: Arkiv för nordisk filologi
ANO / Aarbøger	: Aarbøger for nordisk Oldkyndighed og Historie
APA	: Acta Praehistorica et Archaeologica
AStNS	: Archiv für das Studium der Neueren Sprachen und Literaturen
BNF	: Beiträge zur Namenforschung
DLZ	: Deutsche Literaturzeitung
EuG	: Eiszeitalter und Gegenwart
FMASt/FMaST	: Frühmittelalterliche Studien
FuF	: Forschungen und Fortschritte
GGA	: Göttingische Gelehrte Anzeigen
GRM	: Germanisch - Romanische Monatsschrift
INW	: Informationsblätter zu Nachbarwissenschaften der Ur- und Frühgeschichte
IPEK	: Jahrbuch für prähistorische und ethnographische Kunst
JEGP	: Journal of English and Germanic Philology
NAuFN	: Neue Ausgrabungen und Forschungen in Niedersachsen
NAWG/NGAW	: Nachrichten der Akademie der Wissenschaften in Göttingen
NIæR	: Norges Indskrifter med de ældre Runer
NNU	: Nachrichten aus Niedersachsens Urgeschichte
NTS	: Nordisk Tidsskrift for Sprogvidenskab
OMRO	: Oudheidkundige Mededelingen uit het Rijksmuseum van Oudheden te Leiden
OUB	: Oldenburgisches Urkundenbuch
PBB	: PAULS und BRAUNES Beiträge zur Geschichte der deutschen Sprache und Literatur
PMLA	: Publications of the Modern Language Association of America
PZ	: Prähistorische Zeitschrift
RäF	: Runeninschriften im älteren Futhark (I = W. KRAUSE 1937, II = W. KRAUSE/H. JANKUHN 1966)
SKGG	: Schriften der Königsberger Gelehrten Gesellschaft
SSF	: Societas Scientiarum Fennica
UUÅ	: Uppsala Universitets Årsskrift
ZfdA/ZfA	: Zeitschrift für deutsches Altertum und deutsche Literatur
ZfdPh	: Zeitschrift für deutsche Philologie
ZfE	: Zeitschrift für Ethnologie
ZONF	: Zeitschrift für Ortsnamenforschung

V. Termini technici (Institutionen etc.)

* (bei PN)	= Geburtstag
† (bei PN)	= Todesjahr, -tag
AMS	= Accelerator Mass Spectrometry
Bd.	= Band
Cod.	= Codex
DAI	= Deutsches Archäologisches Institut
DFG	= Deutsche Forschungsgemeinschaft
EPNS	= English Place-Name Society
Ed./ed.	= Editor(s)
Fs	= Festschrift
H	= Heft
Hb	= Handbuch
Hg./hg.	= Herausgeber/herausgegeben
Hs	= Handschrift
Jb	= Jahrbuch (Jahrbücher)
Jg	= Jahrgang
Kl.	= Klasse
KJ	= KRAUSE, W. & JANKUHN, H. 1966 (RäF II)
Ls	= Lokasenna
Ms	= Manuskript
NF	= Neue Folge
NLfB	= Nieders. Landesamt f. Bodenforschung Hannover
Nordm.	= Abecedarium Nordmannicum
NS	= New Serie(s)
OL 4988	= Staatl. Mus. Oldenburg + Inventarnummer
Rez.	= Rezension, Buchanzeige und dergleichen
RGK	= Römisch-Germanische Kommission
RGZM	= Römisch-Germanisches Zentralmuseum (Mainz)
ROB	= Rijksdienst voor het Oudheidkundig Bodemonderzoek, (Berichten van de . . .)
Sci.	= Science(s)
Sn E	= Snorra Edda
UFG	= Ur- und Frühgeschichte
Vsp	= Vǫluspá
Wiss.	= Wissenschaften
Zs	= Zeitschrift

Literaturverzeichnis

ABELSON, P. H. (1955): Palaeobiochemistry. Organic constituents of fossils. - Carnegie Institution of Washington, Yearbook 54: 107-109. Washington.

ACKERMAN, R. E. (1964): Lichens and the patination of chert in Alaska. - American Antiquity 29.3: 386 f. Salt Lake City.

ADRIAN, W. (1948): Die Frage der norddeutschen Eolithen: 1-243. Paderborn.

AGRELL, S. (1930): Rökstenens chiffergåtor och andra runologiska problem. - Kungliа Humanistiska Vetenskapssamfundet i Lund årsberättelse 1929-1930: 76 ff., 119. Lund.

AGRELL, S. (1931): Senantik mysteriereligion och nordisk runmagi: 65, 267 ff. Stockholm.

AHRENS, C. (1978): Sachsen und Angelsachsen. - Helms-Museum, Hamburgisches Museum für Vor- und Frühgeschichte in Harburg, Nr. 32. Hamburg.

AHRENS, L. H. (1950): Spectrochemial analysis. London.

de l'AIGLE, C. (1959): Agathe Lasch. Aus ihrem Leben. - Jahrbuch des Vereins für Niederdeutsche Sprachforschung 82: 1-5. Neumünster.

AITKEN, M. J. (1961/1974): Physics and archaeology. Oxford - New York.

ALEXANDER, G. (1975): Die Herkunft der Ing-Rune. - ZfdA 104, Heft 1: 1-11. Wiesbaden.

ALEXANDER, H. (1911): The particle ing in place names. - Essays and studies II: 158-182. Oxford.

ALEXANDER, H. (1912): The place-names of Oxfordshire. Their origin and development. Oxford.

ALFÖLDI, A. (1959): Cornuti: A Teutonic contingent in the service of Constantine the Great and its decisive role in the battle at the Milvian Bridge. - Dumbarton Oaks Papers 13: 169-179. Washington.

ALMGREN, O. (1923²): Studien über nordeuropäische Fibelformen der ersten nachchristlichen Jahrhunderte (= Mannus-Bibliothek Bd.32). Leipzig.

von ALTEN, F. K. (1875): Fund bei Nieholt unweit Cloppenburg im Oldenburgischen 1874. - Correspondenzblatt des Gesamtvereines der dt. Geschichts- und Alterthumsvereine 23, Nr. 3: 18-20. Darmstadt.

von ALTEN, F. K. (1878): Bericht über die Thätigkeit des Oldenburger Landesvereins für Alterthumskunde vom 1. März 1875 bis dahin 1876: 13-18, Taf. III-X. Oldenburg.

von ALTEN, F. K. (1879): Die Bohlwege (Römerwege) im Herzogthum Oldenburg: 5-24. Oldenburg.

von ALTEN, F. K. (1888): Die Bohlenwege im Flußgebiet der Ems und Weser. - Bericht über die Thätigkeit des Oldenburger Landesvereins für Alterthumskunde 6: 2-47. Oldenburg.

ALTHEIM, F. und TRAUTMANN, E. (1942): Die älteste Darstellung des Wodan? - Germanien, Heft 11: 369-382. Berlin.

ALTHEIM, F. (1948): Literatur und Gesellschaft im ausgehenden Altertum. Bd. 1: 234 ff. Halle/S.

AMENT, H. (1980): Die germanischen Stämme. - D. M. Wilson (Hg.), Kulturen im Norden: 47-70. München.

ANDERSEN, H. H. und WHITLOW, H. J. (1983): Wear traces and patination on Danish flint artefacts. - Nuclear Instruments and Methods 218: 468-474. Amsterdam.

ANDERSEN, H. (1930/31): Om Ordet Konge og dets forskellige Former i Gammeldansk. - Acta Philologica Scandinavica 5: 97-126. København.

ANDERSON, E. C., GROSSE, A. V., KIRSHENBAUM, A. D., LIBBY, W. F., REID, A. F. und WEINHOUSE, S. (1947): Natural radiocarbon from cosmic radiation. - The Physical Review 72: 931-936. Lancaster.

ANDERSON, R. und ANDERSON, R. C. (1927²): The sailing-ship. London -Calcutta-Sydney-Edingburgh.

ANDERSSON, T. (1983): Rez. J. Kousgård Sørensen 1982. - Studia Anthroponymica Scandinavica 1: 140 f.
ANJOU, S. (1935): Uppsalatemplets gudabeläten avbildade på bonaden från Skog. - Fornvännen, Heft 5: 257-264. Stockholm.
ANTIQUITÄTEN (o. J.): Lieferung 1, Lektion 1: 2. - Studiengemeinschaft Darmstadt (Hg.).
ANTONSEN, E. H. (1982): Zum Ursprung und Alter des germanischen Fuþarks. - Festschrift Karl Schneider; E. S. Dick und K. R. Jankowski (Hg.): 3-15. Amsterdam-Philadelphia.
ANTONSEN, E. H. (1983): On reading runic inscriptions. - Nowele 2: 23-40. Odense.
ANTONSEN, E. H. (1986): Die ältesten Runeninschriften in heutiger Sicht. - Germanenprobleme in heutiger Sicht; Erg. Bd. 1 zum RL d. Germanischen Altertumskunde: 321-343. Berlin-New York.
ARENHOLD, L. (1891): Die historische Entwicklung der Schiffstypen vom römischen Kriegsschiff bis zur Gegenwart: 3 ff. und Tafeln 1 und 2. Kiel-Leipzig.
ARMSTRONG, W. G. und TARLO, L. B. H. (1966): Amino-acid components in fossil calcified tissues. - Nature 210: 481-482. London.
ARMSTRONG, W. G., HALSTEAD, L. B., REED, F. B. und WOOD, L. (1983): Fossil proteins in vertebrate calcified tissues. - Philosophical Transactions of the Royal Society of London B 301: 301-343. London.
ARNTZ, H. (1935/1944^{2}): Handbuch der Runenkunde. Halle/S.
ARNTZ, H. (1935): Der „Runenziegel" vom Kloster Lehnin. - PZ 26: 78-87. Berlin.
ARNTZ, H. (1935): Deutsche Runendenkmäler. - Zs für dt. Bildung 11: 120-130. Frankfurt/M.
ARNTZ, H. (1935): Ein neues deutsches Runendenkmal: Die Amulettkapsel von Schretzheim. - FuF 11, Nr. 31: 394 f. Berlin.
ARNTZ, H. (1936): Die Runen. - Weltschriften-Atlas 1: 1-15. Tübingen.
ARNTZ, H. (1936): Germanen und Indogermanen. Volkstum, Sprache, Heimat, Kultur. - Fs Herman Hirt 1+2. Heidelberg.
ARNTZ, H. (1937): Bibliographie der Runenkunde. Leipzig.
ARNTZ, H. (1938): Die Runenschrift. - Handbücherei der Deutschkunde, Bd. 2, Arntz und W. Rasch (Hg.). Halle/S.
ARNTZ, H. (1938): W. Grimm und die deutschen Runen. - Fs G. Neckel, hg. von K. H. Schlottig: 25-34. Leipzig.
ARNTZ, H. (1939): Nordeuropa. W. Otto (Hg.), Handbuch der Archäologie, Lieferung 2: 329-354. München.
ARNTZ, H. (1939): Ein Netzsenker mit Runen in Neustrelitz? - Runenberichte 1 (1939-1942): 126-128. Leipzig.
ARNTZ, H. und ZEISS, H. (1939): Die einheimischen Runendenkmäler des Festlandes. Leipzig.
ARNTZ, H. (1941): Zur Frage der Echtheit der Weserrunen. - Berichte zur Runenforschung 1: 111 f. Leipzig.
ARNTZ, H. (1941): Vom Weltbild der Felsritzer und vom Weltbild Herman Wirths. - Runenberichte 1: 91-102. Leipzig.
ARNTZ, H. (1944): Runen und Runennamen. - Anglia 67/68 (Neue Folge 60/61): 172-250. Halle/S.
ARWIDSSON, G. (1942): Die Gräberfunde von Valsgärde I. Uppsala.
ARWIDSSON, G. (1954): Die Gräberfunde von Valsgärde II. Uppsala.
ASKEBERG, F. G. G. A. (1944): Norden och kontinenten i gammal tid: 70. Diss. phil. Uppsala.
ASPINALL, A., FEATHER, S. W. und PHILLIPS, P. (1975): Preliminary analyses of Southern French flint samples. - Staringia 3: 42-46. Maastricht.
ASSMANN, E. (1889): Zur Kenntnis der antiken Schiffe. - Jahrbuch des kaiserlichen dt. archäologischen Institus, Band IV, Heft 2: 91-104. Berlin.
ATLAS FOR NORDISK OLDKYNDIGHED (1857): Fremstillende pröver fra bronzealderen og fra jernalderen. Kopenhagen.

AUBIN, H. (1971): Die Römerzeit in Deutschland und ihr Fortwirken. - Hb der dt. Wirtschafts- und Sozialgeschichte, hg. von Aubin und W. Zorn, Band 1: 39-55. Stuttgart.
AXBOE, M. (1981/82): The Scandinavian gold bracteates. Studies on their manufacture and regional variations. - Acta Archaeologica 52: 1-100. København.
AXBOE, M. und ARRHENIUS, B. (1982): On the manufacture of the gold bracteates - Zur Herstellung von Goldbrakteaten. - Frühmittelalterliche Studien 16: 302-318. Berlin-New York.
AXBOE, M., CLAVADETSCHER, U., DÜWEL, K., HAUCK, K. und von PADBERG, L. (1985): Die Goldbrakteaten der Völkerwanderungszeit. 1,2 Ikonographischer Katalog. - Münstersche Mittelalter-Schriften 24. München.
ÅBERG, N. (1926): The Anglo-Saxons in England during the early centuries after the invasion. - Arbeten utgivna med understöd av Vilhelm Ekmans Universitetsfond 33: 1-219. Uppsala.
ÅKERLUND, H. (1963): Nydamskeppen. En studie i tiding skandinavisk skeppsbyggnadkonst. Göteborg.
ÅRHAMMAR, N. (1987): Friesisch und Sächsisch (Vortragsresümee). - Korrespondenzblatt des Vereins für niederdeutsche Sprachforschung 94, 2-3: 23-25. Hamburg.

BACH, A. (1952^2): Deutsche Namenkunde. Die deutschen Personennamen, Band I, 1+2. Heidelberg.
BACH, A. (1953^2): Deutsche Namenkunde. Die deutschen Ortsnamen, Band II, 1+2. Heidelberg.
BACH, A. (1954): Deutsche Namenkunde. Die deutschen Ortsnamen, Teil II. Heidelberg.
BACH, A. (1956): Deutsche Namenkunde. Register. Heidelberg.
BACHMANN, M. (1962): Schädelreste des Rindes aus dem keltischen Oppidum von Manching. - Studien an vor- und frühgeschichtlichen Tierresten Bayerns 14:36 (Zusammenfassung). Diss. München.
BADA, J. L. (1972): The dating of fossil bones using the racemization of isoleucine. - Earth Planet. Sci. Lett. 15: 223-231. Palo Alto (California).
BADA, J. L., KVENVOLDEN, K. A. und PETERSON, E. (1973): Racemization of amino acids in bones. - Nature 245: 308 ff. London.
BADA, J. L. und HELFMAN, P. M. (1975): Amino acid racemization dating of fossil bones. - World Archaeology 7: 160-173. London.
BADA, J. L. und SCHROEDER, R. A. (1975): Amino acid racemization reactions and their geochemical implications. - Naturwissenschaften 62: 71-79. Berlin.
BADA, J. L., MING-YUNG SHOU, MAN, E. H. und SCHROEDER, R. A. (1978): Decomposition of hydroxy amino acids in foraminiferal tests. Kinetics, mechanism and geochronological implications. - Earth Plan. Sci. Letters 41: 67-76.
BADA, J. L., MASTERS, P. M., HOOPES, E. und DARLING, D. (1979): The dating of fossil bones using amino acid racemization. - Radiocarbon dating, ed.: R. Berger & H. E. Suess. Berkeley, Los Angeles, - London.
BADA, J. L. (1982): Racemization of amino acids in nature. - Interdisciplinary Science Reviews 7: 30-46. London.
BADA, J. L. (1985): Amino acid racemization dating of fossil bones. - Annual Review of Earth and Planetary Science 13: 241-268. Palo Alto (California).
BÄCHTOLD-STÄUBLI, H. (1930/31): ‚Hagel' etc. - Handwörterbuch des dt. Aberglaubens: 1304-1321. Berlin-Leipzig.
BÆKSTED, A. (1947): The Stenmagle rune box and the golden horn inscription. - Acta Archaeologica 18: 202-210. København.
BAESECKE, G. (1934): Die Herkunft der Runen. - GRM 22: 413-417. Heidelberg.
BAESECKE, G. (1936): Über germanisch-deutsche Stammtafeln und Königslisten. - GRM 24: 161-181. Heidelberg.
BAESECKE, G. (1939): Rez. H. Arntz 1938, Die Runenschrift. - Literaturblatt für germanische und romanische Philologie 60: 90. Leipzig.

BAESECKE, G. (1940): Vor- und Frühgeschichte des deutschen Schrifttums, Bd. I: 114-116, Halle/S.
BAETKE, W. (1964): Yngvi und die Ynglinger: Eine quellenkritische Untersuchung über das nordische „Sakralkönigtum". - Sitzungsberichte der sächsischen Akademie der Wiss. zu Leipzig, Phil. - Hist. Kl. 109, Heft 3: 1-182. Berlin.
BAEUMLER, A., NECKEL, G., HEBERER, G., PREUSS, K. T., JUNG, E., KRICKEBERG, W., FEHRLE, E. STRZYGOWSKI, J. (1932): Was bedeutet Herman Wirth für die Wissenschaft?. Leipzig.
BAKELS, C. C. (1975): Neutronen-activeringsanalyse van vuursteen ten behoeve van prehistorisch onderzoek. - Staringia 3: 41-42. Maastricht.
BALMER, H. (1905): Die Romfahrt des Apostels Paulus und die Seefahrtskunde im römischen Kaiserzeitalter. Bern.
BANGE, E. F. (1932): Fälschungen von Kunstwerken. - A. Elster & H. Lingemann, Hwb der Kriminologie I: 390-397. Berlin.
BARBER, H. (1942): Untersuchungen über die chemische Veränderung von Knochen bei der Fossilisation. - Palaeobiologica 7: 217-235. Wien.
BARBOUR, E. P. (1950/1971 Reprint): A study of the structure of fresh and fossil human bone by means of the electron microscope. - American Journal of Physical Anthropology 8: 315-330. Philadelphia.
BARKER, H. (1958): Radio carbon dating: Its scope and limitations. - Antiquity 32: 253-263. London.
von BARLOEWEN, W.-D. (1961): Geschichte der Germanen bis 376 n. Chr. - Abriß der Geschichte antiker Randkulturen: 39-82. München.
BARNES, M. (1986): The new runic finds from Illerup and the question of the twenty-second rune. - Saga och Sed 1984: 59-76. Uppsala.
BAROJA, J. C. (1967): Die Hexen und ihre Welt. Stuttgart.
BARTHEL, H.-J. (1969): Schlittknochen oder Knochengeräte? - Alt-Thüringen 10: 205-227. Weimar.
BAUD, C. A. (1960): Dating of prehistoric bones by radiological and optical methods. - R. F. Heizer & S. F. Cook (Hg.), Quantitative Methods in Archaeology. Viking Fund Publications in Anthropology 28: 246-264. New York.
BAUERMANN, J. (1947): herescephe. Zur Frage der sächsischen Stammesprovinzen. - Westfälische Zs 97: 38-68. Regensberg/Münster.
BAYERISCHE BEAMTENZEITUNG (1930): Rez. H. v. Buttel-Reepen 1930; aus Briefwechsel ersichtlich: 13. 11. '30.
BECK, H. (1965): Das Ebersignum im Germanischen; ein Beitrag zur germanischen Tier-Symbolik. Berlin.
BECK, H. (1965): Rez. W. Baetke 1964. - Dt. Literaturzeitung 86, Heft 8/9: 746-750. Berlin.
BECK, H. (1968): Waffentanz und Waffenspiel. - Fs O. Höfler, hg. von H. Birkhan & O. Gschwantler, Bd. I: 1-16. Wien.
BECK, H. (1968): Die Stanzen von Torslunda und die literarische Überlieferung. - FMASt 2: 237-250. Berlin.
BECK, H. (1970): Germanische Menschenopfer in der literarischen Überlieferung. - H. Jankuhn (Hg.), Vorgeschichtliche Heiligtümer und Opferplätze in Mittel- und Nordeuropa: 240-258. Göttingen.
BECK, I. (1967): Studien zur Erscheinungsform des heidnischen Opfers nach altnordischen Quellen. Diss. phil. München.
BECKER, A. (1973): Franks Casket. - K. H. Göller (Hg.), Sprache und Literatur, Regensburger Arbeiten zur Anglistik und Amerikanistik Bd. 5: bes. 49, 52 f., 60 f., 72, 82, 98, 108, 122, 211 Anm. 303. Regensburg.
BECKERING VINCKERS, J. (1876): De onechtheid van het Oera Linda-Bôk. Haarlem.
BECKERING VINCKERS, J. (1877): Wie heeft het Oera-Linda-Boek geschreven? Kampen.
BECKERS, H. (1971): Rez. K. Düwel 1968, Runenkunde. - Archiv für das Studium der neueren Sprachen und Literaturen, Jahrgang 122, Band 207, Heft 1: 58-61. Braunschweig.

BEHN, F. (1931): Rez. H. v. Buttel-Reepen 1930. - Germania 15, Heft 1: 60. Mainz.
BEHRE, K.-E. (1976): Pollenanalytische Untersuchungen zur Vegetations- und Siedlungsgeschichte bei Flögeln und im Ahlenmoor (Elb-Weser-Winkel). - Probleme der Küstenforschung 11: 101-118. Hildesheim.
BEHRENS, E. (1941): Zur Herkunft der Runen und zu ihrer Verwandtschaft mit vorgeschichtlichen und geschichtlichen Schriften. Leipzig-Straßburg.
BEHRENS, G. (1930): Spätrömische Kerbschnittschnallen. - Fs Schumacher: 285-294. Mainz.
BEHRENS, H. (1954): Kunstgeschichtliche Stellungnahme zur Fälschungsfrage der Runen-Knochenfunde aus der Unterweser bei Oberhammelwarden. - Jahrbuch Oldenburg 54, Heft 2: 55-62. Oldenburg.
BEHRENS, J. (1934): Baggerfunde bei Brake. - Sonderbeilage ‚Heimatkunde, Heimatschutz' der NACHRICHTEN FÜR STADT UND LAND, Nr. 4: 15. 4. 1934.
BENGTSON, H. und MILOJČIĆ, V. ($1976^4/1978^6$): Großer historischer Weltatlas, Bd. I mit Erläuterg.; München.
BENNETT, C. L., BEUKENS, R. P., CLOVER, M. R., GOVE, H. E., LIEBERT, R. B., LITHERLAND, A. E., PURSER, K. H. und SONDHEIM, W.E. (1977): Radiocarbon dating using electrostatic accelerators: Negative ions provide the key. - Science 198: 508-510. London; s. ebda.: NELSON, D. E., KORTELING, D. E. & STOTT, W. R.: 507 f.
BENNETT, C. L., BEUKENS, R. P., CLOVER, M. R., ELMORE, D., GOVE, H. E., KILIUS, L., LITHERLAND, A. E. und PURSER, K. H. (1978): Radiocarbon dating with electrostatic accelerators: Dating of milligram samples. - Science 201: 345 ff.
BERG, S. und SPECHT, W. (1958): Untersuchungen zur Bestimmung der Liegezeit von Skeletteilen. - Deutsche Zs für gerichtliche Medizin 47: 209-241.
BERG, S. (1962): Zur Todeszeitbestimmung bei Skelettfunden. - Beiträge zur gerichtl. Med. 22: 18-30. Wien.
BERG, S. (1963): The determination of bone age. - F. Lundquist, Methods of forensic science II: 231-252. New York.
BERG, S. (1964): Die Altersbestimmung von Skelettfunden als forensische und archäologische Aufgabe. - Münchener Medizinische Wochenschrift 106, Nr. 21: 989-995. München.
BERG, S. (1973): Das Menschenskelett von der Friedlandburg bei Friedland, Kreis Göttingen. - NAuFN 7: 167 ff. Hildesheim.
BERG, S. (1976): Leichenveränderungen, Todeszeitbestimmung, Leichenzersetzung und -zerstörung. - Müller & Steinicke, Grundriß der Rechtsmedizin, 11. Auflage: 62-98. München.
BERG, S., ROLLE, R. und SEEMANN, H. (1981): Der Archäologe und der Tod. Archäologie und Gerichtsmedizin. München-Luzern.
BERG, S. (1982): Schätzung der Liegezeit von Skelettmaterial durch histomorphologische Quantifizierung des Kollagenbestandes. - Archiv für Kriminologie 170, Heft 3/4: 88-98. Lübeck.
BERGER, R., HORNEY, A. G. und LIBBY, W. F. (1964): Radiocarbon dating of bone and shell from their organic components.-Science 144: 999-1001.
BERGER, R. und SUESS, H. E. (1979): Radiocarbon dating. Proceedings of the 9. international conference Los Angeles and La Jolla 1976. Berkeley - Los Angeles - London.
BERNHEIM, E. (1889/1903): Lehrbuch der historischen Methode und der Geschichtsphilosophie. Leipzig.
BERTHOLD, L. (1967): Hessen-Nassauisches Volkswörterbuch, Bd. 3, Lieferung 17: 384 f. Marburg.
BEUG, H. J. (1961): Leitfaden der Pollenbestimmung für Mitteleuropa und angrenzende Gebiete. Stuttgart.
BIBBY, G. (1974): Der Mann von Grauballe. Aarhus/Moesgård.
BIRKS, H. J. B. und BIRKS, H. H.(1980): Quaternary palaeoecology. London.
BLECK, R.-D. (1966/1968/1971): Bibliographie der archäologisch-chemischen Literatur, Bd. 1-3. - G. Behm-Blancke (Hg.), Alt-Thüringen, Beihefte. Weimar.

BLEEKER, C. J. (1956): Das sakrale Königtum. - Saeculum 7: 196 f. Freiburg-München.

BØ, O. (1969): Hólmganga and einvígi. Scandinavian forms of the duel. - Medieval Scandinavia 2: 132-148. Odense.

BOEHLICH, E. (1929): Feralis exercitus. - Mitteilungen der Schlesischen Gesellschaft für Volkskunde 30: 45-69. Breslau.

BÖHME, H. W. (1974): Germanische Grabfunde des 4. bis 5. Jahrhunderts zwischen unterer Elbe und Loire. - Münchner Beiträge zur Vor- und Frühgeschichte, Band 19. München.

BÖHME, H. W. (1976): Das Land zwischen Elb- und Wesermündung vom 4. bis 6. Jh. - Führer zu vor- und frühgeschichtlichen Denkmälern 29: 205-226. Mainz.

BÖHME, H. W. (1976): Die kaiserzeitlichen Friedhöfe bei Hemmoor. - Führer zu vor- und frühgeschichtlichen Denkmälern 30: 95-99. Mainz.

BÖHME, H. W. (1976): Der Galgenberg bei Cuxhaven-Sahlenburg. - Führer zu vor- und frühgeschichtlichen Denkmälern 31: 79-84. Mainz.

BÖHME, H. W. (1976): Der spätkaiserzeitliche Urnenfriedhof am Gravenberg bei Westerwanna. - Führer zu vor- und frühgeschichtlichen Denkmälern 31: 92-97. Mainz.

BÖHME, H. W. (1977): Die Bedeutung der spätrömischen Chronologie Nordgalliens für das nordwestdeutsche Küstengebiet im 4.-5. Jahrhundert n. Chr.-G. Kossack und J. Reichstein (Hg.), Archäologische Beiträge zur Chronologie der Völkerwanderungszeit: 17-28. Bonn.

BÖHNER, K. (1949): Die fränkischen Gräber von Orsoy, Kr. Mörs. - Bonner Jahrbuch 149: 146-196. Kevelaer.

BÖKÖNYI, S. (1955): Untersuchung der in der römischen Villa von Tácfövenypuszta gefundenen Tierknochen. - Acta Archaeologica 6: 153-161. Budapest.

BOELES, P. C. J. A. (1927, 1951[2], 1954[3]): Friesland tot de Elfde Eeuw. De inheemse runen-inscripties uit Friesland en Groningen. - OMRO. Leeuwarden-s'Gravenhage.

BOELES, P. C. J. A. (1941): Zu den friesischen Runendenkmälern. - Runenberichte 1, Heft 2: 116-122. Leipzig.

BOELES, P. C. J. A. (1954): De inheemse runen-inscripties uit Friesland en Groningen. - OMRO 35: 18-32. Leiden.

BOESCH, B. (1958): Ortsnamen und Siedlungsgeschichte am Beispiel der -ingen - Orte der Schweiz. - Alemannisches Jahrbuch 1958: 1-50. Lahr, Schwarzwald.

BOESSNECK, J. (1956): Ein Beitrag zur Errechnung der Widerristhöhe nach Metapodienmaßen bei Rindern. - Zeitschrift für Tierzüchtung und Züchtungsbiologie 68: 75-90. Berlin.

BOESSNECK, J. (1957): Funde des Ures, Bos primigenius Bojanus, 1827, aus alluvialen Schichten Bayerns. - Säugetierkundliche Mitteilungen 5, Heft 2: 55-69. Stuttgart.

BOESSNECK, J. (1958): Zur Entwicklung vor- und frühgeschichtlicher Haus- und Wildtiere Bayerns im Rahmen der gleichzeitigen Tierwelt Mitteleuropas. - Studien an vor- u. frühgesch. Tierresten Bayerns 2. München.

BOESSNECK, J. (1958): Herkunft und Frühgeschichte unserer mitteleuropäischen landwirtschaftlichen Nutztiere. - Züchtungskunde 30, Heft 7: 289-296. Stuttgart.

BOESSNECK, J., JÉQUIER, J.-P. und STAMPFLI, H. R. (1963): Seeberg Burgäschisee-Süd. Die Tierreste. Bern.

BOESSNECK, J. (1964): Über die osteologischen Arbeiten und Probleme des Tieranatomischen Instituts der Universität München. - Zs. f. Agrargeschichte und Agrarsoziologie 12, Heft 2: 216-230. Frankfurt/M.

BOESSNECK, J. (1969): Archäologisch-biologische Zusammenarbeit in der Vor- und Frühgeschichtsforschung. - Münchener Kolloquium 1967, DFG Forschungsberichte 15. Wiesbaden.

BOESSNECK, J., von den DRIESCH, A., MEYER-LEMPPENAU, U. und WECHSLER - von OHLEN, E. (1971): Die Tierknochenfunde aus dem Oppidum von Manching. - W. Krämer (Hg.), Die Ausgrabungen in Manching 6. Wiesbaden.

BOESSNECK, J. (1978): Osteoarchäologie. - B. Hrouda (Hg.), Methoden der Archäologie: 250-279. München.
BOESSNECK, J. (1983): Die Domestikation und ihre Folgen. - H. Müller-Karpe (Hg.), Zur frühen Mensch-Tier-Symbiose. Kolloquien zur Allgemeinen und Vergleichenden Archäologie, Band 4. München.
BOHMERS, A. (1950): Over eolithen uit het Onder-Pleistoceen. - Geologie en Mijnbouw 12: 45 ff. Den Haag.
BOHNSACK, D. und SCHÖTTLER, W. (1965): Reiches Kriegergrab mit Runenscheibe aus dem Beginn des 5. Jahrhunderts n. Chr. von Liebenau, Kreis Nienburg. - Fs K. Tackenberg, Studien aus Alteuropa 2: 233-255. Köln-Graz.
BOLIN, S. (1926): Fynden av romerska mynt i det fria Germanien. - Diss. phil. Lund.
BOMKE, H. (1937): Vakuum-spektroskopie. Leipzig.
BONTE, W. und MAYER, R. (1973): Analyse von Sägespuren bei krimineller Leichenzerstückelung. - Zeitschrift Rechtsmedizin 72: 180-193. Berlin-New York.
BONTE, W. (1974): Werkzeugspurenuntersuchungen mit Hilfe der Lichtschnittmikroskopie. - Archiv für Kriminologie 153: 144-155. Lübeck.
BONTE, W. (1974): Experimentelle Aufklärung individuell geprägter Sägespuren in einem weiteren Leichenzerstückelungsfall. - Zeitschrift Rechtsmedizin 74: 145-154. Berlin-New York.
BONTE, W., JOHANSSON, J., GARBE, G. und BERG, S. (1976): Die Bestimmung des Aminosäurespektrums als Hilfsmittel bei der Datierung von Skelettfunden. - Archiv für Kriminologie 158: 163-174. Lübeck.
BONTE, W. und PIEPER, P. (1981): Original oder Fälschung? Ein Beitrag zur Qualifizierung der sogenannten Weser-Runenknochen. - Archiv für Kriminologie 168: 65-77. Lübeck.
BORCHLING, C. (1946): Agathe Lasch zum Gedächtnis. Niederdt. Mitteilungen 2: 18. Lund-Kopenhagen.
BRAAT, W. C. (1948): Merkwaardige praehistorische beenfragmenten. - OMRO 29: 9-14. Leiden.
BRÄTTER, P., GESSNER, H., HERRMANN, B., LAUSCH, J. und RÖSICK, U. (1980): Zur Identifizierung menschlicher Knochen durch neutronenaktivierungs-analytisch bestimmte Spurenelementsverteilungsmuster. - Berliner Beiträge zur Archäometrie 5: 187-195. Berlin.
BRAILSFORD, J. (1975): Early Celtic Masterpieces from Britain. London.
BRANDT, K.-H. (1965): Untersuchungen in der kaiser- und völkerwanderungszeitlichen Siedlung Bremen-Mahndorf 1962 und 1963. - Germania 43: 383-395. Berlin.
BRANDT, K.-H. (1969): Zum Stand der Untersuchungen in der Siedlung des 1. Jahrtausends von Bremen-Mahndorf. - Bremer archäologische Blätter 5: 55-76. Bremen.
BRANDT, K.-H. (1969): Fundchronik Land Bremen. - Bremer archäologische Blätter 5: 81-93. Bremen.
BRANDT, K. (1972): Untersuchungen zur kaiserzeitlichen Besiedlung bei Jemgumkloster und Bentumersiel (Gem. Holtgaste, Kr. Leer) im Jahr 1970. - NAuFN 7: 145-163. Hildesheim.
BRATE, E. (1914): Vanerna, en mytologisk undersökning. - Svenska Humanistiska Förbundets Skrifter 21: 1-32. Stockholm.
BRAUN, F. (1910): Hvem war Yngvarr en vidforli? - Fornvännen 5: 99-118, 308-311 (dt.). Stockholm.
BRENNECKE, D. (1981): Sie schrieben mit Hammer und Meißel. - Memo 7: 110-117.
BRIEM, B. (1929/30): Kylfingar. - Acta Philologica Scandinavica 4: 40-48. København.
BRITISH MUSEUM (1925^2): A Guide to Antiquities of the Early Iron Age. London.
BRITTON, D. und RICHARDS, E. E. (1969^2): Optical Emission Spectroscopy and the Study of Metallurgy in the European Bronze Age. - D. Brothwell & E. Higgs (ed.), Science in Archaeology: 603-613. Bristol.
BROCKHAUS ENZYKLOPÄDIE (1970/1974): Osteon/‚Usur‘. Wiesbaden.

BROCMAN, N. R. (1762): Sagan Om Ingwar Widtfarne Och Hans Son Swen, Från gamla Isländskan öfwersatt, Och Undersökning Om wåre Runstenars Ålder, I Anledning af samma Saga, Samt Företal Om Sagans Trowärdighet; Hwaruti de förr hos oß Utgifna Sagors Wärde tillika stadfästes. Altsammans, til Nordiska Historiens och Språkets Förbättring. - (≙ Historia Ingwari Multwagi & ejus filii Sueonis). Stockholm.
BROECKER, W. S. und Olson, E. A. (1959): Lamont Radiocarbon Measurements VI. - American Journal of Science, Radiocarbon Supplement 1: 111-132. New Haven.
BRØGGER, A. W. und SHETELIG, H. (1950/1971²): The Viking ships, their ancestry and evolution. New York-Oslo.
BROWN, G. B. (1915): The arts in early England, Bd. 3, Taf. 21.1. London.
BRUCE-MITFORD, R. L. S. (1968): Fresh observations on the Torslunda Plates. - FMaSt 2: 233-236. Berlin.
BRUCE-MITFORD, R. L. S. (1975, 1978, 1983): The Sutton Hoo Ship-Burial, Vol. 1-3. Cambridge.
BRUGGINK, B. (1987): Runes in and from the British Isles. Amsterdam.
de BRUIN, M. und KORTHOVEN, P. J. M. (1975): Activeringsanalyse. - Staringia 3: 39-40. Maastricht.
BRUNNER, K. (1965³): Altenglische Grammatik. Tübingen.
BUCHHOLZ, P. und GABRIEL, I. (1976): Zwei Runeninschriften aus Oldenburg in Holstein. - Offa 33: 162-166. Neumünster.
BUCHNER, G. (1955): Gregor von Tours. - Nach der Übersetzung von W. Giesebrecht. Darmstadt.
BUCHNER, R. (1956): Das merowingische Königtum. - T. Mayer (Hg.). Das Königtum 3: 143-154. Lindau-Konstanz.
BUCHOLTZ, F. (1895): Zum Gedächtnis Friedrich von Altens. - Bericht über die Thätigkeit des Oldenburger Landesvereins für Alterthumskunde 8: 1-27. Oldenburg.
BUGGE, S. (1866/67): Bidrag til Tydning af de ældste Runeindskrifter 1+2. - Tidsskrift for Philologi og Pædagogik 7, Heft 3: 211-252 und Heft 4: 312-363. Kjøbenhavn.
BUGGE, S. (1868/69): Bidrag til Tydning af de ældste Runeindskrifter 3. - TPP 8, Heft 3: 163-203; Kjøbenhavn.
BUGGE, S. (1871): Bemærkninger om Runeindskrifter på Guldbrakteater. Aarbøger 1871: 171-226. Kjøbenhavn.
BUGGE, S. (1891-1903): Norges indskrifter med de ældre runer, Bd. 1. Christiania.
BUGGE, S. (1892): Runestenen fra Opedal i Hardanger. - Arkiv för Nordisk Filologi 8 (≙ NF 4): 1-33. Lund.
BUGGE, S. (1905): Bidrag til Tolkning af danske og tildels svenske Indskrifter med den længere Rækkes Runer, navnlig paa Guldbrakteater. - Aarbøger 20: 141-328. Kjøbenhavn.
BUISSON, L. (1976): Der Bildstein Ardre VIII auf Gotland. - (= Abhandlungen der Akademie der Wiss. Göttingen Bd. 102). Göttingen.
BULLINGER, H. (1969): Spätantike Gürtelbeschläge, Typen, Herstellung, Trageweise und Datierung. Brügge.
BULLINGER, H. (1970): Spätkaiserzeitliche Funde aus Augustenfeld bei Löningen. - Jahrbuch für das Oldenburger Münsterland 1970: 61-68.
BUMA, W. J. (1957): Frieslands Runeninscripties. - Friese Taal - en Letterkunde. Groningen-Djakarta.
BUMA, W. J. (1966): In runefynst ut Rasquert. - Us Wurk 15, 4: 85-90. Grins.
BURG, F. (1885): Die älteren nordischen Runeninschriften. Berlin.
BURLEIGH, R. (1974): Radiocarbon Dating: Some Practical Considerations für the Archaeologist. - Journal of Archaeological Science 1: 69-87. London.
BURLEIGH, R. und HALL, E. T. (1984): Accelerator Dating (AMS). - Antiquity 58, No. 224: 205 f. Cambridge.
BURSCH, F. C. (1939): Die vorneolithischen Kulturen in den Niederlanden. - Geologie en Mijnbouw 1: 17-35. Den Haag.

BUSCHOR, E. (1939): Archäologie. - W. Otto (Hg.), Handbuch der Archäologie, Bd. 1: 3 f. München.
BREUSING, A. (1886): Die Nautik der Alten. Bremen.
BRIE, M. (1906): Der germanische, insbesondere der englische Zauberspruch. - Mitteilungen der Schlesischen Gesellschaft für Volkskunde 16 (≙ Neue Folge 8): 1-11. Breslau.
BUSH, P. R. (1975): The use of trace elements in the archaeological classification of cherts. - Staringia 3: 47-48. Maastricht.
BUSLEY, C. (1919): Schiffe des Altertums. - Jahrbuch der Schiffbautechnischen Gesellschaft 20: 187-279. Berlin.
BUTJADINGER ZEITUNG (1928): Knochenfunde am Nordenhamer Strand. Juni 1928, zwischen dem 16. und 21.
von BUTTEL-REEPEN, H. (1913): Man and his Forerunners. London.
von BUTTEL-REEPEN, H. (1925): Über Fensterurnen. - Jahrbuch Oldenburg 29: 328-400. Oldenburg.
von BUTTEL-REEPEN, H. (1926): Ein antikes Glasgefäß und sonstige Funde vom Gräberfeld von Helle, Gemeinde Zwischenahn, Amt Westerstede. - Jahrbuch Oldenburg 30: 170-185. Oldenburg.
von BUTTEL-REEPEN, H. (1927): Über Fensterurnen II. - Jahrbuch Oldenburg 31: 233-259. Oldenburg.
von BUTTEL-REEPEN, H. (1927): Ein vorgeschichtlicher Würfel und weitere Forschungsergebnisse auf dem Gräberfeld von Helle, Gemeinde Zwischenahn. - Jahrbuch Oldenburg 31: 281-290. Oldenburg.
von BUTTEL-REEPEN, H. (1928): Neue Baggerfunde aus der Weser. - Germania 12: 177. Bamberg.
von BUTTEL-REEPEN, H. (1930): Funde von Runen mit bildlichen Darstellungen und Funde aus älteren vorgeschichtlichen Kulturen. Zur Vorgeschichte Nordwest-Deutschlands. Beiträge von E. Schnippel. Oldenburg.
von BUTTEL-REEPEN, H. (1930): Ein Netzsenker mit Runen. - PZ 21, Heft 3/4: 266-269. Berlin.
von BUTTEL-REEPEN, H. (1930): Ein neuer Fund des Urmenschen in Deutschland (Homo visurgensis). - Mannus 22: 169-170. Leipzig.
von BUTTEL-REEPEN, H. (1932): Die oldenburgischen Runenfunde. - Niederdeutsches Heimatblatt, Mitteilungsblatt der ‚Männer vom Morgenstern'; März 1932, Nr. 2. Bremerhaven-Wesermünde.
von BUTTEL-REEPEN, H. (1924-1934): Fundjournal des Staatlichen Museums Oldenburg, bes. zw. 1927 u. 1930.
von BUTTEL-REEPEN, H. (1924-1934): Briefwechsel. Archiv des Staatl. Museums Oldenburg, bes. zw. 1927 u. 1933.

CALLIES, H. (1963): Die fremden Truppen im römischen Heer des Prinzipats und die sogenannten nationalen Numeri. Beiträge zur Geschichte des römischen Heeres. - Diss. phil. Göttingen.
CALLIES, H. und DÜWEL, K. (1968): Zur Datierung und Deutung der Harigast-Inschrift. - H. Birkhan & O. Gschwantler (Hg.), Fs für O. Höfler, Bd. 1: 57-68. Wien.
CAMPBELL, A. (1959): Old English Grammar. Oxford.
CAPELLE, T. (1968): Zum Runenring von Pietroassa. - FMaSt 2: 228-232. Berlin.
CAPELLE, T. (1971): Studien über elbgermanische Gräberfelder in der ausgehenden Laténezeit und der älteren römischen Kaiserzeit. - K. Tackenberg & K. J. Narr (Hg.), Münstersche Beiträge zur Vor- und Frühgeschichte, Bd. 6. Hildesheim.
CAPELLE, T. (1982): Erkenntnismöglichkeiten ur- und frühgeschichtlicher Bewaffnungsformen. Zum Problem von Waffen aus organischem Material. - Jahrbuch Bonn 182: 265-288. Köln.
CAPELLE, W. (1937): Das alte Germanien. Jena.
CARSTEN, R. H. (1937): Die -ingen - Namen der südlichen Nordseeküste. - Aus Hansischem Raum; Schriftenreihe der Hansischen Gilde Bd. 2. Hamburg.

CARSTEN, R. H. (1941): Chauken, Friesen und Sachsen zwischen Elbe und Flie. Hamburg.
CARTER, G. F. (1978): Archaeological Chemistry II. - Advances in Chemistry 171. Washington.
CASSON, L. (1950): The ‚Isis' and her Voyage. - Transactions and Proceedings of the American Philological Association 81: 43-56. Cleveland, Ohio.
CASSON, L. (1959): The Ancient Mariners, Seafarers and Sea Fighters of the Mediterranean in Ancient Times. London.
CASSON, L. (1969): Sailing. - C. Roebuck (ed.), The Muses at Work; Arts, Crafts and Professions in Ancient Greece and Rome: 172-200. Cambridge, Mass.-London.
CASSON, L. (1971): Ships and Seamanship in the Ancient World. Princeton, New Jersey.
CHADWICK HAWKES, S. E. (1959): The Anglo-Saxon cemetery at Finglesham, Kent: a reconsideration. - Medieval Archaeology 2 (1958): 1-71. London.
CHADWICK HAWKES, S. E. (1964): Krieger und Siedler in Britannien während des 4. und 5. Jahrhunderts. - Berichte der Römisch-Germanischen Kommission (= RGK) 43/44, (1962/63): 155-203. Berlin.
CHADWICK HAWKES, S. E., ELLIS DAVIDSON, H. R. und HAWKES, C. (1965): The Finglesham Man. - Antiquity 39: 17-32. Cambridge.
CHADWICK HAWKES, S. E. und PAGE, R. I. (1967): Swords and Runes in South-East England. - The Antiquaries Journal 47: 1-26. London.
CHADWICK HAWKES, S. E. (1978): Die anglo-sächsische Invasion Britanniens. - C. Ahrens (Hg.), Sachsen und Angelsachsen: 71-84. Hamburg.
CHANEY, W. A. (1970): The Cult of Kingship in Anglo-Saxon England. Manchester-London-Berkeley, California.
CHAPLIN, R. E. (1971/1975²/1977³): The study of animal bones from archaeological sites. London - New York.
CHRISTMANN, E. (1936): Die Ursache der auffallenden Gruppierung der Siedlungsnamen auf -heim und -ingen in der Pfalz. - Zs Ortsnamenforschung (= ZONF) 12: 96-107. München-Berlin.
CHROUST, A. (1888): Untersuchungen über die langobardischen Königs- und Herzogs-Urkunden. Graz.
CLASSEN, P. (1977): Kaiserreskript und Königsurkunde. Diplomatische Studien zum Problem der Kontinuität zwischen Altertum und Mittelalter. BYZANTINA KEIMENA KAI ΜΕΛΕΤΑΙ 15. Thessaloniki.
CLOSS, A. (1936): Die Religion des Semnonenstammes. - Wiener Beiträge zur Kulturgeschichte und Linguistik 4: 549-673. Salzburg-Leipzig.
CLOWES, G. S. L. (1948): Sailing ships, their history and development. London.
COLE, S. (1955): Counterfeit. London.
COLE, S. (1961): Forgeries and the British Museum. - Antiquity 35: 103-106. Cambridge.
COLLINGWOOD, R. G. und MYRES, I. N. L. (1936/1937²/1956): Roman Britain and the English settlements. London.
COOK, S. F. (1951): The fossilization of human bone: Calcium, Phosphate, and Carbonate. - American Archaeology and Ethnology 40: 263-279. Berkeley, California.
COOK, S. F. und HEIZER, R. F. (1952): The fossilization of bone: Organic components and water. - Reports of the University of California, Archaeological Survey 17: 1-24. Berkeley.
COOK, S. F. und HEIZER, R. F. (1953): The present status of chemical methods for dating prehistoric bone. - American Antiquity 18: 354-358. Washington.
COOK, S. F. und HEIZER, R. F. (1953): Archaeological dating by chemical analysis of bone. - Southwestern Journal of Anthropology 9: 231-238. Albuquerque.
COOK, S. F. (1960): Dating prehistoric bone by chemical analysis. - S. F. Cook & R. F. Heizer (ed.), The application of quantitative methods in archaeology, (= Viking Fund Publications in Anthropology 28): 223-245. New York.

CORDES, G. (1955): Die sprachliche Stellung des Altsächsischen. - O. Klose (Hg.), Geschichte Schleswig-Holsteins, Band 3, Lieferung 1: 8-15 im Kap. A. II von H. Jankuhn: Die Frühgeschichte vom Ausgang der Völkerwanderung bis zum Ende der Wikingerzeit. Neumünster.

CORDES, G. (1956): Zur Frage der altsächsischen Mundarten. - Zs für Mundartforschung 24, Heft 1: 1-51, Heft 2: 65-78. Wiesbaden.

CORDES, G. (1973): Altniederdeutsches Elementarbuch. Wort- und Lautlehre. Heidelberg.

COREMANS, P. B. (1949): Van Meegeren's faked Vermeers and de Hooghs. A scientific examination. Amsterdam.

COSACK, E. (1982): Das sächsische Gräberfeld bei Liebenau, Kr. Nienburg (Weser). - (= Germanische Denkmäler der Völkerwanderungszeit, Serie A, Band 15): 1-60. Berlin.

CRAIG, H. (1954): Carbon - 13 variations in sequoia rings and the atmosphere. - Science 119: 141-143. Washington.

CRAMER, H.-C. (1947): Die Behandlung der Kunstfälschung im Privatrecht. - Diss. iur. Zürich.

CRANE, H. R. (1951): Dating of relics by radiocarbon analysis. - Nucleonics 9 (6): 16-23. New York.

CRAWFORD, O. G. S. (1927): L'Affaire Glozel. - Antiquity 1: 181-188. Cambridge.

CROWE, C. (1958): Carbon - 14 activity during the past 5000 years. - Nature 182: 470 f. London.

CRUMLIN-PEDERSEN, O. (1965): Cog - Kogge - Kaag. Træk af en frisisk skiptypes historie. - Handels - og søfartsmuseet på Kronborg, Årbog 1965: 81-144. Helsingør.

CRUMLIN-PEDERSEN, O. (1966): En kogge i Roskilde. - Handels - og søfartsmuseet på Kronborg, Årbog 1966: 39-57. Helsingør.

CRUMLIN-PEDERSEN, O. (1970): The Viking Ships of Roskilde. - B. Greenhill (ed.), Aspects of the history of wooden shipbuilding. The National Maritime Museum Greenwich, Monographs and Reports 1: 7-23. London.

CRUMLIN-PEDERSEN, O. (1970):Skind eller træ. - Sømand og Fisker, Skib og Wærft.

CURWEN, E. C. (1940): The white patination of black flint. - Antiquity 14: 435-437. Cambridge.

DAL, I. (1937): Zur Geschichte der ja-Stämme im Westgermanischen. - NTS 7: 243-252. Oslo.

DAL, I. (1983): Geschichte der niederdeutschen Sprache. - G. Cordes & D. Möhn (Hg.), Handbuch zur niederdeutschen Sprach- und Literaturwissenschaft: 69-97. Berlin.

DALDRUP, J. A. (1976): Bericht über die Untersuchung von Feuerstein-Artefakten im Verfahren gegen Tj. Vermaning, der der rezenten Bearbeitung dieser Steine verdächtig ist. - (= Beeidigte Übersetzung des Gutachtens vom 22. 8. 1975 von A. H. Witte, J. W. Verburgt & E. R. Groeneveld). AZ-Nr. 14336/76/XIII.

DANNHEIMER, F. (1964): Die Rinderknochen der römischen Zivilsiedlung in Hüfingen (Ldkr. Donaueschingen). - Badische Fundberichte, Sonderheft 6. Diss. Freiburg i. Br. München.

DAS, H. A. (1975): Application of chemical analysis in the classification of archaeological silicate samples. - Staringia 3: 36-39. Maastricht.

DAVIDSON, H. R. E. (1962): The sword in Anglo-Saxon England. Its archaeology and literature. Oxford.

DAVIDSON, H. R. E. und WEBSTER, L. (1967): The Anglo-Saxon burial at Coombe (Woodnesborough), Kent. - Medieval Archaeology 11: 1-41. London.

DAVIS, E. L. (1967): Man and water at pleistocene Lake Mohave. - American Antiquity 32: 345-353. Washington.

DAVIS, W. (1978): Die angelsächsischen Königreiche in England. - C. Ahrens (Hg.), Sachsen und Angelsachsen: 85-96. Hamburg.

DAWSON, C. und SMITH WOODWARD, A. (1913): On the discovery of a palaeolithic human skull and mandible in a flint - bearing gravel overlying the Wealden (Hastings Beds) at Piltdown, Fletching (Sussex). - The Quarterly Journal of the Geological Society 69: 117-151 und Pl. 16-21. London.

DERKS, P. (1984): In pago Borahtron. Zu einigen Ortsnamen der Hellweg- und Emscherzone. - Beiträge zur Geschichte von Stadt und Stift Essen, Heft 99: 1-78. Neustadt a. d. Aisch.

DERKS, P. (1985): Die Siedlungsnamen der Stadt Essen. Sprachliche und geschichtliche Untersuchungen. - Beiträge zur Geschichte von Stadt und Stift Essen, Heft 100: 1-241. Neustadt a. d. Aisch.

DEROLEZ, R. L. M. (1954): Runica Manuscripta. Brügge.

DEROLEZ, R. L. M. (1963): Götter und Mythen der Germanen. Wiesbaden.

DETTMER, N., SCHMITT-ROHDE, J. M. und HABERICH, F.-J. (1956): Über histologisch und mikrodensometrisch nachweisbare postmortale Veränderungen der Knochengrundsubstanz. Virchows Archiv 1956, H. 3: 324-336. Berlin u. a.

DICKINS, B. (1932): A System of Transliteration for Old English Runic Inscriptions. - Leeds Studies in English, vol. 1: 15-19. Leeds.

DICKINS, B. (1934): English Names and Old English Heathenism. - Essays and Studies 19: 148-160, bes. 151 f., 154. Oxford.

DICKINS, B. und ROSS, A. S. C. (1934/1967[4]): The dream of the rood. London.

DIECK, A. (1951): Tacitus, Germania 12 und die männlichen Moorleichen. - Die Kunde 2: 48-52. Hannover.

DIECK, A. (1965): Die europäischen Moorleichenfunde (Hominidenmoorfunde). Neumünster.

DIECKHOFF, A. D. (1935): Einführung in die nordische Runenlehre. Hamburg.

DIES, K. F. (1981): Artefaktbruchflächen; ihre Morphologie und sekundären Änderungen. - Quartär 31/32: 95-106. Bonn.

DIGGELMANN, J. (1916): Die Fälschung von Sammlungsobjekten und die strafrechtliche Bekämpfung derselben. Zürich.

DÖRRIES, H. (1934/1970): Germanische Religion und Sachsenbekehrung. - W. Lammers (Hg.), Die Eingliederung der Sachsen in das Frankenreich: 261-306. Darmstadt.

DOMAŃSKI, M. und WOJTOWICZ-NATANSON, B. (1980): A possible application of the SIMS method to determine the provenance of archaeological objects. - Nuclear Instruments and Methods 168: 435 f. Amsterdam.

DONATH, A. (1937): Wie die Kunstfälscher arbeiten. Prag.

ten DOORNKAAT KOOLMAN, J. (1879): Wörterbuch der ostfriesischen Sprache. Norden.

DRESCHER, H. und HAUCK, K. (1982): Götterthrone des heidnischen Nordens. - FMASt 16: 237-301. Berlin-New York.

DRIEHAUS, J. (1970): Urgeschichtliche Opferfunde aus dem Mittel- und Niederrhein. - H. Jankuhn (Hg.), Vorgeschichtliche Heiligtümer und Opferplätze in Mittel- und Nordeuropa; = Abhandlungen der Akademie der Wiss. Göttingen, Phil.-Hist. Kl. 3: 40-54. Göttingen.

DRIEHAUS, J. (1973): Fälschungen ur- und frühgeschichtlicher Metallgegenstände. - INW 3: 3. 1.-3. 9. Göttingen-Bonn.

von den DRIESCH, A. und BOESSNECK, J. (1974): Kritische Anmerkungen zur Widerristhöhenberechnung aus Längenmaßen vor- und frühgeschichtlicher Tierknochen. - Säugetierkundliche Mitteilungen 22: 325-348. München.

von den DRIESCH, A. und BOESSNECK, J. (1975): Schnittspuren an neolithischen Tierknochen. Ein Beitrag zur Schlachttierzerlegung in vorgeschichtlicher Zeit. - Germania 53: 1-23. Berlin.

von den DRIESCH, A. (1976): A guide to the measurement of animal bones from archaeological sites. - Peabody Museum Bulletins 1, Harvard University. Cambridge, Massachusetts.

von den DRIESCH, A. (1976): Das Vermessen von Tierknochen aus vor- und frühgeschichtlichen Siedlungen. München.

DRIESEN, O. (1904): Der Ursprung des Harlekin. Ein kulturgeschichtliches Problem. - Forschungen zur neueren Literaturgeschichte 25. Berlin.
DRÖGEREIT, R. (1951): Die Ausbreitung der nordwestdeutschen Küstenvölker über See. - Neues Archiv für Niedersachsen 23: 229-250. Bremen.
DRÖGEREIT, R. (1977): Die Christianisierung Wigmodiens. H.-J. Häßler (Hg.), Studien zur Sachsenforschung 1: 53-88. Hildesheim.
DUERDEN, P., BIRD, J. R., SCOTT, M. D., CLAYTON, E., RUSSELL, L. H. und COHEN, D. D. (1980): PIXE-PIGME studies of artefacts. - Nuclear Instruments and Methods 168: 447-452. Amsterdam.
DÜRR, G. (1961): Neue Funde des Rindes aus dem keltischen Oppidum von Manching. - Studien an vor- und frühgeschichtlichen Tierresten Bayerns 12. Diss. München.
DÜWEL, K. (1968/1983[2]): Runenkunde. Stuttgart.
DÜWEL, K. und TEMPEL, W.-D. (1970): Knochenkämme mit Runeninschriften aus Friesland. - Palaeohistoria 1968, Nr. 14: 353-391. Groningen.
DÜWEL, K. (1970): Die Runen des Brakteaten von Hitsum. - K. Hauck (Hg.), Goldbrakteaten aus Sievern; (= Münstersche Mittelalter-Schriften 1): 284-287. München.
DÜWEL, K. (1972): Die Runeninschrift auf der silbernen Scheibe von Liebenau. - Die Kunde 23: 134-141. Hannover.
DÜWEL, K. (1974): Die Weserrunen - echt oder gefälscht? Vortrag vom 12. 11. im Landesmuseum Hannover. (Manuskript).
DÜWEL, K. (1975): Die Runeninschrift auf dem Medaillon von Svarteborg. - K. Hauck (Hg.), Zur Ikonologie der Goldbrakteaten IX: 143-185. Berlin-New York. (= FMASt 9, Düwel, Hauck & Müller. G.).
DÜWEL, K. (1975): Ich, der Glanzäugige, weihe die Runen. Zur Gestalt, Herkunft und Bedeutung der Runen. - Informationen der Universität Göttingen 8: 1-13. Göttingen.
DÜWEL, K. (1978): Runeninschriften. - C. Ahrens (Hg.), Sachsen und Angelsachsen: 219-229. Hamburg.
DÜWEL, K. (1979): Rez. W. Hartner 1969, Goldhörner und H. Klingenberg 1973, Runenschrift. - GGA 231: 224-249. Göttingen.
DÜWEL, K. und GEBÜHR, M. (1981): Die Fibel von Meldorf und die Anfänge der Runenschrift. - ZfA 110, Heft 3: 159-175. Wiesbaden.
DÜWEL, K. (1981): Runeninschriften auf Waffen. - R. Schmidt-Wiegand (Hg.), Wörter und Sachen im Lichte der Bezeichnungsforschung: 128-167. Berlin-New York.
DÜWEL, K. (1983[3]): Runenkunde. Stuttgart; (s. o. denselben 1968).
DÜWEL, K. (1984): Zu den theriophoren Runenmeisternamen, insbesondere in Brakteateninschriften. (Diskussionsbeitrag). - FMASt 18: 321-333. Berlin-New York.

EBEL, E. (1963): Die Terminologie der Runentechnik. - Diss. phil. Göttingen.
EBERENZ, R. (1975): Schiffe an den Küsten der Pyrenäenhalbinsel. Eine kulturgeschichtliche Untersuchung zur Schiffstypologie in den iberoromanischen Sprachen bis 1600. - Diss. phil. Basel. Bern-Frankfurt/M.
ECHL, O. (1973): Brake, Seehafenstadt an der Unterweser. Oldenburg.
ECKHARDT, A. (1981): Brake, Geschichte der Seehafenstadt an der Unterweser. Oldenburg.
ECKHARDT, K. A. (1939): Ingwi und die Ingweonen in der Überlieferung des Nordens. Weimar.
EDER, J. M. und VALENTA, E. (1924): Atlas typischer Spektren. Wien.
EGGERS, H. J. (1949/50): Lübsow, ein germanischer Fürstensitz der älteren Kaiserzeit. - PZ 34/35: 58-111. Berlin.
EGGERS, H. J. (1951): Der römische Import im freien Germanien. - Atlas der Urgeschichte, Bd. 1: 121 f. Hamburg.
EGGERS, H. J. (1955): Zur absoluten Chronologie der römischen Kaiserzeit im freien Germanien. - Jahrbuch des römisch-germanischen Zentralmuseums Mainz 2: 196-244. Mainz.

EGGERS, H. J. (1960): Beiträge zur relativen und absoluten Chronologie der römischen Kaiserzeit in Niedersachsen. - Die Kunde NF 11: 2-13. Hannover.
EGGERS, H. J. (1968): Wikinger-Runen aus Pommern. - Baltische Studien NF 54: 7-13. Hamburg.
EGGERS, H. J. (1974²): Einführung in die Vorgeschichte. München.
EGGERS, H. J., WILL, E., JOFFROY, R. und HOLMQVIST, W. (1975): Kelten und Germanen in heidnischer Zeit. Baden-Baden.
EGILSSON, S. und JÓNSSON, F. (1966): Lexicon poeticum antiquae linguae septentrionalis. København.
EHMER, H. (1937): Die sächsischen Siedlungen auf dem französischen ‚Litus Saxonicum'. - Studien zur englischen Philologie 92: 1-58. Göttingen-Halle/S.
EHRET, R. (1964): Tierknochenfunde aus der Stadt auf dem Magdalensberg bei Klagenfurt in Kärnten II. - Kärntner Museumsschriften 34: bes. 52 ff. Klagenfurt.
ELISENBARTH, P. und HILLE, P. (1977): A nondestructive method for age determination of fossil bone. - Journal of Radioanalytical Chemistry 40: 203-211. Lausanne-Budapest.
EJERFELDT, L. (1971): Helighet, „karisma" och kungadöme i forngermansk religion. - Skrifter utgivna av religionshistoriska institutionen i Uppsala (hum. fak.) 7: 112-175. Uppsala.
EKHOLM, G. (1936): Orientalische Glasgefäße in Skandinavien. - Eurasia septentrionalis antiqua 10: 61-72.
EKHOLM, G. (1974): Romersk import i norden. Bibliografi 1910-1971. Uppsala.
EKWALL, E. (1923): English place-names in -ing. -Skrifter utgivna av kungl. Humanistiska Vetenskapssamfundet i Lund 6. Lund-Leipzig-London-Paris-Oxford.
EKWALL, E. (1960): The concise Oxford dictionary of English place-names. 4. Auflage. London.
ELIADE, M. (1954): Die Religionen und das Heilige. Elemente der Religionsgeschichte. Salzburg.
ELIADE, M. (1958): Ewige Bilder und Sinnbilder. Vom unvergänglichen menschlichen Seelenraum. Olten-Freiburg.
ELIADE, M. (1975): Schamanismus und archaische Ekstasetechnik. Frankfurt/M.
ELLENBERGER, W. und BAUM, H. (1977): Handbuch der vergleichenden Anatomie der Haustiere. 18. Aufl. Heidelberg.
ELLIOTT, R. W. V. (1963²): Runes. An introduction. Manchester.
ELLMERS, D. (1972): Frühmittelalterliche Handelsschiffahrt in Mittel- und Nordeuropa. - Schriften des Deutschen Schiffahrtsmuseums, Bd. 3, (= Offa-Bücher, Bd. 28). Neumünster.
ELLMERS, D. (1973): Rheinschiffe der Römerzeit. - Beiträge zur Rheinkunde, 2. Folge 25: 25-41. Koblenz.
ELLMERS, D. (1973): Der frühmittelalterliche Hafen der Ingelheimer Kaiserpfalz und gotländische Bildsteine. - Schiff und Zeit 1: 52-57. Herford.
ELLMERS, D. (1975): Antriebstechniken germanischer Schiffe im 1. Jahrtausend n. Chr. - Deutsches Schiffahrtsarchiv 1: 79-90. Oldenburg-Hamburg.
ELLMERS, D. (1976): Kogge, Kahn und Kunststoffboot. 10 000 Jahre Boote in Deutschland. - Führer des Deutschen Schiffahrtsmuseums 7. Bremerhaven.
ELLMERS, D. (1977/78): Die ersten bildlichen Darstellungen zu Schiff fahrender Sachsen aus dem römischen Trier. - Die Kunde NF 28/29: 99-103. Hannover.
ELLMERS, D. (1978): Die Schiffe der Angelsachsen. - C. Ahrens (Hg.), Sachsen u. Angelsachsen: 495-509. Hamburg.
ELLMERS, D. (1979): Schiffsarchäologie. - Vorträge und Forschungen 22: 485-515. Sigmaringen.
ELLMERS, D. (1983): Vor- und frühgeschichtlicher Boots- und Schiffbau in Europa nördlich der Alpen. - H. Jankuhn, W. Janssen, R. Schmidt - Wiegand und H. Tiefenbach (Hg.), Das Handwerk in vor- und frühgeschichtlicher Zeit, Teil II; = Abhandlungen der Akad. der Wiss. Göttingen, phil.-histor. Klasse 3, Nr. 123: 471-534. Göttingen.
ELLMERS, D. (1985): 200 Jahre Schiffsarchäologie im Flußgebiet der Weser. - Dt. Schiffahrtsarchiv 8: 43-94. Hamburg-Bremerhaven.

ELMEVIK, L. (1986): Fisl. einherjar ‚krigare i Valhall‘ och några andra fornnord. sammansättningar med ein -. Saga och Sed 1982: 75-84. Uppsala.
ELSASSER, W., NEY, E. P. und WINKLER, J. R. (1956): Cosmic - ray intensity and geomagnetism. - Nature 178: 1226-1227. London.
ELWORTHY, F. T. (1900): Horns of honour. London.
ELZINGA, G. (1975): Rondom de „Vikingschat van Winsum“. - De Vrije Fries 55: 82-122. Leeuwarden.
ENGEL, C. G. und SHARP, R. P. (1958): Chemical data on desert varnish. - Bulletin of the Geological Society of America 69, No. 5: 487-518. Baltimore.
ENGELHARDT, C. (1863): Thorsbjerg mosefund. - M. Ørsnes (Hg.), Neudruck 1969. Kjöbenhavn.
ENGELHARDT, C. (1865): Nydam mosefund 1859-1863. - M. Ørsnes (Hg.), Neudruck 1970. Kjöbenhavn.
ENGELHARDT, C. (1867): Kragehul mosefund 1751-1865. - M. Ørsnes (Hg.), Neudruck 1970. Kjøbenhavn.
ENGELHARDT, C. (1869): Vimose fundet. - M. Ørsnes (Hg.), Neudruck 1970. Kjøbenhavn.
ENSSLIN, W. (1941): Germanen in römischen Diensten. - Gymnasium 52: 5-25. Heidelberg.
ERBACH, R. (1937): Die geschichtliche Entwicklung der Kampfmittel zur See. - Beiträge zur Geschichte der Technik und Industrie 26: 15-36. Berlin.
ERDNISS, J. (1939): Die Chauken, ihre räumliche Abgrenzung auf Grund der Bodenfunde. - Diss. phil. Würzburg.
ERDTMAN, G. (1969): Handbook of Palynology. Morphology, Taxonomy, Ecology. Munksgaard.
ESCH, M. (1966): Die altsteinzeitlichen Funde von Albersdorf. - Jahrbuch für prähistorische und ethnographische Kunst (= IPEK) 21, Jahrgang 1964/65: 19-20. Berlin.
ESCH, M. (1966): Die Kunst der Neandertaler auf den altsteinzeitlichen Fundplätzen in Albersdorf. - Dithmarschen 3: 58-62. Heide u. a.
ESCHER, H. (1840): Die Lehre von dem strafbaren Betruge und von der Fälschung. Zürich.
ESSER, L. (1973): Zum -ing - Suffix in den westfälischen Siedlungsnamen bis zum Jahre 1200. - Niederdeutsches Wort 13: 78-87. Münster.
ETTMÜLLER, L. (1870): Altnordischer Sagenschatz. - Neudruck 1972. Leipzig/(Wiesbaden).
EUDEL, P. (1885): Die Fälscherkünste. Leipzig.
EVISON, V. I. (1977): Supporting-arm brooches and equal-arm brooches in England. - Studien zur Sachsenforschung 1: 127-147. Hildesheim.
EXNER, K. (1938): Zwei römische Emailgefäße aus dem freien Germanien. - E. Sprockhoff (Hg.), Marburger Studien, Festschrift G. v. Merhart: 47-53. Darmstadt.
EZRA, H. C. und COOK, S. F. (1957): Amino acids in fossil human bone. - Science 126: 80. Washington.

FACCHINI, F. und PETTENER, D. (1977): Chemical and physical methods in dating human skeletal remains. - American Journal of Physical Anthropology 47: 65-70. Philadelphia.
FAEGRI, K. und IVERSEN, J. (1975[3]): Textbook of pollen analysis. Munksgaard.
FÄLSCHUNG UND FORSCHUNG (1979). Ausstellungskatalog, hg. vom Folkwang-Museum Essen und dem Staatlichen Museum Preußischer Kulturbesitz Berlin (Skulpturengalerie); P. Bloch u. a. Autoren.
FALK, H. S. und TORP, A. (1910): Norwegisch-Dänisches etymologisches Wörterbuch I (A-O). Heidelberg.
FALK, H. S. (1912): Altnordisches Seewesen. - Wörter und Sachen, Bd. 4: 1-121. Heidelberg.
FALK, H. S. (1914): Altnordische Waffenkunde. - Videnskapsselskapets skrifter II, hist.-phil. Kl. 6 Kristiania.

FALK, H. S. (1924): Odensheite. - Videnskapsselskapets skrifter II, histor.-filos. Klasse No. 10. Kristiania.
FARRELL, R. T. (1978): Bede and Anglo-Saxon England. - British Archaeological Reports 46. Oxford.
von FEILITZEN, O. (1963): Some continental Germanic personal names in England. - A. Brown & P. Foote (ed.), Early English and Norse Studies, presented to A. H. Smith: 46-61. London.
FEIST, S. (1919): Runen und Zauberwesen im germanischen Altertum. - Arkiv f. Nord. Filologi 35 (≙ NF 31), Heft 3/4: 243-287. Lund-Leipzig.
FEIST, S. (1929): Zum Ursprung der germanischen Runenschrift. - Acta Philologica Scandinavica 1: 1-25. Kopenhagen.
FEIST, S. (1930): Runenfunde in Oldenburg? - Unterhaltungsblatt der VOSSISCHEN ZEITUNG Nr. 90 vom 16. 4.
FELL, C. E. (1980): Götter und Heroen der nordischen Welt. - D. M. Wilson (Hg.), Kulturen im Norden: 15-45. München.
FEUSTEL, R. (1969): Zur Problematik der „Protolithischen Knochenkultur" und der „Osteodontoceratic Culture". - Alt-Thüringen 10: 7-67. Weimar.
FEUSTEL, R. (1973): Technik der Steinzeit. Archäolithikum-Mesolithikum. - Veröffentlichungen des Museums für Ur- und Frühgeschichte Thüringens 4. Weimar.
FILIP, J. (1961): Die Keltische Zivilisation und ihr Erbe. Prag.
FILIP, J. (1966, 1969): Enzyklopädisches Handbuch zur Ur- und Frühgeschichte Europas, Bd. I (A-K) und Bd. II (L-Z und Nachträge). Stuttgart-Berlin-Köln-Mainz-Prag.
FILIP, J. (1977): Celtic civilization and its heritage. (= engl. Übersetzung von J. Filip 1961). Prag.
FINLAY, I. (1951): Treasures in Edinburgh. Edinburgh-London-New York - Toronto.
FINLAY, I. (1973): Celtic art. An introduction. London.
FIRBAS, F. (1949, 1952): Spät- und nacheiszeitliche Waldgeschichte nördlich der Alpen, Bd. 1 + 2. Jena.
FISCHER, R. E. und SCHLIMPERT, G. (1976^2): Der Beitrag der Onomastik. Zu den römisch-germanischen Beeinflussungen in der ersten Hälfte des 1. Jahrtausends. - H. Grünert (Hg.), Römer und Germanen in Mitteleuropa: 275-283. Berlin.
FLASDIECK, H. M. (1942): Nochmals ‚Harlekin'. - Anglia 66 (≙ NF 54): 59-69. Halle/S.
FLEMING, S. J. (1976): Dating in archaeology. A guide to scientific techniques. London.
FLEMING, S. J. (1976): Authenticity in art. The scientific detection of forgery. London-Bristol.
FLOM, G. T. (1917): Alliteration and variation in old Germanic name-giving. - Modern Language Notes 32, No. 1: 7-17. Baltimore.
FOERSTE, W. (1950/1957^2): Geschichte der niederdeutschen Sprache. - W. Stammler (Hg.), Deutsche Philologie im Aufriß, Bd. 1: 1731. Berlin-Bielefeld-München.
FOERSTE, W. (1969): Die germanischen Stammesnamen auf - varii. - FMASt 3: 60-70. Berlin.
FOERSTE, W. (1970): Germanisch *war- ‚Wehr' und seine Sippe. - Niederdt. Wort 9, Heft 1/2: 1-51. Münster.
FÖRSTEMANN, E. (1913): Altdeutsches Namenbuch II. Orts- und sonstige geographische Namen, 1. Hälfte (A-K) und 2. Hälfte (L-Z + Register: 1916). Bonn.
FÖRSTEMANN, E. (1966^2): Altdeutsches Namenbuch I. Personennamen. - Erstausgabe 1900/1901. Bonn.
FOOTE, P. (1984): Things in early Norse verse. - Fs til L. Holm-Olsen: 74-83. Øvre Ervik.
FORBIGER, A. (1865): Eutropius. Abriß der Römischen Geschichte. Stuttgart.
FRANK, K. G. (1962): Neue Funde des Pferdes aus dem keltischen Oppidum von Manching. - Studien an vor- und frühgeschichtlichen Tierresten Bayerns 13. Diss. München.
FRANKOWSKI, E. (1920): Estelas Discoideas de la Peninsula Iberica. - Memoria 25 (= Comision de Investigaciónes Paleontológicas y Prehistoricas, ed.). Madrid.

FREDRICH, C. (1912): Die in Ostdeutschland gefundenen römischen Bronzestatuetten. - Deutsche Schulprogramme 1912, Nr. 93: Küstriner Gymnasialprogramm: 3-11: 6 f. Cüstrin.
FRENZ, H. G. (1984³): Bildliche Darstellungen zur Schiffahrt römischer Zeit an Rhein und Tiber. - G. Rupprecht (Hg.), Die Mainzer Römerschiffe: 78-95. Mainz.
von FRIESEN, O. (1910): Hvem var Yngvarr enn vidforli? - Fornvännen 5: 199-209. Stockholm.
von FRIESEN, O. (1915): Runorna i Sverige. - Fordomtima 1: 1-32. Uppsala.
von FRIESEN, O. (1918/19): Runenschrift. - J. Hoops (Hg.), Reallex. der Germ. Altertumskde. 4: 5-51. Straßburg.
von FRIESEN, O. (1920): Rökstenen. Runstenen vid Röks kyrka lysings härad, Östergötland. Stockholm.
von FRIESEN, O. (1924): Rö-stenen i Bohuslän. - Uppsala Univ. Årsskrift, Filosofi, Språkvetenskap och historiska vetenskaper 4: 1-165. Uppsala.
von FRIESEN, O. (1928): Runorna i Sverige. - Föreningen Urds skrifter 4: 1-95. Uppsala.
von FRIESEN, O. (1931): De senast framställda meningarna i frågan om runornas härkomst. - Arkiv för Nordisk Filologi: 80-133. Lund-Leipzig.
von FRIESEN, O. (1933): Nordisk kultur. 6. Runorna. Stockholm-Oslo-Kopenhagen.
FRINGS, T. (1939): Rez. H. Ehmer 1937 (s. o.). - AfdA 58, Heft 1/2: 81-82. Berlin.
FRINGS, T. (1942): Langbärte und Wollbärte. - Beiträge zur Gesch. der dt. Sprache u. Lit. 65: 153 f. Halle/S.
FUHRMANN, M. (1980): Tacitus: Germania. Lateinisch und Deutsch. Stuttgart. (Reclam).
FURTWÄNGLER, A. (1898): Römische Bronzen in Deutschland. - Bonner Jahrbuch 103: 5 ff. Bonn.
FURTWÄNGLER, A. (1901): Römisch-ägyptische Bronzen. - Bonner Jahrbuch 107: 37-47. Bonn.
FURTWÄNGLER, A. (1902): Apis und Hermes-Thoth. - Bonner Jahrbuch 108/109: 239-245. Bonn.
FURTWÄNGLER, A. (1906): Noch einmal zu Hermes-Thoth und Apis. - Bonner Jahrbuch 114/115: 193-203. Bonn.

GAHS, A. (1928): Kopf-, Schädel- und Langknochenopfer bei Rentiervölkern. - W. Koppers (Hg.), Fs P. Wilhelm Schmidt: 231-268. Wien.
GALLÉE, J. H. (1894): Altsächsische Sprachdenkmäler. Leiden.
GALLÉE, J. H. (1910²): Altsächsische Grammatik. Halle/S. - Leiden.
GANGL, J. (1936): Altersbestimmung fossiler Knochenfunde auf chemischem Wege. - Österreichische Chemiker - Zeitung, Jahrgang 39, Nr. 10: 79-82. (15. Mai 1936) Wien.
GANGL, J. (1937): Altersbestimmung des Pfriemens vom Maria - Saaler - Berg auf physikalischem und chemischem Wege. - NTS 8: 466-469. Oslo.
GATTERER, A. und JUNKES, J. (1947²): Atlas der Restlinien. Spektren von 30 chemischen Elementen. - Laboratorio Astrofisico della Specola Vaticana. Rom.
GECHTER, M. und HÄRKE, H. (1982): Diskussionsthesen zur Situation der deutschen Archäologie. Unkel.
GENRICH, A. (1937): Vorläufiger Bericht über die Ausgrabung 1936 auf dem sächsischen Urnenfriedhof Perlberg, Kr. Stade. - Die Kunde 5: 44-46. Hannover.
GENRICH, A. (1939): Zur Herkunft der Körpergräber auf sächsischen Friedhöfen. - G. Schwantes (Hg.). Urgeschichtsstudien beiderseits der Niederelbe: 332-340. Hildesheim.
GENRICH, A. (1953): Ein Friedhof der späteren Völkerwanderungszeit bei Liebenau, Kreis Nienburg. - Die Kunde NF 4, Heft 3 & 4: 56-65. Hannover.
GENRICH, A. (1954): Formenkreise und Stammesgruppen in Schleswig-Holstein nach geschlossenen Funden des 3. bis 6. Jahrhunderts. (= Offa-Bücher 10). Neumünster.

GENRICH, A. (1959): Altsächsische Kriegergräber und Pferdebestattungen in Niedersachsen und ihre Bedeutung für die Religionsgeschichte. - Nachrichten aus Niedersachsen Urgeschichte 28: 20-36. Hildesheim.
GENRICH, A. (1960): Der Friedhof Liebenau und seine Bedeutung für die Besiedlungs- und Kulturgeschichte des Mittelwesergebietes. - Die Kunde NF 11: 60-65. Hannover.
GENRICH, A. (1961): Zur Frühgeschichte des Wesergebietes zwischen Minden und Bremen. - NNU 30: 9-54.
GENRICH, A. (1963): Der gemischtbelegte Friedhof von Dörverden, Kreis Verden/Aller. - M. Claus (Hg.), Materialhefte zur Ur- und Frühgeschichte Niedersachsens 1: 1-42. Hildesheim.
GENRICH, A. (1965): Zur Geschichte der Altsachsen auf dem Kontinent. - Die Kunde NF 16: 107-129. Hannover.
GENRICH, A. (1967): Einheimische und importierte Schmuckstücke des gemischtbelegten Friedhofes von Liebenau, Kr. Nienburg. - NNU 36: 75-96. Hildesheim.
GENRICH, A. (1969): Archäologische Aspekte der Geschichte des Adels der Altsachsen auf dem Kontinent. - NAuFN 4: 193-201. Hildesheim.
GENRICH, A. (1969): Der gemischt-belegte Friedhof bei Liebenau, Kr. Nienburg (Weser). - NNU 38: 3-24. Hildesheim.
GENRICH, A. (1970): Archäologische Aspekte zur Christianisierung im nördlichen Niedersachsen. - W. Lammers (Hg.), Die Eingliederung der Sachsen in das Frankenreich: 470-486. Darmstadt.
GENRICH, A. (1970): Der Ursprung der Sachsen. Eine historisch-archäologische Studie. - Die Kunde NF 21: 66-112. Hannover.
GENRICH, A. (1970): Stratigraphie und sozialhistorische Bedeutung einer Kreisgrabenbestattung der späten Völkerwanderungszeit von Liebenau, Kreis Nienburg in Niedersachsen. - Probleme der Küstenforschung im südlichen Nordseegebiet 9: 91-100. Hildesheim.
GENRICH, A. (1971): Grabbeigaben und germanisches Recht. - Die Kunde NF 22: 189-226. Hannover.
GENRICH, A. (1972): Die Wohnsitze der Langobarden an der Niederelbe nach den schriftlichen Nachrichten und den archäologischen Quellen. - Die Kunde NF 23: 99-114. Hannover.
GENRICH, A. (1972): Ein Bronzemodel der Merowingerzeit aus Liebenau, Kr. Nienburg/Weser. - NNU 41: 64-76. Hildesheim.
GENRICH, A. (1972): Der gemischtbelegte Friedhof bei Liebenau, Kreis Nienburg, Band 1. (= Veröffentlichungen der urgeschichtlichen Sammlungen des Landesmuseums zu Hannover 21: 1-53). Hildesheim.
GENRICH, A. (1976): Der Siedlungsraum der Nerthusstämme. - Die Kunde NF 26/27: 103-146. Hannover.
GENRICH, A. und FALK, A. (1976[3]): Liebenau, ein sächsisches Gräberfeld. (= Wegweiser zur Vor- und Frühgeschichte Niedersachsens 3). Hildesheim.
GENRICH, A. (1978): Ursprung und Ausbreitung der Altsachsen bis zum 5. Jahrhundert. - C. Ahrens (Hg.), Sachsen und Angelsachsen: 43-50. Hamburg.
GENRICH, A. (1981): Die Altsachsen. (= Veröffentlichungen der urgeschichtlichen Sammlungen des Landesmuseums zu Hannover 25: 1-92). Hildesheim.
GENRICH, A. (1982): Dörverden - Tulifurdon, eine Forschungsaufgabe. - Studien zur Sachsenforschung 3: 23-30. Hildesheim.
GENZMER, F. (1920): Edda, Band 2. Götterdichtung und Spruchdichtung. - F. Niedner (Hg.), Thule, altnordische Dichtung und Prosa. Jena.
GENZMER, F. (1928[3]): Edda, Band 1. Heldendichtung. - F. Niedner (Hg.), Thule, altnordische Dichtung und Prosa. Jena.
GENZMER, F. (1944): Germanische Seefahrt und Seegeltung. München.
GENZMER, F. (1963): Die Edda. Die wesentlichen Gesänge der altnordischen Götter - und Heldendichtung. Hamburg-München-Regensburg-Stuttgart.
GENZMER, F. (1977): Heliand und die Bruchstücke der Genesis. (Reclam) Stuttgart.
GENZMER, F. (1978): Beowulf und das Finnsburg-Bruchstück. (Reclam) Stuttgart.

GENZMER, F. (1981): Die Edda. Götterdichtung, Spruchweisheit und Heldengesänge der Germanen. Düsseldorf-Köln.
GERING, H. (1982): Die Edda. Wien-Leipzig.
GERLACH, W. und SCHWEITZER, E. (1930): Die chemische Emissionsspektralanalyse. Leipzig.
GERLACH, W. und RIEDL, E. (1949): Die chemische Emissionsspektralanalyse, Band 3. Auflage 3. Leipzig.
GEYH, M. A. (1965): Kurzanleitung zur Entnahme von ^{14}C-Proben für die Anlagen des NLfB, Hannover. - Merkblatt des Niedersächsischen Landesamtes für Bodenforschung vom 1. Mai 1965. Hannover.
GEYH, M. A. und GUHLICH, E. (1970): Zur Frage der Zuverlässigkeit der ^{14}C-Altersbestimmung an Knochen. - NNU 39: 9-16. Hildesheim.
GEYH, M. A. (1971): Die Anwendung der ^{14}C-Methode und anderer radiometrischer Datierungsverfahren für das Quartär. - Clausthaler Tektonische Hefte 11. Clausthal-Zellerfeld.
GEYH, M. A. (1971): Die Radiokohlenstoffmethode zur Altersbestimmung organischer Proben. - INW 2: 1.1 - 1.4. Göttingen-Bonn.
GEYH, M. A. (1980): Einführung in die Methoden der physikalischen und chemischen Altersbestimmung. Darmstadt.
GEYH, M. A. (1984): Physikalische und chemische Datierungsmethoden in der Quartärforschung. - Clausthaler Tektonische Hefte 19. Clausthal-Zellerfeld.
GIBSON, C. E. (1948): The story of the ship. New York.
GIEGENGACK, F. und HAYNES, R. D. (1972): A new method of dating bone. - MASCA Newsletters 8: 1-3. Philadelphia.
van GIFFEN, A. E. (1928): Het Runhoutje van Westeremden. - 11. & 12. Jaarsverslag van de Vereeniging voor Terpenonderzoek 1926-1928. Groningen.
GILLESPIE, R. und HEDGES, R. E. M. (1984): Laboratory contamination in radiocarbon accelerator mass spectrometry. - Nuclear Instruments and Methods in Physics Research 5: 294-296. Amsterdam.
GISLASON, K. (1871): De ældste Runeindskrifter sproglige stilling. - Aarbøger 1871: 353-372. Kjøbenhavn.
GJESSING, G. (1934): De danske Gullhornene fra svartehavstraktene. - NTS 7: 253-277. Oslo.
GLOB, P. V. (1956): Jernaldermanden fra Grauballe. - Kuml 1956: 99-113. København.
GOENS, H. (1929): Die Bauernhöfe der Moormarsch und des Wüstenlandes. - Jb. Oldenburg 33: 1-96. Oldenburg.
GÖSSLER, F. (1942): Bogen- und Funkenspektren des Eisens von 4555-2227 Å und Analysenlinien der wichtigsten Elemente. Jena.
GÖTTINGER TAGEBLATT (1977): Wertlose Steine in Museen? Einst hochgelobter Amateur-Archäologe vor Gericht. (3. Februar 1977) Göttingen.
GÖTTLICHER, A. (1985): Die Schiffe der Antike. Darmstadt.
GOLL, J. (1962): Kunstfälscher. Leipzig.
GOODWIN, A. J. H. (1960): Chemical alteration (patination) of stone. - R. F. Heizer & S. F. Cook (ed.), The Application of Quantitative Methods in Archaeology. (= Viking Fund Publications in Anthropology 28: 300-324). New York.
GOTTSCHALD, M. (1938): Die deutschen Männernamen des 12.-14. Jahrhunderts. - Zs für Namenforschung 14: 179-194. Berlin.
GOVE, H. E., FULTON, B. R., ELMORE, D., LITHERLAND, A. E., BEUKENS, R. P., PURSER, K. H. und NAYLOR, H. (1979): Radioisotope detection with tandem electrostatic accelerators. - IEEE, Transactions on Nuclear Science NS 26: 1414-1419. New York.
GOVE, H. E., ELMORE, D., FERRARO, R., BEUKENS, R. P., CHANG, K. H., KILIUS, L. R., LEE, H. W., LITHERLAND, A. E. und PURSER, K. H. (1980): Radioisotope detection with tandem electrostatic accelerators. - Nuclear Instruments and Methods 168: 425-433. Amsterdam.
GRAF, H.-J. (1943): Harii und Rus.-Germanien 1943, Heft 4: 134-139. Berlin.

GRAF, H.-J. (1974): Rezension Ute Schwab 1973. - Archiv für das Studium der neueren Sprachen und Literaturen 211. Band, 126. Jahrgang, Halbjahresband 1: 98-99. Braunschweig.
von GRIENBERGER, T. (1897): Beiträge zur Runenlehre. - Arkiv för nordisk filologi NF 10: 101-136. Lund.
von GRIENBERGER, T. (1900): Neue Beiträge zur Runenlehre. - Zs für dt. Philologie 32: 289-304. Halle/S.
GRIMM, G. (1969): Die Zeugnisse ägyptischer Religion und Kunstelemente im römischen Deutschland. Leiden.
GRIMM, J. (1871): Recensionen und vermischte Aufsätze. - Kleinere Schriften 5: 27-34. Berlin.
GRIMM, J. und GRIMM, W. (1984): Deutsches Wörterbuch. (Neudruck) München.
GRÖBBELS, I. W. (1905): Der Reihengräberfund von Gammertingen. München.
GRÖNBECH, V. (1931): The culture of the Teutons. London-Copenhagen.
GRÖNBECH, V. (1937, 1939, 1940): Kultur und Religion der Germanen, Bd. 1 (1937/ 1939^2), Bd. 2 ($1939/40^2$). Hamburg.
GROENMAN-van WAATERINGE (1975): Die Grenzen naturwissenschaftlicher Methoden bei der Lösung archäologischer Probleme. - INW 6: 2.1-2.8. Göttingen-Bonn.
GRØNVIK, O. (1981): Runene på Tunesteinen. Oslo-Bergen-Tromsø.
GRØNVIK, O. (1985): Über den Lautwert der Ing-Runen und die Auslassung von Vokal in den älteren Runeninschriften. - Indogermanische Forschungen 90: 168-195. Berlin-New York.
GRØNVIK, O. (1987): Fra Ågedal til Setre. Sentrale runeinnskrifter fra det 6. århundre. Oslo-Bergen-Stavanger-Tromsø.
GROHNE, E. (1931): Ausbaggerung einer römischen Schwertscheide bei Bremen und einige Weserfunde der späten Kaiserzeit. - Germania 15: 71-75. Bamberg.
GROHNE, E. (1940): Ein chaukisch-sächsischer Friedhof auf der Düne von Bremen-Mahndorf. - Germanenerbe 1940: 66-71. Leipzig.
GROHNE, E. (1953): Mahndorf. Frühgeschichte des bremischen Raumes. Bremen-(Horn).
GROSS, H(anns) (1901): Der Raritätenbetrug. Berlin.
GROSS, H(ugo) (1952): Die Radiokarbon-Methode, ihre Ergebnisse und Bedeutung für die spätquartäre Geologie, Paläontologie und Vorgeschichte. - Eiszeitalter und Gegenwart 2: 68-92. Öhringen (Württemberg).
GROSS, H(ugo) (1957): Die Fortschritte der Radiocarbon-Methode. EuG 8: 141-180. Bonn-Öhringen (Württ.).
GROSSE, R. (1920): Römische Militärgeschichte von Gallienus bis zum Beginn der byzantinischen Themenverfassung. Berlin.
GRÜNDEL, A. und ZIEGERT, H. (1983): Archäologie und Kriminalistik. Ziele und Wege der Erkenntnisgewinnung. - Archäologische Informationen 5: 175-192, bes. 190. Hamburg.
GRÜNERT, H. (1976^2): Römer und Germanen in Mitteleuropa. Berlin (DDR).
GÜNTERT, H. (1934): Runen, Runenbrauch und Runeninschriften der Germanen. - Oberdeutsche Zeitschrift für Volkskunde, Jahrgang 8: 51-102. Bühl (Baden).
GÜNTERT, H. (1934): Der Ursprung der Germanen. - Kultur und Sprache 9. Heidelberg.
GÜRTLER, L. G., JÄGER, V., GRUBER, W., HILLMAR, J., SCHOBLOCH, R., MÜLLER, P. K. und ZIEGELMAYER, G. (1981): Presence of proteins in human bones 200, 1200 and 1500 years of age. - Human Biology 53: 137-150. Detroit.
GUMBEL, S. (1897): Der Betrugsparagraph und seine Ergänzung durch das Gesetz zur Bekämpfung des unlauteren Wettbewerbes. Diss. iur. Tübingen.
GUMMEL, H. (1930): Rez. H. v. Buttel-Reepen 1930. - NNU 4: 109. Hildesheim.
GUMMEL, H. (1936): Die Ingväonen (Friesen und Chauken von 500 v. bis 200 n. Chr., besonders nach Bodenfunden). - H. Schroller & S. Lehmann (Hg.), 5000 Jahre Niedersächsische Stammeskunde. (= K. H. Jacob-Friesen, Hg., Darstellungen aus Niedersachsens Urgeschichte 3: 82-102). Hildesheim-Leipzig.

GUMMEL, H. (1983): HUGO VON BUTTEL-REEPEN. - Forschungsgeschichte in Deutschland, Bd. 1: 407 f. Berlin.
GUTENBRUNNER, S. (1935): Sachsen und Cherusker. - Zs für Mundartforschung 11: 193-202. Halle/S.
GUTENBRUNNER, S. (1936): Die germanischen Götternamen der antiken Inschriften. - T. Frings, R. Meissner und J. Müller (Hg.), Fs R. Much. Halle/S.
GUTENBRUNNER, S. (1940): Die Harier im Markomannenkrieg. - AfdA 59 (= ZfdA 77): 27 f. Berlin.
GUTENBRUNNER, S. (1942): Zum Namen ‚Germanen'.-Beiträge zur Geschichte der dt. Sprache und Literatur 65. Halle/S.
GUTENBRUNNER, S. (1949): Schleswig-Holsteins älteste Literatur von der Kimbernzeit bis zur Gudrundichtung. Kiel.
GUTENBRUNNER, S., JANKUHN, H. und LAUR, W. (1952): Völker und Stämme Südostschleswigs im frühen Mittelalter. (= Gottorfer Schriften zur Landeskunde Schleswig-Holsteins 1). Schleswig.
GYSSELING, M. (1980): Corpus van Middelnederlandse teksten II, 1: 5-18. 's Gravenhage.

HAARNAGEL, W. (1940): Heinrich Schütte †. - Nachrichtenblatt für Dt. Vorzeit 16, Heft 2/3: 60-62. Leipzig.
HAARNAGEL, W. (1956): Vorläufiger Bericht über die Wurtengrabung auf der Feddersen Wierde bei Bremerhaven. Germania 34, Heft 1/2: 125-141. Berlin.
HAARNAGEL, W. (1957): Vorläufiger Bericht über das Ergebnis der Wurtengrabung auf der Feddersen Wierde bei Bremerhaven im Jahre 1956. - Germania 35, Heft 3/4: 275-317. Berlin.
HAARNAGEL, W. (1958): Die Ergebnisse der Grabung auf der Wurt Feddersen Wierde bei Bremerhaven in den Jahren von 1955-1957. - Neue Ausgrabungen in Deutschland: 215-228. Berlin.
HAARNAGEL, W. (1961): Zur Grabung auf der Feddersen Wierde 1955-1959. - Germania 39, Heft 1/2: 42-69. Berlin.
HAARNAGEL, W. (1961): Die Marschen im deutschen Küstengebiet der Nordsee und ihre Besiedlung. - Berichte zur Deutschen Landeskunde 27, Heft 2: 203-219. Bad Godesberg.
HAARNAGEL, W. (1963): Die Ergebnisse der Grabung Feddersen Wierde im Jahre 1961. - Germania 41: 280-317. Berlin.
HAARNAGEL, W. (1963): Die Niedersächsische Landesstelle für Marschen- und Wurtenforschung in Wilhelmshaven. - NNU 32: 3-33, bes. 20-25. Hildesheim.
HAARNAGEL, W. (1967): Wirtschaftsform und Arbeitsleben in der frühgeschichtlichen Siedlung Feddersen Wierde. - Arbeit und Volksleben: 22-36. Göttingen.
HAARNAGEL, W. (1973): Vor- und Frühgeschichte des Landes Wursten. - E. Lehe (Hg.), Geschichte des Landes Wursten: 41-106, (17-128). Bremerhaven.
HAARNAGEL, W. (1975): Die Wurtensiedlung Feddersen Wierde im Nordsee-Küstengebiet. - Ausgrabungen in Deutschland, Teil 2: 10-29. Mainz.
HAARNAGEL, W. (1976): Die Marschen und die Wurtensiedlungen im Elbe-Weser-Winkel. - Führer zu vor- und frühgeschichtlichen Denkmälern 30: 1-22. Mainz.
HAARNAGEL, W. (1976): Die Wurt Feddersen Wierde. - Führer zu vor- u. frühgesch. Denkm. 31: 51-73. Mainz.
HAARNAGEL, W. (1979): Das eisenzeitliche Dorf „Feddersen Wierde", seine siedlungsgeschichtliche Entwicklung, seine wirtschaftliche Funktion und Wandlung seiner Sozialstruktur. - Vorträge und Forschungen 22: 45-99. Sigmaringen.
HAARNAGEL, W. (1967, 1979, 1981): Feddersen Wierde. Die Ergebnisse der Ausgrabung der vorgeschichtlichen Wurt Feddersen Wierde bei Bremerhaven in den Jahren 1955 bis 1963. - (W. Haarnagel = Hg. der Bände 1 a+b, 1967; 2 a+b, 1979; 3, 1981). Wiesbaden.
HABERMEHL, K.-H. (1959/60): Die Tierknochenfunde im römischen Lagerdorf Butzbach. - Saalburg Jb 18: 67-108. Berlin.

HACHMANN, R. (1956): Zur Gesellschaftsordnung der Germanen in der Zeit um Christi Geburt. - Archaeologica geographica 5: 5-24. Hamburg.

HACKENBERG, E. (1918): Die Stammtafeln der angelsächsischen Königreiche. - Diss. phil. Berlin.

HÄLSIG, F. (1910): Der Zauberspruch bei den Germanen bis um die Mitte des XVI. Jahrhunderts. - Diss. phil. Leipzig.

HÄRKE, H. (1978): Probleme der optischen Emissionsspektralanalyse in der Urgeschichtsforschung. Technische Möglichkeiten und methodische Fragestellung. - PZ 53: 165-276. Berlin-New York.

HÄSSLER, H.-J. (1977, 1980, 1982, 1983, 1985): Studien zur Sachsenforschung, Bd. 1-5 (Hg.). Hildesheim.

HÄSSLER, H.-J. (1978): Das Gräberfeld von Liebenau. - C. Ahrens (Hg.), Sachsen und Angelsachsen: 307-316. Hamburg.

HÄSSLER, H.-J. (1980): Der sächsische Urnenfriedhof von Oldendorf (Weißenmoor), Kr. Stade, Niedersachsen. - Studien zur Sachsenforschung 2: 107-150.

HÄSSLER, H.-J. (1983): Das sächsische Gräberfeld bei Liebenau, Kr. Nienburg (Weser), Teil 2. - Beiträge zur Frühgeschichte Nordwestdeutschlands. (= Studien zur Sachsenforschung 5,1). Hildesheim.

HÄSSLER, H.-J. (1985): Das sächsische Gräberfeld bei Liebenau, Kr. Nienburg (Weser), Teil 3. - Beiträge zur Frühgeschichte Nordwestdeutschlands. (= Studien zur Sachsenforschung 5,2). Hildesheim.

HAGEMANN, M. (1938): Allgemeine Betrachtungen über Kunstfälschungen. - Kriminalistik 1938: 178-180. Berlin.

HAHN, F. und CREUZER, F. (1855): Der Fund von Lengerich im Königreiche Hannover. Goldschmuck und römische Münzen. - Gelehrte Anzeigen der kgl. bayer. Akad. d. Wiss. 40, philosoph.-philolog. Classe I, Nr. 6: 41-48 und Nr. 7: 49-53. München.

HALD, K. (1963): The cult of Odin in Danish place-names. - A. Brown & P. Foote (ed.), Early English and Norse Studies, presented to A. H. Smith: 99-109. London.

HALD, K. (1971): Personnavne i Danmark. I.: Oldtiden. - Dansk historisk fællesforenings håndbøger. København.

HAMILTON, E. J. (1965): Applied geochronology. London-New York.

HAMKENS, F. H. (1953): Der Dronninghoi. - Jb des Angler Heimatvereins 17: 36-49. Kappeln/Schlei.

HAMMARSTRÖM, M. (1929): Om runskriftens härkomst. - Skrifter i nordisk filologi 20: 1-67. Helsingfors.

HAMMARSTRÖM, M. (1930): Zu den neugefundenen Runeninschriften aus der Unterweser. - Societas Scientiarum Fennica Commentationes Humanarum Litterarum III.5: 1-8. Helsingfors-Leipzig.

HANNOVERSCHE ALLGEMEINE ZEITUNG (1977): Haftstrafe für Archäologen? (9. Februar).

HANSEN, W. (1981): Die Edda. Wien-Heidelberg.

HARCK, O., KOSSACK, G. und REICHSTEIN, J. (1975): Siedlungsform und Umwelt. Grabungen in Archsum auf Sylt. - Ausgrabungen in Deutschland, Teil 2: 30-44. Mainz.

HARCK, O. (1977): Einige römische Waffenfunde aus Nordostniedersachsen. - Studien zur Sachsenforschung 1: 149-159. Hildesheim.

HARDER, H. und WEBER, E. (1931): Ein Runenfund im Deutschen Museum zu Berlin. - ZfDA 68 (= NF 56): 217-225. Berlin.

HARDER, H. (1932): Das Braunschweiger Runenkästchen. - Archiv für das Studium der Neueren Sprachen 162: 227-229. Braunschweig-Berlin-Hamburg.

HARE, P. E. (1974): Amino acid dating - a history and an evaluation. - MASCA Newsletters 10 (1). Philadelphia.

HARE, P. E. (1980): Organic geochemistry of bone and its relation to the survival of bone in the natural environment. - A. K. Behrensmeyer & A. P. Hill (ed.), Fossils in the making, Vertebrate Taphonomy and Paleoecology: 208-219. Chicago & London.

HARE, P. E., HOERING, T. C. und KING, K. jr. (1980): Biogeochemistry of amino acids (ed.). New York.
HARTNER, W. (1969): Die Goldhörner von Gallehus. Wiesbaden.
HARTNER, W. (1972): Die Goldhörner von Gallehus. - Bild der Wissenschaft, Heft 11: 1210-1216. Stuttgart.
HARTUNG, W. (1952/53): Fundgeschichte; in: K. Schlabow, Der Prachtmantel Nr. II aus dem Vehnemoor in Oldenburg. - Jb. Oldenburg 1952/53: 160-166 (160-201). Oldenburg.
HASELOFF, G. (1978): Römische Elemente in sächsischem Schmuck am Beispiel der gleicharmigen Fibeln. - C. Ahrens (Hg.), Sachsen und Angelsachsen: 153-161. Hamburg.
HASSAN, A. A. und HARE, P. E. (1978): Amino acid analysis in radiocarbon dating of bone collagen. - G. F. Carter (ed.), Archaeological chemistry II: 109-116. Washington.
HATT, J.-J. (1980^2): Eine Interpretation der Bilder und Szenen auf dem Silberkessel von Gundestrup. - Die Kelten in Mitteleuropa (Katalog). Salzburg.
HAUCK, K. (1950): Geblütsheiligkeit. - B. Bischoff & S. Brechter (Hg.), Liber Floridus (= Fs Paul Lehmann): 187-240. Erzabtei St. Ottilien.
HAUCK, K. (1954): Herrschaftszeichen eines wodanistischen Königtums. - Jahrbuch für fränkische Landesforschung 14: 9-66. Kallmünz.
HAUCK, K. (1954): Halsring und Ahnenstab als herrscherliche Würdezeichen. - P. E. Schramm (Hg.), Herrschaftszeichen und Staatssymbolik. (= Schriften der Monumenta Germaniae historica 13,1): 145-212. Stuttgart.
HAUCK, K. (1957): Germanische Bilddenkmäler des frühen Mittelalters. - Dt. Vierteljahrsschrift f. Literaturwiss. und Geistesgeschichte 31, Heft 3: 349-379. Stuttgart.
HAUCK, K. (1958): Alemannische Denkmäler der vorchristlichen Adelskultur. - Zs für Württembergische Landesgeschichte 16, Jahrgang 1957: 1-40. Stuttgart.
HAUCK, K. (1964): Ein Utrechter Missionar auf der altsächsischen Stammesversammlung. - Das erste Jahrtausend. Kultur und Kunst im werdenden Abendland an Rhein und Ruhr, Textbd. 2: 734-745. Düsseldorf.
HAUCK, K. (1964): Die Herkunft der Liudger-, Lebuin- und Marklo-Überlieferung. - W. Foerste & K. H. Borck (Hg.), Festschrift für Jost Trier: 221-239. Köln-Graz.
HAUCK, K. (1969): Vom Kaiser- zum Götter-Amulett. Die Bildformeln der Inschriften-Brakteaten. - FMASt 3: 27-46. Berlin.
HAUCK, K. (1970): Goldbrakteaten aus Sievern. Spätantike Amulett-Bilder der „dania saxonica“ und die Sachsen-„origo“ bei Widukind von Corvey. (Münstersche Mittelalterschriften 6). München.
HAUCK, K. (1971): Zur Ikonologie der Brakteaten II. - PZ 46: 139-142. Berlin-New York.
HAUCK, K. (1978): Brakteatenikonologie. - Hoops, Reallex. d. German. Altertumskde., Bd. 3: 361-401. Berlin-New York.
HAUCK, K. (1978): Götterglaube im Spiegel der goldenen Brakteaten. - C. Ahrens (Hg.), Sachsen und Angelsachsen: 185-218. Hamburg.
HAUCK, K. (1980): Gemeinschaftsstiftende Kulte der Seegermanen. - FMASt 14: 463-617. Berlin-New York.
HAUCK, K. (1981): Die bildliche Wiedergabe von Götter- und Heldenwaffen im Norden seit der Völkerwanderungszeit. - R. Schmidt-Wiegand (Hg.), Wörter und Sachen im Lichte der Bezeichnungsforschung. (= Arbeiten zur Frühmittelalterforschung 1: 168-269). Berlin-New York.
HAUCK, K. (1981): Überregionale Sakralorte und die vorchristliche Ikonographie der Seegermanen. - Nachrichten der Akademie der Wiss. Göttingen, phil.-hist. Klasse, Jahrgang 1981, Nr. 8: 207-253. Göttingen.
HAUCK, K. (1982): Zum zweiten Band der Sutton Hoo - Edition. - FMASt 16: 319-362. Berlin-New York.
HAUCK, K. (1985): Motivanalyse eines Doppelbrakteaten. Die Träger der goldenen Götterbildamulette und die Traditionsinstanz der fünischen Brakteatenproduktion. - FMASt 19: 139-194. Berlin-New York.

HAUCK, K. (1985): Karolingische Taufpfalzen im Spiegel hofnaher Dichtung. - NAWG 1985, Nr. 1. Göttingen.

HAUCK, K. (1985): Die Goldbrakteaten der Völkerwanderungszeit, Bd. 1,1-1,3 (Hg.). (= Münstersche Mittelalter-Schriften, Bd. 24). München.

HAUCK, K. (1985): Dioskuren. - Hoops, Reallex. d. German. Altertumskde., Bd. 5: 484-494. Berlin-New York.

HAUSEN, J. (1979): Schiffbau in der Antike. - Diss. TH Aachen. Herford.

HAVERSATH, J.-B. (1984): Die Agrarlandschaft im römischen Deutschland der Kaiserzeit. (= Passauer Schriften zur Geographie, Heft 2). Passau.

HAWS, D. (1976): Schiffe und Meer. Eine Chronik der Seefahrt. Bielefeld.

HAYEN, H. (1964): Die Knabenmoorleiche aus dem Kayhausener Moor 1922. - Jb Oldenburg 63: 19-42. Oldenburg.

HAYEN, H. und MOHR, E. (1967): Wasserbüffelhörner im Nordseeraum und bei Danzig. - Jb Oldenburg 66: 13-67. Oldenburg.

HAYEN, H. (1969): Moore als Geschichtsquellen. - Jb für Naturschutz und Landschaftspflege 18: 18-27. Bonn.

HAYEN, H. (1987): Die Moorleichen im Museum am Damm. (= Führer des Staatl. Mus. f. Naturkunde u. Vorgeschichte Oldenburg Nr. 6). Oldenburg.

HAYNES, C. V. (1968): Radiocarbon analysis of inorganic carbon of fossil bones and enamel. - Science 161: 687 f. Washington.

HEIERMEIER, A. (1937): Rez. H. Arntz, Handbuch der Runenkunde. - Archiv für das Studium der neueren Sprachen 172, Jahrgang 92, (= NF 72): 74-77. Braunschweig-Berlin-Hamburg.

HEINERTZ, N. O. (1935/36): Drottning och Käring. - Acta Philologica Scandinavica 10: 145-162. København.

HEINRICHS, H. M. (1939): Rez. H. Arntz, Die Runenschrift. - Dt. Literaturzeitung 60: 1382-1385. Berlin.

HELLQUIST, E. (1905): Om de svenska ortnamnen på -inge, -unge ock -unga. - Göteborgs Högskolas Årsskrift 11, 1: 1-263, bes. 135-162. Göteborg.

HELLQUIST, E. (1910): Ytterligare om ortnamnen på -inge. - Arkiv för nordisk filologi 26,4: 361-371. Lund.

HELM, K. (1946): Wodan. Ausbreitung und Wanderung seines Kultes. - Gießener Beiträge z. dt. Phil. 85. Gießen.

HEMPEL, H. (1935): Der Ursprung der Runenschrift. - GRM 23: 401-426. Heidelberg.

HEMPEL, W. (1969): Rez. Fs für O. Höfler 1968. - Germanistik, Jahrgang 10, Heft 3: 708 f. Tübingen.

HENNING, R. (1889): Die deutschen Runendenkmäler. Straßburg.

HERDMENGER, J. (1957): C^{14}-Altersbestimmung keine Allheilmethode. Beachtliche Fehlerquellen bei Anwendung der Radiokarbon-Methode festgestellt. - FuF 31, Heft 8: 235. Berlin.

HERMAN, O. (1902): Knochenschlittschuh, Knochenkufe, Knochenkeitel. Ein Beitrag zur näheren Kenntnis der prähistorischen Langknochenfunde. - Mitteilungen der Anthropologischen Gesellschaft Wien 32: 217-238. Wien.

HERRMANN, B. und NEWESELY, H. (1982): Dekompositionsvorgänge des Knochens unter langer Liegezeit. - Anthropologischer Anzeiger 40: 19-31. Stuttgart.

HERRMANN, J. (1975): Die Römer an Rhein und Donau, (Hg.). Wien-Köln-Graz.

HERRMANN, J. (1976): Die Germanen, Geschichte und Kultur der germanischen Stämme in Mitteleuropa. (= Bd. I). - Veröffentlichungen des Zentralinstituts f. Alte Geschichte und Archäologie der Akademie der Wiss. der DDR 4/I. Berlin.

HERRMANN, J. (1983): Die Germanen. Die Stämme und Stammesverbände in der Zeit vom 3. Jahrhundert bis zur Herausbildung der politischen Vorherrschaft der Franken. (= Bd. II bzw. 4/II, vgl. oben). Berlin.

HERRMANN, P. (1901): Erläuterungen zu den ersten neun Büchern der Dänischen Geschichte des SAXO GRAMMATICUS. Leipzig. (1 = Übersetzung).

HERRMANN, P. (1922): Die Heldensagen des SAXO GRAMMATICUS. Leipzig. (2 = Kommentar).

HERRMANN, R. (1956): Flammenphotometrie (Flame Photometry). Berlin.

HEUSLER, A. (1913): Altisländisches Elementarbuch. Heidelberg.

HEUSLER, A. (1940): Rez. Hermann Schneider, Germanische Altertumskunde 1938. - GGA 202: 12-23. Göttingen.
HEUSS, A. (1960/1976): Römische Geschichte. (1976 = 4. Auflage der Erstausgabe von 1960). Braunschweig.
HEYNE, M. (1873): Kleine altsächsische und altniederfränkische Grammatik. Paderborn.
HEYNE, M. (1873[3]): Beóvulf.-Bibliothek der ältesten dt. Litteratur-Denkmäler 3. Paderborn.
HEYNE, M. (1874[3]): Kurze Laut- und Flexionslehre der altgermanischen Dialecte. Paderborn.
HEYNE, M. (1874[3]): Kurze Grammatik der altgermanischen Sprachstämme. Paderborn.
HEYNE, M. (1905): Hêliand nebst den Bruchstücken der altsächsischen Genesis. - Bibl. d. ältest. dt. Lit.-Denkmäler 2, Auflage 4. Paderborn.
HILDEBRAND, R. (1873): König. - J. Grimm & W. Grimm (Hg.), Dt. Wörterbuch, Bd. 5: 1691-1701. Neudruck: 1984. Berlin (Leipzig).
HILLS, C. (1980): Die angelsächsische Besiedlung Englands. - D. M. Wilson (Hg.), Kulturen im Norden: 71-93. München.
HILZHEIMER, M. (1927/28): Pferd. - M. Ebert, Reallex. d. Vorgeschichte, Bd. 10: 109-113. Berlin.
HILZHEIMER, M. (1927/28): Rind. - M. Ebert, Reallex. d. Vorgeschichte, Bd. 11: 137-141. Berlin.
HINDRINGER, R. (1932): Weiheroß und Roßweihe. München.
HODGKIN, R. H. (1952[3]): A history of the Anglo-Saxons, Bd. I+II. London.
HÖCKMANN, O. (1982): Spätrömische Schiffsfunde in Mainz. - Archäolog. Korrespondenzblatt 12: 231-250. Mainz.
HÖCKMANN, O. (1983): „Keltisch" oder „römisch"? Bemerkungen zur Typogenese der spätrömischen Ruderschiffe von Mainz. - Jb RGZM (= Röm.-German. Zentralmuseum Mainz): 403-434. Mainz.
HÖCKMANN, O. (1984[3]): Zur Bauweise, Funktion und Typologie der Mainzer Schiffe. - G. Rupprecht (Hg.), Die Mainzer Römerschiffe: 44-77. Mainz.
HÖFLER, O. (1934): Kultische Geheimbünde der Germanen. Frankfurt/M.
HÖFLER, O. (1937): Das germanische Kontinuitätsproblem. - Schriften des Reichsinstituts für Geschichte des neuen Deutschlands 11. Hamburg.
HÖFLER, O. (1938): Das germanische Kontinuitätsproblem. - Histor. Zs 157: 1-26. München-Berlin.
HÖFLER, O. (1952): Der Runenstein von Rök und die germanische Individualweihe. - (= Germanisches Sakralkönigtum 1). Tübingen-Münster-Köln.
HÖFLER, O. (1956): Der Sakralcharakter des germanischen Königtums. - Theodor Mayer (Hg.), Das Königtum. - (= Vorträge und Forschungen 3: 75-104). Lindau-Konstanz.
HÖFLER, O. (1963): Der Rökstein und die Sage. - Arkiv för nordisk filologi 78: 1-121. Lund-Köpenhamm.
HÖFLER, O. (1966): Zum Streit um den Rökstein. - Arkiv för nordisk filologi 81: 229-254. Lund.
HÖFLER, O. (1975): Der Rökstein und Theoderich. - Arkiv för nordisk filologi 90: 92-110. Lund.
von HOFF, R. (1930): Runenfunde an der Unterweser. - WESER-ZEITUNG, Jg. 87, Nr. 353. (19. Juni). Bremen.
HOLMES, G. C. V. (1900, 1906): Ancient and modern ships I+II. London.
HOLTHAUSEN, F. (1890): Rez. R. Henning 1889. - ZfdA 34 (= NF 22)/AfdA 16: 366-379. Berlin.
HOLTHAUSEN, F. (1921[2]): Altsächsisches Elementarbuch. Heidelberg.
HOLTHAUSEN, F. (1931): Neue deutsche Runenfunde. - GRM 19: 304-305. Heidelberg.
HOLTHAUSEN, F. (1934): Altenglisches etymologisches Wörterbuch. Heidelberg.
HOLTHAUSEN, F. (1948): Etymologisches Wörterbuch des Altwestnordischen. Göttingen.

HOLTHAUSEN, F. (1949³): Etymologisches Wörterbuch der Englischen Sprache. Göttingen.
HOLTHAUSEN, F. (1954/1967²): Altsächsisches Wörterbuch. Köln-Graz.
HOREDT, K. (1984): Beziehungen zwischen den Bilderschriften der Osterinsel und des Gallehus-Horns A (1639). - Anthropos 79, 1/3: 258-260. Fribourg.
HORTLING, I. (1907): Studien über die ō-Verba im Altsächsischen. - Diss. phil. Helsingfors.
HØST, G. (1971): Professor Dr. phil. Wolfgang Krause in memoriam. - NTS 25: 43-44. Oslo.
HROUDA, B. (1978): Methoden der Archäologie. München.
HUBBEL, H. M. (1928): Horse sacrifice in antiquity. - Yale Classical Studies I: 181-192. New Haven-London.
HUCKE, K. (1939): Sächsische Funde der Völkerwanderungszeit in Westfalen. - G. Schwantes (Hg.). Urgeschichtsstudien beiderseits der Niederelbe: 341-357. Hildesheim.
HÜBENER, W. (1978): Waffen und Bewaffnung. - C. Ahrens (Hg.), Sachsen und Angelsachsen: 463-470. Hamburg.
HÜBNER, A. (1934): Herman Wirth und die Ura-Linda-Chronik. Berlin-Leipzig.
HÜBNER, E. (1876): Römische Alterthümer aus dem Oldenburgischen. - Bonner Jb 57: 66-69. Bonn.
HÜPPER-DRÖGE, D. (1983): Schild und Speer. Waffen und ihre Bezeichnungen im frühen Mittelalter. - Europäische Hochschulschriften, Reihe 1, Dt. Sprache und Lit., Bd. 645. Bern-Frankfurt/M.-New York.
HUHLE, H. (1966/1981²): Die Entwicklung des Fechtens an deutschen Hochschulen. Stuttgart.
HUNGER, H. (1967): Untersuchungen zum Problem der Liegezeitbestimmung an menschlichen Skeletten. - Med. Habil. - Schrift der Karl-Marx-Univ. Leipzig.
HUNGER, U. (1984): Die Runenkunde im Dritten Reich. Ein Beitrag zur Wissenschafts- und Ideologiegeschichte des Nationalsozialismus. - Europ. Hochschulschriften, Reihe 3, Bd. 227. Frankfurt/M. (Diss. Göttingen).
HURST, V. J. und KELLY, A. R. (1961): Patination of cultural flints. - Science 134, No. 3474: 251-256. Washington.
HUTH, O. (1937): Rez. H. L. Janssen (Das Volk, Februar 1937) der Rez. zu K. Reichardts Runenkunde 1936. - Germanien 1937, Heft 4: 123. Leipzig.

ILKJÆR, J. und LØNSTRUP, J. (1976): Nye udgravninger i Illerup Ådal.-Kuml 1975: 99-115. København.
ILKJÆR, J. und LØNSTRUP, J. (1977): Mosefundet fra Illerup ådal. - Convivium, Årsskrift for humaniora kunst of forskning: 144-162.
ILKJÆR, J. und LØNSTRUP, J. (1978): Illerup Ådal. Udgravningen 1976. - Kuml 1977: 105-117. København.
ILKJÆR, J. und LØNSTRUP, J. (1982): Interpretation of the great votive deposits og iron age veapons. - Journal of Danish Archaeology 1: 95-103. Odense.
ILKJÆR, J. und LØNSTRUP, J. (1982): Runefundene fra Illerup Ådal. - Kuml 1981: 49-65. København.
ILKJÆR, J. und LØNSTRUP, J. (1982): Kronik: Klæder flængedes brynjer sønderhuggedes. - Skalk 2: 18-27. Århus.
ILKJÆR, J. und LØNSTRUP, J. (1983): Der Moorfund im Tal der Illerup-Å bei Skanderborg in Ostjütland (Dänemark). - Germania 61, Halbband 1: 95-116. Berlin.

JAATINEN, M. (1947): Professor Dr. Agathe Lasch zum Gedächtnis. - Neuphilologische Mitteilungen 48: 130-141. Helsinki.
JACOB-FRIESEN, K. H. (1934): Rez. A. Köster 1934. - NNU 8: 119-120. Hildesheim.
JACOB-FRIESEN, K. H. (1936): Rez. K. Reichardt 1936. - NNU 10: 112. Hildesheim-Leipzig.
JACOBSEN, L. (1931): Eggjum Stenen. - Arkiv f. nordisk filologi 50. København.

JACOBSEN, L. (1935): Forbandelsesformularer i nordiske runeindskrifter. - Kungl. Vitterhets Historie och Antikvitets Akademiens Handlingar 39, 4: 9-81. Stockholm.
JAHN, U. (1884): Die deutschen Opfergebräuche bei Ackerbau und Viehzucht. (= German. Abhandlgn. 3). Breslau.
JANKUHN, H. (1950): Siedlungs- und Kulturgeschichte der Angeln vor ihrer Auswanderung nach England. - Jahrbuch des Angler Heimatvereins 14: 54-132. Kappeln/Schlei.
JANKUHN, H. (1952): The Continental Home of the English. - Antiquity 26: 14-24. Gloucester.
JANKUHN, H. und SCHÜTRUMPF, R. (1952): Siedlungsgeschichte und Pollenanalyse in Angeln. - Offa 10: 28-45. Neumünster.
JANKUHN, H. (1954): Neue Gesichtspunkte zur Besiedlungsgeschichte Angelns in der Eisenzeit. - Jahrbuch des Angler Heimatvereins 18: 37-57. Kappeln/Schlei.
JANKUHN, H. (1955): Methoden und Probleme siedlungsarchäologischer Forschung. - Archaeologia geographica 2: 73-84. Hamburg.
JANKUHN, H. (1956^{3}): Nydam und Thorsberg, Moorfunde der Eisenzeit. - Schleswig-Holstein. Landesmuseum für Vor- und Frühgeschichte in Schleswig, Wegweiser durch die Sammlung, Heft 3. Neumünster.
JANKUHN, H. (1958): Moorfunde. - Neue Ausgrabungen in Deutschland: 243-257. Berlin.
JANKUHN, H. (1964): Die römische Kaiserzeit und die Völkerwanderungszeit. - O. Klose (Hg.), Geschichte Schleswig-Holsteins, Bd. 2, Lieferung 3: 251-416. Neumünster.
JANKUHN, H. (1966): Archäologische Bemerkungen zur Glaubwürdigkeit des Tacitus in der Germania. - NAWG 1966: 411-426. Göttingen.
JANKUHN, H. (1967): Archäologische Beobachtungen zu Tier- und Menschenopfern bei den Germanen in der römischen Kaiserzeit. - NAWG 1967: 117-147. Göttingen.
JANKUHN, H. (1969): Vor- und Frühgeschichte vom Neolithikum bis zur Völkerwanderungszeit. - Deutsche Agrargeschichte 1: bes. 116-187. Stuttgart.
JANKUHN, H. (1970): Vorgeschichtliche Heiligtümer und Opferplätze in Mittel- und Nordeuropa, (= Hg.). - Abhandlungen der Akademie der Wiss. in Göttingen. (= Bericht üb. das Symposium Reinhausen 14.-16. 10. '68). Göttingen.
JANKUHN, H. (1971): Das Freie Germanien bis 500. - H. Aubin & W. Zorn (Hg.), Hb d. dt. Wirtschafts- u. Sozialgeschichte, Bd. 1: 56-82. Stuttgart.
JANKUHN, H. (1971): Wolfgang Krause (18. 9. 1895 - 14. 8. 1970). - Jb d. Akad. d. Wiss. in Göttingen für das Jahr 1970: 71-76. Göttingen.
JANKUHN, H. (1976): Terra . . . silvis horrida; zu Tacitus, Germania cap. 5. - Archäologie und Geschichte, Vorträge und Aufsätze, Bd. 1: 145-184. Berlin-New York.
JANKUHN, H. (1977): Einführung in die Siedlungsarchäologie. Berlin-New York.
JANKUHN, H. (1977): Archäologische Beobachtungen zur Religion der festländischen Angeln. - Studien zur Sachsenforschung 1: 215-234. Hildesheim.
JANKUHN, H. (1978): Siedlungsgeschichte des Nordseeraumes. - DFG - Mitteilungen 1: 7-10. Weinheim.
JANKUHN, H. (1979): Siedlungsarchäologie als Forschungsmethode. - Vorträge u. Forschungen 22: 19-43. Sigmaringen.
JANKUHN, H., SCHIETZEL, K. und REICHSTEIN, H. (1984): Archäologische und naturwissenschaftliche Untersuchungen an ländlichen und frühstädtischen Siedlungen im deutschen Küstengebiet vom 5. Jahrhundert v. Chr. bis zum 11. Jahrhundert. (= Handelsplätze des frühen und hohen Mittelalters, Bd. 2: 1-453). Weinheim.
JANSSEN, H. L. (1937): Der heutige Stand der Runenkunde. (= Rez. K. Reichardt 1936). - Das Volk, Kampfblatt für Völkische Kultur und Politik: 55. Berlin-Leipzig.
JANSSEN, W. (1968): Der sächsische Urnenfriedhof von Issendorf, Kr. Stade. - NNU 37: 157-162. Hildesheim.

JANSSEN, W. (1970): Neue Untersuchungen auf dem sächsischen Urnenfriedhof von Issendorf, Kr. Stade. - NNU 39: 276-282. Hildesheim.
JANSSEN, W. (1972): Issendorf, ein Urnenfriedhof der späten Kaiserzeit und der Völkerwanderungszeit, Teil I: Die Ergebnisse der Ausgrabung 1967. - Materialhefte zur UFG Nieders., Heft 6: 1-116. Hildesheim.
JANSSON, S. B. F. (1962): The runes of Sweden; (transl.: P. Foote). Stockholm-(New York).
JARAUSCH, K. (1930): Der Zauber in den Isländersagas. - Zs f. Volkskunde 39 (= NF 1): 237-268. Berlin-Leipzig.
JÓHANNESSON, A. (1923): Grammatik der urnordischen Runeninschriften. Heidelberg.
JÓHANNESSON, A. (1938): Einige Bemerkungen zur Runenforschung. - K. H. Schlottig (Hg.), Beiträge zur Runenkunde und nordischen Sprachwissenschaft. (= Fs G. Neckel *60): 1-6. Leipzig.
JOHANSSON, F. (1982): Untersuchungen an Skelettresten von Rindern aus Haithabu (Ausgrabung 1966-1969). - Berichte über die Ausgrabungen in Haithabu 17: 9-86. Neumünster.
JOHNSON, S. (1976): The Roman forts of the Saxon shore. London.
JOHNSON, S. (1978): Die Sachsen als Vorläufer der Wikinger. Litus Saxonicum. - C. Ahrens (Hg.), Sachsen und Angelsachsen: 61-69. Hamburg.
JOHNSTON, D. E. (1977): The Saxon shore. (= Ed.; = The Council for British Archaeology Research Report No. 18). London.
de JONG, W. F. (1926): La substance minérale dans les os. - Recueil des Traveaux Chimiques de Pays-Bas et de la Belgique 45: 445-448. Amsterdam.
JÓNSSON, F. (1924): Egils Saga Skallagrimssonar. Halle/S.
JUNGANDREAS, W. (1936): Zur Runenreihe. - Zs f. Dt. Philologie 61: 227-232. Stuttgart-Berlin.
JUNGANDREAS, W. (1938): Rez. H. Arntz, Handbuch der Runenkunde. - Zs. f. Dt. Philologie 63: 299-301. Stuttgart.
JUNGANDREAS, W. (1943): Rez. W. Krause, RäF (I). - Zs. f. Dt. Philologie 68: 175-176. Stuttgart.
JUNGHANS, S. und SANGMEISTER, E. (1957): Bericht über den Fortgang spektralanalytischer Untersuchungen an kupferzeitlichen und frühbronzezeitlichen Bodenfunden Europas. - Germania 35: 11-18. Berlin.
JUNGHANS, S., SANGMEISTER, E. und SCHRÖDER, M. (1960): Metallanalysen kupferzeitlicher und frühbronzezeitlicher Bodenfunde aus Europa. - Studien zu den Anfängen der Metallurgie, Bd. 1: bes. 8-34. Berlin.
JUNGNER, H. (1930): Den gotländska runbildstenen från Sanda. Om Valhallstro och hednisk begravningsritual. - Fornvännen 25: 65-82. Stockholm.

KABELL, Å. (1973): Harja. - ZfdA 102: 1-15. Wiesbaden.
KABELL, Å. (1975): Baugi und der Ringeid. - Arkiv för nordisk filologi (= ANF) 90: 30-40. Lund.
KADNER, S. (1931): Urheimat und Weg des Kulturmenschen. Jena.
KAHL, H.-D. (1960): Europäische Wortschatzbewegungen im Bereich der Verfassungsgeschichte. Ein Versuch am Beispiel germanischer und slawischer Herrschernamen. - Zs der Savigny-Stiftung für Rechtsgeschichte, Bd. 77, (= Zs für Rechtsgeschichte, Germanistische Abteilung, Bd. 90): 154-240. Weimar.
KAHRSTEDT, U. (1934): Die politische Geschichte Niedersachsens in der Römerzeit. - NNU 8: 1-20. Hildesheim.
KAHRSTEDT, U. (1935): Nachwort zur Frage vom Ursprung der Sachsen. - NNU 9: 84-85. Hildesheim.
KAPTEYN, J. M. N. (1931): Twee Runeninscripties uit de Terp van Westeremden. - Jaarsverslag 13-15 van de Vereeniging voor Terpenonderzoek: 47 ff. Groningen.
KAPTEYN, J. M. N. (1934): Neue Runenfunde. - Pauls und Braunes Beiträge zur Geschichte der dt. Sprache und Literatur (= PBB) 58: 299-312. Halle/S.

KAPTEYN, J. M. N. (1938): Friesche runenvondsten en hedendaagsche runologie. - Frysk Jierboek 1938: 113-124, bes. 114 und 116. Assen.
KARLSTRÖM, S. (1927): Old English compound place-names in -ing. - Uppsala Universitets Årsskrift 1927, (= Diss. phil. Uppsala 1923).
KARSTEN, T. E. (1930): Die neuen Runen- und Bilderfunde aus der Unter-Weser (Oldenburg). - SSF III, 4: 1-40. Helsingfors-Leipzig.
KARSTEN, T. E. (1930): Nachträgliches zu den Weserfunden. - SSF III, 5: 8-12. Helsingfors-Leipzig.
KASPERS, W. (1935): Untersuchungen zu den rheinischen -ingen Orten. - Zs Ortsnamenforschung (= ZONF) 11: 28-43. Berlin-München.
KATER, M. H. (1974): Das ‚Ahnenerbe'. Die Forschungs- und Lehrgemeinschaft in der SS. Organisationsgeschichte von 1935 bis 1945. - Diss. phil. Heidelberg 1966. Stuttgart.
KAUFFMANN, F. (1912): Altgermanische Religion. - Archiv für Religionswiss. 15. Heft 3/4: 603-627. Leipzig.
KAUFFMANN, F. (1913): Deutsche Altertumskunde I. München.
KAUFMANN, H. (1968): Altdeutsche Personennamen. Ergänzungsband zu Ernst Förstemann. München-Hildesheim.
KAYSER, H. (1900): Handbuch der Spectroscopie I. Leipzig.
KAYSER, H. (1935): Entwicklung der Spektroskopie. - FuF Jahrgang 11, Nr. 13: 171-174. Berlin.
KAYSER, H. und RITSCHL, R. (1968^2): Tabelle der Hauptlinien der Linienspektren aller Elemente nach Wellenlänge geordnet. - R. Ritschl. (Hg.). Berlin.
KEELEY, L. H. (1975): Microwear on flint: Some experimental results. - Staringia 3: 49-51. Maastricht.
KERSTEN, K. (und SCHLABOW, K.) (1949): Ein Moorleichenfund von Osterby bei Ekkernförde. (Haartracht und Pelzschulterkragen der Moorleiche von Osterby). - Offa 8: 1-2, (3-7). Neumünster.
KIECKERS, E. (1960^2): Handbuch der vergleichenden gotischen Grammatik. München.
KIENAST, D. (1966): Untersuchungen zu den Kriegsflotten der römischen Kaiserzeit. Bonn.
von KIENLE, R. (1939): Germanische Gemeinschaftsformen. Berlin.
KIJEWSKI, H. (1984): Die Bedeutung des Nachweises von topographischen Unterschieden des Spurenelementgehaltes von Knochen mit der Elektronenstrahlmikrosonde für die Liegezeitbestimmung. - 12. Kongreß der internationalen Akademie für gerichtliche und soziale Medizin (Wien, 17.-22. Mai 1982) 4B3: 845-852. Wien.
KINZELBACH, R. (1984^3): Zur Tierwelt. - G. Rupprecht (Hg.), Die Mainzer Römerschiffe: 29-43. Mainz.
KIRCH, M. S. (1955/56): Die Aubewohner des Plinius und des Tacitus. - AfdA 68 (= ZfdA 86): 48-51. Berlin.
KLAEBER, F. (1950^3): Beowulf and the fight at Finnsburg. Boston.
KLINDT-JENSEN, O. (1961): Gundestrupkedelen. - Nationalmuseet København (Führer). København.
KLINGENBERG, H. (1973): Runenschrift - Schriftdenken - Runeninschriften. Heidelberg.
KLUGE, F. (1913^3): Urgermanisch. Vorgeschichte der altgermanischen Dialekte. - Paul. H. (Hg.), Grundriß der germanischen Philologie (= Bd. 2). Strassburg.
KLUGE, F. (1957): Etymologisches Wörterbuch der deutschen Sprache. - 17. Auflage (1. und 2. Auflage: 1883, 19. Auflage: 1963). Berlin.
KNÉBLOVÁ, V. (1969): Pollenanalyse (Palynologie). - J. Filip (Hg.), Enzyklopädisches Hb zur Ur- und Frühgeschichte Europas II (L-Z): 1066-1068. Prag-(Stuttgart-Berlin-Köln-Mainz).
KNIGHT, R. und LAUDER, J. (1969): Methods of dating skeletal remains. - Human Biology 41, No. 3: 322-341. Detroit.
KNIRK, J. E. (1984): Rez. K.-E. Westergaard 1981. - Scandinavian Studies 56, No. 4: 397-398. Lawrence, Kansas.

KOEPP, F. (1922): Germania Romana. - Bilderatlas, hg. von der Röm.-Germ. Kommission des DAI. Bamberg.
KOEPP, F. (1926³): Die Römer in Deutschland. - E. Heyck (Hg.), Monographien zur Weltgeschichte 22. Bielefeld.
KÖRBER-GROHNE, U. (1967): Geobotanische Untersuchungen auf der Feddersen Wierde. (= W. Haarnagel, Hg., Bd. 1). Wiesbaden.
KÖRNER, G. (1957): Zur Chronologie der römischen Kaiserzeit im Freien Germanien. - Jb RGZM 4: 108-118. Mainz.
KÖSTER, A. (1923): Das antike Seewesen. Berlin.
KÖSTER, A. (1934/1963): Studien zur Geschichte des antiken Seewesens. (Kap. VIII: Das Schiffsbild des Runenknochens aus der Weser). - KLIO, Beiträge zur alten Geschichte NF 19, Beiheft 32. Leipzig. (Neudruck 1963: Aalen).
KOHL, D. (1930): Rez. H. v. Buttel-Reepen 1930. - Jb Oldenburg 1930: 122-125. Oldenburg.
KOPPERS, W. P. (1929): Die Religion der Indogermanen in ihren kulturhistorischen Beziehungen. - Anthropos 24: 1073-1089. Wien.
KOPPERS, W. P. (1936): Pferdeopfer und Pferdekult der Indogermanen. Eine ethnologisch-religionswissenschaftliche Studie. - W. P. Koppers (Hg.), Die Indogermanen- und Germanenfrage. (= Wiener Beiträge zur Kulturgeschichte und Linguistik, Jahrgang 4). Salzburg-Leipzig.
KORLÉN, G. (1947): Agathe Lasch et Conrad Borchling. Fondateurs de la philologie bas-allemande in memoriam. - Etudes Germaniques 5: 92-94. Paris-(Aix-en-Provence).
KORTEN, M. (1951): Die Namen und die Substitutionen des Wilden Jägers innerhalb der deutschen Landschaften. - Diss. phil. Bonn.
KOSSACK, G., HARCK, O. und REICHSTEIN, J. (1975): Zehn Jahre Siedlungsforschung auf Sylt. - Berichte der RGK 55 (1974), Teil 2: 261-427. Berlin.
KOSSACK, G., HARCK, O. und REICHSTEIN, J. (1980): Archsum auf Sylt, Teil I. Einführung in Forschungsverlauf und Landschaftsgeschichte. - Röm. - Germanische Forschungen (= Bd. 39). Mainz.
KOSSACK, G., BEHRE, K.-E. und SCHMID, P. (1984): Archäologische und naturwissenschaftliche Untersuchungen an ländlichen und frühstädtischen Siedlungen im deutschen Küstengebiet vom 5. Jahrhundert v. Chr. bis zum 11. Jahrhundert n. Chr. (= DFG, Acta humaniora, Bd. 1, Ländliche Siedlungen). Weinheim.
KOSSINNA, G. (1929): Hugo v. Buttel-Reepen 70 Jahre alt. - Mannus 21: 180. Leipzig.
KOSSINNA, G. (1932): Germanische Kultur im 1. Jahrtausend nach Christus. (= Mannus Bibl. 50, Bd.I). Leipzig.
KOUSGÅRD SØRENSEN, J. (1983): Patronymics in Denmark and England. - Viking studies for northern resesarch. The Dorothea Coke memorial lecture in northern studies delivered at University College London 20 may 1982. London.
KOUSGÅRD SØRENSEN, J. (1984): Patronymer i Danmark, I. Runetid og middelalder. København.
KOZIOL, H. (1979): Beowulf, aus dem Altenglischen übersetzt. Innsbruck.
KRAHE, H. (1934): Tamfana. - PBB 58: 282-287. Halle/S.
KRAHE, H. und MEID, W. (1967): Germanische Sprachwissenschaft. III. Wortbildungslehre. (Göschen:) Berlin.
KRAUSE, A. (1975): Verzeichnis der Publikationen von Wolfgang Krause. - Idg. Forschungen 79 (1974): 174-190. Berlin-New York.
KRAUSE, W. (1931): Rez. M. Hammarström 1929. - AfdA 50 (= ZfdA 68): 9-19. Berlin.
KRAUSE, W. (1931): Rez. M. Hammarström 1929. - Gnomon 7: 488-497. Berlin.
KRAUSE, W. (1931): Rez. S. Agrell 1930. - AfdA 50 (= ZfdA 68): 106-109. Berlin.
KRAUSE, W. (1932/33): Beiträge zur Runenforschung. - Schriften der Königsberger Gelehrten Gesellschaft. Geisteswiss. Klasse, Jahrgang 9: 53-81. Halle/S.
KRAUSE, W. (1935): Uralinda Chronik und Germanentum. - Alt-Preußen 1: 56-57. Königsberg.
KRAUSE, W. (1936): Sinnbilder und Runen. - Alt-Preußen 2: 15-24. Königsberg.

KRAUSE, W. (1936): Rez. H. Arntz 1935 (Handbuch). - AfdA 55 (= ZfdA 73): 1-6. Berlin.
KRAUSE, W. (1936): Rez. K. Reichardt 1936. - AfdA 55 (= ZfdA 73): 146-148. Berlin.
KRAUSE, W. (1936): Neue Wege der Runenforschung. - FuF 12: 443-444. Berlin.
KRAUSE, W. (1936): framea. - H. Arntz (Hg.), Fs H. Hirt, Bd. 2: 585-589. Heidelberg.
KRAUSE, W. (1937): Runeninschriften im älteren Futhark. - Schriften der Königsberger Gelehrten Gesellschaft, Geisteswiss. Klasse, Jahrgang 13: 423-680. Halle/S. (= RäF I).
KRAUSE, W. (1938): Runen. - Volk und Wissen 18: 5-36. Erfurt.
KRAUSE, W. (1938): Zur Frage der Echtheit der Weserrunen. - Die Kunde 6: 28-29. Hannover.
KRAUSE, W. (1938): Die Runen als Begriffszeichen. - K. H. Schlottig (Hg.), Fs G. Nekkel * 60: 35-53. Leipzig.
KRAUSE, W. (1940): Zum Stand der Runenforschung. - GGA Jahrgang 202, Nr. 5: 181-205. Göttingen.
KRAUSE, W. (1943^2): Was man in Runen ritzte. - 1. Auflage: 1935. Halle/S.
KRAUSE, W. (1944): Ing.-NAWG 1944: 229-255. Göttingen.
KRAUSE, W. und NIQUET, F. (1956): Die Runenfibel von Beuchte, Kreis Goslar. - NAWG 1956: 1-124. Göttingen.
KRAUSE, W. (1962): Die Inschrift der Runenspange von Aquincum. - Acta Archaeologica Academiae Scientiarum Hungaricae 14: 439-444. Budapest.
KRAUSE, W. und JANKUHN, H. (1966): Die Runeninschriften im älteren Futhark. (= Abhandlungen der Akademie der Wiss. in Göttingen, Philolog.-Histor. Klasse 3, Nr. 65). Göttingen. (= RäF II).
KRAUSE, W. (1969): Die gotische Runeninschrift von Leţcani. - Zs für vergleichende Sprachforschung 83, Heft 1: 153-161. Göttingen.
KRAUSE, W. (1969): Die Hamletstrophe Snæbjǫrns. - C. Gellinek (Hg.), Fs K. Reichardt: 87-97. Bern-München.
KRAUSE, W. (1970): Rez. L. Musset 1965. - PBB 92 (West), Heft 1/2: 303. Tübingen.
KRAUSE, W. (1970): Runen. (Göschen:) Berlin.
KRAUSE, W. (1971): Die Sprache der urnordischen Runeninschriften. Heidelberg.
KRETSCHMER, P. (1929): Das älteste germanische Sprachdenkmal. - ZfdA 66: 1-14. Berlin.
KRÖMMELBEIN, T. (1982): Die Fibel von Meldorf, das Ortband von Thorsberg und die Gallehus-Hörner. - Schleswig-Holstein 6/1982: 14-15. Husum.
KROGMANN, W. (1935): Rez. O. Höfler 1934. - Archiv für das Studium der neueren Sprachen 168 (Jahrgang 90 = NF 68): 95-102. Braunschweig-Hamburg-Berlin.
KROGMANN, W. (1970): Altsächsisch und Mittelniederdeutsch. - L. E. Schmitt (Hg.), Kurzer Grundriß der germanischen Philologie, Bd. 1: 211. Berlin.
KROLL, H. J. (1975): Ur- und frühgeschichtlicher Ackerbau in Archsum auf Sylt. Eine botanische Großrestanalyse. - Diss. mathem./nat.-wiss. Kiel.
KROMAYER, J. und VEITH, G. (1928): Heerwesen und Kriegführung der Griechen und Römer. - W. Otto (Hg.), Hb der Altertumswiss., Abtlg. 4, Teil 3, Bd. 2: 1-649. München.
KRÜGER, E. (1929): Der Telephos-Stein aus Arlon im Museum zu Luxemburg. Aktaeon im Norden. - Trierer Zs, Jahrgang 4: 97-108. Trier.
KRÜGER, E. (1953): Das Tierfries-Beschlagstück aus dem Moorfund von Thorsberg. Ein Beitrag zur germanischen Götterkunde. - PZ 34/35 (1949/50): 112-124. Berlin.
KRÜGER, W. (1934): Heinrich Schütte, Oldenburg. - Abhandlungen des Naturwiss. Vereins Bremen 29,1: 1-12. Bremen.
von KÜNSSBERG, E., Frh. (1941): Messerbräuche. Studien zur Rechtsgeschichte und Volkskunde. - Sitzungsberichte der Heidelberger Akademie der Wiss., phil.-hist. Klasse 1940/41, Abhandlung 3. Heidelberg.
KÜNZL, E. (1976): Die Silberschale des 4. Jhs. n. Chr. aus Altenwalde. - Führer zu vor- und frühgeschichtlichen Denkmälern 31: 73-79. Mainz.
KÜRSCHNERS DEUTSCHER GELEHRTEN-KALENDER (1926, $1928/29^3$): G. Lüdtke (Hg.): 302. Berlin-Leipzig.

KUHN, A. und SCHWARTZ, W. (1848): Norddeutsche Sagen, Märchen und Gebräuche. Leipzig.
KUHN, H. (1935): Rez. O. Höfler 1934. - Zs für Dt. Bildung 11: 470. Frankfurt/M.
KUHN, H. (1937): Rez. J. de Vries 1935. - AfdA 56: 149-157. Berlin-Leipzig. (≙ Kl. Schriften 2: 195-203).
KUHN, H. (1954): Rez. O. Höfler 1952. - AfdA 67: 51-61. (≙ Kl. Schriften 2: 352-363).
KUHN, H. (1956): Das Problem der Ingwäonen. - Philologia Frisica 1: 15-20. Grins. (≙ Kl. Schr. 1: 300-306).
KUHN, H. (1968): Kämpen und Berserker. - FMASt 2: 218-227. Berlin.
KUHN, H. (1971): Die Grenzen der germanischen Gefolgschaft. - Kleinere Schriften 2: 420-483. Berlin.
KUHN, H. (1978): Rez. F. de Tollenaere 1967, De Harigasti-Inscriptie op helm B van Negau. Haar betekenis voor de Oergermaanse klankleer en voor het problem van de oorsprong de runen. Amsterdam. - ZfdA 81: 145-148. (= hier: Kl. Schriften 4: 18-22). Berlin-New York.
KUHN, H. (1978): Das römische Kriegswesen im germanischen Wortschatz. - ZfdA 101: 13-53. (= hier: Kleine Schriften 4: 23-60). Berlin-New York.
KUHN, H. (1978): Philologisches zur altgermanischen Religionsgeschichte. - Kl. Schriften 4: 223-321. Berlin-New York.
KUHN, H. (1978): Der Todesspeer. Philologisches zur altgermanischen Religionsgeschichte IV. - Kl. Schr. 4: 247-258. Berlin.

LA BAUME, W. (1958): Drei Schädel vom Ur (Bos primigenius Bojanus) aus Niedersachsen. - Die Kunde 9: 2-7. Hannover.
LA BAUME, P. (1971): Besonders wertvolle römische Funde aus Niedersachsen, Bremen und Hamburg. - Die Kunde 22: 129-188. Hannover.
LACMANN, O. (1950): Die Photogrammetrie in ihrer Anwendung auf nicht-topographischen Gebieten. Leipzig.
LAMMERS, W. (1967): Entstehung und Verfassung des Sachsenstammes. (= Hg., Wege der Forschung 50). Darmstadt.
LAMMERS, W. (1967): Die Stammesbildung bei den Sachsen. - Wege der Forschung 50: 263-331. Darmstadt.
LAMMERS, W. (1970): Die Eingliederung der Sachsen in das Frankenreich. (= Hg.). Darmstadt.
LANDSTROEM, B. (1961): Das Schiff. Vom Einbaum zum Atomboot. (= Skepped; Übersetzg.: E. Gröner). Gütersloh.
LANG, H. D. (1962): Bodenkundlich-geologische Karte der Marschengebiete. Hannover.
LANGE, G. und SCHULTZ, M. (1982): Die menschlichen Skelette aus dem Lagergraben der römischen Erdbefestigung bei Heldenbergen, Main-Kinzig Kreis. - Hanauer Geschichtsblätter 28: 7-34. Hanau.
LANGE, S., GRUMME, T. und MEESE, W. (1977): Zerebrale Computer-Tomographie. Berlin.
LANGE, W. (1956/57): Rez. C. Marstrander 1952. - AfdA 69 (= ZfdA 87): 97-101. Wiesbaden.
LANGE, W. (1957): Rez. K. Schneider 1956. - GGA 211: 72-89. Göttingen.
LANGE, W. (1965): Rez. W. Baetke 1964. - Germanistik 6, Heft 3: 423-424. Tübingen.
LANGE, W. (1968): Rez. P. Paulsen 1966. - PBB 89, Heft 2/3: 333-347. Tübingen.
LANGE, W. (1971): Wolfgang Krause. - Jb für Internationale Germanistik 3: 337-339. Frankfurt/M.
van LANGENHOVE, G. (1938): Allgemeines zur Runenlehre. - K. H. Schlottig (Hg.), Fs G. Neckel * 60: 7-24. Leipzig.
LARSSON, M. (1983): Vart for Ingvar den vittfarne?. - Fornvännen 78: 95-104. Helsingborg.
LARSSON, M. (1986): Ingvarstågets arkeologiska bakgrund. - Fornvännen 81: 98-113. Helsingborg.
LASCH, A. (1914): Mittelniederdeutsche Grammatik. Halle/S.

LASCH, A. (1932): Voraltsächsische Runeninschriften aus der Unterweser. - Niederdt. Jb 56/57 (1930/31): 163-179. Hamburg.
LASCH, A. (1935): Das altsächsische Taufgelöbnis. - Neuphilolog. Mitteilungen 36: 92-133. Helsingfors.
LASCH, A. (1939): Palatales k im Altniederdeutschen. - Neuphilolog. Mitteilungen 40: 241-318, 387-423. Helsinki-Helsingfors.
LAST, M. (1978): Die Sachsenkriege Karl des Großen. - C. Ahrens (Hg.), Sachsen u. Angelsachsen: 111-116. Hamburg.
LAUR, W. (1953): Die sprachlichen Verhältnisse in Angeln in ihrer geschichtlichen Entwicklung. - Jb des Angler Heimatvereins 17: 50-73. Kappeln/Schlei.
LAUR, W. (1954): Theophore Ortsnamen in der Landschaft Angeln. - Jb d. Angler Heimatvereins 18: 106-118. Kappeln/Schlei.
LAUR, W. (1964/65): Ein Tierknochen mit Runenritzung vom Burgwall Alt-Lübeck. - Offa 21/22: 258-260. Neumünster.
LAUR, W. (1981[3]): Runendenkmäler in Schleswig-Holstein. - Wegweiser durch die Sammlung des Schleswig-Holsteinischen Landesmuseums für Vor- und Frühgeschichte in Schleswig (= Heft 6). Neumünster.
LAUX, F. (1978): Sachsen und Römer. - C. Ahrens (Hg.), Sachsen und Angelsachsen: 51-57. Hamburg.
LEE, C., BADA, J. L. und PETERSON, E. (1976): Amino acids in modern and fossil woods. - Nature 259: 183-186. London.
LEHMANN, A. (1930): Aus unsrer Vorgeschichte. - DER WESERBOTE (14. 1. 1930). Brake.
LEHMANN, A. (1930): Aus unserer Vorgeschichte. - Beilage zum JEVERSCHEN WOCHENBLATT Jg 140, Nr. 14 (17. 1.).
von LENGERKEN, H. (1955): Ur, Hausrind und Mensch.-Wiss. Abhdlg. d. Dt. Akademie der Landwirtschaftswiss. zu Berlin (= Nr. 14). Berlin-Dresden.
von der LEYEN, F. (1931): Die germanische Runenreihe und ihre Namen. - Zs für Volkskunde NF 2 (40. Jahrgang, 1930): 170-182. (= Fs für F. Schmitt-Ott *70). Berlin-Leipzig.
von der LEYEN, F. (1935): Rez. O. Höfler 1934. - AfdA 54,4: 153-165. Berlin.
von der LEYEN, F. (1938): Die Götter der Germanen. München.
von der LEYEN, F. (1938): Die germanischen Runen. - Deutsche Rundschau 255 (Jg 64): 94-104. Berlin.
von der LEYEN, F. (1957): Die germanischen Namen der Runen. - FuF 7/8 (Jg 31), 7: 199-203, 8: 236-241. Berlin.
LIBBY, W. F. (1947): siehe unter ‚ANDERSON, E. C.‘.
LIBBY, W. F. (1969): Altersbestimmung mit der C^{14}-Methode. Mannheim-Zürich. (= Übersetzg. der engl. Ausgabe ‚Radiocarbon dating. Chicago 1955[2]‘ von W. F. Libby).
LID, N. (1933): Jolesveinar og grøderikdomsgudar. - Skrifter utgitt av det norske videnskaps-akademi i Oslo 1932, II. Historisk-filosofisk Klasse, 2. Bind No. 5: 119-173. Oslo.
LIEPE, H.-U. (1958): Die Pferde des Latène-Oppidums Manching. (= Studien an vor- und frühgeschichtlichen Tierresten Bayerns 4. Diss.). München.
LIESTØL, A. (1973): Runenstäbe aus Haithabu-Hedeby. - Berichte über die Ausgrabungen in Haithabu 6: 96-119. Neumünster.
LINDER, H. (1970): Biologie. (Lehrbuch, Nachdruck der 16. Auflage von 1967). Stuttgart.
LINDNER, H. (1964/65): Über die Patina altsteinzeitlicher Artefakte. - Quartär 15/16: 1 ff. Bonn.
LINDOW, W. (1987): Die hundertste Tagung des Vereins für niederdeutsche Sprachforschung Hamburg, 8.-11. Juni 1987. - Korrespondenzblatt des Vereins 94, 2-3: 17-21. Hamburg.
LINDQUIST, I. (1923): De gamla germanska trollsångernas stil undersökt i samband med en svensk runinskrift från folkvandringstiden. I. Galdrar. - Göteborgs Högskolas Årsskrift 29, 1: 1-193. Göteborg.

LINDQVIST, S. (1925): Vendelhjälmarnas ursprung. - Fornvännen 20: 181-207. Stockholm.
LINDQVIST, S. (1941): Gotlands Bildsteine I. Stockholm.
LINTZEL, M. (1961): Zur altsächsischen Stammesgeschichte. = Ausgewählte Schriften, Bd. 1. Berlin.
LISSAUER, A. (1897): Gewellte Bronze-Urnen. - ZfE, Verhandlungen: Sitzg. vom 24. 4. (176-180). Berlin.
LISSAUER, A. (1897): Gewellte Bronze-Urne von Nijmegen. - ZfE. Verhandlg.: Sitzg. vom 16. 10. (450-452). Berlin.
LISSAUER, A. (1905): Über die Bedeutung des Gräberfeldes von Wilhelmsau für die Kenntnis des Handelsverkehrs in der Völkerwanderungsperiode. - ZfE 37, Verhandlungen: 591-596 (Diskussion-599). Berlin.
LITHERLAND, A. E. (1984): Accelerator Mass Spectrometry. - Nuclear Instruments and Methods in Physics Research B 5: 100-108. Amsterdam.
LOESCHKE, G. (1901): Hermes mit der Feder. Bonner Jahrbuch 107: 48-49. Bonn.
LOHSE, G. (1939): Geschichte der Ortsnamen im östlichen Friesland zwischen Weser und Ems. Ein Beitrag zur historischen Landeskunde der deutschen Nordseeküste. (= Oldenburger Forschungen 5). Oldenburg.
LONG, A., DONAHUE, D. J., JULL, A. J. T. und ZABEL, T. (1983): Tandem Accelerator Mass Spectrometry applied to Archaeology and Art History. - 5th International Conference on Application of Science to Art and Art Objects (Abstract: 1-22). Boston.
LONGIN, R. (1971): New method of collagen extraction for radiocarbon dating. - Nature 230: 241-242. London.
LOUWE KOOIJMANS, L. P. (1972): Mesolithic bone and antler implements from the North Sea and from the Netherlands. - Berichten ROB 20/21 (1970/71): 27-73. S'Gravenhage-Amersfoort.
LÜBBING, H. (1968): Oldenburgische Sagen. Oldenburg.
LÜDERS, A. (1955): Eine kartographische Darstellung der römischen Münzschätze im freien Germanien. - Archaeologia geographica 4. Jahrgang, Bd. 2: 85-86 + 6 Karten. Hamburg.
LÜDERS, K. (1934): Schüttes Veröffentlichungen und Aufsätze. - Abhandlungen des Naturwiss. Vereins Bremen Bd. 29, Heft 1: 13-18. Bremen.
LUNDEGARDH, H. (1929 + 1934): Die quantitative Spektralanalyse der Elemente I+II. Jena.
LUNDHOLM, B. G. (1947): Abstammung und Domestikation des Hauspferdes. (= Zoologiska bidrag från Uppsala 27). Uppsala.
LUZZATTO, G. (1961): An economic history of Italy from the fall of the Roman Empire to the beginning of the sixteenth century. (Translated by P. Jones). London.
MAARLEVELD, T. J. und PIEPER, E. P. (1983): Merkwaardige prehistorische beenfragmenten nogmals bekeken. - OMRO 64: 229-243. Leiden.
MACKEPRANG, M. B. (1936): Guldhornene. En arkæologisk bestemmelse af deres stil og type. - Aarbøger 1936: 71-96. København.
MACKEPRANG, M. B. (1952): De Nordiske Guldbrakteater. (= Jysk arkæologisk selskabs skrifter 2). Aarhus.
MAIER, F.-G. (1974/75): Methoden der Archäologie. - Mannheimer forum 1974/75:141-207. Mannheim.
MAIER, F.-G. (1980^2): Neue Wege in die alte Welt. Methoden der modernen Archäologie. Zürich. (1. Aufl. 1977).
MAIER, R. (1972): Zwei Moorfunde aus Ostfriesland. - NAuFN 7: 101-110. Hildesheim.
MAKAEV, E. A. (1962): Runičeskaja nadpis'iz Novgoroda. - Sovetskaja Archeologija 3: 309-311. Moskau.
MALMER, M. P. (1963): Metodproblem inom järnålderns konsthistoria. - Acta Archaeologica Lundensia Ser. 8, 3. Bonn-Lund.
MALTEN, L. (1914): Das Pferd im Totenglauben. - Jb des kaiserl. dt. archäolog. Institus 29,4: 179-255. Berlin.
MALTEN, L. (1928): Der Stier in Kult und mythischem Bild. - Jb des dt. archäolog. Inst. 43: 90-139. Berlin.

MANLIK, H. (1954): Messung der Vergangenheit. Altersbestimmung durch die Radiokohlenstoffmethode. - Universum. Natur und Technik, 9. Jahrgang: 675-679. Wien.
MANNKOPF, R. und FRIEDE, G. (1975): Grundlagen und Methoden der chemischen Emissionsspektralanalyse. Eine Einführung mit praktischen Arbeitshinweisen. Weinheim.
MARINGER, J. (1974): Flußopfer und Flußverehrung in vorgeschichtlicher Zeit. - Germania 52: 309-318. Berlin.
MAROLD, E. (1974): „Thor weihe diese Runen". - FMASt 8: 195-222. Berlin-New York.
MARSTRANDER, C. J. S. (1928): Om Runene og Runenavnenes Oprindelse. - NTS 1: 90-93. Oslo.
MARSTRANDER, C. J. S. (1929): De gotiske runeminnesmerker. - NTS 3: 25-157. Oslo.
MARSTRANDER, C. J. S. (1929): Opedalstenen. - NTS 3: 158-196. Oslo.
MARSTRANDER, C. J. S. (1929): Myklebostadstenen. - NTS 3: 197-217. Oslo.
MARSTRANDER, C. J. S. (1929): Germanische Waffennamen aus römischer Zeit. - NTS 3: 218-235. Oslo.
MARSTRANDER, C. J. S. (1929): Små bemerkninger i runestriden. - NTS 3: 264-268. Oslo.
MARSTRANDER, C. J. S. (1952): De nordiske runeinnskrifter i eldre alfabet. Skrift og språk i folkevandringstiden. I. Danske og svenske innskrifter. - Viking 16: 1-277. Oslo.
MARTENS, W. (1884^2): Jordanes Gothengeschichte nebst Auszügen aus seiner römischen Geschichte. (= Die Geschichtsschreiber der deutschen Vorzeit, 2. Gesamtausgabe, Band 5). Leipzig.
MARTIN, J. (1924/25): Beiträge zur Moorleichenforschung. - Mannus 16: 240-259. Würzburg.
MASTERS, P. M. und BADA, J. L. (1978): Amino acid racemization dating of bone and shell. - G. F. Carter (ed.), Archaeological Chemistry 2: 117-137. Washington.
LE MATIN (1932): Le Jugement de Glozel. (49e Année, N° 17536, Jeudi 24. Mars 1932). Paris.
MATSU'URA, S. und UETA, N. (1980): Fraction dependent variation of aspartic acid racemization age of fossil bone. - Nature 286: 883-884. London.
MATTHES, W. (1935): Zur Zeitstellung der Runenfunde aus der Unterweser. - PZ 26: 259. Berlin.
MAURER, G. L. (1856): Geschichte der Markenverfassung in Deutschland. Erlangen.
MAVRODINEANU, R. und BOITEUX, H. (1954): L'analyse spectrale quantitative par la flamme. Paris.
MAY, E. (1972): Möglichkeiten und Aussagegrenzen bei der metrischen Bearbeitung von Tierknochen aus prähistorischer und historischer Zeit. - INW 3: 4.1-4.20. Göttingen-Bonn.
Mc NEAL DODGSON, J. (1967): The -ing- in English place-names like Birmingham and Altrincham. - Beiträge zur Namenforschung (= BNF) NF 2, Heft 3: 221-245. Heidelberg.
Mc NEAL DODGSON, J. (1967): Various forms of Old English -ing in English place-names. - BNF 2, H. 4: 325-396. Heidelberg.
Mc NEAL DODGSON, J. (1968): Various English place-name formations containing Old English -ing. - BNF Neue Folge 3: 141-189. Heidelberg.
MEGAW, J. V. S. (1970): Art of the European Iron Age. Bath, Somerset.
MEIER, J. (1950): Ahnengrab und Rechtsstein. Untersuchungen zur deutschen Volkskunde und Rechtsgeschichte 2. (= Dt. Akad. d. Wiss. zu Berlin, Veröffentl. der Kommission für Volkskunde Bd. 1). Berlin.
MEISEN, K. (1935): Die Sagen vom wütenden Heer und Wilden Jäger. (= Volkskdl. Quellen 1). Münster.
MEISSNER, R. (1921): cuonio uuidi. - Festgabe für F. v. Bezold *70: 126-141. Bonn-Leipzig.
MEISSNER, R. (1937): Rez. H. Arntz 1935 (Handbuch). - Dt. Literaturzeitung 58, Heft 30: 1259-1264. Berlin.

MEISSNER, R. (1939): Rez. W. Krause 1937 (RäF I) und H. Arntz 1937. - Dt. Lit. ztg. 60, H. 49/50: 1585-1590. Berlin.
MEISSNER, R. (1984): Die Kenningar der Skalden. Ein Beitrag zur skaldischen Poetik. Hildesheim-Zürich-New York.
MEISSNER, W. (1943): Kriminologische Betrachtungen zur Bekämpfung des Kunstfälschertums. - Deutsche Justiz. Rechtspflege und Rechtspolitik (5. 1. 1943): 213-217. Berlin.
MELNIKOVA, E. A. (1981): Scandinavian runic inscriptions as a source for the history of Eastern Europe. - Figura 19: 169-173. Kiew.
MENDAX, F. (1953): Aus der Welt der Fälscher. Stuttgart.
MENDEL, J. (1930): Das Runenproblem. - Unterhaltungsblatt der VOSSISCHEn ZEITUNG Nr. 154. (5. 7. 1930).
MERCER, E. (1964): The Ruthwell and Bewcastle Crosses. - Antiquity 38: 268-276. Cambridge.
MERCURE DE FRANCE (15. 11. 1929): (Zu:) Glozel. - (Notiz H. v. Buttel-Reepens aus dem Archiv des Mus. Oldenburg).
MERINGER, R. (1904): Wörter und Sachen. - Idg. Forschungen 16, Heft 1/2: 101-196, bes. 111-117. Straßburg.
MESTORF, J. (1897): Goldbracteatenfunde aus Schleswig-Holstein. - 41. Bericht des Schleswig-Holsteinischen Museums vaterländischer Alterthümer bei der Universität Kiel: 19-21. Kiel.
MESTORF, J. (1900): Moorleichen. - 42. Bericht des Schleswig-Holst. Museums (s. o.): 1-28. Kiel.
MEULI, K. (1928): Bettelumzüge im Totenkultus, Opferritual und Volksbrauch. - Schweizerisches Archiv für Volkskunde 28: 1-38, bes. 17. Basel.
MEYER, B. (1971): Bodenkunde und Vorgeschichtsforschung. - PZ 46: 142-144. Berlin-New York.
MEYER, W. (1933/34): Dr. h. c. Schütte und seine Forschertätigkeit. - Jb Oldenburg 37 (1933): 121-159. Oldenburg.
MEYERS ENZYKLOPÄDISCHES LEXIKON (1975): Osteon. Mannheim.
MEYERS GROSSES KONVERSATIONSLEXIKON (1937): Buttel-Reepen. - Sp. 329-330. Leipzig.
MICHAEL, H. N. und RALPH, E. K. (1971): Dating techniques for archaeologists. London-Cambridge (Mass.).
MICHAELSEN, K. (1933): Die Baggerfunde aus der Weser. (Vortrag vom 27. 7. 1933, siehe Germanien 1: 287). Leipzig.
MICHAELSEN, K. (1934): Prof. Dr. Hugo v. Buttel-Reepen †. Ein kurzer Lebensabriß. - Jb Oldenburg 37 (1933): 93-99 (mit Portrait des Verstorbenen auf Seite 94 u. Liste der Publikationen). Oldenburg.
MICHAELSEN, K. (1936): Ein chaukisches Gräberfeld bei Driefel in Oldenburg. - Die Kunde 4: 123-128. Hannover-Hildesheim.
MICHAELSEN, K. (1940): Vier Friedhöfe der Chauken aus dem Oldenburger Land. - Mannus 32, H. 1/2: 178-211. Leipzig.
MICHEELSEN, H. (1966): The structure of dark flint from Stevns, Denmark. - Meddelelser fra Dansk geologisk forening 16, 3: 285-368. København.
MICHEL, P. (1953): La spectroscopie d'emission. Paris.
MIEDEMA, H. T. J. (1974): Dialect en runen van Britsum en de oudste Anglofriese runeninscripties. - Taal en Tongval 26: 101-128. Brüssel.
MILDENBERGER, G. (1959): Die germanischen Funde der Völkerwanderungszeit in Sachsen. (= Arbeits- und Forschungsberichte zur sächs. Bodendenkmalpflege, Beiheft 2: bes. 41, Abb. 27). Leipzig.
MILDENBERGER, G. (1959): Bemerkungen zu den Waffen aus Baggerfunden im Raume zwischen Elbe und Weichsel. - Berliner Beiträge zur Vor- und Frühgeschichte 2: 89-97. Berlin. (= Fs für O.-F. Gandert).
MILDENBERGER, G. (1972): Sozial- und Kulturgeschichte der Germanen. Stuttgart.
MILOJČIĆ, V. (1957): Zur Anwendbarkeit der C^{14}-Datierung in der Vorgeschichtsforschung. - Germania 35: 102-110. Berlin.

MILOJČIĆ, V. (1958): Zur Anwendbarkeit der C^{14}-Datierung in der Vorgeschichtsforschung. 2. Teil. - Germania 36: 409-417. Berlin.
MILOJČIĆ, V. (1961): Zur Anwendbarkeit der C^{14}-Datierung in der Vorgeschichtsforschung. 3. Teil. - Germania 39: 434-452. Berlin.
MÖTEFINDT, H. (1923/24): Ein Goldbrakteatenfund des 5. Jhs. n. Chr. aus der Gegend von Hamburg. - Jahrbuch der ‚Männer vom Morgenstern' 21: Tafel 4. Bremerhaven.
MOGK, E. (1909): Die Menschenopfer bei den Germanen. - Abhandlungen der königl. sächs. Gesellschaft der Wiss., phil.-hist. Klasse, Bd. 27, Heft 17: 603-643. Leipzig.
MOGK, E. (1912): Ein Nachwort zu den Menschenopfern bei den Germanen. - Archiv f. Rel.-Wiss. 15: 422-434. Leipzig.
MOHLER, A. (1974): Rez. M. H. Kater 1974. - Das Historisch-Politische Buch 22: 342. Göttingen.
MOHR, W. (1943): Rez. F. R. Schröder 1941 (Skadi). - Dt. Literaturzeitung (= DLZ) 64: 543-547. Berlin.
MOLL, F. (1929): Das Schiff in der bildenden Kunst vom Altertum bis zum Ausgang des Mittelalters. Bonn.
MOLL, F. (1930): Der Schiffbauer in der bildenden Kunst. - Dt. Museum, Abhandlungen und Berichte 2,6: 154-179. Berlin.
MOLL, F. (1932): Das älteste deutsche Schiff. - DEUTSCHE ALLGEMEINE ZEITUNG vom 21. 4. 1932. Berlin.
MOLTKE, E. (1936): Runeindskrifter på guldhornet fra Gallehus. - Aarbøger 1936: 97-104. København.
MOLTKE, E. (1936): Runologiske Meddelelser. - Aarbøger 1936: 239-259. København.
MOLTKE, E. (1942): Rez. W. Krause 1937 (RäF I). - ANF 56: 105-113. Lund-Leipzig.
MOLTKE, E. (1951): Er runeskriften opstået i Danmark?. - Fra Nationalmuseets Arbejdsmark 1951: 47-56. København.
MOLTKE, E. (1965): Runeår. - Skalk 1965, Nr. 2: 12-17. -Århus.
MOLTKE, E. (1976): Runeninschriften aus der Stadt Schleswig. - Ausgrabungen in Schleswig 6 (= Beiträge zur Schleswiger Stadtgeschichte 20): 76-88. Schleswig.
MOLTKE, E. (1976): Runerne i Danmark og deres oprindelse. København.
MOLTKE, E. und STOKLUND, M. (1982): Runeindskriftene fra Illerup mose. - Kuml 1981: 67-79. København.
MOMMSEN, T. (1889): Das römische Heerwesen seit Diocletian. - Hermes 24,2: 195-279. Berlin.
MONNOT, G. (1953): Elements de spectrographie. Paris.
MOOK, W. G. (1984): Archaeological and geological interest in applying ^{14}C AMS to small samples. - Nuclear Instruments and Methods in Physics Research B 5: 297-302. Amsterdam.
MORLAN, R. E. (1984): Toward the definition of criteria for the recognition of artificial bone alterations. Special issue: Taphonomic analysis and interpretation in pleistocene archaeology. - Quaternary Research 22, No. 2: 160-171. New York.
MORRISON, J. (1980): Long ships and round ships. Warfare and trade in the Mediterranean 3000 B. C. - 500 A.D. London.
MUCH, R. (1935): Silva Caesia. - Zs für Mundartforschung 11: 39-48. Halle/S.
MUCH, R. (1967^3): Die Germania des Tacitus. - W. Lange (= Hg.), unter Mitarbeit von H. Jankuhn. Heidelberg.
MUDRAK, E. (1937): Das wütende Heer und der wilde Jäger. Berlin. (= Bausteine zur Gesch., Völkerkunde und Mythenkunde: 3-42).
MÜLLER, F. (1930): Rez. H. v. Buttel-Reepen 1930. - NORDDEUTSCHE VOLKSZEITUNG, Nr. 15: 2 (18. 1. 1930).
MÜLLER, F. (1930): Rez. H. v. Buttel-Reepen 1930. - VOLKS-ZEITUNG, Jg. 7, Nr. 21 (25. 1. 1930).
MÜLLER, F. (1968): Germanische Tiersymbolik und Namengebung. - FMASt 2: 202-217. Berlin-New York.

MÜLLER, G. (1970): Studien zu den theriophoren Personennamen der Germanen. - Niederdt. Studien 17. Köln-Wien.
MÜLLER-BECK, H., OESCHGER, H. und SCHWARZ, U. (1959): Zur Altersbestimmung der Station Seeberg/Burgäschisee-Süd. - Jb Histor. Mus. Bern 37/38 (1957/58): 272-281. Bern.
MÜLLER-BECK, H. (1961): C^{14}-Daten und absolute Chronologie im Neolithikum. - Germania 39: 420-434. Berlin.
MÜLLER-BRAUEL, H. (1926): Sächsische Friedhöfe bei Stade. - PZ 17: 131-159. Berlin.
MÜLLER-BRAUEL, H. (1927): Vorgeschichtliche Funde/Fundberichte. - Niederdt. Heimatblätter 4, 12: 484-485. Oldenburg.
MÜLLER-BRAUEL, H. (1928): Funde und Ausgrabungen/Tagung der Altertumsforscher in Oldenburg. - Die Tide. Niederdeutsche Heimatblätter 5,5: 233-234. Oldenburg.
MÜLLER-BRAUEL, H. (1928): Funde und Ausgrabungen: Harsefeld. - Die Tide (s. o.) 5, 10: 499. Oldenburg.
MÜLLER-HANPFT, S. und BENTMANN, R. (1979): Archäologen unter Wasser. - G. Kirchner (Hg.), Reportagen aus der Alten Welt. Neue Methoden und Erkenntnisse der Archäologie, Bd. 2: bes. 144. Frankfurt/M.
MÜLLER-KARPE, H. (1983): Zur frühen Mensch - Tier - Symbiose. - Kolloquien zur Allgemeinen und Vergleichenden Archäologie (= AVA) 4 der Kommission des Dt. Archäol. Inst. (= DAI), (Hg.). München.
MÜLLER-WILLE, M. (1970): Bestattung im Boot. - Offa 25/26 (1968/69): 1 ff. Neumünster.
MÜLLER-WILLE, M. (1972): Pferdegrab und Pferdeopfer im frühen Mittelalter. - Berichten ROB 20/21 (1970/71): 119-248. S'Gravenhage.
MÜNNICH, K. O. (1957): Messungen des C^{14}-Gehaltes von hartem Grundwasser. - Die Naturwiss. 44: 32-33. Berlin.
MÜNNICH, K. O. (1957): Heidelberg natural radiocarbon measurements 2. - Science 126: 194-199. Washington.
MÜNNICH, K. O. (1958): Erfahrungen mit der C^{14}-Datierung verschiedener Arten von Sedimenten. - Verhandlungen der 4. Internationalen Tagung der Quartärbotaniker. (= Veröffentlichungen des Geobotanischen Instituts Rübel in Zürich, Heft 34): 109-117. Bern.
MÜNNICH, K. O. (1960): Die C^{14}-Methode. - Geologische Rundschau 49: 237-244. Stuttgart.
MÜNNICH, K. O. (1968): Isotopen-Datierung von Grundwasser. - Naturwissenschaften 55: 158-163. Berlin.
MULLER, R. A., STEPHENSON, E. J. und MAST, T. S. (1978): Radioisotope dating with an accelerator. - Science 201: 347-348. Washington.
MUNSELL (1954): Soil color charts. Determination of soil color. (= US Department of Agriculture, Handbook 18, Soil Survey Manual), Baltimore, Maryland.
MUSSET, L. (1976^2): Introduction a la Runologie. (= Bibliothèque de Philologie Germanique 20). Paris. (1. Auflage: 1965).
MYRES, J. N. L. und GREEN, B. (1973): The Anglo-Saxon cemeteries of Caistor-by-Norwich and Markshall, Norfolk.- Reports of the Research Comm. of the Society of Antiquities 30. London.

NACHRICHTEN FÜR STADT UND LAND (1928): Bedeutungsvolle Knochenfunde am Nordenhamer Strand. (Juni).
NÆS, O. (1979): Hávamál 1-78. Kommentar of Metrikk. - Det Kongelige Norske Videnskabers Selskabs Skrifter No. 1 (1979): 1-99. Trondheim-Oslo-Bergen-Tromsø.
NECKEL, G. (1928): Runische Schmuckformen. - Buch und Schrift 2: 31-38. Leipzig.
NECKEL, G. (1930): Runen von der Unterweser. - Volk und Rasse 5,3: 172-176. München.
NECKEL, G. (1933): Die Herkunft der Runen. - FuF 9: 293-294. Berlin.

NECKEL, G. (1934): Kultur der alten Germanen. - H. Kindermann (Hg.), Hb der Kulturgeschichte. Potsdam-Erfurt.
NECKEL, G. und NIEDNER, F. (1966): Die jüngere Edda mit dem sogenannten ersten grammatischen Traktat. - Sammlung Thule (= Bd. 20); Neudruck der Auflage von 1942 (Erstausgabe: 1925). Jena.
NECKERMANN, A. (1950): Untersuchungen über Todeszeitbestimmung an menschlichen Knochen. -Diss. med. Erlangen.
NELSON, D. E., KORTELING, R. G. und STOTT, W. R. (1977): Carbon-14: Direct detection at natural concentrations. - Science 198: 507-508. London.
NERMAN, B. (1936): Die Verbindungen zwischen Skandinavien und dem Ostbaltikum in der jüngeren Eisenzeit. - Kungl. Vitterhets Historie och Antikvitets Akademiens Handlingar 40,1 (1929): 5-185. Stockholm.
NEUMANN, G. (1954): Der Schädel von Piltdown. Ein wissenschaftlicher Schwindel nach 40 Jahren erkannt. - Universum. Natur und Technik 9. Wien.
NEUMANN, G. (1981): Chauken. - Hoops Reallexikon der Germanischen Altertumskunde 4: 393. Berlin-New York.
NEUNER, G. (1934): Der Wod.-Germanien 1934: 249-250. Leipzig.
NEUSTUPNÝ, E. (1970): A new epoch in radiocarbon dating. - Antiquity 44: 38-45. Cambridge.
NEWESELY, H. und HERRMANN, B. (1980): Ab- und Umbauvorgänge der biologischen Hartgewebe (Knochen, Zähne) unter langer Liegezeit. - Berliner Beiträge zur Archäometrie 5: 175-186. Berlin.
NIEDNER, F. (1923): Die Geschichte vom Skalden Egil. - Sammlung Thule (= Bd. 3). Jena.
NIEDNER, F. (1965): Snorris Königsbuch (Heimskringla/Ynglingatal) I.-Thule (= Bd. 14). (Neudruck:) Darmstadt.
NIEKERKEN, W. (1959): Nachrufe auf Agathe Lasch. Schriften von Agathe Lasch (in zeitlicher Folge). - Niederdt. Jb 82: 8-10. Neumünster.
NIELSEN, K. M. (1940): Guldhornsindskriften. - ANO 1940: 57-63. København.
NIELSEN, K. M. (1985): Runen und Magie. Ein forschungsgeschichtlicher Überblick. - FMASt 19: 75-97. Berlin-New York.
NIELSEN, K. M. (1986): Rez. U. Hunger 1984. - Danske Studier 1986: 143-153. København.
NIELSEN, N. Å. (1969): Freyr, Ullr, and the Sparlösa stone. - Mediaeval Scandinavia 2: 102-128. Odense.
NIELSEN, N. Å. (1984): Fra Runesprog til Nudansk. Studier og Kommenterede Tekster. Aarhus.
NIEMEYER, H. G. (1974): Methodik der Archäologie. - Enzyklopädie der geisteswiss. Arbeitsmethoden 10. München.
NIGGLI, E., OVERWEEL, C. J. und van der VLERK, J. M. (1953): A x-ray crystallographical application of the Fluorine-dating method of fossil bones. - Proceedings of the Section of Sciences, Koninklijke Nederlandse Akademie van Wetenschappen te Amsterdam 56 B: 538-542. Amsterdam.
NINCK, M. (1935): Wodan und germanischer Schicksalsglaube. Jena.
NIQUET, F. (1958): Grab mit Runenfibel von Beuchte, Kr. Goslar. - Germania 36: 216-217. Berlin.
NIQUET, F. (1970): Archäologische Zeugnisse frühen Christentums aus dem südöstlichen Niedersachsen. - W. Lammers (Hg.), Eingliederung der Sachsen i. d. Frankenreich: 487-501. Darmstadt.
NOBIS, G. (1955): Beiträge zur Abstammung und Domestikation des Hauspferdes. - Zs für Tierzüchtung und Züchtungsbiologie 64: 201-246. Berlin-Hamburg.
NOBIS, G. (1957): Werden und Frühentwicklung der Haustierwelt Nordwest- und Mitteldeutschlands. - (= Beiträge zur Frühgeschichte der Landwirtschaft 3: 38-47). Berlin.
NOBIS, G. (1960): Das Hauspferd. - Die Haustiere von Haithabu 3: 73-79. Neumünster. (W. Herre u. a. Hg.).
NOBIS, G. (1971): Vom Wildpferd zum Hauspferd. (= Fundamenta, Reihe B: 6). Köln-Wien.

NOE-NYGAARD, N. (1974): Mesolithic hunting in Denmark, illustrated by bone injuries caused by human weapons. - Journal of Archaeological Science 1: 217-248. London.
NÖBBE, E. (1930/31): Goldbrakteaten in Schleswig-Holstein und Norddeutschland. - Nordelbingen 8: 48-83. Flensburg.
NÖRRENBERG, E. (1959): Erinnerungen und Dank an Agathe Lasch. - Jb des Vereins für Niederdt. Sprachforschung 82: 6-7. Neumünster.
NORDÉN, A. (1940): Tysk runforskning under de sista åren. - Fornvännen 35: 318-332. Stockholm.
NORDÉN, A. (1942): Die Frage nach dem Ursprung der Runen im Lichte der Val Camonica-Funde. - H. Arntz (Hg.), Runenberichte 1: 25-34. Leipzig.
NORDÉN, A. (1942): Felszeichnung und Runenschrift. - H. Arntz (Hg.), Runenberichte 1: 51-75. Leipzig.
NORDLAND, O. (1951): Det vonde haglet og runeteiknet hagall. - Maal og Minne 1951: 90-128. Oslo.
NOREEN, A. (1920): Yngve, Inge, Inglinge m. m. - Namn och bygd 8: 1-8. Lund.
NOREEN, A. (1923): Altisländische und altnorwegische Grammatik. - 4. Auflage (3. Aufl. = 1903). Halle/S.
NORLING-CHRISTENSEN, H. (1960): Beitrag zur Frage der Datierung und Provenienz des großen Silberkessels von Gundestrup. - Fs F. Fremersdorf: 247-252. Köln.
NOWOTHNIG, W. (1964): Brandgräber der Völkerwanderungszeit im südlichen Niedersachsen. (= Göttinger Schriften zur Vor- und Frühgeschichte 4). Neumünster.
NOWOTHNIG, W. (1969): Das frühgeschichtliche Gräberfeld von Anderten, Kreis Hannover (früher Kreis Burgdorf). - NAuFN 4: 202-211. Hildesheim.
NOWOTNY, K. A. (1938): Die Brakteaten der Schleswiger Gruppe und die wilde Jagd im Mythos der Völkerwanderungszeit. - Mannus 30: 210-222. Leipzig.
NYLÉN, E. und LAMM, J. P. (1978): Bildstenar. Visby.
NYLÉN, E. und LAMM, J. P. (1981): Bildsteine auf Gotland. Neumünster.

OAKLEY, K. P. (1969²): Analytical methods of dating bones. - D. Bothwell & E. Higgs (ed.), Science in archaeology: 35-45. Bristol.
ODELL, G. H. (1975): Micro-wear in perspective: a sympathetic response to Lawrence H. Keeley. - World Archaeology 7, 2: 226-240. London.
ODENSTEDT, B. (1983): The inscription on the Meldorf fibula. - ZfdA 112,3: 153-161. Wiesbaden.
ODENSTEDT, B. (1984): Rez. K. Düwel 1983². - Fornvännen 79, 1984/2: 129-131. Stockholm.
ODENSTEDT, B. (1985):Om typologi och grafisk variation i den äldre futharken. - Arkiv för nordisk filologi 100: 1-15. Lund.
ODENSTEDT, B. (1986): Om usprunget till den äldre futharken. - Saga och Sed, Kungl. Gustav Adolfs Akademiens Årsbok 1984: 77-116, bes. 81. Uppsala.
ØRSNES, M. (1963): The weapon find in Ejsbøl mose at Haderslev. - Acta Archaeologica 34: 232-247.
OESCHGER, H. und SIEGENTHALER, U. (1978): The dynamics of the carbon cycle as revealed by isotope studies. - I.I, A.S.A. Proceedings Series Environment, Volume I: 45-61. Oxford-New York-Toronto-Sydney-Paris-Frankfurt. (Workshop ‚Carbon Dioxide, Climate and Society'; J. Williams = ed.).
OLDENBURG, G. W. A. und GREVERUS, J. P. E. (1837³): Wildeshausen in alterthümlicher Hinsicht. Oldenburg.
O'LOUGHLIN, J.L.N. (1965): Sutton Hoo - the evidence of the documents. - Medieval Archaeology 8 (1964): 1 ff. London.
OLRIK, A. (1901): Odinsjægeren i Jylland. - Dania 8: 138-173, bes. 156 f. København.
OLRIK, A. (1918): Gudefremstillinger på Guldhornene og andre ældre Mindesmærker. - Danske Studier 15: 1-34. København.
OLSEN, M. (1910): Tjǫsnur og tjǫsnublót. - ANF 26,4: 342-346, bes. 344. Lund-Leipzig.

OLSEN, M. (1915): Hedenske Kultminder i Norske Stedsnavne. - Skrifter utgit av Videnskapsselskapet i Kristiania 1914, II. Historisk-filosofisk Klasse, 2. Bind: 1-315. Kristiania.

OLSEN, M. (1917): Om Troldruner. - Fordomtima 2: 1-29. Uppsala.

OLSEN, M. (1917): Norges Indskrifter med de ældre runer II. Christiania.

OLSEN, M. (1926): Ættegård og Helligdom. Norske stedsnavn sosialt og religionshistorisk belyst. - (= Institutet for sammenlignende kulturforskning, serie A, Forelesninger 9a). Oslo-Leipzig-Paris-London-Cambridge (Mass.). (302 S.).

OLSEN, M. (1928): Farms and fanes of ancient Norway. (= Engl. Übersetzung v. Olsen 1926; 349 S.). Oslo etc.

OLSEN, M. (1930): Stedsnavn og gudeminner i Land. (= Avhandlinger utgitt av Det norske Videnskaps-Akademi i Oslo, II. Historisk-filosofisk Klasse 1929, 3; 95 S.). Oslo.

OLSON, E. A. und BROECKER, W. S. (1958): Sample contamination and reliability of radiocarbon dates. - Transactions of the New York Academy of Sciences 20: 593-604. New York.

OLSON, E. (1908): Benplatta med runinskrift. - Fornvännen 3: 14-27. Stockholm.

OLSON, E. J. (1912): Yngvars saga viðfǫrla jämte ett bihang om Ingvarsinskrifterna utgiven för Samfund til Udgivelse af gammel nordisk Litteratur. Kopenhagen. (71 S.).

OLSSON, I. U. (1970): Radiocarbon variations and absolute chronology. (= Ed.) . - Proceedings of the Twelfth Nobel Symposium held at the Institute of Physics at Uppsala University. Stockholm-London-New-York-Sydney.

OPITZ, S. (1977): Südgermanische Runeninschriften im älteren Futhark aus der Merowingerzeit. - Diss. phil. Freiburg: bes. 54-55. Kirchzarten.

OPITZ, S. (1981): Runeninschriftliche Neufunde: Das Schwert von Eichstetten/Kaiserstuhl und der Webstuhl von Neudingen/Baar. - Archäologische Nachrichten aus Baden 27: 26-31, bes. 29. Freiburg.

OPITZ, S. (1986): South Germanic Runic Inscriptions in the Older Futhark: Notes on Research. - Germanic Dialects: Linguistic and Philological Investigations; Amsterdam Studies in the Theory and History of Linguistic Science, Ser. 4: Current Issues in Linguistic Theory 38: 459-470. Amsterdam-Philadelphia.

von OPPELN-BRONIKOWSKI, F. (1932): Das älteste germanische Segelschiff. Neue Runenfunde in Norddeutschland. - DEUTSCHE ALLGEMEINE ZEITUNG (11. 1. 1932, im Sportblatt der DAZ). Berlin.

von OPPELN-BRONIKOWSKI, F. (1932): Neue archäologische Entdeckungen. - Dt. Rundschau 59, 2: 129-134, bes. 133.

ORNSTEIN, L. S., MOLL, W. J. H. und BURGER, H. C. (1932): Objektive Spektralphotometrie. Braunschweig.

OTTENJANN, H. (1969): Eine römische Lar-Statuette von Marren, Ldkr. Cloppenburg. - Jahrbuch für das Oldenburger Münsterland 1969: 96-103.

OTTO, H. (1957/58): Die chemische Untersuchung von gefälschten Bronzen aus mitteldeutschen Museen. - Wiss. Zs der Martin-Luther Univ. Halle-Wittenberg, Ges.-Sprachw. 7,1: 203-230. Halle/S.

OTTO, K.-H. (1954): Über den Standort der Archäologie in der deutschen Ur- und Frühgeschichtsforschung. - FuF Jahrgang 28, Heft 11: 339-343. Berlin.

OTTO, W. (1939): Handbuch der Archäologie, Band 1. München.

OVERBECK, F. und SCHMITZ, H. (1931): Zur Geschichte der Moore, Marschen und Wälder Nordwestdeutschlands. I. Das Gebiet von der Niederweser bis zur unteren Ems. - Mitteilungen der Provinzialstelle für Naturdenkmalpflege Hannover 3. Hannover.

OVERBECK, F. (1975): Botanisch-Geologische Moorkunde unter besonderer Berücksichtigung der Moore Nordwestdeutschlands als Quellen zur Vegetations-, Klima- und Siedlungsgeschichte. Neumünster.

OXENSTIERNA, E. Graf (1953): Die Goldhörner von Gallehus. - FuF 27, 1: 19-23. Berlin.

OXENSTIERNA, E. Graf (1956): Die Goldhörner von Gallehus. Lidingö.

PÄTZOLD, J. und SCHÖNBERGER, H. (1955): Römisches aus dem Oldenburger Land. Die Sigillata-Bilderschüssel aus der Hoskenwurt. - Jahrbuch Oldenburg 55, Teil 2: 115-123. Oldenburg.

PAGE, R. I. (1962): The use of double runes in Old English inscriptions. - JEGP 61: 897-907. Illinois.

PAGE, R. I. (1973): An introduction to English runes. London.

PAGE, R. I. (1985): Runic links across the North Sea in the Pre-Viking Age. - Beretning fra fjerde tværfaglige Vikingesymposium: 31-49. (Afdeling for middelalder-arkæologi ved Aarhus Univ.). Moesgård.

PAUL, E. (1962): Die falsche Göttin. Geschichte der Antikenfälschung. Heidelberg.

PAULSEN, P. (1966): Drachenkämpfer, Löwenritter und die Heinrichsage. Köln-Graz.

PAULY: Reallex. PAULY-WISSOWA und DER KLEINE PAULY s. unter Wissowa, G. bzw. Ziegler, K. et al. (= Hg.).

PEDERSEN, H. (1923): Runernes Oprindelse. - Aarbøger (f. nordisk Oldkyndighed og Historie, = ANO) 3, 13: 37-82. København.

PESCHEK, C. (1950): Lehrbuch der Urgeschichtsforschung. (Seite 96 f. zu den Weserrunen). Göttingen.

PETERS, R. und SODMANN, T. (1979): Agathe Lasch. Ausgewählte Schriften. Neumünster.

PETRENKO, V. P. und KUZMENKO, J. K. (1979): Nya fynd med runor från Gamla Ladoga. - Viking 42: 78 ff. Oslo.

PETRI, F. (1937): Germanisches Volkserbe in Wallonien und Nordfrankreich. Die fränkische Landnahme in Frankreich und den Niederlanden und die Bildung der westlichen Sprachgrenze. Bonn.

PETSCHENIG, M. (1967): Der kleine STOWASSER. Lateinisch-deutsches Schulwörterbuch. Wien.

von PFEIL, S. Graf (1968): Die Sachsensage bei Widukind von Corvey. - F. Harkort, K. C. Peeters & R. Wildhaber (= Hg.), Volksüberlieferung. (= Fs für Kurt Ranke zum 60.*): 297-311. Göttingen.

PHILIPPSON, E. A. (1929): Germanisches Heidentum bei den Angelsachsen. (= Kölner Anglist. Arbeiten 4). Leipzig.

PHILIPPSON, E. A. (1938): Runenforschung und germanische Religionsgeschichte. - PMLA 53, 2: 321-332. Menasha, Wisconsin, - New York.

PIEPER, P. und BONTE, W. (1981): Original oder Fälschung? (etc., s. unter Bonte, W. 1981). Lübeck.

PIEPER, P. (1983): Technologische Beobachtungen zur Echtheitsfrage der Darstellungen auf den Deventer-Knochen anhand moderner Untersuchungsmethoden aus dem Bereich der Kriminalistik. - OMRO 64: 237-243; (s. unter Maarleveld et al.). 1983. Leiden.

PIEPER, P. (1984): Radiocarbon-dating of bone artifacts with runic inscriptions by AMS. - Third International Symposium on Accelerator Mass Spectrometry (Abstract: 60). Zurich.

PIEPER, P. (1985): Die Weser-Runenknochen. - Vierseitiges Begleitblatt zur Ausstellung „Forschung in Göttingen: Kommunikation - Von der Keilschrift bis zum Bildschirmtext". Haus der Wiss. 14.-21. 7. Göttingen.

PIEPER, P. (1986): Die Runenstempel von Spong Hill: Pseudorunen oder Runenformel? - NAuFN 17: 181-200. Hildesheim.

PIEPER, P. und WEGNER, G. (1986): Die Weser-Runenknochen. Original und Fälschung. (= Sechsseitiger Faltkatalog zur Sonderausstellung im Staatl. Museum Oldenburg, 5. 5.-Ende '86). Oldenburg.

PIEPER, P. (1987): Die Weserrunen im Lichte neuer Untersuchungen (Vortragsresümee). - Korrespondenzblatt des Vereins für niederdeutsche Sprachforschung 94, 2-3: 22-23. Hamburg.

PIEPER, P. (1988): Die Oldenburger Runenknochen. Die Ergebnisse der naturwissenschaftlichen Echtheitsprüfungen und die Vorstellung eines neuen Lesungsvorschlages, s. u.: 221-244. Stockholm.

PIEPER, P. (1988): Spiegelrunen. - Runor och runinskrifter; Kungl. Vitterhets Historie och Antikvitets Akademiens Konferenser 15: 67-72. Stockholm.

PIEPER, P. (1988): Die Weserrunen im Lichte neuer Untersuchungen. - Niederdt. Jb 111, Jg 1988: 9-30. Neumünster.
PIGGOTT, S. (1962): Heads and hoofs. - Antiquity 36: 110-118. Cambridge.
PINTA, M. (1971): Detection and determination of trace elements. London.
PITTIONI, R. (1937): Zur Frage der Echtheit des Knochenpfriemens vom Maria-Saaler Berg. - NTS 8: 460-469. Oslo.
PITTIONI, R. (1957): Der Beitrag der Radiokarbon-Methode zur absoluten Datierung urzeitlicher Quellen. - FuF 31,12: 357-364. Berlin.
PITTIONI, R. (1959): Zweck und Ziel spektralanalytischer Untersuchungen für die Urgeschichte des Kupferbergwesens. - Archaeologia Austriaca 26: 67-95. Wien.
PIZARRO, J. M. (1978/79): On nid̄ against bishops. - Mediaeval Scandinavia 11: 149-153. Odense.
PLASSMANN, J. O. (1930): Rez. H. v. Buttel-Reepen 1930. - Blätter für Freunde germanischer Vorgeschichte 2,4. Bielefeld.
PLASSMANN, J. O. (1934): Die „Menschenopfer" nach der Varusschlacht. - Germanien 1934, 4: 110-113. Leipzig.
PLETTKE, A. (1921): Ursprung und Ausbreitung der Angeln und Sachsen. Beiträge zur Siedlungsarchaeologie der Ingväonen. (= Die Urnenfriedhöfe in Niedersachsen 3,1: 1-110). Hildesheim.
PLETTKE, F. (1940): Der Urnenfriedhof Dingen, Kr. Wesermünde (= Die Urnenfriedhöfe in Niedersachsen 3,2: 1-71). Hildesheim.
PLISCHKE, H. (1914): Die Sage vom Wilden Heere im deutschen Volk. - Diss. phil. Leipzig. (82 Seiten).
PLOSS, E. (1958): Der Inschriftentypus ‚N. N. me fecit' und seine geschichtliche Entwicklung bis ins Mittelalter. - Zs für dt. Phil. 77: 25-46. Berlin-Bielefeld-München.
POLOMÉ, E. (1980): The Gods of the Indo-Europeans. - The Mankind Quarterly 21,2: 151-164, bes. 161. New York.
POPPER, K. R. (1973): Objektive Erkenntnis. Ein evolutionärer Entwurf. Hamburg.
POPPER, K. R. (1976): Logik der Forschung. (= E. Boettcher, Hg.: Die Einheit der Gesellschaftswiss. 4). Tübingen.
POPPER, K. R. (1978): Die beiden Grundprobleme der Erkenntnistheorie. (= E. Boettcher, Hg.: Die Einheit der Gesellschaftswissenschaften, Band 18). Tübingen.
von PREUSCHEN, F. (1837): Beiträge zur Lehre vom strafbaren Betruge und der Fälschung. Giessen.
PROTSCH, R. und BERGER, R. (1973): Earliest radiocarbon dates for domesticated animals. - Science 179: 235-239. Washington.
PROTSCH, R. (1978): Wie alt ist der Homo sapiens? Ursprung und Ausbreitung der fossilen Subspezies des „anatomisch modernen Menschen" im Oberen Pleistozän. - Archäolog. Informationen 4: 7-32. Köln.
PUNT, W. und CLARKE, G. C. S. (1976, 1980, 1981, 1984): The Northwest European pollen flora 1-4. Amsterdam-Oxford-New York-Tokyo. (PUNT 1976: 1; PUNT & CLARKE ed. 1980: 2, 1981: 3, 1984: 4).
PUTZGER, F. W. (1969): Historischer Weltatlas. (90. Auflage: 34 f., Die Römer in Deutschland). Bielefeld-Berlin-Hannover.
PYDDOKE, E. (1963): The scientist and archaeology. (= Ed.). London-New York.

von QUILLFELDT, I. und ROGGENBUCK, P. (1985): Westerwanna II. (= Die Urnenfriedhöfe in Niedersachsen, Band 14; H. Schirnig = Hg.). Hildesheim.

RACE, G. J., FRY, E. J., MATTHEWS, J. L., WAGNER, M. J., MARTIN, J. H. und LYNN, J. A. (1968): Ancient Nubian human bone: A chemical and ultrastructural characterization including collagen. - American Journal of Physical Anthropology 28,2 (50. Jahrgang): 157-162. Philadelphia.
RADDATZ, K. (1953): Zur Deutung der Funde von La Tène. - Offa 11 (1952): 24-28. Neumünster.
RADDATZ, K. (1955): Einige Waffen der vorrömischen Eisenzeit aus Norddeutschland. - Offa 13 (1954): 63-68. Neumünster.

RADDATZ, K. (1955): Ein Waffenfund der frühen Merowingerzeit aus der Unterelbe. - Hammaburg, 4. Jahrgang (1953-1955), Heft 9/10: 35-44. Hamburg.

RADDATZ, K. (1967): Die Bewaffnung der Germanen in der jüngeren römischen Kaiserzeit. - NAWG 1967: 3-17. Göttingen.

RADDATZ, K. (1976): Grabfunde der römischen Kaiserzeit und Völkerwanderungszeit von Kirchweyhe und Osterholz, Kreis Grafschaft Hoya. (= Materialhefte zur UFG Niedersachsens 10: 1-68). Hildesheim.

RADDATZ, K. (1981): Die römische Kaiserzeit im mittleren Niedersachsen. - Führer zu vor- und frühgeschichtlichen Denkmälern 48: 113-134. Mainz.

RAMM, H. (1955): Zur älteren Besiedlungsgeschichte Holsteins. - Archaeologia geographica Jg 4,2: 67-72. Hamburg.

RANDALL, H. M., FOWLER, R. G., FUSON, N. und DANGL, J. R. (1949): Infrared determination of organic structures. New York.

RANKE, F. (1940): Das wilde Heer und die Kultbünde der Germanen. Eine Auseinandersetzung mit Otto Höfler. - Niederdt. Zs für Volkskunde 18: 1-33. Bremen.

RAUDONIKAS, W. J. (1936): Die Normannen der Wikingerzeit und das Ladogagebiet. (= Kungl. Vitterhets Historie och Antikvitets Akademiens Handlingar 40,3: 5-151). (1930). Stockholm.

RAUSING, G. (1985): Beowulf, Ynglingatal and the Ynglinga Saga; Fiction or History? - Fornvännen 80: 163-178. Helsingborg.

REDELFS, H. F. (1934): Neue wertvolle vorgeschichtliche Baggerfunde aus der Unterweser. - Germanien 1934, 10: 312-313. Leipzig.

REDLICH, C. (1977): Handelszentren an der Elbe und die Marwedeler Fürstengräber. - Studien zur Sachsenforschung 1: 325-342. Hildesheim.

R(EICHARDT), K. (1931): Von niederdeutscher Forschung. Bericht über die Bremer Tagung des Vereins für niederdeutsche Sprachforschung und des Hansischen Geschichtsvereins. - NACHRICHTEN FÜR STADT UND LAND (Rubrik: Unterhaltung und Wissen) vom 2. Juni 1931.

REICHARDT, K. (1933): Rez. H. v. Buttel-Reepen 1930. - Jb Germ. Phil. NF 10: 140. Berlin-Leipzig.

REICHARDT, K. (1936): Runenkunde (Seite 59-61 und Abb. 5). Jena.

REICHARDT, K. (1938/1951^{2}): Schrift. - H. Schneider (= Hg.), Germanische Altertumskunde: 431-459, bes. 436 und 448 (zu den Weserrunen). München.

REICHSTEIN, H. und TIESSEN, M. (1974): Ergebnisse neuerer Untersuchungen an Haustierknochen aus Haithabu (Ausgrabung 1963-1964). - Berichte über die Ausgrabungen in Haithabu 7: 9-101. Neumünster.

REID MOIR, J. (1914): Some details of flint fracture. - Proceedings of the Prehistoric Society of East Anglia 1: 442-445. London etc.

REINECKE, P. (1958): Einfuhr oder Beutegut? - Bonner Jahrbuch 158: 246-252. Kevelaer.

REINERTH, H. (1940): Vorgeschichte der deutschen Stämme (= Hg. der Bände 1-3). Berlin.

RICHARDS JESSEN, M. (1947): Agathe Lasch, 1879-1942. - Bryn Mawr Alumnae Bulletin, July 1947: 8-9. Philadelphia.

RICHTER, K. (1958): Fluorteste quartärer Knochen in ihrer Bedeutung für die absolute Chronologie des Pleistozäns.-Eiszeitalter und Gegenwart (= EuG) 9: 18-27. Öhringen, Württemberg.

RIEDERER, J. (1979): Die Erkennung von Fälschungen mit naturwissenschaftlichen Methoden. - FÄLSCHUNG UND FORSCHUNG (s. dort): 187-199. Berlin-(Essen).

RIEDERER, J. (1981): Kunstwerke chemisch betrachtet. Materialien, Analysen, Altersbestimmung. Berlin-Heidelberg-New York.

RIEDERER, J. (1987): Archäologie und Chemie - Einblicke in die Vergangenheit. - Ausstellungskatalog des RATHGEN - Forschungslabors SMPK. Berlin. (-1988).

RIEGL, A. (1901/1927^{2}): Spätrömische Kunstindustrie nach den Funden in Österreich-Ungarn. Wien.

RIETH, A. (1952): Die prähistorischen Fälschungen. - DIE NEUE ZEITUNG (= DNZ) vom 30. Dezember 1952.

RIETH, A. (1958): Die Bisongravierung von La Genière - eine Fälschung. - Germania 36: 418-420. Berlin.
RIETH, A. (1967): Vorzeit gefälscht. Tübingen.
ROCHHOLZ, E. L. (1856): Schweizersagen aus dem Aargau, Band 1 (+2). Aarau.
ROEDER, F. (1927): Die sächsische Schalenfibel der Völkerwanderungszeit als Kunstgegenstand und siedlungsarchäologisches Leitfossil. Göttingen.
ROEDER, F. (1933): Neue Funde auf kontinental-sächsischen Friedhöfen der Völkerwanderungszeit. - Anglia 57: 1-40. Halle/S.
ROEDER, G. (1928): Vorgeschichtliche Tagung in Oldenburg 11.-14. 4. 1928. - HANNOVERSCHER KURIER (= Manuskript, erhalten im Archiv des Staatl. Museums Oldenburg, Korrespondenz v. Buttel-Reepens).
RÖHRER-ERTL, O. (1971): Untersuchungen am Material des Urnenfriedhofes von Westerwanna, Kreis Land Hadeln. Ein Beitrag zur Typologie und Chronologie des Weser-Elbe-Mündungsgebietes in der Eisenzeit. - Diss. phil. Hamburg. (199 S. Text + 57 Tafeln).
RÖMER AM RHEIN (1967²): Ausstellung des Römisch-Germanischen Museums Köln. Katalog mit Aufsätzen. Köln.
ROES, A. (1963): Bone and antler objects from the Frisian terp-mounds. Haarlem. (84 S. Text + 65 Tafeln).
ROLLWAGEN, W. (1958): Chemische Spectral Analyse. Berlin.
ROOTH, E. (1949): Saxonica. Beiträge zur niedersächsischen Sprachgeschichte. Conrad Borchling und Agathe Lasch zum Gedächtnis. (= Skrifter utgivna av Kungl. Humanistiska Vetenskapssamfundet i Lund 44: 1-266). Lund.
ROOTH, E. (1969): Niederdeutsche Breviertexte des 14. Jahrhunderts aus Westfalen. Dem Andenken Conrad Borchlings und Agathe Laschs gewidmet. (= Kungl. Vitterhets Historie och Antikvitets Akademiens Handlingar, filologisk-filosofiska Serien 11). Stockholm.
ROSENFELD, H. (1961): Kultur der Germanen. - Von Barloewen, W.-D. (= Hg.), Abriß der Geschichte antiker Randkulturen: 17-37. München.
ROSENFELD, H. (1985): Dioskuren. - Hoops Reallexikon der German. Altertumskde., Bd. 5: 482-484. Berlin-New York.
ROST, G. A. (1968): Vom Seewesen und Seehandel in der Antike. Amsterdam.
ROSTVIK, A. (1967): Har och harg. (= Studier till en svensk ortnamnsatlas 11: 1-175.) Uppsala.
ROTH, H. (1981): New chronological aspects of runic inscriptions: The archaeological evidence. - Michigan Germanic Studies 7: 62-68. Ann Arbor.
ROTTLÄNDER, R. (1975): Knochendiagenese. - INW 6, Chemie: 3.1.-3.3. Göttingen-Bonn.
ROTTLÄNDER, R. (1975): The formation of patina on flint. - Archaeometry 17: 106-110. London.
ROTTLÄNDER, R. (1975): Some aspects of the patination of flint. - Staringia 3: 54-56. Maastricht.
ROTTLÄNDER, R., ROLF, C. A. und THOMMA, M. (1975): Über die Patinabildung an Silices und verwandte Erscheinungen. - INW 6, Chemie: 2.1-2.6. Göttingen-Bonn.
ROTTLÄNDER, R. (1981): Chronologie. B.: Naturwissenschaftliche Methoden. - Hoops Reallexikon der Germanischen Altertumskunde, Band 4: 623-634. Berlin-New York.
RÜHLEMANN, M. (1912): Etymologie des Wortes harlequin und verwandte Wörter. - Diss. phil. Halle/S.
RÜTHNING, G. (1928): Vereinsnachrichten. - Oldenburger Jahrbuch 32: 106. Oldenburg.
RÜTHNING, G. (1927-1935): Oldenburgisches Urkundenbuch (= Hg.); 2: 1926, 3: 1927, 4: 1928, 5: 1930, 6: 1932, 7: 1934, 8: 1935 (D. Kohl= Hg. des Bandes 1: 1914). Oldenburg. (Vgl. die jeweiligen Register).
RUPPRECHT, G. (1984³): Der historische Hintergrund mit besonderem Blick auf Mainz und den Rheinstrom. - Ders. (= Hg.), Die Mainzer Römerschiffe: 161-165. Mainz.

RYGH, O. und BUGGE, S. (1878): En i Norge funden Spænde med Runeindskrift fra Mellemjernalderen. - Aarbøger 1878: 59-72. Kjøbenhavn.

SALIN, B. (1901/1935²): Die altgermanische Tierornamentik. Stockholm.
SALOMON, A. (1965): Geschichte des Harlingerlandes bis 1600. (= Abhandlungen und Vorträge zur Geschichte Ostfrieslands, Band 41). Aurich. (122 S.).
SANDERS, W. (1982): Sachsensprache, Hansesprache, Plattdeutsch: bes. 27. Göttingen.
SANGMEISTER, E. (1971): Spektralanalyse in der Erforschung ur- und frühgeschichtlicher Metallurgie. - INW 2 (1971), Metallurgie: 2.1-2.8. Göttingen-Bonn.
SANNESS-JOHNSEN, I. (1986): Eigentumsbezeichnungen in Runeninschriften. - RL der germanischen Altertumskunde 6: 573-582. Berlin-New York.
SASS, J. (1931): Niederdeutsche Runenfunde in der Unterweser. - Korrespondenzblatt des Vereins für niederdeutsche Sprachforschung 1931, Heft 44/2: 21 ff.
SAVAGE, A. (1982/1983²/1984³): The Anglo-Saxon chronicles. London.
SAWYER, R. A. (1963³): Experimental Spectroscopy. New York.
SCHADE, O. (1882²): Altdeutsches Wörterbuch, Band 1. Halle/S.
SCHARPENSEEL, H. W., TAMERS, M. A. und PIETIG, F. (1968): Altersbestimmung von Böden durch die Radiokohlenstoff-Datierungsmethode. - Zs für Pflanzenernährung und Bodenkunde 119,1: 34-44. Weinheim, Bergstr.
SCHATZ, J. (1927): Althochdeutsche Grammatik. Göttingen.
von SCHAUBERT, E. (1961, 1963): Heyne - Schückings Beowulf. (1: Text, 18. Auflage 1963, Paderborn, 105 S.; 2: Kommentar, 17. Aufl. 1961, München-Paderborn-Wien, 184 S.; 3: Glossar, 18. Aufl. 1961, ebda., 285 S.).
von SCHEFTELOWITZ, J. (1912): Das Hörnermotiv in den Religionen. - Archiv für Religionswiss. 15, Heft 3/4: 451-487. Leipzig.
SCHEUERMANN, U. (1977): Sprachliche Grundlagen. - H. Patze (Hg.), Geschichte Niedersachsens Bd. 1: 175. Hildesheim.
SCHIER, K. (1978): Die Saga von Egil. Düsseldorf-Köln.
SCHLABOW, K. (1953): Leichtvergängliche Stoffe aus der Wurtengrabung Hessens. - Probleme der Küstenforschung im Gebiet der südlichen Nordsee 5: 26-43. Hildesheim.
SCHLAUG, W. (1955): Studien zu den altsächsischen Personennamen des 11. und 12. Jahrhunderts. - Diss. phil. 1954/55. (= Lunder germanistische Forschungen 30, 250 S.). Lund-(Kopenhagen).
SCHLAUG, W. (1962): Die altsächsischen Personennamen vor dem Jahre 1000. (= Lunder germanistische Forschungen 34, 197 S.). Lund-(Kopenhagen).
SCHLESINGER, W. (1956): Über germanisches Heerkönigtum. - Das Königtum. (= Vorträge und Forschungen, Band 3: 105-141). Lindau-Konstanz.
SCHLETTE, F. (1971): Werden und Wesen frühgeschichtlicher Stammesverbände. - Zs für Archäologie 5: 19-38. Berlin.
SCHLETTE, F. (1977): Germanen zwischen Thorsberg und Ravenna. Kulturgeschichte der Germanen bis zum Ausgang der Völkerwanderung. Köln.
SCHMALZ, R. F. (1960): Flint and the patination of flint artifacts. - Proceedings of the Prehistoric Society, New Series 26,3: 44-49. Cambridge.
SCHMEIL, O. (1960): Tierkunde. - 184. Auflage. Heidelberg.
SCHMID, E. (1972): Atlas of animal bones for prehistorians, archaeologists and Quaternary geologists. Knochenatlas für Prähistoriker, Archäologen und Quartärgeologen. Amsterdam-London-New York.
SCHMID, P. (1965): Die Keramik des 1. bis 3. Jahrhunderts n. Chr. im Küstengebiet der südlichen Nordsee. - Probleme der Küstenforschung im südl. Nordseegebiet 8: 9-72. Hildesheim.
SCHMID, P. (1969): Die vor- und frühgeschichtlichen Grundlagen der Besiedlung Ostfrieslands nach der Zeitenwende. - J. Ohling (= Hg.), Ostfriesland im Schutz des Deiches, Bd. 1: 105-200. Leer.
SCHMID, P. (1976): Römische Kaiserzeit und Völkerwanderungszeit. - Führer zu vor- und frühgeschichtlichen Denkmälern 29: 173-204. Mainz.

SCHMID, P. (1976): Das Fundgebiet um Sievern. - Führer zu vor- und frühgeschichtlichen Denkmälern 31: 30-36. Mainz.
SCHMID, P. (1976): Flögeln - Untersuchungen zur Entwicklungsgeschichte einer Siedlungskammer. - Führer zu vor- und frühgeschichtlichen Denkmälern 31: 101-119. Mainz.
SCHMID, P. und ZIMMERMANN, W. H. (1976): Flögeln - zur Struktur einer Siedlung des 1. bis 5. Jhs. n. Chr. im Küstengebiet der südlichen Nordsee. - Probleme der Küstenforschung im südl. Nordseegebiet 11: 1-77. Hildesheim.
SCHMID, P. (1977): Zur chronologischen Auswertung von Siedlungsfunden des 4.-5. Jahrhunderts n. Chr. im Küstengebiet zwischen Elbe und Weser. - G. Kossack & J. Reichstein (Hg.), Archäologische Beiträge zur Chronologie der Völkerwanderungszeit: 29-41. Bonn.
SCHMID, P. (1978): Siedlungs- und Wirtschaftsstruktur auf dem Kontinent. - C. Ahrens (= Hg.), Sachsen und Angelsachsen: 345-361. Hamburg.
SCHMIDT, B. (1961): Die späte Völkerwanderungszeit in Mitteldeutschland. - Diss. phil. Halle/S.
SCHMIDT, B. (1970): Die späte Völkerwanderungszeit in Mitteldeutschland. - Katalog Südteil. Halle/S.
SCHMIDT, H. und SCHMIDT, M. (1981): Die vergessene Bildersprache christlicher Kunst. München.
SCHMIDT, L. (1909): Allgemeine Geschichte der germanischen Völker bis zur Mitte des sechsten Jahrhunderts. - G. v. Below & F. Meinecke (Hg.), Hb der mittelalterlichen und neueren Geschichte, Abtlg. 2, Politische Geschichte: 1-245. München-Berlin.
SCHMIDT, L. (1913): Die germanischen Reiche der Völkerwanderung. (= Wiss. u. Bildung 120). Leipzig. (111 S.).
SCHMIDT, L. (1934[2]): Die Ostgermanen. (= Geschichte der dt. Stämme bis zum Ausgang der Völkerwanderung 1). München.
SCHMIDT, L. (1970[2]): Die Westgermanen. (= Gesch. d. dt. Stämme bis zum Ausgang der Völkerwanderung 2). München. (1. Aufl. 1940).
SCHMIDT-WIEGAND, R. (1967): Alach. Zur Bedeutung eines rechtstopographischen Begriffs der fränkischen Zeit. - Beiträge zur Namenforschung NF 2,1: 21-45. Heidelberg.
SCHMITT, A. (1939): Rez. W. Krause 1937 (RäF 1). - Literaturblatt für germanische und romanische Philologie 60: 1-3. Leipzig.
SCHNALL, U. (1973): Bibliographie der Runeninschriften nach Fundorten II. Die Runeninschriften des europäischen Kontinents. (= Abhandlungen der Akad. d. Wiss. in Göttingen. Phil.-Hist. Klasse, 3. Folge, Nr. 80: 83-85. Göttingen.
SCHNALL, U. (1974): Rez. U. Schwab 1973. - Beiträge zur Gesch. d. dt. Sprache u. Lit. 96, 3: 358-361. Tübingen.
SCHNALL, U. (1975): Navigation der Wikinger. (= Schriften d. Dt. Schiffahrtsmuseums 6). Oldenburg-Hamburg.
SCHNALL, U. (1977): Bemerkungen zur Navigation auf Koggen. - Jb der Wittheit zu Bremen 21: 137-148. Bremen.
SCHNEEBERG, A. (1958): Geologisch-bodenkundliche Karte der niedersächsischen Marschen. Hannover.
SCHNEIDER, K. (1956): Die germanischen Runennamen. Meisenheim. (S. 532-536 zu den Weserrunen).
SCHNEIDER, K. (1961): Die strophischen Strukturen und heidnisch-religiösen Elemente der ae. Zauberspruchgruppe ‚wið þēofðe‘. - Fs für Theodor Spira: 38-56. Heidelberg.
SCHNEIDER, K. (1968): Six Old English runic inscriptions reconsidered. - A. H. Orrick (Ed.), Nordica et Anglica, Studies in honour of Stefán Einarsson: 37-52. The Hague.
SCHNEIDER, K. (1969): Runische Inschriftzeugnisse zum Stieropferkult der Angelsachsen. - Fs E. Mertner: 9-54. München.
SCHNEIDER, K. (1975): Rez. H. Klingenberg 1973. - Beiträge zur Namenforschung NF 10: 115. Heidelberg.

SCHNEIDER, K. (1976): Rez. R. I. Page 1973. - Anglia 94: 218. Tübingen.
SCHNEIDER, K. (1979): Rez. E. H. Antonsen 1975, A concise grammar of the Older Runic inscriptions. - Beiträge zur Namenforschung NF 14: 187. Heidelberg.
SCHNEIDER, K. (1979): Rez. S. Opitz 1977. - Beiträge zur Namenforschung NF 14: 190. Heidelberg.
SCHNEIDER, K. (1983): Rez. K. Düwel 1983^2. - Beiträge zur Namenforschung NF 18: 473-477, bes. 475 f. Heidelberg.
SCHNETZ, J. (1923): Der Name ‚Germanen'. - Beiträge zur Gesch. der dt. Sprache und Lit. 47: 470-491. Halle/S.
SCHNETZ, J. (1935): Germanische Völkernamen. I. Ingvaeones. - Zs für Ortsnamenforschg. 11: 201-209. München-Berlin.
SCHNETZ, J. (1936): Germanische Völkernamen. 2. Nachtrag zu I. Ingvaeones. - ZONF 12: 91-96. München-Berlin.
SCHNIPPEL, E. (1932): Siegrunen. - Zs für Volkskunde NF 3 (41. Jg 1931): 279-281. Berlin-Leipzig.
SCHÖNFELD, M. (1911/1965^2): Wörterbuch der altgermanischen Personen- und Völkernamen. Heidelberg-Darmstadt.
SCHRAMM, G. (1957): Namenschatz und Dichtersprache. Studien zu den zweigliedrigen Personennamen der Germanen. Göttingen.
SCHRÖDER, E. (1933/1967): Sachsen und Cherusker. - Niedersächsisches Jahrbuch für Landesgeschichte 10 (1933): 5-28. (≙ W. Lammers [Hg.], Wege der Forschung 50 [1967]: 207-231). Hildesheim.
SCHRÖDER, E. (1940): Hengist und Horsa. - ZfdA 77: 69-72. Berlin.
SCHRÖDER, E. (1944^2): Harug, Harah in Ortsnamen. - L. Wolff (Hg.), Deutsche Namenkunde. Gesammelte Aufsätze zur Kunde deutscher Personen- und Ortsnamen: 243-249. Göttingen.
SCHRÖDER, F. R. (1929): Altgermanische Kulturprobleme. (= Trübners philolog. Bibliothek 11). Berlin-Leipzig.
SCHRÖDER, F. R. (1941): Ingunar-Freyr. (= Untersuchungen zur german. u. vergleichenden Religionsgeschichte 1). Tübingen.
SCHRÖDER, F. R. (1941): Skadi und die Götter Skandinaviens. - (ebda.). Tübingen.
SCHROLLER, H. (1933): Die Marschenbesiedlung des Jever- und Harlingerlandes. - Jb Oldenburg 37: 160-187. Oldenburg.
SCHROLLER, H. (1936^2): Südoldenburgische Vorgeschichte. - H. Ottenjann (Hg.), 500 Jahre Stadt Cloppenburg. Festbuch: 132-155. Cloppenburg.
SCHROLLER, H. (1936): Die Sachsen. - H. Schroller & S. Lehmann (Hg.), 5000 Jahre Niedersächsische Stammeskunde. (= K. H. Jacob-Friesen [Hg.]), Darstellungen aus Niedersachsens Urgeschichte 3: 139-162). Hildesheim-Leipzig.
SCHUCHHARDT, C. (1934^2/1935^3/1939^4): Vorgeschichte von Deutschland. München-Berlin. (Zu den Weserrunen: 1934: 286, 1935: 287, 1939: 309; nicht erwähnt in der 1. Auflage von 1928).
SCHUCHHARDT, C. (1935/1936^2/1938^3): Deutsche Vor- und Frühgeschichte in Bildern. München-Berlin.
SCHÜCK, H. (1904): Studier i nordisk litteratur- och religionshistoria 2. Stockholm.
SCHÜLLER, S. (1959): Fälscher, Händler und Experten. München.
SCHÜNEMANN, D. (1971): Zum sächsischen Urnenfriedhof von Quelkhorn - ein Nachtrag. - NNU 40: 209-222. Hildesheim.
SCHÜTRUMPF, R. (1953): Neue Untersuchungen zur jüngeren Vegetations- und Siedlungsgeschichte Angelns. - Jahrbuch des Angler Heimatvereins, Jahrgang 17: 33-36. Kappeln/Schlei.
SCHÜTTE, H. (1930): Rez. H. v. Buttel-Reepen 1930. - Niedersachsen, Aprilheft 1930. Bremen.
SCHÜTTE, H. (1930): Rez. H. v. Buttel-Reepen 1930. - NACHRICHTEN FÜR STADT UND LAND, Nr. 11, 1. Beilage (12. 1.).
SCHÜTTE, H. (1933): Lehrgang zur Einführung in die Ur- und Frühgeschichte Niedersachsens in Oldenburg. - Die Kunde, Jahrgang 1, Nr. 5: 4-8, bes. 5 (zu den Weserrunen). Hildesheim.

SCHÜTTE, H. (1933): Der geologische Aufbau des Jever- und Harlingerlandes und die erste Marschbesiedlung. - Jb Oldenburg 37: 121-159. Oldenburg.
SCHÜTTE, H. (1933): Zum Gedächtnis von Professor Hugo von Buttel-Reepen † am 7. November 1933. - Die Kunde, Jahrgang 1, Nr. 7/8: 16. Hildesheim.
SCHÜTTE, H. und RINK, O. (1934): Warfen über einer Flachsiedlung in Golzwarderwurp. - Jb Oldenburg 38: 141-179. Oldenburg.
SCHULTE-KEMMINGHAUSEN, K. (1933): Rez. H. v. Buttel-Reepen 1930. - Jahresbericht über die Erscheinungen auf dem Gebiete der Germanischen Philologie NF 10 (zu: 1930): 82. Berlin-Leipzig.
SCHULTZ, M. und LANGE, G. (1982): Siehe unter Lange, G.
SCHULZ, H. (1913): Deutsches Fremdwörterbuch, Band 1. Straßburg.
SCHULZ, W. (1930): Rez. H. v. Buttel-Reepen 1930. - Mannus 22: 367. Leipzig.
SCHULZ, W. (1932): Archäologisches zur Wodan- und Wanenverehrung. - Wiener Prähistor. Zs 19: 161-172. Wien.
SCHURTZ, H. (1902): Altersklassen und Männerbünde. Eine Darstellung der Grundformen der Gesellschaft. Berlin.
SCHWAB, U. (1973): Die Sternrune im Wessobrunner Gebet. (= Amsterdamer Publikationen zur Sprache und Literatur 1). (141 S.). Amsterdam.
SCHWABEDISSEN, H., SCHÜTRUMPF, R. und MÜNNICH, K. O. (1957): Das Alter der Federmesser-Zivilisation auf Grund neuer naturwissenschaftlicher Untersuchungen. - EuG 8: 200-209. Bonn-Öhringen.
SCHWABEDISSEN, H. und MÜNNICH, K. O. (1958): Zur Anwendung der C^{14}-Datierung und anderer naturwissenschaftlicher Hilfsmittel in der Ur- und Frühgeschichtsforschung. - Germania 36: 133-149. Berlin.
SCHWABEDISSEN, H. (1970): Die gefälschten „Kunstwerke des Neandertalers“ aus Dithmarschen. - Acta Praehistorica et Archaeologica (= APA), Jahrgang 1: 175-178. Berlin.
SCHWABEDISSEN, H. (1978): Konventionelle oder kalibrierte C^{14}-Daten? Argumente auf Grund der archäologisch-historischen Chronologie des zweiten vorchristlichen Jahrtausends. - Archäologische Informationen, Heft 4: 110-117. Köln.
SCHWANTES, G. (1928): Nordisches Paläolithikum und Mesolithikum. - Mitteilungen aus dem Museum für Völkerkunde in Hamburg 13: 159-252. (= Fs zum 50jährigen Bestehen des Museums). Hamburg.
SCHWANTES, G. (1930): Eine römische Kasserolle aus dem unteren Wesergebiet. - Schumacher-Fs: 316 ff. Mainz.
SCHWANTES, G. (1939): Arbeitsweise und einige Ergebnisse der vorgeschichtlichen Sinnbildforschung. - Offa 4: 1-58, bes. 49 (Wolfszahndekor, vgl. OL 4990). Neumünster.
SCHWANTES, G. (1951): Zur Frage der Weserrunen. - Hammaburg 2: 121-122. Hamburg.
SCHWARZ, E. (1953): Ortsnamenforschung und Sachsenfrage. - Westfäl. Forschungen 6 (1943-52): 222-230. Münster-Köln.
SCHWARZ, W. (1978): Katalog der Bodenfundesammlung der Gesellschaft für bildende Kunst und vaterländische Altertümer zu Emden. - Ostfriesische Landschaft: 2609/1: 5-0-1. Aurich (Maschinenschrift).
SCHWEIZER, W. (1961): Zur Frühgeschichte des Haushuhns in Mitteleuropa. (= Studien an vor- und frühgeschichtlichen Tierresten Bayerns 9). (Diss.) München.
von SCHWERIN, C. (1915/16): König. - Hoops Reallexikon der Germanischen Altertumskunde. Straßburg.
SCULL, C., ODENSTEDT, B. und PAGE, R. I. (1986): A sixth-century grave containing a balance and weights from Watchfield, Oxfordshire, England. - Germania, 64. Jahrgang, 1. Halbband: 105-138. Mainz.
SEEBOLD, E. (1986): Was haben die Germanen mit den Runen gemacht? Und wieviel haben sie davon von ihren antiken Vorbildern gelernt?. - Germanic Dialects: Linguistic and Philological Investigations; Amsterdam Studies in the Theory and History of Linguistic Science, Ser. 4: Current Issues in Linguistic Theory 38: 525-583. Amsterdam-Philadelphia.

SEELIG, E. (1940): Kunstwerkfälschung. - F. v. Neureiter, F. Pietrusky & E. Schütt (Hg.), Handwörterbuch der gerichtlichen Medizin und naturwissenschaftlichen Kriminalistik: 420-426. Berlin.
SEGER, H. (1929): Rez. H. v. Buttel-Reepen 1930. - PZ 20, Heft 3/4: 315-318. Berlin.
SEHRT, E. H. (1917): The forms of dôn in Old High German. - Modern Language Notes 32,7: 409-411. Baltimore.
SEHRT, E. H. (1966[2]): Vollständiges Wörterbuch zum Heliand und zur altsächsischen Genesis. Göttingen. (1. Auflage: 1925).
SEITH, W. und RUTHARDT, K. (1949): Chemische Spectralanalyse. Berlin.
SELLO, G. (1893): Der Denkmalschutz im Herzogtum Oldenburg. - Bericht über die Thätigkeit des Oldenburger Landesvereins für Alterthumskunde, Heft 7: 1-90. Oldenburg.
SELLSTEDT, H., ENGSTRAND, L. und GEJVALL, N. G. (1966): New application of radiocarbon dating to collagen residue in bones. - Nature 212: 572-574. London.
SEMENOV, S. A. (1964/1970[2]/1973[3]): Prehistoric technology. An experimental study of the oldest tools and artefacts from traces of manufacture and wear. (Erstausgabe 1957 i. d. UdSSR). Bath.
SHEPHERD, W. (1972): Flint. Its origin, properties and uses. London.
SIEBER, F. (1926): Sächsische Sagen von Wittenberg bis Leitmeritz. Jena.
SIEBS, T. (1930): Rez. H. v. Buttel-Reepen 1930. - Mitteilung. d. Schlesischen Ges. f. Volkskde. 31. Breslau.
SIERKE, S. (1939): Kannten die vorchristlichen Germanen Runenzauber? (= Schriften der Albertus-Universität 24, geisteswiss. Reihe: 98, Anm. 72 zu den Weserrunen). Königsberg.
SIERKE, S. (1940): Rez. H. Arntz 1938 (Runenschrift). - AfdA 59 (in ZfdA 77): 24 f. Berlin.
SIEVEKING, G. (1947): Saxo Grammaticus: Amlethus (Historiae Danicae libri 3 & 4). Hamburg.
SIEVERS, E. (1887): Nordische Kleinigkeiten. - PBB 12, 3: bes. 489. Halle/S.
SIEVERS, E. (1896): Runen und Runeninschriften. - H. Paul. (Hg.), Grundriß der Germanischen Philologie, Bd. 1, 4. Abschnitt: Schriftkunde: 248-262. Straßburg.
SIEVERS, E. (1951[2]/1965[3]): Altenglische Grammatik. - K. Brunner (Neubearbeitung), W. Braune (Hg.). Halle/Tübingen.
SIEWING, G. (1960): Das Hausrind. - W. Herre et al. (= Hg.), Die Haustiere von Haithabu. (= Die Ausgrabungen in Haithabu 3: 19-71). Neumünster.
SISAM, K. (1953): Anglo-Saxon royal genealogies. - The Proceedings of the British Academy 39: 287-348. London.
SJÖBERG, N. (1905): Några ord om bilderna på Torslundaplåterna. - Svenska Fornminnesföreningens Tidskrift 12: 323-325. Stockholm.
SMITH, A. H. (1956): Place-names and the Anglo-Saxon settlement. - Proceedings of the British Academy 42: 67-88. (= Sir Israel Gollancz Memorial Lecture). London.
SMITH, A. H. (1956): English place-name elements I. - Engl. Place-Name Society 25: 282-303. Cambridge.
SPECHT, W. und BERG, S. (1958): Eine neue Technik als naturwissenschaftlicher Beitrag zur Altersbestimmung von Knochenfunden. - Archiv für Kriminologie 122: 43-65. Lübeck.
SPECHT, W. und BERG, S. (1959): Eine neue Technik als naturwissenschaftlicher Beitrag zur Datierung historischer und subfossiler Knochenfunde. - Technische Beiträge zur Archäologie 1: 81-103. Mainz.
DER SPIEGEL (1983): Hitlers Tagebücher. Hausmitteilung zum Titel: Fund oder Fälschung? (2. Mai 1983: 17 ff. und 22). Hamburg. (Prof. A. Mergen über Kriminaltechnik etc.).
DER SPIEGEL (1983): Hitler-Tagebücher. Hausmitteilung zum Titel: Fälschung. Ein tödlicher Fehler. (9. Mai 1983: 100 ff. und 105). Hamburg. (H. Tolksdorf, Kriminologe des BKA).
SPIESBERGER, K. (1955/1968[2]): Runenmagie. Handbuch der Runenkunde. (Abb. 8, S. 1). Berlin.

SPITZBART, G. (1982): Beda der Ehrwürdige. Kirchengeschichte des engl. Volkes, Bd. 1+2. Darmstadt. (= Texte zur Forschung, Band 34).
SPITZING, G. (1973/1981): Vergrößern. (1: Schwarzweiß, 2: Farbig); 1981 = 10. Auflage. München.
SPITZING, G. (1981^2): Infrarot- und UV-Fotografie. München.
SPITZING, G. (1981): Farbdias. München.
SPRATER, F. (1930): Die Pfalz unter den Römern, II. (= Führer durch die röm. Abtlg. des Histor. Museums der Pfalz, Veröffentlichungen der Pfälzischen Ges. zur Förderg. der Wiss. 8). Speier. (150 S.).
SPRATER, F. (1947^2): Ein römisches Grabdenkmal von Bierbach (Saar). - Heimatkundliche Veröffentlichungen im Vlg. des Historischen Museums der Pfalz. Speyer. (19 S. + 4 Tafeln).
SPRATER, F. (1948): Frühchristliche Denkmäler aus der Pfalz.-Histor. Museum der Pfalz. Landau. (9 S.).
STAMPFLI, H. R. (1963): Seeberg Burgäschisee-Süd. 3. Die Tierreste; s. J. Boessneck et al. (Hg.): 117-196. Bern.
STAPERT, D. (1975): Preliminary notes on the „Early and Middle Palaeolithic" finds of Mr. T. Vermaning. - Palaeohistoria 17: 7-8. Bussum.
STAPERT, D. (1975): De zaak - Vermaning. - Westerheem 24,2: 239-252. Den Haag.
STAPERT, D. (1975): Eolieten en pseudo-artefakten. - Westerheem 24,6: 239-252. Den Haag.
STAPERT, D. (1975): Pseudo-artefakten. - Staringia 3: 57-62. Maastricht.
STAPERT, D. (1975): Paleolithicum. - G. J. Verwers (Hg.), Noord-Brabant in Pre- en Protohistorie: 19-38. Oosterhout (Anthropological Publications).
STAPERT, D. (1976): Some natural surface modifications on flint in the Netherlands. - Palaeohistoria 18: 7-41. Bussum.
STAPERT, D. (1976): De vuistbijl van Eersel, een nieuwe middenpalaeolithische vondst uit Noord-Brabant. - Brabants Heem 28: 102-105. Eindhoven.
STAPERT, D. (1977): The combination of „The Mandibula of a Giant Deer and a Tjonger Point having been shot into it" from Roermond, is of recent date. - Helinium 17: 235-244. Wetteren.
STAPERT, D. (1979): Zwei Fundplätze vom Übergang zwischen Paläolithikum und Mesolithikum in Holland. - Archäologisches Korrespondenzblatt 9,2: 159-166. Mainz.
STAPERT, D. (1979): The hand-axe from Drouwen (Province of Drente, The Netherlands) and the upper Acheulian. - Palaeohistoria 21: 127-142. Bussum.
STARR, C. G. R. (1941/1960^2): The Roman Imperial navy 31 B. C. - A. D. 324. - Cornell Studies in classical Philology 26. Ithaca, New York,-Cambridge.
STEFFENS, H.-G. (1971): Aus der Vorgeschichte des Kreises Cloppenburg. - H. Ottenjann et al. (Hg.), Heimatchronik des Kreises Cloppenburg: 35-61. Köln.
STEFFENS, H.-G. (1973): Fundchronik 1973. - Jb Oldenburg 73,2: 69-74. Oldenburg.
STEFFENS, H.-G. (1974): Holzhausen, Gem. Wildeshausen, Kr. Oldenburg: Eine Sigillata-Bilderschlüssel - Drag. 37 der Zeit um 200 n. Chr. - NNU 43,1: 142. Hildesheim.
STEFFENS, H.-G. (1974): Eine völkerwanderungszeitliche Siedlung bei Stenum, Gem. Ganderkesee, Ldkr. Oldenburg. - NNU 43,2: 164. Hildesheim.
STEFFENS, H.-G. (1980): Archäologische Denkmale und Funde im Landkreis Oldenburg. (= Wegweiser zur Vor- und Frühgeschichte Niedersachsens, Heft 11: bes. 63-78, Nachchristl. Eisenzeit). Hildesheim.
von STEINMEYER, E. (1963^2): Die kleineren althochdeutschen Sprachdenkmäler. (= Hg.). Berlin-Zürich.
STELLMACHER, D. (1981): Niederdeutsch. - Formen und Forschungen. Tübingen.
STENTON, F. M. (1943/1947^2/1971^3): Anglo-Saxon England. London.
STEPHENS, G. (1866-1901): The Old-Northern runic monuments of Scandinavia and England, Bd. 1-4. London-Cheapinghaven.
STEPHENS, G. (1884): Handbook of the Old-Northern runic monuments of Scandinavia and England. London-Kjøbenhavn.

STERN-Magazin (1983): „Hitler-Tagebücher“: Das Geständnis des Fälschers. - Ausgabe 1.-8. Juni: 124-128.
STEUER, H. und TEMPEL, W.-D. (1968): Radiocarbon-Daten des mitteleuropäischen Neolithikums und Daten aus dem Göttinger Leinetal. - Göttinger Jahrbuch 1968: 21-28. Göttingen.
STEWART, G. R. (1970): American place-names. New York.
STIEREN, A. (1930): Ein neuer Friedhof fränkischer Zeit in Soest. - Germania 14: 166-175. Bamberg.
STIFTUNG VOLKSWAGENWERK (1985): Bericht 1984/85 (Hannover). Göttingen.
STOKLUND, M. (1985): De nye runefund fra Illerup ådal og en nyfundet runeindskrift fra Vimose. - Danske Studier 1985: 5-24. København.
STOKLUND, M. (1986): Neue Runenfunde in Illerup und Vimose (Ostjütland und Fünen, Dänemark). - Germania 64,1: 75-89. Mainz.
STOLPE, H. und ARNE, T. J. (1912): Graffältet vid Vendel. Stockholm.
STORMS, G. (1978): The Sutton Hoo ship burial. - Berichten ROB 28: 321 (zu OL 4990). Amersfoort.
STRACKERJAN, L.P.F. (1867/1909^2): Aberglaube und Sagen aus dem Herzogthum Oldenburg, Bd. 1+2. Oldenburg.
STRAKA, H. (1975): Pollen- und Sporenkunde. Eine Einführung in die Palynologie. (= Grundbegriffe der modernen Biologie, Band 13). Stuttgart.
STRASSER, K. T. (1928): Wikinger und Normannen. Hamburg-Berlin-Leipzig.
STRASSER, K. T. (1931): Sachsen und Angelsachsen. (S. 27 f. zu den Runenknochen). Hamburg-Berlin.
STRASSER, K. T. (1933): Die Nordgermanen. Hamburg.
STRASSER, K. T. (1933/1934^2/1935^3): Deutschlands Urgeschichte: 107. Frankfurt.
STRÖMBERG, M. (1961): Untersuchungen zur jüngeren Eisenzeit in Schonen (VWZ-WZ). Diss. phil. Bonn.
STRUNK, H. (1910): Wie die Sachsen nach Hadeln kamen. - Jb der Männer vom Morgenstern 11 (1908/9): 19-35. Hannover.
STRUVE, K. W. (1967): Kritische Betrachtungen zur angeblichen „Kunst der Neandertaler“ aus Dithmarschen. - Schleswig-Holstein Jg 1967: 4-8. Neumünster etc.
STUHL, K. (1931): Runenfunde an der unteren Weser. - Niederdt. Heimatblatt, Mitteilungsblatt der „Männer vom Morgenstern“ 7. (Oktober 1931). Bremerhaven.
STUPPERICH, R. (1980): Römische Funde in Westfalen und Nordwest-Niedersachsen. (= Boreas, Beiheft 1). Münster.
STUPPERICH, R. (1984): Antiken in westfälischen Museen. Verzeichnis von klassischen Antiken und römischen Bodenfunden in öffentlichen Sammlungen in Westfalen und Nordwest-Niedersachsen. (= Boreas, Münstersche Beiträge zur Archäologie, Beiheft 3). Münster.
STÅHLE, C. I. (1946): Studier över de Svenska Ortnamnen på -inge. (= Skrifter utgivna av Kungl. Gustav Adolfs Akademien 16). Lund.
SUESS, H. E. (1955): Radiocarbon concentration in modern wood. - Science 122: 415-417. Washington.
SUESS, H. E. (1956): Grundlagen und Ergebnisse der Radiokohlenstoff-Datierung. - Angewandte Chemie 68, Nr. 17/18: 540-546. Weinheim,Bergstr.
SUESS, H. E. (1969): Die Eichung der Radiokarbonuhr. - Bild der Wissenschaft, Februarheft: 121-127. Stuttgart.
SUHLE, A. (1955/1964^2): Deutsche Münz- und Geldgeschichte von den Anfängen bis zum 15. Jahrhundert. Berlin.
SUTER, M., BALZER, R., BONANI, G., STOLLER, C., WÖLFLI, W., BEER, J., OESCHGER, H. und STAUFFER, B. (1981): Radioisotope dating using an EN - tandem accelerator. - IEEE transaction on Nuclear Sciences NS 28: 1475-1477. New York.

TACKENBERG, K. (1934): Chauken und Sachsen. - NNU 8: 21-43. Hildesheim.
TAMERS, M. A. und PEARSON, F. J. (1965): Validity of radiocarbon dates on bone. - Nature 208: 1053-1055. London.

TAUBER, H. (1958): Difficulties in the application of C^{14}-results in archaeology. - AA 24: 59-69. Wien.
TAUTE, W. (1968): Die Stielspitzen-Gruppen im nördlichen Mitteleuropa. (= Fundamenta A/5). Köln-Graz.
TAYLOR, C. (1978): Sächsische Siedlungen in England. - C. Ahrens (Hg.), Sachsen u. Angelsachsen: 387-393. Hamburg.
TAYLOR, R. E. (1978): Radiocarbon dating: An archaeological perspective. - G. F. Carter (Ed.), Archaeological Chemistry 2: 33-69. Washington.
TAYLOR, R. E. und SLOTA, P. J. Jr. (1979): Fraction studies on marine shell and bone samples for radiocarbon analyses. - R. Berger & H. E. Suess (Ed.), Radiocarbon dating: 422-432. Berkeley, Los Angeles - London.
TEMPEL, W.-D. (1976): Ein altsächsischer Friedhof der Völkerwanderungszeit bei Issendorf. - Führer zu vor- und frühgeschichtlichen Denkmälern 20: 156-164. Mainz.
TEMPEL, W.-D. (1983): Zur Gliederung des gemischtbelegten Friedhofs der Völkerwanderungszeit von Barchel, Gemeinde Oerel, Landkreis Rotenburg/W., Niedersachsen. - Studien zur Sachsenforschg. 4: 315-322. Hildesheim.
TENNE, A. (1915): Kriegsschiffe zu den Zeiten der alten Griechen und Römer. Oldenburg.
TETZLAFF, W. (1978): Eine Methode zur Darstellung von Oberflächenformen mit Hilfe des Moiré-Verfahrens am Beispiel zahnärztlicher Kiefermodelle. - Diss. med. Tübingen.
THORSON, R. M. und GUTHRIE, R. D. (1984): River ice as a taphonomic agent: An alternative hypthesis for bone „artifacts". - Quaternary Research 22,2: 172-188. New York.
THORWALD, J. (1974^3): Die Stunde der Detektive. Werden und Welten der Kriminalistik, Bd. 1. München-Zürich.
TIETZE, H. (1933): Zur Psychologie und Ästhetik der Kunstfälschung. - Zs für Ästhetik und allgemeine Kunstwissenschaft 27,3: 209-240. Stuttgart.
TIETZE, H. (1948): Genuine and false. Copies, imitations, forgeries. - H. Ruhemann (Ed.), Approach to art. London.
TILLING, E. (1771/1975): Versuch eines Bremisch-Niedersächsischen Wörterbuches, Teil 5. Osnabrück/Bremen.
TIMMERMANN, G. (1955): Entwicklung des Schiffbaus seit den ältesten Zeiten. - Jb der Schiffbautechnischen Gesellschaft 49: 110-118. Berlin-Göttingen-Heidelberg.
TIMMERMANN, G. (1956): Vom Einbaum zum Wikingerschiff. - Schiff und Hafen 8: 130-138, 218-226, 336-342, 403-412, 431, 545-549, 602-612. Uetersen, Hamburg.
TISCHLER, F. (1937): Fuhlsbüttel, ein Beitrag zur Sachsenfrage. (= Offa-Bücher, Bd. 4). Neumünster.
TISCHLER, F. (1939): Der Topf vom Eddelaker Typ; ein Beitrag zur Sachsen-Chauken-Frage. - G. Schwantes (Hg.), Urgeschichtsstudien beiderseits der Niederelbe: 307-322. Hildesheim.
TISCHLER, F. (1954): Das Grabfeld Hamburg-Fuhlsbüttel. (= 2. Beiheft zum Atlas der Urgeschichte). Hamburg.
TISCHLER, F. (1955): Das Gräberfeld Oberjersdal Kreis Hadersleben. (= 4. Beih. z. Atl. d. Urgesch.). Hamburg.
TISCHLER, F. (1956): Der Stand der Sachsenforschung, archäologisch gesehen. - Berichte RGK 35/1954: 21-215. Berlin.
TORBRÜGGE, W. (1960): Die bayerischen Inn-Funde. - Bayer. Vorgeschichtsblätter 25: 16-69. München.
TORBRÜGGE, W. (1972): Vor- und frühgeschichtliche Flußfunde. - Berichte RGK 51/52: 1-146. Berlin.
TOVE, P. A., SIGURD, D. und PETERSSON, S. (1980): Ion backscattering and X-ray investigations of violin varnish and wood. - Nuclear Instruments and Methods 168: 441-446. Amsterdam.

TRATHNIGG, G. (1936): Über Selbstmord bei den Germanen. - ZfdA 73: 99-102. Berlin.
von TRAUWITZ-HELLWIG, J. (1930): Runen und bildliche Darstellungen aus frühgermanischer Zeit. - Der Sammler, Unterhaltungs- u. Literaturbeilage der MÜNCHEN-AUGSBURGER ABENDZEITUNG vom 24. 4.: 4.
TRIER, J. (1940/41): First. Über die Stellung des Zauns im Denken der Vorzeit. - Nachrichten der Akademie der Wiss. zu Göttingen, phil-hist. Klasse, NF 3, Nr. 4: 55-137. Göttingen.
TRINGHAM, R., COOPER, G., ODELL, G., VOYTEK, B. und WHITMAN, A. (1974): Experimentation in the formation of edge damage: A new approach to lithic analysis. - Journal of Field Archaeology 1: 171-196. Boston.
TÜRKEL, S. (1927): Prähistorische Fälschungen. Eine Rundfrage. Graz. (79seitige Broschüre mit Abb.).
TÜRKEL, S. (1930): Fälschungen. Beiträge zur Phänomenologie, Symptomatologie und Diagnostik. - Wiss. Veröffentlichung. des Kriminalistischen Laboratoriums der Polizeidirektion Wien. (Verf. = Hg.). Graz.
TURVILLE-PETRE, G. (1963): A note on the Landdísir. - A. Brown & P. Foote (Ed.), Early English and Norse Studies, presented to A. H. Smith: 196-201. London.

UCKO, P. J. und DIMBLEBY, G. W. (1969): The domestication and exploitation of plants and animals. (Ed.). London.
UECKER, H. (1972): Germanische Heldensage. (= Sammlung Metzler, Band 106). Stuttgart.
UNGER, R. W. (1980): The ship in the Medieval economy, 600-1600. London.
von UNWERTH, W. (1911): Untersuchungen über Totenkult und Ódinnverehrung bei Nordgermanen und Lappen mit Excursen zur altnordischen Literaturgeschichte. (= Germanistische Abhandlungen 37). Breslau.
von USLAR, R. (1934): Die germanischen Bodenfunde der ersten drei Jahrhunderte nach Chr. im westlichen Deutschland. - Die Kunde 2, Nr. 2: 27-36. Hildesheim.
von USLAR, R. (1938): Westgermanische Bodenfunde des ersten bis dritten Jahrhunderts nach Christus aus Mittel- und Westdeutschland. (= Germanische Denkmäler der Frühzeit 3). Berlin.
von USLAR, R. (1952): Archäologische Fundgruppen und germanische Stammesgebiete vornehmlich aus der Zeit um Christi Geburt. - Historisches Jahrbuch 71: 1-36. München.
von USLAR, R. (1965): Stämme und Fundgruppen. Bemerkungen zu „Stammesbildung und Verfassung“ von R. Wenskus 1961. - Germania 43: 138-148. Berlin.
von USLAR, R. (1977): Zu einer Fundkarte der jüngeren Kaiserzeit in der westlichen Germania libera. - PZ 52: 121-147. Berlin-New York.

VAUGHAN, P. (1985): Funktionsbestimmung von Steingeräten anhand mikroskopischer Gebrauchsspuren. - Germania 63: 309-329. Mainz.
VAYSON DE PRADENNE, A. (1927): Chronology of Glozel. - Bulletin de la Soc. preh. franc. 24: 293-319. Paris.
VAYSON DE PRADENNE, A. (1930): The Glozel forgeries. - Antiquity 4: 201-222. Gloucester.
VAYSON DE PRADENNE, A. (1932): Les Fraudes En Archéologie Préhistorique. Paris.
VIERCK, H. (1970): Zum Fernverkehr über See im 6. Jahrhundert angesichts angelsächsischer Fibelsätze in Thüringen. Eine Problemskizze. - K. Hauck (Hg.), Goldbrakteaten aus Sievern: 355-395. München.
VIERCK, H. (1972): Redwalds Asche. Zum Grabbrauch in Sutton Hoo, Suffolk. - Offa 29 (1972/73): 20-49. Neumünster.
VIERECK, H. D. L. (1975): Die römische Flotte. CLASSIS ROMANA. Herford. (296 S.).
VOCINO, M. (1942^2): La nave nel tempo. Milano.
VOGEL, W. (1912): Von den Anfängen deutscher Schiffahrt. - PZ 4: 1-15. Leipzig.
VOGEL, W. (1915): Geschichte der deutschen Seeschiffahrt, Bd. 1: Von der Urzeit bis zum Ende des XV. Jahrhunderts. Berlin.

VOGEL, W. (1918/19): Schiff. - Hoops Reallexikon der German. Altertumskunde, Bd. 4: 94-127. Straßburg.
VOGEL, W. (1930): Vorhansische Zeit. - Hansische Geschichtsblätter 55: 258 f. (zu OL 4990). Lübeck.
VOLK, P. (1976): Merowingischer Reihengräberfriedhof und ottonischer -ingen - Ort. Zu den frühen historischen Strukturen von Bischoffingen am Kaiserstuhl. - Alamann. Jb 1973/75: 470-499. Bühl.
VOSGERAU, H.-G. (1983/84): Erfahrungen beim Rekonstruktionsversuch von Bohrvorrichtungen. - Die Kunde NF 34/35: 187-190. Hannover.
de VRIES, H. (1958): Variation in concentration of radiocarbon with time and location on earth. - Koninklijke Akademie van wetenschappen te Amsterdam, Proceedings Serie B, 61,2: 94-102. Amsterdam.
de VRIES, H. und OAKLEY, K. P. (1959): Radiocarbon dating of the Piltdown skull and jaw. - Nature 184: 224-226. London.
de VRIES, J. (1930/31): Ginnungagap. - Acta Philologica Scandinavica 5: 41-66. København.
de VRIES, J. (1933): Studiën over germaansche Mythologie. V. De Wodan-vereering bij West- und Noord-Germanen. - Tijdschrift voor nederlandsche Taal - en Letterkunde 52: 165-216. Leiden.
de VRIES, J. (1953): Die beiden Hengeste. - ZfdPh 72, Heft 2: 125-143. Stuttgart.
de VRIES, J. (1956): Das Königtum bei den Germanen. - Saeculum 7: 289-309. München-Freiburg.
de VRIES, J. (1956,1957^2): Altgermanische Religionsgeschichte, Bd. 1+2. Berlin.
de VRIES, J. (1959/1967): Einige Bemerkungen zum Sachsenproblem. - Westfäl. Forschungen 11 (1958): 5-10. (≙ W. Lammers (Hg.) 1967, Wege der Forschung 50: 332-342). Münster/Köln-Graz.
de VRIES, J. (1962): Altnordisches Etymologisches Wörterbuch. Leiden.

van der WAALS, J. D. und WATERBOLK, H. T. (1973): The middle Palaeolithic finds from Hogersmilde. - Palaeohistoria 15: 35-120. Bussum.
WACKERNAGEL, W. (1880^2): Kleineres altdeutsches Lesebuch. Basel.
WAGNER, N. (1960): Dioskuren, Jungmannschaften und Doppelkönigtum. - Zs für dt. Philologie 79: 1-17, 225-247. Berlin.
WAGNER, N. (1980): Zur Neunzahl von Lejre und Uppsala. - ZfdA 109: 202-208. Wiesbaden.
WAGNER, N. (1982): Arminius und die Ingaevones. - Beiträge zur Namenforschg. NF 17,3: 291-304. Heidelberg.
WAHLE, E. (1940/41): Zur ethnischen Deutung frühgeschichtlicher Kulturprovinzen. Grenzen der frühgeschichtlichen Erkenntnis. - Sitzungsberichte der Heidelberger Akad. d. Wiss., phil.-hist. Klasse Bd. 31, Abhandlung 2: 1-147. Heidelberg.
WAHLE, E. (1951): Geschichte der prähistorischen Forschung (Schluß). - Anthropos 46: 49-112. Freiburg (CH).
WALDE, A. (1900): Die germanischen Auslautgesetze. Halle/S.
WALLENBERG, J. K. (1931): Kentish place names. (= Uppsala Universitets Årsskrift 1931. Filosofi, språkvetenskap och historiska vetenskaper 2). Uppsala. (378 S.).
WALLER, K. (1931): Chaukische Siedlungen an der Nordseeküste. - PZ 22: 145-169. Berlin.
WALLER, K. (1933): Chaukische Gräberfelder an der Nordseeküste. - Mannus 25: 40-59. Leipzig.
WALLER, K. (1936): Chaukische Siedlungen im Spiegelbild der Flur- und Ortsnamen. - Die Kunde 4: 118-123. Hildesheim.
WALLER, K. (1936): Das Oxstedter Kielboot. - Mannus 28: 384-391. Leipzig.
WALLER, K. (1937): Der Ursprung der sächsischen Keramik. Ein Beitrag zur Chauken-Sachsen-Frage. - Mannus 29: 521-535. Leipzig.
WALLER, K. (1938): Der Galgenberg bei Cuxhaven. Die Geschichte einer germanischen Grab- und Wehrstätte. (= Hamburger Schriften zur Vorgeschichte und germanischen Frühgeschichte, Bd. 1). Leipzig.

WALLER, K. (1953): Ein Gemischtgräberfeld bei Sievern. - Hammaburg 9: 45-53. Hamburg.
WALLER, K. (1957): Das Gräberfeld von Altenwalde, Kreis Land Hadeln. (= 5. Beiheft zum Atlas der Urgeschichte). Hamburg.
WALLER, K. (1959): Die Gräberfelder von Hemmoor, Quelkhorn, Gudendorf und Duhnen-Wehrberg in Niedersachsen. (= 8. Beiheft zum Atlas der Urgeschichte). Hamburg.
WALLER, K. (1960): Das Gräberfeld von Oxstedt und seine Bedeutung für die Sachsenforschung. - Die Kunde NF 11: 13-28. Hannover.
WALLER, K. (1961): Der Urnenfriedhof in Wehden. (= Die Urnenfriedhöfe in Niedersachsen 4). Hildesheim.
WATERBOLK, H. T. (1960): The 1959 Carbon - 14 Symposium at Groningen. - Antiquity 34: 14-18. London-Tonbridge.
WATERBOLK, H. T. (1971): Working with radiocarbon dates. - Actes du VIIIe Congres International des Sciences Prehistoriques et Protohistoriques, Belgrad 9.-15. Sept.: 11-24. Beograd.
WEBER, E. (1931): Zum Alter der Runenschrift. - AStNS 159, Heft 3/4: 273-274. Braunschweig.
WEBER, E. (1936): Der Knochenpfriem vom Maria-Saaler-Berg, eine Fälschung. - Germanien 1936, 7: 220. Leipzig.
WEBER, E. (1936): Zur Runenforschung des letzten Jahrzehnts. - Germanien 1936, 6: 180 f. (zu den Weserrunen). Leipzig.
WEBER, E. (1936): Rez. H. Arntz 1935 (Handbuch). - Germanien 1936, 9: 257-261. Leipzig.
WEBER, E. (1941): Kleine Runenkunde. Berlin. (S. 44-45 und weitere zu den Weserrunen).
WEGEWITZ, W. (1937): Die langobardische Kultur im Gau Moswidi (Niederelbe) zu Beginn unserer Zeitrechnung. (= Die Urnenfriedhöfe in Niedersachsen 2, Heft 1+2). Hildesheim-Leipzig.
WEGEWITZ, W. (1960): Stand der Sachsenforschung im Kreise Harburg. - Die Kunde NF 11: 28-60. Hildesheim.
WEGNER, G. (1976): Die vorgeschichtlichen Flußfunde aus dem Main und aus dem Rhein bei Mainz. = Materialhefte zur bayr. Vorgeschichte Reihe A, Heft 30. Kallmünz, Opf.
WEGNER, G. (1979): Der Hemmoorer Eimer von Ganderkesee, Ldkr. Oldenburg. - Archäologische Mitteilungen aus Nordwestdeutschland 2: 11-16. Oldenburg.
WEGNER, G. (1980): Römischer Glasbecher aus Helle. - 100 Jahre Museum am Damm. (= Veröffentlichungen des Staatl. Museums für Naturkunde u. Vorgeschichte 3: 52-53). Oldenburg.
WEGNER, G. (1981): Römische Funde im Oldenburger Land. I. Der Weihefund von Marren. - Museen und Sammlungen in Oldenburg: 322-325. (Katalog). Oldenburg.
WEGNER, G. (1981): Eine Siedlung der römischen Kaiserzeit und der Völkerwanderungszeit in Mahlstedt, Gemeinde Winkelsett, Ldkr. Oldenburg. - AMNwd 4: 43-63. Oldenburg.
WEGNER, G. (1981): Wardenburg als Forscher und Sammler. - Wilhelm Gustav Friedrich Wardenburg (1781-1838), Oldenburgischer Soldat, Altertumsforscher und Sammler; Katalog Stadtmus. 111: 123-140. Oldenburg.
WEGNER, G. (1985): Archäologische Bodenfunde aus dem Oldenburger Münsterland. - H. Ottenjann (Hg.), Ausstellungskatalog Museumsdorf Cloppenburg, Niedersächsisches Freilichtmuseum, bes.: 127-141. Cloppenburg.
WEHRHAN, K. (1936): Wodansopfer. - Germanien 1936, 2: 55-57. Leipzig.
WEIDEMANN, K. (1965): Zur Interpretation einiger kaiserzeitlicher Urnenfriedhöfe in Nordwestdeutschland. - Jahrbuch RGZM 12: 84-92. Mainz.
WEIDEMANN, K. (1966/1970): Die frühe Christianisierung zwischen Schelde und Elbe im Spiegel der Grabsitten des 7. bis 9. Jahrhunderts. - NAuFN 3 (1966): 195-211. (≙ W. Lammers (Hg.) 1970, Die Eingliederung der Sachsen in das Frankenreich: 389-413). Hildesheim/Darmstadt.

WEIDMÜLLER, W. (1935): Runen - die Urschrift der Menschheit? - Schrift u. Schreiben 6: 71-77. Bonn.
WEISE, L. (1983): Danske indbyggernavne på -inge. (= Navnestudier udgivet af Institut for Navneforskning, Nr. 22). København.
WEISER, L. (1927): Altgermanische Jünglingsweihen und Männerbünde. - Bausteine zur Volkskunde und Religionswissenschaft, Heft 1: 7-93. Bühl, Baden.
WEISGERBER, G., SLOTTA, R. und WEINER, J. (1980): 5000 Jahre Feuersteinbergbau. (Dt. Bergbaumuseum) Bochum.
WENDT, W. (1969): Untersuchungen über die Tierwelt einer römerzeitlichen Siedlung aus Bonn. - J. Boessneck (Hg.), DFG-Forschungsberichte 15: 172-179. Wiesbaden.
WENIGER, L. (1906): Feralis exercitus. Das schwarze Heer der Harier und das weiße Heer der Phoker. - Archiv für Religionswissenschaft 9: 201-247. Leipzig.
WENSKUS, R. (1961): Stammesbildung und Verfassung. Das Werden der frühmittelalterlichen gentes. Köln.
WENSKUS, R. (1976): Sächsischer Stammesadel und fränkischer Reichsadel. = Abhandlungen der Akademie der Wiss. in Göttingen, phil.-hist. Klasse 3, Nr. 93. Göttingen. (598 S.).
WENSKUS, R. (1979): Randbemerkungen zum Verhältnis von Historie und Archäologie, insbesondere mittelalterlicher Geschichte und Mittelalterarchäologie. - Vorträge u. Forsch. 22: 637-657. Sigmaringen.
WERNER, J. (1936): Zwei römische Bronzeeimer von Neuburg a. d. Donau. - Germania 20: 258-261. Berlin.
WERNER, J. (1936): Zur Herkunft und Zeitstellung der Hemmoorer Eimer und der Eimer mit gewellten Kanneluren. - Bonner Jb 140/141: 395-410. Darmstadt.
WERNER, J. (1941): Die beiden Zierscheiben des Thorsberger Moorfundes. Ein Beitrag zur frühgermanischen Kunst- und Religionsgeschichte. (= Röm.-Germ. Forschungen 16). Berlin. (77 S. + 29 Taf.). Phil. habil.-Schrift.
WERNER, J. (1949): Eberzier von Monceau-le-Neuf (Dép. Aisne). Ein Beitrag zur Entstehung der völkerwanderungszeitlichen Eberhelme. - Acta Archaeologica 20: 248-257. København.
WERNER, J. (1954): Neue Wege vorgeschichtlicher Methodik? - FuF 28, 8: 246-248. Berlin.
WERNER, J. (1958): Kriegergräber aus der ersten Hälfte des 5. Jahrhunderts zwischen Schelde und Weser. - Bonner Jb 158: 372-413. Kevelaer.
WERNER, J. (1963): Tiergestaltige Heilsbilder und germanische Personennamen. Bemerkungen zu einer archäologisch-namenkundlichen Forschungsaufgabe. - Dt. Vierteljahresschrift für Literaturwissenschaft und Geistesgeschichte 37: 377-383. Stuttgart.
WERNER, J. (1966): Das Aufkommen von Bild und Schrift in Nordeuropa. - Bayer. Akademie der Wiss., phil.-hist. Klasse, Sitzungsberichte, Jahrgang 1966, Heft 4: 1-47. München.
WESCHE, H. (1932): Das Heidentum in der althochdeutschen Sprache. Teil 1: Die Kultstätte: 1-45. - Diss. phil. Göttingen.
WESCHE, H. (1957): Unsere niedersächsischen Ortsnamen. Hannover. (70 S.).
WESSÉN, E. (1924): Studier till Sveriges hedna Mytologi och fornhistoria. (= Uppsala Universitets Årsskrift 6,2: 1-198). Uppsala.
WESSÉN, E. (1927): Nordiska namnstudier. (= Upps. Univ. Årsskrift 1927, Filosofi, Språkvetenskap och Historiska Vetenskaper 3: 1-118). Uppsala.
WESSÉN, E. (1929/30): Schwedische Ortsnamen und altnordische Mythologie. - Acta Philologica Scandinavica, Bd. 4: 97-115. København.
WESSÉN, E. und JANSSON, S. B. F. (1949/51): Upplands Runinskrifter II. Stockholm.
WESTERGAARD, K.-E. (1981): Skrifttegn og symboler. Noen studier over tegnformer i det eldre runealfabet. - Osloer Beiträge zur Germanistik (= Bd. 6: 1-309). Oslo.
WESTERGAARD, K.-E. (1984): Innskriften på lansebladene fra Illerup. Et tolknings forsøk. - Arbeitsberichte des Germanistischen Instituts der Universität Oslo, avd. A: 5-17. Oslo.

WEYHE, H. (1910): Zu den altenglischen Verbalabstrakten auf -nes und -ing, -ung. - Phil. habil.-Schrift. Leipzig. (49 S.).
WICHMANN, H. (1947): Alte oldenburgische Sagen, Teil 1. (= Lührs Kleine Sagenbücher). Oldenburg.
WIDLAK, F. (1900): Die abergläubischen und heidnischen Gebräuche der alten Deutschen nach dem Zeugnisse der Synode von Liftinae im Jahre 743. (24 S., Selbstverlag). Znaim.
WIEGERS, F. (1932): Herman Wirth und die deutsche Wissenschaft. (= Hg.). München.
WILLERS, H. (1901): Die römischen Bronzeeimer von Hemmoor. Hannover-Leipzig.
WILLERS, H. (1907): Neue Untersuchungen über die römische Bronzeindustrie von Capua und Niedergermanien. Hannover.
WILLGALLIS, A. und HELMDACH, F.-F. (1975): Untersuchungen an fossilen und rezenten Knochen mit der Elektronenstrahlmikrosonde. - Neues Jb für Geologie u. Paläontologie 1975, 1: 172-183. Stuttgart.
WILLIS, E. H., TAUBER, H. und MÜNNICH, K. O. (1960): Variations in the atmospheric radiocarbon concentration over the past 1300 years. - Americ. Journal of Science, Radiocarbon Supplement 2: 1-4. New Haven.
WILLIS, E. H. (1971): Radiocarbon dating. - D. Brothwell & E. Higgs (Ed.), Science in archaeology 1969^2: 46-57. (Reprint:) Leipzig.
WILLKOMM, H. (1976): Altersbestimmung im Quartär. Datierungen mit Radiokohlenstoff und anderen kernphysikalischen Methoden. (= Thiemig Taschenbuch 55). München.
WILMANNS, W. (1911^3): Deutsche Grammatik, Bd. 3. Gotisch, Alt-, Mittel- und Neuhochdeutsch. Straßburg.
WILSON, D. M. (1980): Kulturen im Norden. Die Welt der Germanen, Kelten und Slawen 400-1100 n. Chr. München.
WIMMER, L. F. A. (1867): De ældste nordiske Runeindskrifter. - Aarbøger 1867: 1-64. Kjöbenhavn.
WIMMER, L. F. A. (1868): Professor G. Stephens om de ældste nordiske runeindskrifter. - Aarbøger: 53-75. Kjöbenhavn.
WIMMER, L. F. A. (1874/1887): Runeskriftens oprindelse og udvikling i Norden/Die Runenschrift. Kopenhagen. (Dt. Übersetzung von F. Holthausen 1887. Berlin.).
WIMMER, L. F. A. (1894): De tyske Runemindesmerker. - Årbøger 1894: 1-82. Kjøbenhavn.
-win (1931): Sondersitzung des Vereins für niederdeutsche Sprachforschung. Die Hansische Geschichtstagung, 2. Tag. - WESER-ZEITUNG vom 27. Mai 1931 (zu den Weserrunen).
WINTER, H. (1983): Isis-Kult in Stiepel. Bochum (16seitige Broschüre mit Abbildungen).
WIRTH, H. (1928/1934^2): Der Aufgang der Menschheit. Untersuchungen zur Geschichte der Religion, Symbolik und Schrift der Atlantisch-Nordischen Rasse. Leipzig.
WIRTH, H. (1931/1932^2/1933^3/1935^4/1936^5): Die Heilige Urschrift der Menschheit. Symbolgeschichtliche Untersuchungen diesseits und jenseits des Nordatlantik. Leipzig. (Bd. 1, Text: 773 und Bd. 2, Bilderatlas: Taf. 419 zu den Weserrunen, hier jeweils in der Ausgabe von 1936).
WISSOWA, G. (1929): Stier. - PAULY-WISSOWA, Real-Encyclopädie der class. Altertumswiss., Reihe 2, Halbbd. 6: 2495 ff. (W. Kroll & K. Mittelhaus = Hg.). Stuttgart.
WITTEYER, M. (1984^3): Ausgewählte Kleinfunde. - G. Rupprecht (Hg.), Die Mainzer Römerschiffe: 134-160. Mainz.
WÖLFLI, W., BONANI, G., SUTER, M., BALZER, R., NESSI, M., STOLLER, C., BEER, J., OESCHGER, H. und ANDREÉ, M. (1983): Radioisotope dating with the ETHZ-EN tandem accelerator. - Radiocarbon 25,2: 745-753. New Haven.
WÖLFLI, W. et al. (1984): AMS'84. Third International Symposium on Accelerator Mass Spectrometry, Zurich/Switzerland, April 10-13, 1984. Abstracts: 60, List of Authors: 92; Session VI P 2.06. Zurich.

WOLF, W. (1936): Rez. W. Krause 1935 (s. unter 1943²). - AfdA 55,3 (= ZfdA 73): 97-99. Berlin.
WOLFRAM, H. (1967): Intitulatio I. Lateinische Königs- und Fürstentitel bis zum Ende des 8. Jahrhunderts. (= Mitteilungen des Instituts für Österreichische Geschichtsforschg., Ergänzungsbd. 21). Graz-Wien-Köln.
WOLFRAM, H. (1973): Intitulatio II. Lat. Herrscher- u. Fürstentitel im 9. und 10. Jahrhundert. (= Mitteilgn. des Inst. f. Österreich Geschichtsforschung, Ergänzungsband 24). Graz-Wien-Köln.
WOLFRAM, R. (1932): Robin Hood und Hobby Horse. - Wiener PZ 19: 357-374. Wien.
WOOLF, H. B. (1939): The Old Germanic principles of name-giving. Baltimore.
WOYTE, C. (1977): Gaius Julius Caesar, Der Gallische Krieg. (Reclam:) Stuttgart.
WRENN, C. L. (1962): Magic in an Anglo-Saxon cemetery. - N. Davis & C. L. Wrenn (Ed.), English and Medieval Studies, presented to J. R. R. Tolkien's 70.* : 306-320. London.
WÜRTENBERGER, T. (1940): Das Kunstfälschertum. Entstehung und Bekämpfung eines Verbrechens vom Anfang des 15. bis zum Ende des 18. Jahrhunderts. (= E. Schmidt & H. v. Weber, Hg., Forschungen zur Gesch. des dt. Strafrechts, Band 2). Weimar.
WÜRTENBERGER, T. (1951): Der Kampf gegen das Kunstfälschertum in der deutschen und schweizerischen Strafrechtspflege. Wiesbaden.
WÜST, W. (1929): Gedanken über Wirths „Aufgang der Menschheit". - Zs für Missionskunde und Religionswissenschaft 44: 257-274, 289-307. Berlin.

YATES, R. F. (1950): Antique fakes and their detection. New York.
YPEY, J. (1986): Een paar ‚gouden' fibulae ‚uit de Rijn'. - Antiek, Jg 20, Nr. 9: 578-583. Lochem.

ZACHRISSON, R. E. A. (1915): The suffix -ingja in Germanic names. - AStNS NF 33: 348-353. Braunschweig-Berlin.
ZACHRISSON, R. E. A. (1924): English place-names in -ing of Scandinavian origin. - UUÅ 2: 107-130. Uppsala.
ŻAK, J. und SALBERGER, E. (1962/63): Ein Runenfund von Kamién Pomorski in Westpommern. - Meddelanden från Lunds Universitets Historiska Museum 1962-1963: 324-335. Lund.
ZAUNERT, P. (1924): Rheinland-Sagen, Bd. 1. Das Rheintal von Bonn bis Mainz. - (= Dt. Sagenschatz 2). Jena.
ZEDELIUS, V. (1980): Zwei Funde römischer Denare aus dem freien Germanien; Middels-Osterloog und Fickmühlen (Bederkesa). - Studien zur Sachsenforschung 2: 489-514. Hildesheim.
ZEDELIUS, V. (1982): Der große römische Denarschatz von Jever (1850), Niedersachsen. - Studien zur Sachsenforschung 3: 315-355. Hildesheim.
ZEUNER, F. E. (1946/1950²/1952³/1958⁴): Dating the past. London.
ZEUNER, F. E. (1963): A history of domesticated animals. London.
ZIEGLER, K. und SONTHEIMER, W. (1967): Inguiomerus, etc. (Angli, Angrivari etc.) im „Kl. PAULY" 1+2. Stuttgart.
ZIEGLER, K. und SONTHEIMER, W. (1972): Pytheas, etc. im „KLEINEN PAULY" 4; (3 = 1969; 5 = 1975). München.
ZIMMER-LINNFELD, K. (1960): Westerwanna I. (= Beiheft zum Atlas der Urgeschichte 9). Hamburg.
ZIMMERMANN, W.-H. (1970): Urgeschichtliche Opferfunde aus Flüssen, Mooren, Quellen und Brunnen Südwestdeutschlands. - NAuFN 6: 53-92. Hildesheim.
ZOLLER, D. (1961): Untersuchungen einer kaiserzeitlichen und frühmittelalterlichen Siedlung bei Gristede, Krs. Ammerland. - NNU 30: 112-118. Hildesheim.
ZOLLER, D. (1964): Die Ergebnisse der Grabung auf dem Gristeder Esch, Kreis Ammerland, in den Jahren 1960-1961. - NAuFN 1: 132-151. Hildesheim.
ZOLLER, D. (1965): Das sächsisch-karolingische Gräberfeld bei Drantum, Gem. Emstek, Kr. Cloppenburg. - NNU 34: 34-47. Hildesheim.

ZOLLER, D. (1966): Neue Funde vom sächsischen Gräberfeld Helle. - NNU 35: 143-145. Hildesheim.

ZOLLER, D. (1969): Die Ergebnisse der Grabung Gristede, Kreis Ammerland, im Jahre 1966. - NAuFN 4: 131-149. Hildesheim.

ZOLLER, D. (1971): Ergebnisse der Grabung Gristede 1970, Gemeinde Wiefelstede, Kr. Ammerland. - NNU 40: 361 f. Hildesheim.

ZOLLER, D. (1972): Die Ergebnisse der Grabung Gristede, Kreis Ammerland, 1967-1970. - NAuFN 7: 111-134. Hildesheim.

ZOLLER, D. (1975): Die Ergebnisse der Grabung Gristede, Kreis Ammerland, 1971-1973. - NAuFN 9: 35-57. Hildesheim.

ZOTZ, L. (1965): Patina inversa auf einer jungpaläolithischen Klinge vom Abri im Dorf Neuessing, Ldkr. Kelheim. - Bayer. Vorgeschichtsblätter 30: 247-249. München.

ZYLMANN, P. (1933): Ostfriesische Urgeschichte. (= Darst. aus Nieders. Urgesch. 2). Hildesheim.

ZYLMANN, P. (1935): Der Ursprung der Sachsen. - NNU 9: 74-83. Hildesheim.

ABBILDUNGSVERZEICHNIS